정의국가에서 인의국가로

국가변동의 일반이론

上

황태연

From the Just State to the Benevolent-Just State

A General Theory of the Moral Change of the State

지식산업사

정의국가에서 인의국가로 상

국가변동의 일반이론

초판 1쇄 인쇄   2025. 2. 26.
초판 1쇄 발행   2025. 3. 17.

지은이   황태연
펴낸이   김경희
펴낸곳   (주)지식산업사
본사 ▪10881, 경기도 파주시 광인사길 53(문발동)
전화 031 - 955 - 4226~7 팩스 031 - 955 - 4228
서울사무소 ▪03044, 서울시 종로구 자하문로6길 18 - 7
전화 02 - 734 - 1978, 1958 팩스 02 - 720 - 7900
영문문패 www.jisik.co.kr
전자우편 jsp@jisik.co.kr
등록번호 1 - 363
등록날짜 1969. 5. 8.

이 책에 대한 문의는
지식산업사로 연락해 주시길 바랍니다.

머리말

이 책은 원래 2024년 12월에 출간될 예정이었으나 불의의 12·3 내란사태로 부득이 오늘에야 햇빛을 보게 되었다. 이 책은 여러 정치집단들이 정의正義 개념을 아전인수로 정의하고 일방적으로 집행하려고 죽자 살자 싸우는 전통적·투쟁적 정의正義국가를 뒤로하고 여러 진보·보수집단들이 인仁(사랑)을 바탕으로 양해하여 공통의 중도적 정의正義 개념을 도출하고 공동으로 반反민주 극단세력들을 퇴치할 수 있는 "인의仁義국가"로의 이행을 논한다. 이 책에서는 정치철학만이 아니라, 서구에서 좌우정당들이 경쟁적으로 추구하고 있는 국민기본소득제도, 우리사주제도, 이해관계자 자본주의, 새로운 인구·출생정책, 3·4차 산업혁명, 새로운 조세·성장정책, K-컬처의 소프트파워에 바탕을 둔 인의국가적 대북·통일정책 등 수많은 신新정책들도 상론詳論하고 있다.

알려져 있다시피 《주례周禮》는 기원전 1046년부터 790년 동안 존속했던 주周나라의 법제를 기록한 책이다. 《주례》에 따르면, 정전제井田制를 실시했던 주나라는 ① 양민養民과 교민敎民의 '경제·복지정책'과 ② 경제적 불평등을 완화하고 고르는 '균제均齊정책'을 둘 다 시행했다. 맹자는 양민·교민 복지정책을 '인정仁政'이라 불렀다. 이 명명법에 따라 경제사회적 정의正義를 구현하는 '균제정책'은 '의정義政'이라 부를 수 있을 것이다.

정의는 사랑의 편향을 막고, 사랑은 '공동 정의'의 공감적·타협적 구성을 가능케

3

한다. 사랑과 정의는 상호보완적이다. 그러나 인류는 삶을 위해 사랑을 정의에 앞세워 왔다. 따라서 공자는 '인仁'(사랑)과 '의義'(정의)를 둘 다 중시하되 인을 바탕으로 양자를 통합한 도道를 '대도大道' 또는 '지도至道'라 했다. 공자는 이 '대도'가 행해져 인정仁政과 의정義政이 둘 다 행해지던 요순시대의 '대동大同사회'를 회고하며 되찾아야 할 이상사회로 제시했다. 이 '대동국가' 또는 '대도국가'는 인과 의를 통합·실시하는 점에서 곧 '인의국가仁義國家'였다.

당대唐代 이후 5대10국시대(907-679)와 송대宋代부터 역대 중국정부는 무너진 정전제나 균전제를 복원하는 의정(균제정책)을 실시할 엄두도 내지 못했다. 첫째는 토지를 겸병하고 귀족신분으로 올라선 호족들로부터 토지를 다시 수탈하려면 유혈 낭자한 내전을 치러야 할 것이 뻔했기 때문이고, 둘째는 인구증가로 말미암아 정전제나 균전제를 유지·실시할 만한 토지가 부족했기 때문이고, 셋째는 사회경제가 농본주의 경제에서 농업과 상공업이 둘 다 중시되는 농상양본주의農商兩本主義 경제로 변화·발전했기 때문이었다. 따라서 송대 이후 역대 중국정부는 '경제적' 의정(토지·재화의 균제정책)을 포기하고 인정(양민·교민의 복지정책)에 국정의 초점을 맞췄다.

역대중국에 '의정'이 있었다면, 그것은 신분차별을 없애는 '사회적' 의정이었다. 중국은 송대에 (노비를 제외한) 만인에게 개방된 과거제를 확립하고 학교제도를 개혁하고 관리의 특권을 1대代로 제한한 근대적 '신사紳士제도'를 도입해(1071) 귀족신분을 없앴다. 그리고 명말·청초부터는 일련의 해방법령(가정의 유사노비를 임금노동자로 규정한 1588년 대명률, 유사노비를 해방하는 강희제의 1681년 해방령, "신사·농민·노동자·상인은 모두 한 가족의 자식들로 평등하게 대우받아야 한다"는 옹정제의 1722년 평등칙령 등)으로 노비제도를 폐지해 중국사회를 인류 최초의 완전한 '평민사회'로 만들었다. 이후 귀족도 노비도 없는 중국의 이 완전한 평민사회에서는 모든 범주의 대중들을 '천하의 한 가족'으로 보는 인민仁民정신에서 노비를 해방한 취지에 따라 이 '사회적 의정'도 '인정'의 일환으로 이해되었고, 이에 따라 하층대중들의 이른바 '정의로운' 계급투쟁은 자연히 우회·회피되었다. 물론 중국역사에서 '신분투쟁'으로 가려진 계급투쟁이 전혀 없었던 것은 아니다. 명대 말엽에는 '유사노비'로 전락한

'전호佃戶(소작인)들'의 민란이 잦았고, 1644년에는 이자성李自成이 유사노비 난민집단들을 휘하에 결집시켜 북경을 점령하고 명나라를 멸망시켰으나 청군淸軍의 침입으로 한 달 만에 패주한 사건이 있었다. 그러나 이자성의 반란군은 신분해방군인지, 노상강도집단인지 성격이 모호했다. 따라서 송대 이후 중국의 역대국가는 명말의 모호한 과도기적 민란현상들을 제외하면 전반적 특징에서 계급투쟁이 없는 '인정국가'로 존속해 왔다고 정리할 수 있다.

이와 달리, 고대그리스 이래 서구국가들은 국가의 인정仁政 의무를 아예 방기하고 플라톤의 카스트분업적 정의나 트라시마코스적 정의의 정책, 곧 지배자적 관점의 의정義政만을 추구하는 야경국가적 '정의국가'로 일관했다. 그리고 18세기 말부터 서구제국은 이른바 '시민혁명'을 통해 부르주아지의 이익을 위한 자유주의적·야경국가적 정의국가로 변모했다. 그러다가 각국의 노동자계급이 일제히 정치세력화한 19세기 중반부터 서구제국은 '계급투쟁적 정의국가'로 전환되었다. 공자는 국가의 도道를 "지도至道·의도義道·고도考道"로 나누고, "지도로는 (대동시대의) 왕도王道국가를 만들고, 의도로는 (소강小康시대의) 패도覇道국가를 만들고, 고도로는 무탈한 국가를 만든다"고 갈파하지 않았던가! (고도考道는 인仁과 의義를 번갈아 변통하는 도다.) 공자의 분류에 따르면, 서양의 정의국가들은 모두 '패도국가'에 불과했던 것이다.

정의 개념은 다양하고 상이해서 항상 대립·충돌한다. 인도 힌두이즘과 플라톤의 카스트분업적 정의(분업적 역할과 지위의 불변성), 아리스토텔레스의 비례적 평등(공덕에 따른 분배)과 양적 평등(동일한 양의 분배), 트라시마코스적 정의("정의는 강자의 이익이다"), 홉스의 최강자(리바이어던)가 제정하는 정의(트라시마코스적 정의의 변종), 헤겔과 니체의 지배민족적·지배인종적 정의(둘 다 트라시마코스 정의개념의 변종), 부르주아적 정의(투자 비례의 이윤배분), 마르크스의 트라시마코스적 '승자의 정의'와 노동계급적 정의(노동에 따른 배분), 미시적 정의(사법적 정의), 거시적 정의(계층간 분배의 적정성), 기회균등, 경쟁시장의 정의, 주고받는 상호주의, 선착순·순번제·추첨제 등 '정의' 개념은 이토록 상이하고 다양하다. 이 때문에 실천선상에서는 이 다양하고 상이한 대립적 정의 개념 가운데 어느 것을 기준의 정의로 정하느냐를 두고 살벌한 '정의의 투쟁'이 벌어진다. 따라서 정의 개념 자체가 애당초 완력투쟁의 대상인 것이다. 사랑과 연대적 배려를 배격하고 경원하는 서양의 정의지상주의 세상에서 상쟁하는 대등한 정의들 사이에 우열을 결정할 수 있는 것은 '폭력(Gewalt)' 밖에 없기 때문이다. 《자본론》에서 마르크스는 확언한다. "동등한 권리들 사이에서는 폭력이 결정한다(*Zwischen gleichen Rechten entscheidet die Gewalt*)." 그리하여 모든 정의국가의 본질은 폭력투쟁에서 이긴 승자가 적수들의 다른 정의 개념들을 배제하고 승리한 강자의 정의를 '공의公義'로 내리먹이는 트라시마코스적 '조폭국가'인 것이다.

19세기 중반 '계급투쟁적 정의국가' 이념이 등장한 이래 정치세력화한 노동자계급과 자유주의적 부르주아지 정부는 불황기마다 백병전에 들어가 '정의의 주먹', '정의의 검', '정의의 총'으로 서로를 살상했다. 그리하여 1900-1930년대 전후 리버풀·글래스고우·루르·리용·디트로이트를 비롯한 서구 곳곳의 산업지대는 공황 때마다 주기적으로 적혈赤血의 '붉은 지대(red zones)'가 되었다. 그리고 지난 세기 계급해방과 민족해방을 위한 '정의의 혁명전쟁'은 세계 곳곳의 혁명군과 정부군, 그리고 양민들의 생명을 무수히 앗아갔다. 20세기에 전숲 세계에서 '정의의 이름'으로 살해된 희생자들의 수는 수억 명에 달했다. 인류는 역사상 '신의 이름'으로, 그다음은 '정의의 이름'으로 사람을 가장 많이 죽였다. 말하자면 '사랑 없는 정의'는 줄곧 '살인면허'로 통했다.

이런 험악한 투쟁과 인명 손실 속에서 서양의 계급투쟁적 정의국가들은 19세기 말부터 노동자계급을 무마하기 위한 사회보장법 제정을 통해, 또는 1919년 이후 노동계급의 이름으로 집권한 좌파정부들의 혁명적 입법조치들을 통해 사회복지제도를 확립해 나감으로써 '계급투쟁적 복지국가'로 변모했다. 계급투쟁적 정의국가의 진보적 변종인 '계급투쟁적 복지국가'에서 좌파정당들은 노동자들에 대한 복지시혜를 인도적 '인정仁政'이 아니라 정의로운 '의정義政'으로 이해했다. 이런 까닭에 서양 각국에서 사회복지국가의 수립은 불가피하게 유혈낭자한 '정의의 투쟁'을 통해 이루어졌다. 이것은 송·명·청대 중국에서 신분해방의 '의정'을 '인정'의 범주에 집어넣어 천하의 인민을 '한 가족'으로 여기는 동포애로 사회적 빈곤문제에 접근함으로써 계급투쟁을 피해 화합을 다지는 것과 정반대되는 현상이었다. 빈곤문제를 정의의 견지에서 바라보느냐, 사랑의 견지에서 바라보느냐에 따라 해법은 이처럼 판이하게 갈리는 것이다.

'인정仁政'을 '의정義政'으로 착각하는 도덕철학적 오인을 그대로 표현한 대표적 사회복지 이론은 존 롤스의 정의론(1971)이다. 이것은 서구제국이 경험한 계급전쟁을 역지사지의 '사고실험'으로 대체해 정의실현을 평화로운 과정으로 위장함으로써 계급투쟁적 사회복지국가를 사후적으로 정당화하고 장황하게 재구성한 '위장평화적 정의이론'에 지나지 않는 것이다. 하지만 누가 뭐래도 노동에 따른 분배를 넘어 노동하지 않거나 못하는 대중들(미성년자, 학생, 노인, 장애자, 환자와 불치병자, 실업자, 구직포기자, 행려병자, 노숙자 등)까지 배려하는 연대적 복지는 '정의'의 제도가 아니라 '사랑'의 제도인 것이다.

"class welfare state(계급복지국가)"는 '정의의 계급투쟁'을 국가 차원으로 연장한 "class warfare state(계급전쟁국가)"였다. 하지만 전후 서구에서 계급투쟁은 근대민주주의와 더불어 더욱 완벽한 사회복지제도가 제대로 확립되면서 점차 평화화·신사화 되고(*pacified-gentrified*) 은밀해졌다. 요란하고 선혈이 낭자했던 계급투쟁이 생산현장과 공장지대에서 사라진 것이다. 그러나 '정치적·사회적 현장'에서는 좌파정당의 집권 때마다 자본과 자본가들의 해외도피와 대항입법, 세기말 신新자유주의적 우파정부의 복지국가 해체기도와 좌파정당의 방어투쟁, 좌우정당 간 진영대결의 고착 등 변형된 계급투쟁이 은연히 고질화되었다. 그리고 소련·동구권에서는 계급투쟁국가가 공산당의 일당독재체제로 공식화·제도화되었다. 아시아·아프리카와 중남미 제국에서는 전후 '냉전' 속에서 소련과 중국이 지원하던 세계적 계급혁명전쟁과 미국과 서방세계가 지원하는 반공전쟁이 반세기 동안 정면충돌하며 지루한 '유혈의 열전'을 벌였다.

"계급전쟁국가(class warfare state)"로서의 정의국가와 이 국가유형에 제약된 보혁대결 정치, 그리고 공산당의 계급독재적 정의국가는 그간 전 세계로 퍼져 나갔다.

7

우리나라도 예외가 아니었고, 결과는 국토분단, 6·25전쟁, 80여 년 남북대결이었다. 북쪽에는 계급투쟁적 정의국가의 '혁명적' 별종으로서 계급독재체제가 이식되었고, 북한 노동당은 동포애도 모르는 살벌한 계급적 정의의식 속에서 서슴없이 남침도 자행했다. 남쪽에서는 반일 민주정당과 친일 독재정당 사이에 한 치도 양보 없는 적대적 격돌정치로 '한국화된' 계급투쟁적 정의국가의 보혁대결 정치가 불꽃을 튀겼다.

그러나 20세기 최후의 10년 동안 냉전비용을 감당하지 못한 소련·동구권의 공산 독재국가들은 체제 자체가 붕괴되면서 도미노처럼 잇따라 넘어져 지구상에서 사라졌다. 그리고 서구에서 치열하던 좌우 진영대결 정치도 민주주의의 가일층적 발달과 확립, 20세기 말 이래의 복지국가의 위기, 유럽연합(EU)의 성립과 EU 안에서 좌우정당의 국제적 뒤엉킴, 양대계급의 파편화·해체 등으로 말미암아 본질적으로 완화되었다. 좌우정당 간에는 동거정부(프랑스·오스트리아·핀란드)와 대연정(독일· 오스트리아)을 넘어 심지어 정책수렴 현상까지도 나타나고 있다. 복지제도개혁과 기본소득 실험, 복지예산증액 대신 주당 32시간 노동시간 단축, 연금개혁 및 노인복지 개혁, 종업원주식소유제도 확산정책, 근로자경영참여제도의 도입과 확대, 교육개혁 등이 좌우정당이 함께, 또는 번갈아 다투어 추진하는 대표적 좌우수렴·공통정책들이다. 이 정책들은 대체로 계층·세대·양성에 화합을 가져오는 성질의 정책들이다.

그런데 미국·한국·프랑스·남미제국 등에서는 오히려 주요정당들 사이에 적대투쟁과 치열한 대결정치가 갈수록 격화되고 있다. 이 나라들에서 적대적 정치투쟁은 경제·사회영역의 '계급투쟁'을 반영한 것이라기보다 잘못된 정치제도에 의해 강제되는 것이다. 이 잘못된 정치제도는 바로 패자부활과 정당연립을 봉쇄한 미국식 대통령제(대통령이 외정권과 내정권을 독점하는 제왕적 권력구조)와 승자독식(winner-take-all)·패자전실敗者全失(loser-lose-all)의 선거제도다. 이 승자독식·패자전실 방식의 선거제도와 연립정부를 봉쇄한 헌정체제에서는 '승자'는 겨우 한 곳 차이로 이겨도 모든 권력을 독식하는 반면, '패자'는 한 곳 차이로 져도 모든 권력을 전실全失한다. 승자는 지나치게 짜릿한 스릴을 느끼고, 패자는 눈이 뒤집힐 정도로 억울함과 복수심·증오심·적개심에 불탄다. 귀결은 적대적 격돌이다.

이에 따라 가령 미국에서는 1981년부터 지금까지 40여 년 동안 여소야대與小野大 정국에서 거야巨野가 예산안을 통과시켜 주지 않아 미국 행정부가 혹한 속에서 연방정부의 문을 닫는 '셧다운(shutdown)' 사태가 21회나 발생했다. 이 셧다운은 짧으면 하루 또는 며칠, 길면 달포 동안 이어져 관민에게 막대한 손실을 초래해 왔다. 또 2020년 겨울에는 대선패배에 몸 둘 바를 모를 정도로 격한 울분과 허무감에 휩싸인 트럼프 후보 지지자들이 미국 의사당을 무장 침입해 의회직원 4명을 쏘아 죽일 정도로 격렬한 유혈난동을 부렸다. 그리고 2023년 4-5월 프랑스에서는 연금수령 연령을 2년 연기하는 법률에 반대하는 극좌·극우 극단세력들이 경찰의 저지선을 뚫고 공공시설에 방화하고 기물을 파괴하며 파리를 초토화시켰다.

한국에서도 증오범죄 유형의 정치테러가 기승을 부리기 시작했다. 가령 2006년 5월 20일 박근혜 대표는 좌익 괴한으로부터 커터 칼 습격을 당해 얼굴에 심각한 자상刺傷을 입었고, 2018년 5월 5일에는 단식농성 중인 김성태 자유한국당 원내대표가 어떤 좌파 괴한으로부터 얼굴을 주먹으로 맞아 입원해야 할 정도로 심한 부상을 입었다. 2022년 3월 7일에는 대선지원 유세 중의 송영길 민주당 대표가 극우 괴한이 휘두른 둔기에 머리를 맞아 심한 부상을 당했다. 그리고 2023년 9월 14일 단식 중의 이재명 민주당 대표를 지지하는 여성 난동자는 쪽가위를 휘둘러 말리던 경찰 3명에게 심각한 부상을 입혔다. 그리고 2024년 1월 2일 이재명 민주당 대표는 극우편향 괴한의 예도銳刀에 목 동맥 부위를 찔리는 치명적 테러를 당했다. 2024년 1월 25에는 백주대낮에 한 중학생이 배현진 국민의힘 의원의 머리를 돌로 수차례 가격하는 테러를 자행했다.

이런 격렬한 적대적 투쟁과 폭력은 승자독식·패자전실을 초래하는 '소선거구제도'와 '미국식 대통령제'를 둘 다 채택한 미국·한국·남미제국에서 일상이 되었다. 분권형 대통령을 직선하고 이와 거의 동시에 소선거구제로 총선을 치르는 프랑스에서도 승자독식·패자전실의 부작용은 만만치 않다.

오늘날 일부 서구제국과 우리나라의 한 당면과업은 선거제도 개혁과 정부형태 개조를 관철시킴으로써 생사를 오가는 격렬한 정당갈등과 적대적 격돌정치를 해소하고, 계층 간·세대 간·양성 간·지역 간 화합을 가져오는 좌우수렴의 공통정책들을 구현하는 것이다. 그러나 이것은 국회에만 맡겨 놓는다면 매번 보아 왔듯이 '고양이 목에 방울달기'다. 초당적 '선거개혁·개헌 범국민특별위원회' 같은 논장論場을 만들어 국민적 논의를 통해 도출된 개혁방안을 국민의 이름으로 국회에 들이밀어야 할 것이다. 개혁방향은 '권역별 중대선거구제' 도입과 '분권형 대통령제' 개헌이다. 이 개혁은 이제 이번 친위쿠데타로 말미암아 급선무가 되었다.

승자독식·패자전실의 정치제도보다 더 심각한 정치문제는 극우파쇼 세력이 확산되고 날로달로 강대해지는 전 세계적 추세다. 이탈리아 네오파시스트 정당인 이탈리아형제당은 이미 집권해서 조르자 멜로니가 총리직에 올랐다. 오스트리아에서 구舊나치스들이 창당한 '민족당'은 현재 제2당이고, 독일의 네오나치스정당 '독일을 위한 대안(AfD)'도 현재 독일의 제2당으로 올라섰고, 마린 르펜이 이끄는 네오파쇼당 '국민연합'도 프랑스의 제2당이다. 동구권 집권당의 대부분, 그리고 우크라이나의 젤렌스키 정부세력, 일본의 아베세력 등도 다 네오파시스트 정당들이다. 충격적인 것은 2024년 9월 자당이 집권하면 나치스금지법을 폐지하겠다고 공언한 AfD의 지지율이 1925년 초 현재 22%로 독일 사민당(16%)을 앞질렀다는 것이다. 우리나라에서는 극우파쇼적 '태극기세력'이 내보내는 가짜뉴스 동영상들의 알고리즘이 초래하는 확증편향 증세에 걸린 윤석열이 대통령의 지위에서 불법 비상계엄령으로 군대를 동원해 친위쿠데타의 극우내란을 일으켰고, 내란죄로 피체된 윤석열의 구속과 단죄에 저항하는 태극기세력들은 2025년 1월 19일 새벽 경찰 수비대를 제치고 서부지방법원으로 몰려 들어가 건물 내부시설을 마구 파괴하고 영장발부 판사를 찾아 7층까지 뒤지고 다니는 난동을 일으키고, 윤석열 탄핵에 저항해 전국의 극우파쇼 분자들을 품삯 주고 동원해 각지에서 내란을 선동했다. 따라서 지금은 세계적으로 온건진보와 건전보수가 대연합을 이루어 극우파쇼를 제압·박멸하여 국가를 '재再근대화(Re-Modernization)'해야 할 시기다. 좌우연합이 인仁을 바탕으로 공통의 정의 개념을 산출하여 극단세력들을 정치세계에서 퇴출시킬 수 있는 인의국가는 이 극우파쇼 세력을 물리치는 데에도 가장 합당한 국가유형일 것이다. 그러므로 '정의국가에서 인의국가로의 이행'은 인류역사상 가장 중요할 뿐만 아니라 가장 시의적절한 국가변동이다. '인의국가'가 바로 공자가 회고·동경하던 그 '대동국가'가 아니던가!

이 책은 지금까지 필자의 50년 학문연구를 집대성하는 성격의 '일반이론'이기 때문에 방대하다. 이 책에는 이전에 필자가 쓴 여러 책으로부터 가져온 부분들이 여기저기 끼어 있다. 하지만 이 책이 '집대성' 성격의 책이기 때문에 일일이 그 출처를 밝히지 않았다. 물론 여러 책에서 가져온 부분들은 이 책의 논의맥락에 맞춰 많건 적건 손질했다.

아무쪼록 우리나라 정치와 조국의 운명에 깊은 관심을 가진 독자가 이 책을 독파함으로써 '대한민국'을 'K-문명국가'로 만드는 데 기여하기를 바랄 뿐이다. 이 저자는 대한민국이 '정의국가'를 딛고 '인의국가'로 올라선다면 세계 7·8등의 선진국이 아니라 일약 '세계 0순위의 선진국'으로 도약할 것이라고 믿어 의심치 않는다.

끝으로, 경이로운 '책 사랑으로' 80대 노구를 이끌고 독감도 이기며 출판사 대표이면서도 이 방대한 책 원고를 꼼꼼히 다 읽고 재교再校해 주고 이 책의 최초 독자로서 책 내용을 높이 평가해 준 김경희 대표께 충심의 감사를 표하고, 이 원고를 책으로 만드느라 무려 1년 동안 씨름한 김연주 편집자와 출판사 관계자분들께 깊은 감사의 마음을 전한다.

2025년 3월 어느 날
인천 송도에서
죽림竹林 황태연 지識

차 례

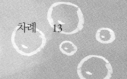

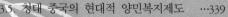

들어가는 말

　최근 출간된 《도덕의 일반이론》은 지금까지 2000년 인류의 사상사 속에 출몰한 역대 도덕철학을 현대 뇌과학·진화이론·사회생물학·과학심리학·범죄사회학·현대 정치철학 등 관련된 모든 최첨단 과학에 의해 엄정하게, 그리고 세밀하게 비판적으로 스크린하고 이를 통해 '도덕과학'을 다시 새롭게 정초했다. 그 결실은 과학적으로 확고하게 재정립된 '성선론적 도덕과학'이었다. 이 재정립 과정에서 인간과 사회에 사랑(仁)과 정의(義)가 필수적이지만 선후관계에서 사랑이 정의보다 앞선다는 사실을 간간히 확증함으로써 도덕이론 안에서 '정의지상주의' 또는 '정의제일주의'를 해체시켰다.

　도덕은 개인에게 필수적이지만 사회와 국가에도 필수적이다. 도덕감정과 도덕률이 없으면 아무도 계약이나 법을 지킬 기속력羈束力을 느끼지 않을 것이다. 약속과 법의 일차적 기속력은 공권력이나 강제력이 아니라 '신의信義 도덕'이기 때문이다. 도덕이 사회적 기반으로 전제되지 않는다면 계약의 체결도 법률의 입법도 아무 소용없을 것이다. 따라서 도덕이 없으면 사회와 국가는 유지될 수 없다.

　나아가 국가는 행위절차, 행위자, 정책과업 등 모든 측면에서 도덕과 불가분적 관계에 들어 있다. 특정 사회를 대표하는 일종의 법인인 '국가'의 행위절차·관리·정책과업은 완전히 도덕적이어야 한다. '국가'의 행위절차가 도덕적이지 않으면 국민이 정부를 믿고 따르지 않을 것이다. 또한 국가의 관리들이 도덕과 지혜 측면에서 '최선의 인물'이 아닐 경우에도 국민은 국가를 신뢰하지 않을 것이다. 더욱 결정적으로 중요한 것은, 국가가 종교단체나 학교처럼 도덕을 가르치거나 주입하는 기구여서는 아니 될지라도 국가가 도덕적 과업을 수행하고 도덕을 수호하지 않는다면 국민은 국가를 버릴 것이라는 사실이다. 특히 국가가 '인애'와 '정의'를 구현하고 보장하기 위해 제정된 법률과 합법적 정책으로 국민의 안전을 지키고 사랑을 베풀고 정의를 회복·구현하는 '인仁'과 '의義'의 도덕적 과업을 외면하는 경우에도 국민은 국가를 믿고 따르지 않을 것이다. 그런데 국가가 외적과 범죄자들의 침입으로부터 국민을 지키지 않는다면, 그것은 국민을 사랑하지 않는 것이다. 그리고 그것은 침략자의 불의한 죄악을 응징하지 않는 것이므로 정의롭지 않은 것이다. 왜냐하면 생존도덕 (소덕)의 관점에서 타인의 고유한 영역인 '터' 또는 '터전'을 침략하는 것은 정당방위를 위한 적개심을 불러일으키는 죄악이고, 대덕(인·의의 인의도덕)의 관점에서는 더욱 큰 죄악이기 때문이다.

그러므로 국가는 인의仁義를 실현하는 차원에서도 국민의 안전을 보장해야 한다. 이렇게 보면 안보는 국가의 인·의仁·義 과업의 가장 초급적인 세부사항에 불과하다. 인의과업은 이 안보보다 엄청나게 큰 과업이라는 말이다.

그런데 플라톤부터 스미스와 마르크스를 거쳐 롤스에 이르기까지 장구한 세월 동안 일단의 서양철학자들은 '정의'만이 국가의 과업이라고 주장하는 정의지상주의적 또는 정의제일주의적 정의국가론을 강변해 왔다. 그러면서 국가철학에서 '사랑 〔仁〕'을 몰각하거나(플라톤), '초超의무적 덕성'으로 배제하거나(스미스·스펜서·쇼펜하우어·롤스), 먼 미래의 공산주의 사회단계로 미루었다(마르크스). 반면, 공맹을 위시한 극동의 유학자들은 태고대로부터 인정仁政과 의정義政을 겸행兼行하되 인정을 의정에 앞세우는 '대동大同'의 국가, 필자의 용어로 '인의국가仁義國家(benevolent -just State)'를 오래된 유토피아로 꿈꾸어 왔다. 대동국가의 유토피아에 못 미치지만 초계급적으로 인仁을 시행하는 인정仁政·복지국가의 정치이념이 서양에 존재했다면, 그것은 모두 공맹 국가철학을 수용한 템플·볼프·라이프니츠·유스티·헤겔 등으로부터 비롯되었다. 17-18세기에 서양에 출몰한 유토피아론에는 플라톤의 공산주의를 변조한 토마스 모어의 《유토피아》를 제외하면 대개가 극동의 유교국가 중국과 한국을 동경하는 공상소설들이었다. 캄파넬라의《태양의 나라》, 베이컨의《뉴아틀란티스》, 헨드리크 스메크의《크링케 케스메스》, 귀요-데퐁텐느의《새로운 걸리버》등이 그것들이다.

대내외적 안보만을 중시하는 야경국가로서의 플라톤적(신분제적·권위주의적·군국주의적) 정의국가와 자유주의적 정의국가는 근대혁명과 노동자계급의 권력장악으로 종식되었다. 부자계급의 수탈을 통한 복지의 균등배분을 중시하는 20세기 사회주의 정의국가로서의 서구와 동구의 계급투쟁적 복지국가들은 100년을 채우지 못하고 거의 동시에 동과 서에서 위기에 처했다. 서구의 복지국가는 1980년대부터 계속된 스태그플레이션이라는 이상야릇한 경제불황 속에서 1990년대의 신자유주의적 해체 공세로 부분적으로 허물어지며 방향을 잃었고, 동구의 반인도적反人道的 사회주의제 국은 1990년대에 일시에 스스로 붕괴되거나 '인민'에 의해 타도되었다.

동서의 선진세계가 이렇듯 역사적 방향을 상실한 마당에, 불황을 타파하고 수익성을 회복하려는 자본주의 고유의 메커니즘과 과학기술적 창조정신은 서로 결합하여 IT 중심의 제3차 산업혁명과 AI 중심의 제4차 산업혁명을 무대에 올렸다. 전대미문의 이 새로운 생산력의 혁명적·폭발적 발전은 급격히 일손을 줄여 일자리를 대대적으로 파괴하고 주력 산업역군의 비중을 전全 경제활동 인구의 3분의 1 이하로 감소시킬 것이다. 실로 미증유의 역사적 격변이다. 70%의 노동인구는 앞으로 경제 언저리에서 주력노동자와 나머지 인구를 뒷바라지해 주는 서비스노동자로 살거나 100세 시대에 경제영역에서 조기 퇴출되어 장기실업자나 명예퇴직자로 살아야 할 것이다. 극우세력들이 선호하는 기존의 권위주의적·(신)자유주의적 정의국가나 서구의 잔존 구舊좌익세력과 한국의 가령 무식한 좌익복고주의·좌익보수주의세력 들의 계급복지·정의국가 모델로는 제4차 산업혁명의 새로운 혁명적 생산력과 개편되고 있는 새로운 생산관계, 곧 이 새로운 경제적 '토대'를 경계 안에 품고 효율적으로 발전시키면서 이에 따른 제반 문제를 인간다운 도덕적 방식으로 해결해 나갈 수 없다.

따라서 이 미증유의 세계사적 기술·경제격변을 감당할 뿐만 아니라 이 격변을 기회로 활용해 혁명적 생산력 발전의 혜택을 잘 나눠먹을 새로운 고차적 유형의 인간다운 대동大同사회를 일구어갈 새로운 국가모델이 절실하게 요구되고 있다. '대동'을 이제 유토피아가 아니라 당면의 '현실'로 만들 새로운 국가유형은 무엇인가? 이 문제를 탐구하기 위해 일단 국가의 일반이론부터 살펴본 다음, 새로운 국가유형으로서 인의국가 이론모델을 현재와 미래의 경제적·사회적·정치적 조건 위에서 구축해야 할 것이다. 이 논의는 궁극적으로 인의국가 이론모델 구축을 위한 것이다.

제1장
국가의 존재이유

제1절 국가의 존립기반과 고유과업

인간들은 누구나 지금 빈자, 노약자, 부상자, 병자, 불구자이고, 아니면 언젠가 빈자, 병자, 노인, 부상자, 불구자가 될 위험 속에서 살고 있다. 빈자, 병자, 노인, 부상자, 불구자는 이른바 '사회적 약자들'이다. 따라서 모든 인간은 누구나 예외 없이 현재적·잠재적 약자들인 것이다. 그래서 사회와 국가는 근본적으로 누구나 약자인 처지나 약자가 될 위험에 대한 만인의 동정적·협동적 대처를 통해 현재적· 잠재적 약자들의 동정적 상호부조를 실현하기 위한 '모성애적' 공동체이고 이런 '모성애적' 공동체이어야 한다. 역으로, 국가는 현재적·잠재적 약자를 키워 주고 지켜 주는 '모국母國', 곧 '어머니' 같은 공동체다. 동정심은 자애심의 확대판이고, 자애심은 생물학적·진화론적으로 부성애보다 모성애적 친애감정에 근본을 둔다. 사회와 국가는 동정심적·모성애적 상호부조 공동체임과 동시에 동정심과 사랑의 서로 어울림과 사회적 예술·유희활동의 직조織造를 통해 현재적·미래적 약자 일반의 '쾌락적·유희적·미학적·도덕적 즐거움'을 보장하고 증진하기 위한 모성애적 '행복 공동체'다. 즉 동정심은 '사회적 존재자'로서의 '인간'에 내재한 본성이고, 현재적·잠 재적 약자들이 모인 '사회와 국가'의 본질적 성격이다. 국가의 존재이유도 이 동정심 〔仁〕으로부터 도출된다.

1.1. 모성애〔仁〕와 모성애적 국가모델

목적론적 관점에서 보면, '사회는 약자들을 위한, 약자에 의한, 약자들의 조직'이 다. 그리고 존재론적 관점에서 보면, 사회는 본질적으로 '동정을 위한, 동정에 의한,

동정의 조직'이다.

■ 국가는 '약자를 위한, 약자에 의한, 약자의 조직'

　다윈은 "인간 조상이 사회적이 되기" 위해 "자기들이 얼마간의 사랑을 느꼈을 동료들과 분리되면 상심하게 느끼고, 서로에 대해 위험을 경고해 주었을 것이고, 공격과 방어에서 상호부조를 주는" 오랜 과정에서 "유전된 습관의 도움을 받은 자연선택"으로 획득한 "사회적 자질들"로서의 "얼마만한 정도의 동정심, 충성심, 용기"를 갖췄다고 말했다.[1] 따라서 '사회적 인간'은 '동정적 인간'과 동의어다. 그러므로 다윈은 '냉혹한 공리적 이성'으로 계산하면, 저능아·불구자·병자·빈자 등 약자들에 대한 구제는 '우연적 이익'의 관점에서 "인간의 종족에 고도로 해롭다"는 것은 의심할 바 없이 "틀림없다"고 하더라도, 니체가 '냉혹한 사이코패스적 이성'에 따라 주장하듯이 동정심을 없애고 약자들을 제거하면, "반드시 우리 본성의 가장 고귀한 부분", 곧 사회적 본성을 "악화시키게 될 것"이라고 논변하고, "의도적으로 허약자들과 의지가 없는 무력자들을 버린다면", 이 짓이 전쟁터 같은 예외상황에서 '우연적 이익'을 가져다줄지 몰라도 "결국" 인간사회가 해체되는 "확실하고 커다란 현재적 해악"을 초래할 것이라고 논변한다.[2]

　한마디로, '사회적 인간'은 '동정적 인간'과 동의어이고, 사회는 '동정을 위한, 동정에 의한, 동정의 조직'이다. 이런 한에서, 동정심의 제거는 곧 인간 자체와 인간사회의 동시적 제거 또는 해체를 뜻한다는 것이 다윈의 논지다. 데이비드 흄은 일찍이 동정심·자애심·인애심과 같은 "이 도덕성의 감정은 인간 정신을 질병이나 광기로 완전히 혼란시키지 않고는 이 감정을 뿌리뽑거나 파괴하는 것이 불가능할 정도로 우리의 만듦새와 성정 속에 깊이 뿌리박고 있다"고 말했다.[3]

1) Charles Darwin, *The Descent of Man, and Selection in Relation to Sex*(1871·1874)(London: John Murray, 2nd edition 1874), 129-130쪽.
2) Darwin, *The Descent of Man*, 133~134쪽.
3) David Hume, *A Treatise of Human Nature: Being an Attempt to Introduce the Experimental*

크로포트킨의 다각적 연구보고에 따르면, 야만인들, 심지어 동물들도, 조류와 같은 미물들도 불구자 동료를 버리지 않고 평생 부양한다. 어려운 시기에 유아살해나 노인유기를 자행하는 일부 미개인 부류도 있지만 대부분의 미개인 종족들은 어려운 상황에서도 노인·병자·부상자와 기타 약자들을 결코 유기하지 않고 끝까지 보호하고 보살펴 준다. 또 공감과 동정심이 발달된 수많은 종의 동물도 부상당하거나 불구화된 동료를 버리지 않고 끝까지 돌봐 준다. 가령 부시맨, 오스트리아 원주민, 파푸아족 등은 부상자·병자·노인을 절대로 버리지 않는 강한 인애심과 동정심을 보여 준다.4) 그리고 다양한 종의 원숭이들은 부상당한 동료를 끔찍이도 배려하고 동료의 사체를 되찾으려고 맹렬하게 노력한다.5) 족제비는 부상당한 동료족제비를 간호해 주고, 사다 새가 눈먼 다른 사다 새를 부양하는 사례도 발견된다.6) 들쥐는 눈먼 다른 들쥐를 부양하고, 인디언까마귀는 장님 까마귀를 정성껏 보살핀다.7)

동물과 미물들도 이런 동정적 사회를 이루고 살기 때문에 인간사회는 더욱 더 "동정에 의한 동정을 위한 동정의 공동체"라고 할 수 있을 것이다. 이것은 "사랑에 의한 사랑을 위한 사랑의 공동체"로 바꿔 부를 수도 있다. 따라서 사회와 국가는 의정義政공동체이기 전에 인정仁政공동체인 것이다. 이에 견주면 각종 정의국가론은 '마초국가론'인 셈이다.

그래서 공맹과 중국의 인정국가론을 찬양해 마지않은 요한 유스티(Johann H. G. Justi)는 1761년 《국가의 권력과 행복의 기초(Die Grundfeste zu der Macht und Glückseeligkeit der Staaten)》에서 "국가가 연로年老·질병·허약 때문에 일할 수 없는 가난하고 불행한 사람들을 구휼하는 만큼 필수적이고 정당한 것은 없을 것이다"라고

Method of Reasoning into Moral Subjects[1739–40]. Book 3. Of Morals(Oxford·New York·Melbourne etc.: Oxford University Press, 2001·2007), 305쪽.

4) Pyotr A. Kropotkin, Mutual Aid: A Factor of Evolution(London: William Heinemann, 1902·1919), 72–82쪽.

5) Kropotkin, Mutual Aid: A Factor of Evolution, 45–46쪽.

6) Kropotkin, Mutual Aid: A Factor of Evolution, 51쪽 각주.

7) Kropotkin, Mutual Aid: A Factor of Evolution, 51쪽 각주(1).

천명하고, "보편적 인간애는 우리가 시민사회 안에서 살지 않더라도 이 의무를 우리에게 부과할 것이다"라고 갈파한다. 그런데 "같은 시민사회 속에 서로 더불어 살고 있는 이들"은 "빈곤하고 허약한 구성원들을 구휼해야 할 훨씬 더 강한 의무를 지닌다." 시민들이 시민사회로 "결합해 있는" 것은 "공동체적 행복의 궁극목적을 위한" 것이기 때문이다. 따라서 국가가 짊어져야 할 의무는 시민사회보다 "더 크다." 유스티는 "시민사회의 각 구성원의 복지를 돌보는 것"이 국가가 궁극목적으로 추구하는 "공동체적 최선最善과 합치된다"는 사실을 그 이유로 댄다.[8]

'마초 같은 정의국가론'에 대해서는 인애를 정의에 앞세우는 공자의 모성애적(자애적·인애적) 대동국가론이 정면 대립한다. 공자와 프란시스 허치슨이 말하듯이 인애는 물론 '개명된 상호주의적 이기심'의 이익과 결합해서 '이인利仁'을 낳을 수 있고, 강제력을 써서 가령 복지세를 납부하도록 하는 '억지 인애', 곧 '강인强仁'을 산출할 수도 있다. 그러나 위기 시에 개인들이 자발적으로 목숨을 바쳐서라도 지켜야 할 진정한 국가, 곧 모국母國으로서의 인애적 국가는 구성원들에게 공동이익을 거시적으로 증진하는 미시적 '이인' 활동(공익적 이윤추구활동)을 장려하고 '강인'을 의무로 과하며, 또 강인과 이익으로 얻어진 재원을 대가 없이 박시제중博施濟衆에 쏟아붓는 인정仁政을 펴려면 그 자체가 무한한 모성애적 본성을 갖춘 '안안安仁' 국가여야 한다. 이런 까닭에 공자는 인애와 정의의 서열관계, 인애의 종류, 국가의 성격을 정교하게 구분해 논한 바 있다. 일단 공자는 인자仁者만이 권위 있게 수립할 수 있는 법치를 말한다. "욕심 없이 인仁을 좋아하는 자, 두려움이 없이 불인不仁을 미워하는 자는 천하에 한 사람이 있을까 말까 할 정도로 드물다. 그러므로 군자들은 도道를 자기 안으로부터 논의해 법을 설치함으로써 백성을 다스린다(無欲而好仁者 無畏而惡不仁者 天下一人而已矣. 是故君子議道自己 而置法以民)."[9] '욕심 없이 인을 좋아

---

8) Johann H. G. Justi, *Die Grundfeste zu der Macht und Glückseeligkeit der Staaten, oder ausführliche Vorstellung der gesamten Policey-Wissenscht* zweiter Band(Königsberg und Leipzig: Verlag seel. Gebhard Ludewig Woltersdorfs Witwe, 1761), §315.
9) 《禮記》〈表記 第三十二〉.

하고 두려움이 없이 불인不仁(사이코패스)을 미워하는' 인仁과 의義를 둘 다 갖춘 인의군자仁義君子가 '드물기' 때문에 군자는 법의 힘을 빌린다. 동시에 공자는 인애와 정의의 서열관계, 인애의 종류, 국가의 성격을 이렇게 밝힌다.

> 인仁은 세 가지가 있는데, 공효功效(효과)는 인과 같지만 사정事情을 달리한다. 공효가 인과 똑같다면 아직 이 세 가지 인을 식별할 수 없다. 하지만 세 가지 인이 똑같이 실패한 뒤에는 이 인들을 식별할 수 있다. 인자는 안인安仁하고, 지자는 이인利仁하고, 죄받는 것을 두려하는 자는 강인强仁한다. 인仁은 오른쪽이고, 도道는 왼쪽이다. 인은 사람답고 도는 의롭다. (...) 도에는 지도至道, 의도義道, 고도考道가 있다. 지도로써는 왕 노릇을 하고, 의도로써는 패자 노릇을 하고, 고도로써는 행하는 데 과실을 없앤다.[10]

"세 가지 인애가 똑같이 실패한 뒤에는 그 인애들을 식별할 수 있다"는 것은 마음에서 인을 베풀려던 안인자安仁者는 실패를 안타까워하겠지만, 이익 때문에 인을 베풀려던 이인자利仁者는 실패를 안타까워하기보다 아쉬워할 것이고, 타인들의 강요로 인을 베풀려던 강인자强仁者는 이 일이 실패할 경우에 오히려 기뻐할 것이라는 뜻이다. 또 '인은 오른쪽이고 도(=정도正道=정의)는 왼쪽'이라는 말은 인애가 우위의 덕목이고 정의는 인애를 보좌하는 그다음 서열의 덕목이라는 말이다. 인애와 정의가 이런 서열로 합해 이루어진 인의仁義가 '지도至道'다. '지도국가'는 '대동국가'이고, 우리 인류는 대동국가(행복국가)를 지향한다. 플라톤·홉스·스미스·스펜서·니체·롤스처럼 인정仁政 없이 분업적·사법적 정의와 트라시마코스적 정의만을 중시하는 '정의국가'는 소강小康단계의 '패도국가'일 뿐이다. 20세기 시장경제에 기초한 class welfare state(계급복지국가)도 실은 '정의의 주먹'을 능사로 아는 class warfare state(계급투쟁국가)로서의 정의국가였다.

---

10) 《禮記》〈表記 第三十二〉. "子曰 仁有三, 與仁同功而異情. 與仁同功, 其仁未可知也. 與仁同過, 然後其仁可知也. 仁者安仁 知者利仁 畏罪者强仁. 仁者右也. 道者左也. 仁者人也 道者義也. (...) 道有至義有考. 至道以王 義道以覇 考道以爲無失."

■ 정의에 대한 모성애적 사랑의 우위

　모성애적 인애를 정의에 앞세우는 공맹의 인정국가론은 서양의 면면한 정의제일
주의 야경국가론, 곧 플라톤·홉스·스미스·쇼펜하우어·스펜서·마르크스·니체·롤
스 등의 정의국가론과 정면으로 대립한다. 이렇다면 공자철학은 외로운 철학, 비현실
적인 철학인가? 천만에! 서양철학에서도 공자철학의 영향으로 보이는 국가철학,
곧 필리아(인애, 연대, 우정, 사랑, 배려심)를 정의에 앞세우는 아리스토텔레스의 국가
론이 있다. 아리스토텔레스는 소크라테스와 플라톤에 맞서 《니코마코스 윤리학》에
서 모든 국가의 기초를 필리아로 보고 국가형태를 가족들 간의 필리아 관계의
유형에 따라 구분했다. 그는 "모든 공동체는 국가공동체의 일부로 보이고, 이 각각의
공동체에는 제각기 특정한 형태의 필리아가 조응한다"고 말한다.11) 그래서 "여러
헌정형태들의 비슷한 유형, 이른바 모형들을 가족관계에서 찾을 수 있다"는 것이
다.12) "아비와 자식들" 간의 필리아 관계는 "유형 측면에서 왕도적王道的이다".
아비의 관심사는 자식들을 보살피는 것이고, "왕도정체의 이상은 가부장 정체이기"
때문이다. 한편 "남편과 아내" 간의 필리아 관계는 "귀족정체의 본질"이다. "남편은
적합성에 의해 그리고 남자의 분야에 속하는 일에서 다스리고, 여성에게 적합한
일들은 아내에게 위임한다." 나아가 "형제 간"의 필리아 관계는 "일종의 티모크라티
아(τιμοκρατια)", 곧 '민주정'이다. "형제들은 연령 차이를 제외하면 동등한 자들"이
다. "민주정체는 가장 완전하게 주인 없는 집안의 유형과 비슷하다. 이 정체에서는
모든 식구가 동등하기 때문이다."13) 아리스토텔레스는 《정치학》에서도 헌정체제

---

11) Aristoteles, *Die Nikomachische Ethik*, 1160a25-30.

12) Aristoteles, *Die Nikomachische Ethik*, 1160b20-30.

13) Aristoteles, *Die Nikomachische Ethik*, 1160b20-1261a5. 아리스토텔레스는 이 《윤리학》에서 전체의
　이익을 추구하는 왕도정체(바실레이아βασιλεία)·귀족정체·티모크라티아의 세 정상체제 및 이 세 형태의
　타락형인 참주정체과두정체민주정체 등 6개 정체를 열거하면서 '티모크라티아'를 재산등급에 기초한 헌정
　체제로 정의하고 있다. Aristoteles, *Die Nikomachische Ethik*, 1160a30-1160b20. 그러나 《정치학》에서는
　이 티모크라티아 개념을 다 버리고 전혀 다른 이론을 제시한다. Aristoteles, *Politik*, 1294a15-16. 이 개념
　혼란에 대한 지적은 참조: Olof Gigon, "Einleitung". Aristoteles, *Politik*, 34쪽.

의 제諸형태를 가족적 부자·부부·형제관계와의 비유로 설명한다.[14) 다만 그는 왕도정치를 어머니와 자식의 모성애적 관계가 아니라 아버지와 자식의 가부장제적 부성애관계로 뒤틀고 있을 뿐이다. 아무튼 예수도 "원수를 사랑하라"고 할 정도로 사랑을 원수에 대한 정의로운 복수심에 앞세웠다.

그리고 16세기 말 이래 서천하기 시작한 공자철학의 영향으로 17세기 중후반부 터 서양에도 동정심과 인애를 도덕철학의 기초로 보는 '동정심의 벗들'로서의 모럴 리스트들이 나타났다. 그리고 이러한 계몽철학적 분위기 속에서 인애를 정의에 앞세우는 템플·라이프니츠·볼프·유스티 등의 맹아적 인정국가론도 선보이기 시작했다.

현대철학자들 가운데 남성적 정의제일주의를 비판하며 모성애적 '배려(care)'를 전면에 내세우는 학자로는 캐롤 질리건(Carol Gilligan)이[15) 대표적이다. 위르겐 하버마스와 아르네 베틀레센은 질리건의 모성애적 '배려·책임윤리'를 페미니즘적·여 성주의적 윤리로 잘못 오해함으로써 비판했지만,[16) 그녀의 윤리를 모성애적 배려윤

---

14) 참조: Aristoteles, *Politik*, 1259b10–16.

15) Carol Gilligan, "In a Different Voice: Women's Conceptions of the Self and of Morality". *Harvard Educational Review* 47(1977)(481–517쪽); Carol Gilligan, *In a Different Voice: Psychological Theory and Women's Development*(Cambridge: Harvard University Press, 1982); Carol Gilligan, S. Langsdale, N. Lyons & J. M. Murphy, "Contributions of Women's Thinking to Developmental Theory and Research". *Final Report to national Institute of Education*, 1982.

16) 하버마스는 질리건을 윤리적 보편주의 관점에서 비판한다. 참조: Jürgen Habermas, *Moralbewußtsein und kommunikatives Handeln*(Frankfurt am Main: Suhrkamp Verlag, 1983·1991), 191–193쪽. 하버마스 (황태연 역), 《도덕의식과 소통적 행위》(서울: 나남, 1997), 246–248쪽. 또 베틀레센도 질리건을 이렇게 비판한다. "질리건은 두 종류의 윤리학이 존재하고, 하나는 전형적으로 남성적인 윤리학이고, 다른 것은 전형적으로 여성적인 윤리학이라고 믿는 것 같다. 도덕적 수행에 대한 나 자신의 접근이 주체에 의한 도덕적 현상의 구성과 인정의 필수적인 인지적이고 정감적인 전제조건을 탐구하는 것이기 때문에, 내가 정밀 조사하는 전제조건은 성性정체성과 무관한 모든 도덕적 행위자들에게 똑같이 적용되는 것으로 여겨진다. 나의 입장은, 성정체성은 본성구성의 차원에서 어떤 차이도 일으키지 않고, 차라리 성정체성 은 권력·사회조직·분업 등과 관련해 차이를 일으키거나 차이를 일으키도록 만들어져 있다는 것이다." Arne Johan Vetlesen, *Perception, Empathy, and Judgement. An Inquiry into Preconditions of Moral Performance*(University Park, Pennsylvania: The Pennsylvania State University Press, 1994), 15쪽.

리학으로 이해하는 경우에는 공자의 모성애적 인仁철학과 정합성을 보여 준다. 우리는 질리건의 논지를 두 가지로 정리해 볼 수 있을 것이다.17) 첫째, 질리건은 서양 도덕철학에서 '감정'이 크게 등한시되는데, 그 까닭은 도덕추리의 '남성적' 그림을 그리고 싶어 하는 강력한 성벽에 기인한다고 비판한다. 이것은 성숙을 향한 행위자의 발달이 '지성적·인지적' 수완의 견지에서 개념화되고 측정되는 그림이다. 그리하여 이 '남성적' 그림 성벽은 감정을 성숙한 도덕적 판단력의 획득과 수행에 대립되는 것으로, 심지어 이것에 해로운 것으로, 그리고 생물학적·자연적(본성적) 이유에서 도덕적 문제를 다루는 '여성적' 방법과 더욱 가까운 연결을 가진 것으로 보는, 서구사회에서 광범하게 견지되는 남성적 합리주의 관점이 감정을 본래적인 도덕적 논의와 한 팔 거리로 격리시켜 놓는 데 기여했다는 것이다. 질리건은 남성적·여성적 성벽의 경쟁적 본성에 대한 우리의 각성을 고양시키고, 특히 '감정의 등한시'는 '여성의 등한시'에 말미암는다는 것을 보여 주었다.

둘째, 질리건은 롤스적 주류이론이 도덕적 영역을 정의하는 방법과 도덕적 이슈로 간주되는 것을 문제 삼는다. 질리건과 일군의 다른 비판자들은 이러한 도덕성 개념을 의문시했다. 질리건에 따르면, 낙태의 결정과 같은 현저한 도덕적 문제와 씨름하는 여성들과의 인터뷰에서 많은 사람들은 이 결정을 그들의 인생에서 가장 중대한 도덕적 결정으로, 그리고 가장 개인적인 고통을 내포하는 것으로 간주했다. 도덕적으로 중요한 상황은 '정의正義의 상황'이 아니다. 우정·결혼·낙태·양육·배려의 예들은 도덕성을, 긴급한 개인적(또는 오히려 상호개인적인, 곧 나만이 아니라 너를 포함하는) 문제들을 참된 도덕적 문제에 범주적으로 대립시키는 방식으로 도덕성을 생각하는 윤리학적 사고방식이 그릇된 것임을 증명하기에 족하다. 정의가 도덕성의 핵을 정의한다는, 그리고 정의가 제일이라는 정의제일주의적 주장은 무엇보다도 먼저 사회적이고 정치적인 제도들에 적용된다. 이것이 스펜서·칸트·롤스다. 그러나 그것은 도덕성 그 자체의 경계들을 정확히 담지 못한다. 질리건은 정의제일주의 철학자들

---

17) 이 요약·정리는 베틀레센의 요약에 의거했다. Vetlesen, *Perception, Empathy, and Judgement*, 335–357쪽.

은 칸트주의 유산의 보존을 위해 "엄청난" 도덕적 가치들(사랑과 배려)을 무시하는 "엄청난" 윤리학적 '불의'를 저지르고 있다고 맹박한다. 정의제일주의 안에서는 이타주의·배려·책임지는 사랑 등의 '원칙'이 '원칙' 문제가 아니라 경험적 '동기' 문제로 취급되어 배제되기 때문이다.

캐롤 질리건이 제기한 배려윤리학(care ethics)의 파장과 영향력은 매우 충격적이었다. 그리하여 질리건이 비판한 표적 가운데 한 사람인 그녀의 스승, 로렌스 콜버그(Lawrence Kohlberg)조차도 평생 추종하던 칸트·롤스주의적 정의제일주의를 버리고 말년에 자신의 입장을 180도 선회해 인애를 정의에 앞세우게 되었다. 콜버그는 결론짓는다. "인애는 논리적으로, 그리고 심리적으로, 우리가 정의라 부르는 것에 앞선다."[18] 이 명제로써 콜버그는 칸트·롤스·하버마스 등 서양의 모든 정의제일주의적 마초·꼰대 철학자들을 일거에 뛰어넘어, '인애'를 '정의'에 앞세우는 공맹의 '인의仁義' 윤리학에 본질적으로 가까이 접근했다. 하버마스도 질리건과 콜버그의 철학적 압박 속에서 말년에 정의유일주의를 버리고 연대(인애)와 정의 사이의 어정쩡한 절충주의에서 피난처를 찾는다. "정의는 의무론적으로 연대를 그 이면으로 요구한다. 그것은 서로 보완하는 두 계기들의 문제가 아니라, 동일한 사물의 두 측면의 문제다. 모든 자율적 도덕성은 두 목적에 동시에 이바지해야 한다."[19] 질리건의 배려윤리학이 가한 비판의 위력은 이처럼 대단했다. 나아가 질리건의 영향 아래서 마이클 슬로트(Michael Slote)는 정의제일주의를 청산한 새로운 윤리학, 곧 체계적 '배려윤리학'의 구축을 모색하기도 한다.[20]

질리건의 여성주의적 배려윤리학과 별개로 정의제일주의를 멀리하고 연민 또는 동정심, 공감과 배려심을 강조하는 윤리학을 추구하는 사조가 전개되어 왔다. 그

---

18) Lawrence Kohlberg, Dwight R. Boyd & Charles Levine, "The Return of Stage 6: Its Principle and Moral Point View", 157쪽. Thomas E. Wren(ed.), *The Moral Domain*(Cambridge, Massachusetts: The MIT Press, 1990).

19) Jürgen Habermas, "Justice and Solidarity: On the Discussion Concerning Stage 6", 244쪽. Thomas E. Wren(ed.), *The Moral Domain*(Cambridge, Massachusetts: The MIT Press, 1990).

20) Michael Slote, *The Ethics of Care and Empathy*(London·New York: Rourledge, 2007).

중에는 제임스 Q. 윌슨, 아르네 베틀레센, 마틴 호프만(Martin L. Hoffman), 나탄 츠나이더(Natan Sznaider), 대커 켈트너(Dacher Keltner), 프란시스 드발(Francis de Waal) 등이 대표적이다. 제임스 Q. 윌슨은 일찍이 1992년 비인간적 새끼들이나 동물이 아닌 사람들에 대한 동정심이 거의 모든 인간들의 특징이라고 주장하며 생존(종의 재생산)을 넘어가는 또는 생존욕과 독립된 애정적 교감을 위한 본성적 '친애(affiliation)' 또는 '애정(attachment)' 기제의 보편성과 선차성을 피력한다.

진정, 우리는 타인들에 대한 동정심이 전혀 없는 누구든 비인간으로 간주하고 이러한 연민을 날조하는 사람들을 진실성 없는 것으로 비판한다. 동정심이 널리 확산되어 있다면, 그것은 적응성이 있었음이 틀림없다. 그러나 이것이 선택되는 목적은 재생산 성공에 대한 단순 욕구가 아니다. 그 목적은 재생산적 적합성을 고무하는 일과 동시에 동정적 자세를 자극하는 일을 둘 다 행하는 일반화된 특징이다. 이 특징이 친애행태(affiliative behavior)라고 나는 제안한다. 진화는 애정 반응을 위해 이 친애행태를 선택했다.21)

이 본성적 친애의 관점에서 제임스 윌슨은 롤스를 이렇게 혹독하게 비판한다.

롤스는 도덕감정들이 인간생활의 정상적 측면이고, 진정으로 삶의 규칙들에 관해 결정하는 사람들의 전제조건이라는 자신의 견해를 제기하면서도, 이기심과 편익이 요구하는 때 외에 결코 공정하게 행동하지 않는, 공정성 감각을 결여한 사람을 상상하라고 우리에게 요청한다. 이러한 사람이 존재한다면 - 아마 소수가 존재할 것이다 - 이 사람은 우애·애정·상호신뢰도 없고 분함도 공분도 경험할 수 없는 사람일 것이다. 구체적으로 이런 사람은 그가 그 짓을 하고도 무사히 모면할 수 있다고 생각할 때면 언제든 우리 앞에 새치기해 들어올 사람, 그러면서도 누군가가 자기 앞에 새치기해 들어왔을

---

21) James Q. Wilson, "The Moral Sense", *Presidential Address 1992 of American Political Science*, *American Political Science Review*, Vol. 87(No.1 March 1993), 7쪽; Wilson, *The Moral Sense*(New York: Free Press, 1993), 44쪽, 127-128쪽.

때는 이 새치기가 자기의 좋은 자리의 기회에 실질적 영향을 미친 정도만큼만 성낼 그런 사람일 것이다. 그는 전혀 인간이 아닐 것이다(*He would be less than human*).[22]

이것은 롤스가 우애·애정·신뢰도 모르고 울분·공분 등의 정의감정들도 모르는 비정한 이지적·비인간적 타산가들, 곧 사이코패스들 간의 정의이론을 주장하고 있다는 비판이다. 윌슨은 사이코패스를 바로 이런 '순수한 이지적 타산가'로 정의한다. 윌슨은 뒤에 이런 인간형을 사이코패스로 제시하고 있다.

사이코패스는 장애를 초래할 망상을 앓는 미치광이나 공포와 불안을 표출하는 명백히 신경증적인 인간이 아니다. 사이코패스는 분명 논리적 정신을 가진 외형적 정상인이고, 다만 감정적 암호문일 뿐이다. (...) '멀쩡한 정신의 마스크' 뒤에 숨은 사이코패스는 반사회적 인격의 극단적 경우, 곧 일상적 감정생활이 아무런 의미가 없는 사람이다. 사이코패스는 죄책감이 없고, 후회 없이 해치고, 발각될 것을 전혀 두려워하지 않고 사기 친다. 전체적으로 자기중심적이고 타인들의 감정적 요구들을 의식하지 않는 그들은 단어의 가장 완전한 의미에서 비사회적이다. 그들은 감정들을 체험하지 않았으면서도 이 감정들을 흉내낼 수 있다. 인간이 단순히 일부 경제학자들과 게임이론가들이 상상하는 순수한 타산가라면, 이 순수한 타산가는 사이코패스일 것이다.[23]

이것은 지나치게 혹독한 비판 같지만, 롤스 자신이 자가당착적으로 실토하는 말들을 고려하면 전혀 과한 비판이 아니다. 왜냐하면 상론했듯이, 그리고 윌슨도 상기시키고 있듯이, 롤스가 자신의 정의이론의 전제로서 가정한 '원초적 상황'의 이기적 인간을 뒤늦게 이런 사이코패스 유형의 인간으로 흑칠하고 있기 때문이다.

제임스 Q. 윌슨의 정치철학적·도덕철학적 논지와 좀 다른 순수한 철학적 논의 맥락에서 아르네 베틀레센은[24] 북구 복지·행복국가의 따뜻한 시선으로 콜버그와

---

22) Wilson, *The Moral Sense*, 78쪽.
23) Wilson, *The Moral Sense*, 107쪽.

하버마스를 치밀하게 추적해 비판하고 이성과 정의에 대한 공감과 인애의 우위의 관점에서 감정·공감·판단력·인애 간의 관계를 탐구했다. 그리고 마틴 호프만은[25] 공감과 배려심 간의 심리학적 관계를 집중적으로 연구해 왔다. 나탄 츠네이더는[26] -윌리엄 맥두걸이 1930년대 서양의 신분·노예해방과 민주화의 근대사를 모성애의 관점에서 해석했듯이- 근대 유럽사회의 잔학성 극복 과정과 인간해방·민주화 과정을 동정심(연민)과 배려심의 확대·강화·보편화 과정으로 해석하고 있다.

그리고 공자의 '인仁철학'을 '새로운' 과학으로, 곧 인仁과학(jen science)으로 추구하는 심리학자 대커 켈트너(Dacher Keltner)는, 인간은 동정심의 성선性善 유전자 때문에 함부로 다른 사람을 해치거나 야박하게 대할 수 없다고 주장한다. 그는 "사람들 간에 일어나는 인정·인간애·존경의 복합적 혼합감정"을 인간의 진화적 본성으로 보고 이런 "긍정적 감정의 과학"을 "공자의 인仁(jen) 개념에 경의를 표하기 위해 인仁과학(jen science)"이라 부른다. 그리고 공맹의 성선설을 상론하고, 오늘날 여러 가지 심층연구를 통해 다시 과학적으로 입증하려고 한다. 그는 '인'을 "공자 가르침의 중심 관념"으로 해석하면서 "긍정적 감정의 새로운 과학"으로서의 "인과학"을 "다원적 렌즈"를 통해 들여다본다. 그는 국민의 '인仁비율(jen ratio)', 곧 국민 간의 신뢰도가 떨어지면 국민의 '윤리·경제발전'이 저해된다고 주장한다. 국민의 인비율이 가령 15% 포인트 떨어지면 국민소득은 430달러 하락한다. 노르웨이·중국·독일·대만 등의 국민 인지수는 40 이상, 멕시코, 가나, 필리핀, 브라질 등은 30 미만이고, 인도와 미국은 30과 40 사이에 위치한다.[27] 켈트너는 이런 논지에서 다윈이 긍정적 감정들을 우리의 도덕 본능과 선善능력의 기반이라고 믿은 점에서 다

---

24) Arne Johan Vetlesen, *Perception, Empathy, and Judgement. An Inquiry into Preconditions of Moral Performance*(University Park, Pennsylvania: The Pennsylvania State University Press, 1994).

25) Martin L. Hoffman, *Empathy and Moral Development : Implications for Caring and Justice*(Cambridge: Cambridge University Press, 2000, reprinted 2003).

26) Natan Sznaider, *The Compassionate Temperament : Care and Cruelty in Modern Society*(Lanham, Maryland: Rowman & Littlefield, 2001).

27) Dacher Keltner, *Born to be Good : The Science of a Meaningful Life*(New York: W. W. Norton & Company, 2009), 3쪽, 4-7쪽.

원과 공자는 둘이 만났더라면 "매우 만족스런 협력자였을 것이다"라고 말한다.[28]

2009년 이런 심리학적 연구와 완전히 다른 각도에서 영장류동물학자 프란시스 드발은 박애博愛를 자유·평등(정의)에 앞세우는 '박애최고론'을 주장한다.

> 프랑스혁명의 세 이상 −자유·평등·박애− 가운데 미국인들은 첫 번째 이상을 강조하는 것을 견지하고 유럽인들은 두 번째 이상을 강조할 것이지만, 오직 세 번째 이상만이 포용·믿음·일체감을 말하고 있다. 도덕적으로 말해서 박애는 셋 가운데 가장 고귀한 이상이고, 다른 두 이상에 대한 주목 없이 달성할 수 없는 것이다. 박애는 애착·유대·집 단 결속력에 그토록 심각하게 의존하는 생존을 가진 유인원의 관점에서 이해하기 가장 쉽기도 하다. 유인원들은 공동체 건설자들로 진화했다.[29]

드발은 박애를 자유와 평등(정의)에 앞세우는 박애최상론을 영장류동물학으로 뒷받침하고 있다.

이 새로운 흐름은 경험주의와 합리주의 진영을 가리지 않고 '창궐'하던 정의제일주의로부터 인애제일주의로의 대선회다. 어찌 보면 근대 서양윤리학의 전복이요, 공자 윤리학의 완승이다. 내친김에 공자의 인仁 개념에 대한 논구를 종결짓자. 그의 인애 개념은 서양의 그것처럼 그렇게 간단한 것이 아니다. 인애는 포괄범위와 지속기간에 따라 여러 가지가 있다. 공자는 인애와 정의를 대·소·장·단으로도 세분한다.[30]

---

28) Keltner, *Born to be Good*, 'preface', xi쪽.

29) Frans de Waal, *The Age of Empathy: Nature's Lesson for Kinder Society*(New York: Three Rivers, 2009), 198쪽.

30) "인애는 여러 가지가 있고, 정의는 대소장단이 있다. 속마음이 참달한 것이 뭇사람을 사랑하는 인애다. 법을 따라 이를 강요함은 인애에 바탕을 두는 것이다. (...) 《시경》에 노래하기를, '풍수豐水에 시화나물이 돋으니 무왕이 어찌 나서지 않으리오? 그 순리적 계책을 남기어 자식들을 편안케 하고 도왔네, 무왕은 임금답도다!'라고 했다. 이는 수세대를 바라본 인애로다. 〈국풍〉은 '내 몸을 돌보지 않고 허둥지둥 내 후손을 걱정하네'라고 노래했다. 이는 자신을 바치는 인애다."《禮記》〈表記 第三十二〉. "子言之 仁有數 義有長短小大. 中心憯怛 愛人之仁也. 率法而强之 資仁者也. 詩云 豐水有芑 武王豈不仕? 詒厥孫謀 以燕翼 子 武王烝哉. 數世之仁也. 國風曰 我今不閱, 皇恤我後(我躬不閱 遑恤我後) 終身之仁也." 시는 《詩經》 〈大雅·文王之什·文王有聲〉과 〈國風·邶·谷風〉에서 따옴.

'대인大仁'은 뭇사람과 뭇짐승을 향한 보편적 인애이고, '소인小仁'은 자기 집안, 자기 동네에만 베푸는 제한적 인애다. '장인長仁'은 후세까지 멀리 내다보고 베푸는 인애, 곧 "수세대를 바라본 인애", "자신을 바치는 인애"다. '단안短仁'은 자기 세대에 국한된 인애다. 그리고 '대의大義'는 뭇사람뭇짐승을 포괄하는 보편적·이타적 정의이고, '소의小義'는 자기, 자기 집, 자기 마을에 갇힌 이기적 정의다. '장의長義'는 후대를 생각하는 초세대적 정의이고, '단의短義'는 자기 세대에 갇힌 정의다.[31]

또 공자는 "속마음이 편안하게 인애를 행하는 자는 천하에 한 사람일 따름이다"라고 말한다. 이는 '안인'의 모성애적 '속마음'을 타고나서 이 본성적 덕을 갈고닦아 항구적으로 베풀 수 있는 '성인聖人'이 이렇게 드물다는 말이다. 그러나 동시에 이 말은 본성적 '성인'이 이렇게 희귀하더라도 천하에 늘 1인은 존재한다는 것을 뜻한다. 그러므로 당연히 '지도至道'를 따라 왕도를 행하는 모성애적 '대동국가'가 사람들의 본성적 도덕감정(특히 측은지심과 수오지심), 도덕률, 법의 힘을 빌려 성인을 대신할 수 있고 또 그래야 할 유일한 '집단적 자아'라는 말이다. 대동국가는 '지도'국가로서 인(대안장인)을 의(대와장의)에 앞세워 양자를 통합한 인의국가다. 맹자는 이런 '인의'를 갖추는 것을 국가를 다스릴 대인군자의 자격조건으로 규정했다.

제나라 왕자 점墊이 "선비는 무엇을 위해 일합니까?"라고 물었다. 맹자는 "뜻을 숭상한다"고 답했다. 그가 "뜻을 숭상하는 것은 무엇을 일컫는 것입니까?"라고 또 물었다. 이에 맹자는 답했다. "인의仁義일 따름이다. 한 사람이라도 무죄한 사람을 죽이는 것은 인仁이 아니고, 자기 소유가 아닌데 취하는 것은 의義가 아니다. 거할 곳은 어디에 있는가? 인仁이다. 경로는 어디에 있는가? 의義다. 인仁에 거하고 의義를 경유하면 대인의

---

31) 《예기정의》는 "인애는 여러 가지가 있다"는 구절을 '정의'와 마찬가지의 대소장단의 등급을 가리킨 것으로 풀이한다. 만약 천성이 인애롭고 의롭다면 그 등급은 길고 큰 것(長而大)이다. 만약 인의를 억지로 취해 행한다면, 그 등급은 짧고 작은 것(短而小)이다. 길다는 것(長)은 국가의 복이 久遠하고, 큰 것(大)은 덮어주고 길러줌이 넓고 멀다는 것(廣多)이다. 짧다는 것(短)은 世位(위상)가 낮고 촉박하다는 것이고, 작다는 것(小)은 베풂이 좁고 가까운 것을 일컫는다. 鄭玄注·孔穎達疏, 《禮記正義》(北京: 北京大學出版社, 2000), 1721쪽.

일이 갖춰지는 것이다."[32]

인仁을 도덕의 본질로, 의義를 도덕의 방도로 나눠 논한 맹자의 이 인의론仁義論은 공자철학의 중핵을 꿰뚫는 것이다.

이러한 공맹의 도덕과학과 국가론은 16세기 후반 이래 중국의 복지제도와 함께 '유교제국의 충격'으로 서양에 전해졌다. 국가가 인의를 베풀 것이라는 백성의 믿음이 없다면 국가 자체가 존립할 수 없을 것이다. 그리고 국가가 인의를 베풀지 않는다면 국가는 존재할 이유가 없는 것이다.

1.2. 국가의 존립기반으로서 백성의 믿음

70여 명 안팎의 원시집단이나 국가 단위에 이르지 못한 각종 부족집단과 종족집단들도 모두 안보를 위해 전사戰士들로 구성된 자위自衛기구를 갖추고 있다. 심지어 개인들도 자위를 위해 체력을 기르고 총칼과 가스총·전기총 등 대항무기를 갖추고 있다. 국가만이 안보를 책임지는 것이 아니라는 말이다. 따라서 안보는 국가의 고유과업이 아니다. 물론 국가도 당연히 안보를 책임져야 하지만, 이것이 국가만이 수행할 수 있고 수행해야 하는 본질적 고유기능은 아니라는 말이다. 오늘날 안보가 국가의 고유과업이라면, 그것은 인仁과 의義의 과업 아래로 포섭될 경우에만 그렇다고 말할 수 있을 것이다.

그렇다면 국가를 국가답게 만들어 주는 국가의 본질적 고유과업은 무엇인가? 국가의 존재이유를 보장하는 국가의 이 본질적 '고유과업'은 국가의 '존립기반'과 긴밀하게 연관되어 있다. 먼저 국가의 '존립기반'은 무엇인가? 상식적으로 볼 때 국가의 '존립기반'은 국가에 대한 백성의 믿음 또는 지지여론일 것이다.

---

32) 《孟子》〈盡心上〉(13-33): "王子墊問曰 士何事? 孟子曰 尚志. 曰 何謂尚志? 曰 仁義而已矣. 殺一無罪非仁也 非其有而取之非義也. 居惡在? 仁是也. 路惡在? 義是也. 居仁由義 大人之事備矣."

그런데 여기서 바로 의문이 든다. '백성이 왜 국가를 믿지?', '백성이 국가의 무엇을 믿지?' 아마 그 믿음은 국가가 그 어떤 고유과업을, 곧 오로지 국가만이 할 수 있는 특유한 과업을 국가가 당연히 해줄 것이라는 믿음일 것이다. 따라서 '국가의 일반이론'으로 들어가기 위해서는 국가의 이 존립기반과 고유과업을 자세히 들여다보지 않을 수 없다.

■ 국가의 존립기반은 민신民信

18세기 내내 인기리에 읽힌 고급 정치평론을 많이 쓴 윌리엄 템플(William Temple, 1628-1699)은 국가존립의 기반에 관한 논의에서 당대까지 지배적이던 성서적 왕권신수설王權神授說과 밀턴·홉스 등의 사회계약론,[33] 그리고 이 양론 간의 논쟁을 멀찌감치 제쳐두고 '모든 통치권력은 백성이 준다'는 유교적 '왕권민수론王權民授論'을 천명한다. 템플의 이 왕권민수론은 서구에 최초로 등장한 민본주의 통치이론이다. 그는 1672년 무렵에 쓴 〈정부의 기원과 본성에 관한 에세이(Essay on the Original and Nature of Government)〉에서 모든 국가의 존립기반을 최대다수의 민심 또는 여론이라고 갈파한다. 그리고 이 최대다수의 동의와 지지는 백성에 대한 치자의 '애정(affection)'과 '민익民益에 따른 치국治國'으로부터 나오고, 또 이런 정부가 가장 굳건한 정부라고 갈파한다.

---

33) 존 밀턴은 잘 알려져 있지 않지만 부캐넌과 유사한 사회계약론자였다. 그는 《왕과 치자들의 재임권》(1648·1649·1650)에서 이렇게 말한다. "뭔가 아는 어떤 사람이든 만인이 신 자신의 형상과 닮은꼴이기에 자연본성상 자유롭게 태어났고 모든 피조물 위에 위치한 특권에 의해 나면서부터 명령했지, 복종하지 않았다는 것을 부인할 정도로, 그리고 만인은 아담의 범행의 뿌리(원죄 - 인용자) 때문에 만인끼리 악행과 폭력을 자행하는 상태로 타락해서 이러한 과정이 그들 모두를 파괴하기에 이르지 않을 수 없다는 것을 내다보고 공동의 동맹(common league)에 의해 상호적 위해를 가하지 못하게 할 것을 협정하고 이 협정을 어지럽히거나 이와 배치되는 어떤 사람이든 공동으로 막도록 서로를 구속할 것을 협정하기 전까지 그렇게 자유롭게 살았다는 것을 부인할 정도로 우둔할 수 없다. 이 협정으로부터 도시, 도성, 나라가 생겼다." John Milton, *The Tenure of Kings and Magistrates*(1649, 1650)(London: Printed by Mathew Simmons, 1949), 377쪽.

모든 정부의 존립기반(the ground upon which all government stands)은 백성의 동의 또는 백성의 최대, 최강 부분의 동의다. (...) 어떤 방식의 하나에 의해서든, 모든 방식에 의해서든 최대다수의 동의를 받아들이고 결과적으로 통치를 뒷받침할 백성의 욕망과 결의를 받아들이는 정부는 가장 폭넓은 지지기반을 가졌고 최대범위의 기반 위에 서 있다고 정당하게 말할 수 있다. 그러기에 그것이 단 한 사람의 권위로 종결된다면 그것은 가장 협소한 꼭대기를 이루고 그리하여 가장 굳건한 유형의 피라미드 형태를 이룬다고도 얘기될 수 있다. 반대로, 애정을 딴 데로 돌리고 백성의 지지를 잃고 민익民益을 거스름으로써 자신의 영역 밖에 최대 부분의 동의를 두는 정부는 동일한 정도로 기반을 잃고 지지기반을 좁히는 것이라고 정당하게 얘기될 수 있다. (…) 이런 척도들에 의해 군주가 애정으로써, 그리고 그의 백성 또는 대다수 백성(곧 백성의 많은 등급에 의한 최대, 최강 부분)의 의견과 민익에 따라 다스리는 군주정이 다른 모든 정부 가운데서 가장 안전하고 굳건한 정부다.34)

이것은 공자의 영향을 수용한 것이다. 템플이 여기서 모든 정부의 존립기반으로 말하는 "백성의 동의"는 공맹의 '민심'을 말하는 것이다. 다만 여기서 그가 영국국교회 종단의 시비를 의식해서 '공자' 이름을 밝히지 못하고 있을 뿐이다.35)

나아가 템플은 〈백성의 불만에 관하여(Of Popular Discontents)〉라는 논고에서 백성의 지지와 동의를 받을 수 있는 '최선의 정부'는 '최선의 관리들이 다스리는 정부'라고 천명한다.

최선의 인간들이 다스리는 정부가 최선의 정부(those are the best government where the best men govern)라고 (...) 결론지어질 수 있을지도 모르겠다. 그 종류의 도식이 불변이라면

---

34) William Temple, "Essay on the Original and Nature of Government", 23-24쪽. *The Works of Sir William Temple*, Vol. I(London: Printed for Rivington et al. and by S. Hamilton, 1814).

35) 참조: Fan Cunzhong, "The Beginnings of the Influence of Chinese Culture in England", 77-79쪽. Adrian Hsia(ed.), *The Vision of China in the English Literatur of the Seventeenth and Eighteenth Centuries* (Hong Kong: The Chinese University of Hong Kong Press, 1998).

악한 인간들이 일반적으로 국가관직에 고용되어 다스리고 있는 정부들은 악한 정부들 (ill governments)이다. 하지만 이것은 우연에 의해서만이 아니라 자연적 성향에 의해서도 천지만물이 복종하는 천하의 악이다. 이 악은 거의 바뀔 수도 없고, 더구나 이야기에서 나타나는 토대들 가운데 가장 심오하고 지혜로운 토대 위에 수립된 중국제국의 유구한 정부에서가 아니라면 우리가 책에서 읽은 한에서 바뀐 적도 없었다.36)

여기서 템플은 "이야기에서 나타나는 토대들 가운데 가장 심오하고 지혜로운 토대 위에 수립된 중국제국의 유구한 정부"를 악한 정부(악정惡政)를 혁파한 예외적 정부로 찬미하고 있다. 템플의 이 글은 "최선의 인간들이 다스리는 정부가 최선의 정부"라는 표현에서부터 이미 공자철학이 배어 있다. 공자는 바로 "그 사람이 있으면 그 정치가 일어나고 그 사람이 없으면 그 정치가 그친다(其人存則其政擧 其人亡則其政息.)"고 하여 '예치禮治' 못지않게 '덕치德治'로서의 '인치人治'를 중시하고,37) 백성이 은혜로운 '최선의 치자'를 "백성의 부모(民之父母)"라 부르는 쌍방적 공감정치론을38) 갈파했다.

〈정부의 기원과 본성에 관한 에세이〉에서 템플은 이와 같은 입장을 반복하며, 애지자愛智者로서의 철학자를 정당한 치자로 세우는 플라톤의 철인치자론과 본질적으로 다른 공맹의 군자치자론을 도입한다. '본질적으로 다른' 것은 공맹의 군자치자론은 최선最善의 덕자로서의 군자에게만 치자의 자격을 인정하는 점이다.

(...) 아마 가장 순리적으로 결론지어질 수 있는 것은 한 나라 안에서 관습과 용례에 의해 가장 오래 받아들여지고 공인된 그 정부형태들, 가장 일반적이고 가장 강렬한 흐름

---

36) William Temple, "Of Popular Discontents", 38–39쪽. *The Works of Sir William Temple*, Vol. III (London: Printed for Rivington et al. and by S. Hamilton, 1814).

37) 《中庸》(20章).

38) 《大學》(傳10章): "《시경》은 '화락하는 군자여 백성의 부모'라고 노래했다. 백성이 좋아하는 것을 좋아하고 백성이 싫어하는 것을 싫어한다. 이것을 일러 백성의 부모라고 하는 것이다(詩云 樂只君子 民之父母. 民之所好 好之 民之所惡 惡之 此之謂民之父母.)."

으로 백성의 정서와 풍습이 흘러 들어간 그 정부형태들이 최선이라는 것이다. 아니면 최선의 사람들이 다스리는 정부형태가 최선의 정부라는 것, 그리고 차이는 정부의 형태에 있는 것이 아니라 치자들의 인물에 있다는 것, 옛날에 얘기된 것의 의미로 하면(지혜롭고 선량한 사람은 '철학자'를 뜻하는 것으로 받아들여지는데) 최선의 통치는 왕이 철학자이고 철학자가 왕인 통치형태다.[39]

템플이 여기서 단순한 '지자'가 아니라 "지혜롭고 선량한 사람"을 "철학자"로 이해하는 한에서, 그가 여기서 말하는 철인치자론은 플라톤의 철인치자론이 아니라 공자의 군자치자론이다. 더 설명할 필요도 없는 것이지만, 플라톤은 지혜를 사덕론四德論의 상석에, 정의를 말석에 두고 사랑을 배제하는 지혜·용기·절제·정의를 갖춘 사람을 철학자로 보는 반면, 공자는 용기와 절제를 사덕에서 제외시키고 '인·의·예仁義禮'를 순서대로 상석에 두고 '지혜'를 말석에 두는 인·의·예·지의 사덕을 갖춘 사람을 군자 또는 '철인哲人'으로[40] 보기 때문이다.

요약하면, 템플은 국민의 지지여론 또는 민심이 국가의 존립기반이라고 갈파하고 민심 또는 '백성의 믿음[民信]'을 얻는 방도는 '백성을 사랑하는 인애'와 '최선의 인물에 의한 덕스런 인치人治'로서의 '군자치국'이라고 말하고 있다. 템플의 이 정치철학은 전적으로 공맹철학의 복사판이다. 이것은 뒤집어 보자면, 공맹의 국가철학은 유럽에서도 1670년대에 이미 보편적 동조를 얻었고, 따라서 동방과 서방의 선진적 세계에서 보편적 동조를 얻은 셈이다. 따라서 바로 공맹으로 돌아가 '국가의 일반이론'을 모색해야만 할 것이다.

공자는 여기저기서 공감정치로 백성의 마음과 믿음(民心·民信)을 얻는 것에 대해 논한다. 《대학》에서 말한다.

---

39) William Temple, "Essay on the Original and Nature of Government", 22~23쪽.
40) 공자는 자신을 '철인'이라 했다. 공자는 죽기 7일 전 자신의 죽음을 예견하고 아침 일찍 일어나 뒷짐을 지고 지팡이를 끌며 낮은 소리로 흥얼거렸다. "태산이 무너지겠구나! 들보가 부러지겠구나! 철인이 시들겠구나!(泰山其頹乎 梁木其壞乎 哲人其萎乎)"《禮記》〈檀弓上 第三〉. '철인'이라는 용어는 《서경》, 《시경》, 《예기》 등에 무수히 나온다.

《시경》은 "즐거운 군자여, 백성의 부모로다(詩云 樂只君子 民之父母)"라고 노래했다. 백성이 좋아하는 것을 좋아하고, 백성이 싫어하는 것을 싫어한다. 이것을 일러 백성의 부모라고 하는 것이다. 《시경》은 "깎아지른 저 남산이여, 암석이 가파르고 가파르도다. 혁혁한 백성들이 너를 보고 있구나!"라고 노래했다(民之所好 好之 民之所惡 惡之 此之謂民之父母. 詩云 節彼南山 維石巖巖 赫赫師尹 民具爾瞻)."[41]

이것은 바로 공감정치인데, 공자는 이것으로부터 백성과 함께 같이 근심하는 "여민동환與民同患"의 공감정치를 도출하고,[42] 맹자는 백성과 함께 같이 즐거워하는 "여민동락與民同樂"의 공감정치를[43] 입론한다. 그리고 맹자는 공감정치를 '인仁'과 연결시켜 이렇게 논한다. "만물만사는 다 내 안에서 갖춰지는 것이다. 자신을 돌이켜 성실하면 어떤 것도 즐거움이 이보다 큰 것은 없다. 힘써 공감해 행하면 어떤 것도 인仁을 구함이 이보다 더 가까운 것은 없다(孟子日 萬物皆備於我矣. 反身而誠 樂莫大焉. 强恕而行 求仁莫近焉).[44] 그리하여 《대학》은 그야말로 공감정치의 '본론'을 쏟아놓는다.

요순임금이 천하를 인仁으로 이끎에 백성이 그분들을 따랐다. 그러나 걸주桀紂가 사납게 천하를 이끌었어도 백성이 따랐으나 그들이 명령하는 것이 백성이 좋아하는 것에 반해서 백성이 복종하지 않았다. 그러므로 군자는 뭐든 자기에게서 구한 뒤에 남들에게서 구하고, 자기에게 구한 것이 없는 뒤에는 남들에게서 구하지 않는다. 자신 속에 품고 있는 것을 공감하지 않으면서 남들에게 그것을 깨우쳐 줄 수 있는 경우는 아직 없었다(堯舜帥天下以仁而民從之. 桀紂帥天下以暴而民從之 其所令 反其所好 而民不從. 是故君子有諸己而後求諸

---

41) 《大學》(傳10章). 여기서 '태사太師와 윤씨尹氏'는 주대의 관직을 가리킨다. '태사'는 태보, 태부와 더불어 삼공의 하나다. '윤씨'는 판윤判尹 등 고위관직을 가리킨다. 여기서는 고위 관리 일반을 지칭하는 말로 쓰였다.
42) 《易經》〈繫辭上傳〉(11).
43) 《孟子》〈梁惠王下〉(2-1).
44) 《孟子》〈盡心上〉(13-4).

人 無諸己而後非諸人 所藏乎身不恕 而能喻諸人者 未之有也.).45)

그러면서《대학》은 돌연 역성혁명으로 관점을 바꿔 치자가 신중해야 하고 그렇지 않으면 천하백성들에 의해 죽임을 당하는 것을 면치 못할 것이라고 '혁명적 경고'를 발한다.

나라를 가진 자는 신중하지 않을 수 없으니, 편벽되면 천하에 의해 죽임을 당한다.《시경》이 "은나라가 아직 무리를 잃지 않았음에 상제를 배향할 수 있었다네, 마땅히 은나라를 거울삼아야 하네, 천명은 보존하기 쉽지 않다네"라고 노래한 것은 많은 사람들을 얻으면 나라를 얻고 많은 사람들을 잃으면 나라를 잃는다는 것을 말한 것이다. 그러므로 군자는 먼저 덕에 신중한 것이니 덕이 있으면 사람들이 있는 것이다(有國者 不可以不慎 辟則爲天下僇矣. 詩云 殷之未喪師 克配上帝 儀監于殷 峻命不易 道得衆則得國 失衆則失國. 是故 君子先慎 乎德 有德此有人.).46)

공자는《역경》에서도 성인의 정치도 천지의 감응을 본받는 공감정치임을 밝힌다. "하늘과 땅이 감응하니 만물이 화생하고, 성인이 사람들의 마음에 감응하니 천하가 화평하다. 그들이 감응하는 것을 관찰하면 천지만물의 정황이 드러나도다(天地感而萬物化生 聖人感人心而天下和平 觀其所感 而天地萬物之情可見矣)!"47) 또《중용》에서 공자는 "공감에 충실한 것은 도道와 거리가 멀지 않으니, 자기에게 베푸는 것을 원치 않으면 남에게도 역시 베풀지 말라(忠恕違道不遠 施諸己而不願 亦勿施於人)"고48) 일반화한다. 또한 자신은 학문도 이 공감으로 일이관지한다고 말한다. "나의 도는 하나로 꿰는 것이다. (...) 증자는 선생님의 도를 공감에 충실한 것일 따름이라고 말했다(子曰 (...) 吾道一以貫之. (...) 曾子曰 夫子之道 忠恕而已矣.)."49) 이 "일이관지一以貫之"

---

45)《大學》(傳9章).

46)《大學》(傳10章).

47)《易經》〈澤山咸·彖傳〉.

48)《中庸》(十三章).

의 "하나(一)"는 "서恕"이고, 이 "서"는 오늘날의 표현으로 '공감'이다. "나의 도는 하나로 꿴다"는 말은 "나의 도는 공감 하나로 일관한다", "공감에 충실하다"는 말이다.[50]

공맹철학에서 '공감'은 '인仁'과 연결되고 '민심과 민신'의 획득으로 통한다. 중궁仲弓이 인仁에 대해 묻자 공자는 "문을 나서면 큰 손님을 맞는 듯이 하고, 백성을 부리면 큰 제사를 받들 듯이 하는 것이다. 자기가 하고 싶지 않은 것을 남에게 베풀지 말라"고 답했다(子曰 出門如見大賓 使民如承大祭. 己所不欲 勿施於人.).[51] 여기서는 '인'을 "자기가 하고 싶지 않은 것을 남에게 베풀지 말라"는 명제로 남이 싫어한다는 것을 공감적 예감으로 알아서 그것을 남에게 행하지 말라는 '소극적' 공감정치로 말하고 있다. 공감을 이 소극적 형태로 표현하는 것은 자공에게 '종신지언終身之言'을 말해 주는 경우에도 나타난다. 자공이 "종신토록 행할 한마디 말이 있습니까?"라고 묻자 공자는 "그것은 공감이니라! 자기가 하고 싶지 않은 것을 남에게 베풀지 말라"고 답해 준다(子貢問曰 有一言而可以終身行之者乎? 子曰 其恕乎! 己所不欲 勿施於人.).[52]

그러나 공자는 '인仁'의 정치 또는 '인의 실천[爲仁]'을 '적극적' 공감정치로도 환언한다.

자공이 "백성들에게 널리 베풀어 많은 사람들을 구제할 수 있으면 어떻습니까? 인仁이라고 할 만합니까?"라고 묻자, 공자가 답했다. "어찌 인으로 그치겠느냐! 그건 틀림없이 거룩함이다! 요순도 아마 그것을 힘들어 했을 것이다. 인仁이란 자기가 서고 싶으면 남을 세워 주고 자기가 달하고 싶으면 남을 먼저 달하게 해주는 것이다. 가까이서 취해 비유할 수 있으면 가히 인의 방도라고 이를 만한 것이다(子貢曰 如有博施於民而能濟衆 何如? 可謂仁乎? 子曰 何事於仁! 必也聖乎! 堯舜其猶病諸! 夫仁者 己欲立而立人 己欲達而達人. 能近取譬 可謂仁之方也已.)."[53]

---

49) 《論語》〈里仁〉(4-15).
50) "일이관지一以貫之", "서恕", "충서忠恕" 등의 의미에 대한 상세한 해석은 참조: 황태연, 《감정과 공감의 해석학(1)》(파주: 청계, 2014·2015), 47-64쪽.
51) 《論語》〈顔淵〉(12-2).
52) 《論語》〈衛靈公〉(15-24).

공자는 여기서 "인仁이란 자기가 서고 싶으면 남을 세워 주고 자기가 달하고 싶으면 남을 먼저 달하게 해주는 것이다"는 명제로써 '적극적' 공감정치를 명확하게 밝히고 있다.

이런 논의를 전제로 맹자는 여민동락·여민동환의 공감적 민심정치론을 다시 '인仁과 불인不仁'의 정치이론으로 전개한다.

결주가 천하를 잃은 것은 그 백성을 잃은 것이다. 그 백성을 잃은 것은 그 백성의 마음을 잃은 것이다. 천하를 얻는 데는 도가 있는데, 그 백성을 얻으면 천하를 얻는 것이다. 그 백성을 얻는 데는 도가 있는데, 그 백성의 마음을 얻으면 이것이 백성을 얻는 것이다. 그 백성의 마음을 얻는 데도 도가 있는데, 백성들이 바라는 것을 그들에게 주어 그들을 모으고, 그들이 싫어하는 것을 베풀지 않는 것일 따름이다. 백성이 인으로 돌아오는 것은 물이 아래로 흐르는 것과 같고, 짐승이 광야를 내달리는 것과 같다. 그러므로 연못에서 물고기를 모는 짓을 하는 것은 수달이고 수풀에서 참새를 모는 짓을 하는 것은 새매고, 탕무에게 백성을 몰아다 주는 짓을 한 것은 걸과 주다. 오늘날 천하의 임금이 인仁을 좋아함이 있는 자라면 제후들이 다 그를 위해 백성들을 몰아오는 일을 할 것이다. 비록 그가 왕 노릇을 하지 않으려고 해도 그럴 수 없을 것이다. 오늘날 왕 노릇을 하고 싶어 하는 자는 7년 지병에 3년 말린 쑥을 구하는 것과 같다. 진실로 쑥을 비축하지 않았다면 종신토록 얻을 수 없다. 진실로 인에 뜻을 두지 않는다면 종신토록 근심하고 모욕을 당하다가 함몰되어 사망에 이를 것이다. 《시경》이 "그게 어찌 잘될 수가 있겠는가? 곧 서로 빠져 죽게 될 것인데"라고 노래하는데, 이는 그것을 두고 한 말이다(孟子曰 桀紂之失天下也 失其民也 失其民者 失其心也. 得天下有道 得其民 斯得天下矣. 得其民有道 得其心 斯得民矣. 得其心有道 所欲與之聚之 所惡勿施爾也. 民之歸仁也 猶水之就下 獸之走壙也. 故爲淵敺魚者 獺也. 爲叢敺爵者 鸇也. 爲湯武敺民者 桀與紂也. 今天下之君有好仁者 則諸侯皆爲之敺矣. 雖欲無王 不可得已. 今之欲王者 猶七年之病求三年之艾也. 苟爲不畜 終身不得. 苟不志於仁 終身憂辱 以陷於死亡. 詩云 其何能淑 載胥及溺, 此之謂也.).[54]

---

48   제1장 국가의 존재이유

맹자는 인仁으로 민심을 유지해 권좌를 지키고 인애하지 않을 때 어떻게 망하게 되는지를 거듭 천명한다. "삼대가 천하를 인으로 얻고 천하를 불인으로 잃었다. 나라가 흥폐하고 존망한 소이도 역시 그런 것이다. 천자가 불인하면 사해를 보전치 못하고 제후가 불인하면 사직을 보전치 못하고, 경대부가 불인하면 종묘를 보존치 못하고, 선비와 서인이 불인하면 사지를 보존치 못한다. 오늘날 죽음을 싫어하면서 불인을 즐기는 것은 취하기를 싫어하면서 억지로 술을 마시는 것과 같다(孟子曰 三代之得天下也以仁 其失天下也以不仁. 國之所以廢興存亡者亦然. 天子不仁 不保四海 諸侯不仁 不保社稷 卿大夫不仁 不保宗廟 士庶人不仁 不保四體. 今惡死亡而樂不仁 是猶惡醉而强酒.)."55)

위정자는 오로지 백성이 바라는 재물과 삶(살림)을 기꺼이 일으켜 주고 이 백성의 생명과 재물, 그리고 삶의 전통과 풍속을 외적으로부터 지켜 주고 대내적으로 보장해 줌으로써 백성을 살리는 하늘과 땅의 대덕을 구현하는 인의仁義의 정치로만 민심을 얻을 수 있다. 《역경》〈계사전〉에서 공자는 말한다. "천지의 대덕은 (만물을) 살리는 것[生]이고, 성인의 대보大寶는 '위位'다. 이 '보위'는 무엇으로 지키는가? '인仁'으로 지킨다. 사람들은 무엇으로 모으는가? '재財'로 모은다. 이재理財·정사正辭(=正名), 백성의 비행을 금하는 것은 의義다(天地之大德曰生 聖人之大寶曰位. 何以守位? 曰仁. 何以聚人? 曰財. 理財正辭禁民爲非曰義)."56)

천하의 제왕이라도 인하지 않으면 걸주처럼 타도당해 천하를 잃는다. 상술했듯이 공자는 "군자이면서도 불인한 자가 있다"고 말했다(子曰 君子而不仁者有矣夫)."57) 그리고 맹자는 "불인하면서도 나라를 얻은 자가 있지만(孟子曰 不仁而得國者 有之矣)",58) "불인하면서 천하를 얻은 자는 아직 없다(不仁而得天下 未之有也)"고 말했다.59) 불인자(사이코패스)가 제후의 국가를 얻는 경우는 있지만, 천하를 얻지 못한다는 말이

---

54) 《孟子》〈離婁上〉(7-9).
55) 《孟子》〈離婁上〉(7-3).
56) 《易經》〈繫辭下傳〉(1).
57) 《論語》〈憲問〉(14-6).
58) 《孟子》〈盡心下〉(14-13).
59) 《孟子》〈盡心下〉(14-13).

다. 불인자는 천하를 얻으면 천하에 죽임을 당하고 말기 때문이다. 왜냐하면 "삼대를 곧은길로 걸어온 백성"은 그 마음을 얻으면 천자도 될 만큼 귀중한 존재인 반면, 임금은 갈아치워도 될 만큼 가벼운 존재이기 때문이다. 맹자는 말한다. "백성은 귀하고, 사직은 그다음이고, 임금은 가볍다. 그러므로 들녘의 백성을 얻으면 천자가 되고, 천자를 얻으면 제후가 되고, 제후를 얻으면 대부가 된다. 제후가 사직을 위태롭게 하면 제후를 갈아치운다. 희생이 살찌고 제수祭需곡물이 청결하고 때맞춰 제사를 모셨으나 그래도 한발과 물난리가 나면 사직을 갈아치운다(孟子曰 民爲貴 社稷次之 君爲輕. 是故得乎丘民而爲天子 得乎天子爲諸侯 得乎諸侯爲大夫. 諸侯危社稷 則變置. 犧牲旣成 粢盛旣絜 祭祀以時 然而旱乾水溢 則變置社稷.)."[60] '한발과 물난리가 났다'는 것은 천자와 제후가 치수사업을 소홀히 했다는 것을 함의하고, 이것은 백성의 바람과 삶에 대한 공감적 '인仁'의 정치가 소홀히 되었고 민심이 등을 돌리고 민신民信이 소진되었다는 것을 뜻한다. 그래서 "사직(천하·국가)을 갈아 치우는" 역성혁명이 거론된 것이다.

백성이 국가를 타도하거나 등지려고 하는 것이 아니라 지지하고 믿는다면 도대체 백성들은 국가의 어떤 작용을 믿는 것인가? 공자는 "군자가 인덕仁德을 가슴에 품으면 소인들은 자기들이 사는 땅을 조국으로 알고 가슴에 품고, 군자가 정형政刑을 가슴에 품으면 소인들은 은혜를 베풀어 줄 나라를 찾아 떠나려는 마음을 가슴에 품는 것이다(子曰 君子懷德 小人懷土 君子懷刑 小人懷惠)"라고 말했다.[61] 백성들이 군자의 나라를 믿고 따르는 것은 국가가 백성들에게 은혜롭게 인덕을 베풀어 줄 것임을 믿기 때문이다. 인혜仁惠(beneficience)를 베푸는 국가의 '위인爲仁' 정책은 '풍족한 생활보장'과 '강력한 군사력'(대군과 중무장)이다. 여기서 '풍족한 생활보장'은 풍요로운 의식주의 보장을 말하고 이와 동시에 '높은 문화생활의 보장'을 자동적으로 수반한다. 그리고 강력한 군사력은 '풍족한 생활'의 '안전'을 보장하는 '위인爲仁' 정책 아래 포함될 수 있는 것이다.

---

60) 《孟子》〈盡心下〉(14-14).

61) 《論語》〈里仁〉(4-11).

맹자는 백성들이 풍요로운 의식주를 마련하는 것을 돕는 '양민養民', '높은 문화생활'을 보장하는 '교민教民', '사법적司法的 정의', 국가와 국민의 안전을 보장하는 '반전反戰평화'의 정치를 하나로 묶어서 '인정仁政'이라고 했다. 따라서 국가에 대한 민신民信, 곧 백성의 믿음은 구체적으로 국가의 '인정'에 대한 믿음이다. 공자는 국가존립의 기반을 '민신'으로 밝히면서 이 '민신'을 인정仁政에 속하는 '풍족한 생활(足食)'과 '강력한 군사력(足兵)' 두 요소의 시정施政에 대한 믿음으로 말한다.

자공이 국정에 대해 묻자 공자는 "족식, 족병, 그리고 이 두 가지 것에 대한 백성의 믿음(民信之)일 따름이니라"라고 답한다. 자공이 다시 "꼭 부득이해서 제한다면 이 셋 가운데 무엇을 먼저 제하겠습니까?"라고 묻자 공자는 "족병을 제한다"고 답한다. 다시 "꼭 부득이해서 이 둘 가운데 제한다면 무엇을 먼저 제하겠습니까?"라고 묻자 공자는 답했다. "족식을 제한다. 예로부터 죽음은 늘 있어 왔느니라. 그런데 백성의 믿음이 없으면 나라가 존립하지 못한다(子貢問政. 子曰 足食 足兵 民信之矣. 子貢曰 必不得已而去 於斯三者何先? 曰 去兵. 子貢曰 必不得已而去 於斯二者何先? 曰 去食. 自古皆有死. 民無信不立.)."[62]

여기서 '족식'은 풍족한 민생(백성들의 풍요로운 의식주+높은 문화생활)을 뜻하고, '족병'은 풍족한 군사력(대군과 중무장)을 뜻한다. 따라서 '족병을 제한다'는 말은 군사력을 완전히 제거하는 것이 아니라, 대군과 중무장의 군비를 감축하는 것으로 이해해야 한다. 군대는 국가방위에 필요한 수준이면 충분하기 때문이다.

'족병'을 제일 먼저 제한 데에는 족식을 정덕正德의 함양에 이를 만큼 보장하는 인정仁政이면 백성들이 알아서 국방안보를 챙길 것이라는 '백리가왕百里可王'의 정치사상도 깔려 있다. 맹자는 이런 취지에서 '백리가왕론'을 갈파한다.

땅이 사방 백리면 왕이 될 수 있다. 왕이 백성들에게 인정仁政을 베푼다면, 곧 왕이

---

62) 《論語》〈顔淵〉(12-7).

형벌을 덜고 세금을 적게 거두고 밭갈이를 깊게 하고 김매기를 손쉽게 하도록 하고 청장년들이 쉬는 날에 효제충신을 닦고, 집에 들어가면 제 부모를 섬기고 밖에 나오면 어른과 윗사람을 섬기게 한다면, 백성들이 몽둥이라도 만들어 들고 진·초나라의 견갑堅甲과 예리한 병장기도 쳐부수게 할 수 있을 것이다.[63]

그리고 평시에 지나치게 강력한 군대는 타국을 침략할 위험이 크기 때문에도 '족병'을 제일 먼저 제한 것이다. 여기에는 모든 침략전쟁을 반대하는 공자의 반전反戰·평화주의가 스며들어 있는 것이다.

그리고 '족식'도 제할 수 있다고 한 것은 민생 자체를 없앤다는 것이 아니라 백성들의 풍족한 의식주를 절감하고 높은 문화생활의 경비를 깎는 경제적 긴축을 뜻한다. 공자는 이 긴축으로 흉년과 춘궁기에 아사자들이 생겨나더라도 어쩔 수 없는 일처럼 말하고 있다. 국가와 위정자를 신뢰하는 백성들 가운데 얼마간의 아사자가 나오더라도 "예로부터 이런 죽음은 늘 있어 왔고" 그럼에도 국가에 대한 백성의 믿음이 고갈되지 않는다면 국가의 존립은 가능하다는 것이다. 따라서 군사력이 약하고 얼마간 굶주리더라도 '민신'만 있으면 나라의 존립기반은 유지되고 백성들은 국가가 머지않아 족식과 족병을 회복시켜 줄 것이라는 믿음 속에서 군사적 약세와 배고픔을 견딜 수 있다고 생각한 것으로 보인다. 나라를 믿는 백성은 믿음 속에서 서로 단결해 외침도 막고, 십시일반十匙一飯으로 흉년기와 춘궁기의 배고픔도 구제할 수 있을 것이기 때문이다.

■족식·족병·균등에 대한 백성의 믿음

자공과의 이 대화는, 족식이 족병보다 중요하고 민신이 족식보다 중요하다는 것과 민신은 국가의 존립기반이고, 민신의 대상은 국가의 족식과 족병이라는 것을

---

63) 《孟子》〈梁惠王上〉(1-5): "地方百里而可以王. 王如施仁政於民 省刑罰 薄稅斂 深耕易耨 壯者以暇日修其孝悌忠信 入以事其父兄 出以事其長上 可使制梃以撻秦楚之堅甲利兵矣."

말한다. 그러나 이 대화에서는 배고픔 또는 굶주림을 해소해 주는 것을 넘어 의식주를 풍족하게 해주는 '족식'보다 더 중요한 것이 민신 외에 하나 더 있다는 것을 보여 주지 못하고 있다. 보통사람들은 '배고픔'을 잘 참지만 '배 아픔'은 참지 못한다는 말이 있다. 배 아픔을 해소해 주는 것은 다름 아닌 '족식의 균등'이다. 따라서 '족식의 균등'은 의식주를 풍족하게 해주는 '족식'보다 더 중요하다. 백성들은 국가가 불균등한 족식을 균제해 주기를 기대한다. 또 '균등'은 '부富의 재분배'를 통해, 가령 십시일반으로 배고픈 문제도 얼마간 해결해 준다. 따라서 민신은 국가가 족식 또는 재부를 재분배·균제均齊하는 균등 또는 정의正義를 보장해 줄 것이라는 믿음도 포함한다. 국가가 균등에 대한 이 믿음 또는 기대를 충족시키지 못하면 국가는 경도된다.

다른 맥락에서 공자는 '배고픔'보다 더 참기 어려운 이 '배 아픔'의 견지에서 (국가를 불안정하게 만들고 국가를 경도시키는) 불균등 문제를 거론하며 미시적·거시적 정의 과업을 제기한다.

> 나는 나라를 가진 자와 가문을 가진 자는 과민寡民(백성의 적음)을 걱정하지 않고 불균등을 걱정하고, 가난을 걱정하지 않고 불안정을 걱정한다고 들었다. 무릇 균등하면 가난이 없고, 평화로우면 과민하지 않고, 안정되면 나라가 기울지 않는다(丘也聞有國有家者 不患寡而患不均 不患貧而患不安. 蓋均無貧 和無寡 安無傾.).[64]

일단 이 논변의 핵심취지는 가난과 과민寡民을 걱정하지 않고 사회적 불균등과 국가의 불안정을 걱정해야 한다는 것이다. 그러나 그 이유는 다음 문장에야 나오고 있다. "균등하면 가난이 없다(均無貧)"는 말은 균등화 조치가 상대적 빈곤이나 어느 때나 어느 사회나 있기 마련인 일반적 빈부격차까지도 없다는 말이 아니라, 절대적 빈곤, 곧 적빈이나 극빈이 없다는 말일 것이다. 반대로, 국가가 빈부양극화 추이를

---

64) 《論語》〈季氏〉(16-1).

방치한 채 백성을 돌보지 않아서 사회가 불균등하면 적빈층이 다수로 늘어나 다수의 적빈층과 소수의 초超부유층(super-riches) 사이에 계급갈등이 극화되고 그러면 국가는 불안정에 빠진다. "평화로우면 과민하지 않다(和無寡)", '평화로우면 백성이 적지 않다'는 말은 전쟁 없이 평화로우면 국가가 안정되어 인구증가로 백성이 늘어난다는 말이다. 평화 시에 인구는 자연스럽게 다多출산과 외부로부터의 인구이입으로 성장하기 때문이다. 반대로, 전쟁으로 평화가 사라지면 국가는 불안정에 빠지고 백성들의 출산과 이입이 급감하거나 중단되어 곧 과민寡民해진다. '평화로우면 인구가 성장한다'는 뜻의 "화무과和無寡" 구절은 실은 이런 반전反戰·평화의 요청을 담고 있는 명제다. 계급투쟁, 내전, 대외전쟁은 국가의 불안정을 초래한다. 마지막으로, "안정되면 나라가 기울지 않는다(安無傾)"는 구절은 역으로 '불안정해지면 국가가 기운다'는 비판적 의미도 함의하고 있다. 국가의 불안정은 (1) 빈익빈부익부의 극렬한 불균등으로 말미암은 계급분열과 계급투쟁, 그리고 (2) 자국과 타국의 침략행위로 말미암은 대외전쟁에 의해 초래된다. 그러므로 국가의 경도傾倒는 결국 계급분열과 전쟁에 의해 야기되는 것이다.

여기서 일단 중요한 것은, 국가가 균등화 조치, 곧 소득재분배를 통해 극단적 계급분열을 방지하거나 완충해야 한다는 것이다. 《주례》는 이 균등화 조치(소득재분배 조치)를 "균제均齊"라 부르고 고대의 균제정책들을 상세히 기록해 놓고 있다. 조선의 호조판서에 해당하는 주대周代의 '대사도大司徒'는 "토균土均의 법(토지균제법)으로 5물(산림·천택·구릉·분연墳衍·원습原濕)과 9등급 토질을 변별해 이에 비례해 천하의 세금을 제정하고, 백성의 직업을 만들고, (제후들에게) 토지공납貢納을 명하고, 재부財賦를 거두어 천하의 정사를 균제한다."[65] 농토가 주된 생산수단이었던 조세·공납정책에 의한 농토의 빈부균제는 주대 국가의 대정大政이었다. 9등급 과세로 빈부를 조절하는 조세 균제의 모델은 현대국가만이 아니라 미래국가에도 타당할 것이다. 균제의 핵심은 재부를 적절히 나누는 것, 곧 정의로운 재분배다.

---

65) 《周禮》〈地官司徒·大司徒〉: "以土均之法辨五物九等 制天下之地征 以作民職 以令地貢 以斂財賦 以均齊天下之政."

《서경》은 "옛 임금 문무왕"도 "부를 키우고 균평하게 했다"(昔君文武丕平富)고[66] 기록하고 있다. 상술했듯이 《역경》〈계사전〉은 '이재理財'를 '정명正名(正辭)'·'사법司法(禁民爲非)'에 앞서는 국가의 첫 번째 정의正義정치, 곧 '의정義政'으로 열거했다(理財正辭禁民爲非曰義). 그런데 여기서 고대적 의미의 '이재理財'는 오늘날 쓰이고 있는 것처럼 재부를 다스리고 증식시키는 사업경영을 뜻하는 말이 아니다. 그것은 이재를 '의義'라고 열거한 데서 알 수 있다. 공자가 살던 고대에 '리理'자는 "각자에게 제 몫을 준다(Jedem das Seine!)"는 취지에서 '분分' 또는 '나눔'을 뜻했다.[67] 따라서 고대어 '이재理財'는 재물을 구분하고 나눈다는 뜻이다. 따라서 '이재'도 경제적 차원에서의 정의를 구현하려는 '균제'를 말한다. 그런데 "각자에게 제 몫을 주는 것"은 '미시적 정의'로서 '사법司法'에 귀속되고, 사회적 차원에서의 빈익빈부익부 추이를 저지해 계급갈등을 완화하는 것은 '거시적 정의'로서 국가의 사회보장·사회복지정책에 속한다.

공자는 '균均'과 '무빈無貧'·'안정'의 정치, 곧 '균정均政'을 강조하고, 재물로 사람

---

66) 《書經》〈康王之誥〉.

67) 가령 공자는 《예기》〈악기〉에서 말한다. "음악이란 음들의 유사성과 구분에 달통한 것이다(樂者 通倫理者也)." 《禮記》〈樂記 第十九〉(1). 여기서 '리理'는 '구분(나눔)'의 뜻. 다음도 마찬가지다. "친소·귀천·장유·남녀의 구분을 음악에 형상적으로 나타나게 한다(使親疏貴賤長幼男女之理皆形見於樂)." 〈樂記 第十九〉(12). 또 "화음으로 부르고 순응하는 기운이 형상을 이루면 감응이 있고, 정사곡직이 각기 그 분수로 돌아가고, 만물의 구분이 각기 유별하게 상호작용한다(倡和順氣成象有應 回邪曲直各歸其分而萬物之理各以類相動也)." 〈樂記 第十九〉(13). 이런 문장들은 '리'를 '다스리다', '이치', '도리', '이성'의 뜻으로 풀면 불가해한 말이 되고 만다. 또 "도를 논해 나라를 다스리고 음양을 조화롭게 나눈다(論道經邦 燮理陰陽)." 《書經》〈周書·周官 第二十二〉. 이 '리理'는 '나누다(구분하다)'는 뜻의 동사로 쓰였다. 또 "군자의 도는 언뜻 담백하나 길게 싫지 않고, 겉으로 간략하나 안으로 문채가 있고, 대하기 좋게 온화하나 안으로 구분이 있다(君子之道 淡而不厭 簡而文 溫而理)." 《中庸》(三十三章). 이때의 '리理'는 '구분'을 뜻한다. 또 "건乾은 큰 시작을 알리고, 곤坤은 만물을 만든다. 건은 알기 쉽고, 곤은 간략히 능하게 한다. 쉬우면 알기 쉽고, 간략하면 따르기 쉽다. 쉽고 간략하면 천하의 구분이 지득되고, 천하의 구분이 지득되면 그 가운데 지위를 잡는다(乾知大始 坤作成物. 乾以易知 坤以簡能 易則易知 簡則易從 〔... 易簡而天下之理得矣 天下之理得 而成位乎其中矣)." 《易經》〈繫辭上傳〉(1). 그리고 "역은 천지에 준하므로 능히 천지의 도를 경륜할 수 있다. 우러러 천문을 관찰하고, 굽어 땅의 구분을 살핀다. 그러므로 유幽와 명明의 연고를 아는 것이다(易與天地準 故能彌綸天地之道. 仰以觀於天文 俯以察於地理 是故知幽明之故)." 《易經》 繫辭上傳(4). 이 두 문장의 '리理'도 '구분'을 뜻한다.

을 모으되 반드시 '이재'의 '의정義政'을 해야 한다고 생각했다. 재물이 있더라도 소수의 손아귀에 몰려 독과점되면 사람들은 흩어지기 때문이다. 그래서 공자는 다시 《대학》에서 말한다.

덕은 근본이고 재물은 말단이다. 근본(덕)을 밖으로 여기고 말단(재물)을 안으로 여기면, 백성들을 다투게 하고 약탈을 확산시킬 것이다. 그러므로 재물이 (덕이 없는 소수에게) 모이면 백성은 흩어지고, 재물이 (만인에게) 흩어지면 백성은 모인다. 그러므로 말이 도리에 어긋나게 나가면 역시 어긋나게 돌아오듯이, 재화가 패덕悖德하게 들어온 것은 역시 패덕하게 나간다(德者本也. 財者末也. 外本內末 爭民施奪. 是故財聚則民散 財散則民聚. 是故言悖而出者 亦悖而入 貨悖而入者 亦悖而出.).[68]

패덕하게 들어온 재화는 다시 패덕하게 나간다는 말은 "덕을 밖으로 여기는" 위정자들이 굶주린 백성들을 계급투쟁에 떨쳐나서지 않을 수 없도록 도의에 어긋나게 재화를 독과점하고 이 독과점된 재화로 빈자를 돕는 것이 아니라 부자와 강자를 돕는 빈익빈부익부 방식으로, 또는 부자를 더 부유하게 만들어 주는 "계부繼富" 방식으로 인의도덕에 어긋나게 지출하는 것을 뜻한다.

다시, 정리하자면 국가에 대한 '민신民信', 또는 국가를 지지하는 민심은 국가의 존립기반이고, 족식·족병·균제는 민신의 내용이다. 백성의 풍요로운 의식주를 보장하는 '양민'과 백성의 문화·도덕생활을 위한 '교민'을 포괄하는 광의의 '족식'은 '인정仁政'의 일환이고, 족식의 '균제'는 '계급투쟁적' 정의정책이 아니라, 동포와 인간에 대한 '인애심'(동포애와 인간애)에 호소해서 족식의 불균등을 해소하려는 '초계급적' 정의정책의 일환이다. 맹자의 '인정仁政'이라는 말을 본떠 '의義'에 호소하는 이런 초계급적 '정의정치'를 '의정義政'이라 부르겠다. 족병을 길러 외적의 침탈로부터 백성을 지키지 않으면 이것은 백성을 사랑하는 것이 아니므로 '족병'의 안보과

---

68) 《大學》(傳10章).

업은 우선 '인정'에 속한다. 동시에 선량한 백성을 보호하기 위해 족병으로 외적의 불의한 침입을 응징하지 않으면 정의가 아니므로 '족병'의 안보과업은 '의정'에도 속한다. 따라서 안보과업은 인정과 의정의 가장 기초적인 전제이므로 별도로 다룰 필요가 없을 것이다. 안보는 국가의 고유과업이기 전에 모든 전前 국가적 공동체의 공통과업이다.

공자는 "부민富民" 수준의 양민과 교민을 동시에 논했다. 공자는 갈파하기를, 위정자들은 "백성들이 이롭게 여기는 바를 따라서 그것을 이롭게 여겨야 한다(因民之所利而利之)"라고 하고,[69] 백성의 이익을 증대하는 '양민養民을 부민富民' 수준으로 제고하는 것을 국가의 존재이유 가운데 하나로 규정했다. "공자가 '사람들이 많구나!'라고 말하자 염유가 '이미 사람이 많으면 무엇을 또 더해야 합니까?'라고 물었다. 이에 공자가 '그들을 부유하게 만들어야지'라고 답했다. 다시 '이미 부유하면 무엇을 또 더해야 합니까?'라고 묻자, '교화해야지'라고 답했다([...] 子曰 庶矣哉! 冉有曰 旣庶矣 又何加焉? 曰 富之. 曰 旣富矣 又何加焉? 曰 敎之)."[70] 맹자도 "이익에 주도면밀한 자는 흉년도 그를 죽이지 못한다(周于利者凶年不能殺)"라고 하면서[71] 이익의 보편적 중요성을 인정했고, 문화와 인의를 일으키는 특정 목적을 위해서도 먼저 의식주가 물과 불처럼 흔할 정도로 백성을 부자로 만들어야 한다고 주장했다. "논밭의 경계를 정리하고 세금을 가볍게 하면 백성들을 부유하게 할 수 있다. 때맞춰 먹고 예로써 쓰면 재물은 다 감당할 수 없을 것이다. 백성들은 물과 불이 아니면 생활하지 못하지만 황혼 녘에 남의 집 문을 두드려 물과 불을 구하면 주지 않는 자가 없는 것은 지극히 풍족하기 때문이다. 성인이 천하를 다스리면 양식을 물과 불처럼 풍족하게 할 것이다. 양식이 물과 불과 같이 풍족한데 백성들 안에 어찌 인애롭지 않은 자들이 있겠는가?"[72] '인정仁政'의 내용과 방향에서 공자와 맹자는 거의 일치

---

69) 《論語》〈堯曰〉(20-2).

70) 《論語》〈子路〉(13-9).

71) 《孟子》〈盡心下〉(14-10).

72) 참조: 《孟子》〈盡心上〉(13-23): "孟子曰 易其田疇 薄其稅斂 民可使富也. 食之以時 用之以禮 財不可勝也.

했다. 그러나 공자는 부를 균제하는 균정均政을 논했다. 하지만 맹자는 '인정仁政'을 많이 논했으나 '의정義政'을 논하지 않았다.

개를 키우기 시작한 30만 년부터 개시된 초대형동물 수렵시대 이래 유전자로 착근된 평등주의 정서로 말미암아 사람들은 "배고픔은 참을 수 있으나 배 아픔은 참을 수 없다"는 속담을 달고 살았다. 따라서 관념적 계산으로 '족식'이 보장되더라도 현실적으로 '각자에게 제 몫을 줄 수 없을' 정도로 "불균등하다"면, 국가는 빈익빈부익부 추이에 따라 극렬해지는 계급갈등 속에서 불안정해지다가 끝내 무너지고 만다. 따라서 '인정'은 '의정' 없이 유지될 수 없다.

극동 유교제국은 인정과 의정을 통합한 국가를 수립하고 유지하기 위해 애를 썼으나, 늘 의정은 상대적으로 소홀히 되었다. 그러나 기하급수적 생산력 증가를 보장하는 기술역량의 부족과 주력산업 '농업'을 타격하는 잦은 천재지변 때문에 인정은 늘 미흡했고, 의정은 경시되었다. 인정과 의정이 국가의 존재이유이기에 근대적 기술발전 이전의 유교국가도 '국가다운 국가', 곧 인정과 의정을 통합한 '인의국가仁義國家(benevolent-righteous state)'일 수 없었다.

서양에서는 고대희랍 이래 인정仁政을 완전히 도외시하고 오직 노예주·귀족·부르주아지·노동자 위주의 '의정義政'만을 중시하는 '정의국가'만이 연호되었다. 플라톤의 정의국가는 인애를 모르는 '정의지상주의'의 견지에서 군사안보와 정의만을 중시하는 엘리트들의 군사적 정의국가였다. 근대 서구에서는 공자로부터 인애를 배웠지만 인애에 정의를 앞세우는 '정의제일주의'의 견지에서 자유시장의 등가교환과 공정한 심판기능, 사회간접시설 설비, 국방안보, 사법행정만을 국가 과업으로 보고 자유주의적 정의국가를 이구동성으로 연호하고 추구했다. 이 정의국가를 '야경국가'로 비판하고 등장한 사회보장적·사회주의적 복지국가도 계급투쟁적 정의국가에 불과했고, 마르크스의 사회주의 국가("낮은 단계의 공산주의")도 시장의 등가교환 원칙에 입각한 정의관을 벗어나지 못한 정의국가였다. 어디에도 초超계급적

民非水火不生活 昏暮叩人之門戶求水火 無弗與者 至足矣. 聖人治天下 使有菽粟如水火. 菽粟如水火 而民焉有不仁者乎?"

복지를 위한 '인정仁政'을 주장하는 목소리는 없었다. 국가론의 이론적 과제는 초계급적 인정과 의정을 통합해 추구하는 '국가다운 국가', 곧 현대적 '인의국가仁義國家'를 과학적으로 정초하는 것이다.

1.3. '인정仁政'은 제1의 국가 존재이유

국가의 고유과업이란 국가가 아니면 할 수 없는 과업, 또는 국가의 존재이유에 속하는 과업을 말한다. 백성을 먹여 살리고 부유하게 만들어 '족식'을 보장하는 '양민養民'은 국가가 아니면 할 수 없다. '양민'은 각종 자연재해를 막고 치수治水해 농사를 진흥·관리하고 도량형의 통일과 화폐주조, 융자지원 및 각종 기술·법률지원을 통해 시장을 설치·보호하고 화폐경제의 성장을 촉진하고 상공업을 일으키고 발전시키며 재해시기와 흉년에 난민難民과 기민飢民을 구제하고 백성을 각종 병마와 천재지변으로부터 구제하는 과업까지 다 포괄한다. 이 과업들은 국가만이 할 수 있고, 국가보다 영역과 권력이 작은 원시공동체나 부족공동체는 할 수 없다.

가령 광역에 걸친 수해·풍해·설해·냉해·한해旱害·산불·지진·병충해 등 각종 천재지변과 전염병을 방지·퇴치하고 치수·사방사업을 수행해 농사와 상공업을 보호하고 시장가격의 극고極高·극저極低 난동과 파행을 평준平準하는 일은 국가 단위의 권력이 아니면 할 수 없고, 풍년에 여유 있는 지역으로부터 많은 양식과 물자를 거둬들여 대규모로 비축했다가 재해와 흉년에 난민과 기민을 구제하는 일은 국가가 아니면 할 수 없고, 보건·위생·의료정책으로 광범하게 확산되는 각종 전염병과 병마를 퇴치해 백성의 생명과 건강을 지키는 일은 국가가 아니면 할 수 없다. 국가 이전의 부족·종족공동체들의 경우에 이쪽 공동체가 풍년일 때 극심한 흉년이나 재난에 시달리는 저쪽 공동체는 이쪽 공동체로부터 물자를 공급받지 못해 떼죽음을 당해 소멸할 수도 있다. 소지역 단위의 전前국가적 공동체들은 광역을 덮는 흉년·천재·인재·보건위기에 대처할 수 없다. 그리고 이런 소小공동체들은 인력부족·물자부족으로 광범한 지역을 가로지르는 크고 작은 강과 대하大河의 물을 다스리는 치수사업으로 수해를 막고 운하를 설치해 강물과 저수지 물을 농사에 활용할 수 없다. 많은 작은 공동체들을 뛰어넘어 광범하게 창궐하는 전염병과 병마가 발생한 경우에도 이 작은 공동체들은 이에 대처하기 위해 광역을 봉쇄하는 방역용 경계선을 설치하고 이를 운용할 권위도, 권력도, 물자도, 인력도 없다. 또한 의식주 자재資材를 대주는 광역의 산림과 수백~수천 km를 오가는 동물을 보호하는 생태보호 조치도 취할 수 없다.

또한 백성들에게 교육을 통해 백성의 문화·기술·지식수준을 높이는 '교민敎民'도 국가가 아니면 할 수 없다. 역사적으로 오로지 유교제국諸國만이 이 문교를 국가과업으로 간주하고 실행했다. '교민'은 모든 백성을 위해 책을 보급하고 학교를 설치하고 백성을 가르칠 수천 명, 수만 명의 교사를 양성하려면 막대한 물자와 인력이 필요하고, 부모의 사적 권위를 누르고 백성들에게 교육 의무를 부과·집행하려면 공적 권위가 필요하다. 온 백성이 연령별로 배울 수 있는 각급 학교의 보급과 교재 공급에 드는 막대한 물자와 인력은 국가가 아니면 동원할 수 없고, 의무교육을 강제할 이런 공인된 권위는 국가가 아니면 보유할 수도, 행사할 수도 없다.

국가가 국가의 권위로 부과하는 의무교육은 필수적이다. 부모는 대체로 자식을 가르칠 수 없다. 부모에 의한 자식 교육은 문자학습 단계에서 학문 단계로 넘어가면 보편적으로 불가능하고, 또 부모들이 자식에게 문자도 가르칠 수 없는 문맹인 경우가 허다하기 때문이다. 그리고 부모가 문자를 알더라도 대부분 노동시간에 쫓겨 자식을 가르칠 시간도 없기 십상이다. 가난한 부모들은 자식을 가르치기는커녕 자식을 노동에 투입하기 일쑤다. 더구나 중등·고등교육을 시킬 정도로 '학문'을 잘 아는 부모는 국민의 1%도 안 되고, 자식에게 대학원 교육을 시킬 정도로 학술적 지식을 가진 부모는 0.1%도 안 된다. 따라서 부모는 자식을 가르칠 수 없는 것이다. 나아가 부모의 자식교육은 징계·징벌 문제 때문에 도덕적 의리를 상하게 할 위험이 다대하다. 맹자는 말한다.

교육하는 자는 반드시 정도正道로써 가르쳐야 하는데, 정도를 써서 교육을 행하지 못하면 노기로 교육을 계속하게 되고, 노기로 계속하게 되면 도리어 의가 상하게 된다. 그리고 자식이 "아버지가 선생님으로서 나를 정도로 가르치지만 아버지는 정도에서 출발하지 않습니다"라고 자식이 대들면 이것은 아버지와 자식이 서로 의를 상하는 것이다. 아버지와 자식이 서로 의를 상하면 미워하게 된다. 옛적에 자식을 바꿔서 가르쳤고 부자지간에는 잘하라고 꾸짖지 않았다. 잘하라고 꾸짖으면 둘 사이가 벌어지고, 사이가 벌어지면 이보다 더 크게 나쁜 것은 없을 것이다."73)

이것은 "군자가 자기 자식을 가르치지 않는 것은 왜입니까(君子之不敎子 何也)"라고 묻는 제자 공손추公孫丑의 질문에 대한 대답이다. 아버지는 부자지간의 도리 때문에도 자기 자식을 가르칠 수 없는 것이다.

부모의 자식 교육은 부모의 능력 문제, 시간 문제, 자식 사역 문제, 도리 문제 등 여러 가지 이유에서 사실상 불가능하다. 따라서 이런저런 이유에서 국가가 나서야만 일반국민을 위한 보통교육과 고등교육을 실행할 수 있는 것이다. 방치하면 서양에서 수천 년 동안 가정교사를 고용할 수 있는 부유층 자제의 사교육만 존재했던 것처럼 95% 이상의 국민은 교육에서 배제되고 상층자제들만 사교육을 받는 천양지차의 교육·문화 불균등이 야기될 것이다.

권위주의 학자들과 자유주의적 제국주의자들이 강조해 온 군사안보는 상론했듯이 국가의 고유과업이 아니고, 따라서 국가의 존재이유가 아니다. 군사안보과업은 공동체가 아무리 작더라도 아직 국가에 도달하지 못한 모든 소규모 공동체들도 필수적으로 수행하기 때문이다. 따라서 오직 안보만을 위해서라면 국가까지 창건할 필요는 없을 것이다. 핵무기가 비싸니까 오늘날은 이 말이 타당하지 않다고 말하는 이도 있을지 모르겠지만, 원자탄은 40여 년 전에 이미 미국의 대학원생도 대학

---

73) 《孟子》〈離婁上〉(7-18): "孟子曰 (...). 敎者必以正 以正不行 繼之以怒. 繼之以怒 則反夷矣. 夫子敎我以正 夫子未出於正也 則是父子相夷也. 父子相夷 則惡矣. 古者易子而敎之 父子之間不責善. 責善則離 離則不祥 莫大焉."

실험실에서 제조해 냈었고, 마피아들도 법적 금지에도 불구하고 보유하려고 안달하는 상황이기 때문에 핵무장도 국가의 고유과업이라고 우길 여지도 없다. 굳이 군사안보가 국가의 고유과업이 되려면 상론했듯이 국가의 본래적 고유과업들인 인정仁政과 의정義政 아래 포섭되는 길밖에 없다.

공자의 반전·평화주의는 침략전쟁을 부인하는 것이지, 방어전쟁까지 부인하는 것이 아니다. 외적이 침략해서 백성의 자유·생명·재산을 강탈하는 때 백성의 보호를 위해 방어전쟁을 수행하는 것은 국가의 기초적 인정仁政이다. 그리고 외적의 불의한 침략에 대항하는 방어전쟁은 의로운 것이다. 방어전쟁은 '의義와 불의不義의 싸움'이기도 하다. 이렇게 보면 방어전쟁은 기초적 '의정義政'이기도 하다. 그래서 국방안보는 국가의 본래적 고유과업인 인정과 의정 아래 포섭된다고 한 것이다.

그래서 맹자는 '반전反戰·평화'와 '사법司法·경찰'도 인정의 내용으로 지목했다. 그러나 이 가운데 정의국가론자正義國家論者들이 국가의 고유과업으로 간주해 온 '사법'은 국가의 고유과업이라 부를 수 없다. 사법은 아무리 작은 공동체라도 '마당재판'이든, '여론재판'이든, '족장재판'이든 공적 사법기능을 갖추고 있기 때문이다. 어떤 작은 공동체든 갖추고 있는 경찰기능도 마찬가지로 국가의 고유과업이라고 볼 수 없다. 반전·평화를 위한 대외 선린관계 조성도 작은 공동체도 해오던 일이므로 국가의 고유업무라고 할 수 없다. 이 반전평화·경찰·사법기능이 국가의 고유기능이 되는 길은 안보처럼 인정과 의정 아래 포섭되는 길이다.

그러나 양민과 교민은 인정과업으로서 국가만이 할 수 있는 고유한 과업으로 남는다. 그러나 '인정'에는 '애물愛物'(동식물사랑, 자연사랑)도 들어간다. 알려져 있다시피 맹자는 '안仁'을 세 측면으로 분류했다. "군자는 사물(동식물)에 대해 아끼지만 인애하지 않고, 백성에 대해서는 인애하지만 친애하지 않는 것이다. 친족은 친애하고 백성은 인애한다. 백성은 인애하고 동식물은 아낀다(孟子曰 君子之於物也 愛之而弗仁 於民也 仁之而弗親. 親親而仁民 仁民而愛物.)."[74] 이 가운데 "친친"(가족사랑)은

---

74) 《孟子》〈盡心上〉(13-45).

국가가 도와야 하지만 국가의 고유한 본업이 아니라 가정의 본업인 반면, '인민仁民'(백성사랑)은 '애민愛民'으로서 국가의 고유한 과업이고, "애물"(자연사랑)은 과거보다 더욱 국가의 고유과업으로 부상했다.

정리하자면, 국가의 고유과업으로서의 '인정'은 양민·교민·애물로 구성되고, 여기에 '의정'이 국가의 고유과업으로 추가된다. '의정'은 개인의 권리침해를 막고 구제하는 '미시적 정의' 구현 기능으로 경찰·사법기능도 포함하지만, 계급 간 소득(재산)·지식·문화의 불균등을 완화해 '거시적 정의'를 구현하기 위해 양민·교민·애물을 고르게 하려는 '균제' 과업을 본령으로 삼는다. 경제적·문교적 빈부양극화와 세대간 자연혜택(長仁)의 불균등으로서 '거시적 불균형' 추이는 사회적 관계가 촘촘하게 짜진 발전된 국가에서 등장한다. 따라서 균제과업은 국가로서만 접근할 수 있는 국가 고유의 과업이다. 이 균제과업은 주력 노동자가 경제활동인구의 3분 1 이하로 줄어드는 제4차 산업혁명 시대에 미래국가의 존망, 국민의 사활이 걸린 필수적 과업으로 더욱 주요해지고 있다. 종합하면, 국가 고유의 과업은 인정과 의정이고, 항목별로는 인정 아래서 민생·보건복지로서 양민, 교육·문화복지로서 교민, 자연·생태보전으로서 애물이 있고, 의정 아래에는 경제 민주화를 위한 거시 균제 제도와 교육·문화 민주화를 위한 거시균제 제도가 있다. 여기서 '경제 민주화'는 한국 헌법의 규정과 유사하게 "경제주체들 간의 균형과 조화"를 이루게 한다는 뜻으로 쓰고자 한다.75)

■ 민생·보건복지정책으로서 양민

공맹이 말하는 '인정仁政'의 첫 번째 과업으로서 '양민養民'은 민생복지와 보건복지를 포괄한다.

---

75) 대한민국 헌법 119조 2항에는 "경제주체 간의 조화를 통한 경제의 민주화"라는 표현이 나온다.

- 공자의 민복 개념과 탈脫도덕적 빈부관

공자의 경우에 '민복民福'이란 물질적 가치만이 아니라 탈물질적·도덕적(정신적) 가치도 포괄한다.《서경》〈홍범〉은 "오복五福"을 "장수(壽)·부富·건강(康寧)·유호덕 攸好德(樂德)·고종명考終命(= 일사逸死 = well–dying)"으로 열거하고, 이 "오복"을 망치는 여섯 가지 장애물인 "육극六極"을 "단절短折(요절)·질병(疾)·우환(憂)·빈곤(貧)·사악(惡)·허약(弱)"으로 열거하고 있다.76) '민복'을 국가목적으로 삼는 유학적 '인정 국가'는 백성의 오복(장수·민부·건강·호덕好德·웰다잉)을 보장하고 백성들을 "요절·질병·우환·빈곤·사악·허약"의 "육극"으로부터 보호해 주는 복지국가를 말한다. 여기서 덕을 즐기는 '호덕好德'과 '우환·사악으로부터 보호'는 탈물질적·정신적 가치에 속한다.

공자는 가난을 사람이 싫어하는 육극六極의 하나라고 간주했지만, 가난을 도덕적 사악이나 악행의 소산으로 보지 않았다. 그러나 부富도 부자의 선행이나 악행의 소산으로 보지 않았다. 공자는 "부가 구할 수 있는 것이라면 나는 채찍을 든 마부의 일이라도 하겠지만, 구할 수 없다면 나는 내가 하고 싶은 바를 따르겠노라(子曰 富而可求也 雖執鞭之士 吾亦爲之, 如不可求 從吾所好)"고77) 선언했다. 공자와 맹자는 빈부를 도덕과 무관한, 도덕에 대해 "중립적인" 요행과 우연의 소산으로 본 것이다.78) 공자의 제자 자하子夏도 "나는 생사가 운명에 달렸다면, 부귀는 하늘에 달렸다고 들었다"고 말했다(子夏曰 商聞之矣 死生有命 富貴在天).79)

그리하여 공자는 빈부를 도덕과 무관한 차원에 위치시켰다. 그는 빈부와 도덕의 관계에 대해 이렇게 갈파한다. "부귀는 사람들이 바라는 바다. 그러나 부귀를 제대로 된 길로 얻지 않았다면 이런 부귀에는 처하지 않는다. 빈천은 사람들이 싫어하는 바다. 그러나 마땅히 빈천해지는 길(나태, 도박, 방탕 등)로 빈천을 얻은 것이 아니라

76)《書經》〈周書·洪範〉.
77)《論語》〈述而〉(7–12). 사마천의《사기》에는 "부富"가 "부귀富貴"로 되어 있다. 司馬遷,《史記列傳(上)》〈伯夷列傳〉, 13쪽: "富貴如可求 雖執鞭之士 吾亦爲之, 如不可求 從吾所好."
78) 梁其姿,《施善与教化: 明清的慈善組織》(台北: 聯經出版社業有限公社, 1997), 12쪽.
79)《論語》〈顏淵〉(12–5).

면 이 빈천을 마다하지 않는다."[80] 공맹의 빈부관은 탈脫도덕적인 것이다.

따라서 공자와 유자들은 게으르고 방탕하고 도박을 일삼는 삶을 살다가 빈곤해진 것이 아니라 가령 옳은 일을 하거나 도를 배우거나 닦다가 빈곤해졌다면 이 빈곤을 기꺼이 감수했고 빈곤 속에서도 도를 즐기는 안빈낙도安貧樂道의 삶을 살았다. 그렇다고 해서 빈곤이 도덕적 우월성을 뜻한다는 말은 결코 아니다. 하지만 초기 유가儒家 전통 속에서 선비의 형상은 왕왕 검약·가난과 떼어놓을 수 없었다. 그리하여 선비의 안빈安貧은 '청고淸高'를 표시했다. 일반 선비들은 의로운 삶과 가난 사이에 두드러진 연관이 있다고 생각했다. 공자의 제자 안연·증삼·자사子思(원헌)는 중국 2000년 역사에서 가난한 선비의 모습을 대표한다. 초기 유가의 문헌 속에서 종종 이 3인은 가난 속에서도 학문을 좋아한 대표적 사례로 나타난다.[81] 특히 자사는 빈고貧苦 속에 살았지만 자득自得했다.

그런데 천만금의 대부호 자공은 이를 모르고 자사에게 이렇게 물었다. "선생은 어찌 병이 났소?" 이에 자사가 답했다. "나는 재부가 없는 것을 일러 가난이라고 하고 도를 학구學究했으나 행하지 못한 것을 일러 병이라고 한다고 들었소. 나는 가난할지라도 병들지 않았소." 자공은 자사에게 한 말을 평생토록 부끄러워했다.[82]

안연顏淵도 평생 가난했고 스스로 물질적 기본조건이 있다고 말하면서 살아갔고, 여기에 더해 공자의 훈도를 받고 "족히 스스로 즐겼다(足以自樂)". 공자는 못난 사람이 입사入仕해 더 편안한 생활을 구하는 것을 보고 얼굴에 불쾌한 빛을 감추지 않았다.[83] 반면, 춘추시대의 은자隱者 영성기榮聲期가 공자에게 "가난이란 선비의 상사常事이고, 죽음이란 사람의 종말이니, 상사에 처하고 종말을 맞는 일이 당연한데 무엇을 걱정하리오?"라고 말했을 때, 공자는 이 말을 듣고 "선합니다! 자기 삶을 너그럽게

---

80) 《論語》〈里仁〉(4-5): "子曰 富與貴 是人之所欲也. 不以其道得之 不處也. 貧與賤 是人之所惡也. 不以其道得之 不去也."
81) 梁其姿, 《施善与教化》, 12쪽.
82) 《史記列傳》〈仲尼弟子列傳〉.
83) 梁其姿, 《施善与教化》, 13쪽.

여기는 것이야말로 마땅함을 더하는 것입니다"라고 답했다.[84]

평소 검소하게 살며 도道를 닦는 선비는 가난해도 쪼들리거나 위축되지 않는다. 그러나 "소인은 가난하면 쪼들려하고, 부유하면 교만하다. 쪼들려하면 도둑질하고, 교만하면 난을 일으킨다. 예법은 사람의 감정들을 근거로 취해 이 감정들을 절제의 법문으로 만들고 이것을 백성의 예방책으로 삼은 것이다. 그러므로 성인이 부귀를 절제케 한 것은, 백성이 부유해도 충분히 교만하지 않게 하고, 가난해도 쪼들리게 느끼지 않게 하기 위한 것이다."[85] 그러므로 "군자가 귀함을 사양해도 천함을 사양하지 않고 부유함을 사양해도 가난함을 사양하지 않으면, 난은 갈수록 사라지는 법이다."[86]

예의를 지키는 것은 선비와 일반백성에게 가난해도 쫄지 않게 하고, 부유해도 교만하지 않게 하고 난을 일으키지 않게 한다는 것이다. 왜냐? "예는 배우지 않을 수 없는데, 무릇 예란 자신을 낮추고 남을 높이는 것이기" 때문이다. "비록 물건을 등짐지고 팔러 다니는 자라도 반드시 높여야 할 점이 있는데, 하물며 부귀한 자들이야! 부귀하면서도 예를 좋아할 줄 알면 교만하지도 음탕하지도 않고, 빈천하면서도 예를 좋아할 줄 알면 뜻이 쫄지 않는다."[87]

그리하여 공자는 부유해도 교만하지 않은 것을 넘어 예를 좋아하고 가난해도 쪼들려 하지 않고 쫄지 않는 것을 넘어 자기의 뜻을 펴는 경지의 삶을 군자의 이상으로 보았다. 자공이 "가난해도 아첨하지 않고 부유해도 교만하지 않다면 이것은 어떻습니까?"라고 묻자, 공자는 "그것도 좋다만, 가난해도 (도를) 즐기고 부유해도 예를 좋아하는 것만 못하다"고 답했다(子貢日 貧而無諂 富而無驕 何如? 子日 可也,

84) 《孔子家語》〈卷第四 六本 第十五〉(11): "貧者士之常 死者人之終 處常得終當 何憂哉? 孔子曰善哉 能自寬者也為待得宜."

85) 《禮記》〈坊記 第三十〉: "子云 小人貧斯約 富斯驕. 約斯盜 驕斯亂. 禮者 因人之情而爲之節文, 以爲民坊者也. 故聖人之制富貴也, 使民富不足以驕, 貧不至於約."

86) 《禮記》〈坊記 第三十〉(07): "子云 君子辭貴不辭賤, 辭富不辭貧, 則亂益亡."

87) 《禮記》〈曲禮上 第一〉(07): "禮者不可不學也, 夫禮者 自卑而尊人. 雖負販者 必有尊也 而況富貴乎! 富貴而知好禮 則不驕不淫. 貧賤而知好禮 則志不懾."

未若貧而樂 富而好禮者也).88) 일반인들이 부유해도 교만하지 않은 것은 "좋은 일"이지만, "부유해도 교만하지 않는 것은 쉬운 일이기(富而無驕易)"89) 때문이다. 이것은 아직 군자의 경지에 이르지 못한 것이다. 군자의 경지는 부유해도 교만하지 않는 것을 넘어 예를 좋아할 줄 아는 것에 있다. 그리고 위 인용문에서 공자는 가난에 쪼들려도 위축되지 않고 부자에게 아첨하지 않는 경지보다 가난 속에서도 이에 개의치 않고 도를 닦고 즐기는 경지가 더 차원 높은 것이라고 말하고 있다. 왜냐하면 "군자는 도를 도모하지, 먹을 것을 도모하지 않기"90) 때문이다. 그래서 "군자는 도를 걱정하지, 가난을 걱정하지 않는 것이다(君子憂道不憂貧)."91)

원래 군자의 삶과 삶의 목표는 일반인들의 그것과 다를 뿐만 아니라 일반인들의 그것보다 더 높다. 군자는 빈부·귀천·환란 등의 환경에 처해서도 이에 꺾이는 것이 아니라 이 환경에 맞춰 도道와 예禮를 지키고 행한다. "군자는 제 지위에 처한 대로 행하고 그 외의 것을 원치 않는다. 부귀에 처해서는 부귀한 대로 행하고, 빈천에 처해서는 빈천한 대로 행하고, (심지어) 이적에 처해서는 이적에 맞춰 행하고, 환란에 처해서는 환란에 맞춰 행한다. 군자는 어디에 들어가든 자득하지 않음이 없다."92) 환경은 도덕과 무관한 우연적 정황이고, 부귀와 빈천도 덕행여부와 무관한 우연적 처지다. 이 때문에 군자는 이에 개의치 않고 어떤 지위와 정황에서든 그 가운데서 도를 도모하는 것이다.

맹자는 공자의 삶을 예로 들어 군자의 가난과 벼슬의 관계를 이렇게 부여한다. "벼슬살이는 가난 때문에 하는 것은 아니나 때로는 가난 때문에 해야 하기도 한다. 아내는 부모의 봉양을 위해 얻는 것은 아니지만 때로는 봉양 때문에 얻기도 한다. 그러나 가난 때문에 벼슬하는 자는 높은 벼슬을 사양하고 낮은 벼슬에 거하고, 부유한

---

88) 《論語》〈學而〉(1-15).
89) 《論語》〈憲問〉(14-10).
90) 《論語》〈衛靈公〉(15-32): "子曰 君子謀道不謀食."
91) 《論語》〈衛靈公〉(15-32).
92) 《中庸》(十四章): "君子 素其位而行 不願乎其外. 素富貴 行乎富貴 素貧賤 行乎貧賤 素夷狄 行乎夷狄 素患難 行乎患難, 君子無入而不自得焉."

벼슬을 사양하고 가난한 벼슬에 거한다. 부유한 자리를 사양하고 가난한 자리에 거하려면 어찌해야 마땅한가? 문지기나 야경꾼이다. 공자는 일찍이 창고지기였는데 회계를 맞출 뿐이라고 말했다. 또 일찍이 우마관리도 했는데 소와 양이 살찌게 할 뿐이라고 했다. 지위가 낮은데도 말이 높은 것은 죄이지만, 남의 조정에 섰는데도 도를 행하지 못하는 것은 치욕인 것이다."93) 군자는 혹시 가난 때문에 출사했다면 부귀를 추구하지 않아야 하지만, 큰 뜻을 품고 출사했다면 당연히 부귀의 달성이 아니라 도道와 도의의 구현을 추구해야 한다.

그러나 비록 춘추시대에 가난한 선비의 전형이 뚜렷하게 형성되었어도 기실 그 당시 유자들은 선비가 반드시 가난해야 하는 것도 아니고 꼭 빈궁의 상황을 견지하며 자신의 도덕과 학문을 돋보이게 할 필요가 있는 것도 아니라고 생각했다.94) 이에 대해 공자는 "천하에 도가 있으면 나타나고 도가 없으면 숨는 것이니, 나라에 도가 있는데도 빈천한 것은 치욕이고, 나라에 도가 없는데도 부귀하면 치욕인 것이다"라고 갈파했다.95) 나라가 무도할 때 부귀한 것은 사악한 위정자에게 아부한 결과일 것이기 때문에 도덕적 치욕이고, 나라에 도가 있을 때도 빈천한 것은 암약暗弱·무능의 결과일 것이기 때문에 치욕인 것이다. 이것은 도가 있는 나라에 출사해서 "조정에 섰어도 도를 행하지 못한 치욕"과도 통하는 것이다. 나라에 도가 있으면 출사하고 출사하면 자연히 가난 정도는 면하는 법이다. 반대로 나라가 무도하면 숨고 검소하게 살아가면서 가난도 편안히 여기며 부유함을 사양하고 도를 즐긴다. 따라서 가난한 선비의 두드러진 형상은 기실 기본적으로 변치 않지만 빈궁은 도덕 측면에 대해 중립적인 것이다.96)

---

93) 《孟子》〈萬章下〉(10-5): "孟子曰 仕非爲貧也 而有時乎爲貧 娶妻非爲養也 而有時乎爲養. 爲貧者 辭尊居卑 辭富居貧. 辭尊居卑 辭富居貧 惡乎宜乎? 抱關擊柝. 孔子嘗爲委吏矣 曰 會計當而已矣. 嘗爲乘田矣 曰 牛羊茁壯長而已矣. 位卑而言高 罪也 立乎人之本朝 而道不行 恥也."

94) 梁其姿, 《施善与教化》, 13쪽.

95) 《論語》〈泰伯〉(8-13): "子曰 〔…〕天下有道則見 無道則隱, 邦有道 貧且賤焉 恥也 邦無道 富且貴焉 恥也"

96) 梁其姿, 《施善与教化》, 13쪽.

- 군자의 정치도덕적 의무로서의 양민

　그러나 공자는 군자의 빈곤을 도덕적 자랑이나 치욕으로 여기지 않았지만 백성의 빈곤을 초래하거나 방치해 백성을 도탄에 빠뜨리는 것은 군자의 암약暗弱과 무능을 뜻하는 '정치적' 대大치욕으로, 군자가 위정자라면 '정치도덕적 죄악'으로 간주했다. "땅이 넉넉한데도 백성이 풍족하지 않다면 군자는 이를 치욕으로 여기고, 백성의 수가 많고(衆) 적음(寡)이 균등한데도 다른 편이 우리보다 갑절을 이룬다면 군자는 이를 치욕으로 여긴다(地有餘而民不足 君子恥之 衆寡均而倍焉 君子恥之.)."[97] 그리고 공자는 "재화 생산에는 대도大道가 있으니 생산하는 자가 많고 이를 먹어치우는 자는 적으며, 생산을 하는 자들이 빠르고 재물을 써 없애는 자들이 느리면, 재물이 항상 풍족하다(生財有大道 生之者衆 食之者寡 爲之者疾 用之者舒 則財恒足矣)"고 갈파했다.[98] 소비자에 대한 생산자의 수적 비율의 확대와 생산성의 제고는 모든 국가 경제정책의 핵심적 목표다. 그런데도 군자가 이 "재화생산의 대도"를 어겨 백성을 가난하게 만든다면 이것은 군자의 치욕이다. 왜냐하면 "사람들의 대욕大欲이 음식과 남녀의 성욕에 있고, 사람들이 가장 싫어하는 것은 사망과 빈고貧苦에 있는데(飮食男女 人之大欲存焉, 死亡貧苦 人之大惡存焉)",[99] 군자이면서도 족식에 대한 백성들의 대욕을 유린하고 사람들이 가장 싫어하는 사망과 빈고를 초래했기 때문이다. 그래서 공자와 맹자는 백성을 부양하고 부자로 만드는 양민養民과 부민富民을 군자와 위정자의 정치적 책무로 설정한 것이다.

　종합하면, 공자는 땅이 여유로운데도 백성을 유족하게 해주지 못하고 백성의 다소多少가 균등한데도 다른 편이 갑절을 생산하는 것을 군자의 수치로 규정하고 소비에 대비되는 생산량과 생산능률의 제고를 '재화증산의 대도'로 논함으로써 양민을 위정자의 책무로 규정하였다. 이 점에서 공자는 빈곤과 기근을 인간이 어찌할 수 없는 자연현상이 아니라, 국가가 물리칠 수 있고 또 물리쳐야 하는 사회현상으로 간주한

---

97)《禮記(中)》〈雜記下〉, 302쪽.
98)《禮記》〈大學〉 傳10章.
99)《禮記》〈禮運 第九〉(9-23).

셈이다. 정리하면, 공맹은 백성의 빈곤과 기근을 백성의 부도덕의 결과로 보지 않았지만, 위정자의 도덕적 죄악과 무책임의 결과로 규정한 것이다.

그러므로 맹자는 온갖 정성을 다해 제사를 지내도 발생한 한해旱害·수해와 이에 따른 궁핍·아사조차도 치수사업을 방치한 도덕적 불인不仁·폭정의 결과로 보고 사직(국가)을 갈아치움으로써 정치도덕적으로 응징해야 할 역성혁명적 사태로 규정했던 것이다. 그리고 반대로 백성의 풍요와 태평성대는 인정仁政을 펼친 위정자의 공덕으로 칭송했다. 따라서 국가 일반은 더욱 당연히 시무時務·경세經世정책과 양민복지제도의 고도발달이 필수적이다. 그리하여 복지·황정荒政이 발달해야 하고, 복지·황정이 발달할수록 아사하는 백성의 수는 소수에 그치므로 인구는 크게 는다.

- 공맹의 양민국가론과 양민정책

공자가 논하는 양민·보건정책은 《주례》의 복지정책을 활용하는 측면도 있고, 이것을 보완하는 측면도 있어서 《주례》의 그것보다 광범하고 선명하다. 공자는 특히 '대동大同사회'를 완전고용과 완벽한 복지제도를 갖춘 항산恒産과 항심恒心의 인의仁義국가로 기술하고 이를 유토피아로 동경했다. 따라서 양민·보건제도에 대한 공자의 여기저기 흩어진 논의들은 이 대동사회로서의 이상적 인의국가를 지향할 경우에 좋은 참조가 된다.

'대동국가'는 인仁을 의義에 앞세운 요순과 삼대三代의 이상적 국가다. 《서경》〈우서〉에 따르면, 하·은·주 삼대 이전에 순임금은 일찍이 우禹·익益 등 신하들 앞에서 "의지할 데 없는 사람들을 학대하지 않고 곤궁한 사람들을 버리지 않는 것은 오직 요임금만이 잘하시었다(不虐無告 不廢困窮 惟帝時克)"고 요임금을 칭송하며,100) 백성을 잘 먹이고 입힌 요임금의 양민養民 정치를 설파한다. 여기서 "의지할 데 없는 사람들"은 환鰥·과寡·고孤·독獨(홀아비노인·과부·고아·무자식 독거노인)을 가리킨다. 따라서 순임금은 홀아비·과부·고아·독거노인과 빈자("곤궁한 사람들") 등 사회적

---

100) 《書經》〈虞書·大禹謨(1)〉.

약자에 대한 요임금의 양민정책을 선정善政으로 내세우고 있다. 이에 우禹는 상론했듯이 순임금에게 아예 정치의 본질이 '양민'이라고 아뢴다.

> 오로지 덕만이 정치를 훌륭하게 만드는데, 정치는 양민에 달려 있습니다. 그러니 물·불·쇠·나무·흙과 곡식을 다스리고, 정덕正德·이용利用·후생厚生을 조화시키고, 이 아홉 가지를 순서대로 행하고 아홉 가지 순서를 노래하소서(德惟善政 政在養民. 水火金木土穀惟修 正德利用厚生惟和, 九功惟敍 九敍惟歌.)!"[101]

우는 순임금에게 정치의 본질을 '양민'으로 규정하고, 양민의 방도를 "물·불·쇠·나무·땅·곡식을 다스리고", "정덕·이용·후생을 조화시키는 것"으로 제시하고 있다. 그런데 공자가 "족식" 개념으로 풍족한 의식주와 질 좋은 문교생활을 포괄했듯이 우禹는 여기서 '양민'에 '이용후생'과 함께 '정덕'을 포함시킴으로써 양민 개념을 넓은 의미로 쓰고 있다. 성공적 양민은 백성의 의식주를 풍족하게 해주는 '족식'으로 통하고, 의식주가 풍족하면 인의仁義를 알 듯이 '족식'은 필연적으로 정덕을 함양하는 '교민'으로 통하기 때문이다.

나아가 《춘추좌씨전》에 따르면 기원전 604년 주邾나라 임금 문공文公은 "양민"을 군주에게 내려진 정치적 '천명'으로까지 높인다.

> 주邾나라 문공은 역繹 땅으로 천도하는 것을 두고 거북점을 쳤다. 사관이 아뢰기를, "백성에게는 이로운데 임금에게는 불리합니다"라고 했다. 이에 주나라 자작(문공)은 "진실로 백성에게 이롭다면 그것은 곧 나의 이로움이다. 하늘이 백성을 낳고 그들에게 임금을 수립해 준 것은 백성을 이롭게 하기 위한 것이다. 백성이 이미 이롭다면 나에게 반드시 이것으로부터 이로움이 주어질 것이다." 이에 좌우에서 "수명이 길 수 있는데 임금님이 어찌하여 그것을 하지 않습니까?"라고 말했다. 주나라 자작은 말했다. 천명은

---

101) 《書經》 〈虞書·大禹謨〉.

양민養民에 있다. 죽음의 장단은 천시天時니 백성이 이롭다면 천도하는 것이다. 길함이 이것보다 더한 것이 없도다!" 역 땅으로 천도가 이루어졌고, 그해 오월에 주나라 문공이 죽었다. 군자들이 말하기를 "그분은 천명을 알았도다"라고 했다.102)

주邾문공은 '양민'을 군주에게 내려진 '천명'으로 여기고 자기의 죽음을 무릅쓰고 '양민'을 택했던 것이다.

또《춘추좌씨전》에 따르면 기원전 763년(양공14) 진晉나라의 장님 악사 사광師曠도 이렇게 말한다. "양군良君은 선행을 상주고 음행淫行을 벌주고, 백성을 자식처럼 양민하고 하늘처럼 덮어 주고 땅처럼 받아 준다(良君將賞善而刑淫 養民如子 蓋之如天 容之如地)."103) 사광은 백성을 자기 자식처럼 먹여 살리는 것이 양군(좋은 임금)의 도리라고 말하고 있다. 그렇지 않은 군주는? 사광은 그런 군주는 "장차 어디에다 쓸까요? 제거하지 않고 어찌하오리까? 하늘이 백성을 낳고 그들에게 임금을 세워 주고 그들을 맡아 기르도록 시키고 본성을 잃게 만들도록 시키지 않았다(將安用之? 弗去何爲? 天生民而立之君 使司牧之 勿使失性)"라고 덧붙인다.104) 양민의 국가고유 과업을 버리거나 국가의 존재이유를 등진 군주는 제거되고 그런 나라는 전복된다. 그만큼 양민은 유교국가에서 본질적인 것이다. 따라서 공자의 국가는 전쟁·경찰·사법행정밖에 몰랐던 플라톤·아리스토텔레스·아담 스미스의 국가와 정반대인 것이다.

따라서 공자가 '양민'을 국가의 본업으로 간주한 것은 중국에서 요순 이래 전래된 고대적 국가관을 대변하는 것이다. 이에 따라 공자는 이의 없이 국가의 본질적 기능을 "양민養民"과 "교민敎民"으로 규정했다. '양민'은 백성의 이용·후생을 위한 정사이고, '교민'은 백성에게 정덕正德을 함양시키기 위한 정사다. 그러므로 공자의 양민·교민국

---

102)《春秋左氏傳》, 문공13년 춘春(1303): "邾文公卜遷于繹. 史曰 利於民而不利於君. 邾子曰 苟利於民 孤之利也. 天生民而樹之君 以利之也. 民旣利矣, 孤必與焉. 左右曰 命可長也 君何弗爲? 邾子曰 "命在養民. 死之短長 時也 民苟利矣 遷也 吉莫如之! 遂遷于繹 五月 邾文公卒. 君子曰 知命."
103)《春秋左氏傳》, 양공 14년 하夏(1406).
104)《春秋左氏傳》, 양공 14년 하夏(1406).

가는 양민과 교민을 도외시하고 안보를 위한 강병만을 국가의 제일기능으로 친 플라톤 전통의 야경·군사국가와 '불구대천의 원수지간'인 것이다.

공자의 논변을 통해 '양민'에 대해 천착해 보자. 공자는 정나라 재상 자산子産(?-BC 522)을 평해 이렇게 말한다.

> 그는 네 가지 군자의 도가 있었다. 그의 행동은 공손했고, 그가 윗사람을 섬기는 것은 공경스러웠고, 그의 양민은 은혜로웠고, 그의 백성 부리기는 정의로웠다(子謂子産 有君子之道四焉 其行己也恭 其事上也敬 其養民也惠 其使民也義).[105]

여기서 공자는 자산의 정치를 "은혜로운 양민"과 "정의로운" 부역으로 호평하고 있다. "은혜로운 양민"은 자산의 정치가 백성들에게 "족식足食", 곧 풍족한 의식주를 보장했다는 것을 뜻한다.

그리하여 공자는 상론했듯이 족병의 정치보다 족식의 정치, 곧 백성들에게 풍족한 의식주를 보장하는 양민정치를 더 중시하였다. 국가에 '족식'(풍족한 의식주)의 양민은 '족병'(강병)보다 선차적이고 본질적이다. 반면, 족병은 국가 고유의 기능이 아니다. 군사력과 경찰력으로 백성을 지키는 안보·공안 기능은 국가 고유의 기능이 아니라, 가족·원시집단·부족사회 등의 전前국가 공동체로부터 국가와 제국帝國에 이르는 크고 작은 모든 공동체의 필수적 '공통'기능이다. 또한 국가의 안보·공안 기구는 나라를 방어하기에 적절하면 되는 것이지, 강력한 군비를 가진 강군·강병일 필요까지는 없다. 평시에 지나치게 강력한 군대는 타국을 침략할 위험이 크다. '족병'을 제일 먼저 제한 의도에는 방어전쟁 외의 모든 전쟁을 반대하는 공자의 반전·평화주의가 반영된 것이다. 이런 이유에서 공자는 족식만을 국가 고유의 본질적 과업으로 간주한 것과 달리, 족병은 제일 먼저 털어내도 되는 부차적 과업으로 격하시켰다. 그러므로 백성의 이용후생을 위한 양민과 백성의 정덕을 함양하기 위한 교민이 국가

---

105) 《論語》〈公冶長〉(5-16).

의 존재이유다. 따라서 무릇 "국가"란 언제나 "양민국가"이다.

"은혜로운 양민"으로서의 "족식"이 보장되면 인구가 증가하고 마을과 길거리에 사람들이 많아져 북적댄다. 그러므로 길거리에 사람들이 북적대는 나라는 양민이 잘되는 나라다. 공자는 백성이 길거리에 북적댈 정도로 많아지면, 그다음 단계의 정치는 수적으로 증가한 이 백성을 부자로 만들어 잘살게 하는 것이라고 생각했고, 그다음 단계의 정치는 잘사는 이 백성을 가르쳐 도덕적·문화적으로 높이 교화하는 것이라고 생각했다. 따라서 공자는 정치의 본질은 양민이고, 양민의 일차적 목적은 "부민富民"이며, 양민의 궁극적 목적은 "교민敎民"이라는 양민·부민·교민국가론을 설파한다. 앞서 간단히 인용된 해당 구절을 전부 인용해 보자.

> 공자가 위衛나라에 갔을 때 염유冉有가 마부를 했다. 공자가 "사람들이 많구나!"라고 감탄했다. 이에 염유가 "이미 사람들이 많으면 여기에 또 무엇을 더해야 합니까?"라고 물었다. 이에 공자는 "그들을 부유하게 만들 것이니라"라고 답했다. 다시 염유가 "백성들이 이미 부유하면 또 무엇을 더하겠습니까"라고 물었다. 이에 공자는 "가르칠 것이다"라고 답했다(子適衛 冉有僕. 子曰 庶矣哉! 冉有曰 旣庶矣 又何加焉? 曰 富之. 曰 旣富矣 又何加焉? 曰 敎之.).106)

공자가 감탄할 정도로 사람들이 거리에 북적댔다는 것은 위나라가 양민을 은혜롭게 해 왔다는 것, 바로 의식주를 보장해 인구가 늘었다는 것을 뜻한다. 그러나 위나라는 백성이 많았지만, 이 백성들이 넉넉하게 살지는 못했다. 이에 공자가 위나라의 다음 단계의 정치 목적을 '부민富民'으로 제시하고, 궁극 목적을 '교민'으로 제시하였다. 의식주가 풍족하면 예의를 알려고 하기 때문이다. 맹자도 같은 취지에서 이렇게 부연한다. "명군은 백성에게 생업을 마련해 주어, 위로는 부모를 모시기에 족하고 아래로는 처자식을 먹이기에 족하도록 해야 합니다. 풍년에는 내내 몸이

---

106) 《論語》 〈子路〉(13-9).

배부르고 흉년이라도 죽음을 면할 수 있어야 합니다. 그러고 나서 백성을 촉구해 선善에 이르도록 한다면 백성이 명군의 이 일을 따르는 것은 쉬운 일입니다."107) 같은 취지에서 맹자는 "오곡이 물불과 같이 흔하면 백성 안에 어찌 인애롭지 않은 자가 있겠는가?"라고 말한 것이다(孟子曰 〔...〕 菽粟如水火 而民焉有不仁者乎?").108)

맹자도 공자처럼 군자에게는 안빈낙도의 청빈한 삶을 강조하면서도 백성에 대해서는 인심人心이 인애로워질 만큼 윤택한 생활을 국가목표로 삼았다. 맹자는 공자의 양민·부민·교민국가 이념에 인정仁政국가론으로 화답한 것이다. 맹자는 국가(군주)가 부민·교민의 인정仁政을 베푼다면 사방 백리 땅으로도 제국을 건설할 수 있다고 장담한다.

> 땅이 사방 백리면 왕이 될 수 있다. 왕이 백성들에게 인정仁政을 베풀어 형벌을 생략하고 세금을 가볍게 하고 밭갈이를 깊게 하고 김매기를 쉽게 하고, 청장년들이 휴일에 효제충신을 닦고, 집에 들면 제 아비와 형을 섬기고 밖에 나서면 어른과 윗사람을 섬기게 한다면, 백성들은 몽둥이라도 만들어 들고 진·초나라의 견갑堅甲과 예리한 병장기도 박살내게 할 수 있을 것이다(地方百里而可以王. 王如施仁政於民 省刑罰 薄稅斂 深耕易耨 壯者以暇日修其孝悌忠信 入以事其父兄 出以事其長上 可使制梃以撻秦楚之堅甲利兵矣.).109)

맹자는 "요순의 도道라도 인정仁政이 아니라면 천하를 다스릴 수 없다(堯舜之道 不以仁政 不能平治天下)"고 갈파한다.110) 상론했듯이 맹자는 토지소유의 바른 획정과 정리를 균전均田과 평정한 봉록체계 수립의 출발점으로 보았다.111) 우리는 이것을

---

107) 《孟子》〈梁惠王上〉(1-7): "明君制民之産 必使仰足以事父母 俯足以畜妻子. 樂歲終身飽 凶年免於死亡. 然後驅而之善. 故民之從之也輕."
108) 《孟子》〈盡心上〉(13-23). 〔菽粟: 곡식의 총칭〕.
109) 《孟子》〈梁惠王上〉(1-5). 주희는 "深耕易耨"의 "易"을 "治"로 해석하고, 혹자는 "可使制梃"의 "制"를 '挈(쓸어당길 체)'자와 동일시해서 "~을 가지고"로 풀었는데, 둘 다 그릇된 것으로 보인다. 여기서는 글자 그대로 옮겼다.
110) 《孟子》〈離婁上〉(7-1).
111) 《孟子》〈滕文公上〉(5-3).

오늘날 자산과 자본의 소유제도 문제로까지 확장해 생각할 수 있다. 뒤에 다루겠지만 공자는 궁극적으로 타인의 소유와의 연합·연대를 배제하거나 타인의 소유를 빼앗는 성향을 가진 '사적소유'를 넘어, 개인적 자산과 자본에 대한 나의 권리를 기본적으로 중시하되 어려운 타인들을 기꺼이 돕는 '연대적 개인소유'를 주창했다. 이것은 마르크스에 의해 사회주의적 소유로 정식화된, "노동 그 자체에 의해 생산된 생산수단과 대지의 공동점유와 협업의 토대 위에서의 개인적 소유"와 상통한다.

그래서 맹자는 '인정'을 통한 '백리가왕百里可王'의 이론을 펴기 전에 먼저 백성들의 경우 '항산恒産'(항구적 생업)과 '항심恒心'(항구적 인심)의 관계를 논한다. "백성이 도를 이룸은 항산이 있는 자가 항심이 있고, 항산이 없는 자는 항심이 없는 것이다. 진실로 항심이 없으면 방탕·편벽·사악·사치를 하지 않음이 없을 것이다. 죄악에 빠져든 뒤에 이에 따라 형벌을 과한다면 이것은 백성을 망치는 것이다. 인자가 어찌 왕위에 있다면 백성을 망치는 일을 할 수 있겠는가? 그러므로 현군은 반드시 공손하고 검소하고 아래에 예를 차리고 백성에게서 취함에 제도를 둔다(民之爲道也 有恒産者有恒心 無恒産者無恒心. 苟無恒心 放辟邪侈 無不爲已. 及陷乎罪 然後從而刑之 是罔民也. 焉有仁人在位罔民而可爲也? 是故賢君必恭儉禮下 取於民有制.)."[112] 현군은 양민을 위해 백성들에게 '항산'을 보장해서 백성의 '항심'을 확보한다. 맹자는 이 항산·항심의 확보를 전제로 학교 설치와 교민을 역설했다.[113] 이처럼 맹자의 구체적 "인정론仁政論"은 바로 공자의 양민·부민·교민정치인 것이고, 그의 '인정국가'는 공자의 '양민·부민·교민국가'와 개념적으로 합치된다.

공자와 맹자는 양민의 방도를 대체로 "무위이치無爲而治"의 자유시장과 '유위이치有爲而治'의 복지정책으로 양분했다. '유위이치'의 복지·양민정책은 자유시장 메커니즘의 양극화·불균등화 추세를 완화하고 자유시장이 해결할 수 없는 각종 사회적 시장약

---

112) 《孟子》〈滕文公上〉(5-3).

113) "設爲庠序學校以敎之. 庠者 養也 校者 敎也 序者 射也. 夏曰校 殷曰序 周曰庠 學則三代共之 皆所以明人倫也. 人倫明於上 小民親於下. 有王者起 必來取法 是爲王者師也. 詩云 周雖舊邦 其命維新. 文王之謂也. 子力行之 亦以新子之國!"《孟子》〈滕文公上〉(5-3).

자들을 보호하고 백성을 흉년·재해의 마수로부터 구제하는 민복民福증진 정책을 말한다. 복지정책을 통한 적극적 양민은 무위의 자유시장 정책을 통한 소극적 양민과 맞물리는 것이다. 나아가 양민정책은 나라가 가난할 때에만 추진하는 것이 아니라, 부유할 때도 추진해야 한다. 왜냐하면 나라는 부유하지만 어떤 객관적 동학動學이나 우연적 장애물로 말미암아 국민 개개인이나 어떤 집단들은 여전히 가난하거나 더 가난해질 수 있기 때문이다.

그리하여 공자는 백성의 불균등을 심화시키고 사회적 약자를 배려하지 않는 무위시장의 치명적 결함을 보완하는 '유위이치'의 일환으로 국가가 시행해야 할 특별한 균제(균등화)정책, 곧 사회적 약자들에 대해 세금을 감면減免하고 물질적 혜택을 베풀고 흉년과 재해에 대비해 3년 이상의 곡식을 비축하는 구황救荒·복지국가론을 곳곳에서 상론한다. 공자는《예기》〈예운〉편에서 옛 이상사회로서의 '대동大同'사회를 모든 국민의 항업(항구적 완전고용)과 사회적 사회복지의 인정仁政과 의정義政을 시행하는 '인의仁義국가'로 서술한다.

> 대도大道가 행해짐에 천하는 공기公器였으니, 현자와 능력자를 뽑아 썼고, 신의를 강론하고 친목을 닦았으므로 사람들은 제 친족들만을 친애하지 않았고 제 자식만을 자애하지 않았다(大道之行也 天下爲公 選賢與能 講信修睦 故人不獨親其親 不獨子其子.).[114]

'대도大道'가 행해지던 시대는 요순을 비롯한 오제五帝 시대를 가리킨다. '대도大道'는 '지도至道'다. '지도'는 인仁과 의義가 통합된 도다. "도는 지도至道가 있고, 의도義道가 있고, 고도考道가 있다. 지도로는 왕도정치를 하고, 의도로는 패도정치를 하고, 고도로는 무과실 정치를 한다(道有至〔有〕義有考. 至道以王 義道以覇 考道以爲無失.).[115] '지도'는 인仁과 의義의 통합을 이룬 도다.[116] '고도考道'는 임기응변으로

---

114)《禮記》〈禮運 第九〉.
115)《禮記》〈表記 第三十二〉(12). "道有至義有考"에서 '義' 앞에 '有'자가 탈락했다. 참조: 鄭玄注·孔穎達疏,《禮記正義》, 1720쪽.

필요에 따라 인도와 의도를 번갈아 쓰는 도다.117) 대도가 지도이고 지도가 인과 의의 통합을 이룬 도이기 때문에 위 문장은 인의仁義도덕의 관점에서 이해해야 할 것이다. 따라서 "현자와 능력자를 뽑아 썼다"는 구절은 왕위와 관직을 한 가문과 그 친족 안에 사유·세습되지 않고 공개경쟁을 통해 순·우 임금의 민선民選처럼 왕을 "현자들" 안에서 선출했고 관리는 "능력자들" 가운데 선출해 썼다는 것을 의미한다. 이것은 왕과 관리의 후손들과 그렇지 못한 후손들 사이에 공직(왕위와 관직)에 대한 권리의 균등이 이루어졌다는 말이다. 현자를 왕으로 '민선'했다는 해석은 맹자가 요임금이 순에게 왕위를 주고 순임금이 우에게 왕위를 준 것처럼 생각하는 제자 만장萬章의 견해를 부정하면서 "하늘이 주고 사람들이 준 것이다(天與 之 人與之)"라고 규명한 주지周知의 논변에118) 근거한 것이다. "왕권은 백성이 민선 방식으로 수여한 것"이라는 맹자의 이 왕권민수론王權民授論은 바로 대동의 '선현론 選賢論'에 근거한 민주공화국 이념인 것이다.

그리고 "신의를 강론하고 친목을 닦았다"는 구절도 그 다음에 이어지는 구절로 보아 신의와 친목을 친족의 범위를 넘어 보편적으로 넓혀 인애를 균등하게 베풀었다 는 말이다. "그러므로 사람들은 제 친족들만을 친애하지 않았고 제 자식만을 자애하 지 않았다(故人不獨親其親 不獨子其子)"는 다음 구절은 '선근후원先近後遠', 또는 인은 仁恩을 근방에서 원방으로 차츰 베풀어 나간다는 뜻의 "추은推恩"(맹자)의 원칙에 따라 제 아비와 제 자식을 먼저 친애·자애하되, 친애와 자애를 보편화하는 식으로 "위인爲仁"(인을 시행)했다는 뜻이다. 즉 '위인'에 순차는 있었지만 친족과 동포 간에, 그리고 내 자식과 남의 자식 간에 차별을 두지 않고 정의롭게 베풀었다는 말이다. 따라서 공자의 위 명제는 대도의 사회는 인정과 의정이 통합적으로 시행되었던

---

116) "至"는 "인仁과 의義를 겸행해 이것들을 행함이 지극한 것을 말한다." 鄭玄注·孔穎達疏,《禮記正義》, 1720쪽.

117) "考"는 "成"(성취할 성, 수완 좋을 성)을 뜻한다. 이것은 "인·의 가운데 때로 인의 한 가지 일을 취하고 때로 의의 한 가지 일을 취해 부지런히 힘써서 성취시키는 것이고, 본성이 아니다." 鄭玄注·孔穎達 疏,《禮記正義》, 1720쪽.

118)《孟子》〈萬章上〉(9-5).

사회였다는 것을 함의한다.

그러나 인의통합의 대도大道가 실행되던 사회라도 인과 의에는 우선순위가 있다. 공자는 《예기》에서 말한다.

> 인仁은 우측이고, 도道는 좌측이다. 인은 사람답고(人), 도는 의롭다. 인仁에 후한 자는 의義에 박해 친하나 높지 않고, 의에 후한 자는 인에 박해 높지만 친하지 않다(仁者右也, 道者左也. 仁者人也, 道者義也. 厚於仁者 薄於義 親而不尊. 厚於義者 薄於仁 尊而不親).119)

오른쪽의 인과 왼쪽의 의를 통합한 '지도至道'는 친하고 동시에 높다. 정현과 공영달의 주석에 따르면, "인仁은 우右이고, 도道는 좌左다"는 명제는 일단 인과 의가 손의 좌우처럼 서로 필요로 함을 뜻한다. 인은仁恩은 사람의 오른손과 같다. 오른손은 사용하기 편하고, 인은을 행하는 것은 다급하다. 도는 이행履行하는 방도로서 인에 견주어 "작고 적은 것(稍劣)"이라서 왼쪽이라고 한 것이다. "인은 사람답다"고 한 것은 '인은仁恩의 도'가 인정人情으로 서로 사랑해 짝을 이루는 것이기 때문이다. 그리고 "도는 의롭다"고 한 것은 무릇 이행할 수 있는 것이란 반드시 정의의 도덕감각과 도덕률에 따라 결단해서 마땅함(宜)을 얻은 뒤에 이행할 수 있는 것이기 때문이다. "의義"는 "일의 마땅함(事宜)에 따라 자르고 가르는 것(斷以事宜)"이다.120) "도는 좌측이고, 의롭다"는 명제는 '도는 좌도이고, 의도義道이다', 간단히 '의도는 좌도다'는 명제로 변형될 수 있다.

그런데 공자는 갈파한다. "의義란 법도의 구분이고 인仁의 절도節度이고, 법도와 합력해서 인을 강구한다. 의를 체득한 자는 군세다. 인仁이란 의義의 근본이고 순응의 본체다. 인을 체득한 자는 존귀하다(義者 藝之分 仁之節也, 協於藝 講於仁. 得之者强. 仁者 義之本也 順之體也. 得之者尊.)."고 갈파했다.121) 골자만 간추리면, 이것은 "인은

---

119)《禮記》〈表記 第三十二〉.

120) 鄭玄注·孔穎達疏,《禮記正義》, 1719쪽.

121)《禮記》〈禮運 第九〉(9-35). 藝: 법도. 講: 꾀할 강.

의의 근본이고, 의는 인의 절도다"라는 명제로 요약된다. 이 간추린 명제의 견지에서, 인과 의는 내용과 형식의 관계, 근본과 방도의 관계, 목적과 수단의 관계에 있다. 따라서 "도는 좌다", "도는 의롭다"는 명제에서 "도"는 '이행履行의 길', 곧 '이행의 방도方道'를 가리킨다. 그러므로 '의도義道'는 '인도仁道'를 구현하는 마땅한 방도, 마땅한 수단, 마땅한 형식이다. 인도는 바라는 사람의 입장에서 목마른 사람의 갈증과 같이 다급한 것이다. 공자는 갈파한다. "백성이 인仁을 찾는 것은 물과 불을 찾는 것보다 심한 것이다(子曰 民之於仁也 甚於水火.)."[122] 반면, 의義는 이런 인仁에 견주면 "작고 적은 것"이라서 그리 다급하지 않다.

요약하면, 인도仁道는 그 실행이 다급해서 일하기 편리한 오른손으로 해결해야 하는 반면, 의도義道는 사안의 마땅함에 따라 가르고 잘라서 이행해야 하는 방도로서 인仁보다 "작고 적은 것"이라서 왼손으로 해도 되는 것이다. 이로써 인정과 의정의 선후는 (1)인과 (2)의의 순으로 결판났다. 인도와 의도는 근본과 방도로서 오른손과 왼손처럼 서로를 필요로 하지만 인도는 의도보다 선차적이고, 의도는 왼손처럼 보조적이다. 따라서 공맹의 사전에 '인의仁義'라는 말은 있어서도 '의인義仁'이라는 말은 없는 것이다. 확대하면 미래의 이상국가로서 인의가 상호 결합된 지도至道(대도)에 기초한, 사람사랑으로서의 인仁을 의義에 앞세우고 인정仁政과 의정義政을 겸행하는 '인의국가仁義國家'는 있어도, 의를 인에 앞세우는 '의인국가義仁國家'는 없다. 그래서 공자는 노나라 애공에게 이렇게 말한다. "옛 위정자는 사람사랑을 가장 크게 여겼습니다. 사람을 사랑할 능력이 없다면 제 자신을 보전할 수 없습니다(古之爲政 愛人爲大 不能愛人 不能有其身)."[123] 그리고 "대도가 행해지던 때는 천하가 공적 기구로서 현자와 능력자를 뽑아 썼고 (...) 사람들은 제 친족들만을 친애하지 않았고 제 자식만을 자애하지 않았다"는 명제는 지도에 근거한 '인의국가'를 말하고 있다. 대도는 인과 의가 상호 통합된 지도를 말하고, 친족에 갇히지 않은 열린 친애와 자애는 '인도'를 뜻한다. 그리고 현자와 능력자를 선출해 왕과 관리로 쓴

---

122) 《論語》〈衛靈公〉(15-35).
123) 《禮記》〈哀公問 第二十七〉.

것은 기회균등의 의도를 함의하고, 친족 밖의 사람들을 친족과 동등하게, 또 남의 자식을 자기 자식과 동등하게 놓은 것은 인애의 균등한 분배의 의도를 함의한다.

같은 취지에서 맹자는 인은仁恩을 가까운 곳으로부터 먼 곳으로 베풀어 나가는 "추은推恩"의 논리를 폈다. "나의 노인을 노인으로 섬기고 이것이 남의 노인에게 미치고, 내 어린아이를 어린아이로 대하고 이것이 남의 아이에게 미친다면, 천하는 손바닥 위에서 운영할 수 있다. 《시경》은 '아내에게 모범을 보이면, 이것이 형제에 이르고, 가문과 나라에 퍼져 나가네'라고 노래한다. 이것은 이 마음을 들어 저들에게도 더하는 것을 말할 뿐이다. 그러므로 가까운 데로부터 먼 데로 은혜를 베풀어 나가는 '추은'은 족히 사해를 지킬 수 있는 반면, 추은하지 않으면 처자도 지킬 수 없다. 옛사람들이 보통사람을 크게 능가한 소이는 다름 아니라 자기가 할 일을 먼 데까지 잘 베풀어 나간 것뿐이다."124) 여기서 "옛 사람들"은 요순이 다스리던 대동사회의 사람들을 가리킨다.

공자는 과거의 이상적 대도국가에서의 노인복지·아동복지와 홀아비·홀어미·고아·독거노인 및 병자(폐질자)에 대한 특별한 복지시정을 열거한다.

노인에게는 (생을) 마칠 곳이 있게 했고, (...) 아기들에게 키워줄 곳이 있게 했고, 홀아비·홀어미·고아·독거인과 폐질자들에게는 먹여줄 곳이 있게 했다(使老有所終 〔...〕 幼有所長 鰥寡孤獨廢疾者皆有所養).125)

여기서 '폐질자廢疾者'는 폐자廢者(고질병자)와 질자疾者(장애인)를 포괄한다. 공자와 관중의 시대까지도 '질자'를 "귀머거리, 장님, 벙어리, 절름발이, 반신불수, 손이 오그라들어 못 펴는 자 등 견디며 스스로 살지 못하는 자"로 언급하고 있다.126)

---

124)《孟子》〈梁惠王上〉(1-7): "老吾老 以及人之老 幼吾幼 以及人之幼 天下可運於掌. 詩云 刑于寡妻 至于兄弟 以御于家邦. 言舉斯心加諸彼而已. 故推恩足以保四海 不推恩無以保妻子. 古之人所以大過人者 無他焉 善推其所爲而已矣."

125)《禮記》〈禮運 第九〉.

126)《管子》〈入國〉: "이른바 '양질養疾'의 경우는 국도와 성도가 '장양질掌養疾'이라는 관리를 둔다. 귀머거

공자와 동시대를 산 관중이 '질자疾者'를 장애인의 뜻으로 쓰고 있으므로 공자의 '질자'도 같은 의미로 풀이해야 할 것이다. 따라서 대동의 이 '폐질자' 양호 구절은 고질병자의 건강 복지와 장애인 복지를 둘 다 포괄하는 것이다.

태고대 중국에서는 노인정책도 중시했다. 무왕은 은나라 폭군 수受(주紂)를 타도한 첫 번째 이유로 "쭈글쭈글한 노인들을 내버렸다(播棄犁老)"는 것을 들고 있다.127) 공자의 노인복지 정책은 아주 세밀하고 아름답다. 먼저 공자는 노인 신체의 보건 상태에 대해 다음과 같이 말한다.

> 50세가 되면 노쇠하기 시작하고, 60세에는 고기가 아니면 배부르지 않고, 70세에는 비단이 아니면 따뜻하지 않고, 80세에는 사람이 아니면 따뜻하지 않고, 90세에는 사람을 얻더라도 따뜻하지 않다(五十始衰 六十非肉不飽 七十非帛不煖 八十非人不煖 九十雖得人不煖矣).128)

따라서 "50세는 양식糧食을 달리하고, 60세는 하루걸러 고기를 먹고, 70세는 맛좋은 음식을 두 가지로 늘리고, 80세는 진미를 상식하고, 90세는 먹고 마시는 것을 잘 때도 떼어놓지 않고, 맛좋은 음식과 마실 것이 노는 곳마다 따라다녀야 한다(五十異粻 六十宿肉 七十貳膳 八十常珍 九十飮食不離寢 膳飮從於遊可也)."129) 노인 급양과 양호의 필요 수준이 이런 한에서 임금과 관리들도 직접 노인봉양의 예를 실천함으로써 노인을 보살펴야 한다. "무릇 노인을 봉양하는 데 순임금은 연례燕禮를 따랐고, 우임금은 향례饗禮를 따랐고, 은나라 사람들은 식례食禮를 따랐고, 주나라는 이것들을 겸용했다. 50세는 향교에서 봉양하고, 60세는 국학에서 봉양하고, 70세는 대학

리, 장님, 벙어리, 절름발이, 반신불수, 손이 오그라들어 못 펴는 자 등 견디며 스스로 살지 못하는 자는 임금(국가)이 거두어 질관(疾官=疾館=療養館)에서 부양해 옷을 입히고 먹인다. 그들이 죽은 뒤에 그친다. 이것을 '양질養疾'이라고 한다(所謂養疾者 凡國都皆有掌疾. 聾盲·喑啞·跛蹩·偏枯·握遞 不耐自生者 上收而養之疾官. 而衣食之 殊身而後止. 此之謂養疾)."

127) 《書經》〈泰誓中 第二〉.

128) 《禮記》〈王制〉(5049).

129) 《禮記》〈王制〉(5049).

에서 봉양하는데, 이것은 천자에서 제후에 이르기까지 통용되었다(凡養老 有虞氏以燕禮, 夏后氏以饗禮, 殷人以食禮, 周人修而兼用之. 五十養於鄕, 六十養於國, 七十養於學, 達於諸侯.).”[130] '연례'는 밥 없이 개고기를 주며 술을 대접하는 봉양이고, '향례'는 일정한 의식에 따라 노인들에게 술을 바치는 봉양이다. '식례'는 술을 차리되 마시지 않고 안주와 밥만 대접하는 봉양이다.

공자는 80세 이상 고령 노인을 부양하는 아들에게 부역을 면해 주는 특별한 복지 혜택을 언급한다. "80세 노인은 아들 1명의 부역을 면제받고, 90세 노인은 그 가족의 부역을 면제받는다(八十者一子不從政 九十者其家不從政).”[131]

또 공자는 수확기인 음력 8월 천자가 노인들을 봉양하고 미음죽과 먹고 마실 것을 주고 노인들에게 안석과 지팡이를 하사해야 한다고 말한다. "이달(음력 8월)에는 쇠약한 노인들을 봉양하고, 궤장(안석과 지팡이)을 주고, 미음죽과 마실 것, 먹을 것을 족히 베푼다(是月也 養衰老 授几杖 行糜粥飮食).”[132] 이렇게 월령月令에 따라 천자가 양로하고 구빈하는 것은 고대적 관습법이자 전통이었고, 나중에 논하겠지만 한대漢代에도 그대로 시행된 기록들이 전한다.

홀아비·홀어미 노인들에 대한 정책은 유교경전에서는 여러 곳에서 특별히 많이 등장한다.《서경》〈주서·무일〉에서 주공은 성왕에게 '환과鰥寡'에 대한 은殷나라 고종[武丁]의 아들 조갑祖甲 임금의 시혜정책을 얘기해 준다. "조갑이 즉위해 (...) 서민들에게 시혜하고, 감히 늙은 홀아비와 홀어미를 업신여기지 않았다(作其卽位 (...) 能惠于庶民 不敢侮鰥寡).”[133] 또 주공은 조카 성왕에게 '환과'에 대한 자기 아버지 문왕의 시혜조치에 대해 말해 준다. "문왕은 허름한 복장으로 강공康功(백성을 강녕케 다스리는 일)과 전공田功(농사일)을 했고, 아름답게 부드러우며 아름답게 공손했고, 소민小民들을 품고 보호하고, 늙은 홀아비와 홀어미를 은혜롭게 돌봐 주었다(文王卑

---

130)《禮記》〈王制〉(5048).

131)《禮記》〈王制〉(5050).

132)《禮記》〈月令 第六〉(6067).

133)《書經》〈周書·無逸〉.

服(康功田功 徽柔懿恭 懷保小民 惠鮮鰥寡)."[134]《서경》〈주서·강고〉에 따르면, 성왕成王(주나라 2대 황제)도 다시 위후衛侯에 봉해진 자기의 동생 강숙康叔을 위衛 땅으로 떠나보내면서 "문왕(할아버지)이 감히 홀아비와 홀어미를 업신여기지 않았다(不敢侮鰥寡)"는 이야기로 그를 신칙申飭한다.[135] 또는《서경》〈주서·여형〉은 '환·과'를 돌보지 않은 자들을 처벌한 사건을 기록하고 있다. "여러 제후들의 하민下民을 관리하는 자들이 상도常道를 명명백백히 어기고 홀아비와 홀어미를 덮어 주지 않았다. 그리하여 황제가 하민에게 청문하니 홀아비와 홀어미들이 묘苗나라에 대해 불평을 쏟아 놓았다. 이에 황제가 덕의 권위로 그들을 두려움에 떨도록 위협했고, 덕으로 밝히니 세상이 밝아졌다(羣后之逮在下 明明棐常 鰥寡無蓋. 皇帝淸問下民 鰥寡有辭于苗 德威惟畏 德明惟明.)."[136] 환·과·고·독을 부양하는 공자의 복지정책은 태고대 중국의 전통적 법제 또는 관습법을 반영한 것이다. 공자는《효경》에서도 "나라를 다스리는 자들은 감히 홀아비와 홀어미를 업신여기지 않아야 한다(治國者不敢侮於鰥寡(...))"라고 환·과에 대한 경로敬老를 말한다.[137]

맹자는 "양인養人", 곧 양민을 사람을 다스리는 대강으로 삼았다. 그리하여 그는 '선善의 실천을 통한 양민'을 천하를 심복心服시켜 제왕이 될 수 있는 놀라운 정치적 기능으로 갈파한다. "선善으로 사람들을 복종시키는 사람들 가운데 아직 사람들을 잘 복종시키는 사람이 없었다. 그러나 선으로 사람을 먹여 기른 연후에는 능히 천하를 복종시킬 수 있으니, 천하를 심복시키고 왕이 되지 못한 사람은 아직 없었다(孟子曰 以善服人者 未有能服人者也 以善養人 然後能服天下. 天下不心服而王者 未之有也.)."[138] 선행으로 사람을 기르는 '선양善養'은 선으로 사람을 복종시키는 '선복善服'보다 위력적이다. '선행양민'은 평천하를 할 수 있기 때문이다. 그러므로 선행으로 사람을

---

134)《書經》〈周書·無逸〉.
135)《書經》〈周書·康誥〉(2).
136)《書經》〈周書·呂刑〉.
137)《孝經》〈孝治章 第八〉.
138)《孟子》〈離婁下〉(8-16).

부양하는 "양인養人"이 바로 곧 '치인治人'인 것이다.

맹자는 공자가 대동사회의 이념과 관련해 언급하는 사회복지 정책들을 충실하게 계승해서 발전시켰다. 그는 이 복지정책 가운데 노인·아동복지정책을 유학적 국가론의 도통으로 해석했다. 맹자는 환·과·고·독에 대해 말한다.

늙어서 아내가 없는 것을 환鰥이라 하고, 늙어서 남편이 없는 것을 과寡라 하고, 늙어서 자식이 없는 것을 독獨이라 하고, 어려서 아비가 없는 것을 고孤라고 합니다. 이 넷은 천하의 궁핍한 백성으로 발붙일 데 없는 사람들입니다. 문왕은 정사를 펴 인仁을 베풀면서 반드시 이 넷을 먼저 챙겼습니다. 《시경》(〈大雅綿〉)에 이르기를 "부자는 좋겠지만 이 외로운 독거노인은 애처롭구나(哿矣富人 哀此煢獨)"라고 했습니다.139)

천하에 노인을 잘 봉양하는 나라가 있으면 인자仁者는 그 나라를 고국으로 여긴다. 문왕의 기주에는 헐벗고 굶주리는 노인이 없었다. 그래서 폭군 주왕紂王을 피해 북해 근처에 숨어 살던 백이와 숙제 같은 인자도 '기주의 문왕이 늙은이를 잘 봉양한다'는 소문을 듣고 기주로 찾아왔던 것이다. 맹자는 말한다.

천하에 노인을 잘 봉양하는 곳이 있으면 인자는 그곳을 자기가 귀의할 곳으로 여긴다. 5무가량 되는 택지의 담장 아래에 뽕나무를 심고 필부가 누에를 치면 늙은이들이 족히 비단옷을 입을 수 있다. 암탉 다섯 마리와 돼지 두 마리를 때를 놓치지 않고 기르면 늙은이들이 족히 고기를 거르지 않고 먹을 수 있다. 100무의 밭을 필부가 갈면 8가구가 굶주리지 않을 수 있다. 이른바 서백이 늙은이를 잘 봉양했다는 것은, 경작지와 주거지를 정리해 곡식과 나무를 심고 가축 키우는 법과 처자식 이끄는 법을 가르쳐 주고 노인을 봉양하게 했던 것이다. 나이 50에는 비단이 아니면 따뜻하지 않고 70에는 고기가 아니면 배부르지 않으니 따뜻하지 않고 배부르지 않은 것을 일러 '춥고 배고프다'고 말한

---

139) 《孟子》〈梁惠王下〉(2-5): "老而無妻曰鰥 老而無夫曰寡 老而無子曰獨 幼而無父曰孤. 此四者 天下之窮民而無告者. 文王發政施仁 必先斯四者. 詩云 哿矣富人 哀此煢獨."

다. 문왕의 백성 가운데 춥고 배고픈 노인이 없었다는 것은 이런 뜻으로 하는 말이다.[140]

《대학》은 노인봉양을 공감정치의 원리 속에서 바라본다. "윗사람이 노인을 노인으로 모시면 백성은 효를 일으키고, 윗사람이 어른을 어른으로 모시면 백성들은 우애를 일으키고, 위에서 고아를 긍휼히 여기면 백성은 등을 돌리지 않는다. 이 때문에 군자는 혈구지도絜矩之道가 있는 것이다. 윗사람은 자기가 싫어하는 것으로 아랫사람들을 부리지 말고, 아랫사람들은 자기들이 싫어하는 것으로 윗사람을 섬기지 말고, 앞사람은 자기가 싫어하는 것으로 뒷사람을 이끌지 말고, 뒷사람은 자기가 싫어하는 것으로 앞사람을 따르지 말고, 오른쪽 사람은 자기 싫어하는 것으로 왼쪽 사람과 사귀지 말고, 왼쪽사람은 자기 싫어하는 것으로 오른쪽과 사귀지 말라. 이것을 일러 혈구지도라고 한다."[141] 따라서 만약 위정자가 80-90세 노인을 함부로 취급한다면 이 노인들만이 아니라 60-70대 노인들도 동요할 것이다. 이들도 곧 80-90세가 되기 때문이다. 또 80-90대와 60-70대 노인들을 박대하면 40-50대 장년이 동요할 것이다. 이들이 동요하면 20-30대 청년마저 동요할 것이다. 결국 국가가 노인들을 함부로 대하고 병들거나 얼어 죽도록 방치한다면 온 백성은 이런 국가를 원망해 전복시켜 버릴 것이다. 따라서 노인복지의 수준은 국민을 안정시키고 국가를 공고히 해준다.

그리하여 맹자는 양로養老를 나라의 '나라다움'을 재는 국격國格으로 보고 이렇게 설파한다.

---

140) 《孟子》〈盡心上〉(13-22): "天下有善養老 則仁人以爲己歸矣. 五畝之宅 樹墻下以桑 匹婦蠶之 則老者足以衣帛矣. 五母鷄二母彘 無失其時 老者足以無失肉矣. 百畝之田 匹夫耕之 八口之家可以無饑矣. 所謂西伯善養老者 制其田里 敎之樹畜 導其妻子 使養其老. 五十非帛不煖 七十非肉不飽 不煖不飽謂之凍餒. 文王之民 無凍餒之老者 此之謂也." 이 구절은 왕도정치가 넓고 크게 미쳐 항업(恒業)을 가르치고 각기 노인을 부양하게 하며 겨울에도 굶주리지 않게 한다는 것을 말하고 있다. 《孟子注疏》, 428쪽 참조.

141) 《大學》(傳10章): "所謂平天下 在治其國者 上老老而 民興孝 上長長而 民興弟 上恤孤而 民不倍. 是以君子 有絜矩之道也. 所惡於上 毋以使下 所惡於下 毋以事上 所惡於前 毋以先後 所惡於後 毋以從前 所惡於右 毋以交於左 所惡於左 毋以交於右 此之謂絜矩之道也."

백이는 폭군 주紂를 피해 북해의 물가에 살면서 문왕이 움직인다는 소리를 듣고 일어나 말하기를 "어찌 돌아가지 않으리오! 나는 서백이 노인을 잘 봉양하는 사람이라고 들었소"라고 했다. 태공도 주를 피해 동해의 물가에 살다가 문왕이 움직인다는 소리를 듣고 일어나 "어찌 돌아가지 않으리오! 나는 서백이 노인을 잘 봉양하는 사람이라는 말을 들었소"라고 했다. 이 두 노인은 천하의 큰 노인 분들이다. 이들이 문왕에게로 돌아가면 이것은 천하의 아비들이 문왕에게로 귀의하는 것이다. 천하의 아비가 그에게 귀의하면 그 자식들은 어디로 가나? 제후 가운데 문왕의 정치를 행하는 자가 있다면, 7년 안에 반드시 천하에 정사를 펼 것이다.[142]

"천하의 아비가 문왕에게 귀의하면" 그 자식들도 문왕에게로 가지 않을 수 없을 것이다. 그리하여 온 천하가 문왕에게로 가 천하는 평정될 것이다. 여기서 맹자는 세심한 노인복지 정책을 정성껏 시행하는 정치를 치국을 넘어 천하를 통일할 평천하의 정치로 보고 있다. 맹자는, 백이와 태공이 문왕의 정성스런 노인봉양 정책을 기주에 귀의할 명분으로 삼았다고 갈파함으로써 노인복지를 '복지정책 중의 복지정책', 제일의 양민정책으로 격상시키고 있다.

오늘날도 한 나라의 국격國格을 알려면 그 나라의 아이들과 노인, 여성들이 어떻게 대접받는지를 보라는 말이 있지만, 극동은 이미 3000년 전에 노인정책을 기준으로 나라를 평가했고 동시에 국가의 정책을 추진했다. 초고령사회(65세 이상의 노인들이 인구의 20%를 넘어선 사회)로 접어든 현대국가들, 특히 2023년 출생률 0.7%대에 세계에서 제일 먼저 들어서고 2025년 초고령사회에 진입한 100세 시대 대한민국은 맹자의 이 '오래된' 유토피아를 실로 '가장 새로운' 국격으로 채택해야 할 것이다.

공자는 저 대동사회론에서 누락된 장애인정책을 《예기》〈왕제〉에서 보완한다. 공자는 국가가 모든 범주의 장애인들에게도 합당한 일자리를 마련해 주어 정상

---

142) 《孟子》〈離婁上〉(7-13): "孟子曰 伯夷辟紂 居北海之濱 聞文王作 興曰 盍歸乎來! 吾聞西伯善養老者. 太公辟紂 居東海之濱 聞文王作 興曰 盍歸乎來! 吾聞西伯善養老者. 二老者 天下之大老也 而歸之 是天下之 父歸之也. 天下之父歸之 其子焉往? 諸侯有行文王之政者 七年之內 必爲政於天下矣."

생계를 보장해야 한다고 말한다. "벙어리, 귀머거리, 절름발이, 앉은뱅이, 외발이, 난쟁이는 그 기량에 따라 각각에게 백공의 일을 맡겨 먹고 살게 한다(瘖聾跛躄斷者 侏儒 百工各以其器食之)."[143] 공자의 장애인정책은 명대 중국에 대한 서양인들의 보고를 보면 그대로 구현된 것으로 나타난다.

또 공자는 대동사회론에서 열거하지 못한 극빈자구휼정책을 《예기》〈월령〉에서 추가로 논한다. "이달(음력 3월)에는 (...) 천자는 덕을 펴고 혜택을 베푼다. 유사(관리)에게 명해 창름을 열어 빈궁자들에게 하사하고 핍절한 자들을 진휼한다(是月也 〔...〕 天子布德行惠 命有司發倉廩 賜貧窮 振乏絕.)."[144] 공자는 음력 3월 춘궁기에 천자가 창름을 열고 빈궁자와 핍절자를 구휼해야 한다고 규정하고 있다.

다시 《예기》〈예운〉편 '대동사회론'으로 돌아가 보면, 공자는 과거 대동사회에서 "폐질환자들에게 먹여 줄 곳이 있었다"고 말하는데, 다른 곳에서는 중환자와 불치병자(廢疾者)에 대해 더 논한다. "폐질에 걸렸는데 사람이 없어 부양하지 못하면 한 사람의 부역을 면해 준다(廢疾非人不養者 一人不從政)."[145]

그리고 공자는 완전고용에 대해 말하고 있다. "장년들에게 쓰일 곳이 있게 했고(壯有所用)," 또 "남자는 직분이 있고, 여자는 시집갈 곳이 있었다(男有分 女有歸)"고 한 구절이 그것을 말한다.

그리고 이어서 공자는 대동사회의 소유제도에 관한 결정적으로 중요한 기록을 남기고 있다.

재화는 땅에 버려지는 것을 싫어해도 꼭 자기에게만 사장(私藏)되어 있지 않았고, 힘은 몸에서 나오는 것을 싫어하지만 꼭 자기만을 위하지 않았다(貨惡其弃〔棄〕於地也不必藏於己 力惡其不出於身也 不必爲己.).[146]

---

143) 《禮記》〈王制〉(5052).

144) 《禮記》〈月令 第六〉(6027). 옛 주석자들은 "빈자貧者"를 재산이 없는 자이고, "궁자窮者"는 사고무친한 자라고 해설하고 '결핍'을 잠시 없는 것으로, 먹을 것이 이어지지 않은 것은 절節한 것이라고 설명한 반면, 다른 주석자들은 오래 없는 것은 '빈궁'이고, 잠시 없는 것은 '핍절乏絕'이라고 주석한다.

145) 《禮記》〈王制〉(5050).

일단 "재화"를 언급했으므로 대동사회는 '화폐경제사회'다. 공자는 《역경》〈계사전〉에서도 화폐경제를 당연한 것으로 전제하고 있다. "해가 중천에 뜨면 시장을 열어 천하의 백성을 초치하고 천하의 재화를 모으며, 교역하고 물러나 각기 제 것을 얻는다."[147] 또한 공자는 《예기》〈월령〉에서 "시장을 열어 천하의 백성을 초치하고 천하의 재화를 모으는" 이 시장정책을 더 적극화해 자유시장과 자유상업을 진흥하는 방책에 대해서도 논한다. "이달(추석날이 있는 달)에는 관문과 시장을 드나드는 것을 쉽게 하고, 상단들을 오게 하여 재화와 물건을 시장에 납품하게 하며, 이를 통해 백성을 편하게 한다. 이리하여 사방에서 와서 모이고 먼 타향에서 다 오면 재물은 바닥나지 않고, 조정도 소비품이 모자라지 않아, 온갖 일들이 이내 성취된다(是 月也 易關市 來商旅 納貨賄 以便民事. 四方來集 遠鄉皆至 則財不匱 上無乏用 百事 乃遂.)."[148] 공자는 자유로운 국제무역도 염두에 두고 이를 진흥하는 것에 대해서도 말하고 있다. "중국과 이만융적夷蠻戎狄은 다 안거安居, 조화로운 입맛, 적합한 의복, 유용한 기구들을 가지고 있다. 이 오방五方의 백성은 언어가 불통하고 기호가 같지 않다. 그 뜻을 전달하고 그 욕망을 통하게 함에 동방의 통역자는 '기寄'라 하고, 남방의 통변자는 '상象'이라 하고, 서방의 통역자는 '적제狄鞮'라 하고, 북방은 '역譯'이라 한다."[149] 중국에는 동이·서융·남만·북적 등 사방의 이민족과 무역하기 위해 그들의 언어를 담당하는 기寄·상象·적제狄鞮·역譯 등의 통역관들이 존재해 왔고, 이 일은 사공司空이 담당해 국제무역을 순조롭게 하여 진흥했다. 공자는 이를 기록함으로써 국제무역에 대해서도 중요성을 부여하고 있다.

재화의 존재, 화폐경제, 자유시장을 전제한 대동사회는 필연적으로 연대적 개인소유권을 인정한 사회다. 소유권 논의를 위해 개념부터 정리하자면, 과거 자유주의자

---

146) 《禮記》〈禮運 第九〉.

147) 《易經》〈繫辭下傳(2)〉: "日中爲市 致天下之民 聚天下之貨 交易而退 各得其所."

148) 《禮記》〈第六 月令〉.

149) 《禮記》〈王制〉: "中國夷蠻戎狄 皆有安居 和味 宜服 利用備器. 五方之民 言語不通 嗜欲不同. 達其志 通其欲 東方曰寄 南方曰象 西方曰狄鞮 北方曰譯."

들이 신성시한 '사적소유·사유재산(Privateigentum; private property)'은 박탈·탈취·부정의 뜻을 가진 라틴어에서 유래한 'privat(e)'라는 접두어가 이미 배타적·배척적 의미를 규정하듯이 사인私人의 배타적 소유를 말한다. 따라서 사유재산은 타인의 사용이나 타인과의 연대를 배척하고 갖은 방법으로 타인의 소유를 탈취하려는 경향을 가진다. 그러나 소유에는 이런 배타적 소유가 아니라 반대로 타인과 협조하고 필요시에 타인을 지원하는 상부상조적·연대적 '개인 소유'가 있을 수 있다.

주식소유는 좋은 현대적 예다. 주식에 대한 개인의 소유권과 관련된 증권의 거래는 전적으로 인정·보장되지만, 개인들에 의해 투자된 주식자본은 제도상 반드시 주식회사 형태의 공동점유 상태에서 통합되어 있어야 한다. 개인적 소유로서의 주식자본들이 다른 주식자본들과 상호 연대·협력·지원하는 것이다. 주택임대차 관계에서 주택소유주와 주택점유자(주택을 임차해 사는 실거주자)가 분리되듯이 주주는 주식소유자이지만 주식회사는 회사에 모인 주식자본을 실제로 이용하고 투자하고 수익을 창출하는 주식의 공동점유자로서 주식소유와 분리되어 있다.

이런 현대적 형태의 연대적 개인소유는 정전제井田制에서 볼 수 있는 태고대적 형태의 상부상조적 개인소유와 본질적으로 상통한다. 맹자는 정전제 아래에서 개인소유와 상부상조에 대해 말한다. "고향 전답에서 정전井田을 공동으로 설치하면 사람들은 논밭에 드나들며 서로 벗으로 사귀고, 지켜보며 상조하고, 질병 시에는 서로 부지扶持해 준다. 그러면 백성들은 친하고 화목해진다. 사방 1리가 정전이면 1정전은 900무이고, 그 중앙의 전답은 공전이다. 8가구가 다 100무를 개인적으로 보유하고 공전은 같이 가꾼다. 공전의 농사일이 끝난 뒤에 개인 농사일을 감히 다스린다."150) 이 '100무'는 정전제에서 개인 가구에 할당되는 개인의 전답소유다. 이 정전제에서 개인적 소유는 서로 배척하는 것이 아니라, 주식회사에서처럼 (공전을 같이 가꾸고 관개灌漑나 초지를 공동으로 이용하기 위해) 제도적으로 협력해야하고, 그러는 가운데 우의와 친목을 다져 상부상조한다. 정전제와 정전 전체는

---

150)《孟子》〈滕文公上〉(5-3): "鄕田同井 出入相友 守望相助 疾病相扶持 則百姓親睦. 方里而井 井九百畝 其中爲公田. 八家皆私百畝 同養公田. 公事畢 然後敢治私事."

국가소유다. 그러나 8가구는 각기 100무의 전답을 점유하고 주식회사처럼 실제로 이용하고 수익을 창출한다. 공전은 주식회사에서 사내보유자본과 같은 의미를 가진다. 국가는 정전의 점유자이고, 개인들은 정전의 개인 몫의 소유자라고 바꿔 생각해도 상관없다. 각 가구의 전답 사용권이 영구적인 반면, 정전 설치와 토지분배 당시에 나타난 국가의 토지소유권은 이후 공전의 소출을 거두는 수조권으로 축소되어 버리기 때문이다.

공자는 주대周代의 정전제를 염두에 두고 "재화는 땅에 버려지는 것을 싫어해도 꼭 자기에게만 사장되어 있지 않고, 힘은 몸에서 나오는 것을 싫어하지만 꼭 자기만을 위하지 않는다"고 말한 것이다. 정전제의 농민들은 자기의 재화를 자기만을 위해 사장私藏하지 않고 각자로부터 재화를 추렴해 상부상조하고, 각자의 노동력은 자기만을 위해 쓰지 않고 노동력으로 정전의 한가운데에 있는 땅 '공전公田'을 공동 경작하고 정전에 딸린 수원水源·수로·초지·도로 등 공동지共同地(commonland)를 공동 관리하는 데도 쓰기 때문이다. 공자는 먼저 군주민선을 통해, 불가피한 경우에만 폭군을 타도하는 역성혁명과 반정을 통해 이상적 인의사회에 도달하려고 했고, 마르크스도 유사하게 혁명을 통해 공산주의적 인정仁政국가에 도달하려고 했다. 그러나 마르크스는 공자와 달리 폭력혁명과 전쟁도 불사하는 계급투쟁·계급전쟁을 '능사'로 여겼다. 인의국가에 도달하는 방법론에서 마르크스는 공자와 거의 대척적이다. 그럼에도 불구하고 앞서 시사했듯이 공자의 개인소유제도는 마르크스가 사회주의적 소유로 정한 "대지와 생산수단의 공동점유의 기초 위에서의 개인적 소유" 제도와 그 취지에서 본질적으로 유사하다.

공자가 말하는 "재화는 땅에 버려지는 것을 싫어해도 꼭 자기에게만 사장되어 있지 않는" 열린 연대적 개인소유제는 개개인의 개인소유를 보장하고 노약·고아·폐질·사고·재난 등으로 개인적 소유를 보유하지 못한 사람들과 불시의 재난으로 말미암아 일시적으로 재화가 더 필요한 사람들을 연대적으로 지원하기 위해 개인 재화를 성실한 납세로든, 따뜻한 개인적 의연義捐으로든 기꺼이 출연하는 소유제도다. 이 소유제도의 효과는 불의의 사고·재난을 당한 사람들과 이것으로부터 안전한

다행한 사람들 사이의 빈부양극화를 균제하는 거시적 효과다. 공자의 이상적 대동사회에서 자유시장이 전제되기 때문에 거시적 빈부양극화는 시장메커니즘을 타고 더욱 거세질 것이다. 그럴수록 거시적 균제는 더욱 필요할 것이고, 개인적 소유제는 그럴수록 더욱 연대적으로 운용되어야 할 것이다. 거시적 균제는 의정義政의 가장 중요한 과업이다. 이런 의미에서 공자의 이상적 대동사회는 인정과 의정을 동시에 수행하는 '인의국가仁義國家'의 미래적 요소들을 담고 있다.

미래의 인의국가에서 이 연대적 개인소유제도가 어떻게 구현되어야 할지는 이 제2부 제3장 인의국가의 일반이론에서 상론되어야 할 것이다. 앞질러 상상해 본다면 미래사회에서 연대적 개인소유제도는 주식회사와 '종업원소유제從業員所有制(Employee Ownership)' 등 기존의 맹아적 미래요소들을 전제로 기획되어야 할 것이다. 미래의 연대적 개인소유제의 확대방법으로는 기존의 '종업원소유제("우리사주제도")' 등을 계속 확대하는 방법이 있을 수 있다.

공자가 상기시킨 내용에 따르면, 과거의 대동사회에서는 기회균등이 보장되고, 노인복지, 사회적 약자들에 대한 사회복지, 보건복지, 장애인복지, 완전고용, 그리고 상부상조로 균제를 뒷받침하는 연대적 소유제도가 일반화되었다. "그러므로 모반이 막혀 일어나지 못하고 절도와 난적이 난을 일으키지 못하니, 바깥문은 닫지 않는다. 이것을 대동이라고 했다(是故謀閉而不興 盜竊亂賊而不作 故外戶而不閉 是謂大同).151) 난적은 내부의 난적과 외적을 총칭한 것이다. 따라서 대동사회는 국내외적으로 평화로운 사회였다고 말하고 있는 셈이다.

다시 확인하지만, 공자가 기록한 삼대 이전 요순의 대동사회는 한낱 복지제도를 완비한 인정仁政사회가 아니라, 박애(범애)의 '인정'과 세습특권 없는 기회균등과 거시적 빈부균제의 '의정'을 동시에 구현하는 '인의사회'다. 이와 대비되는 당대의 사회는 인정을 배제하고 정의·예법·무용武勇·상무尙武정신과 세습적 사유재산을 중시하는 패자霸者들의 '소강小康'사회였다. 공자는 당대의 국가를 이렇게 약술한다.

---

151)《禮記》〈禮運 第九〉.

그런데 지금은 대도가 숨어 버렸고 천하는 가산이 되었고, 각기 제 어버이(만)을 친애하고 각기 제 자식(만)을 사랑하고, 재화와 힘은 자기(만)을 위한다. 대인(치자)은 세습을 예로 삼는다. 성곽과 해자를 방위시설로 삼는다. 예법과 정의를 기강으로 삼아 군신을 바르게 하고 부자를 독실하게 하고, 형제를 화목하게 하고 부부를 화합하게 하고, 제도를 설치하고 동네를 세우고, 용기와 지혜를 받들고 공을 세워 자기를 위한다. 그러므로 계모 計謀가 이를 틈타 작용하고 전쟁도 이로 말미암아 일어난다. 우, 탕, 문, 무, 성왕, 주공은 이 때문에 잘 다스렸다. 이 여섯 군자는 예에 신중하지 않은 적이 없었다. 이 예로써 그 의리를 드러내고 신의를 이루었다. 과오를 드러내고 강인強仁하고 겸양을 익히게 하고 백성에게 공시하는 것이 상례다. 이 예에 따르지 않는 자가 있다면 권세가 있는 자도 다중을 버리게 되어 재앙이 된다. 이것을 일러 소강이라고 한다(今大道旣隱 天下爲家. 各親其親 各子其子 貨力爲己 大人世及以爲禮 城郭溝池也以爲固. 禮義以爲紀 以正君臣 以篤父子 以睦兄弟 以和夫婦. 以設制度 以立田里 以賢勇知 以功爲己. 故謀用是作而兵由此起. 禹湯文武成王周公由此其選也. 此六君子者 未有不謹於禮者也. 以著其義 以考其信. 著有過 刑仁講襄 示民有常. 如有不由此者 在執者去衆 以爲殃. 是謂 小康.).")[152]

이 소강사회에서는 "천하가 가산이 되어" 황실에 소유되고, "각기 제 어버이만을 친애하고 각기 제 자식만을 사랑함"으로써 인仁이 좁은 '친애' 범위로 쪼그라들고, 공적 인仁은 초라해져 겨우 강제로 짜내는 '강인強仁'으로만 가능하다. 그리고 "재화와 힘은 자기만 위함"으로써 사유재산제가 관철된다. 그리고 군신·부자·형제·부부 간에는 인애나 사랑보다 "예법과 정의"의 "기강"을 중시하고 "예禮에 신중할" 뿐이고 "이 예로써 그 의리를 드러내고 신의를 이루는" 예법·정의국가다. 나아가 소강국가는 "성곽과 해자를 방위시설로 삼고" 또 당연히 "용기와 지혜를 받들고 공을 세워 자기를 위하는" 군사국가, 이 때문에 "계모計謀가 이를 틈타 작용하고 전쟁도 이로 말미암아

---

152) 《禮記》〈禮運 第九〉.〔及: 세습할 급. 賢: 받들 현. 固: 방비 고. 選: 잘 다스릴 선. 刑: 모범 보일 형. 執: =勢〕. "刑仁"은 예부터 "인을 법제화했다"고 주석하는 이들이 있으나, 아마 "강인強仁"을 뜻한 것일 것이다.

일어나는" 전쟁국가다. 환언하면 소강국가는 인정 없이 의정만 중시하는 패도국가다. 공자가 이미 밝혔듯이 기껏 "의도義道로써는 패도정치를 하기(義道以覇)"153) 때문이다. 동시에 소강국가는 무력으로 외적을 막고 경찰력으로 도둑과 강도를 잡는 일만 하는 야경국가다. 따라서 플라톤·홉스·스미스·롤스 등이 좋아한 '정의국가'는 비윤리적 '지혜'와 (소덕에 불과한) '절제'를 대덕(cardinal virtues)으로 착각하고 용기와 정의를 대덕으로 중시하는 군사·전쟁국가로서 이 소강국가를 거의 빼다 박았다.

공자는 대동국가의 복지보장을 위해, 흉년과 각종 자연재해로 말미암은 일시적 궁핍과 기아에 대한 대책으로서의 구황救荒정책의 시행을 위해, 그리고 기타 국용을 위해 식량을 비축하는 지침을 제시한다.

국가는 9년 먹을 비축이 없으면 부족하다고 한다. 6년의 비축이 없으면 급하다고 한다. 3년의 비축이 없으면 국가가 국가답지 않다고 한다. 3년 경작하면 반드시 1년 식량을 보유해야 한다. 9년 경작하면 반드시 3년 식량을 보유해야 한다. 이렇게 30년을 통산 하면 비록 흉년이나 한해·수해가 있더라도 백성들의 얼굴빛에 궁기가 없을 것이다. 그런 뒤에 천자는 날마다 먹고 마시며 분위기를 띄워 즐기는 것이다(國無九年之蓄曰不足. 無六年之蓄曰急. 無三年之蓄曰國非其國也. 三年耕必有一年之食. 九年耕必有三年之食. 以三十年之通 雖有凶 旱水溢 民無菜色. 然後天子食日舉以樂.).154)

공자에 따르면, 국가는 평소에 적어도 3년 흉년에도 백성을 먹일 만큼의 식량을 비축하고 있어야만 나라는 나라일 수 있다. 공자는 흉년·한해·수해 등의 재해에 대비하는 황정荒政(구황정책)을 펼치기 위한 곡물비축을 '국가다운 국가' 또는 양민· 교민국가로서의 일반국가의 개념에 집어넣고 있다. 3년 이상의 곡물비축론은 당연 히 국가 곡물창고의 전국적 설치를 전제하는 것이다. 맹자는 《주례》의 〈사시〉와

---

153) 《禮記》〈表記 第三十二〉(12). "道有至義有考"에서 '義' 앞에 '有'자가 탈락했다. 참조: 鄭玄注·孔穎達疏, 《禮記正義》, 1720쪽.
154) 《禮記》〈第五 王制〉(29).

〈천부〉절을 응용해 이 비축창고를 황정용荒政用으로만이 아니라 물가조절용으로도 논변하고 제시했다.

종합하면, 공자는 대동국가를 사회적 약자와 재해구제를 위한 완벽한 복지제도와 만인의 완전고용이 이루어진 이상적 인정仁政국가이면서 인애에 호소해서 기회균등과 거시적 빈부균제를 중시하는 의정義政국가인 이상국가로 기록했다. 이것은 맹아적 '인의국가'다. 이 복지국가가 공자와 모든 극동 유자들의 유토피아였다. 동시에 이 유토피아적 대동국가는 '가장 오래된 미래국가'로서 바로 지난 세기부터 동서인류가 추구해 온 '근대적 복지국가'였던 것이다.

- 자유시장의 진흥과 조절 정책

상술한 모든 양민정책은 자유시장을 전제한다. 아니, 자유시장은 생산력을 극대화시키는 최적의 기제인 한에서 그 자체가 최대의 양민정책이다. 따라서 자유시장의 설치·진흥·유지·보호·회생을 위한 제반정책들은 광의의 양민정책에 속하는 것이다. 앞서 공자가 언급한 시장설치나 국제무역과 관련된 일련의 정책들은 모두 자유시장을 위한 것이다. 그리고 맹자가 언급한, 《주례》로 거슬러 올라가는 자유시장의 순항을 위한 여러 조절법제들도 모두 자유시장의 진흥·유지·보호·회생을 위한 것이다.

공자는 '무위이치無爲而治'의 정치원칙을 경제영역에도 적용했다. 그리하여 유교국가는 원칙적으로 시장의 자유로운 발전에 개입하거나 간섭하지 않고 무위無爲상태에 자유방임한다. 하지만 국가의 개입과 간섭이 필요하다면 신사명변愼思明辨해 반드시 개입한다. 그런데 이 개입은 ㈎ 시장의 애로를 제거하거나, ㈏ 시장에서의 영리활동이 정치적·법적·사회적 권위나 윤리도덕을 훼손하고 식품위생적·보건적·자연생태적 위험을 초래하는 경우, 그리고 ㈐ 시장의 발전과 상거래를 촉진하고 유통속도를 가속화하기 위하여, 한 마디로 '시장을 위하여' 도량형을 개선·통일하고 상도덕을 진작하며 치수사업과 도로·운하 등의 인프라시설을 건설하고, 품질·중량·치수·부피의 눈속임·가격조작·사기·소매치기 등을 진압하는 경우에 한정된다.

시장의 애로는 세 가지가 있는데, 첫째 애로는 시장발전을 저해하는 자연적·인위적 장애물들이고, 둘째는 시장가격이 상거래가 정지되거나 부진할 정도로 너무 비싸거나 너무 싸게 만드는 가격기제의 고장사태이고, 셋째는 독과점의 시장농단이다. 공자는 백성들의 자유로운 상거래와 경제활동을 방해하는 첫째 애로인 '인위적 장애물'을 철폐하기 위해 모든 불필요하고 유해한 세금과 관세를 폐지해 시장을 최대로 넓히고, 각종 금법禁法을 해제함으로써 경제활동의 자유를 가급적 확대할 것을 강조한다.

옛적에 공전公田은 나라에서 그 수확을 거두어들이고 별도로 세금을 과하지 않았다. 관문에서는 검문만 하고 관세를 징수하지 않았다. 산림과 천택은 때맞춰 들어가고 출입을 금하지 않았다. 그리고 (제수용祭需用 농작물을 경작하는) 규전圭田에 대해서는 과세하지 않았다(古者公田藉而不稅. 市廛而不稅. 關譏而不征. 林麓川澤以時入而不禁. 夫圭田無征).155)

불요불급하지 않은 세금의 폐지, 무관세, 금법의 해제 등은 모두 다 상인의 왕래와 상품의 자유유통을 촉진함으로써 자유시장을 진흥한다. 공자는 부분적으로 관치경제의 기미가 있는《주례》에 규정된 관세를 폐지한 것이다.《주례》에 따르면, 사관司關은 "재화와 재물의 관문 출입을 관리하는 경우에는 금지품목을 다스리는 그 업무와 더불어 가게에 징세하는 그 업무를 관장한다. 무릇 재화 가운데 관문을 통해서 나오지 않은 경우에는 그 재물을 적발해 그 사람을 벌준다. 재화와 재물을 가지고 통과한 경우에는 부절을 전해 주어 관문을 나가게 한다. 나라에 흉년이 들거나 돌림병이 돌면 관문의 징세를 없애되 오히려 자세히 살핀다."156) 공자는 이런 주대 관세를 폐지하고자 한 것이다.

그리고 공자는 생산-유통-재생산으로 이루어지는 사회적 재생산의 세 단계에서

---

155)《禮記》〈王制〉(5-36).
156)《周禮》〈地官司關〉:"司貨賄之出入者掌其治禁與其征廛. 凡貨不出於關者擧其貨罰其人. 凡所達 貨賄者 則以 節傳出之. 國凶札則無關門之征 猶幾."

유통단계에서의 자유로운 상업을 가장 중시했다. 공자가 편찬한 《서경》의 〈주서〉
는 이렇게 말한다.

　농부가 내오지 않으면 농산물이 결핍되고, 공인이 내오지 않으면 공산품이 결핍되고,
　상인이 내오지 않으면 삼보(농산물, 공산품, 임수산물 - 인용자)가 다 끊어지고, 산지기와
　어부가 내오지 않으면 임수산물이 적어지고, 임수산물이 적어지면 산택은 다스려지지
　않는다.157)

전체적 재생산 과정에서 상업의 지위를 중시하는 〈주서〉의 이 구절을 사마천은
이렇게 해석한다.

　이 네 가지(농·공·상업과 임수산업)는 백성이 입고 먹는 것의 근원이다. 그 근원이 크면
　부유해지고, 근원이 작으면 가난해진다. 근원이 크면 위로는 나라를 부유하게 만들고
　아래로는 가정을 부유하게 만든다. 이 빈부의 도는 아무도 빼앗거나 줄 수 없다. 기교가
　있는 자는 여유 있게 되고 졸렬한 자는 부족하게 된다. 태공망은 영구营丘에 봉해졌을
　때 땅이 소금 개펄이고 인민이 적었다. 그래서 태공망이 여공女功(부녀의 길쌈)을 장려
　하고 기술을 지극히 발전시키고 어물과 소금을 유통시키니, 사람들과 물건이 돌아와
　줄지어 몰려들었다. 그리하여 세상에 제나라의 관대와 의복, 신발이 있게 되었고, 동해
　와 태산 사이에 있는 (산동지방) 제후들은 옷깃을 여미고 제나라에 조회하게 되었다.158)

---

157) 사마천, 《사기열전(下)》 〈화식열전〉, 1173쪽: "周書曰 農不出則乏其食 工不出則乏其事 商不出則三寶絕
　　虞不出則財匱少. 財匱少而山澤不辟矣." 이것은 공자가 정리한 《서경》 〈주서周書〉 가운데 지금은 유실된
　　부분이다. 이것을 다행히도 사마천이 전하고 있다.
158) 사마천, 《사기열전(下)》 〈화식열전〉, 1173-1174쪽: "此四者 民所衣食之原也. 原大則饒 原小則鮮.
　　上則富國 下則富家. 貧富之道 莫之奪予 而巧者有餘 拙者不足. 故太公望封於營丘 地潟鹵 人民寡. 於是太公
　　勸其女功 極技巧 通魚鹽 則人物歸之 繦至而輻湊. 故齊冠帶衣履天下 海岱之間斂袂而往朝焉."《주례》에서,
　　비단과 삼을 다스려 만드는 자를 '婦功'이라 한다고 했다.《周禮》 〈冬官考工記〉. 따라서 '女功'은 '부공'과
　　동일한 기능인으로 보인다.

사마천의 이 주석은 "여공女功을 장려하고 기술을 지극히 발전시키고 어물과 소금을 유통시킨" 태공망의 경제정책을 말하고 있는 점에서 중요하지만 재생산의 관점을 놓치고 있다. 〈주서〉가 농·공·상·임·어업의 순서로 업종을 나열하고 있음에도 재생산의 관점에서 보면 이것이 농업을 제일로 치는 '농본주의'와 무관한 것이다. '유통이 없다면 재생산도 없다'는 '재생산'의 관점에서 "상인이 내오지 않으면 삼보가 다 끊어진다"고 논변한 〈주서〉는 재생산 과정에서 바로 상업에 '결정적' 지위를 부여한다는 것을 뜻한다. 농업을 제일 먼저 나열하면서도 상인에게 '결정적' 역할을 부여하는 이 논지를 종합하면, 이것은 농업사회의 거시경제적 관점에서 농본農本과 상본商本을 결합한 '농·상農商 양본주의兩本主義'를 말하는 것이다.

공자가 상공업을 농업과 동등하게 중시하는 것은, 그가 어느 경우에는 공업을 풍요의 원천으로 말하고, 다른 경우에는 상업만을 양민養民의 방법으로 말하는 데서 나타난다. 《중용》은 일단 '백공百工'을 풍요의 원천으로 말한다.

백공을 오게 하면 재용이 풍족해진다(來百工則財用足).159)

그러나 앞서 논했듯이 《역경》에서는 공자가 "시장을 열어 천하의 백성을 초치하고 천하의 재화를 모으는" 자연스런 자유교역의 진흥을 양민의 기본원리로 제시한다.160) 여기서는 자유시장을 천하의 재화를 모아 자유교역을 통해 개인에게 분배하

---

159) 《中庸》〈哀公問(20)〉. 진환장은 이 구절을 근거로 공자가 공업을 농업이나 상업보다 더 중시했다고 해석한다. "자연과 완전히 독립적으로 새로운 부를 생산할 수 있는 것은 공업뿐이기" 때문이라고 한다. Chen Huan-Chang(陳煥章), *The Economic Principles of Confucius and His School*, (1904 written) (New York: Columbia University Longmans, Green & Co., Agents; London: P. S. King & Son, 1911), 398-399쪽. 그러나 상업을 중시하는 공자의 다른 말씀들이 있다. 게다가 공업이 생산하는 부는 자연자원과 농산물을 가공하는 것이고, 이 물건들의 공급과 제품의 판매에서 상업에 의존해야 한다. 그러므로 공업은 자연과 농업과 상업에 종속적이다. 따라서 공자가 공업을 농업이나 상업보다 더 중시했다는 진환장의 해석은 지나친 것이다.

160) 《易經》〈繫辭下傳(2)〉: "해가 중천에 뜨면 시장을 열어 천하의 백성을 초치하고 천하의 재화를 모으며, 교역하고 물러나 각기 제 것을 얻는다(日中爲市 致天下之民 聚天下之貨 交易而退 各得其所)."

는 경제기제로 이해하고 있다.

또한 상론했듯이 공자는 "시장을 열어 천하의 백성을 초치하고 천하의 재화를 모으는" 정책을 더 적극화해 자유시장과 자유상업을 진흥하는 방책에 대해서도 논했다.161) 공자의 자유상업론은 대내적인 것으로 그치지 않고 자유로운 국제무역도 염두에 두고 이를 진흥하는 것에 대해서도 논했다.162) 중국은 동이·서융·남만북적 등 사방의 이민족과 무역하기 위해 그들의 언어를 담당하는 기寄·상象·적제狄鞮·역譯 등의 통역관들이 존재해 왔고, 이 일은 사공司空이 담당해 국제무역을 순조롭게 하여 진흥했다. 공자는 이를 채록함으로써 국제무역에도 경제적 중요성을 부여하고 있다. 따라서 상업억압과 경제적 쇄국은 공자의 자유경제론에 반하는 것이다.

그리고 상론했듯이 공자는 출사해 공무를 수행할 때 물자유통을 원활히 하고 유통속도를 가속화하는 데 필수적인 정확한 도량형과 '신의성실'의 교역 원칙을 중시했다. 그리하여 공자가 노나라에서 정식으로 대사구와 재상을 겸직하고 국정을 맡은 지 석 달이 되자 양과 돼지를 파는 상인들이 저울눈과 가격을 속이지 않았다.163)

공자가 시장과 자유상업을 적극 진흥하는 입장에 섰기 때문에 공자의 경전 안에서 상인과 공인의 지위가 당연히 높았다. 이미 주대로부터 백공과 상려商旅를 "근력으로 땅의 재물을 키우는 농부"와 "명주실과 삼을 다스려 뭔가를 만드는 부공婦功"에 앞세웠다.164) 《춘추좌씨전》은 '농민' 다음에 '공인'과 '상인'을 열거하는 경우도

---

161) 《禮記》〈第六 月令〉: "이달(추석날이 있는 달 - 인용자)에는 관문과 시장을 드나드는 것을 쉽게 하고, 상단들을 오게 하여 재화와 물건을 시장에 납품하게 하며, 이를 통해 백성을 편하게 한다. 이리하여 사방에서 와서 모이고 먼 타향에서 다 오면 재물은 바닥나지 않고, 조정도 소비품이 모자라지 않아, 온갖 일들이 이내 성취된다(是月也 易關市 來商旅 納貨賄 以便民事. 四方來集 遠鄉皆至 則財不匱 上無乏用 百事乃遂.)."

162) 《禮記》〈王制〉: "중국과 이만융적은 다 안거, 조화로운 입맛, 적합한 의복, 유용한 기구들을 가지고 있다. 이 오방의 백성은 언어가 불통하고 기호가 같지 않다. 그 뜻을 전달하고 그 욕망을 통하게 함에 동방의 통역자는 '기(寄)'라 하고, 남방의 통변자는 '상(象)'이라 하고, 서방의 통역자는 '적제(狄鞮)'라 하고, 북방은 '역(譯)'이라 한다.(中國夷蠻戎狄 皆有安居 和味 宜服 利用備器. 五方之民 言語不通 嗜欲不同. 達其志 通其欲 東方曰寄 南方曰象 西方曰狄鞮 北方曰譯.)."

163) 사마천, 《사기세가》〈공자세가〉, 430쪽.

있지만,165) 상인을 농민과 공인 앞에 두기도 한다.166) 《춘추곡량전》도 고대의 4대 직업군에서 상인을 농민에 앞서 열거하고 있다.

> (성공成公 원년) 3월에 구갑제丘甲制를 만들었다. (…) 구갑은 나랏일이다. 구丘(농촌마을)에서 갑옷을 만드는 것은 바른 것이 아니다. 구에서 갑옷을 만드는 것이 바른 것이 아님은 왜냐? 옛적에 국가를 세움에 백관이 갖춰지고 농부와 공인이 다 직업을 가짐으로써 위를 섬겼다. 옛적에 네 가지 백성[四民]이 있었는데, 사민士民과 상민商民과 농민農民과 공민工民이 있었다. 무릇 갑옷은 사람마다 만들 수 있는 것이 아니므로 구에서 갑옷을 만들라는 것은 바르지 않은 것이다.167)

---

164) 《주례周禮》에서도 상인과 공인을 농부에 앞서 열거하고 있다. 《周禮》〈冬官考工記〉: "나라에는 6직(찬자춘·하추·동관)과 백공이 있는데 더불어 하나다. 혹자는 앉아서 도를 논하고, 혹자는 도를 일으켜 행하고, 혹자는 곡면을 잘 알고 근로으로 다섯 재료를 붙잡아 백성의 기물을 갖춘다. 또 혹자는 사방의 진기한 것을 통하게 해서 이를 취하고, 혹자는 근력으로 땅의 재물을 키우고, 혹자는 명주실과 삼을 다스려 뭔가를 만든다. 앉아서 도를 논하는 것은 왕공이라 하고, 도를 일으켜 행하는 것은 사대부라 하고, 곡면을 잘 알고 근로으로 다섯 재료를 붙잡아 백성의 기물을 갖추는 것은 백공이라 하고, 사방의 진기한 것을 통하게 해서 이를 취하는 것은 상려(타향을 떠돌며 교역하는 상인)라 하고, 근력으로 땅의 재물을 키우는 것은 농부라 하고, 명주실과 삼을 다스려 뭔가를 만드는 것은 부공(길쌈바느질 여공)이라 한다(冬官第六 國有六職百工與居一焉. 或坐而論道 或作而行之 或審曲面埶以飭五材以辨民器 或通四方之珍異以資之 或飭力以長地財 或治絲麻以成之. 坐而論道謂之王公. 作而行之謂之士大夫. 審曲面埶以飭五材以辨民器謂之百工. 通四方之珍異以資之謂之商旅. 飭力以長地財謂之農夫. 治絲麻以成之謂之婦功.)."

165) 《春秋左氏傳》〈桓公 2년 9월 초〉: "士有隷子弟 庶人工商 各有分親(선비는 복예 자제를 두고, 서인과 공안상인은 각기 친분이 있다)." 여기서 공인과 상인에 대비해 쓰인 '서인'은 농민을 가리킨다. 또 《春秋左氏傳》〈閔公 2년〉: "衛文公 (…) 務材 訓農 通商 惠工(재용에 힘써 농업을 가르치고 상업을 통하게 하고 공업에 혜택을 주었다)." 또 《春秋左氏傳》〈襄公 9년 여름〉: "其士競於敎, 其庶人力於農穡, 商工皁隷不知遷業(그 나라 선비들은 교지를 받기를 다투고, 그 서인들은 농사에 힘쓰고, 상공인과 조례[皁隷, 관노비]는 직업을 바꿀 줄 모른다)." 또 〈襄公 14년 여름〉: "士有朋友 庶人工商皁隷牧圉皆有親暱以相輔佐也(선비는 붕우가 있고 농민·공안·상인·조례·목부·마부는 다 친구가 있어 서로 보좌한다)."

166) 《春秋左氏傳》〈宣公 12년 여름 6월〉: "荊尸而擧, 商農工賈不敗其業(초나라가 무왕이 창안한 시[尸]라는 진법으로 전쟁을 하니 상려·농민·공안·행상이 그 업을 폐하지 않았다)."

167) 《春秋穀梁傳》〈成公元年〉: "三月, 作丘甲. (…) 丘甲國之事也. 丘作甲 非正也. 丘作甲之爲非正, 何也. 古者立國家 百官具 農工皆有職事上. 古者有四民, 有士民有商民有農民有工民. 夫甲非人人之所能爲也. 丘作甲非正也."

이 공양전의 춘추주석을 보면 상민이 농민의 앞자리이자 사민士民의 뒷자리를 차지하고 있다. 따라서 공자가 상민을 농민이나 공인보다 낮춰 보았다는 해석은 전혀 근거 없는 반反유학적 견폐성犬吠聲이다.

중국인들이 전통적으로 '사농공상'이라고 하여 상인을 네 직업군의 마지막 자리에 위치시키는 것은 단순히 농민이 원자재를 생산하고, 공인이 제조된 재화를 생산하고, 상인이 원자재와 제조된 재화를 교역하기 때문이다. 이것은 재생산 과정의 순서이지, 사회적 지위고하나 신분서열이 아니다. 여기에는 상공업이나 상인에 대한 경멸의 기미가 전혀 들어 있지 않기[168] 때문이다.

주나라 때 상인들은 이렇게 아주 뚜렷하게 중시되었다. 당시 그들은 대부분 자기 교역을 하는 개인적 상인들이었다. 그러나 여러 상인들이 연합한 상업기업도 존재했다. 대표적 사례는 기원전 694년 이전 동업으로 상업을 했던 관중管仲(기원전 716-645)과 포숙鮑叔이다. 이후에 이들은 둘 다 제나라의 장관이 되었다. 그러나 관중은 재상이 된 뒤에 중농억상책重農抑商策과 관치경제정책을 폈다. 관중의 이 중농억상책은 훗날 상앙·이사 등 법가의 중농억상책과 관치경제의 시발이 된다. 중농억상책은 공맹의 사상이 아니라 관중과 법가의 사상인 것이다.

고대에도 이미 상인 동업조합이 존재했다. 《주례》에 "무릇 백성이 자본을 공동으로 소유하는 경우는 국법으로 명령해 행해지고 영을 어길 때에는 형벌을 가한다(凡民同貨財者令以國法行之犯令者刑罰之)"고[169] 규정하고 있는 것을 보면 상인길드가 존재했다는 것을 알 수 있다. 공자의 벗이었던 정나라 재상 자산이 기원전 526년에 한 다음의 말에서도 그것을 확인할 수 있다.

우리의 전 치자 환공께서는 주나라에서 전 상인들과 같이 왔다. (…) 세대마다 우리의 치자는 상호신의를 위해 상인들과 규약을 만들어 왔다. 그 명문은 이렇다. "당신이 나로부터 이반하지 않으면 나는 당신의 교역을 폭력적으로 간섭하지 않을 것이다. 나는

---

168) Chen Huan-Chang(陳煥章), *The Economic Principles of Confucius and His School*, 412쪽.
169) 《周禮》〈秋官司寇·朝士〉.

당신으로부터 아무것도 구걸하지도, 앗아가지도 않을 것이다. 내가 아는 것 없이 당신은 당신의 이윤 많은 시장과 귀중한 물건들, 그리고 자산을 소유할 것이다." 이 보증된 규약을 통해 우리의 치자들과 상인들은 그들의 상호관계를 오늘날까지 보존해 왔다.170)

이 말로써 자산은 진晉나라 재상에게 옥반지를 팔도록 강요당하는 것으로부터 상인을 보호했다. 치자와 규약을 맺는 상인들은 길드로 조직되어 있음을 전제한다. 동시에 이것으로부터 우리는 상인들의 권력이 아주 컸다는 것을 알 수 있다. 상인들은 황제의 삼촌으로서 가장 강력한 공작이었던 정나라 환공을 도와 새 나라를 건국했고 매 세대마다 치자들과 규약을 맺을 정도였다. 환공부터 자산까지 약 248년 동안 국가는 이 규약을 위반하지 않았다. 이것은 어떤 민주적 움직임과 상업자유, 계약사회를 증명한다. 이런 일들은 결코 개인적 상인들에 의해 이루어질 수 없었다. 상인들은 하나의 법적 단체로 조직화되었다. 사실, 정나라는 상업국가였고, 동직조합은 거기에서 확고한 기반을 잡고 있었다.171)

상인조합만이 아니라 개인적 상인도 그 지위가 높았다. 이것은 역사적 사례에서 분명히 드러난다. 기원전 627년 진나라의 군대가 정나라를 침공했다. 이때 정나라의 한 상인이 도중에 이 군대를 만났다. 그는 정나라 군주가 자신을 파견한 것으로 꾸미고 무두질한 4장의 가죽을 들고 12마리의 소를 끌고 나아가서 군인들에게 나눠 주고 장군들을 아첨으로 지체시켰다. 동시에 그는 사람을 몰래 보내 최대한 빨리 정나라 정부에 진나라 군대의 침공 소식을 알렸다. 이로써 정나라는 구조되었다. 이것은 상인이 나라를 구한 경우다.172) 또 사마천이 〈화식열전〉에서 다루고 있는 자공은 공자의 제자로서 거만금을 굴리는 대상인이었지만, 수많은 군주들에게서 군주와 대등한 영접을 받았다. 그리고 그는 나중에 위나라의 재상이 되었다.

---

170) Chen Huan-Chang(陳煥章), *The Economic Principles of Confucius and His School*, 455쪽에서 재인용.
171) Chen Huan-Chang(陳煥章), *The Economic Principles of Confucius and His School*, 455쪽.
172) Chen Huan-Chang(陳煥章), *The Economic Principles of Confucius and His School*, 456쪽.

상인이었던 전력이 정치적 진로에 아무런 장애가 되지 않았던 것이다.

공자는 상업을 다른 직업과 대등하게 중시하는 가운데 생산·공급·교역·소비 등 경제 과정 전체에 대한 정치적 관리의 원칙을 자연의 물성物性과 인성人性에 따르는 '무위이치'로 보았다. 따라서 공자는 그 과정에 가급적 간여하지 않고 과정의 운행에 필요한 제도적 부대조건을 마련해 주고 도로와 항만·운하·도량형·신의성실 등의 물적·사회적·도덕적 조건을 유지하고 기술을 진흥하며 유통을 외적으로 촉진하는 것으로 그쳤다. 치자는 국민경제의 내적 유통 과정에 간여하지 말고 하늘이 물성과 인성을 한번 명한 뒤 이 천성을 통해 우주와 천하가 저절로 돌아가도록 놓아둔 채 지켜보고 나중에 그 결과에 대해 상벌을 내리듯이 '무위이치'를 행한다.

공자는 '무위이성無爲而成(작위 없이 이룸)'으로 하늘의 고요하고 그침 없는 도를 묘사하고 인간이 하늘의 이 고요하고 그침 없는 천도를 귀히 여겨 하늘을 섬기는 것을 어버이를 섬기는 효도와 비교한다. 어버이는 고요하게 그침 없이 일하고 자식을 시키지 않고 지켜보며 오래 기다리고 한없이 사랑하며 길러 준다. 보통 어버이의 이런 심성 속에는 하늘의 천도가 작용하고 있다. 따라서 어버이를 섬기는 것을 하늘 섬기듯이 하고, 하늘 섬기기를 어버이 섬기듯이 해야 한다는 것이다. 어버이 섬기는 것을 하늘 섬기듯이 하고 하늘 섬기기를 어버이 섬기듯이 하는 이 효성스러운 인자仁者의 삶은 사물 속에 구현된 '무위물성無爲物成의 천도', 곧 중용에 부합되는 삶이다. 천도는 사물 안에서도 조용히 작동하고 부모의 심성 안에서도 조용히 작동한다. '군자가 왜 천도를 귀히 여기느냐'는 노나라 애공의 질문에 공자는 이렇게 답한다.

군자는 천도의 그 그침 없음을 귀하게 여기는 것입니다. 해와 달처럼 동서를 서로 따라가면서 그침이 없는 것, 이것이 천도입니다. 막히지 않고 오래가는 것, 이것이 천도입니다. 작위함이 없이 사물이 이루어지는 것(無爲而物成), 이것이 천도입니다. 이미 이루어져 밝은 것, 이것이 천도입니다. (…) 인자는 사물의 이치를 지나치지 않고, 효자는 사물의 이치를 지나치지 않습니다. 그러므로 인자가 어버이를 섬기는 것은 하늘을 섬기는 것 같고, 하늘을 섬기는 것은 어버이를 섬기는 것 같습니다. 그러므로 효자(와 인자)

는 성신成身(자기완성)하는 것입니다.173)

인자는 사람과 사물에 대해 중도를 실행해 천도에 부합한다. 여기에는 이미 인자仁者
는 사람(백성) 섬기기를 하늘 섬기듯이 한다는 의미도 아울러 들어 있다. 백성의
움직임과 민심 속에는 천도가 조용하게, 그리고 쉴 새 없이 작동하고 있기 때문이다.
　그러므로 성인은 '무위이성無爲而成'하는, 곧 '강제작위를 하지 않고도 이루어지게
하는' 하늘에 근본을 두고 하늘을 우러르는 땅을 본받아 다스린다.

> 지성至誠은 쉼이 없음이고, 쉬지 않으면 오래간다. 오래가면 징후로 드러나고, 징후는
> 유원悠遠하며, 유원하면 박후博厚하다. 박후하면 고명高明하다. 박후하므로 사물들을 실
> 어 주고, 고명하므로 사물들을 덮어 준다. 유구하므로 사물들을 완성한다. 박후는 땅과
> 짝하고, 고명은 하늘과 짝한다. 유구함은 무강無疆하다. 이와 같은 것들은 드러내지 않
> 아도 빛나고(不見而章), 움직이지 않아도 변하고(不動而變), 작위함이 없어도 이루어지
> 게(無爲而成) 한다. 천지의 도는 한마디로 다할 수 있으니, 그 물성이 변하지 않는다는
> 것이다. 변하지 않으면, 그것이 물건을 생산함을 헤아릴 수 없다.174)

요·순임금 같은 성인聖人은 하늘과 땅을 본받아 고명하고 박후해 백성을 '실어 주고,
덮어 주고, 완성하며', '불현이장不見而章, 부동이변不動而變, 무위이성無爲而成'한다.
그러므로 천지·부모·성인은 일체인데, 그들은 '무위이성' 또는 '무위이치'를 공통분모
로 한다.
　'무위이성' 또는 '무위이치'는 천지의 도, 자연의 도다. 그렇다면 정치경제에 '무위

---

173)《禮記(下)》〈哀公問〉, 27~28쪽: "公曰 敢問君子何貴乎天道也？ 孔子對曰 貴其不已. 如日月東西相從而
　不已也 是天道也. 不閉其久 是天道也. 無爲而物成 是天道也. 已成而明 是天道也. (…) 仁人不過乎物 孝子不
　過乎物. 是故仁人之事親也如事天 事天如事親. 是故孝子成身."
174)《禮記》〈中庸〉, 제26장: "至誠 無息. 不息則久 久則徵. 徵則悠遠 悠遠則博厚 博厚則高明. 博厚 所以載物
　也. 高明 所以覆物也. 悠久 所以成物也. 博厚配地 高明配天. 悠久無疆. 如此者 不見而章 不動而變 無爲而成.
　天地之道 可一言而盡也 其爲物不貳 則其生物不測."

이성' 또는 '무위이치'를 적용하면 그것은 무엇인가? 그것은 백성의 이익을 따르는 것이고, 이것은 다시 은혜를 허비함이 없이 베푸는 것이다. 전손사顓孫師 자장子張이 정사에 종사하는 방법을 묻자 공자는 다섯 가지 선행[五美]을 말하면서 처음 두 가지를 "군자가 은혜를 베풀되 허비하지 않는 것(君子惠而不費)"과 "일을 시키되 원망을 사지 않는 것(勞而不怨)"으로 든다. 이어서 공자는 "백성이 이롭게 여기는 것으로 백성을 이롭게 해주는 것, 이것이 역시 은혜롭지만 허비하지 않는 것이 아니랴? 일할 만한 것을 택해 일을 시킨다면 또 누가 원망하랴?(因民之所利而利之 斯不亦惠而不費乎 擇可勞而勞之 又誰怨)"라고 설명한다.175) 여기서 '무위이치'의 핵심은 "백성이 이롭게 여기는 것으로 백성을 이롭게 해주는 것"이다. 백성이 상공업으로 돈을 벌고자 하면 이를 진흥하고 지원하는 것이 경제적 '무위이치'다.

한나라의 유자 동중서董仲舒(기원전 170-120)는 "그러므로 성인이 나라를 다스림에 천지의 성정과 감관感官의 이로움을 따른다(故聖人之治國也 因天地之性情 孔竅之利)"고 말하고, "백성이 거취할 바를 알고 나서 다스림에 이를 수 있는 것은 법칙[象則]이므로 남들의 임금 된 자는 무위의 지위에 앉아 말없는 교시를 행하고 소리 없이 적막하고 형체 없이 고요하고 극단極端 없이 하나를 붙잡는 것을 나라의 원천으로 삼는다(民之所去就然後可以致治 是爲象則 爲人君者居無爲之位 行不言之敎 寂而無聲 靜而無形 執一無端 爲國源泉)"고 설파한다.176) 성인은 천지자연의 도를 따라 백성의 영리활동을 자유롭게 해주는 것을 임무로 삼는다.

그렇다면 하늘은 늘 완전한 것인가? 공자는 하늘도 불완전한 구석이 있고 때로 오류와 과실을 피할 수 없음을 '신귀神龜(신령스러운 거북)'의 예로 간접적으로 인정한다. 열 번 점쳐 열 번 적중시키고 송나라 원왕元王에게 연전연승과 부강을 안겨준 신귀도 등딱지가 발리고 태워지는 우환을 피하지 못하고, 땅의 기둥이 무너지고 하늘의 서까래가 없어져 하늘도 동남쪽으로 기우니 사람을 책망할 수 없다는 말이 있었다. 공자는 이 말을 듣고 다음과 같이 말했다.

---

175) 《論語》〈堯曰〉(20-2).
176) 董仲舒, 《春秋繁露》 제20편.

신귀는 길흉을 알지만, 제 뼈는 말라 없어진다. 해는 가장 덕스러워 천하에 군림하지만 삼족오三足烏에게 일식의 욕을 당하고, 달은 가장 모범적이고 서로 돕지만 두꺼비에게 월식을 당한다. (…) 일진도 불완전해 고孤·허虛의 나쁜 날이 있다. 황금도 흠이 있고 백옥에도 티가 있다. (…) 사물은 우리를 구속하는 바가 있고, 우리가 의거하는 바가 있다. (…) 어찌 적중할 수만 있겠는가? 어찌 사물이 완전할 수만 있겠는가? 하늘은 오히려 불완전하고, 그래서 세상은 집을 지으면서 기와 세 장을 붙이지 않고 늘어놓아 하늘에 응한다. 그러므로 천하에는 등급이 있고 사물은 불완전한 채로 생겨나는 것이다.[177]

천지의 도가 이렇게 기와집의 기와 세 장만큼 불완전한 구석이 있어 인간과 성인이 하늘을 도와 추가로 해야 할 일이 있는 것이다.

기독교 교리에 사로잡힌 17-18세기 서양에서도 개명된 지식인들은 하늘과 자연의 이 불완전성과 비정상성을 부인하지 않았다. 베이컨은 자연상태를 '자연의 자유', '자연의 오류', '자연의 구속' 상태로 나누고 '자연박물지'도 이에 따라 '자연적 발생의 박물지', '불가사의한 발생의 박물지', '기술의 박물지(역학기술의 박물지와 실험기술의 박물지)'를 모두 다 대상으로 삼고 있다.[178] 디드로와 달랑베르(Jean Le Rond d'Alembert)의 《백과전서》도 베이컨과 유사하게 '지식의 줄기나무'를 그리면서 자연박물지의 대상을 '한결같은 자연', '자연 속의 비정상성', '자연의 이용'으로 나누고, '자연 속의 비정상성'을 '하늘의 기적' 외에 '기적적 별똥별', '비정상적 광석', '비정상적 식물', '비정상적 동물', '요소의 기적' 등으로 열거하고 있다.[179] 성인은 하늘의 비정상적 움직임과 현상을 예측해 피하거나 기형적 형상들을 기술적으로 고치고,

---

177) 사마천, 《사기열전(下)》〈귀책열전〉, 1153쪽: "孔子聞之曰 神龜知吉凶, 而骨直空枯. 日爲德而君於天下 辱於三足之烏, 月爲刑而相佐 (…) 日辰不全 故有孤虛. 黃金有疵 白玉有瑕. (…) 物有所拘, 亦有所據. (…) 何可而適乎? 物安可全乎? 天尙不全 故世爲屋 不成三瓦而陳之 以應之天. 天下有階 物不全乃生也."

178) Francis Bacon, *The New Organon* [620], edited by L. Jardine and M. Silverthorne(Cambridge: Cambridge University Press, 2000), Bk. I, Aphorism I: "Preparation for a Natural and Experimental History. Outline of a Natural and Experimental History, adequate to serve as the basis and foundation of True Philosophy."

179) 참조: Jean Le Rond d'Alembert, Denis Diderot u.a., *Enzyklopädie*(Frankfurt am Main: Fischer Verlag, 1989), 28-29쪽.

피하지도 고치지도 못하면 이에 적응하는 길을 밝히고 개척함으로써 하늘의 불완전함에 대비한다.

그러므로 성인은 이러한 하늘과 땅의 특이한 현상을 제하고 천지자연을 본받아 신하와 백성들의 일에 간여하지 않고 억지로 시키지 않으며 신하와 백성들이 자유롭게 스스로 행하도록 놓아둔 채 지켜보지만 나중에 반드시 상벌을 내리고 뒷일을 보살핀다. 천지가 관리하는 세상의 자연스러운 운행이 기왓장 세 장만큼 불완전해서 자연스러운 가이드라인과 신상필벌(信賞必罰)은 반드시 필요하다. 그러나 성인의 국가도 하늘처럼 관대해 언제나 상은 후하고, 벌은 가볍다.

앞서 논했듯이, 공자는 "작위(하게 함) 없이 다스린 분(無爲而治者)은 순임금이리라! 무엇을 했는가? 몸을 공손히 하고 똑바로 남면했을 뿐이다"라고 갈파했다.[180] '무위이치자無爲而治者'가 '몸을 공손히 하는 것'은 고요한 하늘처럼 본보기가 되는 것이고, '남면'은 신하의 활동상과 백성의 흐름을 밝게 정관靜觀하고 신상필벌로 평가해 좋은 것을 촉진하고 나쁜 것을 억제하는 것이다. 또 공자는 "높고 높도다! 순임금과 우임금이 천하를 영유하고도 이에 간여하지 아니함이여!"라고 환언換言했다.[181] 따라서 덕스러운 치자는 백성의 경제와 삶에 간여하지 않고 경제에 장애가 되는 세금이나 부역, 규제들을 가볍게 하거나 철폐해 자유화하는 '무위이치'와 '유이불여有而不與'의 자유방임과 군신분권 정치를 행하고, 수범적인 덕치와 후상관벌厚賞寬罰 등 최소한의 '유위이치有爲而治'를 행한다.

이 최소한의 '유위이치'는 무위이치에 맡겨진 자유시장에 대해서도 요청된다. 공자는 시장에 대한 '유위이치'로서 ① 시장에서 팔아서는 아니 되는 물품의 출하를 금지하는 것, ② 흉년·천재지변·춘궁기(+하궁기)에 백성의 생계를 보호하는 구황救荒복지정책을 제시한다. 여기에 맹자는 ③ 곡가의 극단적 고저高低 추이를 완화하여 물가가 극단적으로 등귀할 때 소비자(도시민)의 생계를 보호하고 물가가 극단적으로 저렴화할 때 생산자(농민)의 생업을 보호하는 물가안정책과 ④ 시장의 가격·경쟁기

---

180) 《論語》〈衛靈公〉(15-5): "無爲而治者 其舜也與! 夫何爲哉 恭己正南面而已矣."
181) 《論語》〈泰伯〉(8-18): "巍巍乎! 舜禹之有天下也而不與焉."

제를 보호하고 부익부·빈익빈 추세를 저지하는 반反독점정책을 보탠다. 공맹은 민생을 비교적 균등하게 보장하는 이 '양민복지' 정책의 전제 위에서, 또는 이 양민복지 정책과 나란히 백성을 교육·교화하여 도덕의식과 문화수준을 높이는 '교민복지' 정책을 요청했다.

시장규제와 관련된 공자의 불가不可물품 출하금지 정책을 보자. 이 '유위이치'는 미풍양속, 국위, 안보, 규격과 품질, 윤리도덕, 법규범, 농업보호, 생태보전 등의 이유에서 시장에 팔아서는 아니 되는 물품들의 출하를 금지하는 조치다. 이는 자유시장 자체의 무분별성에 기인하는 각종 반사회적, 역기능적 폐해를 막기 위한 인위적 규제조치들이다.

> 규벽과 금장(일월성신에 대한 제사용 구슬과 사방의 신에 대한 제사용 구슬)은 지니고
> 있어야 하고 시장에 내다 팔아서는 아니 되고, 왕명으로 지어진 관복과 관용수레는
> 시장에 내다 팔아서는 아니 되고, 종묘의 제기는 (훔쳐) 시장에 내다 팔아서는 아니
> 되고, (사당이나 묘지에 제수용으로 진열된) 희생은 시장에 내다 팔아서는 아니 되고,
> 병장기는 시장에 내다 팔아서는 아니 된다. 규격에 맞지 않는 용기는 시장에 내다 팔아
> 서는 아니 되고, 규격에 맞지 않는 병거는 시장에 내다 팔아서는 아니 되고, 곱고 거침
> 이 정해진 수에 맞지 않고 넓고 좁음이 규정량에 맞지 않는 포목과 비단은 시장에 내다
> 팔아서는 아니 된다. 또 정색正色을 어지럽히는 간색姦色의 물품(가령 춘화, 성매매, 장물,
> 도굴품 등)은 시장에 내다 팔아서는 아니 되고, 한낱 도구장식으로 오용되는 금문錦文과
> 주옥珠玉은 시장에 내다 팔아서는 아니 되고, 남의 의복과 음식은 내다 팔아서는 아니
> 되고, 때 이른 오곡과 익지 않은 생과일은 시장에 내다 팔아서는 아니 된다. 벌목하는
> 때에 맞지 않는 나무는 내다 팔아서는 아니 되고, 죽이는 때에 맞지 않는 짐승, 물고기,
> 자라는 시장에 내다 팔아서는 아니 된다.182)

---

182) 《禮記》〈第五 王制〉(5045): "有圭璧金璋 不粥於市, 命服命車 不粥於市, 宗廟之器 不粥於市, 犧牲不粥於
市, 戎器不粥於市. 用器不中度 不粥於市, 兵車不中度 不粥於市, 布帛精麤不中數 幅廣狹不中量 不粥於市.
姦色亂正色 不粥於市. 錦文珠玉成器 不粥於市. 衣服飲食 不粥於市. 五穀不時 果實未熟 不粥於市, 木不中伐
不粥於市, 禽獸魚鼈不中殺 不粥於市." 본문 번역문의 괄호내용은 인용자.

또 "마을 공동지는 내다 팔아서는 아니 되고, 묘지는 팔기를 청할 수 없다(田里不鬻 墓地不請)."[183] 도덕과 미풍양속, 국가안보와 국위, 상품의 규격과 표준, 자연 생태 등을 해치는 무위시장의 무분별한 상품화를 막는 이 금지조치들은 오늘날 도 유효성을 갖는 항목들이다. 시장은 스스로 알아서 이런 물품들을 판매와 유통에서 걸러낼 능력이 없다. 따라서 이 대목에서 정부의 '유위이치'가 필수불 가결한 것이다.

자유시장에 대한 또 하나의 유위이치로서 독점방지와 상품수매를 통한 가격조절정 책을 말하는 《주례》를 본받아 맹자도 독점방지책과 가격조절정책의 이 두 가지 사항을 상론한다. 맹자는 공자의 자유시장경제론을 더욱 치밀하게 발전시킨 것이다.

고대에 자유시장과 상공업의 자유가 장려된 만큼 자연스럽게 상공업자본과 농축 산자본이 형성·축적되었다. 공자는 상공업의 자유를 인정하는 만큼 농민과 상공업 자의 '자본'을 알고 있었고 또 이를 승인했다. 당시 '자본'은 '자資' 또는 '자부資斧', '화재貨財', '화자貨貲', '재財' 등으로 불리고 또 그렇게 표기되었다. '자資'는 임금노 동자(童僕)를 고용할 만큼 '축적된 재財'를 뜻했고, 정확히 오늘날의 '자본'을 의미했 다. '자본'의 뜻으로서의 '자資'와 '자부資斧'는 《주역》의 여旅괘 효사에 등장한다. "상려商旅가 숙소에 들어 제 자본(資)을 안고 있으니 충실한 동복을 얻는다(旅卽次 懷其資 得童僕貞)." 그리고 "상려가 처소에 들어 자본(資斧)을 얻었다(旅于處 得其資斧)". 이런 뜻의 '자'는 《시경》에도 등장한다. "혼란으로 자본(資)이 멸실되었는데 우리 백성을 걱정하지 않네(喪亂蔑資曾莫惠我師)"[184] 또는 "나라 형편은 자본(資)이 멸실되 었는데 하늘은 우리를 돕지 않네(國步滅資 天不我將)"[185] 등이 그것이다.

재화가 재물과 화물貨物(화폐)을 뜻하는 한편, '화재貨財'는 화폐재물, 곧 자본을 뜻한다. '화재貨財'는 《중용》에서 볼 수 있다. "지금 무릇 물은 한 잔의 물이 많아진 것인데 헤아릴 수 없게 되어서는 악어·교룡·물고기·자라가 이곳에서 생장하고 자본

---

183) 《禮記》〈第五 王制〉(5045).
184) 《詩經》〈大雅·生民之什·板〉.
185) 《詩經》〈大雅·蕩之什·桑柔〉.

〔貨財〕도 이곳에서 증식한다(今夫水一勺之多 及其不測 黿鼉蛟龍魚鼈生焉 貨財殖焉)."[186] 맹자도 자본의 뜻으로 '화재'를 사용한다. "전야가 개간되지 않고 자본〔貨財〕이 모이지 않는 것은 나라의 (진정한) 위해가 아니다(田野不辟 貨財不聚 非國之害也)."[187] '화재'의 글자 그대로의 의미가 '상품재산'이므로 '화재'는 '상품'(유동자본)과 '재산'(고정자본)의 형태를 바꿔가며 끊임없이 회전하는 오늘날의 '자본'을 뜻하기에 안성맞춤이다.

유사하게 사마천은 자본의 뜻으로 '화자貨貲'라는 술어를 썼다. "자공은 폐하고 일으키는 것을 좋아해 때와 더불어 자본(貨貲)을 돌렸다(子貢好廢擧 與時轉貨貲)."[188] 한편 관중은 《관자管子》에서 자본의 뜻으로 '본本'을 썼다.[189] 오늘날 '자본'이라는 말은 저 '자資'자가 이 '본本'자와 결합해 생긴 말이다.

이미 고대에 선보인 자본은 춘추전국시대에 이르면 각 부문의 큰 자본가들이 등장하면서 일반적 현상이 된다. 뒤에 논하는 바와 같이 한대에 이르면 수백, 수천 명을 임금노동자로 고용한 수많은 대大자본가들인 '소봉素封들'이 등장한다. 이들은 각국의 군주들과 벗할 만큼 사회적 지위가 높았다. 그러다가 송·원·명·청대에 이르면 국내외 무역과 상공업에 종사하는 수많은 대자본가들이 등장한다.

공자의 경제·이재론은 맹자에게서 더욱 치밀하게 구체화된다. 맹자는 2000년 뒤의 아담 스미스처럼 분업의 이점을 강조한다. "백공百工의 일도 실로 농사를 지으면서는 할 수 없다. 그런데 천하를 다스리는 일만 유독 농사지으면서 할 수 있겠는가? 그래서 대인의 일이 있고 소인의 일이 있는 것이다. 일신에 백공의 일을 다 갖추고 반드시 스스로 만들어 써야 한다면 이는 천하를 괴롭히는 쪽으로 이끄는 것이다. 그러므로 아무개는 노심勞心하고(마음을 쓰고) 아무개는 노력勞力한다(힘을 쓴다)고 하는 것이다. 노심자는 사람을 다스리고, 노력자는 다른 사람에 의해 다스려진다."[190]

---

186) 《中庸》(26章).

187) 《孟子》〈離婁上〉(7-1).

188) 사마천, 《사기열전(上)》〈중니제자열전〉.

189) Chen Huan-Chang(陳煥章), *The Economic Principles of Confucius and His School*, 355쪽.

190) 《孟子》〈滕文公上〉(5-4): "百工之事 固不可耕且爲也. 然則治天下 獨可耕且爲與? 有大人之事 有小人之 事. 且一人之身而百工之所爲備 如必自爲而後用之 是率天下而路也. 故曰 或勞心 或勞力. 勞心者 治人.

나아가 맹자는 인정仁政의 구체적 구현 방안을 공자의 취지에 따라 양민養民·교민敎民, 사법司法정의, 반전反戰평화 등 네 가지로 나누고 이 가운데 양민을 근본으로 보았다. 맹자의 첫 번째 양민정책은 일단 정부의 지나친 시장간섭과 독점에 반대하는 '무위이치'의 자유시장 정책이었다. 자유시장정책의 핵심은 자연의 본성과 자연질서에 어긋나는 정부의 억지스러운 시장개입 행동(경제적 작위)과 대大상공인의 탐욕스러운 독점을 막는 것이다. 그리하여 그는 자연질서에 반하는 억지스러운 온갖 '조장助長' 행위를 비판한다.

꼭 노력이 있어야 하되 정벌하지 말고, 마음으로 잊지 않되 조장하지 말라. 송나라 사람이 했듯이 하지 말라는 것이다. 송나라 사람 가운데 모가 크지 않는 것을 가엾게 여겨 그것을 뽑아 올린 사람이 있었다. 그는 황급히 돌아와 자기 사람들에게 일러 말하기를, "오늘 힘들었다, 내가 모를 도와 키웠다"라고 했다. 그의 아들이 달려가 보니 모들이 말라죽어 있었다. 천하에 모를 도와 키우는 일은 거의 없다. 무익하게 여겨 버리는 것은 모를 가꾸지 않는 것이고, 그것을 도와 키우는 것은 자라는 모를 뽑아 올리는 것이다. 이런 짓은 단지 무익할 뿐만 아니라 해롭기까지 하다.191)

'모를 조장하는 것'의 비유는 '모를 키운답시고 죽이는 것', '돕는답시고 정벌하는 것'을 뜻한다. '조장하지 말라'는 것은 시장에 적용하면 시장의 발전을 촉진하되 시장에 조장하듯 지나치게 또는 자유시장의 경쟁질서에 반해서 개입해서는 아니된다는 뜻으로, 시장을 시장의 가격법칙에 맡기고 이 법칙이 망가질 때만 개입해서 정상화하는 식으로 '무위이치'한다는 말이다. 이것은 경제정책으로 말하면 정부가 자유로운 경제활동의 자연법칙을 따르고 강제적으로 간섭하지 않는 것이다. 시장의

勞力者 治於人."
191)《孟子》〈公孫丑上〉(3-2): "必有事焉而勿正(=征), 心勿忘 勿助長也(無若宋人然. 宋人有閔其苗之不長而揠之者. 芒芒然歸 謂其人日 今日病矣. 子助苗長矣. 其子趨而往視之 苗則槁矣. 天下之不助苗長者寡矣. 以爲無益而舍之者 不耘苗者也, 助之長者 揠苗者也. 非徒無益 而又害之."

가격법칙과 자연스러운 흐름에 반한 정부의 시장개입은 무익할 뿐만 아니라 해롭기까지 하기[192] 때문이다.

맹자의 시장진흥 정책은 부세경감과 부당한 세금의 폐지다. 맹자는 조세의 원칙을 이렇게 논한다.

베와 실에 대한 과세, 곡식과 쌀에 대한 과세, 노역의 징발이 있는데, 군자는 이 가운데 하나만 쓰고 다른 두 가지는 완화한다. 이 가운데 두 가지를 쓰면 백성이 굶주리고 그 셋을 다 쓰면 아비와 아들이 헤어진다.[193]

백성을 굶주리게 하는 것은 '박민剝民'이고, 굶주리는 백성은 시장에서 퇴출되어 시장이 무너진다. 따라서 조세경감과 부당한 조세의 폐지는 기아를 막아 백성을 먹이고 시장을 활성화하는 것이다.

제나라 선왕宣王이 왕도정치에 대해 묻자 맹자는 일사천리로 문왕의 조세경감, 관세와 시장세 폐지, 자유상업, 경제활동의 자유 등 경제자유화정책을 언급한다.

옛날 문왕이 기산에서 다스릴 때는 경작자가 9분의 1의 세금만 냈고, 벼슬한 자는 대대로 녹을 받았고, 관문과 시장에서는 규찰만 하고 세금을 받지 않았고, 연못에서는 (고기잡이 통발과 살의 설치를) 금하지 않았습니다.[194]

관세 폐지와 천택川澤의 출입을 막는 금법을 폐지한 것은 공자가 앞서 언급한 것이다. 관세와 시장세를 없애거나 경감하고 특정 경제활동을 막는 금법을 폐지하는

---

192) 참조: Ma Tao, "Confucian Thought on the Free Economy" 156쪽. Cheng Lin, Terry Pech and Wang Fang (ed.), *The History of Ancient Chinese Economic Thought*(London: Routledge, 2014).

193) 《孟子》〈盡心下〉(14-27): "孟子曰 有布縷之征 粟米之征 力役之征. 君子用其一 緩其二. 用其二而民有殍 用其三而父子離."

194) 《孟子》〈梁惠王下〉(2-5): "昔者文王之治岐也 耕者九一 仕者世祿 關市譏而不征 澤梁無禁."

112   제1장 국가의 존재이유

것은 경제적 측면에서 대표적 인정仁政정책이다.

따라서 맹자는 제나라 선왕에게 시장의 진흥이 군주의 인정仁政에 달려 있다고 말한다.

> 지금 왕께서 정사를 펴고 인仁을 베풀어 (...) 경작자들로 하여금 왕의 들녘에서 농사짓고 싶게 하고, 천하의 상인들로 하여금 왕의 시장에 출하하고 싶게 하고, 여행객들로 하여금 왕의 도로로 나오고 싶게 하십시오.195)

여기서 '인정'은 "경작자들로 하여금 왕의 들녘에서 농사짓고 싶게 하고, 천하의 상인들로 하여금 왕의 시장에 출하하고 싶게 하는" 전제로 입론되고 있다.

맹자는 부포夫布(부역세)·이포里布(비단삼베 생산에 대한 세금) 폐지와 동시에 《주례》가 천부의 고유 업무로 규정한 가격의 안정적 조절을 위한 수매收買조치 등을 논했다.

> 시장에서 가게를 내주되 세금을 물리지 않고 안 팔린 물품은 나라에서 법으로 수매해 쌓여 있지 않게 하면 천하의 상인들이 다 기뻐하면서 이 시장에 물품을 내놓고 보관하기를 바랄 것이다. 관문에서 검문만 하고 세금을 징수하지 않는다면 천하의 여행상단들은 다 기뻐하며 그 길로만 출입하기를 바랄 것이다. 농사짓는 일에서 조助만 받고 세를 받지 않으면 천하의 농민들이 다 기뻐하며 그 들에서 농사짓기를 바랄 것이다. 사는 터전에서 부포와 이포를 없앤다면 천하의 백성들이 그 이주민이 되기를 바랄 것이다.196)

---

195) 《孟子》〈梁惠王上〉(1-7): "今王發政施仁 (...) 耕者皆欲耕於王之野 商賈皆欲藏於王之市 行旅皆欲出於王之塗."

196) 《孟子》〈公孫丑上〉(3-5): "市 廛而不征 法而不廛 則天下之商皆悅 而願藏於其市矣 關 譏而不征 則天下之旅皆悅 而願出於其路矣 耕者 助而不稅 則天下之農皆悅 而願耕於其野矣 廛 無夫里之布 則天下之民皆悅 而願爲之氓矣." '조助'는 9구획 정전제에서 8가구가 공동 경작하는 중앙의 1구획의 공전(公田)에서 난 소출을 뜻한다.

"안 팔린 물품은 나라에서 법으로 수매해 쌓여 있지 않게 한다"는 구절은 정부에 의해 안 팔린 물품들의 수매와 (물가등귀 시) 이 물품들의 방매를 말하는 것이다. 정부수매를 통한 물가안정 조치는《주례》에 따르면 '천부泉府'의 업무다.《주례》에서 말하는 '천부'는 오늘날 재정경제부와 유사한 관청이다.《주례》는 지관地官의 〈천부〉의 시장 관련 법제를 상세하게 규정하고 있다.197) "시장의 팔리지 않은 재화 가운데 민용이 막힌 것을 거두어 매매물건을 목록 푯말에 적고 불시의 구매자를 기다린다"는 '천부'의 구절은 맹자의 '수매를 통한 물가안정법'과 일치한다. 물가가 지나치게 치솟을 때 물가를 잡기 위해 정부물자를 도로 방매하는 경우에는 물건을 사들였을 때의 저렴한 가격으로 되판다. 그래야만 정부가 상업이윤을 좇지 않고 물가를 안정시켜 중소상인과 소비자 대중에 대한 부상대고와 고리대부자들의 농단을 막을 수 있다. 반대로 물가가 곤두박질칠 때는 물건을 수매함으로써 재화의 수량을 줄여 정상적 물가를 회복시킨다. 이로써 상공인의 파산과 폐업을 막는다. 그리하여 훗날 북송의 개혁가 왕안석은 "선왕이 겸병을 억제하고 빈약자를 균제均濟하며 재부를 변통시키던 이권利權을 천부의 관청이 한곳에서 나오게 할 수 있었던 것은 천부의 관리가 있었기 때문이다"라고 주석한다.198)

맹자는《주례》의 이런 전통에 따라, 공자의 황정荒政용 식량비축론에 입각해서 흉년과 기근에도 대처하는 황정荒政을 위한 국가 곡물창고의 개념을 논하기도 한다. 그는 양혜왕에게 말한다.

70세 노인이 비단옷을 입고 고기를 먹고 젊은 백성들이 굶주리거나 추위에 떨지 않는데도 왕답게 다스리지 못하는 자가 없었습니다. 개와 돼지가 사람의 식량을 먹는데도 곡식을 저장해 둘 줄 모르면 길에서 굶어죽는 사람들이 있어도 창고를 열어 풀 줄 모릅

197)《周禮》〈地官司徒(下)〉, '泉府': "泉府掌以市之征布. 斂市之不售貨之滯於民用者以其賈買之物楬而書之以待不時而買者. 買者各從其抵. (⋯) 凡賒者祭祀無過旬日 喪紀無過三月. 凡民之貸者與其有司辨 而授之以國服爲之息."
198)《楊龜山先生集》卷73. 이범학,〈王安石 改革論의 形成과 性格 - 新法의 思想的 背景에 관한 一研究〉,《동양사학연구》제18집(1983), 55쪽에서 재인용.

니다. 그러고 사람이 죽으면 "내 탓이 아니라 (흉년의) 세태 탓이다"라고 말합니다. 이것은 사람을 찔러 죽이고 내 탓이 아니라 병기 탓이라고 말하는 것과 무엇이 다른가 요(七十者衣帛食肉 黎民不飢不寒 然而不王者 未之有也. 狗彘食人食而不知檢 塗有餓莩而不知發. 人死則曰 非我也 歲也. 是何異於刺人而殺之 曰 非我也 兵也.).[199]

맹자는 그가 태어나기도 전에 일찍이 위魏나라에 설치되었던 국가 곡물창고를 전제로 삼고 양나라 혜왕(기원전 370-319)에게 말하고 있다. 황정荒政과 물가조절을 위해 때맞춰 수매收買와 방매放賣를 반복하는 '곡물보관 창고' 제도는 양梁나라의 전신인 위魏나라의 문공 치세(기원전 424-387)에 재상 이회李悝가 제정한 평적법平糴法에 의해 최초로 법제화되었다. 이회는 주나라의 사시司市와 천부泉府의 수매·방매와 대부貸付제도를 응용해 이 법을 제정했다.[200] 이회는 이 곡물창고의 개폐로 일기불순과 천재지변天災地變의 유무에 따른 풍년과 흉년의 불시 반복으로 극단적 등락을 보이는 시장물가를 조절해 생산자와 소비자로서의 백성을 굶주리지 않도록 하는데 성공을 보였다. 이회의 이 곡물창제도를 맹자가 인정한 것은 이 제도를 유학적 양민복지체계 속으로 수용한 의미를 가진다.

정부의 이러한 여러 조치를 통한 자유시장의 진흥과 확립으로 천하의 상인과 백성들이 몰려오는 나라는 부강한 나라이고 '무적의 나라'다. 시장에 대한 불필요한 규제와 세금을 없애 시장거래를 자유화하고 백성들 각자의 물욕을 해방하고 자유상거래를 통해 그 충족을 극대화하도록 만들면, 시장기제의 자율적 작동에 의해 개인들의 이기적 영리추구와 재부축적을 통해 저절로 국익(국민경제의 발달과 국가재정의 증가)이 달성되는 '공동선'이 달성된다. 맹자는 전국적·통일적 자유시장의 확립과 발달을 위해 특히 관세와 시장세의 폐지를 시급한 것으로 여겼다. 대영지戴盈之라는 송나라

---

199) 《孟子》〈梁惠王上〉(1-3).

200) Chen Huan-Chang(陳煥章), *The Economic Principles of Confucius and His School*, 568-570쪽. 다음도 참조: Derk Bodde, "Henry A. Wallace and the Ever-Normal Granary", *The Far Eastern Quarterly*, Vol.5, No.4 (Aug., 1946), 413쪽.

대부가 십일조, 곧 정전제의 조助를 거두고 관세와 시장세를 경감하며 그 폐지는 1년 뒤로 미루는 방안에 대해 묻자 맹자는 "그것이 의롭지 않음을 알았다면 속히 그쳐야지 어찌 내년을 기다립니까?"라고 핀잔했다.201)

맹자의 이런 자유시장 활성화 정책과 자유시장을 통한 양민정책은 실로 공자를 계승해 구체화한 것이다. 그의 시장자유화 이념도 공자의 '무위이치'다. 그는 "그들이 행하지 않는 것을 행함이 없고, 그들이 욕구하지 않는 것을 욕구함이 없다. 이와 같이 할 따름이니라(無爲其所不爲 無欲其所不欲 如此而已矣)"라고 말한다.202)

공자는 백성의 자유로운 시장활동을 위해 자유방임의 무위시장을 주장했으나 무도無道에 방치해 시장이 자기조절 기능을 잃는 것을 방지하고 되돌리거나 반反도덕적·반생태적으로 작용하는 것을 규제하기 위한 시장개입을 논했다. 맹자는 특히 독점 규제를 중시했다. 그는 이익과 이윤의 사적 독점을 경계했다. 그러나 이러한 이윤독점에 대한 부정은 공맹 이전부터 내려오는 중국의 고대적 경제상식이었다. 자유시장과 자유경쟁은 사적 독점의 규제 없이 유지될 수 없기 때문이다.

공자 이전 주대에도 이익과 이윤의 독점은 논박되었는데, 이 경우에는 사私독점이 아니라, 국가독점이 논박되었다. 주나라 10대 왕 여왕厲王(재위 ?-기원전 841)은 기원전 849년 독점을 좋아하는 영공榮公을 재상으로 세우려다가 신하 예양부芮良夫의 강한 반대에 부딪친 적이 있었다. 영공의 인사와 관련된 이 사건을 《국어國語》는 이렇게 전한다.

여왕은 영공을 좋아했다. 이에 예양부는 이렇게 말했다. "왕실이 장차 추락할 것입니다! 영공은 이익독점을 좋아해 대난大難을 알지 못합니다. 무릇 이익이란 백물이 내는 것이고 하늘과 땅이 실어 주는 것입니다. 그런데 이것을 혹자가 독점한다면 그 피해는 다대

---

201)《孟子》〈滕文公下〉(6-8): "戴盈之日 什一 去關市之征 今玆未能 請輕之 以待來年 然後已 何如? 孟子曰 今有人日攘其鄰之雞者 或告之曰 是非君子之道. 曰 請損之 月攘一雞 以待來年 然後已. 如知其非義 斯速已矣 何待來年?"
202)《孟子》〈盡心上〉(13-17). 이 구절에 대한 기타 다른 해석들은 모두 물리친다.

할 것입니다. 하늘과 땅, 그리고 백물이 장차 다 취해야 하는데도, 어찌 독점할 수 있겠습니까? 분노하는 바가 심히 많을 것이어서 왕으로 하여금 대난에 대비하지 못하게 할 것이니, 왕 노릇이 오래갈 수 있겠습니까? 무릇 사람을 왕으로서 다스리는 자는 장차 이익을 이끌어 위아래로 넓게 퍼지게 하는 자입니다. 왕은 귀신과 사람과 백물이 그 중정中正(極)을 얻지 못해 도리어 섭섭함과 두려움과 원망이 생기는 일이 없도록 해야 합니다. 그러므로 《시경》의 〈주송周頌(思文)〉에서 '문덕 높으신 후직은 하늘의 짝이 될 만하셨네, 우리 백성이 선 것은 그분의 중정이 아닌 것이 없네(思文后稷 克配彼天, 立我蒸民 莫匪爾極)'라고 노래하고, 〈대아大雅〉는 '널리 펴서 주는 것이 주나라를 실어주고 있다네(陳錫載周)'라고 노래합니다. 이 영공 발탁은 이익을 널리 펴지 않고 대난을 두려워하지 않는 것입니다! 이익을 널리 폈으므로 주나라를 실어 주는 것이 지금에 이를 수 있었던 것입니다. 그런데 오늘날 왕께서 이익독점을 배우는 것이 가한 것입니까? 필부가 이익을 독점해도 오히려 이를 도적질이라고 일컫는데, 왕이 이 짓을 하면 이런 왕에게 귀의할 사람이 거의 없을 것입니다. 영공을 쓴다면 주나라는 반드시 무너질 것입니다."203)

그러나 여왕은 예양부의 이 경고를 듣지 않고 영공 인사카드를 밀어붙여 독점을 추구했고, 결과는 참담했다.

하지만 왕은 끝내 영공을 경사卿士로 만들었고 제후들은 못 마땅해 했다. 결국 왕은 체彘땅으로 유배당하고 말았다.204)

---

203) 《國語》〈卷一 周語上〉(0400): "厲王說榮夷公. 芮良夫日 : "王室其將卑乎! 夫榮公好專利而不知大難. 夫利 百物之所生也, 天地之所載也, 而或專之 其害多矣. 天地百物 皆將取焉 胡可專也? 所怒甚多 而不備大難 以是教王 王能乎? 夫王人者 將導利而布之上下者也 使神人百物無不得其極 猶日怵惕 懼怨之來也. 故頌日 '思文后稷 克配彼天. 立我蒸民 莫匪爾極.' 大雅日 '陳錫載周.' 是不布利而懼難乎 故能載周 以至於今. 今王學專 利 其可乎? 匹夫專利 猶謂之盜 王而行之 其歸鮮矣. 榮公若用 周必敗." 旣 榮公爲卿士 諸侯不享 王流于彘."
204) 《國語》〈卷一 周語上〉(0400): "厲王說榮夷公. 芮良夫日 : "王室其將卑乎! 夫榮公好專利而不知大難. 夫利 百物之所生也, 天地之所載也, 而或專之 其害多矣. 天地百物 皆將取焉 胡可專也? 所怒甚多 而不備大難 以是教王 王能久乎? 夫王人者 將導利而布之上下者也 使神人百物無不得其極 猶日怵惕 懼怨之來也. 故頌日 '思文后稷 克配彼天. 立我蒸民 莫匪爾極.' 大雅日 '陳錫載周.' 是不布利而懼難乎 故能載周 以至於今. 今王學專

예양부의 독점비판은 공맹의 관점과 합치된다.[205] 그러나 여왕은 예양부의 간언을 무시하고 영공의 국가전매정책을 통해 독점이익을 추구하다가 제후들에 의해 타도당하고 말았다.

공자가 태어나기 300여 년 전인 기원전 850년 무렵에도 주대 정치인들과 일반백성들은 독과점을 "도적"으로 단죄할 정도로 반反독점·반反전매 의식이 이렇게 강했다. 공맹은 바로 이 반독점 전통을 대변한다. 공자는 세습적 관직독점을 경계하고, 맹자는 이를 넘어 자유시장과 자유경쟁을 지키기 위해 시장독점도 규제할 것을 논한다.

맹자는 부유한 상인과 대상인인 부상대고富商大賈의 시장농단壟斷, 곧 사私자본의 시장독점을 정부의 시장간섭과 국가의 경제독점 만큼 시장의 자연적 경쟁질서와 가격메커니즘의 정상적 작동에 해로운 것으로 여겨 시장의 경쟁질서와 가격기제를 농단하는 부상대고에 대해 세금을 과해 독과점의 이 농단을 규제해야 한다고 생각한다. 독과점은 완전경쟁과 가격법칙을 추방하고 독과점가격으로 강매하기 때문이다.

역시 사람이라면 누가 부귀를 바라지 않겠는가? 그러나 홀로 부귀한 사람들 가운데는 사적으로 이익을 농단壟斷(獨占)하려는 자가 있다. 옛적에 시장을 이룸에 자기가 가진 것을 자기가 없는 것과 바꾸었고, 관원이란 이를 돕기만 했을 뿐이다. 그런데 어떤 천박한 사나이가 높은 언덕(壟斷)을 찾아 올라가 좌우를 둘러보고 시장의 이익을 모조리 쓸어갔다.[206]

여기로부터 맹자는 이 시장농단을 증오하는 백성들의 여론을 반영해 독점을 중과세로 억제하는 반독점 세제가 생겨났다고 설명한다.

利 其可乎? 匹夫專利 猶謂之盜 王而行之 其歸鮮矣. 榮公若用 周必敗." 旣 榮公爲卿士 諸侯不享 王流于彘."
205) Chen Huan-Chang(陳煥章), *The Economic Principles of Confucius and His School*, 534쪽.
206) 《孟子》〈公孫丑下〉(4-10): "人亦孰不欲富貴? 而獨於富貴之中有私龍(=壟)斷焉. 古之爲市也 以其所有易其所無者 有司者治之耳. 有賤丈夫焉 必求龍斷而登之 以左右望 而罔市利. 人皆以爲賤 故從而征之. 征商自此賤丈夫始矣."

사람들은 이것(시장의 이익을 모조리 쓸어가는 짓)을 천박하다고 여겼고 이에 따라 이런 짓에 대해 세금을 물렸다. 상업에 세금을 물리는 것은 이 천박한 사나이로부터 시작되었다.[207]

맹자는 반反독점 세법이 출현한 원인을 설명하고 있다. 이로써 맹자는 자유시장의 관점에서 시장경쟁을 북돋우되 독점행동에 대해서는 엄격한 비판을 가하며 이 '천박한' 행위를 억제하고 진압하는 세제로 시장을 균제하는 균시법均市法의 제정을 논한 것이다. 이를 맹자는 "상업에 세금을 물리는" 법의 필요성을 말하고 있다.

이 유학적 자유시장철학에 입각하여 중국의 역대정부는 국리민복에 필요한 경우 외에 어떤 독점도 용납지 않았다. 가령 청조정부는《대청율례大淸律例》에 따라 어떤 시장독점도 허용치 않았다. 정부는 사람들이 다른 회사로 갈 수 없도록 한 업종의 교역을 완전히 장악하기 위해 '일반적' 회사를 개설하는 것을 불허했다. 또 어떤 경쟁자도 시장에 진입할 수 없도록 업종을 분할·지배하는 것도 금지했다. 또 선박과 그 어떤 이송수단에 의해 운송을 통제하는 것도 금지했다. 판매자나 구매자로서 시장을 독점하는 자는 80대 곤장을 맞는 태형에 처했다. 그리고 이런 계획으로 이윤을 얻은 자의 이윤은 약탈물로 간주했고 그런 자를 강도强盜로 보고 약탈물에 비례해서 처벌했다.[208]

■ 교육·문화복지정책으로서 교민

유학의 견지에서 '교敎', 또는 '교육'과 '교민'은 독특한 의미를 지닌다. 따라서

---

207)《孟子》〈公孫丑下〉(4-10): "人亦孰不欲富貴? 而獨於富貴之中有私龍(=壟)斷焉. 古之爲市也 以其所有易其所無者 有司者治之耳. 有賤丈夫焉 必求龍斷而登之 以左右望 而罔市利. 人皆以爲賤 故從而征之. 征商自此賤丈夫始矣."

208) Chen Huan-Chang(陳煥章), *The Economic Principles of Confucius and His School*, 542쪽; Madeleine Zelin, "A Critique of Rights of Property in Prewar China", 23쪽. Madeleine Zelin, Jonathan Ocko, and Robert Cardella (eds.), *Contract and Property in Early Modern China* (Stanford: Stanford University Press, 2004).

이에 대한 깊은 통찰이 필수적이다.

- '교육'의 일반이론과 의무교육론

알려지다시피《중용》(1장)은 "하늘이 명한 것을 성性이라고 하고, 성을 따르는 것을 도道라고 하고 도를 닦는 것을 교教라고 한다(天命之謂性 奉性之謂道 脩道之謂敎)"고[209] 설파한다. 그리고 '교'를 무엇보다도 먼저 스스로 밝혀 성실해지는 것으로 재再정의하기도 한다. "스스로 성실해 밝은 것을 일러 성性이라고 하고, 스스로 밝혀 성실해지는 것을 교라고 한다(自誠明 謂之性 自明誠 謂之敎.)."[210] 따라서 '교教'는 도를 갈고 닦는 것으로서의 '수도修道'인데, 그런데 이 '수도'로서의 '교'는 자신을 갈고 닦아 자기 자신이 수도하는 '수신修身'과 타인을 가르쳐 수도하게 하는 '교육'을 포괄한다. 그래서 '수도'로서의 '교'는 자주 '수신'과 등치된다.

'수도'는 물성物性과 인성人性을 따르는 것, 곧 '솔성奉性'을 위해 도를 갈고 닦는 것이다. 물성物性과 인성人性의 본성은 '천명天命', '하늘이 명령한 것'이고, 따라서 인간의 본성으로서의 '인성'은 천성天性이다. 사물과 사람의 본성은 개발·확충하고 변형시키고 미개발 상태로 방치할 수 있을 정도로 탄력과 신축성이 매우 크나, 장기간 또는 근본적으로 어기는 것은 불가능하다.

천성을 스스로 밝혀서(개발해서) 성실해지고 진실해지는 것으로서의 '교', 곧 '수도' 또는 '수신'의 궁극 목적은 지성至誠으로 물성과 인성을 다 알고 다 발휘케 하여 천지세계의 화육化育, 곧 문명화를 지원하고 세계운행을 돕고 이에 간여하는 찬조와 참여다. 그러므로《중용》은 말한다.

오로지 천하의 지성만이 그 본성을 다할 수 있게 하느니, 그 본성을 다할 수 있게 하면 사람의 본성(人之性)을 다하게 할 수 있고, 사람의 본성을 다하게 할 수 있으면 사물의 본성(物之性)도 다하게 할 수 있다. 사물의 본성을 다하게 할 수 있으면 천지의 화육을

---

209)《中庸》(1章).
210)《中庸》(二十一章).

도울 수 있고, 천지의 화육을 도울 수 있으면 천지에 참여할 수 있다(惟天下至誠 爲能盡其性

能盡其性 則能盡人之性 能盡人之性 則能盡物之性. 能盡物之性 則可以贊天地之化育 可以贊天地之化育 則可

以與天地參矣)."211)

"그 성性을 다하게 하는 것", 곧 '진성盡性'은 사람과 사물의 본성을 바닥까지 다 알고 그 본성을 다 개발하는 '본성의 완성'을 뜻한다. '교'는 순자나 칸트가 망상하듯이 본래 인간에게 없는 낯선 예법이나 법칙을 스스로든, 강제로든 주입하는 것이 아니라, 인간의 천성을 완전히 발현하도록 개발해 자아를 실현하는 '진성盡性'이다. 그리고 "천지의 화육을 돕는 것"은 천하의 문명화를 지원·촉진하는 것이고, "천지에 참여하는 것"은 천하의 운행과 발전의 한 주체가 되는 것이다.

그러므로 수도·수신으로서의 교육의 궁극목적은 '진성', 곧 '본성의 완성'을 통한 '자아실현'이고, 진성해 천하의 문명화와 발전을 지원·진흥하고 천하를 명덕 明德(인·의·예·지)으로 평정하고 조절하는 것이다. 그래서 《대학》이 목적론적 으로 수신을 치국·평천하와 연결시키고, 다시 발생론적으로 수신을 격물치지·성 의·정심과 연결시키고 있는 것이다.

옛적에 천하에 명덕明德을 밝히고 싶은 자는 먼저 자기 나라를 다스리고, 자기 나라를 다스리고 싶은 자는 먼저 자기 집을 가지런히 하고, 자기 집을 가지런히 하고 싶은 자는 자기 자신을 닦고, 자기 자신을 닦고 싶은 자는 먼저 자기 마음을 바르게 하고, 자기 마음을 바르게 하고 싶은 자는 먼저 자기의 의식(관념)을 성실하게 하고, 자기의 뜻을 성실하게 하고 싶은 자(자기의 의식을 참되게 하고 싶은 자)는 먼저 자기의 지식을 이루는데, 지식을 이루는 것은 사물(대상)을 마주 대하는 데 있다. 사물을 마주 대한 뒤에 지식이 이르고, 지식이 이른 뒤에 의식(관념)이 성실해지고, 의식(관념)이 성실해 진 뒤에 마음이 바르게 되고, 마음이 바르게 된 뒤에 자신이 닦여지고, 자신이 닦여진

211)《中庸》(二十二章).

뒤에 집이 가지런하고, 집이 가지런한 뒤에 나라가 다스려지고, 나라가 다스려진 뒤에 천하가 평정된다(古之欲明明德於天下者 先治其國 欲治其國者 先齊其家 欲齊其家者 先修其身 欲修其身者 先正其心 欲正其心者 先誠其意 欲誠其意者 先致其知 致知在格物. 物格而后知至 知至而后意誠 意誠而后心正 心正而后身修 身修而后家齊 家齊而后國治 國治而后天下平.).[212]

여기서 "자기의 의식(관념)을 성실하게 하는 것(誠其意)"은 가령 장미 같은 대상에 대한 자기의 관념을 참되게 하는 것을 말한다. 백장미, 흑장미, 빨간 장미, 노란 장미 등 여러 종의 장미꽃에 대한 성실한, 진실한 관념, 곧 명백하고 판명한 관념(① 희미하지 않고 선명하고, ② 다른 나무나 풀과 분명하게 구별되고, 또 여러 장미들 간에도 분명하게 구별되는 관념)을 갖추는 것은 반복된 지각으로서의 다문다견(=박학)의 '경험'을 통해서만 가능하다. "격물치지格物致知"의 '물物'은 대상(object)을 말하고, 따라서 사물과 사람을 포괄한다. 그리고 "천하평天下平" 또는 '평천하平天下'로서의 '천하평정'은 무력으로 천하를 정복·통일한다는 의미가 아니라, "천하에 명덕을 밝히는 것(明明德於天下)"을 말한다. 평천하(明明德於天下)·치국·가제의 출발점은 수신이고, 격물치지와 성의·정심은 수신의 방법이고, 성의·정심의 기초인 "격물치지"는 '물지성物之性'과 '인지성人之性'을 대상으로 마주 대하고 이에 대한 지식을 바닥까지 다 알고 본성을 다하게 하는(다 개발하는) '진성盡性'을 뜻한다.

그런데 《대학》은 이 수신을 치국·평천하할 천자나 치자, 또는 가정을 가지런히 할 가장들만의 의무가 아니라 만민의 의무로, 사람의 기본과제로 천명한다.

천자로부터 서인에 이르기까지 하나로 다 같이 수신을 근본으로 삼는다(自天子以至於庶人壹是皆以修身爲本).[213]

이 명제들은 만민교육과 의무교육을 동시에 표현하고 있다. 이 명제에 따라 명·청

---

212) 《大學》(經文首章).
213) 《大學》(經文首章).

대 중국은 자식을 사학社學(공립초등학교) 또는 학당(사숙私塾=서당)에 보내지 않는 부모를 책벌했다. 즉 중국 부모들은 자식들을 초급학교에 보내 교육을 받도록 해야 할 의무가 있었다. 학생들의 진보를 확실히 하기 위해 중국의 어떤 지방에서는 조상들의 공동사당에 한 가문의 모든 학생들을 집합시키고 그들에게 작문을 시키는 관습이 있다. 거기에서 각 가장은 번갈아 주제 하나씩 할당하고 학생들을 위해 저녁을 준비했다. 어떤 학생이 이유 없이 불참하면 그 부모는 의무적으로 20전의 은화를 내야 한다. 젊은이들은 각 집안이 부과하는 특별하고 비공식인 할일 외에도 1년에 두 번, 봄과 겨울에 숙사塾師(=중국훈장) 앞에서 시험을 통과해야 한다. 더구나 이 두 시험 뒤에도 최고점수를 얻는 학생들에게 상을 수여하는 지방관, 유자들, 또는 읍장과 현감들의 여러 가지 다른 시험들이 있었다.[214] 그리하여 교육의 의무는 전국의 모든 지방관들이 백성들에게 훈계하는 내용 가운데 하나였다. 명·청대 중국 에서 보통학교 교육은 의무교육이었다. 이것을 어기는 부모는 지방관들이 벌금을 물렸다. 명·청대 중국에서 "백성의 교육은 관리의 주요기능들 가운데 하나"였기[215] 때문이다. "지방관들은 모든 방법으로 사학社學을 진흥하여 젊은이들에게 좋은 도덕을 가르치도록 해야 한다."[216] 후술하는 바와 같이 유교국가 조선에서도 서당과 향교에 보낼 부모의 의무는 마찬가지였고, 이를 어기는 부모는 지방관에게서 견책을 당했다.

조선에서도 교육은 1572년 이래 의무교육이었다. 성종은 1472년 2월 17일 《흥학 절목》의 반포로 '사립 서재', 곧 서당의 '사유師儒'를 "사교私敎 동몽훈도"라는 명칭 아래 공식 인정하고 교육을 의무교육으로 법제화했다. 성종은 예문관이 기안해 올린 《흥학절목》을 그대로 비준하고 법령으로 반포했다. 그 제4조목은 이렇게 교육 을 법적 의무로 규정하고 있다. "의관자제衣冠子弟가 만유慢遊를 좋아하고 종신토록 취학을 내켜 하지 않는 자가 드물지 않다. 이제부터는 15세를 채웠는데도 학교에

---

214) François Quesnay, Le Despotisme de la Chine(Paris: 1767). English Translation by Lewis A. Maverick: François Quesnay, Despotism in China, 195쪽. Lewis A. Maverick, China: A Model for Europe, Vol. II(San Antonio in Texas: Paul Anderson Company, 1946).

215) Quesnay, Despotism in China(767), 196쪽.

216) Quesnay, Despotism in China(767), 197쪽.

가지 않는 자는 그 가장을 제서유위율制書有違律로써 논죄하고, 월과月科에 우등한 교생에게는 호역戶役을 헤아려 감해 준다.(衣冠子弟 慢遊是好 終身不肯就學者 比比有之. 自今年滿十五 而不赴學者 其家長論以制書有違律, 校生有月科優等者 量減戶役.)"217)

《대명률》에 규정된 '제서유위율制書有違律'은 임금의 교지와 세자의 영지令旨를 위반한 자를 다스리는 법률인데, 위반자는 장杖 100대에 처한다. 15세를 채웠는데도 학교에 보내지 않는 아비를 제서유위율로 다스리는 《흥학절목》의 이 제4조로써 조선에서도 교육은 의무교육이 되었다. 이렇게 서당의 초등교육도 이 의무교육 규정을 통해 간접적 방식으로 공교육 속으로 들어왔다. 어떤 자식이 만15세를 넘기기 전에 '사설서재'만 다니고 있거나 다녔어도 그 아비는 처벌을 면한다. 이 때문에 사설서재도 크게 흥할 수 있었을 것이다.

치자(군자)도 배우고 백성(소인)도 배워야 하는 것은 백성에게 지식과 문교를 보급해 천하에 명덕을 밝혀 세상을 문명화할 목적만 있는 것이 아니다. 치자가 예를 배워 알고 예를 좋아하면 백성을 다스리기 쉽고, 백성이 배워 개명되면 부리기 쉽고, 국방에 임할 수도 있다. 그리하여 공자는 "윗사람이 예를 좋아하면 백성을 부리기 쉽다(上好禮 則民易使也)"고218) 하고, 또 "군자가 도를 배우면 사람을 사랑하고, 소인이 도를 배우면 부리기 쉽다(君子學道則愛人, 小人學道則易使也)"고219) 반복한다. 그리고 공자는 "백성을 가르치지 않고 전쟁을 시키는 것을 일러 백성을 버리는 것이라고 한다(以不敎民戰 是謂棄之)"고 갈파한다.220) 하지만 "선인이 백성을 7년 가르치면 백성이 전쟁에도 역시 임할 수 있다(善人敎民七年 亦可以卽戎矣)"고 말한다.221) 7년은 오늘날 초등학교 교육연한과 유사하다.

결론적으로, 예법을 모르는 무지한 치자는 백성을 다스리기 어렵다. 또 배우지

---

217) 〈興學節目〉,《成宗實錄》, 성종 3년(1472) 2월 17일.

218) 《論語》〈憲問〉(14-41).

219) 《論語》〈陽貨〉(17-3).

220) 《論語》〈子路〉(13-30).

221) 《論語》〈子路〉(13-29).

못한 백성은 부리기도 어렵고 국방에도 쓰기 어렵다.

- 온갖 지식의 교육

그렇다면 치자와 백성에게 무엇을 교육해야 하는가? 그것은 치자와 백성이 도덕적·지성적·기능적·예체능적 인성人性과 물성物性을 지각하고 이에 대한 지식과 능력을 갈고닦는 수신(=진성=자기개발)과 단련이다. 따라서 당연히 수신으로서의 '교敎'의 진정한 의미를 알게 해주는 도덕을 가르쳐야 하지만, 도덕과 무관한 사물(자연)지식, 그리고 기능·예능·체능을 망라한다.

공맹의 '교육'은 백성을 부리기 쉽게 만들기 위한 윤리교육만을 뜻하는 것이 아니라, 농사기술로부터 직업·기술교육을 거쳐 전쟁지식에까지 망라한다. 국가가 백성들에게 농업·어업 등 생업기술과 관련 지식을 보급하는 것은 태고대 신화시대 이래 전통이었다. 《역경》〈계사전〉은 중국의 태고대적 신화시대를 일관되게 제왕의 교민으로 묘사한다.

옛사람 포희씨包犧氏(복희씨)가 천하를 제왕으로 다스릴 제 우러러 하늘에서 상象을 살피고 구부려 땅에서 법칙을 살피고 조수의 문채와 땅의 마땅함을 살피고 가까이 몸에서 그것을 취하고 멀리 만물에서 그것을 취했다. 이것에서 팔괘가 시작했다. 이로써 신명의 덕德을 통달하고 이로써 만물의 정情을 분류해서, 결승문자를 창작하고 그물을 만듦으로써 사냥하고 물고기를 잡았으니 무릇 리離괘에서 그것을 취했다. 포희씨가 몰하고 신농씨가 일어나 나무를 깎아 보습을 만들고 나무를 주물러 쟁기를 만들어 쟁기질하고 김매는 이익을 천하에 가르쳤으니, 무릇 익益괘에서 그것을 취했다. 대낮에 시장을 열고 천하의 백성을 초치하고 천하의 재화를 모이게 해 교역하고 물러나 각자 그 자리를 얻었으니 서합噬嗑괘에서 그것을 취했다.[222]

---

222) 《易經》〈繫辭下傳〉: "古者包犧氏之王天下也 仰則觀象於天 俯則觀法於地 觀鳥獸之文與地之宜 近取諸身 遠取諸物 於是始作八卦 以通神明之德 以類萬物之情, 作結繩而爲罔罟 以佃以漁 蓋取諸離. 包犧氏沒 神農氏 作 斲木爲耜 揉木爲耒 耒耨之利 以敎天下 蓋取諸益. 日中爲市 致天下之民 聚天下之貨 交易而退 各得其所 蓋取諸噬嗑."

신농씨 이후 황제黃帝와 요순, 그리고 그 뒤의 성인들도 마찬가지로 제왕으로서 교민을 실시했다.

황제와 요임금, 순임금이 의상을 늘어뜨리고 있어도 천하가 다스려졌는데, 이것은 건곤乾坤괘에서 취했다. 나무를 깎아 배를 만들고 나무를 베어 노를 만들어 배와 노의 이점으로 불통한 것을 건너고 먼데까지 이르러서 천하를 이롭게 했는데 이것은 환渙괘에서 취했다. 소에 멍에를 매고 말을 다스려 무거운 것을 끌어 먼 곳에 이르러서 천하를 이롭게 했는데, 이것은 수隨괘에서 취했다. 문들을 이중으로 만들고 딱따기를 쳐서 폭객暴客을 방비했는데, 이것은 예豫괘에서 취했다. 나무를 베어 절굿공이를 만들고 땅을 파서 절구를 만들어 절구와 절굿공이의 이점으로 만민을 구제했는데, 이것은 소과小過괘에서 취했다. 나무를 초승달처럼 만들어 활을 만들고 나무를 베어 화살을 만들고 활과 화살의 이점으로 천하에 위엄을 떨친 것은 규睽괘에서 취했다. 상고시절에 혈거생활을 하고 야지에서 거처했으나 후세에 성인이 이를 궁실로 바꾸고 위에 상량을 놓고 아래 집을 지어 풍우를 방비했는데, 이것은 대장大壯괘에서 취했다. 옛적의 장례는 두텁게 옷을 입히고 섶으로 덮었는데 들녘 한복판에 매장하고 봉분을 만들지도 않고 나무를 심지도 않았는데 상례기간이 무수했으나 후세의 성인이 이것을 관곽으로 바꾸었는데, 이것은 대과大過괘에서 취했다. 상고시대에는 결승문자로 다스렸는데, 후세 성인이 이것을 부호문자[書契]로 바꿔 백관에게 배우게 하고 만민에게 살펴서 알게 했는데, 이것은 쾌夬괘에서 취했다.[223)

이 〈계사전〉은 비록 역괘易卦와 연결시켜 설명하고 있을지라도 황제와 요순이

---

223) 《易經》〈繫辭下傳〉: "黃帝堯舜垂衣裳而天下治 蓋取諸乾坤. 刳木爲舟 剡木爲楫 舟楫之利以 濟不通 致遠以利天下 蓋取諸渙. 服牛乘馬 引重致遠 以利天下 蓋取諸隨. 重門擊柝 以待暴客 蓋取諸 豫. 斷木爲杵 掘地爲臼 臼杵之利 萬民以濟 蓋取諸小過. 弦木爲弧 剡木爲矢 弧矢之利 以威天下 蓋取諸 睽. 上古穴居而野處 後世聖人易之以宮室 上棟下宇 以待風雨 蓋取諸大壯. 古之葬者 厚衣之以薪 葬之 中野 不封不樹 喪期无數 後世聖人易之以棺槨 蓋取諸大過. 上古結繩而治 後世聖人易之以書契 百官以 治 萬民以察 蓋取諸夬."

생활용품과 농기구로부터 글자에 이르기까지 다 창작하고 백관과 만인을 가르친 것으로 말하고 있다.

맹자에 따르면, "후직은 백성들에게 농사를 가르쳐 오곡을 심고 가꾸게 해서 오곡이 익고 백성들이 살게 했다(后稷敎民稼穡 樹藝五穀 五穀熟而民人育.)."[224] 나아가 맹자는 학교를 세워 효제의 윤리를 교육하는 것과 더불어 교민의 일환으로 뽕밭농사·가축양육·농작·직업·기술교육도 강조한다.

5무의 주택에 뽕나무를 심으면 50세 사람도 비단옷을 입을 수 있다. 닭·돼지·개의 사육에 그때를 놓치지 않는다면 70세 노인도 고기를 먹을 수 있다. 100무의 논밭에 그 경작시기를 빼앗지 않는다면 두세 가구가 굶주리지 않을 수 있다. 학교의 교육에 정근正勤해 효제의 인의를 편다면 반백의 노인들도 도로에서 등짐을 지지 않을 것이다(五畝之宅 樹之以桑 五十者可以衣帛矣. 雞豚狗彘之畜 無失其時 七十者可以食肉矣. 百畝之田 勿奪其時 數口之家可以無飢矣. 謹庠序之敎 申之以孝悌之義 頒白者不負戴於道路矣.).[225]

백성들에게는 '인의예지' 대덕의 기초인 '효제孝悌' 도덕을 가르친다. '효제'는 부모에 대한 효도와 형제 사이의 우애를 말한다. 어버이에 대한 치사랑으로서의 '효'는 새끼가 어미·아비를 따르는 '양능良能'(본능)에 기초한 덕성으로서 인의仁義로 자라날 맹아이지만 아직 인仁(뭇사람에 대한 사랑으로서의 인간애)의 대덕이 아니라 소덕이다. 형제애로서의 동기간의 우애도 "양능"이다.[226] 따라서 일반 백성들에게도 효제 정도의 도의를 가르칠 수 있고, 백성들도 이 정도의 도의는 배울 수 있다. 그 밖에 "5무의 주택에 뽕나무를 심도록"하는 것, "닭·돼지·개의 사육에 그때를 놓치지 않도록" 가르치는 것, "100무의 논밭에 그 경작시기를

---

224) 《孟子》〈滕文公上〉(5-4).

225) 《孟子》〈梁惠王上〉(1-3).

226) 《孟子》〈盡心上〉(13-15): "孟子曰 人之所不學而能者 其良能也 所不慮而知者 其良知也. 孩提之童無不知愛其親者 及其長也 無不知敬其兄也."

빼앗지 않는 것" 등은 생업·기술교육에 해당한다.

공자는 "선인이 백성을 7년 동안 가르치면 백성이 전쟁도 치를 수 있다"는 말로[227] 분명히 밝혔듯이 백성들이 능히 국방의무도 짊어질 수 있게 하는 군사교육도 염두에 두었다. 공자는 "백성을 가르치지 않고 전쟁을 하게 하면 이것을 백성을 버리는 짓이라고 한다(以不教民戰 是謂棄之)"는 앞서 인용한 어록에서[228] 알 수 있듯이 "교민教民" 없이 백성을 전쟁에 내보내는 것을 치자의 범죄행위로 여겼다. "교육하지 않고 (전쟁에 내보내) 죽이는 것을 학虐이라고 한다(不教而殺謂之虐)."[229] 이런 거듭된 공자의 언명은 군사교육을 교민의 필수과목으로 규정한 것이다.

그리하여 가령 유교국가 조선도 유학적 윤리서적만이 아니라, 언어·문자지식, 문화·예법지식, 제자백가 사상과 불교·도교 사상, 사회·정치·군사·병법지식, 경제·농사·목축지식, 의료·보건지식, 지리·자연·과학·수학·기술지식, 음식·복식지식, 문예·예능·체능·체력의 개발에 관한 서적 등 온갖 서적을 다 인쇄했던 것이다. 모두 인간과 사물의 '진성盡性'과 관계되는 책이었다. 정부가 유서儒書나 성리학 책을 찍어내는 데 급급하거나 이것에 정부출판의 초점을 맞추려는 의도는 수신·진성으로서의 유학적 교육 개념에 맞지 않았기 때문이다. 따라서 조선정부가 유서만 찍어낸 것처럼, 아니 아예 좁혀서 성리학 서적만 찍어낸 것처럼 조선의 출판문화를 기술하는 것은 심각한 역사날조, 역사변조에 속하는 것이다.[230]

- 인정으로서의 교민의 이념

공자는 백성을 가르치는 '교민教民'을 '양민·부민富民'에 버금가는 국가의 두 번째

---

227) 《論語》〈子路〉(13-29): "子曰 善人教民七年 亦可以卽戎矣."

228) 《論語》〈子路〉(13-30).

229) 《論語》〈堯曰〉(20-2).

230) 조선은 500년 동안 약 1만 4117종의 책을 금속활자로 활인(活印)했는데, 이 가운데 유서는 총 책종의 6.4%(909종)에 불과했고, 성리학 서적은 총 책종의 2.8%(399종)에 밑돌았다. 참조: 황태연, 《책의 나라 조선의 출판혁명(1)》(서울: 한국문화사, 2023), 147쪽; 참조: 황태연, 《책의 나라 조선의 출판혁명(2)》, 권말 〔부록2〕〈유학 경전 및 유학 관련 활인본 총목록〉 및 〔부록3〕〈성리학 서적 활인본 총목록〉(399종).

존재이유로 삼았다. 공자가 위나라에 갔을 때 염구가 마차를 몰았다. 앞에서 논했듯이 염구가 "사람이 이미 많으면 또 무엇을 여기에 더해야 하는가요?"라고 묻자 "이에 공자가 '그들을 부유하게 만들어 한다'고 답했고, 염구가 '이미 부유하다면 또 무엇을 더해야 합니까?'라고 다시 묻자, 공자는 '교육해야 한다'고 답했다."[231] 나아가 맹자는 "훌륭한 교육", 곧 "선교善敎"를 "선정善政"보다 더 중하게 생각했다. "선정은 선교로 사람의 깊은 마음을 얻는 것만 못하다. 선정은 백성들이 두려워하지만 선교는 백성이 좋아한다. 선정은 백성의 재물을 얻지만 선교는 민심을 얻는다."[232] 백성들이 선정을 두려워하는 이유는 선정자가 그 대가로 무거운 세금을 물릴까봐 걱정해서다. 정부의 선정은 아무리 잘해도 세금을 필요로 하고 또 과세와 징세를 포함하는 통치행위다. 이와 달리, 정부의 교육지원은 어디까지나 백성에게 아낌없이 베풀어 주는 교문敎文복지다.

맹자는 "백성을 교육하지 않고 쓰는 것을 일러 앙민殃民(백성에게 해를 끼치는 것)이라고 하는데, 앙민하는 자는 요순의 치세에서 용납되지 않았다(不敎民而用之 謂之殃民, 殃民者 不容於堯舜之世)"고[233] 부연한다. 공맹의 모든 논의는 백성을 다스리든, 전쟁에 내보내든 반드시 먼저 '교민'해야 한다는 말로 모아진다. '교민'은 국가의 당연한 과업이고, 국가 일반의 존재이유다. 교민 없는 국가는 '학정'국가요, '앙민'국가다. 인구의 90%를 노예로 부리는 플라톤·아리스토텔레스의 야경국가적 노예제국가의 존재이유는 노예주의 향락과 노예사역이다. 이런 노예제국가에서 교육은 '노예소유주'인 '유한계급'에 한정되고 모든 노예백성은 교육에서 배제된다. 즉 교민은 없다. 반면, '국가다운 국가', 곧 "민유방본民惟邦本"을 국가이념으로 삼는 '민방民邦' 또는 '민국民國'(백성의 나라)에서 교민은 양민과 더불어 국가의 존재이유이자 의무다. 그리고 '민국'에서 백성을 교육하지 않고 백성을 부려먹기만 하는 것은 백성을

---

231) 《論語》〈子路〉(13-9): "子適衛 冉有僕. 子曰 庶矣哉! 冉有曰 旣庶矣 又何加焉? 曰 富之. 曰 旣富矣 又何加焉? 曰 敎之."
232) 《孟子》〈盡心上〉(13-14): "善政不如善敎之得民也. 善政 民畏之 善敎 民愛之. 善政得民財 善敎得民心."
233) 《孟子》〈告子下〉(12-8).

학대하고 해치는 국가범죄다.

공맹의 만민평등교육론은 고대그리스의 소크라테스·플라톤·아리스토텔레스의 천재天才·여가餘暇교육론과 적대적일 정도로 대립적이었다. 일단 지식 개념부터 공자는 소크라테스와 대립적이었다. 소크라테스의 '지식'은 본유지식으로서 모든 것의 본질에 대한 '절대적' 확실성을 얻으려는 '사이불학思而不學'하는(생각하기만 하고 경험에서 배우지 않는) 합리적 변증술(논증)로 얻어지지만, 공자의 '근도近道'로서 의 지식은 '다문다견多聞多見'의 경험으로부터 배우고 '궐의궐태闕疑闕殆'하는(물질은 왜 있지, 중력이 왜 있지, 펩사이신은 왜 맵지 등과 같이 신만 알 수 있는 것이라서 의심스럽고, 인간복제술로 통하는 생명공학 지식, 원자탄 기술과 같이 아는 체하면 위태로운 것들을 비워 두는) '온고지신溫故知新'의 '학이사지學而思之'로 얻어진다. 모든 덕德은 이런 경험 적 배움을 요구한다. 그래서 공자는 '호지자好知者', 또는 소크라테스의 '애지자愛智者' (철학자)도 경험적 배움이 없으면 제멋대로 생각하는 방탕한 사변적 지식으로 사람들 을 호려 세상을 도탄에 빠트린다고 말했던 것이다.234)

경험적 배움이 없으면 어떤 덕성이든 다 각기 폐단으로 전락하는 법이다. 인간적 덕을 이루는 데 '학식'은 없는 것보다 나은 것이지만, '경험'과 '현명'은 반드시 필요한 것이기 때문이다. 따라서 공자는 경험에서 배우지 않는 것("不好學")으로 생기는 '육폐六蔽'를 지적한 바 있다.235) 이와 같이 덕행에는 '경험'과 경험적 '현명' 이 필수적인 것이고, 경험적 학습을 주로 하고 사유를 종으로 삼는 '주학이종사主學而 從思'에서 얻은 '학식'은 금상첨화다. 경험으로 확충되는 '현명'과, 경험지식을 사유 로 가공해 얻어지는 '학식'은 둘 다 다문다견의 박학심문을 출발점으로 삼는다.

또한 소크라테스와 플라톤은 4덕 가운데 비윤리적 '지혜'를 최고로 치고 '지자의 지배'인 '철인치자'를 주장했다. 반면, 공자는 '지덕智德'을 윤리적 지덕임에도 4덕 가운

---

234) "지知를 좋아하면서 경험적 배움을 좋아하지 않는다면 그 폐단은 (사유가) 방탕해지는 것이다.(好知不 好學 其蔽也蕩)"《論語》〈陽貨〉(17-8)

235)《論語》〈陽貨〉(17-7): "好仁不好學 其蔽也愚. 好知不好學 其蔽也蕩. 好信不好學 其蔽也賊. 好直不好學 其蔽也絞. 好勇不好學 其蔽也亂. 好剛不好學 其蔽也狂."

데 말석에 놓고 '지덕'에 지배의 정통성을 부여하지 않았다. 공자는 비윤리적 덕목인 '지덕' 외에도 이보다 더 중요한 윤리적 덕목인 사덕(인·의·예·지)을 갖춘 '군자의 덕치'를 주장한다.

공자와 소크라테스의 이러한 지식개념의 차이는 지적 능력의 개인차에 대해 제각기 다르게 대응하는 것으로도 나타난다. 소크라테스는 인간들을 지적으로 차별하고 인간들 가운데 천성적으로 지력이 우수한 천재를 선발해 교육하는 관점을 취한다. 그러나 공자는 지적 능력에 차등이 있음을 인정하지만, 일정 범위의 차등은 성실(誠之者)로 평준화될 수 있다고 생각하고, 베이컨처럼 천재적 지성에 관심을 두지 않고 수신·교육·경험의 보편성을 강조한다.

수신·교육·경험을 통해 지식을 쌓는 데는 앞에서 살폈듯이 천부적 두뇌 차이에 따라 큰 편차가 나타난다. 인간의 타고난 지적 능력은 데카르트나 홉스의 평등주의 주장에도 불구하고 결코 평등하지 않다. 더욱더 정밀한 지능측정법이 개발된 오늘날 이것을 부정하는 우자愚者는 이제 없을 것이다. 공자는 이미 "오로지 천재의 지혜(上知)와 천치의 어리석음(下愚)만은 변하지 않는다"고 인정하고, "중등 이상인 자에게는 상등의 것을 말해 줄 수 있으나 중등 이하인 자에게는 상등의 것을 말해 줄 수 없다"고 부연한 것이다.236) 공자는 '생이지지'하는 신적 성인이 상등이라면, 경험에서 배워서 아는 학자는 중등中等이고, 곤란해서 배우는 전문기술자는 그다음의 중등이고, 곤란해도 배우지 않는 자는 하등으로서 바로 일반백성이라고 말하기도 했다.237) 새로운 정보나 재밋거리에 호기심이 많고 이를 즐기지만 뭐든 학술적인 것이면 배우기를 거부하는 일반인들을 생각해 보라. 문제는 이 하등의 곤란해도 배우지 않는 "곤이불학자困而不學者"들인 것이다.

지적 능력의 차이에 따른 공자의 이 사람 분류는 아리스토텔레스와 흡사하다. 아리스토텔레스는 어떤 일을 탐구해 알아낼 때는 우리에게 이미 알려진 것으로부터

---

236) 《論語》〈雍也〉(6-21), "子曰 中人以上 可以語上也. 中人以下 不可以語上也."
237) 《論語》〈季氏〉(16-9), "孔子曰 生而知之者 上也. 學而知之者 次也. 困而學之 又其次也. 困而不學 民斯爲下矣."《斯: 이 사).

출발해 본성적 제1원리(아르케)의 앎으로 나아가야 한다고 생각한다. 이런 까닭에 고귀함과 정의正義, 그리고 정치학 일반에 관해 제대로 듣고자 하는 사람은 훌륭하게 살아야 한다. 그러나 지적 능력에는 종차가 있다.

제1원리는 사실이다. 따라서 이것이 충분히 분명해졌다면 더 이상 이유를 밝힐 필요가 없다. 이렇게 살아온 사람은 제1원리를 이미 체득하고 있거나 나중에라도 쉽게 이해할 것이다. 이도 저도 아닌 사람은 헤시오도스(Ησιοδος)의 다음 시구를 명심해야 할 것이다. '모든 것을 스스로 깨달은 사람은 최상이고, 훌륭한 말씀을 하는 사람을 따라 배우는 사람도 우수한 사람이라네. 허나 스스로 깨닫지도 못하고 다른 사람으로부터 들은 것을 마음속에 명심하지도 않는 사람은 아무 쓸모없는 사람이라네.'238)

지적 능력의 차이에 대한 인식은 이처럼 동서고금의 철학자들에게 공통된 인식이다. 오늘날도 유능한 사람들만이 열심히 공부해 스스로 깨닫고 위인을 따라 배워 철학을 말하고 이해할 수 있다. '곤란해도 경험에서 배우지 않는 자들'로서의 일반 백성은 철학을 아예 등지거나, 혹시 겉멋으로라도 철학을 배우려고 해도 그러기에는 배울 지능이 턱없이 모자란다. 이런 까닭에 공자는 "백성은 따르게 할 수는 있어도 알게 할 수는 없다"고 단언했던 것(子曰 民可使由之 不可使知之)이다.239) 따라서 치자 입장에서 의무적 국민교육을 마친 백성에게는 '알게' 하는 것이 아니라 서로 '믿게' 하고 덕과 예를 보급해서 예법을 행할 수 있게 하는 것이 더 중요하다. 백성이 믿으면 '하게' 할 수 있기 때문이다. 국가의 족식과 족병에 대한 "백성의 믿음(民信)"은 국가의 '최후 보루'다.240) 대중의 지력에 대한 공자의 이 평가는 오늘날에도 본질적으로 변함이 없는 '대중'의 수준에 적합한 말이다. 대학이 대중화되면서 암기

---

238) Aristoteles, *Die Nikomachische Ethik*, 1095b5–14.

239) 《論語》〈泰伯〉(8–9).

240) 《論語》〈顔淵〉(12–7): "子貢問政. 子曰 足食 足兵 民信之矣. 子貢曰 必不得已而去 於斯三者何先? 曰 去兵. 子貢曰 必不得已而去 於斯二者何先? 曰 去食. 自古皆有死 民無信不立."

교육은 널리 보급되었으나 원리를 깊이 이해하는 석·박사과정 이상의 교육은 여전히 극소수에 머물고 있다. 그러나 앞으로 제4차 산업혁명 시대가 본격화하면 인구의 3분의 1 이하로 줄어들 주력생산자 가운데 지도급 엔지니어와 경영자들은 거의 예외 없이 석·박사과정 이상의 학력을 가져야 할 것이다.

플라톤도 이 문제에 대해 공자와 유사한 견해를 피력한다. 나라에는 남녀를 가리지 않고 '가장 훌륭한 사람들'과 '더 못한 사람들'이 있고 이 '가장 훌륭한 사람들'에게는 수호자들(퓔라케스φύλακες)과 치자들(아르콘테스ἄρχοντες)로 육성하기 위한 최상의 교육이 베풀어진다. 이들은 이런 교육을 감당할 지능을 가지고 있다. 그러나 '더 못한 사람들'인 대중은 이럴 지적 능력이 없다. 따라서 플라톤은 백성교육을 거론치 않는다. 플라톤은 지적 능력이 부족한 사람들에 대한 교육의 효과를 부정하기 때문이다. 그는 기억력이 없어서 "배우기 힘들고" 잘 잊어버려 "머릿속이 망각으로 가득 찬" 사람들은 "아주 많은 수고를 하고도 성취하는 것이 적어" "배움을 싫어하게 되고" 애지愛智할 수 없다고 말한다. 따라서 플라톤은 "대중이 애지하는 것(철학하는 것)은 불가능한 일이다"라고 못박는다.[241]

아리스토텔레스도 대중의 지적 능력에 대해 유사한 견해를 피력한다. "이성적인 말로는 대중에게 진정 고결한 것을 사랑할 고상한 품성을 가르칠 수 없다. 대중은 천성적으로 경외감이 아니라 불안감에 복종하고 수치심 때문이 아니라 벌 때문에만 나쁜 짓을 삼가기 때문이다. 그들은 감정에 살고 자신들에게 맞는 기쁨과, 기쁨이 자신들에게 마련해 주는 것을 좇고 그에 대응하는 고통으로부터는 도망친다. 그러나 고결함과 진정한 기쁨에 대해서는 개념조차 없다. 그들은 이것들을 맛본 적이 없기 때문이다." 또 "일반적으로 감정은 이성적인 말에 복종하는 것이 아니라 힘에 복종한다." 따라서 "다중多衆은 이성적인 말에 복종하기보다 강제력에 복종하고 고결한 것에 복종하기보다 처벌에 복종한다." 그러므로 대중들을 강제해 고결한 것을 습득하도록 하고 할 일을 하도록 할 법률이 필요하다. "특정한 현명(현덕)과 지성에서

---

241) Plato, *Politeia*, 456d; 486c·d; 494a.

나오는 이성적인 말로서 법률은 강제력을 가지고 있기" 때문이다.242) 대중은 순수한 이성적 말로 가르칠 수 없고 강제력을 갖춘 말로만 억지로 주입할 수 있다는 말이다. 아리스토텔레스의 강제적 '법률'은 공자의 정형政刑(권력과 형벌)에 해당한다. 그리하여 공감정치를 강조하고 만민평등교육과 '민신'을 말하는 공자와 달리 아리스토텔레스는 대중을 정형으로 제압하고 철학을 할 수 있는 사람들을 '여가餘暇(스콜레σχολή)'를 가진 계급인 '유한有閑계급'으로 한정한다.

그러나 두루 알다시피 공자는 사람들 사이의 지적 능력 차이를 인정할지라도 소크라테스, 플라톤, 아리스토텔레스와 달리 저런 정도의 지적 능력의 차이를 성실로 극복할 수 있다고 주장했다.243) 또 공자는 어떻게든 지식을 이루기만 하면 이런 선천적 능력 차이가 큰 의미가 없다고 말한다.244) 공자는 자신도 결코 "나면서 아는 자(生而知之者)가 아니라 지난 경험을 중시해 힘써 이를 탐구한 사람이라고 실토한다(子曰 我非生而知之者 好古敏以求之者也)."245)

앞서 밝혔듯이, 물론 최하의 어리석은 자가 최상의 천재를 노력으로 극복할 수는 없을 것이다. 그러나 앞서 공자가 중등 이상인 자에게 상등의 지혜를 말해 줄 수 있다고 했듯이, 수재(중등 이상인 자)는 성실한 노력으로 천재의 지식에 점차 접근할

---

242) Aristoteles, *Die Nikomachische Ethik*, 1179b11-16; 29-30; 1180a4-5. 공현명(현덕)'은 '프로네시스 (Φρόνησις)'의 번역어다. 소크라테스는 '소피아(σοφία)', '프로네시스', '에피스테메(ἐπιστήμη)', '누스 (νοῦς)'를 지혜·지식의 의미로 혼용하지만, 아리스토텔레스는 '프로네시스'를 실천적 지혜로, 소피아·에피스테메·누스는 주로 이론적 지혜·지식·지성의 의미로 쓴다. 그런데 유사하게 공자는 '지(知·智)'를 대체로 이론적 지혜·지식의 의미로 쓴다. '지(知·智)'의 반대말은 '우愚'와 '몽蒙'이다. 반면, '현賢'은 실천적·경험적 의미로 쓴다. '현'은 '사리와 시비에 밝아 일을 잘 처리하는 자질'이라는 뜻이다. '현'의 반대말은 대개 '못남(不肖)'이다. 따라서 '프로네시스'를 '현명賢明'으로 옮기고 이를 체득해 습성화한 것을 '현덕賢德'으로 옮긴다. 이것이 '프로네시스'의 영역어(practical wisdom; prudence)를 중역한 '실천적 지혜'보다 정확성 면에서 나은 것 같다.

243) 《禮記》〈中庸〉 제20장, "人一能之 己百之 人十能之 己千之. 果能此道矣 雖愚必明 雖柔必强 (남이 한 번에 할 수 있으면 나는 백 번을 하고, 남이 열 번에 하면 나는 천 번을 해야 한다. 과연 이 도에 능하면 비록 어리석어도 꼭 밝아지고 비록 유약해도 굳세어진다.)."

244) 《禮記》〈中庸〉 제20장: "或生而知之 或學而知之 或困而知之 及其知之一也. 或安而行之 或利而行之 或勉强 而行之 及其成功一也."

245) 《論語》〈述而〉(7-20).

수 있다. 공자 자신이 '생이지지자'가 아니라 독실한 노력으로 성덕聖德을 이루어 성인으로 추앙받는 대표적 인물이다. 그렇다면 중등 이하인 자인 둔재(하등의 어리석은 자)도 범재(중등의 능력의 가진 자)와의 차이를 독실한 노력으로 극복할 수 있을 것이고, 다시 범재는 성실한 노력으로 수재의 지식 수준에 접근할 수 있다. 이런 한에서 교육의 기회는 만인에게 평등하게 열려 있어야 할 것이다.

다시 확인하지만, 공자는 그래서 "천자에서 서인에 이르기까지 하나같이 다 수신을 근본으로 삼는다(自天子以至於庶人 壹是皆以修身爲本)"는 《대학》 수장首章의 보편적 수신 원칙으로 바로 만민평등교육을 선포했다.[246] 개인들의 지적 능력이 천지 차이로 벌어져 천차만별이라도 배우려고 하는 사람이라면 누구에게든 배움과 교육을 차별 없이 베풀어야 한다. 그러므로 공자는 "가르침에는 차별이 없다(有敎無類)"고[247] 천명했다. 교육에는 인종·지위·신분·능력·지역 등의 차이에 근거한 어떤 사람 차별도 없다는 말이다. 천자에서 일반 서민에 이르기까지 다 수신을 근본으로 삼아야 하기 때문이다. 말하자면, 수신교육에는 왕도王道도 없지만 차별도 없다.

가령 사람들이 더불어 말 섞기도 기피하는 돼먹지 못한 사람들이 사는 악명 높은 '호향互鄕' 지방에서 온 한 동자가 공자를 알현하자 제자들이 이를 보고 의아하게 생각했다. 이에 공자는 "나는 사람이 진보하는 것을 지지하고 퇴보하는 것을 지지하지 않는데 어찌 유독 그에게 심하게 대하느냐? 그의 왕년을 (옳았다고) 감싸주는 것은 아니지만, 사람이 자기를 깨끗이 하고 진보하면 나는 그 깨끗함을 지지하노라"라고 말했다.[248] 그러므로 공자는 "속수束脩의 예를 행하는 사람(평민과 천민) 이상의 사람들을 내가 가르치지 않은 적이 없다"고 말했다.[249] 이처럼 공자는 귀족

---

246) 《禮記》〈大學〉, 首章.

247) 《論語》〈衛靈公〉(15-39).

248) 《論語》〈述而〉(7-29): "互鄕難與言 童子見 門人惑 子曰 與其進也 不與其退也 唯何甚? 人潔己以進 與其潔也 不保其往."

249) 《論語》〈述而〉(7-7): "子曰 自行束脩以上 吾未嘗無誨焉." '속수의 예'는 '최소한의 예'를 말한다. '속수束脩'는 육포묶음이다. 고대에는 사람들이 처음 만날 때 예물을 주고받았는데, 신분에 따라 제후는 옥, 경대부는 염소, 대부는 기러기, 선비는 꿩 등을 예물로 주었고, 평민 이하는 육포묶음을 주고받았다. 따라서 '속수의 예를 행하는 사람 이상'이란 평민과 천민

과 양반 자제의 특권으로서의 교육을 물리치고 만민평등교육을 일관되게 주장했다. 공자의 이 만민평등교육철학과 중국의 의무교육 제도는 16-19세기에 서양에 전해져 소크라테스·플라톤·아리스토텔레스의 불평등교육론(플라톤의 천재교육과 아리스토텔레스의 노예소유주교육론)을 분쇄하고 서양제국에 의무교육론과 보통학교제도를 정착시킨다.

■ 자연·생태보전정책으로서 애물

공맹의 인仁 개념은 동식물에 대한 사랑으로서 자연사랑도 포함한다. 공자는 자연사랑을 '원인遠仁' 또는 '대인大仁'으로 파악했고, 맹자는 '애물'로 규정했다. 공자의 '원인(대인)' 개념과 맹자의 '애물' 개념이 동물사랑만이 아니라 식물사랑도 포함하는 점은 식물사랑을 포함하지 않는 힌두교·불교의 '불살생不殺生' 개념을 초월하는 것이다.

- 공자의 '원인遠仁'과 맹자의 '애물愛物'

상술했듯이 공자는 인이 여러 가지가 있다고 밝히면서 '인仁'을 대소장단으로 구분한다.

인仁에는 여럿이 있고, 의義에는 대소장단이 있다. 속마음이 참달(측은)한 것은 뭇사람을 사랑하는 인仁이다. 법을 시행해 인을 강제하는 것도 인仁에서 비롯되는 것이다. 《시경》(〈대아〉)은 "풍수豐水 위에는 상추가 돋아나니 무왕께서 어찌 나서지 않으시리오? 그 자손에게 계책을 주시고, 자손들을 편안토록 도우셨네, 무왕을 오래도록 기리네!"라고 노래한다. 이것은 수세대의 인이다. (《시경》) 〈국풍〉은 "내가 오늘날 거느리지 못하는데 하물며 내 뒤를 걱정하랴"라고 노래하는데, 이것은 종신의 인仁이다. 공

이상의 모든 사람들을 가리킨다. 참조: 하안(집해)·형병(소), 《論語注疏》. 十三經注疏標點本 (北京: 北京大學出版社, 1999), 96쪽; 류종목, 《논어의 문법적 이해》(서울: 서울대학교출판부, 2000), 222쪽.

자는 말한다. "인은 그릇(도구)으로 쓰면 중하고, 인은 다니는 길로 쓰면 멀다. 인의 중한 그릇을 들려고 하면 아무도 들 수 없고, 인의 먼 길을 걸어가려고 하면 아무도 도달할 수 없다. 그래서 수적으로 많은 것이 인仁이다. 무릇 인에 힘쓰는 것은 역시 어렵도다! 그러므로 군자가 의義를 기준으로 사람을 헤아리면 사람됨을 알기 어려우나, 사람다움을 기준으로 사람을 바라보면 현자를 알아낼 수 있다(仁有數, 義有長短小大. 中心僭怛 愛人之仁也. 率法而强之, 資仁者也. 詩云, "豐水有芑, 武王豈不仕? 詒厥孫謀 以燕翼子 武王烝哉." 數世之仁也. 國風日, "我今不閱 皇恤我後". 終身之仁也. 子日, "仁之爲器重 其爲道遠. 擧者莫能勝也 行者莫能致也. 取數多者 仁也. 夫勉於仁者 不亦難乎! 是故君子以義度人 則難《知》爲人. 以人望人 則賢者可 知已矣.")."[250]

"인仁에는 여럿이 있고, 의義에는 대소장단이 있다"는 공자의 명제는 마치 '인에는 대소장단이 없고 의에만 있다'고 말하는 것으로 오독할 수 있으나, 그 뒤에 이어지는 말들을 보면 인도 대소장단이 있어 여럿이라고 말한 것임을 알 수 있다. 여러 세대를 바라보며 베풀어지는 "수세대의 인"은 '장인長仁'이다. 한 세대에 그치는 "종신의 인"은 '단인短仁'이다. 그리고 인에는 경중輕重도 있다. 정책도구로 쓰이는 인은 아주 중대해서 아무도 잘할 수 없을 '중인重仁'이다. 공자를 대신해 그 반대의 '경인輕仁'을 추론하자면, 그것은 향음주례鄕飮酒禮·잔치·유희 등 즐거운 만남을 조직하는 데 호주머니를 털어 의연하는 인이고, 이 '경인'은 아주 가벼워서 아무나 참가해 아무나 잘할 수 있을 것이다.

한편, 인에 대소장단이 다 있으므로 '대인大仁'과 '소인小仁'도 있을 것이다. 그러나 공자는 여기서 인류애와 자연사랑으로까지 확대되어 가는 '대인大仁'의 길은 너무 멀어서 아무도 이를 수 없는 '원인遠仁'이라고 표현하고 있다. 반대로 가족애(친애)나 동포애에 그치는 '소인小仁'은 아무나 이를 수 있는 '근인近仁'인 셈이다.

우리는 여기서 도道로서의 이 대인·원인에 주목한다. 여기에 자연사랑이 포함되

---

250) 《禮記》〈表記 第三十二〉(12–13).

어 있기 때문이다. 앞서 대동시대의 '대도大道'는 인도仁道와 의도義道를 통합한 '지도至道'라고 풀이했는데, 이 지도로서의 인도와 의도는 필경 '대인大仁'과 '대의大 義'일 것이다. 따라서 대동사회도 당연히 그 대인 속에서 자연사랑도 포함할 것이다.

맹자는 공자의 이 대인大仁 또는 큰 사랑을 셋(친친親親, 인민仁民, 애물愛物)으로 나눔으로써 '자연사랑'(생물사랑)으로서의 '애물愛物'을 친족사랑[親親]·백성사랑[仁 民]과 구별했다.251) 친족사랑의 '친애'는 '소인小仁'이고, 천하의 '인민仁民'과 '애물愛 物'은 공자의 대인·원인에 속한다.

그러나 맹자는 '대인'을 나눠서 '인민'과 '애물'로 구별했다. 하지만 맹자는 곧 짐승과 인간의 차이는 미미하다고 갈파한다. "인간과 금수의 차이는 미미하다." 다만 "서민은 이 차이를 버리고, 군자는 보존한다."252) 그러므로 맹자는 "사람은 사람의 도가 있는데, 포식하고 따뜻한 옷을 입고 안이하게 살며 가르침이 없다면 금수와 가까워진다(人之有道也 飽食煖衣逸居而無敎 則近於禽獸)."고 말한 것이다.253) 따라서 부자유친과 군신유의를 무시하는 사람을 가리켜 맹자는 "자기 아비도 무시하고 자기 임금도 무시하는 것은 짐승(無父無君 是禽獸也)"이라고 꾸짖어 비판 했다.254)

- 공맹의 동물사랑

사랑은 두 사람이 서로 공유하는 '공감적 일체감'으로서의 공감감정이다. 따라서 인간은 공감능력이 있어 동물의 감정에 공감할 수 있다. 맹자는 동물에 대한 인간의 동정심과 사랑이 백성에게로 옮아갈 수 있는지에 대해 설명한다. 맹자는 어떤 인간이 동물에 공감할 능력이 있다면 그는 바로 왕 노릇할 자격이 있다고 말한다. 맹자가 제齊나라 선왕宣王에게 묻기를, "왕께서 당상에 앉아 계실 때 소를 끌고 당하를

---

251) 《孟子》〈盡心上〉(13-45). "孟子曰 君子之於物也 愛之而弗仁 於民也 仁之而弗親. 親親而仁民 仁民而 愛物."
252) 《孟子》〈離婁下〉(8-19): "孟子曰 人之所以異於禽獸者幾希. 庶民去之 君子存之."
253) 《孟子》〈滕文公上〉(5-4).
254) 《孟子》〈滕文公下〉(6-9).

지나는 자가 있어 그것을 보고 '소가 어디로 가느냐'고 물으셨는데, 그 자가 대답하기를, '장차 흔종釁鐘의식(새 종에 제사지낼 때 종에다 소의 피를 바르는 의식·인용자)을 하려고 합니다'라고 하니, 왕께서 '그만두어라! 그 소가 벌벌 떠는 것이 죄 없이 죽으러 가는 것과 같으니 견디지 못하겠다'고 하자, 그 자가 대꾸하기를, '흔종을 폐하리이까?'라고 하니, 왕께서 '어찌 폐할 수 있겠느냐? 양으로 바꿔라!'라고 하셨다는데, 이런 일이 있었는지 모르겠습니다."라고 했다. 이에 왕이 "그런 일이 있었습니다."라고 답하자 맹자는 이렇게 말한다. "이 마음으로는 족히 왕 노릇을 할 만합니다. 백성은 다 이를 왕께서 (재물을) 아끼는 것으로 여기는데 신은 왕께서 견디지 못함을 압니다."[255]

이에 제선왕은 "그렇습니다. 정말 그렇게 말하는 백성이 있었습니다. 그런데 제나라가 비록 작아도 내가 어찌 소 한 마리를 아끼겠습니까? 그 소가 벌벌 떠는 것이 죄 없이 죽으러 가는 것 같아서 소를 양으로 바꾸라고 했습니다."라고 말했다.[256] 이에 대해 맹자는 이렇게 화답했다. 맹자는 "왕께서는 백성들이 왕을 인색하다고 여기는 것을 이상하다고 생각지 마십시오. 큰 것을 작은 것으로 바꿨으니, 저들이 어찌 이를 알겠습니까? 왕께서 만약 그 소가 죄 없이 죽으러 가는 것을 측은하게 여기셨다면, 이 일에서 왜 소와 양을 가렸습니까?"라고 말해 주었다. 이에 왕이 웃으며 "이게 실로 무슨 마음일까요? 내가 그 재물을 아낀 것은 아닌데 그 재물을 양으로 바꿨습니다. 마땅히 백성들은 이를 두고 내가 인색하다고 말할 것입니다."라고 말했다. 이에 맹자가 말한다. "상심하지 마십시오. 이것이 바로 인술仁術입니다. 왕께서는 소는 직접 보았지만, 양은 직접 보지 못했습니다. 군자는 금수에게서 그것이 살아 있는 것을 보았다면 차마 그것이 죽어 가는 것을 보지 못하고, 그것이 죽는 소리를 들었다면 차마 그 고기를 먹지 못합니다. 그래서

---

255) 《孟子》〈梁惠王上〉(1-7): "(孟子)曰 (...) 王坐於堂上 有牽牛而過堂下者 王見之 曰 牛何之? 對曰 將以釁鐘. 王曰 舍之! 吾不忍其觳觫 若無罪而就死地. 對曰 然則廢釁鐘與? 曰 何可廢也? 以羊易之! 不識有諸? 曰 有之. 曰 是心足以王矣. 百姓皆以王爲愛也 臣固知王之不忍也."

256) 《孟子》〈梁惠王上〉(1-7): "王曰 然 誠有百姓者. 齊國雖褊小 吾何愛一牛? 卽不忍其觳觫 若無罪而就死地 故以羊易之也."

군자는 부엌도 멀리합니다." 이에 왕은 기뻐 말했다. "《시경》에 '남이 지닌 마음을 내가 헤아려 아네(他人有心 予忖度之)'라고 노래했는데, 선생을 일컫는 것 같습니다. 내가 행하고 나서 돌이켜 알려고 했으나 내 마음을 알 수 없었는데, 선생이 이를 말해 주니 내 마음이 후련합니다."257) 동물에 대한 인간의 공감은 인간에 대한 동물의 공감에 상호 조응하고, 궁극적으로 인간에 대한 인간의 공감에 조응하는 것이다. 따라서 맹자는 "이 마음"으로는, 곧 소에까지 미치는 왕의 동정심으로는 "족히 왕 노릇을 할 만합니다."라고 말한 것이다. 동물과의 이런 공감과 측은지심의 관점에서 맹자는 "애물"을 말한 것이다.

맹자의 이 애물 사상은 동식물에 대한 공자의 생태적 원인遠仁·대인大仁 사상을 계승한 것이다. 공자는 동식물에게도 멀리 미치는 '대인' 개념에 입각해서 공자는 '인도仁道'를 '애물愛物', 곧 동식물 복지로까지 확장하고 스스로 실천했다.

> 공자는 낚시질을 하면 주낙으로 마구 잡지 않았고, 주살질을 하면 잠자는 놈은 쏘지 않았다(子釣而不網 弋不射宿).258)

군자는 때로 먹기 위해 물고기를 잡지만 마구 잡는 살생을 피해야 하고, 주살(끈 달린 화살)로 새를 쏘아 잡지만 피곤해서 자고 있는 측은한 새를 차마 쏘지 못한다. 공자는 물고기와 새 같은 미물에까지도 애물의 동물복지를 실천한 것이라고 볼 수 있다.

이런 까닭에 공자는 인간이 부모의 생계를 마련하고 제사를 지내기 위해 나무를

---

257) 《孟子》〈梁惠王上〉(1-7): "曰 王無異於百姓之以王爲愛也. 以小易大 彼惡知之? 王若隱其無罪而 就死地 則牛羊何擇焉? 王笑曰 是誠何心哉? 我非愛其財而易之以羊也. 宜乎百姓之謂我愛也. 曰 無傷 也 是乃仁術也 見牛未見羊也. 君子之於禽獸也 見其生 不忍見其死 聞其聲 不忍食其肉. 是以君子遠庖廚 也. 王說曰 詩云 他人有心 予忖度之. 夫子之謂也. 夫我乃行之 反而求之 不得吾心. 夫子言之 於我心有戚 戚焉."

258) 《論語》〈述而〉(7-27). '주낙'은 많은 낚시를 늘어뜨려 단 낚싯대고, '주살'은 가는 줄을 맨 화살이다. 주살은 빗맞은 경우 줄을 당겨 화살을 다시 찾을 수 있다.

베고 짐승을 죽이는 경우에도 때를 가려야 한다고 말한다. "증자는 (...) 금수는 때맞춰 잡아야 한다. 공자님은 '짐승 한 마리를 잡더라도 때를 맞추지 못하면 (그 고기로 부모를 봉양하더라도) 효가 아니다'(曾子曰〔...〕禽獸以時殺焉. 夫子曰〔...〕殺一獸 不以其時 非孝也')."라고 말했다.259) 짐승을 때맞춰 잡는다는 말은 산란기를 피해 잡고, 산짐승과 가축이라면 새끼 밴 놈을 잡지 않는 것을 말한다. 그리하여 공자는 "죽이는 때에 맞지 않는 금수·물고기·자라는 시장에 내다 팔아서는 아니 된다(禽獸 魚鼈不中殺 不粥於市)."는 금법을 언명했고,260) "천자는 새끼 밴 소를 먹지 않으니 새끼 밴 소는 상제에 대한 제사에도 쓰지 않는다(天子 牲孕弗食也 祭帝弗用也)."고 말한 것이다.261) 그러므로 공자는 "겨울잠에서 깨어나는 동물들을 죽이지 않은" 제자 고시高柴의 행동을 "하늘의 도다(高柴〔⋯〕開蟄不殺 則天道)"라고 하며 칭찬했다.262)

공자의 동물복지는 마소에게 무거운 짐을 지우지 않고 멍에를 불편하지 않게 매는 것에까지 이른다. 공자는 우리가 부리는 가축들의 복지를 군왕의 국사國事로 보고 엄정하게 입론한다.

거룩한 임금의 바름은, 소를 나란히 멍에 매지 않게 하고, 말은 항상 수레를 끌지 않게 하고, 타는 것을 우려하지 않게 하고, 암말은 □□□□□□□□□□□하고 곡식을 때맞춰 주고, 꼴과 건초의 짐은 무겁지 않게 하는 데 있다.263)

두세 마리 소에게 나란히 멍에를 매면 소들이 괴로워한다. 힘센 마소도 항상 수레를 끌게 하고 너무 무거운 짐을 지우면 지친다. 그래서 한국 농민들은 소달구지

---

259) 《禮記》〈祭義〉(24027).
260) 《禮記》〈王制〉(5045).
261) 《禮記》〈郊特生 第十一〉(001).
262) 《大戴禮》〈第十九 衛將軍文子〉.
263) 廖名春 釋文,〈漢墓帛書'二三子'〉, 續四庫全書編纂委員會,《續四庫全書》(上海: 上海古籍出版社, 1995), 16−17쪽. "聖王之正 牛參弗服 馬恒弗駕 不憂乘 牝馬□□□□□□□□□□□栗時至 芻槀不重." '□' 는 판독불가 부분.

에 짐을 다 실지 않고 일부 짐을 지게로 나눠진 채 소달구지를 끌었던 것이다. 그리고 새끼를 밴 암말은 특별히 먹이를 더 많이 주고, 더 잘 보살펴 주었다.

- 공자의 식물사랑

공자는 '대인仁', 곧 사람의 '큰 사랑'을 동물복지를 넘어 식물복지로까지 확장했다. 식물은 동물이 가진 일반적 감정이 없어 인간과 식물이 공감하지 못하지만, 식물도 성장욕이라는 욕망의 감정 하나는 있다. 봄에 굳은 땅을 뚫고 돋아나오는 여리지만 힘센 새싹을 보라! 추운 겨울을 견디는 나무들을 보라! 여름이 되면 우거진 짙푸른 녹음방초를 보라!

공자는 식물의 이런 성장욕 또는 생명욕을 공감적으로 존중하고 보호하고자 했다. 그리하여 증자는 공자의 뜻을 받들어 이렇게 말한다.

> 수목은 때맞춰 벌목한다. (...) 공자는 가로되, '나무 한 그루를 베도 (...) 그 때를 맞추지 못하면 (이 나무로 양친의 방을 덥히더라도) 효가 아니다'라고 하셨다(樹木以時伐焉 〔...〕. 夫子曰 '斷一樹 〔...〕 不以其時 非孝也').264)

부모에게 효도를 한답시고 가령 한창 자라는 나무를 베어 부모의 방을 데우는 것은 '불효'라는 말이다.

또 공자는 나무에까지 이르는 식물까지 아끼는 제자 고시의 식물사랑의 행동을 이렇게 극찬했다.

> 고시는 공자를 뵙고 나서부터 (...) 한창 자라는 것을 꺾지 않았다 (...). 이것이 고시의 행동이다. 공자는 말하기를, "고시가 (...) 한창 자라고 있는 식물을 꺾지 않은 것은 공감이고, 공감은 인애이니, 탕임금은 공감으로 공경했고 이런 까닭에 나날이 발전했

---

264) 《禮記》〈祭義〉.

다"라고 했다(自見孔子 [...] 方長不折 [...] 是高柴之行也. 孔子曰 [...] 方長不折 則恕也. 恕則仁也. 湯恭以恕 是以日蹄也).[265]

이런 견지에서 공자는 이와 부합되게 "벌목하는 때에 맞지 않는 나무는 내다 팔아서는 아니 된다(木不中伐 不粥於市)"는 금법까지도[266] 언명한다. 시장이 "벌목하는 때에 맞지 않는 나무"를 가려낼 능력이 없기 때문에 이 가려내는 일을 시장에 맡기지 않고, 때를 어겨 벌목한 나무를 시장에 내는 것을 금지하는 '유위有爲의 금법'을 세운 것이다.

국가의 인정은 동식물을 아끼고 기르며 생명 없는 사물들과 자연자원을 아끼고 소중히 하는 '애물'까지 포함해야만 완성된다. 앞 세대가 자연사물을 '애육'해 온전한 자연을 후대에 물려주는 경우에야 자손만대의 양민을 가능하게 하는 '장인長仁'을 실천할 수 있기 때문이다.

결론적으로 동식물의 사랑과 동식물복지를 국가이념으로 삼는 자연사랑 또는 보편적 생명애의 도덕은 오늘날 사회생물학자 에드워드 윌슨(Edward O. Wilson, 1929-2021)의 과학적 '바이오필리아 가설(Biophilia Hypothesis)'에[267] 의하더라도 당연한 것이다. 동식물을 신으로 섬기는 아프리카·아시아·아메리카 원주민들까지 고려할 때, 동식물을 경시하고 하찮게 여기고 고문하는 서양의 기독교적·유대교적 사이코패스 전통이 오히려 별나고 특이한 세계사적 예외에 속할 뿐이다.

인간은 생존을 위해 자연을 먹고 이용하고 자연에 의존해야 한다. 그러나 이 자연이용을 인간적 생존의 필요에 한정해야 하고 이러한 자연이용 속에서도 이로 말미암아 생기는 자연의 손상과 피해를 최소화하며, 자연을 아끼고 애육해야 한다. 이것만이 천도天道를 우러르고 지도地道를 본받는 진정한 인도人道다. 이처럼 인도가

---

265) 《大戴禮》〈第十九 衛將軍文子〉.

266) 《禮記》〈第五 王制〉.

267) Edward O. Wilson, *Biophilia: The Human Bond with Other Species*(Cambridge: Harvard University Press, 1984·1986).

명하는 인간사랑도 천도와 지도가 명하는 자연사랑, 곧 자연복지와 자연애육에 근본을 두고 실천해야 한다. 본질적으로 인간의 예법은 자연에 근본을 두고 자연을 본받아 만들어야 하는 것이다. 따라서 이러한 예의 실천주체인 공맹의 '인간'은 '자연의 정복자'가 아니라, '자연의 사랑방 손님'에 지나지 않는다. '자연의 손님'은 언제나 자연생명을 존중하는 정신에서 자연에 폐를 끼치는 것을 최소화해 자연을 보전하고 나아가 자연을 애육하면서 자연 속에서 겸허하게 즐기고 공손하게 머물다가 물러나야 한다.

그리하여 중국에서는 유학을 국학으로 명시한 송대부터 자연보호·자연복귀 운동이 강력하게 일어난다. 자연복귀와 환경의식의 확산을 나이토 고난內藤湖南은 '송대 근세성'의 일곱 번째 특징으로 거론했다. 나이토 고난은 송대 근대성의 한 중요한 특징으로 인공人工·인위人爲·작위作爲를 버리고 자연으로 복귀하려는 경향과 환경보호 의식의 발생을 들고 있다. 송대 중국의 대중적 자연복귀·환경보호 의식은 '자연으로 돌아가라'는 루소의 외롭고 거친 캐치프레이즈가 중국문화의 영향 아래서 18세기 후반(1762)에야 나온 것과 대비하면 이것보다 600여 년 앞선 의식이었고, 20세기 후반 서양의 대중적 환경운동 의식에 견주면 800년 앞선 것이다.

나이토는 송대 중국이 "점점 평민시대가 되어가면서 '인공人工에서 천공天工으로'라고 할 정도로 천연 상태로 되돌아가는 양상"에 주목했다. 그리고 그는 이 양상의 도래를 귀족시대에 "인공적인 것을 극도로 추진한 결과"에 대한 반작용으로 보았다.[268] 중국역사에서 당대唐代까지는 점차 인공으로 나아갔다. 조선의 낙랑지역에서 출토된 발굴물을 보면 한대에 이미 직물 등이 높이 발달했고 당대에는 양식의 변화가 각별히 진보했는데, 대체로 당대까지는 인공이 점점 향상되어 "진보"하는 시대였다. 그런 시대에는 역사가도 "진보의 기백"을 가지고 글을 쓰기 때문에 그렇게 기록된 역사도 "진보의 관념"이 있었다. 그리하여 가령 당대에 나온 《통전通典》의 저자 두우杜佑는 "세태의 진보"를 말한다. 반면, "송 이후가 되면 완전히 반대가

---

268) 內藤湖南, 〈近代支那の文化生活〉(1928), 219쪽. 內藤湖南(礪波 護 編輯), 《東洋文化史》(東京: 中央公論社, 2004).

되어 뭐든지 전부 고대로 돌아가려는 경향"이 생겨난다. 가령 "도덕이라는 것이 점점 평민 중심이 되어 천자의 생활조차도 평민도덕으로 속박하게 된다."송대의 명신·간관 등이 천자에 대해 요구하는 도덕생활도 평민과 동일한, 곧 꾸밈없이 소박한 생활원칙이었기 때문이다.[269]

그리고 "취미"도 "복고적 경향"을 띠게 된다. 당까지는 정원·누각·건조물 등 인공물을 세우는 것이 유행이었던 반면, 송대에는 가장 사치스럽고 극심한 낭비를 일삼았던 휘종徽宗의 취미조차도 "원시적 전원의 아름다움"의 향유였다. 그는 궁중 안에 커다란 정원을 만들기보다는 삼림을 조성하고 맹수·독사를 풀어놓는 등 자연스러운 경치를 즐기고자 했다. 이런 취미는 "복고적 경향", 곧 '자연으로의 복귀' 성향을 보여 준다.[270]

그림도 이와 마찬가지로 자연복귀의 복고적 성향을 보였다. 누각산수라는 것은 오대에서 끝났으며 사진처럼 복잡하고 미세한 기교를 쓴 회화는 송대에 사라지고 '자연의 산수화'가 성행했다. 의학과 양생법까지도 마찬가지였다. 당까지의 양생법은 뭐든 외부에서 약으로 다스리는 것이었다. 천자·귀족 등이 장수하고자 하는 이유는 노인이 되어도 여자와 즐기고자 하는 욕망이 있어서 그런 것인데, 이를 위해 무엇이든 약으로 해결하려 했다. 그 때문에 대단히 자극성이 강한 광물성 약을 마시고 때로는 중독으로 사망한 천자가 나올 정도였다. 송대 이후는 그러한 방법을 버리고 내부적 양생을 하는 경향이 나타난다. 그래서 도교에서 양생을 위한 약이라고 하는 단丹은 장생불사의 약인데, 송 이전에는 외단外丹이 유행이었던 반면, 송 이후에는 내단內丹이 유행하기 시작했다. 그것은 약의 힘을 빌리지 않고 안마·체조 등으로 신체의 힘을 강화해 양생하는 방법이다. 그렇기 때문에 고래의 양생서에 대한 해석도 변했다. 고래의 약제에 관한 책도 원래 외단의 의미였던 것을 내단의 의미로 바꿔 해석하게 되었다. 주자의 《참동계고이參同契考異》는 외단을 내단으로 해석한 전형적 사례다. 의사의 치료법에서도 변화가 생겼다. 종래에는 대증요법이 일반적이었지만,

---

269) 內藤湖南, 〈近代支那の文化生活〉, 220쪽.
270) 內藤湖南, 〈近代支那の文化生活〉, 220쪽.

송 이후 치료는 '온보溫補'라는 체력보충 방법이 선호되었다. 체내의 저항력을 키워 자연히 병을 치료하는 의술이었다. 생활의 전 분야에서 보이는 이 자연복귀적 경향 또는 "고대생활로 돌아가려는 경향"은 모두 인공적 생활문화가 높이 발전해 상당히 오랫동안 지속된 결과에 대한 "반동"으로 생겨난 것이다.271)

송대 중국의 이 원시복귀 경향 속에서 삼림과 들판에서 원시생활을 하던 금과 원의 목야牧野생활문화도 어려움 없이 자연스럽게 중국에 유입된다. 따라서 만주족 과 몽고족은 별일 없이 자신들의 생활을 "그대로 중국에 가져와 영위할" 수 있었다. "근대의 청조도 마찬가지"였다. 그러나 이것은 중국 고유의 관점에서 보면 "복고적 원시생활로의 회귀"와 같은 것이었다. 그리하여 "그 생활요소로서 천연보존이라든 지 동물보호 발상이 생겨나거나, 약초 등 토지의 명물 보존의 발상도 나오고, 이로부 터 동물보존을 위해 삼림을 보존한다는 생각도 대두한다."272) 이것은 오늘날 20세기 말엽 이래 높아진 환경의식의 관점에서 보면 매우 흥미로운 사실史實이다. 더욱 놀라운 사실은 나이토가 20세기의 환경의식을 전혀 모른 상태에서 예리하게 아무도 주목하지 않은 이런 의식변화와 자연복귀의 근대적 의식을 간파해낸 것이다.

동물보존 의식의 형성은 복합적 요인들로 생겨났다. 옛날 중국인은 구裘라는 가죽옷을 입었으나 한대 이후 직물의 발달로 가죽의 용도가 점차 미약해졌고 게다가 야만민족이 들어왔기 때문에 가죽옷을 입는 것이 상당히 고귀한 생활이 되었다. 근대의 청조에서도 관복으로 담비[貂]의 가죽을 입은 적이 있다. 담비의 가죽 이 관복이면 담비를 보존하지 않으면 아니 되고, 담비를 보존하려면 만주 삼림을 보존하지 않으면 아니 되는 것이다. 또 몽고인과 만주인은 야만족으로 활을 잘 쓰는 민족이다. 그 때문에 화살의 날개로 매의 깃털이 아주 많이 필요했다. 매를 보존하기 위해서도 만주삼림을 보존하지 않으면 아니 되었다. 또한 식물과 관련해서도 삼림 보존 의식이 생겨난다. 예로부터 중국에 인삼이라는 약제가 있었는데, 산서山西지방 에서 상당인삼上堂人蔘이라는 산삼이 나왔다. 그러나 시간이 흐를수록 만주의 깊은

---

271) 内藤湖南, 〈近代支那の文化生活〉, 221~222쪽.
272) 内藤湖南, 〈近代支那の文化生活〉, 222쪽.

안쪽으로 들어가지 않으면 산삼은 구할 수 없게 되었다. 그리하여 천연인삼(산삼)을 보존하기 위해서도 만주삼림을 보존하지 않으면 아니 되었다. 이러한 여러 가지 이유로 삼림을 보존하지 않으면 아니 되었고, 이런 요소들이 복합되어 송대 이후 삼림보존 의식이 생겨난 것이다.[273]

만주인이나 몽고인의 생활은 야만생활이었다. 그러나 인공적 개발에 진력한 결과 이에 대한 반동으로 천연생활의 필요를 느낌과 동시에 천연 상태를 보존할 생각을 하게 된 중국인들은 그들의 이 야만생활을 "복고적 천연보존의 필요"를 충족시켜 주는 것으로 여겼다. 이것은 "극단적 인공개발 일변도를 거친 뒤"에 발생한 "천연보존 의식의 대두"였다. 나이토 고난은 1920년대의 기준으로 "유럽인은 아직 거기에 이르지 않았다"고 단언한다. "유럽인은 아주 예전 여러 신발견지를 찾아 헤매 돌아다니던 시대에 모피로 삼을 동물을 잡아 대단히 귀히 여겼고 좋은 수입도 되었기 때문에 너도나도 모피를 여기저기 삼림에서 죄다 잡아들였고 조금도 보존한다는 것을 생각할 여유가 없었다. 그런데 근래에는 어쩔 수 없이 면양綿¥이라는 가축을 길러 이 가축에서 얻은 털로 만든 옷을 입고 그것으로 모피 흉내를 내는" 지경에까지 이르렀어도 "인간이 짠 모직물보다 더 훌륭한 모피를 입는 생활을 다시 한 번 더 하려는 생각을 하지 않는다". 그러나 "중국인들은 다시 한 번 더 훌륭한 모피를 입으려고 생각했던 것"이다. "문화 수준이 낮은 나라는 천연보존을 생각하지 않는다." 그러나 "종래의 중국인은 오래된 문화를 가지고 있었기 때문에 천연보존을 잘 생각하고 있었다". 나이토는 이 자연복귀·자연보존 의식과 조치를 바로 송대 이후 "중국의 근대생활"의 하나의 중요한 측면으로 봤다.[274] '문화적 근대화'가 문화의 탈脫고전화(탈脫전문가화)·대중화·자유화로 정의되는 것을 상기할 때, 나이토가 이미 1920년대에 송대 이후 문화 일반의 자유화·탈전문가화·대중화(평민화)를 '문화의 근대화'로 갈파한 것은 진정으로 정확한 역사관의 발로라고 평하지 않을 수 없다.

---

273) 內藤湖南, 〈近代支那の文化生活〉, 222-223쪽.
274) 內藤湖南, 〈近代支那の文化生活〉, 223-224쪽.

불교에 반대하던 명·청대 유자들도 불교의 방생放生활동과 무관하게 공맹의 애물 사상에 근거해 동물해방과 방생을 이론화하고[275] 수많은 방생회를 설립해서 자연보 호활동을 전개했다.[276] 그리고 명대 말엽 양동명梁東明·안무유顏茂猷 등 몇몇 유자 들은 주굉袾宏(1535-1615) 스님과 함께 공자의 애물에 근거해서 1583년 중국에 도착한 예수회 가톨릭선교사들과 싸우며 '동물은 영혼이 없다', '동물은 하늘이 인간에게 잡아먹으라고 낸 것이다', '윤회설은 불합리하다'는 기독교 교리를 비판했 다.[277] 양동명과 주굉은 "호랑이가 사람을 먹는다면 사람들은 사람들이 호랑이를 위해 길러진다고 말할 것이다"라고 비꼬았다. 예수회 선교사들에게 포섭된 가톨릭 개종자들은 이에 많은 유자들과 충돌했다. 그러나 방생과 동물해방 운동은 마테오 리치가 윤회설에 대한 공격을 개시한 해인 1603년 무렵에 오히려 절정으로 치달았 다. 명말 필객들은 어쩌다 윤회설을 살짝 건들기는 했을지라도 주로 사치와 검소, 잔학성과 측은지심, 생과 사, 억압과 해방의 주제들을 고찰했다. 간단히, 이 주제들은 그들이 자선활동을 논할 때 사용한 바로 그 유학적 술어들이었다.[278] 중국에서 동물해방운동은 명대 말엽에 거세게 일어났고 청대에도 20세기 초까지 중국 전역에 서 번성했다. 서양인들은 공맹의 복지철학과 중국의 복지제도를 수용하면서 기독교 교리에 걸려 이 유학적 자연복지의 이념과 법제를 완전히 빼먹고 만다.

1.4. '의정義政'은 제2의 국가 존재이유

빈민구제를 위한 복지정책이나 재난구제책으로서 황정荒政은 '인정'에 속하는

---

275) Joanna H. Smith, *The Art of Doing Good: Charity in Late Ming China*(Berkeley·Los Angeles·London: University of California Press, 2009), 23-25쪽.

276) Smith, *The Art of Doing Good*, 15-42쪽.

277) 梁東明,《山居功課》(1624), 8.29b; 顏茂猷,《迪吉錄》(1631), '平集'(10b); 袾宏,〈戒殺放生文〉, 9b, 《雲棲法彙》(南京: 金陵刻經處, 1897). Smith, *The Art of Doing Good*, 26쪽에서 재인용.

278) Smith, *The Art of Doing Good*, 26쪽.

반면, 빈곤을 벗어난 하층·중산층과 상층 사이의 경제사회적 양극화 대책은 '의정義政'에 속한다. 이 양극화는 소득과 재산의 격차에서의 양극화를 말한다. 이 양극화는 시장의 세계화를 국제법제화한 WTO체제의 확립과 (제4차 산업혁명으로 개막된) 플랫폼 자본주의의 도래로 전대미문의 수준으로 심화되고 있다. 왜냐하면 글로벌 대기업들과 초超부자(super-riches)들은 글로벌 차원에서 부를 벌어들이는 반면, 노동인구의 대부분을 차지하는 하층과 중산층의 중소기업주들과 중소기업 종업원들은 예나 지금이나, 그리고 향후에도 내수시장에 갇혀 글로벌 외국기업들의 십자포화 속에서 영업하기 때문이다. 따라서 경제사회적 양극화에 대응하는 거시적 균제정책은 19세기 칼 마르크스 시대보다 더 필수적으로 요청된다. 일시적 균제정책은 거센 양극화 추세 속에 금방 무력화될 것이다. 따라서 이 거시적 균제정책은 일시적 '정책'의 문제가 아니라 경제민주화를 위한 '제도'의 문제다. 이 경제사회적 거시 균제정책, 또는 경제민주화 정책을 '제도화'하지 못하면, 제4차 산업혁명 시대의 미래국가는 사상 최악의 불평등 사회로 전락하다가 극단적 계급분열과 사회적 적대로 붕괴위기 속에 침몰할 것이다.

다른 한편으로, 거시적 차원의 큰 사회적 불균등은 개인 간, 사회계층 간 지식·문화 격차로 야기된다. 교육수준의 격차는 공자가 "학습은 서로를 멀어지게 한다(習相遠)"는 명제로 갈파했듯이 사람들 간의 격차를 벌려 사회적 신분들을 만들어 내고 공고화한다. 제4차 산업혁명 시대에는 고등교육을 받지 않고는 산업의 주력노동자가 될 수 없다. 환언하면, 제4차 산업혁명 시대의 모든 주력노동자는 석·박사 이상의 학력을 갖춘 최우수·최우량 인력이어야 한다. 따라서 이 최우수·최우량 인력을 가르는 수월성 교육이 종전보다 훨씬 더 강화되어야 한다. 그러려면 대학은 1·2학기제 아래에서 5개월 방학, 7개월 강의를 하고 청강하는 한가하고 느린 수업·학습체제를 혁파해야 한다. 이 한가하고 느린 학습체제는 산업화 이전 16-17세기에 귀족 자제들을 교육하기 위해 세워졌고 또 이 귀족자제들의 전근대적 생활방식에 맞춰 구조화된 유럽 대학의 전통에 기인한다. 이 전통적 대학조직은 제4차 산업혁명이 요구하는 방향으로 대개혁을 겪어야 한다. 그리고 사회의 주요 문화언론단체 종사자와 초·중·고등학교 교사집단의 학력도 IT·AI 세상의 주력노동자의 수준에 맞춰 석·박사 이상으로 제고되어야 한다. 따라서 대학의 대다수는 대학원 중심 대학으로 전환되어야 한다.

제4차 산업혁명의 요청에 대응하는 필연적 수월성교육 강화와 학력제고는 학력격차를 더욱 벌려 놓을 것이다. 우리나라 경제활동인구의 3분의 1로 축소될 주력노동자들은 장차 석·박사 이상의 고학력을 갖출 것이지만, 기타 인구는 저학력 대중으로 전락할 것이다. 이것은 학력신분제 사회로 전락할 위험을 초래할 것이다. 이는 장차 큰 사회문제가 될 것이다. 그리고 우리나라가 4차 산업혁명에서 앞서가는 경우에 석·박사 이상의 주력노동자들이 전체 노동인구의 3분 1 너머로 요구될 때 저학력대중은 이 요구에 응할 수 없을 것이다. 말하자면 저학력대중이 늘수록 4차 산업혁명의 인력 요구에 탄력적으로 대응하는 것이 어려워진다.

이러한 탄력적 인력공급 문제와 사회적 불평등화·신분제화 문제를 해소하기 위해서는 교육·문화의 민주화가 절실하게 필요하고, 이것은 다시 교육·문화보급의 거시적 균제를 요청한다. 이를 위해서는 대학은 점차 (적어도 중·하층 자제의) 무상교육으로 전환해야 하고, 장학제도는 획기적으로 강화되어야 한다.

요약하면, 제4차 산업혁명이 요구하는 최우수·최우량 인력을 공급하기 위해 필연적으로 수월성교육을 강화하고 학력을 획기적으로 제고해야 하는 새로운 시대에 경제 민주화를 위한 거시균제 제도와 교육·문화 민주화를 위한 거시균제 제도는 이전보다 더 절실하게 요구되는 피할 수 없는 국정과제이다. 그러나 이 거시적 균제의 도입과 확립 방법은 이전처럼 적대적 계급투쟁을 통한 강탈이어서는 아니 되고, 인仁을 의義에 앞세우는 '인의국가'의 대원칙에 따라 인애仁愛(측은지심의 인간애와 동포애)에 기초한 십시일반의 후원과 동포애적 '사랑나눔'이어야 할 것이다. 대동의 인의국가는 인심에서 양민·교민·애물 등 인정仁政을 고루(정의롭게) 시정하고 양민·교민·애물의 균제(경제·교육·문화 민주화)를 위한 의정義政을 투쟁이 아니라 부유한 국민의 인심에 호소하는 방식으로 행하는 국가다. 간단히 말해서, 인의국가는 국민에게 인仁을 의義에 입각해 고루 베풀고 역으로 이 의義를 투쟁 없이 인의 원칙에 따라 시행하는 국가다. 의정義政을 부유층 인간들의 인심仁心에 호소해 시행하는 것이 충분히 가능할 것이라는 확신은 결코 이상주의적 성직자들의 헛된 믿음이나 기원 같은 것이 아니라, 인간본성에 입각한 필연적 확신이다. 부유한 사람들도 사이코패스가 없지 않겠지만 95% 이상은 국가재난상황에서 의연금을 쾌척하고 의연금을 내서 장학재단이나 사회공헌재단을 세운 정상적 인간들이기 때문이다. 인간의 인의仁義 본성에 대한 '필연적 확신'을 확실하게 하기 위해 앞서 우리는 길고긴 본성론적 도덕철학과 사이코패스 성악설들을 논했다. 이제 경제·교육·문화 민주화를 위한 의정義政의 거시균제 과업을 간명하게 스케치해 보자.

■ 경제적 거시균제 제도

"재화가 (소수의 손아귀에) 모이면 백성은 분산되고, 재화가 분산되면 백성은 모인다(財聚則民散 財散則民聚)"는《대학》의 명제는[279] 4차 산업혁명 시대, 곧 AI혁명 시대에 적용하면 재산과 소득이 양극화되면 국민은 소수의 슈퍼리치와 중·하층대중으로 양극 분열하는 반면, 재산과 소득이 국민들 사이에 비교적 균등하게 분배되고 슈퍼리치 대기업집단이 공공성을 더한다면 경제는 민주화되고, 국민의 단결과 화합이 이루진다는 말이다. 따라서 거시적 균제의 큰 방향은 재산과 소득의 상대적 "분산"이다.

그리고 경제민주화를 위한 거시적 균제는 일시적이거나 일회적이어서는 아니 되고, '제도화'되어야 한다. 균제를 제도화한 주나라의 태고대적 법제를 들여다보자. 태고대적 균제 법제는 당대의 기본재산인 토지의 균제에 맞춰졌다.《주례》에 따르면, 대사도大司徒는 토지균제법으로 산림·천택·구릉·분연墳衍·원습原濕 등 다섯 부류의 토지와 9등급의 토질을 변별해 가구의 능력에 따라 이를 분배하고 이에 비례해 천하의 토지세를 제정하고 백성의 직업을 만들었다. 그리고 (제후들에게) 토지공납貢納을 명하고 재부財賦를 거두어 천하의 정사를 균제했다.[280] 특히 토지의 토질을

---

279)《大學》(10章).

잘 변별하고 식구 수의 많고 적음을 고려해 정전법井田法에 따라 토지를 분배하는 토지균제 "토균土均"은 균제의 첫걸음이다.

이에 따라 소사도小司徒는 "토지를 균제하고 그 인민을 헤아려 그 수를 두루 파악한다." 그리고 "상지上地는 7인 가족용으로 일에 임할 수 있는 자는 한 가구당 3인이고, 중지中地는 6인 가족용으로 일에 임할 수 있는 자는 두 가구당 5인이고, 하지下地는 5인 가족용으로 일에 임할 수 있는 자는 가구당 2인이다"로 규정하고 있다.281) 상술했듯이 맹자도 토지균제의 근본적 중요성을 역설했다.282)

또한 주나라는 토지균제를 넘어 국정 전반의 균제를 기하고자 '균인均人'제도를 도입했다. "균인은 지정地政(토지세)을 균제하고, 지수地守(산림세)를 균제하고, 지직地職(농포세)을 균제하고, 인민·우마·수레의 부역을 균제한다. 무릇 부역을 균제해 해마다 올리고 내린다. 풍년이면 공사公事에 사흘을 고루 쓰고, 중년中年(하루 세 끼 먹는 해)이면 공사에 이틀을 고루 쓰고, 무년無年(하루 두 끼 먹는 해)이면 공사에 하루를 고루 쓴다. 흉년이거나 돌림병이 돌면 부역과 재부財賦를 없애고 지수와 지직도 걷지 않으며 지정도 균제하지 않는다. 3년마다 크게 대비해 크게 균제한다."283)

또한 '부의 분포'에서의 '균제'는 부를 사회적으로 고르게 분배해 백성의 상·중·하층의 계층구조의 균형과 조화를 이룩하는 것을 말한다. 백성의 사회적 구성을 균제한다는 것은 상·하층이 극소화되고 중산층이 아주 많다는 뜻이다. 이와 같이 '고른' 사회적 구성은 토지, 물자, 부역, 세금 등의 배분과 빈부의 분포에서 '비례적 평등'을

---

280) 《周禮》〈地官司徒·大司徒〉: "以土均之法辨五物九等 制天下之地征 以作民職 以令地貢 以斂財賦 以均齊天下之政."

281) 《周禮》〈地官司徒·小司徒〉: "乃均土地 以稽其人民 而周知其數 上地家七人 可任也者家三人 中地家六人 可任也者二家五人 下地家五人 可任也者家二人."

282) 《孟子》〈滕文公上〉(5-3): "인정仁政은 토지의 경계로부터 시작하는데 경계가 바르지 않으면 경지가 고르지 않고 세곡이 공평하지 않다. (…) 경계가 바르면 경전의 배분과 세곡의 제정을 앉아서도 정할 수 있다(孟子曰 夫仁政 必自經界始, 經界不正 井地不均 穀祿不平. (…) 經界旣正 分田制祿可坐而定也.)."

283) 《周禮》〈地官司徒·均人〉: "均人 掌均地政 均地守 均地職 均人民牛馬車輦之力政. 凡均力政以歲上下 豊年則公旬用三日焉 中年則公旬用二日焉 無年則公旬用一日焉. 凶札則無力政無財賦. 不收地守地職不均地政. 三年大比則大均."

달성하려는 의식적 '균제'정책의 성과다. 이 균제정책이 강력히, 그리고 꾸준히 시행되지 않는다면, 경제적 양극화와 약육강식이 자연스러운 귀결일 것이다. 이처럼 균제되면 사회적 계층구성에서 백성의 대부분은 중산층과 상층에 속하므로 공자는 "균등하면 가난이 없을 것이다(蓋均無貧)"고 했다. 또 소수의 하층과 이 가운데 자활능력이 없는 절대빈곤층도 별 문젯거리가 아니다. 수적으로 훨씬 더 많은 중·상층이 십시일반으로 이 절대빈곤층을 어렵지 않게 구휼할 수 있기 때문이다. 부의 절대적 증대와 동시에 거시적 균제를 기해야만 나라를 부강하게 만들 수 있다. 그래서 《서경》〈강왕지고〉는 "옛 임금 문왕과 무왕은 부富를 키우고 균평하게 했다 (昔君文武丕平富)"고 기록하고 있다.284) 부를 균평하게 하는 이 주대周代의 균제제도는 백성을 "나라의 근본[邦本]"으로 섬기던 문무왕의 민본주의 치세[文武治世]에 경제를 민주화하는 제도였다.

- 시장의 진흥·균형·안정을 위한 거시적 균시均市제도

시장을 민주적으로 균제하는 균시均市제도는 주대에 선보인다. 시장의 작동은 완벽하지 않기 때문에 야기되는 독점의 등장과 행패, 시장기능의 마비, 경제적 양극화와 불균형 등을 막기 위해 정부의 규제적 개입이 필요하다. 맹자가 살았던 춘추전국시대에 집성된《주례》는 '사시司市'에서 공정거래를 위한 균시均市조치들을 상세히 규정하고 있다.285) '균시'의 임무를 맡는 '사시'는 오늘날 공정거래위원회와 유사한 관청이다.286) 그리고 시장의 징세를 관장하던 '천부泉府'는 민용民用을 고달 프게 하는 시장의 팔리지 않은 재화를 거두어 점상店商처럼 그 재화를 사들이고, 목록 푯말에 그것을 적어두고 불시에 사는 자를 기다림으로써 상공인을 지원하고 가격조절을 하는 기능을 수행했다.287) "시장의 팔리지 않은 재화 가운데 민용이

---

284) 《書經》〈康王之誥〉.

285) 《周禮》〈地官司徒(下)〉, '司市': "司市掌市之治敎政刑量度禁令. 以次敍分地而經市. 以陳肆辨物而平市. 以政令禁物靡而均市. 以商賈阜貨而行布. 以量度成賈而徵價. 以質劑結信而止訟. 以賈民禁僞而除詐. 以刑罰 禁虣而去盜. 以泉府同貨而斂除. 大市日昃而市百族爲主朝市朝時而市商賈爲主夕市夕時而市販夫販婦爲主."

286) 《周禮》〈地官司徒(上)〉. 職制編成.

막힌 것을 거두어 매매물건을 목록 푯말에 적고 불시의 구매자를 기다린다"는 '천부'의 구절은 맹자의 '수매를 통한 물가안정법'과 일치한다. 물가가 지나치게 치솟을 때 물가를 잡기 위해 정부물자를 도로 방매하는 경우에는 물건을 사들였을 때의 저렴한 가격으로 되팔았다.

오늘날 균시제도는 질서자유주의(Ordo-Liberalismus) 또는 '사회적 시장제도'의 시장개입제도와 유사하다. 오늘날 국가에서 이것은 제도화되어 있어서 특별한 것이 아니다. 우리나라는 이것을 헌정질서의 일부로 확립했다. 우리 헌법 제119조 1항은 자유시장을 천명하고, 2항은 다음과 같이 규정하고 있다.

> 국가는 균형 있는 국민경제의 성장 및 안정과 적정한 소득의 분배를 유지하고, 시장의 지배와 경제력의 남용을 방지하며, 경제주체 간의 조화를 통한 경제의 민주화를 위하여 경제에 관한 규제와 조정을 할 수 있다.

이 조항에 따라 국가는 경제를 규제·조정할 권한을 가졌다. 그런데 규제·조정의 목적을 ① 국민경제의 균형성장, ② 국민경제의 안정 유지, ③ 적정한 소득 분배의 유지, ④ 독과점과 행패 방지("시장의 지배와 경제력의 남용을 방지"), ⑤ 경제민주화(경제주체간의 조화) 등 다섯 가지 목적으로 한정하고 있다. 이렇게 규제와 조정의 목적을 다섯 가지로 열거하고 있으나, 실은 이 다섯 가지는 경제주체들 사이의 균형과 조화를 촉진·유지·회복하는 것을 의미하는 '경제민주화'라는 한 항목으로 수렴된다. 따라서 국가의 균시均市 임무는 일상적 업무로 처리할 수 있다. 오늘날은 이것 외에 경제민주화를 위한 새로운 정책들이 더 시급하다.

---

287)《周禮》〈地官司徒(下)〉, '泉府': "泉府掌以市之征布. 斂市之不售貨之滯於民用者以其賈買之物楬而書之 以待不時而買者. 買者各從其抵. (…) 凡賒者祭祀無過旬日 喪紀無過三月. 凡民之貸者與其有司辨 而授之以 國服爲之息."

· 현대의 거시적 균제정책들

오늘날 자본주의 시대, 그것도 플랫폼 자본주의 시대에 재산과 소득의 균제는 '경제민주화' 측면에서 그 취지가 주대의 균제제도와 본질적으로 같지만, 형태와 방법은 엄청나게 다를 수밖에 없다. 재산과 소득을 분산시켜 국민분열을 완화해 국민화합을 기할 수 있는 정책으로는 다음 네 가지를 생각할 수 있다.

첫째는 글로벌 차원에서 활약하는 대기업집단의 주식을 국민들 사이에 분산시켜 주식소유의 국민적 공공성을 제고하는 것이다.

둘째는 기본소득제를 도입해 소득양극화를 완화하고 국민 개개인의 국가소속감을 제고하는 것이다.

셋째는 기존의 종업원소유제를 획기적으로 확대하는 것이다.

넷째는 마지막으로 '주주자본주의(stockholder capitalism)'를 물리치고 '이해관계자 자본주의(stakeholder capitalism)'와 '소비자 자본주의(consumer capitalism)'를 도입하는 것이다.

이 정책들에 대해서는 제4장의 제4절 '인의국가를 향한 기본법제와 정책들'에 자세히 논의될 것이다.

■ 평등교육을 위한 거시균제 제도

공자의 만민평등교육론은 이념적으로 "성상근性相近"의 선천적 평등이념과 직결된 명제이지만, 인의국가의 과업으로서는 "습상원習相遠"의 후천적 차등화 추이를 상쇄하기 위한 교민적 균제정책을 요구한다. 태고대 중국으로부터 기원한 학교제도의 전통의 연장선상에서 공자는 인간의 선천적·본성적 평등과 동시에 차등적 학습에 의해 본성적 평등을 왜곡·훼손하는 후천적·부정적 추이도 함께 논했다. 따라서 공자는 만민·평등교육을 동시에 주장함으로써 솔성率性의 도를 갈고닦는 수도修道의 '학습'을 통해 본성적 평등을 교화의 차원에서도 재현하고자 했다.

- 인간본성과 교육의 효과

공자는 "인간의 본성은 서로 가깝고" 또는 "본성은 서로를 가깝게 한다"는 "성상근
性相近" 명제로 본성적(자연적) 평등을 말하는 것으로 그치지 않고, "천하에 나면서부
터 고귀한 자는 없다(天下無生而貴者也)" 명제로써[288] 모든 인간의 태생적·생득적
평등을 구체적으로 설명했다. 공자의 평등이념은 이 "성상근"과 "무생이귀자"의
두 테제에 근거하고, 만민평등교육론과 능력주의 관직임용원칙으로 정치사회적으
로 구현된다.

공자는 "성상근性相近" 명제를 견지하고 인간이란 천하게 태어나지도 않지만 고귀
하게 태어나지도 않는다고 확신했다. 잇대서 인간이 고귀해지는 길은 오직 스스로를
절차탁마하는 것이라고 갈파했다. 앞에서 보았듯이 상지上知와 하우下愚인 천재와
천치를 제외하면, 인간은 지성과 감성, 그리고 도덕적 존엄성과 타고난 능력 면에서
본성적으로 가깝고 비슷한 존재다. 다만 후천적으로 학습·교습의 유무有無·다소多少
를 통해 얻게 되는 도덕과 지식의 차이가 사람들을 상하좌우로 서로 멀어지게
만들 따름이다.

"본성은 서로 가까우나 학습은 서로 멀어지게 하는데, 다만 천재와 천치만은
(학습에 의해서도) 바뀌지 않는다(子曰 性相近也 習相遠也. 子曰 唯上知與下愚不移)는
공자의 명제는[289] 인간 본성의 유사성과 연습·학습·교습의 차별화 작용을 간명하
게 표현한 것이다. 그런데 얼핏 간단해 보이는 이 명제는 뜯어볼수록 아주 복잡하고
난해하다. 보통사람들은 본성상 상근相近한(서로 유사한) 존재자들이다. 세 명제로
이루어진 이 글은 일단 이런 인간들의 본성적 상호유사성에 초점을 맞춰 읽을
수 있다. 여기로부터 우리는 쉽사리 인간의 본성적(자연적) 평등을 도출할 수 있다.

그러나 "습상원習相遠"은 후천적으로 학습·교습·연습이 서로를 멀어지게 만든다
는 점을 말하고 있다. "습상원習相遠"의 "습習"은 고대한문에서 '생활상의 습관習慣'
(버릇)이 아니라 '되풀이해 익힘(excercise; Übung)' 또는 '거듭 익히게 함'을 뜻하는

288) 《禮記》〈郊特生 第十一〉.
289) 《論語》〈陽貨〉(17-2).

연습·학습·교습을 뜻했다. 따라서 "습상원"의 '습'은 "학이시습지學而時習之"의 '학습學習'과 거의 같은 의미다. "배우고 때맞춰 이 배움을 거듭 익히는 것"은 자기 자신의 심신을 갈고닦는 '수신修身'과 같은 뜻이다. 이런 의미에서 '학습'은 곧 '수신'이고, "습상원"의 '습習'은 학습을 통한 '수신', 곧 '습득習得'이기도 하다. "습득"의 사전적 의미는 "학문이나 기술 따위를 배워서 자기 것으로 하는 것"이다. 이렇듯 '습득'은 학문과 기술을 익힌다는 뜻을 이미 안고 있다. 즉 '습상원習相遠'은 학문과 기술의 습득이 서로를 멀어지게 한다는 뜻의 '습득상원習得相遠'이다. 사람은 학문과 기술의 습득 여부와 격차에 의해 서로 달라져 불평등해진다는 말이다. 따라서 "성상근야性相近也 습상원야習相遠也" 명제를 제대로 번역하자면, 이 명제는 "본성은 서로를 가깝게 하지만(서로 가깝지만), 습득은 서로를 멀어지게 한다"로 옮기는 것이 나을 듯하다.

그런데 "성상근야性相近也 습상원야習相遠也" 명제를 "습득習得(연습·학습·교습)이 서로 멀어지게 한다(習相遠)"는 뒷부분에 초점을 맞춰 읽으면 뜻은 복잡해진다. '습상원'에 따라 읽으면 '성상근'의 본성적 평등 명제와 반대로 사회적·후천적 불평등과 차별의 정당성이 부각되기 때문이다. 공자의 "습상원" 명제는 이렇게 보기보다 난해한 내용을 담고 있다.

인간들은 타고난 본성의 견지에서 서로 비슷한 반면, '학습'의 양적·질적 차이는 인간들을 서로 다르게 만든다. 이렇게 보면 '본성'과 '학습'은 마치 상반되게 작용하는 것처럼 보인다. 그러나 학습 또는 교육의 목적은 어디까지나 본성을 개발하고 완성하는 '진성盡性'이다. 따라서 학습은 본성을 실현해 인간을 본성과 가까워지도록 만드는 것이다. 이렇게 해야만 본성과 학습은 합치된다. 학습의 목적은 다문다견의 경험(박학)을 통해 배운 것을 되풀이해 익힘으로써 '본성'을 개발해 '습성'으로 만드는 '체득'이다. '습성'은 학습을 통해 '본성'을 개발해 얻는 결실이다.

본성은 본성적 능력인 '본능'이다. 상론했듯이 다윈은 인간의 본능을 '완전본능', '반半본능', '잠재본능'으로 나누었다. 필자는 최근의 과학적 연구의 결과를 반영해 여기에 '조건부 본능'을 추가한다. 아기가 태어나자마자 젖을 빨 줄 아는

것은 '완전본능'이다. '조건부 본능', '반본능', '잠재본능'은 이와 다르다. '조건부
본능'은 일정한 '나이'를 조건으로 하거나 '경험'을 조건으로 해서만 발화하는 본능이
다. 인간의 감정과 감각은 생후 2-3개월이 지나야 생겨난다. 기어 다니는 능력과
공감능력은 생후 6개월을 넘어야 나타난다. 그리고 1세 전후가 되어야만 걸을 줄
안다. 철이 드는 것, 곧 '자능'이 생기는 것은 만 3-5세 전후다. 또 다른 형태의 '조건부
본능'은 뱀이나 벌레에 대한 공포본능 같은 것이다. 뱀과 벌레에 대한 이 공포본능은
뱀이나 벌레에 한 번이라도 물려보거나 이것들을 보고 무서워하는 사람을 직접 한
번이라도 관찰한 '경험'이 있어야만 나타나게 된다. 이 공포본능의 발화는 '단 한
번'의 경험으로 족하다.

'반半본능'은 도덕능력과 언어능력처럼 일정한 무의식적·의식적 "확충"(교육
과 학습)을 요한다. '반본능'은 사회생활을 통해 무의식적으로 개발되기도 한다.
그러나 언어능력은 의식적 학습의 노력으로 완성되지 않으면 800단어 안팎에
서 말을 구사하는 촌부·촌로의 언어능력처럼 불완전한 채 남아 있다. 도덕적 본성도
모자관계의 공감과 소통, 그리고 사회생활을 통해 드러나고, 초超집단적 교류와
경험 차원에서의 도덕적 학습과 수신적修身的 연습을 통해 민족애와 인간애 차원으
로까지 고도로 발달한다. 그렇지 않으면 자기집단 외에 모든 인간집단을 적대하고
학대하는 소집단의 폐쇄적 도덕으로 찌부러질 것이고, 이 소집단이 산적이나 해적,
또는 조직폭력배와 같은 범죄집단인 경우에는 도덕성은 파괴되거나 '도척의 인의예
지'로 왜곡될 것이다.

'잠재본능'은 하늘로 높이 뛰는 마루운동 등의 고난도 체능, 악기연주, 고등수학
능력, 외국어능력, 철학적 사색능력 등과 같이 무의식적 사회생활로는 조금도 개발하
지 못할 '잠재능력'이다. '잠재능력'은 의식적으로 피땀 흘려 연습함으로써 개발된다.
그렇지 않으면 그야말로 없는 것이나 다름없는 본능이다.

인간의 본성이 이렇게 다층적이기 때문에 "습상원"은 사람들을 엄청나게 다르게
만들 수 있다. 그래서 인간의 본성은 실현·미실현, 확장·미확장, 변형·왜곡·사장死
藏의 가능성이 얼마든지 있다. 이 점에서 본성은 매우 '탄력적'이다. 그러나 동시에

학습과 체득적 습성화의 본질은 본성을 개발하는 진성盡性, 곧 본성이나 본성적 잠재력을 실현하고 확장하고 변형하는 '본성의 완성'이다. 따라서 모든 학습과 수신은 본성의 실현·확장·변형가능성의 일정한 경계 안에서만 가능하다. 아리스토텔레스도 본성 속에 전혀 지니지 않은 것을 아무리 되풀이하더라도 길들일 수 없다고 말한 바 있다. "어떤 본성적 성질도 습관에 의해 바뀔 수 없다. 가령 아래로 추락하는 것이 돌의 본성인데, 네가 돌을 수만 번 공중으로 던져 올려 위로 올라가도록 길들이려고 노력하더라도 돌을 위로 올라가도록 길들일 수 없다. 또한 불은 아래로 내려오도록 길들일 수 없다. 또한 이런 식으로 행동하는 본성을 지닌 그 밖의 어떤 것도 저런 식으로 행동하도록 길들일 수 없다. 따라서 (가령) 덕성은 본성에 의해 우리 안에 산출되어지는 것도 아니고 반성에 반해서 산출되는 것도 아니다. 본성은 우리에게 덕성을 받아들일 역량(capacity)을 주는데, 이 능력은 습성화에 의해 완성된다."290) 나아가 아리스토텔레스는 인간이 어떤 행동·감각운동성(sensomotor)·판단감각·사고방식을 익히고 길들이려면 인간의 본성 안에 이 행동·감각·사고방식이 '본능'으로 주어져 있거나 적어도 반半본능이나 잠재능력으로 주어져 있어야 한다고 덧붙였다.291) 따라서 인간은 하늘을 나는 완전한 본능은커녕 잠재본능도 없으므로 평생

---

290) Aristoteles, *Die Nikomachische Ethik*, übers. von Gigon (München: Deutscher Taschenbuch Verlag, 1986), 1103a14–26. 번역은 기곤(Gigon)의 독역문과 Leo Classical Library의 래컴(H. Rackham)의 영역문*Nicomachean Ethics*(Cambridge, MA.: Harvard University Press, 1934)를 번갈아 참조했다.

291) Aristoteles, *Die Nikomachische Ethik*, 1103a27–b7. "더구나 우리에게 본성에 의해 우리에게 속한 모든 것에서 일단 상응하는 능력을 가지고 나중에야 작동을 전개하는데, 이것은 감각능력들에서 명백하다. 왜냐하면 우리는 많이 보고 많이 들음으로써 이 감각능력들을 획득하는 것이 아니라, 우리는 우리가 그 감각들을 애당초 가지고 있으니까 그것들을 작동시킨 것이지, 작동시킴으로써 비로소 그것들을 내 것으로 얻은 것이 아니기 때문이다. 이에 반해 덕들은 우리가 사전에 그 덕목들을 발휘함으로써 획득하는데, 이것은 그 밖의 능력들에게 타당하다. 왜냐하면 우리가 배움을 통해 할 수 있는 것을 우리는 바로 그것을 행함으로써 배우기 때문이다. 우리는 건물을 지음으로써 건축가가 되고, 기타를 연주함으로써 기타리스트가 된다. 마찬가지로 우리는 정의롭게 행동함으로써 정의롭게 되고, 정심 있는 행동을 통해 정심 있게 되고, 용감한 행동을 통해 용감해진다. 국가공동체에서 일어나는 것도 하나의 증거다. 왜냐하면 입법자들은 시민들을 바른 행동을 하도록 길들임으로써 덕스럽게 만들기 때문이다. 이것은 모든 입법자의 의도다. 이것을 하는 데 실패한다면 이것은 실책이다. 이것이 훌륭한 헌정행태를 나쁜 헌정형태와 구별해 주는 것이다."

나는 연습을 하더라도 날 수 없고, 종신토록 잠수를 연습하더라도 고래나 물개만큼 물속에서 숨을 참을 수 없다.

학습 또는 교육을 통해 인간은 덕성을 이룬다. 덕성은 '윤리적 덕성'과 '비윤리적 덕성'으로 대별되고, 이 '비윤리적 덕성'은 신체적 덕성과 지적知的 덕성으로 분화된다. 신체적 덕성은 종류에 따라 기량(솜씨)·기술·체능·무덕武德이라 부르고, 지적 덕성은 '지덕智德'('학덕')이라고 한다. '윤리적 덕성'은 '도덕'이라고 한다. 학습에 의한 덕목의 획득은 완전본능의 온전한 발현, 반半본능의 확장, 본성적 잠재능력의 개발 등 다양한 방식으로 이루어진다.

맹자의 "확충(擴而充)"이 바로 반본능이나 잠재본능을 확장하고 개발하는 학습과 수신을 말한다.[292] 도덕적 감정능력(도덕감정과 도덕감각)은 언어능력처럼 그 자체로서 완전본능이 아니라 반본능인 까닭에 반본능을 확충하는 학습이 없다면 '도덕'에 이를 수 없다. 이것은 아기 때 홀로 버려져 언어능력을 확충하지 못한 사람이 언어를 말할 수 없고, 또 청소년기에 발견되어 사회로 복귀해 언어를 익히더라도 끝내 완전한 언어를 구사하지 못하는 것과 같은 것이다. 이런 까닭에 인간들에게서 도덕 수준의 차이가 성인聖人과 범인의 차이만큼 그리도 크게 벌어지는 것이다. 인간들의 언어 수준도 마찬가지로 크게 벌어진다. 달변이 있는가 하면 눌변이 있고, 교언이 있는가 하면 말더듬이가 있고, 아름다운 문장을 쓰고 엄청나게 창의적으로 어휘를 조립해 내는 문장가·대문호·시선詩仙·시성詩聖이 있는가 하면 글을 잘 쓰지 못하는 일반대중도 있고, 모국어도 더듬는 말더듬이가 있는가 하면 6-7개 국어를 구사하는 식자들도 있다.

'수신'으로서의 '학습'의 본질은 반복적 '익힘'을 통한 일종의 '길들이기', '습성화'다. '익힘'을 통한 '습성화'는 무엇인가? '습성화'는 '체득體得'이다. 그래서 공자는 '덕德'을 '득得'이라고, 그것도 '몸[身]으로 득하는 것'이라고 말했다. 공자는 예·악의 학습을 두고 이렇게 말한다.

---

292) 《孟子》 〈公孫丑上〉 (3-6).

예·악은 둘 다 득이고, 이 득을 일러 덕이 있다고 하니, 덕은 득이다(禮樂皆得 謂之有德 德者得也).293)

고대 한자어에서 '덕德'은 그 발음이 '득得'과 같은 것에서 알 수 있듯이 '득得'을 어원으로 삼는다. 나아가 공자는 윤리적 '덕德'은 원래 '체득體得', '몸으로 얻는 것(得於身)'이라 부연한다.

예禮로써 장유를 체현하는 것을 덕이라고 하는데, 덕은 몸으로 얻는 것이다. 그래서 옛날에 術術과 도道를 학습한 자들은 마땅히 득신得身해야 했다(禮以體長幼曰德, 德也者 得於 身也. 故日 古之學術道者 將以得身也).294)

따라서 윤리적 덕은 올바른 도덕적 행동(덕행)과 도덕판단의 습성화이고, 습성화는 '체득'이다. 이렇게 보면 '득신', 또는 '체득'은 '수신修身'과 같은 말이다. 수신을 통한 '득신'은 바로 습성화의 뜻을 내포하는 '체득體得'과 동의어이다. 득신 또는 체득은 '습성'을 낳는다. 이 '습성'은 여든까지 가는 습관, 곧 거의 '본성' 차원으로까지 착근된 능력이다. 말하자면, '습성'은 꿈꾸거나 웬만큼 취해서도 발휘되는 언어 능력과 같은 '제2의 본능'이다.

종합하면, 덕성의 차이도 습득의 수신에서 생겨나는 것이다. '습득'을 위한 '수신'은 '득신', 곧 '체득體得'이다. 따라서 득신을 통한 '습득'(학문과 기술의 반복적 익힘)은 '수修'(갈고닦음)와 같은 말이다. 이런 이유에서도 '습상원習相遠'은 곧 '습득상원習得相遠'이다.

인간들은 수신 여부와 정도 차이에 따라 달라지고 불평등해져 이에 입각해서 정당하게 서로를 차별한다. 우리는 훌륭하거나 뛰어난 사람을 칭찬하고 포상하는 반면, 부도덕한 자를 삿대질하고 법도 무시할 정도로 부도덕한 자는 심지어 투옥하거

---

293) 《禮記》〈樂記〉第十九.
294) 《禮記》〈鄕飮酒義 第四十五〉.

나 처형하기도 하고, 공부 못하는 성적 불량자를 입학入學·입사入仕·入社에서 배제하기 때문이다. 그리고 수신 여부와 정도 차이에 따라 사람들을 불평등하게 대하는 이 차별은 종종 도덕적으로 정당화된다.

그런데 "성상근습상원性相近習相遠" 테제의 관점에서 이 인간차별이 혈통세습적 '신분차별'로까지 넘어가더라도 정당한 것인가? 즉답하면, 공자의 "성상근습상원" 테제는 혈통세습적 신분제에 따른 인간차별을 배격한다. 신분제는 인간부류들 사이에 본성의 차이가 있다는 것을 전제로 혈통 자체를 차별해 신분을 자식 대대로 세습시키는 점에서 "인간의 본성은 서로 유사하다"는 "성상근性相近" 명제와 정면충돌하기 때문이다. 따라서 공자의 "성상근" 테제는 이미 신분제를 부정하는 것으로도 읽어야 할 것이고, 이를 전제로 해서만 다른 논의들이 이어질 수 있다.

본성적 평등과 후천적 차등에도 예외가 되는 인간들이 있다. 천재와 천치가 그들이다. 공자는 "성상근性相近"과 "습상원習相遠", 이 두 명제에 공히 예외를 설정하고 있다. "유상지여하우불이唯上知與下愚不移(다만 상지와 하우만은 바뀌지 않을 뿐이다)."[295] 이 명제를 "성상근"에 적용하면, 이 명제는 요순 같은 성인들처럼 '생이지지生而知之'하는 "상지"(천재)와 "하우"(천치)의 지능요소는 학습에 의해 변치 않을 정도로 본성적으로 구별되어 멀다는 '성상원性相遠'의 의미를 함의하고, 역으로 이 지능요소를 제외한 인간의 기타 능력들인 신체·예술·유희·도덕능력에 대해서는 '성상근·습상원' 테제가 그대로 타당하다는 것을 함의한다. 그리고 "다만 상지와 하우만은 바뀌지 않을 뿐이다"는 이 명제를 "습상원"에 적용하면, 이 명제는 "상지"와 "하우"의 지능 차이가 본성적 차이이기 때문에 '상지'는 학습이 불량하더라도 '중지中知'나 '하우'로 추락하지 않는 반면, '하우'는 비록 평생 고도로 학습하더라도 '중지'나 '상지'로 상승하지 못한다는 뜻을 내포한다. 아울러 "단지 상지와 하우만은 바뀌지 않는다"는 명제에는, 상지와

---

295) 《論語》〈陽貨〉(17-2).

162   제1장 국가의 존재이유

하우, 곧 천재와 천치를 제외하고 '수재·범재·둔재는 학습노력에 따라 수재는 천재로, 범재는 수재로, 둔재는 범재로 한 등급씩 상승할 수 있다'는 뜻도 내포되어 있다. 즉 백성의 대다수를 차지하는 '중지자中知者'(수재·범재·둔재)는 '천재·천치'의 극소수자들과 달리 학습을 많이 하면 천재의 생각을 이해할 정도로 '천재'에 가깝게 접근하고, 학습을 게을리하거나 아예 학습하지 않으면 '천치'에 가까워진다. 천재와 천치는 학습과 교육에 의해 지적으로 변하지 않는 반면, 보통사람(수재·범재·둔재)은 학습과 교육에 의해 변한다는 말이다.

'상지'는 "나면서부터 아는 자(生而知之者)"인 성인聖人의 신적 지혜를 가리키는 반면, '하우'는 "곤란해도 배우지 않고(困而不學)" 그럭저럭 제 앞가림을 하며 살아가는 '일반백성'에도 들지 않는, 고등동물의 지능에 가까운 저능아(천치)를 가리킨다. 왜냐하면 주지하다시피 공자는 학습과 관련해 "나면서부터 아는 자는 상上이고, 경험에서 배우는 자는 그다음이고, 곤란해서 배우는 자는 또 다시 그다음이고, 곤란해도 배우지 않는 백성은 하下다"는 명제로[296] 인간들을 네 부류로 구분하거나 "중등 이상인 자에게는 상등의 지혜를 말해줄 수 있으나 중등 이하인 자에게는 상등의 지혜를 말해 줄 수 없다"고[297] 하여 세 부류로 나누면서도 '하우下愚'를 빼놓고 있기 때문이다. 스스로 "곤란해도 배우지 않아서" 교육제도를 통해 강제로 가르쳐야만 하는 일반백성은 '생이지지자生而知之者', '학이지지자學而知之者', '곤이학지자困而學之者'와 비교해서 '최하'이지만, '하우下愚들'은 아니다.

따라서 공자는 천치를 제외한 모든 인간을 지적 학습이 가능한 존재자로 간주한다. 그러면 공맹은 인간의 도덕능력에서도 학습으로도 바뀌지 않는 '생이지지生而知之'하는 상지와 하우처럼 도덕교육에 의해서도 바뀌지 않은 본성 차원의 격차가 있다고 생각했는가? 《도덕의 일반이론》의 사이코패스 논의에 따르면, 공맹은 도척 같은 '불인자不仁者'를 본성적 사이코패스로 간주하고 소수

---

296) 《論語》〈季氏〉(16-9): "生而知之者上也 學而知之者次也 困而學之又其次也 困而不學 民斯爲下矣."
297) 《論語》〈雍也〉(6-21): "子曰 中人以上 可以語上也 中人以下 不可以語上也."

의 '본성적 악인'이 있다고 생각한 것이 틀림없다.

그러나 공맹은 본성적으로 지극히 선한 자가 따로 있다고는 생각하지 않았다. 공맹은 사이코패스(불인자)를 제외한 만인이 다 선하다는 성선론의 주장자이지 않은가! 따라서 공맹은 지적 측면에서 "하우下愚"를 학습해도 "바뀌지 않는다"고 함으로써 '본성적인' 것으로 규정했고, "생이지지生而知之"하는 성인聖人의 "상지上知"도 마찬가지 이유에서 '본성적인 것'으로 인정했다.

하지만 공맹은 도덕적 측면에서까지 '본성적 성인', '본성적 안인자'를 인정한 것이 아니다. 유일하게 '안인安仁한' 성인도 성범동성론聖凡同性論에 따라 수신을 통해 이인자利仁者 대중으로부터 나오는 것으로 봄으로써 '본성적' 안인자安仁者를 인정치 않았다. 다만 불인자不仁者(사이코패스)만은 인간사회에서 추방해야 할 상교불가相交不可의 '본성적' 악인으로 규정했다. 불인자들은 "다른 사람들이 기량이 있으면 시기질투해서 증오하고 다른 사람들의 훌륭하고 거룩함을 멀리해서 통용되지 못하게 한다면 이것은 용납할 능력이 없는 것이어서 우리의 자손과 백성을 보전할 수 없을 것이니 이 역시 위태로운 것이라고 했다(人之有技 媢疾以惡之 人之彦聖 而違之 俾不通 寔不能容 以不能保我子孫黎民 亦曰殆哉.)."[298] 이런 본성적 불인자는 "현자를 보면 발탁할 능력이 없고 발탁하면 앞세울 능력이 없는데 이것은 태만이다. 그리고 불선을 보고도 물리치지 못하고 물리치고도 멀리할 능력이 없는데 이것은 과오다. 사람들이 싫어하는 것을 좋아하고 사람들이 다 좋아하는 것을 싫어하는 것은 인간의 본성을 거스르는 것이다. 이런 자는 재앙이 그 몸에 닥칠 것이다(見賢而 不能舉 舉而不能先 命也 見不善而不能退 退而不能遠 過也. 好人之所惡 惡人之所好 是謂拂人之 性 菑必逮夫身.)."[299] 공자는 여기서 '불인자'를 "인간의 본성을 거스르는" 자로 표현함으로써 불인자를 '본성적' 불인자로 규정한 것이다. 그런데 인자만은 이 불인자를 용납지 않는다. 그리하여 공자는 "오로지 인자만이 사람들을 제대로 좋아하고 사람들을 제대로 싫어한다(子曰 唯仁者能好人 能惡人)."고 말한다.[300] 불인자를 "제대로

---

298) 《大學》(傳10章).
299) 《大學》(傳10章).

싫어하는 것"을 공자는 인간사회에서 추방해 버리는 것이라고 설명한다. "오로지 인자만이 (인간의 본성을 거스르는) 그 자를 추방해서 사이四夷의 땅으로 내쫓아 중국과 더불어 같이 살지 못하게 한다. 이것을 일러 인자만이 사람을 제대로 사랑하고 사람을 제대로 미워한다고 일컫는 것이다(唯仁人 放流之 迸諸四夷 不與同中國 此謂唯仁人爲能愛人 能惡人.)."301)

그러나 공자가 마치 성범동성론에 어긋나게 성인의 도덕적 행로와 뭇사람의 행로가 따로 있는 듯이 표현하는 문장들이 더러 발견된다.

성실한 것은 하늘의 도이고, 성실히 하는 것은 인간의 도다. 성실한 것은 힘쓰지 않아도 적중하고 생각하지 않고도 지득知得하고 도를 따라 적중하니 성인이다. 성실히 하는 것은 선을 택해 그것을 고집하는 것이다(誠者 天之道也 誠之者 人之道也. 誠者 不勉而中 不思而得 從容中道 聖人也 誠之者 擇善而固執之者也).302)

이 논변은 성실한 것은 하늘의 도, 성인의 도인 반면, 성실히 하는 것은 "선을 택해 그것을 고집하는" 인간의 도라고 함으로써 성인의 도와 인간의 도를 원천적으로 가르고 있다. 따라서 성인은 본성적으로 성인인 것처럼 읽힌다. 공자는 "선을 택해 그것을 고집하는 인간의 도"와 관련해서 박학독행으로 성실하게 정진하는 것을 논한다.

(인간의 도는) 널리 경험에서 배우고 자세히 묻고 신중하게 생각하고 분명하게 변별하고 독실하게 행하는 것이다. 배우지 않은 것이 있으면 배우고, 그래도 불능한 것이 있으면 놓아 두지 않는다. 묻지 않은 것이 있으면 묻고 그래도 알지 못하거든 놓아 두지 않는다. 생각하지 않은 것이 있으면 생각하고 그래도 지득하지 못하면 놓아 두지 않는

---

300) 《論語》〈里仁〉(4-3).
301) 《大學》(傳10章).
302) 《中庸》(二十章) 哀公問政.

다. 변별하지 않은 것이 있으면 변별하고 그래도 분명하지 않으면 놓아 두지 않는다. 행하지 못한 것이 있으면 행하고 독실하지 않으면 놓아두지 않는다(博學之 審問之 愼思之 明辨之 篤行之. 有弗學學之 弗能弗措也. 有弗問 問之 弗知弗措也. 有弗思 思之 弗得弗措也. 有弗辨 辨之 弗明弗措也. 有弗行 行之 弗篤弗措也.).[303]

자하子夏는 "인간의 도"로서 이 "박학·심문·신사·명변·독행"의 도를 지성적 수신의 길이 아니라 도덕적 수신의 길로 풀이한다. 자하는 말한다. "경험에서 널리 배우고 뜻을 독실하게 하고, 간절하게 묻고 비근하게 생각하면, 인仁은 그 가운데 있다(子夏曰 博學而篤志 切問而近思 仁在其中矣)."[304] 이렇게 풀어도 군자와 소인의 동성론同性論과 비유되는 성범동성론을 거스르는 듯한 공자의 논변은 약화되지 않는다.

성범동성론을 거스르는 듯한 공자의 논변은 이것으로 그치지 않는다. 공자는 사이코패스를 조금도 두려워함 없이 미워할 정도로, 또는 이기심이 없이 자기의 간이라도 내줄 정도로 속마음에 늘 참달한 감정(동정심)이 넘치는 사람을 '천하에 1인뿐'인 성인聖人이라고 되풀이해서 규정함으로써 성인이 본성상 인간과 다른 존재인 것처럼 논한다. "욕심 없이 인을 좋아하는 자, 두려움 없이 불인不仁을 미워하는 자는 천하에 1인뿐이다. 그러므로 군자는 자기로부터 법도를 의론하고 법제를 설치해 백성을 다스리는 것이다(子曰 無欲而好仁者 無畏而惡不仁者 天下一人而已矣. 是故君子議道自己 而置法以民.)."[305] 또 "속마음이 편안해서 인仁을 베푸는 자는 천하에 1인뿐이다(子曰 中心安仁者 天下一人而已矣.)."[306] 따라서 이 '안인자安仁者'도 마치 '불인자不仁者'처럼 교육에 의해 바뀌지 않는 존재로 읽힌다. "욕심 없이 인을 좋아하는" 안인자는 '늘 이기심 없이 인仁만을 추구하고 실행하는 사람'이다. 이기심 없이 산다는 것은 보통사람들에게 불가능하다. 보통사람들은 자기와 가족을 위해 생계를

---

303) 《中庸》(二十章) 哀公問政.
304) 《論語》〈子張〉(19-6).
305) 《禮記》〈表記 第三十二〉(11).
306) 《禮記》〈表記 第三十二〉(15).

벌지 않으면 생존할 수 없기 때문이다. 따라서 범인은 거의 다 '이인자利仁者' 아니면 '강인자强仁者'다.

그러나 안인자도 먹고 살아야 한다. 그러기 때문에 그의 생계는 타인으로부터 보장받는 사람일 것이다. 따라서 우리는 공자의 '안인자'를 자기의 생계를 마련하기가 불가능한 까닭에 경제적으로 남에게 의존할 수밖에 없지만 남에게 자기의 간이라도 떼어줄 정도로 인자한 사람으로, 곧 자기보다 남을 먼저 챙기는 사람으로 해석할 수 있을 뿐이다. 그리고 "천하에 1인뿐이다"는 반복된 유일성 강조는 그저 '임금은 하나'라는 사실을 드러내기 위한 것으로 이해된다.

그런데 공자와 맹자가 찬양하고 존경한 성인군자들은 모두 생업으로 농업이나 수공업·상업에 종사했고 이를 바탕으로 천자가 되어 이와 관련된 지식을 백성에게 보급했다. 이것은 요순만이 아니라 상론했듯이 복희·신농·황제도 마찬가지였다. 이 안인安仁한 성인들은 다 '이인利仁한' 일반대중에서 나온 것이다. 공맹은 이것을 거듭 밝힌다. 따라서 공자는 지성적 측면에서 본성적 상지와 본성적 하우의 존재를 인정했지만, 도덕적 측면에서는 본성적 불인자에 대응하는 '본성적' 안인자의 존재를 부인한 것이다.

보통사람들은 어떤 이익에 의해 안내받거나 법적 강제에 떠밀려 인을 행한다. 그렇지만 이것도 인仁이다. 왜냐하면 "법을 시행해 인을 강제하는 것도 인仁에서 비롯되는 것이기(中心憯怛愛人之仁也. 率法而强之 資仁者也.)"[307] 때문이다. 보통사람들은 쓰러진 사람을 일으켜 세우고 부축해 주거나, 노인들에게 문을 열어 주거나, 도로를 달리던 트럭에서 쏟아진 물건들을 주워 주거나, 물에 빠지는 사람을 구해 주거나, 불난 집에 뛰어 들어가 사람을 구하는 것과 같이 자기에게 손실과 위험이 따르더라도 자동적·무의식적으로 인仁을 베푼다.

그러나 생업을 어렵게 하거나 위협할 정도로 큰 손실과 위험이 따른다면 문제가 다르다. 가령 생업 소득에 과해지는 1할 세금의 경우에 '강인자强仁者'는 법이 무서워

---

307) 《禮記》〈表記 第三十二〉(14).

서 납세하고, '이인자'는 국가로부터 받은 이익을 타산해서 납세한다. 그리고 이인자는 반드시 생계를 위해 돈벌이를 해야 하니까 좋은 상품을 만들어 팔거나 용역을 제공하고 천하의 소비자들을 복되게 한다. 보통 부자라면 좋은 평판과 명성의 정신적 이익을 얻기 위해 학교·장학재단이나 봉사재단을 세우고, 종교인이라면 죽어서 천당에 가려고 성금을 내고, 한국인이라면 "3대에 걸쳐 덕을 베풀어야 집안에서 판서 하나라도 나온다"는 유명한 공리적功利的 덕행론 때문에 인덕을 베푼다. 큰 재화를 의연할 때 보이는 이런 인행仁行들의 진풍경은 '이인'으로부터 '강인'에 이르는 스펙트럼이다.

그러나 대중의 압도적 다수는 '강인자'라기보다 '이인자'다. '이인자'는 자기와 가족의 생존을 위한 '이기적 욕망'과 타인을 위한 '이타적 동정심'을 결합해서 행동하는 인간유형이다. '안인자'는 생계를 벌지 않고 도덕적·정치적 정신노동만 하는 노심자勞心者이지만, '이인자'는 자기와 타인들(가족, 국가관리들, 교육자, 문화인, 지도자로서의 군자, 안인자 등)의 물질적 욕망을 충족시키기 위해 인덕의 실천과 더불어 몸소 생계노동도 아울러 수행해야 하는 근로대중이다. 그리하여 맹자는 이타적 인행仁行과 이기적 생업의 일상적 결합현상을 당연한 것으로 인정한다. "벼슬살이는 가난 때문에 하는 것은 아니나 때로는 가난 때문에 해야 하기도 한다. 아내는 부모의 봉양을 위해 얻는 것은 아니지만 때로는 봉양 때문에 얻기도 한다."[308] '이인자'는 평생 생계를 걱정할 필요가 없을 정도로 큰 부를 이루기 전에 인덕을 베풀면서도 반드시 생계이익을 추구해야 하는 것이다.

그러나 대중의 압도적 다수를 차지하는 '이인자'는 자기와 가족의 생계를 보장할 수준 이상으로 부를 이룬다면 '안인자'로 올라설 수도 있다. 공자가 존경한 성인聖人들도 대개 이런 행로를 밟았다. 공자가 성인으로 받든 순임금은 농사·옹기굽기·고기잡이·장사 등 여러 직업을 전전하며 다른 사람들과 더불어 선행을 했던 '이인자'였으나 천자로 선출되었다. 그리하여 맹자는 생업을 영위하는 중에도 사람들과 더불어 선행

---

308) 《孟子》〈萬章下〉(10-5): "孟子曰 仕非爲貧也 而有時乎爲貧 娶妻非爲養也 而有時乎爲養."

을 해서 끝내는 천자도 될 수 있다고 논하면서 이것을 군자의 지침으로 제시한다.

위대한 순임금은 이들(남이 과오를 지적하면 기뻐했던 자로나 선한 말을 들으면 절을 했던 우임금)보다 더 위대했다. 순은 자기를 버리고 사람들을 따르고(捨己從人) 사람들에게서 취해 선행을 하는 것을 즐겼다. 그리하여 농사짓고 옹기 짓고 고기잡이를 하는 것으로부터 황제가 되었는데 사람들로부터 취하지 않음이 없었다. 사람들에게서 취해 선행을 하는 것은 사람들과 더불어 선행을 하는 것(與人爲善)이다. 그러므로 군자에게 사람들과 더불어 선행을 하는 것보다 중대한 것은 없다."309)

사마천은 이를 더욱 자세하게 부연한다. "순舜은 기주冀州 출신인데 역산歷山에서 농사짓고, 뇌택雷澤에서 고기 잡고, 하빈河濱에서 옹기를 굽고, 수구壽丘에서 집기를 만들고 부하負夏에서 장사를 했다(舜 冀州之人也. 舜耕歷山 漁雷澤 陶河濱 作什器於壽丘 就時於負夏.)."310) 우禹와 후직后稷도 그러했다. "우와 후직은 몸소 농사를 지었지만 천하를 영유했다(禹稷躬稼而有天下).311) 우임금은 이전에 일개 농부에 불과했고 후직은 나무와 곡식을 가꾸기를 좋아해서 손수 농사를 지으며 농사 기술을 개발한 요임금의 농관農官에 불과했지만, 우는 성인聖人 천자가 되었고, 후직은 기주岐周의 거룩한 임금이 되었다.

따라서 공자는 농사짓는 노력勞力과 통치하는 노심勞心(정치적 정신노동)의 분업을 인정하더라도 농사짓는 노력자가 훗날 나라를 다스리는 노심자로 상승하는 것을 당연시했고, 또 군자가 백성을 다스리기 위해서 어느 정도 농사지식을 갖추는 것을

---

309)《孟子》〈公孫丑上〉(3-8): "大舜有大焉 善與人同 捨己從人 樂取於人以爲善. 自耕稼·陶·漁以至爲帝 無非取於人者. 取諸人以爲善 是與人爲善者也. 故君子莫大乎與人爲善."

310) 司馬遷,《史記》〈五帝本紀〉. 순이 농사지은 "역산(歷山)"은 현재 서안 임동구에 있는 산이다. 순이 고기 잡던 "뇌택(雷澤)"은 산동성 하택이다. 그리고 옹기를 굽던 "하빈(河濱)"은 황하의 동안에 소재한다. 집기를 만들던 "수구(壽丘)"는 산동성 곡부다. 장사를 하던 "부하(負夏)"는 현재 원곡신성(垣曲新城) 북45공리(公里)의 동선진(同善鎮)의 유지(遺址)다.

311)《論語》〈憲問〉(14-5).

당연시했다는 것을 뜻한다. 공자는 "군자는 안일함이 없어야 하니, 농사의 어려움을 먼저 알고 이내 안일하다면 소인들이 의지하는 것을 알 것이다"라고 말한 주공의 말을[312] 잘 알고 있었기 때문이다. 공자 자신도 "나도 소싯적에 미천했고 그래서 비루한 일에 다능했다(吾少也賤 故多能鄙事)"고 토로했다.[313] 맹자에 따르면, "공자는 일찍이 위리委吏(창고지기)였는데 회계를 맞출 뿐이었다고 말했고, 일찍이 승전乘田(우마관리자)도 했는데 소와 양이 살찌게 할 뿐이었다."[314] 공자는 소싯적에 이런 비천鄙淺한 '이인자'로 살았으나, 학문을 닦고 수신한 뒤에는 종신토록 거룩한 '안인자'로 살았다.

따라서 이 '이인利仁'한 보통사람들도 본성적 도덕감정과 도덕감각으로 안인安仁한 도덕적 자질을 지녔기 때문에 생계의 구속으로부터 벗어나기만 한다면 언제든 '안인자'로 전신할 충분한 소지가 있는 것이다. 따라서 보통사람들에 대해서는 도덕지식, 도덕과 이익의 관계, 도덕과 법의 관계에 대한 지식을 알려 주고 역사상 위대한 안인자로서의 성인聖人들을 롤 모델로 행동지침과 도덕률을 가르치는 도덕적 수신교육을 실시하는 것이 필요하고, 또 도덕교육은 보통사람의 도덕적 인격을 '이인'에서 '안인'으로 높이는 데 아주 유효하다. 안인한 성인과 이인한 범인은 동성同性이기 때문이다. 그리하여 도덕교육은 선천적 사이코패스를 제외하고 일반대중과 지식인집단에 대해 지식교육만큼 효과적이라고 결론지을 수 있다.

상론했듯이 "천자에서 서인에 이르기까지 하나 같이 수신을 근본으로 삼는다"는 《대학》의 명제나, "백성이 도道를 배우면 부리기가 쉬워진다", 또는 백성을 부자를 만들고 나서 "백성을 가르친다(敎之)"는 명제들을 비롯한 공맹의 수많은 "교민敎民" 명제들에서[315] 보듯이 공맹은 늘 "교민"을 역설한다. 일반백성이 "곤란해도 배우지

---

312) 《書經》〈周書·無逸 第十七〉: "君子所其無逸, 先知稼穡之艱難乃逸 則知小人之依."

313) 《論語》〈子罕〉(9-6).

314) 《孟子》〈萬章下〉(10-5): "孟子曰 (…) 孔子嘗爲委吏矣 曰 會計當而已矣. 嘗爲乘田矣 曰 牛羊茁壯長而已矣."

315) 공자는 "선인이 백성을 7년 가르치면 전쟁도 할 수 있다(善人敎民七年 亦可以卽戎矣)", 또는 "백성을 가르치지 않고 전쟁을 시키는 것을 일러 백성을 버리는 것이라고 한다(以不敎民戰 是謂棄之)"고 논변하면

않는" 사람들임에도 공맹이 "교민"을 역설한 것은 일반백성이 "바뀌지 않는" 하우자下愚者나 사이코패스가 아니라는 것을 전제한다. "곤란해도 배우지 않는" 일반백성은 억지로라도 가르치면 향상의 변화를 보일 것이지만, 맹자는 "사람이 도가 있는데, 포식하고 따뜻하게 입고 편안하게 지내는데도 교육이 없으면 금수에 가까워진다"고 갈파했듯이,316) 가르치지 않으면 금수와 같은 '하우자' 수준에 가까워진다. 그래서 이것을 보면 공자가 '하우'를 말할 때 '하우'가 일반백성 외의 극소수 천치·백치들을 가리킨 것임을 알 수 있다.

공자는 안인과 지인의 도덕적 차이를 교육으로 해소할 수 있다고 생각했고, 동시에 인간이 '성실'하다면 심지어 선천적 지능 차이조차도 극복할 수 있다고 생각했다. 이런 까닭에 교육과 학습을 설파하는 공자의 모든 교민 명제들은 '상지자'와 '하우자', 그리고 불인자를 뺀 '일반대중'을 대상으로 삼는다. 공맹경전에는 이와 관련해서도 약간의 모순된 논변들이 존재한다.

공자는 한편으로 "백성은 따르게 할 수는 있어도 알게 할 수는 없다"고 말하면서도(子曰 民可使由之 不可使知之),317) 다른 한편으로 이를 부정하고 소인 백성의 배움을 말한다.

> (무성武城을 다스리던) 자유子游가 "옛적에 언偃(자유)은 선생님으로부터 '군자는 도를 배우면 사람들을 사랑하고 소인이 도를 배우면 부리기 쉬워진다'고 들었습니다"라고 대꾸하자 공자는 "아이들아, 자유의 말이 옳다, 앞에 한 말은 놀리는 말일 뿐이다"고 말했다(子游對曰 昔者偃也聞諸夫子 曰 '君子學道則愛人 小人學道則易使也'. 子曰 二三者, 偃之言是

서 백성교육을 역설한다. 《論語》〈子路〉(13-29)(13-30). 또 맹자는 백성에 대한 기술·도덕교육을 강조한다. "후직은 백성에게 농사를 가르치고 오곡을 심고 가꾸게 했는데 오곡이 익자 백성이 육성되었다. 사람이 도가 있는데, 포식하고 따뜻하게 입고 편안하게 지내는데도 교육이 없으면 금수에 가까워진다. 성인이 이를 우려하여 설로 하여금 사도가 되어 백성에게 인륜을 가르치게 했다(后稷教民稼穡 樹藝五穀 五穀熟而民人育. 人之有道也. 飽食煖衣逸居而無教 則近於禽獸. 聖人有憂之 使契爲司徒 教以人倫)." 《孟子》〈滕文公上〉(5-4).

316) 《孟子》〈滕文公上〉(5-4): "人之有道也, 飽食煖衣逸居而無教 則近於禽獸."

317) 《論語》〈泰伯〉(8-9).

也. 前言戱之耳.). 318)

"백성은 알게 할 수는 없다"는 말은 "소인이 도를 배우면 부리기 쉬워진다"와
상충되고, 백성을 부유하게 만들고 나면 "백성을 가르친다"는 공자의 다른 지론과
도 모순된다. 따라서 "백성은 알게 할 수는 없다"는 말은 치국의 큰 학문인 "대학大學"
을 알게 할 수 없다는 말로 한정해야 할 것이다. "상고시대에는 결승문자로 다스렸
는데, 후세 성인이 이것을 부호문자(書契)로 바꿔 백관에게 배우게 하고 만민에게
살펴서 알게 했다"는 《역경》〈계사전〉을 쓴 사람이 공자이고, 전쟁에 임하게 하려면
먼저 백성을 가르쳐야 한다고 주장한 사람도 공자이기 때문이다. 따라서 공맹은
백성을 가르치는 배움터인 학교에 관해 거듭 논했던 것이다.

'일반대중'은 "경험에서 배워 아는" 학자들, "곤란해서 배운" 전문가들, "곤란해도
배우지 않는", 따라서 의무교육을 강요해야 하는 일반백성들로 구성된다. 따라서
일반대중들 사이에도 수재·범재·둔재의 차이에서 보듯이 선천적·태생적 지능 차이
가 아주 크다. 공자에 따르면, 어떤 사람은 누군가 백 번에 할 수 있는 일을 한
번에 능히 해내고, 누군가 천 번에 겨우 할 수 있는 일을 열 번에 해내기 때문이다.
그러나 공자는 이런 태생적 능력 차이는 남이 한 번에 하는 것이면 나는 백 번에
하고, 남이 열 번에 하는 것이면 나는 천 번에 하는 '지극히 성실한' 노력에 의해
무의미한 수준으로까지 없앨 수 있다고 주장했다. 이것을 다른 관점에서 이해하면,
성실하게 배운 자는 안 배우거나 못 배운 자들에게 천재나 다름없는 사람이고,
범재라도 성실히 배우면 수재에 근접할 수 있고, 심지어 제 머리를 믿고 안 배운
수재를 능가할 수 있다는 말이 된다. 같은 이치로 수재는 천재와 비슷해지거나,
"게으른 토끼를 추월한 부지런한 거북이"처럼 천재도 능가할 수도 있다.

그래서 공자는 "성실하면 밝고, 밝으면 성실하다(誠則明矣 明則誠矣)"고 갈파한
다. 319) 여기서 '밝음'은 천도의 변함없이 명확한 '현현顯現'을 가리키기도 하고,

---

318)《論語》〈陽貨〉(17-3).
319)《中庸》(二十一章).

172   제1장 국가의 존재이유

천도와 인도를 밝히는 인간의 '명지明知'와 자신과 세상을 밝게 빛내는 '명덕明德'을 가리키기도 한다. '명덕'이 자신을 빛낸다고 한 것은 "덕이 자신을 윤내고 마음을 넓어지게 하고 몸을 펴지게 하기(德潤身 心廣體胖)"[320] 때문이다.

또 공자가 '성실'과 '밝음'을 결부시킨 것은, 한두 번의 불성실한 동작이 아니라 일정한 운동 또는 행동의 유구한 지속을 뜻하는 '성실'만이 천도의 불변적 현현을 보장하고, 단기간의 깊이 없는 학도學道나 일순간의 벼락치기 공부가 아니라 부지런한 학습과 오랜 수신을 종신토록 성실히 하는 것만이 인간의 명지와 명덕을 보장하기 때문이다. 천도와 본성은 스스로 성실하고 이 자연적(본성적) 성실을 통해 밝게 현현하고, 자신이나 남을 가르치는 교육은 스스로 본성을 따르는 도道를 밝혀(명지와 명덕을 체득해) 성실히 하는 것이다. 그리하여 공자는 말한다. "도를 향해 가다가 중도에 그만둘지언정 자신이 늙는 것도 잊고 연수年數가 부족한 것도 알지 못하고 힘쓸 뿐이다. 날마다 또 부지런하고 부지런하다가 죽은 뒤에 그친다."[321] '상지자'와 '하우자'를 제외하면 인간의 능력은 본성상 서로 비슷하고 개인들 간의 크지 않은 태생적 능력 차이는 성실한 수신으로 균등화될 수 있다. 저절로 알든, 노력해서 알든 그 결과적 실효성은 동일하기 때문이다.

따라서 공자는 어떻게든 지식과 성공을 성취하기만 하면 선천적 능력 차이가 결과적으로 큰 의미가 없다고 말한 것이다.

> 혹은 나면서부터 알든(或生而知之), 혹은 경험에서 배워 알든(或學而知之), 혹은 생계가 곤란해서 어쩔 수 없이 알든(或困而知之), 뭔가를 안다는 것에서는 동일한 것이다. 혹은 천성에 편안해서 행하든, 혹은 이로워서 행하든, 혹은 힘써 억지로 행하든, 그 성공에서는 동일한 것이다(或生而知之 或學而知之 或困而知之 及其知之一也. 或安而行之 或利而行之 或勉强而行之 及其成功一也.).[322]

---

320) 《大學》(傳6章).
321) 《禮記》〈表記 第三十二〉(15): "子曰 (…) 鄕道而行 中道而廢 忘身之老也 不知年數之不足也 俛焉. 日有孳孳 斃而后已."

공자 자신도 결코 "나면서 아는 자(生而知之者)가 아니라 지난 경험을 중시해 힘써 이를 탐구한 사람",323) 곧 '경험에서 배워 아는 자(學而知之者)'일 뿐이라고 고백한 바 있다. 그럼에도 불구하고 주지하다시피 공자는 스스로에 대해 기술한 바와 같이 "도를 학습하는 데 게으르지 않고, 뭇사람을 가르치는 데 싫증내지 않고, 발분發奮해서 밥 먹는 것을 잊고, 즐거움으로 시름을 잊고, 장차 늙는 줄을 알지 못했다."324) 그는 이럴 정도로 '학이지지學而知之'하고 "하학이상달下學而上達"해서325) 마침내 '생이지지生而知之'하는 성인의 반열에 접근한 인류의 스승이었다. 그러므로 개인적 능력 차이는 발분망식發奮忘食할 정도로 지극히 성실한 '학도學道'에 의해 해소시킬 수 있는 것이다. 이 지성至誠의 '학도'에 의해 일반대중들 사이의 개인적 능력차를 해소할 가능성은 일반적으로 선천적이지 않은 능력을 적어도 후천적으로 획득하기 위해 배울 수 있는 '잠재적 학습능력'이 일반대중들에게 본성상 갖춰 있다는 것을 함의한다.

그러나 "다만 상지와 하우만이 바뀌지 않는다"는 공자의 명제를 숙고해 보자. 이것은 지적 능력이다. 공자는 이것을 학습에 의해 "바뀌지 않는" 것으로 표현함으로써 이것들 둘 다 본성적인 것으로 규정한 셈인데, 도덕·기량·유희·예술·신체능력에 대해서는 학습에 의해 "바뀌지 않는다"는 표현을 붙이지 않았다. 종합하면, 인간의 지능은 학습에 의해 후천적으로 변치 않을 만큼 본성적으로 차이가 있는 반면, 도덕·기량·유희·예술·신체능력에 대해서는 '성상근·습상원' 테제가 그대로 타당한 것이다. 따라서 반半본능으로서 인간의 도덕성은 이인자 대중에게서 부분적으로 개발된 수준에서 도덕교육을 통해 성인과 군자의 덕성 수준으로 완전하게 개발될 수 있다.

---

322) 《禮記》〈中庸〉 제20장.

323) 《論語》〈述而〉(7-20): "學道不倦 誨人不厭 發奮忘食 樂以忘憂 不知老之將至."

324) 司馬遷, 《史記世家》〈孔子世家〉. 《논어》에는 "學道不倦 誨人不厭"이 빠진 채 소개되어 있다. 《論語》〈述而〉(7-19).

325) 《論語》〈憲問〉(14-35): "我非生而知之者 好古敏以求之者也."

한편 "다만 상지와 하우만이 바뀌지 않는다"는 공자의 명제는 인간들의 개인적 지능 사이에 본성적 차이를 인정하는 명제다. 그렇다면, 앞서 도출한 '성상근性相近'과 신분제 간의 정면충돌 테제는 그래도 타당한 것인가? 물론 이 테제는 본성적 지능 차이를 인정하는 만큼 완화되어야 할 것이다. 그렇다고 '상지자들'과 '하우자들'이 제각기 혈통에 기초한 세습신분을 구성할 수 있는가? 이것은 불가능하다. 첫째, 3000년에 한 명 나올까 말까 한 요임금 같은 성인급의 상지자는 특정한 역사적 시대 안에서 거의 없다고 봐야 하고, 저능한 장애인으로서의 하우자들은 일국一國에서 수백·수천 명에 지나지 않아서 혈통신분을 구성할 수 없다. 신분제는 한두 명, 또는 수십·수천 명의 본성적 유사인간들이 모여 만들어 내는 것이 아니라 적어도 수십만 명, 나아가 수백만 단위의 가문들이 이루는 것이다. 한마디로, 상지자와 하우자는 수적 희소성으로 이내 별개의 신분을 이루지 못한다. 둘째, 하우자는 "곤란해도 배우지 않는" 일반백성 같이 다다익선多多益善의 필수 인간들이 아니라, 소소익선少少益善한 불필요 인간들이기 때문에 혈통집단으로 재생산되기 불가능하다. 왜냐하면 어느 사회에서나 하우자는 없을 수 없지만 하우자인 만큼 경제적으로 스스로를 재생산하기 불가능해서 혈통으로서는 끊임없이 도태되기 일쑤이기 때문이다. 이런 까닭에 공자가 "단지 상지와 하우만이 바뀌지 않음"을 인정했을지라도 '성상근性相近'과 신분제 사이의 정면충돌 명제, 또는 '공자의 "성상근" 테제는 신분제를 부정한다'는 명제는 거의 그대로 타당하다고 결론지을 수 있다.

- 반半본능적 도덕능력과 도덕교육의 필수성

상술한 바대로 공자가 인간의 지능에 대해서만 선천적 차이를 인정했다는 것은 지능을 제외한 신체·예술·유희·도덕능력에 대해서는 '성상근·습상원' 테제가 그대로 타당하다는 것을 함의한다. 신체적 장애는 대개 후천적이고 몸의 어느 부위에 선천적 신체장애를 가지고 태어난 장애인의 경우에도 몸의 나머지 부분은 정상적 본능을 발휘한다. 예술능력의 경우에도 선천적 절대미감을 가진 타고난 예술인들이 있고 타고난 음치가 있어 선천적 차이가 인정되지만 이 예술적 능력 차이는 인간에게 '심각한(serious)' 문제가 아니다. 예술 자체는 일반인들에게 '진지한(earnest) 문제일 수 있을지언정 결코 생계를 구하는 경제적·공리적 행위나 도덕적 행위처럼 생사를 가를 만큼 '심각한' 문제는 아니기 때문이다. 그러므로 예술능력의 천성적 차이는 인간들에게 결코 '심각한 문제'를 야기할 수 없다. 유희능력의 경우에도 그렇다.

그러나 도덕과 도덕적 행위는 인간에게 '진지한' 것을 넘어 살신성인殺身成仁처럼 사활이 걸릴 정도로 '심각한' 것이다. 도덕능력은 '반半본능'이다. 따라서 도덕능력은 언어능력처럼 특별한 학습 없이도 일상적 사회생활 속에서 반복행동과 경험·관찰학습을 통해 무의식적으로 개발되기도 한다. 따라서 불인자不仁者(사이코패스)를 제외한 보통사람의 도덕능력은 인간들 간에 본성상 서로 유사할뿐더러, 유사하게 개발된다.

물론 이 유사성 속에서도 미세하지만 뚜렷한 개인차가 체질에 따라 있기는 하다. 인간의 도덕감각·미감·재능은 본성 차원에서도 인간들 간에 동일하지 않고 사상四象체질에 따라 구분된다. 따라서 태양인은 적당한 중도적 인심仁心을 가진 타고난 인자仁者이고, 정의감은 지나치게 많고, 경제적 손익감각으로서의 공리적功利的 지혜는 조금 모자라고, 예의측면에서는 거의 무례방자한 인물형으로 태어난다. 소양인은 적절한 정의감을 가진 타고난 의자義者로 태어났지만, 인심仁心은 지나치고, 예의는 모자라고, 공리적 지혜(손익감각)가 거의 없어 이利에 어두운 사람으로 태어난다. 태음인은 손익감각이 예민하고 이재에 능한 구두쇠 같은 타고난 공리적 지자智者이고, 예의는 과공過恭할 정도로 지나치고, 인심은 모자라고, 정의감은 거의 없는 사람으로 태어난다. 소음인은 타고난 예인禮人이고, 손익감각(공리적 지혜)이 지나치게 민감한 수전노이고, 정의감은 좀 모자라고, 인심仁心은 거의 없는 인물형으로 태어난다. 이에 따라 태양인은 지나친 정의감을 절제해야 하고 모자란 공리적 지혜와 거의 없는 예의를 배우고 기르는 방향으로 수신해야 한다. 소양인은 지나친 인심仁心을 절제하고, 모자란 예의와 거의 없는 공리적 지혜를 길러야 한다. 태음인은 과공한 예의를 절제하고 모자라는 인심과 거의 없는 정의감을 길러야 한다. 소음인은 지나친 공리적 지혜를 절제하고 모자라는 정의감과 거의 없는 인심을 기르는 방향으로 수신해야 한다. 따라서 사상인四象人들의 수신방향도 이와 같이 사상체질에 따라 다른 것이다.326) 하지만 대중 전체를 대상으로 취하는 경우에 개개 사상인의 지나치고 모자라는 도덕감정들은 서로 상쇄된다. 따라서 인간일반, 또는 대중의 본성적 도덕감정과 도덕감각은 유사하다는 공자의 "성상근性相近" 테제는 그대로 타당하다.

이 '도덕적 성상근'은 곤란해도 배우지 않는 지능적 '둔재'나 '하우'의 경우에도 거의 전적으로 타당할뿐더러 이들의 경우에 오히려 더 타당한 것 같다. 한마디로, 사이코패스를 제외한 인간은 천양지차의 지성적 개인차와 상반되게도 도덕적 개인차가 거의 없다. 지능지수 70-90정도의 하우자下愚者인 천치는 높은 지능과 인위적 도덕철학의 부재 덕택에 도덕감각이 왜곡되거나 착종되지 않기 때문에 왕왕 자기의 높은 지능과 그릇된 인위적 도덕철학으로 도덕감각을 왜곡시키는 천재나 수재보다 대체로 더 착하다. 가령 영화화될 정도로 착하고 효성스런 충청남도의 '맨발의 기봉 씨'를 보라. 그리고 미국의 국부 토마스 제퍼슨은 "쟁기질하는 농부"가 "인공적 규칙들에 의해 길을 잃지 않았기 때문"에 "도덕문제를 (...) 종종 교수보다 더 잘 결정할 것이다"라고 말한 바 있다.327) 이와 같이 인간은 엄청난 생득적 차이를 보여 주는 '지능'과 반대로 도덕본능을 거의 균등하게 타고난다.

그러나 사이코패스가 4% 미만으로 존재한다. 따라서 도덕능력에도 마치 지능차원에서의 상지와 하우와 같은 '본성적 예외자'를 인정해야 할 것이다. 사이코패스는 공맹이 경계한 인면수심人面獸心의 '불인자'다. 맹자는 "측은지심이 없으면 비인非人이고, 수오지심이 없으면 비인이고, 사양지심이 없으면 비인이고, 시비지심이 없으면 비인이다."328) "비인非人"은 단순히 '사람이 아니다'로 옮길 수도 있으나 이것은

---

326) 이에 대해서는 참조: 황태연, 《사상체질, 사람과 세계가 보인다 - 이제마의 인간과학과 문화이론》(서울: 생각굽기, 2023).

327) Jefferson, Thomas, "To Peter Carr"(August 10, 1787), 323쪽. *The Works of Thomas Jefferson*, vol. 5 in twelve volumes(Notes on Virginia II, Correspondence 1782-1786), Collected and Edited by Paul Leicester Ford)(New York and London: The Knickerbocker Press, 1904. 2019 Liberty Fund).

이렇게 단순하게만 생각할 문구가 아니다. 앞에서 자세히 다루었듯이 옛부터 사람들은 불인자로서의 '인면수심의 비인간'을 알고 있었고 맹자도 이런 존재를 알고 있었을 것이기 때문이다. 이것을 고려해서 이 '비인非人'은 '인면수심의 비인간'으로 이해해서 원문 그대로 '비인'으로 직역해 '불인자'(사이코패스)와 동일시해도 괜찮을 듯싶다. 측은지심·수오지심·사양지심(3대 도덕감정)과 시비지심(도덕감각)이 없는 사람은 '비인간'이다.

오늘날 '사이코패스'라 불리는, '인간 같지만 인간이 아닌' 이 비인간은 보통사람보다 지능이 좀 높은 편이다. 이 사이코패스는 본성적 결손으로 말미암아 선천적으로 공감능력이 없이, 그리고 공감감정 없이, 특히 도덕적 공감감정(도덕감정과 도덕감각) 없이 태어난다. 이 선천적 도덕결손은 선천적 지능부족인 '하우(천치)'보다 정도 면에서 더 심각하다. 전자는 '결손'인 반면, 후자는 '부족한 것'이기 때문이다. 각국 국민의 4%에 가까운 비중을 차지하는[329] 사이코패스의 도덕결손이 지능적 '하우'와 다른 점은 하우가 학습에 의해 초등학교 지식도 주입할 수 없는 반면, 사이코패스는 지능지수가 비교적 더 높다. 그러나 사이코패스는 도덕감정·도덕감각 등의 도덕적 반半본능을 타고나지 않아서 사이코패스에게 이 반본능을 개발하는 도덕교육은 소용없다. 그러나 강제적 '교정矯正'은 가능하다. 사이코패스는 칠정과 오감이 정상이고, 파블로프 조건반사 차원의 교정도 정상이다. 이 때문에 '포상(의 기쁨)'의 반복과 '처벌(의 육체적 아픔)'을 통한 선악행동에 대한 분별적 기억과 인지학습'을 통해 도덕행위를 모방·수행하도록, 또는 적어도 부도덕한 행위를 하지 못하도록 변화시킬 수 있다. 따라서 정신병자에게는 도덕적 책임을 물을 수 없는 반면, 사이코패스에게는 분명하게 도덕적 책임을 물을 수 있고, 엄하게 물어야 한다. 사이코패스의 부도덕을 매번 엄히 처벌해 고통을 느끼게 함으로써, 그리고 그렇게 함으로써만

---

328) 《孟子》〈公孫丑上〉(3-6): "無惻隱之心 非人也 無羞惡之心 非人也 無辭讓之心 非人也 無是非之心 非人也."

329) 사이코패스의 정의와 판별방법에 관한 자세한 논의는 참조: 황태연, 《감정과 공감의 해석학(1)》(파주: 청계, 2015·2016), 147-149, 489-497, 803-804, 832-836쪽.

조건반사적으로 사이코패스에게 도덕적 행위를 '길들일' 수 있기 때문이다. 500년 유교국가의 전통을 가진 우리나라에서도 150만 명(인구의 2–3%)에 육박하는 사이코패스의 범행이 모두 다 연쇄살인범으로까지 극화되는 경우가 잦지 않은 것은 이들을 붙잡아 처벌하는 경찰과 사법司法작용 덕택이다.

반면, 서울·부산·광주·대전·대구 같은 대도시들의 안전한 존속은 97-98%의 한국인이 다 본성상 선하다는 사실 덕택이고, 또 이 대도시들의 안전한 존속은 성선론의 바름을 입증해 주는 가장 명확한 증거다. 따라서 사이코패스를 제외한 모든 인간은 도덕적 반半본능을 완전히 일깨우고 도덕률의 반복학습과 일러스트레이션(실례·도해)을 통해 개발해 롤 모델에 의해 완성시키는 진성盡性의 도덕교육이 유효하고 필수적이다. 이 도덕교육이 맹자가 강조하는 사단지심의 "확충擴充"이다. 맹자가 사단지심의 확충을 '조건'으로 언급한 것은, 인간의 도덕본능이 완전하지 않은 '반본능'이라는 것을 알았을 것이라는 추정을 가능케 한다.

결론적으로, 사이코패스를 제외하면, 인간은 항상 확고한 선심善心을 가지고 있고 선한 것 외에는 하지 않으려고 애쓰고, 이렇게 애쓰는 한, 정신적 허약성이나 지능박약, 지식부족 때문에 선한 인간의 자격을 결코 상실하지 않는다. 이런 전제가 사실인 한에서 도덕적 반본능을 확충하는 도덕교육(수신)은 필수적이고 완전한 도덕적 인간을 만드는 데 효과가 있다. 그리고 '세살 버릇 여든까지 가듯이' 30세 이전에 받은 도덕교육의 효과는 100세까지 간다. '세살 버릇 여든까지 가고, 바늘도둑이 소도둑 된다'는 등의 우리의 속담을 선행善行학습에 적용하면, 이것은 '도덕이 가르쳐질 수 있는 것인지'에 관해 소크라테스와 플라톤이 답하지 못하고 아포리아로 남겨둔 난문難問을 분쇄하고도 남는다.

도덕적 본성을 타고난 인간은 누구나 선한 사람으로 대우받고 존경받을 동등한 도덕적 자격과 존엄성이 있다. 어떤 인간이 이 동등한 도덕적 자격을 잃게 되는 것은 오직 자신의 악행 때문이다. 따라서 자신의 악행으로 말미암아 이런 도덕적 자격을 잃지 않는 한, 만인은 선한 인간으로 대우받고 존경받을 만하고 도덕교육을 받을 자격이 있다. 그러므로 만인은 본성적으로 이런 식으로 존경받을 만한 동등한 몫이 있고, 만인은 범죄를 저지르지 않는 한, 언제나 동등하게 선한 사람으로 상정되어야 한다. 인간은 일시 도덕적 과오를 저지르더라도 교육을 통해 이를 고쳐 선을 행하고(改過遷善) 교육이 가능한 한에서 다시 도덕적으로 존엄한 자로 용서받을 수 있는 존재다. 한마디로, 사이코패스를 제외한 만인 가운데 항상 동등하게 선한 사람으로 대우받고 존경받고 교육받고 용서받아야 하는 존엄한 존재인 것이다. 공자의 "성상근" 테제는 바로 이런 인간존엄성의 테제이기도 하다.

- 반본능적 도덕능력과 사회적 평등의 관계

이러한 논의 가운데 중요한 물음이 하나 제기된다. 공자가 본성의 상근성에도 불구하고 학습에 의해 인간들이 서로 달라진다고 하고, 지능의 경우에는 본성 차원에서도 천양지차를 인정하고 공맹이 불인자·비인간(사이코패스)의 존재를 인정한 마당에, "천하에 나면서부터 귀한 자는 없다(天下無生而貴者也)"는330) 공자의 명제가 성립할 수 있는가? 이 명제는 "천하에 나면서부터 귀한 자도, 천한 자도 없다(天下無生而貴賤者也)"는 명제로 자연스레 확장된다.

그런데 이 "귀천貴賤"이라는 말은 가치 차원의 평가와 대우를 담고 있다. 귀천의 가치는 결코 지적 '진위眞僞'(유·무식)나 예술적 '미추美醜', 또는 도덕적 선악善惡이 아니고, 언제나 도덕적 '선'의 대소大小를 말한다. 누구나 인간은 대덕과 소덕을 갖출 반본능을 타고났다. 다만 개인의 선택에 의해 후천적으로 소덕보다 대덕을 더 추구하는 군자와, 대덕보다 소덕을 더 추구하는 소인 간의 차이가 있을 뿐이고, 대인군자는 귀하고 소인은 천할 뿐이다. 그러므로 소인이 천하다고 해서 악인인 것은 아니다. 천한 소인도 소체小體(욕망=이기심)를 따라 근면·검소·절약·인내·절제·청결·효제·근친혼금기 등 소덕을 대개 갖추고 있고, 소덕도 어디까지나 도덕적 선덕이기 때문이다. 인간의 귀천은 선악을 표현하는 말이 아니라, 선덕의 대소大小(대덕·소덕)를 표현하는 말이다. 가령 공자 자신이 토로했듯이 공자도 "소

---

330) 《禮記》〈郊特生 第十一〉.

싯적에 미천했고 그래서 비루한 일에 다능했다"고, 따라서 "일찍이 위리委吏(창고지기)였는데 회계를 맞출 뿐이었다고, 일찍이 승전乘田(우마관리자)도 했는데 소와 양이 살찌게 할 뿐이었던" 소덕 차원의 상천常賤한 사람이었다. 그러나 비천했으나 결코 악인이 아니라 소덕을 갖춘 선인이었다. 그리고 공자는 선하게 태어났으나 후천적으로 천인이 되기도 하고, 학문과 덕성을 수신해 훗날 대덕의 성인이 되기도 했다.

그리하여 "천하에 나면서부터 귀한 자는 없다(天下無生而貴者也)"는 저 명제는 실은 "천하에 나면서부터 도덕적으로 고귀하거나 비천한 자는 없다"는 명제로 확장할 때 가장 풍요로운 명제가 된다. 만인은 본성 차원에서 귀하지도 천하지도 않게, 곧 상하차이 없이 거의 균일하게 도덕적이고, 이런 까닭에 인간적으로 존엄하다. 본성 차원의 이 도덕적 평등명제는 '지능'과 무관하기 때문에 인간들 간의 엄청난 본성적(선천적) 지능 차이에도 불구하고 얼마든지 가능하다. 그리고 본성 차원의 도덕적 평등명제는 본성 차원에서 도덕성을 결한 인구 4% 미만의 사이코패스의 존재에 의해 무너지지 않는다.

따라서 일반적으로 우리는 "천하에 나면서부터 귀한 자는 없다"는 공자의 인간평등 명제가 인간들이 공히 동일한 인간성을 지녔다는 사실에 기초한다고 생각한다. 그런데 이 동일한 또는 유사한 '인간성'은 우리의 위 논의에 따르면 지능(intellectual power)을 뜻하는 것이 아니라, 인간을 인간답게 해주는 '도덕성'을 뜻한다. 사람들은 그 본성적 도덕성 또는 도덕적 본성에서 거의 동일(유사)하다. 도덕적으로 고귀한 사람과 비천한 사람의 차이는 후천적 학습·수신에 따라 생긴 것이다. 태생적으로 가지고 나오지 않고 개인의 선택적 학습과 수신에 따라 후천적으로 생기는 귀천은 개인의 노력에 따라 한 세대 안에서 변화가능하기 때문에 대대로 변치 않는 혈통에 근거한 항구적 신분을 만들 수 없다. 신분이 불가능하다면 인간들은 서로 유사한 본성적 도덕성의 유사성, 다시 말하면 도덕적 상근성相近性 때문에 서로 평등하게 대해야 한다.

그런데 '평등'은 본성 차원의 단순한 도덕적 동일성(상근성)이 아니라 이 동일성

(상근성)보다 더 많은 것이다. '평등'은 도덕적 동일성에 근거하지만 이 도덕적 동일성을 넘어 동등한 '대우待遇'라는 평가의 행동을 내포하기 때문이다. 평등의 반대는 '차등', '불평등'이다. '차등'은 단순한 '차이'가 아니라 이 차이에 근거한 인위적 '차별대우'를 내포한다.

그러나 서양철학은 단순한 동일성(sameness, oneness)을 '평등(equality)'과 동의어로 여기고, 단순한 차이는 '차등'과 동일시한다. 동일성에 기초한 서양의 인간평등론은 인간의 본성적 능력차이가 입증되면 즉각 쉽사리 파괴되어 인간차등론으로 뒤집힌다. 이 때문에 서양에서는 오랜 세월 신분제적·인종주의적 인간불평등·차등론이 득세했다. 불행히도 인구어印歐語에서는 *equality*, *égalité*, *Gleichheit*, *igualdad*, *uguaglianza* 또는 *egualglianza*, *ισότης* 등은 모두 '동일성'과 '평등'을 동시에 의미한다. 따라서 인구어에서 '동일성'과 '동등성(평등)'은 구분할 수도, 변별할 수도 없다. 서양 정치철학의 평등론은 바로 이 차이를 없애버리는 이 무분별한 인구어의 의미론적 강제(*semantical compulsion*) 때문에 제대로 발전하지 못하고 역사적·정치적으로 망가지기를 반복했다.

"하늘 아래 같은 것은 없다"는 속담이 있듯이, 천하에 동일한 사람은 한 사람도 없고 모든 인간은 어느 면에서든 제각기 다르다. 따라서 인간들 간의 본성적 '동일성' 자체가 아직 인간들 간의 정치적·사회적 '평등'을 뜻하거나 본성적 '차이'가 '불평등(차등)'을 뜻하는 것이 아니다. 그런데도 플라톤·아리스토텔레스 등은 '습상원習相遠'을 슬쩍 '성상원性相遠'으로 변조해 인간의 이성능력의 본성적 차이에서 주인과 노예의 신분적 차등과 남녀불평등을 바로 도출하다가 아포리아에 빠지곤 했다. 그러나 이 논변은 동일성을 평등성과 동일시하기 때문에 생기는 오류인 것이다. 이 논변에 따르면, 인간들 간에 이성능력이나 도덕능력의 작은 현상적 차이만 있더라도 이 작은 현상적 차이를, 아니 작은 후천적 차이까지도 선천적 차이로 변조하고 이 변조된 선천적 차이로부터 신분적·인종적 불평등을 도출하고 정당화할 수 있을 것이다. 플라톤, 아리스토텔레스, 유럽의 귀족주의자들, 칸트, 니체, 히틀러와 나치스 등 인종주의자들이 바로 그랬다. 나치스의 인종주의와 홀로코스트는 대대로 이어지는 서양 특유의 이런 철학적·정치사상적 오류의 전통에서 나온 최악의 끔찍한 결과물이다.

반면, 데카르트와 홉스는 본성적 도덕성을 제쳐놓고 이성적 지능(지혜 또는 현명)만을 유일시해 인간들 간의 이성능력 또는 지능의 동일성을 조작하고 지능이 동일하지 않더라도 각자가 이것을 인정하지 않으려고 하므로 정치적 평화를 위해 인간들의 지능적 동일성 또는 지능적 차이에 대한 각인의 이러한 불인정으로부터 평등을 도출한다.[331] 그러나 이 논변은 세 가지 이유에서 오류다. 첫째, 심신능력의 차이, 특히 지적 '차이'를 '차등'으로 착각하는 것과 마찬가지로 심신능력의 동일성, 특히 지적 동일성을 '평등'으로 착각하기 때문에 오류이다. 둘째, 공자의 말대로 인간의 지능(지성=이성)은 본성상 상지·중지·하우 간에 천양지차가 존재하기 때문에 오류다. 셋째, 인간적 평등의 근거를 인간의 도덕적 품성(도덕적 인간성)에서 구하는 것이 아니라 인간의 지적 능력에서 구하기 때문에 오류다. 인간을 동물과 현격하게

---

331) 홉스는 말한다. "자연은 인간을 심신 능력에서 평등하게 만들었고, 이래서 한 사람이 종종 육체적으로 명백히 더 강하거나 타인보다 더 재빠른 정신을 가진 것으로 드러날지라도, 모든 것이 함께 합산될 때 인간과 인간의 차이는 어떤 사람이 그것을 근거로 다른 사람이 자기처럼 제기할 수 없는 어떤 혜택을 요구할 만큼 상당한 것이 못 된다. 왜냐하면 육체의 힘에 관한 한, 최약자도 비밀책략에 의해서든 타인들과의 동맹에 의해서든 최강자를 죽일 만큼 충분한 힘을 가지기 때문이다. 정신 능력에 관한 한 (...) 나는 인간들 간에 힘의 평등보다 더 큰 평등을 발견한다. 현명은 오직 경험일 뿐이다. 평등한 시간은 이 현명을 평등하게 만인에게 부여하고, 이 일에서 만인은 평등하게 현명을 응용한다. 이러한 평등을 아마 믿을 수 없는 것으로 만들 수 있는 것은 거의 모든 인간들이 대중들보다 (...) 더 큰 정도로 가지고 있다고 생각하는 자신의 지혜에 대한 헛된 자만일 뿐이다. 왜냐하면 인간의 본성은 그들이 아무리 많은 다른 사람들이 더 슬기롭거나 더 다변이거나 더 배웠다고 하더라도 자기들처럼 아주 지혜로운 사람들이 많다고 거의 믿지 않기 때문이다. 자기들의 지력(*wit*)은 손에 쥐고 있고, 남의 슬기는 멀리 있다. 그러나 이것은 인간들이 이 점에서 불평등하다기보다 평등하다는 것을 입증해 준다. 통상, 모든 개개인이 자기 몫에 만족한다는 사실보다 더 표 나게 평등한 분배는 없기 때문이다." Thomas Hobbes, *Leviathan or The Matter, Form, and Power of a Commonwealth Ecclesiastical and Civil*(1651), 110-111쪽. *The Collected Works of Thomas Hobbes*. Vol. III. Part I and II. Collected and Edited by Sir William Molesworth (London: Routledge/Thoemmes Press, 1992). 그리고 홉스는 부연한다. "자연이 인간들을 평등하게 만들었다면, 이 평등은 인정되어야 한다. 그게 아니고 자연이 인간을 불평등하게 만들었더라도, 스스로를 평등하다고 생각하는 인간들이 평등의 조건이 아니면 평화상태로 들어가려고 하지 않기 때문에 그러한 평등은 인정되지 않을 수 없다. 그러므로 나는 이것을, 만인이 타인을 자기의 자연적 동등자로 승인하는 것을 제9자연법으로 설정한다. 이 지침의 침파는 오만이다." Hobbes, *Leviathan*, 140-141쪽.

구별해 주는 것은 지능이 아니라 도덕성이다. 인간의 천치는 지능이 천재동물과 비슷하지만, 인간 천치의 도덕성은 고등동물들이 얼마간 도덕성을 갖췄을지라도 어떤 고등동물보다도 질적으로 현저하게 높다. 현격한 정도 차이는 변증법적 양질전화의 법칙에 따라 범주적 전환(categorial change)의 질적 차이를 낳기 때문에 인간과 동물의 도덕적 차이는 양적 차이일 뿐만 아니라 질적 차이다. 사이코패스조차도 도덕적으로 고등동물과 본질적으로 다르다. 사이코패스는 '높은 지능을 가진 강렬한 희열충동의 맹수'라서 생계충족 이상의 살생을 하지 않는 호랑이·사자·표범과 같은 맹수보다 지능적으로 더 잔악하고 더 살생을 즐긴다.

지능의 동일성에 근거한 인간평등론은 IQ검사로, 그리고 자기 머리가 남보다 더 좋다고 우기지 못하는 심약한 둔재들이 있음을 입증하는 심리검사로 개인들 간 태생적 지능 차이와 의지 차이가 입증되고 공인되면 즉각 아리스토텔레스주의적·인종주의적 인간차등론으로 둔갑한다. 그리고 소크라테스·플라톤·아리스토텔레스·라이프니츠 등 이런 신분론자들은 백성의 지능이 천재견과 동일한 것으로 보고 지식 면에서 백성을 '동물'로 간주했다. 그리하여 결국 대부분의 인간이 '동물'과 동일시되고 만다.

그러나 도덕성은 인간을 동물과 질적으로 구별해 준다. 이 구별은 양질전화의 법칙에 따라 적어도 현격한 '질적' 구별이다. 동물들은 도덕능력 외의 다른 능력에서 인간보다 훨씬 더 민첩하고, 또 도덕성이 전혀 없지도 않지만, 그러나 동물의 도덕성은 가장 어리석은 인간(下愚)이나 자기 죄를 아는 범죄자들의 도덕성보다 더 미약하고 협소하고 모호하다. 가령 사이코패스를 제외한 인간들의 입장에서 볼 때 동물들 가운데 가장 도덕적인 행동을 하는 것으로 보이는 개나 침팬지도 이기적 정의감(부당한 차등대우에 대한 억울함의 감정)이 없지 않을지라도 미약하고, 사회적 정의감(다른 개가 당하는 괴롭힘이나 차등대우에 대한 의분)은 더욱 미약하다. 반면, 사람들은 자기에 대한 부당한 차등대우에 아주 민감하고 극히 억울해하며 격노하고, 다른 사람이 당하는 부당한 차등대우에도 일제히 크게 공분하고 어떤 사람은 의분에 길길이 뛰는 투사가 되기도 한다. 그리고 주인에 대한 개나 원숭이·침팬지의 충성심은 인간보다 강렬한 것처럼 보인다. 이 동물들의 충성심은 이것들이 폭군이나 도척盜跖과 같은 인간들에게도 똑같이 충성스러운 점에서 애착(*affection*)이나 아부(*flattery*)와 구별되지 않을 만큼 모호하고 협소하다. 한마디로, 도덕성에서 인간과 동물은 양적 연속성보다 질적 불연속성이 더 현저하다. 이런 점에서 인간은 동물과 질적으로 다르다. 따라서 인간과 동물이 도덕적으로 '절대적'으로 다르다는 명제는 어폐가 있을지라도 도덕성이 인간을 동물과 가장 확실하게 '단절적'으로 구별해 준다는 명제는 어떤 경우에도 견지될 수 있다.

반면, 앞서 잠시 시사했듯이 지능은 인간 일반을 동물과 구별해 주는 것이 아니라 동물과 가깝게 만든다. 자기 얼굴을 인지하는 침팬지·코끼리·돌고래 등 고등동물들의 지능은 인간 백치의 지능과 맞먹는다. 세 개의 컵 가운데 하나에 콩을 넣고 이 컵들의 나열 순서를 재빨리 뒤섞어 콩이 든 컵을 알아맞히는 게임을 수십 번 반복해도 매번 정확히 그 컵을 알아맞히는 천재견의 지능은 같은 게임에서 매번 틀리는 인간 둔재, 심지어 인간 범재의 지능도 능가한다. 3살짜리 아기도, 강아지도 칸트가 순수이성에서 연역한, 어떤 것의 다소나 대소를 인식하게 만들어 준다는 '단일성(Einheit)'·'수다성(Vielheit)'·'전체성(Allheit)'의 선험적·이성적 '양量' 범주 (Kategorien der Quantität)를 전혀 쓰지 않고 어떤 물건의 대소와 다소를 직관적으로 인식한다. 따라서 서양철학자들이 보통 생각해온 것과 정반대로 인식적 지능은 인간을 동물과 연속적으로 만드는 요소일 뿐이다. 바꾸어 말하면, 지능으로는 동물과 인간을 단절적으로 구획할 수 없다. 오로지 도덕성만이 인간을 동물과 불연속적·단절적으로 구별해 준다.

공자철학은 태생적 평등을 인간의 본성적 '도덕성'에 근거한 '동등대우'로 풀이하고, 후천적 차등을 수신에 따른 도덕적 존비尊卑(귀천)에 근거한 '불평등대우'('귀천')로 풀이한다. 이런 까닭에 공자의 평등철학은 서양으로 건너가 지능의 동일성과 차이성을 중시해 지성적 동일성과 차이성을 평등과 차등으로 착각하는 저 그릇된 서양철학적 평등·불평등 논의의 전통을 단칼에 삼제芟除해 버렸던 것이다.[332]

평등은 본성 차원의 도덕적 상근성相近性에 근거한 '동등 대우' 의미를 내포한다.

따라서 '평등'은 인간들이 서로를 본성적으로 차별 없이 동등하게 대해야 한다는 도덕적 당위를 담고 있다. '평등'에는 '동일성'을 넘어 이미 '등권等權 대우'의 요청이라는 도덕적 당위의 가치가 담겨 있다. 인간들은 신체적·지성적 능력이 모자라는 행동이 아니라 도덕성이 모자라는, 곧 부도덕한 행동을 경멸·천시한다. 반대로, 인간들은 신체적·지성적·예술적 능력이 더 뛰어난 인간에 대해 감탄하고 그를 칭찬할지언정 '존경'하지는 않는다. '존경'은 이런 능력자에게 주어지는 것이 아니라 도덕성이 높고 거룩한 선덕자先德者에게 주어진다.

그러나 사이코패스를 논외로 칠 때, 인간들은 본성 차원의 도덕적 자질 측면에서 천양지차의 차이를 보이는 신체적·지성적 능력 측면과 반대로 아주 비슷하다. 신체적으로 인간들은 키다리와 난쟁이, 장사와 허약자, 건강과 병약 간의 차이와 같이 엄청난 차이가 존재하고, 지성적으로는 천재(신동)·준재·수재·범재·둔재·백치의 차이와 같이 엄청난 또는 굉장한 차이가 존재하지만, 도덕적으로는 별 차이가 없이 상근相近하다. 왜냐하면 신체적 약자라도 도덕적 자질 면에서 강자에 못지않고, 백치도 도덕적 자질 면에서는 천재 못지않거나 때로 천재를 능가하기도 하는가 하면, 범재와 둔재도 도덕성에서 수재·준재·천재에 결코 뒤떨어지지 않기 때문이다. 그리고 사람들은 실험실측으로 입증되었듯이 남자나 여자를 가리지 않고 배우자를 고를 때 지능적·체능적·예능적 우월성보다 도덕적 우월성을 더 높이 친다. 한마디로, 인간들은 본성상 지성적·신체적 능력에서 엄청나게, 또는 천양지차로 굉장히 다르고 비교적 경시되는 반면, 도덕적 자질 면에서는 본성상 거의 동일하거나 매우 유사하고, 또 훨씬 더 중시된다. 인간의 '유사한' 도덕적 자질에 대한 이 현저한 상대적 중시가 바로 인간평등의 본성적 근거, 인간들 간 동등대우의 결정적·본질적 근거다.

'차등'은 그것이 정당한 차등이라면 도덕적 행위의 차이에 근거하는 차별대우를 뜻한다. 도덕행위의 차이는 사이코패스를 제외할 때 성상근性相近의 본성에 기인하

---

332) 이에 대한 자세한 논의는 참조: 황태연, 《공자의 충격과 서구 자유·평등사회의 탄생 - 근대적 자유·평등 이념과 혁명사상의 유교적 기원(상·중·하)》(서울: 공감의 힘, 2022).

는 것이 아니라, '습상원習相遠'의 후천적 요인들에 기인한다. 따라서 도덕적 자질에 기인한 차별대우의 정당성, 곧 차등의 정당성은 도덕적 성상근性相近의 테두리를 벗어날 수 없다. 즉 인간은 다른 인간을 도덕적으로 차별대우할 수 있지만, 이 차별대우는 도덕적 성상근性相近에 근거한 인간의 본질적 평등(대등대우)을 전제로 인정하고서 집행할 수 있을 뿐이다. 이 도덕적 차별대우는 포상에서 처벌에 이르기까지, 도덕적 칭찬에서 비난에 이르기까지 크게 벌어진다. '포상'은 칭찬·칭송·상장·상금·훈작·숭배 등으로 상승하고, '처벌'은 핀잔·비난·규탄·감봉·강등·해임·해고·벌금형·금고형·징역형·극형 등으로 하강한다. 도덕적 차별대우는 어떤 행위의 도덕적 상점賞點과 벌점罰點에 따라 이와 같이 엄청난 편차를 보인다. 그럼에도 불구하고 이 도덕적 차별대우는 평가의 절차와 결정과정에서 처벌 받는 자를 다른 인간들과 동등하게 대우해야 하는 것이다. 도덕적 차별대우가 인간의 본성적 평등 또는 본질적 동등대우를 상위가치로 인정하지 않는다면, 그것 자체가 정당성을 잃고 악행이 되고 말 것이다.

도덕적 "습상원習相遠"에 기인한 도덕적 차별대우는 '경우에 따라' 정당한 것이고, 도덕적 "성상근性相近"에 기인한 인간의 본성적 평등은 '본질적으로' 정당한 것이다. 그런데도 도덕적 차등의 정당성이 정당한 본성적 평등의 테두리를 벗어나 상위명제로 독립한다면, 주인-노예 차등론, 전근대적 서양의 신분제로 직통하거나, 칸트·고비노·체임벌린·니체·히틀러의 인종주의로 흘러가고 만다. 반면, 도덕적 차등의 정당성이 본성적 평등의 정당성을 상위가치로 준수한다면, 곧 "습상원習相遠"명제가 "성상근性相近"명제를 존중한다면, 모든 논의는 도덕적 차등을 최소화하려는 학습과 수신을 위한 인간교육론으로 나아가게 되는 것이다.

도덕적 "성상근"에 근거한 인간의 본성적 평등은 인간의 보편적 도덕성 또는 보편도덕적 인간성(인간다움)과 직결되어 있다. 보편도덕적 '인간성'은 바로 본성적 도덕성이다. 만인은 이 본성적 도덕성 때문에 존엄하고 이 도덕적 존엄성 측면에서 평등하다. 인간은 학습과 수신에 의해 도덕적으로 귀해지거나 무無수신·불량수신으로 말미암아 비천卑賤해질 수 있으나 도덕적 본질에서 평등하다. 본성적 도덕성으로서의 인간의 인간성은 인간의 본질이고, 이 본질 때문에 만인은 후천적 귀천 속에서도 균등하게 존엄하다.

말하자면 공리적 능력이나 예술성 또는 유희성이 아니라 오로지 인·의·예·지의 도덕성만이 인간의 도덕적 본성으로서의 도덕적 성정性情의 확충으로서 인간성(인간다움), 곧 인간의 본질을 구성한다. 따라서 공자는 "인仁이란 인간답다(仁者人也)"라고 천명하고,[333] 맹자도 "인이라는 것은 인간답고, 이 인과 사람을 합쳐 말하면 도道다(孟子曰 仁也者 人也, 合而言之 道也)"라고 갈파했던 것이다.[334] 이것은 "도道는 둘인데 인仁과 불인不仁일 따름이다"는 공자의 명제(孔子曰 道二 仁與不仁而已矣)와[335] 상통하는 말이다. '인도人道'는 곧 '인도仁道'라는 뜻이다. 그리고 맹자는 "인간은 사지를 가진 것처럼 이 사단(仁之端 義之端 禮之端 智之端)을 가지고 있다(人之有是四端也 猶其有四體也)"고 함으로써[336] '인간다움'이 도덕적 자질을 가진 모든 인간에게 본성적으로 거의 동일하게 갖춰져 있다고 거듭 강조하고 있다. 한마디로, 모든 인간들은 신체능력이나 이성능력에서가 아니라 도덕적 본성 또는 본성 차원의 도덕적 존엄성에서 평등한 것이다. 따라서 인간들은 서로 근사한 이 도덕적 인격성(인간다움) 또는 도덕적 존엄성 때문에 '천부적 인권'이라는 것도 동등한 것이다. 이것이 바로 인간의 '인격적 평등'이고, '인격적 평등'은 '도덕적 평등'이다. 그리고 이 '도덕적 평등'은 본성적(natural)이므로 항상 '자연적·본성적 평등(natural equality)'을 뜻한다.

이런 까닭에 맹자는 "성인도 백성과 동류다(聖人之於民 亦類也)"라고 천명하고, "하늘이 백성을 낳은 이래 공자보다 성대盛大한 경우는 아직 없었음(自生民以來 未有盛於孔子也)"에도 공자도 "인간의 동류에서 나왔다(出於其類)"는 성범동성론을 갈파한 것이다.[337] 같은 취지에서 맹자는 "순임금은 천하에 본보기가 되었고 후세에도

---

333) 《中庸》(二十章).

334) 《孟子》〈盡心下〉(14-16).

335) 《孟子》〈離婁上〉(7-2).

336) 《孟子》〈公孫丑上〉(3-6).

전해질 수 있을 것인데 나는 오히려 시골사람임을 아직 면치 못했으니 이것이야말로 근심할 만한 것임(舜爲法於天下 可傳於後世 我由未免爲鄉人也 是則可憂也"을 인정하면서도 그럼에도 "순임금도 사람이고 나도 역시 사람이다(舜人也 我亦人也)"는 인격적 동등성을338) 불변적 사실로 언급했던 것이다. 따라서 누구나 스스로 성인처럼 인간답게 거룩해지는 길은 자기의 인간적 본성과 무관한 그 무슨 종교적·미신적·주술적 가치관을 받아들여 신봉하며 인간을 멀리하는 형이상학적 구도자의 길이 아니다. 공자는 말한다.

도는 사람과 멀지 않으니, 사람이 도를 하면서 사람을 멀리하는 것은 도라고 볼 수 없다. 《시경》(〈豳風·伐柯〉)은 "도끼자루를 베네, 도끼자루를 베는데(도끼자루를 만들 목재를 베네 - 인용자), 그 도는 멀지 않으니 도끼자루를 잡고 도끼자루(도끼자루를 만들 목재)를 베는 것이네"라고 노래한다. 곁눈질로 보니 오히려 멀게 여겨지는 것이다. 그러므로 군자는 사람으로서 사람을 다스리면서 고치고 또 고친다.339)

따라서 인간답게 고귀하고 거룩해지는 길은 인간과 멀리 떨어진 높은 곳에 있는 도를 찾아가는 종교적·미신적·주술적 구도求道의 길이나 형이상학적·고답적 개똥철학에 있는 것이 아니라, 자기의 타고난 인간 본성을 완전히 발현하는 연습·학습·교습과 이를 통한 수신·체득을 통해 과오를 고치고 고쳐 자신을 갈고 닦고 깎고 다듬어("절차탁마切磋琢磨"하여340)) 본성을 완성하는 '진성盡性'에 있다.

---

337) 《孟子》〈公孫丑上〉(3-2).

338) 《孟子》〈離婁下〉(8-28).

339) 《中庸7》(十三章): "子曰 道不遠人 人之爲道而遠人 不可以爲道. 詩云 伐柯伐柯 其則不遠 執柯以伐柯 睨而視之 猶以爲遠. 故君子 以人治人 改而止.""개이지改而止"는 직역하면 "(과오를) 고치고 또 그것에 산다"이나, '그것에 산다'는 것은 '그것을 계속 되풀이한다'는 것이다. 그래서 "고치고 또 고친다"로 의역해서 문리文理를 순조롭게 만들었다.

340) 《大學》(傳3章): "詩云 瞻彼淇澳 菉竹猗猗 有斐君子 如切如磋 如琢如磨 瑟兮僩兮 赫兮喧兮 有斐君子 終不可諠兮 如切如磋者 道學也 如琢如磨者 自修也 瑟兮僩兮者 恂慄也 赫兮喧兮者 威儀也 有斐君子 終不可諠兮者 道盛德至善 民之不能忘也."

인간은 누구나 수신하면 고귀해지고 전혀 수신하지 않으면, 또는 가령 플라톤·아리스토텔레스·데카르트·칸트·헤겔 등의 '인공적' 합리주의 철학, 스콜라철학, 성리학, 기타 각종 형이상학적 공리공담과 무실허언無實虛言, 학문을 빙자한 종교와 주술, 마르크스주의, 베버주의 이론의 학습 등 불량한 학습으로 악행과 악한 사고방식을 체득하고 정당화하면 비천鄙賤해진다. 그래서 피에르 벨, 섀프츠베리, 크리스티안 볼프, 라이프니츠, 볼테르, 제퍼슨 등 유력한 계몽철학자들은 모두 다 공자의 영향으로 합리주의와 지성주의를 버리고 경험주의와 덕성주의로 넘어갔던 것이다.

이런 취지에서 제1 미국국부에 속한 토마스 제퍼슨이 어린 조카에 보낸 한 서한에서 한 '당부의 말'을 곱씹어 보자.

도덕철학. 나는 이 분야의 강좌에 참여하는 것을 시간낭비라고 생각한다. (...) 인간은 단순히 이 도덕성과만 관련된 시비감각을 부여받았다. 이 시비감각은 듣고 보고 느끼는 감각만큼이나 인간본성의 일부다. 몽상적 필객들이 상상하듯이 미美와 진리가 아니라 이 시비감각이 도덕성의 참된 기초다. 도덕감각, 곧 양심은 그의 팔다리만큼 인간의 일부다. 사지의 힘이 크든 작든 인간들에게 주어진 것처럼 이 도덕감각은 강하든 약하든 인간들에게 부여되어 있다. 도덕감각은 그 행사에 의해 강화될 수 있다. 이 감각은 실로 얼마만큼 이성의 지도에 복종하지만 이성을 필요로 하는 경우는 적다. 심지어 우리가 상식이라 부르는 것보다 적다. 쟁기질하는 농부와 교수에게 도덕문제를 말해 봐라. 이 농부는 교수만큼 잘 그것을 결정할 것이고 종종 교수보다 더 잘 결정할 것이다. 이 농부는 인공적 규칙들에 의해 길을 잃지 않았기 때문이다. 그러므로 이 도덕철학 분야에서 양서들을 읽어라. 양서들은 너의 느낌들을 지도하면서 동시에 북돋워 줄 것이기 때문이다.341)

공자와 맹자를 잘 알았던 제퍼슨은 팔다리 등의 비유에서 거의 맹자처럼 말하고

---

341) Jefferson, "To Peter Carr"(August 10, 1787), 323쪽.

있다. 이 본성적 시비감각(도덕감각)을 전제하면, 누구나 태어날 때는 고귀하지도, 미천하지도 않을 정도로 도덕적으로 균일한 '성정'을 지녔다는 말이다(여기서 '성정性情'은 '본성적 감정과 감각'을 포괄한다). 다시 되풀이하자면, 나면서부터 천하거나 귀한 사람은 없다. 심지어 왕자나 공주, 황자皇子나 황녀도 고귀한 품성을 갖고 태어나는 것이 아니다. 거지도 비천한 품성을 가지고 태어나지 않는다. 또한 후천적으로 천한 일을 하는 사람들도 결코 악인이 아니다. 그들은 대덕을 많이 체득하지 못했더라도 대개 소덕을 두루 갖춘 선인善人들이다.

- 신분제를 방지·해체하는 만민평등교육

상론했듯이 도덕적 "습상원習相遠"에 기인한 도덕적 인간과 부도덕한 인간에 대한 도덕적 차별대우는 '경우에 따라' 정당한 것이고, 도덕적 "성상근性相近"에 근거한 인간의 본성적 평등은 '본질적으로' 정당한 것이다. 그럼에도 불구하고 아리스토텔레스나 고비노·체임벌린·니체·히틀러처럼 "습상원習相遠"에 근거한 도덕적 차등의 정당성을 본성도덕적 평등의 선차적 정당성을 초월해 상위명제로 독립시킨다면, 논의는 고대그리스의 주인-노예의 본성적 차등론, 전근대적 서양의 신분제나, 인종주의 등으로 직통하고 만다. 반면, 도덕적 차등의 후천적 정당성을 도덕적 평등의 선천적 정당성 아래 복속시킨다면, 곧 도덕적 견지에서 "습상원習相遠" 명제를 "성상근性相近" 명제 아래 위치시킨다면, 모든 논의는 학습과 수신을 통해 도덕적 차등을 최소화하려는 데 개인적·정치적 관심의 초점을 맞추게 된다. 그리하여 만인의 학습과 수신을 통해 도덕적 차등을 최소화함으로써 도덕적 차원의 '성상근'을 구현하는 견지에서 '만민평등교육'은 필수불가결한 국사國事가 된다. 공자는 '습상원'으로 야기될, 또는 이에 근거한 신분제를 만민평등교육으로 예방·해체하려고 했다. 토마스 제퍼슨 등 18-19세기 서양 철학자와 혁명가들은 공자의 노선을 따른 반면, 존 로크 등 일부 서양 철학자들은 '습상원'을 역이용해 귀족교육과 서민교육의 내용을 차별화해서 신분제를 재생산하고자 했다.

공자는 천자의 맏아들인 '원자元子'를 두고도 태생적 평등론을 설파했다. 앞서

부분적으로 인용된 이 명제는 "본성은 서로 가까운데 학습이 서로를 멀어지게 한다 (性相近也 習相遠也)"는 명제의 관점에서 읽어야 한다.

천자의 원자도 평범한 사내(士)일 따름이다. 천하에 나면서부터 고귀한 자는 없다(天下無生而貴者也). 대를 이어 제후를 세우는 것도 선대의 현덕을 수덕(修德)했기 때문이고, 사람들에게 주는 벼슬의 위계화도 덕성의 감쇄 때문이다.[342]

"천하무생이귀자야天下無生而貴者也"의 명제는 "성상근性相近"의 취지에 따라 이해하면 "천하에 나면서부터 고귀한 자도 없고, 나면서부터 비천한 자도 없다"는 명제다. 간단히, 왕후장상도 그 씨가 따로 있는 것이 아니다. 참고로, 1613년 영국성공회 신부 새뮤얼 퍼채스(Samual Purchas)는 "천하무생이귀자야天下無生而貴者也" 명제가 실현된 명대 중국의 정치현실을 "왕 외에는 아무도 고귀한 사람이 없는 나라(the country where none is great but the King)"라는 명제로 표현한다.[343] 그리고 1685년 영국성공회 신부이자 영국국왕의 참회목사 나다나엘 빈센트(Nathanael Vincent)는 중국에서 "왕족 외에 아무도 나면서부터 고귀한 사람은 없다(none are born great but those of Royal Family)"는 명제로 표현했다.[344] 그리고 선교사로서 중국에서 포교활동을 했던 루이 르콩트(Louis Le Comte) 신부는 1696년 "천하무생이귀자야" 명제를 더 노골적으로 "참된 고귀성은 혈통이 아니라 공덕에 있다(True Nobility does not consist in Blood, but in Merits)"로 의역했다.[345]

---

342) 《禮記》〈郊特生 第十一〉(11-24): "天子之元子 士也. 天下無生而貴者也. 繼世以立諸侯 象賢也, 以官爵 人 德之殺也."

343) Samuel Purchas, *Purchas, his Pilgrimage. Or Relations of the World and the Religions observed in all Ages and Places discovered from the Creation unto this Present*(London: Printed by William Stansby for Henrie Fetherstone, 1613·1614), 440쪽.

344) Nathanael Vincent, *The Right Notion of Honour: as it was delivered in a sermon before the King at Newmarket*, Octob. 4. 1674, Published by His Majesties Special Command(London: Printed for Richard Chiswell, 1685), 15쪽.

345) Louis Le Compte, *Memoirs and Observations made in a Late Journey through the Empire of China*

천자의 원자(맏아들)도 나면서부터 고귀한 자가 아니라고 갈파하는 공자의 명제
는 공자의 '성상근性相近' 철학의 극적 표현이다. 이 극적 표현은 '유인무류有人無類
(인간이 있으면 유별類別은 없음)' 철학이라고 이름지어야 할 것이다. 천자의 원자도
나면서부터 고귀한 자가 아니기 때문에 그 이하의 모든 국가관리들도 당연히 나면서
부터 고귀한 자일 수 없다. 만인은 고귀하게 태어나지도 않지만, 물론 비천하게
태어나지도 않는다. 현재 천한 직업으로 삶을 영위하는 천민도 도덕적으로 비천한
것이 아니다. 반半본능의 도덕능력에서 본성이 서로 비슷한 만인은 도덕적 귀천
없이 평등하게 태어난다. 천재와 천치(인구의 도합 0.001% 미만), 사이코패스(인구의
도합 4% 미만)를 제외한 만인은 정신적·사회적·도덕적 본성과 품성의 관점에서의
이 본성적 유사성의 바탕 위에서 격물치지格物致知·성의정심誠意正心으로 자기 자신
을 갈고닦아서 그 덕성과 학식을 인정받아 도덕적으로 스스로를 고귀하게 만든
수신자修身者만이 비로소 고귀할 수 있다. 고귀한 인간은 태어난 것이 아니라 스스로
만든 것이다.

따라서 천자로부터 서민에 이르기까지 만인은 자기의 정신과 신체를 수신해서
스스로 문명文明으로 교화해야만 지성적·사회적·도덕적으로 고귀한 사람이 될 수
있다. 덕성을 갖추지 못한 자는 그가 평범한 백성이라면 공무와 정치적·사회적
지도자 역할을 담당할 수 없다. 그가 군주라면 잔학한 폭군이나 비천한 암군·혼주
로 전락할 것이고, 끝내는 백성들에 의해 방벌되고 천하에 의해 죽임을 당할 것이
다. 왕자와 황자라도 스스로 배워 스스로를 고귀하게 만들어야만 고귀해질 수 있다.
그래서 학문에는 왕도王道가 없듯이 도덕적 수신에도 왕도가 없다. 임금과 백성을
가리지 않고 누구나 여일如一하게 '인도仁道를 배워' 수신해야 한다.

자기 자신의 심신을 갈고닦는 수신을 해야 하는 점에서는 천자도 서민과 마찬가
지이다. 그래서 《대학》은 "천자로부터 서인에 이르기까지 하나로 다 수신을 근본으
로 삼는다(自天子以至於庶人 壹是皆以修身爲本)"는 명제를 천명한다.346) 이 명제는

(London: Published by Printed for Benj. Tooke at the Middle Temple Gate [...], 1697), 215쪽.
346) 《大學》(經文首章).

서민백성도 천자와 동등하게 수신할 권리가 있다는 교육의 기회균등을 뜻하는 것으로 해석될 수도 있지만, 국가의 견지에서 의무교육의 명제로 활용될 수도 있다. 그리고 다른 한편으로 이 명제는 천자도 서인처럼 태어난 뒤 수신하지 않으면 동일한 미몽未蒙 상태에 처해 있어 도덕적으로 서인과 다름없다는 '태생적 평등'을 함유한 명제로 해석할 수도 있다. 이런 까닭에 맹자는 성인도, 공자도 백성과 동류에서 나왔다고 갈파한다.

> 기린은 달리는 짐승과 동류이고, 봉황은 비조와 동류이고, 태산은 언덕과 동류이고, 하해河海는 흐르는 물과 동류이고, 성인도 백성과 동류다. 그 동류 가운데 출중하고 그 무리 가운데 발군하니, 백성이 생긴 이래 공자보다 훌륭한 분은 아직 없었다.[347]

그리하여 맹자는 "순임금도 인간이고 나도 역시 인간이다(舜人也 我亦人也)"라고 천명함으로써[348] 사이코패스를 제외하고 지성적·사회적·도덕적 능력에서 인류의 도덕적 유사성을 불변적 사실로 전제했다.

임금과 서민은 출중하고 발군한 성인이 되기 위해서만이 아니라 평범한 임금과 백성이 되기 위해서도 유소년 시절만이 아니라 종신토록 부지런히 수신해야 하는 것이다. 임금과 백성은 도덕적으로 고귀해지기 위해 수신을 동일하게 필요로 하는 점에서 처지가 동일하고 또 도덕 수준도 등위에 있다. 나아가 유소년 시절의 수신 과정이 어느 정도 종결된 단계에서 임금이 서인보다 더 좋은 수신 환경을 얻은 까닭에 서인보다 더 높이 학덕과 인덕을 닦을 수 있을 것이지만, 개중에는 오히려 이 좋은 환경 탓에 도덕적으로 타락한 망나니가 되기도 한다. 반면, 수천만 명, 수억 명에 달하는 서민대중 속에는 언제나 임금 못지않게, 또는 정무에 바쁘거나 천성이 게으른 임금보다 더 높이 수도한 신하들이 있기 마련이다. 또 나라의 도덕적 동량

---

347) 《孟子》〈公孫丑上〉(3-2): "麒麟之於走獸 鳳凰之於飛鳥 太山之於邱垤 河海之於行潦 類也, 聖人之於民 亦類也. 出於其類 拔乎其萃 自生民以來 未有盛於孔子也."
348) 《孟子》〈離婁下〉(8-28).

棟梁들도 무수하다. 이 점에서 "천자로부터 서인에 이르기까지 하나같이 다 수신을 근본으로 삼을" 기회가 주어진다면, 예악과 학문·기술의 습득의 결과에서도 천자와 서인은 그 수준이 크게 다르지 않을 것이다. 그러나 임금 또는 치자의 인덕과 학덕의 중요성은 치자의 생각과 판단이 만백성의 행·불행과 직결되므로 아무리 강조해도 지나치지 않는다.

이와 같이 인간이 천재·천치·사이코패스를 제외하고 서로 유사한 사회적·도덕적 본성을 타고났다는 태생적 평등론은 치자도 일반 백성과 마찬가지로 수신해야만 고귀해질 수 있다는 보편적 수신론 또는 만민교육론으로 귀결된다. 치자와 백성이 공히 수신해야 한다는 이 보편적 수신론은 다시 치자와 백성에게 공히 교육기회가 주어져야 한다는 만민평등교육론으로 통한다. 이 만민평등교육은 만백성에게 평등하게 각급 학교의 입학자격과 입학기회를 주고 모든 합격자를 차별 없이 가르치는 학교제도, 만백성에게 평등하게 응시자격을 주고 급제자들을 국가관리로 임용하는 과거제도, 과거시험의 급제 여부와 성적에 따라 과거급제자들에게만 동등하게 입사入仕기회를 보장하는 공무담임제도 등과 연쇄적으로 연결된다. 만민평등교육과 기회균등한 학교제도, 기회균등한 공무담임제와 기회균등한 과거제 등은 능력주의 공무담임제를 확립하고 궁극적으로 관직세습제를 분쇄하고, 그 결과로서 세습적 관직독점에 착근된 귀족제도를 근절시켜 신분제도를 해체시킨다. 만민에게 학교입학자격과 과거응시자격을 개방하고 오로지 과거급제자들에게만 성적순에 따라 관직을 부여하는 제도는 바로 도덕적 '성상근性相近'과 도덕적 '습상원習相遠' 명제의 요청을 둘 다 충족시키는 것이다.

도덕적 본성의 유사성은 학습기회의 불균등으로 말미암아 도덕성 격차의 확대("習相遠")를 저지하기 위해 '만백성'에게 인성人性의 개발·완성("盡性")의 기회를 보장하는 교육기회의 균등을 요청한다는 말이다. 인간들의 서로 가까운 본성을 확충하는 학습과 교육은 '본성의 서로 가까움'에 못지않게 중요하다. 맹자는 갈파한다.

서시西施라도 불결함을 뒤집어쓰면 사람들이 다 코를 막고 지나가지만, 여느 추악한

사람이라도 목욕재계하면 상제께 제사를 올릴 수 있는 것이다.349)

맹자는 이 말로써 타고난 본성적 자질 못지않게 수신도 중요하다는 것을 표현하고 있다.

상론했듯이 《중용》은 "천명은 본성이라고 하고 본성을 따르는 것을 도道라고 하고 도道를 닦는 것을 교육이라고 한다(天命之謂性 率性之謂道 修道之謂敎)"고 천명한다.350) 본성은 저절로 스스로 성실히 해서 스스로를 밝게 드러내 보이지만, 교육은 반대로 의식적으로 인간이 스스로를 밝게 알고 개발해서 성실하게 만드는 것이다. 그래서 《중용》은 말한다. "스스로 성실해서 밝은 것은 본성이라고 하고, (본성을) 스스로 밝혀서 성실한 것은 교육이라고 한다. 본성은 성실해서 밝고, 교육은 (천명= 본성을) 밝혀서 성실하게 만든다(自誠明 謂之性, 自明誠 謂之敎. 誠則明矣 明則誠矣)."351) 여기서 "밝음"은 '명덕明德'을 함의하고, '명덕'은 자신과 세상을 빛나게 한다. '천명(본성)을 밝힌다'는 말은 '천명과 본성을 밝게 빛나게 한다'는 뜻이다. 맹자는 "교육은 천명(본성)을 밝혀서 성실하게 만든다"는 구절을 주석하듯이 이렇게 말한다.

자기의 마음을 다하는 것(盡其心者)은 자기의 본성을 아는 것이고 본성을 아는 것은 하늘을 아는 것(知天)이다. 자기의 마음을 보존하는 것은 자기의 천성을 기르는 것(養其性)이고 하늘을 섬기는 방도다.352)

따라서 천명을 좇아 마음의 안정을 얻은 군자는 자기의 학도學道와 백성교육을 천직으로 중시한다. 따라서 공자는 "늙어가는 줄도 모르고(不知老之將之)" "학도學道하는 데 게으르지 않고, 뭇사람을 가르치는 데 염증내지 않았던 것이다(學道不倦

349) 《孟子》〈離婁下〉(8-25): "孟子曰 西子蒙不潔 則人皆掩鼻而過之 雖有惡人 齊戒沐浴 則可以祀上帝." 여기서 "서자西子"는 전국시대 오왕 부차의 총애를 받은 월나라의 절세미인 서시西施를 가리킨다.
350) 《中庸》(1章).
351) 《中庸》(二十一章).
352) 《孟子》〈盡心上〉(13-1): "孟子曰 盡其心者 知其性也. 知其性 則知天矣. 存其心 養其性 所以事天也."

誨人不厭)."353) 여기서 중요한 것은 특별한 인간을 가르치는 데 염증을 내지 않은 것이 아니라 "뭇사람"을 가르치는 데 염증 내지 않았다는 대목이 중요하다. 이는 신분차별 없는 백성교육을 함의하고 있기 때문이다. 뛰어난 제자를 특별한 신분층에서 얻는 것이 아니라 '천하'에서 얻어 가르치는 것은 군자의 큰 즐거움이다. 맹자는 부모구존父母俱存·형제무고兄弟無故 다음에 중요한 "군자의 두 번째 즐거움은 천하의 영재를 얻어 교육하는 것이다(二樂也 得天下英才而教育之)"라고 광포廣布한다.354)

맹자는 자신을 교육하는 방도를 다섯 가지로 논한다. "군자가 교육하는 방도는 다섯 가지다. 때맞춰 내리는 비처럼 교화하는 것(有如時雨化之者)이 있고, 덕을 이루는 것이 있고, 재능을 통달하는 것이 있고, 의문에 답하는 것이 있고, 사숙私淑하는 것이 있다. 이 다섯이 군자가 교육하는 방도다."355) "때맞춰 내리는 비처럼 교화하는 것"은 "경험에서 배워 그것을 때맞춰 되풀이 익힌다(學而時習之)"는 《논어》의 두 번째 구절과 통한다. 이 "학이시습지學而時習之"는 새로운 지식을 가져다 준다. 따라서 '학이시습지'는 곧 "온고이지신溫故而知新"과 같은 뜻이다. 과거의 경험을 거듭 데우면 새것을 알 수 있다. 그리고 "경험을 거듭 데워 새것을 알면(溫故而知新) 스승이 될 수 있다(可以爲師矣)."356) 한편, "덕을 이루는" 방도는 '수덕修德'이다. "재능을 통달하는 것"은 '수련修練'이다. "의문에 답하는" 방도는 '심문審問'이다. 그리고 "사숙하는 것(私淑艾)"은 어떤 성인이나 사부의 학문을 성인의 제자들에게서 간접적으로 도를 전해 듣거나 성인의 책을 읽고 독학하는 것이다. 맹자도 "공자의 문도門徒가 될 수 없어서 여러 사람들에게서 공자를 사숙했다."357) 이 다섯 가지 방도의 교육은 스승 군자가 제자를 교육하는 방도만을 말하는 것이 아니라, 선비가

---

353) 司馬遷, 《史記世家》〈孔子世家〉. 《논어》에는 "學道不倦 誨人不厭"이 빠진 채 소개되어 있다. 《論語》〈述而〉(7-19).

354) 《孟子》〈盡心上〉(13-20).

355) 《孟子》〈盡心上〉(13-40): "孟子曰 君子之所以教者五 有如時雨化之者 有成德者 有達財者 有答問者 有私淑艾者. 此五者 君子之所以教也."

356) 《論語》〈爲政〉(2-11).

357) 《孟子》〈離婁下〉(8-22): "予未得爲孔子徒也 予私淑諸人也."

자기 자신을 교육하는 독학도 포함한다.

인간의 본성적 상근성相近性(상호유사성)은 만백성에게 인성의 개발·완성 기회를 동등하게 보장하는 교육기회와 교육내용의 균등을 요청한다. 상론했듯이 "천자로부터 서인에 이르기까지 하나 같이 다 수신修身을 근본으로 삼는다"는 《대학大學》〈수장首章〉의 만민교육 명제는,[358] 만민이 수신해야 함을 말하는 것임과 동시에 만민에게 균등한 교육기회를 보장하는 취지로도 읽을 수 있는 것이다. 그리고 공자는 《논어》에서 교육에서 기회 균등을 보장하는 취지에서 차별 없는 평등교육을 직접 논급한다.

　　교육이 있으면 유별類別은 없다(子曰 有敎無類).[359]

교육이 있다면, 그것은 반드시 차별 없는 평등교육이어야 한다는 말이다. "습상원習相遠" 명제에 주목하면, 학습과 교육은 불균등할 때 오히려 신분적 불평등을 야기하고 영구화시키는 요소가 된다. 가령 존 로크는 이것을 이용해 귀족교육과 빈민교육을 두 개의 논고로 나눠 차별적으로 기획함으로써 영국의 신분제를 차등교육으로 영구히 재생산하는 반동적 교육론을 내놓았다.[360] 반면, 공자의 차별 없는 만민·보통평등교육론은 "습상원" 경향을 상쇄시켜 신분차별의 생성을 원천 봉쇄하고 기존의 신분차별을 없애는 견인차가 되었다. 이러한 까닭에 토마스 제퍼슨은 로크와 반대로 중국식 만민평등교육을 민주공화국의 주춧돌로 간주하고 줄기차게 주장했던 것이다.[361]

---

358) 《大學》(經文首章): "自天子以至於庶人 壹是皆以修身爲本."

359) 《論語》〈衛靈公〉(15-39).

360) John Locke, *Some Thoughts on Education*, §135("Excuse"). *The Works of John Locke*, vol. 9(London: Printed for Thomas Tegg, 1823; Aalen, Germany: Reprinted by Scientia Verlag, 1963); John Locke, "An Essay on the Poor Law", 190쪽. Locke, *Political Essays*, ed. by Mark Goldie(Cambridge: Cambridge University Press, 1997).

361) 황태연, 《공자와 미국의 건국(상)》(서울: 한국문화사, 2023), 327-412쪽.

공자는 "유교무류有敎無類"의 만민평등교육 원칙을 전과자에게까지 무차별적으로 적용했다. 공자가 살던 시대 중국의 호향互鄕은 범죄마을이었는데, 공자가 그곳에서 온 한 동자에게 면담기회를 주자 문인들이 의아해 했다. 이에 공자가 말했다.

그가 진보하는 것을 인정하고 퇴보하는 것을 인정치 않는 것인데 어찌 그를 심히 대하겠느냐? 사람이 자기를 정결히 하고 나아감에 그의 정결함을 돕는 것이다. 그렇다고 해서 이것이 그의 과거까지 봐주는 것은 아니다.[362]

공자는 전과자의 전과까지 눈감아주지 않을지라도 그에게 가르침을 주어 그가 정결해지는 것을 돕는 것이 옳다고 여겨서 호향의 동자도 만나준 것이다. 공자의 이 전과자 교육은 인간들 간에 차별이 없어야 한다는 '유교무류有敎無類' 원칙을 확대 적용한 것이다.

그런데 주지하다시피 공자가 "백성은 따르도록 할 수 있어도 그것을 알게 할 수 없다(民可使由之 不可使知之)"고[363] 했으면서도, 차별 없는 교육을 말하는 것은 모순이 아닌가? 여기서 "알게 할 수 없다"는 대목은 '원리를 다 이해시킬 수 없다'는 큰 의미로 해석해야 할 것이다. 백성들도 가르치면 예법절차와 법률, 공식과 법칙들을 얼마간 암기해 따라 하게 할 수 있지만 암기한 예법절차와 법률, 각종 공리·공식·법칙 등의 철학적 원리까지 다 알게 할 수는 없다. 그러나 소인대중으로서의 백성들이 예법절차와 법률, 공식과 법칙들에 대한 초등 지식들을 배운다면 국가의 합당한 요구와 지도를 따라야 할 때 국가의 지시사항들을 알아듣는 까닭에 쉽사리 자발적으로 따를 것이다. 그래서 배운 백성은 다스리기 쉬운 법이다. 그리하여 주지하다시피 공자는 "군자가 학도하면 뭇사람을 사랑하고, 소인이 학도하면 부리기 쉽다(君子學道則愛人 小人學道則易使也)"고 천명했던 것이다.[364]

---

362) 《論語》〈述而〉(7-29): "互鄕難與言 童子見 門人惑. 子曰 與其進也 不與其退也 唯何甚? 人潔己以進 與其潔也. 不保其往也."
363) 《論語》〈泰伯〉(8-9).

맹자는 공자의 이 명제를 부연해서 정치적·실무적 관점에서 임금의 스승〔君師〕 기능을 부각시킨다. "태학(대학)은 하·은·주 삼대가 공유했는데, 다 인륜을 밝히는 방도였다. 위에서 인륜이 밝으면 소민은 아래에서 친애한다. 왕다운 자〔王者〕가 일어서게 되면 반드시 사람들은 그를 본받을 것이다. 그러므로 왕다운 자는 스승이 다."365) 왕다운 자는 사람들이 그를 본보기로 삼아 배우기 때문에 백성은 왕다운 자를 스승으로 삼아 배우며 따라한다. 그렇기 때문에 인륜의 법도를 배운 백성은 정사의 순리와 백성의 도리를 알고 정당한 국역國役을 자발적으로 이행한다. 백성의 도리를 배워 아는 백성은 서로 친애하며 자발적으로 왕을 본보기로 삼고 따르기 때문이다.

"유교무류" 명제(평등교육)가 "천자로부터 서인에 이르기까지 하나 같이 다 수신을 근본으로 삼는다"는 명제(만민교육)와 결합되면, 공자의 교육론은 '만민평등교육론'으로 귀결된다. 따라서 공자의 만민평등교육론은 농민·상공신분의 교육을 방기한 플라톤의 치자교육이나 아리스토텔레스의 유한有閑계급(노예소유주)교육론, 로크의 신분차별교육론과 같은 반反인민적 차등·제한교육을 본질적으로 능가하는 것이다. 공자의 이 만민평등교육론은 바로 교육·문화복지정책으로서의 그의 교민론敎民論과 이음새 없이 연결된다.

그러나 공자는 '유교무류' 명제에도 불구하고 남녀교육을 남녀유별하게 기술한다. 공자는 우선 남자의 교육과 인생행로에 관해서 말한다.

남자 10세는 나가서 바깥의 스승에게 취학해 바깥에 자면서 육서와 역사를 배우고 비단 저고리와 바지를 입지 않는다. 예절은 처음(처음에 가르친 것)을 따르고 조석으로 어린이의 예절을 배우고 스승에게 청해 죽간의 진실을 익힌다. 13세는 음악과 송시誦詩와 무용舞踊을 배운다. 성동成童(15세 이상)이면 주송周頌 무편武篇의 시에 붙여 춤을

---

364) 《論語》〈陽貨〉(17-3).
365) 《孟子》〈滕文公上〉(5-3): "學則三代共之 皆所以明人倫也 人倫明於上 小民親於下. 有王者起 必來取法. 是爲王者師也."

추고 활쏘기를 배운다. 20세에는 관을 쓰고 예법을 배우기 시작하고 갓옷과 비단옷을 입어도 되고 대하大夏의 시에 붙여 춤을 추어도 된다. 효제를 도탑게 행하고 박학하나 가르치지 않고 안에 두고 밖에 드러내지 않는다. 30세에는 아내를 얻고 비로소 남자의 일을 관리한다. 정해진 방향 없이 널리 배우고 벗에게 겸손하나 뜻을 본다. 40세는 비로소 출사하고 정사에 대해 안출해 생각을 발표해서 도가 합하면 임금에게 복종하고 불가하면 떠난다. 50세는 대부의 명을 받아 관정官政에 복무한다. 70세에 치사한다.366)

남자는 30세에 아내를 얻어 가정을 꾸리고 40세에 비로소 출사한다고 말하고 있다. 남자는 아주 늦게야 비로소 성인이 되는 셈이다.

공자는 여자의 양육과 인생행로에 대해서 비교적 짧고 소략하게 기술하면서 여성이 남자보다 10년 먼저 성인이 되는 것으로 말한다.

여자는 10세가 되면 밖에 나가지 않는다. 여자교사[姆]가 온순하고 정숙함과 청종을 가르치고 길쌈을 가르치고 누에고치에서 실 뽑는 것, 명주를 짜는 것을 가르친다. 여자일을 배워 의복을 공급한다. 제사를 살펴보고 술과 장을 따르고 콩과 채소절임과 젓갈을 그릇에 담고, 제례를 차리는 것을 돕는다. 15세는 비녀를 꼽고, 20세는 시집을 간다. 일이 있으면 23세에 시집간다.367)

여자는 남자보다 7-10년 먼저 결혼한다. 그리고 여자는 10세에 집안출입이 금지되고 교육내용이 거의 노동교육이다. 반면, 남자는 거의 다 정치적 출사를 위한 정치학 교육이거나 군사교육이다. 공자는 교육 내용을 이렇게 유별有別하게, 아니

---

366)《禮記》〈內則〉(12-52): "十年 出就外傅 居宿於外 學書記 衣不帛襦袴. 禮帥初 朝夕學幼儀 請肄簡諒. 十有三年 學樂 誦詩 舞勺. 成童 舞象 學射御. 二十而冠 始學禮 可以衣裘帛 舞大夏. 惇行孝弟 博學不教 內而不出. 三十而有室 始理男事. 博學無方 孫友視志. 四十始仕 方物出謀發慮 道合則服從 不可則去 五十命 爲大夫 服官政. 七十致事."

367)《禮記》〈內則〉(12-54): "女子十年不出. 姆教婉娩聽從 執麻枲 治絲繭 織紝組紃. 學女事 以共衣服. 觀於祭祀 納酒漿籩豆菹醢 禮相助奠. 十有五年而筓, 二十而嫁. 有故二十三年而嫁."

차별적으로 조직하는 남녀차별교육을 기획했으나, 남녀를 공히 교육시켜야 한다고 생각함으로써 적어도 만민교육 원칙에서 여성을 배제하지 않았다. 공자는 원칙적으로 남녀가 "존비가 같다(同尊卑也)"고368) 생각했기 때문이다.

결론적으로, 그저 교육이 아니라 만민평등교육만이 '습상원習相遠'의 불평등화 추이를 상쇄시킬 수 있다. 불평등한 차별교육은 '습상원'의 불평등 추이를 더욱 극화시킬 수 있기 때문이다. 그러나 교육은 만민에게 실시되고 그 교육기회가 평등하고 같은 조건에서 교육내용이 유사하다면 만인을 평등화하는 견인차가 된다. 이런 까닭에 공자는 교육을 만민에게 개방하고 평등하게 실시함으로써 교육문화를 민주화하는 거시적 교육균제를 인정仁政국가가 동시에 고수해야 할 의정義政의 한 축으로 생각한 것이다.

IT에 바탕을 둔 AI혁명시대에 교육은 더욱 중요하고 만민평등교육은 더더욱 중요하다. 이 시대에 거시적 교육균제에 소홀하면 AI혁명시대는 전대미문의 신분제 사회로 전락할 것이다. AI의 제작과 수리를 맡는 엔지니어는 보통 엔지니어와 일반 근로자들보다 엄청난 연봉을 받고, 엄청나게 높은 지위에 올라설 것이기 때문이다. 그리고 AI의 제작과 수리를 맡는 엔지니어들을 거느린 수퍼리치(super-rich) 자본가는 종래의 재벌, 또는 Big Business보다 막강한 신분층이 될 것이다. 이에 대항하는 길은 교육을 균제해서 AI에 관한 지식과 기술을 고루 확산시켜 지식·정보격차를 줄이고, AI사용기회를 국민적 차원으로 확대하는 것이다.

공맹의 도덕과학과 정치철학으로부터 추출된 인의국가의 이념은 이와 같이 인정과 의정을 국가의 존재이유로 규정하고 국정의 두 축으로 실행하는 국가다. 공자는 의식주와 도덕·사회·사물지식에 대한 배고픔을 충족시키는 양민·교민의 인정 못지 않게 배 아픔을 없애는 균제의 의정도 강조했다. 반면, 맹자는 인정에만 치중하고 균제는 정전제의 경계를 바로잡는 것으로 대체함으로써 인정에 포함시켜 소멸시켰

---

368)《禮記》〈郊特生〉(11-25): "남녀가 제사고기를 같이 먹는 것은 존비가 같기 때문이다. 그러므로 부인이 작위가 없어도 남편의 작위를 따르고, 자리에 앉는 것도 남편의 연령 서열을 따른다(共牢而食 同尊卑也. 故婦人無爵 從夫之爵 坐以夫之齒)."

다. 이것을 중시하는 맹자 자신의 이 명제를 다시 읽어보자. "무릇 인정仁政이란 반드시 토지 경계의 경리로부터 시작하는 것이다. 경계가 바르지 않으면 정전井田이 불균등하고 봉록이 불평등하게 된다. 그래서 폭군과 탐관오리는 필히 그 경계 경리를 태만히 하는 것이다. 경계가 바르면 정전을 나누고 봉록을 제정하는 것은 앉아서도 할 수 있다."369) 맹자는 여기서 분명히 정전제의 경계균제를 인정의 전제로 간주하고 있다. 이것은 인정과 의정을 둘 다 중시해 '고르게 베푸는 것'을 말한 것이다. 맹자의 이런 주장에도 불구하고, 또《주례》가 균제를 강조했음에도 불구하고 중국 역대국가들과 조선은 경향적으로 의정을 소홀히 하고 대체로 인정국가만을 추구한 것 같다.

제2절 주나라와 대동적 인의국가의 유제

주대周代로부터 역대 중국제국諸國은 인仁을 의義에 앞세우되 인정과 의정을 둘 다 중시하는 '인의국가'보다 의정을 소홀히 하고 인정을 중시한 '인정국가'를 추구했다. 이러는 사이에 정전제의 미시적·거시적 균제정책을 겸행하던 주대의 의정義政 전통은 주대 정전제가 무너지면서 소실된다. 하지만 14세기부터 18세기 중반까지 550여 년 소빙기가 덮치면서 잦아진 한발·수해·풍해·냉해·충해·병해 등의 천재와 극단적 물가등락·독과점·도시화재 등의 인재로 말미암아 중국제국의 인정仁政은 갈수록 더욱 강화되었다.

---

369)《孟子》〈滕文公上〉(5-3): "夫仁政 必自經界始. 經界不正 井地不均 穀祿不平 是故暴君汗吏必慢其經界. 經界既正 分田制祿可坐而定也."

2.1. 주대의 고전적 양민제도

《주례》에 의해 채록된 주대周代의 양민·교민제도는 공맹이 추구한 인정이념의 전범이다. 주대 인정제도는 그 형태가 후대로 갈수록 현저히 변하지만 그 제도적 기본취지는 면면히 이어지며 강화된다. 따라서 주대의 양민제도를 살피는 것은 중국양민제도에 대한 논의의 출발점이지 않을 수 없다.

■ 주대의 양민제도

《주례》에 수집·기록된 주周나라의 양민제도는 '황정荒政'과 '양민養民·안민安民정책'으로 대별된다. '황정'의 '황荒'은 원래 흉년을 말한다.[370] 그러나 이후 '황荒'자는 곡식이 떨어져 기색飢色이 도는 춘궁기나 하궁기夏窮期에도 쓰이고 각종 천재지변으로 백성의 가산이 망가지고 곡식이 멸실된 때에도 쓰였다. 따라서 '황정'은 한해寒害·냉해·수해·풍해風害·충해·지진·전염병·화재 등의 각종 재해에 따른 기근, 계절변동에 따른 춘궁기·하절기 기근, 흉작에 따른 기근 등 각종 위기적 기아飢餓상황에서 백성을 구호하는 긴급 구민救民정책을 말하는 것으로 넓게 이해된다. '양민·안민정책'은 황정의 긴급비상 구민정책과 달리 민생경제를 풍족하게 하여 백성을 부유하고 행복하게 만들려는 각종 정상적·일상적 복지정책을 말한다. 《주례》는 황정을 12가지로 열거하고, 양민·안민정책도 12가지로 제시하고 있다.

- 구민救民을 위한 12대 황정

《주례》는 백성을 기아 위기로부터 구해 만민이 먹을 것을 찾아 흩어져 고향을 떠나는 일이 없도록 하는 12가지 황정을 제시하고 있다.

---

370) 《周禮注疏》, 306쪽: "荒 凶年也."

(지관地官[호부] 대사도는) 12가지 황정으로 만민을 모은다. 첫째는 산리散利이고, 둘째
는 박정薄征이고, 셋째는 완형緩刑이고, 넷째는 이력弛力이고, 다섯째는 각종 사금舍禁이고,
여섯째는 거기去幾이고, 일곱째는 생례眚禮이고, 여덟째는 쇄애殺哀이고, 아홉째는 번악蕃樂
이고, 열째는 다혼多昏이고, 열하나는 색귀신索鬼神이고, 열둘은 제도적除盜賊이다.371)

'산리散利'는 이자를 받고 씨앗이나 식량을 꾸어주는 것이고(散利 貸種食也), '박정薄
征'은 조세를 가볍게 하는 것이다(輕租稅也).372) '완형緩刑'은 흉년에 형벌을 완화하고
범죄자를 풀어주는 것(凶年犯刑 緩縱之)이다.373) '이력弛力'은 요역을 쉽게 하는 것이
다(息徭役也).374) '사금舍禁'은 산택을 차폐遮蔽하는 금법을 제거하고 백성으로 하여
금 나물을 캐서 먹게 하는 것(山澤所遮禁者 舍去其禁 使民取蔬食)이다.375) '거기去幾'는
관문과 시장입구에서 검문검색을 하지 않는 것(關市不幾)이다.376) 여기서 '기幾'자는
"꾸짖고 금하는 것을 일컫는다(幾謂呵禁)". 그러므로 '거기去幾'는 관문과 시장에서
세금을 물리고 검색하는 것을 없애는 것(關市去稅而幾之)을 말한다.377) '생례眚禮'는
장객掌客 관직자가 흉년에 길례吉禮를 감축하는 것을 일컫는 것이다(掌客職所謂凶荒殺
禮者也).378) 이것은 경사에 따른 길례 가운데 그 예의 수를 생략하는 것이다.379)
'장객'掌客은 사방의 빈객의 뇌례牢禮와 선물과 음식의 등수等數와 그 정치를 관장하
는 추관秋官소속 관리다(掌四方賓客之牢禮·餼獻·飮食之等數與其政治).380) '쇄애殺哀'는

---

371) 《周禮》〈地官·大司徒〉(10): "以荒政十有二聚萬民一曰散利二曰薄征三曰緩刑四曰弛力五曰舍禁六曰去
幾七曰眚禮八曰殺哀九曰蕃樂十曰多昏十有一曰索鬼神十有二曰除盜賊."

372) 《周禮注疏》, 306쪽(鄭玄注).

373) 《周禮注疏》, 306쪽(賈公彦疏).

374) 《周禮注疏》, 306쪽(鄭玄注).

375) 《周禮注疏》, 306쪽(賈公彦疏).

376) 《周禮注疏》, 306쪽(鄭玄注).

377) 《周禮注疏》, 306쪽(賈公彦疏).

378) 《周禮注疏》, 306쪽(鄭玄注).

379) 《周禮注疏》, 306쪽(賈公彦疏).

380) 《周禮》〈秋官·司寇〉.

흉례 가운데 그 예의 수를 감축하는 것(凶禮之中殺其禮數)이다.381) '번악蕃樂'은 악기를 감추어 넣고 연주하지 않는 것(藏樂器而不作)이다. '번蕃'은 '폐閉'다.382) '다혼多昏'은 예를 갖추지 않고 시집 장가 가서 혼인하는 사람들이 많아지게 하는 것(不備禮而娶昏者多)이다.383) '색귀신索鬼神'은 폐지된 제사를 찾아서 다시 지내도록 도와주는 것(求廢祀而修之)이다.384) 이것은 흉년에 비는데 귀신을 찾아내 그것에 비는 것을 말한다(凶年禱祈 搜索鬼神而 禱祈之).385) '제도적除盜賊'은 형벌을 엄하게 하여 도적을 제거하는 것이다. 기근 시에는 도적이 많으므로 불가불 제거해야 한다.386)

주나라는 재해나 돌림병이 돌 때 전국을 순회하며 이를 구제하는 일을 맡는 관리로 '사구司救'를 두었다. "사구는 (...) 무릇 연중 때때로 천재와 역병이 발생하면 정절旌節을 가지고 나라 안과 교야郊野를 순시해 왕명으로 시혜한다(凡歲時有天患民病則以節巡國中及郊野 而以王命施惠)."387) 여기서 '절節'은 천자가 파견하는 신하에게 준 신임의 깃발인 '정절旌節', "시혜"는 "두루 진휼한다"는 뜻이다(施惠 周恤之).388) 사구는 중사中士 2인과 사史 2인, 그리고 도徒 20인 등 도합 24인의 관리를 거느렸다.389)

박정薄征·완형緩刑·이력弛力·사금舍禁·거기去幾·생례眚禮·번악蕃樂·제도적除盜賊 등 8개 황정·구민책은 재정 투입 없이 국가가 취하는 일방적 시혜행정으로 가능하다. 그러나 나머지 네 가지 황정책, 곧 씨앗과 식량을 나눠주는 첫째 황정책과, 재정지원이 필요한 여덟째·열째·열하나의 황정책을 시행하고 역병을 구제하는 것 등은 국가의 비축물자 – 곡식이나 재화 등을 분배하는– 가 필요하다. 그리고 여기의 규정에서는 빠졌지만 노인과 고아를 부양하는 데도 물자가 필요하다.

---

381) 《周禮注疏》, 306쪽(賈公彦疏).
382) 《周禮注疏》, 306쪽(賈公彦疏).
383) 《周禮注疏》, 306쪽(鄭玄注).
384) 《周禮注疏》, 306쪽(鄭玄注).
385) 《周禮注疏》, 306-307쪽(賈公彦疏).
386) 《周禮注疏》, 306(注) 및 307쪽(賈公彦疏).
387) 《周禮》,〈地官·司救〉.
388) 《周禮注疏》, 421쪽(鄭玄注).
389) 《周禮》,〈地官·司徒〉.

주나라는 긴급 구호에 소요되는 물자를 예비하기 위해 '위委'와 '자積'라는 크고
작은 곡식창고를 두었다. '위委'는 사방 30리 범위 안의 '숙宿'에 설치된 작은 곡식창
고(또는 적은 저축곡식)이고, '자積'는 50리 이상의 도시에 설치된 큰 곡식창고(또는
많은 저축곡식)이다.[390]

지관의 유인遺人은 방국의 위자委積를 관리함으로써 시혜施惠를 대비한다. 향리의 위·자
委積는 백성의 간액艱厄을 진휼하고, 관문關門의 위·자로써는 노인과 고아를 부양하고,
교리郊里의 위·자로써는 빈객에 대비하고, 야비野鄙의 위·자로써는 나그네에 대비하고,
현도縣都의 위자로써는 흉황凶荒에 대비한다. 국빈을 맞거나 회동할 때나 군사작전을
할 때는 그 도로의 위·자를 관장한다. 무릇 국야國野의 길에는 10리마다 여廬가 있고
여에는 음식이 있고, 30리마다 숙塾이 있고 숙에는 노실路室이 있고 노실에는 위委가
있고, 50리마다 시市가 있고 시에는 후관候館(망루)이 있고, 후관에는 자積가 있다. 무릇
위·자韋積의 일은 순시·비교하고 때맞춰 나눠 준다.[391]

《이아주소爾雅註疏》에 따르면, '읍邑'은 천자가 직할하는 국도國都이고, '읍외邑外'는
'교郊'이고, '교외郊外'는 '목牧'이고, '목외牧外'는 '야野'이고, '야외野外'는 '임林'이다.
따라서 '교리郊里'는 읍외의 촌락이고, '야비野鄙'는 이野(=목외)의 비읍鄙邑들을 가리
킨다. 여기서 말하는 '위자'는 시혜施惠를 대비한 것으로서 비상시 구황용("흉황凶荒에
대비한 현도縣都의 위자" 등), 외교용과 군용(교리의 위적과 도로의 위적), 일상적 복지
시혜용("백성의 간액艱厄을 진휼하는 향리의 위자", "노인과 고아를 부양하는 관문關門의
위·자", "나그네에 대비하는 야비野鄙의 위·자")으로 구성된다. "위자"를 때맞춰 적절하게
나눠 주기 위해 순행하는 일은 향사鄕師가 담당했다. '향사'는 5주州(12500가구)를

---

390) 《周禮註疏》〈地官·遺人〉, 406쪽(鄭玄注): "少曰委 多曰積"
391) 《周禮》〈地官·遺人〉: "遺人 掌邦之委積 以待施惠. 鄕里之委積 以恤民之囏阨, 門關之委積 以養老孤,郊里
之委積 以待賓客, 野鄙之委積 以待羈旅, 縣都之委積 以待凶荒. 凡賓客會同師役掌其道路之委積. 凡國野之道
十里有廬, 廬有飮食 三十里有宿 宿有路室 路室有委, 五十里有市 市有候館 候館有積. 凡委積之事巡而比之
以時頒之."

포괄하는 '향鄕'의 장관이다. "연중 때때로 나라와 목외木外(=野)를 순시하며 만민의 간액을 진휼하는 데 왕명으로써 시혜한다(以歲時巡國及野 而賙萬民之囏阨 以王命施惠)"392) 여기서 '간액囏阨'은 '곤핍困乏'과 같다.393)

주나라는 구황·구민복지를 국가의 과업으로 설정하고 이를 집행할 관리들(대사도와 유인)을 배치했을 뿐만 아니라, 백성의 자발적 구황과 구휼을 위해 서약과 맹세를 통한 상부상조와 절약을 민간의 의무로서 규정하고 가르쳤다. 《주례》는 가령 백성에 가르칠 "12가지 교육" 가운데 세 가지를 구휼교육과 양민·민복교육에 할당했다. 제8·9·10항목이 그것들이다. 제8항목은 "상호맹세로써 진휼을 가르쳐서 백성을 게으르지 않게 하는 것(八曰以誓敎恤則民不怠)"이고, 제9항목은 "물자를 헤아림으로써 절약을 가르쳐 백성을 자족하게 하는 것(九曰以度敎節則民知足)", 제10항목은 "세사世事로써 능력을 가르쳐서 백성을 실직하지 않게 하는 것(十曰以世事敎能則民不失職)"이다.394) 민간의 구휼·안민安民의무는 처벌규정에서 가장 확실히 드러난다. 《주례》는 대사도가 규찰해야 할 8가지 형벌 중에 제6항목에 "진휼하지 않은 것"에 대한 형벌(六曰不恤之刑)을 거론하고, 제8항목에는 "백성을 어지럽히고 괴롭히는" 난행亂行(왈패 짓)에 대한 형벌(八曰亂民之刑)을 열거하고 있다.395)

- 민복을 위한 12대 양민·안민정책

주나라는 《주례》에 따르면 복지정책을 ① 비상 황정에 의한 구민救民정책, ② 하층민의 궁핍과 가난을 완화하는 일상적 양민養民정책, ③ 백성의 안녕과 행복을 증진하는 안민安民정책으로 삼분하여 추진했다. 그런데 위에서 언급한 5개항, 곧 ① "백성의 간액艱阨을 진휼하기" 위해 "향리의 위자"를 푸는 것, ② "노인과 고아를 부양하기" 위해 "관문關門의 위·자"를 푸는 것, ③ "야비野鄙의 위·자를 풀어 나그네에

---

392) 《周禮》〈地官·鄕師〉.
393) 《周禮注疏》〈地官·遺人〉, 406쪽(鄭玄注).
394) 《周禮》〈地官·大司徒〉(4).
395) 《周禮》〈地官·大司徒〉(16).

게 숙식을 제공하는 것, ④ "상호맹세로써 진휼을 가르쳐서 백성을 게을러지지 않게 하는 것(八日以誓教恤則民不怠)", ⑤ "세사世事로써 능력을 가르쳐서 백성을 실직하지 않게 하는 것" 등은 비상시국의 구민·황정만이 아니라, 일상적 양민복지정책에도 쓰인다. 따라서《주례》는 복지정책으로 이 항목들을 포함해 12개 양민養民·안민安民 정책, 곧 양민을 위한 6대 '보식保息'정책과 안민을 위한 6대 "본속本俗"정책을 제시한다. 그리고 이 양민·안민정책을 물질적으로 뒷받침하기 위해 백성의 상부상조를 조직하는 비比·여閭·족族·당黨·주州·향鄉의 6단계 행정체계와 농업과 상공업 12개 부문의 경제발전정책을 제시한다.

'보식保息'은 백성들에게 휴식·부양을 보장하는 양민養民활동을 말한다. '본속本俗'은 안민을 위해 전래된 미풍양속(전통문화)을 본보기로 시행하는 것을 말한다. 먼저《주례》는 6대 보식·양민정책을 제시한다.

> 보식 6개항으로 만민을 양민한다. 첫째는 유아들을 자양慈養하는 것(慈幼)이다. 둘째는 노인을 봉양하는 것(養老)이다. 셋째는 궁한 사람들을 진제振濟하는 것(振窮)이다. 넷째는 가난한 사람들을 진휼하는 것(恤貧)이다. 다섯째는 폐질자를 너그러이 사랑하는 것(寬疾) 이다. 여섯째는 백성의 재부를 안전하게 지켜 주는 것(安富)이다(以保息六養萬民. 一日慈幼. 二日養老. 三日振窮. 四日恤貧. 五日寬疾. 六日安富).[396]

국가정책으로서의 "자유慈幼"는 사인私人이 자기의 아이들을 자양하는 것이 아니라, 국가가 버려진 젖먹이 영아嬰兒(=유아乳兒), 곧 기아棄兒와 고아들을 모아 자양하는 것이다. '양로養老'도 자기 아버지와 할아버지가 아니라 남의 노인을 봉양하는 것을 말한다. 이 "자유"와 "양로"는 상술한 항목, 바로 "노인과 고아를 부양하기" 위해 "관문關門의 위·자"를 푸는 것과 관련된 것이고, 공자가 나중에 "대동大同"사회 의 한 측면으로 논하는 대목인 "사람들은 유독 제 양친만을 친애하지 않았고 유독

---

396)《周禮》〈地官·大司徒〉(11).

제 자식만을 자애하지 않았으니 노인에게는 마칠 곳이 있게 했고, (…) 유아들에게
키 워줄 곳이 있게 했다(人不獨親其親 不獨子其子, 使老有所終 (…) 幼有所長)"는 구절과
연관 된 정책이다. "진궁振窮"은 궁한 사람들에 대한 일상적 진제를 말한다. "궁한
사람들"은 여기서 환鰥(=矜=늙은 홀아비)·과寡(늙은 홀어미)·고孤(고아)·독獨(독거노
인)을 가리킨다.397)

　보식·안민정책에서 특이한 절목은 '안부安富'다. 이것을 한대漢代의 정현鄭玄은 《주
례주소周禮注疏》에서 단지 요역을 균평하게 하고 전취專取하지 않는 것(平其徭役 不專
取)으로만 해석했다. 그러나 당대唐代의 가공언賈公彦은 이것을 살짝 전의轉義시켜
"요역이 균평하고 또 독점적으로 거두지 않으면 부자富者가 평안하니, '안부'를 운위한
것이다(徭役均平 又不專取 則富者安 故云安富也)"라고 해설하고 있다.398) 가공언의 이
해석에 따르면 '안부'는 재부를 안전하게 지켜 줌으로써 부자들을 안심하고 살게
하는 것이다. 이후 이 의미에 따라 '안부'는 중국에서 '휼빈恤貧'과 결합해 '안부휼
빈安富恤貧'의 사자성어가 되어 오늘날까지 쓰이고 있다. "휼빈恤貧"은 재산이 없는
빈자에게 그것을 빌려주는 것이다(貧無財業稟貸之).399) 이것은 국가가 빈곤층의 생
계를 좀 넉넉하게 해주는 일상적 대여정책을 말한다.

　'여사旅師'라는 지관地官 관리는 무릇 곡식을 씀에 봄에 분배하고 가을에 거둬들
인다고 하고,400) 또 《주례주소》에서 정현은 "곤궁할 시에 베풀고 풍요할 시에 거둔
다(困時施之 饒時收之)"고401) 주석하고, 가공언은 "이것은 직접 급부하고 이자를 받지
않으니, 관청은 옛 곡식을 새것으로 바꿀 수 있고 백성은 자기의 곤핍困乏을 구제
할 수 있는바, 관민이 둘 다 이익을 본다"고 해석한다.402) 그러므로 '휼빈'은 이것과

---

397)《周禮注疏》, 308쪽(鄭玄注).
398)《周禮注疏》, 308쪽(賈公彦疏).
399)《周禮注疏》, 308쪽(鄭玄注).
400)《周禮》〈地官·旅師〉: "旅師, 掌聚野之耡粟屋粟間粟. 而用之以質齊致民平頒其興積施其惠散其利而均其
　　政令. 凡用粟春頒而秋斂之."
401)《周禮注疏》, 478쪽(鄭玄注).
402)《周禮注疏》, 478쪽(賈公彦疏).

210　　제1장 국가의 존재이유

연결된 정책이다. "관질寬疾"의 '질疾'은 공자가 언급한, 고질병자(폐자)와 장애인(질자)을 포괄하는 대동의 "폐·질자廢·疾者"의 '질자'처럼 장애인을 뜻한다.[403] 따라서 '관질'은 국가가 나서서 장애인과 병자들을 너그럽게 대하는 것, 곧 이들에게 요역을 감해 주는 것을 넘어 관대하게 (무상으로) 치료하고 배불리 먹이는 법제(寬饒疾病之法)를 말한다.[404]

그리고 《주례》는 양민정책의 바탕 위에서 민복(백성의 복지와 행복)을 증진하기 위한 6대 "본속本俗·안민安民" 정책을 이렇게 열거한다.

(대사도는) 전통적 양속良俗을 본보기로 제도를 시행함으로써 만민을 편안케 한다. 첫째는 주택을 아름답게 꾸미게 하는 것이다. 둘째는 분묘를 같은 씨족으로 모으게 하는 것이다. 셋째는 형제를 연대케 하는 것(헤어지지 않고 함께 살게 하는 것)이다. 넷째는 스승 선비들을 한 곳에 모셔 연대케 하는 것이다. 다섯째는 붕우를 연대케 하는 것이다. 여섯째는 의복을 동등하게 하는 것이다(以本俗六安萬民. 一曰媺宮室. 二曰族墳墓. 三曰聯兄弟. 四曰聯師儒. 五曰聯朋友. 六曰同衣服).[405]

여기서 '본속'의 '본本'은 근본으로 삼는다는 뜻이다.[406] '본속'은 전통풍속을 근본으로 삼는다는 뜻이다. "전통적 풍속에 의거해서 제도를 창립하지 않으면 민심이 불안한데, 만약 전통적 풍속에 의거해 하면 민심이 이내 안정된다."[407] 전통적 미풍

---

403) 《주례주소》는 "만약 지금 병약하고 폐질을 앓아서 일할 수 없고 마음대로 일을 마칠 수 없다면 할 일을 반으로 줄여 준다(若今癃不可事 不弄卒 可事者半之也)"고 풀이한다. 《周禮注疏》, 308쪽(鄭玄注). 또 《주례주소》는 "륭(癃)자는 '(폐廢)'와 통하고 곱사등이와 같은 장애를 뜻하기도 한다. 그래서 '관질'의 '질疾'을 "지금의 폐질자와 비슷하다(似今廢疾者)"고 풀이한다. 《周禮注疏》, 310쪽(賈公彦疏). 그러나 상론했듯이 관중은 '양질養疾'의 '질疾'을 귀머거리, 장님, 벙어리, 절름발이, 반신불수, 손이 오그라들어 못 펴는 자 등으로 열거하고 있다. 《管子》〈入國〉: "所謂養疾者 凡国都皆有掌養疾. 聾·盲·喑·啞·跛辟·偏枯·握遞 不耐自生者 上收而養之疾官而衣食之. 殊身而后止. 此之謂養疾."

404) 《周禮注疏》, 310쪽(賈公彦疏).

405) 《周禮》〈地官·大司徒〉(12).

406) 정현은 '본本'자를 '구舊'로 풀었다. 《周禮注疏》, 310-311쪽(鄭玄注·賈公彦疏). 그러나 이것은 오류로 보인다. 속(俗)자에 이미 전통의 의미가 들어있기 때문이다.

양속에 의거해 제도를 창립하는 이 안민安民정책은 의복과 주거를 아름답고 동등하게 미화·개량해 백성의 삶을 정신적·문화적으로 풍요롭게 하고 인간관계를 우애롭게 하여 민복民福을 보장하는, 곧 백성들에게 즐거운 상호우애와 미학적 문화생활을 보장하는 복지정책이다. 따라서 이것은 시식施食과 식량 위주의 저 황정이나 양민정책을 뛰어넘는 고차적 행복정책이다.

그리고 주나라는 이런 위기대응의 비상 구민정책(황정)과 일상의 양민·안민정책인 복지·행복정책 일반을 뒷받침하기 위해 전국의 주민들을 '5가家'로 묶고 다시 이 5가를 1비比로 삼고 5비를 1여閭로 삼는 것으로부터 시작하는 위계적 '상부상조 체제'로 조직했다.

> 5가를 비比로 만들고 비 사람들로 하여금 서로 도와 지키게 하고(相保), 5비를 여閭로 만들고 여 사람들로 하여금 서로 도와 이익을 누리게 하고(相受), 4여를 족族으로 만들어 족 사람들로 하여금 서로 도와 장사지내게 하고(相葬), 5족을 당黨으로 만들어 당 사람들로 하여금 서로 도와 구하게 하고(相救), 5당을 주州로 만들어 주 사람들로 하여금 서로 도와 진휼하게 하고(相賙), 5주를 향鄕으로 만들어 향 사람으로 하여금 서로 도와 손님을 치르게 한다(相賓)(令五家爲比 使之相保, 五比爲閭 使之相受, 四閭爲族 使之相葬, 五族 爲黨 使之相救, 五黨爲州 使之相賙, 五州爲鄕 使之相賓.).[408]

따라서 1향은 1만 2500호의 가구(=5가×5비×4여×5족×5당×5주), 대략 6만 2500-8 만 7500명의 주민을 포괄한다. 주나라의 향은 명·청대 또는 현재의 중화인민공화국의 현縣에 해당한다.[409] 그리하여 5가家로 이루어진 비比는 상보相保하고, 여閭는 상수相受하고, 족族은 상장相葬하고, 당黨은 상구相救하고, 주州는 상주相賙하고, 향鄕은 상빈相賓해서 각급행정 단위가 상보相保·상수相受·상장相葬·상구相救·상주相賙·상빈

---

407) 《周禮注疏》, 310쪽(賈公彦疏).

408) 《周禮》〈地官·大司徒〉(13).

409) 오늘날 중국의 1개 현의 주민 수는 대략 8만여 명이다.

相賓을 수직분업으로 나누어 수행한다. 1당은 이미 주민 수가 2500~3000명에 달하므로 '당정黨正'이 배정되고 이 당정이 상구相救 업무를 지휘하고, 주에서도 '주장州長'이 상주相賙 업무를 지휘하고, 향에서는 '향사鄕師'가 상빈相賓 업무를 지도했다.

그리고 《주례》는 구민·양민·안민의 전반적 복지정책을 뒷받침하기 위해 국가가 펴야 할 12대 경제정책을 제시한다.[410]

12가지 생계직업의 일[職事]을 나라의 도읍과 비읍鄙邑에 나눠주어 만민으로 하여금 성취하게 한다. 첫째는 가색稼穡이다. 둘째는 수예樹藝다. 셋째는 작재作材다. 넷째는 부번阜蕃이다. 다섯째는 칙재飭材다. 여섯째는 통재通材다. 일곱째는 화재化材다. 여덟째는 염재斂材다. 아홉째는 생재生材다. 열은 학예學藝다. 열하나는 세사世事다. 열둘은 복사服事다.

정현에 따르면, '가색稼穡'은 삼농三農에서 아홉 곡식[九穀]을 생산하는 것을 말하고, '수예樹藝'는 원포園圃(농원)에서 초목을 기르는 것을 말하고, '작재作材'는 우형虞衡이 산택의 목재를 베는 것을 말한다. 그리고 '부번阜蕃'은 초야에서 목양牧養하고 조수를 번성하게 하는 것을 말하고(阜=盛), '칙재'는 백공이 여덟 가지 재목材木을 다루는 것을 말한다. '통재通材'는 상려商旅와 점상店商(商=行商, 賈=店商)이 재화財貨를 풍부하게 유통시키는 것을 말하고, '화재化材'는 부녀들이 명주실과 모시풀을 잣는 것을 말한다. '염재斂材'는 빈천한 남자와 여자들이 소재疏材(=소채蔬菜)를 취렴하는 것을 말한다. '생재生材'는 실업자[閒民]들이 항상적 직업(常職=恒業)이 없어 전직해 남의 집사執事가 되어 일하는 것을 말한다. '생재'는 평지에서 대나무와 나무를 기르는 것[養竹木者]을 뜻하기도 한다. 그리고 여기서 실업자는 그 인성人性이 자기의 직업을 영위하지 못하고 직업을 잃은 자로서 남에게 고용되어 일하는 것을 좋아해 하나의 농가를 이루고 사는 것이 아니라 대나무와 나무를 기르는 데 고용된 집사로 일하는 것을 택해 직업을 얻는 것(其人爲性不營己業 爲閒民而好與人傭賃 非止一家 轉移爲人執事

---

410) 《周禮》〈地官·大司徒〉(14).

以此爲業者耳)을 말한다. '학예學藝'는 국자國子들을 도道로 기르고 그들에게 육예(기술)를 가르치는 것을 맡는 것(掌養國子以道 乃 敎之六藝)을 말한다. '세사世事'는 일을 세습케 하고 능력을 가르쳐 백성이 실직하지 않게 하는 것을 말하고, '복사服事'는 국가공복으로 복무하는 것을 말한다.[411]

정현의 이 주석에서 '삼농三農'은 평지·산지·택지澤地에서 짓는 농사, 또는 원지原地(高原)·습지·평지에서 짓는 농사를 말한다. '아홉 곡식'은 기장(黍), 피(稷), 차조(秫), 벼(稻), 삼(麻), 콩과 팥(大小豆), 보리와 밀(大·小麥)을 가리킨다. 이것은 대맥(보리)과 차조를 빼고 기장(粱)과 줄(菰: 벼와 비슷한 곡식)을 넣기도 한다. 그리고 "백공이 여덟 가지 재목材木을 다루는 것(飭化八材)"은 구슬을 잘라 다듬고(切), 상아를 갈고(磋), 옥을 쪼고(琢), 돌을 문지르고(磨), 나무는 새기고(刻), 쇠는 박아꾸미고(鏤), 가죽은 벗기고(剝), 깃털은 쪼개는 것(析)을 가리킨다. '우형虞衡'은 산지기 관리인 산우山虞와 숲을 관리하는 임형林衡의 합성어로, 산택과 산택주민을 관리하는 관리다.[412] '가색稼穡'의 '가稼'는 파종을 말하고, '색穡'은 추수를 말한다(種之曰稼 斂之曰穡).[413]

이 12대 경제정책은 지관地官 대사도大司徒(호부)의 일일 뿐만 아니라, 백성 전체를 관리하는 일인 한에서 천관天官 대재大宰의 일이기도 하다. 그래서 《주례》는 이 12대 정책의 대강(九職)을 '대재大宰 장'에서 먼저 다루고 있다.[414]

《주례》에 따르면, 주나라는 태고대에 이미 황정荒政·구민救民정책과 기아棄兒·고아孤兒·장애인·병자·민민에 대한 양민복지 및 안민安民(행복)정책으로부터 일자리·실업대책에 이르기까지 상세한 복지 프로그램을 시행했다. 따라서 《주례》는 이후 중국

---

411) 《周禮注疏》, 312–313쪽(鄭玄注). 단, "生材 養竹木者"라는 정현의 주석은 앞의 해석을 정현이 차후에 파한 것(此後鄭破司農之義)이다. "掌養國子以道 乃 敎之六藝" 주석은 보씨직(保氏職)에 단 주석에서 인용한 것이다(314쪽, 賈公彦疏). 그리고 "其人爲性不慤己業 爲開民而好與人傭貰 非止一家 轉移爲人執事 以此爲業者耳"도 가공언의 주석이다(39쪽, 賈公彦疏).

412) 《周禮注疏》, 38쪽(鄭玄注).

413) 《周禮注疏》, 314쪽(賈公彦疏).

414) 《周禮》〈天官·大宰〉(5): "以九職任萬民. 一曰三農生九穀. 二曰園圃毓草木. 三曰虞衡作山澤之材. 四曰藪牧養蕃鳥獸. 五曰百工飭化八材. 六曰商賈阜通貨賄. 七曰嬪婦化治絲枲. 八曰臣妾聚斂疏材. 九曰閒民無常職轉移執事."

과 조선에서 복지정책을 기획하고 실행하는 데 줄곧 '교과서'로 참조되었다.

- 물가조절기구(사시·천부)의 복지기능

주나라가 설치·운영한 '사시司市'와 '천부泉府'는 기본적으로 물가조절제도이면서도 물가안정을 통해 생산자의 궁핍화와 파산을 막는 기능을 수행함으로써 간접적으로 복지기능을 수행하고 또 궁민窮民과 빈민들에게 물자를 대여해 줌으로써 직접적으로 복지기능을 시행했다. 따라서 '천부'는 시장제도만이 아니라 복지제도로도 탐구되어야 한다.

《주례》는 공정거래를 위한 균시均市조치를 관장하는 '사시司市'를 설명하면서 사시가 "천부와 동일하게 재화를 거둬들이고 빌려준다(以泉府同貨而斂賒)"고 말한다.[415] 이것은 사시가 천부처럼 백성(농민·상공인)의 재화가 안 팔리면 그것을 거둬들이기 위해 사들이고, 백성(소비자)이 재화가 없으면 빌려줌으로써 물가를 안정시키는 기능을 하는 것을 말하고 있다. 그런데 사시의 물가안정 기능은 동시에 농부와 상공인의 손실을 막아 주고 소비자를 지원해 주는 복지기능을 담고 있다. 특히 소비자 대중이 사시가 이전에 사들여 축장해 둔 물건을 급히 필요로 할 경우에 이 물건을 외상으로 빌려주고 때가 되면 그 가격을 받고 거둬들이는 것은 완전한 복지기능이다.

이 물가안정기능과 이것과 결부된 복지기능은 천부의 역할 규정에서 더욱 두드러

---

415) 《周禮》〈地官司徒·司市〉. 정현은 이 구절의 "동同"자를 '같이할 공共'자로 본다(同 共也), 또는 '같은 여如'자로 본다(共 如字). 천부와 같이 한다는 것은 백성의 재화가 안 팔리면 그것을 거둬들이기 위해 사들이고, 백성이 재화가 없으면 빌려준다는 말이다(同者 謂民貨不售 則為斂而買之. 民無貨 則賒貰而予之). 세(貰)는 '빌려줄 대貸'자와 같은 뜻이다. 정현의 이 주석에 대해 가공언은 이렇게 풀이한다. 아래 글에 천부직泉府職이 있는데 시장의 벌금의 등급을 관장하여 벌금을 축장한다. 지금 사시의 관리는 천부가 축장한 벌금 물건들로 백성과 동일하게 행하여, 백성이 재화가 없으면 빌려준 뒤에 그 가격에 거둬들이므로 "同貨而斂賒"라고 한 것이다. "同者 謂民貨不售則為斂而買之"라고 한 것은 백성의 매물賣物이 팔리지 않으면 천부의 벌금 물건으로 그것을 사들이는 것을 말한다. 이것은 경전의 "동화同貨"의 해석이다. "民無貨 則賒貰而予之"라고 한 것은 사들인 물건을 백성이 급히 필요한데 재화가 없는 경우에 빌려주고 때가 되면 그 가격에 거둬들이는 것을 말한다. 이것은 경전의 염사斂賒를 해석한 것이다. 사賒·세貰 두 자는 통용되었다. 《周禮注疏》, 435쪽(鄭玄注·賈公彦疎). 정현의 주석과 가공언의 풀이는 약간 다른데, 여기서는 정현의 주석을 취했다.

진다. 《주례》는 지관地官의 〈천부〉절의 시장 관련 법제에서 "천부는 민용民用을 고달 프게(가물게) 하는 시장의 팔리지 않은 재화를 거두어 점상店商처럼 그 재화를 사들여 목록 푯말에 적어두고 불시에 사는 자를 기다리고, 물건을 사는 경우에는 각기 그 물건의 본래 가격(從其抵)에 따른다"고 말하고, "무릇 물건을 외상으로 사는 경우는 제사를 위한 것이면 열흘을 넘기지 않아야 하고 상사喪事를 위한 것이면 3개월을 넘기지 않아야 하고, 무릇 백성이 대여하는 경우에는 그 유사와 더불어 그것을 변별해 주고 국가에 대한 복역服役을 그 이자로 삼는다(以國服爲之息)"고 덧붙인다.416)

천부에 대한 이 설명은 천부의 수매收買와 방매放賣 기능이 물가안정 효과가 없지 않지만 민용을 고달프게 마르게 하는 적체상품들을 사들였다가 그것을 급구急求하는 백성들에게 옛 가격에 파는 것은 백성에 대한 복지기능을 겸행兼行한다. 그리고 제사와 상사 시에 물건을 대여하고 이자를 국가에 부역을 제공하는 것(國服)으로 이자를 내 는 기능은 복지 효과가 더욱 두드러진다. 결론적으로, 사시의 수매·대여기능과 천부의 수매·대여기능은 둘 다 생산자와 소비자 대중으로서의 국민에 대한 복지효과를 부 수적으로 포함하고 있다.

---

416) 《周禮》〈地官·泉府〉: "泉府掌以市之征布. 斂市之不售貨之滯於民用者以其賈買之物楬而書之以待不時 而賣者. 買者各從其抵. (…) 凡賒者祭祀無過旬日 喪紀無過三月. 凡民之貸者與其有司辨 而授之以國服爲之 息." 이에 대해 정현은 이렇게 주석한다. 고서에 '滯癉'자는 '고달플 單癉, 가물 單癉'자와 같다. 두자춘杜子 春은 "單癉는 당연히 滯癉라"고 한다. "物楬而書之"는 물건과 물건의 물목을 나눠 기록하기 위해 그 가격을 적어두어 푯말로 그 물건들을 내거는 것이다. 불시에 사는 자는 급구하는 자다. 抵는 옛 가격(故 賈)이다. 또는 抵는 뿌리 抵柢자이고 이것은 '본本'자와 같다. 그리고 賒는 세賈와 같다. 제사와 상례이기 때문에 관리가 매물을 빌려주는 것이다. 이에 대해 가공언은 이렇게 풀이한다. 정현이 먼저 "抵는 옛 가격(故賈)이다"고 말한 뒤에 이에 따르지 않는다. 가령 관官이 이전에 팔 때에 비쌌는데 나중에 혹 싸졌을 경우에 지금 옛 가격으로 사들이면 백성에게 손실을 끼치는 것이다. 그러므로 옛 가격에 의거할 수 있을 抵자를 놓아 버린 것이다. 정현은 나중에 抵자가 抵자를 따른다는 것을 파하고 이 抵를 경유로 그 抵를 경시한 뒤에 抵자가 抵자를 따른다는 것을 파한 것이다. 그리하여 抵는 본본의 뜻을 얻을 수 있었다. 먼저 정현의 뜻은 제사와 상사, 이 두 가지 일은 대사大事이므로 백성에게 빌려주고 이자를 받지 않는다고 말한다. 정현은 "以國服爲之息"이 국가복무의 일에 대한 세금을 이자로 삼는다는 것이라고 말한다. 나랏일에서 원전園廛의 밭을 받아 만전萬錢을 대출하면 이자 500전을 기대한다. 즉, 20분의 1의 이자율이다. 왕망 때 백성이 대출받아 산업을 운영하는 경우는 다만 이익으로 나올 이득을 계산하여 이자를 받았다. 《周禮注疏》, 449–451쪽.

■주대의 균제제도

주대의 균제제도는 부역과 세금의 균제, 농지세 균제, 시장균제(均市)로 삼분되었다. 먼저 주나라는 '균인均人'과 '토균土均'이라는 두 종류의 관리를 설치하고 각종 세금과 부역을 주기적으로 공평하게 균제均齊했다. 이것은 부익부빈익빈의 소득양극화를 완화하려는 거시적 균제정책에 속한다.

■균인과 각종 지세와 부역의 균제

먼저 각종 지세와 부역을 공평하게 균제하는 일을 위임받은 균인均人의 제도부터 보자.

균인은 지정地政(땅과 관련된 세금의 징수)을 공평하게 균제하는 일을 관장한다. 지수地守(산림세)를 균제하고 지직地職(농포세)을 균제하고, 인민·우마·수레의 역정力政(力役)을 균제한다. 무릇 역정을 균제하는 것은 해마다 올렸다 내렸다 한다. 풍년이면 공사公事에 균일하게 3일을 쓰고, 중년中年이면 공사에 균일하게 2일을 쓰고, 흉년이면 공사에 1일을 쓰는 것이다. 흉년에는 지수와 지직을 받지 않고 지징을 균제하지 않는다. 산택과 지세地稅를 받지 않고 역시 지세를 공평하게 계산하지 않는다. 흉년과 역병이 도는 해가 아니면 당연히 세금을 받고 균제한다. 3년마다 크게 비교하고 그러면 크게 균제한다.[417]

여기서 "지정地政"의 "정政"은 '징征(=徵)'으로 읽는다. '지징'은 '지수'와 '지직'을 합쳐 말하는 것이다. '지수'는 산림세이고, '지직'은 농포세다. '역징'은 인민이면 성곽과 도랑(塗巷+溝渠)을 다스리는 것이고, 우마와 수레면 크고 작은 창고곡식을

---

417) 《周禮》〈地官·均人〉: "均人 掌均地政 均地守 均地職 均人民·牛馬·車輦之力政. 凡均力政 以歲上下. 豐年則公旬用三日焉, 中年則公旬用二日焉, 無年則公旬用一日焉. 不收地守·地職·不均地政. 不收山澤及地稅 亦不平計地稅也. 非凶札之歲當收稅 乃均之耳. 三年大比 則大均". '순旬'은 '균均'이다. 《周禮注疏》, 409-410쪽(鄭玄注).

옮기는 일에 속한다. 풍년은 한 사람이 네 가마솥을 먹는 해이고, 중년은 세 가마솥을 먹는 해이고, 흉년은 두 가마솥을 먹는 해이고, 남는 저량儲量이 없는 해다. 흉년과 역병이 들면 세금과 역징이 없는 것은 그 노고를 진휼하고 그 궁핍을 진제하는 것이다. 그리고 3년을 크게 비교해 크게 균제한다는 것은 풍년과 흉년을 크게 평균하는 것이다. 오랫동안 균제하지 않으면 수치가 틀릴 수 있기 때문이다.[418]

풍년·중년·흉년·역병을 나눠 세금과 부역을 징수하거나 감면하는 것은 주나라의 중요한 균제정책에 속한다. 그러나 오늘날의 국가들도 불황과 역병이 닥쳤을 때 재난지원금을 지급할지언정 세금을 감면하거나 납부기한을 연장해 준다.

■토균과 농지세의 균제

지질地質의 등급에 따라 합리적으로 농지세를 공평하게 균제하는 '토균土均'의 경우에도 거시적 균제정책이 두드러진다. 토균은 상사上士 2인, 중사 4인, 하사下士 8인, 부府 2인, 사史 4인, 서胥 4인, 도徒 40 등 도합 64인을 거느린 큰 관청, 큰 관리다.

대사도는 토균의 법으로 다섯 가지 땅에서 나는 재물을 9등급의 토질로 변등하고 천하의 지징地徵을 제도화해 백성의 직업을 일으키고, 이로써 지공地貢(공지貢地에서 나는 구곡九穀)과 재부財賦(천곡泉穀과 구부九賦·군부軍賦)를 거둬들이도록 명하고, 이로써 천하의 세무稅務를 균제한다(以土均之法辨五物九等 制天下之地征 以作民職 以令地貢 以斂財賦 以均齊 天下之政.).[419]

"다섯 가지 땅에서 나는 재물"은 ① 산림에서 나는 털 난 동물과 마른 식물(도토리 등), ② 천택에서 나는 비늘 있는 동물과 기름진 식물, ③ 구릉에서 나는 깃털 있는 동물과 씨앗 있는 식물, ④ 언덕이나 물가에서 나는 껍질 있는 동물과 꼬투리가

---

418) 《周禮注疏》, 409-410쪽(鄭玄注).
419) 《周禮》〈地官·大司徒〉(6).

열리는 식물, ⑤ 고원 습지에서 나는 껍질과 털이 없는 동물과 떨기로 자라는 식물을 가리킨다. 이것은 대사도의 관리 아래 있는 토균관할 업무를 일반적으로 규정한 것이다.

그리고 《주례》는 〈지관地官·토균〉절에서 '토균' 관청의 본래 업무를 포괄적으로 규정한다.

> 토균은 토지의 세무를 공평하게 하는 일을 관장한다. 지수地守(산림세)를 균제하고, 지사地事(=地職=농포세)를 균제하고, 지공地貢을 균제한다(土均 掌平土地之政. 以均地守. 以均地事. 以均地貢).[420]

'지공地貢'은 공물貢物을 바쳐야 하는 의무를 짊어진 땅에서 나는 구곡九穀을 말한다. 여기서 "균제"는 세금의 양을 9등급의 토질로 변별해 이에 비례하여 세금을 부과하는 것을 말한다.

균인과 토균의 일은 기능적으로 중첩된다. 이 두 규정을 합쳐 읽으면 이 두 관청, 두 관리의 업무가 바로 합리적 세제稅制를 수립·집행함으로써 소득양극화를 막고 조절하는 거시적 복지제도임을 알 수 있다.

■ 자유시장과 균시

《주례》의 '사시司市' 절은 대시大市·조시朝市·석시夕市의 자유시장을 전제로 하여 공정거래를 위한 균시均市조치들을 상세히 규정하고 있다.

> 사시는 시장의 치교治教·정형政刑·도량형을 관장한다. 금령에 의해 차례로 땅을 나누고, 시장을 다스리고, 물건을 진열하고 변별해 시장을 화평하게 하고, 정령으로 안 좋은 물건을 금해서 시장을 균제均齊한다(均市). 상인들의 풍부한 재화로 화폐를 유통시키고,

---

도량형에 따라 가격을 매겨 사고팔게 하고, 어음으로 신용을 맺고 다툼을 그치게 한다. 매매에서 백성의 속임수를 금하고, 사기를 없애고, 형벌로써 흉포한 짓을 금하고, 도둑을 제거한다. 천부泉府와 동일하게 재화를 거두어들이고 빌려준다. 대시大市는 오후에 시장을 여는데 백성이 위주이고, 조시朝市는 아침때 시장을 여는데 상인이 위주이고, 석시夕市는 저녁때 시장을 여는데 물건을 사는 지아비·지어미가 위주이다.421)

도량형의 관장, 시장 지면의 공정한 분배, 시장질서 확립, 물건의 종류별 진열에 의한 시장 화평 보장, 화폐유통 촉진, 상업증진("도량형에 따라 가격을 매겨 사고팔게 함"), 어음·신용거래 장려 등은 시장진흥 정책에 속한다. 그리고 분쟁해결, 상거래상의 기만과 사기 진압, 강절도의 제거는 시장보호 정책에 속한다. "재화를 거두고 빌려준다"는 말은 가격안정을 위한 수매기능을 말하는 것이다. '균시'의 임무를 맡는 '사시'는 오늘날 공정거래위원회와 유사한 관청이다. 이 관청은 하대부下大夫 2인, 상사上士 4인, 중사中士 8인, 하사下士 16인, 부府 4인, 사史 8인, 서胥 12인, 도徒 120인 등 도합 174명으로 구성되었다.422) (부·사·서·도는 직역職役으로 징발된 민간인들이다.) 따라서 '사시'는 무려 174명이 일하는 아주 큰 관청이었다.

한편, 훗날 호부에 해당하는 '천부泉府'는 사시와 달리 시장의 징세를 관장하되 시장균제 기능도 수행한다.

천부는 민용民用을 고달프게 하는 시장의 팔리지 않은 재화를 거두어 점상店商처럼 그 재화를 사들이고, 목록 푯말에 그것을 적어 두고 불시에 사는 자를 기다리고, 누군가 물건을 사는 경우에는 각기 그 물건의 본래 가격(從其抵)에 따른다. (...) 무릇 물건을 외상으로 사는 경우는 제사를 위한 것이면 열흘을 넘기지 않아야 하고, 상사喪事를 위한

421) 《周禮》〈地官司徒(下)〉, '司市': "司市掌市之治敎政刑量度禁令. 以次敍分地而經市. 以陳肆辨物而平市. 以政令禁物靡而均市. 以商賈阜貨而行布. 以量度成賈而徵價. 以質劑結信而止訟. 以賈民禁僞而除詐. 以刑罰禁虣而去盜. 以泉府同貨而斂賒. 大市日昃而市百族爲主朝市朝時而市商賈爲主夕市夕時而市販夫販婦爲主."
422) 《周禮》〈地官司徒(上)〉, 직제편성.

것이면 3개월을 넘기지 않아야 하고, 무릇 백성이 대여하는 경우에는 그 유사와 더불어 그것을 변별해 주고 국가에 대한 복역服役을 그 이자로 삼는다(以國服爲之息).[423]

"시장의 팔리지 않은 재화 가운데 민용이 막힌 것을 거두어 매매물건을 목록 푯말에 적고 불시의 구매자를 기다리다가" 물건을 사는 사람에게는 "각기 그 물건의 본래 가격"으로 되판다는 구절은 맹자의 '수매를 통한 물가안정법'과 일치한다. 물건을 백성에게 외상으로 팔거나 대여해 주는 기능은 "재화를 거두어들이고 빌려주는" 사시의 기능과 중첩된다.

물가가 지나치게 치솟을 때 물가를 잡기 위해 정부물자를 도로 방매하는 경우에는 물건을 사들였을 때의 저렴한 가격으로 되판다. 그래야만 정부가 상업이윤을 좇지 않고 물가를 안정시켜 중소상인과 소비자 대중에 대한 부상대고와 고리대부자들의 매점매석 농단을 막을 수 있다. 반대로 물가가 곤두박질칠 때는 물건을 수매함으로써 시장에 존재하는 재화의 수량을 줄여 통상적 물가를 회복시킨다. 이로써 상공인의 파산과 폐업을 막는다. 그리하여 훗날 북송의 개혁가 왕안석은 "선왕이 겸병을 억제하고 빈약자를 균제均濟하며 재부를 변통시키던 이권利權을 천부의 관청이 한곳에서 나오게 할 수 있었던 것은 천부의 관리가 있었기 때문이다"라고 주석한다.[424] 천부의 관리는 상사上士 4인, 중사中士 8인, 하사下士 16인, 부府 4인, 사史 8인, 고賈 8인, 도徒 80인 등 도합 128명으로 구성되었다.[425]

종합하면, 주나라는 양민정책만이 아니라 토지·징세·부역·시장을 균제하는 다양한 정책을 둘 다 시행했다. 주나라는 당시의 '공동점유의 개인소유제'인 정전제를 시행했기 때문에 기본적 농지 균등분배는 이루어져 있었다. 다만 천재와 인재에 따른 토질의 변질과 가구당 인구의 증감 때문에 해마다 또는 3년마다 지세·부역

---

423) 《周禮》〈地官司徒(下)〉, '泉府': "泉府掌以市之征布. 斂市之不售貨之滯於民用者以其賈買之物楬而書之 以待不時而買者. 買者各從其抵. (…) 凡賒者祭祀無過旬日 喪紀無過三月. 凡民之貸者與其有司辨 而授之以 國服爲之息."
424) 《楊龜山先生集》卷73. 이범학, 〈王安石 改革論의 形成과 性格〉, 55쪽에서 재인용.
425) 《周禮》〈地官司徒(上)〉, 직제편성.

을 공평하게 균제해야 했다. 이런 관점에서 보면 주나라가 인정과 의정을 동시에 시행하는 인의국가仁義國家의 '맹아적' 형태였던 것으로 보인다. 그러나 주대 이후 중국 역대국가에서 춘추전국시대와 진대秦代를 거치면서 정전제는 붕괴되고 정전제 와 유사한 북조北朝(북위北魏, 북제北齊, 북주北周, 수隋·당唐)의 균전제마저 붕괴되었다. 이후 토지균제는 완전히 폐기되었고, 토지소유는 형제분할상속제 덕택에 소농체제 가 확립된 명말·청초까지 양극분해를 면치 못했다. 따라서 역대 중국제국은 균제의 '의정'을 포기했다. 역대 중국정부가 의정을 추구한 것이 있다면, 그것은 사회적 불평등, 곧 신분차별을 철폐하는 '사회적' 의정이었다. 송대 이래 의정은 이 '사회적' 의정에 한정되었다. 중국 정부는 송대에 (노비를 제외한) 만인에게 개방된 과거제를 확립하고 학교제도를 개혁하고 '신사紳士제도'를 도입해(1071) 귀족신분과 평민신 분 간의 차별을 없애고, 명말·청초(1644)부터는 노비제도를 폐지해 나감으로써 귀천 차별을 없애는 '사회적' 의정만을 달성했다. 따라서 송대 이후 중국의 역대국가는 주된 면모에서 난민·빈자·환과고독·병자·장애인을 구제하는 인정에만 집중하는 '인 정국가'로 이어져 왔다. 그리고 역대정부는 다 의정 중에서는 세금·부역의 부분적 균제와 시장의 가격조절제도만 계승·발전시킨다.

2.3. 주대의 교민과 학교제도

공자가 가르치기 이전인 태고대로부터 중국은 국가 일반의 존재이유에서 학교를 세우고 백성을 체계적으로 교육했다. 이것은《주례》에 기록으로 남아 있다. 주대의 교민 기록은《주례》, 《예기》, 《맹자》 등 여기저기 흩어져 있다. 《주례》의 〈지관·대사 도〉에 기록된 12대 양민정책의 두 항목은 교민에 관한 것이다. 국자國子들(왕과 왕족, 그리고 관리의 자식들)을 도道로 기르고 그들에게 육예(무술·기술)를 가르치는 것을 맡는(掌養國子以道 乃敎之六藝) '학예學藝'와, 일을 세습케 하고 능력을 가르쳐 백성이 실직하지 않게 하는 '세사世事'가 그것이다.426)

■ 주대의 교민제도

《주례》는 '교민敎民'을 '지관사도地官司徒'의 업무로 배정하고 대사도大司徒의 직무로 12가지 도덕·기술·직업교육을 열거하고 있다.

일, 사례祀禮로써 공경을 가르쳐 백성들이 분수 넘치는 짓을 않게 한다.

이, 양례陽禮로써 사양의 예를 가르쳐 백성이 싸우지 않게 한다.

삼, 음례陰禮로써 친애를 가르쳐 백성들이 원한을 갖지 않게 한다.

사, 예악禮樂으로써 화합을 가르쳐 백성들이 괴리되지 않게 한다.

오, 의전儀典으로써 변등辨等해 백성들이 월권하지 않게 한다.

육, 풍속으로써 안전을 가르쳐 백성들이 늘어지지 않게 한다.

칠, 형벌로써 적중함을 가르쳐 백성들이 사납게 굴지 않게 한다.

팔, 서약誓約으로써 구휼을 가르쳐 백성들이 업신여기지 않게 한다.

구, 헤아림으로써 절도를 가르쳐 백성들이 족함을 알게 한다.

십, 세사世事로써 능력을 가르쳐 백성들이 직업을 잃지 않게 한다.

십일, 현명으로써 관작을 제도해 백성들이 덕을 신중히 하게 한다.

십이, 쓰임으로 봉록을 제도해 백성들이 공업功業을 일으키게 한다.

(...) 12개 땅의 산물을 변별하고 그 종류를 알아 가·색·수예稼穡樹藝를 가르친다.[427]

이어서 《주례》는 행정단위를 나누어 관청에서 그 주민들에게 교육을 실시하고 인재를 발굴·추천하는 것에 대해 기록하고 있다.

---

426) 《周禮》〈地官·大司徒〉(14);《周禮注疏》, 312-313쪽(鄭玄注).

427) 《周禮》〈地官司徒·大司徒之職〉: "一曰以祀禮敎敬則民不苟 二曰以陽禮敎讓則民不爭 三曰以陰禮敎親則民不怨 四曰以樂禮敎和則民不乖 五曰以儀辨等則民不越 六曰以俗敎安則民不愉 七曰以刑敎中則民不虣 八曰以誓敎恤則民不怠九曰以度敎節則民知足十曰以世事敎能則民不失職十有一曰以賢制爵則民愼德十有二曰以庸制祿則民興功. (...) 辨十有二壤之物而知其種以敎稼穡樹藝."

정월 초하룻날 아침에 방국 국도와 비읍鄙邑에 가르침을 반포하여 교상敎象의 법을 대궐과 관청에 현시顯示하고, 만민이 10일(挾日) 동안 보게 했다가 거두어들인다. 이내 방국의 국도와 비읍에 교법敎法을 시행하고 각각 백성을 다스리는 방도를 가르치게 한다. 5가家를 비比가 되도록 명령하고, 서로 보장하게 하여 5비를 여閭로 만들고, 서로 사랑하게 하여 4여를 족族으로 만들고, 서로 장례를 돕게 하고 5족을 당黨으로 만들고, 서로 구제하게 하여 5당을 주州로 만들고, 이들을 서로 진휼하게 하여 5주를 향鄕으로 만들고 서로 대접하게 한다. (...) 향에서는 세 가지 것으로 만민을 가르쳐 인재를 선발한다. 첫째는 지·인·성·의·충·화知仁聖義忠和의 육덕이고, 둘째는 효·우·화육·혼인·책임·구휼孝友睦婣任恤의 육행이고, 셋째는 예·악·사·어·서·수禮樂射御書數의 육예다. (...) 오례五禮로 만민의 허위를 막고 그들에게 중도를 가르친다. 육악六樂(황제·요·순·우·탕·무왕의 음악)으로 만민의 격정을 막아 그들에게 화합을 가르친다.[428]

《주례》는 국가관리에 의한 만민교육을 이렇게 상세히 기술하고 있지만, 그 교육내용이나 각급 학교의 조직구성에 대해서는 기록하지 않고 있다. 따라서 이에 관해서는 다른 역사서와 공맹의 어록과 저서들을 참조하는 수밖에 없다.

■ 주대의 학교제도

먼저 《대대예기大戴禮記》의 〈보전保傳〉에는 "황제가 태학에 들어가 스승을 받들고 도를 물었다(帝入太學 承師問道)"는 구절이 나온다고 한다. 주나라에서는 '태학'이라는 명칭이 일찍부터 사용됐음을 알 수 있다. '태학太學'은 '대학大學'이라고 했다. 고대한자에서 '大'와 '太'는 둘 다 '태'로 발음했다. 그리고 '국학國學'이라고 하기도 했고, 간단히

---

428) 《周禮》〈地官司徒·大司徒之職〉: "正月之吉始和 布敎于邦國都鄙 乃縣敎象之法于象魏 使萬民觀敎象挾日而斂之 乃施敎法于邦國都鄙 使之各以敎其所治民. 令五家爲比 使之相保五比爲閭 使之相受四閭爲族 使之相葬五族爲黨 使之相救五黨爲州 使之相賙五州爲鄕 使之相賓. (...) 以鄕三物敎萬民而賓興之. 一日六德知仁聖義忠和 二日六行孝友睦婣任恤 三日六藝禮樂射御書數. (...). 以五禮防萬民之僞而敎之中. 以六樂防萬民之情而敎之和."

'학學'이라고도 했다. 순임금의 우虞나라에서는 대학을 '상상上庠'이라고 했고, 하나라 시대에는 '동서東序'라고 했고, 은나라 때는 '우학右學'이라고 했고, 주나라 때는 '벽옹辟雍' 또는 '동교東膠'라고 했다.[429] 주나라의 '태학'이라는 명칭은 중앙의 국도國都에 설립된 '대학'을 가리켰다.

공자는《예기》에서 주대의 학교를 논한다. "25가구(＝여閭)에는 숙塾을 두고, (여보다 큰) 마을 당黨에는 상庠을 두고, 수術에는 서序를 두었다. 국國(국도)에는 학學을 두었다(占之敎者 家有塾 黨有庠 術有序 國有學)."[430] "가유숙家有塾"은 '집에 숙을 두었다'는 말이 아니다. "5가家를 비比가 되도록 명령하고, 서로 보장하게 하여 5비를 여閭로 만든다"는《주례》의 기록을 참조하면, 25가가 '여'다. "가유숙家有塾"은 이 '가'를 25가를 가리킨 '여'로 봐서 "25가에는 학숙을 두었다"로 풀이해야 한다. 5가구, 곧 '비比'는 '숙'(학당·서당)을 두기에 너무 작으므로 25가구, 곧 여閭에 '숙'(학숙)을 둔 것으로 해석하는 것이 합당하기 때문이다. '숙'은 당연히 초급과정일 것이다. 공자는 500가구(인구 약 3000명)로 구성되는 '당黨'에 '상'이라는 중급과정의 학교를 설치했다고 말한다. 그리고 '서序'가 설치되는 행정단위 '術'는 '술'이 아니라, '수'로 읽는다. '수'는 공자의 기록에서 국도國都 다음으로 큰 행정단위로 열거되고 있다. 그러므로 '수'는 '향鄕'의 다른 명칭으로 보인다. '향'은 1만 2500가구(약 7만 5000명)다. '향'에 설치된 '서'는 규모가 '상'보다 크지만 같은 내용을 가르치는 중급과정의 학교였을 것이다. 그리고 "나라에는 학學을 두었다"는 구절은 '국도에 대학을 두었다'는 말이다. 따라서 주대에 이미 초급(숙)·중급(상·서)·대학으로 뚜렷하게 구분된 3단계 학제의 국공립 학교제도가 이미 완비되어 있었다.

그런데 맹자는 주나라만이 아니라 하·은나라까지 거슬러 올라가 교校·서序·상庠·대학 등 학교의 고대사를 말한다.

(하·은·주는) 상·서·학·교庠序學校를 설치해 그들을 가르쳤다. 상庠은 양養이고, 교校는 교敎이고, 서序는 사射다. 하나라는 '교校'라고 하고, 은나라는 '서序'라고 하고, 주나라는

429) 참조: 이상옥 역저,《禮記(上)》〈王制〉, 329-330쪽 주해.
430)《禮記(中)》〈學記〉, 195쪽.

'상庠'이라고 했다. 대학은 하·은·주 삼대가 공유했다. 다 인륜을 밝히는 곳이다(設爲庠序學校以敎之 庠者 養也 校者 敎也 序者 射也. 夏日校 殷日序 周日庠. 學則三代共之. 皆所以明人倫也.).431)

"하나라는 '교校'라고 하고, 은나라는 '서序'라고 하고, 주나라는 '상庠'이라고 했다"는 구절은 하·은·주의 중급과정의 학교만을 말한 것이다. 하나라의 '교'는 '서서西序'라고도 불렀고, 은나라의 '서'는 '좌학左學'이라고도 했다. 그리고 주나라의 '상·서'는 '우상虞庠'이라고도 불렀다.432) 따라서 맹자는 초급학교를 빼놓고 설명하고 있다. 그리고 주나라는 중급학교에 '상'이라는 명칭만 쓴 것이 아니라, 행정단위(당·향)의 크기에 따라 '상'과 '서'를 둘 다 나눠 사용했다. 그리고 오역이 계속되어 온 "학즉삼대공지學則三代共之"는 '삼대가 배움을 공유했다'는 말이 아니라, "대학은 하·은·주 삼대가 공히 두었다"는 말이다. 대학·태학은 '학'으로 약칭되었기 때문이다. 이것은 "국國(국도)에는 학을 두었다(國有學)"는 공자의 말에서 바로 입증된다.

공자는 주대 '사도司徒'의 역할과 '대학'의 교습과정을 '취사取士'와 결합시켜 설명한다. '취사'는 선비 선발제도다. 먼저 "사도는 육례를 닦아 민성民性(백성의 품성)을 조절하고 칠교(부부·부자·형제·군신·장유·붕우·빈객)를 밝혀서 민덕民德을 흥하게 하고 팔정(음식·의복·기예·기구·도度·양量·수數·제制)을 정비해 음행사치를 방비하고, 도덕을 하나로 만들어 풍속을 같게 한다."433) 그리고 공자는 주나라의 취사과정과 대학입학과 수학, 그리고 졸업 후 입사入仕를 설명한다. "사도는 향鄕에 명해 우수한 선비(秀士)를 논정해 그들을 사도에게 올리게 한다. 이들을 '선사選士'라고 한다. 사도는 선사들 가운데 우수한 자를 논정해 그들을 대학에 올린다. 그를 '준사俊士'라고 한다. 사도에게 올라간 자들은 향鄕에서 부세를 징세하지 않고, 대학에 올라간 자들은 사도가 과하는 요역에도 징발되지 않는다. (부세를 면제받는) 이들은 '조사造士'라고

431) 《孟子》〈滕文公上〉(5-3).

432) 이상옥 역저, 《禮記(上)》〈王制〉, 329-330쪽 주해.

433) 《禮記(上)》〈王制〉, 42구절(이상옥, 313쪽): "司徒修六禮以節民性, 明七敎以興民德. 齊八政以防淫, 一道德以同俗."

한다. 악정樂正은 사술四術(시·서·예·악)을 받들어 사교四教(시·서·예·악)를 세운다.
선왕의 시·서·예·악에 순응해 조사들에게 봄·가을에 예·악을 가르치고 여름·겨울에
시·서를 가르친다. 왕의 태자와 왕자, 군후羣后의 태자, 경대부와 원사元士(천자의
선비)의 적자, 나라의 준사·선자는 다 이곳에 들어온다. 무릇 대학입학은 연령순으
로 한다."434)

나아가 공자는 대학졸업 후에 졸업생들에 대한 대우와 벼슬 부여에 대해 기술한다.

장차 대학을 나오면 소서小胥·대서大胥·소악정小樂正이 가르침을 따르지 않는 자를 가려
대악정에게 고하고 대악정은 왕에게 고하고 왕은 삼공·구경대부·원사에게 명하여 대
학에 들어가게 한다. 그래도 불변하면 왕이 친히 대학을 시찰하고, 그래도 불변이면
왕이 사흘 동안 거동하지 않고 그들을 원방으로 방축한다. 서방은 '극棘'이라고 하고
동방은 '기寄'라고 한다. 종신 상대하지 않는다. 대악정은 조사들 가운데 우수한 자를
논정하여 왕에게 고하고 사마에게 그들을 올리니, 이들을 '진사進士'라고 한다. 사마는
관재官材를 변론辨論해 진사 가운데 현명한 자를 논정해 왕에게 고하고 그 논정을 확정
한다. 논정 연후에 그들에게 벼슬을 내리고 임관 연후에 그들에게 작위를 주고, 지위가
정해진 뒤에 그들에게 녹을 내린다.435)

대학입학 자격은 왕의 태자와 왕자, 제후의 태자, 경대부와 원사의 적자, 서민백성
에서 선발된 준사俊士와 선자選者들이었다. 대학졸업생 가운데 우수한 자는 '진사'로
칭해지고, 그들 가운데 '현명한' 진사들은 벼슬을 받았다. 이처럼《예기》에 기술된
주대의 학제와 취사取士 제도만 보아도 이미 송·명·청대의 학교제도와 과거제의

---

434) 《禮記(上)》〈王制〉, 42구절(이상옥, 316-317쪽): "命鄕論秀士 升之司徒 曰選士. 司徒論選士之秀者 而升之
學曰俊士. 升於司徒者不征於鄕, 升於學者不征於司徒 曰造士. 樂正崇四術 立四教. 順先王詩書禮樂 以造士
春秋敎以禮樂 冬夏敎以詩書, 王大子王子 羣后之大子 卿大夫元士之適子 國之俊選 皆造焉. 凡入學以齒."
435) 《禮記(上)》〈王制〉, 42구절(이상옥, 317-318쪽): "將出學, 小胥大胥小樂正簡不帥敎者 以告于大樂正,
大樂正以告于王, 王命三公九卿大夫元士皆入學. 不變 王親視學, 不變 王三日不舉 屏之遠方. 西方曰棘, 東方
曰寄, 終身不齒. 大樂正論造士之秀者 以告于王, 而升諸司馬, 曰進士. 司馬辨論官材 論進士之賢者 以告於王
而定其論. 論定然後官之, 任官然後爵之, 位定然後祿之."

원형이 뚜렷하게 드러난다.

중국의 학교는 태고대 이래로 교육 이외에 노인공경의 도덕의식을 높이기 위해 '양로養老의 예'를 베푸는 곳이기도 했다. "무릇 양로를 유우씨(순임금)는 연례燕禮로써 했고, 하우씨(우임금)는 향례饗禮로 했고 은나라 사람들은 식례食禮로 했고, 주나라는 이것들을 고쳐서(춘하에는 연·향례, 추동에는 식례로) 겸용했다. 50세 노인은 향鄕에서 양로의 예를 행하고, 60세는 나라(국도)에서 양로하고, 70세는 대학에서 양로하는 것은 천자에서 제후에까지 달했다(凡養老 有虞氏以燕禮, 夏后氏以饗禮, 殷人以食禮, 周人修而兼用之. 五十養於鄕 六十養於國 七十養於學 達於諸侯.)."436)

'향鄕'에서나 '국도'에서 양로의 예를 한다는 말은 '하상下庠' 또는 '상·서庠序'라 부르는 중급학교("소학")에서 예를 치른다는 말이다. 국도에도 중급과정의 학교 '상·서'가 있기 때문이다. 공자는 이 점을 분명히 해준다. 그리고 '국로國老'(경대부로서 치사致仕한 노인)와 서로庶老에 대한 경로의 예는 모두 다 학교에서 치른다.

유우씨는 국로를 상상上庠(순임금 때의 대학)에서 국로 양로의 예를 하고, 서로庶老는 하상(순임금의 때의 중급학교)에서 양로했다. 하우씨는 국로를 동서東序(하나라의 대학)에서 양로하고, 서로는 서서西序(하夏의 교校)에서 양로했다. 은나라 사람들은 우학右學(은의 대학)에서 국로를 양로하고, 서로는 좌학左學(은의 서序)에서 양로했다. 주나라 사람들은 동교東膠(주의 대학)에서 국로를 양로하고, 서로는 우상虞庠(주의 상·서)에서 양로했다. 우상은 나라의 서교에 있었다.437)

공자의 이 기술은 우虞·하·은·주나라가 전국의 노인을 '국로'와 '서로'를 나눠

---

436) 《禮記(上)》〈王制〉, 48구절(이상옥, 325쪽). "연례燕禮"는 당堂에 올라 일헌一獻을 하고 돌아와 앉아 모두 밥 먹지 않고 술을 마시는 식의 예이고, "향례饗禮"는 희생을 올리지만 먹지 않고 술잔을 가득 채우지만 마시지 않고 내내 서서 치르는 식의 예이고, "식례食禮"는 밥과 안주가 있으나 술을 마시지 않는 식의 예다.

437) 《禮記(上)》〈王制〉, 50구절(이상옥, 328쪽): "有虞氏養國老於上庠, 養庶老於下庠. 夏后氏養國老於東序, 養庶老於西序. 殷人養國老於右學, 養庶老於左學. 周人養國老於東膠, 養庶老於虞庠. 虞庠在國之西郊." 같은 구절은 《禮記》〈內則〉(32구절)에도 다시 나온다.

이 노인들에게 양로의 예를 모두 대학과 교·상·서(중급학교)에서 치렀다는 것을 보여 준다. 양로의 예는 또 하나의 중요한 '교육'이었기 때문에 각급 학교에서 주관했던 것이다.

주나라의 국가성격을 총괄하면 주나라는 인정과 의정을 선후로 결합한 요순 대동시대의 고전적 '인의국가'는 아니었을지라도 이 고전적 인의국가를 지향했던 것으로 보인다. 왜냐하면 주나라는 요당堯唐(요임금의 당나라)과 순우舜虞(순임금의 우나라)의 대동국가 유제들을 많이 가지고 있기 때문이다. 위에서 열거·설명한 양민·교민제도들은 그런 유제들이다.

그러나 이 '인의국가' 모델은 정전제와 균전제의 토지제도가 갈수록 약화되고 끝내 완전히 무너지면서 토지겸병을 통한 장원莊園의 설치와 대지주의 존재가 허용되고 부상대고의 활동이 자유화되어 의정義政을 실시할 엄두도 내지 못하는 가운데 양민·교민의 인정仁政만 추구하는 '인정국가'로 변화·발전한다.

제3절 역대 중국의 인정국가와 양민 · 교민복지제도

3.1. 한나라의 양민제도

역대 중국제국은 의정을 소홀히 할 수밖에 없었을지라도 《주례》와 공맹경전의 구민救民·양민養民·안민安民 철학에 따라 복합적 복지제도를 갖춘 '인정仁政국가'를 발전시켰다. 구민·양민·안민·교민의 인정은 유학적 정치철학에서 국가의 '존재이유(raison d'être)', 또는 '국가이성(raison d'État)'이었다. 중국에서 주나라 복지제도가 복원되기 시작한 것은 춘추전국시대와 진秦나라의 멸망을 거쳐 한漢나라가 건국되고서부터였다. 이후 중국의 복지제도는 수隋·당唐·송宋·원元대를 거치면서 높이 발전해서 명·청대의 근대적 복지국가에 이르게 된다.

명·청대에 절정에 이른 중국의 유교적 복지제도는 고대의 맹아적 인의국가 주나라가 멸망한 뒤 일어난 한나라 수·당나라, 그리고 송·원나라의 원형 복지제도로부터 새로이 기원했다. 먼저 고대 한나라에서 등장한 유교적 '원형 복지국가'부터 알아본다.

한나라는 유학을 국학으로 표방한 최초의 유교국가였다. 전한前漢과 후한後漢을 합해서 기원전 206년부터 중국에 왕망王莽의 찬탈기간(신新나라 15년)을 빼고 410년 동안 존속한 한나라는 물론 순수한 유교국가가 아니었다. 한나라는 초기에 진秦나라에서 내려온 귀족들 사이에서 황로학이 유행했는가 하면 불교의 전래 이후에는 불교도 신봉하고, 통치에서는 법가사상을 근간으로 삼고 외피를 유학으로 치장했다. 이 때문에 한나라는 이른바 "이유식법以儒飾法"의 나라라 불린 만큼 '불순한' 유교국가로 출발했다. 그러나 한나라는 시간이 흐르면서 통치에서 점차 도가(황로학)·법가사상·불교가 퇴조하고 유학화가 심화되었다. 그리하여 개국 100년 즈음부터 한나라는 거듭거듭 유교국가로 순화되고 '유교적' 복지제도를 갖춰 나가면서 유교적 '원형 복지국가'의 모습을 갖추기 시작했다.

■ 한대의 상평창과 복지정책

일단 한나라가 갖추기 시작한 복지제도는 물가조절을 통해 민생을 안정시키기 위한 '상평창常平倉'이었다. 영어로 "Ever-normal granary"로 번역되어 온 상평창은 곡가를 조절하기 위해 창안되었다. 한나라는 흉작 때 지방시장의 곡가를 낮게 유지하기 위해 상평창의 저장 곡식을 시장에 내다 팔았고(糶), 풍작 때에는 지방시장에서 곡식을 사들여(糴) 미래를 위해 저장하는 이른바 '평적평조平糴平糶' 조치를 취했다. 이것이 맹아적 인의국가 주나라로부터 물려받은 유일한 의정義政이었다.

한나라의 이 상평창과 물가조절 체제는 《주례》의 사시司市와 천부泉府, 위자委積제도로까지 거슬러 올라가지만, 직접적으로는 춘추전국시대로부터 유래했다. 구체적으로 그것은 관중管仲(기원전 723-645 추정)이 다스리던 춘추시대 제齊나라와 전국시대 위魏나라(기원전 5세기부터 기원전 221)로부터 기원한 것이다.

후대 사람들이 관중과 제나라 현자들의 주장을 집대성한 책인 《관자管子》는 '국축國
蓄'과 '경중법輕重法'(물가조절법)을 기술하고 있다.[438] 그러나 이것은 국가가 곡식이
아주 쌀 때 사들여 아주 비쌀 때 비싼 값에 팔아 독점이윤을 챙기는 국가상업 제도로
서 백성을 위한 복지정책이 아니었다.[439] 한편, 앞에서 자세히 다루었듯이 맹자는
풍흥豊凶에 따른 저곡貯穀·방곡放穀과 수매收買제도를 논하고 있다. 그리고 전국시대
위魏나라의 재상 이회李悝는 물가조절을 통한 민생안정을 위해 이른바 '평적법平糴法'
을 창안했다. 이에 대해 《한서漢書》〈식화지食貨志〉는 이렇게 기록하고 있다. 중요하므
로 길게 인용해 보자.

주실周室이 이미 쇠망하고 폭군과 탐관오리들이 그 경계를 모멸하며 요역을 멋대로 징
발하니 정령을 불신하고 상하가 서로 사기치고 공전公田을 경작하지 않았다. 그러므로
공자는 《춘추》에서 (공전과 사전 구분 없이 세금을 부과하는) 노魯나라 선공宣公의 '초세
무初稅畝' 세법을 힐난했다. 이에 윗사람들이 탐학하고 백성은 원망하는데, 재해가 발생
하고 화란禍亂이 일어났다. 천하가 점차 쇠퇴해 전국시대에 이르르니 귀족은 거짓으로
힘을 가장假裝하고 인의仁誼를 천시하며 부유함을 앞세우고 예양을 뒤로했다. 이때 이회
李悝가 위魏나라 문후文侯를 위해 지력地力의 가르침을 다하고 사방 100리의 땅을 봉토
9만경으로 만들고 산·택·읍을 삼분해서 하나를 제거해 밭 600만경을 만들고 경전耕田
에 부지런히 힘쓰면 이랑 당 세 되를 더했고, 부지런하지 못하면 손실이 그와 같았다.
사방 100리 땅의 증감 폭이 곡식 810만석에 달했다. 또 이회는 이렇게 말했다. 비싼
곡식을 사들이면 백성을 상하게 하고 곡식이 심하게 싸면 농부들을 상하게 한다. 백성
이 상하면 이산하고 농부들이 상하면 나라가 가난해진다. 그러므로 심하게 비싸고 심하

---

438) 《管子》〈國蓄·輕重甲-庚〉. 김필수·고대혁·장승구·온현정 역, 《관자》(고양: 소나무, 2016), 701-711,
778-863쪽.
439) 관중의 국축·경중법은 "낮은 가격에 거둬들여 쌓아 두었다가 높은 가격에 분산·유통시키므로 군주는
반드시 10배의 이윤을 챙기며 재화의 가격을 평준화할 수 있다(斂積之以輕 散行之以重 故君必有什倍之利
而財之櫎可得而平也)"고 논변한다. 《管子》〈國蓄〉(국역본: 705쪽). 따라서 이것은 복지정책이 아니라,
군주가 백성과 이利를 다퉈 이문을 취하는 독점적 상업이윤 정책이다.

게 싼 것은 상하게 하는 것이 동일하다(故甚貴與甚賤 其傷一也). 정치를 잘하는 사람은 백성들을 상하게 하지 않고 농부를 더욱 권려한다. 지금 한 명의 사내가 다섯 식구를 끼고 100이랑의 밭을 갈면, 한 이랑의 연年수익이 1석 반이므로, 100이랑은 곡식 150석을 낸다. 10분의 1세稅 15석을 제하고 남는 것 135석이다. 한 사람이 한 달에 1석 반을 먹으므로 5인은 연간 90석의 곡식을 먹고 여분이 45석이다. 30석은 1350전이다. 신곡新 穀을 맛보는 봄·가을의 제사에 300전을 쓰고 이것을 빼면 1050전이 남는다. 의복은 사람마다 300전을 쓰면 5인은 연간 1500전을 쓴다. 그러면 450전이 부족하다. 불행·질병·상례의 비용 및 위에서 거두는 부세는 아직 여기에 넣지도 않았다. 이것이 농부들이 늘 곤궁한 이유이니, 농사일을 권장하지 않는 마음에서 곡식을 사들여 곡가를 심하게 비싸게 하는 경우가 있는 것이다. 그리하여 평적平糴(곡식을 사들여 곡가를 평평하게 하는 일)을 잘하는 자는 반드시 해마다 상·중·하의 곡식 성숙등급이 있다는 것을 삼가 살펴야 한다. 상숙기上熟期에는 4석부터 거둬 400석을 남기고, 중숙기에는 3석부터 거둬 300석을 남기고, 하숙기에는 2석부터 거둬 100석을 남긴다. 소기小飢때면 100석을 거두고, 중기中飢 때면 70석을 거두고, 대기大飢 때면 30석을 거둔다. 그러므로 대숙기(=상숙기)면 위에서 3을 사들이고 1을 버리고, 중숙기면 2를 사들이고 하숙기면 1을 사들여 백성들이 적당히 족하게 하고 곡가가 평탄하고 오르내림을 그치게 한다. 소기小飢 때면 소숙기의 거두기를 발령하고, 중기 때면 중숙기의 거두기를 발령하고 대기 때면 대숙기의 거두기를 발령해 곡식을 내다 판다. 그러므로 기근과 수해와 한해旱害를 만나더라도 곡식을 내다팔아서 비싸지 않으면 백성이 이산하지 않고, 여유분을 취해 부족분을 보충한다. 위魏나라에서 이 정책을 시행하니 나라가 부강富彊해졌다."[440]

위나라에서 상숙기, 중숙기, 하숙기에 따라 세율과 수매를 달리하는 이회의 이 평적법平糴法은 균제정책에 속한다. (기원전 306년까지 존속한) 월越나라의 재상 범여范蠡도 이회의 이 평적법을 응용해 유사한 제도를 운용했다고 전한다.

한무제漢武帝 치세(기원전 141-87)에 대사농 상홍양桑弘羊(기원전 152-80)은 '평준

---

440) 《漢書》〈食貨志上〉(9). 中國哲學錢算化計劃(검색일: 2021. 11. 2.).

균수법平準均輸法을 제정해 시행했다. 이것은《주례》의 사시·천부제도를 따르는 제도가 아니라,《관자》의 국축·경중법을 따라 정부가 화폐나 직물을 포함한 일정한 상품들을 사고팔고 함으로써 시장에 간섭하고 장사해서 이윤을 챙기는 사실상 전매·국가독점제도였다. 상홍양은 관중처럼 싸게 사서 비싸게 파는 식으로 운영해 백성과 이利를 다투어 독점이윤을 챙겼다. 이에 무제가 죽고 나서 즉위한 소제少帝는 상홍양을 처형했다.

이후 한나라에서 대사농중승大司農中丞 경수창耿壽昌은 선제宣帝 오봉五鳳연간(기원전 57-54)에 이회 전통의 상평창常平倉을 설치했다.441) 경수창은 무제 때의 평준법도 국가의 매점매석제도로부터 균시제도로 정상화해서 곡가를 제대로 안정시켰고, 그러다가 이 경험을 바탕으로 상평창을 설치하고 제도화했다.《한서》〈식화지〉는 상평창제도의 도입과정을 이렇게 기록하고 있다.

소제 때가 되자 유민流民들이 조금 돌아오고 전야가 개간되고 축적이 상당히 있게 되었다. 선제가 즉위하자 현량을 많이 뽑아 관리로 쓰니 백성들이 땅에 안착했고 여러 해 동안 풍작이 이어지니 곡식이 1석 5전으로 떨어져 농부들의 이익이 적어졌다. 때마침 대사농중승 경수창耿壽昌은 계산을 잘하여 능히 공리를 헤아릴 수 있어 오봉연간에 진언했다. "예로부터 연간 관동 세곡 400만 휘(1휘= 10말)를 실어 올려 경사(首都)에 공급하는 조졸漕卒 6만 명을 씁니다. 마땅히 삼보三輔·홍농弘農·하동河東·상당上黨·태원군太原郡의 곡식을 사들이고 족히 경사로 공급하면 관동 성의 조졸을 과반으로 줄일 수 있습니다." 또 해조海漕를 세 배로 증가시키자고 아뢰었다. 천자는 그의 계획을 그대로 다 따랐다. 이에 어사대부 소망蕭望이 이렇게 진언했다. "(...) 무릇 음양이 감응함에 물류物類가 서로 감응하고 만사가 다 그런 것입니다. 지금 경수창이 요새 조관漕關 내의 곡식을 사들이고자 창고를 짓고 선박들을 다스리고 있습니다. 비용이 2만여 전이고 무리의 일에 움직임이 있으니 가뭄의 기운이 생겨나 백성이 그 재앙을 입을까 두렵습니다.

---

441) 梁更堯(編著),《中國社會史》(臺北: 壹大出版中心, 2014), 319쪽.

수창은 업무를 조금씩 나누어 헤아리는 일에 익숙합니다. 그는 깊이 계산하고 멀리 생각하는 것이 진실로 부족하고 또 당연히 구태의연할 수밖에 없습니다." 천자는 듣지 않았다. 조운漕運의 일은 정말로 편해졌다. 수창은 마침내 변군邊郡에 명해 다 창고를 짓게 하고, 곡식이 쌀 때 그 값을 올려 사들여 농부를 이롭게 하고, 곡식이 비쌀 때 가격을 내려서 내다팔게 했다(穀賤時增其賈而糴 以利農, 穀貴時減賈而糶). 이름이 상평창이었다. 백성들이 이를 편히 여겼다.442)

경수창의 상평창제도에 대해 이렇게 상론한 반고班固의 미완의《한서》는 여동생 반 소班昭가 그의 사후에 완성한 사서史書다.

반소는 찬자贊者로서 옛 경전들과 실시된 국가제도를 종합하며 이렇게 총평한다.

찬자贊者는 말하노라.《주역》은 "많은 것을 쇠하게 하고 적은 것을 더하는 것이니 만물은 균평하게 베푼다"로 칭술한다.《서경》은 "유有와 무無를 이동시키려고 힘쓴다"고 말한다. 주나라는 천부의 관리를 두었고, 맹자는 역시 "돼지가 사람의 밥을 먹어도 거둬들여 저장할 줄 모르고, 들에 굶주리는 역참이 있는데도 창고를 열어 곡식을 나눠줄 줄 모른다"고 비판했다. 그러므로 관중의 경중법輕重法, 이회의 평적법, 상홍양의 균수법, 경수창의 상평창이 역시 종래에 있었던 것이다. 옛날을 돌아보면 그것을 위한 여러 방법이 있고, 관리가 선량하고 법령이 행해졌다. 그러므로 백성은 그 이로움을 신뢰했고, 만국은 다스려졌다. 효제와 무제 때에 이르러 국용이 풍요롭고 백성이 부역을 더하지 않은 것은 그다음이었다. 왕망에 이르러 제도는 중도를 잃고 간악한 법궤로 권세를 농하니 관민官民이 둘 다 기진해 거처를 잃어버렸다.443)

---

442)《漢書》〈食貨志上〉(27).

443)《漢書》〈食貨志下〉(70): "贊曰《易》稱 '衰多益寡 物平施',《書》云 '懋遷有無', 周有泉府之官, 而孟子亦非 '狗彘食人之食不知斂, 野有餓莩而弗知發'. 故管氏之輕重, 李悝之平糴, 弘羊均輸, 壽昌常平, 亦有徠. 顧古為之有數 吏良而令行, 故民賴其利, 萬國作乂. 及孝武時 國用饒給 而民不益賦 其次也. 至于王莽 制度失中 姦軌弄權 官民俱竭 亡次矣."

여기서 반소가 군주에게 천문학적 매점매석 이윤과 독점이윤을 챙겨 주는 관중의 국축·경중법과 상홍양의 평준·균수법 등의 국가독점사업제도를 이회의 평적법, 경수창의 상평창 등의 양민제도와 동일시한 것은 적잖이 문제이지만, 평적법과 상평창을 주나라의 천부제도와 맹자의 저곡貯穀·방곡放穀제도로까지 거슬러 올라가 그 기원을 논한 것은 그 의의가 매우 크다고 할 것이다. 왜냐하면 반소의 이 논의는 그 시대 사람들이 《주례》와 공맹경전이 평적법과 상평창까지도 낳았다는 것을 명확하게 인식하고 있었음을 알 수 있게 해주기 때문이다.

경수창의 상평창은 송·원·명대에 다른 이름으로 부활한다. 그리고 청대에는 '상평창' 이름으로 고스란히 부활해 세계적 차원으로 발전한다. 청대의 상평창은 오스만제국, 베니스, 20세기 미국 등지로 전파되었다.

상평창의 곡식은 다른 세곡과 더불어 각종 재난 시에 비상 구민救民을 위한 황정荒政에도 쓰였다. 한대漢代 황정 일반을 좀 더 체계적으로 파악하려면 황정 시행의 행정방법에 따라 시기를 구분하는 것이 좋다. 최근의 한 철저한 연구는[444] 황정단계를 한고조-경제景帝까지 '현縣 차원의 황정기荒政期', 무제武帝로부터 소제昭帝까지 '특사 중심 황정기', 선제宣帝와 원제元帝 치세의 '군국郡國 중심 황정기', 성제成帝에서 후한까지의 '특사와 군국의 통합적 황정기'로 구분해 고찰하고 있다.

한고조에서 제6대 황제 경제景帝(재위 기원전 188-141)까지 65년 동안 이어진 '현縣 차원의 황정'은 군현체제의 미발달로 지방 황정의 시행주체가 불가피하게 현縣정부일 수밖에 없었다. 가용한 역사기록에 따르면, 이 65년 동안 대략 39건의 재해가 발생했다. 고조 때 대기근 재해 1건, 혜제惠帝 때 지진·한발 등 재해 4건, 고후高后 때 산사태·수해 등 재해 4건, 문제文帝 때 지진·태풍·한발·폭풍우·수해·역병·황충 등 재해 14건, 경제 때 흉년·기근·우박·한발·수해·한해寒害·지진·역병 등 재해 16건이다.[445] 이 가운데 구체적 피해 내역이 기록된 경우는 다음과 같다.

444) 金錫佑, 〈漢代 荒政 체계의 형성과 郡縣制〉, 《中國學報(국제중국학연구)》第49輯(2004), 361-413쪽.
445) 참조: 金錫佑, 〈漢代 荒政 체계의 형성과 郡縣制〉, 366-367쪽 〈표1〉 전한 고조-경제기 자연재해 기사 일람표.

(1) 혜제 2년 정월 농서隴西에서 지진이 나서 100여 채의 집을 압살했다.

(2) 고후 2년 정월 무도武都에서 산사태가 나서 760인을 죽였다.

(3) 고후 3년 여름 한중漢中과 남군南郡에서 큰물이 져서 물이 넘쳐 나와 4000여 채의 집을 쓸어 갔다.

(4) 고후 4년 가을 하남에서 큰물이 져서 이락伊雒의 물이 1600여 채의 집을 쓸어 가고 여수汝水가 800여 채의 집을 휩쓸어 갔다.

(5) 고후 8년 여름 한중과 남군에서 물이 다시 넘쳐 나와 6000여 채의 집을 휩쓸어 버리고 남양 면수沔水가 1만여 채의 집을 쓸어 갔다.

(6) 문제 후3년 가을 35일 동안 쏟아진 큰비로 염전산鹽田山의 물이 넘쳐 900여 채의 집이 쓸려 갔고, 한수漢水가 넘쳐 민가가 파괴되고 80여 개소에서 300여 명이 죽었다.[446]

이 기록은 재해지역의 피해조사와 보고가 이루어진 것을 보여 준다. 한나라에서 계승했을 것으로 보이는, 진대秦代의 '운몽진대죽간(雲夢秦簡)'에 쓰인 〈전율18종田律十八種〉은 "한발과 폭풍우·장마〔水潦〕·메뚜기떼〔螽蟲群〕가 사물을 어지럽히고 농사를 상하게 한 경우에 역시 즉각 그 면적을 말하고 가까운 현령에게 발빠른 사람이 문서로 보고하고 먼 현령에게는 우역郵驛으로 그렇게 행한다"고 규정하고 있다.[447] 따라서 위 보고내용들은 현縣 차원에서 조사·수집해 중앙정부로 직접 보고한 것으로 볼 수 있다. 그런데 위 법령에 군郡이 보이지 않는다. 이것은 황정이 군을 건너뛰어 시행된 것을 뜻한다.[448] 중앙의 보고와 승인에 따라 현령이 시정施政주체가 되어 재해에 대응하는 황정을 펼친 것이다.

그러나 경제 치세의 말엽에 이르면 현령들의 부정부패로 황정의 주체가 이천석二千石 지위의 군수로 이동하기 시작한다. 이 변화는 경제가 기원전 142년(중원中元

---

446) 金錫佑, 〈漢代 荒政 체계의 형성과 郡縣制〉, 367쪽.

447) 睡虎地秦墓竹簡整理小組, 〈睡虎地秦墓竹簡〉(北京: 文物出版社, 1977), 24-25쪽. 金錫佑, 〈漢代 荒政 체계의 형성과 郡縣制〉, 368쪽에서 재인용.

448) 金錫佑, 〈漢代 荒政 체계의 형성과 郡縣制〉, 368쪽.

2년) 4월에 내린 조령에서 확인할 수 있다.449) 이 조령은 현 차원의 황정이 문제가 있음을 알리고 주무관서를 군국郡國으로 삼는다는 취지를 담고 있다. 그러나 무제와 소제 때는 황정의 주무가 군으로 바로 넘어간 것이 아니라 일단 과도기적으로 황제가 친히 재해지역으로 직파直派하는 특사들에게 넘어간다.

무제로부터 소제까지 '특사 중심 황정기'에는 지방 황정을 위한 특사 파견이 모두 9회에 걸쳐 이루어졌다.

1. 무제 건원建元 4년(기원전 138년): 하내河內에서 실화失火로 1000여 채의 집이 불탔다. 무제는 급암汲黯을 특파해 실정을 살피도록 했다. 급암은 돌아와 "하내지역을 지날 때 하남의 가난한 사람들이 수재와 한발로 고통받고 있는데, 그 빈민들이 1만여 가구에 달했다"고 보고했다. 그리고 "어떤 경우에는 부자가 서로를 잡아먹었다"고도 했다. 이에 그는 "임시방편으로 부절符節을 갖고서 하내의 창고를 열어 그 창고곡식으로 빈민을 진휼했다"고 보고했다.450)

2. 무제 원광元光 3년(기원전 130년): 호자瓠子에서 황하의 제방이 무너져 내려 물이 동남으로 흘러 거야택鉅野澤으로 향했다. 급암과 정당시鄭當時를 특파해 인부를 동원해 물줄기를 막도록 했다. 그러나 번번이 다시 무너졌다.451) (이때 나라에서 곡식창고를 열어 황정을 위해 동원된 이 인부들을 먹였다.)

449)《漢書》〈景帝紀〉(72): "짐은 (...) 헌납을 받지 않고 태관(太官, 환관)을 줄이고 요부徭賦를 생략하고 천하가 농잠農蠶에 힘써 평소에 축적해 재해에 대비할 수 있기를 바랐노라. (...) 그런데 올해는 아마 성취하지 못해 백성들이 자못 부족할 것 같은데 그 탓이 어디에 있는가? 간혹 아전들이 사기를 치고 아전들이 뇌물로 장사를 하고 백성을 고기 잡듯이 약탈하고 만민을 침탈한다. 현승縣丞은 장리長吏다. 그런데 범법으로 도둑과 함께 도둑질하니 심히 이를 말이 없도다. 이천석이 그 직책을 다스리도록 명한다. 관직에 전념하지 않고 어지럽히는 자는 승상이 듣고 그 죄를 주청하라. 천하에 포고하니 짐의 뜻을 명지明知하게 하라."(朕〔...〕不受獻 減太官 省繇賦 欲天下務農蠶 素有畜積 以備災害. 彊毋攘弱 衆毋暴寡 老者以壽終 幼孤得遂長. 今歲或不登 民食頗寡 其咎安在? 或詐偽為吏 吏以貨賂為市 漁奪百姓 侵牟萬民. 縣丞長吏也. 奸法與盜盜 甚無謂也. 其令二千石修其職. 不事官職耗亂者 丞相以聞 請其罪. 布告天下 使明知朕意.)

450)《漢書》〈汲黯傳〉.

451)《漢書》〈溝洫志〉.

3. 무제 원수元狩 3년(기원전 120년): 산동지역에서 수재가 나서 백성들이 많이 굶주렸다. 이에 천자는 사신을 파견해 군국郡國의 창름을 비워 빈민을 진휼토록 했는데 오히려 부족하여 부호들을 모아 사람들끼리 서로 빌려주게 했다. 그래도 서로 구제할 수 없어 이내 빈민을 함곡관 서쪽으로 이주시켜 삭방朔方 이남 신진新秦 한가운데를 가득 채워 70여만 가구에 달했다. 의복과 식량은 다 현관縣官의 공급에 의존했다. 여러 해 산업을 대여하고 사자가 부서를 나눠 보호했다. 사신이 타는 사두마차들이 서로 닿을 정도로 사신의 왕래가 그치지 않아서 비용이 억만금을 헤아려서 현관이 크게 비고 말았다. 부유한 상인들은 간혹 재물을 쌓아두고 빈민에게 투자하고 바퀴를 100여 번 굴려 거처와 사는 읍邑을 폐했고, 봉군封君들은 다 머리를 낮추고 이들의 공급을 바랐다. 금속제련과 제염製鹽은 재물을 때로 누만금을 누적시켰으나 국가의 급무를 돕지 않아 일반백성들은 아주 곤궁해졌다.452)

4. 무제 원정元鼎 2년(기원전 115년) 9월: 무제는 이런 조령을 내렸다. "인仁은 먼 것을 이상하게 여기지 않고 정의는 어려움을 불사한다. 지금 수도가 비록 아직 풍년이 아닐지라도 산림과 택지澤池의 풍요로움을 백성과 공유하라. 지금 장마가 강남으로 이동하여 동지까지 엄청 닥칠 것 같다. 짐은 굶주림과 추위가 생기지 않을까 걱정하노라. 강남의 땅에서는 불로 경지를 태워 잡초를 없애고 물을 대고 파종해 농사짓는데(火耕水耨) 바야흐로 사천의 곡식을 내려보내 강릉에 닿게 하라. 박사 중中 등을 파견해 구역을 나눠 순행하고 저항을 보고하고 그 때문에 백성이 거듭 곤궁케 하지 않도록 하라. 아전과 백성 가운데 직접 굶주리는 백성을 진구振救하여 곤액을 면케 해준 사람 있거든 그 이름을 모두 보고하라."453)

5. 무제 원봉元封 2년(기원전 109년): 황하의 제방이 무너진 지 20년이 흘렀다. 급인汲仁

---

452)《漢書》〈食貨志〉(18): "其明年 山東被水災 民多飢乏. 於是天子遺使虛郡國倉廩以振貧. 猶不足 又募豪富人相假貸. 尚不能相救 乃徙貧民於關以西 及充朔方以南新秦中 七十餘萬口 衣食皆仰給於縣官. 數歲 貸與產業 使者分部護 冠蓋相望 費以億計 縣官大空. 而富商賈或壃財役貧 轉轂百數 廢居居邑 封君皆氐首仰給焉. 冶鑄煮鹽 財或累萬金 而不佐公家之急 黎民重困."

453)《漢書》〈武帝紀〉(117): "秋九月 詔曰 仁不異遠 義不辭難. 今京師雖未為豐年 山林池澤之饒與民共之. 今水潦移於江南 迫隆冬至. 朕懼其飢寒不活. 江南之地 火耕水耨 方下巴蜀之粟致之江陵 遺博士中等分循行 諭告所抵 無令重困. 吏民有振救飢民免其厄者 具舉以聞."

과 곽창郭昌 등을 시켜 사졸 수만 명을 동원하여 호자의 무너진 곳을 막았다.454) (이때에도 상평창이나 기타 창름을 열어 이 사졸들을 먹여야 했다.)

6. 소제昭帝 시원始元 2년(기원전 85년) 3월: 사자를 파견해 빈민들 가운데 종자와 식량이 없는 자들을 진대했다. 그리고 가을 8월 "지난해 재해가 많아 금년에 누에와 보리가 상해서 씨앗과 식량을 진대해 주는 바이니 부채를 거두지 말고, 백성들에게 금년 전세田稅를 내라고 명령하지 말라"는 조서를 내렸다.455)

7. 소제 시원 4년(기원전 83년) 7월: 조서를 내렸다. "이해는 성하지 않아 백성들이 먹을 것이 바닥나서 일자리를 구하러 유랑을 떠나 아직 다 돌아오지 못했도다. 지난 시기에 백성들에게 말을 (먹일 수 없어) 내보라고 명했는데 이제 그 명을 그치니 내보내지 말라. 여러 급사중과 중앙관리인 자들도 또한 감축하노라."456)

8. 소제 원봉元鳳 3년(기원전 78년) 정월: 빈민에 대한 중모中牟현 농원의 부세를 파했다. 조령이 있었다. "전번에 백성들이 수재를 입어 식량이 아주 바닥났도다. 짐은 창름을 비워 사자를 시켜 곤핍자들을 진휼하노라. 이에 원봉 4년의 세곡 조운을 없애노라. 3년 전에 진대한 것에 관한 한, 승상과 어사가 청하는 바가 아니면 변군邊郡에서 소를 (키워 돌려주기 위해) 받은 사람들에게서는 상환을 받지 말라."457)

9. 소제 원봉 6년(기원전 75) 정월: 조령이 있었다. "무릇 곡식이 싸면 농민을 상하게 한다. 지금 삼보三輔와 태상太常의 곡식이 헐값이다. 이에 햇곡식으로 금년 부세를 걷어야 한다고 명령하노라."458)

재해지역에 대한 이 특사파견이 군郡 차원의 재해보고에 기초한 것이 아니라 특

---

454) 《漢書》〈溝洫志〉.

455) 《漢書》〈昭帝紀〉(20): 三月 遣使者振貸貧民毋種·食者. 秋八月 詔曰 "往年災害多 今年蠶麥傷 所振貸種·食 勿收責 毋令民出今年田租."

456) 《漢書》〈昭帝紀〉(28): "秋七月 詔曰 比歲不登 民匱於食 流庸未盡還 往時令民共出馬 其止勿出. 諸給中都官者 且減之."

457) 《漢書》〈昭帝紀〉(56): "罷中牟苑賦貧民. 詔曰 乃者民被水災 頗匱於食 朕虛倉廩 使使者振困乏. 其止四年毋漕. 三年以前所振貸 非丞相御史所請 邊郡受牛者勿收責."

458) 《漢書》〈昭帝紀〉(56): "六年春正月 (...) 詔曰 夫穀賤傷農 今三輔·太常穀減賤. 其令以叔粟當今年賦."

사들이 직접 수집한 정보에 기초한 것으로 보인다. 가령 무제 때 특사 급암汲黯의 경우를 보면 그는 하내의 실사사건을 시찰하도록 명령을 받고 하내 지역으로 내려가다가 하남의 수해·한해·기근 상황을 목도하고 이에 대해 보고하고 있다. 중앙정부는 이에 대한 정보가 없었던 것이다. 그러나 부자가 서로를 잡아먹는 기근상황은 하내의 화재보다 훨씬 더 심각한 것이었다. 이러한 해석은 소제 시원 2년 3월의 기사로 뒷받침된다. 파견된 특사는 빈민을 진대했는데, 동년 8월 조령을 통해 진대를 받은 백성에게 원금상환과 조세를 면제해 주었다. 이 조령은 특사의 더욱 상세한 상황보고 뒤에 이루어진 것이다. 이렇다면 무제와 소제 때 군현의 재해 정보와 실정 파악은 기본적으로 특사에 의지했다고 말할 수 있다.[459]

위 기사들을 통해 알 수 있는 또 다른 사실은 특사들이 진휼을 직접 시행했다는 점이다. 위 기사에서 급암은 특사 부절을 차고 그 권위로 하내의 창고를 열어 이 창고의 곡식으로 하내군의 빈민을 진휼했다. 상술했듯이 현縣관리들의 비리가 심하여 특사가 직접 진휼행정을 집행한 것이다.[460] 특사를 통한 황정집행은 현관리들이 부패하고 군국의 행정체계는 아직 완비되지 않은 단계에서 취해진 임기응변적 방책이었던 셈이다.[461]

그러나 선제로부터 원제까지 군국 중심의 황정기에는 이와 달랐다. 이때는 군국 차원의 지방정부의 역할이 현저하게 증가한다. 선제 초기에도 특사를 통한 진휼이 이루어졌지만 이런 경우는 드물어지고 군국의 이천석 서열의 장관들이 진휼을 집행하는 식으로 바뀌어 갔다. 일단 여전히 특사가 진휼을 집행하는 경우를 먼저 보자.

1. 선제 본시本始 4년(기원전 107년) 정월: 소제는 조서詔書를 내렸다. "무릇 농사는 흥덕興德의 근본이다. 그런데도 금년은 성하지 못해서 이미 사자를 파견해 빈곤궁핍자들을 진대했다. 이에 태관을 시켜 성재省宰에게서 음식을 덜고 악부樂府는 악인樂人을 감축해

---

459) 참조: 金錫佑, 〈漢代 荒政 체계의 형성과 郡縣制〉, 372-373쪽.
460) 참조: 金錫佑, 〈漢代 荒政 체계의 형성과 郡縣制〉, 373-374쪽.
461) 참조: 金錫佑, 〈漢代 荒政 체계의 형성과 郡縣制〉, 377쪽.

농업으로 돌아가게 했다. 승상 이하 중앙관리들에 이르기까지 글을 올리는 것을 도와 곡식을 들어오게 하고 장안의 창고의 곡식을 수송해 빈민을 진대하도록 돕도록 명하라. 백성은 백성이 수레와 선박으로 곡식을 싣고 관문으로 들어온 경우에는 알릴 필요가 없다."462)

2. 선제 본시 원년 여름 4월: 49개 군국에서 지진이나 간혹 산이 붕괴하고 물이 넘쳤다. 조령이 내렸다. "무릇 재이災異란 천지의 경계다. 짐은 홍업洪業(나라를 이루는 큰 사업)을 이어 종묘를 받들고 사민士民의 위에 앉아 아직 군생群生을 화합시키지 못했다. 전에 북해·낭아琅邪에 지진이 나서 조종의 종묘를 무너뜨렸으니 짐은 이를 심히 두려워하노라. 승상·어사는 열후列侯들 가운데 이천석들과 더불어 경학지사經學之士를 널리 묻고 변고에 응할 선비가 있으면 짐의 모자람을 돕게 하라. 거리낌을 갖지 말라. (...) 지진으로 파괴를 심히 당한 사람들에게서 조세를 거두지 말라." 그리고 천하를 크게 사면했다.463) 〈하후승전夏侯勝傳〉: 관동의 49개 군국에서 지진이 나 산이 무너지고 성곽과 집이 붕괴하여 6000여 명이 사망했다. 사자를 파견해 아전과 백성들을 조문하고 죽은 사람들에게 관을 마련할 금전을 하사했다.464)

이 두 경우는 선제가 여전히 옛 관례에 따라 특사를 파견해 진휼을 한 경우다. 그러나 이외에는 특사를 통한 진휼 사례가 발견되지 않는다. 특사의 업무는 순시의 일에 국한되고 황정은 군국에서 시행했다. 다음을 보자.

3. 선제 본시本始 원년(기원전 73년) 정월: (수재를 피해) 군국에서 모집해 아전과 백성

---

462) 《漢書》〈宣帝紀〉(22): "四年春正月 詔曰 蓋聞農者興德之本也. 今歲不登 已遣使者振貸困乏. 其令太官損膳省宰 樂府減樂人 使歸就農業. 丞相以下至都官令丞上書入穀 輸長安倉 助貸貧民. 民以車船載穀入關者 得毋用傳."

463) 《漢書》〈宣帝紀〉(24): "本始 夏四月壬寅 郡國四十九地震 或山崩水出. 詔曰 蓋災異者 天地之戒也. 朕承洪業 奉宗廟 託于士民之上 未能和群生. 乃者地震北海·琅邪 壞祖宗廟 朕甚懼焉. 丞相·御史其與列侯·中二千石 博問經學之士 有以應變 輔朕之不逮 毋有所諱. 令三輔·太常·內郡國擧賢良方正各一人. (...) 被地震壞敗者甚者 勿收租賦. 大赦天下."

464) 《漢書》〈夏侯勝傳〉.

들을 헤아려 100만 명 이상 평릉平陵으로 이사케 했다. 사자를 파견해 부절을 차고 군국의 이천석들에게 백성을 먹이고 덕화를 가르치라고 조서를 내리게 했다.[465]

이 경우는 특사를 파견했지만 이사·양민·교민을 집행하는 주체를 군국의 이천석 장관으로 언급하고 있다. 다음도 마찬가지다.

4. 선제 지절地節 원년(기원전 69) 겨울 10월: 조서는 말한다. "전에 9월 임신壬申일 지진이 있어서 짐은 이를 심히 두려워 하노라. (...)" 또 조서는 말한다. "연못이 따듯하게 데워졌는데 황상이 행차하지 못한 경우에 빈민들에게 (식량을) 빌려주라. 군국의 궁관宮館은 수리하지 말라. 유랑민이 귀환하는 경우 공전을 빌려주고 종자와 식량을 대여해 주고 또 이자를 계산하지 말라."[466]

이 경우는 특사 파견이 없으므로 군국에 대고 "궁관을 수리하지 말라"고 한 구절에 따라 군국이 "빈민들에게 (식량을) 빌려주고", 유랑민이 귀환하는 경우 "공전을 빌려주고 종자와 식량을 대여해 주는" 주체라고 봐야 할 것이다. 다음의 경우는 군국이 직접 진대한 것을 명시한다.

5. 선제 지절地節 4년(기원전 63년) 9월: 조서는 말한다. "짐은 백성이 실직했는데도 돕지 않는 것을 생각해 사자를 파견해서 군국을 순행케 하고 백성의 질고를 문병케 하노라. 아전들이 늘 사리를 영리營利하여 성가시게 어지럽히고 그 잘못을 돌아보지 않아서 짐이 이를 심히 걱정하도다. 금년 군국이 수재水災를 상당히 입었으나 이미 진대했노라. 소금은 백성이 먹는 것이니 가격이 다 비싸서 서민들이 심히 곤핍하다. 이에 천하의 염가鹽價를 감하노라."[467]

---

465) 《漢書》〈宣帝紀〉(9): "本始元年春正月 募郡國吏民訾百萬以上徙平陵. 遣使者持節 詔郡國二千石謹牧養民而風德化."

466) 《漢書》〈宣帝紀〉(40): "冬十月 詔曰 乃者九月壬申地震 朕甚懼焉. (...) 又詔曰 池未御幸者 假與貧民. 郡國宮館 勿復修治. 流民還歸者 假公田 貸種·食 且勿算事."

원제 때 특사를 파견한 다음 사례들에서는 특사가 파견되었으나 그들이 직접 진휼하는 황정을 집행했다는 말은 없다.

6. 원제元帝 영광永光 2년(기원전 42년): 평당平當은 유주幽州의 유랑민의 실상을 파악하기 위해 사자로 파견되었다. 평당은 자사刺史와 이천석 장관 가운데 근면하고 시혜해 유랑민을 불러들인 사람을 상주했다.468)

7. 원제 건소建昭 4년(기원전 35년) 4월: 조서는 말한다. "근자에 음양이 부조화하고 오행이 질서를 잃어 백성이 기근에 처했다. 서민들이 실업失業을 생각하며 간대부諫大夫·박사 상賞 등 21인을 파견해 천하를 순행하며 기로와 환과고독과 곤핍하고 실직한 사람들을 문안케 하고 뛰어난 재목과 특출난 선비를 천거케 하기에 이르렀노라."469)

이 건소 4년의 특사는 한번에 21명에 달했으나 황정집행의 말이 없는 것으로 보아 천하순행과 문안問安·인재천거에 그치고 기근에 대한 황정은 이미 군국이 처리한 것으로 보인다.

이제 진휼황정은 군국의 일이 되고 특사의 일은 진급賑給에서 지방 군국의 재해에 대한 파악이나 군국의 황정에 대한 감독시찰의 역할로 변한 것이다. 황정이 군국에 맡겨지면서 특사 파견은 관행적 행사로 변했다. 선제와 원제 때 재해 관련 특사는 연초 연례행사의 의미를 띠었다. 이 시기에 파견된 9건의 사자 파견 가운데 재해 관련 특사는 4건이고, 나머지는 관행적이었다. 황정의 주도권이 군국으로 이동한 것이다.470)

---

467)《漢書》〈宣帝紀〉(49): "九月 詔曰「朕惟百姓失職不贍 遣使者循行郡國問民所疾苦. 吏或營私煩擾 不顧厥咎 朕甚閔之. 今年郡國頗被水災 已振貸. 鹽民之食 而賈咸貴 眾庶重困. 其減天下鹽賈.」"

468)《漢書》〈平當傳〉.

469)《漢書》〈元帝紀〉(61): "夏四月 詔曰 朕承先帝之休烈 夙夜栗栗 懼不克任. 間者陰陽不調 五行失序 百姓饑饉. 惟烝庶之失業 臨遣諫大夫博士賞等二十一人循行天下 存問耆老鰥寡孤獨乏困失職之人 舉茂材特立之士."

470) 참조: 金錫佑,〈漢代 荒政 체계의 형성과 郡縣制〉, 380-383쪽.

성제成帝(기원전 52-7) 이후 후한까지 특사와 군국의 통합적 황정기에는 특사 순시 감독과 군국의 황정집행이 결합되었다. 성제 이래 황정 체계는 짜임새를 갖추기 시작한다. 이러한 발전은 중앙의 재해 관련 특사 파견이 계속되고 군국의 황정 기능이 강화되어 가면서 양자가 점차 역할 분담을 하는 가운데 자연스럽게 상호 연계와 협조가 이루지는 과정의 소산이었다. 그리하여 특사의 황정과 군국의 황정이 번갈아 이루어지거나 연계되어 시행되었다.

가령 성제 이후에는 특사도 다시 황정의 전면에 나서는 경우들이 자주 나타난다.

1. 성제 하평河平 4년(기원전 25년) 3월: 광록대부·박사 가嘉 등 11인을 파견해 황하의 물가를 따른 군들에게 물이 훼상毀傷한 곳들을 천거해서 자존自存할 수 없는 곤핍자들에게 재물을 진대하게 했다. 이에 물이 넘쳐흘러 압사당해 스스로 매장할 수 없는 곳을 위해 군국이 널짝을 진급賑給해 매장하도록 명했다. 이미 매장된 자들에는 1인당 2000전을 수여했다. 물을 피해 다른 군국으로 간 사람들에 대해서는 피해를 차등적으로 진대했다.471)

2. 성제 홍가鴻嘉 4년(기원전 17년) 봄 정월: 조서를 내렸다. "(...) 이미 사자를 파견해 군국을 순행케 했다. 재해를 입은 곳이 14개 이상의 군이고 백성의 재산은 3만을 채우지 못하니 조세를 징출徵出하지 말라. 미납 대여물자가 아직 안 들어왔으면 다 거두지 말라. 유랑민이 관문으로 들어오려고 하면 번번이 안에 포용하라. (...)"472)

3. 성제 홍가 4년 가을: 황제는 여러 차례 사자를 파견해 백성을 안정시키고 생업에 종사할 수 있도록 그들을 진휼했다.473)

4. 광무제 건무建武 22년(서기 46년) 9월: 일자에 지진이 났는데 남양이 더욱 심했다. 알자謁者(보고자) 안案을 파견해 순행토록 했다. (...) 압사당한 사람들에게 관棺을 마련

---

471) 《漢書》〈成帝紀〉(49): "遣光祿大夫博士嘉等十一人 行舉瀨河之郡水所毀傷 困乏不能自存者 財振貸. 其為水所流壓死 不能自葬 令郡國給槥櫝葬埋. 已葬者與錢 人二千."

472) 《漢書》〈成帝紀〉(85): "四年春正月 詔曰 (...) 已遣使者循行郡國. 被災害什四以上 民貲不滿三萬 勿出租賦. 逋貸未入 皆勿收. 流民欲入關 輒籍內. (...)"

473) 《漢書》〈溝洫志〉.

할 수 있도록 1인당 3000전을 하사하고, 미납 부세를 거두지 말라고 했다.[474]

5. 화제和帝 영원永元 6년(서기 92년) 2월: 알자를 파견해 삼하三河·연주兗州·익주·청주의 빈민들을 나눠 시작하도록 했다.[475]

6. 안제安帝 원초元初(서기 115년) 2년 2월: 알자를 파견해 수도에서 객사했는데 가속家屬이 없거나 관곽棺槨이 썩어 못쓰게 된 사람들의 경우에는 거둬 매장하고 모두 제사를 치러 주었다. 가속이 있어도 아주 가난해서 장례를 치를 형편이 못되는 사람들이 있으면 그들에게는 1인당 5000전을 하사했다.[476]

7. 환제桓帝 연희延熹 9년(서기 166년) 3월: 사례司隸와 예주豫州에서 아사자餓死者가 열너댓이나 되었고, 심지어 집이 없어져 버린 자들도 있었다. 삼부三府의 연속掾屬(아전)을 파견해 진품陳稟했다.[477]

이 기록들은 알자·광록대부·삼부아전 등이 사자로 파견되어 직접 진휼한 것을 말해 주고 있다.

그러나 동시에 군국의 황정책임도 크게 강조되었다. 이것은 군국 장관들이 황정을 부실하게 시행한 죄목으로 그 책임을 물은 사건들이 계속 증가했다는 기록에서 확인할 수 있다. 성제 영시永始 2년에는 양국군梁國郡과 평원군에서 매년 수재로 기근에 처해 사람들이 서로를 잡아먹는 사태가 발생해 자사刺史·군수·군상郡相이 좌천되었고, 성제 홍가와 영시 연간에는 청하淸河태수가 출임出任한 지 수년 뒤 군중群中의 재해로 면관되었고, 명제明帝 영평 5년에는 사례司隸 교위校尉가 황재를 다스리지 못해 면관되었고, 화제 영원 3년에는 진류陳留 태수가 빈민에 대한 진휼이 부실했다는 죄목으로 징역형에 처해졌고, 영원 7년 하내河內태수가 가물피해에 대한 보고가 부실

---

474) 《後漢書》〈光武帝紀〉(178): "九月戊辰 地震裂. 制詔曰 日者地震 南陽尤甚. (...) 遣謁者案行 (...) 壓死者 棺錢 人三千. 其口賦逋稅而廬宅尤破壞者 勿收責."

475) 《後漢書》〈和帝紀〉(71): "(永元)二月乙未 遣謁者分行稟貸三河·兗·冀·青州貧民."

476) 《後漢書》〈安帝紀〉(144): "二月戊戌 遣中謁者收葬京師客死無家屬 及棺槨朽敗者 皆為設祭. 其有家屬尤貧無以葬者 賜錢人五千"

477) 《後漢書》〈桓安帝紀〉(228): "司隸·豫州飢死者什四五 至有滅戶者 遣三府掾賑稟之."

하다는 죄목으로 면관되었다.[478] 그리고 상제殤帝 연평延平 1년 7월에는 군국이 풍작을 허위 보고했다는 죄목으로 처벌을 예고하고 있다.[479] 이런 기록들은 군국 지방관의 황정책임도 아주 크다는 것을 알게 해준다.

종합하면, 성제 이후 후한에 이르기까지 시기에는 '특사에 의한 황정'과 '군국 지방관들에 의한 황정'이 둘 다 강조되었다. 이 시기에 완성된 황정체계는 특사와 군국의 유기적 협조관계에 기초했다. 이 협조관계의 형성은 성제 이후의 사료에서 입증된다. 가령 (성제 하평 3년 4월의 경우에) 11인의 특사들이 황하와 인접 군국에서 재해상황을 보고함과 동시에 피해민들을 진대하고 또 군국이 관곽을 지급하고 장사지내도록 조치하고 장사를 치른 사람들에게는 금전을 하사하도록 명했다. 또는 특사가 군국을 순시하여 군국의 진휼 과정을 감독하기도 했다.[480] 특사와 군국의 협조방식은 이런 식이었다. 한대漢代 황정은 특사와 군국의 이 협력체계의 완성에서 최고조의 발전을 보였다.

한나라는 늙은 홀아비·홀어미·독거노인·고아·기아棄兒·폐질환자들에 대한 양민·복지정책에도 상당한 열성을 보였다. 이들에 대한 양민정책은《주례》와 공맹경전에서도 강조하던 바다. 그러나 이 사회적 약자에 대한 한대의 양민정책에 직접 영향을 끼친 것은 춘추시대 제齊나라의 양민정책이었다. 특히 한나라의 기아·고아정책은 제나라로부터 기원했다.

주대周代 말엽 춘추시대에 관중을 재상으로 발탁한 제나라는 쇠잔해지고 있던 주나라 복지법제를 되살려 ① 노인을 노인답게 모시는 '노로老老', ② 간난아이를 자양하는 '자유慈幼', ③ 고아를 구휼하는 '휼고恤孤', ④ 병자·고령자·불구자들을 양호養護하는 '양질養疾', ⑤ 독거노인들을 혼인시켜 주는 '합독合獨', ⑥ 고령자와 병자를 문안하는 '문병問病', ⑦ 궁한 가족이나 빈객을 발견하면 보고하게 하는 '통궁通窮', ⑧ 곤궁한 자를 진휼하는 '진곤振困', ⑨ 전사자와 의사자義死者를 공금으로 제사지

---

478) 참조: 金錫佑, 〈漢代 荒政 체계의 형성과 郡縣制〉, 403쪽.
479)《後漢書》〈殤帝紀〉.
480) 참조: 金錫佑, 〈漢代 荒政 체계의 형성과 郡縣制〉, 406-407쪽.

246   제1장 국가의 존재이유

내는 '접절接絕' 등 아홉 가지 혜민惠民의 정교(惠之敎)를 시행했다.481) 이를 위해 제나라는 (1) '장로掌老', (2) '장유掌幼', (3) '장고掌孤', (4) '장양질掌養疾', (5) '장매掌媒', (6) '장병掌病', (7) '장궁掌窮', (8) 장절掌絕 등 8종의 전담관직을 설치했다.482)

이른바 '노로老老'는 이렇다. 무릇 국도와 성도城都가 다 '장로掌老'라는 관리를 두고 70세 이상 노인은 아들에게 한 명의 부역을 없애 주고, 3개월마다 고기 선물을 준다. 80세 이상 고령노인은 두 아들에게 부역을 없애 주고 매월 고기 선물을 준다. 90세 이상 고령노인은 전 가족에게 부역을 면해 주고 매일 술과 고기를 준다. 죽으면 관곽棺槨을 공급한다. 평소 자제들에게 음식을 정성껏 마련해 드리고 원하는 것을 묻고 좋아하는 것을 구해 드리도록 권장한다. 이를 '노로'라고 한다.483)

이른바 '자유慈幼'의 경우는 일단 국도와 성도가 다 '장유掌幼'라는 관리를 둔다. 자식이 있는데 자식이 유약幼弱하고 힘이 부쳐 먹여 기르는 것이 부담이 되는 백성의 경우에, 세 아이를 둔 사람은 부인에게 부역을 없애 주고, 네 아이를 둔 사람은 전 가족에게 부역을 없애 주고, 다섯 아이이면 또 그들에게 보모保姆를 붙여 주고 2인분의 식량을 공여한다. 아이들이 자라서 일을 할 수 있게 된 뒤에 그친다. 이것을 '자유慈幼'라고 한다.484) 이 '자유'는 《주례》의 '자유'를 설명한 것으로 보이지만, 《주례》는 자유업무를 관장하는 관리官吏에 대한 언급이 없다.

그리고 이른바 '휼고恤孤'의 경우 무릇 국도와 성도가 다 '장고掌孤'라는 관리를 둔다. 백성이 죽고 남은 자식이 어려서 고아가 되었는데 길러줄 부모가 없어 자활할 수 없는 경우에는 이 고아를 마을사람들·지인들·연고자들에게 맡긴다. 고아 한 명을

---

481) 《管子》〈入國〉(국역본: 558쪽): "行九惠之敎. 一曰老老, 二曰慈幼, 三曰恤孤, 四曰養疾, 五曰合獨, 六曰問病, 七曰通窮, 八曰振困, 九曰接絕."

482) 《管子》〈入國〉(558-560쪽).

483) 《管子》〈入國〉: "所謂老老者 凡國都皆有掌老. 年七十已上 一子無征, 三月有饋肉. 八十已上 二子無征 月有饋肉. 九十已上 盡家無征 日有酒肉. 死上共棺槨. 勸子弟精膳食 問所欲 求所嗜. 此之謂老老."(558-559쪽.)

484) 《管子》〈入國〉: "所謂慈幼者 凡國都皆有掌幼 士民有子 子有幼弱不勝養為累者. 有三幼者 婦無征 四幼者 盡家無征 五幼又子之葆 受二人之食 能事而後止. 此之謂慈幼."(559쪽.)

기르는 자는 한 자식에게서 부역을 없애 주고, 두 명의 고아를 기르는 자는 두 자식에게서 부역을 없애 주고, 세 명의 고아를 기르는 자는 전 가족에게서 부역을 없애 준다. 장고는 자주 다니면서 그들을 문안하고 반드시 그들의 음식, 기한飢寒, 몸이 여위었는지 튼튼한지를 알아보고 가엾게 여겨 보살핀다. 이것을 '휼고'라고 한다.[485]

이른바 '양질養疾'의 경우는 국도와 성도가 '장양질掌養疾'이라는 관리를 둔다. 귀머거리, 장님, 벙어리, 절름발이, 반신불수, 손이 오그라들어 못 펴는 자 등 견디며 스스로 살지 못하는 자는 임금(국가)이 거두어 질관疾官(=疾館=療養館)에서 부양해 옷을 입히고 먹인다. 그들이 죽은 뒤에 그친다. 이것을 '양질養疾'이라고 한다.[486] '양질'은《주례》의 '관질寬疾'에 상응한다.

이른바 '문병問病'의 경우는 무릇 국도와 성도가 다 '장병掌病'이라는 관리를 둔다. 백성 중에 병이 있는 경우에 장병은 임금의 명으로 병자들을 위문한다. 90세 이상은 하루에 한 번 문병하고, 80세 이상은 이틀에 한 번 위문하고, 70세 이상은 사흘에 한 번 문병하고, 일반백성은 닷새에 한 번 위문한다. 질환이 심한 자는 위에 보고하고 임금이 몸소 위문한다. 장병은 나라 안을 순행하며 문병을 일로 삼는다. 이것을 '문병問病'이라고 한다.[487]

이른바 '합독合独'의 경우는 무릇 국도와 성도가 다 '장매掌媒'라는 관리를 둔다. 사내가 처가 없으면 환鰥(홀아비)이라 하고, 부인婦人이 지아비가 없으면 과寡(홀어미)라 한다. 홀아비와 홀어미를 취해 화합하게 하고 전택田宅을 주고 거기에서 가정을 이루게 한다. 3년 뒤에 그들에게 일을 시킨다(국가가 제공하는 직역職役을 급부한다).

---

485)《管子》〈入國〉: "所謂恤孤者 凡國都皆有掌孤. 士人死 子孤幼 無父母所養 不能自生者 屬之其鄕黨知識故人. 養一孤者 一子無征. 養二孤者 二子無征. 養三孤者 盡家無征. 掌孤數行問之 必知其食飲飢寒 身之膚胜而哀憐之 此之謂恤孤."(559쪽.)

486)《管子》〈入國〉: "所謂養疾者 凡國都皆有掌疾. 聾盲·喑啞·跛躄·偏枯·握遞 不耐自生者 上收而養之疾官. 而衣食之 殊身而後止. 此之謂養疾."(559~560쪽.)

487)《管子》〈入國〉: "所謂問病者凡國都皆有掌病. 士人有病者 掌病以上令問之. 九十以上 一日一問, 八十以上 二日一問, 七十以上三日一問, 衆庶五日一問. 病甚者以告 上身問之. 掌病行於國中, 以問病爲事, 此之謂問病."(560쪽.) '문병'이 '문질'로 된 텍스트도 있는데 이런 텍스트에서도 마지막 말은 "이것을 문병이라 한다"라고 쓰고 있다. 따라서 '문질'과 '문병'은 동의어로 봐야 할 것이다.

이것을 '합독'이라고 한다.[488]

이른바 '통궁通窮'의 경우는 무릇 국도와 성도가 다 '장궁掌窮'이라는 관리를 둔다. 만약 궁한 부부가 있어 거처가 없고 궁한 빈객이 양식이 떨어졌다면, 그들이 거하는 향리에서 이를 보고하는 자에게는 상을 내리고 보고하지 않는 자에게는 벌을 내린다. 이것을 '통궁'이라 한다.[489]

이른바 '진곤振困'의 경우는 무릇 국도와 성도가 '장곤掌困'이라는 관리를 둔다. 흉년에는 고용인들이 병에 걸려 많이 죽는다. 그러므로 형벌을 이완하고 죄를 사면하고 창고의 곡식을 분배해 그들을 먹인다. 이것을 '진곤'이라고 한다.[490] '진곤'에 특별한 전담관리를 두지 않은 것은 진곤, 곧 '진휼'은 특사와 군현의 주무이기 때문이다.

이른바 '접절接絕'의 경우는 무릇 국도와 성도가 다 '장절掌絕'을 둔다. 장절은 백성 중에 임금을 위해 죽거나 전사하는 경우에 지인과 연고자들로 하여금 나라로부터 돈을 수령해 그들을 위해 제사 지내게 한다. 이것을 '접절'이라 한다.[491] '접절接絕'이란 절명자絕命者를 대접待接한다는 의미다.

제나라의 이 복지제도를 보면 기원전 700-600년 무렵에 이미 귀머거리·장님·벙어리·절름발이·반신불수 등 장애인들을 수용해 먹여 주고 입혀 주고 치료해 주는 '질관疾官'(=疾館)이라는 국가 요양원이 등장한 것을 알 수 있다. 한나라는 주나라와 제나라의 이런 복지제도를 계승해 환과고독鰥寡孤獨과 폐질자·장애인·빈민을 돌보고 노인을 봉양하는 양민·안민 정책과 재해 시에 백성을 구민하는 비상 복지정책(荒政)을 펼쳤다. 사료와 기록이 미흡하지만 《한서》와 《후한서》에서 눈에 띄는 대로 공적 양민복지정책과 제도를 살펴보자.

---

488) 《管子》〈入國〉: "所謂合獨者 凡國都皆有掌媒. 丈夫無妻曰鰥, 婦人無夫曰寡. 取鰥寡而合和之 子田宅而家室之. 三年然後事之. 此之謂合獨."(560쪽.)

489) 《管子》〈入國〉: "所謂通窮者 凡國都皆有掌窮. 若有窮夫婦無居處 窮賓客絕糧食 居其鄉黨以聞者有賞, 不以聞者有罰. 此之謂通窮."(560쪽.)

490) 《管子》〈入國〉: "所謂振困者 凡國都皆有掌困. 歲凶庸人訾厲 多死喪. 弛刑罰 赦有罪 散倉粟以食之. 此之謂振困."(561쪽.)

491) 《管子》〈入國〉: "所謂接絕者 凡國都皆有掌絕. 士民死上事 死戰事 使其知識故人 受資於上 而祠之. 此之謂接絕也."(561쪽.)

나라의 기틀이 잡히고 태평성대에 들어선 시점에 황위에 오른 제5대 황제 문제文帝(재위 기원전 180-157)는 즉위 1년 만인 기원전 179년 3월 환과고독과 궁민·빈민을 진휼하기 위해 법령을 제정하라는 조령詔令을 내린다.[492] 이에 관리들은 문제에게 다음과 같은 내용의 법령을 주청·제정했다. "80세 이상 노인에게는 매월 1인당 쌀 1석, 고기 20근, 술 5두를 하사하고, 90 이상 노인에게는 이에 더해 비단 2필과 솜 3근을 하사한다. 물건을 하사하거나 미음 죽과 쌀을 내려주어야 할 사람들은 장리長吏가 열시閱視하고, 만 90세가 아닌 사람들을 돕고 위로하는 일은 색부薔夫와 영사令史(마을의 하급관리)가 맡는다. 이천석의 고관은 도리都吏(우두머리 아전)를 보내 순행해 부합되지 않은 자들을 단속하게 하고, 전과자와 죄가 있어 구레나룻을 깎이는 형벌 이상의 처벌을 받은 자들에게는 이 법령을 쓰지 않는다."[493] 문제 때 제정된 이 법령은 전한이 멸망할 때까지 존속하며 환과고독의 양호와 양로복지제도로 줄곧 기능했다.

심지어 전쟁만 일삼은 것으로 알려진 7대 황제 무제武帝(재위 기원전 156-87)도 즉위 6년(기원전 150년) 황태자를 세운 것을 기념해 환과고독과 고령노인들에게 복지혜택을 베푸는 조령을 내렸는데, 그 내용은 이랬다.

---

492) 《漢書》〈文帝紀〉(9): "바야흐로 춘화 시에 초목과 군생의 동식물이 다 자락自樂 속에 있는데 나의 백성 가운데 환과고독과 궁핍하고 빈곤한 사람들은 간혹 사망하게 되어도 아무도 그들을 살피지도, 걱정하지도 않도다. 백성의 부모가 되어 장차 이를 어찌하랴! 그들을 진대할 방도를 의논하라." 또 조령을 내렸다. "늙은 사람은 비단이 아니면 따뜻하지 않고, 고기가 아니면 배부르지 않다. 지금 연초에 때맞춰 사람을 시켜 마을 장로들의 안부를 묻게 하지 않는다면, 또 포백布帛과 술과 고기를 하사하지 않는다면 장차 천하의 자손들이 그 양친을 효양孝養하는 것을 어찌 도울 것인가? 지금 관리들이 미음 죽을 받아야 마땅한 사람들에게 죽을 쑤어 줄 때 간혹 묵은 곡식을 썼다는 소리를 들었다. 이것이 어찌 양로의 뜻이라고 칭할 수 있겠는가! 법령을 갖춰 행하라."(詔日 方春和時 草木群生之物皆有以自樂 而吾百姓鰥寡孤獨窮困之人 或陷於死亡 而莫之省憂. 為民父母將何如? 其議所以振貸之. 又曰 老者非帛不煖 非肉不飽. 今歲首 不時使人存問長老 又無布帛酒肉之賜 將何以佐天下子孫孝養其親? 今聞吏稟當受鬻者 或以陳粟. 豈稱養老之意哉! 具為令.)
493) 《漢書》〈文帝紀〉(9): "有司請令縣道 年八十已上 賜米人月一石 肉二十斤 酒五斗, 其九十已上 又賜帛人二疋 絮三斤. 賜物及當稟鬻米者 長吏閱視 丞若尉致 不滿九十 薔夫·令史致. 二千石遣都吏循行 不稱者督之. 刑者及有罪耐以上 不用此令."

짐은 구요皐繇(고요皐陶의 오기)가 우禹에게 "(모든 것이) 사람을 아는 지인知人에 달렸고 지인하면 명철해지는데((都)在知人 知人則哲) 황제도 이를 어렵게 여겼다(惟帝難之)"고 말해 주는 것을 들었도다. 무릇 임금은 마음이고 백성은 지체와 같으니, 지체가 상하면 마음이 참달慘怛하도다. 일자에 회남淮南과 형산衡山에서 문학을 수학할 때 뇌물을 흘리니 양국이 접하는 땅에서 사설邪說을 두려워해 찬탈과 시해를 저질렀다. 이것은 짐의 부덕이었으리라. 《시경》은 "걱정하는 마음이 비참하고 비참해 나라가 학정을 행하는 것을 염려하네(憂心慘慘 念國之為虐)"라고 노래했도다(《詩經》 〈小雅·節南山之什·正月〉). 천하를 사면해 제척하고 이것과 더불어 다시 시작한다. 짐은 효제(효자와 우애하는 형제)와 역전力田(농사에 열심인 자)을 가상히 여기고, 사내가 늙어 눈이 흐려지고 환과고독이 혹시 의복과 식량이 떨어지는 것을 슬퍼하고, 이들을 심히 연민하도다. 알자謁者(보고자)를 보내 천하를 순행하고 그들에게 문안을 하고 뭔가를 하사하노라. 황제는 알자를 시켜 현縣의 삼로三老(100세, 80세, 60세 노인)와 효자에게 1인당 비단 5필을 하사하게 하고, 향鄕의 삼로와 우애형제와 역전力田들에게 1인당 비단 세 필을 하사하게 하고, 90세 이상 노인과 환과고독에게 1인당 비단 두 필, 솜 세 근을 하사하게 하고, 80 이상 노인들에게는 쌀 세 석을 하사하게 한다고 말하고, 직무상의 과실에 대한 원망이 있으면 사자使者가 보고하고, 현청과 향청은 즉시 하사하고 쌓아두지 말라고 했다.[494]

또 무제는 재위 6년 6월에도 환과고독과 폐질자의 안부를 묻고 스스로 생업을 진작할 수 없는 자들에게 대여를 해주게 하고, 임금이 거둥한 현縣들에 대해 그 해의 조세를 면제해 주고 환과고독에게 비단을 내려주고 빈궁자들에게 곡식을 하사했다.[495] 그리고 원봉 2년(기원전 109년) 호자瓠子에까지 거둥해 과오를 저지른 무리를

---

494) 《漢書》 〈武帝紀〉(82): "朕聞咎繇對禹 曰 在知人 知人則哲 惟帝難之. 蓋君者心也 民猶支體 支體傷則心憯怛. 日者淮南·衡山修文學 流貨賂 兩國接壤 怵於邪說 而造篡弒. 此朕之不德. 《詩》云 '憂心慘慘 念國之為虐.' 已赦天下濾除 與之更始. 朕嘉孝弟力田 哀夫老眊孤寡鰥獨或匱於衣食 甚憐愍焉. 其遣謁者巡行天下 存問致賜. 曰 '皇帝使謁者賜縣三老·孝者帛 人五匹, 鄉三老·弟者·力田帛 人三匹, 年九十以上及鰥寡孤獨帛 人二匹 絮三斤, 八十以上米 人三石. 有冤失職 使者以聞. 縣鄉即賜 毋贅聚.'" 무제는 여기서 《서경》 〈우서·고요모〉를 인용하고 있는데, 오류가 있다. '(都)在知人'은 고요의 말이나, '知人則哲'과 '惟帝(其)難之'는 고요의 말이 아니고 우禹의 말이다.

사면하고 고아와 독거노인들 및 고령자들에게 쌀을 1인당 4석씩 하사했다.496) 유사한 복지급부 조치는 이후에도 두 번 더 있었다.497)

제10대 황제 선제宣帝(재위 기원전 91-48)는 전한前漢의 황제들 가운데 가장 많은 복지혜택을 베푼 황제다. 선제는 원평元平 원년(기원전 91년) 11월 황후 허씨를 세우고 제후와 그 이하 관리와 환과고독 백성들에게 차등을 두어 금전을 하사했다.498) 본시本始 원년(기원전 73년)에는 천하의 국인國人들에게 훈작을 각기 1급씩, 효자에는 2급을 하사하고, 여자 100호에는 소와 술을 하사하고 조세를 징수하지 않게 했다.499) 이 조령의 특이점은 특별히 여자들에게 복지혜택을 베푼 것이다. 이 여성복지 정책은 이후에도 가끔 시행된다. 지절地節 3년(기원전 67년) 3월에는 "환과고독과 고령자 및 빈곤한 백성을 짐은 가엾게 여겨 전에 공전과 재화와 종자, 그리고 식량을 빌려주라고 조령을 내렸는데 이에 더해 환과고독과 고령자에게 비단을 하사하라"고 명했다.500) 그리고 원강元康 원년(기원전 65년)에는 봉황이 나타난 사건을 길조로 기념해서 "여자 100호에 소와 술을 하사하고(女子百戶牛酒), 환과고독과 삼로, 그리고 효자와 우애형제 및 역전(근면농부)에게는 비단을 추가로 내리고, 진대振貸한 것을 회수하지 말라"는 조령을 내렸다.501) 원강 3년(기원전 62년) 3월과 봄에도 여자들에게 소와 술을 내리고 환과고독과 고령자에게 비단을 내렸다.502) 환과고독과 삼로의 고령자들 및 효제·역전과 함께 100호의 여자들에게 소와 술을 내리는 이러한 배려는 이후에도 계속 반복된다.503) 본시 원년의 복지시혜처럼 환과고독과 고령자들을 빼놓고 여자들에게만 시혜한 경우도 있었지만, 역으로 여자들을 빼놓고 환과고독과 고령자들에게만

---

495) 《漢書》〈武帝紀〉(109).

496) 《漢書》〈武帝紀〉(146).

497) 《漢書》〈武帝紀〉(159·214).

498) 《漢書》〈宣帝紀〉(8).

499) 《漢書》〈宣帝紀〉(12): (本始) 五月: "賜天下人爵各一級 孝者二級 女子百戶牛酒. 租稅勿收."

500) 《漢書》〈宣帝紀〉(37): "鰥寡孤獨高年貧困之民 朕所憐也 前下詔假公田·貨·種·食, 其加賜鰥寡孤獨高年帛."

501) 《漢書》〈宣帝紀〉(53).

502) 《漢書》〈宣帝紀〉(60·64).

503) 《漢書》〈宣帝紀〉(71·75·88·106·119).

시혜하는 경우도 있었다.504) 기원전 62년 여름처럼 황제가 밖으로 순행하며 환과鰥寡를 문안한 경우도 있었다.505)

제11대 황제 원제元帝(재위 기원전 49-33)는 초년初年 원년(기원전 48년) 4월 기로耆老와 환과고독 및 빈곤·궁핍자와 실직한 백성을 문안하고 삼로와 효자에게 비단 5필, 우애형제와 역전에게 3필, 환과고독에게 2필, 아전과 백성 50호에 소와 술을 하사했다.506) 초년 4년(기원전 44년) 정월에는 순행 길에 여자 100호에 소와 술을 하사하고, 환과고독에게 비단을 하사하고 순행 길에 지나온 마을들에 대해 조세를 면제해 주었다.507) 같은 해 4월에도 삼로와 효자에게 1인당 5필의 비단을 내리고, 우애형제와 역전에게 3필, 환과고독에게 2필, 아전과 백성 50호에 소와 술을 하사했다.508) 영광永光 원년(기원전 43년) 3월에는 여자 100호에 소와 술을 하사하고 환과고독과 고령자에게 비단을 내려주었고, 영광 2년 2월에도 여자 100호에 소와 술을 하사하고, 환과고독과 고령자, 그리고 삼로와 효제·역전에게 비단을 내려 보냈다.509) 영광 4년(기원전 39년)에는 기로와 환과고독 및 궁핍자·빈곤층·실직자들을 문안했다.510)

제12대 황제 성제成帝(기원전 33-7년)는 건시建始 원년(기원전 11년) 삼로·요제·역전·환과고독에게 각기 차등을 두어 금전과 비단을 내려주고 아전과 백성 50호에 소와 술을 하사했다.511) 홍가鴻嘉 원년(기원전 20년) 2월에는 여자 100호에 소와 술을 하사하고 환과고독과 고령자에게 비단을 추가로 내렸고, 홍가 4년 정월에도 그렇게 했다.512)

---

504) 《漢書》〈宣帝紀〉(126).
505) 《漢書》〈宣帝紀〉(69).
506) 《漢書》〈元帝紀〉(5).
507) 《漢書》〈元帝紀〉(22).
508) 《漢書》〈元帝紀〉(25).
509) 《漢書》〈元帝紀〉(30·31).
510) 《漢書》〈元帝紀〉(61).
511) 《漢書》〈成帝紀〉(10).
512) 《漢書》〈成帝紀〉(71·101).

기원전 7년부터 서기 1년까지 재위한 제13대 황제 애제哀帝는 재위기간에 딱 한 번(수화綏和 2년, 기원전 7년) 아전과 백성에게 훈작을 주고 100호에 소와 술을 하사하고 삼로·효제·역전·환과고독에게 비단을 내렸다.513) 기원전 1년에서 서기 5년까지 재위한 전한의 마지막(14대) 황제 평제平帝도 재임 중에 딱 한 번 환과고독과 고령자에게 비단을 내렸다.514)

서기 25년부터 220년까지 195년 동안 존속한 후한後漢에서는 환과고독과 고령자·여자들에 대한 복지시혜가 아주 드물었다. 후한 광무제의 초기 치세에서는 재정긴축으로 복지시혜가 없었다. 그러나 광무제 치세(25-57)의 후반에는 세 번의 홍수와 한 번의 일식 때 환과고독에게 곡식과 비단을 분배하는 4번의 복지조치가 시행되었다. 서기 30년 3월 16일에는 보유한 곡식을 법규에 따라 홍수·가뭄·메뚜기재해를 입은 지역들의 노인과 환과고독에게 분배하라고 명했다.515) 이후 후한의 복지정책은 더욱 현실주의적이었다. 의복과 식량 분배는 흉년·가뭄·장마의 경우에 시행되든가, 아니면 젊은 황제의 친정 개시나 황후와 황태자의 책봉, 연호변경, 행운조짐의 현상 등과 같은 길상한 경향들을 강화하거나 자극하는 경우에 실시되었다. 마지막 기록은 서기 168년 영제靈帝가 즉위했을 때 짧은 윤음과 함께 지위와 비단이 주어졌다고 쓰고 있다. 이후 후한이 멸망하는 220년까지 52년 동안 나라의 쇠락으로 복지정책을 시행하기에 좋지 않았다.516)

다만 서기 75년부터 88년까지 14년 동안 재위한 후한의 3대 황제 장제章帝만은 여러 차례 복지혜택을 베푼다. 장제는 즉위한 해인 75년 10월 환과고독·독선篤癃(장애인)·빈자 등 자활불능자들에게 곡식을 1인당 30말을 하사했다.517) 그리고 건초 3년

513) 《漢書》〈哀帝紀〉(3).

514) 《漢書》〈平帝紀〉(34).

515) Anthony F. P. Hulsewé, "Han China – A Proto 'Welfare State'? Fragments of Han Law Discovered in North-West China", T'oung Pao(通報), 1987, 2. Series, Vol.73, Livr. 4/5(1987), 278쪽.

516) Hulsewé, "Han China – A Proto 'Welfare State'? Fragments of Han Law Discovered in North-West China", 278-279쪽.

517) 《後漢書》〈肅宗孝章帝紀〉(4).

(79년) 3월과 4월에도 그들에게 1인당 50말의 곡식을 두 번 하사했고,[518] 원화元和(84년) 8월에도 그들에게 50말을 하사했다.[519] 원화 2년에는 특이하게 회임한 부인들에게 '태양곡胎養穀'으로 1인당 30말을 하사하고 남편에 대해서는 1년 동안 조세를 면제하고 마을촌장으로 삼게 했다.[520] 그해 2월에는 장제가 동쪽 땅을 순수巡狩하고 정도定陶에서 밭을 갈고 조령을 내렸다. "삼로는 존경스런 연배이고, 효제孝弟는 숙행淑行(착한 행실)이고, 역전力田은 근로勤勞다. 국가는 이를 매우 아름답게 여기노라. 그들에게 비단을 1인당 한 필씩을 하사해 농사일에 힘쓰게 하노라."[521] 그해 5월에는 고령자·환과고독에게 비단을 1인당 한 필씩을 하사하고, 하남 여자 100호에 소와 술을 추가로 하사하며 천하에 명하여 5일 동안 크게 술잔치를 하도록 했다.[522]

사서史書에는 이 정도의 기록만이 남아 있어 양민·안민과 관련된 한대漢代의 '제도'를 알기 어렵다. 그러나 제도와 복지정책은 최근에 발굴된 한대漢代 목간木簡에 나타난 노인·장애인·고아·독거노인 복지법규들을 통해 좀 더 잘 드러난다. 전한前漢(서한)은 기원전 202년부터 기원후 8년까지 210년 동안 존속했고, 후한後漢(동한)은 기원후 25년부터 220년까지 195년 동안 존속했다. 따라서 도합 405년 동안 존속한 한漢나라는 중국 국가들 가운데 가장 장수한 국가다. 공자가 서거한 지 277년 만에 건국된 한나라는 앞에서 서술했듯이 유학을 국학으로 내걸었지만, 실은 유학으로 법가의 지배를 꾸며 주는 '이유법식以儒法飾'의 국가였다. 따라서 한나라를 훗날의 송나라 같은 '완전한' 유교국가라 부르기 어려울지라도 한나라의 복지제도는 매우 유학적인 성격을 띠고 있었다. 한대漢代에 공자철학의 정치적 영향력은 시간이 흐를수록 강해졌기 때문이다.

---

518) 《後漢書》〈肅宗孝章帝紀〉(29·37).
519) 《後漢書》〈肅宗孝章帝紀〉(82).
520) 《後漢書》〈肅宗孝章帝紀〉(78).
521) 《後漢書》〈肅宗孝章帝紀〉(85).
522) 《後漢書》〈肅宗孝章帝紀〉(86).

■ 원형 복지국가?

툰황과 취엔(Tun-huang and Chü-yen) 변경수비 지역에서 최근에 발굴된 한대漢代 목간에는 황제들의 조령에서처럼 공맹이 말한 내용과 표현들이 많이 눈에 띄는 구체적 법령들을 볼 수 있다. 이 법령들은 이 양민복지가 황실의 경사와 국가의 흉사에 따라 단발적 조치로 취해진 것이 아니라, 이 법령들을 통해 항구적 법제로 정착한 것을 증언해 준다.

이 한대 목간을 전문적으로 취급한 《한간연구문집漢簡研究文集》은 노인과 빈자들에 대한 한나라 정부의 양로·양민정책의 단면들을 보여 줌과 동시에 잘 알려진 국가복지제도를 새롭게 조명해 주는 여러 가지 기록들을 담고 있다.523) 목간의 텍스트들은 방대한 한漢제국 전역에 유효하게 시행된 법률("律")과 시행령("令")으로 구성되어 있다. 그러므로 이 텍스트들이 저런 변경의 수비초소에서도 발견되는 것은 전혀 놀라운 일이 아니다.524)

노인·빈자에 대한 복지 법규는 1981년 9월 농업작업대의 한 일원이 "최근 년"에 모취추(Mo-chü-tzu)의 어느 한묘漢墓 안에서 발견해 '무위武威문화재위원회'에 제출한 27개 조각의 목간 가운데 첫 여섯 개 목간에 쓰여 있다.

1. 어사御使에 대한 제조制詔(=황칙皇勅). 70세 이상의 노인들은 사람들이 존경해야 한다. 이 노인들이 사람을 살상해도 수뇌가 아니라면 고핵告劾(사법처리)하지 말라. 그들은 다른 죄로도 소추하지 말라. 연세 80 이상 살아온 날이 오래도다(制詔御史. 年七十以上人所尊敬也. 非首殺傷人毋告劾《也》. 它毋所坐. 年八十以上生日久乎.)!

2. 연세 60 이상의 사람이 사내자식이 없으면 홀아비이고, 60 이상의 여자가 사내자식

---

523) Hulsewé, "Han China – A Proto 'Welfare State'? Fragments of Han Law Discovered in North-West China", 265쪽.

524) 甘肅省文物工作隊 甘肅省博物館 編, 《漢簡研究文集》(蘭州: 甘肅人民出版社, 1984), 513쪽 이하. Anthony F. P. Hulsewé, "Han China – A Proto 'Welfare State'? Fragments of Han Law Discovered in North-West China", T'oung Pao(通報), 1987, 2. Series, Vol.73, Livr. 4/5(1987), 265쪽에서 재인용.

이 없으면 과부다. 이들이 시장에서 장사할 때는 과세하지 말라. 산동지방에서처럼 부세賦稅를 면제하고 또 면제하라(年六十以上毋子男爲鰥 女子六十以上毋子男爲寡. 賈市毋租. 比山東復復).

3. 사람들 가운데 양로에 근무하는 자를 지원해 주는 것은 법령에 훤하게 쓰여 있다. 난대령(어사대령) 42.(人有養謹《勤》者扶持明著令 蘭臺令第卅二.)

4. 고아, 독거인, 맹인, 난쟁이, 가족이 없는 사람은 체인리吏人吏(사람을 관리하는 관리)가 함부로 (부역에) 징소徵召(징집)할 수 없고, 형사소송 시에도 구류할 수 없다. 천하에 이를 포고하여 짐의 뜻을 밝히 알게 하라(孫〔孤〕獨盲珠(侏)儒不屬 吏人吏毋得擅徵召. 獄訟毋得□. 布告天下使明知朕意.).

5. 지아비와 지어미가 둘 다 사내자식이 없으면 홀아비와 과부이니, 이들의 밭에는 과세하지 말고, 시장에서 장사를 하면 부세賦稅를 물리지 말라. 이들은 귀의자(중국으로 귀의한 야만인)와 똑같이 주막거리에서 술을 팔아도 된다. 상서령(夫妻俱毋子男爲鰥寡田毋租 市毋賦 與歸義同沽酒醪列肆. 尙書令.).

6. 신臣 함咸은 재배再拜하고 제조(황칙)를 받잡습니다. 건시建始 원년 9월 갑진하일(臣咸再拜受詔 達〔建〕始元年九月甲辰下.).525)

이 법령은 어사御使 '함'씨가 건시建始 원년 9월 갑진하甲辰下일에 12대 황제 성제成帝로부터 받은 황칙이다. 왜냐하면 '건시'는 기원전 33년부터 28년까지 5년 동안 쓰인 성제의 연호이기 때문이다. 이 "건시建始 원년 9월 갑진하甲辰下"를 양력으로 환산하면 기원전 33년 11월 7일이다. 이 법령 필사본은 건시 원년에 최초로 제정된 법규가 아니라, 오래된 기존의 경로·양로법률(율령)을 반복적으로 강조하거나 이 법률들에 대한 주의를 환기하는 내용을 담고 있다. 이것은 "70세 이상의 노인들은 사람들이 존경해야 한다", "연세 80 이상 살아온 날이 오래도다!"라는 일반적 확인이나 "난대령", "상서령" 등 기존 법령의 인용 등을 보면 드러난다. 이 점에서 환과고독과

---

525) 甘肅省文物工作隊 甘肅省博物館 編,《漢簡硏究文集》, 513쪽 이하. Hulsewé, "Han China ‒ A Proto 'Welfare State'? Fragments of Han Law Discovered in North‒West China", 265‒166쪽에서 재인용.

고령자 및 장애인들에 대한 복지정책은 황제의 단발적 시혜조치를 넘어 엄격한 법률로 제도화되어 있었다는 것을 알 수 있다.

위 법규의 특이점은 '환과鰥寡'의 의미를 재再정의하고 있는 것이다. 공맹은 늙어서 지어미가 없는 사람을 '환鰥'이라고 하고 늙어서 지아비가 없는 사람을 '과寡'라고 정의했다. 그러나 이 법령은 "연세 60 이상의 사람이 사내자식이 없으면 홀아비이고, 60 이상의 여자가 사내자식이 없으면 과부다"라고 정의해 "사내자식이 없다"는 조건을 더해 구체화하고 있다.

그리고 이 목간의 텍스트는 몇 가지 놀라운 문장을 담고 있다. "사람들 가운데 양로에 근무하는 자를 지원해 주는 것"에 관한 3항의 규정은 1959년에 발굴된 목간에도 나온다.[526] 네덜란드의 세계적 한대漢代 전문 중국학교수 앤터니 윌세웨(Anthony F. P. Hulsewé)는 필자가 국역한 저 목간의 한문 텍스트에 담긴 경로·우대복지정책과 양로근무자를 위한 지원정책에서 이 '놀라운 점들'을 지적한다.

a. 70 이상의 사람들은 그들이 살생 사건에서 주범일 때, 곧 그들이 이 범죄를 사주했을 때만 소추될 수 있다. 하지만 그들이 직접(개인적으로) 저지른 범죄로 그들이 처벌받지 않는다는 것은 놀라운 일로 남아 있다.

b. 아들이 없는 60세 이상의 사람들은 하나의 법률(목간 2)에 따라 판매세를 납세할 필요가 없고, 다른 법률(목간 5)에 따라 토지세도, 판매세도 낼 필요가 없다.

c. 나이든 사람들과 완전히 별개로 한 법률은 관리들에게 "함부로" 고아 등을 소환하는 것을 금지 했다(목간 4). 명백히 그들은 그래도 정례적인 법규적 납세의무를 이행해야 했다. 나아가 이 법률은 그들이 감옥에 구류되어 있어서는 아니 된다고 말한다. 이것은 이런 모든 사람들은 "관대한 구류"에 처해져야 한다고 규정한 기원전 141년의 법령을 부정하는 것이다.[527]

---

526) Hulsewé, "Han China - A Proto 'Welfare State'? Fragments of Han Law Discovered in North-West China", 267쪽.

527) Hulsewé, "Han China - A Proto 'Welfare State'? Fragments of Han Law Discovered in North-West

27개의 목간 시리즈에 들어 있는 제2 세트의 문서들은 마지막 목간에 "오른쪽은 왕장王杖(왕이 주는 지팡이) 조서령이다(右王杖詔書令)"는 제목을 단 텍스트의 필사본이다. 이 27개의 목간은 두 개 황칙(制詔)을 담고 있는데, 이 가운데 첫 번째 황칙은 실제로 1959년 다른 곳에서 발견된 목간과 동일하다. 이것은 이렇게 읽힌다.

목간 9. 고황제高皇帝 이래 건시建始 2년까지 우리는 늙은 노인에 대한 심한 슬픔으로 넘쳤다. 연세가 조금 높은 사람들은 왕장王杖을 받았다.

목간 10. 왕장은 꼭대기에 사람들이 멀리서도 볼 수 있도록 비둘기가 새겨져 있어서 권위의 상징인 절부節付에 비견될 수 있다. (왕장을 가진 사람이 그 범주의 범죄에 죄가 있어도) 감히 그를 망령되어 매도하거나 욕거나 구타하는 것(敢妄罵詈歐之者)은 대역무도大逆無道와 같다(比(大)逆不道).

목간 11. (왕장을 가진 사람은) 관부官府에 출입할 수 있다. 그는 왕족이 다니는 치도馳道와 옆길(旁道)을 다닐 수 있다. 그가 시장에서 장사하면 세금이 면제된다. 산동지방에서와 같이 면세된다.[528]

필자는 산동지방이 다시 등장한 것에 주목한다(월세웨는 이 점을 완전히 놓치고 있다). 산동은 공자의 고국인 노나라의 땅이었고, 진나라가 무너지고 한나라 통일제국이 들어선 뒤 한나라 조정에 출사한 유학자들은 다 산동 출신이었다. 한대漢代에 산동지방은 유학이 번성한 곳으로 유명했다. 당연히 산동지방은 유학의 영향으로 경로·양로제도가 굳게 확립되었고, 이 사실은 이 법령이 산동을 경로·양로 제도의 모범으로 인용하는 데서 더욱 분명하게 드러난다.

한편 목간 12-20은 지방 감찰관으로부터 괴롭힘을 당한 왕장 소지자가 황제에게 올리는 상소문과, 황칙의 형식을 띤 답변도 담고 있다. 내용은 감찰관을 참수하는

China", 267-268쪽.

528) 한문원문 텍스트를 보려면 이 논문을 보라: Michael Loewe, "The Wooden and bamboo strips found at Mo-chü-tzu", *Journal of the Royal Asiatic Society*(April 1965), 19쪽.

반면, 상소인에게 또 하나의 지팡이를 내린다는 것이다. 이 황칙은 기원전 10년 2월 16일 발령되었다.

목간 21. 어사에 대한 황칙(제조). 70세 이상의 노인들이 왕장을 받을 때, (그들의 지위는) 600석石의 (관직서열) 지위와 비견된다. 관정官庭에 들어갈 때 그들은 빨리 걷지 않는다(不趨). 죄를 범하는 것을 인내하는 것 이상으로 2척의 곤장의 처벌을 받을 고핵告劾에 처하지 말라. 감히 징소하고 침노·욕설하는 것은 대역무도와 같다(犯罪耐以上毋二尺告劾 有敢徵召侵辱者比大逆不道).[529]

600석은 지방 감독관, 지현知縣, 군사령부의 부관 등과 같은 중간서열 관리의 봉급으로 표현된 관직 서열이다.

목간 22. 그들은 참수한다. 법령은 난대령(어사대령) 43이다.[530]

1959년의 다른 목간에 따르면, 이 "난대령 43"은 기원전 31년(건시 3년) 11월 5일 발령되었다.[531] 목간 23-26은 다양한 방식으로 왕장 소지자들을 괴롭히다가 가차 없이 참수당한 자들의 여러 케이스를 더 열거하고 있다. 27번째 마지막 목간은 상술했듯이 "우왕장조서령右王杖詔書令"(오른쪽은 왕장조서령이다)이라는 글을 담고 있다. 이것에서 엄한 노인복지제도가 잘 드러난다.

그리고 이어서 앤터니 윌세웨는 "목간 7-8-9"의 법령 내용을 다음과 같이 소개한다.

---

529) 한문 원문은 참조: Loewe, "The Wooden and bamboo strips found at Mo-chü-tzu", 19쪽.

530) Hulsewé, "Han China – A Proto 'Welfare State'? Fragments of Han Law Discovered in North-West China", 270쪽.

531) 모취추 목간은 이 법령 번호를 '33'이라고 적고 있는데 이것은 오자誤字일 것이다. 참조: Hulsewé, "Han China – A Proto 'Welfare State'? Fragments of Han Law Discovered in North-West China", 270쪽, 각주 39.

목간 7. 주안 사령부의 대大행정관은 (다음의 어려운 사건을) 사법관에게 조회한다. 한 관리가 왕장의 수령자를 때리고 모욕했다. 범죄의 범주는 명백하다.

목간 8. 황칙(제조)은 이렇다. "이 사건이 왜 (사법관에게) 조회되지 않았는가? (범행자를) 공개 처형할 것을 명해야 한다." 운양雲陽 현의 패슈이 역참장 창 아오는 왕장을 수령한 사람을 때리고 끌고 다니고 그에게 도로를 수리하도록 시킨 죄를 선고받았다.

목간 9. 그는 왕탕이라는 사람에 의해 고발당했고 즉시 처형되었다.532)

나이든 사람들은 위의 특권을 누리는 혜택을 받는 것으로 그치지 않는다. 특히 노인 홀아비와 홀어미[鰥·寡], 그리고 사고무친한 노인[獨]과 고아[孤]는 모두 공자가 언명한 대로 가난해서 생계수단이 없으면 정부의 부양 대상이었다. 이 환·과·고·독을 공적 부조로 부양하는 것은 늦어도 은나라 이래 태고대적 관습법이었다. 이것은 앞서 자세히 다룬 바다. 놀라운 것은 한나라 황제들과 관리들이 어김없이 이것을 법제화해서 시행했다는 것이다.

물론 이상과 현실 사이에는 상당한 차이가 있었을 것이다.533) 그래서 이에 관한 두 종류의 정보를 접하게 된다. 하나는 법령에 대한 소수의 조회와 인용이고, 다른 하나는 노인들에게 음식과 비단을 분배하라고 명하는 긴 시리즈의 황칙들이다.534)

재물의 분배에 대한 법령을 기안하라고 장관들에게 명하는 공식 법률의 제정은 앞서 서술했듯이 기원전 179년 4-5월 제5대 황제 문제文帝에 의해 발령되었다. 문제는 "관리들이 미음 죽을 받아야 마땅한 사람들에게 죽을 쑤어 줄 때 간혹 묵은 곡식을

---

532) Hulsewé, "Han China – A Proto 'Welfare State'? Fragments of Han Law Discovered in North-West China", 270쪽.

533) 이 상당한 격차에 대한 추정은 참조: Derk Bodde, *Festivals in classical China : New Year and other observances during the Han dynasty 206 BC – AD 220*(Princeton: Princeton University Press, 1975), 342-344쪽. Hulsewé, "Han China – A Proto 'Welfare State'? Fragments of Han Law Discovered in North-West China", 271쪽에서 재인용.

534) Hulsewé, "Han China – A Proto 'Welfare State'? Fragments of Han Law Discovered in North-West China", 271쪽. 월세웨는 이것을 간접적으로 공식 법률들이 법대로 집행되지 않고 소홀히 되기도 했다는 것을 보여 준다고 풀이했는데(271쪽), 이것은 그렇지 않다. 그 이유는 후술한다.

썼다는 소리를 들었기(聞吏稟當受鬻者 或以陳粟)"때문이다. 이미 기원전 179년 이전에 관련 법률은 제정 법률이 아니더라도 환과고독에게 이런 곡물을 분배하는 관습법이 존재했다는 것을 보여 준다. 식료의 분배는 매달 이루어졌다. 문제에게 관리들이 주청해서 제정된 기원전 179년 법령을 이렇게 규정하고 있다. 윌세웨는 앞서 필자가 국역해서 소개한 법령을 이렇게 영역하고 있다.

현縣과 도道에서 80세 이상의 사람들에게는 매월 1인당 1석(약 20리터)의 탈곡된 곡식과 20캐티(약 5kg)의 육류고기, 5토우(tou; 약 10리터)의 술을 하사한다. 90세 이상의 사람들에게는 두 필匹의 비단과 (옷 솜으로 쓰이는) 3캐티(약 0.75kg)의 명주솜을 하사한다. 장리長吏는 재물을 그들에게 나눠 주는 사람들과 미음 죽을 지급받도록 보장된 사람들을 감독하는 반면, 보좌관이나 경찰서장은 그것을 넘겨준다. 만 90세가 아닌 사람들을 위해서는 촌장과 현의 서기들이 그것을 배급한다. 이천석 관리들(해당구역의 대관들)은 조건을 충족시키지 못하는 자들을 처벌하기 위해 조사관들을 파견해 순회시킨다. 사지절단의 형벌을 받은 사람들과 구레나룻 수염을 깎이는 형벌을 받은 사람들에게는 이 법령을 적용하지 아니한다.[535]

이것은 윌세웨가 영역한 문제의 법령을 필자가 다시 국역한 것이다. 이 번역은 그래도 문제 법령의 핵심취지를 전하는 데 거의 실패하지 않고 있다. 이 양로복지법령은 일시적 법규가 아니라 이후 대대로 지켜져야 할 일반법규다. 따라서 그 이후에도 이를 폐지하는 별도의 법령이 발견되지 않기 때문에 한말漢末까지 계속 유효하게 일반적으로 집행되었을 것으로 봐야 한다. 그렇기 때문에 변경수비지역인 돈황에서 1981년 발굴된 목간에 나타난 제12대 황제 성제成帝의 기원전 33년 법령이 "난대령"과 "상서령" 등의 기존 법규를 전거로 상기시키며 유사한 내용을 반복하고 있는 것이다. 따라서 이 성제 황칙은 경사나 특별한 사건과 연계해 발령된 일회적 법규가 아니라,

---

535) Hulsewé, "Han China – A Proto 'Welfare State'? Fragments of Han Law Discovered in North–West China", 271–272쪽.

5대 황제 문제의 기원전 179년 법령을 대잇는 "난대령", "상서령" 등에 규정된 노인복지 관련 일반법규의 확인에 지나지 않는다. 따라서 문제의 경로·양로복지법은 한나라가 멸망할 때까지 지켜졌을 것으로 봐야 한다.[536]

땅이 넓어서 매달 식료와 물건들을 나눠주는 것은 불가능했을 것이라는 추정은 향촌 차원에까지 설치된 곡식창고인 《주례》의 '위자委積'를 통해 드러난 역대 중국의 세곡税穀저장체계의 관점에서 본다면 실로 가당치 않다. 역대 중국정부는 지방으로부터 중앙정부가 출납을 집행할 세곡을 중앙으로 다 실어 가지 않고 각급 군·현·향촌 또는 주州·부府·향촌 차원의 창고에 저장해 두고 필요할 때 해당 지역단위의 창고를 열어 구민·양민·안민사업을 벌였다. 한대의 군郡 또는 나중의 행성行省은 주·현·향촌의 세곡을 중앙으로 보내지 않고 주·현·향촌에 소재하는 행성 관리 아래의 공공창고에 쌓아 두었다가 양민사업이나 토목공사 때에 사용했다. 따라서 양로사업을 할 때 위에서 아래로 물건들을 수송할 필요가 없이 주·현·향촌의 창고를 열어 매달 분배하면 되었다. 또한 분배도 소수의 관리가 수행할 만큼 아주 쉬웠다. 관리들이 노인들이 있는 향촌으로 음식과 식량을 싣고 가서 분배하는 것이 아니라, 해당 향촌의 장정들이 노인들을 대신해서 관청에 와서 배급을 타갔을 것이기 때문이다. 또 조사감찰관의 감찰임무도 간단했다. 어느 향촌에 대한 배분에 문제가 생기면 그 향촌에서

---

536) 그러나 윌세웨는 문제의 "종이 위의 이 방침"이 아주 철저한 것으로 보이지만, 현縣이 영국의 카운티에 견줄 정도로 아주 광범했기 때문에 이것을 집행하는 것은 아마 불가능했을 것이라고 추정한다. 그리고 그는 계속 이 법령의 집행을 가로막았을 여러 이유를 더 든다. 그 시대의 느린 수송수단으로 노인들에게 줄 곡식을 실어 나르는 것은 어려웠을 것이라는 둥, 매달 현의 소수의 관리들이 그들 모두에게 찾아가는 것은 실천적으로 불가능했을 것이라는 둥, 그리고 한두 현이나 두세 현에서 통제를 행사해야 하는 조사관들이 어떻게 1개월 안에 그토록 먼 순행을 맡아 이행했을 것인지를 상상하는 것은 특히 어렵다는 둥, 또 그들은 관리들 사이의 충돌과 반농들을 희생시키는 강력한 지방가문을 저지하기 위해 현청을, 특히 관리들의 정직성을 감찰해야 했다는 둥, 이것이 윌세웨가 들고 있는 여러 이유다. Hulsewé, "Han China – A Proto 'Welfare State'? Fragments of Han Law Discovered in North-West China", 272쪽. 그러나 이런 이유들은 다 근거 없다. 《서경》〈주서〉의 〈무일·강고·여형〉을 통해 상론했듯이 노인에 대한 경로와 양로는 늦어도 은나라 중흥기(고종 치세)부터 전래되어 온 불가침의 태고대적 관습이었고, 황제는 주대周代에도 이 관습을 어기는 제후와 그 관리들을 "덕의 권위"로 "두려움에 떨도록" 다스렸다. 경로·양로법규들은, 윌세웨 자신도 확인하고 있듯이, 이 법을 위반한 자들을 "참수"해 버릴 만큼 매우 엄했다. 따라서 이 법을 어기는 것은 거의 불가능했을 것이다.

들고 일어나 조사관들에게 득달같이 고발했을 것이기 때문이다. 또한 노인들이 광범한 지역에 흩어져 사는 것도 고대에 노인들의 수가 적었기 때문에 이 복지급부 사업을 가로막지 못했다.[537]

거의 동시대인 기원전 179년 전후에 살다간 가산賈山은 그가 쓴 《지언至言》에서 "90세 노인은 한 아들의 부역을 면제받고, 80세 노인은 두 아들의 인두세(부역)를 면제받는다"고 쓰고 있다.[538] 이 정책은 무제武帝에 의해 기원전 140년 3월에 선포된 사면령에서도 확인된다. 복지법규도 포함한 이 사면령은 앞서 살펴보았듯이 80세 노인들은 (그들의 가구의 가족들에 대해) 두 명의 부역이 면제되고, 90대 노인들을 위해서는 부역이 면제된다고 규정하고 있다." 2-3개월 뒤 기원전 140년 5월 8일의 칙령에서 또 무제는 90세 이상 노인들의 아들이나 손자는 부역에서 면제해서 이 노인들을 보살피는 임무를 완수하기 위해 자기의 처첩들을 이끌 수 있게 해야 한다고 선포한다.[539] 이 모든 것은 다시 《주례》의 "노자질자개사老者疾者皆舍(노인과 병자·장애인은 〔노동력 계산에서〕 둘 다 버린다)"에 대한 정현鄭玄(기원후 127-200)의 주석이 확증해 준다. "노인은 지금 80세, 90세인 사람을 말하고, 그에게는 부역을 면제하고 장정을 남겨 준다(老者謂若今八十九十復羨卒). 병자는 지금 고질병으로 일할 수 없는 자를 말하고, 그에게는 부역을 면제한다(疾者謂若廢不可事者復之)."[540] 따라서 무제의 복지법령은 문제文帝의 법령이 사문화되거나 폐지되었다는 것을 입증하는 것이 아니고, 이 복지법령이 양로에서 구빈과 병자구제로 확대된 것을 보여 주는 것일 뿐이다.

---

537) 또 윌세웨는 의료체계가 갖추어지기 전 평균 수명 40세 미만이었던 고대사회에서 나이든 노인의 비율은 아주 낮았고 그들이 생존했을 때 그들은 광범한 지역에 흩어져 살았을 것이기 때문에 복지사업을 펴는 것이 불가능했을 것이라고 말하고 있다. Hulsewé, "Han China – A Proto 'Welfare State'? Fragments of Han Law Discovered in North-West China", 272쪽. 이것은 오히려 그에게 불리한 말이다. 왜냐하면 노인의 비율이 아주 낮았다는 말은 양로대상 노인의 수가 아주 적었다는 말이고 이것은 양로업무의 규모가 그만큼 아주 적었다는 것을 뜻하기 때문이다.

538) Hulsewé, "Han China – A Proto 'Welfare State'? Fragments of Han Law Discovered in North-West China", 273쪽.

539) Hulsewé, "Han China – A Proto 'Welfare State'? Fragments of Han Law Discovered in North-West China", 273쪽.

540) 《周禮註疏》, 348쪽.

그리고 윌세웨의 말대로 식량 등의 배급과 반대로 세금과 부역의 면제는 시행하기 쉽다. 이 경우에 이 업무를 맡은 관리들은 멀리 순행을 할 필요가 전혀 없고, 명령하고 가만히 있으면 된다. 그들은 행정구역마다 인구등록부를 가지고 있고 부역노동의 이행에 필요한 남자들에 대한 기록도 가지고 있다. 이 등록부와 기록으로부터 몇몇 이름을 제하기만 하면 된다.[541]

이런 법령 외에도 양민조치는 두 가지가 더 있었다. 하나는 춘궁기와 수확기의 계절별 시혜조치이고, 다른 하나는 경축할 일이나 이런 이유로 발령되는 사면조치, 나아가 징조가 좋은 자연현상 또는 국가재난에 따른 특별한 시혜조치다. 상론했듯이 먼저 공자는 《예기》〈월령〉에서 춘궁기에 나라의 창고를 열어 빈궁자와 결식자를 구휼하고 중추가절에는 노인을 봉양하는 전통적 관습법을 논하고 있다.[542] 문제는 이 관습을 앞서 소개한 기원전 179년 5월의 조령으로 다시 확인한다. 문제는 이 조령에서 "노인들은 비단을 입지 않으면 몸이 따뜻하지 않고, 고기를 먹지 않으면 배부르지 않다(老者非帛不煖, 非肉不飽)"는 공자의 (《예기》〈왕제〉) 말을[543] 그대로 인용하고 있기 때문이다.[544]

이것은 "양로"가 고대의 관습이라는 것을 보여 주지만, 한대漢代에 언제 무엇을 실제로 시행했는지를 말하는 것은 불가능하다. 이 때문에 그것이 관청 영역에서 순수하게 상징적이었을 것이라고 추정되기도 한다. 관리들은 미음 죽과 지팡이를 근린近隣지역에 사는 소수의 노인들에게 지급했을 것이라는 말이다.[545] 그러나 이런

---

541) Hulsewé, "Han China - A Proto 'Welfare State'? Fragments of Han Law Discovered in North-West China", 273쪽.

542) 《禮記》〈月令 第六〉(6027 및 6967).

543) 《禮記》〈王制〉(5049).

544) 윌세웨는 이 조령을 이렇게 번역하고 있다. "노인들은 비단을 입지 않으면 몸이 따뜻하지 않고, 고기를 먹지 않으면 배부르지 않다. 이제 새해 벽두에 사람들을 보내 연장자들과 고령자들의 안부를 묻지 않는다면, 그리고 그들에게 옷과 비단, 술과 고기를 하사하지 않는다면, 우리가 어떻게 천하의 아들과 손자들이 친척들을 효성스럽게 돌보는 것을 도울 수 있을 것인가? 이제 우리는 관리들이 미음 죽을 받을 권리가 있는 사람들에게 곡식을 줄 때 가끔 상한 곡식을 쓴다는 소리를 들었다. 이것이 어떻게 양로養老의 개념과 합치되겠는가?" Hulsewé, "Han China - A Proto 'Welfare State'? Fragments of Han Law Discovered in North-West China", 275쪽.

추정은 아주 그릇된 것이다. 양로잔치와 양로복지 시행은 전국적 차원에서 국학과 부학府學·주학州學·현학縣學과 향촌에서 반복적으로 개최되었기 때문이다.

한나라 관리들이 매달 분배될 재물들을 꼼꼼하게 규정한 무왕의 위 칙령은 집행하기 불가능하다는 것을 깨닫고 이 칙령을 사문화되도록 놓아 두었을 것이라는 추정도 있다. 이렇게 추정하는 이유는 이런 유형의 분배의 흔적이 목간 텍스트로 더 이상 추적되지 않는다는 것이다. 그 대신 황후나 황태자의 책봉이나 경사, 경사스런 현상, 자연재해 등의 동기로 이루어지는 분배가 끊임없이 증가했다는 것이다. 대부분 이 분배는 제국 전체에 걸쳐 시행되기도 하고, 어떤 때는 황제가 순행 중에 지나가는 지역들에서만 한정되기도 했다.546) 그러나 이것도 무리한 추정이다. 경사나 재난 시에 베풀어지는 특별한 양로조치와 양민·안민 복지조치는 결코 일반법규에 따른 복지행정과 월령상의 복지시행제도를 대체한 것이 아니라, 여기에 추가된 것이기 때문이다.

그러므로 다른 양민시행 조령들도 추가조치로 해석해야 하는 것이다. 곡식과 피륙의 지급을 명하는 관행의 전개는 느린 과정이었다. 오랫동안 이 목적의 황제 칙령은 거의 없거나 극히 드문 일이었는데, 이것은 이런 시혜조치들의 우연적 성격을 명백히 보여 준다. 환과고독에 대한 옷·비단·비단솜틀을 배급하라는 첫 칙령은 기원전 179년에 문제에 의해 발령되었다. 그리고 반세기가 흐른 뒤 기원전 122년 5월 무제가 유사한 칙령을 발령했다. 그런데 이번에는 수령자의 완전한 목록과 수령할 정확한 양이 열거되었다. 전국적 스케일의 더 상당한 급부는 기원전 117년에 있었다. 무제 시대에 세 번의 칙령이 더 있었다. 이번에는 그가 순행 중에 지나가는 지역들에 한정되었다. 동시에 이 지역들에 대해 면세와 사면 조치가 시행되었다. 기원전 106년

---

545) Hulsewé, "Han China – A Proto 'Welfare State'? Fragments of Han Law Discovered in North-West China", 275쪽. 그러나 이 말은 윌세웨 자신의 연구와 모순되는 것으로 느껴진다. 그는 변경수비 지대에서 발굴된 목간에 쓰인 노인복지와 빈민복지를 다루고 있고 변경에까지 이 복지정책이 시행된 사실로부터 앞서 보았듯이 그 자신이 전국적 복지시정 사실을 도출하고 있기 때문이다.

546) Hulsewé, "Han China – A Proto 'Welfare State'? Fragments of Han Law Discovered in North-West China", 276-277쪽.

의 일반사면 때에는 몇 필의 비단이 빈자들에게 하사되었다. 소제 때에는 기원전 86년 딱 한 번 일반사면 때에 의복과 식량이 지급되었다. 복지급부 제도의 완전한 전개는 오직 경건한 황제 선제宣帝 치세(기원전 91-49년) 때였다. 월세웨는 거의 모든 의복·식량 분배는 길상한 징조들이 출현할 때 이루어졌고, 또 대부분 일반사면과 동시에 벌어졌다는 사실에 유의한다. 모든 배급에 공통된 측면은 분배되는 물자들이 비단인 반면, 음식은 100가구당 한 마리 소와 술로 한정되었다.[547] 앞서 소개한 원평 3년(기원전 88년)의 칙령이 예시적이다.[548] 이 칙령을 기점으로 하여 다음에 이어진 2년 동안은 격년으로 동일한 칙령이 초자연적 현상에 따른 일반사면과 연계되어 반복되었다. 원제元帝의 첫 치세 연간(기원전 48-42년)에도 동일한 패턴이 반복되었다. 다만 차이는 이제 더 이상 상서로운 길조吉兆를 기회로 삼지 않았다는 것이다. 그다음 단절적 변화가 끼어들었다. 원제의 마지막 10년 동안은 복지시혜가 없었다. 성제成帝 치세(기원전 33-7년)에는 세 번, 그리고 애제哀帝(기원 27-1년)와 평제平帝 치세(기원전 1-기원후 5년)에는 환과고독과 노인·빈자들에 대한 복지시혜는 각각 한 번 시행되었다.[549]

왕망의 14년 찬탈기와 후한後漢 광무제의 초기 치세에서는 재정긴축 때문에 복지시혜가 없었다. 그러나 광무제 치세(25-57)의 후반에는 환과고독에게 곡식과 비단을 분배하는 4번의 복지조치가 시행되었다. 보유한 곡식을 법규에 따라 수해·한해旱害·황충蝗蟲 피해를 입은 지역들의 노인과 환과고독에게 분배하라고 명한 기원후 30년

---

547) Hulsewé, "Han China - A Proto 'Welfare State'? Fragments of Han Law Discovered in North-West China", 277쪽.

548) 월세웨는 필자가 앞서 소개한 이 소제의 조령을 기원전 67년에 발령된 것으로 잘못 기술하면서 이렇게 옮긴다. "환과고독과, 빈곤과 고충 속에서 사는 노인들은 우리가 동정하는 사람들이다. 일찍이 그들에게 공유지와 씨앗과 음식을 빌려주는 칙령이 발령되었다. 이에 더해 환과고독에게는 비단을 하사토록 할 것이다. 이천석 관리들을 시켜 그들의 부하들에게 이 환과고독이 실망하지 않도록 정성으로 대접하라고 훈령하게 했다." Hulsewé, "Han China - A Proto 'Welfare State'? Fragments of Han Law Discovered in North-West China", 277쪽.

549) Hulsewé, "Han China - A Proto 'Welfare State'? Fragments of Han Law Discovered in North-West China", 277-278쪽.

3월 16일의 칙령은 아주 교훈적이었다.[550]

이후 후한시대 의식衣食 분배는 흉년·가뭄·장마의 경우에 시행되든가, 아니면 황제의 친정 개시나 황후와 황태자 책봉, 연호변경, 길운징조 등과 같은 경사스럽거나 길상한 경향들을 촉진하는 경우에 실시되었다. 마지막 기록은 168년 영제靈帝가 즉위했을 때 짧은 윤음과 함께 지위와 비단이 주어졌다. 이후 후한의 멸망 시점인 220년까지 반세기 동안 국가의 재정 기반이 쇠락하면서 특별한 추가적 복지정책은 시행될 수 없었다.[551]

이전에 실시된 모든 특별한 추가적 복지조치들은 일반법령상의 복지시정施政을 대체한 것이 아니다. 그렇게 때문에 한대 복지정책을 한나라의 멸망 전에 사라진 것으로 풀이하면 아니 되는 것이다.[552] 저 특별한 복지조치들은 일반법규상의 복지행정과 별개로 시행된 추가적 복지조치들이었다. 따라서 기존의 일반복지 시정은 저런 특별한 추가적 복지정책들이 드물었던 시기에도 계속되었고, 나아가 이런 특별복지조치가 한 번도 없었던 한말漢末 반세기 동안에 나라가 쇠락하는 과정에서도 배급량이 줄어들어 갔지만 끝까지 이어졌을 것이다. 구민·양민·안민은 유교국가의 존재이유 또는 유교국가의 국가이성이기 때문이다. 전한과 후한은 비상시 구민정책 시행과 상시의 양민·안민정책 시행, 구비된 법제 등 모든 면에서 주나라를 잇는 원형 복지국가였다. 이 때문에 한대 중국의 복지제도가 수·당을 거쳐 송·원·명·청대로 이어질 수 있었다.

---

550) Hulsewé, "Han China - A Proto 'Welfare State'? Fragments of Han Law Discovered in North-West China", 278쪽.

551) Hulsewé, "Han China - A Proto 'Welfare State'? Fragments of Han Law Discovered in North-West China", 278-279쪽.

552) 그러나 한나라 멸망 전에 복지정책이 사라진 것으로 풀이하는 윌세웨는 자신이 던진 질문 "한대 중국은 원형 복지국가였나?(Han China - A Proto 'Welfare State'?)"에 대해 사실상 '아니다'라고 답한 셈이다.

3.2. 수·당대 중국의 복지제도

수·당대隋唐代의 양민복지정책은 유교정신과 불교정신이 혼합된 수·당 제국 고유의 제도들도 있지만, 주周·제齊·한漢나라와 위진남북조魏晉南北朝의 복지제도로부터 유래하는 것들이 많았다. 위진남북조시대(300-600년)에는 곡창穀倉제도가 부정기적으로 운용되었다. 곡창은 가령 남제南齊(479-502년)에서 268년 미곡·기장·면포의 가격을 조절할 목적으로 도입되었거나, 488년 곡식의 전국적 매입이 시행되었을 때 도입되었다. 같은 해에 북위北魏(386-534년)는 지방정부에 곡가가 높은 해에 시장에 2할의 곡식을 출하하도록 명하는 법령을 반포했다. 또 북제北齊(550-577)도 564년 이 방법을 응용했다.

■수나라의 상평감과 의창

중국을 통일한 수隋나라(581-618)는 남북조시대의 이런 선례에 따라 수도에 '상평감常平監'을 창립했다. 그리고 섬주陝州에 곡식창고를 지었다. 583년에는 탁지상서度支尚書 장손평長孫平이 주민들에게 독자적으로 이른바 '의창義倉'을 지어 흉년에 대비할 것을 명하는 법령을 발령했다.

■당나라의 상평서와 유불혼합형 복지제도

당唐나라(618-907)는 수나라의 '상평감'을 '상평서常平署'로 개칭하고, 628년 의창을 전국적으로 확대했다. 농가마다 농지 1무畝당 2승의 곡식을 내 의창에 비축하게 했다. 639년에는 한대漢代의 상평창제도가 여러 주와 두 수도(장안과 낙양)에서 복원되었다. 상평창제도는 평서관平署官들이 감독·운영했다. 719년 상평창은 더 많은 지방에 지어졌고, 여기에 곡식비축을 명하는 법령이 발령되었다. 인구가 많은 주의 곡식창고는 동전 3000관貫의 가치를 가진 곡물을 비축하고, 중간 규모의 주는 2000관의 가치를 가진 곡물을, 더 작은 주는 1000관의 가치를 가진 곡물을 비축해야 했다.

관청이 미곡을 구입하도록 명받은 가격은 승升당 3관으로 고정되었다. 749년 당唐제국 10개 행성行省의 상평창은 도합 460만 승의 곡식을 비축했다.[553]

안록산安祿山의 난(703-757)이 이 상평창과 의창제도를 망가뜨렸지만, 이 제도는 780년 그대로 되살아났다. 탁지시랑 조찬趙贊은 상려商旅가 내는 관세와 대나무·통나무·차·칠기·기타물품에 부과되는 세금으로 먹고사는 모든 주요 도시와 장소에서 상평창 예산을 설치할 것을 제안했다. 하지만 이 새로운 세수는 군사용으로 소모되고 말았다. 806년의 칙령은 연중 수확량의 2할을 상평창이나 의창에 비축하도록 명했다. 이 두 유형의 곡식창고는 그때부터 쭉 통합된 상평의창常平義倉이 되었다. 이 806년 칙령은 30년 뒤에 전세田稅(=田賦)와 별도로 농지 1무畝당 1승의 창고비축용 조세를 부과하라는 명령에 의해 갱신되었다.

오늘날의 고아원·복지원처럼 고아들을 모아 수용하는 자선기구는 남북조시대에 처음 등장했다. 남조 양나라 무제 소연蕭衍은 서기 521년 당시 수도였던 남경의 성 안에 고대중국 최초의 관립官立 고아원인 '고독원孤獨園'을 창설했다. 또한 양무제는 "무릇 백성들 가운데 홀로 늙거나 고아라서 자존할 수 없는 자가 있으면 군현이 주체가 되어 이들을 입양하여 의복을 공급하고 매번 두루 족하게 하라"는 조서를 내렸다. 이것으로 미루어 당시 남경뿐만 아니라 각지에 이와 유사한 수용기관이 설치되어 지방정부가 경영관리를 담당하고, 고아들에게 의식주를 보장해 주었을 것으로 추정된다.

그러나 이 수용기관은 단순 고아원이 아니라, 고아원과 양로원을 통합한 관립 양민복지기관이었다. 이는 '고독원孤獨園'이라는 명칭에서도 알 수 있듯이, '고孤'의 뜻은 부모가 없는 아이이고, '독獨'은 아들이 없는 노인을 말하기 때문이다. 당대唐代에 이르러서는 이러한 고아원·양로원 통합의 '고독원'이 상당히 보편화됨과 동시에 구조 범위도 더욱 확대되었다. 또한 노인·고아에 더해 빈곤에 처해 병을 간호할 돈이 없는 병자가 증가해 이들도 수용·부양하고 치료하게 되었는데, 이 요양소를

---

553) 寧可·陳得芝·梁太濟, 〈常平倉·中國歷史〉, 78쪽. 《中國大百科全書》 제1권 《中國歷史》(北京·上海: 中國 大百科全書 出版社, 1992).

"병방病坊" 또는 "비전양병방悲田養病坊"이라고 일컬었다. '고아원'이 '고독원'에서 분리되어 독립기구로 나타난 것은 송대에 이르러서였다.

당나라의 양민복지제도는 불교사원들의 (갈수록 정교해진) 복지프로그램을 중심으로 발달했다. 이 구민救民·양민활동은 종종 식량비축과 순례자들과 여행자들의 숙박, 빈곤한 병자의 치료, 빈민에 대한 무상배급 등을 포괄했다. 이 구민·양민활동의 자금은 사원공동체의 독실한 불교신자들이 기부한 토지에서 나오는 이익금으로 마련되었다. 그리하여 이 기구들의 명칭은 글자 그대로 직역하면 "자비로운 들녘 가정"을 뜻하는 '비전원悲田院' 또는 '비전방悲田坊'이라 불렸다. 불교에서 '비전悲田'은 세 가지 '복전福田' 가운데 하나를 가리킨다. '복전'은 삼보三寶(佛寶·法寶·僧寶)의 덕을 존경하는 '경전敬田', 군부君父의 은혜에 보답하는 '은전恩田', 가난한 사람을 불쌍히 여기는 '비전悲田'을 통칭하는 말이고, 비전원의 '비전'은 복전 가운데 이 마지막 항목을 가리킨다. '비전'은 가난한 사람에게 자비와 연민으로 시혜하면 무량지복無量之福을 받는다고 해서 생겨난 말이다. 이 비전원과 비전방의 자선활동에 대한 초기 당唐정부의 정책은 협력이었다. 국가는 불교승려들이 운영하는 이 기관들을 금전적으로 보조하고 그 운영을 지원했다.[554]

그런데 717년 측천무후 이래 신뢰받는 명상名相인 송경宋璟(663-737년)은 기존의 복지 프로그램들을 부패해서 백성에게 해롭고 이론적으로 비非유학적인 것으로 논박하는 상소문을 올렸다. 그는 공자를 인용하면서 국가가 백성의 복지를 보장하는 본래적 방도는 작은 자선활동이 아니라 선정善政에 의거하는 길이라고 주장했다. 하지만 누구보다도 공맹경전에 밝았던 제6대 황제 현종玄宗(재위 712-762)은 경전을 잘못 이해한 송경의 이 빗나간 논박을 무시하고 비전원과 비전방의 복지프로그램을 계속할 것을 허가하고 734년에는 국가가 지원하는 기금으로 수도의 걸인들을 보살필 것을 승려들에게 명했다.[555]

그런데 846년 비전원과 비전방의 행정을 위요한 상황이 격변했다. 정부는 구리[銅]

---

554) Hugh Scogin, "Poor Relief in Northern Sung China", *Oriens Extremus*, Vol. 25, No.1(1978), 30쪽.
555) 참조: Scogin, "Poor Relief in Northern Sung China", 30-31쪽.

를 필요로 하고 또 국가 속의 잠재적 국가의 권력이 자라나는 것을 염려해 중국역사에서 가장 야심적인 불교탄압을 개시했다. 토지와 재부를 가진 사원들을 몰수하고 수천 명의 승려와 비구니들로부터 성직을 박탈했다. 불교탄압을 지지한 당시 재상 이덕유李德裕는 황제에게 올린 상소문에서 비전원과 비전방이 이제 이 기관들을 운영할 사람이 없다고 지적했다. 이 상황을 수습하기 위해서 그는 정부가 이 비전원·비전방의 관리를 떠맡을 것을 제안했다. 그는 이런 기관들의 유용성을 강조하고 자선이 오랜 유교전통이라고 주장함으로써 이 기관들을 중시하였다.556)

이 새로운 관영 구빈·양민기구들은 기본적으로 옛 제도를 간직하고 있었다. 수도에서 이전 사원토지의 10경頃을 이 기구들의 운영자금을 대기 위해 따로 떼어냈다. 큰 군현들에서는 7경을 떼어냈고, 작은 군현에서는 발기자들이 빈곤의 정도를 판정해서 적절한 양의 토지를 따로 떼어냈다. 각각의 경우에 존경받는 장로長老들이 그 운영을 책임지게 되었다. 당대唐代의 기록들은 이 구빈·요양제도가 소홀히 되면 다치게 될 집단들을 빈자와 병자로 지정하고, 이에 더해 쌀과 쌀죽의 충분한 비축을 유지할 필요성을 언급하고 있다. 그러므로 우리는 당대의 비전원과 비전방이 빈자와 가난한 병자들에 대한 식량제공을 포함한 다양한 활동에 관여했다고 가정할 수 있다. 다만 이 시기에 지방 정무政務에 대한 중앙의 통제가 종종 비효율적이었기 때문에 이 제도가 실제로 전국적으로 확립된 정도에 대해서는 의문이 남는다.557)

3.3. 송·금·원대 중국의 유교적 양민복지제도

송宋나라는 건국과 동시에 유학을 국학으로 내세운 최초의 유교국가였다. 불교의 영향은 줄어들고 유학이 다시 승하면서 거의 모든 복지제도는 유교화되었다. 이것은 금과 원나라에서도 마찬가지였다.

---

556) Scogin, "Poor Relief in Northern Sung China", 31쪽.
557) 참조: Scogin, "Poor Relief in Northern Sung China", 31쪽.

■송나라의 유교적 양민복지제도

송宋나라(960-1279)는 한·수·당의 상평·의창제도를 채택해서 수도 개봉開封에 최초의 '태창太昌'을 짓고, 1006년에는 제국 전역에 '상평창'과 '의창'을 설치했다. 상평·의창의 비축량은 각 주州와 현縣의 인구 규모에 따라 결정되었다. 곡식을 사들이는 적본糴本예산은 2000관에서 1만 2000관에 달했다. 시장에 넘치는 곡식이 가격을 덤핑하는 매년 가을에 정부는 가격을 1승당 3-5문文(=錢)으로 끌어올릴 만큼 많은 양의 곡식을 수매收買하고, 곡가가 높을 때는 곡식창고를 열어 곡가를 끌어내려 안정시켰지만 본전보다 낮게 깎아내리지는 않았다.

여러 해 동안 곡식을 시장에 방매할 필요가 없을 때는 묵은 비축곡식은 햇곡식으로 교체했다. 이 제도는 사실 아주 효과적이어서 여러 해 동안 곡창穀倉으로 들어갈 딱지를 단 곡식들은 국가공무원의 봉급이나 군량軍糧으로 쓰일 수 있었다. 1069년 왕안석의 개혁 기간에 곡창제도는 수확 전에 농민들이 연 2회 대여를 받는 청묘법으로 교체되었다. 1500만 관에 달하는,[558] 전에 곡물 수매에 쓰인 돈은 청묘전 본전本錢을 공여하는 데 쓰였다. 5년 뒤 이 방법은 옛 상평창제도와 혼합되었다. 이전 비축창고용으로 소요된 금액의 절반은 이런 방식으로 옛 상평창 방식으로 곡가가 낮은 때 수매하는 데에 쓰였다. 1076년 창고에 비축된 곡식의 가치는 3739만 관에 달했다.[559] 남송南宋(1127-1279)은 이 제도를 갱신했다. 1167년 제국의 모든 상평창에 비축된 곡식 총량은 3579만 석石에 달했는데, 그 가치로 치면 동전 287만 관이었다. 그러나 이 수치는 지방 곡식창고의 기록이 중앙정부에 보고된 수치보다 50% 더 많고 실재적 비축량보다 900% 더 많은 만큼 조심스럽게 받아들여져야 한다.[560]

환과고독·병자·고령자·극빈자 등에 대한 송대의 양민복지는 시장경제의 확장으로 말미암아 시장리스크에 더 많이 대처해야 했기 때문에 좀 더 발전했다. 앞서

---

558) 寧可·陳得芝·梁太濟, 〈常平倉·中國歷史〉, 78쪽.
558) 寧可·陳得芝·梁太濟, 〈常平倉·中國歷史〉, 78쪽.
559) 寧可·陳得芝·梁太濟, 〈常平倉·中國歷史〉, 78쪽.
560) 寧可·陳得芝·梁太濟, 〈常平倉·中國歷史〉, 78쪽.

시사했듯이 기원전 진·한 이래 영아유기遺棄·살해는 법률로 엄금되었지만,[561] 송대 호북·복건성에서는 아직도 아들 셋, 딸 둘(빈농사정에서는 아들 둘, 딸 하나)을 선호하고, 그 이상 태어나는 자식들을 태어나자마자 유기하거나 살해하는 관행이 잔존했다. 이 범죄는 신생아가 여아일 경우 더 빈번히 자행되었다.[562] 송나라 정부는 이 범죄에 강력 대처하면서도 또한 기아棄兒(버려진 아기)를 구하는 수양收養정책을 폈다. 앞에서 말했듯이 남송 시대에 고아원은 고아와 독거노인을 같이 부양하는 '고독원'으로부터 독립했다. 송대에 인구가 급성장해서 인구가 많아진 뒤에는 아이들의 양육이 난제가 되었다. 그리하여 아이를 기를 수 없는 가정들이 아예 양육을 포기하는 경우가 아주 많아졌다. 이른바 기아棄兒들이 많이 발생하기 시작한 것이다.

"도로에서 울며 굶주리지 않게 해야 할 아동들"이라는 이 사회적 난제를 해결하기 위해 남송의 제4대 황제 이종理宗(1205-1264)은 순우淳佑 9년(1249년) 항주에 기아棄兒들을 자양慈養하는 사상초유의 '자유국慈幼局'을 건립하고, 유기된 신생아들을 전문적으로 수용·양육했다.[563] 자유국은 남송의 관영 고아원들과 연계해 관청에서 자금을 조달해서 경영하며, 병든 영유아들을 형편대로 치료하도록 했다. 그래서 일반적으로 공익의료기관인 '시약국施藥局' 주변에 설치되었다. 자유국은 관청에서 고용한 유모인 '내양奶孃'을 두었고, 이와 별도로 다시 매달 금전·미곡·견직포를 공여하고, 고아가 밥을 먹는 것과 입을 옷을 보장했다. 자녀가 없는 가정은 자유국에 와서 고아들을 입양해 갈 수 있고, 입양할 사람이 없는 아이는 유아국 안에 성년이 될 때까지 머물고 그런 뒤에 자기결정으로 떠나거나 남을 수 있다. 관청은 이에 간섭하지 아니한다.[564]

561) John Makeham, *China: The World's Oldest Living Civilization Revealed*(London & New York: Thames & Hudson, 2008), 134 – 135쪽.

562) David E. Mungello, *Drowning Girls in China: Female Infanticide since 1650*(Rowman & Littlefield, 2008), 5–8쪽.

563) 吳業國, 〈宋代官办慈善事业述论〉, 《南阳师范学院人文社会科学学报》 25권 1호(2005).

564) Angela Ki Che Leung, "Medical Instruction and Popularization in Ming–Qing China", *Late Imperial China*, Vol.24, No.1(June 2003): 〔150–152쪽〕.

자유국 외에 관영 고아원은 남송에서 다시 출현했다. 그리고 민간이 자발적으로 설립한 기타 아동복지기구들, 가령 "산수양유기소아전미소散收養遺棄小兒錢米所"(유기 아동을 분산·이양하는 전미소), "영아국嬰兒局", "자유장慈幼庄", "유국幼局" 등도 아주 많이 있었다. 자유慈幼·육영育嬰 기구들은 송대에 왕성하게 발전했다. 그러나 원대 이후에는 한 단계 쇠락했다. 하지만 명말청초에 이르러서는 다시 생기를 되찾았다.

송대 구빈제도의 기원은 모호하지만, 적어도 11세기 초반까지 거슬러 올라갈 수 있다. 역대 중국정부 가운데 빈로貧老·병자 구제에 가장 적극적이었던 북송은 일관된 구상 속에서 걸인들에게 미곡과 대두 및 금전을 급여하는 정책들 외에도 정부 차원에서 빈자와 병자를 수용하는 기구와 시설을 건립하는 방면에서 세계최초의 구민救民사업을 개창開創했다. 북송은 개국 후 오래지 않아 당나라 때의 비전원·복전원福田院 구제舊制를 근간으로 삼아 빈자와 가난한 병자들을 구제했는데, 이때는 이것만이 유일하게 정부조직이었다. 먼저 수도 개봉開封에 복지원을 건립하고 나서 기타 주현州縣에 같은 종류의 기구들을 설치했다.565)

공식의 사서《송사宋史》는 영종英宗 치세(1064-1068) 동안 개혁을 논하는 가운데 "구제舊制"가 무엇인지를 기술하고 있다. 이 초기 기구는 또 다시 불교적 명칭의 "복전원"으로 전해진 당대唐代 '비전원'의 변형된 버전이었다. 초기에 나타난 2개소의 복전원 가운데 하나는 수도의 동편에, 그리고 다른 하나는 서편에 설립되었다. 처음에 고령자·병자·걸인, 그리고 고아들에게 구조를 제공하기 위해 설치되었을지라도 그들의 경영규모는 아주 작았다. 이 두 복전원은 단지 24명을 수용했다. 영종 치세에 이 제도는 크게 확장되었다. 동·서편의 복전원은 확대되었고, 1063년 동일한 구빈기구들이 수도의 남쪽과 북쪽에도 설치되었다. 이 4개 복전원은 하루 300명의 노인·병자·무의탁자·걸인을 보살폈다. 이 300명이라는 수치는 구빈원들이 한꺼번에 1200명까지 감당할 수 있다는 것을 의미했다. 1069년 이 4개소의 복전원은 겨울날 노인·유아·빈자·병자·무의탁자를 수용하고 따뜻한 봄에는 스스로 생계를 찾아 밖으로 나가

---

565) 梁其姿,《施善与教化》, 25쪽.

도록 권했다. 운영자금은 전통적 방식으로 따로 떼어놓은 금고와 이윤에서 나온 돈들이었다. 총비용은 500만 량에 이르렀고, 나중에는 800만 량에 달했다.566)

이후 주·현 정부는 수도의 복전원을 본보기로 모방해서 복전원을 세웠다. 숭녕崇寧 연간(1102-1106) 초기 휘종徽宗 치세에 집권한 신법당 계열의 채경蔡京(1046-1126)은 일련의 구제제도 개혁을 추동해서 1102년 복전원을 '거양원居養院'과 '안제방安濟坊'의 두 다른 기구들로 분리시켜 개편했다. 거양원은 주로 빈로貧老들과 기아들을 수용하고, 안제방은 가난한 병자들을 치료했다. 이 두 기구의 비용은 상평창에서 댔다. 개봉에 이 두 기구가 설립되고 나서 외현外縣들에서도 이 기구들을 설립했다. 북송 말기에 남방의 현들도 다 복전원을 거양원과 안제방으로 분리시켰다. 이것들은 엄연하게 전국의 도회지에 존재한 관립 자선조직이었다.567)

그러나 북송의 복지정책은 남방으로 확대될 정도로 발전하자 낭비의 폐단이 나타났다. 거양원과 안제방에 대한 비판이 쏟아지면서 구제용 금전과 양곡이 상대적으로 감소했다. 물론 당시의 비판들은 합리적이지 않았고, 이런 비판적 논변들은 북송시대에 관官주도로 추진하는 사회복지정책이 상당한 규모이고 국가재정수지의 균형에 심원한 영향을 미치는 것을 반영한 것이었다. 동시에 그것은 "부자들이 낸 세금으로 사회복지를 전개하는 것이 그렇게 합리성에 상응하는가(以富人所繳之稅來勃幷社會福利應到那個才合理?)?", "사회빈곤문제 해결과 국방문제 가운데 어느 것이 중하고 어느 것이 가벼운 것인가?"라는 통치원리상의 중요한 쟁론을 건드리는 것이었다. 그러나 당시 구빈기구가 받아들여지지 않은 것처럼 보이는 것은 기실 채경의 정치적 성쇠와 밀접한 관계가 있는 것이었다. 종합적으로 말하면, 빈자들은 송대에 이미 반드시 바로 살펴야 할 사회유형이 되었다. 빈곤문제, 특히 도시빈곤문제는 반드시 처리해야 할 사회문제로 나타났다. 그리고 송대 복지정책 비판은 오늘날 복지국가비판과 맥을 같이 하는 것에 불과했다.568)

---

566) 참조: Scogin, "Poor Relief in Northern Sung China", 31쪽; 梁其姿, 《施善与教化》, 25쪽.
567) 梁其姿, 《施善与教化》, 25-26쪽.
568) 梁其姿, 《施善与教化》, 26쪽.

이 기간에 송대 정부는 이 구빈원 외에 임시적 차원에서 다른 복지활동에도 관여했다. 가령 1020년대 초에 정부는 불교사원들로부터 약간의 토지를 구입해서 공동묘지 용도로 떼어놓았다. 빈민들은 매장비용을 지급받도록 되어 있었지만, 이 제도는 쇠락해 있었다. 그러나 1060년 대 초에는 금전지불이 이루어졌다. 이 시기에 는 빈민들에게 약제도 분배되었다. 임시 복지조치들에 보조받는 구빈원에 대한 의존은 다음 30년 동안 중앙정부의 구빈활동을 위한 패턴으로 이어졌다. 그리고 그간에 상당한 발전이 있었다. 정부는 원조기간과 구빈 규모를 확대했고, 관리인원을 늘리고, 정기적 식량배분을 조직화했다. 하지만 이 조치들은 의미심장한 제도변화를 요하지 않았다.[569]

그러나 이 시기에 지방 차원에서는 사회복지 프로그램의 지속적 혁신이 이루어졌 다. 송대 지방관리들은 종종 구빈제도에서 창의적 활동 영역을 찾았다. 주도적 활동을 보인 11세기 지방관리들은 소식蘇軾·문언박文彦博·범중엄范仲淹·조보趙普 등이었다. 이들의 활동프로그램은 공적 곡전창고와 농경자금 대여로부터 대중 식량분배와 빈민 병자들의 치료 및 문중 복지시혜에 이르기까지 광범하게 미쳤다. 북송 복지제도 발전을 위한 이 지방주도 사업 가운데 가장 중요한 것은 항주에 부임했던 소식이 설립한 자선병원이었다.[570]

범중엄(989-1052)은 씨족(문중)상호구제 조직의 전범을 만들었다. 그는 불교복 지조직을 모범으로 삼아 "범씨의장范氏義莊"을 창립했다. 이것은 후세의 가족 간 상호 구제의 한 전범이 되었다. 명청교체기에는 이런 유형의 가족의장家族義莊이 대폭 증가

---

569) 참조: Scogin, "Poor Relief in Northern Sung China", 31-32쪽.

570) Scogin, "Poor Relief in Northern Sung China", 32쪽: 소식은 1089년 항주에 부임했을 때 군현의 기근 문제와 부딪혔고, 그는 이 문제를 완화하려고 정력적으로 노력했다. 그는 구빈 프로그램의 일환으로 다음 해 봄 관리들을 도시의 다양한 구역으로 파견해서 약제를 분배했다. 그는 곧 이러한 단발적 조치들로 는 충분치 않다는 결론을 내렸다. 그는 호수에 인접한 도시의 위치 때문에 평균 이상의 유병률이 지속적 대처를 요구하는 전염병 현상이라고 느꼈다. 그러므로 그는 중국 최초의 전문화된 자선병원을 설립하는 데 착수했다. 이 목적을 위해 그는 잉여기금으로부터 2000관의 돈과 민간으로부터 50온스의 금을 모았다. 그는 새로운 병원의 직원을 불교승려들로 채웠다. 병원운영 3년 뒤 보건활동의 혜택을 입은 빈민병자들이 1000여 명에 달했다.

했다.[571]

11세기가 마감될 즈음에는 중국의 정치적 분위기가 극적으로 변했다. 1069년에서 1085년까지 16년은 왕안석의 광범한 국가개혁과 구빈제도의 확장과 같은 발전이 이루어졌고, 그 사이에 반동의 시기가 끼어들었다. 황태후를 따르는 보수적 구법당舊法黨들은 왕안석과 채경蔡京이 도입한 신법新法(개혁법제)들을 해체하는 데 착수했다. 그러나 다시 새 황제 철종이 등극한 지 17년 만인 1093년 전권을 장악하자 상황은 다시 반전되었다. 정부는 개혁을 재추진했다. 이 개혁의 폭은 이전보다 훨씬 더 컸다. 채경은 1103년 집권해 북송이 거의 끝날 때까지 황궁정치를 지배하면서 개혁 속도를 가속화했다. 새 개혁조치들은 앞서 말했듯이 관료행정, 정부재정, 구빈제도 등도 포함했다.[572]

거양법居養法과 같은 문서에 언급된 복지제도의 새로운 체계 또는 구빈원 체계는 정부재정 조달의 새로운 방법에 의해 특징지어진다. 옛 소득원인 토지는 더욱 다양화된 재정기반으로 대체되었다. 구빈원 체계와 관련해서 언급된 하나의 재정원천은 상속자 없이 죽은 고인故人들의 유산이었다. 몇몇 경우에는 이 유산이 사유품私遺品 및 현금과 함께 복지목적의 꼬리표를 달고 수익금과 같이 몰수되었고, 다른 경우에는 집 없는 빈자들이 이 유산을 그대로 넘겨받았다. 이 기금들은 정부가 상평창제도의 운영에서 나온 이익과 합쳐졌다. 구빈원은 대략 자급자족적으로 설계되었고, 기금들을 다른 영역들로부터 끌어오지 않았다. 물론 1120년의 한 상소문이 그 소득원들을 넘어섰다고 구빈원 제도의 운영에 대해 불평하고 있는 것을 보면 자급자족의 이 이상이 언제나 달성된 것은 아닌 것 같다.[573]

이 새로운 재정기반 덕택에 구빈원 제도는 이전보다 더 큰 스케일로 사업할 수 있게 되었다. 여러 정부문서는 새로운 제도가 옛 복전원보다 더 많은 빈민들을 보살필 수 있게 되었다고 분명하게 기록하고 있다. 나아가 새로운 제도는 '연중'

---

571) 梁其姿, 《施善与教化》, 20쪽.

572) Scogin, "Poor Relief in Northern Sung China", 32쪽.

573) Scogin, "Poor Relief in Northern Sung China", 32쪽.

가동되었고, 그 활동을 이전의 많은 복지시정 노력들처럼 삼동三冬에 국한하지 않았다. 1098년 구빈원 제도는 전국적으로 확대되었다. 중앙정부는 지방 관리들에게 다양한 향촌과 구역에서 이 제도를 관리하라는 법령을 발령했고, 지방 상황에 맞춰 자금조달의 수위를 조정할 권한을 가진 감독관들을 파견해 지방 관리들의 관리활동을 감독했다. 처음에 정부지출로 시작했으나 자급자족할 수 있게 된 관리들에게는 지원을 끊었다. 그런데 첫 몇 년 동안 이 새 구빈원 제도의 실제적 운영은 그리 분명치 않다. 1098년 이 제도는 전문화된 기능도, 그 이후의 발전에서 볼 수 있는 정교한 시설도 갖추지 않았다. 구빈원 제도는 여전히 음식과 쉼터를 제공할 일차적 책무에 더해 빈자들에게 약제를 배급할 책임을 떠맡았다. 이 음식과 쉼터 제공은 아직 국립 빈민원의 실제적 건축을 포함하지 않았다. 빈자들에게는 공공건물에서 마지막 대피소처럼 쉼터를 제공했다.[574]

그런데 구빈원이 지방에 확립된 지 9년이 지나서도 수도 개봉에는 새 구빈원이 들어서지 않았다. 이곳에서는 아직 옛 복전원이 운영되고 있었기 때문이다. 왕안석과 채경의 국가개혁을 철종에 이어 계속 추구하던 제8대 황제 휘종(1100-1125)은 1105년 이 상황을 고치기 위해 이런 칙령을 내렸다.

수도는 기본적으로 중요한 지역이다. 그것은 치자의 우월성의 하나라. 환과고독과 빈자들은 모두 크게 고통을 겪고 있고, 그들이 의탁할 수 있는 사람이 아무도 없다. 구빈원 제도가 전국적으로 확립되었지만, 아직 수도에 미치지 않았다. 나의 원대한 목표는 좌절될 위험에 처했다. 오늘날, 수도가 복전원이 있어도 보살핌을 받는 사람들의 수가 충분치 않노라. 날씨가 아주 춥거나 아주 덥게 바뀌면 빈자들과 사고무친자들, 병자들은 생존수단을 잃고 말 것이로다. 짐은 이 때문에 아주 심란하다. 짐은 개봉의 관청들에 대해 여러 지방에서 효과를 본 방법에 따라 환과鰥寡와 고아를 집에 숙박시키고 병자를 구완해 나의 목적을 이행하도록 명한다.[575]

---

574) Scogin, "Poor Relief in Northern Sung China", 33쪽.
575) 《宋會要》, 68/128. Scogin, "Poor Relief in Northern Sung China", 33쪽에서 재인용.

새 구빈원 제도는 탁월성을 입증해 보여 주었고, 이에 따라 확대·채택되었다. 1106년 회동淮東에서 파견된 감독관의 촉구로 이 구빈원에는 '거양원居養院'이라는 명칭이 부여되었다.[576] 1106년 이전 '구빈원'은 보통 일반적 술어로 통용되었으나, 기능이 명확하게 구비되어 드러나지 않으면 이 시기에 도입된 제도에 대한 모든 언급이 건축물적 구빈원 시설의 구비를 뜻한다고 봐서는 아니 될 것이다.[577]

송대 거양원은 이전의 구빈원처럼 환과고독·기아棄兒·고령빈자와 자활능력이 없는 장애인 등 모든 사람으로 정의되는 '궁벽窮僻한 백성들'에게 의식주를 제공하는 것으로 설계되었다. 구체적 원조 형태는 각 지방의 필요에 따라 다양했다. 노인과 연세에 대한 중국의 고전적 존경과 발맞춰 노인들에게는 특별한 대접이 주어졌다. 1107년 칙령은 50세 이상의 사람들에 대한 보살핌을 강조했다. 1108년 경남京南으로부터 올라온 거양원의 한 보고는 80세 이상의 고령노인들에게 새로운 유형의 흰쌀, 땔감, 그리고 돈을 제공했고, 90세 이상의 최고령 노인들에게는 추가로 절인 야채와 20전의 현금을 제공했다고 말하고 있다. 여름에는 노인들에게 면직 옷을, 겨울에는 누빈 옷을 제공했다. 그리고 100세 이상 노인들에게는 채소 및 30전의 현금과 함께 매일 고기를 대접했다. 겨울에 이 노인들에게 비단옷과 비단이불을 제공하고, 여름에는 얇은 비단 저고리와 바지를 제공했다. 이 경남의 보고에 따라 결국 수도의 모든 구역과 현들도 이 전범을 따르도록 명받았다.[578] 송대의 노인봉양은 '모든' 노인에게 매일 비단과 고기를 대접한 고대국가의 노인봉양에 견주면 좀 후퇴한 느낌이 든다.

한편, 국가가 거양원의 다른 수용자들에게까지 이렇게 아낌없이 준 것은 아니다. 성인은 일당 미곡 1승과 10전을 배급받았다. 석 달 동안은 수용자들이 땔감을 살 돈으로 매일 5전이 추가로 지급되었다. 이 배급은 어린이들의 경우에 절반으로 깎였

---

576) 이근명, 〈宋代 社會救濟制度의 運用과 國家權力: 居養院制의 變遷을 中心으로〉, 《東洋史學硏究》, 第57輯(1997), 143-77쪽.

577) Scogin, "Poor Relief in Northern Sung China", 33쪽.

578) Scogin, "Poor Relief in Northern Sung China", 33-34쪽.

280   제1장 국가의 존재이유

다. 연중 원조의 범위는 의복·이불·가정용품의 제공을 포함하는 식으로 확대되었다. 많은 문서들이 수용자들에게 모기장까지도 제공되었다고 보고하고 있다. 구빈사업의 범위는 동계에 수도의 길거리에서 감기를 앓는 집 없는 걸인들에게 원조를 주는 방향으로 확대되었다. 아동의 존재가 거양원에 특별한 문제들을 제기하기 때문에 이들을 위해 특별조치가 취해졌다. 여러 사료들은 유기된 영아嬰兒(젖먹이 유아乳兒)들을 젖먹이고 돌보기 위해 1102년부터 유모를 고용했다고 기록하고 있다. 이 제도를 10년 이상 운영한 뒤인 1117년 성도成都의 한 지방 관리는 지방 거양원의 교육받을 만한 아동들을 위한 학당의 설립을 제안했다. 그리하여 공립 학당이 세워지고 다른 거양원들도 이것을 본보기로 삼아 학당을 부속시키는 것이 장려되었다.[579]

지방 구빈원들은 처음에 지방 관리들이 책임을 졌다. 그러나 1106년 추가 인력이 필요해지면서 각 현과 수도의 구역으로 문서업무를 위한 1명의 양호養護 관리를 파견하라는 칙령이 나왔다. 이 양호 관리들의 봉급과 지출은 상평창에서 댔다. 그리고 지방에서 발탁한 기능인 1명도 1년 기간의 프로그램 관리를 지원할 인력으로 추가되었다. 이 정규직 관리들에 더해 임시 인력들이 동계 작업량의 증가로 필요했다. 이 문제는 수도 개봉에서 절박했다. 이 절박한 문제를 해결하기 위해 아전들이 거리로 나가서 난장에서 자는 집 없는 걸인들을 데려왔다. 이런 일을 하는 아전들의 수가 많았다. 이들에게 줄 봉급이 없었기 때문에 그들이 복지활동에 투입한 시간계산에 따라 승진 특혜를 주었다.[580]

구빈원 제도가 발달하고 있던 시기에 다른 구빈제도들도 창설되었다. 이 새로운 제도들의 가장 눈에 띄는 특징은 진보된 기능적 전문화였다. 옛 복전원은 빈자들에게 의식주와 함께 요양의 기회를 제공했다. 이 노력은 다양한 임시 요양·치료조치에 의해 보완되었다. 이제는 두 기능이 공식으로 분리되어 임시 조치들이 하나로 모아져 1102년 마침내 "안제방安濟坊"이라는 명칭의 새로운 제도를 낳았다. 이 기구는 1140년 무렵부터 '양제원養濟院'으로 대체되면서 서서히 자취를 감추었다.[581] 1102년에

---

579) Scogin, "Poor Relief in Northern Sung China", 34쪽.
580) Scogin, "Poor Relief in Northern Sung China", 34쪽:

최초 세워진 이 공공 자혜병원 '안제방'은 소식이 항주에 세운 사설 자선병원을 모델로 만들어졌다. 이 제도는 실제로 정교한 대형 요양원들의 전국적 확산을 가져왔다. 10개의 병동을 가진 요양원에 대한 기록도 보인다. 환자들은 전염을 막기 위해 그 병의 종류에 따라 격리되어 수용되었다. 병원들은 환자와 약藥조제 직원들을 위한 음식을 준비하는 부엌들도 있었다. 환자들에 대해 정확하게 기록할 의사들도 필요했다. 한 해가 끝나갈 즈음에 이 기록들이 정밀 검토되고, 각 의사의 지위가 그의 완치 성공율에 따라 재조정되었다. 각 병원은 계절마다 교대하는 4명의 직원들에 의해 경영되었다.[582]

이 시기에 도입된 구빈제도의 다른 중요범주는 휘종 숭녕崇寧 3년에 설치된 '누택원漏澤園'이었다. 이 '누택원'은 빈자들의 장례를 지원하고 이들에게 공설公設묘지를 제공하고 관리하는 장례지원 기구였다.[583] 효경에 대한 유교의 전통적 강조와 함께 빈자들의 시신을 처리하는 것과 결부된 위생문제는 이 문제를 공적 근심거리로 만들었다. 정부는 이미 1020년대부터 땅 뙈기를 싸게 팔아 빈자들에게 매장장소를 제공해 왔었다. 정부의 약제분배처럼 빈자들을 위해 공동묘지를 제공하려는 이 초창기 노력은 12세기의 첫 년 동안 공고하게 제도화되었다. 빈민의 공묘公墓는 1104년 공식 설치되었다. 이것은 전례를 개량하고 도시빈민의 버려진 시체의 "가슴을 찢는" 광경으로 말미암아 뭔가를 할 명백한 목적으로 시행되었다. 각 현과 주에 대해서는 비옥하지 않은 공유지를 공동묘지와 같은 용도로 따로 떼어놓고 기록을 하는 관리를 임명하고 매장장소를 떼어 주라는 명령이 떨어졌다. 이 공묘에 매장된 사람들은 각기 8척의 땅뙈기와 관곽이 배급되었다. 각 묘지에는 사자의 성명·연령·생몰일 등을 새긴 비석이 세워졌다. 조상신 제사를 위한 장소를 제공하기 위해 각 공동묘지마다 중앙에는 사당을 세웠다. 기록들에 따르면, 이 제도는 빈자들이

---

581) 김대기, 〈宋代 慈善機構와 醫療救濟: 安濟坊과 養濟院을 중심으로〉, 《역사와 경계》, 101권 101호 (2016).

582) Scogin, "Poor Relief in Northern Sung China", 34-35쪽.

583) 오원경, 〈漏澤園을 통해 본 北宋代 국가 葬禮支援制度〉, 《역사문화연구》 57권 제57호(2016), 65-90쪽.

묘지장소에 적용할 수 있을 정도로 아주 정교하게 발전되었다. 중앙정부의 명령들이 글자 그대로 집행된 것을 증명하는 한 지역의 고고학적 증거물도 나왔다. 1960년 산서山西성에서 두 개의 비석이 한 빈자의 묘지에서 발굴된 것이다. '1107년도'라는 글자가 새겨진 이 비석들은 매장장소의 면적을 "8척"으로 언급하고 있다.[584]

남송의 복지정책을 따로 떼어보자. 송나라가 남천南遷한 뒤에도 구빈정책을 중시하는 정부의 입장은 변화가 없었다. 기본적으로 남송정부는 북송의 전통을 따랐고, 큰 현성縣城에서는 제각기 거양원과 안제방(=안제원)을 건립해서 빈자와 병자들을 안치했다. 그리고 동시에 각 방면에서 강력한 의료복지정책을 추진했다. 나아가 남송정부는 빈곤이 초래하는 주요문제 가운데 영아유기嬰兒遺棄 현상에 특별히 주목하고, 앞서 서술했듯이 "자유국慈幼局"등 육영育嬰기구들을 창립했다. 이 기구의 경비와 관리 측면에서는 새로운 변혁이 있었다. 국가의 복지정책이 이전보다 더 주동적으로 변했다. 환언하면, 남송정부는 사회복지 측면에서 북송정부보다 진일보해 다대한 발전과 창신創新을 이루었다.[585]

우선 북송의 전통적 거양원 제도는 남천 이후에 날로 보편적 추이가 되었고, 심지어 지방관들은 주현의 성중城中에만 설립할 것이 아니라, 향간鄕間에도 보편적으로 설립할 것을 건의하기도 했다. 그러나 향간의 거양원은 남송이 끝나갈 즈음에 대략 우연히 설립되었을 뿐이고, 보편적 이상에 도달할 수 없었다. 의료구제 측면에서는 남송에서 더 풍요로운 발전이 있었다. 북송시대에 창립된 안제방은 난민이 밀물처럼 몰려오던 남송 초기에 사회 안정의 책임을 일부 맡았다. 광무제 고종은 장차 주현의 성시城市와 가까운 사원들은 안제방을 세우고 난민을 수용해 부양하고 가난한 병자들을 치료하라는 조서를 내렸다. 안제방 외에도 남송정부는 기능이 서로 부합하는 기구인 '양제원'을 추가했다. '양제원'은 1131-1132년에 소흥부紹興府와 임안부臨安府 양편에 최우선으로 세워졌다. 그리고 나서 1201년까지 전국적으로 확산되었다. 회남서로淮南西路의 화주和州와 같은 중간 규모의 주는 100명의

---

584) Scogin, "Poor Relief in Northern Sung China", 35쪽.
585) 梁其姿,《施善与教化》, 26쪽.

빈민 병자를 수용할 수 있는 양제원을 건립했다. 이 새 기구들은 점점 안제방의 기능과 유사해졌다. 의료복지 측면에서 병자의 수용·부양 외에도 시약施藥조치를 강화했고, 빈민병자들에게 무상으로 시약하는 '혜민약국惠民藥局'과 동일성격의 '시약국施藥局'이 남송시대에 창설되었다. 이런 혜민약국들은 남송 후기에 대도시 역병과 재앙 중에 중요한 시약 기능을 담당했다. 원元·명대明代에 와서 두 정부가 둘다 남송정부의 시약 전통을 따라 주요 주현州縣에서 혜민약국을 유지했다.586)

남송에서 복지제도의 발전을 좀 더 자세히 뜯어보자. 남송에서 사회복지제도의 가장 창조적 정책은 주로 영아유기와 영아살해를 방지하는 측면에 있었다. 남송정부와 지방관들은 남천하면서 얼마 지나지 않아 가난한 가정이 영아들을 익사시키고 유기하는 사회현상에 주의를 기울였다. 이런 현상들은 복건·절동浙東(절강성 동부지방)·강남 서부 등의 가도에서 마치 매우 보편적인 것 같았다. 이로 말미암아 이현상은 지방관의 깊은 관심을 끌었고, 1138년 마침내 간난아이가 있는 가정에게 부역을 감해 주고 돈 4000전을 지급해 주도록 하는 법령이 채택되었고, 1145년에는 금전지급을 미곡 10말 지급으로 고쳤고, 이로써 비교적 실질적 혜택이 더 커졌다. 금전과 미곡으로 빈농의 육아를 돕는 이 원칙은 12세기 후기와 13세기에 이르자 허다한 주·현에서 실시되게 되었다. 다만 상세한 측면에서 각 지방관들이 방법을 달리 했을 뿐이다. 이런 구제방식은 당연히 저명한 '거자창擧子倉'(과거응시생을 지원하는 곡식창고)과 밀접한 관계가 있었다. 주희朱熹 등은 지방의 기황饑荒을 구제하기 위해 사창社倉을 창건했다. 그런데 1135년 수립한 거자창 원칙은 사창과 유사했다. 관전官田이 없는 경우에는 조세를 거두어 이것을 적본糴本으로 삼아서 이것을 창고에 저장해 두었다. 그리고 주州·현승縣丞은 창고업무를 관리했다. 거자창은 먼저 복건성 도로의 4개 주에서 실행했고, 그러고 나서 기타 주현으로 파급되었다. 다음에 창립된 '자유장慈幼庄'은 거자창으로부터 발전되어 나왔고, '자유장'은 진덕수眞德秀(1178-1235)가 강동에 전운사轉運使로 부임해 1217년 창립한 것이다. 이 자유장의

---

586) 梁其姿, 《施善与教化》, 26-27쪽.

경영원칙은 거자창과 동일했으나, 주요 구제목표는 유기된 영아嬰兒들이었고, 장전庄田이 거두는 금전과 미곡은 유기된 영아를 입양하는 가정을 물질적으로 돕거나 관청에서 유모를 모집하는 비용을 조성하는 데 썼다. 바꾸어 말하면 남천 후 오래지 않은 남송정부는 가난한 가정의 생육을 고무하고 인구성장을 촉진하는 데 특별히 현저한 노력을 쏟았다.[587]

'거자창'과 '자유장'은 가장 창조적인 것으로 간주되지 않는다. 남송의 "가장 특색 있는" 자선기구는 수시로 유기영아들을 집중·수용하는 기구다. 남송정부는 1247년 유명한 '자유국慈幼局'과 그 전신인 '영아국嬰兒局'을 건립했다. 이것은 세계 최초의 관용 전업專業 고아원 가운데 하나로 칠 수 있다. 영아국은 1219년 호주湖州에서 창립되었다. 창립자인 통판通判(감독관) 원보袁甫가 기록한 바에 따르면, 영아국의 조직은 최고의 완벽성을 갖춘 것으로 평가된다. 유기영아는 "유모를 시켜 젖을 먹이게 하고 유모에게 매월 곡식을 지급하고, 할미 5인을 택해 중모衆母의 장으로 삼고 중모의 젖을 각기 그 영아들에게 먹이고, 또 1인은 아기가 불시에 들어오는 것에 대비한다. 오는 아기들이 많으면 그럴수록 젖을 모집해 그들을 거둔다. (...) 아기의 나이가 7세가 되면 유모들에게 월급 곡식을 지급하지 않는다. (...) 질병이 있는 경우는 의원 1인이 삼가 살폈다. 지금은 2인을 늘렸다." 약 10년 뒤인 1230년 통판 조선료趙善繚는 구강九江에 역시 동일한 기구를 설립했다. 그리하여 13세기 초 영아국은 주요한 지방 관영조직이 되었고, 13세기 중엽 영아국은 모범적 자유국으로 여겨지고, 처음으로 전국적 자선기구로 완성되었다. 자유국의 시초는 일반적으로 1247년 임안부였던 것으로 인정되는데, 앞서 언급했듯이 이것은 제4대 황제 이종의 명령으로 설립되었다. 그리고 10년 뒤인 1257년 이종은 "천하 제주諸州는 자유국을 건립하라"고 명령했다. 이때부터 남송 말엽까지 30년 동안 비교적 큰 주현은 모두 다 자유국을 설립했다.[588]

같은 시기의 유럽에서 기독교의 각 교파의 사원들이 자선기구를 주관하는 경우에

---

587) 梁其姿, 《施善与教化》, 27-28쪽.

588) 梁其姿, 《施善与教化》, 28쪽.

전문적으로 병자들을 수용해 부양하는 의원醫院을 보유하고 있었을지라도 송대 정부처럼 그렇게 서로 다른 빈곤문제를 부문별로 따로 가진 수준에 결코 이르지 못했다. 이것은 중국 고대사회가 독보적으로 보유한 것이었고, 더욱이 영아들을 죽이고 버리는 것을 방지하고 유기된 영아들을 수용해 부양하는 이 한 가지 사항만 보더라도 당시 사회가 인구증가에 따라 직면하게 된 문제를 가장 선명하게 반영하는 것이었다. 유기영아를 구제하는 기구가 나타나고 나서 17-18세기에 인구가 재차 급증한 시기에 육영育嬰기구의 보편화와 중국인구 증가의 두 차례 급증은 서로 연관된 것이다. 이것도 역시 의미심장한 역사현상으로서 깊이 생각해 볼 만한 가치가 있다.589)

그런데 사회복지제도는 늘 효율성 문제를 야기한다. 북송시대에 이미 부자들의 조세저항이 있었고, 복지정책의 낭비 문제에 대한 비판, 군비부족에 대한 지적 등이 터져 나왔다. 남송시대에 구제기구들도 역시 동일한 비판에 직면했다. 그러나 비판의 초점은 행정상의 폐단과 누수에 있었다. 가령 상평창 제도는 본래 겨울철에 지방 빈민들을 구제하는 것이었지만, 역시 안으로부터 탐오貪汚에 직면해 정작 빈자들은 구제받을 수 없게 만들었다. 그리하여 지방의 유력자들이 사창社倉을 창설했어도 미곡의 연납과 대여 과정을 지연시키는 것 때문에 탐오 등의 상황이 발생해서 허다하게 빈민들이 혜택을 받을 수 없게 만들었다. 거양원 제도는 비록 탐관오리와 차명입주자들을 엄히 징벌했을지라도 이런 폐단의 발생을 완전히 막을 수 없었다. 그리하여 "교활한 자들은 온 가족이 미리 다 신청했지만, 빈자들은 오히려 버림받았다." 안제방의 의료에서도 유사한 상황이 발생했다. 유기영아를 구제하는 정책도 적잖이 누수가 있었다. 거자창도 어떤 때는 진정으로 신생아가 있는 가난한 가정을 도울 수 없었고, 오히려 지방호족이 이득을 취하고 창관倉官 중에는 개인 주머니를 채우는 자가 있었다.590)

남송 말엽에 이르자 자유국慈幼局은 많은 폐단을 노정했다. 당시 임안의 자유국은

---

589) 梁其姿, 《施善与教化》, 28-29쪽.
590) 梁其姿, 《施善与教化》, 29쪽.

이미 역사적 명성을 떨쳤지만, 남송정부의 여러 가지 '선행善行'도 역시 단지 그 시대 사람들의 기억과 전언에만 의존할 수 있었을 뿐이다. 수도를 포함한 자유국이 남송 멸망 전후에 유지할 수 없었다면 기타 복지기구들의 운명은 상상만으로도 가히 알 수 있을 것이다.[591]

송대로부터 자선복지기구는 주로 정부운영이었다. 따라서 자선기구의 퇴락은 남송정부의 쇠락과 긴밀히 관련된 것이다. 그러나 이와 같을지라도 남송시대의 사회구제는 나날이 지방적 색채를 더해 갔고, 주희의 사창社倉제도 및 연대적 거자 창 제도는 거의 전적으로 지방의 재원에 의거해 유지되었다. 이것은 지방 부로父老들의 협의와 결정에 의해 운영되었다. 심지어 자유국·안제원 등의 복지기구의 재원도 지방 부자들의 농지·은전 연조捐助를 빼놓을 수 없었다. 비교적 적극적인 여러 지방관들은 여러 가지 지방특색의 복지제도를 창출했다. 이 제도들은 중앙정부가 만든 표준기구와 완전히 같지 않았다. 심지어 소식이 1089년에 항주 시절에 창설한 '안약방安藥坊', 오거후吳居厚(1035-1113)가 1102년 개봉부에 설치한 '장리원將理院'은 나중에 안제방의 전범이 되었고, 남송의 소주蘇州는 상이한 지방관들의 의료복지 성과를 향유했다. 가령 진노경陳老卿(1180-1236)은 1226년 좌우의 의원을 '안양원安養院'으로 고쳐서 병든 죄수들을 요양시키는 안제방과 별개로 노인 병자들을 요양케 했다. 오연吳淵(1109-1257)은 1231년에 '광혜방廣惠坊'을 설치해 남녀 병자들을 부양하고 관곽을 시여했다. 이런 복지기구들은 왕왕 지방부호들의 의연금에 의지해서 유지될 수 있었다. 그리고 지방의 명망가들은 기황饑荒 때 죽을 시여하기도 했는데, 이것은 통상적인 일이었다. 그러나 지방의 자원이 지방복지에 직접 쓰일지라도 사회구제의 의식형태 측면에서 송대는 여전히 중앙을 중심으로 삼는 당대唐代 중기 이후의 전통을 따랐다. 정부는 유일하게 장기적 복지가구를 조직할 자격을 가진 것으로 여겨졌고, 민간의 역량은 단지 정당한 정도의 배합을 이룰 수 있었을 뿐이다. 이로 말미암아 왕조의 쇠락은 필연적으로 구빈제도의 쇠락을

---

591) 梁其姿, 《施善与教化》, 29-30쪽.

가져왔다. 상당히 장대한 사회역량이 여전히 장기적·조직적으로 아직 동원되지 않고 있었던 것이다.[592]

돌아보면, 왕안석의 개혁 이래 고도로 상업화된 송나라에서 공고한 구빈양민제도는 특별히 의미심장한 기능을 수행했다. 송대에 생산이 증가하면서 새로운 패턴의 상업이 발전하기 시작했다. 또 관료엘리트들을 성적으로 선발하는 학교제·과거제·관료제는 귀족층을 분쇄하고 사회적 상하 수직이동을 강화했다. 점점 유동적이 되어 가는 새로운 사회는 자기들의 신분을 개선할 수 있는 기회를 하층계급의 많은 사람들에게 제공해 주었다. 그러나 사회적 이동성과 유동성의 이런 고도화 과정에서 아주 많은 백성들이 잦은 천재天災·인재人災와 시장의 경제적 동학으로 헐벗게 되었다. 방대한 백성이 생계를 의존하는 농지에서는 여러 요인들이 작용해서 독립농가들의 생계 여유를 삭감했다. 북송의 인구는 1014년 900만 명에서 1063년 1200만 명으로, 1110년에는 2000만 명으로 급증했다. 그러나 토지의 경작면적은 더 느린 속도로 증가했다. 신新개간지 "간전墾田"은 1021년 5억 2475만 8432무畝에서 황우皇祐 연간(1049-1053)에 2억 2800만 무로 줄어들었고, 치평治平 연간(1064-1067)에는 4억 4천만 무로 올랐다. 20년 뒤에 이 수치는 2000만 무만큼 증가했다. 장거리 이주나 처녀지의 개간은 빈민들이 손에 넣을 수 없는 조직과 기술 수준을 필요로 했다. 조상을 모신 사당의 유지를 강조하는 유교적 효도 전통에 의해 영향받은 송대 정부는 정부 지원 이주를 조직하기 위해 골머리를 앓았다. 토지에 대한 인구압박이 증가하면서 상속재산의 분배는 독립농가의 재산의 평균 규모가 축소되는 것을 의미했다. 농가의 어려움은 전비戰費의 증가로 말미암은 조세인상에 의해 가중되었다.[593]

그리하여 많은 독립 소농들이 요호부민饒戶富民의 전호佃戶로 전락했다. 송대 지주-소작 관계의 정확한 성격은 토지구속성과 지주의 징벌권으로 입증된다. 농민들이 자발적으로 전호가 되고자 한 것은 그들의 절망적 상황의 심각성을 보여

592) 梁其姿, 《施善与教化》, 30-31쪽.
593) 참조: Scogin, "Poor Relief in Northern Sung China", 35-36쪽:

준다. 그리하여 송대 농민은 자연재해와 물리적 환경변동으로부터 그들을 막아줄 차단장치가 거의 없었다. 북송·남송 320년 동안 193번의 수해, 183번의 한발, 101번의 우박폭풍, 93번의 태풍, 90번의 황충해(메뚜기 떼 피해), 87번의 기근, 77번의 지진, 32번의 역병과 18번의 눈보라 폭풍이 있었다. 연평균 2.7회 이상 천재가 닥친 것이다. 이것들 외에도 전반적 기후 추이도 농부들에게 불리하게 작용했다. 중국의 이전 북부 본토는 상당한 동안 생산성이 하락했고, 이 과정은 송대 내내 지속되었다. 강우의 감소, 강하江河 염분의 증가, 관개灌漑시설의 침식과 그 효율성의 하락은 모두 다 북부 농업에 큰 손실을 초래했다. 게다가 중국의 평균 기온도 송대 내내 추락했다. 12세기는 지난 천 년 가운데 가장 추운 세기였다.[594]

가난한 농민층에 대한 이런 재난과 환경변동의 충격으로 송대 구빈·복지 관련 저서들 속에서 뚜렷이 등장하는 이농離農·난민들을 낳았다. 많은 저서와 기록문서들은 농부들 가운데서 식인현상도 언급하고 있다. 집 없는 기민饑民들의 절망은 송대 정부가 직면한 지속적 문제였다. 식량과 위생시설의 부족으로 난민들은 기아와 질병의 악순환 속에 빠졌다. 많은 사람이 죽고 또 많은 사람들이 새로운 농촌지역으로 이주했다. 또 다른 사람들은 조세와 부역의 부담을 피해 화려한 도시로 도망쳤다. 이런 도시들의 성장은 송대 구제제도의 설립에 또 다른 동력이 되었다. 상업의 발달 속도가 빨라져 감에 따라 새로운 도시 중심들은 전국적으로 성장했다. 이 가운데 일부 도시들은 상당한 크기를 자랑했다. 가령 1075년 개봉의 가구 수는 23만 5599호였고, 항주는 20만 2806호, 복주福州는 21만 1552호, 천주泉州는 20만 1406호였다. 이런 대도시들은 송나라의 중요한 측면이었다.《동경몽화록東京夢華錄》과 같은 당시 기록들은 송나라 수도 개봉의 경이로운 규모와 풍요를 증언해 준다. 유럽의 가장 부유한 도시 베니스의 시민이었던 마르코 폴로는 송나라가 멸망하고 나서 몇 년 뒤 그가 항주에서 자기 눈으로 목도한 부富와 상업에 경악했다.[595]

이런 영화榮華의 뒤안길에 빈곤의 항구적 악령이 숨어 있었다. 농촌을 떠나 도시로

---

594) Scogin, "Poor Relief in Northern Sung China", 36쪽.
595) Scogin, "Poor Relief in Northern Sung China", 36-37쪽.

유입되는 유민流民은 새로운 도시 기업들에 대해 잠재적 노동력을 제공했지만, 문제도 제공했다. 여러 문서에 도시빈민의 상황은 끔찍했던 것으로 나타난다. 1107년의 개봉 상황에 관한 전형적 보고문서는 "여기저기 방황하다가 거리에서 죽는 발가벗고 한데에 노출된 걸인들"을 말하고 있다. 상당히 작은 지역에 빈민이 집중됨으로써 그들의 필요를 충족시키려는 정부의 시도는 오히려 효과적으로 시행가능하게 되었다. 동시에 그들의 도시 집중은 중앙과 지방의 도시 중심들에서 공공질서에 대한 위협을 제기했고, 이 도시정부들은 사회적 현실을 정확하게 지각하여 이 빈민들을 이끌어 국가의 정규적 구빈을 향한 움직임을 뒷받침하도록 했다. 농민층의 궁경窮境으로 12세기의 첫 20년 동안 폭력사태가 폭발적으로 확산되었고, 이 농촌에서의 혼란과 무질서는 그것대로 문제였지만, 도시들에서 이런 폭력사태의 발발은 더 심각한 문제였을 것이다. 송대 도시들은 행정단위로 조직되지 않은 거주자들을 포함하고 있었다. 도시를 순사들이 순찰을 도는 성곽화된 이웃들로 나눈 옛 '방坊' 체계가 붕괴하면서 대규모 폭력사태가 발생할 경우에 이 사태는 과거보다 진압하기가 더 어려웠을 것이다. 여러 도시에서 크고 작은 도시폭동이 보고되었다. 하지만 정부는 유교적 이념에 따라 각종 구빈사업을 떠맡아 전국적·지속적으로 집행함으로써 잠재적 위험분자들이 극단적 절망지경으로까지 영락하는 것을 미연에 방지하고 크고 작은 도시폭동을 쉽사리 고립시킬 수 있었다.596)

앞서 논했듯이 유학적 정치이론에서 양민을 위한 공적 복지는 '자선'이 아니라 '선정善政'의 핵이고, 위정자의 의무였다. 구민·양민·안민과 교민으로 구체화되는 공적 복지는 국가의 존재이유였기 때문에도 송나라는 국가기구 전반을 정교한 공적 복지제도로 간주했고, 또 이런 복지제도로 발전시켰다. 역대 중국정부 가운데 송대 정부, 특히 남송정부는 "빈로貧老와 병자를 구제하는 활동에서 가장 적극적이었다."597) 하지만 송대 복지제도는 이 구민·양민정책으로 그치지 않고, 그 전모도 이것만으로 다 드러나지 않는다. 왕안석의 교육개혁에 의해 확립된 교민복지(교육·문화복지)를

---

596) 참조: Scogin, "Poor Relief in Northern Sung China", 37쪽.
597) 梁其姿, 《施善与敎化》, 25쪽.

이 구민·양민복지 논의에 합쳐 보아야만 송대 복지제도의 전모를 볼 수 있기 때문이다.

　송대의 사례에서 중요한 역사적 변화가 감지된다. 빈민은 하나의 구체적 사회범주로 탄생했고, 사회적 빈곤은 중앙정부가 해결을 요하는 문제 가운데 하나가 되기에 이르렀다. 자선복지기구가 빈민을 구제하는 표준은 이 한 가지 점에서 12세기부터 허다한 기구들이 수용할 대상을 현시해 주고 이미 전통적 환과고독의 유형을 "빈핍貧乏해 자존불능한 사람들(貧乏不能自存之人)" 또는 "늙고 병들고 가난해 자존불능한 사람들(老疾貧不能自存之人)"로 개칭했다. 숭년 4년(1105) 거양원과 관련된 조령은 가장 확실하고 말하고 있다. "수도로부터 지방의 도로에까지 다 거양법을 시행하고, 안제방을 설치하고, 환과고독이 아니더라도 몸이 쇠약한 폐인·노인·병자·장애자들(癃老疾癃)은 빈핍貧乏해 자존불능하므로 당직관들은 심찰審察해 실체를 파악하고 요양을 허여許與하라." 이 "빈핍貧乏"이 여전히 확실한 표준적 정의가 없을지라도 사람들을 수용해 구제하는 선결조건은 "불능자존不能自存"이고, 무친無親이 아니라는 것이 특별히 분명했다. 수용해 구제할 사람의 빈핍 여부를 어떻게든 확정하면 "군읍의 경우는 마을의 갑수甲首와 갑부甲副가 책임지고, 촌락의 경우는 보정保正과 부장副長이 책임진다." 지방에서는 명망가들이 구제를 기다리는 사람들의 경제조건을 주체적으로 판단했다.598)

　송대 정부가 "빈핍자貧乏者"(빈민), 특히 "도시빈민"을 사회문제로 인정한 것은 "일대 사상적 돌파"였고, "수용해 부양하는 방식(收養方式)"으로 이 사회문제를 처리한 것은 일종의 "창조적 공공정책"이었다. 이 측면에서 북송·남송정부는 정치이념적으로 동시대의 서구제국보다 더 선진적이었다. 그러나 이것은 이전시대에 불교적 자선제도가 없었더라면 저런 복지제도 창조는 불가능했을 것이다. 앞에서 살폈듯이 북송 초기의 '복전원'은 본래 불교식 명칭이다. 그리고 나중의 안약방·거양원·안제원 등의 제도에서는 비교적 외진 지방에서라면 늘 승려가 관리하는 사례가 있었고, 때때로 이런 복지기구들을 사원에 설치했다. 바꿔 말하면, 조직형태에서 송대 자선복지기구

---

598) 梁其姿,《施善与教化》, 31쪽.

들의 발전은 의심할 바 없이 남북조에서 수당隋唐에 이르는 불교전통을 따랐다. 그러나 각종 구빈정책을 창안하는 정치이념에서는 현격하게 "혁명적 창조"가 있었다.[599]

단명한 원대는 사회복지 측면에서 송대 제도를 이어서 발양시킨 성과가 전혀 없었다. 대부분의 복지기구들은 송나라가 망한 뒤에 모두 다 소실되었고, 단지 의료복지 측면만이 송대보다 진일보한 발전을 보여 주었을 뿐이다. 송나라가 창설한 혜민약국 제도는 원대에 더 보편화되었고 정부는 '광제제거사廣濟提擧司'를 병설하고 전국 혜민약국의 경영을 감독·관리했고, 또 지방의 행정계통 속에 "의학醫學"이라는 항목을 하나 더해 지방의 의학생들을 훈련시켜 혜민약국과 공동으로 시약施藥사업을 전개했다. 그러나 이 의약복지를 제외하고는 원대에 기타 사회복지 측면에서 거론할 만한 좋은 점이 없었다. 원대는 단지 여러 문인들이 송대의 각종 "덕정德政"을 회고했을 뿐이다. 환언하면, 자못 선취적이었던 송대의 복지정책들은 송나라가 망한 뒤에 유지될 수 없었다. 차후의 중앙정부는 송대의 적극성을 따를 수 없었던 반면, 송대의 민간 역량은 장기적 복지단체가 될 정도로 성숙하지 못했다.[600]

총괄하면, 당시 송나라는 전혀 과소·과대평가할 필요 없이, 그리고 부인할 수 없이 세계에서 가장 거대하고 유일무이한 복지국가, 곧 인정국가였다. 송나라는 이런 복지국가였기 때문에 자연재해와 환경변동을 극복하고 번영하고 또 놀라운 인구증가를 이룩할 수 있었던 것이다. 이후 원·명·청대 중국의 역사는 오로지 국가만이 수행할 수 있는 구민·양민·안민·교민 복지정책의 성패에 따라 해당 왕조의 존망이 결정되었다. 유학적 관점에서, 아니 일반적 관점에서 국가의 존재이유는 군사안보가 아니라, '민복'이기 때문이다. 거듭 말하지만 군사적 안보기능은 국가만의 고유한 기능이 아니고, 100명 안팎의 원시집단·부족집단 등 모든 전前국가적 사회집단에서도 생존을 위해 행하던 기능이다. 또한 사회집단이 국가 단계로 올라선 뒤에도 안보는 그 자체로서 독립적 가치를 가지는 것이 아니다. 그것은 오로지 '백성의 복지와 행복'으로서의 '민복'을 대내외적으로 지키는 것에서 가치를 얻는 것이다.

---

599) 梁其姿, 《施善与敎化》, 32쪽.
600) 梁其姿, 《施善与敎化》, 32쪽.

■ 금나라와 원나라의 양민복지제도

북송을 멸망시킨 금나라와 남송을 멸망시킨 원나라는 송나라의 유교적 정치·사회·문화제도를 거의 그대로 답습했다. 복지제도도 송나라의 그것을 답습했다.

금金나라(1115-1234)는 풍년 수확에서 20%에 달하는 곡식을 비축하는 곡창제도를 채택했다. 1190년 그 수치는 높여졌고, 금나라 황제 김장종金章宗(대략 1189-1208)은 주州 인구를 3개월 동안 먹이기에 충분할 만큼의 곡식을 제공해야 한다는 칙령을 발령했다. 이 관리수칙은 엄격히 준수되어야 했다. 황실은 이 운영수칙의 준수 여부를 살피기 위해 감독관들을 파견했다. 2만 가호 이상의 인구를 가진 군현은 곡식 3만 석을 비축한 것으로 기대되었고, 5000가호 미만의 인구를 가진 작은 군현은 단 5000석을 비축한 것으로 기대되었다.[601] 1195년 금제국의 529개소 곡창의 비축양곡은 3786만 석에 달했다.[602]

원元나라(1279-1368)는 곡창제도를 1257년 도입했다가 바로 폐지했으나 1271년 곡창제도를 다시 되살렸다. 지방정부들은 곡식을 시가의 20%에 방매放賣하라는 명령을 받았다. 이때 국가 곡창은 80만 석의 곡식을 비축했다. 곡창 감독관들은 지방주민들로부터 선발되었고, 곡창감독 업무에 봉직할 동안에 부세賦稅로부터 면제되었다. 1309년 전국적 곡창 건설의 칙령이 발령되었다. 이때부터 세 명의 국가채용 관리자들이 각 곡창을 관리했다. 원대元代 전 기간을 관통해서 곡창제도는 실제로 잘 작동하지 않았다. 착복과 횡령이 광범하게 퍼졌기 때문이다.

3.4. 명대 중국의 선진적 양민복지제도

명대 중국에서 구민·양민·안민·교민의 유교적 민복民福정책은 한대·당대·송대의

---

601) 陳德維 主編,《市場大辭典》(北京: 中國科學技術出版社, 1992), 卷1, 533쪽.
602) 寧可·陳得芝·梁太濟,〈常平倉·中國歷史〉, 78쪽.

복지정책을 이어받아 더욱 고도로 발전되었다. 그러나 명대에는 중앙정부의 복지정책 못지않게 유교적 이념의 발로로 조직되기 시작한 민간의 복지활동 또는 '시선施善활동'도 다방면에서 번창했다. 16세기 이후에는 복지정책의 주도권이 아예 중앙정부로부터 지방의 신사사회로 이동한 형국이 되었다. 이것은 송대보다 더 심층적으로 진행된, 명대중국 사회와 경제의 상업화와 화폐화의 여파였다.

■명국의 황정과 양민복지정책

대명국大明國, 또는 명明나라(1368-1644)는 창건과 거의 동시에 다양한 황정荒政을 펼치기 위해 다용도의 곡식창고를 갖췄다. 명태조 주원장朱元璋이 홍무 3년(1370년)에 각 행성의 지방관부에 비황備荒을 명분으로 설치한 이 양곡창고는 "예비창預備倉"이라 불렸다. 이것은 옛 상평창제도를 진제賑濟황정 위주의 새로운 형태로 바꾼 것이었다.

명대 중국정부는 노년 향민을 뽑아 파견하고 돈을 운용해 양곡을 사들여 향촌에 저장하게 했다. 주현州縣마다 동서남북에 양곡창고 4개소를 설치하고, 하나의 '예비창'으로 4개의 향鄕을 관할하게 했다. 주현의 지방정부는 곡물을 사 모을 때 증명서를 발급했다. 기근 든 해에 예비창은 농부들에게 곡식을 대여해 주고 다음 해 수확기에 상환했다. 이 제도절차는 성조成祖 때 완비되었다. 영락연간(1403-1424)에 성조는 예비창을 향간鄕間을 따라 성내에 설치하라는 조령詔令을 내렸다. 그리고 저장식량을 대부분 춘궁기에 농가에 대여하고 가을 추수 뒤에 회수케 했다. 그리하여 예비창 운영제도는 춘궁기에 곡식을 꾸어 주는 왕안석의 청묘법과 유사했다. 예비창은 설립 취지나 설치된 지역의 지명에 따라 '풍제창豐濟倉', '정해창定海倉' 등으로 불렸다.

- 정부의 황정과 소극적 물가안정정책

유여위俞汝爲의《황정요람荒政要覽》(1589)을 집중 분석한 제니퍼 다운스(Jennifer E. Downs)의 연구에 따르면, 초기 명국정부는 효과적 황정을 전개했으나, 15세기 중반부터는 농촌사회의 조절 측면에서 능력과 관심도 잃어 갔다.《대명회전大明會典》

에 담긴 공식적 법규들은 왕조 초기의 더욱 엄격한 규제와 더 높은 황정 수준으로부터 후기의 더욱 낮은 감독과 더욱 낮은 황정 수준으로 변화하는 국면들을 잘 보여 준다. 이와 동시에 권력과 책임이 중앙정부에서 지방 차원으로 점차 분권화되는 변화가 일어났다. 기근과 자연재해에 대한 황제와 관리들의 해석과 반응은 사회 안에서 일어나는 여러 변화를 반영하는 강세이동을 보여 준다. 명대사회가 점점 주원장의 의도대로 명국의 제도들이 정식화된 안정적 농업사회질서와 결별해 감에 따라, 이런 변화는 사상적 흐름에서도 분명해졌다. 15세기 중후반부터 명나라 조정은 관심을 내부로 돌렸고, 자연재해와 기근에 대처해 발령된 칙령들은 점차 자기성찰과 천벌에 초점을 맞췄다. 동시에 관리들의 글도 장기계획과 실사구시의 지식, 그리고 유구한 정책의 재조정을 강조하는 경세론에 대한 관심을 보여 준다.[603]

명나라의 15세기 후반은 국가와 사회의 관계가 일대 변동을 겪는 이행기였다. 국가제도는 지방 사회의 관리에 대한 간섭을 줄여 갔고, 지방 엘리트들은 점점 더 고향 지역의 사회문제에 간여해 들어갔다. 황정에 초점을 맞춘 후기의 서책들에서 홍무제 치세(1368-1398)는 때로 명조의 황금기로 평가된다. 주원장은 중국역사에서 왕조를 세운 두 번째 농부였다. 그의 건국은 몽골지배 약 1세기 뒤 중국의 토착적 지배를 회복하는 것을 의미했다. 주원장의 목표는 안정된 농업 질서를 확립하는 것이었다. 따라서 그는 향촌공동체와 농민의 복지에 많은 관심을 가졌다. 그가 농업 질서에 초점을 맞춘 이유는 아마 시대의 실제적 요구만이 아니라, 그의 농부적 출신배경과 개인적 믿음의 결합에도 기인했을 것이다. 원대 후기의 자연재해와 내전으로 황폐화된 북중국의 농업경제를 회생시킬 필요는 명백했다. 주원장의 이 농업회생 노력은 1억 그루의 나무를 식목한 재(再)산림화 프로젝트로도 나타났다. 그것의 의도가 무엇이든 이것은 나중의 필객들이 황정의 일환으로 해석했다. 명태조는 독재자 이미지 외에도 효성과 덕성으로 특징지어지는 인자한 유교적 치자로 여겨지고, 이 이미지는 황정에 관심을 가진 많은 저자들에 의해 공인된다. 태조와 그의 후계자들은 이

---

603) Jennifer E. Downs, *Famine Policy and Discourses on Famine in Ming China, 1368-1644*, A Thesis Submitted to the Faculty of the Graduation School of the University of Minnesota(July 1995), iii-iv쪽.

황정을 통해 농부들을 진정으로 보살피고 기근을 방비하고 완화하는 효과적 정책들을 제도화했다는 신뢰를 얻었다.[604]

여러 측면에서 초기 명나라 사회는 사실상 명태조가 비전으로 그린 "안정된 농업적 사회질서"를 닮았다. 하지만 16세기에는 많은 것이 변하고 삶은 정치적·경제적·사회적·사상적 불안정성으로 특징지어졌다. 1400년에 약 6500만 명이었던 중국의 인구는 1600년 1억 5000만 명으로 성장했다. 건국 후 2세기 동안 중국의 정치와 사회는 아주 많이 변했다.[605] 14세기와 16세기 사이에 일어난 가장 의미심장한 변화는 경제의 상업화와 화폐화였다. 이 변동은 장거리 교역과 행성行省 간 교역의 성장, 현금작물 경작, 도시와 농촌 양쪽에서의 수공업 생산의 성장을 포괄했다. 은銀은 이 경제변동에서 열쇠의 역할을 하기에 이르렀다. 화폐경제 확립은 지방관리들에 의해 개시되어 점차 16세기가 경과하면서 일어난 '일조편법一條鞭法' 개혁에도 힘입었다. 일조편법으로 조세납부는 은으로 단순화되고 대체되었다.[606]

· 경제적 기회들의 확대는 사회체계의 변화에 반영되었다. 옛 구조가 붕괴되어 감에 따라 사회적 이동성이 증가했다. 전국적으로, 특히 양자강 하류 유역에서 지주-소작 관계의 탈脫인격화와 약화를 수반하는 부재지주 현상도 늘어났다. 또 다른 변화는 상업자본이 성장하는 것과 함께 이른바 '신상紳商'계층의 형성으로 상인들의 지위가 상승한 것이었다. 동시에 상업기회의 확장으로 토지투자가 줄었고, 많은 신사들도 토지보다 상업에 투자하기 시작했다. 이 상업경제의 번영은 과거응시생들 사이의 경쟁을 더 치열하게 만든 교육기회의 확대를 가져왔다. 과거에 과거급제로 얻어지는 정치권력에 자원을 집중시키던 많은 가문들은 이런 접근법의 점증적 허사성虛事性을 깨닫고 여러 대체 활동에로 관심을 돌렸다.[607]

명대의 이 초기와 후기, 두 시기는 황정을 고찰하는 데 아주 중요한 시기들이다.

604) Downs, *Famine Policy and Discourses on Famine in Ming China*, 1–2쪽.
605) Downs, *Famine Policy and Discourses on Famine in Ming China*, 2쪽.
606) Downs, *Famine Policy and Discourses on Famine in Ming China*, 3쪽.
607) Downs, *Famine Policy and Discourses on Famine in Ming China*, 3–4쪽.

초기는 황정에 대한 국가의 관심과 역사 기록에서 그 역사적 위치 때문에 중요하다. 후기는 그때 벌어진 황정의 변화와《황정요람》의 출간 맥락 때문에 중요하다. 16세기 중국은 14세기 중국과 아주 달랐다. 14세기의 국가중심 농업사회와 16세기의 유동적 지방·도시중심 상업사회 사이의 이행기인 15세기에 도대체 무슨 일이 벌어졌나? 그것은 국가중심 사회에서 국가로부터 이완된 지방중심 사회로의 변화였다.[608] 국가와 사회의 관계가 국가우위에서 사회우위로 변화·발전한 것이다.

　명대의 황정은 전반적으로 유교적 "양민"이념의 특징을 지녔다. 황정에 대한 정부의 관심과 권능의 축소는 15세기 후반에 시작된 국가와 사회의 관계변동을 조명해 준다. 이 기간 동안 국가제도는 지방행정과 지역사회에 덜 간섭했고, 지방 엘리트들이 점차 지방의 사회적 업무에 더 큰 역할을 하기 시작했다. 이 시기에 관리들은 통상적으로 일상적 직무를 좇고 황정에 관심을 집중하지 않았다. 어느 날 위기가 발생하면 그때야 그들은 허겁지겁 상황을 통제하려고 나섰다. 이런 행태가 나라와 백성의 고난을 덜어줄 수 있다고 생각하는 것은 우스운 일이었다. 민간의 실시간 황정은 국가의 황정보다 훨씬 더 재빠르고 실질적이었고, 정부는 재난에 사후적으로 대응했고 느렸다. 정부 차원에서 명백하게 정의되고 선포된 황정이 없는 것이 아니었다. 《대명회전》은 백성에 대한 걱정과 관심을 단언하고 공식적 정책을 요약하고 있다. "왕조는 백성의 곤경이 숨겨져 있다고 아주 심각하게 받아들인다. 수해나 한해旱害가 닥칠 때면 언제나 우리는 조세를 변제하거나 관리들을 파견해 곤경을 구제한다. 메뚜기 떼가 나오면 우리는 관리들에게 그것들을 잡도록 명한다. 모든 경우에 그것을 처리하는 방법이 있기 마련이다. 보고가 있을 때마다 재난피해를 조사한다."[609] 그러나 중앙정부는 대부분 재해가 이미 상당한 곡식과 인명을 앗아간 뒤에야 황정책을 폈고, 그것도 황정책의 결정과 집행은 훗날 청조에 견주어 너무 느렸다. 정부는 구황곡식이 재난을 당한 지 5, 6개월 뒤에 분배하거나 심지어 다음 해에 시여할

608) 참조: Downs, *Famine Policy and Discourses on Famine in Ming China*, 4쪽.
609) 《大明會典》, 17/54b-17/55a. 참조: Downs, *Famine Policy and Discourses on Famine in Ming China*, 78-79쪽.

정도였다. 그러므로 이런 느린 황정의 구황효과는 클 수 없었다.[610] 그리고 정부가 추진한 황정은 대개 조세면제와, 곡물자원을 재난지역으로 수송하는 거시적·인도적 지원이었다.

상술했듯이 준비된 공식창고로 '예비창'이 이미 있었지만 기근지역과 황충피해 지역은 둘 다 갈수록 심각하게 소홀히 방치되었다. 1404년 영락제는 황충통제를 위한 법규를 확정했었다. 이부吏部는 이 법규에 따라 각 지역으로 관리들을 파견했다. 이 파견은 지방관들에게 초봄에서 지역을 순행하러 백성들을 보내는 것을 상기시켰다. 메뚜기가 출현하고 있으면 관리들은 이것들을 잡는 방법을 고안하여 이것을 깡그리 박멸하는 것을 확실히 보장해야 했다. 포정사와 순무는 황정책이 시행되는 것을 보장하고 메뚜기 문제를 소홀히 하는 관리들을 아무나 처벌했다. 이것은《대명회전》에 규정된 가장 특별한 예방조치였다. 하지만 이것이 "항구적 법규"라는 칙령에도 불구하고 1434년의 경우는 이 법규가 적용된 유일한 사례다. 대부분의 경우에 구제는 메뚜기 떼가 휩쓸고 지나간 뒤에야 식량 부족으로 이미 기근에 빠져든 지역에 보내졌다.[611]

왕조 초의 열성적 황정이 세월이 가면서 점차 느슨해진 것은 황정 관련 관리들을 통제하는 법규들에서도 확인할 수 있다. 관리들에 대한 홍무제의 불신과 평민들에 대한 그의 걱정은 황정에 관한 그의 조치들이 말해 준다. 1385년 홍무제는 재해지역에서 관리들이 상황을 보고하지 않는다면 그 지역의 장로들이 상소문을 써서 황제에게 직보直報하는 것을 허용한다는 조령을 내렸다. 그리고 재해를 적시에 보고하는 데 태만한 관리들은 사형에 처했다. 황제는 이 경우에 무관용 원칙을 적용한다고 천명했다.[612]

태만한 관리들에게 내린 엄벌은 영락제 때도 계속되었다. 1407년 6월 23일 영락제

---

610) 참조: 김문기, 〈明末淸初의 荒政과 王朝交替〉,《中國史硏究》第89輯(2014. 4.).

611) Downs, *Famine Policy and Discourses on Famine in Ming China*, 79쪽.

612)《大明會典》, 17/45a. Downs, *Famine Policy and Discourses on Famine in Ming China*, 80쪽에서 재인용.

는 감찰어사에게 내린 칙령에서 이렇게 말한다. "하남성의 주·현은 한발과 홍수로 거듭 재해를 입어 왔노라. 그러나 관리들은 그것을 감추고 보고하지 않았다. 그들은 날씨가 정상적이고 작물은 잘 자라고 있다고 보고했다. 그러나 내가 사람을 보내 조사했을 때, 어떤 곳의 수확은 정상의 40%나 50%도 안 되었고, 다른 곳에서는 10%도 안 되었다는 것이 드러났다. 상황은 주민들이 풀과 나무뿌리를 뜯어 먹을 지경이었다. 이런 것을 듣는 것은 나를 괴롭게 한다. 곡식을 방출해 그들을 구제하는 것이 절박하다. 이미 아사자들이 나오고 있다. 이것은 나쁜 인간들을 (관리로) 채용한 실책에 기인한다. 나는 이미 그들을 벌했다. 관리들이 재해가 났는데도 그것을 보고하지 않을 때는 아무 때나 그들을 벌하라. 관용을 베풀지 말라."613) 영락제 성조는 1418년에도 다시 재해를 감추거나 구제를 지체한 관리들을 무관용으로 처형하라고 명령했다.614)

그러나 1498년 이후부터는 재해보고에 소홀한 관리들의 처리가 덜 엄해졌다. 이해에 홍치제弘治帝(1487-1505)는 관리들이 정확한 보고나 적시 보고를 하지 않는 경우에 호부戶部가 그들을 조사하고 탄핵할 것을 명령했다. 이후 이런 경우들은 중범죄라기보다 행정태만으로 간주되었다. 1581년까지 호부는 태만을 조사하고 처벌을 권고하는 책임을 맡았다. 그리고 1581년 이후부터는 도찰원각도감찰어사들이 그것에 대한 책임을 맡았다. 정책에서의 이런 변화는 "중앙통제의 점진적 청산"을 증언하는 것이다.615)

재난피해의 조사와 기록은 복잡한 과정이었다. 명나라 초기에 중앙정부는 후기보다 더 밀착해서 황정에 관여했다. 홍무제 때 지방관들과 중앙정부 관리는 둘 다 피해규모를 정하기 위해 재해지역을 친히 조사했다. 작물들이 홍수나 한발로 손상된 경우에는 그 지역의 관리들이 직접 조사하라는 훈령을 받았다. 그들은 상부(총독이나 순무)에 보낼 보고서를 작성해야 했고, 이 상부는 다시 이 보고서를 중앙의 호부에

---

613) 《明會要》, 54/1022. Downs, *Famine Policy and Discourses on Famine in Ming China*, 80쪽에서 재인용.
614) Downs, *Famine Policy and Discourses on Famine in Ming China*, 80쪽.
615) Downs, *Famine Policy and Discourses on Famine in Ming China*, 80-81쪽.

전달했다. 호부는 그것을 기록하고 상소문을 기안했다. 이때 중앙정부는 특별한 관리를 재해지역으로 파견해 그 보고서의 진위를 검증했다. 이 임무를 위임받은 관리는 토지의 상황에 더해 기근으로 다친 백성들의 성명과 가구 수를 확정해야 했다. 마지막으로, 이 관리는 조사면제와 필요한 구제곡식의 양을 결정하고 보고서를 호부에 제출하고, 호부는 최종보고서를 기안했다.[616]

1424년부터 이 번거로운 시스템은 중앙정부가 아니라 각도 감찰어사들이 지방관들과 함께 조사를 수행하는 방향으로 바뀌었다. 1424년 영락제는 각 재해지역에 각도도찰원이 설치되어 있다면 도찰원각도감찰어사에게 지방관들과 함께 조사하도록 조사감찰업무를 맡겼다. 직예지역들(남경과 북경)에서는 순안巡按이 감찰어사들에게 지방관과 함께 조사하라는 임무를 맡겼다. 순안과 순무, 이 두 관리들은, 특히 순무는 황정 시행에서 점차 중요한 역할을 했다. '순무'는 보통 육부의 시랑 칭호를 가진 황궁 고위관리가 의무적으로 맡는 지정 관직이었다. 1453년부터 이 관리들에게는 통상적으로 이들의 지위를 높이기 위해 '부도어사副都御史'(정삼품)라는 명목적 겸직 칭호와 탄핵권한을 주고, 황제에게 직보할 지위를 주었다. 이 관리들은 행성 차원의 행정기관들을 조정하고 감독하도록 파견되었다. 행성마다 한 명씩 파견되는 '순안'은 감찰어사에게 주어지는 1년 임기의 의무적 지정관직이었다. 순안은 관할 지방들을 순행하고 모든 정부활동을 감찰하고 관리들을 조사하고 백성들의 하소연을 청취·접수하는 일을 맡았다. 그러나 1581년에는 지방관리들이 직접 조사하도록 맡겼다. 더 높은 고위관리가 추적 조사를 하는 것은 이제 더 이상 필요치 않았다. 1581년 만력제는 한 곳에서 극심한 재해가 발생하면 주·현 관리들이 직접 조사하라고 명령했다. 그들은 순무와 순안에게 보고해야 한다. 순무와 순안은 이제 직접 조사를 통해 보고서를 검증할 책무가 없고, 상황을 상세히 설명하고 구제를 요청하는 상소문을 즉각 상신하기만 하면 되었다.[617]

명나라 정부가 활용한 주요 구제조치는 면세였다. 토지세는 각현과 각주에 확립된

---

616) Downs, *Famine Policy and Discourses on Famine in Ming China*, 81쪽.
617) Downs, *Famine Policy and Discourses on Famine in Ming China*, 81-82쪽.

비율에 근거해서 징수되었다. 조세는 1년에 여름의 세금과 가을의 곡식으로 여름과 가을 두 번 거두었다. 토지세는 두 범주로 나뉘었는데, 하나는 수도나 변경으로 수송되는 '기운起運'이고, 다른 하나는 현지에 잔류시키는 '존류存留'였다. '기운'은 징수된 지역에서 보내지는 세수분으로서 북변北邊으로 보내는 군량과 남경과 북경으로 보내는 세곡으로 구성되었다. '존류'는 징수된 지역에 잔류하는 세곡이었다. '존류'는 지방관의 봉급지급, 학생들과 황족에 대한 장학금 지급, 황제가 인가하는 지방 구제식량 배급 등으로 쓰였다. 1년 토지세 세수는 명대 내내 약 2700만 석이었다. 1578년 2660만 석 세곡 가운데 1170만 석은 지방용도로 잔류했고, 330만 석은 납세자들에 의해 변경으로 운송되었고, 150만 석은 남경으로, 953만 4000석은 북경으로 운송되었다.[618]

역대 왕조들에서 활용된 재해보고 규칙을 보면, 평민들의 부담을 실제로 덜어주는 면세 효과는 의심스러웠다. 전례에 따르면, 여름 재해는 5월에 보고해야 하고, 가을재해는 7월에 보고해야 했다. 변경지방에서는 이 보고시한이 7월과 10월로 늦춰졌다. 따라서 관리들은 시한을 놓칠까 봐서 보고를 안하거나 나중에 부정확한 것으로 입증되는 보고를 하는 선택에 직면했다. 관리들은 보고의 지각이나 부정확성 때문에 처벌받았다. 명태조는 시간제한을 없앰으로써 조세면제를 더 생산적인 구제조치로 만들었다. 1368년 태조는 홍수와 한발이 덮친 지역들에 대해 시간제한을 지킬 필요가 없다고 명령했다. 그리하여 재난은 아무 때나 발생한 시점에 바로 보고할 수 있게 되고, 조세는 보고 즉시 면제받을 수 있게 되었다. 하지만 그를 뒤이은 황제들은 다시 효과적 구제보다 정확한 형식에 더 관심을 가졌다. 1498년 홍치제는 관리들에게 여름 재난을 6월 말까지, 가을 재난을 9월 말까지 보고하라고 명령했다.[619]

홍무제 때 세금면제는 일반적으로 100%였다. 홍무제는 재난지역의 고난에 관한 보고를 받자마자 관리들을 파견해 구제를 시행하고 세금을 면제했다.[620] 영락제와

---

618) Downs, *Famine Policy and Discourses on Famine in Ming China*, 82-83쪽.

619) Downs, *Famine Policy and Discourses on Famine in Ming China*, 83-84쪽.

620) 《明會要》, 54/1021. Downs, *Famine Policy and Discourses on Famine in Ming China*, 84쪽에서 재인용.

홍희제洪熙帝(1424-1425)도 조세면제에 너그러웠고 그것이 백성들에게 도움이 될
수 있도록 적시에 도달하는 것에 신경을 썼다. 1425년 4월 20일 홍희제는 산동성과
남직예성南直隸省의 회안淮安·서주徐州가 식량이 부족하다는 보고를 받았다. 이에 황
제는 내각대학사 양사기楊士奇에게 그해의 여름 세금과 가을 세곡의 절반을 면제하라
는 칙령을 기안하라고 명했다. 양사기는 황제에게 간언했다. "황제께서는 지극히
인애로우시지만 호부와 공부에 먼저 알리는 것이 필요합니다." 그러자 황제는, 관리들
이 정부가 충분한 세수를 걷지 못할 것을 걱정해 시간을 낭비하며 세금면제를 지연시
키든가 반대한다고 대답했다. 황제는 "백성의 고통을 구제하는 것은 백성을 불과
익사로부터 구하는 것과 같아서 그것은 지연시킬 수 없다"고 지적하며 양사기에게
칙령을 기안하라고 다시 명령했다. 그 황칙문서에 옥쇄를 찍고 하달한 뒤에야 황제는
양사기에게 호부와 공부에 알릴 것을 허가했다.[621]

그러나 세금면제는 왕조의 후반으로 갈수록 덜 관대해졌다. 1490년(개국 122년)
홍치제는 조세면제를 위한 선례를 확립했다. 총체적 재난 지역은 70% 면제, 90%
재난을 당한 지역은 60% 면제, 80% 재난 지역은 50% 면제, 70% 재난 지역은 40%
면제, 60% 재난 지역은 30% 면제, 50% 재난 지역은 20% 면제, 40% 재난 지역은
10% 면제한다. 어떤 경우에는 이 비율이 "존류"와만 관계되었다. 황제는 "기운 부분을
줄이는 것은 허용되지 않는다"고 강조했다. 기운은 여전히 전량錢糧(=錢穀) 납세가
요구되었다.[622]

세금면제는 관련된 번거로운 관료체제 때문에 구제조치로서 쓸모가 의심스러웠다.
관리들은 일반적으로 조세면제를 요청하는 절차를 시작하기 전에 백성들이 극심한
고통에 빠질 때까지 기다렸다. 관리들은 그다음 세금을 면제하기 전에 황궁의 답변을
기다렸다. 이 상황은 1470년 한발이 덮친 산동과 하남에 대한 구제를 요청한 도찰원
도어사 구굉邱宏에 의해 지적되었다. 그는 "사방에서 재난이 보고되고 있다"고 말하고,
"육부의 관리들이 전례에 갇혀, 보통 황제로부터 답변을 기다리고 오직 답변이 내려올

---

footnotes
621) Downs, *Famine Policy and Discourses on Famine in Ming China*, 84쪽.
622) Downs, *Famine Policy and Discourses on Famine in Ming China*, 84-85쪽.

때만 세금을 면제하기 시작한다"고 지적했다. 구굉은 순무와 순안에게 세금 면제를 결정하는 권한을 부여하라고 제안했다. 황제는 이를 재가했다.[623] 황정에서의 이런 변화는 황정의 지방분권화 방향으로의 권한 이동을 보여 준다.[624]

구황救荒정책에서 앞서 상론한 예비창과 기타 세곡창고들이 수행한 역할에 대해 알아보자. 명대 내내 곡물의 대부분은 운하로 운송되었다. 대운하를 따라 남직예의 회안과 서주, 그리고 산동의 임청臨淸과 덕주德州에 위치한 대규모의 중간 곡물창고들은 환적 및 저장 장소로 쓰였다. 1415년부터 1474년까지 세곡의 일부 또는 전부를 위해 쓰인 운송체계는 지운법支運法이었다. 이 체계에서 평민들은 도중에 곡물을 수송해 곡물창고의 하나에 저장했다. 남은 길의 수송은 군인들이 담당했다. 이 기간 동안 네 곡물창고는 100만 또는 150만 석의 세곡을 저장했다. 정부는 네 개의 중간 창고에 저장된 이 저곡貯穀을 구황에 사용했다. 흉황기凶荒期에 백성들은 이 네 창고로부터 인하된 가격에 곡물을 구입하도록 허용되었고, 재난지역의 백성들은 곡물창고의 저곡을 대여받을 수도 있었다. 대여곡물은 다음 추수 뒤에 상환해야 했다. 극단적 곤경의 경우에는 국가가 곡물을 보통 쌀죽의 형태로 거저 주었다. 이 곡물창고들은 기근 기간에 세수부족을 매우는 역할도 했다. 자연재해로 어떤 지역에서 전량 납세가 가로막히면, 그때마다 이 세수부족분을 이 창고들의 저곡으로 매워 어떤 세수축소도 없도록 했다. 그 지역은 다음 해에 풍작이면 이전에 받은 만큼 되갚았다.[625]

그러나 1474년부터 세곡의 군사적 수송이 민간의 참여를 대체해 감에 따라 곡물창고는 새로운 기능을 했다. 이것은 언제나 저곡이 구황에 쓰기에 충분치 않게 되었다는 말이다. 1493년부터 곡물창고들은 수송군인들을 위한 월별 배급량과 여행 중에 먹는 배급량을 공급했다. 1542년부터는 정규군의 군량도 공급했다. 결과적으로, 명국 후기에, 가령 1615년에 호부는 때때로 저곡이 군용이라는 이유에서 구황을 위해 곡물창고를 여는 것을 거부했다.[626]

---

623) 《明會要》, 54/1025. Downs, *Famine Policy and Discourses on Famine in Ming China*, 85쪽에서 재인용.

624) Downs, *Famine Policy and Discourses on Famine in Ming China*, 85쪽.

625) Downs, *Famine Policy and Discourses on Famine in Ming China*, 85-86쪽.

명나라는 역대 왕조들처럼 양민을 지원하고 기근에 대비하기 위해 저 네 개의 대규모 정부창고들과 분리된 또 다른 곡물창고 시스템을 수립하려고 시도했다. 1370년 홍무제는 상술했듯이 현마다 구황을 위해 네 개의 '예비창'을 설치하라고 명령했었다. 그리고 다시 지방관리들이 60세 이상의 평민 장로들을 선발해 정부 돈을 써서 쌀을 비축하게 했다. 예비창의 관리는 같은 장로들의 몫이었다. 그러나 이 정책이 얼마나 광범하게 시행되었는지는 불명확하다. 1403년 많은 곡물창고들이 존재하지 않거나 저곡이 없이 창고가 비어 있었다는 증거가 있다. 이해에 북北직예, 산동과 하남도 기근을 겪었다. 한림원 편수編修 양부楊溥(1372-1446)는 곡물창고 시스템의 상태에 대해 걱정을 표하는 상소문을 올렸다.627) 유사한 청원은 1430년대와 1440년대에도 있었다. 관리들은 예비창 시스템이 완전히 방기되었다고 보고하고 황제에게 그것을 되살릴 것을 주청했다. 상소한 관리들은 예비창 제도를 덮친 공통된 문제들을 지적했다. 곡물이 바닥났고, "힘 있고 교묘한" 사람들이 종종 곡물을 훔쳤고, 감찰어사들은 상황보고를 하지 않았고, 창고수비병들도 더 이상 신경 쓰지 않았다. 특별한 지역의 이갑里甲의 장들은 예비창에서 빌린 양곡을 상환할 능력이 없을 것이라고 걱정해 곡물 수요를 보고하는 것을 회피했다. 이런 상황에서 빈민들은 부자들로부터 곡식을 꿀 수밖에 없었고, 예비창의 이자보다 훨씬 높은 이자를 지불했다.628)

예비창이 문제가 있다는 것이 분명했지만, 그것을 작동시키려는 시도가 반복되었다는 것도 분명하다. 1478년 성화제成化帝는 각 행성에 예비창을 되살리라고 명령했다. 1490년에는 주·현에 특별한 할당량에 따라 곡물을 비축하라고 명령했다. 1527년 가정제는 할당량 제도를 갱신하고 각 부府에 1만 석, 각 주에게 4000-5000석, 각 현에 2000-3000석의 양곡을 비축하라고 명령했다. 그러나 예비창 제도가 전 제국에 걸쳐 시행되었는지, 그리고 예비창이 설치된 곳에서도 그것이 효율적으로 기능했는지는 미심쩍다. 공통된 구황전략은 예비창이 불충분한 역할을 수행했다는 주장을 뒷받

626) Downs, *Famine Policy and Discourses on Famine in Ming China*, 86쪽.
627) 《明會要》, 54/1022. Downs, *Famine Policy and Discourses on Famine in Ming China*, 87쪽에서 재인용.
628) Downs, *Famine Policy and Discourses on Famine in Ming China*, 86-88쪽.

침해 준다. 각 현이 네 개의 저 세곡창고에 접근할 권리를 가졌다면 이 세곡창고들이 다양한 원천으로부터 획득한 곡물량에 대한 계산에서 빈번하게 등장할 것이라고 가정하는 것은 논리적으로 당연하다. 구황 관련 정부문서는 단지 드물게 예비창을 언급할 뿐이다. 1527년 가정제는 호광湖廣의 구황에 쓰기 위해 82만 석의 예비창 저곡을 태화산사太和山寺에 기부된 돈과 합칠 것을 주청하는 상소를 재가했다.[629]

명 정부는 기부와 경영을 평민들에게 맡기는 '사창社倉'도 설치했다. 주희가 제안한 사창은 국가의 시장개입에 반대한, 따라서 상평창 제도에 반대한 구준이 1487년(성화 23년) 조정에 올린 《대학연의보大學衍義補》에서 강력 추천한 제도였다.[630] 1529년 가정제는 병부시랑 왕정상王廷相이 올린 제언에 따라 각 현에 사창을 설치하라고 명령했다. 20-30호의 가구는 하나의 향촌을 이루었다. 향촌은 품행이 바른 부자 가정에서 한 사람을 뽑아 '사수社首'로 삼고, 공정하고 신임 있는 사람을 '사장社長'으로 선임하고, 또 글을 쓸 줄 알고 계산을 잘하는 사람을 '사부社簿'로 임명했다. 향촌은 매월 1일과 15일에 회합을 갖고 각 가호는 이 회합에서 상·중·하 가구의 할당량에 따라 1-4말의 곡식을 기부했다. 흉년에 곡식이 부족해진 상층 가구는 사창으로부터 대여를 받고 추수 뒤에 상환할 수 있었다. 중간층과 하층 가구는 필요에 따라 곡식을 상환의무 없이 거저 받았다. 지방 관리들은 사창의 상태에 관해 보고하고, 순무와 순안은 1년에 한 번 회계결산을 했다. 사창이 비었으면 사수는 1년 곡식 가치의 벌금을 물었다. 그러나 예비창처럼 이 사창도 세월이 흐르면서 점차 불철저하게 운영되었다. 관리들은 사창이 난장판이라 불평했다.[631]

한편, 명국정부는 물가안정을 위한 곡물창고 제도의 확장과 운영에서 소극적이었다. 이것은 구준이 "재부는 백성 안에 간직해 두는 것이다(藏富于民)"는 원칙에 따라

---

629) Downs, *Famine Policy and Discourses on Famine in Ming China*, 88쪽.

630) 丘濬, 《大學衍義補》(北京: 成化 23, 1487), 16.30−34. 다음도 참조: R. Bin Wong, "Chinese Traditions of Grain Storage", 12쪽. Pierre-Étienne Will & R. Bin Wong, *Nourish the People: The State Civilian Granary System in China 1650-1850*(Ann Arbo, MI: Center for Chinese Studies, The University of Michigan, 1991).

631) Downs, *Famine Policy and Discourses on Famine in Ming China*, 89쪽.

대변한 정치적 관점에 따른 것이다. 그것은 백성복지가 사회문제에 대한 정부의 간섭을 최소화함으로써 가장 잘 성취되는 것으로 보는 시장자유주의적 관점이었다. 하지만 지방 관리들과 지도자들이 수많은 지역에 곡물창고를 '사창' 형태로 설치했기 때문에 분명히 중앙정부의 최소 개입 원칙이 반드시 곡물창고의 완전한 부재를 의미하는 것은 아니었다. 민생에 대한 국가의 책임은 관청과 민간의 모든 지도자들에 의해 공유되는 유학적 의무였다. 명대 국가는 국가만이 홀로 민복 책임을 짊어져야 할 강제적 인센티브가 없었다. 국가는 기꺼이 민간 지도자들에게 이러한 책임을 떠맡도록 허용했다.[632]

상술한 대로 명초 구황정책은 명말보다 더 관대했었다. 1394년 홍무제는 기근 희생자들에게 곡식을 나눠 주는 규칙을 확립했다. 성인(大口)은 곡식 6말을 받았고, 어린이(小口)는 3말을 받았다. 성인은 15세 이상으로 정의되고 어린이는 6-14세로 정의되었다. 5세 이하의 아이들에게는 별도로 배급을 주지 않았다.[633] 1405년 구황 곡식의 양은 삭감되었다. 정부는 관리들에게 성인에게 쌀 1말, 어린이에게 6되를 분배하라고 명령했다. 한 가구의 식구 수가 성인 10명이 넘으면 1석만 받았다. 식량이 부족하지만 재해가 덜한 지역에서는 각 가정에 쌀을 대여해 주었다. 1인에게 쌀 1말, 2-5명의 가족에게는 2말, 6-8명의 가족에게는 3말, 9-10명 이상의 가족에게는 4말을 대여했다가 가을 추수 뒤에 상환했다.[634] 홍무제 이후 얼마나 많은 구황이 실시되었는지 불확실하다. 1405년의 규칙이 계속 변했다는 증거가 없다. 게다가 구황을 위한 곡식분배에 관한 어떤 법규도 구황의 지속기간에 관해 말해 주는 것이 없다. 법규가 제공하는 제한된 정보에도 불구하고 추세가 더 많은 양에서 더 적은 양으로 변해 갔다는 증거는 존재한다.[635]

명초에는 황제들이 관리들이 요청한 것보다 더 많은 구황곡식을 시여함으로써

---

632) Wong, "Chinese Traditions of Grain Storage", 14쪽 및 각주23.
633) 《大明會典》, 17/49a. Downs, *Famine Policy and Discourses on Famine in Ming China*, 90쪽.
634) 《大明會典》, 17/49a. Downs, *Famine Policy and Discourses on Famine in Ming China*, 90쪽.
635) Downs, *Famine Policy and Discourses on Famine in Ming China*, 90쪽.

자기들의 관심과 인애를 보여 준 경우들이 있다. 1405년 4월 9일 남직예의 회안 등지에 식량부족 사태가 났을 때 영락제는 그렇게 했다. 1421년에도 다시 그런 일이 있었다.[636]

구황곡식은 적시에 백성들에게 도달해야만 혜택을 베푸는 실질적 효과가 있다. 홍무제는 이것을 잘 알고 관리들이 신속하게 움직이게 했다. 1385과 1393년 홍무제는 백성들이 굶주릴 때 주청하고 비답批答을 기다릴 시간이 없다고 강조했다. 그러면서 책임 있는 관리들에게 먼저 구제를 시작하고 구체적 상황에 관해 사후에 보고하는 상소문을 올리도록 했다. 그러나 그 뒤에도 황정문서에서 관리들이 신속하게 움직이지 않는다고 황제가 한탄하는 것이 반복되는 것으로 보아 관리들이 황제의 뜻을 알아차리지 못한 것이 분명하다. 1403년 한 상서가 북직예성의 진정현眞定縣의 기근을 보고하며 황제에게 그것을 조사하고 검증하고 구제하러 사람을 파견할 것을 주청했다. 황제는 이전 황제들에 의해 흉황凶荒에 관해 반복적으로 사용된 문구 가운데 하나를 써서 응답했다. "백성들이 이런 유형의 어려움에 처할 때는 이 어려움을 구제하는 것은 불과 익사로부터 사람을 구하는 것 같다. 그대들이 잠깐 동안 기다린다면 그것은 너무 늦을 것이다." 황제는 다시 주청하고 비답을 기다리는 것은 실용적이지 않다고 강조했다. 1422년에도 다시 문제가 불거졌다. 호부가 직예성과 사천의 개주開州현에서 사람들이 굶주린다는 상소문을 올렸을 때 황제는 "백성들이 굶주림에 울 때까지 관리들이 기다렸다가 그것을 황궁에 보고한 다음 내려올 허가를 기다리고 그때야 구제를 시작한다. 그것은 아사한 사람들에게는 이미 너무 늦다"고 슬프게 비답했다. 또다시 황제는 재난이 닥치면 관리들이 먼저 구제하고 사후 보고하라는 칙령을 반복했다.[637]

명대의 황정은 대부분 자원을 이리저리 이동시키는 문제였다. 가장 빈번하게 쓰인 정책은 곡식을 주변 지역으로부터 가져오는 것이었다. 가령 1470년 관리들은

636) Downs, *Famine Policy and Discourses on Famine in Ming China*, 90-91쪽.
637) 《明會要》, 54/1021a, 54/1023. Downs, *Famine Policy and Discourses on Famine in Ming China*, 91-92쪽.

북직예성 안에 소재한 순천부, 하간河間부, 영평永平현으로, 그리고 진정현과 보정保定현으로 가라는 명령을 받았다. 관리들이 재난지역의 곡물창고에 저곡이 없다는 것을 발견하면 통주通州와 천진, 또는 대운하의 북단에 있는 다른 주변지역들로부터 곡식을 운송해 오는 것을 허락받았다. 극심한 식량부족 사태 때는 대운하를 따라 소재하는 정부 세곡창고들의 저곡을 쓰기도 하고, 태창은고太倉銀庫에 보낸 은을 쓰기도 했다. 1501년 서주徐州와 회안의 세곡창고는 각각 쌀 3만 석을 분배하라는 명령을 받았고, 임청臨淸 세곡창고는 부근의 재난지역의 구황을 위해 4만석을 분배하라는 명령을 받았다. 1522년 태창은고는 메뚜기 떼가 휩쓸고 간 섬서성의 여러 곳에 20만량을 보내라는 명령을 받았다. 원래 다른 용도를 위해 저축된 돈을 구황에 사용하는 것이 자주 필요했다. 어떤 경우에는 군량이 구황에 쓰이기도 했다. 1528년 황제는 군대로 들어가도록 되어 있는 곡물 10만 석을 회안의 구황을 위해 쓰라고 허가했다. 서주와 회안에 대홍수가 났던 1553년에도 황제는 서주와 회안의 세곡창고가 구황에 충분치 않으면 주변 주·부·현의 기운起運 세곡을 구황을 위해 돌려쓰라고 명령했다.[638]

정부는 단순히 백성들을 먹이는 것에 그치지 않고 인도적 원조를 제공하기도 했다. 때때로 백성들의 손실분을 메워 주려는 노력도 있었다. 1489년 정부는 담당 관리들에게 홍수 때 사람이 죽은 가정에 쌀 2되씩을 주고 집과 가축을 잃은 사람들에게 1석씩을 주라고 명령했다. 1444년과 1445년 관리들은 수해를 입은 남직예성 양주부의 주민들에게 시체를 거둬 매장할 돈을 나눠 주었다. 1410년에는 백성들이 아들딸을 전당잡힌 재해지역에서 관리들이 아들딸을 되찾아올 돈을 나눠 주었다. 1529년에는 재해지역에서 어린이를 입양한 군인들과 평민들에게 어린이 1인당 매일 1되의 곡식을 주는 것이 윤허되었다.[639]

명국 관리들은 시장의 곡물가격을 제어하려고 여러 차례 시도했다. 식량부족 시에

638) 《大明會典》, 17/51b-17/53b. Downs, *Famine Policy and Discourses on Famine in Ming China*, 92쪽.
639) 《大明會典》, 17/50a. Downs, *Famine Policy and Discourses on Famine in Ming China*, 93쪽에서 재인용.

빈번한 문제는 인플레이션 현상이었다. 이 현상과 싸우기 위해 정부는 정부 곡식을 방매放賣했다. 가령 1470년 수도와 통주의 세곡창고는 각각 50만 석의 미곡을 팔아서 수도의 급등하는 미가米價를 잡았다. 인플레이션을 잡으려는 추가적 조치로서 문관들과 군관들에게 3개월치 봉급을 미리 지불하기도 했다.[640] 시장을 통제하려는 또 다른 조치로서 각 지역의 수송담당 관리에게 다른 목적에 당장 필요치 않는 공식적 은을 은고銀庫로부터 꺼내서 가장 적당한 때에 곡식을 매입해 세곡창고에 저장했다가 나중에 곡가가 급등할 때 방매했다.[641]

역대 왕조들은 가격할인 곡물판매를 구황정책으로 활용했었다. 명나라도 이 구황정책을 빈번하게 시행했다. 재해가 극심하지 않은 경우에는 지방 곡물창고나 주변 세곡창고에서 이송된 곡물을 할인 가격에 방매했다. 가령 1455년 순무 우경于謙은 20만 명의 기민飢民을 양산한 산서·섬서성의 기근을 보고하면서 이 기민들이 먹을 것을 찾아 하남으로 가고 있다고 덧붙였다. 하남의 두 곡물창고에서 60만 석의 저곡을 발견한 뒤 우겸은 곡가를 끌어내리기 위해 이 곡물을 방매할 것을 허가해 달라고 주청했다. 이에 황제는 "이것은 훌륭한 고대 관리들이 활용한 탁월한 구황전략이다"라고 비답하고 우겸에게 그 정책을 시행할 것을 재촉했다.[642]

세곡을 재조정하거나 저곡과 보관 은銀을 지급하는 표준 정책이 불충분한 것으로 입증될 때 명나라 정부는 다른 출처의 기금을 설치했다. 어떤 해에는 범죄자들도 직간접적으로 구황救荒에 기여했다. 1442년 정부는 각주 주·부·현의 관리들에게 도둑들로부터 몰수한 모든 재물을 모아 연말에 그것을 경매하라는 명령을 내렸다. 추수 뒤에 그 관리들은 흉황에 대비해서 곡물을 비축하기 위해 그 돈을 사용했다. 1453년에는 범죄자들이 더 직접적인 기부를 했다. 산동·하남·강북·직예·서주 및 기타 지방의 재난지역에서 관리들은 요호부민 출신 범죄자들을 색출했다. 이 범죄자

---

640) 《大明會典》, 17/50a~50b. Downs, *Famine Policy and Discourses on Famine in Ming China*, 93쪽에서 재인용.

641) 《大明會典》, 17/52b. Downs, *Famine Policy and Discourses on Famine in Ming China*, 93쪽에서 재인용.

642) 《明會要》, 54/1023. Downs, *Famine Policy and Discourses on Famine in Ming China*, 94쪽에서 재인용.

들에게 범죄판결을 구황곡식과 맞바꾸는 것을 허용했다.[643] 사형선고를 받은 범죄자들은 60석을 지불했다. 유배 선고를 받은 자들은 유배 연수에 비례해 지불했다. 3년 유배는 40석, 2년반 유배는 35석, 2년 유배는 30석, 1년 반 유배는 25석, 1년 유배는 20석을 지불했다. 무거운 태형을 받은 자들은 10대에 1석을 지불했고, 가벼운 태형을 받은 자들은 10대에 5말을 지불했다.[644] 1527년 귀주에서는 기근이 계속되는 기간에 군법을 어긴 군관들이 점수를 따기 위해 매년 구황 곡식으로 10석을 기부하는 정책이 윤허되었다.[645]

명나라 정부는 범죄자로부터 얻은 수익금을 구황에 쓰는 것에 더해 때로 사찰방문자들이 바치는 돈을 통제했다. 1524년 후광성의 사찰 정락궁淨樂宮에는 후광성의 한해旱害를 구제하기 위해 축제와 신년 경축식 때 거둔 은전 2000량의 '향전香錢'을 국가에 납부하라는 명령이 떨어졌다. 1535년에는 후광성의 태화산사에 재난을 구제하기 위해 1531년 이전에 방문객들이 기부한 돈을 후광성 관청으로 넘기라는 명령이 떨어졌다. 게다가 황제는 사찰에 미래의 정규적 지출을 위해 필요한 것 외에 방문객들이 기부한 모든 금전을 저축했다가 구황을 대비하기 위해 사용하라고 명령했다. 이 정책유형은 구황이 사찰의 정상 활동이 된 이래 국가 쪽에서의 권한 공유로 볼 수 있다.[646] 정부가 돈이 부족한 해에 구황을 담당한 관리들은 기금 마련의 수많은 대안적 방책들을 제시했다. 1487년 예부는 불자들과 도교 신자들이 서품 증명서 취득과 관련하여 지불한 쌀을 구황에 쓰는 것을 허락해 달라고 주청했다. 예부상서 만안萬安은 생원에게 그 이상의 칭호를 쌀과 바꾸고, 평민들에게 군대 계급칭호를 쌀로 바꾸는 것을 허용해 줄 것을 제안했다.[647]

---

643) Downs, *Famine Policy and Discourses on Famine in Ming China*, 94쪽.

644) 《大明會典》, 17/49b-17/50a. Downs, *Famine Policy and Discourses on Famine in Ming China*, 94쪽에서 재인용.

645) 《大明會典》, 17/51a-17/51b. Downs, *Famine Policy and Discourses on Famine in Ming China*, 94-95쪽에서 재인용.

646) Downs, *Famine Policy and Discourses on Famine in Ming China*, 95쪽.

647) 《明會要》, 54/1026. Downs, *Famine Policy and Discourses on Famine in Ming China*, 95쪽에서 재인용.

중앙정부는 기근이 들었을 때 엘리트들의 지원이 필요하다는 것을 인정했다. 정부는 요호부민에게 자기들의 향토에서 구제에 이바지하도록 자주 권고했다. 이것은 중앙정부의 재정자원이 축소되고 있었던 명나라 후반기에 더 자주 발생했다. 가령 1529년 황제는 순무와 순안에게 저곡이 있는 가문들이 나서서 구황에 기여할 것을 선언하라고 명령했다. 관리들은 요호부민들에게 "정중하게 권고하고" 그들의 "관대함과 의로움"에 의지했다. 하지만 요호부민들이 보상 없이 기여하리라고 기대하지 않았다. 곡식 20석과 은전 20량을 기부한 부자는 (선비의) 관대冠帶를 받았다. 30석과 30량을 기부한 부자는 정9품 '산관散官'을 얻었다. 40석과 40량을 기부한 부자는 정8품 산관을 얻었다. 50석과 50량을 기부한 부자는 정7품 산관을 얻었다. 이 칭호에 더해 이 그룹의 부자들은 다양한 부세賦稅를 면제받았다. 500석과 500량을 기부하고자 하는 부자들을 위해서는 그들의 의로움을 알리는 영예 아치를 근처에 세워 주었다. 유사하게 1531년 섬서성에서 부와 현 관리들이 요호부민들에게 저곡 가운데 가족이 먹을 것을 빼놓고 나머지 곡식을 굶주리는 백성들에게 할인 가격에 팔 것을 요청했다. 관리들은 500석 이상을 팔면서 1석당 1관을 깎아준 부자들에게 관대를 주었다. 이런 식으로 100석 이상을 판 부자들은 "의로움으로 유명한 가문"이라는 영광이 부여되었다. 또 20명 이상의 어린이를 입양한 요호부민은 관대를 받았다.[648]

기근이 닥쳤을 때 가장 심각한 문제는 먹을 것을 찾아 집을 버리고 유랑하는 백성들이었다. 이 유랑민들은 여러 가지 문제를 야기했다. 백성들의 이 유랑생활은 그들이 쉽사리 강도가 되기 때문에 사회질서를 위협했다. 또 그들은 종종 기근을 따라 다니는 질병을 확산시켰다. 아마 가장 심각한 문제는 위기가 지나간 뒤 다음 작물을 심을 노동력이 현장에 부재할 위험이다. 따라서 관리들은 그들이 강도가 되지 않을 것이라고 기대하며 난민들에게 구제를 제공함으로써, 그리고 그들을 고향으로 돌려보냄으로써 이 문제를 처리하고자 애썼다. 1529년 재난지역의 관리들

---

648)《大明會典》, 17/52a~17/53a. Downs, *Famine Policy and Discourses on Famine in Ming China*, 96쪽에서 재인용.

은 이 난민문제를 조사했다. 먼저 그들은 성인 1인당 두세 말, 어린이 1인당 1–2말의 구제 곡식을 주었다. 그다음 난민들에게 고향으로 돌아가라고 말했다. 또 재해지역의 관리들은 그 지역을 떠나 돌아가는 난민들을 고무하려고 노력했다. 1531년 관리들은 섬서성에서 재난을 피해 떠나온 백성들을 모아 각자 자기의 원래 생업으로 돌아가라고 재촉했다. 관리들은 그들에게 정상 지불액보다 두 배 많은 돈과 파종한 종자와 가축을 주었다.[649]

황정은 담당관리들에게 언제나 투쟁이었다. 적시에 구황하려고 노력하는 것과 관료행정의 절차를 따르는 것 사이에는 늘 긴장과 갈등이 벌어졌다. 이것은 양자강 북부지역의 순무 왕횡王竑의 경우에 의해 예증된다. 왕횡은 1453년 봉양鳳陽·회안·서주의 수해에 대처하기 위해 상소문을 올린 다음, 비답을 기다리지 않고 곡물창고를 열어 구황을 시작했다. 백성들이 식량을 받기 위해 떼로 몰려왔다. 왕횡은 서주의 세곡창고에 잉여가 있다는 것을 알고 그것을 다 방출하기로 결정했다. 세곡창고를 관리하는 환관들은 그렇게 하는 것을 거절했다. 왕횡은 환관들에게 오래지 않아 기민飢民들은 강도가 될 것이라고 경고하고, 또 환관들이 그의 정책을 따르지 않아서 폭동이 일어난다면 "나는 먼저 너를 처형한 다음 나를 죽여 달라고 황제에게 사후 보고할 것이다"라고 경고했다. 그러자 환관들은 왕횡의 정책을 따르기로 결정했다. 동시에 왕횡은 황제에게 인가 없이 행동한 자신의 죄를 추궁해 달라는 상소문을 올렸다. 황제는 왕횡의 헌신에 감명을 받고 즉시 그를 도울 관리 한 명을 파견했다. 왕횡은 직접 순행하며 재해지역을 돌아보고 구제곡식을 지출했다. 그것이 불충분하자, 그는 상인들에게 곡식을 가득 실은 선박을 몰고 회하准河를 오르내리며 이 곡식을 기부하라고 명령했다. 이 정책들은 185만 명 이상의 인명을 구한 것으로 평가된다. 이에 더해 왕횡은 요호부민들에게 곡식을 기부하라고 재촉했다. 부민들은 55만 7000명의 굶주린 가구를 먹일 수 있는 25만 석 이상을 기부했다. 왕횡은 5500명을 생업으로 복귀시키고 타지에서 유랑해 들어온 1만 600호의 가족들을

---

649) 《大明會典》, 17/52a–17/53a. Downs, *Famine Policy and Discourses on Famine in Ming China*, 96–97쪽에서 재인용.

정착시킨 것으로도 유명하다.[650] 왕횡의 경우는 명대 중국에서 관리 노릇을 하는 것이 얼마나 어려운지 실증해 준다. 이 사례에서 그는 기술적으로 '불복종인' 행동 '덕택에' 포상받았다. 왕횡은 독자적 행동을 하는 가운데 탄핵 또는 사형까지도 무릅썼다. 위기 시에 효과적 조치를 취하는 것에 따른 이런 위험부담 때문에 지방주재 정부관리들은 종종 이러지도 저러지도 못하게 무력화되었던 것이다.[651]

구황정책에서 오늘날과 공통된 문제는 구제가 난민難民들에게 제대로 도달하는 것을 보장하는 방도다. 명대 관리들은 1457년 벌어진 논쟁으로 미루어보면 동일한 문제를 안고 있었다. 천순제天順帝는 시랑 주선周瑄을 북경주변 지역을 구제하라고 파견하고, 부副도어사 임총林聰을 산동을 구제하기 위해 파견했다. 황제는 이 두 관리들이 모든 곳으로 갈 수 없을 것을 우려해 추가로 시랑 황십준黃什儁을 파견했다. 임총은 반복적으로 공적 기금들을 방출할 허가를 요청했다. 이제 황제는 서유정徐有貞과 이현李賢에게 이 문제를 논의할 것을 명령했다. 서유정은 구황을 위해 공금을 방출하는 것은 이 공금을 지방 아전들이 먹어치워 버리기만 할 뿐이기 때문에 무용한 정책이라고 주장한 반면, 이현은 구제공금을 아전들이 먹어치울 것이고 그리하여 구제 융자를 주는 데 실패할 것을 우려해 백성들을 고난 속에 들어 있게 놓아 주는 것은 "한번 밥 한 사발을 먹고 체했다고 해서 먹는 것을 영원히 중단한 것"과 유사하다고 논변했다.[652]

명국 중앙정부는 기근과 황정에 관한 언술들을 통해 백성들에 대한 유학의 전통적 관심을 입증했다. 왕조 초기에 중앙정부는 구황 담당 관리들에 대해 더 엄격한 통제를 유지하고 명대 후기의 황제들보다 더 큰 규모의 구제를 인가했다. 이것은 통계적으로도 입증된다. 1368-1377년 동안의 10년 동안 0.56번의 재난이 날 때마다 1회의 구제 조치가 있었다. 1428-1437년 동안에는 1.36번의 재난에 1회의 구제

---

650)《明會要》, 54/1024. Downs, *Famine Policy and Discourses on Famine in Ming China*, 97-98쪽에서 재인용.

651) Downs, *Famine Policy and Discourses on Famine in Ming China*, 98쪽.

652)《明會要》, 54/1024. Downs, *Famine Policy and Discourses on Famine in Ming China*, 99쪽에서 재인용.

조치가 있었다. 그리고 1498-1507년 동안에는 5.18번의 재난에 1회, 1578-1587년 동안에는 7.23번의 재난에 1회의 구제조치가 있었다. 구제조치는 1638-1644년 동안 18.57번의 재난에 1회의 구제조치를 하는 지경에까지 계속 하락했다.653)

명대 정부의 황정은 전적으로 유교적 애민정신의 발로였다. 하지만 황정이 명백히 이 선의를 표현하더라도 황정의 효율과 효과는 판단하기 쉽지 않다. 진황이 공식문서에서 보고된 지역들은 가장 빈번하게 산서·협서·산동·하남·직예 등으로 반복되고 또 반복되었다. 궁금한 것은 제국의 나머지 지역들, 가령 중앙권력이 도달할 수 없는 외곽지역에서 황정이 어떤 효과와 영향을 미쳤는지 하는 것이다. 영국 학자들은 초기 근대 영국의 국가 황정의 효과를 평가하면서 "기근이 진정되었을 뿐만 아니라 관청 측의 조처에 의해 진정되었다는 것이 사회질서 유지에 결정적으로 중요했다"는 결론을 도출하고 있다.654) 동일한 결론은 명대 중국에도 내려질 수 있다. 유교적 질서는 관청이 애민정신을 보일 것을 요구했다. 명나라 정부의 황정은 더욱 엄격한 규제와 더 높은 진황 수준에서 후기의 더욱 낮은 감독 수준과 진황 수준으로 변화를 보였다. 이 추이는 진황을 맡은 관리들을 통제하는 법규, 진황 제공의 수준, 정책 유형들에 의해 입증된다. 명대 초기 이후에 진황 책임의 점진적 분권화가 진행된 것은 명백하다. 이러한 추이를 보여 주는 수많은 변화는 15세기 말엽과 16세기 초엽에 일어났다. 이런 변화들은 단순히 왕조 쇠락의 결과가 아니라, 국가-사회 관계의 구조변동의 결과였다.655)

- 사회적 약자들에 대한 정부의 복지정책

명대의 공적 구제복지정책은 송대의 제도와 명칭을 계승한 '양제원養濟院'을 중심

---

653) James W. Tong, Disorder Under Heaven: Collective Violence in the Ming Dynasty(Stanford: Stanford University Press, 1991), 126쪽. Downs, Famine Policy and Discourses on Famine in Ming China, 99쪽에서 재인용.

654) John Walter and Keith Wrightson, "Dearth and the Social Order in Early Modern England." Past and Present 71(May 1976) [22-42쪽]. Downs, Famine Policy and Discourses on Famine in Ming China, 109쪽에서 재인용.

655) 참조: Downs, Famine Policy and Discourses on Famine in Ming China, 109-110쪽.

으로 전개되었다. 명나라 정부는 장기복지정책 측면에서 원대처럼 대대적인 창조가 없었다. 명초에 주원장은 혜민약국과 양제원을 보존했는데, 혜민약국은 주로 군대의 가난한 가정에 약을 시여施與했고, 양제원은 송대의 수용시설처럼 가난한 병자들을 양호하지 않고 주로 노인들을 맡아 부양했다. 이 때문에 명나라가 개국할 당시에 '고로원孤老院'이라고 일컬었다. 말하자면 태조 주원장의 심중에 이런 복지기구들은 사회일반의 빈민이 아니라, 주로 군대를 안무安撫하고, 경로敬老사상을 거듭 천명하는 것이었다. 이런 복지기관들은 명대정부의 아주 오랜 관심을 끌지 못했고, 혜민약국의 수칙과 관련해 최후의 전국적 반포는 선덕宣德 3년(1428)에 있었다. 주지主旨는 당시 약국들이 보편적으로 황폐해져서 빈민이 유가有價약제를 구할 수 없기 때문에 제5대 황제 선종宣宗이 의학과 약국을 거듭 진흥하라고 명한 것이다. 그러나 이것은 사실상 15세기 이후 명대에 혜민약국 제도가 기능을 잃었다는 것이고, 중앙법령도 이를 살릴 수 없었다. 16세기 후반에 이르면 가장 부유한 강남지구의 혜민약국도 대부분 헛되이 허명만 갖추고 있었고, 이미 아무런 실제적 기능을 맡은 바가 없었다. 가령 1566년 강남 55개 현縣 가운데 28개 현의 성내 혜민약국이 황폐해 있었고, 19개 현의 약국 실정은 뚜렷하지 않았고, 다만 8개 현의 약국이 표면상 약제를 시여하는 기능을 하고 있었다. 명국정부는 이렇듯 혜민약국 등과 같은 자선복지기관을 소홀히 했다.656)

명대 양제원을 보면, 명국 정부는 송대 거양원居養院이 내건 "덕정德政"의 외피를 깨끗이 벗어던지고 사회통제의 기능을 분명하게 드러냈다. 일찍이 인종仁宗과 선종宣宗 치세(1425-1435)에 수도의 양제원은 이미 새로운 조례를 가지고 있어 입주한 가난한 노인 병자는 반드시 장부에 등록하고 아울러 향장鄕長의 정식허가를 얻어야 했다. 외래의 유랑민은 들어갈 수 없었고, 다만 납촉시蠟燭寺와 번간시旛竿寺 두 관청의 식량 구제를 받을 수 있었을 뿐이다. 이 방법은 유민과 지방빈민을 분리시키고 장차 유민이 원적지로 돌아가는 것을 돕는 것이다. 그리고 성화成化 연간(1465-

---

656) 梁其姿,《施善与教化》, 32-33쪽. 혜민약국에 관한 더 자세한 것은 참조: Smith, *The Art of Doing Good*, 220-225쪽.

1487)에는 수도의 양제원은 도시의 면모를 개선하기 위해 원래의 정책을 바꿨다. 헌종憲宗은 "경성 시가에 피융잔질자疲癃殘疾者들과 노인·아동이 많아서 신음하고 슬피 부르짖으며 맨발로 천지의 화녕和寧을 침범하니 사이四夷 조정의 사신들이 이를 보면 혹여 장차 논의거리가 될지도 모른다"는 말을 근거로 이렇게 명령했다. "(도로에서 구걸하는 잔질자殘疾者들 가운데) 집이 있는 자들은 친척이나 이웃이 책임지고 맡아 관리하고, 집이 없는 자들은 양제원이 맡아 부양하고, 전례에 비추어 땔감과 미곡米穀을 지급하고, 아울러 외래자는 잠시 수용하고 따뜻해질 때를 살펴 여행양식을 달아 주어 원적지로 돌려보낸다." 양제원은 이로 말미암아 겨울 추위 속에서 유랑걸식하는 자들을 수용하는 임무가 많아졌고, 홍치弘治 연간(1493)에 이르러서는 유랑걸식자를 다 받을 수 없으므로 봄이 따뜻해진 뒤 그들을 원적지原籍地로 돌려보내는 방법이 점차 관례로 굳어졌고, 또한 이것은 순천부順天府(북경)에 한정되지 않았다. 명대 양제원은 이런 식으로 지방의 사회질서를 유지시키는 기능을 하였다.

명대 중국의 이런 복지제도는 16세기에 동방무역을 하던 갈레오티 페레이라(Galeotti Pereira), 가스파르 다 크루즈(Gaspar da Cruz) 등 포르투갈 사람들에 의해 처음 알려지기 시작했다. 그들은 중국도시 안의 가로에 걸인이 없다고 보고했다. 이것은 양제원이 피융궁질자疲癃窮疾者들을 전반적으로 수용했기 때문이었다. 페레이라와 다 크루즈는 아울러 양제원에 들어오는 수속에 대해서도 들은 바 있었고, 양제원 입원 신청은 반드시 지방관이 신분증명서를 발급해 주어야 한다는 것도 알았다. 이와 별도로 포르투갈사람 페르남 멘데스 핀토(Fernão Mendes Pinto, 1509–1583)는 영파寧波로부터 남경에 도착해 몇몇 작은 성시城市의 양제원 안에 거주하며 상처를 치료하는 것에 대해 이렇게 썼다. "〔양제원 책임자는〕 다시 의사를 한 명 물색해 와서 우리들을 번갈아 진찰해 주었다. (…) 〔우리들이 떠나기 전에〕 그는 한 권의 두꺼운 공책에 우리들의 이름자를 필사했고 우리는 뒤따라서 서명했다. (…) 이렇게 하여 우리를 위해 쓴 비용은 비로소 결산보고를 할 수 있었다." 이 기록을 통해 양제원 제도가 각지에서 여전히 효과적으로 운영되고 있었다는 것을 알 수 있다. 이것은

주로 양제원이 외래인 통제 업무를 담당하고 있었기 때문이다.[657]

명대 양제원은 관료제가 발전함에 따라 최소한의 효율이 있었다. 그러나 이것과 동시에 무소부재無所不在의 탐오貪汚작폐 문제가 있었다. 이런 문제는 상술한 송대의 구빈·복지기구에서 이미 나타났었는데, 명대에 이르러서는 더욱 위험하게 변했다. 바로 명말에 이르러서는 허다한 양제원이 부패해서 진짜 빈자들이 혜택을 받지 못하게 되었다. 양제원의 가장 엄중한 폐단 가운데 하나는 가난한 노인을 사칭하는 문제였다. 서리의 탐오나 무능으로 말미암아 양제원 안에는 본래 구제를 받을 자격이 없는 사람들이 입주해 살거나, 이미 죽은 가난한 노인의 명의를 도용해서 계속 그들의 금전과 양곡을 수령했다. 이런 금전과 양곡은 서리들이 횡령했다. 각종 폐단은 엄청난 낭비를 초래했고, 진정 수요가 있는 빈자들이 문밖으로 내쳐졌다. 일찍이 1590-1593년 순천부 완평현宛平縣에 현령으로 부임한 심방沈榜(1550-1596)은 그의 《완서잡기宛署雜記》에서 그곳 양제원의 각종 탐오貪汚 상황을 상술詳述했다. 장구한 세월 동안 지방관들은 양제원 안에서 노인을 부양하는 실황을 조사하는 것을 소홀히 했고, 가난한 노인들 가운데 '회두會頭'가 나오게 만들었다. "죽은 자는 10명 가운데 1명을 기록하지 않고 산 자는 10명 가운데 1명에게 식량을 지급하지 않았고, 마침내 이익은 한 사람에게 귀일했다." 심방은 장부책을 조사해 "어지러운 장부에서 그것을 발견했다"고 썼다. 장부책은 90세 이상의 노인을 허위로 90명이나 되는 것으로 기록했다. 심방은 반년 동안의 조사 끝에 100여 명을 제하고 수백 석의 미곡과 창고 면포 100필을 절약할 수 있었다.[658]

이런 유형의 부정부패 상황은 비단 수도지구에서만 발생한 것이 아니라, 지방 행성들에서도 널려 있었다. 지방관료들이 왕왕 양제원 관리를 감독할 힘이 없어 각종 불가사의한 폐단이 조성된다는 것을 알 수 있다. 그리고 유사한 상황은 명말의 지방지 기록에 늘 나타났다. 이런 폐단은 보편적 현상이었던 것이다.[659]

---

657) 梁其姿, 《施善与教化: 明清的慈善组织》, 33-34쪽.

658) 梁其姿, 《施善与教化: 明清的慈善组织》, 34쪽.

659) 梁其姿, 《施善与教化》, 34-35쪽.

양제원은 명대 작폐作弊의 태만이 지방관의 소홀한 행정에서 일어났고, 아래에서 원무院務를 직접 관리하는 서리가 틈탈 기회가 있었음을 증명한다. 심방은 완평현의 전임 현령들이 걸인 떼거리들의 소요를 얼마나 두려워했는지, 그리하여 감히 원무를 깨끗이 조사하지 않았다는 것을 책임 있게 실토했다. 명대 중기 이래 도시빈민의 생활에 대한 정부 복지정책은 이미 태반이 실제적 보장이 없었다. 명대 중후반 중국사회는 이와 별개로 경제가 대폭 발전하는 제1차 시기였고, 강남 도시상공업이 초래하는 인구성장은 괄목할 만했다. 이에 따른 인구압력과 계급분화 등의 현상은 빈곤문제를 아주 골치 아픈 도덕문제로 탈바꿈시켰고, 이것은 멀리 송대에 견주어 더 심각했다. 그러나 관립 구빈기구들은 현격하게 보편적으로 부패했고, 정치이념 측면에서도 명국정부는 송대의 창의성을 결했던 것이다. 명국정부는 장기적·전국적 성격의 사회복지정책을 더 제정하지 않았다. 명국정부는 새로운 부와 빈곤이 사회불안을 초래한다는 것을 똑바로 주시하지 않았다. 그리하여 지방 엘리트들은 자연스럽게 이런 문제의 처리에 손을 대기 시작했다. 지방 신사와 부자들의 관심은 주로 새로운 상공업적 재부가 형성된 이후 빈곤이 낳는 엄청난 사회적·도덕적 동요에 있었다. 그들이 구상해 낸 해결방식은 필연적으로 도덕성이 아주 농후했다.660)

■민간 자선복지활동: 구빈원·육영원·요양원

명나라 정부의 복지정책이 명말로 갈수록 퇴조하고 약화되자, 명대 사회의 신사·요호부민을 중심으로 한 엘리트 계층들은 양민정책에서 미흡한 정부역할을 민간 자선복지활동으로 보충해 나갔다. 명나라 정부는 이 자선 사회운동을 공인하고 때로 지원했다. 명말에 흥기한 이 민간 자선복지운동은 청초로 이어져 더욱 발달했을 뿐만 아니라, 청대 중반과 후반에는 민관합동의 자선복지활동으로 확립되어 더욱 번창했다.

16-17세기 명대 중후반 중국의 경제 발전은 다시 또 하나의 정점에 달했다.

---

660) 梁其姿, 《施善与敎化》, 35-36쪽.

이번 역사적 경험이 가져온 사회적·문화적 변화는 송대에 견주어 훨씬 격렬했다. 명말 급속한 경제발전은 인구의 급증과 이로 말미암은 도시화 문제를 가져왔을 뿐만 아니라, 더욱 주목되는 것은 빈부양극화, 계급분화, 그리고 일부 지식인들이 "풍속이 날로 사치스러워지고, 날로 질펀하게 흘러간다(風俗日奢日漓)"고 생각하는 각종 현상을 초래했다. 이러한 현상은 부유한 지역에서 특히 사람들의 지탄을 받았다. 상대적으로 정부의 행정 효율성이 날로 떨어지는데다 탐오와 부정부패 상황이 괴이한 것을 보고도 괴이하게 여기지 않았다. 위에서 지적된 양제원의 쇠락은 빙산의 일각에 불과한 것이었다.661)

명청대 인애·자선 활동과 시설들의 범위는 상당히 광범했다. 환과고독과 폐질자(병자+장애자)와 같은 특정 집단을 보살피는 시설들이 존재했고, 특히 기근 시에 더욱 일반적으로 빈민을 포괄하는 자선활동도 있었다. 복지담당 관리들의 목표와 동기는 세월이 흐르면서 상당히 큰 변화를 보였다. 아마 순수한 인도주의적 감정에서 행동하는 관리들은 거의 없었을 것이다. 어떤 관리들은 사회안정과 질서의 유지를 위한 도구적 이점을 추구했다. 수상사고로부터 사람들을 구하는 구조선救助船의 제공과 같은 경우는 정부가 나서는 경우가 드물었다.

이 인애·자선활동의 경제적·인구론적 효과는 네 가지로 요약될 수 있다. 민간 자선활동은 1. 돕지 않으면 아사할 빈민의 소비를 유지시켜 사망률을 낮춰 주었다. 2. 유아의 생명이 보호되고 유아살해 및 유아사망률이 저감되었다. 3.미망인들을 경제적 이유에서 재혼하게 강요당하기보다 독신상태로 남는 것을 가능케 했다. 1-2의 효과는 사망률을 낮추고, 3은 출산율을 낮춰 주었다. 사회적 효과는 사회적 소요의 방지를 들 수 있다. 이와 별도로, 민간의 이런 구호노력들은 도덕적 인격체의 정의에 대한 자선과 인애의 상징적 가치를 확증해 주었다.662)

---

661) 梁其姿, 《施善与教化》, 37쪽.

662) Roy Bin Wong(王國斌), "Benevolent and Charitable Activities in the Ming and Qing Dynasties: Perspectives on State and Society in Late Imperial and Modern Times". *Revue Bibliographique de Sinologie*, Nouvelle série, vol. 18(2000), [249-258쪽], 249-250쪽.

원·명·청대 자선·복지활동을 위한 사회적 기초와 정치적 논리는 부분적으로 공자와 맹자를 잇는 주희와 기타 송대 사상가들에 의해 수립되었다. 그들은 농업생산성의 증가, 수송수단의 발달, 새로운 패턴의 이민에 따른 상업화와 도시화가 사회안정에 위협이 될 수 있을 새로운 유형의 빈민의 창출을 초래할 때 사회질서의 향촌제도의 형성과 유지를 주로 논했다. 사회질서의 향촌제도의 형성과 유지에 관해 주희가 논한 사회적 논리는 향촌유지들의 역할을, 특히 사창社倉, 학교, 자선용 재산, 향약과 같은 제도들을 창출할 수 있는, 유학적 활동의제에 헌신하는 저 잘 교육받은 개인들의 역할을 강조했다. 하지만 실천적으로 관리들도 종종 중요한 역할을 했다. 관리들과 유지들의 상대적 중요성은 시공적으로 변화를 보였다. 유학적 이상은 때로 자비행慈悲行에 대한 불교 이념에 의해서도 보충되었다. 관리들과 향촌유지들 사이에 의견 불일치나 갈등이 없지 않았을지라도, 그리고 향신들이 더 큰 자율성을 추구했을지라도 관리와 향촌유지는 더욱 일반적으로 자선제도를 포함한 사회질서 유지를 위한 향촌제도들을 창출하는 과업을 공동의제로 공유했다.663)

향촌유지들에 의한 자선제도의 설립 붐은 고아원과 기근구호사업의 수가 치솟았던 명대 후기에 정점에 달했다. 자선단체를 조직한 사람들은 동림당운동을 한 사람들과도 긴밀히 연계되어 있었다. 그리고 유력한 향신들은 명대 후기에 많은 자선단체를 창설했다. 중요한 것은 명대 후반이든 19세기든 자선단체들이 관리들과 관리가 아닌 향신들의 후원을 받았다는 것이고, 더 중요한 점은 이 단체들의 창설이 아주 향촌적인 성격의 것이었다는 사실이다.

사회경제의 객관적 변화는 종종 주관적 가치의 동요를 초래한다. 명말에는 여러 가지 사상이 공존했는데, 보수와 극단조차도 둘 다 적잖은 추종자들이 있었다. 동시에 전통가치는 전례 없이 혼탁해졌고, 빈부·귀천의 관념이 그중에서 가장 눈에 띄는 것이었다. 당시 우국지사들은 사회를 개선하려는 의지가 컸는데, 이른바 '개선'이라는 것은 주로 그들의 이상적 사회질서를 중흥시키는 것이었다. 이 목적을 달성하

---

663) Wong, "Benevolent and Charitable Activities in the Ming and Qing Dynasties", 250쪽.

기 위해서 그들은 여러 가지 사회전략을 수립해서, 한편으로 새로운 사회 변화에 대응하고, 다른 한편으로는 전통적 가치를 유지하려고 했다. 명말에 강남 지역에 출현한 "동선회同善會", 또는 "선회善會"라 불린 민간 자선단체들은 이런 유형의 사회전략의 전형이었다.664)

'선회' 또는 민간자선단체들은 '동선회'라는 명칭을 달기도 했지만, '선善'이 아니라 '인仁'을 자선단체 명칭에 사용하기도 했다. 가령 '인화仁會', '동인회同仁會', '광인회廣仁會' 등이 그것이다. 또한 기타 자선활동기구에는 '의義'자도 많이 사용했다. 자선을 위해 세워진 학교는 종종 '의숙義塾'이라고 칭했고, 무상으로 강을 도강渡江하게 하는 지원활동은 '의도義渡'라 불렸다. 그리고 자선활동 경비로 의연義捐한 땅은 '의장義庄'이라고 불렀고, 자선으로 제공된 묘지는 '의몽義蒙'이라고 일컬었다.665)

· 동물보호운동의 강화

명말 민간 자선단체 중에서는 '동선회'가 단연 돋보였다. 동선회의 창설은 명말 선비들이 결사를 좋아한 분위기와 무관치 않다. 동시에 동선회 또는 '선회善會'는 분명히 북위北魏 이후에, 특히 수·당대에 성행했던 재가在家 불교조직, 예를 들면 의읍義邑·법사法社 등을 배경으로 출현한 것이다. 명말 동선회는 당시에 유행했던 '방생회放生會'를 의식적으로 본떴다. '방생회'는 재가 불교조직의 전통으로부터 직접 유래한 것이다.666) 명말 가선嘉善현의 유학자 진용정陳龍正은 1631년 고향에서 동선회를 설립할 당시 "또 요즘 승가僧家에서 방생회를 할 때마다 무릇 선한 마음이 있으면 기꺼이 이를 따르고 (...) 현재의 음덕을 보고 보답하며 그 애물의 마음까지 이어져 (...) 자연히 와 닿기도 하고, (...) 진실로 좋은 사람이 자의적으로 살생하는 것을 본 적이 없었는데, 그 동선회는 실은 방생회放生會에 근원이 있다"고 지적했다.667) 사상적·조직적으로 동선회는 속세의 불가조직과 매우 유사함을 알 수 있다.

---

664) 梁其姿, 《施善与敎化》, 37쪽.

665) Smith, *The Art of Doing Good*, 23−25, 46쪽.

666) 梁其姿, 《施善与敎化》, 7쪽.

조직 측면에서 동선회와 인회·동인회·광인회·의숙 등 기타 선회의 모델이 된 동물해방·살생방지 자선단체로서의 '방생회'는 명대 후기에 일어난 불교중흥 운동과 관계가 깊다. 방생회의 확산을 가져온 이 불교중흥 운동은 이 운동의 중심사찰로 유명한 운서雲棲사원의 16세기 승려 주굉袾宏(1535-1615)에 의해 주도되었다. 그러나 방생회는 곧 공맹철학의 세례를 더 많이 받게 된다. 주굉은 12세에 불교에 입교하고 1583년(48세) 회시會試에 급제해 진사 학위를 획득한 다음, 그의 종교적 신앙을 관직으로까지 가져갔다. 그는 매일 금강경을 암송하고 불교사원을 복원하고 사람들에게 제사용으로 동물을 살생하는 것을 금했다. 그는 자기의 입장을 방어하기 위해 공자의 "경귀신원지敬鬼神而遠之"명제를 출발점으로 삼았다. "내가 귀신이 존재하지 않는다고 생각하는 것이 아니라 귀신과 인간은 다른 것들을 향유한다고 생각한다. 인간은 술과 고기를 좋아하고 그래서 귀신에게 술과 고기를 바친다. 그러나 이것은 구더기가 똥거름을 먹고 살기 때문에 사람들에게 똥거름을 주는 구더기와 비견된다. 이런 구더기들이 어찌 사람을 기분 상하게 하지 않겠는가? (…) 당신네들은 이전처럼 계속 동물을 죽여 귀신을 모독한다면 어떤 이익도 얻지 못할 뿐만 아니라, 비난을 초래할 것이다. 이 말은 참으로 정확한 것이고, 가볍게 얘기되는 것이 아니다."668) 유명한 명대 정치가 기표가祁彪佳(1602-1645)의 고향친구 도망령陶望齡(1562-1609)도 이 방생운동에 심취했다. 회시 장원급제자인 도망령은 자시의 동생 도석령陶奭齡과 함께 동물구조·동물사랑 클럽을 조직하는 데 친구들을 끌어 모아 구조운동을 벌였다. 그는 주굉의 방생론을 옹호했다.669)

명말청초 불교에 반대하는 유자들도 맹자의 '애물愛物' 명제에 따라 동물사랑을 설파했다. 이런 유자들은 주굉의 방생론의 여파 속에서 불살생방생론不殺生放生論에다 불교와 다른 유학적 논리를 제공하려고 애썼다. 왕형王衡(1562-1609)은 "정직하자면 나는 선禪불교를 말하지 않지만 천성적으로 살생을 싫어한다"고 말했다. 다른

---

667) 陳龍正, 《幾亨外書》〈自序〉(1631), 四下. 梁其姿, 《施善与教化》, 38쪽에서 재인용.
668) 袾宏, 〈戒殺放生文〉, 7a. Smith, *The Art of Doing Good*, 22쪽에서 재인용.
669) Smith, *The Art of Doing Good*, 22-23쪽.

유자들은 동물이 구조되어야 한다는 견해의 앞선 명제로 유학경전을 들춰냈다. 그들은 불교가 중국에 도래하기 전에 공자가 "낚시질을 했으나 그물로 잡지 않았고, 주살을 쏘았으나 잠자는 새는 쏘지 않았다(子釣而不網 弋不射宿)"는 구절에서처럼 절제를 보여 주었고, 맹자가 군자는 동물들이 요리되는 견딜 수 없는 장면을 피하기 위해 도살장과 부엌을 멀리한다고 가르친 것을 상기시켰다.[670]

몇몇 충실한 유자들은 방생放生과 계살戒殺을 불교의 도착적 관념으로 배척하기보다 이 관념을 포용할 수 있는 정당화 논거를 세웠다. 전겸익錢謙益은 제사·향락·상례喪禮를 위한 살생이 주도면밀하게 규제되고 생명보존 원리에 따라 이루어졌기 때문에 '계살'과 '방생'이라는 술어가 모든 생명을 높이 평가하던 까마득한 황금기에는 글에서 발견되지 않는다고 논변했다. 이때는 '방생' 개념이 불필요했기 때문이었다. 전겸익은 고대 임금들이 "하늘과 땅, 산과 산림, 강과 습지를 다 한 가족으로 간주했고, 금수와 미물들을 한몸으로 간주했고, 모든 장소가 방생의 장소였고, 모든 생명은 본질적으로 구조받아야 할 생명의 주인이었다"고 적었다. "당나라가 천하에서 살인하기 위해 환관들을 쓰고 송나라가 신법을 쓴" 마지막 겁劫에 와서야 방생을 위한 연못이 나타났다. 그러나 유명한 논자 귀유광歸有光의 손자 귀장歸莊은 '방생'이라는 말이 원래 불교에서 유래했지만 부처는 고대 중국 왕들의 지침과 부합하기 위해 이 사상을 설파했다고 양보했다. 동물사랑을 불교경전으로부터 떼어내기 위한 유교적 노력은 방생과 계살에 초점을 맞춘 맹초연孟超然의 《광애록廣愛錄》이라는 18세기 문헌에서 정점에 달했다. 불교를 싫어한 맹초연은 동물사랑이 더럽혀지지 않은 유교적 기원을 가졌다는 것을 입증하기 위해 존경할 만한 유자들의 기록들을 수집했다. 그는 가령 진제陳第가 아주 불교를 싫어했을지라도 육식을 불효와 비인간성에 빗댔다고 설명하고, 불교를 멀리한 정이·정호 형제는 새와 물고기를 사랑했다고 말했다. 그는 군자의 불살생은 "인심仁心"을 도야하는 도道라고 요약했다. 선비들은 불살생과 방생을 인정하는 만큼 이 명제를 변형시켰다. 그들은 공자의 "낚시질을

---

670) Smith, *The Art of Doing Good*, 23~24쪽.

했으나 그물로 잡지 않았다(釣而不綱)"는 명제를 이용해 특별한 경우에 채식주의 식단을 따랐다. 그들은 동물음식을 피했으나 다 피하지는 않았다. 그들은 먹기 위해 동물을 살해하는 것과 죽은 고기를 먹는 것을 면밀하게 구분했다. 동선회의 최초 창립자인 양동명楊東明(1548-1624)처럼 그들은 공자의 "조이불망釣而不網" 명제의 절제를 따르면서 제사용 고기 사용을 옹호했다. 심지어 주굉도 때때로 '불상생' 테제를 완화했다. 그는 고기를 도살하는 것보다 고기를 사는 것이 낫다고 주장했다. 그러나 그는 원칙적으로 엄격한 불살생론자였다. 그는 "조이불망釣而不網" 명제에 대해서 "공자가 생명의 느낌에 그토록 무감각했을 수 있었다"는 데 의구심을 표하고 이 문구에서 부주의로 "뭔가 빠졌다"고 암시했다. 그는 비단옷을 입는 것도 누에에 대한 사랑에서 포기해야 한다고 논변했다. 많은 선비들은 주굉의 이 엄격한 불살생 테제로부터 멀리 이탈하거나 불교 자체를 멀리했다. 그럼에도 유자들은, 견결한 유자들도 방생 사상을 군자의 도덕적 의무로 느끼고 이것을 그들의 저작의 주제로 삼고 자기들의 사회단체의 주의주장으로 만들었다.671)

동물사랑의 이 유교적·불교적 방생사상은 기독교와의 조우에서 빛났다. 1583년 중국에 입국한 예수회 선교사들은 신사들의 모임에 자주 드나들며 방생을 위한 논변을 구체화한 유자들에게 도전해 1600년 무렵 개종자들을 얻었다. 주굉과 몇몇 동물보호운동가들은 "동물은 불멸의 영혼을 결한다"고, 그리고 "하늘은 동물을 인간이 소비하도록 냈고 윤회설은 부조리하다"고 비판하는 예수회의 입장을 잘 알았고, 또 특히 이들의 입장에 극력 반대했다. 주굉과 양동명은 두 번째 명제("하늘은 동물을 인간이 소비하도록 냈다")에 대한 반박으로 "호랑이가 사람을 먹는다면 사람들은 인간이 호랑이를 위해 키워진다고 말할 것인가?"라고 수사적修辭的 물음을 던졌다.672) 예수회는 개종시키는 과정에서 많은 선비들을 반박했다. 그래도 방생운동은 마테오리치가 화신론化身論에 대한 공격을 개시한 1603년 즈음에 완전히 정점에

---

671) Smith, *The Art of Doing Good*, 24-25쪽.
672) 袾宏, 〈戒殺放生文〉, 9b; 梁東明, 《山居功課》(1624), 8.29b. 둘 다 Smith, *The Art of Doing Good*, 26쪽에서 재인용.

도달했다. 그리고 명대 논객들이 불살생과 방생의 개념에다 갖다 붙인 특별한 연상聯想들은 예수회의 의제를 훨씬 뛰어넘어 확장되었다. 명대 후기의 논객들은 윤회설을 입에 담긴 했어도 사치와 검소, 잔학과 연민, 생과 사, 억압과 해방의 주제들, 간단히 그들이 자선활동을 논할 때 사용하는 바로 그 어휘들을 훨씬 더 자주 숙고했다.[673] 이러했기 때문에 동물살생과 동물학대를 정당화하는 미개·저급한 교리를 가진 기독교를 명대 중국에서 전교하는 것은 매우 어려운 사업이었다.

- 사회적 자선복지활동의 융성

최초의 동선회는 양동명이 대략 만력萬曆 18년(1590) 그의 고향 하남 우성宇城에 설립한 것이다. 20여 년 뒤인 숭정崇禎연간에는 강남지역 선비들이 서로 이어 동선회를 조직하는 일종의 붐을 이뤄, 명 멸망 전에 강소江蘇·절강浙江지역에는 무진武進·무석無錫·곤산崑山·가선嘉善·태창太倉 등지에 동선회가 있었고, 또 복건·산동·하남·강서 등의 각성各省으로도 확산되었다.[674] 1644년 무렵 "유명한" 동선회는 10개가 넘었다.[675] 강남에서는 동선회에 참여해 활동하는 사람들이 전일본錢一本·고반룡高攀龍·진용정 등을 비롯한 동림당 인사들과 동조자들을 포괄했다. 명칭은 다르지만 성격이 같은 '선회善會'까지 따지면, 아마 수는 더 많을 것이다. 가령 양동명은 동선회 설립 1년 뒤에 '광인회廣仁會'를 설립해서 빈자와 병자를 구제했고, 명나라를 위해 순절殉節한 황순요黃淳耀는 그의 고향 가정嘉定현에서 동선회와 유사한 '혜향사慧香社'에 참가했고, 이 조직도 숭정 연간인 1640년에 설립되었다. 또 양주揚州에서 설립된 육영사育嬰社도 있었는데, 이것은 조직방식이 동선회와 대동소이했고 다만 기아棄兒들을 양육하는 것을 위주로 했을 뿐이다. 또한 가령 명나라를 위해 순절한 또 다른 선비였던 기표가祁彪佳는 숭정연간에 여러 차례 그의 고향 소흥昭興에서 누차 '약국藥局'과 육영사育營社 등을 세우고 빈자와 병자를 구제했다.[676]

673) Smith, *The Art of Doing Good*, 26쪽.
674) 梁其姿, 《施善与教化》, 38쪽.
675) Smith, *The Art of Doing Good*, 43쪽.

명말의 명사들은 대부분 관직을 그만두었거나 관직에서 은퇴한 뒤에 고향에서 지방 자선활동을 펼쳤다. 보통 명망 있는 선비들이 이끌고 지방 백성들을 모아 선회善會를 창설하고 정기적으로 회의를 열었다. 구제 목표가 비교적 구체적인 선회, 예를 들면 약국·육영사 등은 왕왕 한두 사람이 그 일을 주관해 선량한 마음을 지닌 인사들에게 호소했다. 기부금은 약품·유모 등과 관련된 지출비용으로 사용되었다. 구호대상이 넓은 선회는 형태가 비교적 복잡했다. 이러한 선회는 계절마다 한 차례 모였다. 매번 모임을 주관하는 사람들이 회원으로부터 선출됐다. 모임을 여는 목적은 세 가지였다. 첫째는 회비를 걷었다(회비는 회원 1인당 9분에서 9전까지였다). 둘째는 구제방안과 기부액의 분배였다. 셋째는 모임을 주관한 사람이 속강俗講 방식으로677) 악을 경계하고 선을 선양하는 것이다. 강의를 듣는 대중에게 분수를 편안히 여겨 자기를 지키도록 권유勸諭하며 아울러 빈자를 구제하려는 선심을 발양하는 것이다. 속강의 효과를 강화하기 위해 강의의 말은 벽 위에 붙인다. 이 두 유형의 기본적 선회가 공유하는 특징이 있다. 그것은 조직이 창립 당시에 반드시 자세한 규칙조례를 갖추고 책임회원은 이것을 준수하는 것이다. 목적은 오래도록 유지되어 내려가도록 하는 것이다. 이에 따라 명말 자선단체는 대부분 장기적 조직이고, 지방 명망가들이 추진하며, 이런 관직에 있지 않은 지방 지도자들이 일반 서민들을 이끌고 선회를 조직해 현지의 빈민들을 구제하지만 어느 종교단체에도 속하지 않는 것이 주요특색이라는 것을 간파할 수 있다. 빈민을 거둬 구제하는 가족·주소지·종교나 특별한 집단소속 등의 자격 제한이 전혀 없다. 바꿔 말하면, 명말의 선회들은 참신한 사회성격을 가지고 있었다. 남북조-당대唐代의 불교적 자선조직은 포교를 위주로 한 반면, 명말 선회의 이념은 종교문제가 아니라 속세의 사회문제를 처리하는 데 주안점을 두었다. 또 명말의 선회는 송대의 구제조직처럼 곳곳에서 중앙정부나 지방관이 이끈 것이 아니라, 지방에 사는 무無관직의 명망가들을 지도자

---

676) 梁其姿, 《施善与教化》, 38쪽. 양동명의 '광인회'에 관해 자세한 것은 다음을 참조: Smith, *The Art of Doing Good*, 50-51쪽.

677) '속강'은 당대(唐代)의 사찰에서 불경의 뜻을 해설할 때 쓰던 설창(說唱)형식을 말한다.

로 삼았고, 동시에 구제받은 사람들의 자격은 관공서가 정하는 거주지 등록의 제한을 받지 않았다. 또한 이 선회들은 가족과 친족을 구제하는 것을 위주로 하는 '의장義莊'과도 다르다. 따라서 명말 선회는 형식과 구빈 대상 측면에서 남북조시대와 수·당대 이래의 불교조직과 송대 정부기관으로부터 현저한 영향을 받았을지라도 이 민간조직의 목표·지도자·구제대상을 동시에 고려하면 중국사회의 전례 없는 새로운 현상으로 말할 수 있다.[678]

동신회·육영사 등 명말의 자선단체들은 17세기에 보편적 발전을 보였을 뿐 아니라 개별 자선단체들 자체가 만만찮게 확장을 이루었다. 이후 이 자선단체들은 이미 회원 수가 수백 명으로 늘어났고, 동시에 구제대상자들의 부단한 증가에 대처하기 위해 부동산과 농지를 사들여 세를 놓아 그 임대료와 지대로 비용을 충당했다. 회원 수가 나날이 증가하고 구빈활동이 더욱 번성하자, 진룡정은 1641년 현縣정부에 회관건립을 신청하여 허가를 받았고, 같은 해에 '동선회관同善會館' 낙성식을 가졌다. 그리고 무석無錫의 동선회도 창립 3년여 만에 인원이 100명이 넘었다. 고반룡은 이 모임의 제2차 강연에서 "이 동선회의 오늘날 모임은 제14차이고, 회원도 100여 명이나 되고, 모든 사람들이 모두 스스로의 마음으로 자원自願하고 있습니다"라고 말했다.[679] 무석 동선회는 제86차 모임을 가졌고, 청대 초까지도 줄곧 활동을 유지했다. 마찬가지로 곤산현·오현吳縣의 동선회도 줄곧 활동했다. 곤산현 동선회는 명국 멸망 직전(1643)에 현령까지 초청해서 하계모임을 주최했는데, 이것은 가장 성대한 최초의 모임이었다. 이것을 보면 지방선회는 점차 힘을 얻어 지방관들도 중시하게 되었음을 알 수 있다.

명말 자선조직 동선회와 기타 선회를 만들고 이끈 자선활동가들은 출사하지 못했거나 벼슬을 그만두었거나 벼슬살이를 마치고 은퇴한 무관無官의 향신鄕紳들이었다. 구민·양민·교민·안민의 유가철학으로 무장한 이 향신들은 재해의 원인이 상업발달이 초래한 과도한 빈부양극화든, 1400년부터 1850년까지 뻗친 이른바

---

678) 梁其姿, 《施善与教化》, 39쪽.
679) 梁其姿, 《施善与教化》, 39-40쪽.

'소빙기(Little Ice Age)'의 특별한 이상기후든, 주기적 자연재해든 상관없이 이런 재해로 말미암아 빈곤과 역병만이 아니라, 고래古來의 개인적 불행들(환과鰥寡, 무친無親 고령화, 자활능력 없는 독거, 고아, 기아棄兒, 폐질과 장애 등)과 싸워 사회의 도덕질서를 회복코자 했다.

서구 근대역사 발전의 주요 특색이 국민국가의 대두라면 중국의 근대역사 발전은 지방 엘리트의 성장이라고 해야 할 것이다. 하지만 이것이 반드시 중앙정권에 대한 도전을 의미하는 것은 아니라, 대부분 지방 엘리트와 중앙정권은 상호 의존하고 상부상조하며 협력하는 민관협력 관계를 의미했다. 명말 지방 엘리트들의 성장에 따른 주요영향 가운데 하나는 일부 지방행정이 지방에 정착한 것이고, 사회구제는 그 가운데 주요항목 가운데 하나였다. 지방 엘리트들의 영향력은 커지긴 했지만 그렇다고 중앙정권의 역량을 감퇴시키지는 않았다. 18세기 말까지의 명청시대의 정치발전 특징 가운데 하나는 민관이 둘 다 함께 발달했다는 점이다.680)

독지가들이 자기 돈을 풀어 선행을 하는 것은 동시고금에 다 있었기에 경이로운 일이 아니다. 그러나 중국 외에 다른 사회에서 이런 선행은 '당연한 것'이 아니라 '특별한 것'으로 여겨졌다. 반면, 유교국가 명에서는 부자들이 돈을 의연해 대민對民 복지를 베푸는 것은 "재화는 땅에 버려지는 것을 싫어해도 꼭 자기에게만 감춰져 있지 않고 힘은 몸에서 나오는 것을 싫어하지만 꼭 자기만을 위하지 않는다"는 대동이념에 따라 '당연한 것'으로 여겨졌다. 그리하여 민부民富가 어느 정도로 축적된 16세기 말엽부터 나라가 약간 흔들리는 기색이 느껴지자 선행이 전례 없이 보편화되고 사회적으로도 인정받기에 이른 것은 전에 없던 일인 것 같다. 이것은 강서·절강성의 방지方誌에 뚜렷하게 나타나 있어 바로 들여다볼 수 있다. 명말 이래의 '방지'는 지방 독지가들의 활동을 고정란固定欄에 체계적으로 기록하기 시작했는데, '선인善人'이라는 오래된 명사는 이때 새로운 사회적 의미를 얻게 되었다. '선인'이라는 단어가 쓰이기 시작한 것은 송대의 유명한《태상감응편太上感應篇》보다 이르지

---

680) 梁其姿,《施善与教化》, 62쪽.

않을 것이다. 이것은 명대에 아주 유행한 선서善書의 비조들이 저런 식으로 각종 선행을 펼친 '선인'을 뜻했다. "이른바 선인은 모두 그를 존경하고, 천도가 그를 돕고, 복록이 그를 따르고, 모든 사악이 그로부터 멀어지며, 신령이 그를 보위해서 반드시 이루어지는데, 신선을 바랄 수 있다(所謂善人 人皆敬之 天道佑之 福祿隨之 眾邪遠之 神靈衛之 所作必成, 神仙可冀)."[681] 이 말 안에서 주도하는 것은, 유교화된 도교道教 사상이고 선인仙人이 되는 동기가 주로 장생長生을 구하는 것이라는 점이 뚜렷이 드러난다.[682]

명말 이래로 사람이 선을 행하는 동기는 여전히 큰 차이가 없을 수 있지만, '선인'이라는 단어는 이미 또 하나의 '사회적' 의미를 더하게 되었다. 1601년의 《양주부지揚州府志》(권18)에는 '선인'의 정의가 있다. "찬자가 가로되, 선인은 포의布衣(관복이 아닌 흰옷)를 위엄 있게 걸친 선비(布衣威帶之士)라고 하다. 그의 사업은 당년에 나타나지 않고 부지런히, 부지런히 그 덕을 행하는 자는 향촌에서 '선인善人'이라 일컫는 바다." 이 문집 속에서 우리는 '선인'이 이미 일종의 특수한 사회인이 되어 있음을 알 수 있다. 그들은 대부분 '포의'(벼슬이 없는 신분)이며, 상당한 가산이 있으나 학문이나 관리의 명분으로 남아 있지는 않다. 그들은 다수가 '포의'의 신분이었고, 또 왕왕 상당한 재산을 보유했으나, 학문으로 이름나거나 벼슬아치 길로 분명히 드러난 사람이 아니었으나 비분강개해 향리에 재산을 풀어 선덕을 행해서 후세에 이름을 남겼다.

명말청초 연간에 도시의 선인들과 친밀하게 왕래했던 위희魏禧(1624-1681)도 이와 유사한 해석을 내놓았다. "세상에서 선인이라고 함은 두 가지다. 좋은 반찬을 삼가고 민간에서 법도의 준수를 행하는 것은 마을사람들이 스스로 좋아하는 것이다. 그리고 재산을 가벼이 여기고 사람들에게 모종의 공덕을 베푸는 것을 즐기는 것은 이른바 부유해 자기의 덕을 행하는 것을 좋아하는 자라고 한다. 이 두 가지는 행위가 같지 않지만 선으로 같이 돌아온다."[683] 위희가 말하는 두 번째 선인은 분명《양주부

---

681) 惠棟,《太上感應篇注》(1789), 卷上:14下-16上. 梁其姿,《施善与教化》, 63쪽에서 재인용.
682) 梁其姿,《施善与教化》, 63쪽.

지》가 가리키는 선인이고, 또 여기서 말하는 선인이다. 명말 이래의 방지와 문집에 곳곳의 무수한 묘지명墓誌銘과 행장 등은 "모모 선인"을 위하여 쓰였는데, 이런 정황은 줄곧 청말과 민국 초기까지 이어졌다. 이것을 보면 명·청대에 지방에서 일정한 재산을 가진 사람이 자기의 사회적 지위를 유지하거나 높이기 위해 전통적 전략(곧 한편으로 후세대의 교육에 투자하여 그들이 관직에 오르는 날을 기다리고, 다른 한편으로 토지나 상업을 경영하여 가계를 유지하는 것)을 제외하고 재산을 뿌려 선을 행하는 방식으로 지방사회의 인정을 받는 것은 날로 더욱 유행하는 새로운 전략이 되었다. 명대에 선행기록이 가장 유행했는데, 그중 허다한 것은 경전을 보지 않은 독지가들의 활동이다.

가령 장이상張履祥(1611-1674)의 《언행견문록言行見聞錄》은 저런 유형의 선행자 善行者의 활동을 싣고 있다. "동정洞庭의 부자집 석席씨는 덕행을 아주 좋아하여 향리의 가까운 산의 빈자들에게 여름이면 모기장을 공급하고 겨울이면 솜옷을 공급 하고, 불을 때서 밥을 짓지 못하면 쌀죽을 나눠주고 죽어서 염殮을 하지 못하면 관棺을 시여하는 등 (...) 이로써 뭇사람이 다 그를 덕스럽게 여겼다." 또 "조십오趙十 五라는 사람은 복주인福州人이고 화가다. 민閩땅의 풍속은 여자를 천히 여겨서 아들 을 취하고 여아를 걸핏하면 유기했다. 십오는 단청을 그리는 일을 곡식이 나는 밭으로 여기고 버려진 여아들을 받아들여 기르면서 1인당 매일 쌀 한 되를 주고, 아기는 3년 동안 다른 사람에게 붙여 젖을 먹이고 원하는 대로 아이를 데려가도록 했다. 십오는 이것을 덕행으로 여기지 않고 여아를 살리는 것도 역시 지덕知德을 다하는 것으로 여기지 않았다."[684] 방지에는 성인의 활동을 기록한 것이 더 많다. 가령 《중소보응현지重修寶應縣志》는 일명 진언陳言이라는 사람을 싣고 있다. "(가정嘉 靖) 17년(1538) 큰 역병이 발생해서 관을 1000여 개를 시여했다. 28년(1549)에는 기근이 닥쳐서 곡식 1000석을 풀었다. (...) 읍邑에서 학교를 수리했는데 진언이

---

683) 魏禧, 〈新城楊善人善行實蹟跋〉. 梁其姿, 《施善与教化》, 63쪽에서 재인용.
684) 張履祥, 《言行見聞錄》(1644·1871), 34:18下-19上 ; 31:6上. 梁其姿, 《施善与教化》, 63쪽 각주 83에 서 재인용.

600량을 원조했다." 또 이름이 교몽두喬夢斗라는 사람이 있었다. "숭정 말 양자강과 회수淮水 지역에 대기근이 닥쳐서 (...) 북문 밖 태산전泰山殿에서 쌀죽을 진제賑濟하고, 천금을 다 쓰지 못해 (...) 종신토록 게으름을 피우지 않았다." 교몽두는 이름이 엄嚴인 아들이 있었다. "아비의 뜻을 이어 순치 10년(1654) 한 해 대기근이 닥치자 교엄은 곡식을 내서 죽을 끓여 하루에 굶주린 사람 1000여 명을 먹이고 겨울과 봄을 보내면서도 싫증내지 않았으니 (...) 그가 살린 사람이 부지기수였다."685)《양주부지》에서도 저런 유형의 선인의 평생 행적을 기록하고 있다. 가령 명말 일명 진연陳鳶이라는 사람이다. "그는 소년 시절에 무역으로 집안을 일으켰다. 그는 흉년이 닥쳤을 때 쌀죽으로 굶주린 백성을 진제하고 죽은 자를 위해 관을 주어 묻게 했다."686) 이런 것들은 무수한 사례들 가운데 임의로 뽑아 본 것이다. 이런 기록들로부터 저런 선인들이 공명功名이나 문명文名이 없더라도 모두 상당한 재부를 가지고 있었다는 것을 알 수 있지만, 그들의 이력에 대해서까지 전하는 사료는 많지 않다. 그러나 개별적 문집들에서 단서들을 찾아낼 수 있다.687)

청대 초기의 도시 선인들의 활동은 명말 자선단체 지도자들의 시선활동施善活動을 일맥一脈으로 이어받은 것이다. 명말의 자선활동 지도자들은 자못 유명한 문인들, 심지어 동림당東林黨과 긴밀한 관계를 맺은 문인들, 그리고 개인적으로 구제활동에 투신한 선비들이 많았다. 특별한 선행을 고취한 유종주劉宗周·진용정 등은 그들의 문집에서 명말 아름다운 가선현의 선인 정빈丁賓(1571년 진사)을 언급했다. 일찍이 구용句容 현령이었던 자선가는 1587년부터 1588년까지 2년 동안 고향에서 진재賑災 활동을 폈고, 진용정이 하는 말에 따르면, 정빈은 3만금을 자출自出해 재난을 구제한 것을 제외하고도 부족하면 오히려 "계속 대여한다고 하고", 또 "모든 시설과 방략은 정미하고 멀리 내다보는 계책을 곡진曲盡하게 하지 않은 것이 없었다."688) 그는

---

685) 《寶應縣志》(1846), 18:13上, 18下. 梁其姿, 《施善与教化》, 64쪽 각주 84에서 재인용.

686) 《揚州府志》(1810), 32:6下. 梁其姿, 《施善与教化》, 63쪽 각주 84에서 재인용.

687) 梁其姿, 《施善与教化》, 64쪽.

688) 陳龍正, 《幾亭文錄》(1635) 卷又一, 56下-57上. 梁其姿, 《施善与教化》, 66-67쪽에서 재인용.

관직에서 은퇴한 1625년의 재황災荒기간에 곡식을 내어 구빈하고 출자하여 빈민의
부세付稅를 대체해 주었다.《명사明史》의 열전은 정빈의 선행을 관리로서의 사적事蹟
과 마찬가지로 찬양하고 있다.[689] 독력으로 행한 또 다른 선행은 상술한 소흥
선비 기표가祁彪佳다. 그는 역병이 도는 재난 때 고향에 약국을 설립하고 기근 때는
죽창粥廠·병방病坊·육영사育嬰社 등을 설치하는 것 외에도 소흥산 지역에 직접 가서
진재賑災했다. 그의 조력자는 기표가의 활동을 이렇게 상술한다. "기근을 구제하는
날 인寅시(새벽 3-5시)에 떠나고 유酉시(오후 5-7시)에 들어왔다. 죽을 짊어지고,
의사를 스스로 따르게 하고 군郡 가운데 진제振濟를 베풀고 궁향심곡窮鄕深谷까지
이르지 않은 곳이 없었다. 굶주린 자를 만나면 그에게 먼저 죽을 주고 병자를 만나면
그에게 약을 주고, 그들에게 미곡과 보리, 은전을 차이지어 시여하고 죽은 자를
위해서는 관을 주었다. 그는 하루에 수십 리를 다녀도 싫증을 낼 줄 몰랐으니 (...)
하루에 힘이 다 소진되었다. 매일 가진 돈과 쌀이 이미 바닥났는데, 대여방법이
기쁘다고 한다. 조금 남은 것이 있으면 기분이 만족스럽지 않아서 즐거워하지 않았
다. 사람을 구제하는 그 일념이 정말 이와 같았다."[690]

정빈·기표가 등의 예에서 명말 선인의 시선施善 범위는 상당히 컸다는 것을 알
수 있다. 그들은 단지 거주하는 현성懸城에만 비교적 규모를 갖춘 선회를 세울
뿐만 아니라, 심지어는 현성 바깥 지역에까지도 나가 구제를 베풀었다. 환언하면,
이들 선인들의 명망 범위는 통상 현성과 외곽지역을 포함했고, 동선회의 예를 보면
그들의 영향·활동범위는 강남지역에 퍼져 있다고 말할 수 있다. 이런 유형의 상당한
영향력은 자연히 지역에 대한 그들의 책임감을 가중시켰다. 명말 이 명사들은 대부분
이미 관직에서 퇴직하여 집에서 쉬고 있었는데, 무無관직이 그들로 하여금 실지로
통치이념을 실천하게 만들었다. 그러나 선회조직은 종종 이 측면의 결핍감을 보충해
주었다. 다시 말해 선회를 통해 이 유명한 지방 문인들은 하나같이 유학적 관직의
임무를 다할 수 있었다.[691]

---

689)《明史》(1965), 221: 5829-30. 梁其姿,《施善与教化》, 67쪽에서 재인용.
690) 張履祥,《言行見聞錄》(1644·1871), 31: 5上-下. 梁其姿,《施善与教化》, 67쪽에서 재인용.

우선 그들은 선회를 통해 지방 기풍을 개선하려 했다. 그러나 그들은 명말의 정치적 풍향에 대해서 당연히 매우 불만스러워했고, 선회를 통해 사회교화의 이상을 실현하려고 시도할 수 있었다. 그들의 이념은 종종 전통에 얽매여 있었고, 현대에 빗대어 말하면 그들은 보수적 재야정파였다. 그들의 선회활동에서 그 같은 점을 분명히 알 수 있다. 그들이 주장하는 동선회의 강화에서 대중을 향해 선전하는 주요 골자는 두세 가지다. 하나는 지방사회의 안온을 뚜렷하게 정돈하는 것과 관련해 개인적 행위를 점검하는 일인데, 이것은 고반룡이 동선회 제1차 모임의 강화에서 강조한 것이다. "한 사람이 악행을 저지르면 열 사람이 보는 양상이니 매우 나쁜 풍속이 생겨났다. 이 일단의 나쁜 기운에 감정이 휘말려 천지가 하나로 이 나쁜 기운을 불러일으킨다. 옛날에 복건성 흥화부興化府에서 사람들이 이상하게 악행을 저질렀는데, 식자들이 모두 말하기를 이 흥화부는 꼭 도륙되어야 한다고 했다. 수년도 안 되어 왜구가 와서 흥화부만을 공격해 사민士民이 다 도륙당했다. 인심·풍속이 그렇지 않았다면 어찌 식견 있는 사람들이 왜구가 아직 오기도 전에 먼저 그런 말을 했겠는가? (...) 좋은 사람은 비록 손해를 보더라도 결국 총결산하면 큰 편의를 얻는다. 악인은 비록 약간의 편의를 차지하더라도 결국 큰 손해를 보는 법이다. 머리를 급하게 돌려 길을 잘못 들어서는 아니 된다. 그러면 자기 집도 해롭고, 자손도 해롭고, 세상도 해롭다."692)

동선회 강화의 다른 곳에서도 중복 출현하는 주제는, 각종 재난이 수시로 발생할 수 있으므로 늙은 백성들은 응당 선을 행하고 법도를 지켜 흉을 피하고 길함을 얻어야 한다는 것이었다. 진용정은 고반룡의 동선회 연설을 읽어보고 이렇게 쓰고 있다. "이 동선회는 십분 묘한 점이 있다. (...) 측은지심을 일깨워 현縣의 상하를 합하고 선을 배우는 것은 비록 병화兵火가 있고 큰 환란이 도래하더라도 이 지방의 사람들은 어떤 사람들이라도 추락과 위협의 재난을 면할 수 있다. 나는 여러 해 우둔해서 경오庚午년 3월 삭망의 야반 천리 귀곡鬼哭의 변이 기괴하고 참담했어도

691) 梁其姿, 《施善与教化》, 67쪽.
692) 高攀龍, 〈同善會講語, 第一講〉(1632), 12 : 33下-34上. 梁其姿, 《施善与教化》, 67-68쪽에서 재인용.

무슨 일이 닥칠지 몰랐다. 그러나 이 동선회는 대중을 권면·교화했다. 길이 선한 것(長善)은 재얼災孼을 없애 주고 (...) 화합의 기운을 발효시켜 빚어 내고 겁재劫災운을 뛰어넘는 것이다."[693] 이것으로써 지역사회의 안전은 명대 엘리트층의 극히 중대한 고려사항일 뿐만 아니라 일반백성이 근심하는 것이기도 했다는 것을 알 수 있다. 동선회 지도자들은 강연을 통해 늙은 백성들을 고취하여 집단적으로 선을 행하고 이로써 액운을 피하도록 했다.[694]

동선회의 지도자들은 위기감을 이용해 사람들에게 분수에 맞게 선을 행하도록 권하는 것 외에도 통상 선회의 계절 모임을 향약 보조 교화 도구로 만들었다. 진용정은 〈동선회 제1강〉에서 이렇게 말한다. "관부官府가 향약을 강講하는데 그 속에는 권려도 있고 경계도 있다 (...) 이 회會는 당연히 향약의 조력자를 강해야 한다."[695] 향약제도는 왕양명王陽明(1472-1529)이 16세기 초에 중흥시킨 것인데 지방관의 정기적 공개속강俗講이자, 선을 기리고 악을 물리쳐 백성을 교화하는 도구가 되었고, 가정연간에는 향약을 거개가 행하여 지방관의 정상임무 가운데 하나가 되었다. 이후 황좌黃佐·엽춘급葉春及 등의 지방관들은 모두 다 비교적 상세하게 향약제도와 관련된 책을 썼다. 향약은 당연히 관청이 추동하는 제도였고, 동선회의 지도자들은 이런 민간조직을 통해 지방관의 인민교화 공작을 '보조'했다. 또 동선회의 주도자들이 관청의 입장에서 어떻게 백성을 훈교訓教했는지를 보면, 고반룡은 백성들에게 늘 황제의 지고신성至高神聖을 일깨웠다. "태조 황제는 우리 조정의 기반을 여셨고, 성주聖主들은 오늘날에 이르기까지 250년 태평천하를 이루셨다. 그래서 우리들은 편안하게 차 한 그릇을 마시고, 의복을 입고, 안온하게 단잠을 자고 깨는 것은 모두 다 고황제高皇帝의 홍은洪恩이었다. 고황제가 곧 하늘이고, 이 언어가 곧 하늘의 언어이고, 하늘의 언어에 순응하니 천심이 자연히 환희하는 것이다."[696] 이 "하늘의

---

693) 陳龍正, 〈書高忠憲同善會講語後〉(1631), 4: 109下. 梁其姿, 《施善与教化》, 68쪽에서 재인용.

694) 梁其姿, 《施善与教化》, 68쪽.

695) 陳龍正, 〈同善會 第一講〉(1631), 4下:93. 梁其姿, 《施善与教化》, 68쪽에서 재인용.

696) 高攀龍, 《高子遺书》(1632), U: 35上-下. 梁其姿, 《施善与教化》, 68-69쪽에서 재인용.

언어"라고 일컫는 것은 "부모에게 효순孝順하고, 윗사람을 존경하고, 향리를 화목케 하고, 자손을 훈교하고, 각자 살고 묻는 것을 편안히 하고 비위를 저지르지 말라(孝順 父母 尊敬長上 和睦鄉里 教訓子孫 各安生埋 毋作非爲)"는 태조의 '성유6조聖諭六條'를 가리킨다. 이 점은 무석無錫 동선회의 개종명의開宗明義 제1강에서 천명한 것이다. 명청대 관청이 주장·견지하는 향약의 주요 내용도 성유 6조가 담고 있는 의식형태를 선양하는 것이었다. 몇몇 동림당 지도자들이 당시 엄당閹黨이 장악한 정치환경에 대해 불만이었고 고반룡은 심지어 이 때문에 목숨을 희생하기도 했을지라도 정치이 념 측면에서 그들은 기실 새로운 사상이 없었고, 여전히 보수적으로 사회의 기존 규범과 질서 및 가치관을 수호해야 했다. 동선회 지도자들의 주요목표의 하나는 중앙의 지방사회 통치를 적확하게 보조하는 것이다.[697]

이와 마찬가지로 동선회 지도자들과 지방관료들이 주목한 것은 지방에서 정부정 책을 구체적으로 실시하는 것이었다. 새로운 세법 추진부터 영신굿판(迎神賽會) 금지 에 이르는 업무들은 일반 지방관이 반드시 실행해야 하는 지방사무였다. 동선회 지도자들은 모두 다 업무들을 협력적으로 추진했다. 여러 사례들은 선회활동을 적극 추진한 명말 지방 엘리트들이 정권과 협력하려는 의지가 실로 상당히 강했다는 것을 밝혀 주는 것들이다. 이 같은 동력은 둘 다 서로 동일한 의식형태와 정치이념에 서 나온 것이다. 그들이 반대하는 것은 그들의 마음속에서 "부도덕하다"고 여기는 정치세력뿐이다.[698]

동선회의 강연과 조규條規의 내용으로 보면, 동선회의 사상을 알 수 있다. 그 내용 중에는 세속화된 불교 영향도 들어 있고, 도교로부터 나온 공과功過가 공덕을 누적시킨다는 사상도 들어 있다. 그러나 가장 주요한 사상요소는 여전히 정통유가正 統儒家의 정치이념이었다.[699] 앞서 살펴보았듯이 자선활동에 떨쳐나선 유자들과 유가儒家논객들은 심지어 "방생과 불살생"의 사상조차도 유교화했다.[700]

---

697) 梁其姿, 《施善与敎化》, 69쪽.
698) 梁其姿, 《施善与敎化》, 69쪽.
699) 梁其姿, 《施善与敎化》, 69쪽.

따라서 명대 자선단체들도 명대 유교국가의 양민·교민원칙과 마찬가지로 지극히 '유교적'인 애민愛民원칙에서 활동했다. 이 점에서 정부의 복지정책과 자선단체의 자발적 시혜활동은 둘 다 국가와 사회엘리트들, 국가와 유자, 이 양자의 도덕적·법적 '의무'였다. 구민救民·양민·교민·안민은 국가의 존재이유, 또는 국가이성이었기 때문이다. 유교천하에서 '군주와 백성 사이의 쌍무적 인민仁民-충성 관계에서 백성은 정치이념적으로 구민救民·양민·교민·안민 복지를 군주에게 법적 '권리'로서 요구할 수 있었다. 따라서 명나라와 같은 거의 순수한 유교국가에서 전개된 정부와 사회의 열성적 복지정책과 자선활동을 단순히 백성에 대한 "온정주의적(paternalistic)" 관심 또는 책임쯤으로 여기는 것은701) 근본적으로 그릇된 이해일 것이다. 양민은 '위정자와 민간 지도자들의 의무'이자, '백성들의 권리'였기 때문이다.

이것은 환과고독에 대한 명대의 복지법제를 보면 바로 드러난다. 환과고독과 폐질자(병자+장애자)의 사회적 구제는 최하위 수준의 사회복지정책이지만, 이 복지정책은 고대 이래 역대 중국정부의 최대 관심사였고, 명대정부에서도 그러했다. 환과고독과 병자·장애자의 구제는 명·청대 정부가 추진한 "사회입법(social legislation)"의 중요한 구현물이었다. 명대 위정자들은 독거노인과 장애자들의 구제에 대한 더 많은 관심을 기울이며 "인정仁政" 개념을 집행하고 법률로 구제대상을 표준화하기 위해 비교적 완벽한 감독체계와 사회복지기구를 수립하기 위해 전력투구했다. 환과고독과 병자·장애자의 부양이 이에 상당하는 기금과 구제救濟법제에 의해 뒷받침되어야 한다는 것은 유교적 구민·양민론의 사상적 핵심에 속했다. 그러나 효과적·실질적 부양을 위해서는 구제법제의 실제적 작동과정에서 정책과 법규를 개선하고 사회적 자원들을 통합하고 사회구성원들의 열정을 제대로 동원할 필요가 있었다. 구제법제의 시행은 관념적 사상의 문제로 그칠 수 없었다. 명대, 나아가 청대의 구제법제의 경험과 교훈을 종합하면, 구제법제의 개선을 위한 계속적 입법조치들이

---

700) 참조: Smith, *The Art of Doing Good*, 22-26, 30쪽.
701) Wong, "Chinese Traditions of Grain Storage", 14쪽; Downs, *Famine Policy and Discourses on Famine in Ming China*, 103쪽.

아주 중요했다는 것이 드러난다.702) 명대 동안, 그리고 청대에도 환과고독과 폐질자들의 부양을 위한 비교적 완벽한 법규들이 마련되었다. 재활시설들은 명·청대의 모든 지방에 있어서 환과고독과 가난한 병자·장애자들에게 일정한 생계를 보장했다.703) 명대에도 이전 역대국가에서와 마찬가지로 구민·양민·교민·안민이 이렇게 법제화되어 있는 한에서 그것은 유교국가와 사회의 단순한 '도덕적' 의무일 뿐만 아니라 무엇보다도 '법적' 의무이기도 했고, 따라서 그것은 동시에 백성의 '법적 권리'였다. 따라서 명대 중국의 복지제도나 구민정책과 관련해 '온정주의'를 운위하는 것은 가당치 않은 것이다.

여러 선회의 최종목적은 사회의식과 가치관의 변화가 상당히 빠를 때 도덕적 호소로 기존의 사회규범을 유지하는 것이었다. 그리고 이른바 도덕적 호소란 재부와 빈곤의 개념을 위요해 전통적 '안분수기安分守己'(분수에 맞게 행동하여 자기를 지킨다) 원칙을 거듭 천명하는 것이었다. 여러 자선활동을 발기·획책·추진·유지한 것은 지방 현달賢達이었는데, 이들은 지방의 선비·상인 및 기타 요호부민을 포괄했다. 이런 측면에서 선회조직은 이 지방 사회계층을 공고히 해준 세력이었고, 이 신흥사회 세력은 명말 도시 사회·문화적 환경의 전형적 생산물이었다. 선회의 기본적인 보수적 의식형태와 새로운 조직형태는 청대에 이르기까지 변함없었고 많은 측면에서 더욱 강화되었다.

명조의 멸망은 군주와 정부의 복지재정과 양민정책의 쇠락으로 야기되었다. 양민·교민을 '존재이유'로 내세우고 '국가이성'으로 삼는 유교국가가 실정과 재정결핍으로 다 시행하지 못한 복지정책은 지방의 민간 자선활동으로 다 보완할 수 없었던 것이다. 중앙 차원에서 명대 후기의 정부는 점점 무능한 황제들에 의해 다스려지고 당파갈등으로 분열되었고, 이에 따른 국가의 재정악화와 복지정책의 쇠퇴는 만력제

---

702) 참조: Ye Ling, "Research on Relief legal System for Lonely or Old Disabled in Ming and Qing Dynasties", *Advances in Social Science, Education and Humanities Research*, vol. 185(2017). The 6th International Conference on Social Science, Educations and Humanities Research(SSEHR 2017).

703) Ye Ling, "Research on Relief legal System for Lonely or Old Disabled in Ming and Qing Dynasties", 138쪽.

치세(1573~1620)에 최고조에 달했다. 만력제는 명말 중앙정부의 쇠락과 악화를 상징했다. 만력제는 특히 그의 치세 말기에 관료들을 피해 구중궁궐 속에 은둔해서 종종 경향 각지에서 관직이 비어도 그 빈자리를 채우지 않고 방치했다. 그는 종종 공식직무를 내동댕이치고 환관들과 주연·서예·승마를 즐기고 궁술대회를 여는 등 직무 외의 활동에 몰두했다.[704] 만력제의 이런 태정怠政과 재정파탄으로 말미암아 구황救荒 목적의 견면蠲免(면세) 횟수가 급감하는 추이를 보면, 명말 복지정책의 쇠퇴가 잘 드러난다. 다음은 만력연간의 견면 횟수다.

【표 1-1. 만력연간 견면蠲免 횟수】

	만력 1~10년	11~20	21~30	31~40	41~48	합계
존류存留(100회)	20	33	30	10	7	100
기운起運(20회)	5	7	3	2	3	20
총 계 (120회)	25	40	33	12	10	120

※출처: 張兆裕, 〈明代萬曆時期灾荒的蠲免〉, 105쪽[705]

구황을 위한 견면횟수가 25~40회까지 솟았다가 만력 31~40년 12회를 거쳐 만력 41~48년(1613~1620)에 10회로 급감한 것은, 그만큼 중앙정부가 재정적 여력이 없어졌고 또 황제가 태만했다는 것을 보여 준다. 이것은 그만큼 면세 황정이 줄어들고 각종 구민·양민시정이 쇠퇴했음을 함의한다. 명조의 멸망은 이전의 덜 순수했던 유교국가 한조漢朝·수조隋朝·당조唐朝처럼 국가의 유교적 의무인 구민·양민·교민·안민 복지를 다하지 못한 것에 말미암았다.

국가가 한창 번영하던 상태에서 금나라와 몽고의 외침外侵으로 멸망한 북송과 남송을 예외로 칠 때, 중국의 역대 유교국가는 유교국가의 '존재이유'인 양민·교민 복지를 다하지 못한 까닭에, 곧 백성을 도탄에 빠뜨린 까닭에 몰락했다. 아주 열성적인 유교국가였던 명의 멸망도 마찬가지였던 것이다. 존재이유를 잃은 유교국가는

---

704) Downs, *Famine Policy and Discourses on Famine in Ming China*, 2~3쪽.
705) 金文基, 〈明末清初의 荒政과 王朝交替〉, 《中國史研究》 제89집(2014. 4.), 120쪽 각주37에서 재인용.

존재할 수 없고, 선정과 복지시정에 대한 법적 권리를 가진 백성들의 혁명적 궐기에 의해 예외 없이 외침外侵 이전에 타도되었다. 명나라도 만주족이 침입하기 하루 전날 중국 '유사類似노비들'과 이자성李自成의 혁명적 해방전쟁에 의해 이미 전복당했던 것이다.

3.5. 청대 중국의 현대적 양민복지제도

청대 중국에서 유교적 복지제도는 아주 고도화되었을 뿐만 아니라, 그 복지시정의 효율과 열정도 비약적으로 제고되었다. 서구제국은 음양으로 청대 복지제도를 모방해 19세기 말과 20세기 초에 현대 복지국가의 건설에 활용했다. 또한 청대에 민간 자선활동은 명대에 견주어 경이로울 정도로 급증했고, 또 자선활동의 민관民官협력은 더욱 긴밀해지고 민관협조체제로 제도화되었다. 그리고 국가는 자선활동과 자선단체의 '조직'을 강력하게 법제적으로 뒷받침했다. 이런 의미에서 청대 인정仁政국가는 복지 측면에서 서양의 '근대적' 야경국가를 뛰어넘는 '현대적' 복지국가였다고 할 수 있다.

■비황備荒제도의 확립과 파격적 황정

청대 복지제도의 발달은 우선 흉년과 기근에 대비하는 비황備荒제도의 발달과, 황정荒政집행을 향한 국가의 열성 측면에서 뚜렷하게 드러난다. 청나라가 활용한 구황정책은 명나라가 사용한 정책과 근본적으로 다르지 않았다. 그러나 청의 관료행정적 규제와 조절은 더 포괄적이고 더 주도면밀하게 제도화되었고, 황정은 파격적 적극 황정이었다. 일각에서는 18세기 중반의 강력한 상태에 초점을 맞춘 채 이 시기가 중국 황정사荒政史에서 공적 간섭이 구황정책에서 주요한 역할을 수행한 "유일무이한 시기"라고 속단한다. 그러나 이렇게 중기에만 한정하는 것은 그릇된 것이다. 청의 파격적 적극 황정은 19세기 중·후반까지 계속되었기 때문이다.

18세기 중반에 흉황凶荒의 조사와 구제가 명대 초기보다 훨씬 더 번거로운 임무였다. 1740년 건륭제의 통일법전이 중앙정부의 주도로 편찬되었다. 이 건륭회전은 1740년에서 1850년까지 법적 효력을 발휘했다. 이 법전에 입각한 황정의 첫 걸음은 두 단계로 이루어지는 정확한 조사였다. 이 조사의 목적은 조세면제의 필요성을 결정하기 위한 것이었다. 전통적 보갑제를 개선한 '촌갑제'에 따른 하위 행정구역 단위에서 보갑保甲과 촌장(이장)은 정상적 수확량과 비교해 곡물 손실 비율을 밭뙈기마다 측정하고 각 촌락의 평균피해율을 확정했다. 이 예비조사는 재난피해의 '임시 기록'으로 다뤄졌다. 최종조사는 중앙정부에서 파견된 관리들이 직접 수행했다. 이 피해 조사에 이어, 어느 가구가 국가의 지원이 없다면 자존할 수 없는지를 확인하기 위해 구황 조사가 실시되었다. 이 경우에는 재해 촌락에서 '가가호호 조사'를 실시했다. 이 조사는 보관식량, 연장, 식구 수, 부수입을 비롯한 각 가호의 재산도 평가했다. 예비조사는 다시 촌장과 보갑이 맡았다. 중앙정부 관리들은 최종조사를 실시했고 각 가구로 직접 방문하도록 되어 있었다. 마지막으로, 가난한 가정은 "아주 가난함", "조금 가난함" 등으로 분류하는, 어떤 때는 여섯 등급으로까지 분류하는 '원조확인서'를 받았다. 조세감면은 이 두 조사에 근거해서 시행되었고, 이에 더해 원조가 필요한 것으로 확인된 사람들에게는 매달 식량이 무상으로 배급되었다. 매일 배급과 구조기간은 장정章程에 의해 고정되었다. 성인은 매일 1인당 0.5승(반되)을, 어린이는 0.25승을 받았다. 진제振濟는 종종 절반이 현물로, 나머지 절반은 은전으로 분배되었다.706)

청나라의 구황 법제와 조치들은 명대의 그것들과 유사하다. 차이가 있다면 그것은 법규의 증가된 관료적 세부사항이 아니라 18세기 중반 적어도 20-30년 동안 성공적으로 수행된 점이다.707) 청국정부는 원조를 화폐와 식량으로 제공하고 물가를 안정시키고 장기적 투자를 함으로써 높은 사망률·이농離農·유랑을 비롯한 식량부족과 연관된 광범위한 수난을 방지할 수 있었다. 방관승方觀承이 편찬한《진기賑紀》(1-8권, 1768)는

---

706) Downs, *Famine Policy and Discourses on Famine in Ming China*, 100-101쪽.

707) Downs, *Famine Policy and Discourses on Famine in Ming China*, 100-101쪽.

1743~44년 동안의 진황賑荒을 기록했는데, 이 기록은 "청조가 충분한 선례들과 (이런 유형의 상황에서 관료체제에 최선의 수행을 명령할) 경제적·도덕적 권력을 축적한 정확한 그 순간"부터 시작하고 있다.[708]

청 태조 아이신줴뤄 누르하치(愛新覺羅 努爾哈赤, 재위 1616-1626)는 1616년 후금(大金, 아이신 구룬)을 건국할 때 현도縣都에 '상평창'을 두고, 주요 읍내에는 '의창義倉', 향촌에는 '사창社倉'을 두는 것을 국가비전으로 구상했었다. 그리하여 청조는 중국을 정복한 뒤 바로 곡물창고 제도를 국가창고와 민간창고로 이루어진 상평창·의창·사창의 세 유형으로 확립했다. 이 세 곡물창고는 소재지에서만이 아니라 관리 면에서 서로 달랐다. 상평창은 모든 주州·현縣의 주요도시에 있었다. 이 상평창은 국가에 의해 저곡貯穀이 채워지고 재정적으로 지원되고 관리되었다. 지방에 소재하는 세 유형의 청대 곡식창고 가운데 상평창은 수적으로 가장 많았고, 가장 중요한 역할을 했다. 물가안정을 위한 평조平糶, 농민들에 대한 단기대여, 진황의 목적으로 쓰인 이 상평창은 주·현 정부에 의해 운영되었다. 지현知縣을 보좌하는 관리들은 봄에 곡식을 싸게 팔고 곡식을 환곡으로 대여하거나 무상으로 분배하고, 가을에는 곡물을 구입하고 환곡을 환수하고 기부를 장려했다. 상평창은 곡가안정, 단기대여, 진황에 쓰인 것이다. 상평창에 쉽게 닿을 수 없는 사람들을 위해 현도 바깥에 둔 '사창社倉'은 규모 면에서 작고, 현을 가로질러 여러 곳에 분산·설치되었다. 그리고 사창의 저곡은 원칙적으로 향촌의 요호부민들의 기부(권분勸分)와 부가세로 채워지고, 향촌 사람들에 의해 곡식대여(환곡) 업무가 관리되었다. 대여(환곡)의 이자 지불은 사창 운영비와 저곡貯穀 유지에 쓰였다. 이론적으로, 다른 운영원칙 위에 설치된 상평창과 사창은 상이한 요구에 이바지했다. 반면, 상평창과 사창의 면모를 겸비한 '의창義倉'은 사창처럼 기부를 동원했고 상평창처럼 봄가을에 곡물을 봄에 매입하고 저가에 방매하기도 했고, 낮은 이자율에 대여하기도 했다. 정부는 세 유형의 곡물창고의 설립을 명령하고 장려했다.[709] 사창의 일차적 기능은 원칙적으로 현금융자와 곡물대여인 반면, 의창은

---

708) Downs, *Famine Policy and Discourses on Famine in Ming China*, 101쪽.
709) 참조: R. Bin Wong, "Part I: Development and Decline", 19-20쪽. Pierre-Étienne Will & R. Bin

원칙적으로 상평창처럼 곡가조절을 위해 곡물을 사고 팔았다. 그러나 모든 곡물창고는 정부의 후원을 받았고, 실제에서 이 세 유형의 창고는 명확하게 구분되지 않았다. 하지만 18세기 지방 곡물창고에 비축된 곡물 총량의 65-80%를 차지한 상평창의 저곡은 비상상황에서 다른 지역으로 이송될 수 있었던 반면, 다른 곡물창고의 저곡은 해당 지역 안에서 쓰였다.[710]

그러나 각 현에 하나의 상평창을 두는 원칙은 종종 지켜지지 않았다. 가령 섬서성의 경우 몇몇 현은 상평창을 여러 개 설치했다. 이것은 명말로부터 내려온 '예비창'과 뒤섞인 것으로 보인다. 진황賑荒을 위한 다른 정부조치들이 그렇듯이 청국의 창고 시스템은 18세기 중반의 수십 년 동안 가장 효율적으로 기능했고, 그러고 나서 가경-도광 불황이 개시되는 1780년대부터는 쇠락하기 시작했다.[711]

청대 초 강희제와 옹정제는 황정에 특히 심혈을 기울였다. 이민족 왕조로서 청조의 대對중국인적 정통성 내지 정당성은 두 가지에 달려 있었다. 첫째는 만주족의 침입 이전에 이미 명조를 타도한 유사노비들(전호와 가정사용인들)의 혁명적 신분해방 요구를 수용하는 것이고, 둘째는 혁명적 노비반란을 야기한 명대 황정체계의 문란과 쇠락을 극복하고 새로운 효율적 황정체계를 수립하는 것이었다. 전자의 혁명적 요구는 강희·옹정·건륭제가 노비를 철저히 해방하고 완전한 평민사회를 건설함으로써 충족시켰다. 후자는 강희제와 옹정제가 17세기 중반부터 18세기 초까지 황정체계를 완벽화함으로써 달성했다.[712]

이자성李自成(1606-1645)이 유사노비 혁명군을 이끌고 북경을 함락시키고 '대순국大順國'을 선포한 것은 1644년 4월 25일(숭정 17년 3월 19일)이었다. 이로써 명나라는

Wong, *Nourish the People: The State Civilian Granary System in China 1650-1850*(Ann Arbo, MI: Center for Chinese Studies, The University of Michigan, 1991); Downs, *Famine Policy and Discourses on Famine in Ming China*, 101-102쪽; Lillian M. Li, "Introduction: Food, Famine, and the Chinese State", *The Journal of Asian Studies*, Vol. 41, No. 4(Aug., 1982), 696-697쪽.

710) Li, "Introduction: Food, Famine, and the Chinese State", 697쪽.
711) Downs, *Famine Policy and Discourses on Famine in Ming China*, 101-102쪽.
712) 金文基, 〈明末淸初의 荒政과 王朝交替〉, 131-149쪽.

완전히 멸망했다. 그러나 1644년 5월 2일 청국의 예친왕睿親王 도르곤(多爾袞)이 청군에 항복해서 산해관山海關 성문을 열어준 오삼계吳三桂의 명군과 연합해 북경으로 쳐들어왔고, 이자성은 북경을 버리고 도망쳤다. 그가 북경에 머무른 기간은 도합 42일에 불과했다.[713] 도르곤과 청군은 산해관 밖에 머물러 있을 때 명나라의 멸망을 결정지은 숭정 13-15년(1640-1642) 대기근의 참상을 직접 목도했다.[714] 명나라는 이로부터 불과 8개월 뒤 멸망했다.

이런 대기근 상태의 명조는 농민반란군과 청군을 방어할 힘을 완전히 상실한 상태였다. 숭정연간은 기근과 역병, 그리고 전란이 겹치면서 파멸적 사망률을 기록했다. 숭정 원년(1628) 이후 인구가 급감해 순치 11년(1655)까지 27년 동안 2억에서 1억 2천만으로 감소했다.[715] 8천만 명이 줄어든 것이다. 1600년 전후에 1억 8천만이 었던 인구가 1676년에는 1억 2천만으로 80년 동안 인구의 30%가 소실되었다.[716] 명청교체기에 7천만 명이 줄어든 것이다. 숭정 3년(1630) 1억 9천만이었던 인구가 숭정 말년에는 1억 5천만으로 감소해, 4천만 명이 줄어들었다.[717] 1620년 중국

---

713) 청군은 북경에 입경한 다음 날 숭정제의 승하를 애도하고 중국 백성들에게 조상弔喪하게 했다. 이로써 중국의 지배자가 바뀌었다. 이자성은 청군에 쫓기는 가운데 곳곳에서 약탈을 저지르며 도망 다녔다. 이자성은 기민들의 구제를 옹호했던 참모 이암李巖을 죽이고 나서 다시 '유구流寇'의 본모습으로 되돌아갔던 것이다. 그리하여 당시에 쇄록산인鎖綠山人이라는 필자는 이미 "이자성은 본래 사람 죽이기를 좋아했는데 이암의 말을 듣고서 거짓으로 인의仁義를 내세웠었고, 이암이 죽으니 이자성의 잔포함이 이전과 같아졌다"고 평했다. 鎖綠山人,《明亡述略》卷1. 金文基,〈明末淸初의 荒政과 王朝交替〉, 132쪽에서 재인용.

714) 숭정 16년(1643) 청 세조 순치제順治帝는 조선의 인조에게 보낸 칙유에서 대기근으로 황폐화된 화북의 모습을 다음과 같이 묘사했다. "명조는 3년 동안 기근이 들어 곡식이 익지 않아 사람들이 모두 서로 잡아먹고 어떤 이는 풀뿌리와 나무껍질을 먹었는데 굶주려 죽은 사람이 열에 아홉이었다. 더하여 유적들이 종횡하여 토구土寇들이 겁략하니 백성들이 모두 전토를 버리고 가버리고 들판 가득 잡초가 우거져 그 성보城堡와 향촌에 살고 있는 사람들이 적었다."《淸太宗文皇帝實錄》, 崇德 8年(1643) 7月 丁巳(9월 8일). 金文基,〈明末淸初의 荒政과 王朝交替〉, 132쪽에서 재인용.

715) 葛劍雄,《中國人口發展史》(福建人民出版社, 1991), 250쪽. 曹樹基,《中國移民史》, 第6卷(淸民國時期, 福建人民出版社, 1997), 16-17쪽. 金文基,〈明末淸初의 荒政과 王朝交替〉, 132쪽에서 재인용.

716) 曹樹基,《中國移民史》, 第6卷(淸民國時期, 福建人民出版社, 1997), 16-17쪽. 金文基,〈明末淸初의 荒政과 王朝交替〉, 132쪽에서 재인용.

717) 曹樹基,《中國人口史》, 第4卷(明時期, 復旦大學出版社, 2000), 452쪽. 金文基,〈明末淸初의 荒政과 王朝交替〉, 132쪽에서 재인용.

인구는 최고봉에 달해 1억 6천만이었는데, 1650년에는 8천만 또는 1억으로 감소했다. 숭정연간을 거치면서 6천만에서 8천만이 줄어들어[718] 40%, 또는 50% 정도 감소한 것이다. 어떤 통계치든, 대기근과 전란으로 전체인구의 30~50% 정도가 사망하는 참변이었다.

청조는 이런 폐허 속에서 이민족 지배를 안정시키지 않으면 안 되었다. 청초의 정국은 여전히 불안정했다. 명말 이후 극심한 재해와 전란으로 화북은 파괴되었으며, 이자성과 장헌충 등 농민반란의 잔당들이 남아 있었다. 남부지역에는 남명南明정권이 저항을 계속했으며, 강희 12년(1673)에 발생한 삼번三藩의 난은 청나라 자체를 위협했다. 이에 더해 명조를 멸망으로 내몰았던 소빙기의 기후변동도 여전히 위협적이었다. 소빙기의 관점에서 17세기 전반보다 후반의 기후조건이 더욱 나빴다. 동계의 한랭화와 하계의 이상저온 현상은 17세기 후반이 훨씬 극심했다. 청조는 중국 지배를 공고히 하기 위해서 정치적 안정과 더불어 명국을 몰락시킨 소빙기의 '생태위기'와 '경제위기'를 극복해야 했다.[719]

그런데 청조는 명조의 멸망으로부터 긴요한 교훈을 얻었다. 통치의 안정을 위해서는 효율적 황정이 필수적이라는 것이다. 이를 위해서는 백성들의 부담을 경감해야 했다. 명말 삼향三餉(요향遼餉·소향剿餉·연향練餉의 군량미)의 가파加派(추가파송)는 견면蠲免(면제)조치를 유명무실하게 만들고, 기근에 시달리던 백성들을 핍박해 반란으로 내몰았다. 따라서 청조 위정자들은 "견면을 행하고 부세의 징수를 가볍게 한다면, 농업에 힘쓰는 자가 전량錢糧의 고통이 줄어들어 마침내 역심逆心은 저절로 없어질 것"이라고 생각했다.[720] 청조는 산해관으로 들어온 지 얼마지 않아, "순치 원년을 시작으로 모든 정액正額 외의 모든 요향遼餉·소향剿餉·연향練餉 및 두미豆米를 소매召買하는 등의 일체 가파를 모두 견면했다." 이와 더불어 황무지 개간을 장려하고 농민의

---

718) 江濤, 《中國近代人口史》(浙江人民出版社, 1993), 25쪽. 金文基, 〈明末淸初의 荒政과 王朝交替〉, 132~133쪽에서 재인용.

719) 金文基, 〈明末淸初의 荒政과 王朝交替〉, 133쪽.

720) 《淸世祖章皇帝實錄》卷19, 順治 2年 7月 丙辰. 金文基, 〈明末淸初의 荒政과 王朝交替〉, 133쪽에서 재인용.

경제적 부담을 경감했으며, 사회보장을 강화하는 등 농업생산을 안정시키는 조치를 취했다. 이런 조치들은 청조가 경제력을 회복하는 데 기여했다.[721]

순치제는 빈번한 재해와 계속된 병란의 폐해에서 벗어나지 못해 재정의 어려움이 컸음에도 황정의 중요성을 잘 인지하고 있었다. 명말청초 황정의 가장 큰 특징은 진제보다는 견면이 중심이었다는 점이다. 재정적 한계 때문이었다. 최근의 연구에 따르면, 순치연간에 주현州縣 차원에서 견면한 빈도는 숭정연간에 견주어 3배에 달했다. 숭정제의 견면이 '포부逋賦'(연체된 부세)에 대해, 또는 농민반란군이 점령한 지역에 대해 실시된 것에 반해 순치제의 견면은 그 혜택이 실제로 기민들에게 미쳤다. 순치제는 견면을 재해 당한 그해, 또는 그 한 해 전의 부세를 견면했기 때문이다. 그리고 견면을 받아야 함에도 받지 못한 경우에는 이듬해 그 액수만큼 견면하게 했다. '포부'를 견면할 때도 3-5년 전에 그쳤던 숭정제의 견면과는 달리, 누적된 '포부'를 대부분 견면해 백성들의 부담을 확연하게 줄여 주었다.[722] 나아가 재해의 정도에 따른 견면의 비율을 제도적으로 정비했다. 순치 10년(1653)에는 재해의 비율이 80, 90, 100%인 경우에는 정액의 10분의 3을 면제하고 50, 60, 70%는 10분의 2를 면제하고 40%는 10분의 1을 면제한다고 규정했다.[723] 견면에 대한 이런 규정은 재해의 정도에 따라 국가 황정을 일관적이고 효율적으로 처리하게 했다. 숭정제와 비교해 순치제는 황정을 훨씬 중시했으며 재해가 들면 견면을 하고, 극한 기근이면 신속히 진제한다는 원칙을 지켰다. 순치제는 보재報災의 '속도'를 중시했다. 순치 10년 지방관에게 재해의 실상을 파악해 신속하게 보고하게 했다. "여름 재해는 6월 중순에 한정하고, 가을 재해는 9월 중순에 한정하며, 주현州縣 지방관의 보고가 늦은 것이 한 달 안이면 6개월을 감봉하고, 1월을 넘긴 자는 1급을 낮추어 조용調用하며, 두 달을 넘긴 자는 2급을 낮추어 조용하고, 석 달을 넘긴 자는 혁직革職했다.[724]

---

721) 金文基, 〈明末淸初의 荒政과 王朝交替〉, 133-134쪽.

722) 劉志剛, 《天人之際: 災害,生態與明淸易代》, 167-169쪽. 金文基, 〈明末淸初의 荒政과 王朝交替〉, 134쪽에서 재인용.

723) 康熙《大淸會典》卷21, 田土 2, 荒政. 金文基, 〈明末淸初의 荒政과 王朝交替〉, 134쪽에서 재인용.

하세夏稅가 8월을 넘기지 않고 추량秋糧이 이듬해 2월을 넘기지 않기 때문에, 이런 신속한 재해보고는 실질적 부세감면의 효과를 내어 재해를 입은 백성들이 실제적인 택을 받을 수 있게 했다. 진제에서도 순치제의 적극성을 확인할 수 있다. 순치제는 "극심하게 기근이 든 지방에서 견면만으로 구제를 할 수 없으면, 해당 지방의 독무督撫 (총독+순무)는 신속하게 조사·상주해 따로 은혈恩恤을 입을 수 있도록 하라"고 지시했다.[725] 순치 10년(1653)과 그 이듬해 직예성에 극심한 재해가 들었을 때, 순치제는 은 24만량을 내어 진제하게 했다. 재해보고가 올라온 것이 순치 10년 7월이었고, 관리를 파견해 황정을 감독한 것이 이듬해 3월이었다. 보고에서 진제까지 8개월이 걸렸다. 비록 8개월이 걸렸지만 숭정 원년 섬서의 대기근 때 4년이 걸렸던 것을 비교하면 순치제의 진제가 훨씬 신속하고 효율적이었으며, 이것이 숭정연간 황정과 순치연간 황정의 차이였다.[726]

재해에 대처하는 순치제의 태도는 이렇게 명말의 황제들과는 확연하게 달랐다. 순치제는 재해에 대해 자신의 책임으로 여기고 통절하게 수성修省했다. "수·한재가 겹쳐서 발생하고, 지진 소식이 자주 들리는 것은 모두 짐이 부덕한 소치"라고 하여, 황제에게 올리던 '성聖'이라는 글자를 장주문章奏文에서 사용하지 못하게 할 정도였다.[727] "황정은 아직 정비되지 않고 창름倉廩은 갖춰지지 않았으니, 내탕內帑을 베풀어 주지 않으면 어떻게 구하겠는가"라고 하여, 고저은庫貯銀 16만량에 자신과 황태후가 절약해서 모은 8만량을 보태어 진제하게 했다.[728] 24만량 가운데 8만량이 황실의

---

724) 江太新,〈對順康雍乾時期扶農政策的考察〉,《中國社會經濟史研究》(2007-3); 黃啓臣,〈淸代前期農業生産的發展〉,《中國經濟史研究》(1986-4): 商鴻逵,〈略論 淸楚經濟恢復和鞏固的過程及其成就〉,《北京大學學報》(人文科學, 1957-2). 金文基,〈明末淸初의 荒政과 王朝交替〉, 134쪽에서 재인용.

725) 康熙《大淸會典》卷21, 田土 2, 荒政. 金文基,〈明末淸初의 荒政과 王朝交替〉, 135쪽에서 재인용.

726) 劉志剛,《天人之際: 災害,生態與明淸易代》, 167-169쪽. 金文基,〈明末淸初의 荒政과 王朝交替〉, 135쪽에서 재인용.

727)《淸史稿校註》卷5, 世祖本紀2, 順治 11年 11月 丁未. 金文基,〈明末淸初의 荒政과 王朝交替〉, 135쪽에서 재인용.

728)《淸世祖章皇帝聖訓》卷4, 賑濟, 順治 11年 2月 丙戌. 金文基,〈明末淸初의 荒政과 王朝交替〉, 135쪽에서 재인용.

346   제1장 국가의 존재이유

내탕이었다. 재난이 닥치면 내탕금을 내놓는 것을 아끼지 않았던 것이다. 기근에 허덕이는 백성들은 거들떠보지 않고 자신의 재물을 채우는 데 혈안이 되어 있었던 만력제, 그리고 시간이 급박한 기근에도 몇 년 동안 진제를 미루었던 숭정제와는 뚜렷한 대조를 이룬다. 황정에 대한 군주들의 태도 차이는 명조와 청조의 운명을 가른 한 요소였다.[729]

한편 황정체제를 정비한 청조 황제는 강희제였다. '강건성세康乾盛世'로 표현되는 청조 중국의 안정과 번영의 기반은 17세기 후반부터 18세기 전반까지 61년(1662-1722) 동안 재위했던 그에 의해 확립되었다. 그런데 17세기 후반은 역사적으로 가장 한랭했던 시기였다. 세계적으로 이상저온과 재해가 끊이지 않았다. 동아시아의 사례만 보면, 조선은 현종대의 경신 대기근(1670-1671), 숙종대의 을병乙丙(을해·병자) 대기근(1695-1699), 일본은 연보延寶 대기근(1674-1677), 원록元祿 대기근(1695-1696)이라는 참혹한 대기근이 모두 17세기 후반에 있었다. 강희시대의 재해에 대한 국가의 대응은 '강건성세'를 이해하기 위한 중요한 전제다. 강희 22년(1683)까지 중국의 정치상황은 완전히 안정되지 못했다. 삼번의 난(1673-1681)과 대만 문제(1661-1683)가 해결되지 않은 상황에서 황정 재정이 부담스러웠다. 그럼에도 강희제는 황정에 대해 순치제 이상으로 적극적이었다. 청조가 초기의 정치사회적 불안정을 극복했던 것은 재해에 대한 국가의 대응, 곧 황정도 중요한 작용을 했다.[730] 청조는 이전의 어느 시기보다 황정체계를 완비했던 왕조로 평가받는다.[731] 이런 황정제제의 완비는 소빙기의 재해를 극복하면서 형성되었다. 청대 황정제도의 확립과정은 국가의 전장제도典章制度를 집대성한《대청회전大淸會典》을 통해 대략적으로 확인할 수 있다.

---

729) 金文基,〈明末淸初의 荒政과 王朝交替〉, 135-136쪽.

730) 金文基,〈明末淸初의 荒政과 王朝交替〉, 136쪽.

731) P. E. 빌(정철웅 옮김),『18세기 중국의 관료제도와 자연재해』, 361-365쪽; 李向軍,《淸代荒政研究》, 101-105쪽. 葉依能,〈淸代荒政述論〉,《中國農史》(1998-4). 葉依能은 청대 황정의 특징을 ① 통치계급이 황정을 매우 중시함, ② 구재救災 조치가 제도화 됨, ③ 구재의 지출이 매우 많았음, ④ 구황업무의 처리조직이 세밀함, ⑤ 입법이 엄격하고, 심사가 분명했다는 사실을 든다. 金文基,〈明末淸初의 荒政과 王朝交替〉, 136쪽에서 재인용.

【표 1-2. 《대명회전》과 《대청회전》의 황정범주의 차이】[732]

법전		편찬시기	황정범주
萬曆	大明會典	1576-1587	① 報勘災傷 ② 蠲免折徵 ③ 賑濟 ④ 捕蝗
康熙	大淸會典	1684 1690	① 報勘 ② 蠲免 ③ 賑濟 ④ 勸輸
雍正	大淸會典	1724 1732	① 報勘 ② 豁免 ③ 賑濟 ④ 借給 ⑤ 緩徵 ⑥ 積貯 ⑦ 平糶
乾隆	大淸會典	1747 1764	① 救災 ② 拯饑 ③ 平糶 ④ 貸粟 ⑤ 蠲賦 ⑥ 緩徵 ⑦ 通商 ⑧ 勸輸 ⑨ 嚴奏報之期 ⑩ 辦災傷之等 ⑪ 興土功 ⑫ 反流亡
嘉慶	大淸會典	1801 1818	① 備祲 ② 除孽 ③ 救荒 ④ 發賑 ⑤ 減糶 ⑥ 出貸 ⑦ 蠲賦 ⑧ 緩徵 ⑨ 通商 ⑩ 勸輸 ⑪ 興工築 ⑫ 集流亡
光緒	大淸會典	1886 1899	① 救災 ② 賑飢 ③ 平糶 ④ 貸粟 ⑤ 蠲賦 ⑥ 緩徵 ⑦ 販運 ⑧ 勸輸 ⑨ 興土功 ⑩ 撫流亡 ⑪ 奏報之限 ⑫ 災傷之等

강희《대청회전》은 삼번의 난을 평정하고, 대만을 복속하면서 청조가 정치적 안정을 찾았던 강희 23년(1684)에 편찬을 시작해서 강희 29년(1690)에 완성되었다. 강희《대청회전》은 이전까지의 문물제도를 정리할 필요에서 편찬되었다. 강희《대청회전》의 황정 범주는 포황捕蝗을 대신해 권수勸輸가 새로 추가된 것을 제외하면, 만력《대명회전》의 범주를 벗어나지 않는다. 실제적 범주는 견면과 진제가 중심이었다. 옹정《대청회전》은 '권수'가 제외된 대신에 '차급借給', '완징緩徵', '평조平糶'가 포함되었다. 가경《대청회전》은 건륭《대청회전》에 있던 '엄주보지한嚴奏報之限', '판재상지등辦災傷之等'을 대신해 '비침備祲'(요기준비)과 '제얼除孽'이 새롭게 편입된 것이 특징이다. 나머지는 동일하다. 청대 황정체계의 완비를 가늠하게 하는 것이 건륭《대청회전》이

---

732) 金文基, 〈明末淸初의 荒政과 王朝交替〉, 137쪽.

다. 건륭《대청회전》은 총 12개의 범주로 체계화되었고, 특히 '평조平糶'와 더불어 '통상通商'이 새로 편입된 것이 특징적이다. 건륭《대청회전》의 범주는 가경《대청회전》에서 약간의 변화가 있었지만, 광서《대청회전》에서 그대로 사용되고 있다. 이것은 곧 건륭《대청회전》 단계에서 황정의 범주가 확정되었음을 의미한다. 따라서 17세기 말에서 18세기 중반 사이에 청조의 황정체계가 완비되었다고 할 수 있다.[733]

이런 사실을 보여 주는 또 다른 징표는《강제록康濟錄》의 편찬이다. 청초 전당현錢塘縣 육증우陸曾禹가 편찬한《구기보救飢譜》를 동향인 이과급사중吏科給事中 예국련倪國璉이 4권으로 재편집해 황제에게 올린 것을, 건륭제가 열람하고 남서방南書房의 한림翰林들에게 명해 1년의 교열을 거쳐 건륭 5년(1739)에 정식으로 반행한 것이다.《강제록》은 선사先事, 임사臨事, 사후事後라는 재해의 진행순서에 따라 구체적 실무조치들을 정리했다. 국가의 주도로 종합농서인《수시통고授時通考》와 종합구황서인《강제록》이 같은 해에 완성되었다는 것은 의미가 깊다. 청초의 민간 구황론이 18세기 중반 국가 황정체제를 완비하는 데에 바탕이 되었기 때문이다.[734]

황정에서 중요한 것은 재해에 대한 정보의 정확성과 신속성이다. 황정에 대한 강희제의 적극성은 재해에 대한 보고체제, 곧 '보감報勘'의 정비에서도 보인다. 순치 17년(1660) 하재夏災는 6월 하순, 추재秋災는 9월 하순으로 제정되었던 것을, 강희 7년(1668)에는 하재는 5월, 추재는 8월을 넘기지 않도록 강화되었다. 그러나 보고하기에 시간이 너무 급박하다고 어려움을 호소하자 강희 9년(1670) 순치 17년의 규정으로 되돌렸다. 강희제는 순무에게 직접 재해를 조사하게 하고 관리들의 보고 정확성을 감독하게 했다. 나아가 재해에 대한 정보를 다양화했다. 강희 31년(1692) 지방에서 북경으로 올라오는 관리들에게 지나는 지방의 수확의 풍흉, 충분한 강우량의 유무, 백성들의 형편을 낱낱이 탐문하게 하여 보고하게 했다. 이런 정보를 바탕으로 현재의 재해 상황뿐만 아니라 장래의 재해를 예측하고 대비했다. 강희 32년(1693) 9월에는 "강소와 절강 2省은 금년 여름에 가물었다. 비록 재해가 들지는 않았지만, 짐작건대

---

733) 金文基, 〈明末淸初의 荒政과 王朝交替〉, 137쪽.
734) 金文基, 〈明末淸初의 荒政과 王朝交替〉, 137–138쪽.

추수는 반드시 한계가 있을 것이다. 만약 조량漕糧을 평상시대로 징수하면 아마 백성의 양식은 장차 부족하게 될 것이다"라고 하여 견면을 실시했다. 재해가 아직 발생하지 않았는데도, 따라서 당연히 재해 보고가 없음에도, 강우량에 대한 정보를 통해 장래에 발생할 양식부족을 대비하고 있는 것이다. 이런 사례들은 곳곳에서 확인된다. 각 성에서 올라오는 관원 외에도 자신의 명령을 받들고 오가는 인원들로부터도 지나는 고장의 강우량의 다소, 수확의 풍흉, 백성들의 살림살이 정도를 보고하게 했다. 이런 정보를 통해 기근이 들기도 전에 장래의 곤궁함을 예상하고 견면 조치를 내렸던 것이다.735)

강우량과 풍흉에 대한 정확한 정보를 얻기 위해 강희제가 얼마나 심혈을 기울였는지는 주접奏摺제도에서 확인된다. 강희 32년(1693)에서 61년(1722)까지 소주직조蘇州織造를 지낸 이후李煦가 올린 주접에서 가장 중요히 다루어진 것은 강우량과 물가였다. 강희제는 이후의 주접에서 강남의 강우량과 물가에 대한 상세한 정보를 얻었고, 이것을 지방관의 보고내용과 비교·검토해 더욱 정확한 정보를 확보했다. 한 예로, 강희 55년(1716) 7월 이후는 강우량과 기후가 적절하여 "풍년의 조짐"이라고 보고한 데 대해, 강희제는 진강장군鎭江將軍이 6월과 7월 가물었다는 보고를 바탕으로 이후가 올린 보고의 신빙성을 추궁했다. 강희 36년(1697)에는 재해에 대한 대처 시간을 단축하기 위해, 재해보고를 할 때 재해율을 함께 조사해 올려 일괄적으로 처리하도록 했다. 기존에는 지방 순무가 재해보고를 먼저 올리고, 호부의 인준을 받은 뒤에 다시 재해율을 조사해 올렸는데, 북경에서 거리가 먼 지방에서는 이 과정에 시간이 많이 허비되었기 때문이다. 강희제는 강우량, 풍흉, 물가에 대한 정확한 정보를 확보해 재해가 발생하기 전에 미리 예상하고 신속하게 대처했던 것이다. 이런 사실들은 황정에 대한 그의 장악력을 선명하게 보여 준다.736)

다음으로 창저倉儲제도의 정비다. 명말 이후 강희 초반까지 재정의 압박으로 창저제도를 정비할 겨를이 없었다. 순치 11년에는 상평창·의창·사창의 3창 설립 명령을

---

735) 金文基, 〈明末清初의 荒政과 王朝交替〉, 138–139쪽.
736) 金文基, 〈明末清初의 荒政과 王朝交替〉, 139–140쪽.

내렸지만 제대로 진행되지 않았다. 강희 21년(1682) 각 성의 운영 실태를 조사하면서 '유명무실有名無實'을 우려했던 것이 당시의 현실이었다. 강희제는 창저제도의 중요성을 강조하고 정비에 힘썼다. 강희 29년(1690)에는 적저積貯가 없을 경우 해당 관원 및 총독·순무를 모두 중형으로 치죄한다고 경고했다. 강희 34년(1695)에는 강남의 저곡貯穀에 대해서 매년 70%는 창고에 남겨 기근에 대비하고 30%는 물가안정을 위해 내어 놓게 했다. 그리고 묵은 곡식을 새 곡식으로 바꾸는 것은 '존칠조삼存七糶三' 원칙으로 확립되었다. 이러한 적극적 조치를 통해서 강희 30년대 이후에는 창저제도가 안정되어 기근이 들었을 때 진제와 평조의 주요한 재원이 되었다.[737]

또 하나 주목되는 것은 평조平糶정책이다. 강희 30년 이후부터 평조 기록은 빈번했고, 그 비중도 높아졌다. 강희 33년(1694) 패주覇州 등 재해지역의 저곡을 풀어 진제하게 하고, 그 나머지는 가격을 낮추어 평조하게 했다. 강희 34년(1695)에는 성경盛京 지역에 재해가 들어 미가가 등귀하자 해운海運으로 이송한 2만 석 가운데 1만 석은 나누어 지급하고, 나머지 1만 석은 평조했다. 강희 38년(1699)에도 회양淮揚지방에 수재가 발생하자 조량 10만 석을 재류截留해 '감가평조減價平糶'했다. 이처럼 청대의 평조정책은 강희 30년 이후부터 본격적으로 시작되었다. 강희《대청회전》에는 '평조' 항목이 없지만, 옹정《대청회전》에는 '평조'가 독립되어 있다. '평조'는 명말 강남의 구황론에서 핵심적인 사항이었다. 이것이 강희제에 의해 적극적으로 수용되어, 강희 30년대 이후부터 황정의 주요 부분으로 자리 잡았다. 이들 조치들도 주목되지만, 강희시대를 가장 특징짓는 황정은 뭐라 해도 '견면蠲免'이었다. 재정적인 한계 때문에 명말청초의 황정은 진제보다는 '견면'이 중심이었다. 그렇지만 강희제의 견면은 이것만으로는 설명이 충분하지 않다. 강희제는 견면 자체를 대단히 중시했다. 그는 "제왕이 통치를 달성하는 길은 백성을 풍족하게 하는 것이니 부세를 견면하는 것은 진실로 요무要務다"라고 했다. "백성들에게 실제적 혜택을 주려면 전량을 견면해 주는 것

---

737) 金文基, 〈明末淸初의 荒政과 王朝交替〉, 140-141쪽. 강희제의 구황정책과 창저제도의 완비 및 18세기 중후반과 19세기 초의 황정에 관해서는 다음도 참조: Carol H. Shiue, "The Political Economy of Famine Relief in China, 1740-1820", *Journal of Interdisciplinary History*, XXXVI: I(Summer, 2005) 《33-55쪽》.

만한 것이 없다"고 생각했다. 강희제의 견면은 한마디로 '파격적'이었다. 견면이 다른 황정조치들과 대별되는 것은 '황제의 은혜'를 가장 효과적으로 보여 줄 수 있다는 점이다. 강희제는 견면이 가지는 이런 특징에 주목했고 통치에 효과적으로 활용했다. 그렇기에 강희시기의 견면은 이전의 그것과 확연한 차이를 보인다. 첫째, 견면의 대상이 '적포積逋', 올해의 '현징現徵'뿐만 아니라, 미래에 징수해야 할 세액이 대상이 되었다. 재해가 극심할 때 다음 해의 세액을 견면해 주는 예가 이전에 전혀 없었던 것은 아니나 강희22년(1683) 이후부터는 이것이 보편적으로 행해졌다. 삼번의 난과 대만을 평정하고 난 이후에 재정적 여유가 생겼기 때문이었다.738)

강희 24년(1684) 3월에는 "오늘날 국탕國帑은 충족하니, 짐은 직예直隷 각성의 명년 전량을 견면해 백성들의 곤궁함을 풀어 주어," "천하가 모두 그 실제적 은혜를 입게 하라"고 했다. 만력시기의 '견진표蠲賑表'에 따르면 만력 10년(1582) "견면명년전량십지삼蠲免明年錢糧十之三"이라는 기록이 보인다. 이후로 명이 멸망할 때까지 명년에 대한 견면기록은 보이지 않는다. 청대에는 강희 12년(1673)에 처음 보이고, 강희 22년을 기점으로 이후에는 명년에 대한 견면이 자주 실시되었다는 사실이 확인된다.739) 그리고 강희 24년 11월 회·양淮揚지역의 수재로 전량錢糧의 면제를 요청했을 때 강희제는 이렇게 말했다. "오늘날 국용國用 또한 충족하다고 하니, 미리 각 성省의 전량錢糧을 상세히 조사해 명년을 견면하라. 무릇 백성에게 실제적인 혜택을 입게 하려면 전량을 견면하는 것 만한 것이 없다. (...) 회·양 등의 기민은 이미 재해를 당해 전량을 납부할 수가 없다. 지금 겨우 본년의 전량만 면제한다면 백성들의 은혜입음은 한정될 것이다. 모름지기 명년 전량을 일제히 견면하면 백성들을 이롭게 할 수 있을 것이다."740) 이 말에서 강희제가 명년 전량을 견면하려는 의도를 짐작할

---

738) 金文基, 〈明末淸初의 荒政과 王朝交替〉, 140-142쪽. 강희제의 구황정책과 창저제도의 완비 및 18세기 중후반과 19세기 초의 황정에 관해서는 다음도 참조: Carol H. Shiue, "The Political Economy of Famine Relief in China, 1740-1820", *Journal of Interdisciplinary History*, XXXVI: I(Summer, 2005)〔33-55쪽〕.

739) 宣統《太倉州鎭洋縣志》卷7, 賦役, 蠲賑表 및《聖祖仁皇帝聖訓》卷38, 蠲賑 1, 康熙 24년 3월 辛巳. 金文基, 〈明末淸初의 荒政과 王朝交替〉, 142쪽에서 재인용.

740)《聖祖仁皇帝聖訓》卷38, 蠲賑 1, 康熙 24년 11월 乙未. 金文基, 〈明末淸初의 荒政과 王朝交替〉, 142쪽에

수 있다. 본년의 견면만으로는 백성들의 농업재생산 유지에 실제적 혜택을 주지 못한다고 보았기 때문이다. 과거와 현재가 아닌 미래의 견면을 중시하는 인식은 강희 33년(1694) 편찬된 황육홍黃六鴻의 관리지침서이자 자신의 회고록인《복혜전서 福惠全書》에서 확인할 수 있다.741) 황육홍은 적포와 현징으로는 재해로 농업재생산 능력을 상실한 백성들에게 실질적 혜택을 주지 못하기 때문에, 미래의 조세부담을 없앰으로써 유민문제를 근본적으로 해결하고, 농민들의 재생산을 보장할 수 있다는 것이다. 만력 9년(1581) 급사중 오지붕吳之鵬은 견면의 요체가 "적포積逋에 있는 것이 아니라 신포新逋에 있는 것"이라고 했다. 명말의 견면이 적포를 대상으로 행해진 것을 비판한 것이다. 육증우陸曾禹는 오지붕의 이 지적을 매우 중시했다. 그는 "견면에 는 그 마땅함을 얻지 않으면 안 되니," "내년에 징수하지 않는 것, 이것 외에는 다른 좋은 방법이 없다"고 했다.742) 육증우가 말하는 견면의 '마땅함'은 바로 '명년의 견면'인 것이다. 오지붕이 강조했던 '명년의 견면'은 명말에는 시행되지 못하다가, 강희제에 의해 효과적으로 활용되었다. 명말과 청초의 황정은 모두 견면이 중심이었 지만, 그 내용에서는 질적인 차이가 났던 것이다. 둘째, 재해 상황이 아님에도 견면이 빈번하게 실시되었다. 명대와 마찬가지로 청대에도 견면은 크게 은견恩蠲과 재견災蠲 으로 나눌 수 있다. 재해상황이 아님에도 행해지는 것은 은견에 속하지만, 강희시기에 는 국가의 경축일, 순재巡幸, 용병用兵 외에도 황제의 지시에 의해 특별하게 행해졌다. 건륭《옹강현지吳江縣志》는 재견은 재편災變 편에 부기附記하고, 나머지 은견은 '견면蠲

서 재인용.

741) 黃六鴻,《福惠全書》卷27, 荒政部: "무릇 견면은 적포積逋·현징現徵뿐만 아니라, 내년의 정공正供도 마땅히 같이 견면해야 한다. 왜 그런가? 적포는 대부분 간완奸頑한 자들에게 해당하니 그것을 견면하면 요행을 만난 이로움으로 여긴다. 이에 반해 공적인 일을 서두르는 양선良善한 이들은 도리어 은혜를 입지 못한다. 어떻게 권함을 보이겠는가? 현징의 곡물은 토지에서 나온다. 지금 이미 재해를 당해 그것을 견면하면 겨우 추궁하는 구타는 면하겠지만, 재해를 당한 백성은 그 실제적인 은혜를 입지 못한다. 또한 어떻게 곤궁함을 구제하겠는가? 다만 내년의 정공正供을 견면하면, 백성들이 진휼軫恤의 인仁을 넓게 입어 유민들이 가벼이 그 고향을 떠났던 자라도 앞 다투어 복업復業한다." 金文基,〈明末淸初의 荒政과 王朝交替〉, 143쪽에서 재인용.

742) 陸曾禹,《康濟錄》卷3下, 臨事之政, 乞蠲賑以紓羣黎. 金文基,〈明末淸初의 荒政과 王朝交替〉, 143쪽에서 재인용.

免' 편에서 기록하고 있다. 청대에는 견면을 분류할 때 재견 외에 '은견恩蠲', '특견特蠲', '예견豫蠲'이라는 표현을 쓰고 있다. 강희연간에 실시된 재견을 제외한 견면을 은견만으로 묶기에는 그 성격이 다양했기 때문이다. 재해가 발생하지 않았음에도 실시하는 '명년의 견면'은 '예견豫蠲'에 해당한다. 강희 30년대 이후에는 여러 경로를 통해 정확하고 신속하게 전국적 강우량과 물가 동향을 파악해 앞으로 전개될 식량부족 상황을 대비하고 있다는 점은 주목된다. 강희 46년(1707)에는 강우량이 풍족하고, 작물의 성장도 좋았지만 재해에 대한 대비가 부족해 식량부족을 초래할 가능성이 있다고 예상하고, 조량을 재류截留해 대비하게 하고 미납된 은銀은 활면豁免(면제)했다. 강수량과 작물의 성장에 문제가 없음에도 그 지방의 재해에 대한 대비 정도를 가늠해 견면조치를 취한 것이다. 강희 52년(1713) 복건에 흉작이 들었음에도 관리들이 제대로 보고하지 않았는데, 강희제는 "짐은 깊은 궁궐에 처하고 있어도 이미 만리萬里의 정황을 샅샅이 알고 있다"고 질타하고, 해운으로 운미運米하고, 미납액에 대해서는 정징停徵을 지시했다. 강희제는 자신만의 정보망을 통해 전국적 재해 상황을 파악하고, 미래의 재해에 대해서 적절한 대응을 지시했던 것이다. 강희제의 황정에 대한 장악력을 잘 보여 준다.[743]

셋째, 지주뿐만 아니라 전호에게도 견면의 혜택이 돌아가도록 했다. 견면은 국가에 부세를 납입하는 지주를 대상으로 하기 때문에 전호는 직접적 혜택을 입을 수 없었다. 명말 이후 지주·전호 간의 계급적 모순이 표출되고 있던 상황에서, 지주에게만 한정된 견면의 혜택은 계급간의 모순을 격화시켰다. 때문에 전주田主에게 견면을 실시할 때, 전호에게도 일정한 혜택이 돌아가도록 하자는 논의는 명말부터 있었다. 만력 12년(1584) 유전有田, 무전無田에 상관없이 긍휼의 혜택이 돌아가게 해서, "유전자有田者는 그 세량稅糧을 면제하고, 면제할 세량이 없는 자는 정구丁口·염초鹽鈔를 면제해, 빈부貧富가 일체 견휼蠲恤을 입도록" 한 조치도 그 하나다. 강희제는 전호의 납조納租를 대상으로 했다. 강희 9년(1670) 강남에 수재가 들었을 때, 견면을 행할 때 전호의

---

743) 金文基, 〈明末淸初의 荒政과 王朝交替〉, 143-144쪽.

납조納租도 면제하게 했다. 그 결과 강희 42년(1703) 견면된 전량錢糧 가운데 70%는 업호業戶(지주), 30%는 전호가 면제받는 법률이 완비되었다. 전호들은 지주들이 받는 견면의 30%를 사조私租에서 감면할 수 있는 법률적 근거를 얻은 것이다. 이로써 견면의 혜택이 전호에게도 돌아가게 함으로써 '황제의 은혜'를 더욱 폭넓게 확대하게 되었다. 다만 이런 조처는 전호들이 전주에게 더욱 격렬하게 항조抗租하는 결과를 낳았다. 옹정 13년(1735), 건륭제가 등극하면서 "지주들은 관대함을 헤아려 전호의 지조地租를 감하라(業戶酌量寬 減佃戶之租)"라는 칙유를 내린 것도 이런 문제의식 때문이었다.[744]

넷째, 견면율의 규정이 완비되고 확장되어 갔다. 재해의 정도에 따른 견면율 규정은 명대부터 정비되어 왔다. 명대 이 규정이 완비되었던 것은 홍치 3년이었다. 홍치 3년의 규정은 재해율은 100-40%, 견면율 70-10%까지 7단계로 나누고 있다. 청대에는 순치 10년, 강희 17년에 견면율이 정비되었다. 순치 10년의 규정은 재해율을 80-90-100%, 50-60-70%, 40%의 3단계로 나누고, 견면율을 각각 30, 20, 10%로 규정했다. 강희 17년에는 재해율 50% 이하는 아예 대상에서 제외하고, 90-100, 70-80, 60%의 3단계로 재조정되었다. 얼핏 보면 순치 10년과 강희 10년의 규정은 홍치 3년의 규정에 견주어 견면의 폭이 훨씬 줄어든 것으로 보이지만, 명국 정부는 견면 대상을 존류存留에 한정한 반면, 청국 정부는 초기부터 존류와 더불어 '기운起運'도 감면 대상이 되었다. 또한 본래 견면의 대상은 지정전량地丁錢糧에 한정되었지만, 실제로는 조량漕糧 또는 조항은미漕項銀米도 여러 차례 견면했다. 강희 22년 이후에는 견면율의 규정에 구애받지 않고 파격적 견면을 여러 차례 시행했다. 홍치 3년보다는 순치 10년, 강희 17년의 규정이 실혜實惠의 폭이 더 넓었다. 강희 연간에는 재해율의 대상을 60% 이상으로 제한했지만, 실제 견면은 훨씬 더 광범위했던 것이다. 옹정제와 건륭제는 강희제의 파격 견면의 전통을 그대로 이었을 뿐만 아니라, 견면 규정도 확대·완비했다. 옹정 6년 견면율을 3단계에서 5단계로 세분화하고, 견면율도 70%가

744) 金文基, 〈明末淸初의 荒政과 王朝交替〉, 143-144쪽.

지 대폭 인상했다. 건륭 원년에는 강희제가 제외했던 재해율 50%를 다시 편입하여 대상의 폭을 확대했다. 18세기 전반에 이르면 경제적 안정과 재정적 자신감으로 더욱 폭넓은 견면을 펼칠 수 있었던 것이다.[745] 비록 선황先皇에 대한 언급이지만, 강희제의 견면에 대한 옹정제의 다음 같은 평가는 공정해 보인다. "수십 년 동안 비록 30% 견면의 예例를 정했지만, 성조인황제聖祖仁皇帝께서는 심인후택深仁厚澤하시어 그 백성을 사랑해 길렀다. 혹 수·한재를 당하게 되면 본지本地의 조租를 전면全免하고, 또한 황겸荒歉이 없다고 해도 천하의 부세를 돌려가며 견면하셨으니, 호탕浩蕩한 은혜는 이루 헤아릴 수가 없다."[746] 옹정제와 건륭제 시기에는 안정적 재정을 바탕으로 더욱 폭넓은 견면을 펼쳤다. 강희제의 황정 기조는 그의 후계자들에 계승되어 '강건성세'의 기반을 다졌다.[747]

다섯째, 무엇보다 특징적인 것은 견면의 파격적 양이었다. 강희제는 삼번과 대만 문제가 해결되지 않은 상태에서 재정적 압박으로 부득이하게 가파加派를 실시해야 하는 등 견면과 진제에는 한계가 있었으나, 이런 어려움 속에서도 황정을 중시해 재해가 심할 경우 적극적으로 견면을 펼쳤다. 삼번과 대만문제가 해결된 이후에는 '파격적'이라고 할 정도로 견면을 실시했다. 강희 25년(1686) 9월에는 직예의 순천順天·영평永平·보정保定·하문河間 4부府 및 사천·귀주의 이듬해의 지정전량地丁錢糧을 모두 견면했다. 호남·복건은 이듬해의 가을·겨울 그 이듬해의 봄·여름의 지정전량을 모두 활면豁免했다. 재해가 들지 않았음에도 미래의 세량稅量을 미리 견면하였다. 강희 26년(1687) 9월에는 강녕江寧 등 7부 및 섬서陝西의 전량 6백여 만을 견면하려 했다. 신하들이 "예로부터 이렇게 많은 경우는 없다"고 만류했지만, 강희제는 오히려 "6백여 만도 많다고 하기에는 부족하다"고 했다. 강희제의 태도를 단적으로 보여 준다. 그 결과 강소지역에서 조량전량漕糧錢糧을 제외하고 이듬해의 지정 전량은

---

745) 金文基, 〈明末清初의 荒政과 王朝交替〉, 146-147쪽.

746) 光緒《清會典事例》卷288, 戶部, 賑恤, 災傷之. 金文基, 〈明末清初의 荒政과 王朝交替〉, 147쪽에서 재인용.

747) 金文基, 〈明末清初의 荒政과 王朝交替〉, 147쪽.

견면되었고, 26년의 미납 전량은 활면豁免했다. 강희 30년(1691) 12월에는 더욱 파격적인 조치를 내렸다. 강희제는 30여 년 동안 지정 전량은 차례대로 견활蠲豁한 반면, 조량 전량은 아직 충분한 의론이 없었다고 하여, 장차 기운起運해야 할 조량을 견면했다. 이미 견면 명령이 내려져 있던 하남성 외에 호광·강서·절강·강소·안휘·산동의 조미漕米를 다음 해인 강희 31년을 시작으로 차례대로 1년씩을 견면했다. 강희제는 재해 상황이 아님에도 조량을 납부하는 각 성이 골고루 돌아가면서 견면의 혜택을 누리도록 했던 것이다. 강희 40년대 이후에도 강희제의 파격적 견면은 계속되었다. 강희 47년(1708)에는 연이은 재해로 강희 48년의 조미漕米를 제외하고 강남 지정은地丁銀 475만 냥, 절강 지정은 257만 7천 냥을 전부 견면했다. 강희 50-52년의 3년 동안에 천하의 전량을 견면했는데, 자그마치 3206만 4697냥을 넘었다. 강희 51년(1712)에는 전국의 전량을 견면했다.[748]

《청사고淸史稿》에 따르면, "재위 60년 중에, 은혜로운 조詔를 여러 차례 반포해, 1년에 견면이 여러 성省에 미치는 경우도 있었고, 한 성에서 몇 해 동안 연이어 견면을 받은 경우도 있었다. 전후로 견제蠲除한 수는 거의 억을 넘는다"고 했다. 강희제도 자신의 이런 조치를 "파격적 시혜"라고 인식하고 있었다.[749] 강희 54년(1715) 강희제는 "무릇 지방에 수해·한해의 정황은 반드시 때맞춰 거듭 자순諮詢했고, 그해에 곡식이 익지 않으면 담당관서에 즉시 견진蠲賑할 것을 명하기를 50년 동안 아직 조금도 게을러 본 적이 없다"고 스스로를 평가했다.[750] 강희제는 그의 말대로 백성을 구제하는데 "억만의 금전과 미곡도 아까워하지 않았고," "파격적 은혜를 베풀었다".[751] 17세기 후반 청조의 황정기조는 명말 명조의 그것과 극명한 대비를 이루고,

---

748) 金文基, 〈明末淸初의 荒政과 王朝交替〉, 147-148쪽.
749) 《江南通志》卷首2-1, 聖祖仁皇帝詔諭, 강희 38년 4월 16일: "玆聞鳳陽府屬 去歲遭災甚重. 是用破格加恩. 以示優卹."; 《淸會典則例》卷53, 户部. 金文基, 〈明末淸初의 荒政과 王朝交替〉, 148쪽에서 재인용.
750) 《聖祖仁皇帝聖訓》卷41, 蠲賑 4, 康熙 54년 12월 乙酉. 金文基, 〈明末淸初의 荒政과 王朝交替〉, 148쪽에서 재인용.
751) 《聖祖仁皇帝聖訓》卷41, 蠲賑 4, 康熙 56년 11월 丙子. 金文基, 〈明末淸初의 荒政과 王朝交替〉, 148쪽에서 재인용.

이 기조는 건륭제까지 계속 이어진다. 소빙기에 따른 '생태위기' 속에서 강희·옹정·건륭제는 파격적 견면과 황정체제의 정비를 통해서 이 위기를 극복해 '강건성세'를 이룩했던 것이다.[752]

그럼에도 서구숭배적 부외자멸附外自蔑 의식에서 청대 곡물창고의 효율이나 황제들의 황정 기조를 몰지각한 중국인 학자 소공권蕭公權은 1960년 청대의 창고제도가 효과적으로 기능한 적이 있었는지 의문시하면서 그것은 "관리들의 무능, 무관심, 부패"로부터 벗어난 적이 없었다고 논평했고, 그 어떤 효율성이든 그것은 왕조의 쇠락과 더불어 소멸했다고 주장했다.[753] 반면, 1991년 대규모의 새로운 연구를 통해 왕국빈王國斌(Roy Bin Wong)은, 곡물창고가 청국이 "세련된 방식으로 이용하고 교체하는 방대한 곡물 비축(a massive set of grain reserves)을 창출한 18세기 중반에 아주 효율적이었음"을 입증했다. "반복된 관료제적 노력과 상당한 재정자원은 이 주요시설을 정교화하고 유지하기 위해 확대되었다. 곡물창고 체계의 스케일은 행성行省 차원에 기록된 창고 비축량의 규모를 얼핏 훑어보기만 해도 확연하게 드러난다."[754]

한때 서양 학자들은 진황에서 국가의 관심과 노력만을 유일무이한 것으로 과장하고, 민간의 자선구빈활동을 보지 못했다. 그러나 명 정부의 황정도 상론했듯이 더욱 강한 집념으로 효율적으로 움직이던 왕조 초기 단계로부터 열성을 덜 쏟는 나중 단계로 이행하는 추이를 보였다. 명나라의 황정은 특히 15세기 중반 이후부터 미적지근해졌다.[755] 그리고 청대의 민간 진제賑濟·구빈활동은 명대보다 더 활발하고 광범했다.

최근 청대 중국의 비황備荒제도를 탐색한 서양 학자들의 다른 연구들도 왕국빈처럼 18세기 중반 청나라의 진황賑荒 기능의 효율성을 증명함으로써 소공권의 주장을

---

752) 참조: 金文基, 〈明末淸初의 荒政과 王朝交替〉, 148쪽.

753) Hsiao Kung-chuan(蕭公權), *Rural China: Imperial Control in the Nineteenth Century*(Seattle: University of Washington Press, 1960).

754) Wong, "Introduction" to 'Part I: Development and Decline', 21쪽.

755) Downs, *Famine Policy and Discourses on Famine in Ming China*, 102쪽.

무력화시켰다. 가령 릴리언 리(Lillian M. Li)는 다른 시각을 가진 사람들이 지난 300년 근대 중국의 경험을 다른 각도에서 읽어 왔음을 상기시켰다.

18세기는 일반적으로 청조가 이룩한 굉장한 평화와 번영의 시대로 이해되어 왔으나, 외침·내란·자연재해의 19세기와 20세기 초는 더욱 어렵게 해석되어 왔다. 중국역사에는 기근이 종종 기록되어 있었지만, 19세기 후반과 20세기 초에 중국은 기근을 빈번하고 강렬하게 경험했다. 그리하여 20세기 초 중국은 서양에 "기근의 나라(Land of Famine)"로 알려지게 되었다.[756] 기근의 주요 원인인 홍수와 한발이 제어할 수 없이 급증했다. 1850년대 황하의 물길이 산동성 남부로부터 현재의 경로로 북상한 것이 19세기 재난의 주인·甘困이었다. 세계역사에서 보기 드문 대규모 인명손실 위기를 야기한 북부중국의 1876-1879년 동안 기근은 5개 행성에 걸쳐 1억 명 이상의 인구를 덮친 한발에 의해 야기되었는데, 950만 명에서 1300만 명의 인명을 앗아간다. 한해旱 害는 세기 전환기 북부 중국에서 반복되었고, 1920-21년에도 다시 발생했다. 1876년부터 1879년까지 4년 동안 한발이 덮친 지역과 동일했던 이 1920-21년의 한발지역에서는 철도교통과 국제구호물자 덕택에 조금 덜 죽었다. 그래도 50만 명이 아사했다.[757] 이것이 발생한 직후 중부 중국의 홍수는 약 400만 명의 이재민을 냈다. 황하와 해하海河 수계水系는 둘 다 1910년대와 1920년대 대홍수의 주요원천이었고, 양자강과 황하 수계는 3000만 명의 인구를 덮친 대규모 홍수를 낳았다.[758]

인구 규모, 식량 공급, 자연적 변동이 식량의 가용성과 소비를 결정하는 유일한 변수들이라면 온갖 복잡성에도 불구하고 문제는 비교적 간단할 것이다. 하지만 사실 식량부족과 관련된 가장 어려운 문제들은 예나 지금이나 배분의 문제였다. 전체

---

756) 이것은 1926년 월터 맬로리라는 미국인이 그린 중국 이미지다. Walter H. Mallory, *China: Land of Famine*(New York: American Geographical Society, 1926). Lillian M. Li, "Introduction: Food, Famine, and the Chinese State", *The Journal of Asian Studies*, Vol. 41, No. 4(Aug., 1982)(687-707쪽), 687쪽에서 재인용.

757) Andrew James Nathan, *A History of the China International Famine Relief Commission*(Cambridge: Harvard East Asian Research Center, 1965), 5-6쪽. Li, "Introduction: Food, Famine, and the Chinese State", 687-688쪽에서 재인용.

758) Lillian M. Li, "Introduction: Food, Famine, and the Chinese State", 687쪽.

인구수로 나눈 전체 식량공급량의 단순 계산에 근거한 식량의 충분성·불충분성의 예견으로는 누가 실제로 얼마만큼을 먹는지를 알 수 없다. 실제가 그렇게 간단하다면 어떤 세계 식량문제도 없었을 것이다. 세계은행은 식량이 평등한 기반 위에서 만인에게 가용하다면, "현재 세계 식량 산출고만으로 모든 남녀와 아이들에게 매일 필요량의 최고 추정치보다 훨씬 많은 3000칼로리와 65그램 이상의 단백질을 공급할 수 있을 것"이라고 추산한다.759) 하지만 식량은 만인에게 평등하게 가용하지 않다. 아마 40억 세계인구의 4분의 1은 영양실조를 겪고 많은 개발도상국들에서 영양실조와 굶주림은 전지구적 농업산출고가 팽창하는 때에도 계속될 것이다. 누가 얼마나 많은 식량을 소비하느냐를 결정하는 요인들은 지역적, 도시적-농촌적, 사회적·경제적이고, 심지어 가내 위계질서에 의해서까지 좌우되었다. 청대 중국에서 개인에 대한 식량의 가용성은 첫째 그가 살고 있는 지역의 농업생산성에 달려 있고 지역 간 곡물교역이 확장함에 따라 곡물시장에 대한 접근가능성에 달려 있었다. 도농격차도 식량 가용성에 영향을 미쳤다. 도시 소비자들은 농촌 생산자-소비자들보다 시장곡가의 동요에 더 취약했다. 그러나 적어도 청대에는 도시적 중심지 주민들이 쉽사리 진황과 기타 자선활동의 혜택을 받을 수 있었다.760)

경제적 지위는 식량에 대한 접근 가능성을 결정하는 요소다. 경제가 상업화되면 될수록, 식량 공급이라기보다 식량을 구입할 능력으로서의 소득이 영양 측면에서의 웰빙을 결정하는 가장 중요한 요소가 된다. 소득이 증가함에 따라 한 가족의 칼로리와 단백질 소비도 일정한 수준에까지 증가한다. 일국의 소득분배가 양극화되면 될수록 그 나라 국민들의 실체적 계층은 영양공급이 부실해진다. 게다가 한 개인의 사회적 지위, 정치적 특권, 또는 경제적 자산은 나머지 사회에 의해 승인된 식량에 대한 일정한 권리를 보장할 수 있다. 아마챠 센이 식량제공에 대한 "권리자격(entitlement)"이라 부르고,761) 왕국빈이 "요구권(claims)"이라 부른762) 이 일정한 식량요구권의

759) *World Development Report 1980*(New York: Published for the World Bank by Oxford University Press, 1981), 61쪽.
760) Li, "Introduction: Food, Famine, and the Chinese State", 694-695쪽.

견지에서 볼 때, 전통적 중국에서 식량공급에 대한 최고의 우선권은 황궁·관료집단·
군대의 요구권이었다. 미곡을 남부에서 북경으로 운송하는 대운하의 건설은 이 요구
권의 가장 가시적인 표현이다.[763] 이 요구권은 가정 안에서도 일정한 역할을 했다.
식량부족 상황에서 사회적 관습과 가치는 누가 제일 먼저, 가장 많이, 또는 가장
잘 먹여져야 하는지를 정한다. 중국사회에서 노인과 남자가 젊은이와 여자에 대해
우선한 반면, 인도사회에서는 몸이 튼튼한 젊은 남녀가 우선권을 가졌다.[764]

청나라의 상평창제도는 앞서 시사한 대로 효율의 정점에 도달했다. 청 정부는
식량분배 부분에서 가장 중요한 역할을 수행했을 것으로 추정된다. 여러 가지 연구에
의해 국가가 적어도 후광성·양자강 남부·북부평야와 같은 핵심지역에서 식량자원을
지역 간에 이동시키는 대단한 권한을 가지고 있었던 사실이 명백하게 입증되었기
때문이다. 관료들은 제국 전역에 걸친 기후조건과 곡가에 대해 잘 보고받았고, 식량
소비에 대한 시장기제의 영향에 특히 민감하게 반응했다. 식량창고를 통해 국가는
가격의 극단적 등락을 평준화하고 식량위기 시에 진제賑濟를 제공하려고 노력했다.
각종 곡식창고는 비상상황에 대비하기 위해 고대로부터 국가에 의해 유지되어 왔었
지만, 청대에 곡식창고 시스템은 "효율의 정점(peak of efficiency)"에 도달했다.[765]

곡물창고제도는 곡가안정과 진황의 일차적 기능을 얼마나 효율적으로 수행했을
까? 18세기를 관통해서 19세기에까지 이르는 시기에 곡물창고는 미도정未搗精 곡물
3000-4500만 석을 보관했다. 1790년대에 정점에 도달했다가 19세기 초부터 점차
감소한 저곡량貯穀量은 18세기 동안 중국에서 소비된 곡물 총량의 3-5%를 차지한
것으로 추계되었다. 이러한 양이 곡가안정에 효과적인지는 논쟁의 여지가 있다. 소량

761) Amartya Sen, "Famines", *World Development* 8(1980), 613-621쪽.

762) R. Bin Wong, "Food Distribution Crises: Markets, Granaries, and Food Riots in the Qing Period".
Workshop paper(1980).

763) Li, "Introduction: Food, Famine, and the Chinese State", 694-695쪽.

764) Paul R. Greenough, *Prosperity and Misery in Modern Bengal: The Famine of 1943-1944*(New York:
Oxford University Press, 1982). Li, "Introduction: Food, Famine, and the Chinese State", 695쪽에서
재인용.

765) Li, "Introduction: Food, Famine, and the Chinese State", 696쪽.

으로 광범하게 산재한 1000-1400만 석만이 중앙정부의 재량에 맡겨졌다고 추신하면
서 이 곡가안정 기능에서 곡물창고의 효율성을 의심하는 이들도[766] 있기 때문이다.
하지만 새로 수집된 사료들은 상평창에서 연간 지급된 비율이 높아서 보통 20-30%였
고 특정지역에서는 50%에까지 치솟은 사실을 입증해 준다. 저곡을 시가보다 싸게
내다 팔아 곡가를 안정시키려는 '평조平糶'의 효과는 해당지역 농업경제의 상업화
정도에 좌우되었다. 인구의 70-80%가 곡물시장에 의존해 사는 양자강하류 계곡과
같은 지역에서 평조의 영향은 불가피하게 제한적이었지만, 대개 역내 소비를 위해
생산하는 더욱 고립된 지역에서는 그 영향이 실로 대단했다. 곡물수요가 비탄력적이
기 때문에 공급 측면에서 작은 변화도 곡가에 큰 영향을 미칠 수 있었다. 여러 증거들
은 곡물시장이 제한적으로 발달한 행성들(중국의 북동부, 북서부, 남부, 남서부 지역)에
서 1인당 곡물 비축고備蓄高가 더 높았던 반면, 강소·절강·직예·강서·호북·호남·복
건성 및 기타 한두 다른 행성과 같이 곡물시장이 역동적인 지역들에서는 낮았다는
것을 보여 준다. 국가의 곡물 회전은 곡물의 상업적 유통을 보완하고 또 이 유통에
좌우되었다.[767]

청나라는 다중적 장애물과 난관에도 불구하고 18세기 절정기에 세련된 방식으로
활용되고 교체되는 방대한 양의 저곡량을 만들어 냈다. 반복된 관료행정 노력과
상당한 재정자원은 주요 기관들을 정교화하고 유지시키는 선까지 확대되었다. 창저倉
儲 제도의 규모는 행성 차원에 기록된 저곡량을 얼핏 보기만 해도 알 수 있다. 1720년
과 1735년 사이에 곡물의 큰 수량이 수많은 행성에 집적되어 있었다. 적어도 산동·하
남·직예·산서·광서·강서·섬서·광동·호남·사천·강소·감숙성 등 12개 행성은 제각
기 18세기 초에 곡물 100만 석의 최소한(35만 헥토리터)을 비축했다. 6개 행성에서는
18세기 중반까지 저곡량의 증가를 추적할 수 있다. 남서부 밖의 4개 행성에서는

---

766) 참조: Han-sheng Chiuan and Richard A. Kraus, *Mid-Ch'ing Rice Markets and Trade: An Essay
in Price History*(Cambridge: Harvard East Asian Research Center, 1975). Li, "Introduction: Food,
Famine, and the Chinese State", 697쪽에서 재인용.

767) Li, "Introduction: Food, Famine, and the Chinese State", 697쪽.

저곡 총량이 100만에서 300만 석 사이에 달했다. 더 완전한 그림은 18세기 중반 이후 그려질 수 있다. 행성 차원의 비축고(備蓄高)를 보면, 전국 총량 약 3000만 석이 그 이후 20-30년 동안 증가해서 최종적으로 1790년대에 최고기록 4500만 석에 도달했다. 이 총량에 도달한 수치들은 의심할 바 없이 달성되었다. 18세기 후반과 19세기 초반의 저곡량 하락은 2세기 동안의 저곡에서의 변화를 종결짓는다. 저곡에 대한 문서 기록은 창저 시스템의 방대한 스케일을 증명해 준다.[768]

기간을 1650-1735년, 1736-1780년, 1781-1850년으로 삼분해 볼 때, 각 기간은 비축량의 규모, 창고사용의 빈도와 목적, 그리고 국가 통제와 관리의 효율성 면에서 다른 두 기간과 달랐다. 1730년대 초에 국가는 이미 20-30년을 곡물을 상평창의 큰 비축량으로부터 동원하고 때로 분배하는 데 썼다. 제국의 많은 지역에서 비축량은 더 빈번하게 1730년대 후기에 분배되었고, 1780년대까지 이 비축량의 사용은 행성들을 가로질러 일상적으로 조율되었다. 이 기간 동안 사창이 주관하는 대여에서 얻는 이자는 여러 지역에서 상평창의 비축량에 일정한 증분을 가져다주었다. 세련된 복합적 절차의 발달을 통해 도시와 농촌의 창저(倉儲)에 대한 국가의 통제와 관리는 1740년대와 1770년대 사이에 그 정점에 도달했다. 반면, 18세기 후기부터 19세기 중반을 관통해서 개개 행성 안에서의 주민들에 대한 비축곡물의 분배는 빈도수가 떨어지고, 행성들을 가로지르는 곡물창고들의 조율은 줄어들었다. 곡물창고 운용의 감소된 규모는 비록 줄어들었어도 절대적 관점에서 여전히 식량공급 조건을 안정화시킬 상당한 관료적 행정 역량이 남아 있음을 보여 주었다.[769]

지방의 곡물비축량은 곡가에 적어도 제한된 영향을 미칠 만큼 상당한 양이었다면 심각한 식량위기에도 대응할 만큼 충분했던가? 지방 곡물창고의 비율은 청대 전 시기에 걸쳐 오직 중국 내의 국가 곡물창고의 절반에 불과했다. 수도로 보내거나 군용으로 쓸 세곡을 보관하기 위해 존재한 곡물창고들이 나머지 절반을 차지했다. 그리고 국가가 통제하는 이 모든 곡물창고들의 곡물 총량은 청대 번영기의 중국에서

---

768) Wong, "Part I: Development and Decline", 23쪽.
769) Wong, "Part I: Development and Decline", 23-24쪽.

소비된 곡물 총량의 4-5%였다. 간단히, 중앙정부가 직접 통제하는 곡물 총량은 아주 상당했고, 현물로 거두는 토지세로부터 나오는 곡물량보다 훨씬 더 많았다. 현물 토지세의 세곡은 18세기 중반에 900만여 석에 불과했다.[770] 중앙정부의 총세입은 7400만량이었고, 그중 54%가 토지세와 토지와 관련해 부과된 잡세였다. 이 토지세·잡세 가운데 현물로 징수된 약 31%는 900만 석을 조금 상회했다.[771]

곡물창고의 비축량 가운데 얼마만큼이 실제로 식량위기를 완화하기 이해 사용되었는가? 세곡은 진황용 곡식의 주요원천이었다. 이 세곡은 대운하를 통해 정규적으로 양자강 하류로부터 운송되어 수도의 군·민軍民 인구를 먹이기 위해 북경과 통주通州 및 운하 연변의 여러 장소에 저장되었다. 대부분의 추산에 따르면, 18세기 중반 저장된 세곡의 평균 비축량은 320-340만 석이었다. 이 가운데 240만 석을 가지면 수도의 군민 인구를 먹일 수 있었다. 따라서 나머지 60-100만 석은 중앙정부의 재량권으로 진황에 쓰일 수 있었다. 가령 1753년부터 1762년까지 10년 동안 590만 석이 조정의 명령에 따라 진황에 쓰인 것으로 보인다. 그리고 중앙정부는 상당한 곡물자원을 이 지역에서 저 지역으로 이송할 수 있었다. 적어도 18세기에는 그럴 수 있었다.[772] 왕국빈에 따르면, 가령 1738년과 1748년 사이에 강서의 상평창은 100만 석을 다른 행성들로 반출했다.[773] 그리고 1753-54년에도 중앙정부는 6개 행성에서 갹출된 60-70만 석을 강소성 북부지역의 식량기근의 진제를 원조하기 위해 사용했다.[774] 1801년에는 최소 200만 량과 80만 석의 곡식을 해하海河의 범람에 의해 야기된 위기를 구제하기 위해 사용했다.[775]

770) Li, "Introduction: Food, Famine, and the Chinese State", 697-698쪽.

771) Yeh-chien Wang, Land Taxation in Imperial China, 1750-1911(Cambridge: Harvard University Press, 1973), 70-72쪽. Li, "Introduction: Food, Famine, and the Chinese State", 698쪽에서 재인용.

772) Li, "Introduction: Food, Famine, and the Chinese State", 698쪽.

773) Wong, "Food Distribution Crises: Markets, Granaries, and Food Riots in the Qing Period". Li, "Introduction: Food, Famine, and the Chinese State", 698쪽에서 재인용.

774) Pierre-Etienne Will, Bureaucratie et famine en Chine au 18e siècle(Paris: Mouton, 1980), 5쪽. Li, "Introduction: Food, Famine, and the Chinese State", 698쪽에서 재인용.

775) Lillian M. Li, "Flood Control and Famine Relief in the Hai Ho Basin, 1801 and 1917." Workshop

이러한 모범적 황정의 성공이 좋은 위치와 기타 특별한 요인들에 기초할지라도, 이런 황정은 식량위기에 대한 국가행동의 18세기 패턴에서 완전히 예외적인 것이 아니었지만 중국의 통례도 아니었다. 17세기와 19세기에는, 특히 태평천국의 난 이후에는 민간인들의 진황활동이 국가의 황정보다 더 중요한 역할을 했다.[776] 국가는 민간의 기부를 장려함으로써 결과적으로 부자로부터 빈자에게로의 소득의 제한적 재분배를 진흥했다. 민간의 진황활동은 필요성(특히 많은 지역으로의 운송의 어려움 때문에 중앙정부의 수단은 제한적이었음)과 중국의 장구한 유교적 구민·양민사상을 둘 다 반영했다. 이 유교사상에 따라 진황은 지방관리들의 일반적 감독 아래서 향신층이 짊어져야 할 책무라고 믿어졌다. 지방 엘리트들은 지방상황을 이해하기에 가장 좋은 위치에 있었고 또 유용한 통제기능을 발휘할 수 있었다. 지역사회가 정상적 상황으로 회복되고 나아가 진황에 대한 그들의 적극적 관여가 불가피한 관료제적 부패현상에 대한 대항추로 기능하는 것을 보는 것은 그들의 관심사항이었다.[777]

그러나 향신의 정치적 위치는 애매했다. 지방적 리더십에 대한 유교이념적 선호와 곡물의 "관습적 회전"에 대한 국가의 장려에도 불구하고 청대의 진황 서적에는 향신의 본질적으로 애매한 위치에 대한 솔직한 인정이 나타났다. 향신들은 지방 부자들이기도 했기 때문에 곡물을 매점買占해서 곡가를 끌어올리는 데 책임이 있는 자들이었다. 더구나 기근 시에 조정에 의해 빈번하게 취해진 면세는 변함없이 소작인들에게 이익을 주기보다 지주들에게 더 많은 이익을 주었다. 결과적으로, 많은 진황책자들은 요호부민들 사이에서 홍보의 중요성을 강조했다. 부자는 빈자의 "부모"이고 빈자에 대한 의무가 있다는 것이다. 그리고 진황책자들은 이 의무를 다하지 않을 때 부자들은 곡식 비축분을 매매함으로써 작은 노블리스 오블리제를 실천하지 않을 경우에 성난 군중에 의해 그렇게 하도록 강요당하고 말 것이라는 사실도 강조했다. 그러므로

---

paper(1980). Li, "Introduction: Food, Famine, and the Chinese State", 698쪽에서 재인용.

776) Will, *Bureaucratie et famine en Chine au 18e siècle*, 97-100쪽. Li, "Introduction: Food, Famine, and the Chinese State", 698쪽에서 재인용.

777) Li, "Introduction: Food, Famine, and the Chinese State", 698-699쪽.

박애의 실천인 '시선施善'은 위해를 막는 효과적 보험수단으로도 간주되었다. 간단히, 수리水理에서처럼 진황에서도 향신과 정부관리 사이에 상호의존과 갈등이 둘 다 병존했다. 유교철학에 따라 향신은 지방관에 대해, 지방관은 향신에 대해 빈민을 보호해 주어야 할 도덕적 의무가 있기 때문이었다.[778] 따라서 향신의 퇴장은 곧 가난한 백성들의 방치로 통했다. 그리하여 가령 동정호 지역에서는 18세기 중반 이후 향신들이 인퇴하자 국가가 메울 수 없는 공백이 생겨났다.[779]

진휼에서 지방의 주도권에 대한 선호는 지방적 자급자족의 이상을 반영했다. 국가가 비전으로 추구하는 규범은 농부들이 터잡고 사는 자립적·자급자족적 향촌이었다. 진황론자들이 옹호하는 많은 정책들은 이 이상을 반영했다. 국가가 추진하는 황정에 서조차도 농촌 인구만을 언급했다. 이들의 이론 안에서 진제賑濟는 농업생산을 도움으로써 농업생산성을 회복할 목적으로 제공하는 것이었다.[780] 더구나 백성들을 이농하지 않고 고향에 남아 있게 하려는 온갖 노력을 기울였다. 이것은 특히 관리들이 주민들의 이동에 의해 야기되는 무질서와 유랑을 두려워하기 때문이고, 부분적으로는 난민 떼거리가 도시로 유입되어 도시 안에서 폭력과 질병의 원천으로 변하는 것을 방지하고 싶었기 때문이다. 재물로 타인을 돕는 다양한 '자송資送' 정책들을 '유민들'이 귀향할 수 있도록 이들을 지원하기 위해 시행했지만, 18세기 후반 관리들은 심각한 기근 속에서 주민의 이동이 저지될 수 없다는 것을 깨달았던 것으로 보였다.[781] 기근이 발생할 때 중국 백성의 두드러진 특징은 주저 없이 유랑을 떠나는 것이었다.[782] 간단히, 향촌 자급자족의 이상은 국가권력이 확대되고 곡물분배의 시장 의존

---

778) Li, "Introduction: Food, Famine, and the Chinese State", 699쪽.

779) 참조: Peter C. Perdue, "Official Goals and Local Interests: Water Control in the Tung-t'ing Lake Region in the Ch'ing Period". Workshop paper(1980). Li, "Introduction: Food, Famine, and the Chinese State", 699쪽에서 재인용.

780) Will, *Bureaucratie et famine en Chine au 18e siècle*, 123-124쪽. Li, "Introduction: Food, Famine, and the Chinese State", 699쪽에서 재인용.

781) 참조: Peter C. Perdue, "Liu-min and Famine Relief in Eighteenth-Century China"(1974). Unpublished. Li, "Introduction: Food, Famine, and the Chinese State", 699쪽에서 재인용.

782) Will, *Bureaucratie et famine en Chine au 18e siècle*, 47-55쪽. Li, "Introduction: Food, Famine,

성이 증가함에 따라 실현하기 불가능했다.[783]

식량폭동은 지금까지 논의되어 온 몇 가지 상반된 경향을 예시해 준다. 식량폭동 가담자들은 난민으로 유랑을 떠나는 기근 희생자들과 달리 보통 손에 닿는 곳에서 식량을 확보하는 데 관심이 있었다. 인구와 상업적 곡물 유통이 증가해 감에 따라 향촌 거주자들은 종종 그들이 곡가 폭등의 원인이라고 여기는 곡물이송을 저지하려고 애썼다. 또한 폭동은 향촌의 곡물 매점매석자들을 겨냥했다. 그리하여 폭동은 식량공급을 둘러싼 상인과 향촌 소비자, 향촌 소비자와 먼 고객 사이의 갈등을 표현했다. 폭동은 흉년에 가장 빈번하게 국가가 개입하여 식량의 균등한 분배를 보장해 줄 것이라는 폭동자들의 기대가 좌절되는 것을 반영했다. 청대에 식량폭동이 확산된 것은, 곡물의 장거리 마케팅이 증가하고 또 국가개입의 역할이 확대됨으로써 야기되었다.[784]

식량폭동은 끊이지 않았다. 하지만 식량폭동은 정치적 성격을 띠지 않았다. 부족한 곡물공급을 둘러싼 이 싸움은 수도 없이 많이 일어났을지라도 소규모였고, 정치변동에 대한 열망에서 터져 나온 것이 아니었다. 그리고 청대에 식량폭동이 이전 시대에 견주어 특별히 빈번한 것도 아니었다. 다만 청대를 관통해서 기본적으로 식량폭동이 지속적으로 일어났을 뿐이다. 중국 농부들은 배고프기 때문에 폭동을 일으킨다는 관념과, 중국 농부들이 배고파서 공산주의운동을 지지했다는 추론은 중국에 관한 대중적 에세이들 안에서 거의 보편적으로 발견된다. 그러나 식량폭동이 사회적 항의의 한 형태와 연결되었을지라도 이런 식량폭동으로부터 공산주의적 정치변동을 도출하는 것은 지나치게 소박한 생각일 것이다.[785]

결론적으로, 청의 곡물창고 제도인 창저제도의 발달과 쇠락은 제국의 많은 지역을 횡단하는 다양한 동원·이송·분배기술의 조율된 사용을 정점으로 하는 활동 주기를

and the Chinese State", 699쪽에서 재인용.

783) Li, "Introduction: Food, Famine, and the Chinese State", 699쪽.

784) Li, "Introduction: Food, Famine, and the Chinese State", 699~700쪽.

785) Li, "Introduction: Food, Famine, and the Chinese State", 700쪽.

보여 준다. 청국의 창저제도는 민복을 증진하기 위해 의식적으로 경주된 엄청난 노력에 의해 창출되었다. 창저의 효율성은 경쟁적 대안정책들 사이에서의 정책선택에 의해, 그리고 정책들이 집행되는 조건에 의해 결정되었다. 곡물창고의 발달과 쇠락은 정치적 정책결정과 더 넓은 사회적·경제적 맥락에 의해 규정되었다. 청국의 창저제도는 결코 근세 제국정부의 필연적 국면이 아니었다. 그것은 이전 왕조들의 관행의 복사판도 아니고, 1850년 이후의 관행들이 주조된 주형鑄型도 아니었다.786)

17세기 말과 18세기 초 사이의 시기 동안 상평창을 위한 곡물 동원은 수도에서 가까운 북부 행성들에서 가장 빈번하게 시도된 반면, 빈번한 곡물방출의 가장 명백한 증거는 남부의 광동과 복건성에서 드러난다. 18세기에 행성 간 곡물이송과 분배의 조율이 늘어남에 따라 곡물비축량은 전국적으로 모두 증가했다. 일반적으로 말해서 저곡을 방출하고 교체하는 관행은 조곡량의 증가와 감소의 교대적 국면을 만들어 냈다. 청국 지배의 첫 2세기 동안 창저제도를 먼저 만든 다음 유지하는 국가의 역량과 공약에 대한 증거들이 발견된다. 곡물창고 활동의 전체적 주기 안에서 다양한 지방적 리듬과 특수성이 존재했다. 전국적으로 저곡량을 증가시키려는 18세기 중반의 노력은 곡식의 부식과 결손의 난관에 대한 행성들의 상이한 대응이 뒤따랐다. 행성들 간에는 상이한 동원·이송·분배기술 측면에서 극적 차이도 있었다. 향촌과 행성 차원에서 지방관들의 능동적 활동으로 광범한 주기 안에서 다양한 변화가 일어났다. 관리들이 관심과 능력을 발휘하는 곳에서 곡물창고의 운용은 더 성공적이었다. 주·현 차원에서 지방관들의 태도와 자원도 곡물창고 운영의 성패에서 결정적 요소가 되었다. 최종적으로, 곡물창고는 특수한 경제적 조건에 의해 창출되는 기회와 수요에 좌우되었다.787)

하지만 변화의 일반적 속도는 지방관들의 능동성을 불러일으키는 중앙정부의 능력에 달려 있었다. 옹정제는 지방관리들의 노력을 친히 고무하고 조사한 반면, 건륭제 치세에 가장 완전하게 정교화된 통제·검열절차는 18세기의 많은 시기에 걸쳐 관리들

---

786) Wong, "Part I: Development and Decline", 93쪽.

787) Wong, "Part I: Development and Decline", 93–94쪽.

의 행태에 영향을 미쳤다. 18세기 말엽 관리들의 행동에 대한 인센티브와 제어는 더 이상 능동적 행태를 동일한 정도로 산출하지 않았다. 그러므로 곡물창고의 능동성 주기는 크게 경제사회적 변화가 종속적 역할을 하는 정치적 주기였다. 200년 동안 관리官吏 문제는 공통된 문제였다. 상평창을 운영하는 관리들의 부패 및 사창의 사장들 간의 불합치성에 대한 하소연과 불평불만은 앞서 소공권의 경우를 살펴보았듯이 쉽사리 곡물창고들이 실제로 전혀 작동하지 않았다고 속단하도록 유도할 수 있다.[788] 그러나 이것은 사실이 아니다. 하소연과 불평불만은 더 광범한 관점에서 이해되어야 한다. 이 불평불만은 분명 창저제도의 약점을 겨냥하는 것이긴 하다. 그러나 불평불만은 저곡의 대안적 동원·이송·분배 전략들 사이에서의 선택을 둘러싼 정책 논쟁의 주제이기도 하다. 곡물분배의 혜택을 극대화하고 재再비축과 부패의 문제를 극소화하는 방법을 둘러싼 관리들 사이의 의견불일치는 정책비판으로 표현되었다. 보통 직면하는 불평불만의 유형들은 아이러니컬하게도 성공의 표시로 받아들여질 수도 있을 것이다. 18세기 중반 수십 년 동안의 통합체계 부문들을 조정하는 세련된 도전과 내재적 문제들은 이 체계에 실패의 운명을 부과할 눈에 띄는 문제들에 대한 지표들임과 동시에 성공의 증거이기도 하다. 최종적으로 부패와 불량운영의 책임과 관련해 의미심장한 것은, 기록문서 안에서의 단순한 수치가 아니라 국가가 책임을 야기하는 관료제적 문제들에 대응하는 방법이다. 이 관점에서 상황을 보면, 국가가 취한 창저제도 운영에 대한 여러 가지 접근법이 구분될 수 있다.[789]

---

788) 창저제도와 관련된 도덕적 해이를 강조한 캐롤 슈(Carol H. Shiue)는 명백히 그렇게 유도된 것으로 보인다. 그녀는 18-19세기 동안 청국이 시행한 기근구호정책인 황정을 부분적으로 사창의 전국적 제도를 통해 시행하려고 시도했지만 이 제도의 실행에서 지역적 차이가 있었고, 결국 궁극적으로 망가지고 말았다고 파악하고, 사창의 곡물비축고는 중앙으로부터 더욱 빈번하게 재난구호를 받은 지방에서 오히려 체계적으로 더 낮았다고 말한다. 그리고 재난구호는 의도치 않게 지방적 자활보장을 변화시키는 결과를 낳고 완전히 해결될 수 없는 "도덕적 해이" 문제를 야기했다는 것이다. 최종적으로 중앙의 지원을 많이 받은 지역들의 창저제도는 "도덕적 해이" 속에서 망가져 버렸다는 것이다. 참조: Carol H. Shiue, "Local Granaries and Central Government Disaster Relief: Moral Hazard and Intergovernmental Finance in Eighteenth- and Nineteenth-Century China", *The Journal of Economic History*, Vol.64, No.1(Mar. 2004)〔00-124쪽〕.

789) Wong, "Part I: Development and Decline", 94-95쪽.

옹정제는 창저 조사를 시작했을 때 반쯤 빈 건물들을 많이 발견했고, 때로는 창고건물 자체가 존재하지 않는 경우도 발견했다. 그는 이전 수십 년 동안 달성된 것들을 훨씬 능가하는 수준으로 저곡을 재비축하고 확대하려는 노력을 거듭 경주했다. 그의 노력은 건륭제에 의해 계승되었다. 그러나 건륭제는 곧 정부 능동성의 본래 영역에 관해 불확실해 했고, 1748년에는 전국에 걸친 곡가의 등귀에 관해 불안을 표명했다. 이 상황에 대한 설명을 요구하는 황제의 질문에 응한 많은 관리들은 국가에 의한 곡물의 과도한 구입, 특히 상평창의 과도한 곡물구입이 곡가를 인상시킨다고 주장했다. 하지만 실제적 저곡량은 일정한 감소에도 불구하고 사실 줄지 않았다. 특히 국가의 구입은 단기적으로 얼마간 줄었으나, 저곡량은 전반적으로 계속 늘어났다. 국가는 사창과 의창의 증축과 이에 대한 의존도의 제고만이 아니라 대안의 방법들, 그리고 그중에서 다양한 잡세와 기부들을 후원했다. 그리하여 특별한 국가 활동(가령 곡물구입)에 대한 관심은 활동의 축소가 아니라 방법의 대체로 귀결되었던 것이다.[790]

18세기 말엽에는 국가의 능동성에 대한 회의가 일반적으로 증가했다. 관리들은 북서부 지역의 곡물창고 운영에서 스캔들을 방지하는 데 실패한 규칙과 법규를 불신했다. 법규들은 선정善政을 보장하지 못했다. 사실, 너무 많은 규칙과 법규는 정책결정을 유별나게 번거롭게 만들기 때문에 선정을 더 어렵게 만들 수 있었다. 창저제도의 문제점들에 대한 18세기 말엽의 해법들은 상평창에 의한 곡물방출의 빈도·복잡성·규모를 줄이는 것이고, 관리들에 의한 사창과 의창의 정기적이고 긴밀한 감독을 태만하게 만드는 것이었다. 일상화된 곡물창고 운영은 비상조치적 재再비축과 방출에 의해 교체되었다. 가경제의 개혁노력은 기본적으로 상평창과 사창의 확대집행을 뜻했던 조부의 창고개혁과 달리, 지방 식량공급 조건에 덜 연루된 관리들의 역할을 줄이는 것을 의미했다. 이 변화는 도주陶澍(1779-1839)가 운영한 사창으로 증명된다. 어떤 사창들, 특히 도시 사창들은 관리들의 참여를 조금 누렸으나, 국가지원은 사창 형성에서 특이하게 중요한 역할을 거의 하지 않았다. 도주의 의창에서 관리들이 비교적

---

790) Wong, "Part I: Development and Decline", 95-96쪽.

제한된 역할만 한 것은, 경세經世 차원에서 어려운 행정적 문제들에 대한 해법들을 가진 관리들이 이끈 19세기 초의 개혁 노력에 대한 통상적 기대에 아주 적합하지 않았다. 도주의 소금 독점 개혁이나 세곡제도에 대한 위원魏源의 작업을 생각할 때 여러 가지 많은 조직문제를 공격해 해결하는 임무에 대한 정열적 헌신이 두드러진다. 그러나 적어도 사창에 대한 그의 강조에 나타난, 국가의 식량공급 관리에 대한 그의 생각은 18세기 사창 발달에서 보인 관리의 능동성의 유형들과 비교할 때 정확하게 국가의 철수를 보여 준다. 19세기 관리들의 "경세적" 능동성은 18세기 관리들이 뛰어났던 것과 동일한 영역에서 성공은커녕 이런 영역들을 언제나 건드린 것도 아니었다.[791]

곡물창고 제도의 쇠락을 야기한 18세기 말엽과 19세기 초반의 결정에는 두 가지 차원이 존재했다. 첫째, 관리들이 곡물 대신에 현금을 비축할 이유를 더 많이 발견했다. 둘째, 관리들은 지방 곡물창고 문제를 다루는 데서 지방유지와 향신들에게 더욱 자유로운 손을 허용할 이유를 발견했다. 식량공급에 대한 간섭의 정도가 감소해 가는 만큼 청나라 번영기의 정부 곡물창고 강조 경향으로부터 민간 곡물창고에 대한 증가된 의지와 곡물보다 화폐사용으로의 이동이 일어났다. 농촌 곡물창고의 쇠락은 청나라가 정부의 주현 차원 아래로 삼투한 항구적 공공기관들을 형성하는 데서 직면한 엄청난 어려움을 예증해 준다. 사창의 성공은 확실히 곡물비축량의 유지에 대한 지방관들과 지방유지들의 공통관심과 연결되어 있지만, 그것은 더 큰 영역들을 가로지르는 더 지속가능한 연결고리를 만들어 낸 행성의 압력의 열화였다. 이 압력이 제거되었을 때, 연결고리는 물러지고 때로 부서지게 되었다. 곡물창고 운영의 조직화와 통합에서 일어난 이 변화들은 급변하는 상황 한복판에서 이루어진 의식적 선택의 결과였다. 19세기 곡물창고 운영의 쇠락으로 말미암아 축소된 자원에서나마 식량공급의 운영에 간여하려는 관리들의 지속적 의지와 역량이 고갈된 것은 아니다. 관리들은 점증하는 난관에 시달리면서도 곡물창고를 작동하게 만들 수 있었다. 청 초기와

---

791) Wong, "Part I: Development and Decline", 96–97쪽.

중기에 창출된 구조는 흔들렸으나, 1850년 이후에까지 붕괴하지 않았기 때문이다.[792]

한편, 19세기 서양선교사들은 창저제도의 동요로 야기된 농민들의 식량부족 현상에서 자기의 활동 기회를 찾으려고 했다. 하지만 19세기 말에 국가가 식량위기를 예방하거나 이 위기에 성공적으로 개입하지 못하는 것이 현저한 현상이 되었다. 기근이 규모와 빈도수에서 증가하고 광역에 걸친 조정된 대응에 대한 필요성이 커져감에 따라 중앙정부의 역량은 극적으로 축소되었다. 1876-1879년 기근에서 청의 관료기구는 여전히 손상 없이 작동했지만, 50년 또는 100년 전에 보유했던 것과 같은 재정자원을 동원할 수 없었다. 정부는 다양하고 자잘한 원천들, 공적이거나 민간적인 재정원천들로부터 진휼기금을 조금씩 모아야 했다.[793] 그리고 무수히 생겨난 민간 자선단체들은 청 정부의 공적 황정을 측면 지원했고, 정부는 이것을 정상적 구휼과정으로 받아들여 이를 지원했다. 그리하여 18세기 말부터 구빈·양로·육영·고아원과 요양원 등의 민간 자선기구들은 대개 '민관협력' 형태로 발전했다.[794]

■ 총 3589개소의 사회복지단체(선회·선당)

인애·자선운동에서 청대 18세기에 변한 것은 분명히 자선·복지활동의 확산을

---

792) Wong, "Part I: Development and Decline", 97-98쪽.

793) He Hanwei, *Guangxu chunian(1876-1879) Huabei de tahancai*(The great North China drought famine of the early Guangxu reign). Hong Kong: The Chinese University Press, 1980), 67-82쪽. Li, "Introduction: Food, Famine, and the Chinese State", 700쪽에서 재인용.

794) 19세기 말에는 중국의 여러 지방 관리와 신사층만 아니라, 서양인들도 기부를 했다. 외국 선교사들과 개혁가들은 진황에서 큰 역할을 맡기 시작했다. 일부 선교사들은 1876-1879년에 진황을 복음을 전파할 하늘이 준 기회로 여겼지만, 진황에 대한 공화국 시대의 외국인들의 관심은 복음전도의 협소한 목적이라기보다 광범한 사회적 관심을 반영했다. 외국인들은 여러 구제위원회로부터 도왔는데, 이 가운데 가장 중요한 것은 1920년대 주요역할을 수행한 '중국기근구제위원회(China International Famine Relief Commission)'였다. 중국인들의 민간 자선단체들도 주요도시에 생겨나서 1920년대 말엽에 중국의 민간 기부 수준이 외국 수준을 능가했다. Francois Godement, "Famine in the Warlord Age: The 1928-1930 Crisis in North China". Workshop paper(1980). Li, "Introduction: Food, Famine, and the Chinese State", 700쪽에서 재인용. 1930년 이후에는 민족주의 운동이 홍수통제와 진황에 대한 주요책임을 떠맡았다. 물론 외국 원조단체와 기타 자선단체도 여전히 지원역할을 측면에서 보조했다. Li, "Introduction: Food, Famine, and the Chinese State", 700쪽.

촉진하고 조정하는 데 관리들의 점증하는 역할이었다. 18세기 사창社倉과 사학社學의 형성과정에서 관리와 유지들이 수행한 명확한 역할을 보면, 비교적 낙후된 주변 향촌들에서는 관리들이 더 주도적인 역할을 한 것으로 보이는 반면, 더 부유한 지역에서는 향촌유지들이 더 주도적인 역할을 했다. 양민·교민 정치방침의 두 측면에 대한 사회적·정치적 헌신의식이 관리들과 유지들 사이에 널리 확산되어 있었다. 자선단체들은 사창이나 사학만큼 광범한 지역에 설치되어 있지 않았다. 자선단체는 대부분 부유한 지역, 특히 강남에 소재했다. 다른 향촌 자선단체들의 공간적 유형은 돌출적이지 않았다. 그럼에도 상당한 공간적 변화가 보이는데, 부府 차원에서 고아원을 세우는 일에서는 신사와 상인들이 중요했던 것과 달리, 현 차원에서는 관리들이 더 중요했다. 자료에 따르면, 한 현 안에서 여러 자선단체가 있을 때는 향촌유지들의 후원 역할이 더 컸고, 그렇지 않으면 관리들이 일반적으로 자선단체 창설에서 지도력을 발휘했다. 관리들은 특히 강절江浙지역 바깥의 향촌 지역들에서 상당한 역할을 했다.[795]

관리들이 인애·복지단체를 포함한 향촌차원의 조직들을 창설하는 데서 더 큰 역할을 수행한 경우에 그들의 활동은 수직적 관료체제에 의해 감독받거나 적어도 감찰된 더 큰 세트의 공식기능의 일부가 될 수 있을 것이다. 관리들이 아닌 민간인들의 후원이 더 큰 역할을 했을 경우에 이 자선단체들은 향촌단체들의 수평적 네트워크에도 쉽사리 통합되어 들어갈 수 있었다. 바꾸어 말하면, 인애활동은 관료행정구조 속으로 통합되거나 작은 향촌지역의 다른 활동들과 결합될 수 있었다. 이 두 가지 가능성의 상대적 중요성은 청조의 시대가 흐르면서 변화를 보였다.[796]

관리 역할의 중요성은 곡물창고의 발달과 정비례했다. 복지·자선단체들의 시기적 유형을 더 면밀히 살펴보면, 고아원과 같은 시설들의 확대에서 관리들의 중요성은 예비창·상평창과 각종 세곡창고 및 사창·의창의 형성과정과 평행했다. 18세기 발전에 대한 분석은 1655년과 1724년 사이에 설립되고 창설되고 운영된 수많은 고아원

---

795) Wong, "Benevolent and Charitable Activities in the Ming and Qing Dynasties", 250-251쪽.
796) Wong, "Benevolent and Charitable Activities in the Ming and Qing Dynasties", 252쪽.

들을 확인해 준다. 옹정제가 취한 주도적 조치를 시작으로, 향촌유지들의 노력이 결정적으로 중요한 것으로 남아 있던 복지활동들이 이제 더 큰 정부노력의 일환이 되어서 관료행정에 포섭되게 되었다. 명대 후기와 18세기 상황 사이에는 향촌유지들의 사회참여에서 중요한 사회변동이 일어난다. 명대 후기에는 '유력한' 향신들이 때로 더 작은 규모의 인애단체를 창설했다. 반면, 청대의 인애단체 창설·경영자들은 종종 더 낮은 지위의 유자들과 학생들이었다. 자선활동다운 활동에 간여한 개인들의 지위는 정부가 감독 측면에서 더 현저한 역할을 수행하는 만큼 아마 더 '평민화'되었을 것이다. 신사의 상층은 낮은 지위에서 일할 용의가 다른 유지들보다 더 적었을 것이기 때문이다. 18세기 상황은 그야말로 "관독민판官督民辦(관의 감독, 민의 운영)"이었다. 이것은 19세기 관리-상인 관계에 더 친숙한 표현과 유사했다.[797]

18세기 복지·자선사업은 지역적으로 결합의 정도에서 변화를 보이는 관官과 지방유지들의 결합에 의거했다. 인애·자선활동의 확산을 특징짓은 차별성은 이 활동들이 빈번하게 수직적 구조 안에 자리 잡은 것이다. 이것은 아마 분산된 많은 작은 사창들의 회계보고서들이 관료행정적 보고체계 아래 취합되는 상평창체제에도 거의 그대로 타당할 것이지만, 고아원과 같은 자선사업의 경우에도 이 시설의 수적 확산에서 정부는 주도적 역할을 했다. 반면, 19세기의 경우에 수적으로 증가된 인애·자선단체들이 이전보다 더 긴밀하게 더욱 작은 지역들과 연계되어 설립되었다. 그리하여 개별지역들의 경우에 경계를 긋는 식의 "외부"와 "내부"의 구분은 더욱 빈번해졌다. 상평창의 경우에 수직적 관료행정과 조정이 19세기 초를 기점으로 줄어든 것은 명백하다. 사창 곡물보유고를 유지하는 데 성공한 지역들은 종종 향촌유지들의 주도적 기여에 의거했다. 자선운동의 점증하는 향촌적 성격은 작은 지역 안에서 더 큰 수평적 조절을 가능하게 했다. 상해와 같은 대도시들에서는 다기능적 인애·복지 자선단체들이 새롭게 발전해 환과고독의 부양 및 관棺 제공을 포함한 자선활동의 스펙트럼을 더 크게 확대했다.[798]

---

797) Wong, "Benevolent and Charitable Activities in the Ming and Qing Dynasties", 252쪽.
798) Wong, "Benevolent and Charitable Activities in the Ming and Qing Dynasties", 252-253쪽.

그리고 18세기와 19세기 사이에는 자선노동의 실질적 초점이 바뀌었다. 과부 정결에 대한 18세기 관심은 이상적 가족형태의 투영에 대한 더 폭넓은 도덕적 관심을 반영한 반면, 도움을 받지 않으면 죽을 수도 있는 신생아를 가진 가정에 가용한 지원의 종류를 늘리려는 19세기 후반의 노력들은 유아사망률에 대한 우려에서 나왔다.[799]

신생아들에 대해 지원을 제공하는 복지단체들은 향촌까지 더 깊숙이 뻗어 들어가 생겨났고, 이 때문에 더 도시적인 배경에 소재한 더 적은 수의 고아원들은 처음 5개월의 복지지원 뒤에도 아기를 키울 능력이 없는 부모들의 유아들도 받아들였다. 청대에는 자선단체들의 재정조달에서도 변화가 일어났다. 항주·상해·송강과 같은 대도시에서 특히 그랬다. 1860년 이후 사료들에 따르면, 성공적 자선단체들은 18세기 내내 자선단체들을 괴롭혔던 불안정한 기금 문제를 해결했다. 옹정제는 보제당普濟堂의 설립을 장려했을 때 백성들의 "기여"를 기대했지만, 건륭제는 그런 직후에 관리들이 백성들에게 "기여"를 강요한다는 것을 발견했다. 이런 문제를 회피하기 위해서는 요호부민들이 나서야 했다. 때로 향촌 유지들과 관리들은 인애·복지활동을 지원할 지대소득을 내는 토지를 대고 싶어 했지만, 간단히 돈을 낸 경우가 더 흔했다. 가용한 총자원은 해마다 기여를 하는 사람들의 수와 기부액의 크기에 따라 변동을 보였다. 그 결과, 많은 자선단체들은 수년 이상 활동을 계속하기가 어렵다는 것이 드러났다. 18세기와 19세기 초반에 성공한 단체들은 새로운 자원들의 정기적 주입을 받는 단체들이었다. 항주와 상해의 몇몇 도시 인애단체들의 기금조성은 개별 길드('공소公所', '회관會館')들이 특정 자선단체들을 지원하기 시작한 19세기 후반에 훨씬 더 정규적이 되었다. 부마진夫馬進은 더욱 융통성 있게 조성된 기금의 경우와 더불어 인애활동을 지원하기 위해 회원들에게 상당한 세금을 징수하는 길드들의 경우를 제시한다. 자선활동이 성공하는 데 종종 활발하게 간여한 향촌관리들의 관점에서 보면 관리들과 향촌유지의 합작을 확증해 주는, 도시지역 인애활동들이

---

799) Wong, "Benevolent and Charitable Activities in the Ming and Qing Dynasties", 253쪽.

일상화(routinization)된 것으로 보였지만, 고위 관리들의 관점에서 보면 인애활동은 도시·농촌지역을 망라하는 더 큰 공간에 걸쳐 진흥하고 조정하려고 한 활동들이 아니었다. 결과적으로, 인애단체들은 향촌 사회·정치제도들의 점차 촘촘해지는 세트 안에 얽혀 들어감에 따라 점차 더 큰 정치구조와 정치비전과 분리되었다. 중국 인애·자선단체들이 북중국의 농민단체들과 같은 중국 자치기구들의 더 오랜 전통 안에 일반적으로 알맞았다. 이 인애·자선단체들은 "시민사회" 맥락에 부합되는 것이고, 도시자치의 발전을 위한 기초였던 것이다.800)

인애단체들이 국가와 독립될 수 있는 가능성은 중요하다. 하지만 이 가능성은 농촌과 도시 간에 달랐다. 농촌지역에서 자선단체들은 다양한 자발적 단체들을 조직했다. 국가가 마을 차원으로까지 침투해 들어갈 수 없기 때문이다. 행정중심지인 도시에서는 사회질서의 조직화가 상인과 다른 도시유지들에 의존했다. 마을 차원을 떠나 향촌 인애단체와 기타 단체들의 형성에서 관리들과 유지들의 참여 비율은 지역이 정치·경제적으로 중요할수록 조직들의 수가 증가함과 동시에 이 조직들의 형성과 유지에서 관리들보다 민간 유지들의 역할이 증가한다. 이것은 18세기 사창과 학교에서 관민 비례관계와 유사하다. 관리들은 경제적으로 덜 발전된 지역에서 유력한 역할을 수행하기 더 쉽고, 관료행정적 위계를 통해 지역들을 수직적으로 연결시킬 수 있는 가능성은 관리들이 덜 발전된 지역에서 더 중요한 역할을 하기 때문에 낙후한 지역에서 더 크다. 자치독립에 대한 가장 강한 요구를 제기할 가능성이 가장 큰 장소는 유력한 유지들이 사는 도심지역들이었다. 지역조직들이 더 많고 더 다양한 도시지역에서는 19세기 후반과 20세기 초에 특히 극적 변화가 일어났다. 인애단체와 자치기구들의 회원에 대한 분석에 따르면, 인애단체에서 유력한 많은 개인적 인물들은 자치 주도권에서도 지도자들이었다.801)

청대에 이르러서는 가령 1643년 세워진 곤산현의 인애자선단체, 곧 '선회善會'가 비록 명말과 달리 부정기적으로 열렸어도 여전히 '유격대'식으로 유지했고, 강희

800) Wong, "Benevolent and Charitable Activities in the Ming and Qing Dynasties", 253-254쪽.
801) Wong, "Benevolent and Charitable Activities in the Ming and Qing Dynasties", 254-255쪽.

9년(1670)에는 현지의 수재 기민饑民을 구제하는 활동을 벌였다. 동선회는 순치 초년에도 새롭게 발전해 비교적 외진 보응현寶應縣에서 순치 6-7년(1649-1650) 선비 주이원朱爾遠과 왕유용王有容이 따로따로 우인들과 함께 진용정을 모방해서 동선회를 조직해서 운영했다. 명대 말엽 강남지역의 선회가 상당히 보편적이고 동질성이 지극히 높은 사회문화현상이 되었고 또 줄곧 확대되었다는 것을 알 수 있다.[802] 초창기 청 정부는 정치적 우려에서 순치 9년(1652) 이후 문인들의 반청反淸 조직을 철저히 제거하기 위해 문인결사를 누차 금지하는 조치를 내렸다. 순치 9년 청 정부는 지방학교의 명륜당을 건립하는 것에 즈음해서 '학교조규學校條規'를 생원 들에게 제시했는데, 그중에는 "생원들이 무리를 다수 끌어 모아 결사를 맺고 세우는 것은 불허된다(生員不許糾黨多人立盟結社)"는 조규가 포함되어 있었다.[803] 그러나 이 조규는 완전한 저지효과를 발휘하지 못한 것 같다. 8년 후인 순치 17년(1660) 정월 예부 우右급사중 양단楊疸이 상소를 올려 강남선비들의 결사를 일컬어 "이름 내는 것을 좋아하여 그 뒤에도 이로 말미암아 당黨을 심는 것이 상습相習이 되어 바람을 일으키고 있습니다"라고 고하고, "선비들을 묶어내 망령되이 사명社名을 세우고 다중을 끌어 모아 모임을 맹약할 수 없다"고 하명해 줄 것을 앙망했다. 그 결과, "결사 맺기는 (...) 심히 가증스럽도다, 분명히 엄금한다"는 명령이 떨어졌 다.[804] 이러고 나서야 이 같은 자연적 발전추세를 강제로 중지시킬 수 있었다. 건 륭제 시대에 동선회는 다시 흥했지만 조직형태 등이 많이 변한 자선단체로 부활했다.

명말청초에 강남문인세계에서 활동한 위희魏禧는 적지 않은 '선인善人들'을 기록 하고 있다. 그는 명말청초에 활동한 선인들을 생일축하서예·묘지명·기문록紀聞錄 등에 기술해 놓았고, 따라서 여기서 진일보하여 저 선인들의 자세한 배경을 알 수 있다. 위희가 가장 좋아한 양주의 자선활동가는 오자량吳自亮(1611-1676)과 민상 남閔象南(세장世璋, 1607-?)이다. 이 두 사람은 명말에서 청대 중기에 이르기까지

---

802) 梁其姿, 《施善与教化》, 39-40쪽.
803) 《欽定學政全書》(1812), 4:2上, 順治九年 '學校條規'. 梁其姿, 《施善与教化》, 40쪽 각주9에서 재인용.
804) 《清實錄》(1969), 《順治實錄》131:17上-18上. 梁其姿, 《施善与教化》, 40쪽 각주9에서 재인용.

선인의 전형이라고 말할 수 있다. 두 사람은 둘 다 원적이 안휘安徽이고 젊을 때 가세가 기울어 유업儒業을 포기하고 상업에 종사하며 양주에 와서 향리의 선배를 따라 소금장사를 하여 점차 부자가 되었고, 마침내 재산을 뿌려 선을 행하게 되었고 이 때문에 당지에서 유명했다. 또 원래 명말 마지막 연간에 생원이 되었던 민상남도 맨손으로 집을 일으켜 세웠다. "마침내 양주로 가서 전수로 고향사람들을 위해 계산장부를 맡아 충실과 믿음으로 임하니 사람들이 그에게 오래도록 그 일을 맡겼다. 그러다가 자기가 천금을 벌어 소금과 명협蓂荚(약초)을 유통시켜 거만금鉅萬金의 재산을 축적했다. 이때부터 마침내 상인을 그만두고 세입 중에 자기 집이 먹는 것을 제외하고 나머지를 가지고 선한 일을 했다. 그러므로 그의 나이가 72세가 되고 재리財利를 업신여긴 지 수십 년 만에 다시 넉넉하지 않게 되었다." 오자량은 상업에 종사한 원인이 그 아비 오종주吳從周가 경영을 잘하지 못한 것이다. "사방에서 상업 을 행하면서 자본이 넉넉지 않았어도 선덕을 행하는 것을 좋아했다." 이런 까닭에 오자량은 청년시절에 깨달았다. "부모가 좋은 음식을 먹지 못하는데 책을 많이 읽어서 뭣하랴? 마침내 유업을 포기하고 장사를 업으로 삼았다." 그는 상업적 성취 를 달성하여 그의 아버지를 월등히 뛰어넘어 가업을 크게 일으켰다. 그런데 이것은 두 부자만이 나란히 강개慷慨한 감정에서 선을 행했을 뿐이다. 집의 재산은 불지 않았고, 오종주가 오자량보다 1년 늦은 87세 고령에 세상을 떠났을 때 "주머니에 남은 것이 없었다."805) 이것은 과장의 말일 수 있지만 오씨 집이 민씨 집과 아주 비슷한 것을 반영하는 것이다.

이 '민씨 선인들'과 '오씨 선인들'의 배경은 양주와 기타 명청대 상업도시의 자선 활동가 이력의 특색을 상당히 대표한다. 그들의 주요신분이 부유한 상인일지라도 단순히 상인으로만 볼 수는 없는데, 그들의 선조 중에는 일찍이 향시를 급제한 사람들이 적지 않았고, 심지어 벼슬을 지낸 사람들도 있었다. 그들의 본래 신분은 젊은 시절 유업을 많이 익혔고, 어떤 사람은 민상남처럼 생원 신분이었다. 그들은

---

805) 魏禧,〈善德紀聞錄：為閔象南作〉(1973), 10: 29上-40下. 梁其姿,《施善与教化》, 64쪽에서 재인용.

성공한 상인이 된 뒤에 종종 자기의 자제가 유업을 익혀 과거공부의 길을 가기를 원했다. 그들의 교우 망網 가운데 문인은 지극히 중요한 지위를 점했다. 그의 교우는 민상남·오자량·양원경楊元卿·정휴여程休如·정문전程文傳·신대유申大猷 등을 포괄했고 대부분 그런 특색을 띠었다.[806] 하병체何炳棣(Ping-ti. Ho)가 1950년대에 쓴 18세기 양주의 염상에 관한 논문에서도 상인과 문인이 양주에서 얽히고설킨 관계, 곧 선비와 상인이 빈번하고 긴밀하게 왕래한 정황은 유독 양주에서만 그런 것이 아니라, 명·청대의 많은 대도시가 공유하는 현상이라는 점을 강조했다.[807] 당시는 과거 경쟁이 치열해 강남처럼 비교적 인구가 밀집하고 부유한 지역에서도 가문이 자제의 장기교육을 뒷받침할 만한 두터운 경제력이 없다면 그 자제의 과거공부의 길이 장차 매우 어려워졌다. 따라서 가족이 유업과 상업을 겸하는 것은 이미 괴이한 일이 아니었다.[808]

이런 '신상紳商'은 결코 단순한 상인이 아니고 청대사회에서 중요한 특색을 연출했다. 그들은 모종의 문화적 지위를 취득해서 종종 도서관 설치, 문사文社·시사詩社에 대한 자금지원 등과 같이 문화활동에 자금을 투하했다. 자선활동을 전개하는 것은 그들의 교제활동의 일환이었다. 방지가 기재記載한 선회·선당善堂찬조인과 관리인들은 때때로 전부 다 진짜로 과거를 통해 공명을 얻은 신사들이 아니었다. 적잖은 사람들이 연납捐納을 통해 공명을 얻었다. 이런 '신상'은 당연히 고급관리가 될 기회가 비교적 적었다. 그리고 지방에서 명성은 주로 그들이 마주하는 지방에 대한 공헌 위에 세워지게 된다. 선회와 선당을 일으켜 운영하는 것은 자연히 주요항목 가운데 하나였다. 상인들이 재부를 통해 자신의 사회적 지위를 높일 수 있었고, 이것은 자선활동조직이 청대에 특히 상업이 비교적 발달한 도시에서 보편화되게 만들었다.[809]

---

806) 梁其姿, 《施善与教化》, 65쪽.

807) Ping-ti. Ho, "The salt merchant of Yangchou: A Study of Commercial capitalism in Eighteenth Century China", *Harvard Journal of Asiatic Studies* 17: 1-2(1954), 130~168쪽. 梁其姿, 《施善与教化》, 65쪽에서 재인용.

808) 梁其姿, 《施善与教化》, 65쪽.

나중에 자세히 다루듯이 청나라 일대—代가 끝나기까지 여러 자선활동가들은 강개慷慨한 마음에서 선을 행하여 지방인사들로부터 칭찬과 인정을 받기에 이르렀다. 그들은 청대도시의 자선기구의 기둥이었고, 청대 전기와 중기에 특히 현저했다. 그들이 선을 행하는 동기는 격변 중의 빈부 관념이 영향을 미친 점을 제외할 때 다시 그들의 유학적 배경과 관계가 있다. 선인들의 선조는 어느 땐가 일찍이 유자儒者 관리였고, 그들 자신도 적잖이 생원자격이 있었다. 그러나 그들은 그래도 주로 상업에 힘쓰는 것을 삶으로 삼고, 그들이 선을 행하는 것은 '유업을 포기한 것'을 보상하기 위해 저런 고통스런 경력을 살아간 것 같다.

적어도 이것은 그들에 대한 위희의 이해였다. 위희는 여러 선인의 전기의 글자 속과 행간을 서술해 가면서 왕왕 그들이 '유업을 포기한' 운명에 대한 동정심을 노출하고, 상론한 민상남·오자량 등의 전기 가운데 위희가 그런 마음상태를 삽입하는 것이 목도된다. 선인 정문전程文傳의 묘에서 묘비명을 표表한 뒤에 별도로 장천추張天樞라는 한 문인이 한 단원을 올려 저런 유형의 선행으로 유업을 포기한 심리를 보상하는 것을 더 분명하게 표명하고 있다. "가문의 대를 잇는 아들이 유업을 포기하고 장사를 배우는 것은 가장 어려운 난관이고 심처心處를 가장 많이 상하게 하는 것이다. 그러나 집이 가난해서 장사를 배우고, 청렴한 관리라서 집이 가난한 것이다." 장천추는 저런 사고방식을 인식하고, 선명하게 위희는 정문전을 위해 묘표墓表에 쓰기를 "대두뇌의 붓은 이것에 유의할 것이다"라고 했다.[810] "대두뇌"는 하늘의 상제를 가리킨다.

집의 가난을 초래한 '청렴한 관리'와 재물을 뿌려 선을 행한 '선인'은 실제 행동 측면에서도 실로 비교해 볼 만한 점이 많다. 만약 선조가 관리로서 청렴하게 삶으로써 가세가 기울어 자제가 유업을 버리고 상업을 하게 되었다면, 이렇게 출세한 상인들은 재산을 풀어 선행을 하여 가산이 다시 많이 쌓이지 않게 하는 것이 바로 청렴한 관리[廉吏]를 본받는 것이며, 또한 그들이 진정으로 유교적 관리가 될 수 없는

---

809) 梁其姿, 《施善与教化》, 65쪽.
810) 魏禧, 〈歙縣程君墓表〉(1973). 梁其姿, 《施善与教化》, 66쪽에서 재인용.

것에 대한 일종의 심리적 보상이었다. 염리廉吏와 선인善人, 이 양자는 둘 다 재부에 대한 모종의 경시를 현저히 나타냈고, 지방 공공사업에 대한 관심 측면에서 양자의 가치관은 서로 동일했다. 이런 가치관은 신구新舊가치를 조합하는 절충방식과 재부財富무시 태도를 반영한다. 이 가치관이 만들어 내는 동력은 경시할 수 없었다. 명청대의 몇백 년 동안 부단히 발전한 민간 자선활동은 부분적으로 이 동력으로부터 나왔고, 이런 종류의 가치관을 가진 지방 엘리트들이 명대 중기 이래 꾸준히 성장하고 강장强壯해져 정부가 무시할 수 없는 사회역량이 됐기 때문이다.811)

여기서 청대의 그 무수한 자선단체를 모두 다 다룰 수 없다. 어느 지도자나 독지가, 곧 '선사善士'가 공동으로 조직한 청대의 선회善會나 선당善堂과 같은 조직은 종교단체에도 속하지 않고, 어느 가문에 속하지도 않았다. 그것들은 거의 다 향신·상인·신상 등이 자금을 모으고 관리하는 장기 자선기구였다. 이런 자선조직들은 통상 중요한 경제적 기능이 없고, 각종 활동도 기아棄兒의 구제, 가난한 병자의 입양·치료와 과부 부양, 관棺·약藥·쌀 등의 시여, 석자지惜字紙 등 시급하지 않은 활동들이었다. 이 가운데 '석자지'는 문창성文昌星(북두칠성의 국자머리 바깥에 위치한 여러 개의 별)을 과거수험생·지식인들·인쇄업·서점·문방구의 수호신으로 신격화해 문자를 숭배하고 문자가 쓰인 버려진 종이를 아까워해 이런 종이를 주워 모아 깨끗한 장소에서 태우는 활동을 가리킨다.

이 사회복지기구들은 진재賑災를 위주로 하는 사창·의창·죽창粥廠 등을 포함하지 않는다. 이 자선조직들은 경제활동과 관련되어 있지 않고, 정치질서 문제와도 직접 관련되어 있지 않다. 비교적 오래된 역사적 연원을 가지고 있으며, 또한 정부 참여도 비교적 많다. 여기서는 개인적 선사善士들의 교량보수·도로보수 등의 선행善行까지 논하거나, 의전義田·의장義莊과 같은 친족구제조직까지 논할 수 없다. 정부와 종교단체의 진제振濟활동도 제외한다. 종교단체와 가문들의 구제활동은 청대에만 국한된 것이 아니라 오래된 것이다. 여기서 다루는 선회·선당 등의 자선단체는 명말에서

---

811) 梁其姿,《施善与教化》, 66쪽.

유래해 청대에 번창한 '새로운 사회운동'으로서의 자선활동기구다.

시기적으로 명대 말엽에 나타난 이 사회운동 현상은 이후 17세기 중엽 명청교체기에 수년 동안 발전한 것을 제외하고도 일직선적으로 계속 발전했다. 심지어 중화민국 초기에 이르기까지도 적지 않은 전통적 선당들이 계속 활약했다. 그러나 여기서 다루는 선당의 역사는 주로 19세기 중엽(1850년대) 이전의 역사에 국한한다. 16세기 말에서 19세기까지의 이 역사는 비교적 동질성이 있는데, 그것은 이 기간 동안에 출현한 자선조직들은 모두 중국의 전통적 사회·문화의 소산이라는 것이다.

몇백 년 동안 유지되어 온 이 자선운동 현상은 과연 얼마나 보편적이었는가? 2615종의 지방지地方志를 뒤져[812] 청대 전체의 자선단체를 집계한 양기자梁其姿의 통계를 참조하면, 그간 설립된 '육영당育嬰堂'은 도합 최소 973개, '보제당普濟堂'은 399개소, '청절당淸節堂' 및 유사단체는 216개소, 시관국施棺局은 589개소, 종합적 성격의 선당은 338개소, 단일 범주로 분류하기 어려운 기타 자선단체는 743개소로 나타났고,[813] 유랑자를 수용·구빈하는 '서류소棲流所'는 331개소로 집계되었다.[814] 그러나 실제로 모든 지방지를 다 뒤져볼 수 없었기 때문에 이 통계수치는 필연적으로 과소평가된 것이다. 그리고 지방지는 자료 자체를 누락하는 경우가 많다.

하지만 이 수치만으로도 청대 선당의 보편적 확산 정도를 대략 짐작할 수 있다. 이와 같은 자선단체는 전국적으로 두루 분포되어 있었다. 여기에는 행성으로 치면 강소·절강·안휘·강서·호북·호남·사천·복건·광동·광서·운남·귀주·하북·산동·하남·산서·섬서·감숙성 등이 포함되어 있었다. 선당·선회 등의 이 자선단체는 청대에 비상하게 보편화된 현상이라고 말할 만했다. 그런 만큼 선당·선회 등의 중요성과 사회적 의미를 간과할 수 없다.[815]

청대 자선단체는 단순히 일개 새로운 사회현상이 아니라 이 현상 속에 구체적이고

---

812) 참조: 梁其姿, 《施善與教化》, 316-348쪽 부록.

813) 梁其姿, 《施善與教化》, 2쪽.

814) 梁其姿, 《施善與教化》, 258쪽 부록 통계표.

815) 梁其姿, 《施善與教化》, 2쪽.

복잡한 문화요소가 삼투되어 있다고 생각한다. 따라서 반드시 전면적으로 이 현상을 이해해야 하며, 사회경제적 관점에서 선당의 객관적 형성 원인만이 아니라, 자선행위자의 주관적 관점에서 선당의 기능과 성격을 분석해야 한다. 기본적으로 사회문화사적 관점에서 논해야 하고, 그래야만 청대의 사회복지 문화를 깊이 이해할 수 있을 것이다.[816]

상술된 육영당·보제당·청절당·시관국·종합선당·서류소·기타단체를 다 합친 청대 사회복지 자선단체의 총수는 대충 추산해 봐도 무려 3589개소에 달했다. 자선단체가 많은 지역은 강소성과 절강성이고, 특히 강소성이다. 두 성은 전국 육영당의 32.2%, 보제당의 9%, 시관국의 58.1%, 청절당의 61.1%, 서류소의 10.3%, 종합선당의 42.9%, 기타선당의 45%를 차지했다. 강절江浙 양성에서 특히 시관국과 청절당 점유율은 전국의 절반을 넘을 정도로 특출나다. 심지어 양성의 청절당은 전체의 61.1%까지 차지할 정도로 강세를 보이고 있다. 반면, 서류소는 하북성이 157개소(47.4%), 사천성이 68개소(20.5%), 보제당은 산동성이 112개소(28.1%), 복건성이 63개소(15.8%)로 가장 많았다. 이와 같이 선당의 종류는 지역에 따라 각각 다르다. 이것은 지역별로 다른 사회경제적 문제, 상이한 지역문화로 말미암아 그럴 수밖에 없었다. 수가 가장 많은 육영당은 비교적 균등하게 분포되어 있었다. 이것은 육영당이 청대에 가장 전형적인 선당이 되었음을 나타내 준다. 유독 강소성에 집중된 청절당은 유교적 절을 높이 치는 이 지역 특유의 문화를 보여 준다. 또 시관국이 강절 양성에 집중된 것도 주의를 요한다. 이것은 장례를 중시하는 강절지역의 유교적 지향성을 보여 주는 것이기 때문이다.[817]

- 전국 ○73개소의 육영당

영아살○와 유기는 이미 고대에 금지되었지만 기근 속의 생활고로 영아유기는 명·청대까○도 음지에서 계속되었다. 그래서 여전히 육영당育嬰堂이 필요했다. 유기

---

816) 梁其姿,《施善與教化》, 2쪽.
817) 참조: 梁其姿,《施善與教化》, 258쪽.

된 영아들은 대개 여아女兒들이었다. 명대에 이미 남아 살해·유기는 점차 드물어졌다. 여아 살해·유기는 훨씬 나중에까지도 창궐했다. 그 규모에 대해서는 논란이 있다. 보통 인용되는 추계로는 청대 말엽에도 신생 여아의 5/1-4/1에 달했다고 얘기되기도 한다.818) 그러나 버나이스 리(Bernice J. Lee)는 존 더전(John Dudgeon)의 다른 증언으로 이런 추계를 부인한다. 20세기 초에 북경에서 의사로서 일한 스코틀랜드사람 더전은 "유아살해는 우리들끼리 믿어지듯이 그렇게 일반적으로 지배적이지 않고, 중국 북부에는 전혀 존재하지 않는다"고 확언했었다."819) 그리고 리는 더전의 말을 빌어 육영당의 내부상황을 이렇게 전했다.

> (육영당의) 중국 어린이들은 유쾌한 환자들이다. 그들은 친절에 기꺼이 응했고 직업적 견지에서 볼 때 모든 측면에서 만족스럽다. 드물지 않게 단순히 좋은 급식과 풍부한 산소가 아주 경이로운 치유력을 발휘했다. 성인은 모두가 어린이가 건강하고 행복해진 며칠 뒤에 충분히 기꺼이 육영당에서 퇴소하고자 하기 때문에 육영당 안에서 어린이와 함께 지내도록 허용해 달라는 요구를 거의 언제나 신청하고, 또 이 신청을 인가하는 것이 훨씬 더 좋다. 그러는 사이에 많은 이익이 있었다. 반면, 아이를 한번 떼어 놓도록 부모를 설복하는 노력과 놀란 아이를 달래는 어려움은 엄청나다. 중국 유아는 통상 생을 아주 좋게 시작한다.820)

버나이스 리는 육영당의 내부상황을 실로 유쾌하고 화기애애했던 것으로 묘사하고 있다. 청대 육영당은 20세기 초까지도 명실상부하게 제대로 운영되고 있었던 것이다.

기아棄兒들을 수용해 양육하는 청대의 자선조직들은 명대의 '육영원育嬰院'과 달리

---

818) Bernice J. Lee, "Female Infanticide in China", *Historical Reflections / Réflexions Historiques* 8#3(1981), 163-177쪽, Online. 검색: 2021. 12. 30.

819) William Hamilton Jefferys, *The Diseases of China, including Formosa and Korea*(Philadelphia: P. Blakiston's son & Co., 1910), 258쪽(구글 검색일: 2021. 12. 18).

820) Jefferys, *The Diseases of China, including Formosa and Korea*, 258쪽.

대개 '육영당育嬰堂'이라는 명칭을 달았다. 하지만 간혹 '육영소育嬰所'(育嬰公所), (육영과 과부구휼을 결합한) '육영휼리국育嬰恤釐局', '유영당留嬰堂', '유영소留嬰所', '접영당接嬰堂', '접영국接嬰局', '접영공소接嬰公所', '보영소保嬰所', '보영국保嬰局', '보영회保嬰會', '증영국拯嬰局', '증영공소拯嬰公所', '구영회救嬰會', '활영당活嬰堂', '유유당幼幼堂', '자유당慈幼堂', '보생사保生社', '생생국生生局', '휼고국恤孤局', '자항국慈航局', '정심국正心局', '제영국濟嬰局', '제영동인당濟嬰同仁堂', '회춘원回春院' 등 여러 명칭이 있었다.[821]

적게 잡아도 전국적으로 도합 973개소에 달했던 육영당은 1850년 이전에 설립된 것이 579개소, 1850년 이후에 설립된 것이 394개소였다. 최초에 설립된 육영당은 1646년 설립된 강서성 감현贛縣의 관립 육영당이었다.[822] 육영당은 유모(젖어미)를 고용해 유기된 영아들을 젖을 먹여 길렀다. 육영당은 이런 젖어미도 필요했지만, 평소 영아를 보살필 보모도 필요했다. 이런 목적을 위해 육영당은 무의탁 과부들도 수용·구휼하면서 이들을 보모로 활용하기도 했다. 이 때문에 어떤 육영당은 간판을 '육영휼리국育嬰恤釐局'이라 달았다.

육영당 설립자의 신분을 보면, 1850년 이전에 설립된 육영당 가운데 283개소 (48.9%)는 관립官立이었다. 민간이 설립한 육영당은 114개소였고, 설립자가 불명不明한 육영당도 182개소에 달했다. 민간·불명자 양자를 합쳐서 296개였고, 전체의 51.1%를 점했다. 1850년 이후 관립 육영당은 109개소(27.7%)였고, 민간이 설립하거나 설립자가 불명확한 육영당은 184개소(21+163)로서 72.3%를 점했다.[823]

양주揚州의 '육영사育嬰社'와 항주의 '육영당'의 사례를 통해 육영당의 운영 실태를 살펴보자. 명말의 선회善會와 청초의 선당의 연관성을 간파하는 것은 어렵지 않다. 양자는 주요 구조항목에서 모두 상당히 일치하고, 또 역시 마찬가지로 강남지역의 도시에 집중되어 있지만, 둘의 일맥상통 관계를 한 단계 더 거슬러 올라가려면 좀 더 정밀한 검토 작업이 필요하다. 청대 최초의 가장 주요한 자선조직 가운데 하나인

821) 참조: 梁其姿, 《施善與敎化》, 259-284쪽 '附表一 育嬰堂'.
822) 참조: 梁其姿, 《施善與敎化》, 256쪽.
823) 참조: 梁其姿, 《施善與敎化》, 257쪽.

육영당을 보기로 삼아 분석해 보면 육영당 발전의 관건이 명청시대에 있다는 것이 드러난다. 버려진 아기들을 업어다 기르는 육영育嬰 또는 보영保嬰은 본래 명청시대에 허다한 구황책 가운데 중요부분이었다. 기황饑荒 때 난민들이 자식들을 버리거나 자식을 팔아서 연명하는 경우가 많았고, 이 때문에 각종 구황책 가운데 왕왕 유력인사에게 육영을 고취하는 한 조목이 들어 있었다. 관청도 직접 기아들을 수용·부양했다.

청대 노동勞潼의 유명한 저서 《구황비람救荒備覽》(1794)은 수록된 명대의 구황救荒 사례에서 유이劉彝가 처주령處州令으로 있을 때 방榜을 붙여 사람을 불러 모아 굶주린 백성이 버린 자식들을 수용해 기른 사례를 들고, 양주 채건蔡楗(連)의 육영사 사례도 들고 있다. 이 두 번째 사례를 자세히 살펴보자.《구황비람》은 위에서 위희魏禧의 〈구황책救荒策〉을 수록하고 있는데, 그중 한 조목인 〈당사지책當事之策〉은 바로 버려진 아이들을 입양해 기르는 것을 다루고 있다. 이 조목은 유력인사들에게 버려진 아이를 입양해 기를 것을 건의하고, 관청에서는 '생부·생모가 나중에 아이를 되사갈 수 없다'는 서약서를 갖춰 주게 하고 있다.[824] 명나라를 위해 순절한 기표가祁彪佳는 《황정전서荒政全書》를 썼는데, 그 안에서 '보영保嬰' 항목을 두어 명말 지방 사람들이 기근 때 기아들을 입양해 기른 일을 기록하고 있다. 기표가는 친히 고향 소흥에서 구황 시에 보영국保嬰局을 누차 조직했다.[825] 나중에 남명南明의 복왕福王을 위해 힘을 보탰던 황희헌黃希憲도 숭정 14-15년(1641-1642) 오현吳縣의 기근 때 소군蘇郡의 육문六門 안팎에서 빈집을 택해 병들고 굶주린 아이들을 양육하고 노구를 이끌고 아이들을 돌보았다.[826]

이 사례들은 적어도 비교적 부유한 강남지역에서 유력한 요호부민들과 유력인사들이 모두 재난 시에 아기와 어린이들의 생명을 상당히 중시했다는 것을 말해 준다. 그러나 대부분 기아를 보호할 것을 건의하는 것과 관련되어 있고, 여전히 황정의

---

824) 勞潼, 《救荒備覽》(794)(1850), 2: 16上, 4: 12下. 梁其姿, 《施善與敎化》, 72쪽에서 재인용.

825) 祁彪佳, 《小柰錄》(641年日記)(1982), 62下-63上. 梁其姿, 《施善與敎化》, 72쪽에서 재인용.

826) 黃希憲, 《撫吳檄略》. 崇禎5:92上-93上, 崇禎十五年四月於吳長兩縣. 梁其姿, 《施善與敎化》, 72쪽에서 재인용.

일부분에 속할 뿐이고 결코 장기적 구제계획이 아니었다. 따라서 이것은 송대 자유국 慈幼局 모델과 거리가 멀었다. 하지만 그중 채건이 만든 양주의 육영사만은 예외적이었다. 이 육영사 조직은 기근 때에만 한정하지 않고 평소에 기아들을 입양하고 송대의 전례를 따라 운영했다. 그러나 양주의 육영사는 지구성에서 송대의 자유국을 뛰어넘었다. 이 점에서 양주의 육영사는 청대의 300년 선당 전통을 직접 열었다고 할 수 있다.[827]

채건, 또는 일명 채련蔡連은 명말청초에 양주 지방의 일개 보통상인에 지나지 않았으나, 그가 창립한 양주 육영사는 당시 비상하게 유명해졌고 허다한 문집에서 모두 이것을 기록하고 있다. 나중에는 지방지地方志들도 이 일을 기록하고 있다. 문중 가운데 이 일에 대해 가장 상세하게 설명한 사람은 유종주劉宗周다. 그가 기록한 것에 따르면 채련은 양주에서 육영회를 창립하고 관리했다. 그 방법은 동지들을 모아 4인이 한 명의 기아를 같이 양육하고 한 사람이 매월 은 1전5푼을 출연해 노변 기아들을 육영사로 수용해 회원들의 출연은전으로 유모를 고용했다. 유모에게는 매월 6전을 주고 3년을 기한으로 기아들을 양육하게 하고, 때가 되면 사람을 불러 입양해 기르게 했다. 유종원은 1634년 이전에 이 일을 기록하고 있다.[828] 따라서 육영사의 창립도 아마 숭정 초기일 것이다.[829] 유종주의 세대가 늦은 뒤 회하淮河의 이남·이북 지방의 염운사鹽運使를 역임한 주량공周亮工(1612~1672)도 이 일을 기록했다. 그는 별도로 방생사放生社를 들면서도 광릉廣陵 육영사 설치에 감명받았다고 기술했는데, 그는 이 선행을 〈방생사放生社 서序〉에서 이렇게 쓰고 있다. "채련과 광릉의 군자들은 이미 육영을 일으키고 이것을 넓혀 방생사를 세웠는데, 그들이 추진한 것을 이루었다고 이를 만하다."[830] 그러나 지방지들의 양주 육영사 기록은 명말이

827) 梁其姿, 《施善與教化》, 72쪽.

828) 劉宗周, 《人譜三篇附類記 六卷》(634)(1903 清官書局刊本), 5: 61下. 梁其姿, 《施善與教化》, 73쪽에서 재인용.

829) 梁其姿, 《施善與教化》, 73쪽.

830) 周亮工, 《賴古堂集》(上海: 上海古籍出版, 康熙刻本影印, 1979), 15: 9下上(〈放生社序〉). 梁其姿, 《施善與教化》, 73쪽에서 재인용.

시작되는 시점의 이 한 가지 사실로 그치고 있고, 명대 이후의 발전에 대해서는 기록이 전무하다.[831] 육영사의 명말청초 역사에 관해서는 그래도 위희가 비교적 상세한 기록을 제공했다. 1677년 겨울, 위희는 친구들과 함께 양주 육영사를 지나다가 100여 명의 유모들과 검매檢梅(대변검사) 중의 아기들을 보았는데, 당일이 때마침 유모의 품삯과 아기 솜옷이 나오는 날이라서 담당자가 이름을 부르며 배포했다. 육영사의 우측에서는 의사가 아기들을 위해 부스럼 등 소아질환을 보았다. 위희는 이 상황을 보고 크게 감동해 호기심에서 육영사의 기원을 물어봤는데, 어떤 사람이 23년 전(1655) 봄날 채련이 민상남閔象南과 같이 창설한 조직이라고 알려 주었다. 민상남은 양주를 기아가 많은 땅으로 여겼다. 그는 양주에 부유한 상인들이 많고 이곳의 부유한 상인들이 첩을 많이 사들이고 이를 예사로 여기며 아기를 많이 낳기 때문에 유모가 되려는 가난한 부녀들이 이곳에서 아기를 많이 버리는 것으로 파악했다. 이곳은 처첩이 많아서 출산이 특히 활발했고, 유모의 수요도 따라서 증가해, 가난한 집 부녀자들은 부잣집의 유모가 되어 후한 품삯을 벌기 위해 친자식을 버리는 것도 마다하지 않았기 때문이다. 민상남의 이 설명이 옳은지 그른지는 따지지 말자. 양주의 기아 문제에 대해 알게 된 민상남은 채련과 함께 단기적 구황의 형식으로 기아 문제를 처리하지 않고 장기적 구제활동을 벌였다. 그들은 송대의 자유국慈幼局을 모방했다. 민상남과 채련은 육영사의 사관社館을 세우고 사원社員으로 유모를 초빙했다. 이 일은 채련이 맡았다. 4년 뒤인 1659년 여름, 정성공鄭成功이 강소 연안에 진공해 대 경란驚亂을 일으켰고, 육영사 사람들은 이리저리 도망쳤고, 자금도 따라서 크게 부족해졌는데, 채련이 혼자 힘으로 수개월을 버텨냈다. 청군이 정성공 군대를 평정한 뒤 민상남은 독자적으로 선당을 유지하는 것이 쉽지 않다는 점을 고려해 제도를 바꿔 사원들이 개인적으로 1개월씩 돌아가면서 당번으로 근무하게 했다. 만약 회원들의 기부금이 비용을 감당하지 못하면 잔액은 담당자가 보충하고 민상남 자신은 매년 돌아가며 2개월 치를 자원했다. 이런 식으로 양주 육영사는 위희가

831) 梁其姿, 《施善與敎化》, 73쪽.

관찰한 1677년까지 오래 유지했다. 23년 동안 3-4천 명의 기아를 살렸다.[832]

양주 육영사에 관한 세부적 물음들은 아마 현존사료로는 답하기 어려울 것이다. 하지만 제한된 사료들을 통해 양주의 상인 채련이 숭정초 양주에서 육영사를 설립해 여러 방면에서 주목을 받았으며, 명청교체기에 병화兵禍로 잠시 폐쇄되었고, 순치 연간 1655년 무렵에 채련이 재력가 '선인' 민상남의 후원을 받아 육영사를 다시 조직하고, 회원 1인 1개월 급여 제도를 도입했다는 것을 알 수 있다. 이 육영조직은 강희에 이르렀고 심지어 옹정시대에 이르러서 개명해 '육영아당育嬰兒堂'이 되었을 가능성이 크지만, 나중에 지방지들이 기록의 편의를 위해 양주 육영당이 1655년에 창설되었다고 칭술했을 것이다. 더 중요한 저런 사례가 분명하게 설명해 주는 것은, 명청교체기의 자선조직이 몇 년째 쇠퇴하지 않고 유지되었다는 것이고, 아울러 왕조 교체 기간의 사회혼란에 따른 어려움을 극복한 주요 관건은 지방 상인들의 고심에 찬 경영이었다는 것을 보여 준다.[833]

양주 육영당은 당시만 해도 결코 유일무이한 사례가 아니었다. 항주 육영당의 발전사는 청초 지방 선인들이 독력으로 그 국면을 견뎌 냈던 경험을 말해 준다. 이 육영당은 강희 5년(1666)에 지방생원 육원장陸元章에 의해 설립되어 각 지방관들의 의연금을 받았으며, 이후 강희 13년(1674) 한 해 동안 복건성의 경정충耿精忠의 난 때 "병마가 왕래하고 의연금의 지원이 이어지지 않아 중단되었다." 그러나 항주 육영 당은 1681년 "신사 장사욱章士旭 등이 각기 자기의 자금을 의연하고 서로 지원을 권려해 운영을 회복하고 기아를 널리 수용·양육해 이전보다 두 배가 되게 했다." 장사욱은 금전을 기부했을 뿐만 아니라, 양주의 민상남·채련처럼 직접 선행을 감독했 다. "그는 오산 아래 육아당을 짓고 사람을 시켜 길가의 기아를 받아들여 유모를 고용해 젖을 먹게 했다. 매월 삭망일에 반드시 몸소 그곳을 방문해 유모를 부른 다음 아기를 안는 것을 보고, 의복을 두루 지급했다. 한난조습寒暖燥濕한 때에는 질병

---

832) 魏禧, 《魏叔子文集》(台北: 商務印書館影印淸初易堂藏板, 1973), 10: 32上-下(〈善德紀文敍爲閔象南 作〉). 梁其姿, 《施善與敎化》, 73-74쪽에서 재인용.

833) 梁其姿, 《施善與敎化》, 74쪽.

이 있어 의약비용이 적지 않게 들었다. 그리고 나이가 들어 들어오기를 원하는 자에게
는 수용증명서를 갖춰 주었다. 40년을 하루같이 그렇게 행했다." 이렇게 하여 청대가
끝날 때까지 항주 육영당의 기초를 다질 수 있었다.[834]

양주 육영사와 항주 육영당의 청대초기 역정은 서로 대동소이했다. 이 선당들은
병황마란兵荒馬亂 중에 주로 지방 유력인사들의 지원에 의지했다. 지방의 복지 측면에
서 17세기 중기와 후기의 관청 역량은 중앙정부든 지방정부든 가릴 것 없이 실제로
변변치 못했다. 그리하여 명·청대의 선당·선회는 대부분 민간을 중심으로 조직되었
다. 이것은 청대 선당·선회가 송대의 민간자선기구들과 크게 다른 점이다. 청국정부
는 사실상 옹정 2년(1724)에 이르러서야 지방 자선단체들의 발전을 중시하고 고무하
기 시작했다.[835]

- **399개소의 보제당(노인당)**

보제당普濟堂은 60세 이상의 무의탁 노인들을 수용해 구휼하는 민간 자선기구로서,
'노인당'으로도 불리었다. 이 노인당은 보통 '보제당'의 명칭을 썼다. 사례로 '무림武林
보제당'은 수용한도가 무려 1000명이었다. 정원 외의 지원자들은 서명서에 등록하고
서류를 대나무 통 안에 넣어 사망으로 빈자리가 생길 때까지 기다렸다가 추첨해
빈자리를 채웠다. 홀 안에 다섯 명씩 집을 짓고, 각 방에는 조사 준비를 위해 상호를
매겨 놓았다. 당내堂內에 5명이 방 한 칸에 입주했다. 방마다 사이에 자호字号를
써 달아서 점호에 대비케 했다. 하루 세 끼를 제공하고 식당에서는 사원의 재당齋堂처
럼 매월 생선·육류 요리를 몇 차례 먹고, 평일에는 대개 채소 요리는 한 가지였는데,
스스로 음식을 만들어 먹는 것이 허용되었다. 매월 3일 동안 보제당을 떠날 수 있고,
3일을 넘기면 제명처리했다.

399개소의 보제당 가운데 1850년 이전에 설립된 것은 362개소였고, 1850년 이후

---

834) 《康熙仁和志》《康熙錢塘志》, 《武林坊巷志》(1987), 第一冊, 477, 481쪽에서 인용. 梁其姿, 《施善與教
化》, 74-75쪽에서 재인용.
835) 梁其姿, 《施善與教化》, 75쪽.

설립된 것은 37개소에 불과했다. 최초 건립된 노인당은 1666년 설립된 강서성 원주袁州의 보제당이다. 보제당 설립자를 분류해 보면, 1850년 이전에 설립된 보제당 가운데 178개소(49.2%)는 관립이고, 184개소(50.6%)는 민간이 설립한 보제당(21개소)이거나 설립자가 불확실한 보제당들(163개소)이다. 1850년 이후 설립된 보제당 가운데 관립은 4개소이고, 민간과 불명자不明者가 설립한 것(5+28)은 33개소(89.2%)였다.

- **216개소의 청절당淸節堂**

'청절당淸節堂'은 지아비를 잃은 미망인들이 정절을 팔아 생계를 구하는 것을 방지하기 위해 주로 과부를 후원하는 유교적 성격의 자선단체다.836) 과부를 지원하는 이 자선단체들은 대개 '청절당'이라는 명칭을 썼지만, 때로 '휼리회恤釐會'(恤釐局), '휼리집恤(卹)釐集', '숭절당崇節堂', '경절당敬節堂', '집선당集善堂', '영제당永濟堂', '박애당博愛堂', '중선당衆善堂', '전절당全節堂', '여절厲節·보절保節·상절당尙節堂', '문정당文貞堂', '입정당立貞堂', '전정당全貞堂', '부인회婦仁會' 등 다양한 명칭을 사용했다.837)

청절당은 전국적으로 도합 216개소에 달했다. 1850년 이전에 건립된 청절당은 56개소였으나, 1850년 이후 160개소가 더 설립되었다. 최초에 설립된 청절당은 1774년에 창립된 하북 강소성 오현吳縣의 청절당이었다.838) 설립자의 유형을 보면, 1850년 이전 설립된 13개소(23.2%)의 청절당은 관립이었고, 민간(33)과 불명자(10)가 설립한 청절당은 43개소(76.8%)였다. 그리고 1850년 이후 관립 청절당은 53개소(33.1%)였던 반면, 민간(69)과 불명자(38)가 설립한 청절당은 107개소(66.9%)에 달했다.839) 말하자면, 민간과 불명자가 설립한 청절당(총216개소, 70%)이 관립(총66개소, 30%)보다 압도적으로 많았다.

---

836) '청절당'에 대한 자세한 것은 참조: 梁其姿,《施善與敎化》, 155-182쪽
837) 참조: 梁其姿,《施善與敎化》, 285-290쪽 '附表二 淸節類善堂'.
838) 참조: 梁其姿,《施善與敎化》, 256쪽.
839) 참조: 梁其姿,《施善與敎化》, 257쪽.

- **331개소의 서류소棲流所**

순치제 10년에 설치된 '서류소棲流所'는 유랑하는 노숙자와 유리걸식자들을 수용·부양扶養하는 관립 구호기관 및 민간 자선단체다. 서류소에 관한《청회전사례淸會典事例》의 기록을 보면, "순치 10년 법도를 뒤집어 성시城市마다 서류소를 건조하고 다섯 성시마다 번갈아 관리해 궁민窮民들이 숙소를 얻게 만들고 (...) 무의탁 유민流民이나 길거리에 병들어 누워 있는 자들을 보면 총갑總甲에게 명해 서류소로 부축해 들이게 하고 해당 관청에 보고토록 했다"라고 쓰고 있다.[840] 또《청사고淸史稿》에는 "외부에서 들어온 유리걸식자들은 보정保正의 감독 아래 걸식자 우두머리를 인솔해 조사하고 소장자少壯者는 원적지로 돌려보내 편안히 정착하게 하고, 나머지는 서류소로 귀의·입소시켜 관속管束하게 했다"고 기록하고 있다.[841]

청대 서류소는 총 331개소에 달했다. 이 가운데 1850년 이전에 설립된 것은 239개소였고, 이후 설립된 것은 92개소였다. 최초에 창립된 서류소는 1702년 하북 광평자현廣平磁縣의 서류소였다.[842] 1850년 이전에 설립된 서류소 가운데 190개소(79.5%)는 관립이었던 반면, 민간(19)과 불명자(30)가 설립한 것은 49개소(20.5%)였다. 그러나 1850년 이후에는 민간(23)과 불명자들(24)이 설립한 서류소가 47개소(51.1%)였고, 관립 서류소는 45개소(48.9%)였다.[843] 종합하면, 331개의 서류소 가운데 235개(약 71%)는 관립이고, 나머지 96개소(29%)는 비非관립이었다. 서류소는 청절당과 반대로 관립이 압도적으로 많았다.

- **589개소의 시관국施棺局**

시관국施棺局은 사망한 빈자들에게 관棺을 시여하고 때로 공동묘지의 땅뙈기를

---

840)《欽定大淸會典事例》(中國哲學書電子化計劃),〈都察院·棲流所〉: "順治 十年覆準 每城建造棲流所 交五城管理 俾窮民得所 (…) 如遇無依流民及街衢病臥者 令總甲扶入所內 報明該司."
841)《淸史稿》(中國哲學書電子化計劃),〈食貨志一〉: "外來流丐 保正督率丐頭稽査 少壯者遞回原籍安挿 其餘歸入棲流等所管束."
842) 참조: 梁其姿,《施善與敎化》, 256쪽.
843) 참조: 梁其姿,《施善與敎化》, 257쪽.

분여해 주는 자선단체다. 이 자선단체는 보통 '시관국施棺局'의 명칭을 사용했으나, 실로 아주 다양한 명칭을 사용했다. '시재회施材會', '동인당', '동선당', '엄격회掩骼會', '광인회(광인당)', '사관회捨棺會', '돈인관敦仁館', '동선회', '장생당', '택시사澤屍社', '적덕당積德堂', '돈의당敦義堂', '견의당見義堂', '영인당永仁堂', '숭선당崇善堂', '낙선당樂善堂', '부시회浮屍會', '예격회瘞骼會', '적선국', '광인장회廣仁葬會', '예매국瘞埋局', '육선당毓善堂' 등 무수한 이름들이 그것이다.[844]

도합 589개소의 시관국 가운데 1850년 이전에 설립된 시관국 355개소이고, 1850년 이후에는 도합 234개소가 설립되었다. 최초의 시관국은 1564년 명대에 세워진 강소성 장련章練의 것이었다.[845]

1850년 이전에 설립된 시관국 가운데 31개소(8.7%)는 관립이었고, 민간(251)과 불명자(73)가 설립한 것은 324개소(91.3%)였다. 1850년 이후에 설립된 것 가운데 관립은 28개소(12%)였고, 민간(133)과 불명자(73)가 설립한 시관국은 206개소(88%)였다.[846] 결국, 시관국의 90%는 민립民立이었던 것이다. 민간의 참여가 압도적으로 높은 것은 사후의 삶을 부정하고 일회적 현생을 중시하는 유교의 현세주의 세계관에서 백성들이 죽음을 애석해 하는 장례葬禮 문화를 그만큼 중시했음을 보여준다.

- **338개소의 종합선당**

'종합선당'은 양로·구빈·병자치료·육영育嬰·청절보호·시관施棺·장학獎學 등 여러 가지 활동을 기회 닿는 대로 전개하는 자선기구를 말한다. 종합선당은 그야말로 다양한 명칭을 달고 있었다. 명칭은 '비지사悲智社', '창선국昌善局', '동선당同善堂', '광선당廣善堂(광선회·광선국)', '동인당同仁堂', '박애당博愛堂', '여선당與善堂', '혜안당惠安堂', '축선국祝善局', '중선국衆善局', '휼빈국恤貧局', '휼빈회공국恤貧會公局', '숭선당

---

844) 참조: 梁其姿,《施善與敎化》, 291-306쪽 '附表三 施棺類善堂'.
845) 참조: 梁其姿,《施善與敎化》, 256쪽.
846) 참조: 梁其姿,《施善與敎化》, 257쪽.

崇善堂', '충선당充善堂', '낙선당樂善堂', '체인국體仁局', '자신당自新堂', '육정六政', '주급
국周急局', '배심선당培心善堂', '운향국輪香局', '애육당愛育堂', '생생국生生局', '지인당志
仁堂', '돈선당敦善堂' 등 거의 한이 없다.[847]

종합선당 338개소 가운데 1850년 이전에 설립된 것은 355개소이고, 1850년 이후
에 설립된 것은 222개소다. 최초에 창설된 종합선당은 1661년에 항주에서 설립된
것이다.[848]

338개 종합선당의 40개소(11.8%)는 관립이고, 298개소(88.2%)는 민립 또는 설립
자 불명이다.[849] 이것을 보면, 종합선당이 청절당·시관국과 더불어 민간 자선운동의
본령이었다.

- 743개소의 석자회惜字會 등 기타 선당

'기타선당'은 하나의 목적의 자선활동을 추구하되, 빈자들에 대한 장학·과거수험
생 지원 및 구빈·구생救生(강하의 구생선救生船)·석자지惜字紙·병원·요양원·약국藥局
등의 자선활동을 전개하는 (육영당·시관국·청절당·보제당·서류소 외의) 자선단체들이
다. 특이한 자선단체는 문창文昌신앙을 가진 문인들이 (글자를 숭배하여 아끼는) 석자惜
字의식에서 글자가 쓰이거나 인쇄된 종이(字紙)를 주어모아 태우는 것으로부터 출발
해 청대 중기 이후 시관施棺·시약施藥·시죽施粥 및 궁빈窮貧과부 구제와 객사客死시신
매장 등 잡다한 자선활동으로 활동영역을 확대한 '석자회惜字會'다.[850] 743개소의
기타선당 가운데 1850년 이전에 설립된 선당은 298개이고, 이후에 설립된 선당은
445개소다. 최초의 기타 선당은 1398년 설립된 명대 복건성 진강晉江현의 '존휼원存卹
院'이다.[851] 육영당·보제당·서류소·시관국은 1850년 이전에 설립된 것이 많은 반면,

847) 참조: 梁其姿,《施善與敎化》, 307-315쪽 '附表四 綜合性善堂'.
848) 참조: 梁其姿,《施善與敎化》, 256쪽.
849) 참조: 梁其姿,《施善與敎化》, 257쪽.
850) 이에 대해 상세한 것은 참조: 梁其姿,《施善與敎化》, 132-155쪽.
851) 참조: 梁其姿,《施善與敎化》, 256-257쪽.

기타 선당은 청절당·종합선당처럼 1850년 이후에 설립된 것이 더 많다.[852]

743개소의 기타 선당 가운데 1850년 이전에 설립된 57개소(19.1%)의 선당은 관립이다. 민립(140)과 불명자 설립(101)은 241개소(80.9%)다. 그리고 1850년 이후에 설립된 선당 가운데 118개소(26.5%)는 관립이고, 327개소(73.5%)는 민립(185) 또는 불명자 설립(142)이다.[853]

육영당·보제당(노인당)·청절당·서류소·시관국·종합선당·기타선당 등 청대의 관립·민립 자선단체는 전국적으로 3589개소에 달했다. 지금까지 분석한 수치에 따르면, 관립이 일반적이라는 것으로 나타나는데, 주로 육영당·보제당·서류소 등의 선당이 이에 해당한다. 그러나 청절당·시관국·종합선당·기타선당은 민립이 관립보다 압도적으로 많았다. 이러한 추세는 1850년 이후 더 통상적인 경향이 되었다. 요약하면, 관립이 상대적으로 증가한 반면, 종합·기타선당과 시관국·청절당은 민립이 더 폭증한 것이다.[854]

■ 사회복지단체의 경영제도와 국가의 지원

청대 초기에 자선기구들이 발전되어 나오자 청국정부는 이 기구들의 제도화를 지원하기 시작한다. 일반 사료들은 모두 1655년 중수重修된 양주 육영사를 청대 제일의 장기적 민간 인정仁政기구로 평가한다. 1655년부터 옹정제가 조령詔令으로 전국에 육영당·보제당 건립을 추동하게 되는 옹정 24년까지 거의 70년의 시간이 흘렀다. 이 70년 동안 전국 각지의 육영당과 보제당 및 기타 명목의 지방구제조직은 안정적으로 성장했다. 양기자梁其姿가 전국 2600여 종의 지방지를 통해 집계한 바에 따르면, 1724년 이전에 건립된 육영당은 최소 98개소, 보제당은 5개소, 시관국은 8개소, 시약施藥·양로 및 하도河道 구생선救生船·마풍원痲瘋院(Mafoong-yuen: 나환

852) 참조: 梁其姿, 《施善與教化》, 257쪽.
853) 참조: 梁其姿, 《施善與教化》, 257-258쪽.
854) 참조: 梁其姿, 《施善與教化》, 258쪽.

자요양원)과 같은 기타선당 20개소가 강소·절강·산동·복건·호북·호남·운남·강서·
광서·하남·광동·하북 등에 산재해 있었는데, 대부분 강소·절강성 두 지역에 집중되
어 있었다. 육영당은 두 행성에 도합 50개소가 있었고, 육영당 총수의 52%를 차지했
고, 5개소 보제당 가운데 3개소, 8개소 시관국 가운데 4개소가 이 두 지역에 있었다.
20개소의 기타선당 가운데 4개소만 두 지역에 있었을 뿐이다. 청대 초기 자선기구들
의 발전은 의심할 바 없이 명말 강절지역의 전통을 직접 계승했다. 양주는 최초의
육영당이 출현한 뒤 그 지역 내에서 기타 주현 차원에서 뒤따라 활발한 진전을
보였다. 고우高郵(1656), 감천甘泉(1662), 의징儀徵(1662), 흥화興化(1699) 등지는 물
론이고 강북의 통주通州와 여고如皋(1664, 1668)에 이어 송대에 이미 자유국慈幼局이
있던 항주는 1666년 육영당을 설립했고, 강남에서 비교적 멀지만 1662년 같은 시기에
육영당을 세운 곳은 호남의 보경부寶慶府와 무강주武岡州뿐이었다. 이런 간단한 통계
로써 청대 초기 자선조직이 주로 육영당이었다는 것을 알 수 있다. 육영당이 양주
지역부터 발전하기 시작한 것은 양주가 이미 명말에 육영사를 설립했기 때문으로
보인다. 청대 육영당은 양주 육영사의 연속체였다.[855]

　　양주 육영사는 명말의 여러 선회 가운데 하나였다. 예를 들면, 지방 향신과 상인들
로부터 발기되어 회원제도를 갖춘 동선회同善會 등의 조직과 유사했다. 그러나 육영
사의 특이점은 동선회에 견주어 더 구체적인 목표를 가지고 있다는 데 있었다. 기아구
제와 빈가貧家유모의 고용은 간접적으로 빈가의 산모를 구제하는 것이기도 했다.
동시에 육영사의 조직은 동선회의 정치색깔이 없었다. 육영사는 처음부터 끝까지
조직상의 주요주동자들이 양주 상인들이었고 명말의 동림당 문인들과 관계는 결코
깊지 않았다. 이 한 가지 점이 순치제가 문인들의 결사를 금지한 이후 어찌해서
동선회가 한동안 조용해졌다가 건륭연간에 다시 다른 면모로 복원되고 육영사가
청조가 산해관에 입관入關한 뒤 오래지 않아 조직을 복구할 수 있었는지를 설명해
준다. 순치제가 약 1657년 이후 경건한 불교 신자가 된 데 이어 옹정제도 마찬가지로

---

855) Angela Ki Che Leung, "Medical Instruction and Popularization in Ming-Qing China", *Late Imperial
　　China*, Vol.24, No.1(June 2003): 130-152쪽; 梁其姿,《施善與敎化》, 76쪽.

숭불한 것이 청초 육아당이 애석생명愛惜生命·계살상戒殺生의 자선조직의 급성장과 관련이 있는지는 증거가 불충분한 상황에서 판정하기 어렵다. 그러나 주량정周亮工이 양주 육영사가 계발啓發해 방생회放生會를 조직한 일을 언급하면서, 생명을 아끼는 면에서 "유儒와 석釋은 동의다"라고 강조한 것을 보면, 청초 육영당 조직은 확실히 불교사상적 요소가 농후하다는 것을 간파할 수 있다. 그런데 어떻게 단순한 지방회원제 조직에서 자못 규모를 갖춘 영구성 기구로 발전할 수 있었는지는 관건 가운데 하나다. 그런데 그 관건은 선당 수입의 정규화에 있었다.[856] 그리고 관리제도의 수립에도 있었다. '재무의 정규화'와 관리제도의 수립은 청대 자선단체의 항구적 유지의 기초였다고 볼 수 있다.

- 정부의 자선단체 지원과 민판관독民辦官督제도

'재무의 정규화'는 관청의 인허가와 관민합자官民合資를 통해 추동되었다. 수입의 정규화란 불규칙한 개인적 의연금을 주요 수입원으로 하지 않고, 거액수입을 안정적으로 발전시키는 것을 말한다. 양주 지역의 선당에 대해 말하자면, 지리적 편익에 따른 가장 크게 기댈 만한 재원은 양회兩淮(회하 양지역) 염세鹽稅 보조다. 따라서 염세 할당 항목을 취득하는 것은 관청과 긴밀한 우호적 관계를 유지하는 것을 의미했다. 이러한 노력은 염상에게 기본적 생계 전략으로, 특별히 어렵지 않다. 따라서 염상이 주관하는 육아당은 비교적 대량의 안정적 염세 보조를 얻기 쉬웠다. 양주 육영당은 강희 50년(1711)에 이미 수입의 정규화 측면에서 "돌파적 발전"이 있었다.[857]

1711년 "세수歲需에 부응하지 않아 당우堂宇가 기울어 퇴패頹敗했다"는 사실을 반성하고 신상紳商들은 금일봉을 의연해 민지民地를 구입해 새로 마련한 땅으로 육영당을 옮겼다. 더 중요한 것은 동시에 염운사鹽運社가 상인들을 집합시켜 공의公議를 모은 것이었다. 이 해부터 매년 염세에서 은銀 1200냥을 기부해 육영당에 주기로 결정했다. 매년 약 2000냥을 쓰는 육영당에 이 비용은 가장 중요한 수입이었다. 1724

---

856) 梁其姿, 《施善與敎化》, 76-77쪽.
857) 梁其姿, 《施善與敎化》, 77쪽.

년 옹정제는 염정鹽政의 폐단이 엄중해지자 대폭적 개혁을 단행했다. 그 개혁 가운데 한 항목은 거액의 부비浮費(허위비용)적폐를 혁파하는 것이었다. 그러나 옹정제는 육영당에 대한 매년 보조액을 삭제하지 않고 오히려 영속적으로 육영용으로 지정해 주었다. 이것은 의당 옹정제가 국가차원에서 추진하는 육영당 정책과 관련된 것이었다. 하지만 양주 육영당을 주로 지탱해 주는 양주의 주요 염상들이 관청과 좋은 관계를 가진 것도 빼놓을 수 없는 이유였다. 이 염상들 가운데에는 유명한 선인 민상남의 아들 민관일民寬—도 일원으로 들어 있었다. 사실상 청초에 먼저 설립된 여러 개의 육영당은 양회兩淮 땅에 집중되었고 이 육영당들은 모두 이 땅에 집중된 염상들과 극대 관계가 있었다. 또 건륭 초기부터 개신된 염정鹽政에 대해 말하자면 당지의 육영당 등 자선단체들은 염정 아래 속하는 기구들 가운데 하나였다. "육영당은 염법아문鹽法衙門에 의해 신설되었고, 응당 이 아문의 감찰을 청종聽從하고 일반 관리들과 관계하지 않았다."[858] 이렇게 법을 제정한 것은 1742년(건륭 8)부터 개시되었다. 염정을 관리하는 관료는 육영당의 재무를 관장할 뿐 아니라, 때로는 육영당 조규를 정정訂定하기도 했다.[859]

양주지역의 선당이 염세의 찬조를 얻은 것 외에도 적잖이 조기에 설립된 기타 보육당들은 부동산을 설치해 임대료를 받아 수입을 안정시켰다. 이때 지방 선사善士의 의연금도 점차 금전에서 부동산으로 바뀌었다. 1669년(강희 8)에 지어진 흥화현興化縣 육영당은 40년 동안 운영되었다. 그러다가 1710년(강희 49) 적선회積善會라는 조직이 만들어져 약 100년 전의 동선회同善會 같은 조직을 상기시켰다. 하지만 읍내 선사가 낸 의연금도 다시 순수 회비가 아니라 경지·전지田地의 세를 받아 육영당 경비로 쓸 수 있는 토지였다. 또한 통주 부근의 석항장石港場 육영당은 1699년(강희38)에 설립되었는데, 육영당의 경비가 한번 개시되자마자 지방 신사들이 기부한 농경지의 임대료를 공급받았다. 육영당에 이미 기부된 전지田地도 모두 돌에 글자를 새겨 기록했는데, 이것은 향후 각종 토지분할·상속문제 분쟁을 피하기 위한 것이었다. 마찬가

858) 《兩淮鹽法志》(1806), 56: 5上. 梁其姿, 《施善與敎化》, 78쪽에서 재인용.
859) 梁其姿, 《施善與敎化》, 78쪽.

지로 인근의 굴항장撅港場 육영당(1694년 창립)은 당지의 상인들이 의연하는 주택과 전지田地에 의지해 유지되었다. 강북의 특출난 기타 사례는 1669년(강희 8)에 지어진 여고현如皋縣의 육영당이다. 이 육영당 개시 당시의 경비도 단지 지방신사들이 다방면으로 기부해 조달했고 6년 뒤 지현知縣 고호高翮가 이 육영당을 위해 의전義田을 설치해 주었다. 이로써 육영당은 처음으로 고정 수입을 확보했다. 이 단계에서 의전 설치의 경위도 자못 흥미롭다.860)

이러한 사례들은 모두 옹정제가 정식으로 보육당의 설립을 장려하기 전에 초기 보육당이 장기적 계획에 따라 이미 계속해서 가장 안정적인 방식을 찾고 수입을 고정적으로 만들고 증가시켰다는 것을 보여 준다. 다시 말해 청대 초기 육영당은 기실 기근 때 버려진 영아를 단기적으로 구제하는 것을 목표로 한 것이 아니라, 장기적 정책을 목표로 삼았다는 것이다. 이 점은 송대 자유국慈幼局과 동일하다. 차이점은 이 육영당들이 정부가 설립하지 않았고 중앙정부가 이 육영기구들의 비용을 지불하는 예산규정도 없는 까닭에 자연히 대부분 지방의 자원에 의존한다는 점이다. 지방관들의 고무와 권려로 설립된 몇 개의 육영당 및 강북 염운鹽運지구의 특수한 사례를 제외하면, 기타 육영당의 건물은 초기에 대부분 주로 지방 신사나 상인들의 의연금에 의지했다.861)

육영당과 기타 자선단체들의 영속성은 관리제도의 수립에도 기인했다. 관리제도는 양주 육영사의 제도를 계승한 '윤치제輪値制'(윤번제)와 1인이 수년 동안 책임지는 '동사제董事制'였다. '윤치제'는 중세시대 속세적 불교조직(방생회)의 영향이다. '동사제'는 송대 이래의 사창 등과 같은 진휼조직의 관독민판官督民辦 원칙에서 기원했다. 두 종류의 모델은 아주 유구한 역사적 연원을 가진 것이다.862)

양주 육영당은 청초에 중수된 이후 재무가 일단 곤란한 시기를 거쳤고, 창설자 채련이 육영사를 수개월 동안 혼자 힘으로 경영했다. 일을 주관한 민상남은 나중에

---

860) 梁其姿, 《施善與敎化》, 78쪽.
861) 梁其姿, 《施善與敎化》, 79쪽.
862) 梁其姿, 《施善與敎化》, 80쪽.

윤번제를 수립해 사원들이 1개월씩 돌아가며 당번으로 일을 담당하게 했다. 만약 당월의 의연금이 비용을 지불하기에 부족하면 당번이 이를 보충하게 했다. 이 제도의 수립은 불안정한 재원에 명확하게 대응하기 위한 것이었다. 그러나 윤번제 구상은 아마 더 깊은 역사적 기원이 있을 것이다. 과거 남북조 시대에서 수·당대에 이른 시기의 불교의 세속적 조직에서 의읍義邑과 법사法社와 같은 조직에서는 마치 유사한 윤번제도가 있었다. 최초의 종교단체들은 주로 돌아가며 당번을 맡아 경정을 강송講誦하고 재회齋會 등을 주재했다. 그러나 당번도 반드시 기타의 세속적 임무가 있어서 조직이 흩어지지 않고 유지될 수 있게 해야 했다.[863]

윤번제 외에 다른 조직방식인 '동사제董事制'는 한 사람 또는 두세 사람이 당무堂務를 수년 동안 관리하는 제도로서, 이 모델은 송대 사창제도에서 유래했을 가능성이 아주 많다. 주희가 1181년에 제시한 사창제도는 500가구에게 사창 하나씩을 가지게 하고 관리하는 사수社首를 500가구가 스스로 택선擇選한 "공평하고 일에 밝은 자(公平曉事者)"로 삼게 했다. 이 제도는 명대에 이르러 더욱 주도면밀한 구상으로 발전했다. 가정嘉靖 8년(1529) 병부시랑 왕정상王廷相은 사창 설치를 건의하면서 "백성 20-30명을 한 사社로 만들고, 부유하고 성실하고 의행義行이 있는 자 1인을 택해 '사수社首'로 삼고, 처신이 공평한 자를 택해 '사정社正'으로 삼고, 기록과 산수에 능한 자를 택해 '사부社副'로 삼고 삭망(초하루와 보름날)에 모이게 했다." 설계가 완벽한 이 사창법은 뒤에 "역행자力行者가 없었다."[864] 왕정의 이 구상을 조사해 보면 아이디어가 북방 민속民俗회사의 예禮로부터 왔는데, 그의 말에 따르면 예속禮俗은 이렇다. "10-20가구마다 삭망에 한 번 모이고 금전 10문을 각출해 저축하고 한 사람이 이것을 관장해 사계절에 신에게 제사 지내게 하고 제수와 술을 준비·관리하고 상사喪事가 있는 집을 만나면 부조賻助로 쓰고 저축이 많으면 혹시 해가 번갈아 불순할 경우에 각 가구가 나눠 구제에 쓴다. (...) 홍치 이전에 왕왕 이와 같았다.

---

863) 梁其姿, 《施善與教化》, 80쪽.

864) 王廷相, 第四冊 《浚川奏議集》 3(1989), 〈乞行義倉疏〉, 1241쪽. 《明會要》(1960), 56 〈食貨四〉, 1077쪽; 《明史》(1965), 79 〈食貨三〉, 1926쪽; 梁其姿, 《施善與教化》, 80쪽에서 재인용.

근래 이래로는 오직 성시城市에 사는 사람들만이 이 예속이 있고 향촌의 백성이 이것을 행하는 경우는 아주 적다."865) 이것을 보면 민간사회에 깊이 심어진 일종의 자조조직의 형태가 농촌에서 도시로 유입되어, 명대 중반 이후 주로 도시사회 안에서 성행하고 있음을 알 수 있다. 청초에 이르러서는 사창제도가 다시 중앙의 주목을 받게 되었다. 호부는 강희 18년(1679)에 향촌이 사창을 세우고 시진市鎭이 의창을 세워 형식상 본래 "돈실敦實한" 사람이 정·부사장正副社長을 맡는 송·명의 구제舊制를 따르는 것을 비준했다. 그러나 당시 강희제는 사정社正이 관리官吏가 아니었기 때문에 남을 돕도록 재촉할 권한이 없고, 사회제도적으로 행동을 꾸짖을 가능성도 낮고, 힘써 시행한 힘도 없다는 것을 인식했다. 장차 사창제도 안에서 관청의 역할이 가중되었다. 정·부사장이 관청의 인허가를 얻어야 했고, 또 매년 받아 올린 장부의 요목들에 대해 보고관의 검열을 받아야 했다. 그리하여 옹정 초에 이르러서는 정·부사장이 10년 동안 과오 없이 관리하면 중앙에서 8품 관대冠帶를 내려주었다. 건륭제 초기에는 호부가 사창 사례들을 정하고 2년마다 사장을 교체했다. 바꿔 말하면, 청나라 초기 사창에 대한 정부의 감독이 명대보다 훨씬 긴밀해졌는데, 출발점은 제도의 공신력과 운행가능성을 제고하는 것이었다. 그러나 청 정부가 명 정부보다 이렇게 더 적극적이었을지라도 관리가 시종일관 사창에 직접 참여하는 행정은 없었다. 중앙은 줄곧 사창제도가 변해 관제가 되는 것을 원치 않았다. 그리하여 민간 자선조직의 동사董事관리제도도 저 민판관독民辦官督 형태를 그대로 계승했다.866)

육영당에서 동사제를 채택한 시기는 통상 윤치제輪値制(=윤번제)보다 약간 늦었다. 동사제는 일반적으로 모두 건륭연간에 제정되었는데, 육영당도 역시 관청의 영향이 비교적 많아졌다. 그 가운데 한 사례로서 통주의 육영당은 개시 시점부터 일반적으로 윤치제를 도입하고 신사들에게 1년 윤번제 관리를 맡기고 건륭 7년(1744)에 다시 바꿔 동사제를 실시해 첫 번째 맡은 신사들은 다시 관리의 자격을 갖췄다.867) 고우주高郵州는 1656년 설립한 육영당에서 본래 윤치제를 채택했고,

---

865) 王廷相, 第四冊《浚川奏議集》3(1989), 〈乞行義倉疏〉, 1240쪽. 梁其姿, 《施善與敎化》, 80쪽에서 재인용.
866) 梁其姿, 《施善與敎化》, 81-82쪽.

1783년 즈음에 이르러서는 지주知州가 정돈한 뒤 동사제로 고쳤다. "회동한 신사들이 단정하고 겸허하고 부유하고 성실한(端廉殷實) 사람을 공거公擧(공개선거)했을 지라도 이전보다 더 엄밀한 관청의 감독을 받았고 3년 임기로 바뀌어 사창의 사례와 하나가 되었다.[868] 건륭시대의 저명한 지방관 진굉모陳宏謀(1696-1771)의 육영당 구상은 강희시대의 황육홍黃六鴻과 달리 육영당이 '당장堂長'과 '사사司事'를 설치하고 당장은 "부·현에게 신중하게 품행방정하고 노련하고 선행을 좋아하고 가도家道가 부유·성실한 선비를 고르게 하고 공생·감생·생원을 막론하고 신사들이 공거公擧케 허용하고 육영당의 입당入堂을 밝게 보고하고 지방관이 예의를 갖춰 우대하게 하고 (...) 해당 당장이 2년 임기로 관리하고 (...) 본사本司 관리가 편액을 주어 장려하게 한다." 그리고 사사는 "당장과 협동해 일체의 사무를 조감照勘·관장하고 매월 은 6전을 급여하고 (...) 3년 임기로 관리하고 (...) 화홍花紅 편액을 주어 장려를 표시한다."[869] 진굉모가 아주 명료하게 확대 추진할 것을 요구하는 이 동사제의 목적은 육영당의 관리에 대한 관청의 감독을 더욱 강화하는 것이다. 말하자면 동사제의 육영당 운영은 청대 중후반 관청세력이 민간자선단체에 점차 개입한 결과였다. 하지만 비록 그럴지라도 동사제도는 건륭시대의 발명품이 아니고, 옛날로부터 유래한 오래된 제도였다.[870]

윤치제와 동사제는 왕왕 일을 주관하는 사람이 상황에 따라 고려해야 할 재량에 의해 운용되었다. 예를 들면 단도丹徒가 1733년에 설립한 육영사는 원래 주관자 '동사'로부터 유래했고 1739년부터는 더 많은 지방 신사의 지지를 얻어 '월月윤치제'로 바뀌었다.[871] 물론 단도의 이 사례는 당연히 예외가 아니었다.[872] 전반적으로

---

867) 《直隸通州志》(1755), 4: 27上. 梁其姿, 《施善與敎化》, 82쪽에서 재인용.

868) 《高郵州志》(1845), I: 54下, 58上-下, 66下. 梁其姿, 《施善與敎化》, 82쪽에서 재인용.

869) 戴肇辰(輯), 《學仕錄》(1867), 5: 38上-39上. 陳宏謀, 〈育嬰堂條規事宜冊〉. 梁其姿, 《施善與敎化》, 82-83쪽에서 재인용.

870) 참조: 梁其姿, 《施善與敎化》, 83쪽.

871) 戴肇辰(輯), 《學仕錄》(1867), 5: 38上-39上. 陳宏謀, 〈育嬰堂條規事宜冊〉. 梁其姿, 《施善與敎化》, 83쪽에서 재인용.

결론을 지으면, 청대 민간 자선단체와 관청의 관계는 관청이 민간단체를 돕기도 하고 감독하기도 하는 '민판관독民辦官督' 관계, 곧 민간의 자주적 관리운영과 관청의 조사감독으로 얽힌 관계로 요약된다.

청대 자선조직은 특정한 이상理想을 품고 있었다. 청대는 1724년 조령 이전 80년 동안 많은 선당이 이미 각지의 대도시에서 설립되었고 특히 강남지역에 가장 집중됐다. 흥미롭게도 초기 선당은 육영당을 주축으로 삼아 '시약국施藥局'이 생겨나기 시작했는데, 장강長江을 따라 '구생국救生局'(구조단체)이 있었고, 구조선박이 수시로 강에서 난파당한 선박의 여객들을 구조했으며, 관영 양제원養濟院과 유사한 '보제당普濟堂'이 있어 가난한 무의탁 노인들을 전문으로 양로養老했다. 명말 자선조직의 개략적 실황을 보면 어렵지 않게 명말 조직이 청초 조직의 발전과 지극히 밀접한 관계가 있음을 알 수 있다. 명말 육영사는 현저하게 청대 육아당의 성립에 계발적啓發的이었다. 청나라 시약국 조직에 이르면 양동명楊東明의 광인회(1591)는 기표가祁彪佳가 고향 소흥에서 누차 운영한 시약국(숭정 말기)까지 전혀 의심할 바 없이 "선구자"였다. 말하자면, 청초 자선단체의 종류와 목표는 명말 선회를 아주 큰 정도로 계승한 셈이다. 그 조직적 목표의 특색은 무엇이었던가? 기아입양·구생救生 및 가난한 병자에게 지급하는 시약施藥 등, 이런 활동의 공통특색은 위험에 빠진 생명을 구조하는 것이었다. 이것은 명말 선회와 함께 유행했던 방생회의 배경이 된 사상을 상기시킨다. 저 생명구조 활동에서도 세속불교의 영향이 아주 분명했다. 그리고 많은 사람들이 자선활동을 하는 데도 수적으로 거대한 육영당은 이런 중생보제普濟 사상을 가장 충분하게 반영했다.873)

- 민판관독 복지제도의 평가

청대의 사회운동으로서 선회선당의 인정仁政활동을 총괄해 보자면, 명·청대의 선회·선당의 기능은 주로 사회적 불안을 완화하는 것이었는데, 자선조직은 16세기

---

872) 梁其姿, 《施善與敎化》, 83쪽.
873) 참조: 梁其姿, 《施善與敎化》, 84-85쪽.

말부터 19세기 중반까지 세 가지 주요 단계를 거쳤다. 제1단계는 17세기 전반 명말의 도시 엘리트들이 왕조의 쇠락과 경제 번영에 따른 혼란을 바로잡고, 양천良 賤·빈부의 정의를 새로 정립하기 위해 선회를 세웠다. 그러나 이런 필요는 청대 이후 사회가 점차 안정되면서 감소했다. 청국정부의 건립과 공고화는 제2단계로 진입했다. 당시 자선단체의 규모가 점점 커지면서 자선단체들은 정부의 인가를 받아 종종 대동·보제大同普濟 이상의 구현을 구호로 삼아 조정이 진일보하여 정권을 안정시키는 것을 도왔다. 건륭·가경 이후 제3단계에 이르러 중앙권력의 이완과 함께 새로운 사회불안이 나타났다. 이러한 불안은 이단사상(백련교, 태평천국)의 발흥과 밀접한 관련이 있었다. 이때의 선회들은 주로 정통을 강화하여 사회질서를 바로잡기 위한 것이었다.[874]

선회는 의식형태의 미묘한 변화에서 이 세 시기를 포괄하는 가치관의 변화도 반영하고 있다. 명말 선회는 구제를 받는 사람들이 부문별로 분류되었고, 사용되는 표준이 불가사상과 유가의 사회질서관을 포함하고 있었다. 청초의 선당은 통치자의 입장에서 대동이상을 선양했지만, 그 속에 불교의 보제사상도 비교적 뚜렷하게 드러났다. 건륭·가경 이래로는 통속 신앙을 혼합한 유가의 가치관이 점차 선회가 주로 전파한 내용이 되었다. 선회의 이 몇 단계의 의식형태 변화는 의의가 크지만, 특히 제2단계에서 제3단계로, 곧 청대 초기의 불교 색채가 비교적 농후했던 단계에 서 유교 색채가 짙게 변하는 단계로의 이 변화는 청대 건륭·가경 이래의 사상 변화의 맥락에 비추어 볼 수 있다.[875]

청대에 "예禮"를 중시했다는 해석은 흥미롭다. 명대 말기의 신사들은 양명학의 영향을 많이 받았고, 비교적 직접적인 방식으로 민중과 접촉했다고 생각되었다. 예를 들면 향약제도의 공개강어公開講語를 통해 인민을 교화했다는 것이다. 확실히 명말 신사들이 동선회를 조직하게 된 동기 가운데 하나는 향약제도가 '백성을 교화하 는 것'에 협조할 것에 대한 요구였다는 말이다. 또 이 관점은 청나라에 들어 신사들이

---

874) 梁其姿, 《施善與敎化》, 244쪽.

875) 梁其姿, 《施善與敎化》, 244쪽.

양명학을 배척하고 이른바 "한학漢學"으로 회귀했다고 파악하고, 특히 적극적으로 유가의 예교禮教로 복귀하는 측면의 연구를 중시했다고 해석한다. 신사들은 직접적 향약 교화방식을 포기하고 가정·가족·관료체제·학술연구 가운데 해석자 역할에서 "예"를 분연分演함으로써 더욱 긴밀하게 청조정부와 협력하고 피차의 권력을 공고히 했다는 것이다. 앞에서 서술한 청대 중·후반 청절당·시관회施棺會·보영회保嬰會 등의 선회는 확실히 주로 유가예교를 고취하기 위한 것이었고 이 점은 저런 해석을 증명하는 것 같다. 그러나 이런 해석은 주로 사상사의 각도에서 문제를 보는 것이다. 따라서 초점을 사상학술의 공헌이 있는 유자와 그들이 생각하는 신사들에게 맞추고 있다. 이런 까닭에 이런 해석은 비교적 하층의 구체적 사회현상을 고려하지 않고 있다. 이런 이유에서 예교禮教복귀 추세의 일치성을 너무 중시하고, 이런 추세가 실제로 사회에 도달했을 때의 실제적 효과를 소홀히 했다.[876]

가령 공자의 극기복례克己復禮사상을 표방하고 유가적 예교 선양을 자기소임으로 삼지만 관료제도도 가족제도도 아닌 선당 수수授受관계를 통해 일반 민중과 상당히 밀접한 직접접촉을 유지하면서도 교화의 방식과 성격이 명말 선회 및 향약과 차이가 없었다. 즉 선당의 의식형태의 변화는 비록 '예교복귀'라는 해석과 일부 일치하더라도 교화 방식에서는 명대 중엽 이래의 전통을 이탈하지 않고 장기적으로 사회와 직접 접촉해 상하 사회계층 간 교류관계도 강화했다. 선회는 정통적 유가예교를 고취하는 것 외에 사실 다시 이단 변방의 통속신앙을 많이 흡수·선양하고 이 신앙과 적잖이 섞였다. 이것은 '유교화'라기보다 "유생화儒生化" 현상이다. 말하자면, 예교 복귀를 중시하는 청대의 추세는 실재사회에 닿았을 때 결코 단순하지 않았다. 청대 자선조직에 대한 가장 좋은 설명은 단지 사상사적 관점에서만 탐구할 수 없고 사회사적 관점에서도 탐구하는 것이다.[877]

우선 선당의 의식형태의 변화는 직접 자선단체의 지도자들의 신분 변화, 곧 직접 사회교화를 담당한 사람들의 신분변화를 반영한다. 명말 선회의 지도자들은

---

876) 梁其姿, 《施善與教化》, 245쪽.
877) 梁其姿, 《施善與教化》, 245쪽.

대부분 전국적으로 유명한 대유大儒들이었다. 국가 차원의 정치에 대한 그들의 영향력은 지방 사회에서 그들의 명망과 세력을 증가시켰다. 그 대大신사들의 위세는 당시 주류였던 삼교三敎를 합친 가치사상으로 민중을 교화시키고 사회질서를 바로잡으려고 기도했는데, 그들 쪽의 노력은 자발적이어서 정부정책과 완전히 무관했다. 청나라에 들어와서 초기 정부의 지방결사에 대한 금압禁壓은 지방사회에서 대유大儒들의 영향을 중단시켰는데, 당시 선당조직에 종사하던 지방 상인들과 지방 신사들은 명말의 선회 지도자로서의 전국적 명성이 거의 없었다. 그러나 그들의 선당은 정부의 인가와 지원을 받아 국가의 입장에 서서 대동大同이상을 선양하는 등 여전히 다 상당한 지방적 명성이 있었다. 청대 중후반 이래로 유생화 방향으로 선당의 진전발전은 갈수록 뚜렷해졌다. 선당 활동에 참여하는 중하층 유생(과 그 권속)은 갈수록 많아졌고, 선당의 수혜자들도 점차 청빈 선비들이 되었다. 그들의 영향범위와 명망은 명말청초 도시 신사보다 못했고, 선당 운영의 동기도 점차 그들 자신의 급속히 위태로워지는 사회문화적 지위를 유지하는 것으로 변해 갔다. 이 유생들의 사회성격은 명말 대유나 청초 도시 신사들과 확실히 달랐다. 그들은 결코 신사의 지위를 갖추지 못했고, 이 계층적 특권을 누리지 못하고, 오히려 사회적 지위가 하락할 위험이 있었다. 그들이 적극적으로 선회에 참여한 것도 바로 그 안에서 약간의 실질적 이익을 얻기 위해서인데, 가령 잡부금과 부역을 면제받고 선회의 역량을 이용하여 유가적 가치를 수호하고 이로써 더 많은 상징적 자본을 장악하고 자신의 사회문화적 지위를 보존했다. 사상 측면에서 그들은 위로 정통유학의 훈육을 받았을 뿐만 아니라, 아래로 통속신앙의 영향도 받았다. 석자회惜字會 등과 같은 선회는 사상적으로 정통유학과 통속신앙을 혼합했고, 지방 상인들과 지방 신사들에게도 정성적 의지기반을 제공하기도 했다.[878]

둘째, 선회의 소재지와 조직형태의 변화도 의식형태의 변화와 밀접하게 관련되어 있다. 명말 선회는 주로 현도縣都에 설치되었다. 당시 현도에 사는 신사들이 주축이

---

878) 梁其姿, 《施善與敎化》, 245~246쪽.

되어 추진했는데, 이러한 신사의 정치 문화적 지위와 명망이 비교적 높았다. 그리고 선행을 행하는 영향력도 현도 안팎에 두루 미쳤다. 동선회의 영향력도 지도자의 매력과 교우 네트워크를 통해 각지에, 특히 강남지역에 보편적으로 미쳤다. 청대 초기의 선회善會들은 도시 조직의 기본적 성향을 지속적으로 유지했고 정부로부터 더 많은 물질적 협조를 받았다. 그러나 청나라 정부의 문사文社금압 정책 때문에 대유大儒들이 선회를 지도하는 전통이 사라졌고, 청대에 들어선 이래 선당의 지도자는 점차 지방 상인으로 바뀌었다. 그리하여 명성과 영향력은 현지의 신사들로 한정되었다. 이때 선당의 '세력 범위'도 현도 내에 한정되었고, 다른 현도 내의 선당들도 어떤 네트워크 관계도 형성되지 못했다. 청대 중후반에 이르러서는 현도 중심의 선당의 중요성이 떨어지고, 소형 선회·선당이 향진鄕鎭과 현도 내의 작은 촌사村社 (동리)에 많이 설치되게 되었고, 이러한 선당의 운영은 한편으로 촌사의 비교적 강한 동질감에 의존할 수 있었고, 동시에 반대로 촌사의 동질감을 더욱 강화시켰다. 이때 신설된 선당의 설립자와 관리인은 대부분 당지의 중하위층 유생들이었다.[879]

한편, 정부와 사회가 서로 호흡을 맞추거나 견제하는 관계 변화는 선당의 조직 형태를 좌우했다. 명·청대 선회·선당 발전의 3단계에서는 청초부터 중기까지 중앙의 권위가 가장 높고 사회경제도 안정적으로 성장했다. 이때의 현도 선당은 관청과 민간의 자원과 결합해 규모와 중요성이 가장 컸다. 명말에는 중앙의 권위가 약했으나 도시거주 대유大儒들과 신사들이 이끄는 사회적 세력이 상대적으로 컸고, 동선회 등 민간 선회는 순수하게 지방 자원으로부터 지원했고 비록 규모는 작았을지언정 그 수는 상당했고, 사상적 영향력도 대단했다. 중후반에는 중앙의 권위가 청초보다 떨어졌지만 여전히 명말보다는 나았고, 지방사회의 역량도 명말보다 장대했다. 이 형세는 현도의 주요 선당을 여전히 유지시켰으나, 주요 발전 및 혁신 동력은 이미 도시 내의 비교적 작은 촌사로 이동했다. 이런 촌사에서 중하위층 유생들의 사회적 영향력은 날이 갈수록 중요해졌다. 이때 지방사회의 역량이 장대해져 다시 단지

---

879) 梁其姿, 《施善與敎化》, 246쪽.

도시거주 대大신사들에게만 의지하지 않았고, 갈수록 많아지는 현도와 현진의 중하위층 유생들의 역할도 무시할 수 없게 되었다.[880]

바꿔 말하면, 선당이 건륭·가경 이래 통속신앙과 결합된 유가적 가치를 선양하는 것을 지향하고 그 관리인과 수혜자가 점차 중하층 유생들로 변하는 것을 뜻하는 이른바 "유생화"는 유생의 하향식 사회변화, 건륭·가경 이래의 사상 경향, 도시와 현진 촌사의 발전 등의 역사적 변화에 관련되어 있었다는 것이다. 또 후기에 청 정부는 사회에 대한 직접 통제를 약화시키고 "유생화"를 촉진시켰고, 나날이 중하위층 유생들을 지방사회의 사무에 활발하게 참여하게 만들었다. 그리하여 정통유가의 사상과 통속신앙을 혼합한 유생들의 가치관은 사회 안에서 더욱 강화되고 널리 보급되었다.[881]

그런데 새로 제기되는 의문은 "청대 중후기 이래 지방사무에 적극 참여한 중하위층 유생들을 엘리트 반열에 올려놓을 수 있는가?" 하는 물음이다. 군중으로부터 점점 이탈하는 대유 및 도시거주 대신사들과 중하층 유생들은 궁극적으로 어떤 관계를 맺고 있었는가? 사상과 행위에서 중하층 유생과 상층 유사儒士의 차이는 어디에 있는가? 이 물음들에 대한 답변은 상당한 지역적 차이가 있을 수 있지만, 한 가지 점은 서로 동일하다. 그것은 지방사회 지도층의 구성분자들이 날로 복잡해졌다는 것이다. 당시 문헌상의 "신사" 또는 "사신士紳"들이 사실 상이한 사회적 성격의 계층들일 가능성이 높기 때문에 오해를 불러일으킬 위험이 아주 크다. 따라서 우리가 청대 중후반의 "신사"나 "지방엘리트"를 언급할 때, 반드시 먼저 그들의 확실한 사회신분과 사상적 배경을 분명히 밝혀서 "유생화"라는 단순한 표현으로 야기되는 오류는 피해야 할 것이다.[882]

결론적으로, 청 정부의 양민복지제도는 명국 정부를 훨씬 능가했다. 그리고 전성기 청나라의 복지제도는, 민관합작의 사회복지활동까지 고려하고 무상숙식·무상교

---

880) 梁其姿, 《施善與敎化》, 246-247쪽.
881) 梁其姿, 《施善與敎化》, 247쪽.
882) 梁其姿, 《施善與敎化》, 247쪽.

육 외에 학비와 장학금까지 지원했던 정부의 교민정책(교육·문화복지 정책)과 자선단체·문중들의 무수한 의숙義塾·장학지원 활동까지 감안하면, 현대 복지국가 수준에 도달해 있었다. 나아가 청대 전성기에 육영育嬰·양로·보건·교육복지 등의 분야에서 시행된 유교적 양민·복지제도는 현대 복지국가들의 복지정책을 완전히 뛰어넘는 것이었다고 결론지을 수 있다. 서구 선진국, 아니 스칸디나비아의 어느 선진복지국가도 가령 대학·대학원까지 완전 무상교육과 무상숙식, 그리고 이에 더해 학비·용돈·생활비를 제공하는 단계에 아직도 이르지 못했기 때문이고, 나아가 이런 단계에까지 복지수준을 제고하는 것에 대해서는 아예 꿈도 꾸지 못하고 있기 때문이다.

한편, 청대 복지국가의 논의를 통해 우리는 청대 중국인구가 폭발적으로 성장한 한 비밀스런 원인도 이해할 수 있게 된다. 이른바 '근대적 경제성장'이란 인구증가와 소득증가가 동시에 벌어질 정도로 기하급수적인 성장이라는 로스토우의 성장론적 정의도 재고해 봐야 할 것이다. 명·청대 중국은 생산력 증가가 인구증가를 위해서만 쓰이고 소득증가에는 기여하지 않은 것으로 보인다. 따라서 이것은 로스토우의 근대적 경제성장 개념에 따르면 근대적 경제성장이 아닌 것으로 보일 수 있다. 그러나 필자가 다른 곳에서 지적했듯이 청대 중국의 인구가 폭발한 원인 또는 이유는 생산력 증가 외에 명말청초에 이루어진 중국의 노비해방이었다. 전호들은 유사노비 상태에서 해방된 까닭에 여아 출산의 경우에 지주에게 일정량의 금전을 받쳐야 되는 질곡으로부터 해방되었고 이와 함께 여아를 유아상태에서 살해하는 끔찍한 관습으로부터도 해방되어 가임可妊여성들의 인구수가 증가했다. 노비해방에 따른 가임여성의 증가가 청대 인구폭발의 한 이유였던 것이다. 그러나 이것만으로는 청대 인구폭발의 이유도, 원인도 다 설명할 수 없다. 여기에 부가되어야 하는 또 다른 원인은 청대에 더 완벽해진 '현대적' 인정仁政·복지국가였다. 청대의 이 완벽한 국가·사회 복지제도 덕택에 인명이 태어난 뒤 손실되지 않고 최대로, 또한 유럽의 어느 나라보다도 더 완전하게 보호·양육되었다. 이 때문에도 18-19세기 중국 인구는 해마다 폭증해서 세계에서 가장 인구 많은 나라가 된 것이다. 반면, 복지 황무지였던 17-19세기 유럽의 인구는 정체상태를 면치 못했다.

3.6. 역대 중국의 교민제도

앞에서 자세히 살폈듯이 '교민教民'은 중국 유교국가의 중요한 인정仁政에 속한다. 교민은 공맹이 논했지만, 그것은 하·은·주 삼대의 전통이었다. 중국 삼대의 교민제도에 대한 기록은 많지 않다. 삼대의 학교제도에 대해서는 《주례》, 《예기》, 《맹자》 등에 언급된 것으로 추적해 볼 수 있다.

■ 서한·동한·동진·수당의 학교제도

이러한 전통 속에서 중국의 역대 정부는 여러 가지 명칭으로 '태학'을 비롯한 학교를 설치하고 발전시켜 선비를 양성하고 학문을 발전시키고 관리로 채용했다. 한나라는 '태학'을 열어 수도의 중앙에 '학궁學宮'을 설치하고 '태학'을 대학의 정식명칭으로 삼았다. 한나라 이후에 태학의 명칭은 유학을 정통학문으로 삼는 '국학'으로 바뀌었다. 서한(전한)에서는 태학을 장안에 두었고, 동한(후한)에서는 낙양에 두었다. 동진東晉은 건강建康(남경)에 태학을 설치하고, 이와 별도로 공경대부의 자제를 가르치는 '국자학国子学'을 두었다. 그러나 국자좨주国子祭酒가 국자학과 태학을 통일적으로 관장했다. 남북조 시대를 거치면서 수·당나라 때 '국자감'으로 개칭하고 '태학'과 통합했고, 이후 계속 청대까지 국자감이라 불렸다.

또 '숙'에서 '서'에 이르는 교육기관을 합해 '소학'이라 하는데, 여기에는 왕공으로부터 서민의 자제에 이르기까지 8세가 되면 모두 입학했다. 국도의 '대학'에는 천자의 원자와 차자 이하 왕자로부터 공경대부와 원사元士의 적자嫡子와 일반백성의 우수한 자제에 이르기까지 15세가 되면 모두 입학했다.[883] 신분차별 없는 만민평등교육은

---

883) 朱熹, 《大學·中庸集註》, 15쪽. 주희의 해석에 대한 논란이 없지 않으나(가령 정약용의 비판), 우리 맥락에서는 중요하지 않다.

고대 극동아시아 여러 나라의 오랜 전통, 오랜 제도였고, 이 전통의 확대·계승이 공자의 지론이었다. 주나라 중기의 숙과 상·서와 대학의 3단계 학제의 교육체계는 작은 변형을 거쳐 명·청대까지도 계속 이어져 내려왔다. 한반도의 삼국시대로부터 조선시대에까지 이르는 학교제도도 이와 대동소이했다.

이런 논의로서 분명해진 사실은 중국에서 '백성교육'은 태고로부터 국가의 본업이 었다는 것이다. 18세기까지 서양에서는 국가가 백성들에게 일반지식을 가르치기 위해 세운 학교가 존재하지 않았다. 단지 교회가 세운 귀족과 부르주아 자제들의 수도원과 신학교밖에 없었다. 서양에서 일반교육을 실시하는 국·공립학교는 16세 기에 명·청대 중국으로부터 전해져 19세기 중반부터야 제도화된 것이다.

중국고대로부터 명·청대까지 이어지는 중국전통의 학교제도는 그동안 변화·발전을 거듭했다. 학교의 결정적 변화·발전은 중국역사에서 최초로 유학을 국학으로 공개 천명한 송나라의 학교개혁이었다. 고대로부터 자연발생적 발달과정에 있던 학교는 송대에 유학철학에 입각한 철저한 변혁을 겪고 '근대화'된다. 중국의 초기근대적 국·공립교육제도는 1071년 송대 왕안석에 의해 완성되었다. 왕안석은 태고대적 백성교육과 국·공립학교 전통을 계승하되, 이것을 공맹의 유학적 학교이념에 따라 온 백성에게 개방하는 방향의 획기적 개혁을 단행했다.

■ 송대의 학교제도

송대 학교·교민복지제도는 왕안석王安石(1021-1086)에 의해 완성되었다. 따라서 왕안석의 개혁사상과 개혁제도를 중심으로 송대 교육제도를 살펴보자.

- 왕안석의 인치·법치의 동등중시론

왕안석은 교육개혁에서 공자의 유학적 정치사상을 그대로 반영했다. 그리하여 그는 법치(예치)보다 '택인擇人'과 '인치人治'를 중시해 '인치'를 '법치'와 동급으로 놓았다. 알려지다시피 공자는 "극기복례위인克己復禮爲仁"을 강조함으로써 예치(법

치)를 강력하게 설파했지만,884) 동시에 인치도 그만큼 강조했다.885) 공자는 '인仁'
을 '예禮'보다 더 강조했다. "사람이면서도 불인하다면 예를 어찌할 것인가?(子曰
人而不仁. 如禮何?)"886) 그리하여 공자는 "그 사람이 있으면 그 정치가 일어나고,
그 사람이 없으면 그 정사가 종식된다"고 천명함으로써887) 인간과 인치를 예禮
못지않게 강조했다. 따라서 왕안석이 택인과 인치를 중시해 교민제도의 개혁을
시급한 과제로 간주한 것은 공자의 유학적 핵심사상을 반영한 것이다. 왕안석은
법치 못지않게 택인과 인치를 이렇게 강조한다. "맹자가 (선왕의 도 없이) '한갓
법만으로는 스스로 행할 수 없다'고 한 것은 이를 두고 한 말이 아닌가? 그런즉
지금의 급무는 인재에 있다."888)

또한 왕안석은 강조한다. "그렇더라도 재위자在位者가 제대로 된 인물이 아닌데
법을 믿고 통치를 행하면 예부터 지금까지 잘 다스린 경우가 없었다. 재위가 다
제대로 된 인물을 얻었음에도 일일이 법으로 그를 속박해 그로 하여금 제 뜻을
행할 수 없게 해도 예부터 지금까지 아직 잘 다스린 경우가 없었다. 무릇 사람을
취함이 상세하지 않았고 부림이 합당하지 않았고 그 배치가 오래되지 않았는데

---

884) 공자의 '예치론'은 오늘날의 '법치주의'에 해당한다. 주지하다시피 공자는 예치를 강조한다. "자기를
잘 다스려 예를 회복하는 것은 인의 실천이다. (치자가) 하루 자기를 잘 다스려 예를 회복하면 천하가
인에 귀의한다. 인의 실천이 자기로부터 말미암지, 남으로부터 말미암겠는가? (...) 예가 아니면 보지
말고, 예가 아니면 듣지 말고, 예가 아니면 말하지 말고, 예가 아니면 움직이지 말라. (子曰 克己復禮爲仁.
一日克己復禮 天下歸仁焉. 爲仁由己 而由人乎哉? 〔...顔淵曰 請問其目. 子曰 非禮勿視 非禮勿聽 非禮勿言
非禮勿動)《論語》〈顔淵〉(12-1).
885)《中庸》(二十章) 哀公問政. "子曰 文武之政 布在方策 其人存則其政擧 其人亡則其政息. 人道敏政 地道敏
樹 夫政也者 蒲盧也. 故爲政在人 取人以身 修身以道 修道以仁."
886)《論語》〈八佾〉(3-3).
887) 공자의 '예치론'은 오늘날의 '법치주의'에 해당한다. 공자는 먼저 예치를 강조한다. "문무의 정사가
방책에 반포되어 있다. 그 사람이 있으면 그 정치가 일어나고, 그 사람이 없으면 그 정사가 종식된다.
인도는 정사에 힘쓰고, 지도는 나무에 힘쓴다. 무릇 정사란 (남의 새끼를 업어 키우는) 나나니벌이다.
그러므로 정사를 하는 것은 사람에 달려 있으니, 사람을 몸으로 취하고, 몸을 도로 갈고닦고, 도를
인仁으로 닦는 것이다."(子曰 文武之政 布在方策 其人存則其政擧 其人亡則其政息. 人道敏政 地道敏樹
夫政也者 蒲盧也. 故爲政在人 取人以身 修身以道 修道以仁)《中庸》(二十章).
888) 왕안석,〈上仁宗皇帝言事書〉(1058), 214(원문), 215쪽. 이근명 편저,《왕안석자료 역주》(서울: 한국외
국어대학교 지식출판원, 2017).

또 일일이 법으로 속박하므로 비록 현자가 재위하고 능력자가 재직해도 불초·무능력자와 거의 다름이 없게 된다."[889] 왕안석은 택인과 인치를 이렇게 중시한 만큼 택인의 대상이 될 수 있는 선비들을 제대로 기르는 것을 중시할 수밖에 없었다.

따라서 왕안석은 백일장이나 문예시험에 치우친 과거시험을 유학적 정치철학·시무정책학 시험으로 전환시키고 또 '문예학교들'을 이런 유학과 시무정책학을 가르치는 실학實學학교로 개혁했다. 그에게 이것은 당연한 행보였다.

- 왕안석의 교육개혁과 학교제도의 확립

왕안석은 1069년 2월 참지정사參知政事에 임명된 직후 개혁관청으로 '제치삼사조례사制置三司條例司'를 설치하고 그해 7월 균수법, 9월 청묘법, 1070년 농전수리법 등의 발표를 기점으로 방전균세법·시역법·고역법(모역법)·보갑법·보마법 등 일련의 신법을 쏟아냈다. 그리고 그는 마침내 1071년 9월 학교개혁을 단행했다.

왕안석은 음서제蔭敍制를 사실상 완전히 폐지하는 한편, 천민을 제외한 만민에게 과거응시 자격을 주고 과거제를 통해서만 관리를 등용케 하는 과거제를 확립하고 관리의 특권을 1대에 한정시키는 신사紳士제도를 실시했다. 이를 뒷받침하기 위해 교육을 '의무교육화'하는 만민·평등교육 원칙에 따라 학교를 개혁·정비했다.

왕안석은 국자감에 삼사제三舍制를 적용해 학교제도를 전반적으로 개혁·정비했다. 대학의 학사學舍 3개를 두는 삼사법은 원칙적으로 주학州學에 일정한 연한年限 동안 재학한 주학생들 가운데 보시補試(입학시험)를 합격한 입학생을 가르치는 외사外舍, 매년 1회 공시公試를 합격한 외사졸업생을 받아들여 가르치는 내사內舍, 2년 1회 사시舍試를 통과한 내사졸업생을 받아들여 가르치는 상사上舍를 분설分設하는 제도다. 그리고 학생정원은 외사생 2000명, 내사생 300명, 상사생 100명 등 도합 2400명으로 증원되었다. 국자감 또는 태학에는 주판관主判官과 10인 직강直講을 배치했다. 그리고 학생들의 학업평가를 엄격히 관리하기 위해 매월 시험을 실시하고

889) 왕안석, 〈上仁宗皇帝言事書〉(1058), 241-242(원문), 242쪽.

상사생 가운데 학술우수자(상·중·하등생 가운데 상등생)에 대해서는 관직을 부여하고, 중등생에게는 성시省試를 면제하고, 하등생에게는 현시縣試를 면제해 주었다. 이 삼사법과 신新학제는 과거를 거치지 않고도 태학졸업증만으로도 관계官界에 진출할 수 있는 길을 열어 주었다. 그리하여 태학은 과거제와 독립된 별도의 입사로入仕路로서의 정치적 의미를 갖게 되었다.890)

삼사법은 이 태학 내부 시험으로 과거시험을 대체해 교육제도와 관료선발제도를 통합한 것이다. 그리하여 학교제도 개혁으로 국자감과 주학州學·부학府學·현학縣學들은 체계화된 국립대학과 주립 중급학교로 거듭남으로써 각급 행정단위에 조응하는 근대적 국·공립학교의 효시가 되었고, 과거시험을 통해 얻은 인재만큼 또는 이보다 더 실력 있는 관리를 선발할 수 있는 길을 열었다. 그리고 수도의 각종 학교에는 무학武學·율학律學·의학 등 새로운 시무時務과목을 설치했다. 이와 병행해서 북방의 후진지역에는 다수의 주현州縣학교를 신설했다. 왕안석은 궁극적으로 삼사법에 의해 과거제를 학교졸업제로 완전히 대체하려고까지 계획했다.891)

■ 명·청대의 학교제도

명·청대는 새로운 학교제도가 발전했다. 명·청대 중국의 학교제도는 초등학교 '학숙學塾', 중고등학교 '유학儒學', 대학교 '태학太學(국자감)'의 3단계 학제로 조직되었다. '학숙'은 촌사에서 세운 공립초급학교 '사학社學', 개인이 사설私設한 사립초등학교 '사숙私塾', 마을공동체에서 출연해 세운 '의숙義塾' 또는 '의학義學'을 통칭하는 학교 이름이다. '유학儒學'은 현학縣學·주학州學·부학府學을 합쳐 부르는 중고등학교 명칭이다. 태학은 '국자감'이라 불렸다.

890) 임현숙,〈王安石과 科擧制度改革에 대한 一考察〉, 이화여자대학교 1982년 석사학위논문, 33-37쪽.
891) James T. C. Liu(劉子健), *Reform in Sung China: Wang An-shih (1021-1086) and His New Policies* (Cambridge: Harvard University Press, 1959·2013). 제임스 류(이범학 역),《왕안석과 개혁정책》(서울: 지식산업사, 1991·2003), 19쪽.

-공사립초등학교 사학·의학·사숙

홍무제 주원장은 역사상 최초로 촌사村社마다 어린이를 가르치는 '학숙學塾'(관립 초등학교)으로 '사학社學'을 세웠다. 가난한 학동을 가르치기 위해 마을사람들이나 종친회가 세운 공설共設 초등학교는 '의학義學', 또는 '의숙義塾'이었다. 그런데 이 공동설립의 의숙·의학은 그 지위가 관리 '사학'과 달랐지만, 이 '사학'보다 더 교민복지적인 '지역공동체 학교' 노릇을 했다. 그러나 사학이 마을사람들에게 더 가까운 학교 기능을 하는 경우도 있었다. 그리하여 '의학'과 '사학'은 시간이 흐르면서 서로 뒤섞였다.892) 현縣 차원 이상의 행정단위에 설치된 '유학儒學'은 중·고급교육을 제공했고, 명대 중반 이후에는 일반적으로 학생등록 장소로 간주되었고, 과거시험을 준비시켰다.

각급 관보를 통해 확인된 명대의 공립초등학교 '사학社學'은 전국적으로 약 9355개소에 달했다.893) 명대 초에 사학은 어린이들에게 법률을 가르치는 제국帝國의 기관으로 나타났고, 명대 중반에는 치안과 인재충원을 위해 지방수령들에 의해 눈에 띄게 후원받는 학교로 발전했고, 명대 전성기에는 지방총독들에 의해 설립되었다. 그리고 명대 후기에는 주도권이 사학 차원으로 이동한 형태를 취했다.894)

중국에는 나라에서 세운 '사학'과, 마을이나 종친회에서 세운 '의학' 외에도 사립 초급학교가 있었다. 바로 6세 이상의 어린이들을 가르치는 학교로서의 '사숙私塾'이었다. 사숙의 훈장을 '숙사塾師'라 불렀다. '사숙'은 숙사가 세운 사설 '학당'이다. 보통 '사숙'은 마을이나 종친회에서 세운 공동설립 '의학(의숙)' 및 관립 '사학社學'과 합해 '학숙學塾'이라 불렀다. 고려와 조선에서는 중국의 '사숙' 또는 '학숙'을 주로 '서당書堂' 또는 '학당'이라고 일컬었다. '사숙'은 동시童試급제생인 '수재秀才'(생원), 과거시험 낙방자, 퇴직관리, 학교 중퇴자들, 또는 책을 많이 읽은 '독서인'이 '숙사'가

---

892) 참조: Sarah Schneewind, *Community Schools and the State in Ming China*(Stanford, California: Stanford University Press, 2006), 3쪽.

893) Schneewind, *Community Schools and the State in Ming China*, 3쪽.

894) Schneewind, *Community Schools and the State in Ming China*, 4쪽.

되어 대개 부업이나 소일거리로 어린이들을 가르쳤다. 이 때문에 사숙은 사립학교라도 학비가 없었고, 공자가 말한 '속수束脩의 예'에 따라895) 학부모들이 훈장에게 인사치례의 예물을 바치는 소소한 답례로 숙사의 노고를 갈음했다.

중국의 '사숙'은 사설 초급학교였지만 때로 보습補習학교로도 이용되었다. 입학생들은 6-8세의 아이들이었다. 일반 백성은 돈을 모아 숙사를 초빙하는 경우가 많았고, 부잣집은 가정교사로 거주하는 숙사를 '독선생獨先生'으로 초빙하기도 했다. 사숙은 '동관童館'과 '경관經館' 및 이 두 가지를 겸하는 사숙으로 나뉘었다. '동관'의 교육내용은 주로 계몽과 식자識字이고, 사숙을 보습학원으로 이용하는 과거시험 준비생들이 배우는 '경관'의 교학내용은 과거시험과 유관한 사서삼경과 《좌전》이었다. 연령이 많은 자들은 고문古文을 읽고 붓글씨를 익히고 시문을 지었다. 수업연한은 각자의 수요에 따라 정해졌다.

사숙의 용도는 청대에 큰 변화를 보였다. 청대에 지방의 각급 '유학儒學'(부학·주학·현학)이 유명무실해지자 사숙은 서원과 더불어 청소년들이 진정으로 독서하고 교육을 받는 장소가 되었다. 청대에 사숙은 의연금으로 세워진 의학(의숙)과 나란히 도처에 설치되어 크게 확산되었다. 청대에도 사숙은 보통 사인이 세우고, 의학은 마을사람들이나 독지가들이 세웠다. 청대에는 양자를 합해 '학숙學塾'이라고 불렀다. 청대에는 이런 학숙이 크게 성했고, 사학社學과 나란히 성시城市와 시골 어디에나 편재했다.

경비의 출처에 따라 구분되는 청대 학숙은 첫째, 부귀가문이 숙사를 초빙해 집에서 자제들에게 독서를 가르치는 것은 '교관敎館' 또는 '좌관坐館'이라 불렀다. 둘째, 지방이나 촌락, 종친회가 금전과 학전學田을 출연해 교사를 초빙함으로써 빈한한 자제들을 가르치게 한 것은 '촌숙村塾', '족숙族塾', '종숙宗塾'이라 일컬었다. 이것들

---

895) 공자는 "속수(束脩)의 예를 행하는 사람(평민과 천민) 이상의 사람들을 내가 가르치지 않은 적이 없다(子曰 自行束脩以上 吾未嘗無誨焉)"고 말했다. 《論語》〈述而〉(7-7). '속수의 예'는 '최소한의 예'를 말한다. '속수'는 육포묶음이다. 고대에는 사람들이 처음 만날 때 예물을 주고받았는데, 신분에 따라 제후는 옥, 경(卿)은 염소, 대부는 기러기, 사(士)는 꿩 등을 예물로 주었고, 평민 이하는 육포묶음을 주고받았다. 따라서 '속수의 예를 행하는 사람 이상'이란 평민과 천민 이상의 모든 사람들을 가리킨다.

은 다 의숙의 일종이었다. 셋째, 사인이 숙사로서 사숙을 설립해 생도를 교수敎授하는 학교는 '문관門館', '가숙家塾', '학관學館', '서옥書屋'이라 불렀다. 숙사 중에는 향시나 감시監試에 낙방한 수재나, 동시童試(수재 시험)에 낙방한 늙은 재수생이 많았다. 학숙은 초급교육기관과 보습학원을 겸했기에 학생들의 입학연령에 사실상 제한이 없었다. 보통 5-6세에서 20세 전후의 연령들이 다 들어와 배웠다. 거개는 12-13세 학생들이었다. 학생 수는 적으면 1-2명, 많으면 30-40명에 달했다.

가령 1886년(광서 12년) 수재 축성륙祝星六이 세우고 숙사로서 가르친 유하留下 (현, 다시가茶市街)의 '서계사숙西溪私塾'은 학교를 열 때 학생이 20여 명이었고, 최고 전성기에는 40여 명에 달했다. 숙사는 일반적으로 1인이었는데, 큰 촌숙에서는 여러 명이었다. 학생이 입학한 뒤에는 숙사가 개별적으로 가르쳤다. 학숙의 교육을 마친 학생들은 부학府學·주학州學·현학縣學 입학시험인 '동시童試'에 응시했다. 부학·주학·현학은 중급학교(중고등학교)였다.

- 명·청대의 교육은 의무교육

중국 부모들은 아들을 초급학교에 보내 교육을 받도록 해야 할 의무가 있었다. 이 의무는 전국의 모든 지방관들이 백성들에게 훈계하는 내용 가운데 하나였다. 명·청대 중국에서 보통학교 교육은 의무교육이었다. 이것을 어기는 부모는 지방관들에 의해 징치懲治되었다. 명·청대 중국에서 "백성의 교육은 관리의 주요기능들 가운데 하나"였기[896] 때문이다. 강희제는 1691년 지방관들이 매월 2회 백성들에게 교육을 베푸는 정치전통과 행정관례를 법제화하는 "16개항의 성칙聖勅"을 발령했다. 이 성칙의 항목은 나중에 옹정제에 의해 추가되어 더 늘어났다.[897] 이 가운데 제6성칙은 "그들은 유소년들이 학교에서 훌륭한 도덕을 배우도록 갖은 방법으로 공립학교들을 고취하는 것"이었다.[898]

---

896) Quesnay, *Despotism in China* 〔767〕, 196쪽.
897) Quesnay, *Despotism in China* 〔767〕, 196-198쪽 및 각주.
898) Quesnay, *Despotism in China* 〔767〕, 197쪽.

- 부府·주州·현縣의 중고등학교 '유학儒學'

학숙을 마친 학생들이 '동시'에 합격한 뒤 입학하는 각급 중급학교는 '유학儒學'이었는데, 행정단위에 따라 부학·주학·현학이라 별칭했다. 각급 행정단위 부府·주州·현縣에 설치된 중급학교 부학·주학·현학은 모두 학생들에게 무상교육과 무상숙식 및 일정액의 학비를 제공하는 국·공립학교였다.

부학에는 중앙에서 파견된 '부교수府敎授'가 배치되었다. '부교수'는 관학교육의 일을 관장했다.《청사고淸史稿》·〈직관지·職官志〉에 따르면, 부학에는 정7품의 부교수와 종8품의 훈도가 각 1인씩 배치되고, 주학에는 정8품의 학정學正과 훈도가 여러 명 배치되었다. 그리고 현학에는 정8품의 교유敎諭와 훈도가 여러 명 배치되었다. 교수·학정·교유는 생도의 과업상의 근면과 태만을 훈칙하고 품행의 우열을 평가하고 학정과 훈도가 그것을 돕는 것을 청문했다. 송대 이래 '교수敎授'는 관직명이었다. 청대에는 각부各府와 직예청에 교수를 설치해 학교현장에 파견되어 교육을 관장하도록 했다. 청대에 전국적으로 부府의 교수는 190인이었다.

부학·주학·현학의 입학시험인 '동시'에 합격한 학생은 '생원' 또는 '수재'라고도 불렸다. 부학·주학·현학의 학생인 생원(수재)에게는 명초 홍무연간에 9품관에 준하는 요역면제특권 등 종신우면優免특권이 부여되었다. 생원은 부학·주학·현학 등의 학교를 졸업하면 대학(국자감)에 감시監試를 거쳐 진학할 수도 있고, 부·주·현의 관청에서 주관하는 향시鄕試에 응시할 수도 있었다. 향시급제자 '거인擧人'은 그 자격만으로도 관직을 받을 수 있었다. 그리고 시험 없이 국자감 입학자격을 부여받았으며 종신우면특권을 누렸다.

명나라 지방행정 구역은 행성·부·주·현의 내지와, 분변分邊·위소衛所 등의 변강邊疆으로 나뉘었다. 내지의 행정구역에는 행성을 제외하고 제각기 부학·주학·현학 등의 학교가 설치된 한편, 변강에는 '위학衛學'이 설치되었다. 이 '위학'도 '유학儒學'이라 통칭했다. '유학'은 전국적으로 1579개소에 달했다. '위학'은 4개 위衛 또는 2-3개의 위가 하나의 학군이 되어 1개가 설치되었다. 전국 493개 위衛에 180여 개의 위학이 있었다. 부학·주학·현학은 각각 규모가 달랐지만 상하의 구별 없이 북경·남경 소재 국자감의 감시에 응시할 자격이 인정되고 이 시험에 합격하면 국자감에 진학할 자격을 인정받았다. 영종 정통제 원년에 제조학교관提調學校官을 설치해 고시와 교관을 감독하고 학생들을 훈도하는 일을 담당케 했다. 학생은 3개 등급으로 나누어 1등급을 국비장학생인 늠선생廩膳生, 2등급을 증광생增廣生, 3등급을 부학생府學生이라 했다. 신입생은 부학생이 되며, 연말시험인 세고歲考의 성적에 따라 증광생·늠선생으로 승급했다. 이처럼 승급함으로써 정식 학생자격을 얻는데, 이러한 학생은 최대 7만여 명에 달했다. 홍무 초년에 교과과정이 확정되어 학생은 각각 일경一經씩을 전공하고, 예·악·사·어·서·수를 나눠 배웠다. 지방학교의 직업교육은 경위무학京衛武學·위무학衛武學·의학醫學 및 음양학陰陽學 등 4종에서 실시되었다. 경위무학과 위무학은 각 위衛의 무장武將의 자제가 입학할 수 있었고, 고시考試는 병부兵部에서 주관했다. 홍무 17년에 창설된 의학은 부정과府正科·주전과州典科·현훈과縣訓科 등의 학관學官이 있었다. 음양학은 원나라 제도를 전승한 것으로 역시 홍무 17년에 설립했고, 부정술府正術·주전술州典術·현훈술縣訓術 등의 학관이 관장했다.

- 2개소의 "국자감"과 1개소의 "종학"

최고학부 국자감은 북경과 남경, 두 군데 있었다. 대학교육기관인 국자감에 진학하려면 국자감 입학시험인 '감시監試'를 통과하거나 향시에 급제한 '거인'이어야 했다. 국자감에서 공부하는 국자감 학생은 '감생監生'이라 불렀다. '감생'도 그 자격만으로 '입사入仕', 곧 벼슬길로 나가는 것이 가능했다. 명대 중하급 관리의 과반이 감생 출신이었다. 감시를 보고 국자감에 입학한 감생은 명초부터 향시 응시자격과 함께 생원과 유사한 종신우면특권을 부여받았다.

수隋나라로부터 기원한 국자감은 북경에 설치된 원·명·청대 최고교육기관으로서 중앙의 국립대학이었다. 북경 국자감 교사校舍는 안정문安定門 안(현 북경시 국자감가國子監街)에 소재했다. '북감'으로 약칭된 북경 국자감에 대칭해서 '남감'으로 약칭된 남경 국자감은 영락제 때 극성했으나 청대에는 그 세가 약화되었다. 순치 7년에는 남감을 '강청부학江廳府學'으로 개칭했다. 소재지는 현재 강소성 남경시 계롱산鷄籠山 옆이다.

국자감 학생들에게 무상교육과 무상숙식, 그리고 학비와 용돈이 지급되었다. 명대 국자감 편제는 교장을 맡는 종4품의 좨주祭酒 1인, 부교장 겸 교무주임을 맡는 정6품의 사업司業 1인, 학생풍기규찰을 맡는 훈도주임으로서 승건청繩愆廳의 정8품 감승監丞 1인, 정正교수를 맡는 박사청의 오경박사 5인(종8품), 솔성·수도·성심·정의正義·숭지崇志·광업廣業 등의 육당六堂에는 부副교수를 맡는 조교 15인(종8품), 일반 교사敎師를 맡는 학정學正 10인(정9품), 학록學錄 7인(종9품)으로 조직되었다. 그리고 행정보조 기관으로서 공문수발 및 관리를 담당하는 전부청典簿廳(비서국)에 전부典簿 1인(종8품), 도서관원으로 근무하는 전적청典籍廳(부설도서관)에 전적典籍 1인(종9품), 식당을 주관하는 장찬청掌饌廳(부설식당)에 장찬掌饌 2인이 부가된다. 좨주와 사업司業은 둘 다 한림원 안에서 선임되었다.

청대 국자감 편제는 좀 더 복잡하다. 국자감 관리감사 대신大臣 1인은 만·한滿漢 내각대학사·상서尚書·시랑侍郎 안에서 간택·선발해 임명한다. 종4품의 좨주祭酒는 만·한滿漢 각 1인이고, 정6품의 사업司業은 만·몽·한滿蒙漢 각 1인이고, 승건청 감승繩愆廳監丞은 만한 각 1인(정7품)이고, 박사청 박사(종7품)는 여러 명이다. 육당六堂은 조교 각 1인(종7품), 솔성·수도·성심·정의사당四堂은 학정 1인이 배치되고, 숭지·광업이당二堂은 학록 1인(정8품)이 배치된다. 팔기관학八旗官學 조교는 만주 2인, 몽골 1인이 맡는다. 교습은 만주 1인, 몽골 2인, 한인漢人 4인이 맡는다. 번역을 담당하는 필첩식筆帖式(번역·통역관)은 만주군 4인, 몽골군과 한군漢軍 각 2인이다. 러시아어를 가르치는 아라사관俄羅斯館은 만·한조교 각 1인, 유구학琉球學은 한인 교습敎習 1인이다. 전부청에는 전부典簿 만·한 각 1인, 전적청 전적典籍에는 한인 1인(종9품)이 배치된다. 40여 명의 이 간부들에 더해 부엌일꾼·청소부·심부름꾼·잡일꾼 등 100명에 가까운 일반 보조원들이 추가되어 국자감은 직원 100여 명이 근무하는 비교적 큰 관청이었다.

국자감의 학생 '감생監生'은 거감擧監·공감貢監·음감蔭監의 세 가지가 있었다.

'거감'은 향시에 급제한 거인舉人으로, '공감'은 지방학교의 생원生員 가운데 우수자로 추천되어 감시를 통해 입학한 자들이었고, '음감'은 고급관리 및 외척의 자제로 국자감에 입학한 자들이었다. 경제景帝 때는 전쟁으로 재정이 긴급할 때 곡식과 말을 바친 사람의 자제를 국자감에 입학시켰는데, 이를 '예생例生'이라 했다. 한편 감생의 학생정원은 일정치 않아 많을 때는 1만 명에 육박했다(9천 900명). 교과목은 사서오경 외에 설원說苑·율령律令·서수書數 및 활쏘기였다. 수업연한은 통상 4년이고, 졸업 후에는 능력에 따라 벼슬했다.

국자감 외에 북경에는 특수 대학교로서 '종학宗學'이 있었다. '종학'은 귀족학교로, 태자, 대신과 장군의 자제, 종실의 자제로서 10세 이상 20세 미만의 소년이 입학했다. 학과는 사서오경·사감史鑑·성리서性理書 등이고, 문자교육과 도덕교육이 병중並重되었다. 교육은 왕부王府의 장사長史·기선紀善·반독伴讀·교수敎授 가운데서 학행學行이 우수한 자가 담당했다. 5년 동안 학습 후 성적이 좋으면 벼슬을 했다.

국자감 졸업생으로서 과거시험의 최종합격자는 중앙의 최종과거시험 '회시會試'를 치르고 연이어 '전시展試'를 치렀다. 국자감 졸업생은 '회시' 응시자격이 있었고, '회시'를 통과하고 황제가 주관하는 '전시'까지 치른 과거 최종합격자에게는 주지하다시피 '진사進士'의 지위와 칭호가 부여되었다.

중국의 3단계 학제의 학교제도는 늦어도 명·청대에 선교사들의 서신과 보고서적들을 통해 서양으로 전해지기 시작했다. 중국 학교에 대한 최초 보고들은 멘도자·발리냐노·산데 등 이베리아·이탈리아 선교사들과 모험가·여행가들의 16세기 후반 보고들이었다. 그 뒤 중국학교에 대한 마테오리치·퍼채스·세메도 등의 그릇된 보고들이 있었다. 이들의 보고들은 다 치명적 오류를 안고 있다. 이 보고들은 이베리아 사람들의 초기 보고보다 못한 형편없는 오보들이었다. 그러나 17-18세기의 중국기中國記들은 고도로 발달한 중국 학교제도에 대해 이구동성으로 비교적 정확한 관찰들을 보고했다. 선교사들의 이 중국 학교제도 관련 보고들은 18세기 말부터 19세기 중반까지 유럽의 학교제도 발달의 밑거름이 되었다.

제4절 역대 한국의 인정국가

20세기 중반 이래 오늘날까지 나이토 고난·맥닐·포겔·조운스·오스터 함멜 등[899] 여러 세계사 사가들과 중국학 전문가들은 왕안석 이후 송대 근대성을 이구동성으로 "보편사적 근대의 발단(der Beginn der *universalhistorische Moderne*)"으로[900] 규정한다. 왕안석에 의해 이룩된 송대의 세계사적 근대성은 16-18세기 명·청대에야 유럽으로 서천西遷했고, 일본으로의 동천東遷은 1868년 명치유신을 통해 '서구화'의 기치 아래 뒤늦게 이루어졌다.[901] 그러나 한반도는 삼국시대부터 유학을 수용했고, 고려조에서는 정부가 과거제도를 유학적 원칙에 따라 조직·운영했고, 조선은 유학을 국학으로 선언한 유교국가였다. 조선은 "의국義國(Righteous Nation)"이라 불릴 만큼 송·명·청대 중국제국보다 더 유교적인 국가가 되었다.[902] 그리하여 조선은 삼국시대와 고려시대의 인정·복지제도를 계승해 더 완벽화했다. 그리고 조선은 후기에 이르러서 중국보다 더 촘촘한 학교체계를 갖춘 국가, 따라서 8만 개소에

899) 참조: William H. McNeill, *The Pursuit of Power: Technology, Armed Force, and Society since A.D. 1000*(Chicago: University of Chicago Press, 1982), 24-54쪽; 나이토 고난內藤湖南, 〈包括的唐宋代觀〉 (1922), 191-202쪽. 內藤湖南(礪波 護 編輯), 《東洋文化史》(東京: 中央公論社, 2004); Joshua A. Fogel, *Politics and Sinology: The Case of Naito Konan*(1866-1934)(Cambridge, Mass.: Harvard University Asia Center, 1984), 168-210쪽. 포겔은 1920-30년대 일본제국주의 동양사가 나이토 고난의 중국론을 논하고 있다. 그리고 참조: Eric I. Jones, *Growth Recurring: Economic Change in World History*(Oxford: Blackwell, 1988), 73-84쪽.

900) Jürgen Osterhammel, *China und die Weltgesellschaft: Vom 18. Jahrhundert bis in unsere Zeit*(München: C. H. Bech'sche Verlagbuchhandlung, 1989), 50쪽.

901) 참조: 요나하 준與那覇潤, 《중국화하는 일본》(서울: 페이퍼로드, 2013).

902) 오드 아르네 웨스타드는 500년 조선이 중국보다 "훨씬 더" 유교적인 의국(義國; Righteous Nation)이었다고 갈파했다. 참조: Odd Arne Westard, *Empire and Righteous Nation -600 Years of China-Korea Relations*(Cambridge, Mass; London: The Belknap Press of Harvard University Press, 2021), 22-26, 31-32, 37, 84쪽.

달하는 학교 수에서, 그리고 60여만 명의 학생을 가르침으로써 인구비례로 학생 수에서 중국제국을 능가한 세계최고의 교민복지 국가가 되었다.

4.1. 고려와 조선의 양민복지제도

고려와 조선의 양민복지제도는 기본적으로 중국의 복지제도를 수용했지만, 다른 한편으로는 전통적 창름제도도 계승했다. 고려는 불교국가였을지라도 고려의 정부는 '유교정부'였다. 따라서 구황·양민제도와 교민제도는 고려 때부터 갖춰지기 시작했다. 물론 양민·교민복지제도는 유교국가 조선에서 절정에 달한다. 조선에서 특히 정조 때부터는 버려진 아이와 부모 잃은 아이를 수용해 양육하는 고아원을 국가 차원에서 전국적으로 설치했다.

■ 고려의 양민제도

조선의 양민·복지제도는 고려의 제도를 계승한 것이 많다. 일단 고려의 상평창부터가 그렇다.

- 곡가조절을 위한 상평창

고려의 물가조절기구 '상평창常平倉'은 한대와 송대의 상평창 제도를 도입한 것이다. 고려의 지방행정제도는 양경제兩京制(개경과 서경)를 취하고 지방을 12목牧으로 나눈 체계였다. 12목은 양주·광주·황주·해주·충주·청주·공주·전주·나주·승주昇州·상주·진주다. 고려 정부는 993년(성종12) 양경과 12목에 상평창을 처음 설치했다. "흉년에는 백성들을 상하지 않게 하고, 풍년에는 농민들을 손해 보지 않게 한다(饑不傷民 豊不損農)"는 취지를 구현한 것이다. 고려 정부의 12목 관서들은 풍년에 곡가가 떨어지면 시가보다 비싼 값으로 곡물을 사들여 비축했다가, 흉년에 곡가가 오르면

시가보다 싼값으로 방출함으로써 곡가를 조절해 백성들의 생활을 안정시켰다.

이를 위해 고려 성종 때는 미곡 6만 4000석이 기금으로 마련되었다. 그중 5000석은 개경의 경시서京市署에 비축했다. 감독기관은 대부시大府寺와 사헌대司憲臺였다. 나머지 5만 9000석은 서경과 주·군州郡의 창고 15곳에 나눠 비축했다. 그리고 서경은 사헌대의 분사分司가 관리하고, 주·군은 계수관界首官이 관리했다. 이후 언제부터인가 상평창은 유명무실해졌다. 공민왕은 1371년(공민20) 상평창을 다시 설치하라는 조처를 내렸지만, 이 조처는 고려의 쇠망이 시작되면서 제대로 시행되지 않았다.

- 농민구제·지원을 위한 의창제도

의창義倉제도는 정부에서 경제적으로 어려운 농민들에게 식량과 곡식 종자를 나눠줘서 빈민들이 굶어 죽는 것을 막거나 농민들의 농업재생산을 돕기 위해 만든 고려의 가장 기본적인 구휼제도였다. 이것은 왕안석의 청묘법제와 유사한 것이다. 이 의창은 조선조에도 그대로 이어진다. 고려 6대 임금 성종은 986년(성종5) 국초부터 개경에 있던 '흑창黑倉'에 쌀 1만 석을 더해 의창을 설치했다. 그 뒤 제8대 임금 현종은 '의창조수취규정義倉租收取規定'을 제정하고 지방 군현에도 의창을 설치하도록 해서 의창제도를 전국적으로 완비했다.

개경의 의창곡은 '대창大倉'에 비축·보관했고, 그 실무는 '대창서大倉署'에서 맡아보았다. 반면, 지방 군현의 의창곡은 군현의 세곡창고에 다른 관곡官穀과 함께 비축 보관되었고, 그 실무는 각 군현의 수령과 향리들이 맡아 보았다. 하지만 의창곡을 관리하던 담당 관리나 수령이 마음대로 의창곡을 지급할 독자적 권한이 없었고, 그 권한은 중앙정부에 전속되었다. 의창곡은 중앙정부의 허락과 명령에 따라 일정한 절차로 지급되었다. 이 원칙은 송대 중국의 의창제도의 운영규칙과 같았고, 조선 초기 의창운영에도 전수되었다.

의창곡의 분급分給방법은 아무 대가없이 무상으로 나누어 주는 진제賑濟와, 가을에 갚을 것을 전제로 분급하는 진대賑貸(=還上)로 구분되었다. 진대는 이자 없이 원곡元穀

만 되돌려 받았고, 무상분급은 교통 중심지에 진제장賑濟場을 설치해 죽이나 밥 등 음식을 나눠 주었다. 고려정부는 개성의 개국사開國寺와 임진현의 보통원普通院 등에 관곡官穀을 내려주어 궁민窮民·걸인行旅乞人·굶주린 병자(飢饉疾疫人)들을 먹였다.

그러나 고려 중기 이후 국가 재정이 나빠지면서 의창곡 확보가 어려워졌고 의창곡의 관리와 운영에도 문제점이 생겨나면서 의창에 관한 기록은 제25대 충렬왕대 (1274-1308) 이전에 이미 사라졌다. 물론 고려 중기 이후 의창이 없어진 뒤에도 국가 차원의 구휼 사업은 이어졌지만, 항몽전쟁 이후 계속 악화되는 국가재정 때문에 산발적이었다. 그래도 국가는 지속적으로 정규적 구휼제도의 부활을 추구했다. 그 결과 제26대 충선왕(1308-1325)은 구휼기관으로 개경에 '유비창有備倉'을 설치하고 관리기관으로 전농사典農司를 두었지만 이 유비창 제도도 곧 저곡貯穀 부족으로 부실해졌다.

그러나 제31대 공민왕(1351-1374) 이후 지방관으로 파견된 과거 출신의 유교적 관리들이 몇몇 지방에서 독자적으로 의창을 설치했다. 그러한 흐름이 점차 중앙으로 파급되어 1391년(공양왕3) 4월에 개경 5부에 의창이 설치되면서 의창체제가 전국적으로 재건되었다.

고려 말 의창은 삼사三司가 관장했다. 조선정부는 고려 말 삼사三司를 1405년(태종5)에 호조의 판적사版籍司로 흡수했다. 이에 따라 조선시대에서도 기민飢民을 구제하고 곡가穀價를 조절하는 업무는 원래부터 호조가 전담하게 되었다.

- 혜민국·제위보 설치와 병자구활

고려는 동·서 대비원大悲院을 설치하고 병자와 무의탁 환자들을 수용해 구활救活했다. 그리고 고려 예종은 1112년(예종 7)에 서민의 질병 치료를 위해 혜민국惠民局을 설치했다. 이 혜민국은 충선왕 때 '사의서司醫署'로 이속移屬되었다가 1391년(공양왕3) '혜민전약국惠民典藥局'으로 개칭되었다. 관원으로 판관判官 4명이 있었고, 본업 의관醫官과 산직散職이 업무를 교대로 담당했다.

고려 정부는 '제위보濟危寶(濟危鋪)'도 설치하고 서민구료 기능을 수행했다. 제위보는 원래 구빈원이었는데[903] 1127년(인종5)부터는 서민 병자를 구료하는 기능을 더했다.[904] 그러나 1391년(공양왕3)에 이르러 모든 제도를 축소할 때 이 제위보도 폐지하고 말았다. 따라서 조선정부는 고려의 제위보를 '제생원'으로 재건한다.

■ 조선의 양민복지제도

유학을 국학으로 내건 조선은, 미국의 세계사가 오드 웨스타드(Odd Arne Westard)가 지적한 대로 명·청대 중국보다 더 유교적인 국가였다.[905] 따라서 국가재정이 허락하는 한에서 유교적 양민정책도 중국보다 더 각별했다. 이 과정에서 조선은 송대 이래 중국의 복지제도를 많이 참조했다.

청국 복지제도에 관한 조선 사신의 가장 늦은 보고를 보면 이렇다. 1840년 중국에서 막 돌아온 사신 이정리李正履는 이런 내용의 문견별단聞見別單을 올린다.

신이 요동으로부터 산해관 밖에 이르러 늙은 농부와 민호民戶에게 물었더니 이렇게 답했습니다. "(...) 강희 때에 상평창을 설치해 곡식이 귀할 때에는 값을 줄여서 조곡糶穀을 내는 방도로 삼았는데, 이제까지 준행하고 있다. 광제원廣濟院이 있어서 중병을 앓는 사람을 구완하고, 서류소棲流所가 있어서 흩어져 유랑하는 백성을 살게 하고, 휼리원恤釐院이 있어서 집 없는 늙은 홀아비와 과부를 살게 하고, 육영당育嬰堂이 있어서 버려진 어린아이를 기르며, 또 경도京都의 부유한 백성이 곳곳에 의죽창義粥廠을 설치해 가난한 백성을 먹인다." 그래서 신이 스스로 육영당과 의죽창에 가서 여러 번 살펴보았더니, 죽을 장만해 주는 곳에서는 남녀가 줄을 나누어 정돈해 법도가 있었고, 육영당에서는 유모乳母를 모집해 먹여 기르는 것이 적당했습니다.[906]

---

903) 《高麗史》, 1101년(고려 숙종6): "백성이 가난해 능히 자존할 수 없는 사람은 제위보로 하여금 보리가 익을 때까지 진휼하고, 또 임진면臨津面 보통원普通院에서 행인에게 3개월 동안 밥을 주라."
904) 《高麗史》, 1127년(인종5): "제위보·대비원에 축적을 많이 하여 질병을 구하라."
905) Westard, *Empire and Righteous Nation*, 22–26, 31–32, 37, 84쪽.
906) 《憲宗實錄》, 헌종 6년(1840, 淸 道光 20년) 3월 25일 을묘 2번째 기사.

사신들의 이런 보고는 명대부터 줄곧 이어졌을 것이다. 따라서 조선 조정은 명·청대의 양민복지정책과 황정·구민제도를 잘 알고 있었다. 이것은 조선 조정이 황정과 구민·양민제도를 실시하고 관련 제도를 만드는 데 선례로서 큰 도움이 되었다. 500년 조선의 황정荒政과 구빈·제생제도를 구체적으로 살펴보자.

- 조선의 황정제도

조선은 상평창·사창·의창 등 여러 가지 곡물창고를 개설하고 폐지하기를 거듭하며 그래도 줄곧 운영하고, 이를 전담·관리하는 관청들을 여러 번 설치했다가 통폐합하는 개폐와 통합을 반복했다. 조선에서 제일 먼저 나타난 황정기구는 세종이 만든 '구황청救荒廳'이다. 태종이 1405년(태종5) 상평창과 지방관청에 설치한 의창의 보유미保有米를 호조 관할로 넘겨 기민飢民을 구제한 일이 있었다. 세종은 1440년(세종22) 이 기능을 상설화해 전담기관으로 만들고 '구황청'이라고 칭했다.[907] 이와 나란히 곡가 조절을 위해 '상평청'도 설치했다.

조선시대에 당초 기민飢民구제와 곡가조절 업무는 원래 호조가 전담했었다. 고려 말에 의창을 관장하는 삼사三司가 1405년(태종5)에 호조로 흡수됨에 따라 호조의 판적사版籍司에서 그 업무를 승계했기 때문이다. 그런데 의창의 업무가 날로 번거로워지자 판적사에서 관장하기 어렵게 되었다. 이에 세종 말엽에 구황청과 상평청을 설치해 기민구제는 구황청에, 곡가조절은 상평청에서 나눠 전담하게 했다. 하지만 구황청은 고려의 상평창과는 달리 상설 운영되지 않고 흉년에만 일시적으로 개설·운영되었다. 이 때문에 재해를 입은 백성들을 구제하는 전반적 업무는 제도상 여전히 호조의 소관이었다. 그래서 성종 때 반포된 《경국대전》의 경관직조京官職條에 구황청이 보이지 않고, 진대賑貸의 염산斂散 업무가 호조 판적사의 업무로 되어 있는 것이다. 세조 때 '의창'이 경영난으로 폐쇄되었고 이에 대신해 환상還上의 업무를 계승했던

---

907) 《世宗實錄》, 세종 22년(1440) 3월 을축조. 다음도 참조: 崔昌茂, 〈朝鮮王朝 初期의 救貧制度에 관한 考察〉, 《社會科學》 제3집(1984), 172쪽; 崔昌茂, 〈朝鮮王朝前期의 救貧制度에 關한 考察〉, 《福祉行政論叢》 第1輯(1991), 12-13쪽.

'사창社倉들'마저 성종 말엽부터 하나씩 문을 닫게 되자, 당국에서는 진휼을 위한 새로운 방책을 강구하지 않을 수 없게 되었다. 이에 중종은 1511년(중종6) 10월 4일 구황청을 '진휼청賑恤廳'으로 바꾸고 김응기金應箕를 체찰사體察使로 임명했다. 중종은 1511년에 심한 흉년이 닥치자 호조판서를 진휼사賑恤使로 삼고, 그 이듬해에 광흥창廣興倉·풍저창豊儲倉의 곡물과 여타 관고官庫의 잉여곡물을 모아 진휼청을 발족시키고, 뒤이어 상평청과 합해 평상시에는 곡가 조절 업무를 수행하고, 흉황 시에는 구휼·진대의 업무를 삼공三公의 지휘·감독 아래 수행하게 했다. 그러다가 인조는 1626년(인조4) 상평청常平廳과 진휼청을 통합해 '선혜청宣惠廳'을 세웠다. 그런데 인조는 11년 뒤인 1637년(인조15) 진휼청을 떼어내어 다시 별청別廳으로 만들면서 '상진청常賑廳'이라 개칭했다. 상진청은 이렇게 하여 성립한 것이다. 그러나 관청의 명칭은 그 뒤에도 상진청과 진휼청, 그리고 상평청과 선혜청 사이에 계속 오락가락한다.[908] 상진청은 그 뒤 임진왜란이 일어나기까지 존속하다가, 전란이 종식된 뒤 다시 상평청과 진휼청으로 분리되었다.

그러나 1608년(광해군 즉위년)에 선혜청이 설치되자, 진휼청은 이에 이속되면서 그 업무를 다시 상평청과 합치게 되었다. 그러나 인구의 증가와 흉황凶荒의 빈발에 따른 구휼·진대 업무의 증대로 1661년(현종2)에 진휼청이 다시 분리·독립되었고, 비변사의 관리 아래 두게 되었다. 그러다가 1686년(숙종12)에 다시금 선혜청의 관리 아래로 이관되었다. 이때부터 갑오경장 때 폐지되기까지 진휼청은 담당 낭청郎廳의 주관 아래 계사計士·서리·고직庫直 등의 직원들이 선혜청 당상의 지휘 아래 구휼 업무를 수행했던 것으로 나타난다.

그러나 숙종은 1677년(숙종3) 다시 진휼청을 선혜청에 통합했다. 진휼청이 완전히

---

908) 《仁祖實錄》, 인조 16년(1638) 1월 29일 "진휼청을 설치하다"는 기사. 또 《인조실록》, 인조 17년(1639) 2월 2일(경인): "진휼청을 선혜청에다 설치하고 여이징呂爾徵을 진휼사로 삼았다", 또 《인조실록》, 인조 26년(1648) 5월 25일: "진휼청이 진휼하고 남은 미조米租의 숫자를 서계하니, 상이 비국에 내렸다. 비국이 아뢰기를, "이미 진휼을 파한 뒤인데 청호廳號를 그대로 두는 것은 미편한 듯합니다. '상평청'이라고 일컫고서 쓰고 남은 미포는 수시로 전환하여 한편으로는 지금 백성들을 이롭게 하는 데 쓰고 한편으로는 뒷날 구황할 때 쓰게 하는 것이 마땅하겠습니다. 관원은 선혜청의 당상과 낭청을 겸직하게 하겠습니다." 이에 상이 따랐다. 진휼청은 인조 시기에도 별청(임시기관)으로 계속 존속한 것처럼 나타난다.

폐지된 것은 1894년(고종 31)이었다. 선혜청은 진휼기능을 겸해서 흉년이 들어 백성들이 굶주릴 때는 정승이나 대신을 진휼사賑恤使로 임명해 지방으로 파견, 기민飢民구제 사업을 지휘토록 했다. 진휼청은 가장 오랫동안 독립과 통합을 거듭하며 조선시대 굶주린 백성들을 구제하는 일을 수행한 셈이다.[909] 세종의 구황청에서 진화해 흉황을 극복하기 위해 설치된 진휼청은 중종이 1511년(중종 6)에 구황청을 개칭해 설치한 뒤 370년 동안 약간의 변경을 거치며 존속했다가 1894년 갑오왜란기 친일괴뢰내각의 '갑오경장' 난동으로 폐지되었다.

《실록》에 따르면, 숙종 때 중앙정부는 1695년(숙종 21) '수양법收養法'을 제정하여 진휼청에 기아棄兒구호도 맡겼다. "진휼청의 계사啓辭(임금에 올리는 글)로 말미암아 유기아遺棄兒의 수양법修養法을 정해 팔로八路에 반포했다. 수양법은 나이를 12세 이하로 한정하고 월일은 병자년(1696) 정월 초1일에서 5월 30일에 이르기까지를 기한으로 했다. 그 내력을 알지 못하는 자는 관아에 정고呈告해 입안立案(증명서)을 만들게 했다."[910]

- 세무와 양민복지를 위한 선혜청

'선혜청宣惠廳'은 인혜仁惠를 베푸는 관청이라는 뜻을 지니고 있다. 이 관청은 1608년(광해군 즉위년)에 실시되어 1895년에 폐지될 때까지 기능했던 국가의 대동법 관련 세무기구이자 복지기구다. 이것은 1608년 대동법이 '선혜지법宣惠之法'이란 이름으로 경기도에 처음으로 시행되면서 이를 관리하기 위해 설치한 관서다. 뒤에 대동법이 강원도·충청도·전라도·함경도·경상도·황해도의 순으로 확대·실시되면서, 이를 관리하기 위해 설치한 각도道의 대동청大同廳들은 모두 선혜청의 산하에 귀속되었다. 이후 선혜청은 물가조절과 진휼모곡賑恤耗穀(곤궁한 백성을 구제하기 위한 환곡제도로 춘궁기에 곡식을 빌려주고 추수기에 일정한 부가세를 붙여 거둬들이던 기능)을 겸했던

---

909) 참조: 崔昌茂,〈朝鮮王朝後期의 救貧制度에 關한 考察〉,《福祉行政論叢》第2輯(1992), 3-4쪽.
910)《肅宗實錄》, 숙종 21년(1695) 12월 19일: "因賑恤廳啓辭 定遺棄兒收養法 頒布八路. 年歲則以十二歲以下爲限 月日則以丙子正月初一日至五月三十日爲限 其不知來歷者 使呈官成立案."

상평청, 진재기구 진휼청, 균역청(균역법상의 군관포軍官布와 결작미結作米 및 어·염·선세魚鹽船稅 등을 관리한 기관) 등을 순차로 이속받아 호조를 능가하는 국가의 최대 재정기관으로 발전했다.

선혜청은 조선 말까지 존속하다가 1894년의 이른바 '갑오개혁' 난동 때 대동법의 폐지와 함께 폐지되었다. 당초 선혜청이 설치될 때에는 국초부터 있었던 상평청을 병합했는데 경기도의 선혜지법과 종래의 상평청의 업무를 관장하는 기관에 지나지 않았다. 그리고 선혜법에 이어서 이를 보완한 대동법이 1624년(인조2)에 강원도·충청도·전라도에 확대·실시될 때만 해도 선혜청의 관리는 따로 설치된 '삼도대동청三道大同廳'이 맡았다. 그리고 이듬해에 충청도·전라도의 대동법이 폐지되고 강원도의 대동법만이 계속 시행되었을 때에도 대동청이 호조 산하로 이속되어 대동법은 호조가 주관했다. 그러나 이때에도 상평常平 업무와 경기도의 대동법은 선혜청에서 관장하고 있었다.

그러다가 1652년(효종3) 김육에 의해 크게 수정·정비된 대동법이 충청도에 다시 실시되면서 그 관리기관인 호서대동청湖西大同廳이 선혜청 산하에 귀속되게 되었다. 이를 계기로 호조 산하의 대동청인 강원대동청도 선혜청으로 이속되었다. 이로부터 선혜청의 지위가 대동법과 상평업무를 관장하고 집행하는 새로운 재정기관으로 확립되었다. 따라서 이후부터는 전라도·경상도·황해도의 각 대동청도 선혜청 산하로 들어가게 되었고, 나아가 종래 비변사에서 관장하는 진휼청과 균역청마저도 그리로 이속되었다.

한편, 소속관원은 설치 당초에는 영의정이 예겸例兼하는(전례에 따라 관직을 겸직하는) 도제조都提調 1인과 호조판서가 예겸하는 제조 1인, 그리고 선혜법과 상평의 업무를 각기 담당한 낭청 2인을 두는 데 그쳤다. 그러나 1652년에 국가의 중심적 재정기관으로서의 위치가 확고해지면서 도제조가 3인(영의정·좌의정·우의정 예겸), 제조가 3인(1인은 호조판서 예겸, 나머지 2인은 2품 이상의 관원 겸임)으로 각기 늘어났다. 그리고 낭청 휘하에 계사計士·서리書吏·사령使令·고직庫直(창고지기)을 각기 증설·배치했다.

또한 선혜청은 여러 청을 수용하면서 각 청의 남은 경비를 모아 선혜청 직원에게 삭료朔料(월급)를 지급하고, 소요경비를 보조하는 공잉색公剩色(경기청·강원청·서호청·호남청·영남청 등 선혜오청에서 남아도는 공미貢米를 모아 맡아보던 관청)을 설치했다. 그리고 선혜청의 업무 전체를 지휘·감독하는 당상堂上도 두었다.

이처럼 선혜청은 조선 후기에 세입의 대부분을 관장·관리하면서 호조의 기능과 업무를 훨씬 능가했다. 이 때문에 그 존재와 기능에 대해 비판이 적잖았다. 그러나 물가조절·진휼·세원확장의 업무까지 다 포함하고 있었던 선혜청은 여러 기능 면에서 그 중요성이 너무 막중했기 때문에 폐지되지 않았고, 1894년까지 순항하며 조선의 국세와 세무·곡가조절·진재·복지기능을 종합적으로 다 수행했다.

- 상평창의 존폐

조선의 상평창은 중국과 고려의 상평창처럼 풍년에 곡물이 흔하면 값을 올려 사들이고, 흉년에 곡물이 귀하면 값을 내려 팔아 곡가를 조절하는 기관이었다. 이 정책은 곡가의 변동에 따라 생활을 위협받는 일반농민을 보호하고, 반대로 그에게서 부당한 이윤을 취하는 상인의 매점매석과 폭리활동을 억제하는 양민복지를 지향했다.

조선에서는 1409년(태종9) 전라도관찰사 윤향尹向이 상평창 설치를 건의했고, 1436년(세종18)에 충청도관찰사 정인지鄭麟趾가 다시 그 설치를 건의했다. 그러나 조선 조정은 재정부족과 시행과정상의 폐단을 거론하며 이 건의를 채택하지 않았다. 하지만 1458년(세조4) 세조는 하삼도도순문진휼사下三道都巡問賑血使 한명회韓明澮의 건의를 받아들여 마침내 상평창을 설치했다. 세조는 일단 각도 관찰사가 주관해 한두 읍邑에서 시험적으로 운영해 보도록 했다.911)

그러나 상평창의 운영에 필요한 막대한 규모의 양곡이 제대로 갖추어지지 않아 시험운영은 활발하지 못했다. 이에 중종은 앞에서 서술한 대로 1511년(중종6) 진휼청을 설치하고 많은 자곡資穀을 비축했고, 상평청도 진휼청과 같은 건물을 사용하도록

---

911) 참조: 金鍾賛,〈朝鮮朝의 救貧制度에 관한 研究〉,《韓國行政史學誌》, 第3號(1994), 128쪽.

했다. 그리고 관원도 두 관청의 임무를 겸무하게 함으로써 상평창의 기능을 강화했다. 그러다가 선조는 1608년(선조41) 상평청의 명칭을 선혜청宣惠廳으로 변경했고 진휼청도 이곳에 이속시켰다. 그런데 선혜청은 명칭만 개칭된 것이 아니라 상평청과 달리 대동법에 따른 포布와 전錢의 출납도 맡아 보았다. 정조 9년(1785)에 편찬된《대전통편》의 〈이전〉과 《대전회통》 〈병전〉의 선혜청조에는 "상평청은 국초에 창설했고, 진휼청은 처음에 비국備局(비변사)에서 관리하다가 병인년(1626)에 본청(선혜청)에 이속되었다"라고 기록되어 있고,[912] 《대전통편》 〈이전〉은 "상평창은 이제 폐지한다" 고 규정하고 있다.[913] 따라서 상평창이 선조 41년 이후에도 선혜청의 한 분과로 계속 존속했고 실제 완전히 없어진 것은 정조 때라고 봐야 할 것이다.

· 조선의 의창제도

고려 말기에 부활된 의창은 조선 건국 후 조선 초기 의창제도의 기틀이 되었다. 조선 건국 후에도 국가의 근본인 자영농민의 생활안정책으로 구휼제도가 필요했고, 이런 상황에서 조선정부의 도평의사사都評議使司에서 1392년(태조1) 9월 의창운영 규정을 마련하고 구휼제도 정비에 관심을 기울였다. 그러나 건국 초기의 재정부족 속에서 의창곡을 확보하는 것은 쉽지 않았다. 태종은 집권 후기에 가서야 어느 정도의 의창곡을 확보해 구휼기관으로서의 의창을 확립했다. 이어서 세종은 1423년 (세종5) 군자곡軍資穀을 한꺼번에 의창에 옮겨 100만석 이상의 의창곡을 확보했다. 조선 의창의 기틀이 확립된 것은 이때부터였다.

선초에도 의창곡의 분급은 고려 때와 마찬가지로 무상으로 분급하는 진제와 이자 없는 진대의 두 가지 방법으로 이루어졌는데, 후자가 훨씬 많았다. 진대제도에 의해 농민들은 고려 때와 마찬가지로 농번기에 식량과 곡식 종자로 대여받고 가을에 이자 없이 상환했다. 조선 초기에 계속된 극심한 흉년에는 수백만 명의 굶주린 사람들이 국가의 구휼로 연명했고, 반 이상의 농민이 진대 종자로 농사를 지은 적도 많았다.

---

912)《大典通編》〈吏典〉, 宣惠廳條; 《大典會通》〈兵典〉, 宣惠廳條.
913)《大典通編》〈戶典〉, 食庫條.

조선 초기에 의창제도가 본래 기능을 제대로 수행한 것이다.

그러나 조선 초기 의창제도 운영에는 여러 문제가 있었다. 그 가운데 가장 큰 문제는 진대의 경우 상환이 제대로 이루어지지 못하는 경우가 많아지면서 의창곡이 축소될 수밖에 없는 것이었다. 대여받은 곡물을 반드시 환곡해야 하나 환곡을 하지 못한 채 도망가는 농민도 있고, 농민이 환곡기 전에 사망하는 일도 있었다. 그리하여 환곡량은 종종 탕감되어야 했다. 또한 의창에 비축된 곡물은 보관 중에 인위적이든 자연적이든 손실되는 경우가 많았고, 운송·출납과정에서도 손실분이 발생했다. 이래 저래 의창곡은 여러 가지 원인으로 줄어들 수밖에 없었다. 이 때문에 중앙정부에서는 그러한 손실을 보충해야만 구빈사업을 계속할 수 있었다.[914] 이에 따라 다양한 의창곡 보충정책이 제시되었다. 그리하여 태종은 1406년(태종6) 의창곡을 보충하기 위해 연호미수검법煙戶米收斂法을 제정해 의창의 기본곡물의 손실분을 채웠다. 그러나 이법은 집권층의 거듭된 반대로 5년 뒤인 1411년(태종11) 폐지되고 말았다.[915] 이런 지경이 되자 세종은 1448년(세종30) 과감하게 군자곡을 대규모로 이관해 의창곡을 보충했다. 하지만 이것 역시 세조 초기에 이르러서는 의창곡이 다시 축소되어 세종조의 보충 효과가 사라졌다. 세조는 의창제도의 문제점을 해결하기 위해 상평창제常平倉制나 사창제社倉制에 관심을 가졌다. 세조는 의창곡으로 사창의 원본元本을 마련해 (문종이 도입한) 사창제를 현실화했다. 그러나 별 효과를 거두지 못했다. 사창제의 실패로 의창곡은 더욱 감소되었다. 이후 의창은 독립성을 잃고 군자창軍資倉에 속하는 진대기구로 축소되었고, 명칭도 '별창別倉'으로 바뀌게 되었다. 환정還政에서 환곡還穀 미수, 부실운영, 장부불일치, 부패 등은 두고두고 조선의 가장 큰 골칫거리가 된다.

- 일제 초기까지 존속한 조선의 사창社倉제도

조선의 '사창社倉'은 민간의 주도로 지방 군현의 촌락에 설치되어 민간이 운영하며 해당 촌락 농민들에게 곡식 1석石당 이자 2두를 받고 곡물을 대여하는 민영民營

---

914) 金鍾贊, 〈朝鮮朝의 救貧制度에 관한 研究〉, 129쪽.
915)) 《太宗實錄》, 태종 11년(1411) 7월 신미조.

의창제도다. 이것은 향촌 자체의 민간 진재賑災·양민기관인 셈이다. 민간이 운영하는 의창으로 정의되는 이 '사창'은 주희가 제창한 민간 주도·민간운영의 "백호일사일창제도百戶一社一倉制度"에서 유래했다.

우리나라에서 사창은 의창 원곡의 손실분을 군자곡으로 메우다가 군자곡마저 감소하자 이 연쇄적 창곡부족의 폐단을 막기 위해 설치되었다. 의창곡이 부족해지는 데 진휼 대상자는 오히려 증가하는 상황에서 사창 설치에 대한 논의가 분분해졌다. 1418년(세종10) 정월 호조에서는 처음 사창 설치 여부를 논의했다. 호조에서 사창을 촌락에 설치해 정부에서 원곡을 대부할 것을 거론한 것을 시발로 충청감사 정인지鄭麟趾가 사창을 설치해 의창의 폐단을 극복하자고 제언했다. 또 1439년 공조참판 이진李蓁이 한·당 및 송·원의 의창제도를 모방해 의창을 향촌에 설치해 사창으로 만들고 추수기에 25가家를 단위로 곡식을 내도록 해 흉년에 대비하자고 주장했다. 이러한 사창론은 사창의 이자를 농민 스스로를 위하는 것으로 이해하고, 이자로 원곡과 군자곡의 감소를 막을 수 있다고 판단한 데서 나온 것이다. 마침내 1444년 의정부가 사창법을 건의해 집현전에서 연구하게 했다. 또한 1445년 세종은 직접 집현전직제학 이계전李季甸을 시켜 사창 설치에 대한 문제를 계속 검토하게 했다. 이에 이계전은 옛 제도에 의거해 6개항의 '사창사목'을 진언했다.

이렇듯 사창에 대한 논의와 연구가 계속되는 가운데 1448년 세종은 지대구군사知大丘郡事 이보흠李甫欽에게 대구 지방에 사창을 설치해 시험하도록 명했다. 이보흠은 어명에 따라 정부에서 보내준 집현전의 각종 의견을 참고해 대구의 한 읍을 대상으로 실시하기에 이르렀다. 이것을 시초로 여러 차례 사창의 확대설치 논의가 있었지만 반론에 부딪혔다. 찬성 측은 사창곡을 민간에서 스스로 저축한 곡물을 이용하므로 애착을 느끼게 되며 무절제하게 남용하지 않는다는 것이다. 반대 측에서는, 의창이 설치되어 있는데 다시 사창을 설치하는 것은 역할의 중복과 번거로움뿐만 아니라 의창은 관속인 수령이 직접 감독하는 데도 폐단이 발생하는데 사창은 민간인으로 '사장社長'이 청렴한 자라면 몰라도 그렇지 않을 경우에는 고리대 노릇을 해 민폐를 야기할 수도 있다는 것이다.

이러한 갑론을박의 논의 끝에 문종과 의정부는 1451년(문종1) 경상도 각 고을에 사창을 설치하는 규정을 마련하고 먼저 경상도에서부터 실시했다. 이때 사창운영 규칙은 지방 수령의 감독 아래 민선으로 뽑는 '사장社長'을 두고 이 사장에게 사창을 관장하게 함으로써 서리의 접근을 원천적으로 차단했다. 병조에서는 향촌 사람들이 뽑은 '사장'에게 '구품 산관'의 관품官品을 부여했다. 사장의 근무 태도는 수령이 평가해 감사에 보고했다. 또한 대출한 곡식에 대한 장부는 사창과 관청에 각각 1부씩 비치하게 해 서리의 농간을 막았다. 사창곡의 이식은 20%를 원칙으로 했고, 풍흉에 따라 10%, 대大기근 시에는 면제했으며, 복리로 식리殖利할 수 없었다. 당시 항간의 이자율이 50%였던 것을 감안하면 사창의 이자는 매우 낮았다고 할 수 있다. 따라서 고리를 일삼던 지방의 부호들은 사창 설치로 피해를 보았다. 그러자 어떤 군현에서는 지방부호들이 사창을 설치하지 못하게 지방 수령에게 압력을 넣기도 했다.

그리고 앞에서 서술한 대로 세조는 1461년(세조7) 의창제도의 문제점을 해결하기 위해 사창제에 관심을 갖고 의창곡의 일부를 사창의 원본元本으로 전환시켜 사창제를 전국적으로 확대·시행했다. 이 사창 설치는 궁핍한 백성에 대한 진휼을 계속하려는 강력한 국가의지의 표현이었다. 이렇게 실시된 사창은 원곡을 대여해 이식을 취함으로써 처음은 어느 정도 원곡의 감소를 막을 수 있었으나, 이자취득에 관심을 둠으로써 점차 진휼기관에서 '고리대 기관'으로 전락해 갔다. 또한 사창 원곡이 점차 감소하자 사창 반대론이 다시금 제기되었다. 그리하여 성종은 1470년(성종1) 호조의 제의로 사창을 시행한 지 20여 년 만에 불가피하게 혁파했다.

사창제가 폐지된 이후에 사창에 대응할 만한 대민對民 구휼기관이 없어 16세기 이후 사창제의 부활 논의가 다시 제기되었다. 토지겸병에 따른 농민의 농촌 이탈과 기근 현상의 심화로 농민에 대한 진휼 정책이 다시 강구되지 않으면 안 되었기 때문이다. 이러한 배경 아래 사창제의 부활 논의가 다시 튀어나왔는데, 1510년(중종5) 함경도관찰사 고형산高荊山은 구황방략救荒方略을 제기함으로써 논의의 물꼬를 텄다. 그리고 당시 사창은 공식적으로 혁파되었을 뿐이고, 지방의 사족들은 간헐적으로 사창을 실시하기도 했다. 더구나 향약이 실시된 16세기 이후에는 향약의 네 덕목 가운데 특히 "환난상휼患難相恤"을 강조하면서 향촌에서 소농민에 대한 부호들의 불법 침탈을 억압하고 사창을 통해 구휼책을 실시하려고 했다. 이것은 사창을 향약과 연결시켜 향촌질서 유지의 방편으로 삼으려 한 것으로 일종의 자치적 향촌 진대제였다. 향약과 연결된 사족들의 이 사창은 향민의 기근을 막아 향촌 공동체를 안정시키려는 데 목적을 두고 있었다.

이런 흐름 속에서 좌참찬 송준길宋浚吉은 1660년(현종1) 수·당대의 제도를 본받아 기민飢民을 구제할 것을 제시했다. 이어 부호군 이유태李惟泰, 공조좌랑 이상李翔도 풍속을 교정하고 저축을 늘릴 방법으로 사창 실시를 역설했다. 이러한 사창제 재실시에 대한 논의가 계속되는 가운데 숙종은 1682년 11월 예조판서 이단하李端夏가 사창 재건을 상소하자916) 1684년(숙종10년) 3월 사창을 부활하는 조치를 단행했다. 의정부는 임금의 허락을 얻어 호조와 선혜청에 사창절목을 제정하게 했다. 그러나 어찌된 일인지 사창절목은 이단하가 기획했고, 임금은 이것을 바로 윤허했다.917)

916) 《肅宗實錄》, 숙종 8년(1682, 강희 21) 11월 19일 임술 4번째 기사. 대사헌 이단하의 상소: "《예기》에 '3년을 농사 지으면 반드시 1년분의 비축이 있다'고 했습니다. 올해부터 시작하여 1년에 걷히는 세금을 사등분하되, 국가 경비는 대략 삼등분 가운데 계획을 세워, 부족하게 되면, 위로는 제향과 어공御供에서부터 먼저 절약하고 줄여야 할 것입니다. (…) 전하부터 절약하고 검소하심을 먼저 실행하시고, 또 이를 조정에 노력하도록 명하시어, 중외가 그 기풍을 이어받아 사람마다 모두 검소하고 절약한다면 백성들의 힘을 덜게 될 것이고, 국가의 저축은 저절로 여유가 생길 것입니다. 그러면 공사公私에 반드시 모두 비축한 곡식이 있게 되어, 비록 흉년을 만나더라도 국가의 재용을 이어나갈 수 있고, 백성들 또한 살아나갈 수 있게 될 것입니다. 신이 일찍이 부유한 백성들에게 권장해 사창을 널리 세우기를 건백建白한 것도 이를 두고 한 말이었습니다." 임금의 비답: "그 밖의 변통할 일들은 묘당에서 품하여 처결하게 하겠다." 그 뒤 묘당에서 다시 아뢰어, 세금을 거두어들이는 일은 호조와 선혜청으로 하여금 절목을 논정하게 했다.

917) 《肅宗實錄》, 숙종 10년(1684) 3월 13일 기묘 1번째 기사. 이단하가 사창절목을 바치다: "임금이 대신과 비국備局의 신하들을 인견했다. 예조판서 이단하가 사창에 관한 절목을 바쳤는데, 그 첫째는 '대여하는 관곡官穀은 그 인구수를 헤아려 고르게 나누어 주되 치우치게 받는 호족이 있으면 그 유사有司를 죄주고 호족도 아울러 다스릴 것'이라 하고, 그 둘째는 '6년 동안 준수·실행해 참으로 보람을 이룬 사창의 유사가 있으면 각 고을에서 진휼청에 알려서 낭계郎階로 상줄 것'이라 하고, 그 셋째는 '각 고을에서 향임鄕任 한 사람을 시켜 사창의 문서를 맡아보게 하되 그 근만勤慢을 살펴보아 혹 부지런히 봉행하지 않거든 경하면 향임을 죄주고 중하면 수령을 죄줄 것'이라 했다. 이러한 것이 모두 일곱 조목이었고, 또 나아가 말하기를, "갑인년(1674)의 사목事目은 백성이 사창에 곡식을 모아들이게 하였으므로 백성의 뜻이 바라지 않아서 마침내 폐기되고 시행되지 않았으니, 이제는 진휼청의 곡식을 덜어내어 사창에 대여하고 모곡을 10분의 2로 정해야 하겠습니다. 그러면 6년 동안 모곡을 받아서 원곡을 채울

그 후 한동안 사창제는 순항했다. 그러나 다시 사창과 의창의 원곡이 둘 다 감소하는 폐단이 생겨나면서 사창제가 다시 흐지부지되어 갔고, 이정책釐整策이 논의되었다. 영·정조 때 대신들은 환곡의 폐단을 시정하기 위해 평적제平糴制와 사창제의 강화실시를 이정책으로 제시했다. 전자는 환곡제를 폐지해 상평창 제도로 개편하되, 환모수입還耗收入(환곡의 대여 곡식을 거둬들일 때 운반 시 유출되는 양과 동물이 먹는 소모량을 계산해 더 거둬들이는 것)에 대한 급대給代 방안으로 모곡을 구전口錢이나 호포 등을 대납케 하는 특별 조치를 취하자는 것이다. 후자는 환곡제를 혁파해 사창제로 개편한 뒤 급대 방안으로 정부에서 출자해 아문둔전衙門屯田이나 영문둔전營門屯田 등을 설치함으로써 이 공전의 지대 수입으로 환모 수입을 대신하자는 방안이었다. 이것은 환곡을 구휼·진대 기능과 영리·부세 기능으로 분리시켜 소농경제의 안정 도모를 위한 방편들이었다.

순조 때도 환곡의 이정책 문제는 계속 논의되었으며, 정부의 대책도 두 가지로 제시되었다. 하나는 사창제의 강화·확대·재실시 방안이고, 다른 하나는 환곡제 보완 방안이었다. 전자는 1804년(순조4) 우의정 이경일李敬一이 제안한 것으로 사창법과 우리 고유의 창름·환곡제를 병행해 취모하자는 것이며, 후자는 이듬해 좌의정 서매수徐邁修가 환곡의 불균형과 운영의 불합리를 보완하자고 주장한 것이다. 이렇듯 사창제의 부활 논의가 끊임없이 계속 거론되었는데도 시행을 보지 못한 것은 지방 관리들과 토착 서리들의 복지부동과 방해 때문이었다. 문제를 해결하려는 중앙관료들은 다수가 사창제에 찬성하는 입장이었으나, 지방 관아에서는 감영·군현을 막론하고 그 재정의

수 있을 것입니다. 올 가을부터 각리各里에 사창을 두고 봄에 곡식을 내어 주었다가 가을에 거두어들이되, 반드시 그 고을에서 진휼청에 보고하고 그 염산斂散을 통제하고 그 출입을 살피게 하면, 관조官糶보다 운송에 소비하는 폐단을 덜 수 있으므로 10분의 2를 받더라도 관조의 10분의 1보다 손익이 절로 판별될 것이니, 백성의 뜻이 누구인들 즐거워하지 않겠습니까? 주자가 말하기를, '사창은 주나라의 의창의 유제인데 수나라가 가멸진 것은 참으로 이 때문이었다'고 하였는데, 이제 나라에는 한 해의 저축이 없고 백성 중에는 사사로 축적한 집이 없으므로 사람들에게 모두 굳은 뜻이 없으니, '공사公私가 서로 저축이 있어야 한다'는 정자程子의 말은 참으로 오늘날 급히 힘쓸 일입니다. 양서兩西에는 진휼청의 곡식이 없으므로 신이 황해감사 이세백李世白과 이 일을 의논했더니, 해서의 각 고을에는 관향곡(管餉穀: 군량)이 있는데 마찬가지로 백성을 위해 설치한 것이니 이것을 대여하도록 허가해도 안 될 것이 없을 것이라 했는데, 그 말이 참으로 옳습니다." 이에 임금이 윤허했다.

대부분을 환곡에 의존했으므로 사창제의 강화·실시를 백안시했다. 또 환모수입을 빙자한 수탈로 부를 누리는 지방 이서들도 사창이 실행되면 그만큼 수입이 감소될 뿐 아니라, 생활기반마저 박탈당하기 십상이기 때문에 음양으로 반대했던 것이다.

이러한 이유로 사창제의 재再실시가 불가능해지자 환곡 문제가 심화되어 철종 때에 이르렀다. 철종 때 알려진바 삼정의 문란으로 민란의 시대가 개막되었다. 정부에서는 삼정이정청을 설치해, 환곡제의 대변통을 도모하기에 이르렀다. 환곡제를 폐지해 모耗를 징수하는 새로운 상평·사창제를 실시하자는 것과, 환곡제를 폐지하는 대신 호戶·결結·이里 단위로 새로운 세를 만들자는 두 대안이 제시되었다. 좌의정 조두순趙斗淳은 사창제 실시보다는 전결에 나머지 여러 세를 부과하는 파환귀결법罷還歸結法을 제안했다. 이것은 환곡제의 모곡 수입만큼을 현재 경작하고 있는 토지인 '시기전時起田'에다 일정액의 세를 부과하자는 것으로서 삼정이정책의 하나로 반포되기에 이르렀다.

이 정책은 정부와 농민의 입장에서도 큰 의미가 있었고 환곡 분급의 불균형을 시정할 수 있는 것이었으나, 지방 이서들의 반대와 지역·계층 간의 불균형 때문에 완전한 해결책은 되지 못했다. 이 문제는 흥선대원군 집권기에도 계속되었고, 환곡의 이정책과 정부재정의 확보 방법과 함께 국정의 최우선 과제로 등장했다. 1866년(고종 3) 대원군은 환곡 복구를 지시해 다음 해는 전국적으로 실시하게 하면서 이를 사창제로 운영하게 만들었다. 이어서 대원군은 1867년에는 조두순이 마련한 '사창절목社倉節目'을 정부안으로 경기·삼남·해서 등 5도에 실시했다.918) 그리고 이를 '사환제社還制'

918) 《高宗實錄》, 고종 4년(1867) 6월 11일 계사 1번째 기사: 경기·삼남·황해도에 사창을 설치하다. "의정부에서 아뢰기를, 호조판서의 상소문 내용을 가지고 묘당에 나아가 의논하고 절목을 강정講定해 속히 행회行會하라는 명이 있었습니다. 숭안崇安 사창의 옛 규례를 모방하고 우리나라 지방 고을의 시의時宜를 서로 참작해 특별히 절목을 만들어 드립니다. 이번의 이 처분은 홍수와 가뭄을 구제할 것을 같이 생각하고 환곡의 출납으로 생기는 폐단을 특별히 걱정해, 원대한 계책으로 밑에까지 혜택이 미치게 하는 대책을 실시함으로써 공사 간에 서로 의뢰하고 백성과 나라가 영원히 힘을 입도록 한 것입니다. 이는 진실로 미리 대책을 세워서 근본을 공고하게 하는 성덕盛德이고 인정仁政으로서, 성상의 전지傳旨가 내리자마자 기뻐서 칭송해 마지않고 있습니다. 절목이 임금의 재가를 받기를 기다려서 경기·삼남·해서의 5도 도신에게 행회해 각 고을에 반포하게 하고, 그들로 하여금 각각 한문과 언문으로 번역·복사해 마을과 시장에 일일이 두루 게시하게 하여 한 사람의 백성이라도 알지 못했다는 한탄이 없도록 할

라고도 불렀다. 고종의 '사창절목'은 다음과 같다.

1. 사창은 움[土窟]으로 각 면面에서 큰 동네 가운데 인가가 가장 많은 곳에 둔다. 1. 본 사창에 관할하는 사람이 없을 수 없으니, 반드시 본 면 가운데에서 근실하고 조금 넉넉하게 사는 사람을 택한다.

1. 면에서 모아 추천한 다음 관청에 보고하면 임명하되 또한 관청에서 억지로 정하여서도 안 되는데, 그 사람을 '사수社首'라 부르며 환곡을 출납하는 절차를 단속한다. 또한 각 동네에서 따로 부지런하고 성실한 사람을 택해 '동장洞長'으로 삼는다.

1. 사수의 지휘를 받아 본 동네에서 나누어 주고 거두어들이는 것을 감독하고 단속하게 한다. 창고지기[庫直] 1명을 사수로 하여금 본성이 근면성실한 사람으로 잘 선택하게 해서 그로 하여금 수직守直하게 하고, 출납할 때 양곡을 한 마 두 말 되는 일을 시행하게 한 다음 일체 해당 환민還民에게 주도록 한다.

1. 환곡을 나눠 주는 규례는, 해당 면에서 각 동네의 크기와 빈부의 정도를 보고 차등을 정한 다음 양반과 상민을 막론하고 수량을 참작해 동洞마다 나눠 주어서 치우치게 많거나 치우치게 적게 되는 근심이 없게 하며, 만약 떠돌다가 죽어서 지적해 징수할 곳이 없는 자가 있을 경우에는 해당 동네에서 균등하게 나누어 보충해서 바치게 하되 사수와 해당 동장을 다같이 잘 단속하지 못한 죄로 다스리도록 한다.

1. 배정해 나눠 주는 것은 한결같이 백성들의 실정이 급한가, 급하지 않은가 하는 데 따라서 편리한 대로 시행한다.

1. 절반은 남겨두고 절반을 가지고 나눠 주면서 해마다 햇것과 묵은 것을 바꾸되 환곡

것이니, 이것이 그 대략입니다. 이어서 수령들로 하여금 백성들이 이롭게 여기는지 병통으로 여기는지를 널리 묻고 형편이 타당한지의 여부를 깊이 헤아리게 하여, 만약 부득이 변통해 증손增損해야 하는데 진영이나 고을로서는 마음대로 하기 어려운 것이 있는 경우에는 의견을 갖추어서 순영巡營에 보고하고 본부에 전달하여 품처하도록 하소서. 만일 나누어 배정하는 것을 고르게 하지 못하거나 조치를 취해 처리하는 데에서 적당하지 못하게 하는 것이 있을 경우에는 백성들에게 편리하도록 하려던 것이 도리어 백성들을 병들게 하기에 충분하니, 해당 수령을 중하게 논죄하고 단속하지 못한 도신도 중한 추궁을 면하기 어려울 것입니다. 이렇게 엄하고 분명하게 알려서 각기 마음을 다하여 봉행하도록 하는 것이 어떻겠습니까? 이에 윤허했다."

을 바칠 때에는 매석마다 각기 이름을 패에 써서 표식을 하고 새로 바친 것과 남아 있던 곡식을 각기 나누어서 저장했다가 환곡을 나눠 줄 때에 가서 남아 있던 곡식을 가지고 패에 따라 내주도록 한다.

1. 모조耗條는 올해만 특별명령으로 감면시켜 주었으니 내년부터 바치되 절반의 모조를 받으며 한결같이 원래의 규정에 준해서 매석에 1두 5승으로 정한다. 그리고 돈으로 대신 본 관청에 바치면 순영에서는 그것을 모두 모아서 진성陳省(물품 명세서)을 갖춰 올려 보내며 호조에서는 운반한 값만을 제하고 정비情費(비공식적으로 아전들에게 주는 잡비)에 대해서는 일체 거론하지 않는다.

1. 가을에 들여올 때에는 쌀로 갖춰서 바치되 만일 혹 쌀이 귀한 곳이면 벼나 조를 적당히 쳐서 바치도록 하고 단독으로 대신 바치는 것은 허용하지 않는다.

1. 가을에 바칠 때에는 1석당 색미色米 1승씩을 사수에게 넘겨주어 창고의 비용으로 쓰게 하고 낙정미落庭米(땅에 떨어진 곡식)는 2승 가운데 1승은 창고지기에게 넘겨주고 1승은 이청吏廳에 넘겨주어 문서를 마감하는 것과 돈으로 대납할 때 문서의 종이와 기름 값으로 쓰게 한다.

1. 작년에 나누어 준 내탕전內帑錢으로 환곡을 만든 것은 올해부터 합쳐서 사창에 바치도록 한다.

1. 가을에 받아들일 때에는 창고를 여는 날짜를 기일에 앞서 관청에 보고하고 10월 안으로 모두 바치게 하되 만약 바치기를 거부하는 사람이 있을 경우에는 사수가 보고한 다음 관청에서 기한을 정하여 바치도록 독촉하고 다 바친 뒤에는 본 관청에서 창고들을 순찰하면서 조사한다. 열쇠는 본 관청에 봉하여 바치고 환곡을 나누어 줄 때에는 창고의 보고를 기다려서 내어준다. 순찰할 때마다 몇 석씩 나눠 주었는지를 또한 관청에 보고한다.

1. 봄가을에 환곡을 출납할 때 나누어 준 것과 남겨두고 있는 것에 대한 실지 수량의 장부는 동리에서 관청에 보고하고 관청에서 순영에 보고하면 순영에서 그것을 모두 모아 본부에서 마감하는데 마감할 때에는 정비를 일체 막을 것이며 적발되는 대로 각별히 엄하게 다스리도록 한다.

1. 올해부터 시작해 설혹 경사京司에서 별도로 만드는 것이 있다고 하더라도 일체 사창

에 대해서는 절대 거론하지 못한다.

1. 사창을 짓는 일은 도신들이 특별히 의논해 좋은 쪽으로 계획하게 하되, 도의 거리와 호구를 보아 몇 개 면에서 사창을 함께 이용할 만한 곳이 있을 경우에는 백성들이 원하는 바에 따라 시행하도록 허락한다.

1. 수령이 모두 바치기를 기다려서 매년 창고를 순찰할 때에는 반드시 거느리고 다니는 사람들을 단출하게 하고 자신이 밥을 싸가지고 다니게 하여 털끝만치도 사창의 백성들에게 폐를 끼치지 못하게 하고, 만일 관례官隷가 강제로 빼앗은 폐단이 적발되는 경우에는 형장을 쳐서 귀양을 보내는 동시에 해당 수령도 파출罷黜시킨다.

1. 아무 읍邑 아무 면 아무 동에 사창을 설치하였는데 몇 개 동네에 몇 개호이고 거두어들이고 나누어준 쌀은 몇 석인가 하는 것을 자세히 기록하여 순영에 보고하면 순영에서는 그것을 모두 성책成冊하여 본부에 보고해서 찌를 뽑아 적간摘奸하는 데 빙고憑考한다.

1. 이번의 이 여러 조항들은 곧 원대한 계책이고 안정되게 보존하기 위한 대책이다.

1. 혹 위반하는 일이 있는 경우에는 어떤 죄를 범했든지 물론하고 아전들과 백성들을 형장을 쳐서 귀양보낼 것이며 잘 단속하지 못한 수령들도 응당 파출한다.

1. 곡斛·두·승은 한결같이 호조의 유곡鍮斛·자·되를 기준으로 만들어 쓰도록 한다.[919]

의정부는 고종 4년(1867) 6월 11일 이 사창절목을 시행함과 동시에 다음 해 가을에 상환하는 넉넉한 조건으로 각 시·도에 구제곡救濟穀을 내려주었다.[920] 사창절목이

---

919) 《高宗實錄》, 고종 4년(1867) 6월 11일 계사 1번째 기사. 또 참조: 《承政院日記》, 高宗 4年 6月 6日·11日: "사창절목社倉節目을 정하기 위해 경기·삼남·해서 도신道臣들에게 명해 열읍列邑의 민정을 널리 물어 보고하게 했다.

920) 《高宗實錄》, 고종 4년(1867) 6월 11일 계사 2번째 기사(의정부에서 사도에 구제곡을 내려주도록 아뢰다): "아뢰기를, 일전에 네 도道의 작곡作穀에 대해 그 해의 모조耗條를 특별히 탕감시켜 주었으니, 이는 참으로 큰 은전입니다. 교서의 내용이 간곡하고 고마운 뜻이 지극하여 크게 상서로운 운수를 맞아 이어나가도록 했으니, 실로 흠앙하고 칭송해 마지않는 바입니다. 다만 생각건대, 지금 분표分俵했다가 가을에 도로 바치게 한다면 그동안이 불과 몇 달밖에 안 되는 만큼 백성들의 곤란한 형편을 또한 구제해 주지 않을 수 없는 것이 남아 있게 됩니다. 그러니 이번에 내려보내는 돈을 즉시 나눠 주게 한 다음 내년 가을에 가서 바치게 한다면 농사꾼의 힘도 조금 펼 수 있고 조정의 힘도 아래에까지 미치게 될 것입니다. 먼저 이런 뜻을 각 해당 도신에게 행회行會하여 여러 고을들에 알려주게 하고 한문과 언문으로 옮겨 베껴서 방방곡곡에 게시해 조정에서 돌보아주는 뜻을 보이도록 하는 것이 어떻겠습니까? 하니,

각 시·도에서 원활하게 시행되어 확립되기를 바라는 뜻에서 내려진 '구제곡'이었다. 이 사창절목은 마침내 환정還政문란을 완전히 원천적으로 봉쇄하고 환정과 황정荒政의 새로운 지평을 열었다. 이 절목은 대한제국이 왜적에게 멸망당하는 1910년을 넘어서도 일제가 철폐할 때까지 한동안 시행됨으로써 1867년부터 반세기 이상 법적 효력을 유지했다.

1894년에 탁지부 대신 어윤중魚允中이 이 사창사목을 바탕으로 이 탁지부령 제3호로 '사환조례社還條例'를 만드는 일도 있었다. 이 사환조례는 종래 환곡제도의 취모보용取耗補用 기능을 없애고 환곡제도의 기능을 진대賑貸로 단일화했다. 고종대의 사창제의 재확립과 '사환조례'는 그 뒤 근대적 면제面制와 금융조합제를 실시하는 데 적잖이 기여했다. 결론적으로 문종 때 도입된 사창제는 조선에서 중단된 적도 있었지만 고종대에 재확립됨으로써 조선왕조와 대한제국이 끝날 때까지 줄곧 백성을 위한 진재기구로 기능했던 것이다. 사창은 일제 초기에도 남아 있었으나, 조선총독부가 근대화를 빙자해 소리 없이 없애 버렸다.

- 정부의 진재賑災활동

조선정부의 진재황정은 진급賑給·시식施食·세역감면稅役減免이 분류된다. '진급'은 현물곡식을 무상 분여하거나 상환조건으로 진대하는 것이고, '시식'은 기민飢民에게 음식을 제공하는 것이고, '세역감면'은 세금과 부역을 감면하는 것이다.

진급賑給은 무상으로 현물을 시여施與하는 것을 말한다. 진급은 삼국시대 이후 자주 실시되어 온 것으로서, 진급물給與物은 식량이 주이고 그 밖에 미역·장醬·소금·소채蔬菜 및 면포 등도 급여했다. 진급사업은 조선시대에 와서는 각종 구빈사업과 함께 한층 더 발달했다. 진급은 조선 초인 태종 5년(1405년)부터 호조에서 겸당兼當하다가, 세종조에는 구황청에서 취급했으나 중종 6년(1511)부터는 진휼청을 별설別設해 이 진급사무를 담당하게 했다.

윤허했다."

진급사례는 첫째, 태조 7년(1398)에 경상도 관찰사가 기민飢民을 진휼할 것을 청했는데 좌정승左政丞 조준趙浚이 각도의 기근飢饉 사정이 모두 같은데 창름을 열어 모두 진휼하면 나라에 여축餘蓄이 없어질 것을 두려워한다고 말하니, 임금은 경상도에 곡식이 있는데 어떻게 진급하지 않겠느냐고 하여 진급했다.[921]

둘째, 정종 원년(1399)에 호서에 기근이 들었으므로 본도의 군자軍資를 가지고 진급했다.[922]

셋째, 태종 7년(1407)에는 7월 의정부에서 주청한 구빈책 가운데 ① 서울의 오부五部 및 외방 각관各官의 환과고독과 노쇠한 사람과 빈핍貧乏으로 자활할 수 없는 자를 방문·진휼했고, ② 궁민窮民이 대물貸物을 갚지 못해 자녀를 전당典當한 자는 그 기간(일월)을 헤아려 품삯일로 충당하면 모두 방면시켰고, ③ 양반 여자가 30세가 넘도록 궁핍해 출가하지 못한 자는 혼수를 관급官給해 출가시켰다.[923]

넷째, 세종 5년(1423) 정월에 호조가 '지금 역농力農 시에 기민飢民을 진제하는 기준을 전례에 따라 장년남녀는 1인 1일 쌀 4홉, 콩 3홉, 장醬 1홉, 11세부터 15歲까지 남녀는 쌀 2홉, 콩 2홉, 장 반홉, 10세부터 5세까지 남녀는 쌀 2홉, 장 반홉을 주고, 1세 이상까지 진제할 것입니다'라고 계문啓聞해 임금은 이를 윤허해 시행하게 했다.[924] 이것으로 역농 시의 진제기준은 오늘날의 생계보호 수준보다 더 높은 것을 알 수 있다. 또 세종 8년(1426) 2월에 한성부에서 실화失火를 당한 각호 가운데 가산이 다 불타 버려서 절식絕食하는 자들에게 양식을 지급하고, 화상을 입은 자는 의원을 시켜 치료해 주고, 사망자 1구당 쌀 한 섬[石], 종이와 거적자리[苫]를 지급해 매장하도록 했고, 친족이 없는 경우에는 장구葬具를 관청에서 지급하고 한성부에서 사람을 차출해 장례하도록 명했고, 화재를 당한 집은 다시 건축하도록 고송목古松木을 지급했고,

921)《增補文獻備考》卷169, 市糴考7, 賑恤 1條. 崔昌茂, 〈朝鮮王朝前期의 救貧制度에 關한 考察〉, 17쪽에서 재인용(이하 한동안 사료인용은 최창무의 이 논문에서 재인용하고 재인용 표시를 생략함).

922)《增補文獻備考》卷169, 市糴考7, 賑恤 1條.

923)《太宗實錄》, 태종 7년(1407) 7월 癸丑條.

924)《世宗實錄》, 세종 5년(1423) 정월 庚戌條.

내자시內資寺에 명해 실화절식인失火絶食人들에게 진장陳醬 300석을 나눠 주었다.925)

다섯째, 세조조에는 세조 6년(1460) 정월에 경군자京軍資 진미陳米 7000석을 경기에, 5000석을 강원도에 내려 주었다.926)

여섯째, 성종 2년(1471)에는 정월에 호조의 계문에 따라 경상도 상주 등 16관官이 실농失農이 심하면 군자곡 6만 석을 진급하고, 초식草食·소금·장을 준비하게 했고, 수령이 구휼을 잘못 시행할 것을 염려해 관찰사가 직접 촌항村巷에 출입해 진심으로 구휼하도록 했고, 기민 수數와 진급된 곡물의 수량을 매월 상세히 기록해 보고하도록 했다.927)

일곱째, 연산군 9년(1503) 5월에 경기도 관찰사의 계문으로 경창미京倉米 4만 석을 내서 기민을 진제했으나 부족하여, 다시 4만 석을 추가로 냈고,928) 중종 8년(1513) 5월에 경창곡 7000-8000석을 급히 내어 진급했다.929)

여덟째, 명종 2년(1547) 5월에 경창곡 2만 석으로 경기의 기민을 진구賑救했다.930)

아홉째, 선조 19년(1586) 5월에 황해감사의 계문에 따라 호조에 명해 경창미를 지원해 진제하게 했다.931)

조선왕조 전기前期의 진급사례를 연도별, 사유별 및 지역별로 정리하여 보면 다음과 같다.

【표 1-3. 조선왕조 전기의 진급사례】932)

연도	사유	지역

925)《世宗實錄》, 세종 8년(1426) 2월 경진·계미·갑신조.
926)《世祖實錄》, 세조 6년(1460) 정월 을사조.
927)《成宗實錄》, 성종 2년(1471) 정월 庚辰條.
928)《燕山君日記》, 燕山君 9년 5월 丁卯條.
929)《中宗實錄》, 중종 8년(1513) 5월 丁丑條.
930)《明宗實錄》, 명종 2년(1547) 5월 甲寅條.
931)《宣祖實錄》, 선조 19년(1586) 5월 戊戌條.
932) 崔昌茂,〈朝鮮王朝前期의 救貧制度에 關한 考察〉, 127-128쪽〈表 III: 朝鮮王朝 前期의 賑給事例〉.

1. 태조 7(1398)   기근   경상도

2. 정종 1(1399)   기근   호서

3. 태종 1(1401)   기근   전라도 .6(*) 繆 江原道

4. 태종 4(1404)   수재   경기·풍해도(황해도)·동북면

5. 태종 6(1406)   기근   동북면

6. 태종 6(1406)   기근   경기도

7. 태종 6(1406)   기근   경상도

8. 태종 9(1409)   기근   강원도

9. 태종 9(1409)   실농   강원도(종자지급)

10. 태종 9(1409)   기근   동북면

11. 태종 9(1409)   기근   경기도

12. 태종 9(1409)   기근   경기도

13. 태종 9(1409)   기근   한성부·경기도

14. 태종 9(1409)   기근   서북면

15. 태종 9(1409)   기근   풍해도·서북면

16. 태종 12(1412)   풍해   전라·충청도

17. 태종 15(1415)   한해旱害   개성·풍해·덕수·송림

18. 태종 16(1416)   기근   경기도

19. 태종 15(1415)   기근   경기도

20. 태종 15(1415)   기근   경기도

21. 세종 1(1419)   기근   강원도

22. 세종 2(1420)   기근   평안도

23. 세종 3(1421)   수해·한해   전국

24. 세종 4(1422)   기근   전국

25. 세종 4(1422)   기근   전국

26. 세종 5(1423)   기근   전국

27. 세종 5(1423)　　기근　　전국

28. 세종 5(1423)　　기근　　경중오부

29. 세종 5(1423)　　기근　　한성부

30. 세종 5(1423)　　기근　　함길도

31. 세종 5(1423)　　기근　　경외京外전국

32. 세종 5(1423)　　기근　　평안도

33. 세종 5(1423)　　기근　　강원도

34. 세종 5(1423)　　기근　　황해도

35. 세종 6(1424)　　기근　　강원도

36. 세종 6(1424)　　기근　　평안도

37. 세종 6(1424)　　기근　　전라도

38. 세종 6(1424)　　기근　　충청도

39. 세종 6(1424)　　기근　　강원도

40. 세종 6(1424)　　기근　　경산도

41. 세종 8(1426)　　화재　　한성부

42. 세종 8(1426)　　기근　　한성부

43. 세종 18(1436)　　기근　　경기도

44. 세종 19(1437)　　기근　　충청도

45. 세종 21(1439)　　한해　　전국

46. 세종 21(1439)　　기근　　경기도

47. 세종 25(1443)　　한해　　전국

48. 세종 28(1446)　　기근　　강원도

49. 세종 29(1447)　　기근　　황해도

50. 세종 29(1447)　　실농　　전국

51. 세조 6(1406)　　기근　　경기·강원도

52. 성종 2(1471)　　실농　　경상도

53. 성종 5(1474)　　기근　　영안도永安道(함경도)

54. 성종 2(1471)　　실농　　경산도

55. 성종 12(1481)	기근	관서·황해도
56. 성종 13(1482)	기근	경기도
57. 성종 23(1492)	기근	경기도
58. 성종 25(1494)	화재	한성부
59. 연산군 8(1501)	기근	함경도咸鏡道
60. 연산군 9(1503)	기근	경기도
61. 중종 8(1510)	기근	길주 이남
62. 중종 10(1515)	화재	서부용산
63. 중종 16(1521)	실농	경기도
64. 중종 17(1522)	수해	평안도
65. 중종 22(1527)	한해	평안·황해·경기도
66. 중종 25(1530)	기근	충청도
67. 명종 2(1547)	기근	경기도
68. 명종 3(1548)	기근	한성부
69. 명종 4(1549)	기근	함경도
70. 명종 9(1554)	기근	제주
71. 명종 10(1555)	한해	경상도
72. 명종 10(1555)	실농	경상도
73. 명종 14(1559)	수해	함경도
74. 명종 18(1563)	기근	함경도
75. 선조 19(1586)	흉황	황해도
76. 선조 19(1586)	흉년	전라도

이 표를 보면 대체로 지역적으로 재해가 닥쳤지만, 재해가 전국을 덮친 경우도 여러 해가 된다. 그리고 재해의 종류는 기근이 가장 많고, 한해·수해·화재·실농(씨앗이 없어 농사를 작파한 경우) 등이 간간이 끼어 있다. 1398년부터 1568년까지 170년 조선 전반기 동안 76건의 재해가 발생했으니 약 2년 3개월마다 1건씩 재해가 터진 것이다. 하지만 조선정부는 76건의 재해에 대해 일일이 진급을 실시하였다.

조선 후기는 복잡한 재난들이 골고루 닥친 관계로 재해지역을 빼고 대신에 재해의 수와 종류와 이에 대한 진재 회수를 표시해 다른 방식으로 정리해 보면 다음과 같다.

【표 1-4. 조선왕조 후기의 진급사례】

군주	재해 종류와 횟수	진재 횟수
선조(1592-1608)	기14 실3 전3 혹1	21
인조(1623-1649)	기2 흉1 역1	4
효종(1650-1659)	기1	1
현종(1660-1674)	기17 수1 흉1 화1 풍1 역1 실1 타1	24
숙종(1675-1720)	기19 수4 흉5 화3 풍1 역1 익2 실2 호2 혹1	40
영조(1725-1776)	기10 수2 화3 풍1 역1 실2 전1 호2 혹1	22
정조(1777-1800)	기45 수2 흉1 화1 익1 호1	51
순조(1801-1834)	기23 수30 흉(메뚜기)1 화5 익4 해1 타1	65
헌종(1835-1849)	기14 수4 화5 익5	28
철종(1850-1863)		27
고종(1864-갑오왜란)	기4 수17 화2 익1 전1	25
총계		308

※범례: 기-기근, 수-수해, 흉-흉년, 화-화재, 풍-풍해, 역-역병, 익-익사. 실-실농(종자곡 소모), 전-전란, 호-호환虎患, 해-해일, 혹-혹한, 타-기타

조선 후기 302년 동안에는 총308건의 각종 재해가 닥쳤는데 조선정부는 이 재해로 피해를 입은 이재민들을 건건히 진재賑災했다. 재위기간에 견주어 재해를 가장 적게 만난 군주는 영조이고, 가장 많이 만난 군주는 아이러니컬하게도 정조다.

진재賑災 조치의 시기별 특징을 보면, 태조에서 태종까지의 제1기는 새로운 조선왕조의 통치권의 확립시기로서 새로운 민심수습이 필요했던 만큼 진급의 내용이 빈곤

등 기타 이재민의 구제로 민심을 얻으려는 노력의 일환으로 환과고독 및 자활불능자에 대해 진급하고, 궁핍으로 출가하지 못한 과년의 양반여성은 혼수를 관급官給해 출가시켰으며, 궁민이 대물貸物을 갚지 못해 자녀를 전당 잡힌 사람은 품삯일로 그 대가代價를 충당하여 모두 방면시키도록 하는 등 사회안정에 중점을 둔 황정을 폈다.

세종부터 성종까지의 제2기는 새로운 정부제도의 확립기로서 역농力農 시의 기민을 진제하는 기준을 정해 농가의 생산성 향상을 도모했고, 화재를 당한 각호各戶에는 식량을 지급하고 화상을 입은 자를 의원에 의해 치료해 주고, 화재를 당한 집은 다시 건축하도록 목재도 지급하는 등의 적극적 황정책을 실시했을 뿐만 아니라, 관찰사가 직접 촌락에 가서 구휼 실태를 감독하며, 기민 수와 진급된 곡물의 수량을 상세히 기록해 매월 보고하도록 함으로써 진급의 실질화에 힘을 기울였다.

연산군부터 선조까지의 제3기는 사색당쟁과 상호박해로 말미암아 당쟁에 패배한 성리학 파벌들이 지방으로 내려가 서원과 향약을 중심으로 우글대면서 구황제도를 비판하기 시작했다. 이에 명종조의 중앙정부는 1554년(명종 9) 언문으로 《구황촬요救荒撮要》라는 구황방책의 책을 인쇄해 중외에 반포했다.

진휼청이 아뢰기를, 곡식을 저장해 기민들을 구제하는 것이 비록 구황의 근본이기는 하나, 곡식이 모자란다고 하여 백성들이 굶주리고 있는데도 대책을 마련하지 않고 앉아서 보기만 해서는 안 됩니다. 우리 세종대왕께서는 이미 《구황벽곡방救荒辟穀方》을 저술하고, 또 흉년에 대비하는 물건들을 《경국대전經國大典》에 실어 놓아 만세토록 창생을 구제하게 했으니 지극하다 하겠습니다. 근래에는 해마다 큰 흉년이 들었는데 영·호남 두 도가 더욱 심합니다. 국가에서는 사신을 보내 진구하게 하고, 또 구황에 가장 요긴한 것들을 뽑아 모아서 하나의 방문方文으로 만들어서, 언문으로 번역하여 이름을 《구황촬요救荒撮要》라 하고 중외에 인쇄·반포해 집집마다 알게 했습니다. 이는 실로 구민救民의 좋은 방책입니다. 요사이는 관리들이 태만하고 백성들이 모질어 구황에 관한 정책을 강구하지 않아서 한 해만 잘 여물지 않아도 사람들이 그만 아우성치며 먹여 주기 바라다가 마침내는 도랑에 뒹굴게 됩니다. 그리고 서울은 풍습이 사치를 숭상하고 더욱이 죽 먹는 것을 수치로 여겨 아침에 좋은 밥을 먹고 나서 저녁에는 취사炊事를 끊습니다. 지금의 이 좋은 방책도 만일 엄격하게 신칙하지 않는다면 또 다시 버려두고 행하지 않을 것이니 바라건대두루 중외에 효유曉諭해 누구나 알고 있게 하소서, 하니 상이 그대로 따랐다.933)

하지만 명종조에는 당쟁에 따른 중앙정부의 소란으로 말미암아 지방의 감사監司가진곡賑穀을 요청하면 호조로 하여금 조치하도록 했을 뿐이고 이런 진급賑給 외에적극적 정책을 시행하지 못했고, 이런 당쟁의 소란을 틈타 탐관오리들은 진급실시과정에서도 심하게 부정부패를 저질렀다.

조선 후기의 재해들의 특이점은 300여 년 동안 황충해蝗蟲害(메뚜기 떼 피해)가1건밖에 없었던 점, 호환虎患이 5건이고, 순조·철종·고종조에는 수해가 집중된 점이다. 또한 화재와 익사가 많이 발생한 것도 특이한 점이다. 나아가 이 특이한 재해에대해서도 조선정부가 일일이 진재했다는 것은 더욱 특이하다고 할 것이다.

- 시식施食: 진제장과 진제소

'시식施食'은 기근자들에게 직접 죽이나 밥의 음식을 요리해서 주는 진제賑濟 업무였다. 시식장施食場에는 진제장賑濟場과 진제소賑濟所가 있었다. 진제장은 상설기관에준해 기민飢民·유민流民이 발생할 때마다 자주 설치했고, 진제소는 흉년 또는 궁절기窮節期에 수시로 설치·운영했다. 진제장과 진제소의 명칭은 숙종 때(1696) 모두 '설죽소設粥所'로 바뀌었다.934)

진제장과 진제소는 흉년과 궁절기窮節期에 빈민·행려인의 기민들에게 사원·역원驛院 등의 적당한 장소에 취사장炊事場과 식탁을 갖추어서 음식을 급식하는 특별 구급기관이다. 조선 초 정부는 고려에서와 같이 한성부의 서대문 밖의 홍제원洪濟院, 동대문

---

933) 《明宗實錄》, 명종 9년(1554) 11월 25일 임술 2번째 기사. "《구황촬요》를 널리 알려 실천하도록할 것을 진휼청이 아뢰다."
934) 《肅宗實錄》, 숙종 22년(1696) 정월 丙子條: "賑血廳以飢民多聚, 謂加設設粥所於東大門外 允之."; 《增補文獻備》, 숙종22년(1696): "教曰 頃送別監持來飢民喫之粥, 若此不已殊非設粥本意, 東西設粥所各別申飭."

밖 보제원普濟院, 남대문 밖 이태원利泰院 등에서는 기·유민이 발생할 때마다 마치 상설기관처럼 역대에 걸쳐 시식했다.

가령 세종 조에 정부는 1422년(세종 4) 성중城中에 소재한 흥복사興福寺에 진제소를 설치하고 굶주리는 자들을 모아 구휼했고, 동년 12월에는 농사를 그르친 주군州郡에 명해 모두 진제소를 설치하게 하고 시식을 하게 했다.935) 그리고 1423년(세종5)에는 전국 각도에 모두 진제소를 설치했고, 1437년(세종19)에는 경상·충청 양도兩道에 각각 3개소와 경기·전라·강원도에 각각 2개소에 진제장을 설치했고, 1447년(세종29)에는 실농失農한 제도諸道의 기민·유리걸식자들을 위해 중외의 관진關津 양안兩岸에 진제장을 설치했다.936) 그리고 세조 시기 1459년(세조5)에는 한성부윤 김순金淳을 진휼사賑恤使로 삼아 진제장을 보제원·이태원·홍제원에 설치했고.937) 성종조에는 1471년(성종2) 주서註書 윤석尹晳을 파견해 교외 진제장을 검찰檢察했다.938) 또 중종조 1512년(중종7)에는 진휼청이 동서에 진제장을 설치했고,939) 1525년(중종20)에는 기민들을 홍제·보제 양원兩院에서 분진分賑하고 부녀婦女들에게는 오부五部로 하여금 그 수를 세어 쌀을 하사하게 했다.940) 명종조 1548년(명종3)에는 동편과 서편에 진제장을 설치하고 상평창을 열어 사족士族 과부들 가운데 자활불능자를 진기賑饑하고 그 집에 쌀을 지급했다.941) 이것을 보면 진제장이나 진제소에 나와 시식施食을 받아먹는 자들은 대개 상·천민이었다. 그런데 사민士民 중에서도 굶주림이 극에 달하면 이곳에 나와 시식의 혜택을 받았던 것이다.

그리고 진제장과 진제소에서 분급하는 시식량은 시대에 따라 조금씩 달랐다. 선조

---

935) 《世宗實錄》, 세종 4년(1422) 8월 정해조; 12월 갑신조.
936) 崔益翰, 《朝鮮社會政策史》(서울: 博文出版社, 1947), 113-114쪽. 崔昌茂, 〈朝鮮王朝前期의 救貧制度에 關한 考察〉, 122쪽에서 재인용.
937) 《世祖實錄》, 세조 5년(1459) 12월 乙丑條.
938) 《成宗實錄》, 성종2년(1471) 2월 癸亥條.
939) 《中宗實錄》, 중종 7년(1512) 2월 丁丑條.
940) 《增補文獻備考》, 卷69, 市糴考, 賑血條.
941) 《增補文獻備考》, 卷69, 市糴考, 賑血條.

당시의 시식은 '진장제규식賑場濟場規式'에 따르면 장정 남자 1명의 한 끼니를 쌀 2홉으로 죽을 끓여 먹었다.942) 그런데 영조조 1762년(영조38)에는 곡식으로 무상 지급하는 건량식乾糧式과 죽을 쑤어 주는 설미식設米式은 남자 장정에게 1인당 2홉 5작勺을 지급하고, 건장한 여자와 남자 노인, 여자 노인에게는 1인당 매끼 2홉을 지급하고, 남녀 허약자에는 1인당 매끼 1홉 5작을 지급하고 했다. 흉년으로 미가米價가 등귀한 경우에 창적倉積 미곡을 시가보다 싸게 판매하는 발매식發賣式의 경우는 큰 가정에 쌀 5두, 중간 정도의 가정에 쌀 4두, 작은 가정에 쌀 3두, 독호獨戶와 잔호殘戶에는 쌀 2두씩을 발매했다.943)

이와 같이 조선시대에 1인당 끼니마다 평균 320g의 미곡을 건량乾糧으로 지급하거나 죽을 쑤어 주었다. 그러나 1975년도까지 대한민국의 생계보호 수준이 거택居宅보호대상자 1인 1일 기준으로 300g의 밀가루를 지급했으니, 복지 수준 면에서 300년 전의 조선시대가 대한민국보다 아주 높았던 것이다.944)

제1기(태조-태종)의 시식 주관 국가기관은 태조 1년부터 삼사三司였다가 태종 원년(1401)부터는 사평부司平府였고, 태종 5년부터는 호조였다. 국초에는 진제장을 한성부관 안에만 설치했고, 나중에 홍제원·보제원·이태원으로 정해졌다. 제2기(세종-성종)의 주관기관은 계속 호조였다가 세종 22년(1440) 구황청으로 바뀌었다. 진제장은 한성부 관내에 설치하고, 각도(1421)와 복흥사(1422)에 진제소를 설치했고, 각지방에 진제장을 설치했다(1422). 그리고 1447년(세종29) 중외의 관진 양안에 진제장을 설치했다. 그리고 제3기(연산군-선조)의 주관기관은 구황청이었다가 중종 6년(1511)부터는 진황청으로 바뀌었다. 제3기에도 한성부 관내에 진제장을 설치하고, 1520년에는 제주의 3개 읍에 진제장을 설치하고, 1525년(중종20)에는 오부가 굶는 부녀들에게 쌀을 지급했다.945)

---

942) 《宣祖實錄》, 선조 26년(1593) 10월 丙戌(6일)條.

943) 《增補文獻備考》, 卷170, 市糴考8, 賑恤2條: "賑恤乾植及設粥式, 男壯每口每時米二合五勺, 女壯男老女老每口每時二合, 男女弱每口每時一合五勺, 發賣式 大戶米五斗, 中戶米四斗, 小戶米三斗, 独戶殘戶米二斗."

944) 崔昌茂, 〈朝鮮王朝前期의 救貧制度에 關한 考察〉, 124쪽.

시식 기록에서 특히 세종조와 중종조에 시식이 많이 나타나고 있는데, 이는 세종과 중종의 애민정책의 한 표현이었다. 진제장과 진제소가 한성부 관내만이 아니라 전국 각지에 설치되었고, 중종조에는 제주에까지 진제장과 진제소가 설치되었다. 그리고 정부는 진휼의 효과를 높이고 실질화하기 위해 구휼업무의 잘잘못을 관리의 상벌의 자료로 활용했다. 태조는 1395년 7월 구휼에 힘쓰는 수령은 포상하고, 힘쓰지 않는 자는 논죄하도록 하고, 수령으로 하여금 사방에 있는 동리洞里의 거리와 마을 수를 참작하여 진제소를 분설하고, 한량이나 품관 가운데 자상하고 청렴결백한 사람을 골라 감고監考로 정하며, 수령으로서 여기에 마음을 써서 그 경내에 굶어죽은 사람이 없게 한 자는 직명職名과 살려낸 사람의 수를 보고하면 발탁해 쓰도록 하고, 만일에 마음을 쓰지 않아서 경내에 아사자를 있게 한 수령과 감고가 있다면 함께 결장決杖하되, 수령은 파직하고 감고는 수군水軍에 보충하며, 직명을 보고하게 했다.[946]

진제소의 설치는 태조조에 시작되어 세종조와 세조조를 거쳐 성종조에 완전히 관행화되었다. 즉 태조가 1395년(태조4) 7월 진제소를 두도록 교지敎旨한 이래 세종 1422년(세종4) 윤12월에 평안·함길·강원·황해 등 각도에 기근이 심하여, 이들 서북 지방 백성들이 전라·경상도로 옮겨감에 감사와 수령이 이를 금지시킬 것을 청했으나, 임금이 듣지 아니하고 여러 도로 하여금 모두 진제소를 설치해서 그들을 진휼케 했다.[947] 또 1459년(세조5) 12월에도 한성부의 보제원·이태원·홍제원에 진제장을 설치해 경기의 기민을 살렸다.[948] 또 1473년(성종 4) 12월에도 보제원은 동부·북부에 속하게 하며, 이태원은 남부에 속하게 하고, 홍제원은 서부에 속하게 하여 진제장을 설치하고 소금과 장醬을 지급하고, 각기 동·서·남·북부의 관원들은 항상 윤번으로 근무하여 기민을 구휼했다.[949] 1520년(중종 15) 윤8월에는 제주濟州의 세 고을이

945) 崔昌茂, 〈朝鮮王朝前期의 救貧制度에 關한 考察〉, 124쪽 〈표 II〉.
946) 《太祖實錄》, 태조 4년(1395) 2월 丁丑條.
947) 《世宗實錄》, 세종 4년(1422) 윤12월 신사조.
948) 《世祖實錄》, 세조 5년(1459) 12월 을축조.
949) 《成宗實錄》, 성종 4년(1473) 12월 갑신조.

굶주리므로 즉시 진제장을 설치하고 군자창의 곡식을 풀어서 진휼했다.[950]

그 당시의 구휼에서도 공적부조 수급자를 오명으로 낙인(Stigma)찍는 부작용이
있었다. 명종 시대에 "사족士族으로서 진휼해야 할 사람은 각부에서 한성부에 보고해
야 하는데, 이 보고 계달啟達하는 사이에 사망자가 생기므로 곧 보통 사람들처럼
진휼청에 보고하게 하여 때맞춰 구조해 주고, 또 전에 진제장에서는 혹 중앙관서에서
잘못이 없나 살피는 경우가 있어서 관원들이 죄책을 당할까 두려워, 밥을 먹으려고
모여든 백성들을 드나들지 못하게 하여 마치 죄 지어 잡혀온 사람처럼 취급했기
때문에 굶어 죽어 가면서도 밥을 먹으러 나오려고 하지 않아 편의대로 구제하게
했다.[951] 또 영조조에는 이런 낙인 낌새가 더 분명해진다. 영조 8년 "설죽設粥의
폐단이 논의되었는데, 첫째, 설죽소에 가서 먹고 와도 금방 배가 고프고, 둘째, 처자들
과 골고루 나눠 먹을 수 없고 출두한 자만 먹을 수 있으며, 셋째, 선비는 양식이
떨어져도 취죽就粥하지 않고, 넷째, 양반 부녀자들은 양식이 떨어져도 설죽소에 가지
않는다는 폐단이 지적되어, 그 결과 첫째, 설죽소를 설치하여 건량乾糧도 주고, 둘째
기황飢荒이 절박한 때에만 설죽소를 차리며, 셋째, 건량을 그냥 나눠 주면 (다급하지
않은 사람들까지 포함한) 모든 백성이 다 무상 진급을 받으려고 동요할 테니 진휼청에서
사대부·상민·환과고독 가운데 지극히 빈한한 자들을 뽑아서 소문을 내지 말고 조금
씩 급여給與하기로 했다."[952] 이 기록들에서 시식을 수혜하는 자가 느끼는 스티그마를
알 수 있다. 또한 스티그마 징후를 가급적 줄이려는 정부의 세심한 손길이 느껴진다.

조선 전기에 설치된 대표적 진제장·진제소 사례들을 도표로 정리해 보면 다음과
같다.

---

950) 《成宗實錄》, 중종 15년(1520) 윤8월 임자조.

951) 《明宗實錄》, 명종 2년(1547) 5월 乙亥條.

952) 《增補文獻備考》卷170, 市糴考8, 賑恤2, 英祖 8年條: "下敎曰 常談云就遠 而食歸時復飢粥雖多往來
而食不能救肌且其妻孥雖R飢不得均分以食豈不則傷乎若給乾糧則無此弊矣, 且好之士雖絕食必不就粥兩班
婦女亦然此不可不慮, 若欲一邊設粥一邊給乾糧則國用難繼尤有難便之端矣, 前聞設粥多傷人, 若如兵判之言
机荒迫急則他不可顧不可不設粥救急 不然則乾糧好矣. 雖然若聲言給乾糧則民情必動殊非安集之意 自賑廳
無論 士夫常漢抄出鰥寡孤獨及貧殘之尤其者不必聲言 而稍稍給之可也." 본문의 국역문 속의 괄호내용은
인용자.

【표 1-5. 조선왕조 전기 시식사례】

연도	사유	지역	시식기관
세종 4(1422)	기근	성중城中	진제소
세종 4(1422)	기근	성중城中	진제소
세종 4(1422)	실농	주·군州郡	진제소
세종 4(1422)	기근	평안·함길·강원·황해	진제소
세종 19(1437)	기근	경외京外	진제장
세종 19(1437)	기근	한성부	진제장
세종 19(1437)	기근	한성부	진제장
세조 5(1459)	기근	한성부	진제장
성종 1(1470)	기근	도성 4대문 밖	진제장
성종 4(1473)	기근	경기	진제장
연산군 9(1503)	기근	한성부	진제장
중종 6(1511)	기근	한성부	진제장
중종 7(1512)	기근	한성부	진제장
중종 8(1513)	기근	한성부	진제장
중종 15(1520)	기근	제주	진제장
명종 2(1547)	기근	한성부	진제장
명종 3(1548)	기근	한성부	진제장
명종 3(1548)	기근	한성부	진제장

조선 후기에 설죽소는 더 발전했다. 이와 함께 이를 악용하는 무뢰배들의 비리도 나타났다. 1733년(영조 9) 진휼청 당상 송인명宋寅明이 아뢰었다. "죽을 받아먹으러 가는 기민들 중에는 무뢰배도 있어 한편으로는 발매發賣를 받기도 하고, 다른 한편으로는 건량을 받기도 하는데, 그러고도 또 죽을 받아먹습니다. 이러니 많은 기민들이 서울에 두루 돌아다니면서 구걸을 하고 있으므로, 주객이 다 곤란을 겪고 있습니다. 그리고 이 일로 말미암아 전염병이 점점 크게 번지고 있습니다. 그러니 적籍의 유무를

막론하고 죽을 받아먹으러 가는 자들을 모두 규합해 해부該部에서 그 대상자를 뽑아 책으로 만들어 동서의 두 진제소에 보고하고 10명 단위로 패장牌將을 정해 그가 인솔하고 죽을 받아먹게 합니다. 그리고 설죽소는 별도로 두 진제소에 설치해 남부·서부의 두 부部는 제1의 장소에 배속시키고 동부·중부·북부의 세 부部는 제2의 장소에 배속시켜, 해당 부部의 관원이 매일 같이 부部에 다니면서, 사방의 유민流民이 들어오게 되면 해당 마을의 이임里任으로 하여금 진제소에 데려다 주게 하고, 그 부部의 관원이 만약 부지런하게 거행하지 않으면 진휼청에서 낭청을 보내어 부정한 사실을 적발해 논죄하게 하며, 양반과 상민을 막론하고 기민飢民으로서 죽을 받으러 가면 당연히 진휼소의 뜻을 봉행하도록 분부하되, 만약에 혹시 떼를 지어 소란스런 짓을 한다면 추조秋曹에 이송시켜 엄중한 형벌로 정배定配하게 하소서."953) 이에 임금이 윤허했다. 이 보고를 통해 설죽소와 관련된 무뢰배들이 활개쳤다는 것과 조선 후기 설죽소가 더 많이 설치된 것을 알 수 있다.

조선 후기에 더 활발하게 시행된 시식복지사업 사례들은 도표화하면 다음과 같다.

【표 1-6. 조선왕조 후기 시식사례】954)

군주	지역	시식처
선조 26(1593)	경중京中	진제장
선조 27(1593)	경성	오부(중·동·서·남·북부) 진제장
선조 26(1593)	경성	남부 진제장
선조 26(1593)	경성	진제장
선조 26(1593)	경성	진제장

953) 《英祖實錄》, 영조 9년(1733) 1월 13일 乙未 5번째 기사 "진휼청 당상 송인명이 기민들을 잘 통제하여 진휼할 방도를 아뢰다."
954) 崔昌茂, 〈朝鮮王朝後期의 救貧制度에 關한 硏究〉, 《福祉行政論叢》 第2輯(1992), 94쪽 〈표 III〉.

선조 26(1593)	도성	진제장
선조 26(1593)	한성부	오부 진제장
선조 26(1593)	경성	오부 진제장
선조 26(1593)	경성	오부 진제장
광해군 12(1621)	경성	진휼청
효종 10(1659)	경성	상평청
현종 1(1660)	한성부	진제소
현종 2(1661)	경성	상평청
현종 5(1664)	경상도	진제소
현종 7(1666)	한성부	진제장
현종 9(1668)	한성·경기	오부 진제장·진제소
현종 9(1668)	경기도	진제소
현종 12(1671)	경중	선혜청·한성부·훈련원
현종 12(1671)	원양도(강원도)	진제소
현종 12(1671)	경기도	진제소
현종 12(1671)	경중·경상·전라도	진제장·진제소
현종 12(1671)	경상도	진제소
현종 13(1672)	경중	동부 진제장·조지서造紙署
현종 13(1672)	경중	동·북부 진제장
숙종 22(1696)	서대문밖	홍제원 진죽소賑粥所955)
숙종 22(1696)	경중	동서 활인서活人署
숙종 22(1696)	경중	홍제원
숙종 22(1696)	동대문밖	설죽소
숙종 22(1696)	경중	동서 진제소

---

955) 《肅宗實錄》, 숙종 22년(1696) 1월 8일 을축 2번째 기사. "활인서의 돌림병의 기운이 전염된다 하여 진죽소를 홍제원으로 옮겨 설치하다."

숙종 22(1696)	경중·팔도	진제장·진제소
숙종 23(1697)	안주·평양	설죽소
숙종 23(1697)	경중	율도(결식자 수용소)
숙종 29(1703)	경중	구창舊倉
숙종 29(1703)	경중	진제소
숙종 30(1704)	경중·강원·함경	강창江倉·설죽소
숙종 31(1705)	경상도	진제소
영조 9(1733)	경성	설죽소·진제소
영조 9(1733)	경성	진죽소賑粥所
영조 9(1733)	경성	동서 양진소兩賑所
영조 9(1733)	경기·경상도	설죽소
영조 10(1734)	경기·충청·강원·평안	설죽소
영조 17(1733)	경성	설죽소
영조 32(1756)	경성	설죽소
영조 36(1760)	경성	홍화문
순조 14(1814)	경성	설죽소

이 도표 정리는 대강 뽑은 사례들을 모아 본 것이다. 조선 후기에는 시식활동이 더 활발했으므로 이외에도 더 많은 설죽소·진제소·진제장 사례들이 있었을 것이다.

- 세금·부역 감면제도

조선 전기의 견면蠲免, 곧 세금과 부역을 경감시켜 주는 '세역감면稅役減免'은 나라에 경사가 있거나 백성을 격려하는 뜻에서 은혜로 세역을 감면해 주는 '은면恩免'보다 재난을 당해 백성의 짐을 덜어 주기 위해 세역을 감면해 주는 재민災免이 주를 이루었다. 흉년 또는 재해를 당했을 때 정부는 재해지역 궁민窮民들에게 조용조租庸調, 곧 지세地稅·호세戶稅·요역徭役 등을 전면 면제해 주거나 감해 주거나 대부貸付된 환곡의 상환을 면제하거나 감해 주는 구제조치를 취했다. 조선시대의 세제稅制는 고려시대와 마찬가지로 당나라의 조용조제를 답습했다. 조租는 토지土地를 부과대상으로 하는 조세이고, 용庸은 사람을 대상으로 하는 신역身役이고, 조調는 호戶를 대상으로 하는 공물貢物이다. 원래 조租는 지대地代(소작료)이고, 세稅는 지세地稅를 일컬었으나, 직전 세職田稅 실시 이후부터는 그 구별이 없어져서, 조세租稅는 세稅로 통하게 되었다. 세역감면은 은면恩免·재면災免·복호復戶·면역免役으로 구분된다.

① 은면: 개국·즉위·지방순행·국가경사·임금승하·전후戰後·기타 적절한 기회에 임금의 은혜로서 조용조 등 각종 형태의 세금과 요역 및 환곡납부를 면제해 주는 것이었다.

② 재면: 흉년 또는 재해를 당했을 때, 지세·호세·요역 등의 전부나 일부를 면제하거나 정상情狀에 따라 감하고 환곡還穀의 상환을 연기하거나 감면하는 것이다.

③ 복호復戶: 노령자나 빈자 등과 같은 특정 대상자에 대해 요역과 전세田稅 이외의 잡부금을 면제하는 것이다. 내금위와 별시위의 군인은 솔정率丁(거느린 가족의 장정) 10인이면서 전田 10결 이하의 소유자와, 제종諸種의 군인 가운데 솔정 5인 이하가 있거나 또는 전田 5결 이하의 소유자는 복호復戶되었고, 양반 또는 소리민小吏民의 연령 80세 이상 된 자로서 솔정 10인 이하이거나 또는 전田 10결 이하를 경작하는 자는 모두 복호했다. 일반상민이나 공사公私의 천민으로서 솔정 5인 이하이거나 또는 전 5결 이하를 경작하는 자도 모두 복호하고, 90세 이상 된 자는 그 전田과 솔정의 다소를 막론하고 복호하며, 전사자의 경우는 5년에 한해 복호하고, 귀화해 새로이 내부來付한 이민족은 10년에 한해 복호했다.956)

④ 면역: 면역은 병역면제 제도다. 군사로서 연령이 만 60세에 달한 자, 그리고 독질자篤疾者(악성질환자·나환자·맹인·이지二肢절단자)와 폐질자廢疾者(백치·벙어리·난쟁이·꼽추·일지一肢를 못 쓰는 자)는 모두 신역을 면제했다. 군인뿐만 아니라 다른 신역이 있는 자의 경우도 이와 같이 면제했다. 그리고 독질·폐질자, 또는 70세 이상

---

956) 《經國大典》, 兵典, 復戶條; 《大典會通》, 卷之4, 兵典, 復戶條.

된 아비와 어미를 가진 자의 한 아들과 90세 이상이 된 자의 모든 아들은 신역身役을 면제했다. 아들이 사망한 경우에는 손자 1인을, 친손이 없을 경우에는 외손의 신역을 면제해 주었다. 1가家 안에 다수인이 신역에 복무하거나 1인이 양역兩役을 거듭 복무할 경우에는 신역을 감면했다. 가령 속오군束伍軍 가운데 부자 3인이 편입되었을 때에는 그 아비를 면제하고 형제 4인이 편입되었을 때에는 그 형을 면제한 뒤에 관청에서 그 대신을 보충하며, 4부자 이상이 양역良役에 복무할 때에는 그 동거同居 여부를 막론하고 그들이 원하는 대로 1인을 감면하고 스스로 대충代充케 하며, 1신身으로 양역兩役에 복무하는 자는 뒤에 들어간 신역을 감면한다.[957]

태조는 1399년(태조7) 5월에 대풍大風으로 가회방嘉會坊의 인가人家에 불이 번져 143가호를 태우고 요물고料物庫도 불탔을 때 이것을 자신의 죄책으로 느끼고 궁궐의 역사役事를 가벼이 하거나 중지해 백성을 괴롭히는 데 이르게 하지 말도록 명했다. 그리고 이때 부역赴役에 나오는 백성들에게 각기 그 부모와 처자를 돌보도록 돌려보내고 궁궐조성부감을 폐하고, 그 사무를 선공감繕工監에 귀속시킬 것을 주청한 간관諫官의 상언上言에 따라 도승逃僧의 대위자代位者와 처자가 있는 승려 27명과 기술이 능숙하지 못한 공장工匠 543명을 놓아 보내도록 명했다.[958]

태종은 1411년(태종11) 9월 한해旱害로 동요한 민심수습을 위해 풍해도豊海道(황해도)의 호급둔전戶給屯田의 조세를 감해 주었고, 세종 즉위년(1418)에는 전시한 병사의 자손들에게 수령이 그 호戶의 요역을 면제하고 그들에 대해 특별 구휼을 시행했다.[959] 그리고 세종은 1419년 강원도 행대감찰行臺監察 전종서全宗端의 상계上啓에 따라 원주·영월·홍천·인제·양양·금성·평양·춘천·낭천狼川·이천·회양淮陽·횡성 등지의 기민飢民 729명에게 조세를 면제해 주었고, 1423년(세종5)에 평안도 백성에게 대여한 환곡을 매호每戶당 각각 2석씩을 감하게 하고, 그 교환하는 말을 끌고 간 자와 호송군으로 요동을 왕복한 자는 매호당 3석씩을 감해 주게 했다. 또한 1421년(세종 6)

---

957) 《大典會通》, 卷之4, 兵典, 免役條.
958) 《太祖實錄》, 태조 7년 5월 己酉條.
959) 《太宗實錄》, 태종 11년 9월 壬申條; 《世宗實錄》, 세종즉위년 11월 己酉條.

3월에는 평안도에서 감면減免한 환곡 미두米豆 잡곡은 모두 5만 9707석이나 되었다.[960] 명종은 1546년(원년) 4월 각도의 미납된 관채官債가 50년 묵은 것이 있는데도 수령 된 자들이 해유解由하기에[961] 바빠서 원족遠族들에게까지 분담시켜 징수하므로 백성들의 곤고困苦가 커서 1520년(중종15) 그 관채를 모두 감면해 주고, 또 북경을 오가는 조선 사신이 왕래하는 길목이라서 요역이 타도에 견주어 갑절이나 많은 평안·황해도에 대해서는 1525년 그 요역을 면제했다.[962]

조선 후기의 세역감면은 은면보다 재면이 주를 이루었다. 흉년 또는 재난을 당했을 때 정부는 재해지역 백성들에게 지세·호세·요역 등을 전면 면제하거나 감하거나, 대부貸付된 환곡까지 면제하거나 감해 주어서 궁민을 구제했다.

1645년(인조23) 10월에 황해감사 정유성鄭維城의 치계馳啓에 따르면, 강음江陰·백천白川·연안延安·해주·강령康翎·옹진瓮津·장연·채화松禾·풍천豊川·은율·장련長連·안악安岳·재령載寧·신천信川·문화文化·황주 등 16개읍, 재해피해가 매우 심하여 해조該曹에 전세田稅 황두를 특별히 전부 감면할 것을 명했다.[963] 또 1658년(효종9년)에는 충홍도忠洪道(충청도) 서천·한산·부여·이산尼山·은진·석성石城·임천林川 등 7읍의 피해가 가장 참혹해서 감사 이태연李泰淵이 치계馳啓해 7읍의 전세를 감면해 줄 것을 청했는데 전남도 능안能安 등 7읍도 마찬가지라서 주상이 묘당에 이에 대해 논하라고 명하니 비변사가 "조정에서 특별히 관심을 가지고 전세 미두米豆 3000석을 이미 견감蠲減케 했으니, 호남 해읍海邑과 똑같이 견감한다는 결정을 내리고 시행했다.[964] 또 1668년(현종 9)에는 북관北關의 재해를 입은 각읍에 명해서, 해마다 올리는 공물貢物의 가포價布와 공물의 작미作米, 내노비·궁노비·각아문노비·

960) 《世宗實錄》, 세종 원년 1월 辛亥條; 세종 5년 10월 辛未條; 세종 6년 3월 庚辰條.
961) 해유解由: 관아의 물품을 맡아 관리하는 관원이 갈릴 때에 후임자에게 그 사무를 인계하고 호조에 보고하여 책임을 면하는 것.
962) 《明宗實錄》, 명종 15년 4월 丁亥條.
963) 《仁祖實錄》, 인조 23년(1645) 10월 壬寅條.
964) 《孝宗實錄》, 효종 9년(1658) 12월 5일(정묘조): "충홍도 서천 등 7개 읍의 전세를 감해 줄 것을 감사 이태연이 청하다."

사노비의 공미貢米 및 전세로 내는 쌀과 콩을 재해 등급에 따라 반감半減하기도 하고 전감全減하기도 했다.965) 그리고 1708년(숙종34)에는 여러 도에서 더욱 심하게 재해를 입은 고을만은 당년조當年條의 제반 신역을 특별히 3분의 1 감해 주고, 병술년(1766) 이상의 신포身布(신역대납 포)도 잠정 수봉收捧을 중지하며, 경기의 대동미는 특별히 2두斗 감해 주고, 인천은 더욱 흉년이 들었으니 3두를 특감特減해 주었다.966) 또 1725년(영조1) 9월에는 삼남과 강원도에 전곡田穀이 참혹하게 흉작이라서 전세에서 결마다 1두를 감하고, 양주는 서울에 가까워 여러 능침陵寢을 받들게 되어 민역民役이 치우치게 고달프므로 대동미를 결마다 3두씩 감해 주라고 명하고, 기역驥驛도 잔폐殘廢했으므로 환수하지 못한 환자곡을 감해 주었다.967) 1791년(정조15)에는 경기·호남·영남·호서의 묵은 환곡을 수납하는 것을 중지시키고, 수재를 당한 영남과 호남의 여러 고을의 밭곡식에 대한 조세를 면제하고 환곡과 신포를 모두 감해 주었다.968) 또 1805년(순조5)에는 화재를 당한 한성부 전민廛民들에게 휼전恤典을 시행했다. 4월 5일 새벽 경조京兆(한성부)에서 입전立廛에 화재가 발생해서 병조에 있는 포목을 1백 동同을 한정해 발매發賣하는 예例에 의거해 출급出給하고 10년까지를 기한으로 하여 이자 없이 환납還納하게 하고, 호조에서 받아들일 은銀은 1천 냥까지를 탕감시키고 만일 요역徭役이 있으면 금년까지를 기한으로 견감蠲減시켜 주었다.969) 19세기 중반인 1842년(헌종 8)에는 경기의 한전환기조旱田還起條 6백 4결에 대해 5년 한정으로 감세토록 했고,970) 1856년(철종7)에는 경상

---

965) 《顯宗改修實錄》, 현종 9년(1668) 10월 8일 계유 3번째 기사 "북관의 재해를 입은 각읍에 명하여 공물의 가포 등을 감하도록 하다."

966) 《肅宗實錄》, 숙종 34년(1708) 9월 29일 임인 2번째 기사 "심하게 재해를 입은 고을의 신역·신포 등을 줄이도록 하다."

967) 《英祖實錄》, 영조 1년(1725) 9월 5일 己亥 4번째 기사 "삼남과 강원도에 흉년이 들었으므로 전세를 감해 주다."

968) 《正祖實錄》, 정조 15년(1791) 9월 8일 경진 3번째 기사 "경기·호남 등의 묵은 환곡 수납을 중지시키다."

969) 《純祖實錄》, 순조 5년(1805) 4월 6일 기미 1번째 기사 "화재를 당한 전민들에게 휼전을 시행하다."

970) 《憲宗實錄》, 헌종 8년(1842) 3월 25일 갑술 1번째 기사 "경기의 한전 환기조에 대해 5년 동안 감세토록 하다."

도의 실농失農한 백성들에 대해 환곡을 정퇴停退·탕감하고, 재결災結(재해 입은 전지)을 영원히 탈하頉下해 주었다. 즉 사고로 처리해 주었다.[971]

이와 같이 조선 전기·후기를 가릴 것 없이 진급·시식·세역감면의 실시를 통해 유교의 인정론仁政論에 입각해 국가에서 다양한 구민救民복지정책을 실시했다. 조선은 이런 공적 구민·진재활동을 적극적으로 벌임으로써 최소 15만 명, 최대 85만 명의 인명을 앗아간 현종조의 경신庚申대기근(1670-1671)도 극복하고, 영조 초까지 200-400년 이상 지속된 소빙기의 갖은 재난을 뚫고 왕조로서 살아남을 수 있었다.

세종조의 역농力農 때 진제기준은 2023-24년 기준 현재 대한민국의 생계보호 수준보다 훨씬 높았다. 조선정부는 흉년과 춘궁기 및 각종 재해 시에 국가와 민간의 여러 창고를 열어 곡식을 무상 분배하고 환자를 공여하고, 빈민·유민·행려걸인 등 기민의 구호를 위해 중외에 진제장·진제소·설죽소를 설치해서 기민을 급식했고, 굶주리는 사족의 수급 시의 오명(스티그마) 효과를 줄이는 데도 세심하게 신경을 썼다. 그리고 물가조절을 위해 필요에 따라 창고를 열어 발매發賣를 시행했다. 독질·폐질자나 70세 이상 노인을 부모로 모신 자의 아들 한 명과, 90세 이상 노인을 부모로 가진 모든 아들에 대해서는 신역을 면제하고 아들이 사망한 경우에는 손자 1명의 신역을, 친손이 없을 때는 외손의 신역을 면제하고, 그들을 양호하도록 하는 정성을 베풀었다. 이러한 세심한 구민·양민 복지정책은 모두 다 공맹의 인정국가론과 주대周代 이래의 구민·양민·안민제도에서 나온 것이었다.

- 보건의료제도: 활인서·혜민서·제생원·제중원

환과고독과 폐질·독질자(중병자와 각종 장애자), 그리고 노인과 영아에 대한 유교국가의 복지시혜는 주지하다시피 "노인에게는 (생을) 마칠 곳이 있게 하고 아기들에게 키워 줄 곳이 있게 하고, 환과고독과 폐질자들에게는 먹여 줄 곳이 있게 하는" 공자의 대동이념에 따라 '당연시'되었고, 따라서 유교국가 조선은 중국만큼이나 환과고독과

---

971)《哲宗實錄》, 철종 7년(1856) 9월 19일 계유 1번째 기사 "경상도 위유사 신석희를 소견하여 위유한 상황을 묻다."

폐질·독질자·노인·기아棄兒들에 대해 각별히 신경 썼다. 또한 각 지방의 요호부민들도 유교이념에 따라 지방수령이 청하는 '권분勸分'(재부와 고통을 나누는 취지의 권고)을 흔쾌히 받아들였고 각종 선행에 적극 가담하거나 지방관청의 자치의정自治議政 기구로 기능했던 향회의 자치규약(특히 환난상휼患難相恤 강목)에 의해 구민救民·구휼활동을 이끌었다. 그러나 조선과 명·청대 중국의 복지제도의 유일한 차이는 중국에 수많은 민간 자선단체들이 높이 발달한 것과 달리, 조선에서는 이런 민간 자선기구들이 거의 생겨나지 않았다는 점이다.972) 조선에서는 민간의 모든 자선과 선행이 관변과 연계해, 그리고 중국보다 더 보편적으로 향촌마다 조직된 향약의 범위를 벗어나지 않은 차원에서 언제나 지방수령이나 향약과 연계해 활동을 전개했기 때문이다.

조선정부는 환과고독과 폐질·독질자·노인·기아棄兒들을 부양하는, 앞에서 서술한 여러 정책을 썼지만, 특별한 치료·요양·부양시설에 수용해 부양하거나 특별한 의료기관을 설치해 서민들을 치료해 주는 정책도 국초부터 시행했다. 활인서活人署·제생원濟生院·진휼청·혜민서惠民署가 그런 시설들이었다.

'활인서活人署'는 조선시대 도성내 병자를 구활救活하는 업무를 관장한 관서다(掌救活都城病人).973) 태조는 건국과 동시에 1392년(태조1) 7월 고려의 제도에 따라서 동·서 대비원大悲院을 설치하고 관원으로 부사副使 1인, 녹사錄事 2인을 두어 병자와 무의탁 환자들을 수용해 구활救活했다. 태종은 1414년(태종14) 9월 불교식 명칭 '대비원'을 버리고 '활인원活人院'으로 개칭하고 '동·서활인원'으로 확대·설치했다. 동활인원은 동소문밖에 있었고, 서활인원은 서소문밖에 있었다.974) 동서활인원은 도성 안의 병자와 오갈 데 없는 환자들을 치료하고 의식衣食을 지급했다.

세조는 1466년(세조12) 1월 동활인원과 서활인원을 통합해 '활인서活人署'로 고치고 참봉 1인을 추가했다. 활인서의 최종 관제는 성종조까지 몇 차례의 개정을 거쳐

---

972) 민간 자선단체로는 민간인 16명에 의해 1898년 서울에서 설립된 구빈기구인 "진민소賑民所"가 유일한 것으로 보인다. 참조: 양옥경, 〈구한말 민간 빈민구제시설 진민소(賑民所)에 관한 연구〉, 《한국사회복지학》(Korean Journal of Social Welfare) Vol. 66, No. 4(2014. 11), (257-280쪽).

973) 《大典通編》〈吏典·京官職·從六品衙門〉, "活人署 總論".

974) 《世宗實錄》〈地理志〉漢城府條.

확정되었다. 관원은 제조提調 1인, 별제別提 2인(종6품), 참봉 2인(종9품), 서리 4인이다. 참봉은 의원에게 주는 체아직(교대근무직)이며 1년에 두 번 도목都目을 행했다.975) 그리고 《육전조례》는 제조 1인(종2품), 별제 2인(종6품), 참봉 2인(종9품)이고, 혜민서 의관은 체아직이며, 이례吏隸로 서원書員 2인, 고직庫直 1인, 사령 5인, 구종驅從 1인이 있었다고 더 상세히 적고 있다.976) 병자를 구료하는 데는 고직이 병자의 유모와 다소에 대해 혜민서에 보고하고 매월 삭망에 한성부에도 보고하고, 한성부는 병자와 약물을 예조에 보고하고, 예조는 양의사兩醫司(전의감과 혜민서)에 일정량의 약제가 들어오고 위로 바칠 것을 알려주었다.977) 활인서는 조선 말까지 존속하다가 1822년 폐지되었다. 혜민서와 업무가 부분적으로 겹쳤기 때문이다.

조선시대 '혜민서惠民署'는 의약의 조달과 서민의 구활을 맡아본 국가관청이다(掌醫藥救活民庶).978) 태조 이성계는 1392년(태조1) 고려시대의 혜민국惠民局을 답습해 '혜민고국惠民庫局'이라는 명칭으로 설치하고 판관·영令·승丞·주부·녹사를 두었다. 그러다가 태종은 이 혜민고국을 1414년(태종14) '혜민국惠民局'으로 개칭했다. 그렇게 운영되던 혜민국은 1466년(세조12) 관제를 개정할 때 다시 '혜민서'로 개칭되었다. 혜민서는 새로이 제조 2인이 배치되었는데 취재取才시험에서의 고득점자(取才分數多者)를 뽑아 썼다. 그리고 직장職長 이상의 관원은 1인인데 구임久任으로 배치했다. 이 구임 관원 이외는 체아직이고 양도목兩都目을979) 치러야 했다. 그리고 취재시험 차점자는 외임外任으로 차출差出했다. 그리고 주부 1인(종6품), 의학교수 1인(종6

---

975) 《大典通編》〈吏典·京官職·從六品衙門〉, "活人署".

976) 《六典條例》〈卷之六 禮典 活人署〉, "救療".

977) 《六典條例》〈卷之六 禮典 活人署〉, "救療": "救療病人有無多少 庫直 報于本署 每月朔望 轉報漢城府 病人藥物 報禮曹 知委兩醫司 量入進排."

978) 《大典通編》〈吏典 京官職 從六品衙門〉, "惠民署".

979) '양도목'은 조선시대에 1년에 두 번 실시한 관리들의 인사 방법이었다. 조선시대에는 문무 양반에 대해 원칙적으로 6월과 12월에 인사행정을 실시했다. 6월에 행하는 인사를 '소정小政'이라 하고, 12월에 행하는 인사를 '대정大政'이라고 했다. 토관土官·녹사·서리書吏도 이 방법으로 인사이동을 했다. 그러나 인사행정의 규모가 커지고 복잡해지면서 문무양반은 양도목을 고수했으나, 잡직은 1년에 네 번 이동하는 사도목四都目으로 바뀌었고, 특히 군대의 직책은 단도목單都目에서 육도목六都目까지 다양하게 이동했다.

품)처럼 2인일 경우에는 문관이 겸직했다. 여기에다 직장(종7품)·봉사(종8품)·의학훈도(정9품) 각 1인, 참봉(종9품) 4인을 추가 배치했다.[980] 위의 관원 이외에 산관으로 치종治腫교수 1인, 위직衛職 2인, 형조월령刑曹月令 1인, 사헌부월령司憲府月令 1인(겸직), 내국월령內局月令 2인, 침의鍼醫 1인, 이례吏隷는 서원書員 1인, 고직庫直 1인, 사령 5인, 구종驅從 2인, 군사軍士 1인, 의녀醫女 31인을 두었다.[981] 혜민서의 업무는 서민의 구활과 의약醫藥 조달이었다(掌醫藥·救活民庶).[982] 따라서 활인서의 업무와 부분적으로 겹쳤다. 혜민서는 1885년 근대식 병원 '광혜원廣惠院'이 설치되면서 폐지되었다.

'제생원濟生院'은 서민의료기관으로서 빈민 치료와 기아·미아 보호를 관장한 국가기관이다. 태조는 1397년(태조 6) 조준趙浚의 건의에 따라 설치했다.[983] 조선의 제생원은 고려의 '제위보濟危寶(濟危鋪)'(공양왕 3년 폐지)와 같은 서민구료 기능을 수행했다. 조선의 제생원은 고려의 제위보를 재건한 것이다. 제생원은 빈민·행려자의 치료와 고아·기아·미아의 수용·양호 및 약제구입·제약·의녀육성 등을 겸장兼掌했다. 제생원은 1460년 혜민서에 이속·병합되었다. 제생원은 혜민서에 이속된 뒤에도 이전과 다름없이 제생원의 명의로 빈민치료와 고아·기아 수양收養기능을 계속했다.

제생원의 활동을 보면 태종은 태종 5년(1405) "무고한 백성들을 제생원에 모아 양민할 것"을 명했다. 그리고 의정부에 하교下敎했다. "환과고독·독질篤疾·폐질·실업의 백성 가운데 얼고 주려서 비명非命에 죽는 자가 어찌 없겠느냐? 내가 심히 불쌍히 여기노니, 한성부와 유후사留後司·오부五部로 하여금 빠짐없이 널리 알려서 모아 기르게 하라"고 명했다.[984]

---

980) 《大典通編》〈吏典 京官職 從六品衙門〉, "惠民署".
981) 《六典條例》〈卷之六 禮典〉, "惠民署 總論": "提調二員從二品. 主簿一員從六品. 敎授一員從六品. 直長一員從七品, 奉事一員從八品, 訓導一員正九品, 參奉四員從九品. 散員, 治腫敎授一員, 衛職二員, 刑曹月令一員, 司憲府月令一員 掌務官兼,, 內局月令二員, 鍼醫一員. 吏隷書員一人. 庫直一名, 使令五名, 驅從二名, 軍士一名, 醫女三十一名.
982) 《六典條例》〈卷之六 禮典〉, "惠民署 總論". 掌醫藥·救活民庶."
983) 《太祖實錄》, 태조 6년(1397) 8월 23일 임인 2번째 기사 "제생원을 설치하다": "제생원을 설치하고 각도로 하여금 혜민국의 예(例)와 같이 매년 향약재(鄕藥材)를 실어다 바치게 했다."

제생원은 서울에서 특히 동활인서東活人署에 수용된 빈한한 환자의 치료를 맡았으며, 창고궁사倉庫宮司(왕실 사장고私藏庫)의 동녀童女 수십 명을 뽑아 맥경脈經·침구법鍼灸法을 가르쳐 부인들의 질병을 치료하는 의녀醫女로 양성했다. 그리고 동시에 각 도에서 향약재鄕藥材를 수납輸納하여 비치하는 일도 맡아 보았다.[985]

고종은 혜민서·활인서 대신 1885년 '광혜원廣惠院'을 설치했다가[986] 곧 '제중원濟衆院'으로 개칭했다. '광혜원(House of Extended Grace)'은 한양에 세워진 최초의 근대적 의료기관이다. 고종은 미국인 선교사 호러스 알렌의 건의를 받아들여 광혜원을 세웠다. 그러나 광혜원은 문을 연 지 13일 만에 대중을 구제한다는 뜻에서 '제중원(House of Universal Helpfulness)'으로 개칭했다.[987]

호러스 알렌은 미국의 북장로회 의료선교사로서 상해에서 활동하다가 1884년에

---

984) 《太宗實錄》, 태종 5년(1405) 12월 2일: "命聚無告之民於濟生院以養之. 敎議政府曰:"鰥寡孤獨·篤疾廢疾·失業之民 豈無凍餒 以非命而亡者歟? 予甚閔焉. 令漢城府及留後司·五部 無遺通曉 聚而養之.'"

985) 《太宗實錄》, 태종 6년(1406) 3월 16일: "제생원에 명하여 동녀童女에게 의약을 가르치게 했다. 김교檢校 한성윤漢城尹 지제생원사知濟生院事 허도許衜가 상언했다. '가만히 생각건대, 부인이 병이 있는데 남자 의원으로 하여금 진맥하여 치료하게 하면, 혹 부끄러움을 머금고 나와서 그 질환을 보이고 싶어 하지 아니하여 사망에 이르게 됩니다. 원하건대, 창고궁사의 동녀 수십명을 골라서, 맥경과 침구법을 가르쳐서, 이들로 하여금 치료하게 하면, 거의 전하의 호생지덕好生之德을 더할 것입니다.' 임금이 그대로 따라 제생원으로 하여금 그 일을 맡아보게 했다. 또 《太宗實錄》, 태종 9년(1409) 2월 7일 "의학에 뜻을 둔 사람들을 제생원·혜민국 등에서 공부하게 하면서 백성들을 치료하게 할 것을 건의하다": "의정부에서 의약활인醫藥活人의 법을 아뢰니, 그대로 따랐다." 또: "현임 의관이 그 수가 많지 아니하고, 각 녹관으로서 맡은 바가 한가지 못해 대소 환자를 일일이 치료할 수 없어서, 병이 깊어져 치료하기 어렵게 되어 일찍 죽는 자가 없지 아니합니다. 원컨대, 의업 출신으로서 한산한 인원들을 전의감에서 품계에 따라 권지權知로 삼고, 제생원과 혜민국에서 '별좌'라고 일컬어 구전(口傳, 구두임명)으로 시행하고, 매일 관에 출사시켜 일을 익히게 하여, 존비구별이 없이 병든 집에서 부르거나 청하면, 곧 가서 치료하게 할 것입니다. 이 가운데 병의 진찰이 정밀하고 익숙하며 약리藥理에 자세하고 밝아서 사람을 살린 것이 가장 많은 자는 제조관으로 하여금 사실을 징험하여 신문申聞하게 하여서 인재를 뽑아 쓰는 데 빙거憑據되게 하소서." 이것도 그대로 시행되었다.

986) 《高宗實錄》, 고종 22년(1885) 2월 29일 기해 1번째 기사: "의정부에서 '혜민서와 활인서를 이미 혁파했는데 이는 조정에서 널리 구휼하는 본의로 놓고 볼 때 아주 결함이 됩니다. 별도로 원院을 하나 설치하여 광혜원廣惠院이라고 이름 부르고 외서外署에서 전적으로 관할하게 하는 동시에 인사업무와 사무 처리는 모두 해당 아문衙門에서 초기草記하여 품처하게 하는 것이 어떻겠습니까?' 아뢰었다. 이에 윤허하다."

987) 《高宗實錄》, 고종 22년(1885) 3월 12일 신해 1번째 기사: "통리교섭통상사무아문에서 '광혜원을 제중원濟衆院으로 개칭했다'고 아뢰었다."

조선에 들어왔다. 당시 조선의 개신교는 선교에만 치중하던 천주교와는 달리, 교육과 의료 활동을 통해 얻은 신뢰를 바탕으로 선교 활동을 하는 정책을 펴고 있었다. 알렌도 개신교의 이런 선교방침에 따라 미국 공사관의 소속 의사로 일하면서 선교활동을 했다. 알렌은 1884년에 갑신정변이 일어났을 때 부상을 당한 민영익을 치료해 고종의 신임을 얻었다. 그러고는 왕실의 의사이자 고종의 정치 고문으로 활동했다. 1885년 그는 고종에게 근대식 병원을 세울 것을 제안했고, 이에 고종은 조선의 서민치료기관이었던 혜민서와 활인서의 대체물로 '광혜원'을 세웠다. 광혜원은 병원이자 근대 의료교육 기관으로 운영되었다. 1886년 3월에 16명의 학생을 뽑아 가르치기 시작했고, 알렌은 광혜원의 의사이면서 교수로 활동했다.

1904년에 미국의 사업가 세브란스(L. H. Severance)의 기부금으로 새롭게 병원을 만들면서 광혜원은 '세브란스 병원'으로 개칭되었다. 8·15 광복 뒤에는 세브란스 의과대학이 되었다가, 다시 연희대학교와 통합되면서 연세대학교 의과대학 부속병원이 되었다.

알렌의 명성은 날로 높아져 하루에 최고 260여 명의 환자를 보게 된 때도 있었다고 하는데, 그 뒤 환자의 수가 늘어나서 진료업무가 복잡하게 되자 알렌은 한때 미국 감리교회 선교의 스크랜턴(W. B. Scranton)의 도움을 받기도 하다가, 곧 추가로 파견된 선교사의사 헤론(J. H. Heron)과 함께 진료에 종사했다. 1886년에는 다시 미국으로부터 여의女醫 엘러스(A. J. Elless)가 파견되어 제중원에 '부인부婦人部'를 신설하고 왕실 여인들의 진료에 종사했다. 이렇게 제중원의 진료업무가 더욱 번창하자 1886년 10-11월 무렵 조선정부는 한성남부 동현의 왕실 소유 부지(지금의 을지로 입구와 2가의 중간, 구 외환은행 본점 자리)로 제중원을 옮겼다. 그러나 1887년 가을 알렌이 미국특파전권대사 박정양朴定陽의 수행원으로 떠나게 되자 제중원의 진료업무는 헤론이 전담하게 되었고, 부인부의 여의는 엘러스가 혼인하게 됨에 따라 호턴(L. S. Horton)으로 교체되었다. 그 뒤 알렌이 돌아왔으나 미국 공사관 서기관이 되었으므로 병원진료는 하지 않았고, 1890년 여름 헤론이 병사하자 캐나다에서 다시 파견된 빈턴(C. C. Vinton)이 의료업무를 이어 맡다가 1893년 다시 추가로 파견된 에비슨(O.

R. Avison, 魚丕信)에게 인계되었다.

제중원은 1885년 국립병원으로 개원해 진료활동을 한 이래, 1894년 6월 갑오개혁 난동의 행정관제개편 때 내무아문 아래 위생국을 설치해 종두 및 의약·전염병예방 업무 등을 맡게 하면서 7월 18일 내무아문으로 폐합되었다. 이후 제중원은 선교사업 기관으로 분리되어 나와 의료업무를 계속했는데, 병원운영을 맡은 관리들의 부패로 업무를 수행할 수 없어 정부에 쇄신을 건의했다. 고종은 이 건의를 받아들여 모든 권리를 에비슨에게 맡겨 설립한 지 9년 만에 경영권도 완전히 미국 북장로교 선교부로 이관되었다. 그리고 미국인 실업가 세브란스의 재정지원으로 1904년에 남대문 밖 복숭아골(桃洞)에 현대식 병원을 지어 옮기고 세브란스병원이라 했다. 에비슨에 의하여 1899년 제중원학교가 설립되었다가 1904년 세브란스병원으로 개편되면서 '제중원'이라는 이름은 자취를 감추게 되었다.

한편, 1886년 3월 29일, 서양의학을 교육하고 양의(洋醫)를 양성하기 위한 국립 제중원의학당이 개교했다. 아울러 고종은 1886년 5월 미국 의사들의 공로에 대한 보상으로 알렌에게 당상관의 벼슬을 하사했다. 조선정부는 건물과 예산을 제공하고 학생들을 선발했으며, 제중원 의사 알렌은 교수들을 섭외하고 교육에 필요한 의학도구 등을 준비했다. 본과 학생은 12명이었으며, 영어·화학·해부·약조제법 등을 가르쳤다. 그러나 정식 졸업생은 단 한 명도 배출되지 않은 것으로 보아 1890년 즈음 제중원의학당의 의학교육은 중단된 듯하다.

1899년 4월 24일에는 '광제원(廣濟院)'이 '내부(內府)병원'으로 개원했다. 이 병원은 1900년 6월 30일 '보시원(普施院)'으로, 1900년 7월 다시 '광제원'으로 개칭된 내부(內府) 산하의 근대적 국립병원이다. 그러나 을사늑약 뒤인 1907년 3월 10일 폐원하고 업무는 '대한병원'으로 이관되었다.

광제원은 1900년 서울에 설치된 내부 직할의 국립병원이다. 1899년 4월 24일 칙령 제14호 「병원관제」에 따라 설립된 '내부병원'이 1900년 6월 30일 칙령 제24호 〈병원관제 중 개정건〉에 따라 '보시원'으로 발족되었다가 며칠 뒤 '광제원'으로 개칭되었다. 주요 업무는 내부병원의 업무를 계승해 일반 환자를 구료하는 이외에 전염병을 취급하는 피병원避病院의 별도시설 및 진료와 5일 간격으로 감옥 죄수들의 진료를 맡았고, 1906년 4월부터 창녀들의 검진도 실시했다. 정부는 찬성비와 확장비를 마련해 1906년 광제원을 크게 확장했다.[988]

내부병원 보시원 단계에서 종두업무를 취급하기 위해 15명의 의사 가운데 10명의 종두의를 두었다. 그러나 보시원이 '광제원'으로 개칭되면서 한성종두사漢城種痘司가 독립되어 종두업무를 분리시켰다. 직제는 원장 1명, 기사 1명 등 2명의 주임관奏任官과 의사 7명, 제약사 1명, 서기 1명 등 9명의 판임관을 두었는데, 의사는 대방의大方醫 3명, 외과의 2명, 소아의 1명, 침의針醫 1명으로 구성되었다. 기사는 의사와 제약사의 업무 및 매약을 관리하는 직책이었고, 제약사는 각종 약료의 검사뿐만 아니라 학생 여러 명을 두어 제약법과 화약법化藥法을 학습시키는 기능도 가지고 있었다.

의료비는 국고보조를 받았고, 환자가 직접 부담한 약값은 시중 약값보다 싼 값이었다. 그러나 1885년에 폐지된 혜민서의 전통을 이어 무의탁자와 죄수에 대한 가료는 무상이었다. 또, 오전 8시부터 12시까지는 외래환자의 진료, 오후 2시부터 4시까지는 환자의 집에 왕진하는 시간으로 정하여 일과를 운영했다. 1907년 3월 10일 칙령 제9호로 의정부 직할의 '대한병원'으로 이관되었다.

- 조선의 양로사업

노인보호사업은 음식을 제공하는 '공궤供饋', 옷감과 옷, 의약품을 공급하는 '노인사물賜物', 작위를 주는 '노인사직賜職'이 있었다. 이런 양로와 환과고독의 양호·수양收養의 일은 주로 한성부와 지방관아에서 담당했다. 조선왕조의 군주들은 국가에 중대사가 있을 때, 또는 천재지변으로 환난을 당했을 때 관곡을 지급해 환과고독과 노인들을 보호·진휼했으며, 국가에 경사가 있을 때에는 궁정에서 양로의 향연을 베풀었다.

---

988) 《高宗實錄》, 고종 43년(1906), 대한 광무 10년 5월 31일 양력 3번째 기사 "1906년 탁지부에서 제기한 여러 가지 비용을 지출할 것을 비준하다": "의정부에서 (...) 제중원 찬성금贊成金 3000원, 샌프란시스코에 거류하는 본국 백성들의 재해 구휼금 4,000원, 광제원 확장비 2만7805원을 재가했다."

그리고 국왕의 순행 시에는 그 지방의 환과고독을 불러 의식衣食을 하사하고 향연을 베풀어 위로했다.

조선 유교국가에서 노인에 대한 국가의 공경과 봉양은 여러 단계로 법제화되어 갔다. 노인에 대한 공경우대에 대한 최초의 법규는《경국대전》에 명문화되었다. "나이 80 이상의 노인은 양인과 천인을 막론하고 1품계를 주고 원래 품계가 있는 자에게도 또 1품계를 더해 준다. 그러나 당상관은 교지를 받아 준다."989) 노인봉양을 위한 관리들의 휴가도 법규화했다. "70세 이상 부모(七十歲以上親者)가 있는 자는 아들 1인, 80세 이상 부모가 있는 자는 아들 2인, 90세 이상 부모가 있는 자는 여러 아들이 다 돌아가 봉양한다."990) 또 "매년 늦가을에 양로연養老宴을 행한다. 대소大小관원으로서 나이 80 이상인 자들이 연회에 나아간다. 부인들을 위해서는 왕비가 내전에서 연회를 연다. 외방에서는 수령이 내·외청을 별도로 설치하고 연회를 행한다."991) 그리고 요역도 감면한다. "대인이나 소인이나 나이 80 이상으로서 장정 10명을 거느리거나 밭이 10결 이하인 자는 복호하고(요역을 감면하고), 평민과 공·사천은 장정 5명을 거느리거나 밭이 5결 이하인 자는 역시 복호한다. 90세 이상이면 밭이나 장정의 많고 적음을 막론하고 복호한다."992) 당상관 출신 노인들도 80세가 넘으면 가자加資한다(품계를 높여 준다). "동·서반에서 일찍이 4품 실직 이상을 지낸 사람으로서 나이 80인 자는 해조該曹에 명해 연초에 가자해 준다."993) 또 "변방의 장졸로서 부모가 나이 75 이상인 자는 벼슬을 갈아주고 독자이면서 형제가 없는 자는 부모가 나이 70이면 그리한다."994) 또 "2품의 실직을 지내고 70세 이상으로서 벼슬에서 물러나 시골에서 지내는 사람에게는 복호를 준다."995) 노인공경·봉양 혜택, 그리고

---

989)《經國大典》〈吏典 老人職〉, "年八十以上."
990)《經國大典》〈吏典 給假〉, "凡有故者."
991)《經國大典》〈禮典 宴享〉, "每歲季秋…"
992)《經國大典》〈兵典 復戶〉, "年八十以上."
993)《續大典》〈吏典 老人職〉, "兩班四品實職以上."
994)《典錄通考》〈兵典 上 外官職 受敎輯錄〉, "父母年七十五歲以上者."
995)《大典通編》〈兵典 復戶〉, "實行二品職事."

여성에 대한 배려는 노비에게도 주어졌다. "노비 가운데 나이 15세 이하이거나 60세 이상인 경우, 독질篤疾·폐질廢疾인 경우, 낳은 자식 3명 이상이 신공身貢을 바치거나 신역身役을 진 경우에는 이 신공과 신역을 면제한다. 낳은 자식 5명 이상이 신공을 바치거나 신역을 진 경우와, 나이 70세 이상으로서 낳은 자식 3명 이상이 신공을 바치거나 신역을 진 경우에는 모두 1명의 신공이나 신역을 면제한다. 나이 80세 이상의 노비에게는 또 시정侍丁 1명을 더 준다. 나이 90세 이상의 노비에게는 시정을 모두 준다. 부모가 비록 공천公賤이 아니더라도 준다. 서울의 노비는 나이 50세가 차면 악적樂籍에서 삭제해 신공이나 신역을 면제한다. 봉족奉足과 시정侍丁은 신공과 신역이 면제된다. (...) 입역立役하는 여종은 출산일을 앞두고 1개월, 출산한 뒤에 50일의 휴가를 주며, 그 남편에게는 출산 이후에 15일의 휴가를 준다."996)

또 태조 때부터 노관老官에 대한 공경예우를 목적으로 기로소耆老所를 설치해 문관 정2품 이상의 실직에 있던 자들 가운데 70세 이상이 되면 입소하게 하고, 임금도 연로하면 여기에 입소하여 이름을 적었다. 숙종은 1719년(숙종45) 나이 60에 기로소 또는 기사耆社에 들어갔고, 영조는 1744년(영조20) 나이 51세에 기사에 들어갔고, 국왕이 노인들과 매년 춘추에 연락宴樂을 같이 했다.997)

선조는 1603년(선조36) 왜란으로 끊어진 기로소 연회를 복원했다. 판중추부사 구사맹具思孟 등이 아뢰기를, "우리나라가 건국 초기부터 기로소를 설립해 특별히 장획臧獲과 어전魚箭 등의 물품을 하사한 것은, 대체로 연로한 재상들로 하여금 해마다 연회를 하며 여년餘年을 즐길 수 있게 하려 한 것이니, 진실로 200년 이래 전해 오는 훌륭한 전통입니다. 그런데 병란 이후로는 오래도록 폐지되어 시행하지 못했습니다. 이번에 다행히도 11일에 그전의 준례대로 삼공을 초청해 고사故事를 간략하게 시행함으로써 조종조에서 설립한 본뜻을 잊지 않게 하려 합니다." 이에 선조가 전교했다. "매우 좋은 일이다. 기로소의 연회장에 일등급 술을 내리라."998)

<hr/>

996) 《大典通編》〈刑典 公賤〉, "奴婢免貢役."
997) 《大典通編》〈吏典 京官職, 耆老所〉.
998) 《宣祖實錄》, 선조 36년(1603) 5월 10일 을축 3번째 기사 "구사맹이 기로소를 설치해 연로한 재상을

또 현종은 1667년(현종8) 도내에 80세 이상 된 노인들의 품계를 올려 주고 옷감과 음식물을 차등 있게 하사했다.[999] 숙종은 1693년(숙종19) 9월 순시 중에 남문루南門樓에 나가서 부로父老들을 불러다 남문루 아래에 서도록 하고 승지에게 명해 위로하고 유시하게 했다. 이어서 본부本府의 구적곡舊糴穀을 바치지 못한 것과 칙사勅使에게 제공하기 위해 각 아문各衙門에 빚을 낸 것으로 민간에서 떠맡아야 할 쌀·콩·벼 1200여 석과 은전銀錢 9000냥, 쌀·좁쌀 3000석, 면포 30동同, 유철鍮鐵 1000근을 감면해 주었다.[1000]

영조는 1766년(영조42) 8월 팔도에 명해 사족士族 나이 80세, 서민 나이 90세 이상에게 가자加資하고, 부녀는 그 나이에 따라 고례古例에 의거해 식물食物을 제급題給하며, 기신耆臣·종친·문무반 70세 이상인 자들에게는 식물을 제급했다.[1001] 정조는 1784년(정조 8) 정월 환과고독은 그 연한을 정해 80이나 70에 집이 없고 적籍이 없어서 발매發賣하는 데에 들지 못한 자를 찾아서 수록收錄하고 머릿수를 셈해 나누어 먹이기를 청한 정언 정익조鄭益祚의 상소를 받아들여 묘당의 의견을 구해 상소문대로 집행했다. 그리고 도민都民에게 값을 줄여서 발매하고 가난하고 의지할 데 없는 무리에게 순미巡米를 백급白給(무상급여)하자는 진휼청의 청원보고를 듣고 "쌀의 품질을 각별히 가리고 두량斗量을 반드시 맞추어 조정에서 가난을 돌보는 본의가 반드시 고루 미치게 하라"고 명했다. 그리고 "양반 가호家戶의 수는 적어졌거니와 과부의 집이 태반이니, 아! 저 쇠약하고 외로운 자가 더욱이 매우 불쌍하다"고 애처로워하면서 "길에서 빌어먹기 어렵거니와 품 파는 데에 의지할 수도 없으니, 오직 이 두어 말의 곡물이 어찌 한 달의 양식을 돕겠는가? 소호小戶·독호獨戶를 물론하고 민호民戶

위로할 것을 청하다."

999)《顯宗改修實錄》, 현종 8년(1667) 4월 22일 병인 3번째 기사 "80세 이상 노인에게 품계와 옷감 등을 하사하다."

1000)《肅宗實錄》, 숙종 19년(1693) 9월 1일 임인 1번째 기사 "송도의 남문루에 나가서 부로들을 불러다 위로하고 유시하게 하다."

1001)《英祖實錄》, 영조 42년(1766) 8월 17일 갑인 2번째 기사 "팔도에 명해 가장 오래 된 구 환곡의 석수를 계산해 고르게 감하다."

보다 대미와 소미를 각각 한 말을 더하여 배급하라"고 명했다.[1002] 순조는 1804년(순조 4) 화성의 1795년(정조 19) 양로연養老宴에 참연參宴했던 노인들(90 이상 노인 9명, 80 이상이 2명, 70 이상이 99명)에게 본부에서 쌀과 고기를 내려 주었다.[1003]

이와 같이 역대 조선군주들과 법전들은 환과鰥寡와 고령노인들에 대해 공경예우와 물질적 복지 지원을 아끼지 않았다. 그들을 위해 연회를 베풀어 주는 것은 구민·양민을 넘어 '안민安民'에 속했다. 조선의 군주들은 기아와 고아들에 대해서도 끊임없이 복지혜택을 제공했다.

- **1783년 〈자휼전칙〉과 관립 고아원의 전국적 확립**

조선정부도 중국처럼 '기아棄兒', 곧 버려진 아기들에 대한 수양收養도 게을리하지 않았다. 앞에 서술한 대로 숙종조 1695년부터는 각 지방관청이 기아들을 거두는 '기아수양법'이 시행되었다.[1004] 약 40년 뒤인 영조조 1732년에는 호남과 충청도에 기아수양절목(시행령)을 만들어 내려 보냈다.[1005]

조선왕조에서 고아·기아棄兒의 보육保育은 태조 때부터 이미 시작된다. 태조는 1497년(태조 6) 자식이 없는 사람이 전적으로 후사를 잇기 위해 세 살 전에 절부節付했거나 기아를 수양收養한 자의 경우 수양아들은 곧 그의 자식과 같다고 보고, 비록 전계傳繼의 명문明文이 없더라도 그 노비들을 수양아들에게 전부 주게 하고, 시양侍養된 자(3세가 넘어서 수양된 아들)는 만일 전해진 명문이 있으면 명문에 따라 결급決給(판결로 지급)하되, 명문이 없는 자도 반을 결급하게 했다.[1006] 대를 잇는 수양아들로

1002) 《正祖實錄》, 정조 8년(1784) 1월 19일 을사 2번째 기사 "백급 대상을 가려 뽑게 하다."
1003) 《純祖實錄》, 순조 4년(1804) 8월 30일 병술 4번째 기사 "화성의 을묘년 양로연에 참여했던 노인에게 본부에서 쌀과 고기를 내려 주라 명하다."
1004) 《肅宗實錄》, 숙종 21년(1695) 12월 19일 정미 3번째 기사 "진휼청의 계사로 기아의 수양법을 정하여 반포하다": "진휼청의 계사로 말미암아 기아의 수양법修養法을 정해 8로路에 반포했으니, 나이는 12세 이하로 한정하고 월일月日은 병자년(1696) 정월 초1일에서 5월 30일에 이르기까지를 기한으로 했다. 그 내력을 알지 못하는 자는 관아에 정고呈告하여 입안(立案, 관청에서 발급하던 증명서)을 이루게 했다."
1005) 《英祖實錄》, 영조 8년(1732) 4월 3일 경인.

길러진 기아도 친자처럼 상속을 온전히 받게 하여 기아입양을 촉진한 것이다.

세종은 1418년(세종1) 즉위하자마자 환과고독과 피융疲癃(노쇠피로질환)·폐질자에 대해 특별한 측은지심을 토로하고 이에 합당한 조치를 내렸다. "환과고독과 피융疲癃·잔질殘疾(폐질)은 왕정王政이 마땅히 불쌍히 여겨야 될 바이니, 안으로는 한성부의 5부가, 밖으로는 감사와 수령이 상세히 심문해, 환자와 진제를 우선 분급해 처소를 잃는 사태에 이르지 않게 하라. (...) 각 기관의 수령들이 만약 진휼할 때를 놓쳐 필부匹夫·필부匹婦가 굶어서 구렁텅이에 굶주려 죽어 있다면, 정히 책벌을 행할 것이다. 가난하여 아무것도 없는 집에서 시집보낼 나이가 이미 지났는데도 시집보내지 못한 사람과, 장사지낼 날짜가 이미 지났는데도 매장하지 못한 사람은 진실로 애처로우니, 감사와 수령이 관官에서 자량資糧을 주어 비용을 보조해 때를 놓치는 사태에 이르지 않게 하라. 혹시 부모가 다 죽었는데, 동복형제同腹兄弟와 일족一族이 노비와 재산을 다 차지할 욕심으로 혼가婚嫁를 시키지 않는 자는 통절하게 논죄를 행할 것이다."1007)

1436년(세종18) 기근으로 유이流移하는 백성이 그 어린 아이를 버리고 가버리매, 마을 사람도 또한 보호해서 기르지 않으므로, 의탁할 데가 없어서 굶주려 죽는 아이들이 나왔다. 이에 세종은 이 기아들을 구휼할 것을 청하는 의정부의 건의를 받아들여 "소재 고을의 이정里正으로 하여금 수령에게 달려가 알려서, 일정한 재산이 있고 자상慈祥한 사람에게 이 아이들을 주어서 보호·양육하도록 하고, 관청에서 의복과 양식을 주어서 얼고 굶주림을 면하게 했다."1008)

또 세종은 1444년(세종26)에도 환과고독과 폐질자들을 특별히 배려했다. "속전續典에 각도의 감사가 부역을 나눠 배정할 때에는, 토지의 넓고 좁음과 인구의 많고 적음에 따라 차등을 두고, 그중에 환과고독과 피륭잔질疲癃殘疾한 자로서 집에 다른

1006) 《太祖實錄》, 태조 6년(1397) 7월 25일 갑술 1번째 기사 "노비변정도감에서 올린 노비 쟁송 판결에 관한 사의(事宜) 19조목."

1007) 《世宗實錄》, 세종 즉위년(1418) 11월 3일 기유 12번째 기사.

1008) 《世宗實錄》, 세종 18년(1436) 10월 10일 임신 2번째 기사 "기근으로 기아들을 구휼할 것을 의정부에서 건의하다."

장정이 없는 자에게는 전면全免하라"고 명했다.[1009] 세종은 같은 해에 황해도에 흉년
이 들자 다시 기아들을 챙긴다. 세종은 황해도 관찰사에게 이렇게 유시했다. "이번에
평안도 전향별감傳香別監 오경충吳敬忠이 아뢰기를, '서흥군瑞興郡에 한 아이가 길가
산골짜기에 버려져 있었다'고 말했는데, 나는 이 말을 듣고 깊이 진려軫慮했다. 황해도
가 지난해에 실농失農함이 더욱 심했으니 기근이 극심해 사람이 서로 보전하지 못할
것은 필연한 이치다. 또 경충敬忠이 길가 근처에서 아이를 보았다 하니 유벽幽僻한
산골에는 노인과 영아들을 버린 것이 반드시 많을 것이다. 도내의 기근과 구황救荒
상황을 빨리 세밀하게 갖추어 계달하고, 또 기아들에게 옷과 양식을 주어 구호해
살리도록 하되, 아기를 버린 그 근본 이유를 끝까지 추궁해 아뢰라."[1010] 세종은
유시가 추상과 같았으므로 얼마 후 보고를 받은 뒤 합당한 조치를 취했을 것으로
추정된다. 또 세종은 1448년(세종30) 태종의 기아입양제도를 다시 확인한다.[1011]

단종 때는 기아를 제생원에서 맡아 기르게 했다.[1012] 세조 때도 기아의 구휼
여부에 대한 단속령이 내렸다.[1013] 때는 아기를 버린 어미 눌덕訥德을 처벌해서[1014]
기아 논죄의 표준으로 삼았다. 성종은 1481년(성종 12) "올해는 흉년이 들어서 중외中
外 백성들이 기한飢寒에 핍박받아 자식을 보양保養할 수가 없어서 버려두고 흩어져
떠나는 자들이 반드시 있을 것이라고 생각한다. 그들을 거두어 휼양恤養한 사람을
논상論賞할 절목節目을 의논해서 아뢰라"고 전교했다. 이에 호조는 이 전교를 받들어

1009)《世宗實錄》, 세종 26년(1444) 윤7월 6일 계미 3번째 기사 "호조에 전지하여 각 도의 감사가 부역을
    나누어 배정할 때 육전의 규정에 따라 시행하게 하다."
1010)《世宗實錄》, 세종 26년(1444) 2월 19일 기해 1번째 기사 "황해도 도관찰사에게 도내의 기근상황을
    갖추어 보고하고 기아를 구호하여 살릴 것과 버린 이유를 추궁하여 아뢸 것을 유시하다."
1011)《世宗實錄》, 세종 30년 4월 9일 갑자 1번째 기사 "수양아비의 재산 상속을 둘러싼 분쟁에 대한
    부지돈녕부사 권총의 상서."
1012)《端宗實錄》, 단종 즉위년(1452) 8월 6일 병인 2번째 기사 "미사리에서 발견된 유기아동 사건을
    한성부에서 국문하도록 하다."
1013)《世祖實錄》, 세조 3년(1457) 1월 28일 계사 3번째 기사 "사헌부와 한성부에 금령 가운데 지켜야
    할 내용을 전지하다."
1014)《成宗實錄》, 성종 4년(1473) 1월 28일 기미 5번째 기사 "한성부에서 어린아이를 유기한 양녀 눌덕을
    추국할 것을 청하다."

"두 사람을 휼양한 자는 양천良賤을 막론하고 자기가 원하는 데 따라 한 사람은 종으로 삼도록 허락하고, 한 사람은 부모·족친과 본주인 가운데 의료衣料의 값을 배로 바치면 돌려주도록 하되, 만약 상납償納하지 못하면 양육한 사람이 역사役使시키도록 허락할 것이며, 공천公賤은 3년을 한정해 복호復戶하는 것이 어떠하겠습니까?"라고 물었다. 성종은 호조의 이 방책을 채택했다.[1015] 또 성종은 1486년(성종 17) 민간의 기근이 심해서 소아를 유기하는 것이 104명에 이르는 사태를 당해 수년數年 기한을 정해 해도該道의 관찰사로 하여금 해마다 기아의 존망을 뽑아 갖추어서 보고하게 했다.[1016]

중종은 1533년(중종 28) 하삼도(삼남지방)의 진구책과 관련해 기아를 걱정하며 방책을 찾는다. "심연원沈連源이 '외방에는 기아가 많으니 거두어 기르는 자에게 영원히 키우도록 허락해야지 연한年限을 둔다면 누가 거둬 키우려 하겠는가?' 했는데, 이 일은 어떻게 해야 하겠는가?"라고 하문했다.[1017] 이에 삼공이 의논해 기아 양육은 《대명률》에 따르게 하는 것이 좋을 것이라고 보고했다. 《대명률》의 '입적자위법立嫡子違法'조에 기아를 양육하는 일은 "기아가 세 살 이하이면 비록 성이 다르더라도 거두어 기르는 것을 허락하고 곧 그의 성을 따르게 한다"고 했고 《경국대전》 '혜휼조惠恤條'에는 "기아는 한성부나 본읍本邑에서 기르기 원하는 자에게 주고 관에서 의료衣料를 지급해 (입양할 때) 세 살 이하였던 아이는 양육한 사람이 그 아이를 부리게 한다"라고 되어 있다. 중종은 삼공의 이 보고를 받고 "이 율대로 하라"고 전교했다.[1018]

명종은 1548년(명종3) 3월 전교했다. "기민 중에 자식이 있으나 기르지 못해 버리거나 나무에 매어 놓고 가버리는데도 거두어 기르는 사람이 없다. 거두어 기르거든 영원히 그 사람에게 주는 법이 예전에는 있었는데, 지금은 그렇게 하지 않은 까닭에

1015) 《成宗實錄》, 성종 12년(1481) 9월 11일 임오 4번째 기사 "호조에서 기아들의 휼양책을 아뢰다."
1016) 《成宗實錄》, 성종 17년(1486) 5월 2일 병오 5번째 기사 "이극돈이 복명하고 안동의 토속과 사민의 실시를 청하니 이를 따르다."
1017) 《中宗實錄》, 중종 28년(1533) 6월 24일 을미 1번째 기사 "하삼도의 진구책과 어염에 대해 논의하다."
1018) 《中宗實錄》, 중종 28년(1533) 6월 24일 을미 3번째 기사 "기아 양육은 대명률에 따르게 하다."

기아가 있어도 거두어 기르려 하지 않으니 의당 옛법을 거듭 밝혀서 거두어 기르는 사람에게 그 아이를 영원히 준다면, 그들을 살릴 방도가 있을 것이다."[1019] 15년도 지나지 않아 중종의 기아해법은 유실되어서 명종이 다시 이 옛법을 살리라고 하였다.

인조도 기껏 옛법의 복구를 방책으로 삼았다.[1020] 1670년 현종은 심지어 기아를 입양한 자가 아기를 길러 노비로 삼도록 하는 방안까지 비준한다.[1021] 그리고 1671년 이를 원칙으로 수양사목(시행령)을 만들었다.[1022] 현종조까지 어떤 군주도 중국정부처럼 기아와 고아를 국가기관이나 공공시설에 수용해 양육하는 것에 대해 생각하지 못하고 있다. 이것은 숙종도 마찬가지였다.[1023]

마침내 영조는 1723년(영조 8) 기아를 관청이 수용해 양육하는 방안을 채택했다. 영조는 옛날에 진제하던 뜻을 준수하기 위해 기아를 거둬 기르도록 청한 충청감사

[1019] 《明宗實錄》, 명종 3년(1548) 3월 21일 병신 4번째 기사 "수령들에게 떠돌다 죽은 자를 묻어 주고 신상을 자세히 기록토록 하다."

[1020] 《仁祖實錄》, 인조 15년(1637) 2월 12일 임오 3번째 기사 1637년 "한성부의 고아 문제에 건의를 따르다": "한성부가 아뢰기를, 기아를 데려다 기르는 자는 자기의 아들과 같이 해야 한다는 것이 법전에 기재되어 있는데, 더구나 이런 병란을 치른 뒤이겠습니까. 중앙과 지방에 게시하여 본주本主 및 그 부모로 하여금 도로 찾아가지 못하게 하고 영을 어긴 자는 중하게 다스려 용서하지 못하게 하소서 하니, 상이 따랐다."

[1021] 《顯宗實錄》, 현종 4년 11월(1663) 27일 신묘 1번째 기사: "대사성 민정중(閔鼎重)이 아뢰기를, 지난번 몹시 춥던 날 기아 하나가 거적에 싸여 길거리에 내버려져 있기에 바로 옷을 입히고 밥을 먹여 살렸는데, 들으니 이런 경우가 매우 많다 합니다. 만약 양자로 거두어들이는 자가 있을 경우 노비로 삼는 것을 허락해 준다면 기아들 가운데 살아나는 애들이 많을 것입니다. 경조京兆로 하여금 공문을 발급하게 하소서 하니 상이 허락했다." 또 참조: 현종 11년(1670) 8월 17일 신축 2번째 기사 "기아를 노비로 삼게 하다."

[1022] 《顯宗實錄》, 현종 12년(1671) 5월 17일 정묘 1번째 기사 "기아를 수양하게 하다": "다시 백성으로 하여금 기아를 수양하게 하였는데 사목을 만들어 서울과 지방에 반포했다." 또 참조: 《顯宗改修實錄》, 현종 4년 12월(1663) 3일 병신 2번째 기사: "민정중이 또 아뢰기를, 며칠 전에, 기아를 거두어 기르는 자는 노비로 삼는 걸 이미 허락하도록 했습니다만, 이 같은 경우에 단지 본인에만 국한하고 자손에 대해서는 그대로 노비를 삼을 수 없는 것으로 옛 법규가 되어 있습니다. 지금도 이 규례대로 해야 합니다 하니, 상이 따랐다." 또 참조: 현종 12년(1671) 3월 18일 기사 4번째 기사 "기아를 거두어 기르는 법을 마련하다."

[1023] 《肅宗實錄》, 숙종 21년(1695) 12월 19일 정미 "진휼청의 계사로 기아의 수양법을 정하여 반포하다"; 숙종 29년(1703) 12월 25일 병신 1번째 기사: 기아를 거두어 기르고 살린 사람에게도 또한 정축년의 예에 의거해, 진휼청에서 입안을 해 보내서 그들을 영원히 노비로 삼게 하든지, 아니면 수양자(收養子) 나 고공으로 삼게 하도록 했다.

이형좌李衡佐의 요청을 받아들여 호남의 예와 같이 수양절목節目을 만들어 내려 보내 주었다.1024) 또한 영조조에 와서 입양해 기른 아이를 노비로 삼을 수 있게 한 법의 문제점을 희미하게 깨닫게 된다.1025)

드디어 정조는 1783년(정조7) 11월 3일 청대 중국의 육영당처럼 기아와 고아를 일정한 주거 시설에 수용하고 유모를 고용해 젖을 먹여 양육하는 상설제도를 창설하는〈자휼전칙字恤典則〉을 선포한다. 정조는 제신들에게 신칙한다. "요사이에 듣건대 길가에 더러 버려진 아이들(遺孩)이 있다고 하니 이는 매우 비참하고 측은한 일이다. 이는 곧 진휼청의 소관이 아니겠는가? (...) 흉년이 들어 굶주리는 해에 말할 데가 없는 우리 민생은 어느 누가 차마 그대로 둘 수 없는 사람이 아니겠는가마는, 그중에도 가장 가긍可矜한 것은 아이들(童稚)이다. 저 장정인 사람들은 그래도 남의 용보傭保(고용인)라도 되어 입에 풀칠을 할 수 있게 되지마는, 길가에 유기된 무리들과 흉년이 들어 걸식행각을 하는 아이들은 만일에 조정이 구제해 살리지 않는다면 누구에게 가서 호소하겠는가? 이는 진실로 인인仁人들이 측은하게 여겨 온 바이니, 만일에 사목司牧이 된 사람들이 근심할 것이 없다고 여겨 돌보지 않는다면, 백성의 부모가 되는 의리가 어디에 있게 되겠는가?" 그리고 바로 이어서 정조는 송대 중국의 공공 영아양육시설 '광제원'과 '육영사'를 언급한다. "송나라에는 광제원이 있었고 명나라에는 육영사育嬰社가 있었으니, 이는 이런 사람들을 위해 설치했던 것이 아닐 수 없고, 우리 조정의 활인서와 혜민서 두 서署도 대개는 또한 비슷한 것이다. 그러나 구중궁궐에 깊이 있기에 어떻게 직접 볼 수가 없으니, 이는 바로 이른바 '어떻게 사람마다 구제해 줄 수가 있는가?'라고 한 말과 같은 일이다. 오직 유사有司들이

1024)《英祖實錄》, 영조 8년(1732) 4월 3일 경인 "진휼청에서 기아를 거두자는 충청백 이형좌에게 절목을 보내자 하다."
1025)《英祖實錄》, 영조 8년(1732) 10월 6일 경신: "기아를 거두면 부릴 수 있게 한다는 명을 각부에 신칙하게 하다": 호조 판서 김재로(金在魯)가 아뢰기를, "기아를 구해 살려줄 경우 그 아이를 부릴 수 있도록 허락한다는 명이 있어 외방에는 알린 적이 있는데, 서울에는 반포한 적이 없습니다. 지금 각별히 각부에 신칙해 집집마다 데려다 기르게 한다면 길거리에서 죽어 넘어지는 참혹한 일은 없게 될 것입니다"라고 했다. 여기에 이미 기아를 입양한 사람의 노예로 삼는다는 말이 빠져 있다.

거듭 밝히어 검찰하고 신칙하기에 달렸다." 그리고 이어서 정조는 기아양호절목을 만들라고 명령한다. "유사들로 하여금 난숙하게 상의해서 절목을 만들어 중외에 반포해 각기 영구히 준행하게 하라."1026) 이렇게 하여 '자휼전칙'의 제정을 예고했다.

이틀 뒤인 11월 5월 완성된 사목事目(절목)이 〈자휼전칙字恤典則〉이다. 정조는 이것을 중외에 반포하면서 이런 길고 긴 윤음을 내린다.

흉년이 들어 굶주리는 해에 우리 민생들 가운데 부황이 들어 전련顚連하게 되는 사람들이 어느 누가 왕정王政이 구제해 주어야 할 사람이 아니겠는가마는, 그중에도 가장 말을 할 데가 없고 가장 가련한 사람은 어린 아이들이다. 저 장정인 사람들은 남의 용보傭保가 되어 물 길러 주고 나무 해 주면서라도 살아갈 수가 있지만, 어린 아이들은 이와 달라 몸을 가리기와 입에 풀칠을 제힘으로 할 수 없으므로 훌쩍거리며 살려 주기를 바라며 의지할 데가 없게 된다. 길가에 유기된 부류에서는 그동안에 무슨 사고가 있어선지 알 수 없지마는 요컨대 부모가 없어서 그 지경이 되었을 것이고, 설사 부모가 있다손 치더라도 몸에 기한飢寒이 절박해지자 둘 다 보존하게 되지 못할 것을 헤아리고서 인정도 없고 사정도 없이 길거리에 내다 놓으며 누군가가 애처롭게 여겨 구출해 주기 바랐을 것이다. 혹시라도 인인仁人이 있다가 그 자리에서 거둬 기른다면 진실로 천행이겠지마는, 그렇게 되지 않아 어느덧 시일이 지나 버리면 그만 아무 죄도 없이 죽어가게 될 것이다.

아! 천지가 만물을 낸 뜻이 어찌 단순한 것이겠는가? 국가에서 활인서와 혜민서 두 서를 설치했음은 곧 의약으로 죽게 된 사람들을 구제하려는 뜻이 있는 것이다. 질병이 있는 민생에 있어서도 또한 오히려 관원을 두고서 구제하게 했는데, 하물며 이런 아이들이 더러는 구걸하게 되거나 더러는 유기된 것은 질병이 있는 사람보다 더 다급할 뿐만이 아닌 것이겠는가? 광제원와 육영사의 좋은 법이나 아름다운 제도는 그전과 지금의 사정이 달라져 하루아침에 두루 시행하게 되기는 어렵거니와, 경사京師는 곧 팔방八方의 표준이 되는 터이니, 대강이라도 남아 있는 규정을 모방해 우선 여기에서

1026) 《正祖實錄》, 정조 7년(1783) 11월 3일 경인 2번째 기사 "대신들과 구휼과 봉진의 견감을 의논하다."

부터 시작해 차차로 취택해서 사용해 가는 기초가 되게 하는 것이 진실로 인정仁政의 권여權輿가 될 수 있을 것이다. 내가 며칠 전에 우연히 생각이 나기에 대신들과 의논했더니 첨원僉員의 의논이 이미 같았다. 어찌 꼭 의심을 품을 것이 있겠는가? 유사有司로 하여금 난숙爛熟하게 강구해 시행하기에 합당한 갖가지 사의事宜들을 절목으로 만들도록 했고, 따라서 즉시 중외에 반시頒示해 각자가 영구히 준행하도록 하게 한 것이다. 풍흉에 따라 달라지는 사례와 연월年月을 작정하는 법제에서는 자세하게 재량을 더해 차등을 구별하지 않을 수 없거니와, 친척이 있는 자와 주가主家가 있는 자는 찾아내어 기탁하는 방도와 자녀가 없는 자 및 동복僮僕이 없는 자는 수양收養을 허급許給하는 법에서는 또한 모름지기 되도록 섬실纖悉하게 거행해 처음에서 끝까지 혜택이 있게 되도록 해야 한다.1027)

다음은 1783년(정조 7) 11월 5일 정조에 의해 반포되고 《대전통편》(1785)에 실려1028) 법전의 일부가 된 〈자휼전칙〉의 전체 사목事目이다.

〔자휼전칙 사목事目〕

1. 흉년에 걸식아동은 10세로 한도를 하고, 길가에 유기된 기아는 3세를 한도로 하여, 오부五部에서 듣게 되거나 보게 되는 대로 진휼청에 첩보牒報하면 진휼청에서 걸식아동은 흉년에만 보릿가을 때까지 유양留養하고, 기아는 풍년과 흉년을 구애하지 말고 절목대로 시행해야 한다.

2. 걸식아동은 반드시 부모와 친척도 없고 주인도 없고 의탁할 데도 없는 부류를 기준으로 삼고, 해부該部의 이례吏隸나 해리該里의 임장任掌들이 혹시라도 부동符同해(그른 일에 어울려 한통속이 되어) 속여서 고하는 일이 있으면 무거운 죄로 다스리고 물시勿施해야(무효로 해야) 한다. 비록 유양留養하게 된 뒤이지마는, 부모와 친척 및 주인집 가운데 추심推尋해 내지 못했을 경우에는, 그 가까운 이웃에게서라도 공초供招를 받아 그의 내

1027) 《正祖實錄》 16권, 정조 7년(1783) 11월 5일 임진 "자휼전칙을 중외에 반포하고 윤음을 내리다."
1028) 《大典通編》(1785) 〈禮典 惠恤〉 "小兒收養節目."

력을 자세하게 사핵查覈해 보아 명백하게 의심이 없어진 다음에야, 해당부서에서 월일을 적기籍記해 고음侤音(다짐)을 받고서 내주어야 한다. 만일에 친척 및 주인집의 형세가 조금 접제接濟해 갈 만 한데도 전연 돌보지 않고서 고의로 구걸하게 한 자의 경우에는 별다르게 수방搜訪하여 준엄하게 신칙해서 돌려주며, 다시는 유리·이산하는 폐단을 가져오는 수가 없게 되도록 해야 한다.

3. 걸식아동들의 유양은, 진휼청 외창外倉 문밖 공터에 따로 토우土宇(흙집)를 설치해 유접留接하는 장소로 해야 한다. 양식 지급은 진휼청 식례式例를 참조해, 10세에서 7세까지는 하루 한 사람에게 쌀 7홉 장醬 2홉 미역[藿] 2입立씩으로 하고, 6세에서 4세까지는 하루 한 사람에게 쌀 5홉 장 1홉 미역 1입씩을 준다.

4. 기아(遺棄兒)는 마땅히 해부該部에서 발견하게 되는 대로 첩보牒報해 오게 되지마는, 궁벽한 항간이나 깊은 벽지 및 교외의 조금 먼 곳에서는, 비록 부관部官이 목도하지는 못하더라도 듣게 되는 것이 있을 경우에는 심험審驗해 보고 수습해 진휼청에 이송移送해야 한다. 대저 강보襁褓의 아이를 길가에 유기하게 됨은 별다른 사고가 없을 경우라면 곧 부모가 만부득이해 인정을 끊어 버린 것이지만 진실로 매우 차마 못할 짓이다. 아무것도 모르는 어린 아기가 또한 유독 무슨 죄이겠는가? 측은한 인정에 있어서 마땅히 다급하게 구제해 살리는 방도가 있어야 할 것이니, 오직 부관部官만 탐문할 것이 아니라 비록 지나가는 사람이라 하더라도 만일에 목격하게 되는 일이 있으면 즉시 이임里任에게 부치어 우선 진휼청으로 보내고 따라서 해부該部에 통고하게 되어야 한다.

5. 기아를 유양留養하는 일에서는 유리걸식하는 여인들 가운데 젖이 나오는 사람을 가리어, 한 사람에게 두 아이씩을 나누어 맡겨야 한다. 유녀乳女에게는 하루 쌀 1되 4홉, 장 3홉, 미역 잎 3닙씩을 주어야 한다. 비록 유리걸식하는 여인이 아니더라도 혹시 수양收養하기를 자원하는 사람이 있으면서도 가난해 잘 먹지 못하기에 젖을 주기가 어려운 자에게는 아기 하나만을 맡기고 매일 쌀 1되 장 2홉 미역 2닙씩을 주어야 한다.

6. 걸식아동이나 기아를 막론하고 만일에 수양하기를 자원하는 사람이 있으면, 한결같이 《속대전》의 사목事目에 의거해 진휼청에서 입안立案을 만들어 주고, 자녀가 되기 원하거나 노비가 되기 원하는 자가 있으면 각각 그 소원에 따라 시행하되, 양인良人과

공·사천을 헤아리지 않고 몰아서 수양을 허락한 자와, 맡은(執持) 지 60일이 되지 못해 시작만 있고 결말이 없게 된 자는 물시해야(그만두어야) 한다. 부모나 친족 가운데 석 달이 되기 전에 아기를 추심해 찾아가는 자에게는 수양收養에 쓰인 곡물을 배상해야 추심해 가기를 허락하고, 구제해 살린 뒤에 염피厭避하는 자는 반주叛主로 논죄하고, 위세를 부려 도로 빼앗아간 자는 왕법枉法(법을 왜곡한 죄)으로 논죄해야 한다.

7. 걸식아동과 기아들에게 죽을 먹이고 젖을 먹이는 절차를 만일 관에서 검찰하고 신칙 하지 않으면 유명무실하게 되기 쉬우니, 월말 때마다 해청該廳의 낭관郎官이 비척肥瘠도 살펴보고 근만勤慢도 살펴보아, 죽을 잘 먹이지 못한 고직庫直과 젖을 잘 먹이지 못한 여인은 하나하나 경책警責해야 한다. 해부該部의 관원이 혹시 수습해 첩보하기에 소홀했 고, 해청該廳의 낭청이 유양留養을 부지런히 아니한 것이 염탐廉探할 때 드러나게 되면 진휼청에서 초기草記해 논죄해야 한다.

8. 걸식아동과 기아 가운데 옷이 없는 부류에 대해서는 진휼청의 전례대로 합당하게 요량해 만들어 주어야 하고, 유녀乳女 가운데 혹시 옷이 없는 사람이 있으면 발견하게 되는 대로 일체로 만들어 주어야 하고, 질병 등에서도 해청에서 혜민서에 분부하여 간심看審하고 구료救療하게 해야 한다.

9. 외방에서는 각 면임과 이임이 발견하게 되는 대로 본관에 첩보하면, 본관에서는 허 실을 잘 살펴보아 걸식아동은 단지 진제장을 차린 고을에서 유양하게 하고, 기아(돌봄) 는 진제장 설치 여부를 막론하고 어디에서나 거행해야 한다. 죽 먹이고 젖 먹이는 절차 와 유접하고 수양하는 방법은 한결같이 경절목京節目에 의거해 시행해야 한다. 곡물은 상진곡常賑穀(상평곡＋진휼곡)으로 회감會減하고 장과 미역은 본관에서 담당하되, 월말 때마다 사람 수와 곡식 수를 감영에 신보申報하고, 감영에서는 고을마다 조목조목 열거 해 기록한 다음 장문狀聞하고(장계를 올려 아뢰고), 책을 만들어 진휼청에 올려 보내 빙고憑考하는 자료가 되게 해야 한다. 각 고을 수령들이 만일에 혹시라도 사목을 위반해 잘 거행하지 않았으면, 경청京廳의 사례대로 도신이 장문하고 논죄해야 하고, 수의繡衣 (암행어사)가 염탐할 적에도 일체로 적발해 되도록 무겁게 감처해야 한다.1029)

1029) 《正祖實錄》, 정조 7년(1783) 11월 5일 임진 "자휼전칙을 중외에 반포하고 윤음을 내리다." 사목의

이 〈자휼전칙〉 사목은 한글문서로도 같이 반포되었다. 이 사목에서 첫째로 눈에 띄는 것은 일단 3항에 규정된 걸식아동의 보육시설 "진휼청 외창 문밖 공터에 따로 설치된 토우土宇"다. 이것은 걸식아동의 주거로 말하고 있지만 기아도 이곳에 수용했다. 이렇게 하여 조선도 기아와 걸식아동을 길러서 자식이나 노비를 삼고자 하는 자원수양자에게 고아·기아문제를 떠맡기기만 하는 것으로부터 탈피해 국가가 직접 이들에 대한 책임을 떠안게 되었다. 둘째로 눈에 띄는 것은 제5항 기아를 젖먹이기 위한 유모의 고용이다. 이것도 중국의 선례를 따른 것이다. 셋째는 철저한 감독과 엄한 처벌 조항들이다.

정조는 〈자휼전칙〉을 반포한 지 6일 뒤 이 법제를 지수祗受했음(공경히 받았음)을 아뢰는 강화유수 정지검鄭志儉에게 다시 이렇게 간절하게 당부한다.

항목은 본래 "1. 1. 1. …"로 되어 있으나 논의의 편의를 위해 "1. 2. 3. …"으로 바꿨다. 한문원문: 【事目曰: 一, 荒歲行乞之兒, 以十歲爲限. 道傍遺棄之兒, 以三歲爲限. 五部隨聞見牒報該賑恤廳, 自賑恤廳留養, 而行乞之 兒, 只荒年限麥秋留養, 遺棄之兒勿拘豊歉, 依節目施行. 一, 行乞兒, 必以無父母親戚無主無依之類爲準, 而該 部吏隷·該里任掌輩, 或有符同瞞告之事, 重治勿施. 雖在留養之後, 父母親戚主家中, 如有來推者, 則取招於切 隣, 詳查其來歷明白無疑, 然後自該部籍記月日, 捧侤音出給. 其親戚及主家之形勢, 稍可接濟, 而全不顧恤, 故令行乞者, 另加搜訪嚴飭還付, 俾無更致流散之弊. 一, 行乞兒留養, 賑廳外倉門外, 空別設土宇, 以爲留接之 所. 給糧則參照賑廳式例, 自十歲至七歲, 一日每口米七合·醬二合·藿二立, 自六歲至四歲, 一日每口米五合· 醬一合·藿一立計給. 一, 遺棄兒, 常自部設, 隨所見報來, 至窮巷·僻之處·郊外稱遠之所, 則部官雖未睹有所 及聞, 審驗收取, 移送賑廳, 而大抵褓裸兒遺棄道傍, 除非別有事故, 卽是萬不獲已割情之父母, 誠甚不忍. 無知 之幼稚亦獨何辜? 其在惻隱之情, 宜急濟活之方, 不惟部官採問而已, 雖是過去之人, 如有目見之事, 卽付里任 先送賑廳, 仍爲通至于該部. 一遺棄兒留養事, 流丐女人中, 擇其有乳者, 每一人分授兩兒. 乳女一日每口, 米一 升四合·醬三合·藿三立計給. 雖非流丐, 如有自願收養之人, 而貪不自食, 難於飼乳者, 只授一兒, 每一日米一 升·醬二合·藿二立計給. 一, 毋論行乞兒遺棄兒, 如有自願收養者, 一依《續典》事目, 自賑廳成給立案, 而願爲 子女, 願爲奴婢者, 各從其所願施行, 而不計良人·公私賤竝許收養者, 執持未滿六十日, 有始無終者, 勿施. 其父母·族屬中, 三朔前推尋者, 倍償收養穀物, 許令還推, 救活後厭避者, 以叛主論, 威勢還奪者, 以枉法論. 一, 行乞及遺棄兒饋粥餇乳之節, 若不自官檢飭, 則易致有名無實, 每月終該廳郞官, 審其肥瘠, 察其勤慢, 不善 饋粥庫直·不善飼乳之女人, 每每警責. 該部官員或忽收報, 該廳郞廳不勤留養, 有所現發於廉探之時, 則自賑 廳草記論罪. 一, 行乞及遺棄兒中, 無依之類, 依賑廳前例, 量宜造給, 乳女中, 或有無衣者, 隨所見一體造給. 疾病之類, 自該廳分付惠民署, 使之看審救療. 一, 外方則各其面里任, 隨所見報于本官, 自本官審察其虛實, 行乞兒只設賑邑留養, 遺棄兒毋論設賑與否, 通同擧行. 饋粥餇乳之節, 留接收養之法, 一依京節目施行. 穀物 以常賑穀會減, 醬藿自本官措當, 而每月終, 口數·穀數報于監營, 自監營逐邑條列後錄狀聞, 修成册上送賑恤 廳, 以爲憑考之地. 各邑守令, 如或違越事目, 不善擧行, 則依京廳例, 道臣狀聞論罪, 繡衣廉探時, 一體摘發, 從重勘處.】

484   제1장 국가의 존재이유

경은 내각에서 나간 사람이니 무릇 조정의 명령을 봉행해 가고 덕의德意를 선포해 가는 절차에서 부지런히 힘쓰기를 반드시 다른 사람들보다도 배나 해야 할 것이다. 하물며 이번에 반하頒下한 윤음은 진실로 측은하게 여기는 지극한 뜻에서 나온 것이니, 경이 모름지기 십분 척념惕念해서 갖가지의 길로 염탐하고 검찰해 비록 아기 하나가 유기된 경우라도, 월말에 장계狀啓하는 형식에 구애할 것 없이 수양한 상황을 내각에 첩보해 전문轉聞해 가는 터전이 되게 하라.1030)

정조는 한 달 뒤인 1774년(정조8) 1월 11일 각도에 다시 〈자휼전칙〉의 철저한 이행을 엄히 신칙한다. "기아를 수양하는 것으로 말하면 명령을 내린 지 얼마 안 되는데 경중京中의 각부에서 찾아 들이는 것이 처음 명령한 때만 못하다. 어제 옥당이 연중筵中에서 아뢴 바에 말미암아 또한 이미 신칙했으나, 외읍의 거행도 처음과 같으리라는 것을 보증하기 어려우니, 마찬가지로 엄히 신칙해 실효가 있게 하라."1031) 〈자휼전칙〉 반포 1년 뒤 1784년 연중 이 법제에 따라 중외의 기아를 수양한 수가 총436명(서울 71명)에 이른다는 보고가 있었다.1032) 1년 동안 전국에서 기아가 436명 정도가 발생한다면 매년 이만한 숫자의 아기들이 유기되어 죽어갔다는 것인바, 이제 〈자휼전칙〉 덕택으로 이제 매년 이만한 수의 기아들이 생명을 구할 수 있게 된 것이다.

〈자휼전칙〉 반포 5년 뒤인 1788년(정조12) 11월 정조는 특별히 북관北關에다 대고 기아들과 걸식아동을 성심으로 구제하도록 신칙했다.1033) 또 4년 뒤인 1792년(정조16) 4월에도 정조는 각도와 각부에 기아를 찾아내라고 명했다.1034) 2년 뒤 호서

1030) 《正祖實錄》, 정조 7년(1783) 11월 11일 무술 2번째 기사 "강화 유수 정지검이 자휼전칙을 지수하고 아뢰니 하교하다."
1031) 《正祖實錄》, 정조 8년(1784) 1월 11일 정유 4번째 기사 "제도諸道에 진정賑政을 신칙하다."
1032) 《正祖實錄》, 정조 8년(1784) 윤3월 29일 갑신 2번째 기사 "한성부에서 오부의 기민에게 백급한 수와 발매한 수를 아뢰다."
1033) 《正祖實錄》, 정조 12년(1778) 11월 4일 임술 1번째 기사 "북관에 기아들과 빌어먹는 아이들을 구제하도록 신칙하다."
1034) 《正祖實錄》, 정조 16년(1782) 4월 18일 병진 6번째 기사 "각지의 기아를 찾으라 명하다."

위유사慰諭使 홍대협洪大協에게 내린 봉서에서도 기아문제를 다시 환기시킨다.[1035]

그리고 이런 일들을 전후로 정조는 각지로 암행어사를 파견했다. 그는 〈자휼전칙〉 반포 7년 뒤인 1790년(정조14) 함경남도에 암행어사를 내려 보냈다. 암행어사 서영보 徐榮輔는 돌아와 올린 별단에서 〈자휼전칙〉과 기아양육에 대해 이렇게 보고한다. "〈자휼전칙〉은 곧 우리 성상께서 내 아이를 생각해 남의 아이에게까지 미치게 한 성대한 은덕인 것입니다. 작년 이래 유랑민의 기아들이 대부분 읍 소재지의 주막에 얹혀 있었는데, 큰 마을과 부유한 집들로서 의식이 약간 넉넉한 사람들이 선뜻 거두어 기르기 때문에 들판에 버려지는 신세를 면했습니다. 지난달에 감사가 각별히 신칙함 으로써 모두 측은한 생각으로 거행하고 있습니다."[1036] 또 정조는 1794년(정조 18) 11월에도 〈자휼전칙〉의 이행 정도와 여부를 염탐·감찰하기 위해 암행어사를 내려 보낸다.[1037] 정조는 사망하는 해인 1800년 10월과 11월에도 날씨가 추워지자 호남과 오부에 기아 색출을 연방 신칙했다.[1038]

그런데 〈자휼전칙〉에는 걸식아동의 경우에는 부양기간이 12세 한정 규정이 있었 으나 기아의 경우는 기한제한이 없었다. 그리하여 정조는 1794년(정조 18) 3월 진휼 청 당사 정민시鄭民始와 좌의정 김이소金履素의 건의를 받아들여 부양기한을 7세로 정했다.[1039]

1035) 《正祖實錄》, 정조 18년(1782) 11월 4일 무자 3번째 기사 "호서 위유사 홍대협을 불러 보고 봉서를 내리다": "(...) 1. 당하관의 수령으로서 높은 수레를 타는 것과 길가에 기아를 거두어 키우는 문제에 대해 과연 법을 어긴다는 탄식이 없는지 일체 자세히 살피도록 하라. (...)"

1036) 《正祖實錄》, 정조 14년(1790) 4월 30일 경진 1번째 기사 "함경남도에 나갔던 암행어사 서영보가 경과보고를 하다."

1037) 《正祖實錄》, 정조 18년(1794) 11월 16일 경자 "경기 각읍의 암행어사와 적간 사관에게 별도로 내린 유시. 여러 어사와 사관의 결과 보고": "(...) 1. 지난번 진휼청의 초기草記에 따라 기아를 거두어 키우는 일을 경외에 엄히 신칙한 명이 있었다. 수령 된 자가 과연 마음을 다해 실행하고 있는지, 그리고 관가에서 보내준 곡식이 또한 중간에서 소모되고 있지나 않은지에 대해서도 각별히 염문하도록 하라."

1038) 《正祖實錄》, 정조 20년(1800) 10월 18일 경인 4번째 기사 "호남 관찰사로 하여금 기아들을 찾아내게 하다"; 정조 20년(1800) 11월 15일 병진 1번째 기사 "오부에 신칙해 기아들을 찾아낼 것을 거듭 명하다": "오부에 신칙해 기아들을 찾아내게 했는데, 날이 춥기 때문에 거듭 명한 것이다."

1039) 《正祖實錄》, 정조 18년(1794) 3월 18일 을사 3번째 기사 "진휼청 당상 정민시가 기아에게 7살까지 요식을 줄 것을 아뢰다": 진휼청 당상 정민시가 아뢰기를, "근래 각도의 감사들이 올린 보고를 보면

486   제1장 국가의 존재이유

정조는 〈자휼전칙〉을 반포한 지 15년이 지난 1789년에도 〈자휼전칙〉의 신명申明을 명령한다. 정조는 "진당賑堂(진휼청)으로 하여금 쌀과 가마니 자리와 솜옷을 지급하게 하고, 삼남에 행회行會해 (...) 기력이 쇠진한 노약자들을 한양의 예에 따라 각별히 거두어 진휼하게 하라"고 하면서 "〈자휼전칙〉 법령도 올해와 같은 때에는 거듭 신명해야 할 것"이므로 이것도 똑같이 엄히 신칙하게 했다.[1040]

정조의 거듭된 채근과 신칙에 관한 위 기록을 보면 그가 걸식아동과 기아들을 얼마나 진심으로 보살피려고 했는지를 알 수 있고, 또한 고아와 기아에 대한 국가의 자휼字恤을 청국에 비견되는 조선의 국격國格으로 여겼다는 것도 알 수 있다. 어려서 즉위한 정조의 아들 순조는 20여 년 뒤 버려진 아이들에 대한 아비의 자휼 정책을 두고 "도로에 버려진 기아들을 불쌍하게 여겨 옛날 광제원과 육영사의 법을 모방해 〈자휼전칙〉을 제정하시어 안팎에 반포한 다음 거둬 기른 아이들의 수를 매월 보고하게 하고 관아에서 사람의 수에 따라 식량을 공급하셨다"고 회상했다.[1041]

이후 순조로부터 고종 때까지 정조의 〈자휼전칙〉은 고아와 기아를 휼양恤養하는 전범으로 통용되었다. 따라서 1783년 이래 조선은 청국과 같은 수준의 유교적 복지국가로 올라선 것이다. 조선의 이 복지수준은 오늘날 아무런 국립 기아보호소도, 국립 고아원도 없는 대한민국이 아직도 도달하지 못한 수준이다. 조선은 이미 이런 수준의 복지제도를 갖췄기 때문에 비로소 영조 초반에야 끝난 소빙기와 그 이후의 잦은 흉황과 기근을 견뎌내고 탕평시대의 국가중흥을 맞을 수 있었던 것이다.

17-19세기 당시 청국과 조선은 이 복지제도의 수준 면에서 서양제국을 완전히 앞지르고 있었다. 그러나 당시 조선은 서양에 잘 알려지지 않았고, 청국은 이미

버린 어린이에게 요식料食을 주는 데 대하여 〈자휼전칙〉에 그 연한을 정하지 않았으므로 어린이가 성장한 뒤에는 의당 제한이 있어야 되겠다고 합니다. 대체로 7-8세의 나이가 되면 제발로 뛰어다니면서 스스로 먹을 수가 있으니 7살로 한정하여 요식을 주고 8살 이후에는 요식 주는 일을 중지하는 것이 타당할 듯합니다" 하니, 상이 대신들에게 물었다. 좌의정 김이소가 7살로 한정하기를 청하자, 따랐다.

1040) 《正祖實錄》, 정조 22년(1798) 10월 21일 신해 3번째 기사 "도성 내외에서 유리걸식하는 이들을 진휼케 하다."

1041) 《純祖實錄》, 순조 21년(1820) 8월 7일 갑신 4번째 기사 "효의왕후의 천릉 지문."

잘 알려져 있었다. 따라서 명·청대 중국의 복지제도만이 14세기부터 서양제국에 무한한 경탄 속에서 다양한 경로로 줄기차게 전해지게 된다.

4.2. 삼국시대와 고려시대의 교민정책과 학교제도

한반도에서 유교적 인정제도로서 교민제도는 양민제도보다 더 일찍이 정착한다. 먼저 유학의 학습이 교육과정과 학교를 통한 교민에 의해 이루어져야 했기 때문이다. 유학교육은 삼국시대부터 시작되었다. 중국의 학교제도는 각 시대마다 한반도의 여러 나라, 특히 삼국과 통일신라에 영향을 끼쳤다. 왕안석의 학교개혁에 의해 확립된 송대의 '초기근대적' 학교제도는 고려에 큰 영향을 끼쳤다.

■ 고구려·백제·신라의 교육제도

고구려는 일찍이 학교를 설치했다. 고려의 '태학太學'은 소수림왕 2년(372)에 설립되었으며 기록으로 보면 '한국 최초의 학교'라는 교육사적 의의를 갖는다. 《삼국사기》〈고구려본기·소수림왕〉편은 "소수림왕 2년 태학을 세워 자제들을 교육했다(小獸林王 二年 立大學 敎育子弟)"고만 기록하고 있다. '태학'은 명칭으로 볼 때, 고구려와 긴밀한 외교관계를 맺고 있던 중국 동진의 학교제도를 모방한 것이 분명하다. 동진은 일찍이 '태학'을 두었기 때문이다. 동진과 마찬가지로 고구려 태학의 교육대상도 역시 귀족층이었던 것으로 보인다. 그런데 이들이 신분상 장차 관료가 될 것이었기 때문에 태학은 관료양성기관이었을 것이다. 《구당서舊唐書》에 따르면, 고구려의 태학은 5경과 같은 유교경전, 사기·한서·후한서·삼국지·진춘추晉春秋 같은 역사서, 옥편, 자총字總, 자림字林과 같은 한자사전, '문선文選' 등의 문학서적 등을 교재로 썼다. 중국의 고구려 관련 사료에도 '태학박사'라는 직함이 나오고 《삼국사기》에도 태학박사라는 명칭이 등장하는 점에서 태학의 교원 명칭은 '박사'였던 것으로 보인다.

그런데 고구려에는 '태학'과 함께 '국자학'이라는 학교도 있었다. 당시 중국의 동진이 385년 '국자학'을 두어 태학·국자학의 양학兩學제도를 운영했으며, 이후에 고구려가 관계한 중국의 남·북조 역시 양학을 제도화했기 때문이다. 이러한 고구려의 양학제도는 문헌상에도 나타나 있다. 660년(당고종 현경5) 이전에 장초금張楚金이 저술하고 송대 옹공예雍公叡가 주석한《한원翰苑》〈고려기高麗記〉에 따르면 "국자박사와 태학박사가 있다"는 기록이 보인다. 이러한 여러 가지 정황을 고려할 때 고구려에는 태학 이외에도 국자학이 병존했던 것으로 추정된다.

그리고 '경당扃堂'과 관련해서는《구당서》〈열전·고려〉편에 "풍속이 서적을 사랑해서 대문이 허술한 목양가牧養家에 이르기까지 네거리마다 큰 집을 짓고 이를 '경당扃堂'이라 부르고 자제들이 아직 혼인 전에 이곳에서 밤낮으로 글 읽기와 활쏘기 연습을 했다(俗愛書籍 至於衡門 衡門廝養之家 各於街衢造大屋 謂之扃堂 子弟未婚之前 晝夜於此讀書習射)"는 기록이 보인다. 그리고《신당서新唐書》〈열전·고려〉에도 유사한 기록이 보인다. "사람들이 배움을 좋아해서 궁리窮理의 집들에 이르기까지도 역시 서로 궁면矜勉하고 네거리 옆에 엄숙한 가옥을 잘 지어 '경당扃堂'이라 부르고, 미혼자제들이 여기에 무리지어 거처하면서 경전을 외고 활쏘기를 익혔다(人喜學 至窮里家 亦相矜勉 衢側悉構嚴屋 號扃堂 子弟未婚者曹處 誦經習射)"는 기록이 보인다. 이 "경전"은 공맹경전을 말한다. 소수림왕은 재위 초부터 정복사업에 지친 국가의 변화와 발전을 위해 국가체제를 새로이 정비할 목적에서 태학설립, 율령반포, 불교도입 등을 추진했다. 이를 통해 고구려를 재건하는 국가개혁을 단행했다. 민심을 수습하고 종교를 통한 권력기반을 확고히 하고자 불교를 도입했고, 태학太學을 설립해 교육의 기틀을 바로 잡고, 그동안 관습법적으로 내려오던 법체계를 바로잡아 율령을 반포해 강력한 왕권과 중앙집권 체제를 공고히 했다. 태학 설립은 중앙집권적 정치제도에 적합한 관리를 양성해 확대된 영토와 복잡다양한 성격의 내부 구성원들을 체계적으로 교육해 조직적으로 통치할 필요가 있었기 때문이다. 이는 국가 운영에 필요한 인재를 양성하고 중앙집권적 국가체제를 만들어 나가는 데 매우 중요한 것이었으며 율령집행의 바탕이 되었다. 특히 태학에서 유학사상을 가르쳤다. 유학은 왕권을 중심으로 중앙집권적 통치체제의 수립과 운영에 적합한 정치·도덕과학이었다. 고구려는 '충忠'에 중점을 둔 유학교육으로 국민의 역량을 극대화했다.

장수왕은 평양천도 이후에 지방의 여러 곳에 '경당'을 설립해 평민의 자제들에게도 무술·한학 등을 가르쳐 인재를 육성했다. 고구려인들은 귀족뿐만 아니라 일반 백성까지도 학문과 무술연마에 적극적이었다. 고구려가 소수림왕 시기부터 동북아의 중심에서 번영을 구가하게 된 것은 국민들의 결집된 역량에서 찾을 수 있고, 그것을 가능하게 한 것은 군사력·경제력 등과 같은 하드파워와 더불어 문교를 통해 양성된 인재, 발달한 문화, 그 결과에 따라 완성된 사회제도 등의 소프트파워에도 있었다.

'태학'은 372년(소수림2) 동진의 학교제도를 본떠 국도에 설치된 국립대학교다. 삼국 최초의 이 국립대학은 처음에 상류계급의 자제들만이 입학할 수 있는 귀족학교였다. 태학에서는 오경·삼사三史·삼국지·문선文選, 무예 등을 가르쳤다. '태학'과 병존한 '국자학'은 아마 왕족 대학이었다.

장수왕 때인 5세기 초에 지방에 설치된 '경당'은 전국 도처에 존재했다. 기록들에서 등장하는 미혼자는 단순히 결혼을 하지 아니한 자라기보다는 청소년층으로 이해하는 것이 적절할 것이다. 기록에 따르면, 가난한 사람들이 경당에 재학했다는 점으로 미루어보아 경당은 평민교육기관이었다. 그렇다면 지방 귀족을 위한 별도의 교육기관이 존재해야 하는데, 이런 교육기관에 대한 기록은 없다. 따라서 '경당'은 지방의 귀족과 평민 모두를 취학대상으로 하는 교육기관이라고 보는 것이 합당할 것이다. 그리고 경당의 교육내용들을 고려할 때 경당은 관학官學으로 여겨진다. 독서와 활쏘기, 곧 문무병행의 교육내용은 당시 중국·백제·신라와 대치하고 있음으로 해서 언제 있을지 모르는 전시에 대비해야만 하는 그러한 시대적 배경과 관련이 있다. 이런 유형의 교육은 당연히 국가가 주도해야 하는 점에서 경당은 관학이지 않을 수 없었을 것이다. 경당의 이런 특징은 신라의 화랑도의 특징과 아주 유사하다. 신라의 화랑도도 귀족에서 평민에 이르는 다양한 계급을 수용했고 문무를 둘 다

교육했기 때문이다. 다시 말해서 '경당'은 신라의 화랑도처럼 귀족과 평민을 통괄해 관립 청소년 문무교육 공동체였다.

교육제도로서 고구려의 경당은 만민평등교육을 구현하는 점에서 얼마간 유학적이었다. 그러나 태학이나 국자학의 귀족·왕족교육제도가 뚜렷한 교육차별을 보여주는 점에서 아직 완전히 유학적인 것은 아니었다. 또한 초등교육 학교에 대한 기록이 보이지 않아 3단계 학제도 아직 갖춰지지 않은 점에서도 아직 완전히 유학적인 것은 아니었다.

백제의 학교에 관한 사료는 거의 전무하다. 이 때문에 그 실제를 파악하는 것은 아주 어렵다. 백제에 학교 또는 학교와 유사한 교육기관이 있었음을 시사하는 단서로는 백제에 '박사'라는 칭호가 있었다는 점이다. '박사'는 원래 중국에서 유교경전의 연구와 교육을 담당했던 학관學官의 일종이다. 따라서 학관의 존재는 곧 학교가 있었음을 뜻한다. 백제 관련 사서들에서는 '박사'라는 호칭이 자주 발견된다. 이와 함께 교육을 관장하는 정부기관인 '사도부司徒部'와 교육장관의 직무를 담당하는 '내법좌평'도 있었다.

또한 '박사'라는 관직으로부터 백제의 학교교육 내용이 저절로 도출된다. '박사'는 '5경박사'를 의미하기 때문이다. 이는 백제에서 공맹경전 5경을 주요 교육과정으로 채택했음을 함의한다. 또한 일본에 초빙되어 건너간 백제학자 아직기阿直岐가 《일본서기》에 "경전을 해독할 수 있는 자"로 기록되어 있는 점에서도 백제에 5경의 체계적 교육을 행하는 학교가 있었음을 미뤄 알 수 있다. 이와 함께 일본의 《고사기》에는 왕인王仁이 일본으로 건너올 때 《천자문》과 《논어》를 가지고 왔다는 기록이 있고, 《구당서舊唐書》 〈백제전〉에는 "그 나라의 서적 가운데는 5경과 자子·사史가 있다"는 기록이 있다. 종합하면, 백제의 교육교재로는 5경의 유학경전, 천자문, 제자백가의 책들, 사서史書가 있었다.

한편, 《북주서北周書》 〈백제전〉은 "백제인들은 말타기와 활쏘기를 즐겼으며, 아울러 고서나 사서 읽기를 좋아했고 그 가운데 뛰어난 자는 작문과 시작詩作에 능통했다"고 기록하고 있다. 이는 백제가 문무겸비의 교육을 실시했음을 증명해 준다. 이러한 문무겸비의 교육은 삼국의 대치상황에서 필수적인 것이었을 것이다. 이 밖에도 백제에는 의醫·역易·역曆 등을 담당하는 '전업박사' 제도가 있었다. 이것은 잡학교육도 실시되고 있었음을 뜻한다. 이런 문·무·잡학 교육은 교육제도가 상당히 발전했을 때 나타나는 것으로, 백제에 모종의 학교제도가 발달해 있었다는 것을 보여 준다. 오경박사·모시박사毛詩博士·역박사曆博士·의박사醫博士의 존재는 백제에도 고구려의 태학과 같은 교육기관이 있었음을 짐작케 하는 증거들이다.

신라는 일찍부터 중국식 학교가 아닌 신라 고유의 교육제도 '화랑도'를 갖추고 있었다. 김대문金大問의 《화랑세기花郎世記》는 "현명한 재상과 충성스런 신하가 여기에서 나오고, 훌륭한 장수와 용감한 병졸이 이로 말미암아 생겨났다"고 적고 있다. 이것으로부터 화랑도가 신라의 기간 교육기관이었다는 것을 알 수 있다. 화랑도는 중국식 학교제도와는 사뭇 다른 형태였다. 화랑도의 원형은 "원화源花제도"였다. 이 제도의 특징은 집단의 지도자가 여성이었다는 점인데, 가장 잘 알려진 원화로는 '남모南毛'와 '준정俊貞'이 있다. 기록에 따르면, 준정이 남모를 시기해 살해하는 사건이 발생하는데, 이 일로 준정이 처형당하고 집단의 무리들은 뿔뿔이 흩어지게 되었다고 한다. 이를 계기로 원화집단은 여성 대신에 남성을 우두머리로 삼는 제도로 개편되게 되었다. 이 우두머리들이 바로 '화랑'이었고, 이들이 이끄는 집단이 '화랑도'였다.

화랑도는 본래 자생 집단이었던 것으로 보인다. 당시에는 마을마다 청소년 공동체 집단이 있었는데, 이 집단은 특정한 사람이 '모범인'이 되어 그를 중심으로 행실을 모방하게 하는 수양단체의 성격을 띠었다. 초기의 화랑도들 사이에는 서로 연계성이 없었지만, 576년(진흥왕37)에 들어 국가 차원에서 조직해 화랑도를 관립官立기구로 전환시켰다. 이 조직의 우두머리는 '국선國仙화랑'이고 그 밑에 화랑도가 따랐다. 각 화랑도에서는 1명 또는 여러 명의 화랑이 수백 또는 수천 명의 낭도를 통솔했다. 화랑도는 '풍월도風月徒' 또는 '풍류도風流徒', '국선國仙'이라고도 불렀다. 이로 미루어 보아 화랑도는 고대로부터 전래된 토착제도에서 발생한 교육기관이었다고 할 수 있다.

화랑이 되기 위한 조건은 "수려한 외모를 갖추고, 올바른 행실을 하며, 귀족신분이면서 14세에서 18세 사이"의 남성이었다. 특히 귀족신분이 요구되었던 것은 평민인 낭도들을 통솔하기 위해서 지도자가 우월한 신분이어야 했기 때문이다. 《삼국사기》는 화랑도의 교육 내용에 관해 이렇게 기록하고 있다. "서로 도의를 닦기도 하고, 서로 노래와 음악을 즐기기도 하고, 산수를 돌며 놀았는데, 아무리 먼 곳이라도 가지 않은 데가 없었다. 이를 통해 그 사람됨이 나쁜지 좋은지를 알아내어 좋은 사람을 택해 조정에 천거했다." 화랑도에서는 '세속오계世俗五戒'의 도의교육을 중시했는데, 세속오계 가운데 "사군이충事君以忠, 사친이효事親以孝, 교우이신交友以信"은 유교적 훈육절목이고, "살생유택殺生有擇"은 불교적 절목이다. 이 세속오계 가운데 "임전무퇴臨戰無退"의 기원은 논란이 있을 수 있다. 일각에서는 "임전무퇴"가 신라의 '불국토佛國土' 사상과 연관되어 있는 것으로 본다. 당시 신라인들은 신라 땅을 '불국토'라 여겼는데, 이 때문에 신성하고 존엄한 국가인 '불국토'를 지키기 위해 '임전무퇴'해야 한다고 여겼다는 것이다. 그러나 이 계율은 전쟁에 대한 공맹의 관점에서 나왔다는 해석이 더 신빙성이 있을 수 있다. 맹자는 말한다. "도를 얻은 자는 도와주는 자가 많고, 도를 잃은 자는 도와주는 자가 적다. 도와주는 자들이 적게 되면 친척도 배반하고, 도와주는 자들이 많게 되면 천하가 다 순응한다. 천하가 순응하는 것으로써 친척들 가운데 배반자들을 친다. 그러므로 군자는 전쟁하지 않아야 하지만 전쟁을 하게 되면 필승하는 것이다(得道者多助 失道者寡助. 寡助之至 親戚畔之, 多助之至 天下順之. 以天下之所順 攻親戚之所畔. 故君子有不戰 戰必勝矣.)."[1042] 이것은 전쟁하지 않으면 그뿐이지만, 외침으로 말미암아 어쩔 수 없이 방어전쟁을 하게 되면 물러서지 않고 반드시 물리치는 것을 말하고 있다. 맹자의 이 말은 그 취지가 '임전무퇴'와 가깝다.

화랑도는 도의道義교육과 함께 음악을 통한 상호 유대의식 강화, 국토순례를 통한 심신수양 등이 주를 이루었다. 특히 국토순례는 화랑들로 하여금 자신들의

1042) 《孟子》〈公孫丑下〉(4-1).

땅이 신성한 땅임을 확인시킴으로써 애국심을 갖게 하려는 의도에서 이루어진 것이다. 종합하면, 신라의 화랑도 교육은 학교제도 측면에서 유학적·중국적 제도와 아주 다른 토속제도였으나 유학의 영향도 컸다.

그러나 통일신라에 들어오면서 화랑도 교육 이외에 유학에 의한 학교교육이 본격화된다. 신라는 628년(신문왕2) '국학國學'을 설치했다. 그리고 651년(진덕왕5)에 박사·조교 약간 명과 대사大舍 2인을 두어 교육을 맡게 했다. 국학의 학제와 교육내용은 당시 당나라의 교육제도를 모방했다. 이의 관할은 예부禮部에서 맡았으며, 경덕왕 때 '국학'을 '태학감太學監'으로 개칭했는데 혜공왕 때 다시 '국학'으로 환원시켰다. 구체적 교직은 경卿 1인, 박사 약간인, 조교 약간인, 대사 2인, 사史 4인이었다. 학생 자격은 귀족 자제에서 무위無位까지이고, 입학·수학연령은 15세에서 30세까지이며 수업연한은 9년이었다.

교과목은 전부 유학경전이었다. 경전은 《주역》·《서경》·《시경》·《예기》·《춘추》·《논어》·《효경》·《문선》 등이었는데, 이를 3개 반으로 나누어 가르쳤다. 그런데 3개 반은 교과목별로 ① 《예기》·《주역》·《논어》·《효경》 반, ② 《좌전》·《시경》·《논어》·《효경》 반, ③ 《서경》·《논어》·《효경》·《문선》 반으로 나뉘었다. 이를 살펴보면 각기 전공은 다르나 《논어》·《효경》을 필수과목으로 삼은 것이다. 이 밖에도 실업과목으로서 의학·율학·서학書學·산학 등이 있었다. 788년(원성왕4)에는 태학 안에 '독서삼품과讀書三品科'를 설치해 관리등용의 기준으로 삼았다. 이에 따라 '태학'도 성적에 따라 상·중·하품으로 삼분되었다.

독서삼품과의 삼품은 ① 《좌전》·《예기》·《문선》을 읽어서 그 뜻에 능통하고 동시에 《논어》와 《효경》에 밝은 자인 상품上品, ② 《곡례曲禮》·《논어》·《효경》을 읽은 중품中品자, ③ 《곡례》·《효경》을 읽은 하품下品, 그 밖에 ④ 오경·삼사三史(사기·한서·후한서)와 제자백가의 서書에 능통한 자였다. 이들은 순서를 뛰어넘어 등용했다.

이와 같이 통일신라의 교육은 당나라의 제도를 수입, 그 명칭·학제·교과목에 이르기까지 그대로 모방함으로써 완전히 유학화되었다. 이 유학적 학교제도는 골품

제 사회인 신라에 깊숙이 파고들었다. 하지만 처음에는 큰 실효를 거두지 못한 것 같다. 그 타개책으로 독서삼품과까지 설치한 것은 이를 말해 준다. 그러나 점차적으로 유학에 대해 이해가 깊어 감에 따라 정치의 지도이념으로서 사상적으로 유학의 비중이 커지게 되고, 골품제 사회의 모순이 노정되면서 유학교육의 위치는 공고한 기반을 다져 갔음을 알 수 있다.

■ 고려왕조의 학교제도

한반도 국가 가운데 최초로 비교적 뚜렷한 유학적 학교제도를 갖춘 국가는 최초의 '골수깊이 유교적인 국가' 고려였다. 고려를 두고 말하자면, 국가와 정부를 구분해서 국가는 '불교국가'였지만, 정부는 '유교정부'였다고 말하는 것이 고려를 올바로 이해 하는 것이다. 이러했기 때문에 고려는 교육을 단순히 국가에 필요한 한 기능이 아니라 국가의 '존재이유'로 더욱 자각한 국가가 되었다. 고려는 태조 때부터 교육기관으로 '개경학開京學'과 '서경학西京學'을 두었다. 그리고 성종은 정부기관을 유교를 정치이 념으로 한 정치기구로 정비하면서 학교기관을 정비함과 동시에 992년(성종11)에는 중앙의 관료양성기관으로 '국자감'을 설치했고, 지방의 12목에 경학박사와 의학박사 를 1명씩 파견했다. 개경학·서경학·국자감은 동일한 내용을 교수했으나, 입학자격은 신분적으로 각기 달랐다. 이 삼학三學에는 박사와 조교를 두었으나 '잡학'에는 박사만 두었다. 문종 때는 개경에 최충이 문헌공도文憲公徒 등 12도徒의 사립학교를 설치해 사학私學이 발달했다. 이에 따라 관학官學이 쇠퇴했다. 이에 16대 예종(1105-1122)은 송대 학교제도를 참조하며 관학진흥책으로 국자감을 '국학國學'이라 개칭하고 국학 내에 최충 사학의 구재九齋학당을 모방해 '7재七齋'를 설치하고 중국 고전을 중심으로 교육했다. 그리고 국학 발전을 위한 육영재단으로 '양현고'와 학술기관인 '청연각'과 '보문각'을 설치했다.

1127년(인종5)에는 지방교육기관으로 조선 향교의 모태가 되는 '향학鄕學'을 설치 해 학교제도를 전국적으로 완비했다. 잡학 이외의 기술교육은 그 특수성에 따라 사천대司天臺(천문·역법·지리·측후)·태사국(음양·술수)·태의감太醫監(의학)·통문관通文館(외국어교육)을 담당했다. 교육시설로는 성종 때 도서관으로 수서원修書院과 비서원秘書院, 숙종 때 서적포書籍鋪, 교육재단으로는 충렬왕 때 섬학전贍學錢이 있었다. 그리고 국학과 향학의 교육운영을 위해 '학전學田'을 지급했다.

고려에서는 국책으로 불교를 장려해 국가와 민간에서 불교가 사상적 지주로 커다란 세력을 가지고 있었다. 그럼에도, 개국과 함께 일관되게 견지되어 온 유교 정치이념에 따라 교육정책에서도 유교교육이 학교 설립으로 구체화되었다. 특히 광종光宗 때(925~975)는 유교적 이념에 입각한 지배질서를 확립하는 일환으로 과거제도를 도입했다. 이는 국초 이래의 훈구세력이 지배하는 초기적 상황을 탈피하고 관직진출의 문호를 모든 지배계층에 개방해 '근세적' 정치체제를 모색하는 동시에 왕권을 유교적으로 강화하기 위한 것이었다.

이런 취지에서 성종(960~997)은 국초 이래 현실적 교육정책으로 정착된 유학교육을 제도화하였다. 성종 때에 설립된 '국자감'은 고려시대의 최고 학부로서 국가의 유교적 이념과 결합해 교육의 중추적 구실을 담당하게 되었다. 986년(성종5) 향호鄕豪의 자제인 유경학생留京學生들을 귀향시켜 공부하게 하고 전국의 12목牧에 경학박사·의학박사를 파견해 지방교육을 육성한 것도 유학적 취지에서였다. 이는 지금까지 향호들에 의해 운영되어 오던 지방의 독자적 학교교육을 중앙의 통제 아래 포섭하는 동시에 교육을 전국적으로 확산시키는 중요한 계기를 마련한 것이다.

일단 고려의 교육제도는 크게 관학과 사학으로 구분되었다. 관학으로는 중앙에 국자감과 학당이 있고 지방에는 향학이 있었으며, 사학으로는 최충의 '십이도十二徒'와 서당이 있었다. 그 가운데 '십이도'는 사학이면서 국가의 통제 아래 교육을 실시했다. 국가에서 비서원·수서원과 같은 도서관을 설치한 것도 교육을 장려하기 위한 것이었다.

992년 개경에 설립된 중앙 국립대학 '국자감'은 일종의 종합대학교에 해당한다. 예종 때 '국학'으로 개칭된 국자감에 1109년 설치된 문무 칠재七齋는 여택재麗澤齋·대빙재待聘齋·경덕재經德齋·구인재求仁齋·복응재服膺齋·양정재養正齋·강예재講藝

齋이고, 전공과목은 각각 순서대로 주역·서경·시경·주례·대례戴禮·춘추·무학武學이었다.

국자감의 교육 과정에는 국자학·태학·사문학·율학·서학·산학의 6학이 있는데 각각의 입학자격은 계급과 신분에 따라 규정되었다. 교육내용은 《주역》·《서경》·《주례》·《예기》·《시경》·《춘추》·《좌씨전》·《공양전》·《곡량전》을 각각 1경一經으로 하고, 《효경》과 《논어》는 제생諸生의 필수 과목으로 했다. 국자감, 곧 국학의 교육목적은 귀족자제를 대상으로 한 관리양성인 동시에 유교적 학문의 연구에 있었다.

학습·고사 방법은 먼저 《효경》과 《논어》를 읽고 제경諸經을 다음으로 읽고, 산술과 시무책을 익혀 가는 외에 습자習字를 하게 했다. 1경을 완전히 익힌 뒤 다음 과정으로 넘어갈 수 있도록 했는데, 연말에 성적을 평가해 박사나 조교가 이를 고시하도록 했다. 국자학·태학(개경학·성경학)·사문학四門學에 박사와 조교를 교수敎授로 두었고 율·서·산학에 박사를 교수로 두었으며, 학생 정원은 국자학·태학·사문학에 각 300인 이었고, 율·서·산학은 확실하지 않다.

'사문학四門學'은 국자감에 편제된 경사육학京師六學의 하나였다. 취학자의 신분에 따른 학과선택으로 7품 이상의 자제와 서인庶人 가운데에서 우수한 자가 사문학에 입학했다. 잡로雜路·공工·상商·악樂 등 천사자賤事者와 크고 작은 공친범가자功親犯嫁者, 악역惡逆(반도덕적 극악행위)을 범한 귀향자歸鄕者 등의 자손과, 사죄私罪를 범한 자는 입학이 불허되었다.

사문학의 정원은 300명이었으며 많을 때에는 600명까지 되었다. 교과과정은 국자학·대학과 같은 과정으로서 《효경》·《논어》·《서경》·《공양전》·《곡량전》·《주역》·《시경》·《주례》·《의례》·《예기》·《좌씨전》을 정규과목으로 삼았고, 산수와 시무책도 아울러 연습하고 매일 글씨 한 장씩을 쓰도록 하였으며,《국어國語》·《삼창三倉》·《이아爾雅》등도 겸독兼讀케 했다. 수학연한은 8년 반이었다. 교수요원으로 정8품의 사문학박사四門學博士와 조교가 있었다.

고려의 '향학鄕學'은 지방에 설립된 관학 중등교육 기관이다. 이 '향학'은 기록이 많지 않아 상세히 고증할 수 없다. 그러나 1127년(인종5) 3월에 각 주와 현에다 학교를 세워 널리 교도에 힘쓰라는 조서를 내린 것이 향학의 시초다. 직접 왕명을 받들어 각 지방에 학교가 생겼다는 기록은 인종 때의 이것이 최초다. 향학은 공자와 선성先聖·선현先賢을 제례하는 문묘와 교육을 실시하는 명륜당이 있어, 선현배향과 교육기관의 역할을 겸행兼行했다.

향학의 교육과목과 제도화 정도는 국자감에는 미치지 못했으나 향학은 국자감의 축소형이었다. 향학은 지방민의 교화에 많은 영향을 주었다. 향학 학생 가운데 성적이 우수한 자는 국자감으로 올라가 공부할 수 있었다. 그러나 향학교육은 의종 이후 극도로 쇠퇴했다.

지방의 향학과 같은 수준의 교육기관으로 중앙에는 동서에 '학당'이 있었다. '동서학당東西學堂'은 1261년(원종2)에 개경의 동쪽과 서쪽에 설립되었다. 공양왕은 학당을 동서남북과 중앙으로 늘려 '오부학당五部學堂'을 완성했다. 학당은 교육 수준에서 조선의 '사학四學'과 유사했으나, 향학이 지방의 교육기관인 동시에 문묘제례의 기능을 가진 데 견주어 학당은 문묘 없이 교육만 담당했다. '오부학당'은 조선조 한양 '사학四學'의 전신이었다.

인종 1년(1123) 고려를 방문한 서긍은 《고려도경》에서 고려의 국립 학교제도 등에 대해 이렇게 적고 있다.

국자감을 세우고 유자 관리들을 선택해 심히 잘 갖추었고, 학사學舍를 새로 세웠고, 매달 배운 책을 연말에 시험하는 태학의 계고季考제도를 아주 잘 준행해서 제생諸生을 급제시켰다(立國子監 而選擇儒官 甚備, 新敞黌舍 頗遵太學月書季考之制 以第諸生.).[1043]

서긍은 학교와 시험발탁제도를 하나로 묶어 서술하면서 "심히 잘 갖추었다", "아주 잘 준행한다"는 말로 고려의 학교제도를 칭송하고 있다.

한편 사립학교인 '십이도十二徒'는 중앙의 관학인 국자감과 비슷한 비중을 갖는

1043) 徐兢, 《宣和奉使高麗圖經》 권40 同文(한국사데이터베이스).

교육기관으로서, 12개의 사학으로 되어 있다. 십이도의 유래는 1053년(문종 7)에 최충이 국자감을 비롯한 관학의 부진을 개탄해 자기 집에 서당을 설치, 이웃 아동들을 교육한 데서 비롯되었다. 점차 학생수가 많아지자 9개의 학사인 악성樂聖·대중大中·성명誠明·경업敬業·조도造道·솔성率性·진덕進德·대화大和·대빙待聘을 설치해 '구재九齋'라 했다. 최충이 설립한 이 사학私學은 그의 관명을 붙여서 '최공도崔公徒', '시중공도侍中公徒', 또는 '문헌공도文憲公徒'라고도 불렸다.

'구재'의 교과목은 국자감의 범주에 따라 삼사·오경 및 제술을 주主과목으로 하였고 나아가서 실천윤리를 앞세웠다. 이에 과거에 응하고자 하는 많은 학생들이 여기에 모여 성황을 이루게 되었다. 매년 여름에는 승방을 빌려 하과夏課를 열었으며, 교사는 관직에 취임하지 않은 자를 택해 교수하게 했다. 학생들은 진퇴범절에 예의 있고 장유長幼질서가 있어 세인의 칭송을 받았다.

이 '최공도'의 교육성과가 크자 다른 학자들이 각기 사학을 설립하게 되어 모두 12개의 문도가 형성되었으며, 이를 '십이도'라 일컬었다. 십이도의 창설자는 대부분이 문종 때의 유신이고 고시관考試官이었으며, 도명徒名은 설립자의 직명이나 이따금 그의 소재지를 붙여서 불렀다.

십이도는 사설교육기관이지만 국가의 감독을 받았다. 인종 때에는 한 도徒에서 다른 도로 이전하는 것을 금지했고, 또 도의 제생들이 동당감시東堂監試에 합격한 뒤 국자감에 들어와서 소정의 기간 안에 수업을 받게 한 다음에야 과거에 응시하도록 했다. 십이도는 국자감을 비롯한 관학이 쇠퇴하고 향학이 아직 정착하지 못한 시대에 설립되어, 고려 교육계에 커다란 공헌을 했다. 그러나 1391년에 모두 폐지되었다.

고려시대 지방 서민의 교육기관으로 존재했던 '서당書堂'에 관해 서긍은 《고려도경》에서 이렇게 적고 있다.

위로는 조정에 관리들이 도열해 있어 위의威儀를 아름답게 하고 말 씀씀이를 풍족하게 하고, 아래로는 여염집과 누항 사이에 경관經館과 서사書社들이 두셋씩 마주보고 있다. 그 백성의 자제 가운데 미혼자는 무리로 거처하면서 스승을 좇아 경서를 수강하고,

조금 더 크면 벗을 골라 각기 비슷한 부류와 더불어 사찰 도관道觀에서 강습했다. 아래로는 평민의 어린 아이들까지도 향鄕선생을 좇아 배웠다. 오호, 훌륭하도다!1044)

"경관經館"과 "서사書社"는 책을 파는 서점이 아니라 오부학당이나 십이도 등을 가리키는 것으로 보이고, "평민의 어린 아이들이 좇아 배우는 향鄕선생"의 학사學숨는 사숙私塾이나 서당을 가리키는 것으로 보인다.

이와 같이 '골수깊이 유학적인' 고려조에 들어 유학적 교육제도가 점차 완비되고 사립학교도 많이 생겨났으며 향학과 서당이 등장함으로 3단계 학제도 선보였다. 그러나 3단계 학제는 희미하고, 교육은 중앙귀족과 지방호족 위주로 짜이고 실시되었던 까닭에 유학적 만민평등교육 이념에 아직 많이 못 미쳤다. 따라서 불교국가로서 유교정부를 가진 '유교적 국가' 고려의 학교제도는 명실상부한 유교국가 송나라나 조선에 견주면 불비한 점이 많았다.

그러나 고려는 금속활자를 발명하고 '활인-번각시스템'을 창조함으로써 학생들에게 교재를 대량으로 대주고 지식인들에게 교양서적을 공급할 수 있는 길을 텄다. 이것은 교육에 중요한 긍정적 영향을 끼쳤다. 이를 이해하기 위해 인쇄관련 용어들을 미리 정리해 두자. 활자로 찍는 것은 정조의 구분법에 따라1045) '활인活印'이라고 하고, 활인한 책을 '활인본'이라고 한다. 목판으로 찍는 것은 '간인刊印'이라고 하고 목판으로 간인한 책은 '간인본'이라고 한다. 그리고 활인본 책을 낱장으로 분해해

1044) 徐兢,《宣和奉使高麗圖經》권40(한국사데이터베이스), '同文': "上而朝列官吏 閑威儀而足辭采, 下而閭閻陋巷間 經館書社 三兩相望. 其民之子弟未昏者 則群居而從師授經, 既稍長 則擇友 各以其類 講習于寺觀. 下逮卒伍童樨, 亦從鄕先生學. 於戱盛哉."

1045)《正祖實錄》, 정조 20년(1796) 12월 15일: 정조의 전교. "(...) 내가 동궁으로 있던 때에 교서관에 명하여 세종조 갑인자를 본으로 하여 15만 자를 주조하게 했으니, 바로 '경서정문經書正文'을 활인活印한 본이다. 즉위하던 해 정유년에 관서관찰사에게 명하여 다시 갑인자를 본으로 삼아 15만 자를 더 주조하게 하여 내각에 보관하게 했으니, 바로 '八子百選' 및 새로 인쇄한 '經書大全'을 활인活印한 본이다. (...) 먼저 '지희갱재축志喜賡載軸'과 전후의 갱재시賡載詩를 인쇄하고, 또 '어정규장각전운御定奎章全韻'을 내려 보내 조인(雕印)한 뒤 그 판각을 보관하게 했다. 올해는 또 정유자로 '어정사기영선御定史記英選'을 활인하여 배포했다. 어정서의 간인刊印이나 활인活印의 일이 있을 때(凡有御定書刊印·活印之役) 반드시 이 일에서 했던 것은 내가 국초의 성헌의 뜻을 앙술仰述하는 것이었다."

낱장을 한 장씩 목판에 뒤집어 붙이고 각판하는 것은 '번각飜刻'이라고 하고 번각목판으로 인쇄한 책을 '번각본'이라고 한다. 그리고 목판을 다시 파는 것은 '복각覆刻(復刻)'이라고 하고, 복각목판으로 찍은 책을 '복각본'이라고 한다. '복각'은 목판만이 아니라 간인본마저도 간신히 판독할 정도로 거의 다 망가졌을 때만 이루어지기 때문에 간인본을 낱장으로 분해해 한 장씩 뒤집어 붙여 번각할 수 없다.

고려에서는 중국 필승의 도陶활자나 왕정과 마칭덕의 목활자 전통과 독립적으로 동전 주전법鑄錢法을 응용해 세계 최초의 금속활자를 동銅으로 주자했다. 1211년(고려 희종7) 무렵 이 금속활자로 활인한 세계 최초의 활인본은 《남명천화상송증도가南明泉和尙訟證道歌》(이하 '증도가'로 약칭; 1책, 320편)다.[1046] 이 금속활자를 '증도가자證道歌字'라 부른다. 《증도가》의 활인본 원본이 멸실되었지만 1239년(고종26) 번각되어 중간重刊된 번각본은 현존한다. 세계 최초로 금속활자로 활인된 이 책의 존재는 이 번각본이 발견됨으로써 밝혀졌다. 번각본 말미 간기刊記 또는 발문跋文을[1047] 통해 최초 활인본의 출판 시점도 추적할 수 있다. 이 책에 대한 발문 간기에 고려 무신정부의 실세 최이崔怡(1356-1426)가 "주자본鑄字本을 중조重彫한다"고 쓴 것으로 보아 이 주자본(금속활자활인본) 원본은 정부 활인본임을 알 수 있다. 그는 1234년 10월 '진양후晉陽侯' 관작을 받으면서 '최우崔瑀'에서 '최이'로 개명했다.[1048] 따라서 주자본은 1234년 한참 전에 인쇄·출판된 것임을 알 수 있고, 정확한 출판시점은 최종적으로 '1211년'으로 추정되는데,[1049] 이 추정연도가 거의 확실한 것으로 보인다.

1046) 남권희, 《한국 금속활자 발달사 - 고려시대》(대구: 경북대학교 출판부, 2018), 125쪽.

1047) "무릇 《남명증도가》는 진실로 선문禪門의 추기樞機다. 후학들로서 참선 유파들은 아무도 이것으로부터 승당僧堂에 들어가 깊은 이치를 깨닫지 않는 이가 없다. 그러나 그것이 폐색되어 전승·유통되지 않도다! 이에 공인工人을 모집해 주자본鑄字本을 중조重彫하여 그 전승을 오래가도록 하노라. 때는 1239년 9월 상순(己亥九月上旬)이요, 중서령 진양공 최이가 근지謹誌하다.(夫南明證道歌者 實禪門之樞要也. 故後學參禪之流 莫不由斯 而入升堂 覩奧矣. 然則其可閉塞 而不傳通乎! 於是募工重彫鑄字本 以壽其傳焉. 時己亥九月上旬. 中書令 晉陽公 崔怡 謹誌.)" '승당'은 좌선하는 거택居宅이다. 선원에서 사찰 안쪽 오른편에 있다.

1048) 《高麗史》, 고종 21년(1234) 10월 25일: "겨울 10월 경인. 최우를 진양후로 책봉했다(冬十月 庚寅 冊崔瑀 爲晉陽侯)."

1049) 김성수는 여러 근거를 찾아 간행 시점을 좀 더 정확하게 꼭 집어 "1211년"으로 추정했다. 참조:

고려 정부는 1234년(고종21)-1241년(고종28) 사이에 최이의 주도로《고금상정 예문古今詳定禮文》(50권1책)도 증도가자로 활인했다. 원래 이《상정예문》은 최윤의崔 尹儀 등 17인이 엮은 책인데, 오래 되어 책장이 없어지고 글자가 결락되어 읽기 어려웠다. 이에 최충헌이 보충·편집해 두 본을 만들어 한 본은 예부에 보관하고 다른 한 본은 자기 집안에 사장私藏했다. 강화천도의 황망간에 관리들이 예부 소장본을 챙기지 못했으나, 최이가 아버지 최충헌이 집에 보관했던 사장본私藏本을 챙겨 왔다. 최이는 이 사장본을 증도가자로 활인해 28본을 제작했다. 이 책은 한 본도 현전現傳하지 않지만, 이규보李奎報(1168-1241)가 최이를 대필해서 쓴 발문 〈진양공을 대신해 쓴 신간 '상정예문' 발미(新序詳定禮文拔尾 代晉陽公行)〉를1050)

김성수, 〈한국 금속활자인쇄술의 始原과 관련한 鑄字本 남명송증도가의 간행연도에 관한 연구〉,《서지학 보》 제30호(2012. 6.). 김성수의 이 추론이 설득력이 있다. 손보기는 최이가 1234년 10월 '진양후晉陽侯' 관작을 받은 것을 근거로《증도가》의 간행 시점을 "1200년 전후"로 추정했다. 손보기,《금속활자와 인쇄술》(서울: 세종대왕기념사업회, 1974·2000), 178쪽. 한편, 1970년대에 손보기는《古文眞寶大全》을 세계 최초의 주자활인본으로 지목했었다. 손보기,《금속활자와 인쇄술》, 176-177쪽. 그러나 반론(천혜 봉)이 있는데다 손보기도 자인하듯이 과학적 방법으로 더 입증해야 할 문제도 남아 있어 손의 이 주장은 기각되었다.

1050) 이규보, 〈新序詳定禮文拔尾 代晉陽公行〉,《東國李相國集》 전집 41권(1241), 후집 12권(1242), 총53 권13책(강화도: 1241-1242).《국역 동국이상국집》 제6권(서울: 민족문화문고간행회, 1981·1985), 205-206쪽: 원문 六二쪽: "무릇 제왕의 정사에서는 제도·예법보다 우선하는 것이 없다. 그 연혁이든 그 빼고 더한 것이든 마땅히 하나로 정해 인심을 맑게 하고 풍속을 가지런히 한 따름이다. 어찌 인습을 따르고 고식姑息으로 처리해 상도常道의 전장典章에 이르지 못하고 그것을 분분하고 같고 다르게 만들겠 는가? 본조는 건국 이래 여러 대를 거쳐 예법과 제도를 빼고 더함이 한 번이 아니어서 이것이 병폐가 된 지 오래되었다. 인종조(1109-1146)에 이르러서야 비로소 평장사 최윤의 등 17인에게 직령을 내려 고금의 같은 것과 다른 것들을 모아 참작·절충하여 50권의 책을 만들어 이름을 '상정예문'이라 붙이고 세상에 유행시킨 뒤에 예가 복귀하는 바가 있어 사람들이 예를 알아 불혹했다. 그러나 이 책이 여러 해를 지나 오래되어 책장이 탈락하고 글자가 결손되어 상고詳考하기가 어렵게 되었다. 이에 나의 부친께서 보집補輯을 명해 마침내 2본을 만들어 1본을 예관에 보내고 1본을 집에 소장했으니 그 뜻이 심원했다. 과연 환도 시에 예관이 황망간에 일어나 그 하사품을 챙겨오지 못해 그게 폐기된 것이나 다름없는데 가장본家藏本 1본이 남아 있어 챙겨 보존할 수 있었다. 그런 뒤 나는 부친의 뜻을 더욱 깨닫게 되었고 그것을 잃어버리지 않은 것을 다행으로 여겼다. 이에 마침내 주자를 써서 28본을 찍어 여러 관청에 나눠 주고 소장하게 했다. 무릇 관리들은 이것을 삼가 전하여 내가 그 통절한 뜻으로 그러했음을 버리지도 저버리지도 말라. 월일 아무개 발跋."(夫帝王之政 莫先於制禮. 其沿革也損益也 宜一定之 以淑人之心 以齊 風俗矣. 安可因循姑息不卽常典 使之紛然異同哉. 本朝自有國來 其禮制之損益隨代靡一 病之久矣. 至仁廟朝 始勅平章事崔尹儀等十七臣 集古今同異商酌折中 成書五十卷 命之曰詳定禮文 流行於世 然後禮有所歸 而人 知不惑矣. 是書跨歷年禩 簡脫字缺 難於攷審. 予先公迺令補輯 遂成二本 一付禮官 一藏于家 其志遠也. 果於

통해 알려졌다.

이 〈'상정예문' 발미〉에서 "예가 복귀하는 바가 있어 사람들이 예를 알아 불혹했다(禮有所歸 而人知不惑矣)"는 이규보의 표현은 《논어》의 "극기복례克己復禮" 구절과[1051] 《논어》·《중용》 등의 "불혹不惑"의 표현을[1052] 그대로 따온 것이다. 따라서 《상정예문》은 유교적 성격의 저작임을 알 수 있다. 그럼에도 이 유교적 성격의 책을 불서佛書를 찍던 '증도가자'로 찍은 것이 특기할 만하다. 조선조에는 유자들이 불서佛書를 찍은 활자로 유서儒書를 찍지 않으려고 불서인쇄 활자를 녹여 다른 활자로 만들어 버렸다. 1234년(고종21)은 최이가 '진양공晉陽公'으로 봉해진 해이고, 1241년(고종28)은 이규보가 사망한 해다. 따라서 《상정예문》의 간행연도는 1234년과 1241년 사이의 어느 해였음이 틀림없다.

나아가 이규보의 《동국이상국집東國李相國集》(53권 13책)도 강화도로 천도한 고려 정부의 실권자 최이의 명령으로 1241년(고종28) 증도가자로 활인했다. 이규보의 죽음이 코앞으로 다가온 시급한 상황에서 이 책을 빨리 찍어내기 위해 증도가자 활인을 택한 것이다.[1053]

여기에 더해 청주 흥덕사에서 활인한 3종의 금속활자 활인본이 있다. 1297-1298년 사이에 '흥덕사 금속활자'로 활인한 《(청량답순종)심요법문(淸凉答順宗)心要法門》(1책),[1054] 1351-1376년 사이에 '흥덕사 금속활자'로 활인한 《자비도량참법집해慈悲道場懺法集解》(3권 1책),[1055] 1377년(우왕3) '흥덕사 금속활자'에서 활인한 《백운

還都之際 禮官遑擧未得賫來 則幾若己廢 而有家藏一本 得存焉. 予然後 益譜先志 且幸其不失 遂用鑄字印成 二十八本 分付諸司藏之 凡有司者 謹傳之 勿替毋負 予用志之 痛勤也. 月日某跋.)

1051) 《論語》〈顏淵〉(12-1).

1052) 《論語》〈爲政〉(2-4)("四十而不惑"); 〈子罕〉(9-29)("知者不惑"); 《中庸》(二十章)("尊賢則不惑").

1053) 이 책 초판 활인본의 현존물은 발견되지 않았으나 분사대장도감分司大藏都監이 1251년 각판한 번각본이 남아 있다. 남권희, 《한국 금속활자 발달사 - 고려시대》, 368-382쪽. 천혜봉은 남권희의 주장을 "허무맹랑한 추측"으로 부정하며 《동국이상국집》 초판본을 목판본으로 단정했다. 천혜봉, 《한국금속활자 인쇄사》(파주: 종합출판 범우, 2012), 19, 35-37쪽. 그러나 남권희는 천혜봉의 이 책을 보았을 것으로 추정되나 그의 비판을 무시하고 《동국이상국집》 초판본을 계속 증도가자 활인본으로 논증·판단했다. 여기서는 천혜봉의 2012년 이의를 물리치고 남권희의 2018년 견해를 정견正見으로 취했다.

1054) 천혜봉은 목판본으로 보았다. 천혜봉, 《한국금속활자 인쇄사》, 19쪽.

화상초록불조직지심체요절白雲和尚抄錄佛祖直指心體要節》(이하 '직지'로 약칭, 상하 2권)이 그것이다. 이《직지》의 활인본 전체는 현존하지 않으나, 주한駐韓 프랑스공사관 통역관 출신 서지학자 모리스 쿠랑(Maurice Courant, 1865-1935?)에 의해 1900년 무렵 그 하권이 발견되었다. 이 하권이 현존하는 세계 최고最古의 금속활자 활인본이다.[1056] 이 하권의 권말에는 "宣光七年丁巳 七月 日 淸州牧外 興德寺 鑄字印施"라고 적은 간기가 선명하다. "선광 7년(宣光七年)"은 1377년(고려 우왕3)이다.[1057]

1055) 선교통섭禪敎統攝으로 형원사·불은사의 주지를 역임한 공암空菴 조구화상祖丘和尚이 저술한 책이다. 송설체松雪體 번각본이 1989년 발견·공개되었다. 천혜봉, 《한국금속활자 인쇄사》, 47-48쪽; 남권희, 《한국 금속활자 발달사 - 고려시대》, 482-486쪽.

1056) 《직지》의 하권을 발견해 1901년 처음 발표한 모리스 쿠랑은 《직지》의 발견 경위를 설명하고 태종의 출판 명령보다 이른 시기에 나온 이 《직지》에 대해 당혹한 심정을 표하고 있다. Maurice Courant, Supplément à la Bibliographie Coréenne Jusqu'en 1899(Paris: Imprimerie Nationale, MDCCCCI(901]), VII-IX쪽: "이 정보 출판에는 다음과 같은 사연이 있다. 현재 주한駐韓 프랑스 전권공사인 콜랭 드 플랑시(Collin de Plancy) 씨는 자신이 1888년부터 1891년에 만든 컬렉션을 완성할 목적으로, 자신이 최근 서울에 체류하는 동안, 일련의 새로운 한국 서적들을 수집했다. 이 첫 번째 컬렉션에서 가장 중요한 부분은 동양어학교(École des Langues Orientale)에 기증되었으며, 동양어학교는 이 컬렉션에 수집된 다른 서적들을 더해 그 양을 늘렸다. 프랑스에 작년에 도착한 서적들 가운데 한국 인쇄 역사에 대해 가장 관심을 보이는 책들은 만국박람회(1899년 - 인용자)에서 한국관에 전시되었다. 일련의 이 새로운 서적들의 거의 대부분은 만국박람회 전후에 동양어학교에 기증되어 한국 서적 수집양은 가장 많이 늘어났다. 콜랭 드 플랑시 씨는 자신이 가져온 책을 검토해 달라고 나에게 요청한 다음, 동양어학교 담당관이자 연구소 위원인 바르비에 드 메나르(Barbier de Meynard) 씨와 대화를 나누었으며, 바르비에 씨는 동양어학교 출판 컬렉션에 내가 집필한 해제를 발표하는 것이 유익하다고 판단했다. (…) 내가 간단하게 검토한 162번 이후의 3735번 문건은 한국의 스님들이 산스크리트어를 알고 있었다는 사실을 요약하고 있다. 몇몇 불교 서적들(3730번, 3740번)은 오래전에 인쇄되어 출판되었다. 번호 3738(《直指心體要節》- 인용자)은 묘한(curieux) 문제를 제기한다. 태종대왕은 1403년의 칙령(번호 1673《鑄字事實》- 인용자])에서 그 이후에 쭉 대체로 쓰인 동銅활자를 발명했다고 자부했다. 그런데 문제의 이 책은 1377년에 지어 부은 활자(caractères fondus, mobiles)로 인쇄되었다. 왕이 자신의 치세보다 20여 년 앞서 적용된 아이디어의 공적을 자기 것으로 주장한 것인가? 이 다른 사실들이 어떻게 양립할 수 있을까? 어쩌면 차후의 새로운 발견이 우리를 깨우쳐 줄 것이다." 이 《직지》의 하권 '실물'은 1972년 '세계도서의 해' 박람회의 프랑스관에 전시됨으로써 세상에 처음 공개되었다.

1057) 쿠랑은 목록상의 3738번《백운화상초록불조직지심체요절》에 대해 이런 긴 해제를 달아 두고 있다: "3738. 白雲和尙抄錄佛祖直指心體要節 Pâik oun hoa syang tchyo rok poul tjo tjik tji sim hlyei yo tjyei. - 백운 화상에 의해 편집된 불교대주교들의 감화적 이야기의 요체(Traits édifiants des patriarches rassemblés par le bonze Pâik-oun). 1책 큰 in-9(제2권, 서울)(C.P.) 이 책은 끝부분에 다음과 같은 표지標識를 기재하고 있다. "1377년 청주 구역(도청소재지)의 외곽에 있는 흥덕사에서 주자(鑄字; caractères fondus)로 인쇄되었다." 이 표지가 정확하다면, 주자는, 다시 말하면 주조활자(les caractères

전북 순창군 동계면 소재 취암사鷲巖寺에서는 1378년 이 책을 번각했고, 이 번각목판으로 찍은 번각본도 현전한다.[1058]

고려 정부와 사찰이 찍어낸 책들은 이와 같이 불서佛書가 대부분이었을지라도, 정부가 서적의 출판과 보급을 사찰보다 더 강하게 추동한 것은 유교였다. 게다가 《상정예문》을 편술하고 활인한 의미는 이규보가 "예가 복귀하는 바가 있어 사람들이 예를 알아 불혹했다"고 언명하듯이 완전히 유교적인 것이다. 그리고 《동국이상국집》도 전집류 유서儒書로 봐야 한다. 이규보가 1181년 과거시험(國子試)에 수석으로 합격해 관직에 나아간 유자儒者 관리인데다 개인적으로 죽림칠현 같은 삶을 살았고, 《동국이상국집》에 들어 있는 대부분의 책과 글도 유학과 관련된 것이기 때문이다.

고려는 '유교국가'라고 할 수 없을지라도 정확히 '유가적 국가'였다. 한반도의 국가들은 종교문화적으로 불교의 영향을 받았지만 삼국시대 이래 통치철학은 유학儒學이었고, 제왕들은 젊은이들에게 유서儒書를 학습케 해서 관리로 교육·등용했다. 고려도 공식적으로 불교국가였지만 고려국의 행정기구들은 건국 이래 국가의 교민정책 덕택에 유학을 공부한 유자들이 장악했고, 이 유자 관리들이 유교적 국가관에 따라 국가와 행정을 조직·운영했다. 따라서 고려의 유자 관리들은 송나라의 유자 관리들처럼 유교국가의 교민이념에 따라 정부에서 책을 인쇄해 보급하는 역할을 상당한 정도로 수행한 것이다. 그리하여 북송의 서긍徐兢은 1123년(인종1) 고려에 와서 한 달 동안 개경을 둘러보고 귀국한 뒤 집필한 《선화봉사고려도경宣和奉使高麗圖經》에서 고려 도서관들이 책으로 가득하다고 기록하기에 이른다.

---

fondus, c'est-à-dire mobiles)는 이 활자의 발명을 스스로 자랑스러워했던 태종의 칙령(번호 1673; 〈鑄字事實〉 - 인용자))보다 26년 앞서 사용된 것이 된다. 더구나 이 책은 날짜를 명기하고 있다. 날짜는 선광7년(宣光七年)이다. 이 연호는 원元 황실의 제권帝權 계승자인 소종昭宗에 의해 1371년 채택되었다." Courant, *Supplément à la Bibliographie Coréenne*, 70–71쪽. 그런데 이 〈해제〉에서 쿠랑은 태종이 금속활자를 자기의 발명으로 자부하거나 자랑했다고 말하고 있는데 태종은 그런 적이 없다. 이것만 빼면 쿠랑의 해제는 비교적 정확한 편이다.

1058) 이 번각본은 장서각·국립중앙박물관에 상·하권이 소장되어 있다.

임천각의 장서가 수만 권에 이르고, 또 청연각도 경·사·자·집經史子集 등 사부四部의 책으로 가득 채워져 있다(臨川閣 藏書至數萬卷, 又有淸燕閣 亦實以經史子集四部之書).1059)

"경·사·자·집 등 사부의 책으로 가득 채워진" 청연각의 '기문記文'을 보면 고려가 유교국가는 아니지만 얼핏 생각하기보다 '골수 깊은 유교적' 국가였다는 것이 여실이 드러난다.

왕(예종)은 총명·슬기·독실·광휘의 덕으로 유술儒術을 숭상하고 화풍華風을 즐거이 앙모한다. 이에 따라 대궐의 측면, 연영서전延英書殿의 북쪽, 자화전의 남쪽에 별도로 보문각寶文閣과 청연각 두 전각을 창건해 송 황제의 어제御製 조칙詔勅과 서화書畵를 봉안·게시하고 훈칙으로 삼았다. 반드시 엄숙한 몸가짐으로 절한 연후에 그것들을 우러러보았다. 한결같이 주공·공자·맹자·양웅揚雄 이래의 고금 서적을 날마다 노사老師·숙유宿儒와 함께 선왕의 도를 토론하고 널리 펴고, 이 안에 선왕의 도를 간직하고 이것에 의해 익혀 이 안에서 쉬고 이 안에서 노닐었다. 당상에 나가지 않아도 삼강오상三綱五常의 가르침과 성명도덕性命道德의 이치가 사방영토 안에 충일하도다.1060)

고려왕 예종睿宗이 "유술을 숭상하고 화풍을 즐거이 앙모했고", 그리하여 "송 황제의 어제 조칙과 서화를 훈칙으로 삼고" 또 "주공·공자·맹자·양웅 이래의 고금의 서적을 날마다 노사·숙유와 함께 선왕의 도를 토론하고 널리 폈다"는 것은

1059) 서긍(한국고전번역원 역), 《고려도경》(파주: 서해문집, 2005·2015), 284쪽(한문 원문은 한국사데이터베이스 《宣和奉使高麗圖經》 권40). 서긍은 '임천각'이 회경전 서쪽 회동문 안에 있다고 하고 "연회하는 곳이 아니라 그 안에는 서책 수만 권이 있을 따름이다(77-78쪽)." 또 '청연각'은 왕이 진사실을 주관하는 연영전각(延英殿閣) 앞에 세 전각이 세워져 있는데 그중 서쪽에 있는 전각을 말한다. 이 청연각에는 "여러 가지 역사책과 제자백가의 글, 그리고 문집을 간수했다(72-73쪽)."

1060) 徐兢, 《宣和奉使高麗圖經》 권6(한국사데이터베이스): "王以聰明淵懿 篤實輝光之德 崇尙儒術 樂慕華風. 故於大内之側, 延英書殿之北, 慈和之南, 別創寶文淸燕二閣, 以奉聖宋皇帝御製詔勅書畵, 揭爲訓則. 必拜稽肅容, 然後仰觀之. 一以集周孔軻雄以來古今文書, 日與老師宿儒, 討論敷暢, 先王之道, 藏焉脩焉, 息焉游焉. 不出一堂之上, 而三綱五常之敎, 性命道德之理, 充溢乎四履之間." 양웅揚雄은 전한前漢 말엽 원시유학의 인위적 도덕교화를 주장한 선악양성론자다. 순자의 전신격 유학자.

고려라는 나라는 '불교국가'이지만 정부는 골수 깊은 '유교정부'였다는 것을 잘 드러내 준다. 이 구절은 고려사 연구자들이 우리에게 알려준 것보다 고려가 훨씬 더 유교적이었다는 것을 증명해 주고 있다. 한마디로, 유교국가 송나라는 고려의 국가모델이었던 것이다.

나아가 청연각의 '기문'은 예종의 말도 기록하고 있다. 그런데 그 말이 이렇듯 철저히 중화적·유교적이다.

지금 정유년(1117, 예종12) 여름 4월 3일 특별히 (여러 왕족과 신하를 불러) 청연각에서 성대한 연회를 벌이며 왕이 조용히 말했다. "돌이켜보니, 나는 덕이 비교에 낄 수 없으나 하늘이 내려준 강녕에 힘입어 종묘사직에 복이 쌓이고, 삼면에 금화金華가 드리우고, 문화와 규범이 중국과 같게 되었다. 무릇 정사를 세우고 일들을 꾸밀 때 크든 작든 아뢰지 않았던가? 이는 숭녕崇寧(송 휘종의 연호, 1102-1106)·대관大觀(휘종 연호 1107-1110) 이래 조치를 시행하는 방안이었다. 보문각 경연에서 유아儒雅를 구하는 것은 선화宣和 (휘종 연호 1119-1125)의 제도를 따른 것이다. 심당밀석深堂密席에서 보신輔臣들을 연견延見하는 것은 태청太淸(양나라 무제의 연호, 547-549)의 연회를 본받은 것이다. 비록 예에는 성쇠가 있으나 현자를 우대하고 유능한 자를 숭상하는 뜻은 일치한다."[1061]

"유아儒雅"는 선비들이 시문을 짓고 읊는 풍류의 도를 말한다. 이 '유아'를 포함한 고려왕정과 왕의 이 모든 풍속과 예법이 얼마나 유교적이고 교민적인가? 이에 청연각의 '기문'은《시경》을 인용하며 노나라 임금에 빗대 예종을 칭송하고, 중앙의 국학(泮宮=大學)에 와서 주연을 베푼 고사를 인용하며 예종이 베푼 주연을 빗댄다.

1061) 徐兢,《宣和奉使高麗圖經》권6(한국사데이터베이스): "越今年丁酉夏四月甲戌有三日, 特召守太傅尙書令帶方公臣俌, 守太傅尙書公太原公臣俁, 守太保齊安侯臣偦, 守太保通義侯臣僑, 守太保樂浪侯臣景庸, 門下侍郎臣偉, 門下侍郎臣資謙臣緣, 中書侍郎臣仲璋, 參知政事臣晙, 守司空臣至和, 樞密院使臣軌, 知樞密院事臣字之, 同知樞密院事臣安仁等, 置高會于淸燕閣, 乃從容謂曰. "子顧德不類, 賴天降康, 廟祀儲祉, 金華儼於三邊, 文軌同乎中夏. 凡立政造事, 大小云爲, 罔不資稟? 崇寧大觀以來 施設注措之方. 其於文閤經筵 求訪儒雅, 遵宣和之制也. 深堂密席 延見輔臣, 法太淸之宴也. 雖禮有隆殺 而優賢尙能之意 則其致一也."

신하들이 일찍이 듣건대, 옛날 노공魯公이 천자의 예악禮樂을 씀으로써 풍속을 교화했기 때문에 반궁泮宮에서 선생과 군자가 즐거움을 함께 했다고 한다.《시경》의 그 시(〈魯頌·泮水〉)는 "노후盧侯가 이르러 반궁에서 술을 마시네. 이미 좋은 술을 마셨으니 영원히 늙지 않겠네(魯侯戾止 在泮飮酒 既飮旨酒 永錫難老)"라 노래했다. 노침路寢에서 연회를 베푸니 대부와 여러 관리가 서로 화목했다. 그 시(〈魯頌·閟宮〉)는 다음과 같이 "노후가 차린 연회가 즐거우니 대부와 여러 관리가 화목하네. 나라가 존재하니 이미 많은 복을 받은 것이네(魯侯燕喜 宜大夫庶士 邦國是有 既多受祉)"라고 노래했다. 지금 우리 임금이 천자의 후의를 받들어 신하들을 총애하며 대우했기 때문에 공경대부들은 〈소아小雅·천보天保〉시에서 읊는 임금에 대한 보상의 뜻을 품고, 언어言語(언관)·법종法從(법관)은 (〈小雅·鹿鳴〉의) '아유가빈我有嘉賓'이라는 후렴구에 따라 시를 지어 부賦하고, 고사瞽史·가공歌工은 군신상열君臣相悅의 음악을 연주하니, 기쁨이 서로 미치고 예의禮儀가 법도에 맞았다. 이에 인령人靈의 화기和氣, 천지天地의 휴응休應, 상하의 시보施報, 풍속의 화원化源이 모두 음식을 즐기며 기쁜 안색을 띠며 담소하는 사이에서 나오게 되었다. 그러니 어찌 영원히 늙지 않고 많은 복을 받음에 그칠 뿐이겠는가. 반드시 억만년이 지나도록 태평의 복을 누리고, 천자의 만수무강의 기쁨을 찬양할 것이다.[1062]

"반궁泮宮"은 주대周代 제후들에게 향사饗射를 가르쳤던 곳으로 '국학國學'을 말한다. 천자의 황성이 사면을 해자垓字로 둘렀던 데 반해, '국학國學'은 동서의 문 남쪽에 물을 채우고 북쪽은 담으로 에워싸 반半만 해자로 둘러쌌다고 하여 '반궁泮宮'이라는 이름으로 불렀다. 반궁 주변 해자의 물을 '반수泮水'라고 한다. '기문'의 위 대목은 처음부터 끝까지 《시경》의 인용문들로 범벅을 칠 만큼, 그리고 예종을 그대로 "옛

1062) 徐兢,《宣和奉使高麗圖經》권6(한국사데이터베이스): "臣嘗聞昔魯公用天子禮樂, 以化成風俗, 故於泮宮則先生君子與之爲樂. 其詩曰 魯侯戾止, 在泮飮酒, 既飮旨酒, 永錫難老. 燕於路寢, 則大夫庶士, 與之相宜, 其詩曰 魯侯燕喜, 宜大夫庶士, 邦國是有, 既多受祉. 今吾君奉天子恩意, 以寵待臣鄰, 故公卿大夫懷天保報上之意, 言語法從賦我有嘉賓之詩, 瞽史歌工作君臣相悅之樂, 懽忻交通, 禮儀辛度. 當斯時也, 人靈之和氣, 天地之休應, 上下之施報, 風俗之化源, 皆出於飮食衎衎和色載笑之間. 豈止永錫難老, 既多受祉而已耶. 必當億萬斯年, 享太平之福, 而對揚天子永永無疆之休. (…)"

노공魯公"에 빗댈 만큼 지극히 유교적이다.

이것으로부터 고려국이 비록 명실상부한 '유교국가'라고 말할 수는 없을지라도 모범적 '유교국가' 송나라를 동경하고 추종한 뼛속 깊이 '유교적인' 교민국가였다고 단정해도 무방할 것이다. 그리고 그렇기 때문에 왕궁의 도서관과 서고에 책이 가득 채워질 만큼 대단한 '책의 나라'였던 것이다.

4.3. 조선의 교민정책과 학교제도

고려는 실로 '골수깊이 유교적인 국가'였고, 따라서 대단한 '책의 나라'였다. 그러나 유교를 국학으로 선포한 명실상부한 유교국가 조선에서는 정부에서 책을 출판해 보급하고 백성을 교육하는 이런 교민·출판 기능이 아예 국가의 '존재이유'로 확립된다. 조선은 불교를 배후로 밀어낸 명실상부한 공식적 '유교국가'인 까닭에 정부가 백성교육과 서적출판을 핵심적 국무로 총괄했다. 조선은 이런 유교적 교민국가 측면에서 조선은 명·청대 중국보다 더 철저하고 원칙적이었다.

■전·후기 학교제도의 발전과 확립

교민국가로서 조선은 '학교로서의 국가' 또는 '학교 국가'의 유교적 이념에 따라 선초 이래 3단계 학제와 교육행정체계를 구축하기 위해 전력투구했고, 영조조에 마침내 이것들을 완성한다. 이에 따라 학교학생과 훈장의 수數가 폭증하고 교재와 교과서 수요도 따라서 천문학적 규모로 폭증했다. 유교국가 조선은 '학교 국가'의 유교적 이념에 충실하게, 그리고 이 천문학적 서적 수요를 맞추기 위해 '출판사 국가'로서 천문학적 수량의 서적을 대량생산했고, 또 금속활자와 확인·번각 시스템의 완비를 통해 천문학적 교재수요에 대처할 만한 대량생산 역량을 갖추고 있었다. 국가의 출판역량을 넘는 수량은 민간출판이 채웠고, 이를 위해 수많은 민간출판

주체들이 활동했고, 이른바 출판사와 서점도 생겨나 활발히 활동하기 시작했다.

- 서당의 발생과 발전

초등교육기관 서당은 고려시대 '향鄕선생'이 아동을 교육했던 전통을 잇는 것이었다. 조선의 서당은 처음에 '서당'으로 불리지 않고 고려시대처럼 향선생의 '서재書齋'로 불리면서 발달했다. 조선의 공식사료에 '서당'이라는 용어가 처음 등장하는 때는 1472년(성종3)이었다.1063) 초창기에 정부는 서당의 운영에 간여하지 않았고 모두 단순한 사립학교들이었다.

서긍의 《고려도경》을 인용하며 앞서 말했듯이 고려에는 사립으로 운영되는 향선생 교육관행이 있었다. 서긍은 그 책에서 "아래로는 평민의 어린아이들까지도 향선생鄕先生을 좇아 배웠다(下逮卒伍童穉 亦從鄕先生學)"고 기록하고 있다.1064) 이 대목은 "결혼하지 않은 백성 자제는 함께 거처하면서 스승을 좇아 경서를 수강했으며 조금 더 크면 벗을 택해 각기 부류끼리 사찰과 도관道觀에서 강습했다(其民之子弟未昏者 則群居而從師授經 旣稍長 則擇友 各以其類 講習于寺觀)"는 바로 윗부분 구절과1065) 구별되는 구문이다. 따라서 어린아이들이 가는 '향선생' 사숙은 '동네〔鄕〕 사숙'이었고, 따라서 동네와 멀리 떨어진 청소년들의 기숙학당이나 사찰·도관과 달랐다.

이 짧은 기록으로부터 두 가지 중요한 사실이 부각된다. 첫째는 고려 때부터 이미 "평민〔卒伍〕"의 자제도 교육을 받는 학생이 될 수 있었다는 사실이고, 둘째는 민간에 "향선생"의 사숙 형태로 아동을 교육하는 서당이 존재했다는 사실이다.

조선은 선초에 고려의 이 전통적 아동교육 풍습을 그대로 답습했고 정부는 이를 자유방임했다. 다만 '향선생'이라는 용어는 사라졌고 '향선생 사숙私塾' 대신에 '서재書齋'라는 용어가 등장했다. 조선이 선초에 고려의 향선생 사숙을 답습한 사실과, 사립서당을 '서재'라는 용어로 부른 사실은, 선초 명신 권근權近이 올린 〈권학사목勸

1063) 《成宗實錄》, 성종 3년(1472) 2월 15일.
1064) 徐兢, 《宣和奉使高麗圖經》 권40 同文(한국사데이터베이스).
1065) 徐兢, 《宣和奉使高麗圖經》 권40 同文(한국사데이터베이스).

學事目〉이라 불리는 상소문(1407)에서 과거 고려조의 교육관행을 회상하는 대목에서 잘 나타난다.

전조前朝 때에는 외방에 있는 한량유신閑良儒臣이 서재를 사설私設해 후진을 교훈教訓함으로써 스승과 생도가 각기 편안함을 얻어서 그 학업을 이루었습니다.[1066]

권근은 향선생을 "외방의 한량유신閑良儒臣"이라 부르고 '향선생 사숙'을 "서재書齋"라 부르고 있다. 이 '서재'는 선초에 사립서당을 가리킨 용어임이 틀림없다. 권근은 〈권학사목〉 상소문의 제6조목으로 사설서재를 열어 아이들을 가르치고 있는 '사유師儒'를 향교의 '교수'로 발탁하지 말 것을 요청하고 있다.

전조 때에는 외방에 있는 한량유신이 서재를 사설해 후진을 교훈함으로써 스승과 생도가 각기 편안함을 얻어서 그 학업을 이루었었는데 지금은 사유師儒가 간혹 다른 고을의 교수教授가 되어 가족과 떨어지게 되고 생업을 폐하게 되므로 모두 구차히 면하려 하고 생도는 강제로 향교에 나오게 하여 편안히 공부를 하지 못하고 수령이 혹은 서사書寫의 일로 사역시키니, 이름은 '권학勸學'이라 하나 실지는 폐이廢弛됨이 많습니다. 이제부터는 외방에 있는 유신으로서 서재를 사설하고 교훈教訓하는 자는 감히 다른 고을의 교수로 정하지 말도록 하고 생도도 강제로 향학鄕學에 나오게 하지 말도록 하며 감사監司와 수령守令이 권면勸勉을 가하여 각기 편안히 살면서 강학講學해 풍화風化를 돕게 하소서.[1067]

권근은 '사설서재'가 '향교'의 아래 단계 교육장소(초등교육기구)로 인지했는지

1066) 《太宗實錄》, 태종 7년(1407) 3월 24일(戊寅).
1067) 《太宗實錄》 태종 7년(1407) 3월 24일: "前朝之時 在外閑良儒臣 私置書齋 教訓後進 師生各得所安 以成其學. 今者師儒 或爲他州教授 違離家屬 廢棄生業 皆欲苟免; 生徒逼令赴其鄕校 不得自便受業 守令或役 以書寫之務 名爲勸學 實多廢弛. 自今在外儒臣 私置書齋教訓者 毋敢定爲他州教授; 生徒毋令强赴鄕學; 監司守令乃加勸勉 使各安居講學 以裨風化."

불분명하지만, 고려조 향선생 사숙 전통을 답습하는 '사설서재'의 자연스런 운행 풍속을 방해하지 말고 자유방임해 줄 것을 요청하고 있다. 이때까지도 정부나 권근 같은 고위관리들은 '사설서재'에 대한 정부의 적극적 간여나 서재의 공교육 편입을 전혀 의도하지 않고 있다.

그러나 정부는 곧 사립서당 설립을 장려하는 정책으로 돌아선다. 이때쯤 사설서재 는 '서원書院'이라 불리기도 했다. 세종은 이 사립서당에 해당하는 이 사설서원의 확산을 장려하는 윤음을 내린다. 세종은 1418년(세종즉위년)에 사립 '서당'을 '서원' 이라고 칭하면서 '서당' 설립을 장려한다.

> 그 유사儒士 가운데 서원書院을 사설私設해 생도를 가르친 자가 있으면, 보고·포상하게 할 것이다(其有儒士私置書院 敎誨生徒者 啓聞襃賞).1068)

세종의 이 윤음과 권근의 〈권학사목〉을 통해 선초에 사립서당이 '서재'나 '서원'으 로 불리면서 초급교육을 담당했다는 것을 분명히 알 수 있다.

선초에는 서재·서원 외에 '정사精舍'·'가숙家塾'·'서숙書塾'·'향학당鄕學堂'·'양현 사養賢祠'라고도 불리는 사립서당들도 있었다.1069) 전기 서숙으로 유명했던 것들로 는 "학동들이 구름처럼 모여들어" 100여 명의 학동들을 상·하재로 나눠 가르쳤던 길재의 금오산 서숙, 고응벽과 이중호의1070) 가숙, 조헌의 서숙, 정극인(1401-1481) 의 태인 서숙, 이를 이은 송세림宋世琳(1479-1498)의 향학당, 태인현감 시절 이것을 발전시킨 신잠申潛(1491-1554)의 오학당(동·서·중·남·북), 유사 2인, 전곡 2인을 두고 숙사塾師(훗날 훈장) 1인을 초빙하고 빈자 자제에게 무상숙식을 제공하고 무상

1068) 《世宗實錄》, 세종 즉위년(1418) 11월 3일.

1069) 김경용, 〈조선전기 서당교육에 대한 試論〉, 《교육사연구》 제27집 제2호(2017. 11.), 16-23쪽; 김무진, 〈조선후기 서당의 사회적 성격〉, 《역사와 현실》, 16(1995), 217-218쪽.

1070) 《明宗實錄》, 명종 9년(1554) 11월 26일 기사. 이중호의 가숙에는 "여러 생도 가운데 문하에서 노는 자들이 일상적으로 수백 인이었다(濟生遊門下者日常數百人)." 다음도 참조: 김경용, 〈조선전기 서당교육에 관한 試論〉, 16쪽.

교육을 실시해 많은 인재를 배출한 박승(1520-1577)의 의성 구고서숙九皐書塾,[1071] 자기 집을 서재로 삼아 어린아이 수십 명을 모아서 가르치기를 게을리 하지 않았던 유생 유사덕의 서재, 또 경상도 용궁 사람 전 감무 박호생劉思德, 1418년까지 10여 년 동안 아이들을 가르친 경상도 용궁 박호생朴好生의 서재[1072] 등이 있었다. 이런 서당류의 배움터는 선초에도 도처에 아주 많았던 것이다. 임란 전 가령 상주목에는 18개소의 서당류의 서재와 관정觀亭이 있었고, 진주목에는 16개소, 안의현에는 18개소, 안동부에는 15개소가 있었다.[1073]

또한 후기에는 진도향교, 단성향교, 도산서원, (함안의) 금천서원 등의 경우처럼 향교와 서원에서도 부수적으로 아동(동몽)교육을 담당했다.[1074] 심지어 몇몇 서원은 본래 서당에서 발전되어 나왔다. 가령 영천의 이산伊山서원은 서당으로부터 출발

1071) 김경용, 〈조선전기 서당교육에 대한 試論〉, 16-23쪽.
1072) 《世宗實錄》, 세종 18년(1436) 10월 8일: "지성균관사 허조 등이 상언했다. '가만히 살펴보건대, 삼대의 사람을 가르치는 법은 가숙·당상黨庠이었으니, 이것은 곧 학문을 처음으로 배우는 선비의 발몽의 장소입니다. 우리 동방에서는 고려시대에 한량·유사들이 사사로이 서재를 설치하고 어린이들을 가르친 사람들이 있었으니, 이것도 또한 가숙·당상의 유법遺法입니다. 충렬왕 때에 강경룡이란 사람이 있어서, 집에 거처하면서 제자들에게 가르쳐 그 제자 10인이 모두 성균시成均試에 오르게 되니, 익양후(왕족)가 이 사실을 아뢰므로 임금은 그가 사람을 가르치는 데 게을리 하지 않음을 가상히 여겨 관리에게 명해 곡식을 운반해 그 집에 내려주어 그를 포창했습니다. 우리 성조盛朝에 와서 더욱 문교를 닦아 서울에는 국학을 세우고 지방에는 향교를 설치했으니, 학교의 넓게 설치한 것이 이와 같았으나, 오직 가숙·당상의 법만은 시행하지 못했습니다. 그런데 유사가 서재를 사설하고 생도를 가르친 사람을 보고해 이를 포상하게 하는 법이 《속전》에 기재되어 있습니다. 지금 유생 유사덕이 자기 집을 서재로 삼아 어린 아이 수십 명을 모아서 가르치기를 게을리 하지 않았으며, 또 경상도 용궁인 전 감무 박호생도 서재를 사설하고 어린이들을 가르친 것이 대략 10여 년이나 되었습니다. 원컨대 《육전》에 의거해 특별히 포상을 시행해 그 근로를 정표旌表한다면, 안의 국도로부터 밖의 주려州閭에 이르기까지 이를 보고 감동해 흥기할 것입니다.' 이에 임금이 예조로 하여금 사실을 조사해 서용하고 후세인을 격려하게 했다(知成均館事許稠 等上言曰: 竊觀三代敎人之法 家有塾·黨有庠, 此乃初學之士發蒙之所也. 吾東方在高麗 閑良儒士私置書齋 敎誨童蒙者有之, 是亦家塾·黨庠之遺法也. 忠烈王朝有康慶龍者 家居敎授 其弟子十人 並登成均試 益陽侯以 聞 王嘉其誨人不倦 勅吏載穀 賜其家以褒之. 及我盛朝 益修文敎 內建國學 外設鄕校. 學校之廣如此 唯家塾·黨庠之法 未之行也. 故儒士私置書齋 敎誨生徒者 啓聞賞之法 載諸續典. 今儒生劉思德以其家爲書齋 聚童 蒙數十輩 敎誨不倦 又慶尙道 龍宮人前監務朴好生私置書齋 敎誨童蒙者 蓋亦十餘年矣. 乞依六典特行褒賞 以旌其勤 則內自國都 外及州閭 間有所觀感而興起矣. 上令禮曹覈實敍用 以勵後人.)."
1073) 김경용, 〈조선전기 서당교육에 대한 試論〉, 24-28쪽.
1074) 김무진, 〈조선후기 서당의 사회적 성격〉, 222-223쪽.

했고, 1574년(선조7)에 설립된 도산서원도 퇴계가 임란 전(1560년, 명종15)에 설치한 도산서당에서 출발했다. 또 규모와 교육대상 측면에서 서당과 서원은 구별되지 않는 경우도 많았고, 또 기존의 서당을 서원으로 전환하는 사례도 적지 않았고,[1075] 영조 때처럼 서원탄압이 가해지면 역으로 서원을 서당으로 전환한 경우도 많았다.

세종의 1418년 윤음을 통해 알 수 있듯이 조선정부는 선초부터 여러 가지 이름으로 불린 이 사립서당들을 포상으로 장려했다. 하지만 정부의 더 큰 관심은 그래도 외방의 향교와 서울의 오부학당, 그리고 성균관(태학) 공교육에 있었고, 사설 서당류의 아동교육은 소홀히 되었다. 그래서 선초에 허조는 "오직 가숙·당상黨庠의 법만은 시행하지 못했다(唯家塾·黨庠之法 未之行也)"는 사실을 세종에게 환기시키고 "유사有司가 서재를 사설하고 생도를 가르친 사람을 보고해 이를 포상하게 하는 법이 《속전》에 기재되어 있다"는 점을 상기시키면서 포상정책으로 사립 서재를 진흥할 것을 주청했던 것이다.[1076] 한마디로, 초등교육에 대한 '적극적' 책임의식이나 열의가 건국 초 조선정부에는 아직 형성되지 않았다.

동몽학童蒙學 시대에는 의무교육이 법제화되었다. 왕조실록에서 향선생의 사숙이나 사설서재를 '서당'이라 부른 최초의 기록은 1472년(성종3)에 처음 등장한다. 성종은 경기도에서 번창하는 한 서당에 대한 소문을 듣고 1472년 2월 15일 경기관찰사 이철견李鐵堅에게 문서로 하문한다.

"이제 들으니 전 서부령西部令 유인달兪仁達이 광주廣州에 살면서 별도로 서당書堂을 별립別立하고 가르치기를 게을리하지 않아 향중鄕中의 자제가 서로 모여 수업하여 생원·진사가 그 문하에서 많이 나왔다고 하는데 사실인가? 경은 그 허실虛實을 친히 물어서 아뢰라."[1077]

이에 두 달 보름 만인 1472년 4월 28일 올린 이철견 관찰사의 보고서에 따르면

1075) 김무진, 〈조선후기 서당의 사회적 성격〉, 238-239쪽.
1076) 《世宗實錄》, 세종 18년(1436) 10월 8일.
1077) 《成宗實錄》, 성종 3년(1472) 2월 15일.

거의 소문대로였다. "지난번에 하서下書를 받들어 자세히 조사해 물어 보았더니 광주인 유인달이 지난 경진년(1460, 세조6년)에 서부령을 그만두게 된 뒤에 집 옆에 서당을 짓고 가르치기를 업으로 삼았는데 서생書生 최수담崔壽聃·한문창韓門昌 등 34인이 와서 수업했고, 최수담은 과거에 합격하고 한문창 등 10인은 생원·진사에 합격했습니다."[1078) 이 보고를 받고 성종은 이조吏曹에 명해 이들을 서용·장권獎勸 하도록 했다.[1079)

성종은 유인달 서당에 자극받았는지 몰라도 이 문답이 이루어지는 사이에, 곧 1472년 2월 17일《흥학절목興學節目》을 반포해 서울의 서당을 '사적私的 동몽훈도' 아래 포섭하고 교육을 의무교육으로 법제화한다. 그리고 12년 뒤《경국대전》(1485, 성종16)을 시행함으로써 초등교육의 공교육 편입을 확고히 한다.

성종은 1472년 2월 17일《흥학절목》의 반포로 '사립 서재'인 서당의 '사유師儒'를 "사교私敎 동몽훈도"라는 명칭 아래 공식 인정하고 교육을 의무교육으로 법제화했다. 성종은 예문관이 기안해 올린《흥학절목》을 그대로 비준하고 법령으로 반포했다. 그 제4조목은 이렇게 교육을 법적 의무로 규정하고 있다.

의관자제衣冠子弟가 만유慢遊를 좋아하고 종신토록 취학을 내켜 하지 않는 자가 드물지 않다. 이제부터는 15세를 채웠는데도 학교에 가지 않는 자는 그 가장을 제서유위율制書 有違律로써 논죄하고, 월과月科에 우등한 교생에게는 호역戶役을 헤아려 감해 준다(衣冠子 弟 慢遊是好 終身不肯就學者 比比有之. 自今年滿十五 而不赴學者 其家長論以制書有違律, 校生有月科優等 者 量減戶役.).[1080)

《대명률》에 규정된 '제서유위율制書有違律'은 임금의 교지와 세자의 영지令旨를

1078)《成宗實錄》, 성종 3년(1472) 4월 28일: "京畿觀察使李鐵堅啓曰 頃承下書審問 廣州人俞仁達 去庚辰年 間 以西部令見罷後 構書堂于家傍 以訓誨爲事 書生崔壽聃·韓門昌等三十四人來受業 壽聃登第 門昌等十人 中 生員·進士."
1079)《成宗實錄》, 성종 3년(1472) 4월 28일: "命吏曹 敍用獎勸."
1080)〈興學節目〉.《成宗實錄》, 성종 3년(1472) 2월 17일.

위반한 자를 다스리는 법률이고 위반자는 장杖 100대에 처한다.《흥학절목》의 이 제4조로써 조선에서 교육은 명대 중국에서처럼 의무교육이 되었다. 이제 15세가 되도록 서당도, 향교(오부학당)도 다니지 않는 청소년이 있다면 그의 아비가 '제서유 위율'로 처벌받기 때문이다. 이렇게 서당의 초등교육도 간접적 방식으로 공교육에 한 발을 걸치게 되었다. 어떤 자식이 만15세를 넘기기 전에 '사설서재'만 다니고 있거나 다녔어도 그 아비는 처벌을 면하기 때문이다. 이 때문에 사설서재도 크게 흥할 수 있었을 것이다.

1485년에는 초등교육의 공교육화 방향에서 한 걸음 더 진전이 있었다. 오래 끌던 《경국대전》이 1481년 드디어 완성되고, 1485년(성종16)부터 시행에 들어간 것이다. 《경국대전》〈예전禮典·장권獎勸〉은 이렇게 규정하고 있다.

> 서울과 지방의 유생 가운데 매일 책을 읽고 행해 사직師職을 직업으로 받는 데 이른 사람의 성명을 장부에 올려 본조(예조)에 소장하고 매번 과거를 치른 뒤에 교훈한 유생 가운데 급제자 3인, 그 외 2인, 또는 생원·진사 2인, 그 외 5인 이상을 보고하고 품계를 더해 주고, 사적으로 가르치는 동몽훈도(私敎童蒙訓導)는 근무평정을 하여 성과가 있는 자를 매번 인사고과를 보고하고 서용한다(京外儒生 逐日所讀書行及受業師職姓名 置簿藏於本曹, 每科擧後 所訓儒生中 及第三人 外則二人, 或生員·進士十人 外則五人 以上 啓聞加階, 私敎童蒙訓導 考勤慢 有成效者 每都目 啓聞敍用.)."

전자는 수학 유생 가운데 향교의 교관('교수'와 '동몽훈도')로 발탁되어 복무한 자에 대한 규정이고, 후자, 곧 사적으로 가르치는 "사교동몽훈도私敎童蒙訓導"는 서재의 사유師儒에 대한 규정이다. 이 법규는 "사교동몽훈도"도 "근무평정을 하여 성과가 있는 자를 매번 인사고과를 보고하고 (관리로) 서용한다"로 함으로써 서당교 육을 진작하고 있다. 서용될 때 관직은 1년씩 번갈아 녹봉을 받는 '체아직遞兒職'이었 다. 이로써 '사설서재'는 두 걸음 더 공교육 속으로 포섭되어 들어갔다.

이로부터 20여 년 뒤, 중종 초 대신들은 '향선생 사숙' 또는 '사설서재'를 마치 당시에 '동몽학童蒙學'으로 불린 양 둘 다 '동몽학'(아동학교)으로 싸잡아 부르면서 서당을 '동몽학'의 이름으로 일컫고 '사교동몽훈도'만이 아니라 그 '동몽학' 자체도 공식적으로 공교육의 일부로 인정한다. 1506년(중종1) 신세호가 아뢴다. "동몽학은 옛적에 어린이(동몽)를 가르치던 곳이었습니다. 그런데 근자에 학교가 폐이廢弛해 과부의 아들이 능히 배우지 못하고, 또 비록 부형이 있어도 이와 같이 공부하지 못하고 있으므로 역시 공부시킬 방도가 없습니다. 청컨대 구법舊法을 거듭 밝혀서 동몽학을 세워(請申明舊法 立童蒙學) 배움의 길을 넓히소서." 임금이 좌우를 돌아보며 물었다. 이에 영사 성희안은 "이와 같이 하면 어린이가 스스로 학교에 나아갈 것입니다"라고 답한다. 또 지사 권균權鈞은 "동몽훈도는 옛적에 체아직을 가져 녹을 받았습니다"라고 부연한다. 그러나 즉위 1년밖에 되지 않은 임금 중종은 결정하지 못하고 "해조該曹(주무부)에 물으라"고 예조에 떠넘긴다.[1081] 지평 신세호가 굳이 과부의 자식을 들먹인 것은 대체로 아비들이 가숙家塾에서 자식을 가르쳤으나 아비가 없는 과부의 자식들은 이런 혜택을 누리지 못한다는 것을 전제한 것이다. 그는 마치 '동몽학'이 "구법"인 양 논변하고 있는 것이 특이하다. 그리고 권균이 말하는 "동몽훈도"는 향교나 오부학당의 교관에 속하는 정식관리 '동몽훈도'가 아니라 '사교동몽훈도'를 말하는 것이 틀림없다. 여기서 논의 대상은 향교(오부학당)가 아니라 '동몽학'(아동학교)이기 때문이다. 그리고 권균의 말에서 우수한 근무평정을 받은 '사교동몽훈도'에게 체아직의 관직이 주어진 것을 확인할 수 있다.

10년 뒤인 1516년(중종11) 11월 조정 논의에서도 '동몽학'이 선초부터 법제였던 것인 양하는 논의는 계속된다. 사경司經 기준奇遵은 아뢴다.

국초에 동몽학을 설치한 것은 생각이 여기(인재를 젊었을 때에 길러 앞날에 쓰기 위한 것)에 있던 것인데, 이제는 볼 수가 없으니 마땅히 거듭 밝혀야 합니다(國家初設童蒙學,

1081) 《中宗實錄》, 중종 1년(1506) 12월 29일: "辛世瑚又曰 童蒙學 古之所以訓誨童蒙者也. 近者學校廢弛 寡婦之子 不能爲學 雖有父兄 若是不學者 則亦無從爲學. 請申明舊法 立童蒙學 以廣爲學之路. 上顧問左右. 領事成希顏曰 如此則童蒙自當就學." 知事權鈞曰 童蒙訓導, 古有遞兒職受祿矣. 上曰 當問諸該曹."

其意在此 而今則不見 所當申明）.[1082]

미숙한 왕을 속이는 것 같은 이 기이한 논변들은 여기서 그치지 않는다. 김안국도
유사하게 논변한다. "동몽학이 곧 근본이니 지극히 유익한 일입니다. 이것은 조종조
에서 설립한 것인데, 지금 그 훈도가 네 사람뿐인데다 체아직이라서 모두 녹禄이
박하고 윤번 교대하니 누가 능히 가르치는 데 힘쓸 수 있겠습니까? 서반西班(무반)에
쓸데없이 녹만 먹는 사람이 아직도 많으니, 서반 체아직 몫을 옮기고 녹을 올려줘
권장한다면 아마 부지런히 힘쓸 것입니다."[1083] 이에 중종은 이번에도 "학교 일은
상하가 마땅히 서로 힘써야 한다(學校事 上下所當胥勉)"는 말로 뭔가 결의를 보인다.
    그 사이 어떤 논의들이 오갔는지 몰라도 이틀 뒤인 1516년(중종11) 11월 16일
중종은 동몽학 설치를 명하고 〈흥권절목興勸節目〉을 마련하라는 전교를 내린다.
"예조에 전교했다. 동몽학 설치는 계몽啓蒙에 긴절하고 교학敎學에 도움이 되느니,
체아遞兒를 더 주고 흥권절목興勸節目도 마련해 보고하라."[1084]
    그런데 이후 〈흥권절목〉은 기록에 보이지 않고 동몽학의 부실함에 대한 대신들의
항의만 이어진다. 중종이 동몽학 설치령을 발령한 지 9개월 뒤인 1517년(중종12)
8월 27일 검토관檢討官 기준奇遵은 관학의 부실학습과 더불어 동몽학의 학습 부실에
대해 비판한다. "사습士習의 잘못됨이 금일보다 심한 때가 없으니, 관학館學(성균관·
사학四學·향교)·동몽학에 《대학》·《소학》을 아는 자가 누가 있겠습니까? 이는 교화가
밝지 않아서 그것을 배우게 하지 않기 때문입니다."[1085] 1517년(중종12) 8월 22일
대사간 문근文瑾은 아예 동몽학 부재를 비판한다. "동몽학 설치는 젊은 무리가 수업

1082) 《中宗實錄》, 중종 11년(1516) 11월 4일.
1083) 《中宗實錄》, 중종 11년(1516) 11월 4일: "童蒙學 乃是根本 至爲有益. 其學自祖宗朝設立 今之爲訓導者
    雖只四人 遞兒薄祿 輪遞受之 誰能力於敎誨乎? 西班無用之人 食祿者尙多. 移其遞兒 加給勸之 則庶可勉力矣."
1084) 《中宗實錄》, 중종 11년(1516) 11월 6일: "敎禮曹曰 童蒙學之設 切於開蒙 有補敎學 加給遞兒 興勸節目
    磨鍊以啓."
1085) 《中宗實錄》, 중종 12년(1517) 8월 27일: "檢討官 奇遵曰: "士習之誤 莫甚於今日. 館學·童蒙學 誰有知
    大學·小學者乎? 此由敎化不明, 而不使之學故也."

하여 의혹을 풀게 하기 위한 것인데, 근래 성중에 동몽학이 있다는 말을 듣지 못했다 (童蒙學之設 欲其年少之輩 受業解惑而已, 近未聞城中有童蒙之學也)."[1086] 이런 비판 속에서 동몽학에서 뭔가 진전이 있었을 것이다.

그러나 10여 년이 흐른 뒤 1528년 다시 동몽학을 포함한 학교제도 전반에 대한 비판이 튀어나온다. 특진관 손주孫澍는 이렇게 비판한다.

> 옛말에 "동몽에서 사학四學에 들어가고 사학에서 성균관에 들어간다"고 했으니, 그 교육의 점진성이 있었으므로 성취한 인재가 많았습니다. 그런데 이제는 동몽을 가르치는 곳이 아주 없고, 사학에도 봉액縫掖(소매가 넓은 선의 웃옷)의 선비가 보기 드물며 반중泮中(성균관)에는 유관儒冠을 쓴 자가 있으나 다 부득이 원점圓點(출석표시로 식사 때마다 찍는 점)해야 하는 자입니다.[1087]

손주가 "동몽에서 사학에 들어가고 사학에서 성균관에 들어간다"는 말을 옛말로 인용하는 것으로 보아 그간 동몽학–사학–성균관의 3단계 학교가 조선의 정식 학제로 공인된 것으로 보이고, 또 "그 교육의 점진성이 있었으므로 성취한 인재가 많았다"는 손주의 말에서 이전에는 이 3단계 학제가 동몽학과 더불어 한동안 성공적으로 운영되었던 사실이 확인된다. 그런데 이제 이것이 다 부실화되고 있다고 손주는 비판하고 있다.

간단히 '훈도'로 불리는 '동몽훈도'는 '교수'와 더불어 향교 교관에 속했었다. 그런데 '사교私敎동몽훈도'를 인정한 뒤부터는 서울에서 동몽학에서 아이들을 가르치는 사유師儒도 관리로 발탁해 '동몽훈도'라 불렀다. 특진관 손주의 비판이 있은 지 18년 뒤인 1546년(명종1) 6월 16일 예조에서 '경외학교절목京外學校節目'이라고

1086) 《中宗實錄》, 중종 12년(1517) 8월 22일.

1087) 《中宗實錄》, 중종 23년(1528) 10월 28일: "孫澍曰 (…) 古云 自童蒙而入于四學 自四學而入于成均. 其敎之有漸 故人材之成就者多矣. 今則全無童蒙敎誨之地 四學罕見縫掖之士. 泮中雖有冠儒冠者 皆不得已 圓點者也."

도 불리는 〈예조사목禮曹事目〉을 반포해 서울에 '동몽훈도' 10인을 두었고, 지방 향촌에는 "학장學長"(조교)을 설치했다.

동몽훈도에 합당한 사람은 사족·서얼을 가리지 말고 현재의 6인원 이외에 인원을 4인을 더 증설해 사족·범민凡民의 자제 가운데 8-9세에서 15-16세에 이른 자를 모아놓고 먼저 《소학》을 가르쳐 구두句讀에 밝고 문리文理를 조금 터득하게 한 다음에 《대학》·《논어》·《맹자》·《중용》을 차례로 가르쳐 사학四學으로 올라가게 한다. 예조는 분등分等마다 고강考講하고 훈도의 근만勤慢을 알아서 정·종9품에서 각각 1품씩 가급加給을 올리거나 내려서 제수해 가르치기를 권면한다. 외방은 향촌마다 학장學長(조교)을 두어 위의 예에 따라 가르쳐 향교鄕校에 올리고 감사가 순행巡行할 때 학장을 단속하여 점검하고 제일 부지런한 자는 적당하게 상을 주고 학문을 권면했는지 아니했는지를 유념하여 전최殿最에 빙고憑考한다.1088)

이로써 경성의 '동몽훈도'와 향촌의 '학장'이 완전히 정식 법적 기구가 된 것이다. 그런데 이 법령에서도 향촌의 학장이 사설서재들을 지도하는 교육감독관인지, 서울의 동몽훈도처럼 서재를 운영하며 아동을 직접 가르치는 교사인지가 분명치 않다. 후자라면 '학장' 제도는 사립서당과 병렬로 공립서당제도를 포함하는 것이다. 서울에서는 나중에 향교에 입학할 것을 목표로 아동들을 가르치는 관원인 '동몽훈도'의 동몽학은 이미 훗날에 명확하게 등장한 면학서당(또는 면서당)과 같은 '관립 서당'이다. 훗날 1732년(영조8)에 가서야 이 '학장'은 한 군내 공·사립서당들을 관리·지도하는 교육감독관으로 그 지위가 분명해진다.

1088) 《明宗實錄》, 명종 1년 6월 16일의 '예조사목'(경외학교절목): "童蒙訓道(導)可當人 勿論士族·庶孽 見設六員外 加設四員 聚士族及凡民子弟 年自八九至十五六歲者 先誨小學 能明句讀 稍解文理, 然後次敎以 大學·論語·孟子·中庸, 陞之於學. 禮曹以每等考講 知訓導勤慢, 正·從九品各一, 加給陞降除授, 以勸訓誨. 外方則每鄕置學長 依右例敎誨 陞之鄕校, 監司巡行時 檢擧學長最勤者, 隨宜論賞, 用意勸課與否, 殿最憑考."

- 사립서당과 관립서당의 출현

　조선정부는 처음에 향교의 발전에 힘을 쏟고 서당에는 나중에야 관심을 기울였다. 서당은 처음에 모두 사립서당으로 시작되었고 정부가 나중에 이를 공식적으로 인지하고 간접방식으로 공식부문 속으로 포섭하려고 노력했다. 그러다가 나중에 영조조부터는 정부가 나서서 관립서당 '면학서당'을 발전시키기 시작했다. 이 조치로 18세기 말엽에는 사립서당과 관립서당이 병립하는 서당체제가 전국적으로 확립되었다.

　효종은 1658년(효종9) 수령들에게 지방 향촌에 서당을 신설하고 훈장을 정하라는 명을 내림으로써 '서당'과 '훈장'을 그 명칭과 함께 공식화했다. 이 '서당'은 서울에 설치된 동몽훈도의 동몽학과 함께 관립서당이다. 이 관립서당의 설치로 사립서당이 사라진 것이 아니고, 사립서당의 존속을 전제로 '생활근린지역의 서당에서 매일 교습할 수 있게 하는 원칙'에 따라 서당과 거리가 너무 멀리 떨어져 아동이 한나절에 오가기 어려운 촌락에 설치해서 사립서당과 병렬했다.

　이어서 효종은 다음 해인 1659년(효종10) 겸성균관좨주兼成均館祭酒 송준길宋浚吉에게 명해《향학사목鄕學事目(四學規制)》을 제정해 서울과 지방의 서당을 전반적으로 정비함으로써 정식으로 서당·훈장시대를 개막한다.《향학사목》은 서울의 동몽학 담당 '동몽훈도'의 명칭을 '동몽교관'으로 바꾸고 서울의 사학四學에 부속시켜 동몽학을 운영하도록 한다.

　동몽교관 4원員을 충분히 선택해서 더 뽑아 전에 설치했던 바와 합하면 인원이 8명이 되므로 예조가 각각 2명씩 사부四部에 나누어 보내어 사대부·서민자제를 막론하고 전부 교육시킨다. 전에 설치한 분교관分敎官 4원員은 쓸모가 없을 듯하니 지금 응당 혁파한다. 다만 삼강三江의 아동들은 교육받을 곳이 없으니 그곳의 훈장으로 적합한 사람을 선택해 분교관으로 2명을 차임해서 가르치게 한다.[1089]

1089)《孝宗實錄》, 효종 10년(1659) 2월 16일: "童蒙敎官四員 十分選擇加出 竝前所設 合爲八員 禮曹分差各
　　二員於四部 勿論士夫凡民子弟 一體訓誨. 前設分敎官四員 似涉冗雜 今宜革罷. 但三江童蒙 無受學處 擇其地
　　可合訓長者 差分敎官二人以訓之."

'분교관'은 삼강(한강·용산강·서강) 분교의 동몽교관인 셈이고, 서울 변두리였던 삼강 분교의 '훈장'이었다.

《향학사목》은 한 해 전에 1658년에 실시된 지방향촌의 서당·훈장제도를 새로운 법규로 다시 재확립해서 공고화한다.

지난해 조정의 분부에 따라 지방향촌이 각기 서당을 세우고 훈장을 정하니 그 효과가 없지 않았는데, 근래에는 도리어 허물어지니 한스럽다. 그러므로 지금 마땅히 전날의 사목을 준승하여 수학修學을 신칙하되 그 훈장을 그 한 고을로 하여금 공론에 따라 선택해 차임하고 관청에 고하기를 태학의 장의掌議(거재유생 임원의 장)의 예와 같이 하고 각 촌에 나눠 배정해서 취학就學을 편하게 한다. 관가에서도 편의에 따라 충분히 지원해 주고 수령은 공무 여가에 때때로 직접 찾아가 살피고 그 학도들을 고강考講한다. 또 감사 및 도사都事 교양관敎養官도 순행하는 때에 친히 차례로 방문하거나 향교나 서원에 학도들을 모이게 하여 고강하거나 제술을 시험하고 만일 실제 효과가 두드러지게 나타난 자는 《경국대전》에 의거해 그 스승에게는 호역戸役을 덜어 주고 학도에게는 헤아려 상을 베풀고 그 성적이 미달하는 자는 회초리로 때려 경계한다. 그 가운데 가장 두드러진 자에 대해서는 자세히 참고하여 보고하고 해당 스승은 승급시켜 동몽교관으로 삼거나 딴 직위에 제수해서 장려하는 법도를 보여야 한다.[1090]

조선에서 모든 교육은 신분차별이 없었다. 사학四學의 학생과 향교의 교생은 무상교육, 무상숙식의 복지혜택을 누렸다. 그리고 '학·교생'과 그 아비, 그리고 사학·향교 교관과 종사자 유관儒官들은 신역身役이 면제되었다. 그러나 향촌 서당의 아동과 훈장은 그런 학생·교생 또는 교관의 지위와 아직 거리가 멀었기 때문에 그런

1090) 《孝宗實錄》, 효종 10년(1659) 2월 16일: "頃年因朝家分付 外方鄕村 各建書堂 各定訓長 不無其效 而近來還爲廢壞 良可歎也. 今宜遵承前日事目 申飭修學 而其訓長 令其一鄕 從公論擇差告官 一如太學掌議 之例 而分定於各村 以便就學. 官家十分隨便顧助 守令公餘 時時親自往審 考講其學徒. 監司及都事敎養官 亦於巡行時 或親歷 或使聚會於鄕校書院 考講或製述 如有實效表著者 依大典其師長量減戸役 其學徒量施賞 格 其不能者施楚撻以警之. 其中最表著者 則參詳啓聞 其師長陞爲童蒙敎官 或除他職 以示勸奬之道."

특혜가 없었다. 하지만 우수 아동에게는 포상을 하고 그 스승에게는 신역을 덜어 주었고, 최우수 아동의 스승에게는 이런 특혜를 넘어 향교의 동몽교관으로 승급시키는 특전을 베풂으로써 서당교육을 진흥하려고 한 것이다.

이로써 공식적으로 공립 서당이 초등교육기관으로 확립되고, 훈장도 초등교육 교사로 설치된 것이다. 그리고 도사와 교양관은 수령과 함께 교육감독관 노릇을 한다. 그러므로 송준길宋浚吉의 《향학사목》으로 서당·훈장 시대가 공식적으로 개막되었다. 이로써 공립서당과 병렬로 존재하는 사립서당도 더욱 발전하고, 자영 훈장들도 덩달아 지위가 공고화되었다.

사립서당은 부친이 가르치는 가내서당인 '가숙家塾', 자영 훈장이 사설한 서당, 향촌 사대부들이 훈장을 초빙해 세운 서당, 문중에서 세운 서당, 요호부민이 세운 서당, 동네에서 서민들이 갹출해 세운 서당 등 다양한 서당이 있었다. 생도의 나이는 7-8세에서 30세까지 다양했다. 그리고 천자문 정도 배우는 서당에서 과거시험 수험생을 기르는 서당까지 서당의 수준도 다양했다. 자영 훈장들과 초빙된 훈장들은 고을의 민선 훈장이 되어 "태학의 장의掌議(성균관 학생회장)" 수준의 예우를 받을 수 있는 전망이 있었다. 이것은 시골훈장들에게 적잖이 고무적인 일이었을 것이다.

효종 10년(1659) 송준길의 《향학사목》에 의해 개막된 서당·훈장시대는 70여 년 지속되었다. 그러나 소빙기가 끝나가면서 조선조정은 효종시대보다 4배 가까이 증가한 인구의 압박으로[1091] 말미암아 교육을 더욱 강화하고 확대할 필요를 느꼈다. 조선조정은 교육의 질적 강화를 도道 단위 지방대학 '영학營學'의 설립과 운영으로 추진하고, 학교의 양적 확대는 면·리 단위 관립서당 '면학面學서당'의 광범한 건설로[1092] 추진하고자 1732년(영조8) 〈권학절목勸學節目〉 또는 〈양사규제養士規制〉를

1091) 인구는 효종 2년(1651) 186만 1165명이었으나 80년 뒤 영조 8년(1732)에는 727만 3446명으로 폭증했다. 善生永助, 〈朝鮮の人口現像〉, 朝鮮總督府調査資料(1927).

1092) 필자는 조선의 학교를 간략히 설명하면서 중국과 달리 공립서당이 없었던 것으로 기술했다. 황태연, 《유교제국의 충격과 서구 근대국가의 탄생 (1) - 서구내각제·관료제·학교제도의 유교적 기원》(서울: 솔과학, 2022), 689쪽. 필자는 이번에 관립서당으로 면학서당을 발견함으로써 과거의 이 그릇된 견해를 여기서 바로잡는다.

제정했다.[1093]

경상감사 조현명趙顯命은 1732년(영조8) 윤5월 29일 상소해 자신이 경상도 내에서 실시한 "양사규제養士規制"를 진달陳達하고, 또 인재를 추천했다. 이에 임금은 "경卿이 규제를 세운 것을 가상히 여기고, 경이 선비를 추천한 것을 기쁘게 여긴다. 묘당(의정부)으로 하여금 의논해 품처稟處하게 하고, 전조銓曹(이조)로 하여금 조용調用하게 하겠다"고 비답했다. 그리고 《대학》·《근사록》·《심경心經》 등의 서책을 경상도의 영학(지방대학)인 '낙육재樂育齋'에 하사했다.[1094]

영조는 3개월 뒤인 1732년 9월 21일 조현명의 이 〈양사규제〉를 대사성 송종옥徐宗玉과 논의한다. 송종옥은 임금께 조목조목 들어 아뢰는 조항들을 제출하면서 영남감사 조현명이 "학규學規"를 올린 것을 보았는데 절목이 시행하기에 번잡하고 어려울 것으로 보이지만 대체로 "몹시 좋다"고 평했다. 그리고 그가 일찍이 관서關西지방을 보았는데 "섬학고贍學庫"가 있어 강경講經과 제술 학생을 시취試取하고 잠시 머물러 살며 권장하니 관서지방이 경전에 밝음이 팔도에 최고였고, 시부詩賦학생도 역시 빈빈彬彬했다고 술회한다. 또한 그가 해서海西에서 대죄待罪했을 때 이 관서학규를 대략 모방하여 "양사고養士庫"를 설치했는데 사세事勢와 재력이 쇠잔피폐해서 잠시 관서의 굉대함에 아직 미치지 못했다고 자평한다. 그리고 대저 양서兩西(관서와 해서)는 영남이 배움을 좋아하는 것과 다르고 선비를 기르는 규모가 과거를 보는 데 필수적인 수준의 학업에 불과하다고 고한다. 송종옥은 그래서 이 다름이 한스럽지만 "영남학규"를 묘당으로 하여금 강정講定해 반포해 내려 보내도록 하면 관서와 해서도 거의 대동소이해질 것이라고 말하면서 "지금 송조宋朝가 호학규모湖學規模"를 반시頒示한 예를 따라 묘당에 일체를 거행하도록 명하는 것이 어떻겠습니까?"라고 묻는다. 이에 영조는 이렇게 결정한다. "진달한 것은 좋다. 대사성이 양서의 일을 상세히 알므로 이렇게 진달하는 것이지만, 학규절목은 대체로 매우 좋다. 비록 번잡

1093) 이성심, 〈조선후기 도단위 학교, 영학(營學) 연구〉, 《한국교육사학》 39-2(2017), 59-66쪽.
1094) 《英祖實錄》, 영조 8년(1732) 윤5월 29일: "慶尚監司 趙顯命疏陳道內養士規制 又薦人才. 批曰嘉卿立規 欣卿薦士. 令廟堂議稟 令銓曹調用. 仍賜大學近思錄心經等書于樂育齋."

하고 자질구레한 곳들이 있어도 그 번잡한 것을 응당 버리고 그 대략을 취해야 할 것이다. 어찌 양서에만 반시할 것인가? 묘당에 명해 강정한 뒤 일건—件을 태학으로 보내 태학에서 제도諸道에 반시해야 할 것이다."[1095] 그리하여 조선정부는 1732년(영조8) 경상도 관찰사 조현명이 도내의 교육진흥을 위해 만든 〈권학절목(양사규제)〉을 성균관을 통해 전국 팔도에 반포했다. 그리하여 '영학營學'과 '면학面學'의 근거법제가 마련된 것이다.

원래 조현명은 교육의 어려움이 거리문제로 발생하는 것에 주목했다. "면에는 비록 훈장이 있어도 한 면의 거리가 수십 리이고 작아도 8-9리 이하가 아니라서 학도들은 조석으로 오가며 수학할 수 없다(面雖有訓長 一面遠或數十里 小不下八九里 學徒不可朝夕往來受學.)." 이 거리문제가 "축일과수逐日課授", 곧 매일수업을 어렵게 만든다. 그는 매일수업을 가능케 하기 위해 면·리 학교체제 건설에 주안점을 두고 〈권학절목〉, 곧 〈양사규제〉를 제정한 것이다. 그는 이 절목으로 영남의 지방학교를 — 면학(면리 단위)-향교(군현 단위)-낙육재(도 차원)로 분화해 면학面學·군학郡學-영학營學 체제를 정비해 나갔다.[1096]

지방교육체제를 면학·군학-영학으로 구분하는 체제는 일찍이 유형원柳馨遠(1622-1673)이 《반계수록》 〈학교사목〉에서 제안한 교육개혁방안과 대동소이하다. 유형원은 면·리 단위 학교인 '면학面學'을 "향상鄕庠"이라는 용어로 표현했었다. 당시 그는 향(면)의 학교로 존재하고 있던 서당과 서원을 면학으로 간주하고, 영학-군학-면학

1095) 《承政院日記》, 영조 8년(1732) 9월 21일: "出擧條 宗玉又曰 臣伏見嶺南道臣所上學規 則節目似繁難於通行 而大體儘好矣. 臣曾見關西 有贍學庫 試取講製生 居接勸奬 故關西明經 最於八道, 詩賦生亦且彬彬. 臣待罪海西時 略倣此規 設置養士庫 而事力殘弊 姑未及於關西之宏大耳. 大抵兩西 異於嶺南之好學 而又其養士規模 不過擧子業而已. 此殊可恨 嶺南學規 旣令廟堂 講定頒下 則關西·海西 似無異同. 今依宋朝湖學規模頒示之例 令廟堂 一體擧行, 何如? 上曰 所達好矣. 大司成詳問兩西事 故有此所達 而學規節目 大體甚好. 雖有繁瑣之處 當捨其繁而取其略矣. 奚特頒示兩西哉? 令廟堂 講定後 一件送于太學 自太學頒示諸道 可也."
1096) 조현명, 《歸鹿集》 (20권20책) 권19, 〈유서·통유도내사우문〉: "一. 各面雖有訓長 一面遠或數十里 小不下八九里 學徒不可朝夕往來受學 訓長亦難人人口授 各其父兄或比隣塾師 逐日課授 每月朔望兩次 約日期會於書院或山堂等處 訓長學徒講論文義 考其勤慢 講帳報于本官 自本官連三朔合計 滿二·十四劃者 自本官以紙筆墨論賞. 一. 居齋儒生 試其文學 察其志行 歲末 守令別爲擧薦 自營門聚會考試 然後許入樂育齋 就各面學徒中 另擇升補於齋儒之代."

의 교육개혁론을 주장했었다.[1097] 조현명은 유형원의 이 학교개혁론을 수용해 〈권학절목〉을 제정한 것이다.

조선정부는 조현명의 〈권학절목(양사규제)〉을 반포함으로서 영학-군학-면학의 학교체제를 확립해 가는 한편, 교수담당자도 행정단위에 따라 구분했다. 정부는 향교의 강학업무를 담당하는 교임 외에 군·현 단위의 교육을 통솔하는 "도훈장" 제도와 면·리 단위의 교육을 통솔하는 "면훈장" 제도를 신설했다.[1098] 그리하여 교임(향교교육 담당)-도훈장(군현교육감독관)-면훈장(면리교육감독관) 체제가 출현했다.[1099]

이후 조선의 교육은 이 체제로 확립되었고, 조선 말까지 실질적으로 운영되었다. 이것은 이후 여러 관찰사와 지방관들이 1900년까지 이에 관한 기록을 남긴 것으로 명증된다. 가령 함안·익산군수 오횡묵은 1896년 즈음 면·리훈장에게 하첩을 내리고 리단위로 서당(서재)을 설치하라고 명령하고 있다.[1100]

조선정부가 군·현의 규모에 따라 파견하던 '교수'와 '(동몽)훈도'는 임란 이후 계속 감소하다가 《속대전》 규정에서도 수가 감소했고, 1785년(정조9) 《대전통편》에서는 교관에 관한 전 조항이 아예 삭제되었다. 18세기말 중앙에서 파견하던 교수, 훈도, 제독관 제도는 완전히 폐지되었다. 그러나 교관파견제도 폐지를 향교교육의 부진을 초래한 원인으로 보는 것은 오류다. 도·면훈장제 운영으로 면·리 단위까지 학교제도를 구축한, 학교의 양적 확대 측면에서 고찰해야 하기 때문이다.[1101]

1097) 유형원, 《磻溪隧錄》 〈교선지제·학교사목〉: "州縣各鄕卽今之面 設鄕庠 今亦鄕里間 或有童蒙誦業之所 稱爲書堂 以敎童學 (…) 今有書院處 不必別立 因以爲其鄕之庠." 이성심, 〈조선후기 면학(面學)의 교수체제 연구〉, 《교육사학연구》 27-2(2017. 11.), 110-111쪽에서 인용.

1098) 조현명, 《歸鹿集》(20권20책) 권19, 〈유서·통유도내사우문〉: "一. 一邑中 有文學行誼名望最著者 毋論 文南(문관과 음관)·生進·幼學 另擇一人 定爲都訓長 守令親往 以禮敦請. 一. 旣定都訓長 然後守令與都訓長 相議 另擇生進幼學中有文行者 差定校任. 一. 旣定校任 然後都訓長與校任相議 另擇各面中有文行者一人 定爲各面訓長 大面則定數人 面小而無可合人 則從附近兼定. (…) 一. 居齋儒生外 論士族中庶 各面勿限數 另擇其可敎者 使各面訓長 分掌敎導."

1099) 이성심, 〈조선후기 면학(面學)의 교수체제 연구〉, 《교육사학연구》 27-2(2017. 11.), 111쪽.

1100) 이성심, 〈조선후기 면학(面學)의 교수체제 연구〉, 111-112쪽.

1101) 이성심, 〈조선후기 면학(面學)의 교수체제 연구〉, 112쪽.

팔도 관찰사와 각급 수령들은 〈권학절목(양사규제)〉에 따라 면학(면·리단위 학교), 곧 관립서당을 건설해 나갔다.[1102] 앞서 살폈듯이 조선정부는 향촌교육을 진작하기 위해 1546년(명종1) 〈경외학교절목〉을 제정해서 향촌교육은 관찰사와 수령이 관할하고, 수령의 주관 아래 '학장'을 임명하도록 했다. 이것은 향교교육의 예비단계로 향촌교육 체제를 마련한 것이었다. 이에 따라 지방은 향촌마다 학장을 두어 학생들을 가르쳐 향교에 올렸고, 관찰사는 순행할 때 학장을 단속해 점검하고 제일 부지런한 자는 적당하게 상을 주고 학문을 권면했는지 여부를 유념해 관리로 임명할 때 평가기준으로 삼았다. 사례로 보면, 이 〈경외학교절목〉의 규정처럼 복천향교의 경우, 향교 고강考講 날, 면의 학장은 자신이 가르치는 동몽들을 소집하여 고강하거나 제술하게 했었고, 고강 결과는 문부文簿로 작성해 관에 보고하게 하였다. 정구(1543-1620)는 1580년 창녕현감 시절 "서재"를 설치해 훈장을 두었고, 1596년(선조 29) 강원도 관찰사 시절에는 각 면에 면훈장을 두어 왕래하면서 수업에 참여할 수 있게 했다. 정구가 설립한 서재의 훈장은 8세에서 45세까지의 생도를 지도했다. 유성룡도 1580년 상주목사 시절 리里마다 동몽사장師長을 두었다. 충청도 보은현감이었던 김상용(1561-1637)도 "숙사叔師"를 선정하고, 매달 초하루와 보름에 시험을 치렀다. 덧붙여 상현서원에서는 강회를 열어 경사를 토론케 했었다.[1103]

1546년의 〈경외학교절목〉과 1732년 조현명의 〈권학절목(양사규제)〉 이전에도 신잠申潛(신숙주의 증손)은 상주목사 시절(1506-1521) 18개소 서당을 설립했고, 황준량黃俊良은 성주목사 시절 1560년(명종15) 공곡孔谷서당과 녹봉정사를 설립했다. 또 김진(1500-1581)은 임하현의 부엄傅嚴서당을 세웠고, 김복일(1541-1591)은 서당 2개소가 기존하던 예천에 금곡金谷서당을 세웠다. 수령과 관찰사의 지원 아래 몇몇 유지들이 세운 서당도 있었는데, 영천의 자양서당이 그런 곳이었다.[1104] 사액서원 임고서원도 1550년(명종5) 그렇게 설립되었다. 평해의 소곡蘇谷서당은 1677년(숙종3) 황운

1102) 이성심, 〈조선후기 면학(面學)의 교수체제 연구〉, 113-114쪽.
1103) 이성심, 〈조선후기 면학(面學)의 교수체제 연구〉, 114쪽.
1104) 김무진, 〈조선후기 서당의 사회적 성격〉, 240쪽.

하가 조정 관리 이은상과 수령의 지원으로 설립했다.[1105] 중앙 관리가 직접 서당을 세운 경우도 있었다. 홍여하洪汝河(1621-1678)는 함령현에 목재가숙木齋家塾을 설립했고, 박세채는 1684년(숙종10) 구봉서당을 세웠다. 이 서당은 1697년 사액서당이 되었다. 박세채는 퇴직 뒤에 남계서당을 운영했다.[1106] 그 밖에 영양의 월록서당은 1773년(영조49) 한양 조씨 문중에서 세웠고, 순흥의 단구丹丘서재도, 의령의 고산高山 서당도 문중에서 세웠다.[1107]

영조의 탕평책으로 신설서원·사우 300개소가 철폐된 결과, 기존의 서원과 사우들이 서당으로 많이 전환되었고, 강학에 집중된 기능을 하는 서당이 증설되었다. 정조는 1799년(정조23) 〈서숙지령書塾之令〉으로 서당 설립을 장려했다. 서당·서원 설립 공사에는 승려들도 많이 동원되었다.[1108]

1656년(효종7) 작성된 경상도《함양읍지》에 따르면, 함양에는 서당류 학당이 11개(서당 9, 영사당 1, 서재 1)가 운영되었다. 함양의 면·리 단위 학교 서당은 주곡서당, 사곡서당, 고례서당, 병곡서당, 손곡서당, 창곡서당, 도북서당, 대야곡서당, 석복서당, 회동서재, 영사당이었다. 회동서재와 영사당도 '서당' 명칭을 달고 있지는 않았지만 읍지의 서당 조목에 기록되어 있다. 알려지다시피 서당은 1659년(효종10)의 〈향학사목〉 훨씬 이전부터 향촌에 설립되기 시작해서 향촌교육기관으로 자리 잡은 것이다.[1109]

효종대의 〈향학사목〉(1659) 반포 이후에는 교육담당자로 훈장이 마을 단위로 임명될 수 있었고, 이를 기반으로 근거리 교육을 위해 면 단위로 관립서당들이 건립되어 나갔다. 가령 오도일은 1683년(숙종9) 울진현령이던 시절 서당을 증설하고 서당운영규칙을 만들었다. 예산현감 김간은 1701년(숙종27) 면마다 훈장을 세우고,

---

1105) 김무진, 〈조선후기 서당의 사회적 성격〉, 241쪽.
1106) 김무진, 〈조선후기 서당의 사회적 성격〉, 241쪽.
1107) 김무진, 〈조선후기 서당의 사회적 성격〉, 241쪽.
1108) 김무진, 〈조선후기 서당의 사회적 성격〉, 244-245쪽.
1109) 이성심, 〈조선후기 면학(面學)의 교수체제 연구〉, 115쪽.

삭망마다 향교, 서원, (공부하기 좋은) 산당에서 강학을 실시토록 했다. 전라도 진안현
감 이현(1678-1717)은 면마다 '숙사塾師'를 두어 가르치게 하고 초하루와 보름에
마을 수재들을 향교에 모아 고강하게 했다. 또한 향사鄕士들 가운데 노성한 사람을
율곡향약의 약장으로 삼고 매월 초하루에 독법 강신講信을 행했다. 권두연(1643-
1719)도 영춘현령일 때, 면마다 훈장을 임명했다. 전라도 남평현감 장완도 10개면에
서당을 설치했었다. 그런데 서당은 근거리 교육을 위해 향촌에 건설되었어도 거리상
의 문제를 여전히 해결하지 못하고 있었다.[1110] 그리하여 조현명은 〈권학절목(양사
규제)〉을 제정·시행했고 이를 통해 경상도 내에서 먼저 "축일과수逐日課授"체제를
추진했고, 영조가 이를 전국적으로 확대 실시한 것이다.

　　조현명의 〈권학절목(양사규제)〉를 좀 더 자세히 살펴보자. 일단 첫 조목의 앞부분
은 앞서 살펴본 내용으로 시작한다.

　　첫째, 각 면에 비록 훈장이 있더라도 일면一面의 거리가 멀게는 수 십리이며 가깝다고
　　해도 8-9리여서 학생들이 아침저녁으로 왕래하며 수학할 수 없다. 훈장도 역시 사람들
　　을 한 명 한 명 가르치기 어렵다. 각각 자신의 부형이나 혹은 인근 숙사塾師가 매일
　　수업하게 하고 매달 초하루와 보름 두 번 날을 정해 서원이나 혹은 산당에서 모인다.
　　훈장과 학도가 문의를 강론하고 그 근만勤慢을 살펴 본관에게 강講한 결과를 보고한다.
　　본관이 석 달의 것을 합산해 24획을 채운 자에게 지필묵 등을 상으로 준다.[1111]

　　조현명의 〈권학절목(양사규제)〉은 아이들을 매일 학습시키는 "축일과수逐日課授"
를 가숙家塾의 부형이나 인근서당의 숙사塾師(훈장)에게 맡기고 있다. 인근숙사의
서당 가운데 1개면個面에 하나는 '면학서당'일 것이나 나머지 여러 숙사들은 다

<hr />

1110) 이성심, 〈조선후기 면학(面學)의 교수체제 연구〉, 117쪽.
1111) 조현명, 《歸鹿集》(20권20책) 권19, 〈유서·통유도내사우문〉: "一. 各面雖有訓長 一面遠或數十里 小不
　　下八九里 學徒不可朝夕往來受學 訓長亦難人人口授 各其父兄或比隣塾師 逐日課授 每月朔望兩次 約日期會
　　於書院或山堂等處 訓長學徒講論文義 考其勤慢 講紙報于本官 自本官通三朔合計 滿二十四畫者 自本官
　　以紙筆墨論賞."

사립서당들이다. 따라서 〈권학절목(양사규제)〉의 면학面學 시스템은 사숙私塾들, 곧 사립서당이나 가숙을 전제하고 그 위에 올라서는 것이다. 면학제도는 가숙과 사립서당의 축일과수를 전제로 면훈장이 한 달에 두 번 초하루와 보름에 서원이나 산당에 모아 가숙과 서당(사립서당+관립면학서당)에서 학습한 것을 강론토록 하는 것이다. 〈권학절목(양사규제)〉은 이와 같이 〈향학사목〉보다 더 구체적으로 서당·면학운영방식을 제시했다. 〈권학절목(양사규제)〉 반포 이후에 학교의 건설은 매일 수업이 가능한 거리의 지역별로 조밀화되었다.

돌아보면 〈향학사목〉의 향촌훈장 임명 방식도 근거리 교육체제를 구성해 나가는 취지였다. 이 〈사목〉에 따르면 교육 편의를 위해 훈장은 마을단위로 임명되었고, 고을 공론에 따라 선출한 뒤 관청에 보고하게 되어 있었기 때문이다. 이에 더해 〈권학절목(양사규제)〉은 인근 숙사의 향숙鄕塾이나 가숙에서 공부한 학도는 매달 초하루와 보름에 산당과 서원에 모여 면훈장이 강론을 문의하고 고강考講을 치렀다. 이러한 학교제도는 조선정부가 건국 초기부터 행정단위에 근거해 확립하고자 했던 가숙·당상黨庠(향숙)·주서州序(향교)·국학國學 체제의 이념과 일치한다. 이렇게 하여 지방의 학교제도는 〈권학절목(양사규제)〉의 시행으로 면·리 단위까지 세분화·조밀화되어 갔다.[1112] 18세기까지 조선의 인구는 꾸준하게 증가해 교육대상층은 조선 전기보다 2배 가까이 증가했다.[1113] 또한 17-18세기부터는 전반적으로 영·정조가 추쇄령을 완화·폐지하면서 도망노비가 급증하고 신분상승 열기가 전국적으로 달아올랐다.[1114]

이에 따라 일반백성들도 반상班常차별, 상천常賤차별 없이 자제들을 다 서당에 보내는 것이 조선사회의 일반적 풍조로 자리 잡았다. 그리하여 서민·천민 자제들도 모두 배움터로 몰려 들면서 1600년대 이래 200-300년 동안 전국적으로 서당이

1112) 이성심, 〈조선후기 면학(面學)의 교수체제 연구〉, 118쪽.

1113) 중종 때 조선 인구는 416만 2021명이었다.《中宗實錄》, 중종 38년 12월 29일. 그런데 정조 10년(1786) 인구는 733만 965명이었다. 중종 때 인구의 2배에 가까웠다.

1114) 참조: 황태연, 《한국 근대화의 정치사상》(파주: 청계, 2018), 602-655쪽.

급증했다. 가령 1791년(정조15) 안동(13개면)에도 풍악서당, 청성정사精숨, 한루정사, 석문정사, 겸암정사, 원지정사, 옥연정사, 양파서당, 도생서당, 팔우서당, 양정서당, 용천서당, 이계서당, 서한서당, 지양서당, 경광서당, 가야서당, 옥병서재, 용협서당, 면제서당, 귀담서당, 봉산서당 등 22개소의 면학 서당이 운영되었다. 19세기 중엽 13개면으로 구성된 순흥(영주)지역에는 향교, 소수서원(백운동서원), 단계서원이 있었고 여기에 더해 면학서당으로는 화천면에 구만서당과 도계서당, 이부석면에 감계서당, 대평면에 대평서당, 내죽면에 속수서당, 도강면에 도강서당, 수식면에 행계서당, 삼부석면에 교천서당, 일부석면에 봉암서당, 대룡산면에 용산서당, 동원면에 구고서당, 와단면에 구봉서당, 수민단면에 두릉서당 등 12개면에 총 13개의 면학서당이 존재했다. 1789년(정조13) 발행된《호구총수》에 따르면, 순흥은 2,411가구, 11,597명 인구에 13개면, 91개리였다. 그리하여 면훈장들이 책임진 면학서당은 13개소 서당과 서원 2개소 등 도합 15개소였다. 순흥 지역은 160가구당 평균 1개소의 면학서당이 설립되어 있었던 셈이다. 면훈장은 평균 185가구의 교육을 책임졌다. 그러나 이 수치들은 다 91개리의 사립서당(가숙·사숙·향숙·서재·정사 등)을 계상計上하지 않은 것으로, 이것을 고려하면 서당의 총수는 훨씬 더 많았다.[1115] 아마 순흥 1개면에 평균 10개소의 사립서당이 있었다면 순흥이 총 130개소의 사립서당이 있었고 이 수치에 13개소의 면학서당과 서월 2개소를 합치면 순흥군에는 총 145개소의 서당이 있었던 것으로 추정된다. 약 17가구마다 1개소의 서당이 있었을 것이다.

가령 (6개면으로 구성된) 평안도 철산군만 보더라도 19개리를 가진 1개면 안에 사립서당이 17곳이었다.[1116] 여기에 면학서당 1개소를 합하면 도합 18개소의 서당이 1개 면 안에 존재했다. 따라서 철산군 전체에는 108개소의 서당이 있었던 셈이다! 수많은 가구들이 조밀하게 모여 사는 도시지역인 의주부에도 60가구마다 1곳의 사립서당이 있었다.[1117]

1115) 이성심, 〈조선후기 면학(面學)의 교수체제 연구〉, 118-120쪽.
1116) 이성심, 〈조선후기 면학(面學)의 교수체제 연구〉, 118-120쪽.

- 후기 조선 서당 총수(7만 8000개)와 학생 총수(63만 명)

전국 서당의 총수와 서당학생 총수는 얼마였을까? 18세기부터 신분상승의 첫 도약대인 서당은 거의 모든 상민 자제들이 몰려들면서 일대 붐을 일으켰고, 많은 서당들이 상민들과 상민들의 계에 의해서도 세워졌다. 18세기 말엽에 가면 국방상의 목적에서 군사훈련을 중시하고 서당 설립을 억제했던 압록강의 군사지역에까지도 서당이 확산되었다. 1778년(정조2) 홍충도(충청도) 관찰사 이명식은 의주가 압록강 변에 있어 오로지 그곳 백성들의 무력을 기르기 위해 정부에서 서당 금령을 내렸음에도 마을마다 상층민들이 상민들과 함께 세운 서당이 있고 상민자제들도 이 서당에서 배운다고 보고하고 있다.1118) 정부가 양란 후 군사력을 기르기 위해 힘썼음에도 불구하고 18세기 상민들 사이에서는 군사적 특수지역에서조차 문교에 대한 관심이 넘쳐났던 것이다.1119)

따라서 전국 서당의 수는 응당 수만 개소를 넘을 수밖에 없었다. 그 수치를 정확하게 산정해 보자. 1911년 당시 전국 면수面數는 4351개,1120) 순조 7년(1807) 당시 가구 수는 176만 4504호이고 인구는 756만 1403명이었다. 참고로 1766년(정조10)에는 가구 수는 174만 592호, 인구는 733만 965명이었고,1121) 1789년(정조13) 《호구총수戶口總數》(1789)에 따르면, 전국 인구는 750만 명이었다. 보수적으로 학교 복지가 조선 전체에서 가장 열악한 이북지역에 속한 평안도 철산군의 경우를 전국으로 확대해서 18세기 말, 19세기 초 조선 전체의 서당 수를 산정해 보자.

상술했듯이 6개면으로 구성된 철산군은 1개면에 사립서당이 17곳이었다. 여기에

1117) 이성심, 〈조선후기 면학(面學)의 교수체제 연구〉, 118-120쪽.

1118) 《承政院日記》, 정조 2년(1778) 8월 24일. "(李)命植曰 臣纔自義州遞來 以義州事 有仰達者矣. 義州處於 江邊直路 爲七邑中最要害處 專尙武力. 故曾有書齋禁令 而歲久漸弛 今則殆乎每洞里無不有之 其爲弊又有甚 大者. 所謂鄕人 首倡建置書齋 迎來學究 以其獨自接待之難 遍求常漢閑散輩之有童稚者 與之同力 受得幾卷 書 其所謂文字 不過記姓名而已. 自幼不把鋤 長而不操弓 平生只作浪散之人 無所成就 甚可矜悶."

1119) 심미정, 〈조선후기 서당교육〉, 인제대학교 교육대학원 교육학석사 논문(2005. 5.), 10쪽.

1120) 〈1911년 전국 면, 서당, 교사 및 학생 수〉. 《국가포털 통계》. 이성심, 〈조선후기 면학(面學)의 교수체제 연구〉, 120쪽에서 인용.

1121) 참조: 善生永助, 〈朝鮮の人口現像〉, 朝鮮總督府調査資料(1927).

1개면당 평균 1개소 면학서당을 합하면 도합 18개소의 서당이 1개면 안에 존재했고, 철산군 전체에는 108개소의 서당이 있었다. 1면의 서당 수를 18개소(17+1개 면학서당)로 계산하면 전국서당 수는 총 약 7만 8318개소(18개소×4351면 = 7만8318개소)다. 따라서 순조 8년 무렵(1807) 21가구당(21.26가구당) 서당이 1개씩 있었던 셈이다. 그리고 정조 10년 무렵(1766)에는 21(20.97)가구당 1개씩인 셈이다. 정약용은 18세기 말엽 서당은 4-5촌에 하나 꼴로 있고, 서당 1개소당 학생 수는 10명꼴이었다고 기록하고 있다.1122) 이에 따르면 전국 서당학생 총수는 83만 명에 달했을 것이다. 그러나 정약용이 늘 그렇듯이 과장과 축소가 심하므로 이를 물리고 합당하게 타산해보면 서당 1개소의 학생 수는 아마 평균 8명쯤 되었을 것이다. 이 추정치를 대입하면 전국 서당학생 총수는 적어도 63만 명(62만 6544명)에 달했을 것이다.

서당학생 총수로서 이 63만 명의 수치가 신뢰할 만한 것인지는 일제강점기의 학생 총수와 대비하면 바로 검증할 수 있다. 일제는 1910년 대한제국을 강점한 뒤 광무시대에 생겨난 3000여 개의 한국 신식학교를 억압·폐지하고 일본식 학교들을 집중적으로 세웠고, 이에 대항해 학생들은 사립서당으로 다시 몰려갔거나 일본식 학교에 아예 가지 않았다. 1924년 당시 일제강점기 학생 총수는 이 서당 학생과 일본식 학교 학생을 합산하면 산정할 수 있다. 1924년 서당 학생 수(23만 1754명)와 일본식 학교 학생 수(33만 3222명)를 합친 학생 총수는 56만 4976명이었고, 1930년의 학생 총수는 61만 4367명(46만 3475+15만 893명)이었다. 이 수치들은 조선 서당 학생수 63만 명의 수치와 아주 비슷한 수준이다. 따라서 18-19세기 '조선서당 학생 총수 63만 명'은 그대로 믿을 만한 수치라고 확언할 수 있다.

1887년 6월19일 정선에서 실시한 백일장에는 유생이 2400-2500명이 쇄도했고, 시험지에 압인하고 명단을 제출한 사람은 1900명이었다. 6월 20일 시험결과 부賦 24명, 시詩 49명, 고풍古風 79명 등 모두 152명을 포상했다. 정선군 백일장에 응시한 유생이 1900명이었다는 사실 하나만으로도 늘어난 관립·사립서당의 수학修學효과

1122) 丁若鏞, 《牧民心書》, 〈禮典·課藝〉: "大略四五村 必有一書齋 齋坐一夫子 (…) 領兒童十人."

를 알 수 있게 해 준다.[1123]

1896년부터 광무개혁의 개시로 신설된 신식학교가 3000여 개로 증가하면서 서당이 급감했다. 그러나 서당은 1906년 보통학교령 때부터 한국 신식학교에 일제의 탄압이 가해지고 잔존 신식학교가 일본식 학교로 변질되면서 다시 증가하기 시작했다. 1911년 당시 한국의 서당은 면수面數(4351)보다 4배나 많은 1만 6540개소였고, 서당학생 수는 14만 1604명이었다. 1개면에 4개 서당이 있던 이때도 면 단위 서당 조직을 넘어서서 리 단위 서당까지 구성된 지역이 다수였던 것이다.[1124] 1911년 이후부터 서당은 매년 1000개소에서 2000개소씩 급증했고, 3·1운동 다음 해인 1920년에는 일제하 서당 수에서 최고조에 달해 2만 5000개소(학생 수 29만 2000여 명)를 상회했다. 그러다가 1921년에는 서당 학생 수가 일제 강점기 역대 최고조에 달해 29만 8000여 명(서당 수 2만 4000여 개소)에 이르렀다.[1125] 1921년에는 서당 1개소에 평균 12.3명꼴로 배운 셈이다.

- 향교의 발달과 전국적 규모(333개소)

조선의 향교는 그 절정기에 일향일교一鄉一校원칙이 적용되어 서울의 사학四學을 합해 333개소(향교 329+사학4)에 달했다. 조선의 중등교육기관은 '학學'과 '교校'로 나뉜다. '학'은 서울의 동서남북 사학四學으로 확립되었다. '교'는 '1읍1교' 원칙에 따라 팔도 군현(부·목·군·현)의 '향교鄉校'로 확립되었다.[1126] 선초에 서울의 '학'은 고려조의 오부학당五部學堂을 답습했다. 하지만 향교는 선초부터 조선 고유의 국립 중등학교 제도로 출발한다.

고려 정부는 원종 2년(1261) 동서학당東西學堂을 설립하고 각각 별감別監을 두고 가르쳤다. 그 뒤 유교가 성하게 되자 공양왕 때 대사성 정몽주가 개경의 5부(동·서·중·

1123) 이성심, 〈조선후기 면학(面學)의 교수체제 연구〉, 130-131쪽.
1124) 이성심, 〈조선후기 면학(面學)의 교수체제 연구〉, 120쪽.
1125) 참조: 《朝鮮總督府통계연보》(1944년 발행).
1126) 여영기, 〈15세기 地方敎官政策의 정비와 訓導制〉, 《교육사학연구》, 23-2(2013), 24쪽.

남·북부)에 각각 학당을 세우기로 하고 '오부학당五部學堂'이라 했다. 그러나 북부학당은 설치하지 못했다. 조선시대에 와서도 고려의 제도를 따라 서울을 동·서·중·남·북의 5부로 나누고 여기에 각각 학교를 하나씩 세우기로 하여 오부학당이라 했으나 북부학당은 끝내 설치하지 않았다.

조선은 그대로 고려의 오부학당제를 계승해 운영했으나 이것이 사부학당으로 확립될 때까지는 세종조까지 기다려야 했다. 개국 직후라서 국가질서가 제대로 잡히지 않아 초기에는 학당의 건물을 제대로 갖추지 못하고 임시로 사찰의 건물을 빌려 썼다. 즉 동부학당은 순천사順天寺를, 서부학당은 미륵사를 이용했다. 태종이 즉위한 뒤 왕권이 확립되고 정치적 안정이 이루어지면서 1411년(태종11)에 남부학당이 한성부 남부 성명방誠明坊에 독립학당으로 건립되었다. 이와 함께 같은 해 11월 예조의 건의에 따라 송나라의 외학제外學制를 토대로 오부학당의 학제가 마련되었다. ① 오부학당은 성균관으로 하여금 업무를 분담해 교육하게 하고, 6품관 2원員을 교수관教授官, 7품 이하 관 5원員을 훈도訓導로 삼고, 성균관에서의 임무는 맡기지 않는다. ② 학당의 정도는 10세 이상 된 아동에게 입학을 허가하고, 15세에 이르러 소학小學의 공功을 이루면 성균관에 진학하게 한다. ③ 성균관 유생의 정원(150-200명)이 비게 되면 예조와 성균관의 관원이 학당에 나아가서 생도들의 실력을 시험해 성적우수자를 성균관에 진학케 해 결원을 보충한다. ④ 학당 생도들의 학과공부를 권려하는 법은 성균관으로 하여금 다스리게 한다. ⑤ 학당의 학령學令은 성균관의 법식에 따른다. ⑥ 성균관원이 학당의 교육을 맡게 되면 교훈教訓만을 맡기고 다른 업무는 겸임시키지 않는다. 이와 같은 오부학당의 학제가 마련됨으로써 이후 학당의 발전에 도움을 주게 되었다.

그러나 태종대까지는 남부학당 외의 다른 학당은 아직 독립적 학사를 가지고 있지 못했다. 이 문제는 유학의 진흥과 교육에 특별히 관심을 가지고 힘쓴 세종대에 이르러 해결되었다. 세종 3년(1421) 7월 정부는 남부학당을 중수重修해 중부학당 생도를 남부학당에서 같이 가르치게 했다.[1127] 그리고 세종 4년(1422) 12월에는 그때까지 남부학당 건물을 빌려 쓰고 있던 중부학당의 독립학사가 한성부 북부

관광방觀光坊에 신축되어 중부학당이 거기로 이사했다. 북부학당은 끝내 설치되지 않았다. 결국 동부·서부·남부·중부학당이 '사부학당'으로 확립된 것이다. 이 사부학당은 '사학四學'으로 칭해졌다.

중부학당이 독립학사를 마련하고 나서 서울 북쪽에 편재해 있던 경고京庫를 이용하고 있던 서부학당도 독립학사를 마련했다. 서부학당이 학생들의 조석간 내왕이 크게 불편했기 때문에 1435년(세종17) 한성부 서부 여경방餘慶坊에 독립학사를 신축해서 이사한 것이다. 사찰을 이용하고 있던 동부학당은 이전에 독립학사가 마련되었었고 1435년 8월에 학사를 보수했다. 그런데 이 동부학당의 건물은 1438년(세종20) 3월 북평관北平舘으로 바뀌고, 그 대신 한성부 동부 창선방彰善坊 소재 유우소乳牛所를 동부학당의 학사로 개축했다. 그러나 북부학당 계획은 끝내 실현되지 못하고 1445년(세종27) 완전 폐지되었다.

성종 때 편찬·반포된 《경국대전》에는 중학·동학·남학·서학의 사학이 종6품의 아문衙門으로 법제화되고 한성부에는 사학만을 두도록 규정되어 있다. 사부학당은 성균관에 견주어 규모가 작고 교육수준이 낮으나 교육방법·교육내용 등에서는 성균관과 유사했다. 따라서 사부학당은 성균관의 부속학교와 같은 성격을 띠었다. 다만 사부학당은 성균관과 달리 문묘를 설치하지 않고 교육만을 전담했다.

동부·서부·남부·중부 4개소의 서울 사학의 1개 '학' 또는 1개 '학당'의 정원은 100명이었고, 사학의 총학생수는 400명이었다. 《경국대전》에는 각 학에 교관 4인 (교수 2인, 훈도 2인)을 두고 성균관 전적典籍 이하의 학관學官이 겸임하도록 했다. 그러나 여러 개혁조치로 교관은 그 수와 명칭이 여러 번 변한다. 입학자격은 양인良人 이상의 신분으로 8세에 입학했다. 이것은 10세를 8세로 고친 것이다. 교육연한은 6-7년이었다. 사학은 《소학》과 사서四書를 중심 교과목으로 삼아 가르쳤다.

사부학당은 아무래도 양반자제들이 많이 다녔고, 시간이 갈수록 수많은 교육개혁 조치로 우수한 중등학교로 계속 발전해 나갔다. 그리고 사학에는 지방 향교와 다른

1127) 《世宗實錄》, 세종 3년(1421) 7월 4일: "남부학당을 중수해 중부학당의 생도를 나누어 옮겨 두어 교양했다(重修南部學堂 以中部學堂生徒 分置敎養.)."

특전이 있었다. 사학의 교수와 훈도는 성균관에서 직접 파견된 유생들이었다.

그리고 승보시升補試를 통해 성적 우수자로 선발된 사학의 학생은 문과대과 초시 합격자로 인정·대우받아 복시覆試(회시)를 볼 수 있는 응시자격을 얻었다. 또 성균관에 올라가 '기재생寄齋生'으로 수학할 기회가 주어졌다.

기재생은 사학 학생으로서 6년 수학 뒤 15세가 되어 성균관 대사성 주관으로 음력 10월에 실시하는 시부詩賦 중심의 승보시에 합격하면 각 학당 5명씩 성균관기재成均館寄齋에 들어감으로써 탄생한다. 이것은 커다란 특전特典이었다. 기재생은 '하재생下齋生'이라고도 불렸다. 그러나 기재생은 성균관 '상재생上齋生'과 똑같이 취급되었다. 사부학당에서는 5일마다 시험을 치르고, 예조에서는 달마다 시험을 쳐서 1년의 성적을 임금에게 보고했다. 사학의 학생들은 15일은 제술을 하고, 15일은 경사經史를 강독했다. 여기서 우수한 사람 5명씩을 뽑아 생원진사시에 직접 응시하게 했고, 매년 실시되는 유월도회六月都會의 우등자 1–2명은 회시會試(복시)에 직접 응시할 자격을 얻었다. 또한 높은 원점圓點(출석점수)의[1128] '사학기재생四學寄齋生'에게는 '알성시謁聖試'를 볼 수 있는 자격도 주었다. '사학기재생'은 오늘날 특별전형생으로 다른 기재생과도 달랐다. 다른 기재생으로는 공신의 자제로서 입학이 허가된 '문음門蔭기재생', 각도 추천 기재생 등이 있었다. 그러나 상재생은 하재생보다 신분적으로 높았으므로 서열과 구별은 엄연했다.

전체적으로 볼 때, 기재생 제도는 장학정책의 일환으로 시행되었던 일종의 공사제도貢士制度(인재천거제도)와 관련해 이해될 수 있다. 15세기 중종대 기재생 천거제도와 17세기 공거제도貢擧制度는 물론이고, 18세기에는 치경유생治經儒生(과거 강경과에서 시험관이 지정한 경서의 대목을 외는 유생)의 수가 많아져 시강試講과 통독通讀을 선발의 기본 절차로 삼았다. 하지만 각 도에 1인씩 기재생 승보 인원을 추천해 올리게 하거나, 상대적으로 교육 여건이 열악한 관서와 관북, 제주의 유생들을 특별히 배려하기도 했다. 기재생 제도가 지닌 공사제도로서의 성격이 조선 후기에도 여전히

1128) 처음에는 조식·석식에 다 참여해야 1점을 얻었으나, 나중에는 조식 참석을 1점으로 치고 석식에는 간여치 않았다.

유지되었고, 서울에 견주어 상대적으로 교육여건과 기회가 부족한 지방 유학幼學들을 배려하려는 정책적 기조도 지속되었다. 또 기재생 제도는 관학館學의 기재생을 치경유생治經儒生으로 충원해 전강殿講이나 식년시를 준비할 수 있도록 교육시켜 경학經學을 장려하는 성격도 띠고 있었다.

조선 전기와 달리 17세기 양난 이후 기재생은 사학에서 온 거재居齋유생 20명(각 학당 5명)과 기타 기재생 20명(문음+각도), 전체 40명의 정원이 정해졌다.[1129] 기재생 40명은 동재東齋(명륜당 동편에 있는 기숙사)와 서재西齋(서편 기숙사)의 끄트머리 재齋에 20명씩 나뉘어 기숙했다. 이 끄트머리 재를 '하재'라고 한다.

지방의 향교는 서울의 사학과 달리 문묘를 갖춘 점에서 성균관의 축소형이었다. 향교의 발전에 대한 정부의 관심은 선초부터 지대했다. 정부는 선초부터 사학과 더불어 향교를 발전시키기 위한 여러 절목들을 제정해 시행했다. 그리하여 17세기 이전에 향교는 전국적으로 확립되었다. 향교 발전을 위한 법규들은 아주 많다. 이에 대해 앞서 이미 언급했다. 권근의 〈권학사목〉(1407, 태종7), 성종조의 세 가지 법제 〈흥학절목〉(1472년, 성종3), 《경국대전》〈예전禮典·장권獎勸〉(1485, 성종16), 〈권학절목〉(1493, 성종24), 명종조의 〈경외학교절목(예조사목)〉(명종 1년 6월 1546), 인조조의 〈학교권장조목學校勸獎條目(소학사서예강응행절목小學四書禮講應行節目)〉(1634, 인조12), 송준길의 〈향학사목〉(1659, 효종 10년 6월), 조현명의 〈권학절목(양사규제)〉 (1732, 영조8) 등은 모두 다 법제화된 교육법령들로서 많건 적건 향교의 흥학興學과 관련된 것이다. 이 법제들의 세세한 규정들을 뜯어보아 향교의 변화발전을 추적하는 것은 오늘날 의미가 없다. 여기서는 향교의 발전을 전체적으로 알아본다.

향교의 '1읍1교' 원칙은 성종대까지 완전히 관철되었다. 그리하여 부·목·군·현 등 329개의 군현에 모두 향교가 세워졌다. 성종 16년(1485)부터 시행된 《경국대전》은 부府·목牧 이상의 큰 행정구역에 6품직 교수를, 군현에는 9품직 훈도를 중앙에서 파견하도록 하는 조항을 두어 지방 교관의 법제적 기반을 마련했다.[1130] 물론 앞서

1129) 여영기, 〈조선후기 관학(館學) 기재생(寄齋生) 제도 연구〉, 《교육사학연구》, 31-2(2021), 59~94쪽.
1130) 여영기, 〈15세기 地方教官政策의 정비와 訓導制〉, 24쪽; "군·현별로 1개소씩 설치", 이개동, 〈조선후

상론한 대로 조선정부는 중앙에서 군·현의 규모에 따라 파견하던 '교수'와 '(동몽)훈
도'를 임란 이후 계속 줄여 나갔고 《속대전》 규정에서도 수를 감소시켰고, 1785년
(정조9) 《대전통편》에서는 교관에 관한 전 조항이 아예 삭제되었다. 18세기 말
중앙에서 파견하던 교수·훈도·제독관 제도가 완전히 폐지된 것이다. 이것은 면·리
단위까지 학교제도를 구축한 도·면훈장제의 도입으로 일어난 제도변화였다.[1131]

향교의 공식적 책임자는 교학장 → 교도 → 훈도로 발전했다. 세종은 생원·진사를
활용해 500호가 넘는 고을에 우선적으로 '교도'를 복원하고 이를 더 확대·시행하도
록 조치했다.[1132] 세종 1년(1419) 11월에서 세종 2년 5월 사이에 이미 회시 초장의
강경講經합격자와 생원·진사 시재試才에서 뽑힌 자로 '교도'를 삼는다는 교도의
자격 기준이 마련되었다.[1133] 세종대 군현 단위의 훈도제 실시는 사실상 시행의
초기 단계에서 불가피하게 수정되었고, 유학 취재를 통한 지방교관 수급도 잠시
유보되었다. 세종 2년(1420) 5월에 수시로 필요인원을 차출할 수 있는 '취재'시험을
통해 교도를 선발하는 조치를 복구하도록 한 이 조치는 세종 1년 11월의 훈도취재
규정이 이듬해 5월에 교도취재로 변통된 것이다.[1134] 즉 세종은 앞서(1419) 녹관
훈도를 도입했었다. 녹관훈도는 권지차출,[1135] 생진천거生進薦擧, 유학훈도취재幼學
訓導取材라는 세 가지 경로를 통해 차임했다.[1136]

기 제도교육의 변화에 관한 역사사회학적 연구〉(1998년 부산대학교 대학원 교육학과 석사학위논문),
21쪽.

1131) 이성심, 〈조선후기 면학(面學)의 교수체제 연구〉, 112쪽.

1132) 여영기, 〈15세기 地方敎官政策의 정비와 訓導制〉, 25, 26, 30-33쪽.

1133) 《世宗實錄》, 세종 2년(1420) 5월 11: "예조에서 아뢰기를, 각 고을에 주현(州縣)의 교도(敎導)는
《문과》 회시 초장의 강경(講經) 합격자와 생원·진사를 뽑아 파견했는데, 식년 외에도 이전에 내렸던
교지에 의거하여 시재(試才)를 행해 파견하게 하소서"라고 하니, 그대로 따랐다(禮曹啓 州縣敎導 以會試
初場講經入格 生員進士 差遣 式年外 依曾降敎旨 試才差遣 從之.)."

1134) 여영기, 〈15세기 地方敎官政策의 정비와 訓導制〉, 36-37쪽.

1135) 권지는 과거급제자로서 삼관(三館; 홍문관, 성균관, 교서관)과 훈련원, 별시위 등에 나누어 배치되었
던 임용대기 중의 견습 관원이다. 문과 출신의 경우 삼관에 나누어 배치되고 무과 출신의 경우 훈련원과
별시위에 나누어 배치되었다.

1136) 여영기, 〈15세기 地方敎官政策의 정비와 訓導制〉, 34, 35쪽. 다음을 참조: 《世宗實錄》, 세종 1년(1419)
11월 15일(을묘) 기사: 충청도 관찰사 정진이 아뢰기를, "선비를 가르칠 스승은 반드시 널리 두어서

향교의 유생 가운데서 교수(관)를 보좌해 유생들에 관한 일을 맡아 보던 '학장'(조교격의 학무보조)은 입사로가 아니었으나 교도는 관직이었고, 이 교도 제도는 특히 세종대에 적극 확대 추진되었다. 1423년(세종5) 4월에 한 번 더 지방교관 자격 기준과 수급 방법을 재정비했다. 성균관과 교서관의 권지權知로서 임명된 자는 우선 적으로 "훈도"를 삼아 내려 보내고, 그 외 생원진사나 문과 회시초장 강경시험에 합격한 자 가운데 천거를 받은 자와, 유학幼學으로 예조와 각도 감사의 취재 시험을 통과한 자로서 "교도"로 삼아 거주지 부근의 지역으로 내려 보내는 것으로 결정되었다.[1137] 그러므로 '교도'와 '훈도'라는 명칭의 차이는 있지만, 40세 이상을 응시대상 자로 하여 매년 정월에 한 번 취재하고, 문과 회시 초장 강경 입격자는 시험 없이 임명한다는 《경국대전》, 〈이전吏典·취재〉조의 지방훈도 취재 관련 규정은 세종대에 이미 다 만들어진 것이다. 교관이 과전을 받는 현관으로 격상된 것도 세종대에 실현되었다. 예종대에도 '교도'에 대한 언급이 나오지만 그것은 모두 기억 속의 옛 교도에 대한 기록이고, 실제 군현단위의 교관은 "훈도"라는 용어로 단일화되었다. 군현 단위 교관 직명이 모두 '훈도'로 바뀐 것이다.[1138]

인재를 교육하여야 하는데, 지금 지군사(知郡事, 군수) 이하 각 관에 교수관이 없어서 배우는 사람들이 걱정하고 있습니다. 생원 등은 모두 원점(圓點)을 얻기 위하여 성균관에 올라갔습니다. 유학(幼學)을 학장(學長)으로 삼는다 할지라도 학생들이 모두 가볍게 여기니 원컨대 교수·훈도관을 두어서 학교를 일으키기를 바랍니다" 하니, 조말생은 불가하다고 하고, 허조와 원숙은 가하다고 했다. 임금이 명하기를, "5백 호 이상 되는 각 고을에 훈도관을 두되, 우선 삼관(三館)의 권지를 파견하고, 생원·진사로서 남의 스승이 될 만한 자는 다른 사람으로 하여금 보증을 서고 천거하게 하며, 서울은 예조에서, 지방은 관찰사가 사서와 이경(二經)으로 시험하여 후보자를 보고한 다음 임명하여 보내는 것을 영구히 정식으로 삼으라"고 했다(忠淸道觀察使鄭律啓 師儒之任必須廣置 敎育人才 今知郡事以下各官 無敎授官 學者病之 生員等皆以 圓點赴成均館 雖以幼學爲學長 學者皆輕之 願置敎授訓導官 以興學校 趙末生以爲不可 許稠及元肅以爲可 上命 五百戶以上各官 置訓導官 以三館權知 爲先差遣 其生員進士可爲人師者 許人保擧 京中則禮曹 外方則 觀察使四書二經試取 望報差遣 永爲恒式).

1137) 《世宗實錄》, 세종 5년(1423년) 4월 22일(임신) 3번째 기사: "吏曹啓 各道各官敎導 本家遙隔 則託故規 免者頗多 請依受敎 以成均校書權知 爲先稱訓導差下 如無權知 以生員進士 文科會試初場 講經入格者 及禮 曹取才者 各道監司取才者 各於所居附近官敎導差下 從之."

1138) 여영기, 〈15세기 地方敎官政策의 정비와 訓導制〉, 43쪽. 다음도 보라. 《睿宗實錄》, 예종 1년(1469년) 6월 20일(임신): "봉교奉敎 유호命造가 여러 고을의 훈도를 예전에는 생원과 진사로 제수했는데, 지금은 모두 유학幼學으로 차임해, 간혹 경술經術에도 통하지 못하는 자가 있으니, 청컨대 구례舊例에 따라서

540   제1장 국가의 존재이유

성종 3년(1472)에는 문신 범죄자·작산자作散者(산관으로 물러난 자)·좌천자左遷者·하등자下等者를 훈도로 차임하고 지방 교관을 무녹관화無祿官化했다.[1139] 여기서 범죄는 파직될 만큼의 치명적인 죄를 지은 것이 아니라 주로 직무상 과실이나 무능한 일처리 등으로 책임을 져야 하는 정도의 죄를 지은 경우를 의미한다. 《성종실록》 성종 6년(1475) 4월 1일과 7년(1476) 12월 10일 기사에는 문신 좌천자를 교수로 제수한다는 규정이 《대전속록大典續錄》에 실려 있다고 기록되어 있고, 《중종실록》, 중종 11년(1516) 12월 14일의 기사에는 "문신으로 전최殿最에서 하등下等한 자는 지방의 교수로 제수한다"는 규정이 《대전속록》에 기록되어 있다고 하고 있다. '전최'는 전조銓曹(이조와 병조)에서 도목정사都目政事(인사고과)를 할 때 각 관사의 장長이 관리의 근무성적을 상·하로 평정하던 법이다. 전최는 상이면 '최最', 하면 '전殿'이라 한 데에서 나온 말로 매년 6월 15일과 12월 15일, 두 차례에 걸쳐 시행했다.

성종 3년(1472)에서 5년(1474)까지의 실록 기사에서는 문신좌천자와 하등자를 지방의 교관으로 제수한다는 규정만 나오다가 성종 6년(1475) 이후부터 '무록無祿교수'에 관한 내용이 나오며, 성종 12년 이후의 기사에는 교수가 '무록관無祿官'으로 정착되었음을 확인할 수 있다. 종합하면, 성종 3년 무렵에 문신 범죄자, 작산자, 좌천자, 하등자를 교수와 훈도로 임명하면서부터 점차 지방 교관직이 무녹관화無祿官化되어 "지방교관은 무록관"이라는 관념이 고착되었다.[1140]

이와 같이 향교의 교육담당자는 조선 전기에 정부에서 파견한 '교수와 훈도'였다

생원·진사로서 나이가 40이 차고 학술이 있어 가히 사유師儒가 될 만한 자로 차임하소서라고 하니, 원상院相과 승지들에게 명하여 의논하게 했다. 마침내 임금이 이조·예조·병조·장례원에 여러 고을의 훈도 가운데 간혹 경서經書를 깨우치지 못하여 사표師表에 합당하지 못한 사람이 있으니, 이제부터 관찰사가 유생을 고강考講할 때에 먼저 훈도를 강하여 출척에 빙고하도록 하라고 전지했다(奉教俞造曰 諸邑訓導 昔以生員進士除授 今并差幼學 或有不通經術者 請依舊生員進士 年滿四十 有學術可爲師儒者差之 [... 命院相承旨等議之 遂傳旨于吏禮兵曹掌隷院曰 諸邑訓導 間有不解經書 不合師表者 自今觀察使考講儒生時 先講訓導 以憑黜陟.)."

1139) 참조: 《成宗實錄》, 성종 3년(1472) 6월 10일 文臣犯罪作散者及左遷者 例受外敎授 從之, 《성종실록》, 성종 3년(1472) 8월 28일: "文臣有罪左遷者 拜敎授訓導有法."; 《成宗實錄》, 성종 5년(1474) 4월 28일; 《成宗實錄》, 성종 5년(1474) 9월 16일.

1140) 여영기, 〈15세기 地方敎官政策의 정비와 訓導制〉, 51-52쪽.

가 '훈도'로 단일화되었고, 500가구 이하인 지역에는 수령이 '학장'을 임명했다. 그러나 조선 후기에는 지방자체에서 충원한 "교임들"이 지방 향교교육을 관리했고, 향교의 교임들과 별개로 "도훈장"은 군·현 단위 교육을 감독했다. 향교 교임과 도훈장의 임명은 지방교육행정 총책임자였던 수령이 주도했다. 향교교임과 도훈장의 역할 구분은 조선 후기 학생인구의 증가, 교수요원이 확충되면서 면·리 단위에 광범위하게 조직된 면학의 운영을 책임지기 위함이었다.[1141]

조선 후기 1783년(정조7) 향교 교임은 도유사都有司·장의掌議·유사有司·당장堂長 (향교생 가운데 연장자) 등으로 구성하도록 법정法定되었다. 도유사와 장의는 열읍列邑으로 하여금 특별히 그 지역 안에 학식이 있고 아주 명망이 있는 사람을 간택해 교육의 책임을 맡겼고, 경전·제술이 선先이고 과거科擧의 글이 후後임(先經術後程文)을 교육방향으로 삼도록 했다.[1142] 관찬 사료에서도 서원의 직임을 '원임', 향청의 직임을 '향임'으로 칭하고, 향교의 직임은 '교임'으로 표현하고 있다. '도유사'는 향교를 대표해 교임을 총괄하는 직책이었다. 지역에 따라서는 수령이 도유사를 겸임하는 경우도 있었지만, 도유사는 보통 법에 따라 유림 가운데 나이가 들고 덕망을 갖추어 일반인의 사표師表가 될 만한 유생이 선택됐다. 도유사는 제생들의 교학과 향교의 제반 일을 주관했다. 유림 가운데 문행이나 덕행이 있으며 근면하고

1141) 이성심, 〈조선후기 면학(面學)의 교수체제 연구〉, 122쪽.
1142) 《正祖實錄》, 정조 7년(1783) 1월 5일: "예조판서 정상순이 아뢰기를, '인재를 일으켜 성취시키는 것은 오로지 교육에 달려 있습니다. 열읍으로 하여금 특별히 그 지역 안에 학식이 있고 명망이 중한 사람을 간택해 교중校中의 도유사와 장의의 직임으로 차출해 교육의 책임을 맡깁니다. 그리고 그들로 하여금 문벌 있고 연소한 학업우수자와 범민凡民준수자를 선발해서, 매달 초하루와 보름에 학궁에 집합시켜 경전 등의 글을 돌아가며 강독하고 문의文義를 토론시키게 합니다. 그 고을 수령은 1년 4분기마다 그들을 초치해 강講을 시험해 보아 근만勤慢을 고사해 상벌을 시행합니다. 그리고 도백이 순행할 때 사장관四長官의 도회시강에도 열읍에서 하는 사례처럼 봄에는 강경을 시험하고 가을에는 제술을 시험해서 유생부류로 하여금 모두 다 경전·제술이 먼저이고 과거科擧의 글이 뒤라는 것을 알게 한다면, 인재를 일으켜 성취시키는 방법에 반드시 작은 도움이 없지는 않을 것입니다' 하니, 그대로 따랐다(禮曹判書鄭尙淳啓言 人才作成 專係敎育 使列邑 叩擇境內有學識望重之人差出 校中都有司·掌議等任 授以敎迪之責 使之遴選 有地周年少學優及凡民俊秀者 每月朔望 聚會學宮 以經傳等書 輪回講讀 討論文義. 邑宰每於一年四等 招致試講考勤慢 施賞罰 道臣巡歷時 四長官都會試講 亦如列邑之例 春則試講 秋則試製 使儒衿之流 咸知先經術後程文 則作興成就之方未必無少補 從之.)."

단정한 인물이 차출되는 '장의'는 문묘와 향교의 제반사에 관여했다. '유사'는 제생의 대표로서, 문묘를 비롯한 향교의 제향에 필요한 물건의 관리를 비롯한 도서의 보관과 향교에 출입하는 교생의 공궤(供饋)(식사공급)를 담당했다. 1-2명의 교생이 맡는 '당장'은 향교의 전곡 출납을 담당하는 '전곡典穀'의 역할을 수행했다.

〈권학절목(양사규제)〉 반포 뒤에는 향교에 도훈장과 면훈장 제도가 더욱 일반적으로 시행되었다. 면학도들은 도훈장과 면훈장이 실시하는 시험결과와 학문성취 정도에 따라 향교에 입학할 수 있었는데, 그 수는 읍의 크기에 따라 유동적이다. 이와 관련 〈권학절목(양사규제)〉를 보면, 다음과 같다.

1. 읍에서 문학행의로 명망이 뛰어난 자는 문과급제자·음관·생원·진사·유학을 따지지 말고 따로 한 사람을 택해 '도훈장'으로 정하고 수령이 직접 가서 예로써 간곡히 청한다.
1. 이미 도훈장을 정한 연후에는 수령이 도훈장과 상의해 따로 생원·진사·유학 가운데 문행을 갖춘 자를 '교임'으로 선정한다.
1. 이미 교임들을 정한 도훈장과 교임이 상의해 따로 각 면에서 문행이 뛰어난 자 한 사람을 택해 각면 '면훈장'으로 정한다. 큰 면은 1명으로 하고 면이 작아 합당한 인물이 없을 때는 부근에서 겸하도록 정한다.
1. 도훈장과 교임, 면훈장 등은 상의해 사족 가운데 15세 이상으로 총명단수하고 지행과 문재를 갖춘 자 가운데 소읍은 5인, 중읍은 10인, 대읍은 15인을 따로 선택해 향교에 들어가도록 권하고 관에서 양식과 물자를 지급한다. 교임이 권과를 전담하고 도훈장이 통령한다.
1. 거재유생 외에 사족·중인·서인을 막론하고 각 면에서 수를 한정하지 않고 따로 가르칠 만한 자를 택해 각 면훈장으로 하여금 나누어 교도를 담당하게 한다.[1143]

1143) 조현명,《歸鹿集》(20권20책) 권19, 〈유서·통유도내사우문〉: "一. 一邑中 有文學行誼名望最著者 毌論文南·生進·幼學 另擇一人 定爲都訓長 守令親往 以禮敦請. 一. 旣定都訓長 然後守令與都訓長相議 另擇生進幼學中有文行者 差定校任. 一. 旣定校任 然後都訓長與校任相議 另擇各面中有文行者一人 定爲各面訓長 大面則定數人 面小而無可合人 則從附近兼定. 一. 都訓長與校任 面訓長等相議 別士族中 十五歲以上聰明端秀有志行文才者 小邑五人 中邑十人 大邑十五人 或勸入鄕校 官給粮饌柴油 使校任專意勸課 而都訓

모든 사료에 되풀이되어 나타나는 사항이지만 여기서도 향교생들에게 "관에서 양식과 물자를 지급한다"고 함으로써 무상교육·무상숙식 원칙을 법으로 정하고 있다. 교민국가 조선이 도달한 이런 수준의 교육복지는 현재의 대한민국도, '복지천 국'이라는 북구제국도 도달하지 못했고, 내다볼 수 있는 미래에 지구상의 어떤 나라도 도달하지 못할 것이다.

향교 운영은 전적으로 수령과 도훈장이 주관했다. 수령과 도훈장이 상의해 교임을 임명했고, 선정된 교임은 도훈장과 상의해 면훈장을 임명했다. 도훈장제는 면훈장제 와 함께 실시되었는데, 이것은 면·리 단위의 권학勸學을 위한 정책적 의도에서 나온 것이었다. 도훈장은 면훈장의 권학 결과를 수령에게 보고했다. 그리하여 18세 기 이후 군학의 교육행정 관제는 면훈장-향교교임-도훈장-수령의 체계를 갖춘 것이다. 보고체계의 수립은 서당에 이르기까지 학교 운영이 실제적으로 이루어지고 있었다는 것을 의미한다.

조선시대 군현(부·목·군·현)은 도합 329개였다. 따라서 향교의 전국 총수는 329 개소였다. 이 가운데 부府는 총 52곳이었는데, 유수부가 4곳(전주·경주·영흥·평양), 대도호부가 4곳(안동·강릉·안변·영변), 도호부가 44곳(경기 7, 경상 7, 전라 4, 황해 4, 강원 5, 영안도 8, 평안도 6, 기타)이었다.

학생정원을 부(유수부·대도호부·도호부), 목, 군·현 순으로 살펴보자. 52개의 부府 에는 52개소의 향교가 설치되었다. 《경국대전》에 유수부의 유생(유학생도) 정원은 90인이고, 의학醫學생도 16, 율학律學생도 14인이다. 그리고 대도호부와 도호부는 유학생도 70인이고 의학생·율학생은 각 12인이다. 따라서 전국 52개 부府의 총학생 수는 유학생도 3720명, 의학생도·율학생도 1272명 등 도합 4992명이다.

'목牧'은 총 20개 지역이다. 따라서 20개소의 향교가 있었다. 《경국대전》에 따르면 목은 정3품관 목사가 파견되어 지방행정의 소小중심 구실을 했다. 20개의 목은 목사와 종6품관인 교수가 파견되었다. 목이 설치된 곳은 경기도 광주·여주·파주·양

長統領. 一. 居齋儒生外 毋論士族中庶 各面勿限數 另擇其可敎者 使各面訓長 分掌敎導.'

주, 충청도 충주·청주·공주·홍주, 경상도 상주·진주·성주, 전라도 나주·제주·광주, 황해도 황주·해주, 강원도 원주, 평안도 안주·정주·의주 등이다. 목은 늘 계수관界首 官(학군의 으뜸 행정구역)이었기에 군·현보다는 여러 가지로 우대되었다. 목의 유학생 도 정원은 70인, 의학생도·율학생도 정원은 각각 14인이었다. 따라서 전국 목의 총학생수는 유학생도 1400명, 의학·율학생도 560명 등 도합 1960명이었다.

군은 82곳이고, 군 향교는 모두 82개소였다. 《경국대전》에 경기에 7개소, 충청도 에 12개소, 경상도에 14개소, 전라도에 12개소, 황해도에 7개소, 강원도에 7개소, 영안도(=함경도)에 5개소, 평안도에 18개소 등, 모두 82개소의 군 향교가 설치되었 다. 종4품 군수의 행정관청은 군아郡衙였다. 1군 향교 유생 정원은 평균 50명이었다. 따라서 전국 군소재 향교의 총학생수는 4100명이었다.

현은 175곳이고, 현령(큰 현)과 현감(작은 현)이 파견되었다. 1현 향교의 유생 정원은 《경국대전》에 30명으로 규정되었다. 따라서 전국 현縣 소재 향교의 총학생수 는 5250명이었다.

향교와 학생 수의 계산에서는 서울 사부학당(사학)도 넣어야 한다. 사학은 동부학 당·서부학당·남부학당·중부학당 4개소였다. 1학당 정원은 100명이고, 사학의 정원 총수는 400명이다. 그러므로 전국 학교學·校 총수는 333개소(서울 사학 4개소 + 향교 329개소)였다. 그리고 전국 학·교 총 유학생도 수는 1만 3230명이다. 주지하다 시피 의학·율학생도 총수는 1832명에 달한다. 이 의학·율학생도 수를 포함한 학·교 총학생수는 1만 5062명이다. 그러나 이것은 법률상의 정원일 뿐이고 실제 향교학생 수는 이 법적 정원 총수보다 10배가 많았다(이에 대해서는 후술한다).

- 향교 정원(1만 5062명)과 실제 학생 총수(15만 620명)

방금 산정한 것처럼 전국 학·교 총 유학·의학·율학생도의 법정 정원 총수는 1만 5062명이다. 그러나 실제 사학·향교 학생 수는 이 법적 정원보다 10배 이상 많았다. 조선시대 실제 총학생수를 알려면 이 숫자에는 18세기 초 이래 향교의 정액보다 10배 이상 많아진 정원외 학생額外生, 또 성균관의 정원과 하재의 기재생

정원(40명), 그리고 관립·사립서당 학생 총수를 다 더해야 한다.

그러나 여기서는 정원보다 10배 이상 많았던 향교의 학생 수만을 들여다보자. 17세기 말엽 이래 중화(평안도)·안동·남원 등 대도호부와 도호부의 향교에서는 정원이 90명에 불과한데도 정원외 학생 수가 1000명에 이르고 있었다. 중화·안동·남원향교의 이 실제 학생 총수는 정원의 12배 이상에 달한 것이다. 1674년(현종15) 7월 지사 유혁연은 이렇게 보고한다.

> 교생校生을 명분으로 삼는 한유閑游 무리들의 수가 심히 많습니다. 중화·안동·남원 등과 같은 읍에서는 때로 1000명에 이르고 있습니다. 그러한 부류들을 군액軍額에 채워 넣지 못하기 때문에 일반 백성들이 그 수고를 당하고 신역身役이 고르지 못합니다.[1144]

향교는 교생의 지위를 얻으면 군역 등 각종 신역을 피할 수 있었으므로 거의 모든 양반과 요호부민의 자제들이 군역을 피해 향교로 몰려들었기 때문에 전국적으로 향교 교생의 수는 정원을 몇 곱절 초과하게 되어 있었다. 이들은 사비를 대고 들어온 청강생들이었다. 이 청강생제도는 이들이 향교의 정식 재학생들에 대해 무상교육·무상숙식을 보장하는 전통적 교육복지 원칙의 실질적 구현에 재정적으로 크게 도움이 되었기 때문에 갈수록 폐하기도 어려워졌다.

그러나 이런 현상은 다른 지역도 마찬가지였고, 오히려 중화·안동·남원의 실태를 5배, 10배 넘어섰다. 숙종 37년(1711) 영의정 서종태는 나주향교의 정액은 90인인데 실제는 5,000명이 넘었고, 평안도 정주 교생은 10,000명에 달한다고 보고한다.

> 교생校生의 고강考講은 의당 절목 가운데 포함시켜야 하겠으나 큰 줄거리만을 먼저 품달 하옵니다. 듣자니 외방의 교생을 큰 고을의 경우 원액元額 외에 모입冒入한 자가 수천 명이 되는 곳도 더러 있다 하니 참으로 지극히 한심스럽습니다. 한번의 정돈을 어찌

1144) 《顯宗改修實錄》, 현종 15년(1674) 7월 3일: "閑游之輩以校生爲名者 其數甚多. 如中和·安東·南原等邑 或至千數. 如此之類 不得充定軍額 故民受其苦 而身役不均矣."

그만둘 수 있겠습니까? 낙강落講이 되면 군역에 태정汰定(골라 뽑아 정함)하는 것은 본래의 법 규정이나 그중에는 혹 여러 대를 유儒로 일컬어져 왔는데 일조에 태정되면 마치 사지死地에 떨어진 것처럼 여겨 원독怨毒이 틀림없이 깊을 것이나 조정에서 어찌 이것을 돌보아주어야 하겠습니까? (...)[1145]

이에 우의정 조상우趙相愚가 나주와 정주의 예를 들어 사태의 심각성에 대해 이렇게 부연했다.

대체로 한번 낙강한 자는 법의 규정대로 바로 낙강여정落講餘丁으로 돌리면 어찌 시원스럽지 않겠습니까마는 나주 고을로 말하더라도 원액은 90인에 불과한데 지금은 5000인이 넘고, 정주定州의 교생 역시 1만 인에 이른다고 합니다. 이로 미루어 보면 다른 고을의 액외額外도 얼마가 되는지 모르는 일인데 곧바로 태정한 뒤에는 법 조항도 알지 못하고 원성이 덩달아 일어날 것이니 난처한 사단은 되려 침징侵徵의 폐단보다 심함이 있을 것입니다.[1146]

영의정이든 우의정이든 이런 사태를 감수하는 수밖에 없다고 자포자기하고 있다. 우리에게 중요한 것은 정원이 90명밖에 되지 않는 나주·정주와 기타 부府의 1개 향교에 "모입冒入"한 교생들이 "수천 명", 아니 "5,000명", "10,000명"에 달했다는 말이다. 이것은 정원의 56배, 112배에 달한 수치다. 따라서 실제 향교유생의 총수가 정원의 10배 이상이라고 말한 필자의 산정은 아주 보수적인 타산이다.

다시 상기하면, 사학·향교의 법적 정원 총수는 1만 5062명이다. 이 수치를 10배로

1145) 《備邊司謄錄》, 숙종 37년(1711) 10월 28일: "徐曰 校生考講 當入節目中 而大旨先此稟達 聞外方校生 大邑元額外 或至於累千者有之 誠極寒心 一番整頓 烏可已乎? 落講則汰定軍役, 自是法例, 而其中或有累代 以儒爲稱, 一朝降定, 則如入死地, 怨毒必深, 而朝家豈可以此過爲顧念哉."

1146) 《備邊司謄錄》, 숙종 37년(1711) 10월28일: "右議政趙曰 (...) 蓋一番落講者, 依法直歸之 落講餘丁 則豈不快活 而以羅州一邑言之 元額不過九十名 而今過五千人, 定州校生 亦至萬人云. 以此推之 他邑額外 又不知其幾何 則直定之後 不識法例 怨言朋興 難處之端, 反有甚於侵徵之弊."

불리면 15만 620명에 달한다. 여기에다 전국 서당학생 총수는 적어도 62만 6544명을 더하면 조선의 총학생수는 78만 명(77만 7164명)이다. 이 수치는 100만 명을 향하고 있다. 우리가 '학교로서의 국가' 조선에 대한 논의를 통해 궁극적으로 얻으려는 것은 3단계 학제의 각급 학교가 연간 요구하는 교재의 총량이다. 학생과 훈장, 훈도 1인이 책종을 따지지 않고 각기 교재를 4권씩만 필요로 한다고 하더라고 교과서 수요는 천문학적 수량으로 증가할 것이다. 조선의 학교들은 전국적으로 매년 이런 규모의 교재에 대한 수요를 낳을 것이다.

■국립대학 '성균관'과 도립대학 '영학營學'

오늘날 대학격에 해당하는 조선의 고등교육 학교는 보통 국립 성균관과 사립 서원으로 알려져 있다. 후기 조선에서 팔도의 감영에 전국적으로 설치되었던 도립 지방대학 '영학營學'은 그간 알려져 있지 않았다. 그러나 영조 이후 조선의 관립대학은 기실 국립대학교 '성균관'과 공립 지방대학 '영학'으로 구성되어 있었다.

- 조선 국립대학 성균관의 성립과 발전

국립대학 '성균관成均館'은 '태학太學', '반궁泮宮', '현관賢關', '근궁芹宮', '수선지지首善之地', '경학원經學院' 등으로 다양하게 불렸다. 인재양성을 위한 이런 최고학부의 기원은 중국 주대周代에 천자의 도읍에 설립한 벽옹辟雍과 제후의 도읍에 설립한 반궁泮宮에서 찾을 수 있지만, 우리나라에서는 고려시대의 국자감國子監, 신라시대의 국학國學, 그리고 멀리는 고구려의 태학太學으로까지 거슬러 올라갈 수 있다. '성균成均'이라는 명칭이 처음 사용된 것은 1298년(충렬왕 24)에 국학(국자감의 개칭)을 '성균감成均監'이라 다시 개칭한 데서 비롯된다. 성균감의 '성균'은 중국 오제五帝시대의 최고학부의 명칭 "성균成均"에서 따온 것이다. 10년 뒤 1308년 충선왕이 즉위하면서 성균감은 '성균관'으로 다시 개칭되었다.

그런데 1356년(공민왕5) 강력한 배원정책排元政策의 추진으로 관제를 복원하면서 성균관은 다시 국자감으로 환원되었다. 그러다가 1362년 다시 성균관으로 복원되었다. 그 사이 성균관(국자감)에 종래 유교학부와 함께 병설되었던 율학律學·서학書學·산학算學 등의 기술학부가 완전히 분리되어 기술교육이 따로 실시됨으로써, 성균관은 명실 공히 유학교육만을 전담하는 학부가 되었다.

이와 같은 곡절과 내력을 가진 성균관은 조선에서도 그대로 존치되었다. 조선왕조의 한양천도에 따라 성균관은 새 도읍지의 동북부지역 '숭교방崇敎坊' 부근(현, 종로구 명륜동 성균관대학교 구내)에 터가 정해졌다. 성균관 건축공사는 1395년(태조4)부터 시작되어 1398년 대성전大聖殿(나중에 '大成殿'으로 개칭)과 동무東廡·서무西廡의 문묘를 비롯해 명륜당·동재東齋·서재西齋·정록소正錄所·식당·양현고 등의 건물이 완성되었다. 반궁제泮宮制의 필수요소인 반수泮水와[147] 도서관 '존경각尊經閣'은 1478년(성종9) 뒤늦게 갖추어졌다.

조선 개국 초에는 고려시대의 직제를 그대로 이어받아 대사성大司成(정3품) 1인, 좨주祭酒(종3품) 1인, 악정樂正(정4품) 2인, 직강直講(정5품) 1인, 전부典簿(정6품) 1인, 박사博士(정7품) 2인, 순유박사諄諭博士(종7품) 2인, 진덕박사進德博士(정8품) 2인, 학정學正(정9품) 2인, 학록學錄(정9품) 2인, 직학直學(정9품) 2인, 학유學諭(종9품) 4인을 두고, 서리書吏 2인을 배속시켰다. 2품 이상의 대신 가운데 학덕이 높은 자를 성균관제조成均館提調 또는 겸대사성兼大司成에 겸임시켜 교육에 임하도록 하는 제도도 그대로 답습되었다. 그리하여 성균관 관원은 일단 이 24명으로 구성되었다. 그 외에 성균관의 겸관兼官으로 지사知事와 동지사同知事가 설치되었다. 1401년(태종1)에는 직제의 일부가 개정되어 좨주가 사성司成, 악정이 사예司藝, 전부가 주부注簿로 개칭되었다.

그 뒤 1466년(세조12)의 관제 대개혁 때 성균관의 직제도 재정비되었다. 《경국대전》에 명문화된 성균관 직제는 지사(정2품, 겸관) 1인, 동지사(종2품, 겸관) 2인, 대사성(정3품) 1인, 사성(종3품) 2인, 사예(정4품) 3인, 직강(정5품) 4인, 전적典籍(정6품) 13인, 박사(정7품) 3인, 학정(정8품) 3인, 학록(정9품) 3인, 학유(종9품) 3인을 두고,

---

1147) 이승원, 〈성균관의 교육시설 연구〉, 《敎育問題硏究》 제7집(1995. 2.), 197쪽.

서리 10인을 배속시켰다. 전임교원은 34명, 전임 총직원은 총 45인이었다.

사성 이하, 전적 이상의 관원 가운데 5인(사성, 사예, 직강)은 종학宗學의 교관을 겸했다. 그리고 전적 이하의 관원 가운데 16인(전적, 박사, 학정, 학록, 학유)은 사학四學의 '교관', 곧 교수와 (동몽)훈도를 겸했다.

개국 초 성균관 유생의 정원은 150인이었다. 그러다가 1429년(세종11) 200인으로 증원되었다.[1148] 이 가운데 상재생上齋生(상사생上舍生)이라 불린 절반은 생원·진사로서 입학한 정규생正規生이었다. 나머지 반은 기재생(하재생)이라 하여 사학기재생·각도기재생(1명)·문음 등에서 뽑힌 각종각색 유학幼學들이었다. 따라서 상재생은 하재생보다 신분적으로 높았고 구별이 엄격했다.

상술한 대로 기재생의 대다수는 사학생도로서 승보시에 합격해 입학한 승보기재升補奇齋와, 부조父祖의 공덕으로 입학한 문음기재門蔭奇齋로 구성되었다. 성균관 입학자격은 《경국대전》에 따르면 ① 생원과 진사, ② 사학생도 가운데 15세 이상으로 《소학》 및 사서四書와 오경 가운데 1경에 통한 자, ③ 공신과 3품 이상 관리의 적자嫡子로서 《소학》에 통한 자, ④ 문과대과와 생원·진사시의 초시(한성시漢成試와 향시鄕試)에 합격한 자, ⑤ 관리 가운데 입학을 원하는 자에게 입학자격이 주어졌다.

성균관에 입학한 유생들은 동재東齋와 서재西齋에 나누어 기숙하면서 공부했다. 이들은 아침·저녁 식사 때마다 식당에 비치된 명부인 도기到記(출석부)에 서명하게 되어 있었다. 이것은 '원점圓點'을 계산하는 근거가 되었다. 아침·저녁 두 번 식당에 들어가 서명해야 원점 1점을 얻게 되었다(나중에는 조식 한 번만 원점을 하고 석식은 자유로 방임했다). 이러한 원점은 오늘날의 출석점수와 같은 것으로서 성균관 유생들로 하여금 동·서재에 기숙하면서 학업에 열중하게 하기 위하여 제정된 것이다.

원칙적으로 이 원점 300점을 취득한 자, 곧 성균관에서 통산 300일 이상 기숙하며 공부한 유생에게만 '관시館試'에 응시할 자격을 주었다. '관시'는 조선시대 성균관에 수학하는 유생들이 응시하는 식년문과 초시다. 관시에 응시할 수 있는 유생의 수는

1148) 이승원, 〈성균관의 교육시설 연구〉, 195-196쪽.

처음에 30명이었다가 1417년(태종17) 50명으로 늘렸다. 관시에 응시하는 성균관 유생은 소과에 합격한 생원·진사였다. 이러한 자격을 지닌 유생은 대개 성균관 상재생이나 사학승보생인 하재생이었다.

참고로, 각종 과거시험의 제1차 시험은 모두 다 '초시'라고 했다. 조선시대 과거로는 ① 과거 가운데 대과(문과), ② 소과(생원진사시), ③ 무과, ④ 잡과가 시행되었고, 각각 그 1차 시험은 '초시'로 불렸다. 문과와 무과는 초시·복시覆試·전시殿試를 실시하고, 소과와 잡과는 초시·복시를 실시했다. 초시는 식년(자·오·묘·유) 봄에 치를 복시에 대비하여 식년 전해의 9월 초순 무렵에 치러졌다.

초시에는 관시·한성시·향시가 있었다. 관시는 문과에만 있던 시험으로 성균관 유생 가운데 출석점수(원점)가 300점 이상인 사람들만 응시할 수 있었으며, 한성시는 서울에서, 향시는 각 지방별로 시행되던 시험이다. 문과는 초시에서 모두 250명을 뽑았다. 이 250명은 관시 50명, 한성시 60명, 향시 140명으로 배정되었다. 무과의 경우 원시院試(훈련원에서 실시한 무관 초시) 70명, 향시 120명 등 모두 190명을 뽑았다. 잡과는 해당 관청별로 초시를 치러 역과譯科 57명, 의과醫科 18명, 음양과陰陽科 18명, 율과律科 18명을 뽑았다. 한편 소과인 생원진사시는 한성시에서 생원·진사 각 200명, 향시에서 생원·진사 각 500명씩 모두 1400명을 뽑았다.

성균관 유생들은 재학중 '학령學令'의 적용을 받았다. 소학정신小學精神에 기초를 둔 '학령'은 성균관 학칙인 동시에 관학官學 일반의 학칙이었다. 학령의 주요내용은 ① 학관일강學官日講(경서시험經書試驗)과 순과旬課(제술시험製述試驗)를 실시하며, 그 성적은 연말에 종합해 식년시에 참작하고, ② 노老·불佛·백가자집百家子集을 읽는 자, 고담이론高談異論을 좋아하는 자는 벌하고, ③ 조정을 비방하는 자, 사장師長을 모독하는 자, 권세에 아부하는 자, 주색을 말하는 자는 벌하고, ④ 오륜을 범하는 자, 절개를 굽힌 자, 교만한 자, 스스로 자랑하는 자, 사치한 자, 교묘한 말과 보기 좋게 꾸민 얼굴빛으로 남의 환심을 사려는 자 등은 재齋에서 쫓아내고, ⑤ 고강분수考講分數(강경시험의 점수)는 대통大通·통통·약통略通·조통粗通으로 나누며, 조통 이하는 벌하고, ⑥ 매월 8일·23일은 정기휴일로 세탁하거나 부모를 찾아 뵙는 여가를 주고, ⑦ 해마다 품행이 단정하고 시무時務에 밝은 유생 1~2인을 천거해 서용한다는 것이다.

성균관의 교육내용은 가장 기본적인 《대학》·《논어》·《맹자》·《중용》의 사서와 《예기》·《춘추》·《시전》·《서전》·《주역》의 오경을 비롯해 《근사록》·《성리대전》·《통감》·《좌전》·《송원宋元절요》·《경국대전》·《동국정운》 등이었는데, 이 교재들은 과거시험 과목에 따라서 변동이 있기도 했다. 앞서 시사했듯이 조선 전기에는 《성리대전》이 교재에서 배제되었고, 기묘사화 이후에는 반세기 동안 주희가 쓴 《근사록》이 배제되었다. 《성리대전》은 인조 이후 성리학공부가 강화되면서 추가된 것이다. 이 밖에 시詩·부賦·송頌·책策과 같은 글을 짓는 방법을 비롯해 왕희지와 조맹부의 필법도 익히게 했다.

성균관 유생들이 재학중 학습한 내용에 대한 교육평가로는 학령에 명시되어 있는 학관일강과 순과를 비롯해 예조월강禮曹月講이 있었는데, 그 성적은 연말에 종합되어 식년시와 천거薦擧에 참작되었다. 한편 성균관유생들은 과거에서 여러 가지 특전을 부여받았는데, 관시·알성시·춘추도회春秋都會 등이 그것이며, 그 밖에 천거의 특전을 받기도 했다. 성균관은 문과 수험준비를 위한 과업교육科業教育을 담당하는 기관이었기에, 입학규정은 엄하면서도 일정한 재학기간이나 졸업일이 없었다. 과거에 합격하는 날이 바로 졸업일이었다고 할 수 있다.

유생들이 재학하는 동안 일상생활의 중심이 되는 곳은 그들의 기숙사인 동·서재였다. 재에서 유생들의 생활은 규칙이 엄격하였고, 이 규칙은 유생들의 자치활동에 따라서 운영되었다. 조선 후기에 편찬된 《태학지太學志》에 따르면 유생들의 자치기구로 '재회齋會'가 있었고, 그 임원으로 학생회장격의 '장의掌議'를 비롯해 색장色掌·조사曹司·당장堂長 등이 있었다. 유생들 자체의 내부 문제는 재회를 통해서 자치적으로 해결했다. 그런데 유생들의 자치활동은 때로 성균관 밖의 문제를 대상으로 이루어지기도 했다.

조정의 부당한 처사에 대한 시정 요구, 선대의 어떤 유신儒臣을 문묘에 배향하라는 요구, 이단배척 요구 등이 있을 때는 재회를 열어 소두疏頭를 뽑고 유소儒疏를 올렸으며, 자신들의 요구가 받아들여지지 않을 경우에는 소행疏行(집단시위)이나 권당捲堂(수업거부, 단식투쟁) 또는 공관空館(동맹휴학) 등의 실력행사로 맞섰다.

유생들은 모두 동재와 서재에서 기숙사생활을 하는 동안 음식과 학용품 등의 생활필수품 일체를 국가로부터 지급받는 관비생이었다. 이에 드는 경비는 국가에서 성균관에 내려준 학전學田의 세수稅收와 성균관 외거노비外居奴婢의 신공身貢으로 충당되었다. 학전은 개국 초에 지급된 1035결結과 1431년(세종13)에 지급된 965결을 합쳐 2000결이었다. 그런데 1447년과 1484년(성종15)에 더 보충이 되어 2400여 결로 증액되었다. 성균관 노비(반인泮人)는 선초에 그 수가 약 300명이었는데, 이들은 대부분 고려 충렬왕 때 성균관을 재건하는 데 공이 컸던 안향安珦이 기증한 사노비의 후손들이었다. 그러나 1419년(세종1)에 왕이 노비 100명을 더 내려주고, 그 뒤의 여러 왕들도 유학진흥과 인재양성을 위해 노비를 내려주는 예가 있어서 그 수는 400여 명으로 늘어났다. 성균관 노비는 선상노비選上奴婢와 외거노비外居奴婢로 구분되는데, 선상노비는 성균관내의 잡역에 종사했고, 외거노비는 지방에서 생업에 종사하면서 신공을 바쳤다. 반인은 성균관 동쪽 뒤편에서 소위 '반촌泮村'을 이루고 살았다. 이들 가운데 '재인宰人'이라 불린 백정들이 도살업에 종사했다. 성균관의 제사에 소용되는 희생犧牲을 잡는 것이 이들의 임무였으며, '현방懸房' 또는 '다림방'이라고 하는 푸줏간을 독점적으로 경영할 수 있는 상업특권을 부여받았다. 도살업이 조선 중기 이후에는 반인들의 가장 중요한 생업이 되었다.[1149] 반인들의 도움을 받은 성균관생이 관리로 출세하게 되면, 그 대가로 반인의 현방 영업을 지원했다. 반촌에는 관리 12위를 모신 숭보사崇報祠가 있었고, 광복 몇 년 전까지도 제사를 지냈다. 숙종 연간의 성균관 입역노비는 340호 2000-4,000여 명 정도였고, 반인의 인구증가로 반촌은 점차 커져서, 정부에서도 반촌 동쪽의 사섬시司贍寺 공터를 제공하는 등 조처를 취했다. 그런데 성균관 유생들의 교육경비로 쓰이는 전곡錢穀의 출납은 양현고養賢庫에서 담당했다.

1149) 참조: 안대희, 〈반촌泮村의 실태와 반인泮人의 활동〉, 《성균관과 반촌》(서울: 서울역사박물관 전시과, 2019); 박지영, 〈성균관 노비 반인泮人의 존재양상과 상업활동〉, 《성균관과 반촌》.

성균관은 1592년(선조25)에 임진왜란으로 불타버려 폐허가 되었었다. 그 중건공사는 전쟁이 끝난 뒤인 1601년에 시작되어 1606년까지 대성전·동무·서무의 문묘와 동재·서재·명륜당 등의 주요 건물이 다시 세워졌고, 1626년(인조4)에 존경각·정록청·식당·양현고 등의 부속건물도 중건되었다. 그리고 그 뒤에 비천당丕闡堂·일량재─兩齋·벽입재闢入齋·계성사啓聖祠·육일각六─閣 등의 새로운 시설이 건립되어 그 규모가 전보다 확대되었다. 조선 후기에는 성균관의 직제가 일부 바뀌어 좨주(정3품) 1인과 사업(司業, 정4품) 1인을 새로 설치하는 대신 사성(종3품)·사예(정4품) 각 1인을 감축했고, 서리 10인을 21인으로 증원시켰다. 그리고 실제 운영상의 직제로서 임시직이거나 겸직이기 때문에 조선 후기의 법전인《속대전》에는 명문화되어 있지 않지만,《태학지》에는 명시되어 있는 겸직강兼直講 1인 및 겸박사兼博士·겸학정兼學正·겸학록兼學錄·겸학유兼學諭 각 3인이 증설되었다.

입학정원은 임진왜란 이후 국가재정의 궁핍과 성균관 재원의 감소로 75명으로 대폭 감축되었으나, 1742년(영조18)에 126명으로 다시 늘어났다. 그 가운데 106명은 생원·진사이고, 나머지 20명은 기재생이었다.[1150] 하지만 법과 실제 사이에는 늘 그렇듯이 큰 차이가 있었다. 성균관은 법정 정원에 크게 구애받지 않고 필요에 따라 이후에도 늘 탄력적으로 정액 운영을 한 것으로 보인다. 입학자격은 다소 완화되어《경국대전》에 규정된 자격을 갖춘 자 이외에 ① 서울과 지방의 유생 가운데 시강試講에 뽑힌 자, ② 과시科試과목의 하나인 통독通讀에서 기준점수는 얻었으나 합격하지 못한 자가 추가되었다. 그리고 양반 신분이 아닌 서출庶出의 생원·진사도 입학했는데, 이들은 '남헌南軒'에 기숙했기에 '남반南班'이라 불렸다.

성균관 유생에 대한 특전은 초기에 견주어 확대되어서 관시·알성시·춘추도회 외에 전강殿講, 춘추도회를 확대시킨 절일제節日製(절제節製 또는 반제泮製), 황감제黃柑製, 도기과到記科, 응제應製 등이 있었다. 그리고 관시의 응시에 주로 적용된 원점 300점의 기준이 크게 완화되어, 1744년(영조20)에는 50점으로 낮추어졌다.

1150) 박현순, 〈조선시대 성균관과 성균관 유생〉, 219-220쪽.

성균관의 교육재원으로 중요한 것은 전통적으로 학전과 노비였으나, 조선 중기 이래 성균관의 수세지로 각 지역의 토전土田을 절수折受받기(몇 번에 나누어서 받기)도 했다. 그런데 조선 초기인 성종 때에 2400여 결이나 되었던 학전은 17세기 중엽인 효종대에 358결로 크게 줄었고, 그 뒤 400결을 지급받게 되었다. 이것이 《속대전》에 명문화되었다.

그리고 성균관에서 절수받은 토전도 조선 후기에는 여러 궁가宮家 또는 국가기관에 의해 빼앗기는 지경이 되었다. 한편 《태학지》에 따르면, 노비의 수는 조선 초기에 400인 정도이던 것이 18세기 전반 즈음에는 신공을 바치는 장노비壯奴婢의 수가 크게 늘어나 7,000여 명이나 되었다. 그러나 성균관 노비가 1750년(영조26)에 호조로 이속됨으로써, 이후로는 호조에서 신공을 거두어 1750년에 거둔 성균관 노비(반인)의 신공총액만큼을 성균관에 보내는 식으로 바뀌었다.

대체로 조선 후기에는 성균관 자체의 교육재정이 궁핍해지고, 과업科業교육(과거시험교육)의 기능까지 담당하는 서원이 발달한 데다 성균관 유생들이 당쟁에 휩쓸려 학업을 소홀히 하고, 집권층인 벌열閥閱들이 과거시험을 불공정하게 운용함으로써 성균관은 그 교육기능을 제대로 발휘하지 못하고 부진하게 되었다. 1876년(고종13) 개항 이후 근대화와 신식교육의 분위기 속에서 이제까지 부진을 면치 못했던 구교육의 총본산인 성균관은 더욱 침체하게 되었다.

이 성균관 논의에서 얻을 수 있는 수치 정보는 양란 이후 성균관 학생 정원이 126명으로 줄기도 했지만 성균관의 전성기에는 학생수가 200명, 전임교원은 34명에 달했다는 것이다. 실제는 성균관 학생 수도 이 정원보다 몇 곱절 많았다. 선초에는 엄격한 학령 때문에 청년학도들이 성균관 입학을 기피하는 경향이 있었다. 1418년(세종 즉위년)에는 임금이 성균관의 정원미달을 걱정하며 진작방도를 찾을 것을 명령할 정도였다.

학교는 풍속과 교화의 근원이니, 서울에는 성균관과 오부학당을 설치하고 지방에는 향교를 설치해 권면하고 훈회訓誨한 것이 지극하지 않음이 없었는데도, 성균관에서 수학

受學하는 자가 오히려 정원에 차지 않으니, 생각건대 교양하는 방법이 그 방법을 다하지 못한 때문인가. 사람들의 추향趨向이 다른 데 좋아하는 점이 있는 때문인가. 그 진작하는 방법을 정부와 육조에서 검토 연구하여 아뢸 것이다. 더구나 향교의 생도는 비록 학문에 뜻을 둔 사람이 있더라도, 있는 곳의 수령이 서역書役을 나누어 맡기고 빈객을 응대하는 등, 일에 일정한 때가 없이 부려먹어 학업을 폐하게 하니, 지금부터는 일절 이를 금한다.1151)

선초에 세종이 이렇듯 정원미달을 걱정했으나, 향교가 병역기피의 수단으로 쓰이면서 향교의 실제 학생 수가 정원을 수십 배 넘었듯이 세월이 흐르면서 학업연한이나 졸업연도가 따로 정해져 있지 않았던 성균관의 실제 학생 수도 정원(200명)을 수십 배 넘어갔을 것이다. 향교의 경우처럼 그 배수를 '10배'로 잡으면, 아마 성균관에 적을 둔 학생 수는 통상 2000명을 상회했을 것이다. 영조대 조선정부는 학교의 양적 확대를 면·리 단위 서당 면학面學서당의 광범위한 건설로 추진하고자 했다면, 교육의 질적 강화는 팔도 지방대학 '영학營學'의 건설과 운영으로 달성코자 했다. 앞에서 살핀 대로 경상도 관찰사 조현명이 경상도내의 교육진흥을 위해 만든 〈권학절목(양사규제)〉을 1732년(영조8) 성균관을 통해 전국에 반포한 것은 그런 취지에서였다.

〈권학절목(양사규제)〉에 의해 설립되거나 공인된 '영학營學'은 '감영 대학'이라는 뜻을 가진 일종의 도립道立대학이었다. 그런데 함경감영, 전라감영, 황해감영은 〈권학절목(양사규제)〉 반포 이전에 도립대학을 운영하고 있었다. 정부는 〈권학절목(양사규제)〉을 법적 근거로 감영(도道) 단위 대학인 "영학"이 조선 후기의 변화된 교육조건을 반영하며 전국적 차원에서 함경·전라·황해의 기존 영학을 강화하거나 영학이 없던 도에 영학을 창설하도록 했다.

〈권학절목(양사규제)〉은 "거재유생에 사족·중인·서인을 막론하고 각 면에서 수를 한정하지 않고 따로 가르칠 만한 자를 택해 면훈장으로 하여금 나눠 교도를

1151)《世宗實錄》, 세종 즉위년(1418) 11월 3일 기사.

담당하게 한다"고 규정하고, 이어서 "거재유생은 그 문학을 시험하고 지행을 살펴 연말에 수령이 따로 추천한다. 감영에서 모아 고시한 연후 낙육재에 들어오는 것을 허락한다. 각면 학도 중에서는 재유齋儒를 따르는 대신 따로 승보시升補試를 택한다"고 규정하고 있다.[1152]

영학은 도의 감영에 설치되었으나 도마다 각기 다른 이름으로 불렸다. 함경도는 양현당(1469), 평안도는 장도회長都會(1507), 전라도는 희현당希顯堂(1700), 경상도는 낙육재樂育齋(1721), 황해도는 사황재(1723), 충청도는 영학원(1887)이라 불렀다. 평안도의 장도회는 조현명의 〈권학절목〉 반포 이전 중종조 1507년 평안도 감사 안침安琛이 마련해 실시했다.[1153] 전라도의 희현당은 1700년 전라관찰사 김시걸이 설립한 삼남 최초의 영학이다. 희현당은 전라도 내 문재들의 수련 터이자 전라도 선사選士들이 거재居齋하던 장소였다. 희현당은 도 단위 유생을 대상으로 하는 교육 기관으로 설립되었다. 〈권학절목(양사규제)〉 반포 이후 1738년 전라도 관찰사로 부임한 이주진은 희현당을 수리·확대하고 지위를 도립대학 격으로 격상시켰다. 희현당 수리는 희현당의 원래 목적인 학문 추구의 실實기능을 강화하기 위한 것이었다. 경상도 낙육재도 〈권학절목〉 반포 이전 관찰사에 의해 창설된 영학이다. 관찰사 조태억은 1721년 학문 탐구와 인재 배양을 목적으로 대구부 경상도 감영에 낙육재를 설치했다. 낙육재는 선발된 도내의 고재高才, 독지지사篤志之士들이 숙식하며 학문을 닦는 장소로 기능했었다. 경상도 내의 뛰어난 유생들을 선발해 교육하던 낙육재가 안정화된 것은 관찰사 조현명이 부임하면서부터였다. 조현명이 〈권학절목〉을 제정해 경상도 내 학교제도를 정비하고 낙육재의 지위를 격상시켰기 때문이다.[1154]

1152) 조현명의 〈권학절목(양사규제)〉: "一. 居齋儒生外 毋論士族中庶 各面勿限數 另擇其可教者 使各面訓 長 分掌教導. 一. 居齋儒生 試其文學 察其志行 歲末 守令別爲擧薦 自營門聚會考試 然後許入樂育齋. 就各面 學徒中 另擇升補於齋儒之代."

1153) 《平壤志》, 2 〈學校〉: "長都會規 正德己卯 監司安琛設. 一, 教官或啓請 或移文吏曹 須以文臣之有才行 堪爲師表者擇差 而其供頓諸事 務從豊潔 毋敢慢忽. 一, 教官一人 難以遍教許多諸生 諸生中年高德卲 稍通經 史者二人, 號稱學長 助教諸生."

1154) 이성심, 〈조선후기 도단위 학교, 영학(營學) 연구〉, 68-69쪽.

조현명은 이렇게 기록하고 있다. "관서지방의 섬학고贍學庫 사례에 의거해 낙육재를 설치하고 둔전을 두었다. 더불어 미곡과 노비와 필요물품을 마련해 다수의 양사를 기르는 자본으로 삼았다. 도내의 우수한 문재들을 선발해 재齋에서 권과학업에 힘쓰도록 했다. 이에 성취한 바가 많았다."1155)

이후 낙육재는 〈권학절목(양사규제)〉에 입각해 대대로 잘 운영되었고, 특히 1891-1893년 경상도 관찰사 이헌영이 저술한 《교번집략》과 당시 경상도 함안 군수였던 오횡묵이 집필한 《함안총쇄록》에 따르면, 영학뿐 아니라 도-군현-면리 학교 체제가 유기적으로 잘 운영되었다. 1896년 경상도가 남북으로 양분되자 경상남도 관찰사 조시영은 낙육재 학전의 분속 신청서를 학부에 올리고, 그 이듬해인 1897년 밀양의 토지를 귀속받아 진주 중안리에 경상남도 진주 낙육재를 설치했다. 이곳에서는 경상남도 군현에서 선발된 유생 30명이 공부했다. 1898년 새로 부임한 감사 엄세영은 대구 낙육재를 중수하고 정원도 크게 늘려 시설과 환경도 개선했다. 1909년 낙육재는 협성학교가 낙육재 재산으로 설립되면서야 종식되었다.1156)

충청도는 뒤늦게 1886년 조선정부가 〈신설학교절목〉을 반포하자 감영에 '영학원'을 설치했다. 1887년 거재생은 15명이었고, 영학원에 관한 기록은 1892년까지 전하고 있다.1157)

영학의 교육은 '재임齋任' 또는 '교관'이 담당했다. 전라도 내의 뛰어난 인재들을 선발해 엄하게 수련하던 전주 희현당에는 재임으로 장의 1인과 유사 2인이 배치되었다. 희현당은 1년에 40명을 선발해 1회에 10명의 유생들이 집단으로 거접居接(잠시 머물러 사는)방식으로 기숙하면서 석 달씩 학습하는 삼삭윤회三朔輪回 거접을 진행했다.1158) 3개월 블록세미나 식의 집중교육이었다.

1155) 조현명, 《歸鹿集》 권20, 〈自著紀年〉: "乃倣關西之贍學庫例 設齋置田 又捐出米穀奴婢器皿 以爲供養多 士之資 就一道之中 抄選高才篤志之士 延置齋舍 勸課學業 俾有成就."
1156) 이성심, 〈조선후기 도단위 학교, 영학(營學) 연구〉, 70-71쪽.
1157) 이성심, 〈조선후기 도단위 학교, 영학(營學) 연구〉, 71쪽.
1158) 이성심, 〈조선후기 도단위 학교, 영학(營學) 연구〉, 82, 85쪽.

1732년 조현명의 〈권학절목〉 반포 후 체제를 갖추어간 영학-군학-면학체제는 1886
년 성균관(중앙)-영학(도)-관학(군현)-면학(면·리) 체제로 정비되었다.[1159] 고종이
1886년 〈신설학교절목〉으로[1160] 수립한 영학원-관학원-면학원의 신설학교체제도
150여 년 전 제정·집행된 조현명의 〈권학절목〉을 기본으로 취해진 것이다.[1161]

- 학생·지식층의 증가와 천문학적 교재 수요

양란 뒤 조선경제의 전반적 회복 및 요호부민 등 평민들의 경제적 능력신장과
더불어 유교적 교육열과 향학열이 불타오르고 부역을 회피하려는 목적에서든 신분
상승의 목적에서든 향교·영학·성균관 등 학교에 입학하는 학생들이 10배, 100배
폭증하고, 또 조선 후기에 교육제도와 서당·향교·영학(성균관)의 3단계학제가 완성
되면서 학교 교재의 수요가 폭발적으로 증가했다. 종류가 갈수록 늘어난 교재에
대한 요구는 백만 명에 육박해 가던 조선 학도의 수와 맞물렸다. 이러면서 교과서와
학문서적의 수요 규모는 천문학적 수준으로 치솟았다. 그런데 '출판사로서의 국가'

1159) 이성심, 〈조선후기 도단위 학교, 영학(營學) 연구〉, 55, 57-58쪽.
1160) 1886년(고종23) 8월 19일 내무부에서 전국에 내린 관문 〈신설학교절목〉: "一. 各營邑學院學徒
擇其本地士民子弟 才質聰慧年十五至二十餘者 幾人量宜定額 限三年肄習限滿 則各歸私塾 更爲新選定額
而雖或額外 自備薪水負笈願從 亦不拘多數是白齊. 一. 講製節次計劃分等 一遵京學院例 而但歲試時 營學院
則道伯主之 官學院 則邑倅主之 自邑報營 自營都聚報 于成均舘 記名存査是白."-《官學院錄》. 내무부
관문에 의거하여 대구부에서 작성한 〈각면권강12조하첩〉(1887. 4. 2.): "以儒生講學事 玆者下帖於校中
設爲官學院俟校中 又勅各面設置面學院 以爲講學矣 未知講與儒生果能體此官意 上而有惟敎學半之心 下
而有學而時習之悅歟 當此文明之世 其爲四民之一者 若或逸居而無爲 烏得免牛衣馬褥之恥乎 其惟講長與諸
生 各自勉旃期有實效 則蜀郡文翁之化 雖不可遽擬泰山 秀才之行安知其不由此哉 玆將一部學規成送十二條
目 先自面所傳于講院 形止亦卽馳報宜當者."-《官學院錄》. 이《官學院錄》은 관학원官學院에서 지켜야
할 규정들을 기록한 서책. 병술년(1886) 8월 16일 제정한 〈내무부관하첩內務府關下帖〉과 정해년(1887)
3월에 제정한 〈관학원절목官學院節目〉 11조목, 정해년 3월 6일 제정한, 학원에서 지켜야 할 10가지
규정을 기록한 〈학원십규學院十規〉와 각 면에 강학을 권장할 것을 전하는 12개 조목으로 구성된 〈각면권
강십이조하첩各面講十二條下帖〉(정해년 4월 2일 작성)으로 학원에서 향음주례를 행할 때 지켜야 할
법규를 기록한 〈학원행향음주례하첩學院行鄕飮酒禮下帖〉, 학원에서 학문을 권장하는 의도에서 지어진
〈학원권학하첩學院勸學下帖〉 등이 기록되어 있다. 이것을 바탕으로 학원에서 훈장과 유생들이 지켜야
할 규칙들도 상세하게 기록되어 있다. 또한 월별로 사용된 금액도 함께 기록되어 있다.
1161) 이성심, 〈조선후기 도단위 학교, 영학(營學) 연구〉, 57쪽.

조선은 이미 이 천문학적 서적수요를 충족시킬 '준비된' 혁명적 출판역량을 갖추고 있었다.

동몽교육을 담당하는 사립서당과 관립서당(면서당)은 수적 규모 면에서 엄청난 규모의 교재를 요구했다. 동몽교재는 처음에 주로 중국에서 나온 교과서들이었으나 갈수록 조선학자들이 쓴 교과서들로 대체되어 갔다. 향교와 영학 사이에 교재의 차이 는 불분명했으나 영학과 성균관에서는 향교와 달리 5경과 사류史類를 가르쳤다. 그리고 성리학을 내세우는 서원들은 성리학 서적을 중시했고, 서원의 영향을 받는 성리학자가 세운 사립서당에서는 성리학서적도 가르쳤다.

서당 교재들은 처음에는 중국의 서책이 많았으나 서서히 조선 사람이 쓴 책으로 교체되어 갔다.[1162] 서당의 초급 교재는 대개 글자를 배우는 자서字書, 윤리서, 사서史書들이었다.

자서는 보통《천자문千字文》(중국 양나라 주흥사周興嗣 저)에서 시작해《유합類合》(서거정 저),《훈몽자회訓蒙字會》(최세진 저),《신증유합新增類合》(유희춘),《입학유설入學類說》,《학어집學語集》(경남 청학동 청학서당 교재) 등이다. 윤리서로는《동몽선습童蒙先習》(박세무 저),《명심보감明心寶鑑》 등이 쓰였다.[1163]

그러나 수준이 올라가면 윤리서로《소학》,《소학집성小學集成》(명, 하사언何士信),《소학선정전훈의小學宣政殿訓義》(저자 미상),《소학집해小學集解》(명, 오눌吳訥),《소학집주小學集註》(율곡),《대동소학大東小學》(유언집俞彦鏶),《해동소학》(박재형),《초학자훈증집初學者訓增輯》(이식),《동몽수지童蒙須知》(송, 주희),《동자습童子習》(명, 주봉길朱逢吉),《동자례童子禮》(주봉길),《경민편警民編》(김정국),《양정편養正篇》(정경세),《격몽요결擊蒙要訣》(율곡),《향교집례鄕校禮集》(저자미상),《소학정오小學正誤》(진조

1162) 심미정, 〈조선후기 서당교육〉, 36쪽.

1163) 《입학유설》은 남원 도통동 서당 교재다. 《학어집》은 경남 청학동 청학서당 교재다. 윤리서《동몽선습》은 박세무가 저술했는데, 오륜과 중국사만이 아니라, 단군 개국신화로부터 조선시대에 이르기까지의 한국역사도 게재했다. 《명심보감》은 명대 중국 범입본范立本이 쓴 책도 있고 여러 이본이 존재하나, 고려 충렬왕 때 예문관제학 추적秋適이 금언과 명구를 모아 편찬한 책도 있어 이 책이 주로 교재로 쓰였다.

陳祚),《소학증주小學增註》(진선陳選),《소학집설小學集說》(정유),《주자가례》,《사서언해四書諺解》 등의 교재가 쓰였다.

생활의 요구를 반영한 새로운 지식을 위해서는 조선 후기에 《아희원람兒戲原覽》(장혼張混 저),《계몽편啓蒙篇＋계몽언해》(저자 미상의 아동용 백과사전) 등이 교재로 쓰였다. 장혼의 《아희원람》은 우주의 생성원리, 창시, 우리나라의 역사, 조선 수도 한양의 관사, 관인의 품질, 전국 행정구역, 고대 이래 한국의 풍습, 현인들의 가계·자태·재능·품성·행적, 중국과 한국의 역대 제왕 등을 담고 있다.[1164]

사서史書로는 《소미가숙통감절요小微家熟通鑑節要》(송, 강지江贄),《십팔사략十八史略》(원, 증선지),《사요취선史要聚選》(태인현감 권이생 저) 등의 교재가 쓰였다.[1165] 습자習字는 제諸과목을 늘 따라 다녔다.

향교는 경사經史와 제술(작시·작문)의 학습에 집중했다. 따라서 향교에서는 공맹경전 강독, 사서, 작시·작문, 그리고 특별한 서체를 배우는 습자를 위주로 학습했다. 제술을 위해서는 《당송문唐宋文》,《당율唐律》,《백련초해百聯抄解》(김인후 저, 칠언절구 한시 교습서),《격몽시擊蒙詩》,《상설고문진보대전詳設古文眞寶大全》,《대명율시大明律詩》,《염락풍아濂洛風雅》,《두율杜律》,《동국문감東國文鑑》(김태현 저),《동국시문東國詩文》,《동문선東文選》(송상기 등 편찬) 등을 중심으로 학습했다. 그리고 경서로는 사서四書, 곧 《대학》,《중용》,《논어》,《맹자》와 《효경》, 그리고 여유가 있으면 《공자가어孔子家語》를 강講했다. 간혹 《심경부주心經附註》(진덕수 심경心經 ＋ 정민정 주註＋퇴계 심경후론心經後論 저),《근사록近思錄》도 강했다.

사류史類로는 《어정사기영선御定史記英選》,《자치통감절요資治通鑑節要》,《사문유취事文類聚抄》,《동국통감제강東國通鑑提綱》(홍여하 저),《휘찬여사彙纂麗史》(홍여하 저) 등을 강했다.

대학과정인 영학과 성균관에서는 사서四書를 더 깊이 이해하기 위해 《대학혹문大學或問》,《중용혹문中庸或問》,《논어혹문論語或問》,《맹자혹문孟子或問》》 등을 강했다.

1164) 심미정,〈조선후기 서당교육〉, 37-38쪽.
1165) 참조: 김무진,〈조선후기 서당의 사회적 성격〉, 225-229쪽: 심미정,〈조선후기 서당교육〉, 25-38쪽.

진덕수의《대학연의》, 비판적 성리학자 구준의《대학연의보》등도 교재로 동원되었다. 그리고 오경五經을 집중적으로 강했다. 오경은《서경》,《시경》,《역경》,《예기》,《춘추》다. 그리고《춘추좌씨전》,《춘추공양전》,《춘추곡량전》,《춘추호씨전春秋胡氏傳》,《서전집주書傳集註》등도 교재로 썼었다. 그리고《강보논어講譜論語》,《강보주역講譜周易》,《주역본의周易本義》(주희 저),《역전易傳》(정이천 저) 등도 익혔다. 수령의 성향에 따라 때로《성리대전》과《주자대전朱子大全》도 교재로 동원되었다. 사서류史書類 대학교재로는《사기史記》,《한서漢書》,《후한서》,《신·구당서新·舊唐書》,《송사宋史》,《원사元史》,《명사明史》,《동국사략東國史略》,《동국통감東國通鑑》,《동국역대사략東國歷代史略》등이 썼었다.

대학교재는 유학과 역사에 관한 서적이라면 기본적으로 제한이 없었다. 따라서 더 이상 일일이 추적해 열거하는 것은 의미가 없을 것이다.

서당과 향교, 그리고 영학과 성균관에서 필요로 하는 교재들의 종류는 상술한 바와 같이 매우 다양했고, 대학 차원의 교재 종류는 무제한적이었다. '학교로서의 국가' 조선의 교재 수요 총량은 학생 1인이 평균 소유했을 교과서 책종의 수에 승수로 비례해 각급 학교 학생 총수만큼 많았을 것이다. 따라서 일단 '학교로서의 국가'가 체계적으로 완성된 후기 조선의 학도 총수를 산출해야 할 것이다.

조선의 학도가 필요로 한 책의 수량을 알려면 먼저 서당에서 대학(영학과 성균관)에까지 학교에 다니던 조선 학도의 총수를 먼저 산정해야 할 것이다. 일단 위에서 서당·향교·대학 등 각급 학교에 다니던 학생 수를 산정한 수치를 상기해 보자.

먼저 전국 서당의 총수는 1개 면面에 사립·관립서당 18개소였으므로 전국서당 수는 총 약 8만 개소(7만 8318개소)였다. 따라서 서당 1개소의 학생 수를 평균 8명으로 잡아도, 전국 서당학생 총수는 63만 명(62만 6544명)이었다. 평균 7-8년 수학한 서당학생들은 1인당 적어도 12종 이상의 교과서(《천자문》,《유합》,《훈몽자회》,《동몽선습》,《명심보감》,《서학》, 사서언해 4권 등)를 구득求得·보유해야 했을 것이다.

전국 향교와 사학四學의 합계 수는 333개소다. 의학·율학학도를 포함한 사학·향교의 법적 정원 총수는 1만 5062명이었다. 그런데 실제 등록한 학생·교생 수는 그 10배에 달했다. 따라서 실제 향교·사학 학생 수는 약 15만 620명이었다. 향교·사학 학생은 1인당 24종 이상의 교재[1166]를 가지고 읽었을 것이다.

후기 조선 국립대학 성균관의 정원은 160명이었다. 그리고 공립대학 영학은 1개소 정원이 15-40명이었다. 그 평균을 구하면 약 28명이었는데 팔도에 도합 8개소가 설치되었으므로 전국대학 정원 총수는 220명이었다. 이 220명을 성균관 성원 160명과 합산하면 380명이다. 성균관과 영학 학생들도 우면(優免)특전이 있었으므로 형식적으로 등록한 청강학생들이 향교의 경우처럼 정원의 10배를 상회했을 것이다. 따라서 실제 대학생 수는 3800명에 달했을 것이다. 이들은 오늘날 대학생처럼 학업기간에 적어도 40종 이상의 교재와 학술서적(《대학·중용·논어·맹자혹문》, 《대학연의》, 《대학연의보》, 《서경》, 《시경》, 《역경》, 《예기》, 《춘추》, 《춘추좌씨전》, 《춘추공양전》, 《춘추곡량전》, 《춘추호씨전》, 《서전집주》, 《주역본의》, 《역전》, 《성리대전》, 《주자대전》, 《사기》, 《한서》, 《후한서》, 《당서》, 《송사》, 《원사》, 《명사》, 《동국사략》, 《동국통감》, 《동국역대사략》등)을 소장했을 것이다. 그리고 알 만한 이유에서 청강생일수록 교재는 반드시 챙겼을 것이다.

각급 학생들이 각기 다른 책종 수를 고려하지 않고 각급 학교의 학생 수를 단순 합산해 보자. 서당학생 수 62만 6544명, 사학·향교학생 수 15만 620명, 대학생 수 3800명을 다 합하면, 전국 총학생수는 도합 78만 964명이다. 이 수치면 가히 '백만 학도'를 운위할 만하다.

그리고 각계각층에 산재된 조선 지식층을 고려해야 한다. 먼저 책을 구입·소장할 만한 유생들의 수적 규모를 타산해야 한다. 조선에는 서당 졸업생, 향교·사학 졸업생, 성균관·영학 졸업생, 과거에 급제한 생원·진사, 관리, 초야의 유학(幼學) 등 각계각층의 유생들이 누적적으로 존재했다. 이들은 관계(官界)의 각급 관리, 서원·정사(精舍)의 유림, 생원·진사 출신(무과급제 후 임관대기자), 산림의 과거수험생(유학幼學), 생업전선의 동네유생(교육계의 훈장, 의료계의 한의사와 약종상, 사주쟁이, 지관, 소송대리 율사)

1166) 《당송문》, 《당율》, 《고문진보》, 《대명율시》, 《두율》, 《동국문감》, 《동문선》, 《대학》, 《중용》, 《논어》, 《맹자》, 《효경》, 《공자가어》, 《심경부주》, 《사기정선》, 《자치통감절요》, 《동국통감제강》 등이 교재였다.

등으로 흩어져 있었다. 그리고 잊어서는 안 되는 또 다른 지식집단으로는 전국 2000-3000개소에 달하던 사찰과 암자에서 도를 닦는 승려들이 있다. 이 승려들도 수만 명에 달했다. 사찰에서도 서원에서처럼 주로 목판으로 불서와 기타 서책을 간행해 읽었지만 활자로도 서적을 간행했다.[1167] 따라서 학업 중의 학생들(유학幼學), 학업을 마친 유생들(과거급제자·관리들), 그리고 전국 사찰의 승려들로 구성된 조선의 식자층은 적어도 200-300만 명, 곧 '기백만 명'에 달했을 것이다. 이 가운데 서당과 향교 정도의 학업을 마친 유생들은 '일반유생' 또는 '동네유생' 대중의 핵심계층을 이루었는데, 이들은 나중에 대한제국의 창건과 유지를 뒷받침한 기반 대중이 되었다. 유생과 승려들로 구성된 이 기백만 지식대중은 모두 서적의 소비자들이었고 소장자들이었다. 그중에는 책을 수집해 소장하는 것을 취미로 삼는 '장서가藏書家'도 드물지 않았다.

후기 조선의 서당학생 수가 63만 명, 전체 학생 수가 78만 명에 달했다는 것은 거의 모든 농가의 자제들이 바쁜 생업전선에서도 서당에 적어도 3-4년 이상씩 다니면서 한글·한자 문맹을 면했다는 말이 된다. 그래서 19세기 후반 조선의 가난한 시골 농가 집안에서도 천자문·동몽선습·명심보감·소학 등 서너 권의 책들을 볼 수 있었다. 이런 까닭에 서론에서 밝혔듯이 1866년 병인양요 때 강화도에 침입해 그곳 시골마을을 뒤지고 다니다가 농가를 우연히 들여다보게 된 앙리 쥐베르(Henri Juber, 1844-1909)라는 프랑스 해군 장교는 조선과 극동제국에 대한 감탄과 프랑스 문맹률에 대한 한탄을 동시에 쏟아놓았다. "극동의 모든 국가에서 우리가 경탄하지 않을 수 없고 동시에 우리의 자존심을 상하게 하는 한 가지 사실을 발견할 수 있는데, 그것은 바로 아무리 가난한 집이라도 집안에 책이 있다는 사실이었다. 극동제국諸國에서는 글을 읽을 줄 모르는 사람이 거의 없고, 또 글을 읽지 못하면 주위사람들로부터 멸시를 받는다. 만일 문맹자들에 대한 그토록 신랄한 비난을

1167) 사찰과 서원의 서적 활인에 관해서는 참조: 황태연, 《책의 나라 조선의 출판혁명(하)》(서울: 한국문화사, 2023) 권말에 있는 《부록1》 〈조선 500년 활인본 서적 총목록〉의 "6.1. 사찰의 활인본 서적 생산"과 "6.2. 서원의 활인본 서적 생산."

프랑스에 적용한다면 프랑스에는 멸시받아야 할 사람들이 부지기수일 것이다."[1168]

조선의 서적은 이와 같이 일시 조선을 침략했던 외국군인이 가난한 농가에서도 책을 볼 수 있을 정도로 많았다. 73만 명의 학생들과 기백만 명의 식자층이 필요로 하는 서적의 수량은 얼마나 되었을까? 후기 조선의 국가와 백성이 소장했던 서적의 총량은 오늘날 산출할 수 없다. 그러나 학생 수와 식자층 인구수를 기초로 연간 수요량은 계산할 수 있을 것이다. 대부분 가난한 상민·농가 출신이었을 서당학생들의 평균 수학기간을 3년으로 잡고, 향교 수학기간도 평균 3년으로 잡자. 이렇게 잡으면 서당학생은 3년 동안 12종 이상의 교재를 배워야 하므로 매년 1인당 적어도 4종의 교재를 준비해야 하고, 향교학생은 3년 동안 24종 이상의 책을 배워야 하므로 매년 1인당 적어도 약 8종의 책을 구득해야 했을 것이다. 영학과 성균관 대학생은 수학 연한을 평균 3-4년으로 잡을 때 이 기간에 50여 종의 교재를 배워야 하므로 1인당 매년 약 11종의 교재를 구득해야 했을 것이다. 11종은 여기에 한나절이면 읽을 수 있는 시집과 사서史書도 많이 들어 있으므로 그렇게 많은 양이 아니다.

이것을 기초로 조선 학생들이 연간 필요로 하는 책의 소요 권수를 산출해 보자. 63만 명의 서당학생들이 매년 4권의 책을 구득購得한다면 필요한 책은 250만 6176권이다. 15만 명의 사학·향교 학생들이 매년 8권의 책을 구득하면, 전체 향교학생이 필요로 하는 책은 120만 권이다. 3800명의 영학·성균관 대학생들이 매년 11권의 책을 구득購得하면 4만 1800권이다. 이것을 다 합치면, 조선의 학생들은 매년 반드시 375만 권(374만 7976권)을 구득해야 했다.

여기에다 만만치 않았을 식자층의 서적 수요도 더해야 할 것이다. 이 수요를 연간 150만 권으로 어림잡아 보자. 그러더라도 17-19세기 조선 생도와 식자층이 필요로 한 연간 서적 총수요는 500만 권을 상회했을 것이다.

유교적 교민국가 조선은 필연적으로 '학교국가'로 발전했을 것이고, 유교적 '학교

1168) Henri Juber, "Une Expédition en Corée", *Le Tour du Monde*(1873) [401-416쪽]. H. 쥐베르, 〈쥐베르의 조선 원정기〉, 66쪽. 쥐베르·마르탱(유소연 역), 《프랑스 군인 쥐베르가 기록한 병인양요》(파주: 살림, 2010·2020).

'국가'로서의 조선은 학교체제가 완성된 후기에 이르러 필연적으로 이 500만 권의 서적을 매년 어떤 식으로든(무상·비매품으로든, 판매로든) 공급해야 했다. 따라서 '학교로서의 국가' 조선은 필연적으로 '출판사로서의 국가'이어야 했다. 금속활자는 명·청대 중국보다 유학에 더 충실하고 유학을 더 실질적으로 이해했던 '출판사 국가' 조선의 필연적 요청이었다. 금속활자에 기초한 활인·번각 시스템만이 연간 이 수백만 권의 서적 수요를 충족시킬 수 있었기 때문이다. 따라서 조선은 '책의 나라'가 되지 않을 수 없었다. 군사강국·경제부국을 깔보는 '책의 나라'로서의 문화국가 조선에 대한 조선유자의 자부심은 금속활자 덕택에 "인쇄하지 못할 글이 없어 배우지 못할 사람이 없을 것이니, 문교文敎의 일어남이 마땅히 날로 앞서 나아갈 것이요, 세도世道의 높아감이 마땅히 더욱 성할 것이니, 저 한나라·당나라 임금들이 단지 재리財利와 병혁兵革에만 정신을 쏟아 이를 국가의 급선무로 삼은 것에 비교한다면, 천양지차뿐만이 아니라, 실로 우리 조선 만세에 무강한 복이다"는 변계량의 자랑찬 말에서 극명되는 바이다. 그리고 "인쇄하지 못할 글이 없어 배우지 못할 사람이 없을 것이니, 문교文敎의 일어남이 마땅히 날로 앞서 나아갈 것이다"는 변계량의 기대와 예상은 후기 조선에서 완전히 실현된 것이다.

조선은 필연적으로 '출판사 국가'이어야 했지만 '출판사 국가'라도 학교와 식자대중이 요구하는 지극히 다양한 종류의 책과 인쇄물을 모두 다 공급하는 것이 갈수록 어려워졌다. 이 때문에 민간에서 상업출판을 하는 서점과 출판사들이 16세기부터 나타나 세월이 흐를수록 번창하며 정부가 충족시키지 못하는 수요 부분을 충족시키기 시작했고, 조선정부는 - 신문의 경우를 제외하면 - 민간의 상업출판을 민간의 활자주자와 활자사장私藏처럼 자유방임했다.

■ 경전유학(洙泗學)과 성리학 간의 교육쟁탈전

조선은 명·청대 중국보다 더 명실상부한 '유교국가'였지만 '성리학국가'는 아니었다. 성리학은 조선 전기에도, 후기에도 조선의 교육과 학교를 장악한 적이 없었다.

전기에 성리학은 오히려 탄압을 받고 배제되었고, 후기에는 인조 이후 서원書院세력들이 중앙의 관학을 점령했으나 그와 동시에 우후죽순처럼 확산되어 8만 개에 달했던 지방 서당들은 거의 다 주희의 저서들을 제쳐놓고 사서삼경만 읽었다. 이 서당으로부터 성리학을 적대시하는 동학과 동학접주와 동학교도들이 생겨났다. 조선 후기의 서당은 곧 동학의 온상이었다.

- 조선 전기 정도전의 제거와 성리학세력의 말살

선초에 정도전을 중심으로 한 성리학세력은 공맹유학을 '성리학'으로 변조·왜곡·교조화하고 불교를 탄압했다. 정도전은 공맹의 경험주의·감성주의 유학을 독단적 합리주의의 성리학으로 변조해 억불정책을 폈고, 무인출신 신왕新王을 기만하고 정책을 집체적(collegial)으로 결정하는 명나라의 내각제를 우회해서 독임제적(monocratic) 승상제(재상제)를 관철시켜 왕권을 찬탈·독점했다. 성리학은 그럴 정도로 독단적·도학적·고답적·엽기적이었다. 그러나 이방원은 '왕자의 난'을 통해 이 기만적·독단적·도학적·고답적·엽기적 정도전 세력을 쓸어내 버리고, 조선 고유의 집체적 결정제(삼정승 합의제)인 '의정부제'를 제도화해 세종에게 물려주었다.

그리하여 태종 이래 광해군 시대까지 성리학은 공맹경전을 변조한 '위학僞學'으로 몰려 기를 펴지 못했다. 그리하여 전기前期 조선 250년 동안은 장기간 공맹의 순수한 경전유학, 이른바 '수사학洙泗學'이1169) 관학官學을 지배했다. 조선 전기 성리학은 1516년(중종11) 시강관侍講官 신광한申光漢이 "《성리대전》을 아는 사람이 거의 없다(性理大全知者蓋寡)"고 보고할 정도로1170) 소멸했다. 그리하여 조광조가 1518년부터 추진한 성리학적 도학정치도 2년 동안의 일장춘몽으로 끝났고, 조광조와 그의 독단적·고답적·엽기적 세력 자체가 1519년(중종14) 기묘사화己卯士禍로 완전히 말살되고 말았다.

1169) '수사학'은 공자가 산동성에 있는 수수洙水와 사수泗水 사이에서 제자들을 모아 가르친 데서 유래한 명칭으로 성리학을 배제하고 공맹경전 강독과 해석에 충실을 기하는 진眞유학을 가리킨다.
1170) 《中宗實錄》, 중종 11년(1516) 11월 4일.

- 성균관과 서원의 대립

이후에도 공맹유학, 곧 '수사학'을 대변하는 성균관은 내내 성리학을 대변하는 전국의 사설私設 서원들과 줄곧 대립했다. 성리학자 또는 성리학도는 공자경전을 우습게 알고 멀리하는 고답적 경향의 거만한 폐풍弊風을 노정했기 때문이다. 기묘사화 20년 뒤에도 성리학도들은 그런 폐풍을 탈피하지 못했고, 그리하여 판서·찬성사(의정부 차관) 등 고위관리들조차도 1539년(중종34) 이 고답적 경향의 거만한 성리학적 폐풍弊風을 공개 탄핵했다.

예조판서 이귀령李龜齡이 아뢰었다. 유생들이 배우지 않는 것이 지금보다 더 심한 때는 없었습니다. 신이 유생으로 있을 때 유숭조柳崇祖가 대사성이 되어 가르치는 일에 부지런히 했기 때문에 인재를 많이 길러냈는데 그때에는 경전강독(講經)에서 14분分에도 낙제하는 일조차 있었습니다. 그 뒤에는 성리학을 명분으로 내세우기만 하면 과거 외에도 출신할 길이 있어 경전독서를 일삼지 않았습니다. 신이 양현고養賢庫 주부主簿였을 때 보니, 유생들이 전혀 경전독서에 힘쓰지 않고, 간혹 글 읽는 자가 있으면 떼 지어 비웃음으로써 글을 못 읽게 했습니다. 그 습관이 지금까지도 남아 있기 때문에 사람들이 학문에 힘쓰지 않는 것입니다.[1171]

또한 1539년(중종34) 좌찬성 소세양蘇世讓도 경전독서를 강조하는 취지에서 성리학 폐풍을 비판했다.

조종조 때에 출신하려면 반드시 과거의 급제를 거쳤기 때문에 사람마다 학문에 힘썼는데, 기묘년(1519) 천거와 대책對策시험으로 취재하는 기묘사림 조광조의 현량과 이후로는 성리학을 명분으로 내세운다면 경학이나 사장에 힘쓰지 않아도 6품관이 되기도 하

1171)《中宗實錄》, 중종 34년(1539) 8월 4일: "龜齡曰 儒生不學 莫甚於此時. 臣爲儒時 柳崇祖爲大司成 勤於訓誨 故人才成就者多. 其時講經 至有以十四分落第者. 其後以理學爲名 科擧之外 又有出身之路 不事讀書. 臣爲養賢庫主簿時見之 儒生專不勤讀 間有讀之者 則群聚而笑之 使不得讀之. 其習至今尙在 故人不勉學也."

고 당상관도 되기 때문에 불학不學의 폐습이 생겨났습니다.[1172]

예조판서·좌찬성 등 중종조의 중신들은 성균관의 경학經學교육에 성리학 학풍이 방해가 된다고 이렇게 언성을 높이고 있는 것이다.

1543년(중종38) 백운동서원의 창건을 기점으로 퇴계의 서원설립 운동에 의해 명종 말인 1560년대까지 29개로 늘어난 서원들은 성리학을 격렬하게 옹호하는 거점이 되었다. 이로 말미암아 공맹유학 중심의 경전학습(사서오경학)과 주희 저작 중심의 성리학 학습 간에 대결풍조가 더욱 뚜렷해지고 심화되었다. 이와 함께 성균관의 관학 주도 경전교육과 서원의 사학 주도 성리학 교육 사이에 분단현상이 갈수록 골이 깊어지면서 성균관과 서원의 대립이 시시각각 작렬했다.[1173] 공맹경전을 강학하려는 성균관의 교풍敎風은 공맹경전을 제쳐두고 성리학 학습을 강조하는 서원과 치열하게 다툴 수밖에 없었기 때문이다. 따라서 '조선은 성리학 국가였다'는 판에 박힌, 근거 없는 반反역사적 낭설들은[1174] 전기 조선의 교육현실과 동떨어져도 너무나도 동떨어진 견폐성犬吠聲인 것이다.

- 미미한 정부 활인본 성리학 서적

전기 조선의 궐내와 성균관의 지배적 관학官學 분위기가 수사학적洙泗學的·반反성리학적이었기 때문에 인조·효종 이전 전기 조선은 결코 주희와 성리학 관련 서적들을 특화해 찍지 않았다. 조선정부는 공맹경전 및 다른 유서儒書들과 비교해 아주

1172) 《中宗實錄》, 중종 34년(1539) 8월 4일: "世讓曰 祖宗朝 出身必由科第 故人人力於學文. 自己卯年以後 名爲性理之學 雖不務經學詞章 而或爲六品官 或爲堂上官 故不學之弊 因此成習矣."

1173) 참조: 정낙찬, 〈朝鮮前期 成均館의 敎育課程 및 敎授實際〉, 《東亞人文學》 第五輯(2004), 320-324쪽.

1174) 가령 신해순은 조선왕조가 "성리학을 국가통치이념으로 확립하고 그 이념 투철한 인재를 양성하기 위해 국립중등교육기관으로 서울에는 학당, 지방에는 향교를 두었고, 국립대학격인 최고학부로 서울에 성균관을 설치했고", 또 "조선시대 성균관은 국가통치이념인 성리학을 연구 보급하는 학문의 전당이라는 성격과 함께 성리학 사상에 입각해 국가를 다스릴 인재, 즉 문신을 양성·배출하는 교육기관으로서의 성격을 가지고 있었다"고 주장한다. 신해순, 〈16세기 성균관교육의 침체원인에 대한 고찰〉, 《韓國史研究》 106권 106호(1999), 31쪽.

드물게 성리학서적도 활인했을 뿐이다. 물론 유서와 성리학서적만을 활인한 것도 아니었다. 성리학을 포함한 유서의 책종 총수(909종)가 전체 활인본의 약 6.4%에 지나지 않았고, 비非유서가 93%를 웃돌았다. 전체적으로 보면, 조선정부는 성리학 관련 서적을 유서 총량의 절반을 넘지 않는 선에서 제한적으로 활인했고, 시간이 흐를수록 다른 유서들의 활인을 상대적으로 늘려 활인본 성리학서적을 전반적으로 감소시켜 전체 유서 안에서 차지하는 그 비율을 절반 이하로 축소시켰다. 성종조 (1469-1494)까지 100여 년 동안 조선정부가 활인·출판한 성리학 서적은 189종(이 때까지 정부가 활인한 유서 총수 289종의 약 65%)이었고, 정부가 선조조까지 220여 년 동안 활인·출판한 성리학 서적은 327종(이때까지 정부가 활인한 유서 총 666종의 49%)에 불과했다. 그리고 조선 500년 동안 정부와 민간에서 활인·출판한 성리학 서적은 총 399종으로서 유서儒書 총 909종의 절반에도 못 미쳤다(약 44%). 그리고 성리학 서적은 조선조 활인본 총목록의 약 2.8%에 미치지 않았다.1175)

태종이 성리학적·독단적·교조적 재상독재자 정도전과 그 무리를 모조리 제거한 뒤 형성된 조선정부의 이 탈脫성리학적 정서는 병자호란(1636-1637) 뒤 효종조에 송시열의 성리학적 내수론內修論이 등장하기 전까지 지속된 정치철학의 큰 흐름이었 다. 이 흐름 속에서 세종은 《주자대전朱子大全》을 금속활자로 활인하지 않고 목판으 로 돌렸다. 《주자대전별집朱子大全別集》은 세조대에 와서야 겨우 수십 건 활인했다. 《주자대전朱子大全》의 완질본(속집·별집)은 1543년(중종38)에야 비로소 100질 이하 로 활인했다. 이런 지경이라서 성리학자 이문건李文楗은 1547년(인종3) 당시 자신이 현직관료임에도 《주자대전》이 희귀해 어떤 값을 치러도 구할 수 없을 지경이라고 탄식했다.1176) 게다가 기묘사화(1519) 이후 반세기 동안 주자가 지은 《소학》과 《근사록》은 조광조 세력이 성리학적 도학정치를 한다고 이 책들의 학습을 강요했다

1175) 참조: 황태연, 《책의 나라 조선의 출판혁명(하)》, 권말 [부록2] 〈유학 경전 및 유학 관련 활인본 총목록〉(총 909종, 조선조 총 활인본 1만4117종의 약 6.4%(6.43%)) 및 [부록3] 〈성리학 서적 활인본 총목록〉(총 406책종, 조선조 총 활인본 1만4117종의 약2.9%(2.88%))
1176) 우정임, 〈《묵재일기》에 나타난 명종대 지방의 서적유통 실태〉, 《지역과 역사》 제17호(2005), 96쪽.

는 이유에서 금서로 묶였다. 이 두 책은 선조 1년(1568)에 가서야 어렵사리 금서에서
풀렸다.

그리고 조선정부는 《주자어류》 조차도 건국 180년 만인 선조 4년(1571)에야
지각 출판했고, 반대로 주희에 대한 대척적 인물인 왕안석의 반反성리학적 시문집을
거듭 출판했다. 1485년에는 《왕형공시집》과 《왕형공시집주》를 활인했고, 17세기에
는 《송대가왕문공문초》 등을 활인·출판했다. 조선조 500년 활인본 총목록(약 1만
4117책종)의 약 94%가 비非유학서로서 백성의 농사·의학·외국어지식 및 군사지식
관련 서적, 한자학습서, 역사·철학·사상·종교서적(수많은 사서와 제자백가·불교·도교
관련), 그리고 행정·법령지식을 보급하는 서적과 이를 논한 논문, 그리고 자연과
생활을 노래한 글과 시문을 담은 문집 등이다. 그리고 정부는 학교를 보급해 백성들
에게 이런 지식들을 가르쳤다.

한마디로, 세종·태종·세조·성종조의 조선정부는 성리학적 교조를 거부하고 유교
경전과 비非성리학적 유서儒書, 제자백가의 서적들, 수많은 불경·불서佛書들과 시무
時務 관련 서적 및 잡학서적들을 성리학 책보다 약 40배 많이 활인한 것이다. 사찰에
서 무수히 간인한 불경과 불서는 빼고 하는 말이다. 그리고 조선의 정치와 학술문화
는 전·후기를 통틀어 보더라도 '성리학 일색'과는 거리가 멀었다. 조선은 《성리대전》
이나 《주자어류》의 독서에 열중한 나라가 아니라, 공맹경전의 독실한 강독과 충실한
해석에 철두철미하면서도 비非유서도 1만3210종을 활인·보급한 '열린' 유교국가,
'유연한' 반反독단적·비非교조적 유교국가였던 것이다.

- 조선 후기 중앙의 성리학에 맞서 급증한 서당

인조·효종조 이후 중앙정계에서 성리학이 득세해 조선의 상하질서와 신분질서를
경직화시키고 유학을 성리학적으로 교조화하기 시작한 것은 '북벌北伐'과 '내수內修'
를 구국의 방책으로 제시한 송시열과 그 노론세력의 집권(1649-1680) 이후의 일이
었다. 송시열 세력이 효종을 앞세워 내건 '북벌'이란 허장성세 대외정책이었는데,
이 대외정책은 청국에 의해 발각됨으로써 곧 파탄이 나서 잠수했다. '내수'는 나라의

사회제도와 도덕질서를 성리학적 독단화·교조화의 방향으로 경직화시키는 국내정
책이었는데, 이 성리학적 질서잡기 정책은 정조시대에 왕안석을 중시한 정조와
채제공蔡濟恭에 의해 공개적으로 배격을 당했다. 정조와 채제공의 반反성리학적
왕안석 옹호 및 개혁노선은 공맹을 경전에 쓰인 그대로 이해하려는 수사학적洙泗學的
유자들, 소빙기가 지난 뒤 우후죽순처럼 솟아난 서당에서 공맹경전을 읽은 일반백성
들, 성리학적 가부장제의 옥죔을 거부하는 깨인 여성 등과 보조를 같이하는 것이었
다. 따라서 후기에도 성리학은 마침내 성균관과 관학을 장악했지만 전국 차원에서
성리학의 전일적 지배는 불가능했다. 조선 후기 성리학의 처지는 17-19세기에 우후
죽순처럼 생겨난 서당에서 공맹유학을 공부한 팔도백성의 반反성리학적 저항의식에
의해 포위·고립되었기 때문이다.

이런 흐름의 원인과 경과를 좀 더 자세히 들여다보자면 당시 동북아 정세에
무지했던 인조의 조선정부는 명나라와 청나라에 대한 광해군의 지혜로운 등거리
외교를 폐하고 허세외교를 펼쳐 병자호란을 사실상 스스로 불러들였고, 송시열은
이 병자호란에서 당한 패배에 대한 대처방안으로 허장성세의 '북벌'과 성리학적
'내수'를 강조했던 것이다. 다른 곳(《책의 나라 조선의 출판혁명》)에서 밝혔듯이, 송시
열은 효종·현종조(1649-1674)에 정부요직(찬선《세자사부》·이조판서·우의정·좌의정·
봉조하)에 기용되어 정적 김자점의 밀고로 북벌계획이 청국에 발각된 뒤 북벌정책을
슬그머니 배후로 감추는 대신 성리학적 내수론을 앞세우고 더욱더 강조했다.

그러자 성리학의 소굴인 서원이 전국에 650개소로 확산되었다. 그리고 나서부터
차츰 서원은 혈연·지연 관계나 학벌·사제·당파 관계 등과 연결되어 '내수'의 중심지
이기는커녕 사회적 병폐의 소굴이 되어 갔다. 성리학적 관학을 따르는 향촌양반들은
서원을 거점으로 백성들을 토색질하고 지방관청에 피해를 주었다. 자연스레 이에
맞서 서당도 약 8만 개소로 급증했다.

중앙정계 집권세력의 관학과 정치문화가 성리학으로 치우쳐 교조화되고 신분차
별·남녀차별이 경직화되고 토색질이 심해지자, 성리학화한 관학에 맞서 백성들은
7-8만여 개소의 서당에서 경전 위주로 유학을 공부했고, 이를 통해 성리학을 완전히

탈피한 순수한 공맹철학이 대중화되면서 수백만 명의 이른바 '일반유생' 또는 '동네유생' 대중이 형성되었다. 그리하여 대개 공맹경전을 직접 읽은 평민들로 구성된 '일반유생들'이 성리학을 대변하는 관학과 서원들을 사회적으로 포위하고 그 병폐와 토색질을 지탄하는 새로운 사회적 대결구도가 형성되었다.

- 숙종 이래 정부의 서원탄압·철폐 정책

그리하여 숙종은 성리학 부흥의 기수 송시열을 과감하게 잡아 죽이고 서원 설립을 제한하고 훼철 명령을 내리는 등 서원에 1차 제재를 가하지 않을 수 없었다. 숙종은 1703년(숙종29) 서원을 사사로이 설립하는 경우 그 지방의 관리를 벌하고 이를 주도한 유생들을 과거에 응시하지 못하도록 하는 서원금령을 내렸고, 1713년에는 1714년 이후부터 서원의 설립을 금하고 사액을 내리지 않는다는 정책을 채택했다. 영조는 1741년(영조 17)에 1714년 이후 건립된 서원을 조사해 훼철했다. 이를 계기로 새로운 서원 건립은 거의 중단되었으나, 기존의 서원은 그 폐단이 더욱 심해졌다.

이에 더해 고종조에 이르면, 선초 '왕자의 난'을 통한 정도전 성리학세력의 제거조치에 준하는 '성리학소굴에 대한 대대적 청산조치'가 있었다. 1864년(고종1) 흥선대원군은 조대비와의 약조에 따라 전국적으로 사액서원과 비非사액서원을 가리지 않는 서원철폐령을 내렸다. 이 서원철폐령은 곧 '성리학소굴 철폐령'이었다. 대원군은 첫 단계로 첩설疊設·사설私設 서원을 조사해 철폐하고 서원의 재정기반을 조사해 불법적인 것은 국가에 환수했다. 이듬해 1865년에는 성리학을 대표하는 송시열의 화양서원과 만동묘를 훼철毁撤했다. 그리고 1868년에는 서원토지에도 세금을 과하도록 하고, 지방수령이 임지에 소재하는 서원의 '원장'을 맡도록 했으며, 1870년에는 이 명령을 이행하지 않은 서원은 '사액서원'이라도 가차 없이 훼철했다. 이 서원철폐 조치로 전국 650개 서원 가운데 소수서원·도산서원·도동서원 등 47개의 유명한 서원만 남기고 모조리 훼철했다. 93%의 서원이 청산된 것이다.

따라서 500년 조선이 '유교국가'였다는 말은 맞지만 '성리학국가'였다는 말은 일제강점기에 일왕日王을 받드는 이른바 '황도유학'으로 전향해 명맥을 유지하고 오늘날도 잔존하는 친일 성리학자들이 퍼트린 새빨간 헛소문, 또는 판에 박힌 낭설일 뿐이다. 성리학적 도학정신이 전기 조선에서 조선의 정신적 지표와 교육이념이었다고 말하는 것도 어불성설이고, 조선 후기에서 그랬다는 말도 어불성설인 것이다.

태종 이래 조선은 성리학적 '사대부의 나라'가 아니라, 갈수록 유학경전의 '민유방본民惟邦本'과 '교민' 이념에 충실한 '민방民邦' 또는 '민국民國', 곧 '백성의 나라'를 지향했고, 이 민국사상은 영·정조시대에 뚜렷해져 고종시대에 만개했다. 이런 배경에서 '대한제국'도 그 시대에 이미 관민이 종종 '대한민국'으로 일컬었고, 1919년 4월 11일 밤 상해임정 임시의정원은 이 국호를 다시 오늘날의 국호 '대한민국'으로 의결한 것이다.[1177] 이런 의미에서 유교국가 조선의 직접 목적은 고려와 같은 '귀족교육입국'이 아니라, 사대부와 평민 모두를 아우르는 '백성 일반'을 위한 '교민敎民입국'이었다. 그리하여 국가는 이제 귀족들이 학업을 독점하는 귀족학교가 아니라, 공맹의 교민철학에 따라 만민평등교육을 실시하는 백성 일반의 학교였다. 이런 의미에서 유교국가 조선은 만민에게 열린 '학교 국가', 곧 국가가 곧 학교이고 학교가 곧 국가인 명실상부한 '학교로서의 국가'였다. 조선은 백성 일반을 위한 '학교로서의 국가'인 까닭에 각 단계의 국·공립학교의 학비를 받지 않는 '무상교육'과 '의무교육'을 원칙으로 삼았고, 또한 학생들의 학업기간 숙식을 책임져야 했던 까닭에 필연적으로 '무상숙식'을 학교운영의 원칙으로 확립했다. 그리하여 조선은 모든 학교운영비를 국비로 조달했다. 학비도, 숙식비도 국가가 부담하는 이 '무상'교민·의무교육 원칙은 국가의 존재이유인 교민이념과 '학교로서의 국가' 개념 사이의 동어반복적·본질구성적 관계에서 도출된 당연한 원칙이었다.

명실상부한 유학적 교민국가로서의 조선국은 500년 동안 성균관·영학·향교·서당과 서원, 그리고 정부의 잡학직 기관(천문·역법·역술·의약·의관醫官·도화圖畵·율관·역관기구 등)에 딸린 강습소 등을 운영하는 거대한 '학교 복합체'였다. 한마디로, 교민국가로서의 조선은 '학교'였고, 명실상부한 유교국가 조선은 '학교로서의 국가'

1177) 참조: 황태연, 《백성의 나라 대한제국》(파주: 청계, 2017), 375-617쪽; 황태연, 《한국 근대화의 정치사상》(파주: 청계, 2018), 제4장 전체.

였다.

따라서 '학교로서의 국가' 조선은 동시에 각급 국·공립학교와 사립학교에 엄청난 수량의 유교경전과 기타 잡학서적들을 공급하고, 때에 따라 사찰에도 각종 불서佛書들을 제공해 주는 출판사 노릇을 정식으로 떠맡아야 했다. 이런 의미에서 조선은 교육과 교육기간 숙식을 무상으로 제공하는 '학교로서의 국가'임과 동시에 대부분의 책을 비매품으로 공급하는 '출판사로서의 국가'이지 않을 수 없었다. 그리고 명실상부한 유교국가 조선은 '출판사로서의 국가'이자 엄청난 수량의 서적을 찍어내고 소장하는 '문헌지방文獻之邦', '책의 나라'가 되지 않을 수 없었다.

■ 토지를 균제하는 '의정義政'의 포기

양민과 교민을 국가본업으로 시행한 유교국가 조선은 명실상부한 인정仁政국가였다. 그러나 조선정부는 토지나 경제적 양극화를 균제하는 의정義政을 포기했다. 정전제에 가까운 '균전제'는 일찍이 실현불가능한 '이상理想'으로 포기되었다. 그 대신 '한전론限田論'이 농업에 힘쓰고 상업을 억제하는 '무본억말務本抑末' 정책[1178]이 강력히 시행되던 조선 전기 한때 논의되고 실시된 적이 있었다. 하지만 이것도 곧 유야무야되었다.

- 중종조 한전제限田制의 실패

'한전제限田制'는 토지소유의 상한선을 법정法定해 그 이상의 소유를 금법으로

1178) 중종 때 정광필은 '무본억말(務本抑末)' 의안을 올린다: "농사를 지으면 리(利)가 적고 장사를 하면 이가 많으니, 백성들이 농사를 버리고 장사를 하는 것은 막을 수가 없는 일입니다. 그러나 친민(親民)의 관리가 백성의 일에 마음을 다하고 요역을 가볍게 하고 농상(農桑)하도록 권면해서 백성들의 생생지업(生生之業)이 수행될 수 있도록 한다면, 말업末業을 좇던 자들도 장차 기꺼이 농사를 따르게 될 것입니다. 시장을 열어 서로가 유무(有無)를 바꿔 백성이 도움을 얻는 것도 많습니다(懋遷有無 民之所資亦多). 흉년이 들 때는 이를 막으면 아니 됩니다. 그러나 말업을 좇는 자들이 이를 빙자해서 이익을 거두니 백성 가운데 게으른 자들은 다투어 따라가게 되고 또 절도의 소굴이 되기도 합니다. 마땅히 금단해야 할 바입니다." 이 의안은 왕의 재가로 시행된다. 《中宗實錄》, 중종13(1518)년 5월 28일.

억제하자는 토지사유제한제다. 대사헌 정광필이 "앞으로는 원래 토지가 50결 이상 있으면서 또 더 점유하려는 자는 그 지방 소재 수령에게 명해 규찰·금제케 하고 몰래 타인 명의로 대장에 올린 자도 역시 법에 따라 엄격히 금하도록 명해야 합니다 (今後 元有田五十結以上 而又加占者 令所在守令糾察禁制, 暗錄他人名字者亦令依法痛禁)"라고 의안을 올리자 중종은 이를 비준해 시행했다.[1179] 그러나 한전제 실시 1년 뒤인 1519년 기준奇遵은 1년 전 시행된 한전제가 실효성이 없음을 보고한다. "근자에 50결을 한도로 삼았으나 시행되지 못했습니다. 어찌 50결을 가진 백성이 있겠습니까?" 그러자 정순붕은 이어 덧붙여 50결이 경작할 수 없을 정도로 너무 넓어서 오히려 부익부빈익빈의 양극화와 불균등을 심화시켰다고 보고한다.

> 경상도는 토지가 비옥하고 사람들이 빽빽하게 이웃해 살아서 50결이라면 다 경작할 수 없습니다. 그래서 불균등의 폐단이 더해졌습니다. 10결이면 생생生生할 수 있습니다. 그런데 빈민이 어떻게 10결을 얻을 수 있겠습니까? 경기도 사람도 10결이 있으면 넉넉할 수 있지만, 10결을 가진 자가 얼마나 되겠습니까? 이 때문에 빈부불균등이 생겼습니다.[1180]

토지소유상한선 50결(756마지기)이 너무 높아 빈부양극화를 막으려는 정책적 실익이 없어 있으나마나하거나, 지방마다 사정이 판이함에도 팔도에 일률적으로 시행한 통에 농가의 토지소유 규모가 작고 소농지에서 집약농업을 하는 영남지역에서는 되레 토지소유의 불균등을 조장했던 것이다. 이에 따라 중종조의 한전제는 실패하고, 이후 한전제 시도는 완전히 포기되고 말았다.

이런 일로부터 200여 년 뒤인 영조조에 다시 한전제 논의가 있었으나 영조는 한전법에 반대했다. 검토관 서명신이 "정전법은 행할 수 없더라도 한나라 때의 한전법을 행한다면, 가난한 백성을 보전할 수 있을 것입니다"라고 하자 영조는

1179) 《中宗實錄》, 중종13(1518)년 5월 28일.
1180) 《中宗實錄》, 중종14(1519)년 7월 2일.

이렇게 말한다.

전답 광점廣占의 폐단은 한전법을 시행해도 한외限外의 전답을 그냥 **빼앗아** 가난한 백성에게 줄 수도 없고 몽땅 공가公家에서 사서 줄 수도 없다면 가난한 백성이 어떻게 스스로 사겠는가? 겸병의 걱정은 지극할지라도 역시 졸지에 개혁하는 것은 불가하고 또 겸병은 토후만이 자행하는 것이 아니라 사대부도 역시 그렇다. 내가 전일에 교하交河에 능행했을 때 그 앞들이 심히 넓음을 보고 이를 승지에게 물었더니, 모두 양반가의 것으로 보인다고 하더라. 팔도가 다 그렇다는 것을 이로 미루어 알 수 있다.1181)

그러다가 헌납 현광우가 다시 한전법을 주청하자 영조는 마지못해 묘당에 품처하게 했다.1182) 그러나 시행되지 않았다.1183)

- 정조의 한전제 반대와 중단된 양전量田사업

정조도 한전법적 토지개혁을 포기하고 부세제도만을 합리화하는 방향을 취한다. 대사성 유당이 "대저 정전법은 더 말할 수 없는 것이거니와, 한전은 또한 구애되는 데가 많으니, 마땅히 먼저 다시 양전量田을 하여 전부田賦를 비옥함과 척박함에 따라 균일하게 하여 세수稅收를 감한다면, 백징白徵하는 일이 이미 고쳐지게 되고 개간하지 못한 땅을 장차 개척하게 되어, 유리걸식하던 민생들이 차차로 관감觀感하고서 밭이랑에 매달리게 될 것입니다"라고 하자 정조는 "그대의 말이 진실로 옳으니 상소한 말을 묘당에 내려 품처하도록 하겠다"고 비답1184)하고 "양전을 하여 전부를 비옥함과 척박함에 따라 균일하게 하여 세수를 감하는" 유당의 부세정책을 채택해

1181) 《承政院日記》, 영조16(1740)년 2월 14일.

1182) 《英祖實錄》, 영조39(1763)년 3월 3일.

1183) 《英祖實錄》, 영조51(1775)년 1월 8일: "겸병의 폐단은 엄중히 신칙한 뒤에도 다시 이와 같으니, 대신(臺臣)이 탄핵하고 대신(大臣)이 집주(執奏)하면 똑같이 탐률(貪律)로써 시행하도록 하겠다(兼并之弊 嚴飭後復若此. 臺臣彈劾 大臣執奏 同以貪律施行)."

1184) 《正祖實錄》, 정조2(1778)년 윤6월 23일.

시행한다. 이것이 조선시대에 취해진 유일한 균제정책이었다. 그러나 전국적 양전사업(토지조사사업)은 끝내 완수되지 못했고, 결국 이 균제정책도 중도폐지되었다.

그런데 1791년 일반백성 박필관朴弼寬이 뭣 모르고 신문고를 쳐 토호의 전답소유를 30결로 한정하는 한전법을 실시하자는 청을 올렸다. 그러자 정조는 단연코 이를 거부한다.

정전법은 오래전 일이고 한전은 옛 제도에 가장 가까우나 오직 동한東漢시대에만 시행했을 뿐이다. 토호들의 겸병은 끝내 금하고 억제하기 어렵다. 장토를 30결로 기준하고 노비를 30구로 정하는 것은 말이 좋지 않은 것이 아니나, 조치·시행방책을 강구하지 않고 갑자기 분한分限의 영을 반포한다면 아마 도리어 소란을 일으킬 것이다.[1185]

또 1795년 빈부를 균등히 하자는 첨지 양주익梁周翊의 상소에 대해 정조는 말한다.

빈부를 균등하게 하자는 것으로 말하건대, 한전과 명전名田(식구 수대로 전답을 주는 것)이 진실로 좋기는 하지만 오늘날의 논밭 두둑을 보면 옛날의 우물 정井자 이랑과 다르다. 그래서 장횡거張橫渠(균전제를 논한 북송의 유학자)의 주장이 단지 종이로만 전해져 오게 된 것이다. 나는 늘 말하기를 '우리나라의 직전제職田制(현직관리에게 토지를 주는 제도)를 사족과 서민[士庶]에까지 확대 적용한다면 삼대를 회복할 수 있다'고 하곤 한다.[1186]

그러나 직전제를 관직이 없는 '사족과 서민'에까지 확대하는 것은 불가능한 일이었다. 결국 정조도 한전제를 그 비현실성 때문에 반대한 것이다.[1187]

토지소유제에 누진세제(progressive tax system)를 적용하는 것이 한 방법이었으나,

1185) 《正祖實錄》, 정조15(1791)년 1월 22일.
1186) 《正祖實錄》, 정조19년(1795)년 1월 24일.
1187) 정조는 반대입장을 1800년에도 다시 확인한다. 《正祖實錄》, 정조24(1800)년 2월 22일.

관변 유자와 실학자들 가운데 이것을 주장하는 학자는 한 명도 없었다. 따라서 조선국은 의정을 포기한 '단순한' 인정국가였다. 이것은 앞서 다룬 바와 같이 송·명·청대 중국도 마찬가지였다. 극동의 광역적 유교국가들은 자유시장의 세찬 양극화 작용과 기술적 한계에 갇혀 공자가 대동론에서 '인정과 의정의 겸행 국가'로 묘사한 유토피아적 '인의국가'에 접근하지 못한 것이다. 그러나 극동의 역대 유교국가들은 인정·복지국가를 정의의 계급투쟁 방식이 아니라 측은지심과 사랑의 발로로 구현함으로써 험난한 좌우·계급투쟁 방식으로 쟁취하고 또 이 계급투쟁 속에서 늘 동요하는 현대 복지국가에 대해 국민분열을 뛰어넘는 길목에서 중요한 롤모델이 될 수 있다.

이와 정반대로 서양제국은 동정심이나 연민에 기초한 '인정仁政'을 국가운영에서 배제하고 '의정義政'만을, 그것도 경찰·사법·국방의 저급한 의정만을 수행하는 야경국가적 정의국가였다. 서구의 정의국가는 사랑 없는 카스트적(플라톤적) 정의국가로부터 시작해서 자유주의적(스미스적) 야경국가로서의 정의국가를 거쳐 계급투쟁적 정의국가인 '사회복지국가'에 도달했다.

제2장
중국 복지이론의 서천과
서구의 교육개혁

제1절 서구의 유교적 인정국가론과 양민복지론

극동 유교제국의 양민·교민 복지 관련 인정仁政은 16세기부터 다양한 경로로 서양에 전해졌다. 그 여파로 교민복지정책은 17세기 중반부터 논의가 시작되고 18세기 말과 19세기 초 독일·프랑스를 위시한 서구제국에서 받아들여져 계급투쟁 없이 구현된다. 그러나 양민복지론은 18세기부터 전통적 정의국가를 '야경국가'로 비판하고 지양하는 방향에서 논의되었으나, 19세기 말부터 20세기 중반까지 복지제도를 법제로 도입·확립하는 과정에서는 자본주의 한복판에서 노동자와 자본가의 격렬한 계급투쟁을 동반했다. 일단 극동 양민·교민 복지제도의 서천에 대한 논의로부터 시작해서 서구의 교육개혁까지 살펴본다.

1.1. 중국의 양민제도 관련 정보의 서천

원·명·청대에 중국과 조선의 복지제도는 공맹의 복지철학에 따라 고도로, 또는 복잡다단할 정도로 조밀하게 짜여졌다. 국가가 직접 베푸는 도덕·문화수준을 높이는 교화정책과, 초급학교에서 대학교에까지 이르는 무상교육과 무상숙식의 교육·문화 복지 정책은 앞서 살핀 바와 같이 오늘날 어떤 복지국가도 흉내낼 수 없는 수준이었다. 또한 농민의 농사와 상인의 상업을 지원하는 왕안석의 청묘법(환곡제도)과 시역법은 적극적·예방적 복지제도라고 할 수 있다. 또 국가가 흉년과 역병 때 대민對民 구휼수단으로 면세·감세를 실시하고 국가창고(상평창)를 열어 식량과 의복을 배급하는 것은 중국에서 고래로부터 전통이었다. 또한 명·청대에 국비로 운영되는 구빈원과 고아원, 기타 요양·복지시설들은 전국적으로 발전되어 있었다. 또한 관리와 군인의 연금제도는 복잡하게 발전되어 있었다.

송·원·명·청대 중국의 모든 복지제도를 여기서 다루는 것은 불가능할 것이다. 또한 중국의 역사연구를 통해 이것을 파악하는 것도 사실상 불가능하다. 위에서 다룬 내용은 중국의 복지제도에 관한 기초적 정보·지식에 불과하다. 역대 복지제도를 탐구한 연구서들이 사실상 전무하기 때문이다. 현재 중국내 중국인 학자들의 중국 복지제도 연구는 16-18세기에 중국의 복지제도에 대한 상세한 정보·지식을 서구에 전한 서구 여행가·선교사들의 중국기中國記 수준과 양에도 미치지 못한다. 따라서 당대 중국의 복지제도에 대한 서양 여행가들과 선교사들의 보고는 중국의 복지제도에 대한 논의에도 도움을 준다.

■ 원대 복지제도에 대한 마르코 폴로의 보고(1300)

원대 중국을 방문해 중국의 복지제도에 대해 서양에 보고한 최초의 서양인은 베니스상인 마르코 폴로(Marco Polo da S. Felice, 1254-1324)였다. 폴로는 르네상스시대 초기에 중국의 풍요와 문물에 대해 상세하게 보고했다. 그의 보고는 중국의 생산물과 물건들, 제조기술, 건축물, 도시, 가로, 풍물과 풍요, 사치와 화려함 등 주로 물질적 문물에 대한 소개로 치우쳐 있다. 하지만 어쩌다가 군주의 정통성과 관련된 중국의 정치철학을 살짝 건드리기도 하고, 지폐제도나 황제의 민본주의와 국가의 복지제도 등 경제·복지 제도와 정책들에 대해서 상술하는 경우도 있다.

마르코 폴로는 중국에서 17년을 살았고, 1292년 그의 아버지와 삼촌과 함께 중국을 떠나 1295년 누더기 몽고인 복장으로 베네치아로 귀국했다. 고향을 떠난 지 24년 만의 귀향이었다. 그는 누더기 옷에 누벼 가지고 온 금은보화와 진기한 물건들을 팔아 "*La Corte del Millioni*(백만장자)"의 칭호로 불리며 베네치아의 대부호이자 지역명사로 자리잡았다.[1] 그러나 곧 중무장을 하고 베네치아를 침공한

---

1) R. H. Major, "Introduction", xvii쪽. Juan Gonzalez de Mendoza, The History of the Great and Mighty Kingdom of China and The Situation Thereof (1585)), with an Introduction by R. H. Major (London:

제노아 군대와 맞서 베네치아 병사들을 이끌고 싸우다 포로가 되고 말았다.《동방견문록》은 제노아 군의 전쟁포로로 잡혀 포로수용소에 잡혀 있는 동안(1298-1299) 같이 수용된 피사 사람 루스티첼로(Rustichello)에게 구술해 집필한 것이었다.《동방견문록》 발표연도는 대략 1300년으로 추정된다. 당시 중국에는 폴로 외에도 여러 유럽인들이 활동하고 있었고, 14세기 중반까지도 이탈리아 상인들이 중국에 남아 있었다. 그러나 이 중국방문자들 가운데 오직 마르코 폴로만이 기록문을 남겼다.

마르코 폴로는 중국인들의 정치철학이나 정치제도에 대해서 아무것도 기록하지 않고 있다. 그는 어디까지나 '상인'에 불과했던 것이다.[2] 그러나 유럽에서 듣도 보도 못한 중국의 복지제도에 대해서는 경탄 속에서 상당히 자세하게 설명하고 있다. 폴로는 황제의 황정荒政과 재해에 대응하는 원나라 정부의 진재賑災정책에 대해 이렇게 기술한다.

대칸이 자기의 신민들에게 하사하는 은덕에 대해 얼마간 얘기해 보도록 하자. 왜냐하면 그의 모든 생각은 그에게 복속된 백성들이 살며 노동하고 그들의 부를 늘리는 것을 도우려는 데 쏠려 있기 때문이다. 당신은 대칸이 백성 가운데 누군가 날씨나 메뚜기 떼나 다른 괴질로 작물수확의 실패를 겪었는지를 알고자 사신과 감독관들을 영토와 왕국들 및 성솔들 전역에 파견한다는 것을 사실로 여겨도 된다. 그리고 그가 어떤 백성들이 수확을 상실했다는 것을 안다면, 그는 그들에게 그해분의 부세를 면제해 주고 심지어 그들에게 씨 뿌리고 먹도록 황제 자신의 곡물을 하사하기까지 한다. 황제의

Printed for the Hakluyt Society, 1853).

2) 그럼에도 그는 지배의 정통성과 관련해서 이런 말을 적고 있다. "당신들은 대大칸이 중국인들 위에 몽고인 치자, 대부분 사라센 치자들을 올려놓았기 때문에 모든 중국인이 대칸의 통치를 증오했다는 것을 이해해야 한다. 중국인들은 이 통치를 견딜 수 없었다. 왜냐하면 그것은 중국인들의 처지가 노예보다 낫지 않다고 느끼게 했기 때문이다. 더구나 대칸은 중국지방을 다스릴 정당한 권리가 없었고, 무력에 의해 그것을 획득했다." 마르코 폴로,《동방견문록》, 246쪽. 위 인용문은 영어본에 비추어 손질했다. Marco Polo(Ronald Latham, trans.), *The Travels of Marco Polo*(London: Penguin Books, 1958), 133쪽. 마르코 폴로는 "정당한 권리"를 언급하고 있지만 어떤 것이 '정당한 권리'인지는 한 마디도 남겨놓지 않고 있다. 20여 년을 중국에서 산 사람이 쓴 묘사치고는 그야말로 '맹물' 같은 기술이다. 그것도 통치권사상에 대해 그가 언급한 유일한 구절이다.

굉장한 시혜행위다. 그는 이것을 여름에 행한다. 그리고 겨울에는 가축의 문제에서도 마찬가지로 그렇게 행한다. 그는 역병의 발생으로 가축들이 죽은 사람을 보면 다른 지방의 10분의 1 부세로부터 나온 그 자신의 곡물의 일부를 그에게 하사하고 나아가 그를 도와 그해의 부세를 면제해 준다. 다시, 벼락이 양 떼나 다른 짐승 떼를 내리치는 일이 발생한다면 그 떼가 한 사람에 속하든 그 이상에 속하든, 그리고 그것이 아무리 크더라도 대칸은 3년 동안 10분의 1세를 걷지 않는다. 그리고 유사하게, 벼락이 짐 실은 선박을 내리치는 일이 일어난다면 대칸은 그 선박의 화물에 붙은 세금이나 몫을 전혀 받지 않을 것이다. 대칸은 벼락이 어떤 사람의 소유물에 내리쳤을 때 그것을 나쁜 징조로 여기기 때문이다. 그는 "신이 이 사람에게 천둥번개를 발진시켰기 때문에 이 사람에 대해 화가 났을 것이다"라고 추리한다. 그러므로 그는 신의 분노를 맞은 이 소유물들이 그의 재정 속으로 들어오는 것을 바라지 않는다.[3]

마르코 폴로는 원대에 실시되는 중국 전통의 황정荒政·진재賑災정책을 묘사하고 있다. 그런데 소유물이 벼락 맞는 것을 "나쁜 징조"로 여기는 것은 몽고의 미신이다. 이것만 빼면, 위에서 말한 재난구제 목적의 모든 면세·감세조치는 '대칸의 정책'이라기보다 대칸이 송대 중국의 전통적 균세均稅정책을 답습한 조치일 뿐이다.

원대 정부는 한대漢代·송대 중국의 상평창常平倉 정책을 이어받아 곡가를 안정시키는 상평창제도를 1269년(지원 6년)에 설치해 운영했다. 마르코 폴로는 이것을 놓치지 않고 기록하고 있다.

곡물의 준비로 되돌아가면, 당신은 대칸이 수확이 많고 곡물이 싼 것을 알 때 방대한 양의 곡물을 축적하고 3~4년 동안 썩지 않고 유지될 정도로 주도면밀하게 보존되는 거대한 곡식창고 안에 그것을 넣어 둔다는 것을 사실로 받아들여도 된다. 그리하여 대칸은 온갖 곡물 - 밀, 보리, 쌀, 기장, 기장류(panic), 기타 - 의 비축을 크게 풍부한

3) 마르코 폴로, 《동방견문록》, 281–282쪽. 위 인용문은 영어본에 비추어 손질했다. Marco Polo, *The Travels of Marco Polo*, 155쪽.

상태로 해둔다. 어떤 곡식들이 실패하고 곡식의 부족 현상이 발생할 때는 이 비축에 의존한다. 밀 한 포대의 가격이 1베잔트에 달하면, 대칸은 동일 가격에 4포대를 공급한다. 그러면 대칸이 모두에게 충분한 양을 방출해 모두가 필요를 충족시키기에 풍족한 곡식을 가지게 된다. 이런 식으로 대칸은 그의 신민들 가운데 아무도 부족하지 않게 유의한다. 그리고 그는 이것을 그의 제국의 전 지역에 걸쳐 시행하고 있다.[4]

상평창 제도에 대한 설명 바로 다음에 마르코 폴로는 중국의 전통적 구빈·장애인·폐질자 복지정책에 대해서도 자세히 소개한다.

이제 당신에게 대칸이 북경시의 빈민들에게 어떻게 자선을 베푸는지를 말해 주련다. 대칸은 어떤 정직한 가족과 존경받는 사람들이 불운에 의해 궁핍해졌거나 병으로 말미암아 일을 할 수 없을 정도로 불구가 되어 일용할 빵을 벌 수단이 없게 되었을 때 (6명에서 10명 또는 그 이상의 사람들로 구성된) 이러한 가족들이 한 해 전체에 대한 지출을 충족시키기에 충분한 양을 주도록 신경 쓴다. 이 가족들은 지정된 때에 대칸의 지출을 관장하는 것을 임무로 삼고 해당 관직에 할당된 황궁 전각 안에 거주하는 관리들에게로 간다. 그리고 각인은 전해에 그의 생계를 위해 그에게 지불된 액수의 증명서를 내는데, 그러면 올해에도 동일한 비율로 그들에게 식량이 공급된다. 이런 공급은 대칸이 의복에 쓰이는 모든 양모, 비단, 마의 10분의 1세를 수납하는 만큼 의복도 포함한다. 대칸은 이 재료들을 특별히 지정된 재료비축 건물에서 옷감으로 짜게 한다. 모든 장인이 1주일 가운데 하루 대칸을 위해 일할 의무를 지고 있기 때문에 대칸은 이 옷감들로 의복을 만들게 하고, 겨울과 여름의 필요에 맞춰 빈민가족들에게 하사한다.[5]

그리고 원대 중국정부는 굶주리는 사람들에게 일용日用할 식량을 공급하는 구휼정책도 시행했다.

---

4) Marco Polo, *The Travels of Marco Polo*, 157쪽. 마르코 폴로, 《동방견문록》, 285–286쪽.
5) Marco Polo, *The Travels of Marco Polo*, 157–158쪽. 마르코 폴로, 《동방견문록》, 286쪽.

빵을 구하러 대칸의 황궁으로 가려고 마음먹은 사람은 아무도 빈손으로 돌아오는 경우가 없다. 모두가 한몫을 받는다. 그리고 지정된 관리들이 2–3만 사발의 쌀기장기장류를 나눠 주지 않고 지나가는 날은 하루도 없다. 또 이것은 연중 내내 시행된다. 대칸이 빈민을 향해 발휘하는 이 경이롭고 엄청난 베풂 때문에 모든 백성은 신으로 숭배할 정도로 그를 존경한다.6)

마르코 폴로는 이런 구빈정책이 몽고에서 온 것이 아니라 중국 고유의 전통적 정책임도 밝히고 있지만, 이 복지정책을 이른바 불교("우상숭배")로부터 유래한 것으로 잘못 짚는다.

당신은 타타르인들이 우상숭배(불교)의 독트린에 익숙해지기 전 고대 관습에 따라 살 때 어떤 보시普施도 한 적이 없다는 것을 알아야 한다. 실로, 그들은 빈자가 타타르인에게 왔을 때 "신의 저주가 네놈에게 떨어질진저! 신이 나를 사랑하듯이 너를 사랑한다면 너를 번영으로 축복했을 것이다"라는 저주와 함께 그를 내쫓았을 것이다. 그러나 불교도(우상숭배자)들의 현자들, 특히 내가 위에서 말한 박시(Bakhkshi, 마법사)들이 대칸에게 빈자들을 부양하는 것이 좋은 일이고 그들의 불상(우상)들이 그것을 아주 기뻐할 것이라고 설교했기 때문에, 대칸은 내가 묘사한 식량공급을 하도록 유도되었다.7)

공자철학과 중국 복지정책의 역사에 대해 까막눈인 '장사치' 마르코 폴로는 구빈정책의 기원을 잘못 짚어도 한참 잘못 짚고 있다. 그는 불교가 '보시'를 말하지만 그것은 국가정책이나 정치와 무관하고 어디까지나 사인私人들 사이의 사안일 뿐이라는 사실, 곧 불교는 현세와 정치를 둘 다 초월하는 종교라는 사실을 모르고 있다. 하지만 아무튼 그는 구빈정책이 몽고의 풍습과 무관한 중국 고유의 정책임을 밝힌 셈이다.

---

6) Marco Polo, *The Travels of Marco Polo*, 158쪽. 마르코 폴로, 《동방견문록》, 287쪽.
7) Marco Polo, *The Travels of Marco Polo*, 158쪽. 마르코 폴로, 《동방견문록》, 287쪽.

마르코 폴로는 중국의 "경이롭고 엄청난" 복지정책에 대해 놀라면서 이 정책들의 기술에 나름대로 꽤 많은 지면을 할애한 셈이다. 이것도 먹고사는 물질적 생활의 문제이기 때문에 상인의 눈에 대수롭게 보이지 않았던 것이리라.

■ 명대 요양·복지제도에 대한 페르남 핀토의 기록(1556)

명대 중국의 복지제도에 대한 보고와 특별한 기록들은 모두 포르투갈사람들과 스페인사람들의 것이다. 그들은 핀토·페레이라·크루즈·멘도자다. 청대 복지제도에 대한 기록으로는 1735년 뒤알드의 종합보고가 있다. 16세기 최초의 중국 전문서적은 1556년 포르투갈 출신 모험가 페르남 멘데스 핀토(Fernão Mendes Pinto, 1509-1583)의 서신을 편찬한 책이다. 페르남 핀토의 이 중국서신과 기록을 담은 이 서간집은 그간 출간된 책들 가운데 가장 정확한 목격자 진술과 가장 양심적인 판단을 담고 있고, 또 명대 중국의 평등주의 정치문화와 정치·복지제도에 관한 가장 새로운 정보를 담고 있다. 그가 귀국하기 전 1555년 11월 20일에 쓴 여러 통의 서신들 가운데 한 통은 포르투갈에 도착하자마자 바로 포르투갈 예수회에 의해 출판되었다. 이로 말미암아 핀토는 귀국 전에 이미 유명해져 있었다. 그때 출판되지 못한 그의 나머지 장문의 서신들도 당시에 중국보고들이 아주 드물었기 때문에 예수회 신부들과 가톨릭 신학자들 사이에 두루 회람되고 복사되어 널리 읽힌 것으로 보인다.

핀토는 1569년부터 중국을 포괄적으로 다루는 저서를 집필하기 시작해서 유고로 남겼다. 이 유고는 1614년에 리스본에서 《페르남 멘데즈 핀토의 편력(*Peregrination of Fernam Mendez Pinto*)》이라는 제목으로 출판되었다.[8] 핀토는 이 책에서 그가 중국에

---

8) Fernão Mendes Pinto, *Peregrinação de Fernão Mendes Pinto*(Lisbon: Pedro Crasbeeck, 1614). 이 책은 1625년 새뮤얼 퍼채스 신부의 《하클류투스 포스트후무스 또는 퍼채스 그의 순례자들》 저작(1625)에 영역되어 제12권 제2장에 〈페르남 멘데즈 핀토의 편력으로부터 뽑은 중국과 세계의 다른 동방지역들에 대한 관찰의견들〉이라는 제목 아래 실렸다. Fernam Mendez Pinto, "Observation of China and other Easterne Parts of the World, taken from Fernam Mendez Pinto his Peregrination", 103-104쪽. Samuel Purchas, *Hakluytus Posthumus, or Purchas his Pilgrimes*, Vol. 12 (625), Reprint (906), 20 volumes(Glasgow: Printed at the University of Glasgow Press, 1906), Chapter 2(59-141쪽).

서 견문한 신기한 물건들과 사건들을 상세하게 기록하고 있다. 핀토는 500개소가 넘는 북경의 구빈원·요양원·육영사 등 각종 복지원에 관해 경탄 속에서 기술한다.[9] 북경의 이 요양복지원들은 "천자의 집"이라 불리는데 노인·환자·상이군경·장애인·아동을 위한 복지원이다. 매월 수당을 받는 이들은 한 개소에 200명씩 수용되어 있다. 따라서 북경에만 도합 1만 명이 수용되어 있다.[10] 그리고 북경과 대도시에는 빈민들을 위한 학교들이 있다.

북경에는 빈민학교가 있어 아버지가 없는 고아들에게 읽고 쓰고 생계를 벌 기능적 직업을 가르친다. 이 학교에 딸린 고아 집마다 200명의 어린이가 있고 그만큼 많은 가난한 보모들이 부모들에 의해 유기되거나 버려진 아기들에게 젖을 준다(유아유기나 방기는 발각되면 처벌된다). 이들이 젖을 떼면 고아학교 복지원에 위탁된다.[11]

또한 중국정부는 장애인들에게도 그 형편에 따라 일자리를 주어야 한다는 공자의 장애인 복지 지침대로[12] 모든 장애인에게 가능한 일감을 찾아 일자리를 제공했다.

누군가 자연적 지체결함으로 직업을 배울 수 없으면 그들은 이 아이를 가능한 일에 투입하는데, 가령 장님인 아이들은 방앗간의 경우 둘은 가는 데에, 하나는 채로 거르는 데에 보낸다. 다른 경우도 이렇게 한다. 게다가 어떤 장인도 이 빈민 어린이들의 약간 명을 할당받아야만 교부받을 수 있는 허가증 없이 점포를 운영할 수 없다. 방앗간 주인은 이 장님들에게 고기와 마실 것, 옷가지와 매년 15실링을 주어야 한다. 이 돈은 아미타불의 제4지침에 따라 빈자들이 죽지 않도록 방앗간 주인이 사후의 자신의 영혼에 주는

---

9) Pinto, "Observation of China and other Easterne Parts of the World", 103-104쪽.
10) Pinto, "Observation of China and other Easterne Parts of the World", 114-115쪽.
11) Pinto, "Observation of China and other Easterne Parts of the World", 124쪽.
12) 앞에서 보았듯이 공자는 모든 장애인에게도 일자리를 마련해 주는 것을 '왕도王道'로 삼았다. "벙어리, 귀머거리, 절름발이, 앉은뱅이, 외발이, 난쟁이는 그 기량에 따라 각각에게 백공의 일을 맡겨 먹고 살게 한다.(瘖聾跛躄斷者侏儒 百工各以其器食之)"

돈이다. 걸을 수 없는 절름발이들은 골풀바구니·대바구니나 그 밖의 제작자들에게 배정하고, 손을 쓸 수 없는 사람들은 큰 광주리와 대바구니를 주어 시장에서 산 물건들을 집으로 수송하는 수레꾼들을 위해 봉사하도록 한다. 손도 발도 쓸 수 없는 사람들은 많은 고용 여성들이 사자死者를 위해 기도하는 수도원 같은 큰 집에 배정하고, 제사음식의 절반은 그들에게, 나머지는 사제에게 준다. 벙어리는 요양복지원 같은 집에 배치하고, 매점자나 아이를 꾸짖고 학대하는 여성(scolding women)에게 부과된 벌금으로 생계를 충당하도록 한다. 병든 일반여성들은 매월 요금을 납부하는 다른 일반여성들의 비용으로 치료받고 부양되는 집으로 보낸다.13)

따라서 유학적 정치철학을 실천하려는 유교국가 중국제국에서 정부가 모든 범주의 정상인들과 모든 범주의 장애인들에게 합당한 일자리를 마련해 주고 정상적 생계를 보장하는 것은 이와 같이 정치적 상식이자 당연지사였던 것이다.

여자 고아와 빈자들의 복지를 위한 재정은 간통녀와 뇌물판사·소송꾼에 대한 벌금에 의해 조달되었다.

유죄판결을 받은 간통녀의 지참금과 도구들은 여자 고아의 요양복지원에 보내져서 정절은 부정不貞이 잃는 것으로부터 이득을 얻게 된다. 다른 정직한 빈자들은 부정한 소송을 계속하는 사무변호사와 법조인, 그리고 부분적으로 뇌물을 받은 판사의 부담으로 다른 가도街道에서 부양된다.14)

그리고 핀토는 중국 정부가 일상적으로 시행하는 구빈救貧복지제도에 대해서도 경악과 경외감 속에서 기술한다.

구빈에 관해서 나는 그들의 역사기록으로부터 새로 재임하는 황제의 증조할아버지 찬

---

13) Pinto, "Observation of China and other Easterne Parts of the World", 124–125쪽.
14) Pinto, "Observation of China and other Easterne Parts of the World", 125쪽.

시란 푸바고르(Chansiran Pubagor?)가 (그가 병을 앓은 뒤에 눈이 멀었기 때문에) 좋은 봉사를 하려는 바람에서 모든 도시에 기근이 발생하면 1년 식량이 있어 빈민들이 굶주려 죽지 않도록 밀과 쌀 창고를 갖추라고 명했다고 들었다. 그는 이런 목적에 왕의 관세의 10분의 1을 돌렸다. 그들은 신이 그의 이 자선을 그의 시력의 복원으로 보상했고 이 자선은 그의 죽음 뒤에까지도 14년 동안 계속되었다고 말한다. 이것은 지금도 지켜지고 있다. 이 창고의 수는 1,400개소라고 얘기된다. 가을 추수기에 옛 곡식은 주민들에게 필요로 하는 만큼 분배되고, 이것은 그만큼 많은 새 곡식으로 비축되는데, 창고가 줄지 않도록 100분의 6을 더 비축한다. 그러나 해가 흉년으로 드러나면, 그것은 주민들에게 비축의무 없이 분배된다. 그리고 충족시킬 것이 없는 빈민에게 주어진 것은 황궁의 내탕금으로부터 황제의 보시로 지불된다.[15)

핀토는 이런 설명 끝에 서양인들이 이 보고를 믿지 않을까봐 이런 염려를 덧붙이고 있다.

나는 독자들이 진기한 것을 의심하거나 투덜대고 그들이 보아온 작은 것에 의해 저런 일들을 잣대질하고 그들 자신의 짧은 생각에 의해 내 눈으로 목격한 저런 일들의 진실들을 판단할까 봐 염려해서 나는 이 도시에서 본 모든 것을 실로 열거하듯이 자세히 서술하고 있다. 그러나 눈앞의 비참함과 저열성에 의해 다른 나라들을 판단하지 않는 고도의 역량, 고고한 정신, 그리고 커다란 인식들은 아마 기꺼이 이토록 진기한 것들을 들을 것이다. 나는 저 점잖은 황제의 찬탄할 자산 속에서, 사법 관련 감찰(Chaens)과 정부의 안찰사들(Anchacys)의 영광 속에서, 그들의 관리들에 의해 마음에서 일어나는 공포와 두려움 속에서, 그들의 주택과 사찰들, 그리고 그 안의 모든 나머지 것들의 호화스러움 속에서 내가 북경의 위대성을 나 홀로 개진할 때, 그것들을 내 눈으로 직접 본 나 자신이 종종 놀랐다는 것을 진실로 털어놓고 있기 때문에 의심하는 타인들에게서 이것을 그만큼 더 용납받을 수 있다고 여긴다.[16)

---

15) Pinto, "Observation of China and other Easterne Parts of the World", 125-126쪽.

핀토의 이 말은 '사족' 같지만 당시로서 유럽인들이 명대 중국의 복지제도를 믿을 수 없을 것 같아 굳이 덧붙여진 것이다. 아무튼 핀토는 마르코 폴로에 이어 두 번째 중국의 구빈·요양복지제도에 대해서 자세하게 밝히고 있다.

■ 명대 복지제도에 대한 페레이라(1565)와 크루즈의 보고(1569)

중국을 직접 체험한 페레이라(Galeotte Pereira)와 크루즈(Gaspar da Cruz)도 명대 중국의 복지제도를 보고하고 있다. 두 보고서는 상호보완적으로 중국의 복지실태를 잘 보여 준다. 중국에서 밀수범죄로 체포되어 복건성에 죄수로 수감되어 있다가 탈옥해 돌아온 포르투갈 군인 갈레오테 페레이라(Galeotte Pereira)의 중국보고서(1565)도 명대 중국의 복지제도를 언급하고 있다. "중국에 관해 알려진 몇 가지 것들"이라는 제목이 달린 이 보고서의 원본은 출판되기 전에 아주 광범하게 복사되고 회람됨으로써 이미 유명세를 얻었던 것이다.[17] 페레이라는 중국인들의 풍요와 빈곤에 대하여 약술하고 중국정부의 복지정책을 기술하고 있다. 페레이라는 중국의 인구와 풍요와 빈곤에 대해 이렇게 보고한다. "이 나라는 바다 가까이에 주민들이 아주 잘 들어 살고 있어서 도시와 주현州縣 사람들이 문명적으로 살 정도로 만물이 준비되어 있는 군현·부府와 숙소를 1마일도 못 가서 보게 된다. 그럼에도 불구하고 문밖에서 거주하는 사람들은 아주 가난하다. 이 문밖 거주자들의 수가 아주 많아서 아무 나무나 올라가서 거기로부터 둘러보면 수많은 어린이들이 아무도 없다고 생각하는 그런 곳에 떼 지어 있는 것이 보일 정도다."[18]

---

16) Pinto, "Observation of China and other Easterne Parts of the World", 126–127쪽. '챈(Chaen)'은 감찰을 뜻하는 것 같고, '안차시'(Anchacy)는 안찰사按察使를 음역한 것으로 보인다.

17) Charles R. Boxer, "Introduction", lv–lvi쪽. Charles R. Boxer (ed), *South China in the sixteenth century: being the narratives of Galeote Pereira, Fr. Gaspar da Cruz, O.P. (and) Fr. Martín de Rada, O.E.S.A. (1550–1575)*, Issue 106 of Works issued by the Hakluyt Society(Printed for the Hakluyt Society, 1953·2017).

18) Galeote Pereira, *Certain Reports of China*, 7쪽. Charles R. Boxer (ed), *South China in the sixteenth century: being the narratives of Galeote Pereira, Fr. Gaspar da Cruz, O.P. (and) Fr. Martín de Rada, O.E.S.A. (1550–1575)*, Issue 106 of Works issued by the Hakluyt Society(Printed for the Hakluyt

이어서 페레이라는 중국정부가 시행해 온 복지제도에 대한 간단한 설명을 덧붙인다.

더구나 그들은 한 가지 아주 좋은 것을 가지고 있는데, 이것은 우리 모두를 그들이 이교異敎라는 것에 깜짝 놀라게 만든 사실, 곧 모든 도시에 언제나 사람들로 가득 찬 요양복지원(hospitals)이 존재한다는 사실이다. 우리는 가난한 사람이 걸식하는 것을 본 적이 없다. 우리는 그 이유를 물었다. 그러자 모든 도시에서 빈자들, 맹인, 절름발이, 노령으로 말미암아 일할 수도 없고 어떠한 생활방도도 없는 노인층 등을 위한 집들이 많이 존재한다는 대답이 돌아왔다. 이 사람들은 사는 동안 상술한 집들 안에서 많은 쌀을 가지고 있지만 그 밖의 다른 것은 없다. 누군가 환자이거나 맹인이거나 절름발이이면 그는 포정사(Ponchiassi; Puchengshih의 오기)에게 탄원서를 제출하고 그가 쓴 것이 사실이라는 것을 입증하면 상술한 큰 숙소에 평생 머물 수 있게 된다. 그밖에 그들은 이곳에서 돼지와 닭을 기르고, 이로써 빈자들은 구휼되어 걸식하지 않는다.[19]

이 요양복지원 제도는 마르코 폴로의 원대 중국의 복지정책 보고와 핀토의 명대 복지제도 묘사에 이어 세 번째로 소개되는 명대 중국의 요양복지에 대한 설명이다. '중국에는 요양원 시설이 있어 걸인이 없다'는 페레이라의 이 중국보고는 목격담이고 경험담이라서 이전의 여러 중국기中國記에 신빙성을 크게 더해 주었다.

포르투갈 도미니크파 탁발승 가스파르 다 크루즈(Gaspar da Cruz, 1520-1570)는 1569년부터 네 권으로 된 방대한 중국보고서 《중국풍물론(Tratado das Cousas da China; Treatise on Things Chinese)》(전 4권)을 출판하기 시작해서 1570년 완간했다. 1556년부터 중국 광주의 주강珠江 삼각주에 위치한 광주만의 람파카오(Lampacao), 곧 낭백오浪白澳 섬에 1년여 동안 체류했다. 당시 낭백오 섬은 중국과의 무역항이었다. 그는 1557년 말라카로 돌아갔다가 1560년 인도를 거쳐 1565년 포르투갈로 귀국해 1569

Society, 1953·2017).

19) Pereira, Certain Reports of China, 30-31쪽.

년 리스본에 돌아왔다. 크루즈는 "때로 나이브할지라도 예외적으로 정직한 사람"이라는 것을 알 수 있다. 그는 페레이라를 단순히 베껴 쓰지 않고 자신의 경험으로부터 얻은 많은 정보들, 특히 그를 분명히 매료시킨 것으로 보이는 광동 중국인들의 사회생활에 관한 경험을 보태고 있다. 그는 농업과 항해의 중국적 관행들을 유럽의 그것들보다 더 우월한 것으로 느꼈다. 그는 중국인들의 생활과 노동의 여러 측면을 기탄없이 찬미하고 있다.[20]

크루즈는 마치 '일하지 않는 자는 먹지도 말라'는 식으로 중국인들이 매우 근면하고, 게으른 자들을 혐오한다고 말한다. 따라서 중국인들은 걸식행위를 경멸하고 걸인들에게 보시하지 않는다. 동냥승도 멸시받는다.[21] 크루즈는 그렇다면 장애인들을 어찌하는지 물었다. 이를 통해 그는 중국의 장애인 복지정책을 엿본다.

나는 위에서 중국인들이 이 나라의 가난뱅이들에게 보시를 하지 않는다고 말했다. 어떤 독자들이 불구가 되고 신체가 부자유스럽고 눈이 멀어 빵을 벌 수 없는 빈민은 어떤 처방을 받는지를 묻기 때문에 나는 그들을 만족시키는 것이 좋다고 생각했다. 장님이 음식을 구하도록 그들에게 배정된 일을 갖는다는 것은 주목할 가치가 있다. 말이 곡식을 빻는 말 방앗간에서 일하는 것 등이 그런 일이다. 보통 이런 곳에는 2명이 배치된다. 왜냐하면 방앗간에 2명의 장님이 들어가면 그들은 서로 담소를 하면서 레크리에이션을 하기 때문이다. 이것은 내가 그들이 자기들의 손으로 쥔 날개를 가지고 수레바퀴를 밟고 돌리며 아주 우애롭게 담소를 하는 것을 본 바대로다. 눈 먼 여성이 천한 여성(창

---

20) Donald F. Lach, *Asia in the Making of Europe*, Vol. I, Bk. Two (Chicago: The University of Chicago Press, 1965), 742쪽. 이 책은 크루즈의 《중국풍물론》도 새뮤얼 퍼채스(Samuel Purchas, 1577-1626) 신부의 《하클류투스 포스트후무스 또는 퍼채스 그의 순례자들》(1625)에 압축영역되어 실려 있다. Samuel Purchas, *Hakluytus Posthumus, or Purchas his Pilgrimes*, 20 volumes〔625〕(Reprint; Glasgow: Printed at the University of Glasgow Press, 1906).

21) Gaspar da Cruz, *Treatise in which the things of China are related at great length*〔569〕, 118-119쪽. 151-152쪽. Charles R. Boxer(ed), *South China in the sixteenth century: being the narratives of Galeote Pereira, Fr. Gaspar da Cruz, O.P. 〔and〕 Fr. Martin de Rada, O.E.S.A. (1550-1575)*, Issue 106 of Works issued by the Hakluyt Society(Printed for the Hakluyt Society, 1953·2017).

기 - 인용자)이면 그녀들을 옷 입히고 주홍색과 백분으로 화장해 주는 보모가 있다. 이 여성들은 그녀들의 좋지 않은 사용에 대한 임금을 받는다. 일정한 촌수 내의 어떤 친척도 없거나, 있더라도 친척이 그들을 필요한 만큼 부양하지 못하거나 도울 능력이 없는 절름발이와 신체불구자는 국가재정관(포정사)에게 청원을 한다. 그러면 관리들이 그들의 친척을 정밀조사한 뒤 그들을 부양할 수 있는 친척이 존재하면 가장 가까운 친척들에게 그들을 떠맡아 부양할 의무를 지운다. 그리고 그 친척들이 그들을 부양할 능력이 없으면 또는 나라 안에서 아무 친척도 없으면 국가재정관은 그들을 국가요양원에 받아들이도록 명한다. 왕은 모든 도시에 많은 숙식시설이 있는 커다란 복지요양원들을 가지고 있기 때문이다. 요양원 관리들은 몸져누운 사람들에게 필요한 모든 것을 제공할 의무가 있는데, 이것에 대해서는 왕의 재정에서 할당된 충분한 대금이 있다.[22]

눈먼 창기倡妓들도 요양원에서 관리하고 매춘을 통해 임금을 벌도록 배려했다는 것은 믿기지 않으나, 그녀들을 화장해 주는 보모들까지 있었다고 말하고 있는 까닭에 이 기록을 전면 부인할 수는 없다. 눈먼 창녀들에게도 스스로 부양할 자활기회를 제공했다는 것은 실로 '특이한' 복지시혜 조치다.

이것은 창기에 대한 크루즈의 기록을 읽어야만 완전히 이해될 수 있다. 크루즈의 보고에 따르면, 창기들은 성시城市 안에 거주하는 것이 허락되지 않았다. 창녀들이 사는 본래적 거리는 교외 바깥에 있었다. 그들은 이곳 바깥에서 살 수 없다. 이것은 "우리의 비위에 거슬리는 것"이다. 모든 창기는 노예이고 어린 시절부터 이 목적을 위해 길러진다. 주인들은 그녀들을 그녀들의 어미로부터 매입하고 그녀들에게 비파와 다른 악기들을 연주하는 것을 가르친다. 가장 잘하는 기녀들은 가장 많이 벌기 때문에 더 가치가 나간다. 이것을 할 수 없는 기녀들은 가치가 더 낮다. 주인들은 그녀들을 데리고 살든지 판다. 그녀들이 기녀들의 가로에 앉혀지면 그녀들은 국가관리에 의해 명부에 기입되고 주인은 매년 일정한 요금을 이 관리에게 낼 의무가

---

22) Cruz, *Treatise in which the things of China are related at great length* [569], 122-123쪽.

있다. 기녀들이 늙으면 주홍색과 연지곤지를 가지고 처녀처럼 보이게 만든다. 그리고 이 업종에 맞지 않게 된 뒤에는 그녀들은 주인에 대한 아무런 의무 없이 완전히 자유로워진다. 그녀들은 그녀들이 그간 번 것으로 먹고 산다.23)

크루즈는 아프지 않은 절름발이 장애인들을 돕는 장애인복지원의 '더 특별한' 복지시혜 방식도 기술한다.

> 몸져눕지 않은 절름발이들은 매달 일정한 양의 쌀을 받고, 이것과 함께 그들이 요양원 안에서 기르는 병아리나 새끼돼지로 스스로를 충분히 부양한다. 이 모든 것은 실수 없이 아주 잘 지불되고 있다. 그리고 보통 국가재정관의 명에 따라 이 요양원으로 받아 들여지는 모든 사람은 등록되고 매년 요양원 관리들이 지출내역서와 빈민병자에 대한 보고서를 작성한다. 그리고 그들이 의무적으로 해야 하는 일에서 잘못이나 태만이 발견 되면, 그들은 가차 없이 호되게 처벌받는다.24)

요양복지원에서 장애인들과 노인빈민들이 가축을 길러 생계를 보충하도록 배려 하는 이 특별한 복지시혜 방법은 이후 다른 중국 관련 서적에서도 반복되어 기술 된다.

당시 유럽에서 국가복지제도를 경험해 보지 못한 포르투갈·스페인 사람들은 중국 제국의 이 국가적 복지제도에 실로 경악하고 있다. 이 복지정책 기조는 이미 마르코 폴로와 핀토·페레이라 등이 소개한 바가 있었지만, 이것이 크루즈의 직접 목격으로 다시 확인되고 있다.

■ 멘도자의 종합적 보고(1585)

16세기 말엽 중국의 사상과 예술에 대한 유럽인들의 포괄적 관심을 일깨운 것은

---

23) Cruz, *Treatise in which the things of China are related at great length* (569), 150–151쪽.

24) Cruz, *Treatise in which the things of China are related at great length* (569), 123쪽.

그간에 쌓인 모든 선교사와 상인들의 중국보고들을 거의 집대성한 후앙 곤잘레스데 멘도자의 저작이었다. 그는 마카오에 체류하면서, 그리고 필리핀 마닐라, 멕시코를 오가면서 중국무역상들과 선교사들로부터 전해 들은 중국에 관한 이야기들을 수집했다. 이렇게 하여 그가 스페인어로 쓴 책이 1585년 로마에서 첫 출판된《중국제국의 역사》(1-2권, Roma, 1585)였다.[25] 스페인국왕 필립 2세의 출판 명령으로 출판된 이 저작은 중국만을 다룬 서적이다.[26] 멘도자의 이《중국제국의 역사》는 1585년부터 260여 년 동안 롱런 베스트·스테디셀러였다.

청대 정부의 복지제도는 명대 중국의 복지제도를 거의 그대로 계승해 발전시켰다. 따라서 멘도자의《중국제국의 역사》는 청대 중국의 복지제도에 대한 설명으로 읽혀도 무방했다. 이 책은 유스티의 복지국가(양호국가)론에도 다대한 영향을 끼쳤다.

《중국제국의 역사》에서 멘도자는 공자철학을 다루지 않고 있지만 중국제국의 역사·정치·행정·사회··복지·지리·물산 등 다양한 측면들을 예찬하며 나름대로 성실하게 소개하고 있다. 이 책은 이 정도의 소개만으로도 당시 유럽인들의 편협한 세계관을 뒤흔들기에 충분한 충격을 가했다.

멘도자는 "이 위력적 왕국 전역에서 길거리를 배회하는 가난한 사람들이 없게

25) Juan Gonzáles de Mendoza, *Historia de las cosas mas notables, ritos y costumbres del gran Reyno de la China*(1-2권, Roma, 1585; Madrid & Bercelona, 1586; Medina del Campo, 1595; Antwerp, 1596).
26) 이 책은 1585년 스페인어로 로마에서 나왔고, 1586년에는 마드리드와 바르셀로나, 1595년에는 메디나 델 캄포, 그리고 1596년에는 안트워프에서 다시 출판되었다. 1588년에는 영역판이 나왔다. Juan Gonzalez de Mendoza, *The Historie of the Great and Mightie Kingdom of China and The Situation Thereof*(London: Printed by I. Wolfe for Edward White, 1588). 1614년 무렵《중국제국의 역사》는 이미 28판이 찍혀 나갔고, 유럽의 7개 주요 언어로 번역되었다. Blue, "China and Western Social Thought in the Modern Period", 60쪽 각주8. 가령 1586년에는 이탈리아어로 번역되어 로마와 베니스에서 출판되었고, 1587년과 1588년, 그리고 1590년에는 다시 베니스에서 출간되었다. 1588년에는 영역본과 불역본이 각각 런던과 파리에서 출판되었다. 불역본은 1589년과 1600년에도 중판되었고, 1604년에는 루앙, 1606년에는 제네바와 리용에서 재인쇄되었다. 1589년에는 라틴어 번역본도 나왔는데, 출판장소는 프랑크푸르트였다. 그리고 1655년에는 다른 사람에 의한 라틴어 번역본이 안트워프에서 나왔다. 이것을 보면 멘도자의 이 책이 퍼채스와 마테오리치·트리고, 그리고 마르티니 등의 책들이 나온 뒤에도 여전히 계속해서 중요한 책으로 읽혔다는 것을 알 수 있다. 독역본은 1589년 프랑크푸르트에서 나왔다. R. H. Major, "Introduction", lxxxii-lxxxiii쪽. 1853년에는 '1588년 영역판'이 재인쇄되어 나왔다. 이 번역본은 하클류트협회(the Hakluyt Society)에 의해 1853년 재인쇄되었다.

하고 사원에서 구걸하는 사람들이 없게 하는 방법과, 왕이 일할 수 없는 이들을 부양하려고 내린 칙령"이라는 소제목을 붙인 제10절에서 이렇게 말한다.

위대한 통치의 많은 것들이 이 역사 안에서 중히 여길 만한 것으로 천명되어 왔고 또 앞으로도 천명되어야 할 것이다. 내 생각에 중요하게 여길 만한 것은 이 절에 담긴 막중한 국가제도다. 그것은 왕과 그의 내각이 내린, "가난뱅이들은 길거리에서도, 불상 앞에서 설법을 하는 사원에서도 구걸을 하지 말라"는 명령이다. 구걸을 막기 위해 왕은 앞서 말한 가난뱅이들이 길거리에서 구걸하거나 간원한다면 그들에게 집행될 무겁고 가혹한 형벌과, 걸인들에게 동냥을 주는 시민들과 읍민들에게 내리는 더 무거운 형벌에 관한 칙령을 제정했다. 시민들은 지체 없이 구걸하는 사람들을 치안판사에게 고발해야 한다. 이 판사는 '빈민판사'라 부르는 국가 관리인데, 그는 법률을 어기는 자들을 처벌 하라는 명을 받았다. 그는 도시와 읍면의 수령들 가운데 1인으로서 이 일 외에 다른 책임이 없다. 읍면들이 크고 많고 사람들로 가득하고 무한히 많은 마을들이 있기 때문 에 거기에는 많은 태생적 절름발이와 기타 사고를 당한 자들이 있기 마련이다. 따라서 빈민판사는 한가한 것이 아니라, 언제나 법을 위반하지 않은 빈민들의 필수품들을 보조 하는 영令을 내리는 데 눈코 뜰 새 없다. 판사는 직무에 들어가는 첫날 어떤 어린이든 사지 가운데 어떤 것이 불구가 되어 태어났든 병 또는 다른 사고로 절름거리게 되었든 그 부모는 지체 없이 판사에게 신고하고, 그러면 판사는 왕과 내각의 명령과 의지에 따라 필요한 모든 것을 제공한다. 남아나 여아를 판사 앞에 데려와 그가 가진 결손이나 결함을 보이고, 그것이 어떤 직업을 가질 수 있는 정도라면 판사가 명한 직업을 어린이 에게 가르칠 시간을 부모에게 준다. (…) 그러나 절름거림의 정도가 아무런 직업도 배우거나 행할 수 없는 정도라면 이 빈민판사는 그 부모가 돈이 있다면 부모에게 그를 평생 매일 부양하라고 명한다. 부모가 돈이 없다면, 또는 그가 아비가 없다면, 그다음 친족 가운데 부유한 친척이 그를 부양해야 한다. 이런 부유한 친척도 없다면, 그의 부모 와 모든 친족이 기부해서 그들의 몫을 지불하거나 집에 가진 것들을 내준다. 그가 부모 가 없다면, 또는 부모가 아주 가난해서 기부하거나 이 일부도 낼 수 없다면, 국왕이

제국 전역에 걸쳐 각 도시에 동일한 취지와 목적을 가지고 있는 아주 호화로운 요양원에서 왕의 풍부한 내탕금으로 그들을 부양한다.[27]

이 장애인요양복지원은 빈자와 늙은 재향군인들의 부양을 위한 구빈원으로도 겸용된다.

같은 요양원에서는 전쟁터에서 젊음을 보내 자신을 부양할 수 없게 된 모든 가난하고 늙은 사람들도 마찬가지로 부양한다. 그리하여 가난하고 궁핍한 모든 사람이 이 요양원 저 요양원에 수용되어 아주 부지런히, 그리고 정성스레 보살핌을 받는다. 그리고 같은 일을 더 잘 수행하기 위해서 판사는 정연한 질서를 세우고, 시와 읍면의 수령들 가운데 1인을 요양원 관리자로 임명한다. 이 관리자의 허가가 없으면 요양원으로부터 경계 밖으로 한 명도 나갈 수 없다. 이 허가는 어느 누구에게도 주어지지 않고 또 그들은 그것을 요구하지 않는다. 왜냐하면 그들은 그들이 사는 동안 필요한 모든 것을, 양식이며 옷가지까지도 다 공급받기 때문이다. 그 밖에 요양원의 늙은이들과 빈자들은 즐거움을 얻는 레크리에이션과 돈벌이를 위해 닭과 병아리, 그리고 돼지를 기른다.[28]

이와 같이 장애인과 더불어 빈자와 늙은 재향군인들은 국비("왕의 풍부한 내탕금")로 운영되는 요양복지원에서 각각 부양의 기회를 누린다.
요양복지원 관리실태는 지방의 빈민판사와 중앙정부에 의해 이중으로 철저히 감찰된다.

판사는 종종 그가 임명한 관리자를 감찰한다. 마찬가지로 그도 같은 취지로 국왕과 내각의 임명에 의해 조정으로부터 내려오는 다른 판사에 의해 감찰을 받는다. 그리하여 이 조정파견 판사는 그의 임무에 배정된 행성들에 설치되어 있는 요양원들을 시찰한다.

---

27) Mendoza, *The History of the Great and Mighty Kingdom of China*, Part 1, 66–67쪽.
28) Mendoza, *The History of the Great and Mighty Kingdom of China*, Part 1, 67–68쪽.

자신의 직무를 바르고 정당하게 수행하지 않은 자를 발견하면, 그를 교체하고 아주 엄격하게 처벌한다. 이런 이유에서 모든 관리는 자기의 맡은 바 임무를 정성들여 보살피고 바른 생활을 하고, 안전眼前에 정직한 보고서를 늘 염두에 두었다가 제출해야 하고, 어긋나면 혹독한 대가를 치른다. 장님들은 이 나라에서 친족이나 국왕에 의해 반드시 부양되어야 하는 사람들의 범주로 계산하지 않는다. 왜냐하면 장님들은 방아로 밀이나 쌀을 갈거나 대장간 풀무를 돌리는 일, 또는 보는 기능을 필요로 하지 않는 직종의 일을 하도록 요구되기 때문이다. 그리고 장님 여성은 성년이 되면 '사랑의 여성 사무실 (*the office of women of love*)'을 이용한다. 이런 목적으로 이 절節에서 천명되는 바와 같이 이러한 종류의 공공장소는 아주 많다. 이 장소들은 이곳을 보살피고 페인트칠하고 정리하는 여성들이 있고, 이 여성들은 순수한 나이에 이 사무소를 떠났던 여성들이다. 그리하여 이 나라가 광대하고 사람들이 무한히 많을지라도, 맨발의 탁발승들과 이들과 함께 이 나라로 들어간 나머지 사람들의 눈에 명백하게 비쳤던 바와 같이, 이 제도에 의해 이 왕국 전역에서는 굶어 죽는 가난뱅이도, 길거리에서 구걸하는 가난뱅이도 없다.29)

멘도자는 "왕국 전역에서는 굶어 죽는 가난뱅이도, 길거리에서 구걸하는 가난뱅이도 없게" 만든 중국의 이 복지제도에 놀라고, 또 이 복지제도를 만든 백성이 '이교도'라는 데 다시 놀란다.

명대 중국의 복지제도에 대한 멘도자의 경탄은 끝이 없다. 다만 중국인들이 기독교인이 아니라 이교도라는 것만이 안타까울 따름이다. 멘도자의 《중국제국의 역사》는 중국의 복지제도에 대한 이전의 보고들을 거의 다 망라하고 있다.

■ 청대 복지제도에 관한 마젤란(1688)과 뒤알드(1735)의 보고

청대 중국의 복지제도에 대한 17-18세기 언급은 드문 편이다. 플라톤의 야경국가론에 매몰된 서양 선교사들, 또는 1853년까지 인기를 누린 장기 베스트셀러였던

---

29) Mendoza, *The History of the Great and Mighty Kingdom of China*, Part 1, 68쪽.

멘도자의 《중국제국의 역사》의 복지제도 기록으로 만족한 선교사들은 명대의 복지제도를 그대로 승계한 청대 중국의 복지제도에 별도의 관심을 보이지 않았기 때문이다. 그럼에도 예수회 선교사 가브리엘 마젤란과 장-밥티스트 뒤알드는 청대 복지정책에 대해 개략적 기록을 남기고 있다.

가브리엘 마젤란은 1649년부터 1677년까지 28년 동안 북경에 살면서 북경과 그 주변 도시에서 중국 상공업과 그 생산과정 및 복지정책을 면밀히 관찰했다. 그는 1668년에 탈고하여 1688년에 출판된 《신중국기新中國記》에서 이렇게 말한다.

중국인들은 모든 종류의 기계작업을 훨씬 적은 수의 도구들로써 우리가 하는 것보다 더 용이하게 해낸다. 왜냐하면 여기 이 나라에서는 헛되이 버려진 한 치의 땅도 없는 것처럼, 생계를 벌 길이 없거나 모종의 직업이나 일자리가 없는 어떤 남자나 여자도, 어떤 젊은이나 늙은이도, 어떤 절름발이나 귀머거리 또는 장님도 없다. "중국에서는 버려지는 것이 없다"는 속담이 있다.[30]

마젤란은 장애인들도 일반인처럼 차별 없이, 또는 빠짐없이 고용하는 장애인 복지를 말하고 있다. 절름발이·귀머거리·장님에게도 일거리를 주는 장애인 복지는 공자의 복지지침을 그대로 시행하는 것이다. 18세기 초반에 존 트렝커드와 토마스 고든은 이런 보고서들을 읽고 중국의 복지제도를 알고 나서 어떤 사람도 버리지 않는 중국을 단연 가장 위력적인 국가, 가장 위대하고 가장 부유하고 가장 인정어린 국가로 묘사한다.[31]

뒤알드는 《중국통사》(1735)에서 중국의 가난과 유아유기, 가난한 부모의 자식 판매 등에 대해 길게 기술하지만,[32] 청대 복지제도에 대해서 그는 이 복지제도를

---

30) Gabriel Magaillans, *A New History of China*(London: Printed for Thomas Newborough, 1688), 121쪽.
31) John Trenchard and Thomas Gordon, "The Sense of the People concerning the present State of Affairs, with Remarks upon some Passages of our own and the Roman History. In a Letter to a Member of Parliament" (1721), 88쪽. John Trenchard, Esq; and Thomas Gordon, *A Collection of Tracts*, Vol. II (London: Printed for F. Cogan and T. Harris, 1751).

마치 서양인들이 다 알고 있는 사항이라도 되는 듯이 간략하게 지나치듯 언급할 뿐이다.

뒤알드는 먼저 중국인들이 국가를 "큰 가족"으로 간주하고 군주를 신민들 부모처럼 보살펴야 하는 "신민들에게 공통된 아버지"로 간주하는 국가관을 소개하면서[33] '민복民福', 곧 '백성의 복지'를 가족적 유대보다 더 중시했던 요순임금의 역사적 본보기를 기술한다.

> 자기 아들들 가운데 자기의 승계자로 삼아야 할 어떤 아들을 선택하는 것은 황제다. 그가 그의 가족 가운데 선정善政을 할 만한 자가 아무도 없다고 생각한다면 그는 그가 자기의 신하들 가운데 자기를 계승하기에 가장 적합한 한 신하를 지명한다. 옛날에 이 성격의 본보기들, 곧 자기의 신민의 복지(the Welfare of their Subjects)를 자기 가족의 영광과 영화榮華보다 더 중시하는 데 특기할 만했던 군주들이 있었다.[34]

중국에서는 "신민의 복지"를 더 중시하는 군왕이 역대 임금의 본보기가 되는 '성군聖君'인 것이다.

그리고 뒤알드는 여기에 이어서 청대 정부가 시행하는 세제혜택의 복지정책을 기술한다.

> 황제는 국가의 기회가 요구한다면 새로운 세금을 걷어도 되지만, 매년의 공납이 국가 비용을 지불하기에 충분히 상당하므로 이 권한을 사용하는 경우가 드물다. 모某 행성에 어떤 식의 재앙이라도 덮치는 일이 발생한다면 이 행성에 대해 모든 공납을 몽땅 감해주지 않는 해가 거의 없다.[35]

---

32) Jean-Baptiste Du Hald, *The General History of China*, Vol.2(London: Printed by and for John Watts, 1736), 126-128, 250쪽.

33) Du Hald, *The General History of China*, Vol.2, 17쪽.

34) Du Hald, *The General History of China*, Vol.2, 16쪽.

35) Du Hald, *The General History of China*, Vol.2, 21쪽.

그리고 뒤알드는 지나가는 식으로나마 저 이베리아 여행가들과 선교사들이 수차 언급한 요양복지에 대해 슬쩍 언급한다.

토지가 측량되고 가구 수가 파악되어 있는 만큼, 또한 황제에게 바쳐져야 할 것이 파악 되는 만큼, 각 타인의 관리들은 황제의 세금을 쉽사리 모은다. 그리고 세금을 내는 데 태만한 자들은 만다린들에 의해 곤장 처벌을 받거나 감옥으로 보내지만, 결코 그들의 재화를 빼앗지는 않는다. 아니면, 황제가 박애의 일환으로 각 마을에서 부양하고 있는 빈자와 노인들을 그들의 집에다 할당하여 숙식케 한다. 이 빈자와 노인들은 황제에게 주어져야 할 만큼 소비할 때까지 그 집에 남아 있다.[36]

뒤알드는 납세에 태만한 자들을 처벌하는 한 방법으로 "빈자와 노인들"을 이 자들 의 집에 할당해 숙식케 하는 것을 언급하면서 "황제가 박애의 일환으로 각 마을에서 빈자와 노인들을 부양하고 있는" 복지제도를 지나치듯 언급하고 있다.

그리고 뒤알드는 세출 항목에서 관리들에 대한 생계비와 기타 비용을 다 대주는 것을 언급하면서 곁다리로 빈민구휼제도에 대해 언급한다.

중국은 황제가 제국 안에서 관리들의 모든 생필품을 다 대주는 대가장大家長으로 존재 하는 점에서 유일무이하다. 황제에게 귀속되는 공납과 조세의 더 큰 부분은 아주 수많 은 빈민의 부양, 특히 나이든 사람들, 병자들의 부양을 위해, 만다린들의 봉급을 위해, 군사력의 유지를 위해, 공공건물 등을 위해 지출된다. 그리고 잉여는 북경으로 보내져 황제가 16만 명의 정규군의 현금지급 임금 외에 이 정규군을 유지하는 궁궐과 메트로 폴리스의 비용으로 쓰인다.[37]

뒤알드는 세수의 지출 항목들을 언급하면서 겨우 "아주 수많은 빈민, 나이든 사람

---

36) Du Hald, *The General History of China*, Vol.2, 21쪽.
37) Du Hald, *The General History of China*, Vol.2, 21쪽.

들, 병자들의 부양"을 언급하고 있다. 그리고는 구체적 복지제도와 그 시행, 장애인 복지정책과 그 시행방법 등에 대해서는 언급하지 않고 있다. 나아가 그는 다른 곳에서 중국의 복지정책에 대해 확인하지도, 더 상론하지도 않는다.

뒤알드는 청대 중국의 복지제도에 대해 별도항목으로 본격적인 설명을 하지 않고 이런 정도의 곁다리 언급으로 그치고 중국의 빈곤에 대해서만 과장되게 자세히 다루고 있다. 이런 의미에서 뒤알드의《중국통사》는 일부 서양학자들이 생각하듯이 결코 중국에 대해 균형 있게 보고하는 저술이 아니다. 그럼에도 라이프니츠, 크리스티안 볼프, 요한 유스티 등은 뒤알드나 마젤란의 보고를 바탕으로 18세기 말까지 계속 재再간행된 멘도자·크루즈·페레이라·핀토 등의 중국 복지제도 보고를 추적해 올라감으로써 파악한 명·청대 중국의 복지제도로부터 서구의 근대적 민복·복지국가론을 발전시켰다.

■청말 복지제도에 관한 조지 스톤턴의 공식기록(1797)

서구에서 가장 먼저 사회복지제도를 도입한 독일과 북구제국이 복지국가로 재탄생하는 데에 정작 크게 기여한 것은 18세기 말과 19세기 초 중국복지제도에 관한 생생한 보고기록들이었다. 19세기 중국경제는 1780-90년대부터 1870-80년대까지 약100여 년 동안 지속된 이른바 '가경·도광 장기불황'에 빠져 있었다. 이에 따라 19세기 청국의 복지제도도 해가 흐를수록 점차 쇠락해 갔다. 그러나 17-18세기에 구축된 청대 양민·복지제도의 골간은 그대로 유지되었다. 이 사실을 보고한 저서들 가운데 대표적인 것은 앞서 조지 스톤턴(George L., Staunton)의 1797년 저서《대對중국 영국특사단의 공신력 있는 보고》(1-3권)와 존 데이비스(John Francis Davis)의 1836년 저서《중국인들: 중국제국의 일반적 서술》(1-2권)이다.38) 스톤턴은 매카트니 영국특사단의 공식서기였다. 그리고 데이비스는 1832년 영국동인도회사 광동廣東재외상

---

38) John Francis Davis, *The Chinese: A General Description of the Empire of China and Its Inhabitants*, Vol. I–II.(London: Charles Knight, 1836).

관의 관장을 지냈고 1833-1835년 대對중국 영국무역 제1·2 감독관을 차례로 역임하고, 그 사이에 북경·남경·광동 사이의 중국 내륙을 4개월 동안 여행을 하고 1844-1845년 동안 제2대 홍콩총독을 지낸 영국정부의 공식 인사였다. 따라서 공식보고서나 다름없는 스톤턴과 데이비스의 이 방대한 보고서적들은 선교사나 여행가, 그리고 상인들의 보고와 견줄 데 없는 공신력을 가진다.

조지 스톤턴은 공식 특사단의 부副단장이자 공식서기로서 열하와 북경, 그리고 만주를 오가는 긴 여정에서 불가피하게 중국의 복지제도를 접하고 《대對중국 영국특사단의 공신력 있는 보고》(1797)에서 복지제도에 관해 간략하게 기록해 두고 있다. 일단 그는 중국에서 걸인들이 눈에 띄지 않았다고 쓰고 있다.

동추수(Tong-choo-soo, 북경 근처의 지명)에 가까운 곳에 모인 모든 군중들 속에서나 다른 곳들에서 특사단의 접근에 끌리어 모인 군중들 속에서 특사단이 중국에 입국한 이래 걸인 습관을 가진 사람은 한 사람도 보이지 않았고, 또는 자선을 조르는 어떤 사람도 관찰되지 않았다. 어떤 소규모의 사람들도 빈곤에 근접하는 상태에 처한 것으로 보이지 않았는데, 이것은 사실이었다. 아무도 궁경으로 내몰려 있거나 낯선 사람들로부터 도움을 간구하는 습관에 익숙해져 있지 않았다.[39]

스톤턴의 이 보고는 200여 년 전 멘도자의 보고와 일치한다. 그러나 40년 뒤인 1836년에 존 데이비스는 중국 대도시의 걸인이 유럽 대도시보다 많지 않지만 그래도 아주 많은 편이라고 쓰고 있다. 이 두 보고를 비교하면, 가경-도광 불황(1790-1880)이 세월이 흐를수록 심각해져 19세기 중반에는 결국 중국에도 걸인들이 적잖이 나타난 것을 알 수 있다.

스톤턴은 걸인이 없는 현상과 관련해 천재天災에 맞서는 중국의 황정정책을 들고 있다.

---

39) George L. Staunton, *An Authentic Account of an Embassy from the King of Great Britain to the Emperor of China*, Vol. 2(London: Printed for G. Nicol, Bookseller to His Majesty, 1797), 257-258쪽.

현재는 정말로 저 재해의 계절이 아니었다. 재해의 계절은 농부의 일용물자를 파괴하거나 감소시켜 생계 조달을 위해 농부를 범죄의 극단에까지 내몬다. 그러나 이런 때에 중국황제는 언제나 먼저 나서서 국가 곡식창고를 열도록 명령한다. 불행을 당한 사람들에 대해 세금을 감면해 준다. 황제는 자기의 신민들에게 이들을 위해 섭리를 대신하는 존재로 보인다.[40]

그러나 스톤턴은 재해를 당한 백성을 구제하는 황제의 이런 복지정책의 의미를 궁극적으로 '정치적' 권력유지의 정치목적으로 환원시킨다.

황제는 그가 처벌의 무서움이 제공하는 것보다 얼마나 더 강력한 사슬에 의해 자기의 절대적 지배권을 이렇게 하여 유지하는지를 완벽하게 알고 있다. 황제는 자기의 신민들에 대한 인애 시혜의 배타적 특권을 보유하려고 몹시 마음을 쓴다는 것을 보여 주었다. 황제는 몇몇 상당히 부유한 상인들이 제시한, 재해를 당한 지방의 구제에 이바지하겠다는 제안을 배척했을 뿐만 아니라, 이 제안을 기분 나빠했다. 그는 동시에 티벳 전쟁의 비용에 쓰라고 텐싱(Tien-sing)의 한 부유한 미망인이 내놓은 기부금은 받아들였다. 그러나 모든 현명한 정부가 치유하거나 경감시키려고 부심하는 어떤 일반적 재앙과 독립적으로, 고충의 우연적 원인이나 생계조달 수단의 개인적 부족은 모든 시기에 대부분의 나라에서, 인간들이 우연히 만날 수 있는, (불행을) 저지할 힘을 가진 사람들의 위태로운 원조에 생존 면에서 의존하는 인간들의 애처로운 광경을 불러일으킨다.[41]

스톤턴은 중국정부의 복지정책을 이렇게 묘사하고 있다. 그러나 그는 인간의 본성적 측은지심에 바탕을 둔 '인정仁政', 곧 양민·교민정치를 국가의 존재이유로 보는 공맹의 인정국가(양민·교민국가) 개념을 모르기 때문에 황제의 복지시정을 전적으로

---

40) Staunton, *An Authentic Account of an Embassy from the King of Great Britain to the Emperor of China*, Vol. 2, 258쪽.

41) Staunton, *An Authentic Account of an Embassy from the King of Great Britain to the Emperor of China*, Vol. 2, 258쪽.

권력유지의 관점에서만 바라보고 있다.

스톤턴은 다른 곳에서야 타인을 도우려는 중국인들의 '마음씨(inclination)'를 거론한다. 그는 친족들의 부양의무를 통한 구빈救貧복지 관습과 국가의 구빈복지제도를 기술한다.

공동조상으로부터 나온 후손들은 앞서 진술한 날에 조상의 묘지를 함께 방문한다. 이 공동 돌봄, 그리고 정말로 다른 기회들은 가장 먼 친척들도 모으고 단합시킨다. 그들은 서로를 시야에서 놓칠 수 없고, 거의 좀처럼 그들 각자의 걱정거리를 무관심해 하지 않는다. 자식은 자기 부모의 부양과 위안을 위해 노동하고 책임져야 한다. 형제는 극빈에 처한 형제와 자매를 부양해야 한다. 이 의무의 불이행은 실정법으로 그것을 강제한 필요가 없을 정도의 미움을 살 것이다. 가장 먼 친족도 사고나 건강악화로 궁핍에 처하면 그의 친족에게 구제를 요구할 권리가 있다. 법보다 강한 예절, 그리고 정작 교제와 친밀감에 의해 산출되고 함양된 마음씨는 그에 대한 지원을 보장해 준다. 이 습관과 예절은 유럽들에게 불행히도 특별하게 보이는, 이미 언급된 사실, 곧 연민을 불러일으키며 개인들의 우연적 자선을 애원하는 어떤 고충의 광경도 보이지 않는다는 사실을 완전히 설명해 준다. 이런 상황이 공적 인애 시설의 수 때문이 아니라는 것이 덧붙여져야 한다. 진정으로, 아무도 요양원·구호소(hospitals)에서 베풀어지는 구호를 결하지 않아야 한다는 페르시아 군주의 소원은 중국에서 실현되지 않았다. 그러나 이런 공적 부조扶助시설들은 한 가문의 모든 지절들을 통합시키는 연결이 가문의 고통받는 일부 사람들에게 지체 없이, 그리고 치욕감 없이 원조를 제공하는 곳에서 적게 필요해진다.[42]

스톤턴은 중국의 두텁고 탄탄한 친족관계를 1차 복지제도로 설명하고 국가의 요양·구호시설을 2차 복지제도로 간주하면서 전자의 덕택으로 공적 복지시설이 생각보다 적게 필요하다고 쓰고 있다. 그러나 스톤턴은 아무 자식도 친족도 없는 사고무친

---

42) Staunton, *An Authentic Account of an Embassy from the King of Great Britain to the Emperor of China*, Vol. 2, 281-282쪽.

의 빈민들, 고령자, 고아, 유기된 유아, 길 잃은 아이들, 아무도 맡으려고 하지 않거나 아무나 맡기에 위험한 나환자, 전염병 폐질자들, 상이군경 등에 대한 국가복지의 기능을 너무 경시하고 있다.

스톤턴은 거지가 없는 중국에서도 빈자들은 "도처에서 큰 수를 구성한다"고 확인한다.[43] 그리고 만주에서 본 걸인 같은 사람들을 기록한다. "만주지역 사람들의 더 느슨한 예절의 영향으로 유럽의 길에서처럼 이 길에서 이미 걸인들로 보이는 사람들이 나타났다. 이 사람들은 누추한 모습과 어떤 자연적이거나 사고에 따른 육체결함의 노출로 행인들의 측은지심과 자선을 말없이 요구하고 있다."[44] 스톤턴은 중국 본토에서 보지 못한 걸인을 만주의 변경지대에서 본 것이다. 그러나 이 걸인들도 칭얼대는 말로 구걸하지는 않고 있었다. 그러나 40년 뒤 데이비스는 칭얼대며 가게나 집 앞에서 좀처럼 떠나지 않은 걸인들을 묘사한다. 경제적 사정이 갈수록 악화되어 간 것이다.

■ 청말 복지제도에 관한 조지 데이비스의 공식보고(1836)

1836년 조지 데이비스는 《중국인들: 중국제국의 일반적 서술》에서 먼저 서구에서 오랫동안 나돈, 중국 대도시의 여아女兒살해(female infanticide)에 관한 헛소문을 부정한다.

이 백성을 당연히 가혹한 비난을 받기 쉽게 만들어온 하나의 중요한 사항, 곧 여아에 대한 유아살해에 대한 논평할 일이 남아 있다. 사람들은 중국에서 부모애의 지배를 부정하는 논증으로 이 관행의 추정된 규모를 끌어댔다. 의심할 바 없이, 그러나 여아 출산의 순간에 유아살해는 존재한다. 그러나 이 경우들은 확실히 인구가 밀집되어 생계의 어려움이 극빈층으로부터 그들의 새끼들을 기를 수 있는 모든 희망을 앗아가는 대

43) Staunton, *An Authentic Account of an Embassy from the King of Great Britain to the Emperor of China*, Vol. 2, 337쪽.

44) Staunton, *An Authentic Account of an Embassy from the King of Great Britain to the Emperor of China*, Vol. 2, 352쪽.

도시들에서만 발생할 뿐이다. 일반적으로 중국인들은 자기 자식들을 특히 사랑하고, 애착은 상호적인 것으로 보인다. 어린이들의 몸뚱이가 떠다니는 광동(아주 밀집되고 인구 많은 지역)에서의 사례들은 빈번하지 않고, 상당한 경우들에서 합당하게 이토록 수많은 사람들이 날 때부터 작은 배에서 길러지는 곳에서의 사고 탓으로 돌려져도 된다. 유아들이 그들의 인체 둘레에 빈 조롱박을 묶고 떠다니는 저 사례들을 마치 조롱박이 유아유기 체계의 일부인 양 유아살해죄로 모는 것보다 더 황당무계한 대ㅅ실수는 결코 없을 것이다! 왜냐하면 배에서 사는 어린이들의 몸에다 이 조롱박을 부착하는 바로 그 목적은 익사당할 위험으로부터 그들을 구하기 위한 것이고, 그들을 물에서 건져낼 때까지 물 위에 떠다니게 하기 위한 것이다. 어린이들이 이런 예방조치에도 불구하고 가끔 익사당하는 것은 충분히 가능하다. 그러나 조롱박을 그들의 운명의 본질적인 부분으로 여기는 것이 합당하고 옳다면 그것은 거의 영국의 모든 익사를 다 투신자구조협회의 활동으로 돌리는 것만큼 합당하고 거의 그만큼 옳은 것일 게다.[45]

데이비스는 아마 프란체스코파나 도미니크파에 속했을 악독한 가톨릭 선교사들이 서양에 퍼트리고 뒤알드 등을 통해 확산되고 아담 스미스 등에 의해 오·남용된 '중국의 유아살해와 유아유기'라는 악성 소문을 조롱하듯이 신랄하게 비판하고 있다. 나아가 데이비스는 이 집 저 집을 돌아다니며 강에 익사시킬 유아를 수거해 영아들을 유기하거나 익사시키는 "끔찍한 직무"가 "상당수의 사람들"에게 "생계를 버는 공인된 사업"이 되었다는 뒤알드와 아담 스미스의 사악한 괴소문의 진상을 이렇게 폭로한다.

중국에 대한 온갖 완전하고 내밀한 지식을 갖춘 로마가톨릭 신부들은 어떤 식으로든 선교의 영예와 영광과 관련되는 일들에다 그들의 편견을 입히는 속임수를 써 왔다. 우리는 이 신부들이 때때로 기적(miracles)을 장사하는 것을 보았다. 그러므로 유아살해 관행의 단순한 과장은 목적과 연계될 때 충분히 자연스럽다. 그리고 뒤알드는 선교노력의 성과를 화려하게 보고한다. 하지만 공덕은 특유하고 모호한 종류다. 왜냐하면 익사

---

45) Davis, *The Chinese*, 120–121쪽.

할 비운을 가진 어린이들의 생명을 구할 대부분의 기회를 활용하는 대신에 신부들과 개종자(전도사)들은 이 집 저 집 돌아다니면서 죽음을 앞둔 신생아들에게 세례를 베풀었다. 이것은 싸고 빠르고 쉬운 자선사업이다.[46]

아담 스미스는 뒤알드의 "화려한 보고"를 오독해 신부와 전도사들이 "죽음을 앞둔 신생아들에게" 세례를 주러 "이 집 저 집 돌아다니는" 가톨릭 선교활동을 "이 집 저 집을 돌아다니며 강에 익사시킬 유아를 수거하는" 중국인들의 직업적 유기대행으로 오해해 왜곡·와전시켰다. 스미스의 이 오독과 왜곡은 실로 범죄 수준이다.

데이비스는 청대 중국의 제2수도 남경南京을 기술하면서 다시 한번 여아살해의 악성 소문을 부정한다.

사업이나 유락을 위해 광동 강을 항해하거나 노젓는 데 매일 익숙해진 유럽거주자들의 오랜 경험은 여아살해 관행의 알려진 빈도수를 부정하는, 앞의 한 장절章節에서 도입된 관찰들을 확증해 주었다. 이 여아살해가 제한된 정도로 실존한다는 것은 아무도 부정하는 체하지 않는다. 그러나 중국인들 자신이 이 관행을 용납지 않는 것은 중국 내의 한 작품에서 뽑은 다음 발췌문에 의해 입증된다. 이것이 동시에 부분적으로 합법적 축첩의 악덕한 제도에서 생겨나는 질투의 결과라는 것을 증명해 준다.[47]

존 데이비스가 중국인이 쓴 그 작품에서 뽑은 해당 발췌문의 내용은 다음과 같다.

유아를 익사시키는 것이 잔인한 여자들의 소행일지라도 남편의 의지로부터 나온 것이다. 남편이 유아를 익사시키는 것에 반대하는 마음을 먹는다면, 여자는 이에 대해 아무런 권한이 없다. 자식이 하녀로부터 태어난다면, 그리고 아내가 그것을 참지 못한다면, 당신은 한 달 뒤 이 자식을 다른 가정에 넘기고 그 자식에게 자기의 성과 다른 성을

---

46) Davis, *The Chinese*, 121쪽.
47) Davis, *The Chinese*, 195-196쪽.

줄 수도 있다. 이 방법이라면 이 자식의 생명은 다행히 보존될 것이다. 호랑이의 본성은 가장 잔인하지만, 부모와 새끼 간의 관계를 안다. 만물의 가장 우월한 영장인 인간이 호랑이에게 져서야 되겠는가? 나는 여아가 살해될 때 가해지는 고통이 비할 데 없다고 들었다. 여아는 죽기 전에 오래 고통받는다. 아, 슬프다! 이것을 견딜 수 있는 부모의 마음은! 딸들의 마음씨는 지극히 사랑스럽다. 딸들은 부모를 아들보다 더 사랑한다. 많은 아들은 집에서 나간다. 딸들은 부모에게 찰싹 달라붙어 있다. 많은 아들들은 부모에게 불복한다. 딸들은 순종한다. 아들은 거의 공감이 없다. 딸들은 언제나 부모를 위해 슬퍼한다. 딸들은 자기들의 덕스런 남편을 사랑하고, 많은 경우에 부모의 영예를 높인다. 치자들은 때로 딸들을 칭찬하는 현판을 썼다. 그리고 황제는 은혜롭게도 딸들에게 선물을 하사했다. 어떤 딸들은 황제궁의 궁녀가 되고, 다른 딸들은 위대한 인물들의 아내가 되기도 했다. 당신이 당신의 딸의 생명을 보존한다면 확실한 보상이 뒤따를 것이다.[48]

이 발췌문을 통해 알 수 있는 것은 데이비스의 말대로 "중국인들 자신이 이 (여아살해) 관행을 용납지 않는 것"과, 이 짓이 "부분적으로 합법적 축첩제에서 생겨나는 질투의 결과라는 것"이다.

그리하여 데이비스는 이 유아살해의 원인들 가운데 가장 자연스런 원인을 도덕적 타락과 풍기문란으로 규정하고, 이 관행을 풍기가 문란한 대도시, 그것도 서양을 향해 문호를 개방한 광동의 "가장 문란한" 개항장 탓으로 돌린다.

일반적 풍기문란(모든 원인들 가운데 가장 자연스런 원인)이 유아살해 관행을 촉진하는 경향이 있을 수 있는 한에서 광동은 중국인들 자신이 대외무역으로 생긴 부의 방대한 회전과 광동지방 기후 간의 동시적 영향작용 때문에 전 제국 안에서 가장 방종적 도시로 간주한다. 그곳에서 관리 임용에 지명되는 것은 힘주어 "광동으로 영전했다"고 부른다. 여러 가지 방법으로 치부할 기회가 그만큼 우월한 것이다. 할 일 없이 쏘다니고

48) Davis, *The Chinese*, 196쪽.

게으른 부랑자들의 수는 이 성도省都의 상대적 사악성을 증명한다.[49]

따라서 간혹 나타나는 유아살해의 원인을 데이비스는 대도시에 사는 부모의 극빈
이라기보다 개항한 대도시의 도덕적 문란과 여첩들의 질투 탓으로 돌리고 있다.
상술했듯이 거의 100년이 지난 20세기 초에 북경에서 의사로서 일했던 스코틀랜드사
람 존 더전(John Dudgeon)도 "유아살해는 우리들끼리 믿어지듯이 그렇게 일반적으로
지배적이지 않고, 중국 북부에는 전혀 존재하지 않는다"고 단언함으로써 선교사들이
지어내고 케네·스미스 등 서양 철학자들이 거듭거듭 과장했던 중국의 영아유기·살해
풍문을 강력 부인했다.

데이비스는 중국의 빈곤을 입에 담지 않는다. 그 대신에 그는 중국에 걸인이 적지
않다고 말한다. "중국에 거지가 없다고 잘못 주장되어 왔지만, 사실 '친족의 권리요구'
에 부여하는 종교적 관심에도 불구하고 거지가 아주 많다."[50] 그렇지만 그는 중국의
부랑자와 걸인이 서양보다 수적으로 적다고 말한다. "광동에 부랑자와 걸인이 아주
많지만, 유럽의 여러 대도시보다 수적으로 많지 않다."[51] 걸인들이 보이는 중국
대도시의 이 거리 풍경은 40년 전 중국본토에서 걸인을 보지 못했다고 보고한 스톤턴
의 공식기록과 달라진 풍경이다. 중국사회는 점차 가경-도광 불황 속으로 깊이 빠져들
고 있었던 것이다.

이어서 데이비스는 그럼에도 불구하고 수많은 걸인들에 대한 고갈되지 않은 중국
인들의 일반적 박애정신과 시혜정서를 언급한다.

중국인들은 불교와 별개로 박애·자비행동과 자선 공덕의 관념이 강하다. 그들은 말한
다. "아버지의 언행과 악행은 자식과 손자들에게 미칠 것이다." 황제 자신은 가뭄과
공공연한 재앙 때, 또는 황족의 누군가 아플 때 일반사면을 내린다. 동일한 아이디어들

---

49) Davis, *The Chinese*, 196쪽.
50) Davis, *The Chinese*, 220쪽.
51) Davis, *The Chinese*, 189쪽.

은 동물의 살생에 대한 금지령이 내려지고 어떤 고기도 판매할 수 없을 때의 공식적 단식에도 달라붙어 있다. 이것은 물난리가 난 1834년 광동의 경우에 그랬다.[52]

이때 보통 보시공덕이 베풀어지는데, 데이비스는 빈곤을 죄악으로 보는 서양인의 시각에서 경박하게도 이 자선행위를 구걸 조장으로 비판한다. "무분별한 자선시혜제도는 구걸을 부추기는 단 하나의 주요원인이다(The system of promiscuous almsgiving is one principal encouragement to beggary)."[53] 데이비스는 다니엘 디포나 칸트 같은 '사악한' 서양인들처럼 자선과 구걸의 인과관계를 거꾸로 뒤집고 있다. 당시 중국의 수많은 거지들은 '빈곤' 때문에 생겼고, 또 자선제도는 이 수많은 거지들에 대한 구빈 필요 때문에 생겨난 것이다. 그러나 데이비스는 거꾸로 이 수많은 거지들이 마치 "무분별하게 자선을 베푸는 제도" 때문에 발생한 것인 양 말하고 있다.

데이비스는 걸인의 수적 규모와 구걸행위에 대한 자선사업의 영향에 대해 이런저런 이야기를 개진한 뒤 중국의 구빈·복지제도에 대해 언급한다.

온갖 탈구·골절이나 병든 몸뚱이에도 해부에 대한 무지와 사지절단에 대한 혐오감으로 말미암아 장애인들 가운데 어떤 자들은 아주 불쌍한 꼬락서니와 역겨운 모양을 띠고 있다. 그 시설들은 (유럽처럼) 빈민들에 대한 지방세 징세기관이 아니라, (유럽과 달리) 이들을 위한 모종의 작은 자선시설(복지시설)들이 있다. 광동에서 발간된, 광동 시에 대한 최근 인쇄된 글에 실린 필자의 평가에 따르면, 이 자선시설들은 "수적으로 소수이고, 크기가 작다". 이 자선시설들에 대한 다음 평가는 같은 소책자에서 인용하는 것이다. 1. "업둥이(주어온 젖먹이) 구호소"는 도시의 성벽 바깥 동쪽에 서 있다. 이 구호소는 200-399명의 아이들을 위한 숙박시설을 가졌는데, 연2522냥, 곧 약 840리터의 비용으로 유지된다. 2. 양자원養子院(Yangtse-yuen)은 자신을 부양해 줄 친척도 친구도 없는 가난한 노인과 병약자 또는 눈먼 사람들을 위한 요양원이다. 이 양자원은 업둥이 구호

---

52) Davis, The Chinese, 219-220쪽.
53) Davis, The Chinese, 220쪽.

소와 가까운 곳에 있고, 이 구호소처럼 제국의 후원을 향유하며 연 5100냥을 받는다. 이 금액은 광동에 쌀을 실어다 주는 외국선박으로부터 주로 나온다. 3. 마풍원麻瘋院 (Mafoong-yuen), 곧 나환자를 위한 요양원도 광동 시의 동편에 있다. 그 안에 수용된 환자의 수는 300명을 넘고, 이들은 연 300냥으로 유지된다! 중국에서 나환자의 상황은 그들이 사회로부터, 그리고 가족에게서도 병변病變이 나타난 최초 시점부터 버려지는 만큼 특히 비참하다. 목적은 아마 이 병의 전파를 막는 것일 것이다.54)

1830년 무렵 극심한 가경-도광 불황 한복판에서도 청국정부는 유기된 유아들을 구호하는 "업둥이(주어온 젖먹이)구호소"와 "노인·병약자·맹인요양원"('양자원'), 그리고 "마풍원"이라는 나환자요양병원을 운영하고 있었다는 것이 데이비스의 이 기록으로 분명해진다. 데이비드가 "무분별하다"고 비판할 정도로 만연된 저 자선제도와 이 복지시설들을 보면, 청대 후기에도 유학적 양민·복지정신은 펄펄 살아 있었다는 것을 알 수 있다.

데이비스는 중국에서 강한 친족의식과 복지의 관계를 논하며 스코틀랜드의 비교적 강한 친족의식과 비교한다.

빈민에 대한 최선의 부양과 부富의 적정분배를 위한 최선의 규정은 법률과 관습이 그들 사이에 친족의 권리요구를 집행하는 방법이다. 여론은 그들과 피로 연결된 빈자들을 부양하거나 지원하는 것을 잘사는 친척의 의무로 생각하고, 국가는 자활능력이 있거나 구빈 능력을 가진 친구가 있는 빈자들을 부양하는 것을 거부한다고 생각한다. 중국인들이 그들의 작고한 조상에 부여하는 관심과 친족의식의 만연, 또는 공동조상을 주장하는 광범한 종씨단체들은 하층신분들에게 영국에서 가족 식구들에게만 속하는 그 상당한 감정을 준다. 그러나 이런 친족감정은 스코틀랜드 사람들의 일반적 특징이었다.55)

54) Davis, *The Chinese*, 189쪽. 괄호 속의 한글은 인용자.
55) Davis, *The Chinese*, 189쪽. 괄호 속의 한글은 인용자.

데이비스는 친족의식이 강한 중국사회에서 자활능력이 없는 빈자들에 대한 구빈복지의 일차적 책임은 친족들에게 있고, 국가는 친족들이 가난하여 이 구빈을 감당할수 없거나 빈자들을 구제해 줄 친족이 아예 없는 경우에만 구빈복지의무를 진다는것이 '중국의 여론'이라고 기록하고 있다. 이것은 역으로 영국에서처럼 친족의식이약한 사회에서는 구빈의무가 모조리 다 국가에 전가된다는 것을 뜻한다. 그러나1830-40년대 영국에는 1601년 엘리자베스의 빈민법(Poor Law) 이래 허술하고 잔악한 구빈법은 있었지만 노인·병약자·불구자양호법도, 나환자구호법도 없었다. 그리고구빈법이라는 것도 자활능력이 없는 빈자들에 대한 구빈복지법이 아니라, 자활능력이있는 부랑자들을 붙잡아 강제노동을 시켜 가혹하게 착취하는 '노역소법'이었다.

따라서 청나라 말기의 쇠락한 복지상태도 당시 헐벗은 '복지황무지' 유럽에 견주면'낙원'으로 느껴졌다. 이런 까닭에 중국을 방문하거나 중국에 살아본 서양 선교사들과서양 관리들은 앞다투어 편지와 책을 써서 중국의 복지제도와 자선시설들을 서양에전했다. 이런 경로로 중국 복지제도에 대한 정보는 하나씩 하나씩 서양에 전해졌다.이 정보지식은 18-19세기에 서양 학자들과 정책가들을 자극해 이 중국제도를 리메이크하는 서양식 복지제도를 심도 있게 논의하고 기획하고 입법하도록 하기에 족했다.

1.2. '복지황무지' 유럽의 실태

고트프리트 라이프니츠는 중국식 복지국가를 최초로 논한 초기 계몽철학자다.그리고 이 논의를 크리스티안 볼프가 이어 발전시켰고, 요한 유스티가 '양호국가'로이론화했다. 헤겔은 유스티의 이 '양호국가'라는 개념을 넘겨받아 일반국가론의 일부로 삼았다. 중국의 양민복지제도는 독일에서 주로 논의되고, 이런 연유에서 사상초유로 독일에서 구현된다. 이 논의를 하기에 앞서 중국의 복지사상과 제도가 도입되기전 유럽의 발가벗은 사회정책과 사회제도를 살펴보는 것은 이전과 이후를 비교하는데 필수적이다.

■1000년 '복지 황무지' 유럽

유럽은 독일과 북구제국이 19세기 말엽 일련의 사회보장제도를 도입하기까지 국가의 공적 양민복지제도가 전무한 '복지 황무지' 상태에 처해 있었다. 심지어 20세기 초까지도 산업사회 한복판에서도 집단아사 현상이 그치지 않았고, 신대륙으로 대거이민이 벌어졌다. 유럽의 주도국가 영국과 프랑스는 독일과 북구제국보다 훨씬 더한 복지 황무지였다. 따라서 19세기 후반까지도 봉건제후들이 300여 소국으로 사분오열된 채 할거하던 독일은 더욱 볼 것도 없었다. 이로 말미암아 독일에서 노동자당의 계급투쟁이 더 작렬했고, 이 때문에 '복지 황무지'를 벗어나려는 제도적 대응책이 제일 먼저 강구될 수밖에 없었다.

'복지황무지' 영국에서 '노역소'는 '빈민감옥'이었다. 영국은 중세부터 줄곧 빈자들을 종교적 '죄'를 지은 인간으로 취급했고, 18세기 계몽주의 시대에는 빈자들을 범죄적 '게으름뱅이'로 보았다. 교구의 성직자들과 신학자들은 기독교적 원죄에 말미암는 종교적 죄악(영성 또는 성령의 결핍)과 범죄적 게으름은 모든 빈곤의 원인으로 인식했고, 빈자들의 이 죄악을 교정하고 엄혹한 기율과 노동단련으로 잘 교도하면 빈자들이 빈곤을 스스로 탈피할 것으로 생각했다. 따라서 그들은 '자선(charity)'을 빈자들의 교정·교도 기간에만, 또는 도시 안에서 구걸행각을 하다가 체포된 빈자의 추방대기 구류기간 동안에만 목숨을 부지할 정도로 베풀었고, 자선비용의 일부를 '당연히' 노동가능한 빈자들의 혹사와 노동착취로부터 나오는 이윤으로 충당했다. 말하자면 영국 성직자들은 '자선'을 연민과 인간사랑에서 베푼 것이 아니라, 원죄적 죄악과 나태범죄를 사회로부터 추방하거나 걸인을 시야에서 제거하기 위한 치안수단으로 베풀었다. 한마디로, 기독교이데올로기에는 보편적 인간사랑에 기초한 양민복지철학이 일절 존재하지 않았고, 또 양민복지를 국가의 의무로 보는 국가개념도 전무했던 것이다. 이런 공공 복지관념이 조금이라도 비친 것은 중국 복지제도의 영향 아래 복지를 국가정책으로 논한 라이프니츠·볼프·트렝커드·유스티·튀르고 등 계몽주의자들에 의해서였다.[56]

따라서 영국 성공회(국교회)의 교구 목사들과 영국정부는 이 '가난한 죄인들'을 단속·감금하고 엄격한 기율로 교도하려는 17-18세기의 기독교적 관념에서 빈민시설을 세웠다. 따라서 '교정소(house of correction)'나 '노역소(workhouse)'를 비롯한 각종 빈민시설은 항상 '감옥'이나 다름없었다. 이 때문에 마르크스는 노역소를 "궁민窮民의 형무소(Strafanstalt des Elends)"라 불렀다.[57] 따라서 14세기까지 거슬러 올라간다는 영국의 '빈민법(the Poor Law)'이란 본질적으로 걸인과 빈자들을 동정심에서 도와주려는 사랑의 구빈법救貧法이 아니었다. 그것은 유리걸식하는 부랑자들을 종교적으로 부도덕한 '죄인(sinner)'이나 범죄적 '게으름뱅이(the idle or lazy)'로 규정하고 그들을 추방해 도심에서 제거하거나, 그들을 체포해 '노역소'에 가두고 엄격한 규율 아래 최장시간의 중노동으로 혹사시키는 '빈민착취법'이었다.[58] '노역소들'은 기독교적 '자선(카리타스)' 개념으로 교묘하게 위장된 각종 '구민법'에 입각해 세워진, 감옥과 구조적·제도적으로 동일한 교정소였다. 이런 '노역소들'은 영국과 프랑스를 비롯한 서양제국의 각지에 널려 있었다.

중세 초 영국에서 최초의 빈민법은 1349년 7월 18일 발령되고 1351년 개정된 '노동자 칙령(Ordinance of Labours)'이었다.[59] 이 칙령은 1348-1350년 인구의 30-49%가 사망한 흑사병의 발발에 대한 대응조치로 발령된 법령이었다.[60] 인구의 감소는 농업에서 노동자 문제를 야기했다.[61] 지주들은 노동자들을 구하기 위해 경쟁적으

---

56) 이런 역사적 사실을 전혀 모르고 서구추종주의적 열등의식 속에서 '개념 없는' 일본학자들의 영국구빈법 연구에 의존해 조선과 영국의 구빈제도 및 구빈사상을 잘못 비교하고 있는 논문들로는 참조: 오세근, 〈전前자본제사회에서 동양과 서양의 복지 사상 특성에 관한 고찰 – 한국과 영국의 구빈救貧정책을 중심으로〉, 《동양사회사상》 제7집(2003). 임승빈, 〈조선시대 사회복지정책의 제도화 과정의 실패와 교훈 – 조선의 還政과 영국의 救貧정책의 비교분석〉, 《한국적 가버넌스 패러다임의 모색 한국행정학회 동계학술발표논문집》, 권9호(2005).

57) Marx, Das Kapital I, 683쪽.

58) 참조: Gaston V. Rimlinger, Welfare Policy and Industrialization in Europe, America, and Russia (New York: Wiley & Son, 1971).

59) Frederick F. Cartwright, Disease and History (New York: Barnes & Noble, 1991), 32-46쪽.

60) "What was the Economy Like After the Black Death?. The Plague and England, Cardiff University (검색: 2021-12-31).

로 노임을 인상하든가 농지를 휴경시키든가 해야 했다. 노임의 급등으로 농산물가격이 따라 올랐고, 이 파장은 전 경제를 덮쳤다. 이 '노동자칙령'은 가격등귀를 억제하려는 시도로 나왔다. 1351년 '노동자장정章程(the Statute of Labourers)'으로 개정된 이 칙령은 노동할 수 있는 모든 사람은 노동할 것을 명했다.[62] 노동자들은 이 궁경에서 지주로부터 도망쳐 자유민이 되려고 했다. 이에 에드워드 3세는 1388년 '도망 농노들'을 처벌하는 추가법률 '케임브리지장정(the Statute of Cambridge)'을 발령했다.[63] 이 장정은 농노와 걸인들의 이동에 제한을 가하는 법률이었다.[64] 이 시대 빈민법들은 구빈救貧(relief of the poor) 목적의 법이 아니라, 모조리 재난·흑사병·인클로저로 말미암아 먹고 살 수 없어 장원주의 영지와 자기 농지를 떠나 유리부랑流離浮浪하는 농노와 예속농민을 토지에 재구속하고 유민流民·부랑자·걸인을 단속·감금하는 추방·재구속·감금·노동착취 법령들이었다.

영국 빈민법체계는 유민·걸인·부랑자를 단속하는 이런 중세 법규들로부터 유래한 것이다. 그러나 빈민법 체계가 법전화된 것은 튜더왕조 치세에서다. 튜더개혁으로 '수도원 해체' 조치가 발령되기 전, 수도원에 모이는 자발적 기부금은 빈민구호의 일차적 재원이었지만, 이제 수도원의 해체 때문에 빈민정책의 재원은 자발적 기부금이 아니라, 국가의 조세강권으로 징수되는 세금으로 바뀔 수밖에 없었다.[65] 초기의 빈민입법은 모조리 흑사병 이후 노동공급이 부족한 시기에 떠도는 유민流民들을 단속해 이 가운데 노동능력 있는 자들을 강제로 일시키는 강제노역 법령들이었다.

---

61) Cartwright, *Disease and History*, 32-46쪽.

62) *BBC* - History - British History: "Black Death: Political and Social Changes".(Updated: 2011. 2. 17.)

63) Sidney & Beatrice Webb, *English Local Government: English Poor Law History*, Part 1, *The Old Poor Law*(London/New York: Longmans, Grenn and Company), 1-2쪽, 24-25쪽.

64) Joseph Patrick Byrne, *The Black Death*, (Westport, Connecticut/London: Greenwood Publishing, 2004), 66쪽; "Timeline - Poor Laws, Workhouses, and Social Support". Kingsnorton.info. Archived from the original on 2012-07-13(검색: 2021-12-31).

65) Marjie Bloy, "The 1601 Elizabethan Poor Law". *Victorian Web*. Victorianweb.org. 2002-11-12(검색: 2021-12-31).

튜더 시대인 1495년 의회는 "부랑자들, 게으르고 의심스런 사람들은 사흘 안에, 세 밤 사이에 정착해야 하고, 그렇지 않으면 빵과 물 외에 어떤 다른 식량도 지니지 못한 채 마을로부터 추방할 것"을 명하는 부랑자·걸인단속법(the Vagabonds and Beggars Act)을 통과시켰다. 일할 능력이 있는 모든 걸인은 그가 마지막에 거주한, 또는 가장 잘 알려진, 또는 태어난 헌드레드 단위 촌락(the Hundred)에서 의지할 데를 찾아야 하고 거기에서 앞서 말한 수고를 하여 먹고 살아야 한다".66) 일자리가 없어 떠나온 원래의 촌락으로 실업자와 부랑자를 다시 되돌려 보내려는 이 미련한 법령은 빈민문제를 해결하는 효과가 아니라, 다만 걸인과 부랑자들을 시야에서 청소하는 효과만을 가져왔다. 더구나 이 법은 실업자와 부랑자를 구별하지 않았다. 둘 다 처벌받으면서도 계속 돌아다니는 "완강한 거지들"로 범주화되었다.67)

설상가상으로 1530년에는 헨리 8세 치세에서 게으름을 "만악의 모태이고 뿌리"라고 선언하고 부랑자 처벌로서 곤장을 채찍으로 대체한 윤음이 나왔다.68) 이 윤음에 따라 노인과 노동능력 없는 걸인들은 걸식면허증을 받았다. 면허증 없는 부랑자는 채찍질과 감금을 당했다. 부랑자는 짐마차 뒤에 묶어 몸에서 피가 쏟아질 때까지 채찍으로 후려쳤다. 그리고 나서 부랑자는 태어난 마을이나 최근 3년 동안 거주한 곳으로 돌아가 "노동에 헌신할" 것이라는 선서를 했다. 부랑자 가운데 두 번째 체포되면 채찍질을 반복하고 귀 한 짝을 자르지만, 세 번째 걸리면 공동체의 적이자 중범죄자로 처형했다.69) 이 윤음은 다음 해인 1531년에는 '부랑자법(Vagabonds Act)'으로 법제화했다. 하나의 중요한 변화는 이 법이 자활능력이 없는 빈자들에게 구걸할 구역을 할당하도록 '평화의 법관들'(사회적 평화를 지킬 목적으로 임명된 하급법원의

---

66) "Poor Law Origins". *Witheridge* "The Centuries in Words and Pictures." "Witheridge-historical-archive.com(검색: 2021-12-31).

67) "Sturdy Beggars". *Probert Encyclopaedia*. Probertencyclopaedia.com. Archived from the original on 2008-06-16(검색: 2021-12-31).

68) John Hamilton Baker, *The Oxford History of the Laws of England: 1483 - 1558*(Oxford: Oxford University Press, 2003), 97쪽.

69) Marx, *Das Kapital I*, 762-763쪽.

사법관리, 곧 치안판사)에게 지령한 점이다. 그리고 자활능력이 없는 빈자들을 위한 구걸면허증을 장애인, 병자, 고령자에게 한정해서 발급했다.[70] 영국국왕의 이런 걸인 윤음과 법령이 만들어진 시점은 조선시대로 치면 세종대왕이 환과고독과 병자들에 대한 구빈법령을[71] 내린 조선왕조 초기(1418-1444)보다 1세기 뒤인 1530-31년이었 다. 그러나 영국의 사회정책 또는 구빈·기아보호정책은 차라리 없었다고 말하거나, 조선 초기의 복지제도에 견주어 '형편없다'고 평할 수 있다.[72] 그리고 조선 위정자들 은 백성의 빈곤과 기근을 자기들의 잘못과 치욕으로 여겼으나, 영국 위정자들은 그것을 백성의 죄악으로 단정했다. 따라서 영국국왕의 이 걸인윤음과 법령은 구빈복 지법이 아니라, 실로 모두 다 살인적 유민·걸인 탄압법이었다. 자기 구역 바깥에서 구걸하는 걸인들과 부랑자들, 그리고 실업자들은 빵과 물만 먹으며 이틀 밤낮 우리 속에 감금했고, 구걸하도록 허가된 지역으로 돌아갈 것을 맹세하게 한 뒤 풀어주는 법이었기[73] 때문이다. 건강한 몸을 가진 걸인은 채찍으로 두들겨 팬 뒤 그의 고향 마을이나 그가 3년 이상 거주한 마을로 돌려보내 '노동에 헌신하는' 노동형에 처해졌 다. 하지만 건강한 걸인에게는 아무런 식량도 주지 않았다. 모든 건강한 실업자들도 동일한 범주로 취급되었다. 일자리를 잃은 실업자들은 굶어죽든가 법을 어겨야 했다.

1535년 소득과 자본에 대한 과세로 형성된 기금으로 실업문제를 다루는 공공노역 체제(system of public works)의 창출을 요청하는 법안이 기안되고 1년 뒤에 통과되었다. 이 법도 부랑자를 채찍으로 때리는 것을 허용하는 법조항을 포함했다.[74] 말하자면

---

70) Lewis C. Vollmar, Jr., "The Effect of Epidemics on the Development of English Law from the Black Death Through the Industrial Revolution", *Journal of Legal Medicine*, Vol. 15(1994), 385쪽.

71) 가령 《世宗實錄》, 세종 즉위년(1418) 11월 3일 기유 12번째 기사; 세종 26년(1444) 윤7월 6일 계미 3번째 기사.

72) 최창무(崔昌茂)도 벌써 40-50년 전에 "고려시대의 제도를 더욱 향상·발전"시킨 "조선왕조 초기의 구빈제도"는 "그 당시의 구미제국이나 동양의 다른 어떤 국가보다 제도가 잘 구비되었다고 볼 수 있었다" 고 평가한 바 있다. 崔昌茂, 〈朝鮮王朝 初期의 救貧制度에 관한 考察〉(1984), 13쪽. 최창무의 이 평가에서 "동양의 다른 어떤 국가보다", 가령 15세기 명대 중국보다 더 잘 구비되었다는 말은 문제가 있지만 구미제국과의 비교평가는 그대로 맞는 말이다.

73) Mark Rathbone, "Vagabond!", *History Review*, Issue 51(March 2005), 8-13쪽.

74) Tim Lambert, "Poor Tudors". *Local Histories: Tim's History of British Towns, Cities and So Much*

이 법은 부랑자를 아무나 붙잡아 노예로 부릴 수 있는 법이었다. 에드워드 6세 즉위년 (1547)의 '부랑자 장정章程'은 노동을 거부하는 자는 이 자를 게으름뱅이로 고발한 사람의 노예로 판정한다고 규정하고 이 노예를 고발한 자에게 배정해 주었다. 수공업 직장職長은 그의 노예에게 빵과 물, 그리고 가벼운 음료와 노예에게 알맞다고 생각되는 고기조각을 먹여야 하되, 노예를 쇠사슬로 묶고 아주 구역질나는 노역에 채찍질로 내몰 권리가 있다. 노예가 14일 동안 주인으로부터 도망쳐 있으면 그를 종신 노예로 만들고, 이마나 뺨에 S자를 낙인찍고, 세 번째 도망가면 국가반역자로 처형한다. 직장은 그를 매각하고 유증하고 다른 움직이는 재산과 가축처럼 노예로 임대할 수 있다. 노예가 주인에 대해 반역을 꾀하면 처형한다. 치안판사는 노예에 대한 정보를 탐문해야 한다. 사흘 동안 하는 일 없이 돌아다닌 사실이 드러난 부랑자는 그의 탄생지로 끌고 가서 빨갛게 달은 쇠로 가슴에 V자를 낙인찍고 거기 거리에서 사슬로 묶어 두거나 다른 사역에 쓴다. 부랑자가 고향을 거짓으로 대면 이곳의 노예, 또는 주민이나 직업단체의 노예로 처벌받고 S자 낙인을 찍는다. 모든 사람들은 부랑자에게서 자식을 빼앗아 청소년은 24세까지, 소녀는 20세까지 도제로 묶어둘 권리가 있다. 여기서 도망치는 자는 이 연령대까지 직장의 노예가 되어야 하고, 이 직장은 마음대로 그들을 쇠사슬로 묶고 채찍질할 수 있다. 모든 직장은 자기 노예의 목이나 발, 또는 팔에 쇠고랑을 채워 그를 더 잘 식별하고 그를 더 확실히 해도 된다. 이 장정의 마지막 장은 일정한 빈자들을 그곳에서 고용하거나 그들에게 먹고 마실 것을 주고 그들에게 일감을 주는 개인들이 그들을 고용해야 한다고 규정하고 있다. 영국에서 이런 종류의 교구노예들(Pfarreisklaven)은 19세기 깊숙이까지 roundsmen(떠돌이)이라는 이름으로 남아 있었다.[75]

1770년 어떤 익명의 필자는 《무역과 상업에 관한 에세이(*An Essay on Trade and Commerce*)》에서 이렇게 단정한다. "에드워드 6세의 치세에서 영국인들은 사실 완전히 진지하게 매뉴팩처의 진작과 빈자들의 취업에 전념한 것으로 보인다. 이것을 우리는

More. Localhistories.org(검색: 2021-12-31).

75) Marx, *Das Kapital I*, 763쪽.

모든 부랑자들에게 낙인을 찍어야 한다고 규정한 이상한 장정章程으로부터 탐지할 수 있다."76)

당시 런던에는 빈민들이 떼 지어 모여들고 있었는데, 종교개혁은 이전에 빈민을 위해 쓰이던 모든 제도적 장치를 다 제거해 버렸다. 결과적으로 헨리 8세는 런던시민들이 유지·운영자금을 대는 것을 조건으로 1544년에 세인트 바르톨로뮤 빈민원과 1552년 세인트 토마스 빈민원에 기부금을 재再교부하는 데 동의했다.77)

하지만 런던 시는 자발적 기부로부터 충분한 돈을 거둘 수 없었고, 1547년 교회의 선데이 모금을 빈민을 위한 위탁금 모금으로 대체한 최초의 의무적 빈민세(Poor Rate)를 법제화했다.78) 1555년 런던은 점점 일할 수 있으나 일자리를 찾지 못하는 빈자들의 수에 관심을 가지게 되었다. 그리하여 모자를 만들고 닭털침대를 만들고 철사를 뽑는 일에서 의지처依支處와 일감을 받을 수 있는, 노역소의 전신에 해당하는 최초의 강제노동수용소 '교정소(House of Correction)'를 브리지웰(Bridewell)의 궁궐 안에 설치했다.79) 이후 런던의 '브릿지웰'은 교도소를 뜻하는 일반명사가 된다. 이 '교정소'는 청조 중국에서 순치제 10년(1653)에 설치된, 무의탁 유랑걸식자들(난민·유민)과 거리의 와병자臥病者들을 받아들여 무상으로 유숙시킨 '서류소棲流所'와 그 성격이 완전히 달랐다. 그 목적이 궁민窮民에 대한 복지 시혜가 아니라, 감금과 착취에 있었기 때문이다. 그리고 에드워드 6세 치세에서는 건강한 육체를 가진 사람들의 삶이 더 험난해졌다. 에드워드 6세 때인 1547년 영국정부는 부랑자들을 형법전의 더욱 극단적인 법조항으로 처벌하는 부랑자법(Vagabonds Act)을 제정한 것이다. 그러나 평화의 재판관(치안판사)들은 에드워드 6세의 이 부랑자법에 규정된 형벌이 너무 가혹해서 이 형법을 온전히 적용하는 것을 꺼렸다.80)

---

76) 익명의 필자, *An Essay on Trade and Commerce*, l.c. 5쪽. Marx, *Das Kapital I*, 763쪽에서 재인용.
77) Webb, *English Local Government: English Poor Law History*, Part 1, *The Old Poor Law*, 47쪽.
78) Webb, *English Local Government: English Poor Law History*, Part 1, *The Old Poor Law*, 47쪽.
79) Webb, *English Local Government: English Poor Law History*, Part 1, *The Old Poor Law*, 50쪽.
80) Robert Bucholz & Newton Key, *Early modern England 1485-1714*(Malden/Oxford: Wiley-Blackwell, 2003), 176쪽.

1552년 에드워드 6세는 각 교구 안에 "적선금 모금인(Collector of Alms)"를 두고 면허받은 빈자(licensed poor)를 등록하는 빈민법(Poor Act)을 통과시켰다. 이제 교구 모금인이 모든 빈자들을 다 구제할 것이라는 가정 아래 구걸행각을 완전히 금지했다.[81] 에드워드 6세를 이은 엘리자베스 1세의 조정도 가혹한 행각으로 기울어졌다. 1572년 통과된 법률은 1차 불법을 범한 부랑자는 그 귀를 불로 태우고, 계속 위반한 걸인은 교수하도록 명했다. 그러나 이 법률은 "직업적 걸인"과 자기귀책성이 없는 "실업자"를 처음으로 구분했다. 엘리자베스 1세는 처음에 빈자구빈을 직접 겨냥한 법률들도 제정했다. 가령 1563년 '구빈법(Act for the Relief of the Poor)'은 능력 있는 모든 교구 거주자들에게 구빈자금 모금에 기부할 것을 요구했다.[82] "향후의 자의적 마음에서 자기의 능력에 따라 빈자들의 구제에 매주 기부하기를 고집스럽게 거부하는" 자들은 치안판사(평화의 재판관)들에게 넘겨지고 10파운드의 벌금을 내야 한다. 추가로 엘리자베스의 1572년 부랑자법은 치안판사들에게 자활능력이 없는 빈자들을 조사하고 등록시키고 소요경비를 판단하고 매주 거주민들에게 적절한 금액을 할당할 권능도 부여했다.[83]

그리고 구걸면허가 없는 14세 이상의 걸인은 가혹하게 채찍질을 하고, 그를 2년 동안 고용할 사람이 아무도 없다면 왼쪽 뺨에 낙인을 찍었다. 재범 시에는 18세 이상일 때 2년 동안 그를 고용할 사람이 아무도 없다면 처형하고, 삼범 시에는 국가반역자로 간주해 무관용으로 처형했다.[84] 유사한 장정은 1597년에도 발령되었다.[85]

그리고 제이콥 1세(Jacob I, 1566-1625)는 배회하며 구걸하는 사람을 유랑자와 부랑자로 선고하게 했다. 그리고 치안판사에게 그를 채찍질해 내쫓게 하고 첫 번째 붙잡히면 6개월 간 수감하고 두 번째 잡히면 2년 동안 수감할 전권을 부여했다.

---

81) Paul Slack, *The English Poor Law 1531-1782*(Cambridge: Cambridge University Press, 1995), 59-60쪽.
82) Webb, *English Local Government: English Poor Law History*, Part 1, *The Old Poor Law*, 51쪽.
83) Webb, *English Local Government: English Poor Law History*, Part 1, *The Old Poor Law*, 52쪽.
84) Marx, *Das Kapital I*, 764쪽.
85) Marx, *Das Kapital I*, 764쪽.

수감 중에 부랑자들은 치안판사가 좋다고 여길 만큼 종종, 그리고 그만큼 많이 채찍질한다. 개선이 불가능하고 위험한 유랑자는 왼쪽 어깨에 R자 낙인을 찍고, 강제노동, 곧 '징역'에 처한다. 다시 구걸하다가 붙잡히면 무관용으로 처형한다. 제이콥 1세의 이 칙령은 18세기 초까지 유효했다.[86]

1575년 빈민법은 마을들에 대해 빈자들이 작업할 "완전한 비축량의 양모·대마·아마·주철과 기타 재료들"을 내놓고, 이 가공작업을 거부하는 자들과 반항적이고 건성으로 일하는 일꾼들을 가두어 일하도록 강요하고 적당히 처벌하는 '교정소'를 세울 것을 요구했다. 이 빈민법은 기부자들에게 기부금강탈법이었고, 부랑자들에게는 강제노동수용소법이었다.

최초의 완전한 구빈법전은 1597년의 구빈법(Act for the Relief of the Poor)이었다. 그런데 "쓸 만한 빈자들"을 위한 모종의 규정規程은 1601년의 구빈법으로 제도화되었다. 엘리자베스의 빈민법체계가 생겨난 직접적 원인은 16세기의 악화되는 잉글랜드 경제사정이었다. 잉글랜드는 이 시기에 인구증가와 금전의 평가절하, 그리고 미국 은銀의 유입에 의해 야기된 급격한 인플레이션을 겪고 있었다.[87] 1595년과 1598년의 흉년으로 빈민 수는 증가한 반면, 자선적 기부는 수도원과 종교적 길드들을 해체한 뒤부터 급감했다.[88]

식민지 이주정책도 구걸하는 빈민과 부랑민을 도시의 시야에서 제거하는 용도로 제시되었다. 1580년대 초 처음에 아일랜드로 옮겨 살게 하다가 북미로 이주하게 한 잉글랜드의 식민계획의 발전과 더불어 빈민의 상황을 경감시키는 새로운 방법이 제시되고 시간이 흐르면서 상당히 활용되었다. 상인이자 식민정책 옹호자였던 조지 페컴(George Peckham)은 당시의 국내상황을 이렇게 기술했다. "오늘날은 자기들의 생명을 걸고 임금 없이 고기와 술과 장신구만을 위해 자기의 신분을 고칠 것이라는

---

86) Marx, *Das Kapital I*, 764–765쪽.

87) George Boyer, "Encyclopedia: English Poor Laws". EH.net. Archived from the original on 2010-01-05 (검색: 2021-12-31).

88) 참조: Slack, *The English Poor Law 1531-1782*.

희망을 안고 1년 동안 봉사하는 데 만족하는 사람들이 대규모로 존재한다." 이 말로써
그는 '머슴살이(indentured service)' 제도를 제안한 최초의 인물이 되었다.[89] 동시에
리처드 하클류크는 *Divers Voyages*의 서문에서 잉글랜드 플랜테이션 업자들을 "대장
에 이끌려 밖으로 우글대며 날아가는 벌 떼"에 비유한다. 그는 빈자들을 왕국에서
"공제控除할" 것을 권한다. 하클류크는 영역의 범위를 넓히고 영국의 감옥을 비워
신세계로 내던져 버릴 것도 권고한다.[90] 1619년 버지니아 머슴살이 제도는 완전히
발전했고 그 뒤의 식민지들도 약간의 수정을 거쳐 이 방법을 채택했다.[91] 잉글랜드의
죄수이송은 곧 이후에도 계속 시행되고, 1717년의 이송법(Transportation Act)으로
발전한다. 그러나 잉글랜드·웨일즈 본토의 빈민문제는 조금도 해결할 수 없었다.

교구들이 얼마나 신속하게 빈민법을 집행했는지를 오늘날 파악하는 것은 거의
불가능하다. 최근의 일설에 따르면, 왕정이 복고된 1660년 교구의 3분의 1 이상이
정례적으로 빈민세를 강제 모금하고 있었으나 1700년 무렵에는 빈민세가 보편적이
되었다고 한다. 왕정이 복고된 1660년, 또는 명예혁명 직후인 1700년 즈음은 이미
중국의 두터운 복지제도가 영국에 일반적으로 알려진 상황이었다. 따라서 이런 역사
적 상황에서 영국인들도 모두 다 중국의 복지제도를 조금씩 의식하고 있었다. 따라서
빈민세 납세가 보편적이 된 것은 이러한 역사적 상황에 기인한 것으로 볼 수 있다.

영국정부의 무역국은 1696년 구빈지출금을 국민소득의 1%에 조금 못 미치는
총 40만 파운드로 추산했다. 이 기간 동안 구제된 사람들의 수나 구제된 사람들의
인구론적 특징에 관한 어떤 공식통계도 없지만, "극빈자 떼거리(pauper host)"의 구성
에 관한 약간의 정보를 향토사 연구로부터 얻을 수 있다. 이 연구들에 따르면, 17세기
동안 구제수령자들은 고령자·고아, 그리고 아이 있는 과부 등이었다. 그러나 유리걸

---

89) Karl Frederick Geiser, "Redemptioners and indentured servants in the colony and commonwealth
of Pennsylvania", Supplement to the *Yale Review*, Vol.X, No.2(August 1901), 5쪽.

90) Philip J. Stern, & Carl Wennerlind(Eds.), *Mercantilism Reimagined: Political Economy in Early Modern
Britain and Its Empire*(Oxford: Oxford University Press, 2013), 166쪽.

91) Geiser, "Redemptioners and indentured servants in the colony and commonwealth of Pennsylvania",
5쪽.

식하는 장기실업자, 자활능력 없는 극빈자, 장애인이나 폐질병자, 유기된 업둥이 등에 대한 구제의 흔적은 전혀 없다. 17세기 초반에는 구제자 명부에 고아와 한부모 자녀들이 특별히 많았으나, 후반에는 많은 교구에서 정규적 주간 숙식을 제공받는 사람들의 대부분은 60세 이상의 노인들이었다. 여성 기식자들은 3 대 1로 남성보다 많았다. 평균적으로, 17세기 후반과 18세기 초 주간 기식요금의 지불액수는 전체 구조금액의 3분의 2를 차지했다. 나머지 금액은 예비비였고, 이 비용은 병환이나 실업으로 인해 단기적 구조를 요하는 자활능력 있는 남자들에게 종종 쓰였다.[92] 숙식을 제공받는 대가로 여자 노인들과 실업자들은 하루 종일 고된 노동을 해야 했다.

구빈행정에서 생겨난 문제들 가운데 하나는 구호를 받을 자격을 얻는 것이었다. 잉글랜드 의회는 이 문제를 '1662년 구빈법(Poor Relief Act 1662)'으로 알려진 '1662년 정주법(Settlement Act of 1662)'으로 대응하고자 했다. 이 법은 사람은 각자 정주定住 교구를 가져야 한다는 개념을 공식화하고, 교구에 "떠안아야 할 것 같이" 보이는 신착자新着者와 주거부정의 구조요청자들을 체류 40일 안에 제거할 권리를 주었다. 정주법은 빈민복지의 취지가 전무하고 빈민을 다만 시야에서 제거하는 데에만 혈안이 된 법이었다. 그래서 아담 스미스와 기타 역사가들은 정주법이 '노동 이동'에 심각한 제동을 걸고 노동의욕을 저감시켰다고 주장했다. 한편, 사료적 증거들은 교구의 교회들이 늙은 노동자, 애기 딸린 홀어미, 대가족이 딸린 남자 등 경제적으로 이용가치가 없는 이주자들을 배제하는 식으로 이 정주법을 선택적으로 적용했다는 것을 입증해 준다.[93] 경제적 이용가치가 없는 모든 사람들은 들녘과 하수구에 버려진 것이다.

그리고 1691년에는 기존 구빈법(1661)을 조금 수정·보완하는 새로운 구빈법이 제정되었다. 이 법은 모든 교구에 구호를 받는 모든 사람들의 이름과 이유를 기록한 등록부를 보관하라고 명령했다. 그리고 이 법은 (질병과 역병 또는 천연두의 경우를 제외하고) 교구 안에 또는 교구 가까운 곳에 살거나 연 4회 순회재판 기일에 교구를

---

92) Boyer, "Encyclopedia: English Poor Laws". EH.net. 2021-10-9.

93) Boyer, "Encyclopedia: English Poor Laws". EH.net. 2021-10-9.

방문하는 치안판사의 결정에 의해서만 구호를 받을 것이 허용된다고 규정했다.

18세기 초에는 이 노역소를 발전시키려는 이론적·제도적 노력이 일어났고, 이에 따라 새로운 노역소법이 제정되었다. 1714년 버킹햄셔의 올니(Olney) 교구에서 수십 곳의 작은 타운과 작은 교구에 특별한 법적 권위을 얻지 않은 채 독자적 시설을 만들었다. 이 시설들은 남부 미들랜드와 에섹스 카운티에 집중되었다. 1710년대부터 기독교지식진흥협회(Society for the Promotion of Christian Knowledge)는 새로운 노역소 개념을 발전시키기 시작했다. '노역소'는 18세기의 자식이었다. 이 협회는 이 주제에 관한 여러 편의 팸플릿을 발간하고, 1722년 구빈법(Poor Relief Act)과 1723년 노역소심 사율(Workhouse Test Act)의 통과를 지원했다.[94] 여기서 천사의 탈을 쓴 기독교인들의 악마성이 다시 드러난다.

1722년 제정된 구빈법의 원명은 "정주·고용··구빈과 관련된 법률을 수정하는 법률 (An Act for Amending the Laws relating to the Settlement, Employment, and Relief of the Poor)"이다. 이 법은 1691년의 구빈법의 조항들을 반복하고 있다. 그리고 이 법은 "많은 사람들이 교구의 어떤 관리도 알지 못한 채 치안판사들에게 의뢰해 거짓된 제안, 때로는 거짓되고 변덕스런 구실로 구호자격을 획득하는데 이 때문에 교구세가 크게 증가한다"고 주장하면서, 이것을 시정하기 위해 어떤 치안판사도 구호수령자가 구호를 요구해야 하는 이유에 대해 선서할 때까지 구빈 자격을 부여하지 말라고 명령했다. 이것은 감독관이나 교구회가 아무개에게 구호를 거부한 경우에도 적용될 수 있는바, 이 법은 치안판사가 먼저 감독관을 소환해 구호 거부 이유를 알아보라고 명했다. 또 이 법은 치안판사가 이 구호를 기록할 필요를 반복하고 이러한 구호를 그 원인이 계속되는 동안에만 계속 부여하라고 규정했다. 나아가 긴급의 경우를 제외하고 그것을 등록하지 않은 채 구호자격을 부여한 감독관이나 교구 관리는 교구 의 빈자를 위해 쓰일 5파운드를 몰수하는 것으로 처벌받도록 했다. 그리고 이 법은 또한 교구위원과 감독관에게 "어떤 주택이든 구입하거나 임대하고, 각각의 교구

---

94) "Edward Reynolds". Freepages.genealogy.rootsweb.ancestry.com(검색: 2021-12-31).

안에서 구호를 받고 싶어 할 모든 빈자들을 숙식시키고 가두고 부양하고 고용하기 위해 어떤 사람과도 계약을 맺고, 이런 가난한 사람들을 가두고 고용하고 이들의 사역·노동·부역으로부터 교구의 이익을 취할" 권한을 부여했다. 그리고 이 법은 빈자가 노역소에 숙식하는 것을 거부하는 경우에 마땅히 등록부로부터 그 자의 이름을 삭제하고 교구위원과 감독관으로부터 구호 관련 권리를 박탈하라고 명했다.[95) 구호를 미끼로 빈자와 부랑자의 노동을 착취하는 것을 허용한 1722년의 이 빈민법은 노역소를 최초로 법제화한 법이다.

나아가 빈민의 일부를 구호신청에서 배제하려는 의도로 채택된 1723년의 노역소심사율은 노역소에 들어가는 것을 거부하고 빵만 얻어먹으려는 어떤 신청자에게도 구조를 주는 것을 부정할 권한을 교구에 부여했다. 마침내 모든 빈민을 역사적으로 악명 높은 그 노역소에서 가두고 가혹하게 착취할 수 있는 강제노동수용소 법률들이 제정된 것이다. 수많은 교구들은 1722년의 빈민법과 1723년의 노역소심사율에 따라 노역소를 세웠다. 그러나 이 노역소들은 종종 단명했고, 방대한 수의 극빈자들은 계속 노역소 바깥에서 구조를 받았다.[96)

교구의 노역소 설치에 법적 권위를 부여해 준 이 법들과 관련해 더욱 중요한 것은 1723년의 노역소심사율이 노역소설치론을 전국적 청중에게 공개하는 것을 도운 것이다. 1776년 1912개소의 교구와 회사 노역소들이 잉글랜드와 웨일즈에 설치되고, 1만 명의 극빈자를 수용했다. 세기말까지 '복지'인지 '착취'인지 모를 형태로 모종의 교구 빈민구조를 받았을 인구는 약 100만 명으로 추정된다.[97)

18세기 초반에 구호비용은 급증했다. 명목상의 비용은 물가가 하락하고 인구증가가 더디었음에도 1696년부터 1748-50년까지 약 56년 동안 72% 급증했기 때문이다.

95) George Nicholls, *A History of the English Poor Law in Connection with the State of the Country and the Condition of the People*, Volume II: *A.D. 1714 to 1853*(New York: G. P. Putnam's Sons, 1898), 12~14쪽.

96) Boyer, "Encyclopedia: English Poor Laws". EH.net. 2021-10-9.

97) Edward P. Thompson, *The Making of the English Working Class*(London: Victor Gollancz Ltd, 1963, revised 1968), 147쪽.

1인당 실질적 비용증가는 84%에 달했다. 이 급증은 대부분 노령자들의 숙식비 증가 때문이었다. 어떤 지역들은 노동능력이 있지만 구호되어야 할 건강한 실업자 빈민들의 수가 증가했다.

그러나 1750년에서 1834년에 걸친 빈민법은 더 참혹한 감옥 상황을 연출했다. 1750년부터 1820년까지 시기에는 구호비용이 폭발적으로 치솟았다. 실질적 1인당 지출비용은 1748년부터 1803년까지의 기간보다 2배를 넘었고, 1834년 빈민법이 개정되기까지 줄곧 아주 컸다. 구호비용은 1748-50년 GDP의 1%에서 1818-20년 2.7%로 증가했다. '극빈자 떼거리'의 인구론적 특징은 18세기 후반과 19세기 초에 상당히 급변했다. 정례적 주간 숙식을 받는 사람들과 구분되는 일시적 혜택을 받는 자들의 수가 급증했다. 그리고 구호를 받는 사람들의 연령이 더 젊어졌다. 20-59세의 빈민들이 현저하게 증가한 반면, 60세 이상의 빈민들은 하락했다. 최종적으로, 남성들인 남부·동부 구호수혜자들의 비율은 1760년 약 3분의 1에서 1820년에 거의 3분의 2로 증가했다. 북부와 서부에서도 청장년 남성이 증가하고 일시적 구호가 증가하는 쪽으로 비교적 조금 변동이 있었다.[98] 이후 구빈복지대책은 독일의 비스마르크 사회보장입법을 추종해서 발전했다.

'구빈원'이라는 간판으로 위장된 빈민착취 목적의 강제노동수용소 '노역소'에 대해서 좀 더 추적할 필요가 있다. 노역소 운동은 17세기 말에 1696년에 설치된 '브리스톨 빈민회사(Bristol Corporation of the Poor)'와 더불어 시작되었다.[99] 이 브리스톨 회사는 주거 제공 및 빈민구호 기능을 작은 비행 청소년·청장년들(부랑자·행려병자·주정뱅이·좀도둑 등)의 교정소 또는 교도소(house of correction)와 결합시킨 노역소를 설치했다. 브리스톨의 이 본보기에 따라 20년 안에 약 12개 도시에서도 유사한 회사를 세웠다.

많은 교구와 팸플릿 집필자들은 노역소 빈민들의 노동으로부터 돈을 벌 것을 기대했다. 그러나 노역소에서 숙소를 얻어야 하는 사람들의 방대한 다수는 이윤증식

---

98) Boyer, "Encyclopedia: English Poor Laws".
99) "History of St Peter's Hospital, Bristol". Buildinghistory.org(검색: 2021-12-31).

에 도움이 많이 될 수 없는 병자·고령자·아동들이었다. 빈자들은 당연히 노역소가 탁아소·숙소·노인병동·고아원의 기능을 통합하는 일반적 사회정책 시설의 성격을 가지게 되기를 요구하고 기대했다. 1782년 토마스 길버트는 마침내 고령자와 병약자만을 위한 빈민원을 설치하고 건강한 사람들을 위한 노역사 바깥의 구빈제도를 도입하는 법령을 통과시키는 데 성공했다. 이것이 저임금 노동자들의 생계 지원을 위한 스핀햄랜드 시스템(노역소 밖 구호제도〔재가구호제도〕)의 발전을 위한 토대가 되었다. 정주법은 1795년의 '제거법(Removal Act)'에 의해 수정되었다. 이 '제거법'은 주거부정자들에게 구호 신청 없이 유리걸식하는 것을 금지했다.[100]

물론 여기서 서술된 영국의 17-18세기 빈민정책에는 유기된 아이들에 대한 복지정책은 전무하다. 17-18세기 영국에서는 무수한 유아와 아동들이 살해되거나 죽도록 버려졌다.[101] 특히 기아棄兒(foundlings)는 18세기 영국사회의 한 "통상적 현상(a common feature)"이었다.[102] (그러나 아담 스미스가 마치 영아살해와 유아유기가 영국에는 존재하지 않는 현상인 양 전제하고 어리석게도 이런 현상이 중국에만 특유한 현상인 것으로 간주했을 뿐만 아니라, 역대 중국정부가 영아유기를 엄금해 왔고 이 현상이 기근상황에서 야기되는 한계현상이었음에도 이 현상을 중국의 '일상'으로 왜곡·과장한 것은 상론한 바대로다.) 기아육영원(foundling hospital)은 1739년에야 최초로 토마스 코람이라는 사람에 의해 런던에 1개소가 설립되고, 국영 육영원은 1756년에 가서야 겨우 1개소가 나타났다. 이 외에 국비로 설립·운영되는 공공 보육시설은 19세기가 다 가도록 끝내 설립되지 않았다. 영국에서 유아살해금지법은 19세기 말까지 제정되지 않았다. 영국에서 '영아생명보호법'은 1897년에야 겨우 제정되었다. 그러나 '유아살해금지법(Infanticide

---

100) Thompson, *The Making of the English Working Class*, 147쪽.

101) Laura Growing, "Secret Births and Infanticide in Seventeenth-Century England", *Past & Present*, No.156(Aug., 1997); Hannah Newton, "The Dying Child in Seventeenth Century England", *Pediatrics* (July 2015); Clairie Philips, "Child Abandonment in England 1744-1834: The Case of the London Foundling Hospital", *Genealogy* 3:3, 35(2019).

102) Rhian Harris, "The Foundling Hospital", *BBC – British History*. Last updated 2021-10-10(검색: 2021-12-31).

Act)' 제정은 더 늦어져 1922년에야 이루어졌다.

앞에서 살펴본바, 중국에서 까마득한 옛날부터 유아살해는 법으로 금지되고 위법
자는 엄벌되었고, 유기된 영아를 보살피는 자유국慈幼局이 이미 1249년에 전국적으로
설치되었고, 조선에서 정조의 자휼전칙이 1783년 공포되어 전국적으로 실시된 것을
생각하면, 영국의 영아유기·살해 금지조치는 중국과 조선에 비해 수백 년, 수천
년이나 때늦은 것이었다.

중국에서는 유아유기·살해가 기원전 국가들인 진·한나라에서 이미 법적으로 금지
되었으나, 동로마제국은 4세기에야 유아유기·살해를 금지했고, 유럽 전역에서는 서
기 1000년대에 들어서서야 지역적으로 금지하기 시작했다. 고대 로마에서 유아살해
와 유기는 창궐했다. 따라서 로마에서 유아살해는 극형을 받을 중범죄로 선언되었으
나 이런 범죄자를 소추한 적이 거의 없었다.103) 신학자들과 성직자들은 유아 생명의
구제를 설교했으나 신생아의 유기는 중세 내내 계속되었다.104) 중세 초 가난한 부모
에 의한 아기의 유기는 유아살해의 한 형태로서 거대한 스케일로 자행되었으나,
기꺼이 용납할 수 있는 행위로서 절대적 면죄를 받았다.105) 기아와 사생아 출산이
급증하면서 유럽에서 최초의 기아 수양소收養所가 787년 밀라노에 세워졌다. 그리고
교황 이노센트 3세(1161-1216)는 로마 여성들이 티베르 강에 아기들을 너무 많이
버리기 때문에 '로마 성령육영원育嬰院'을 세웠다.106) 하지만 이런 시도들의 효과는
미미했다. 게다가 중세 독일에서는 산모가 신생아를 유기할 권리를 가졌다.107) 중세
중반에 마침내 영아유기가 유아의 직접살해를 압도했다. 산모들은 원치 않는 아기들

---

103) Samuel X. Radbill, "A history of child abuse and infanticide". Suzanne K. Steinmetz and Murray
A. Straus (ed.), *Violence in the Family*(New York: Dodd, Mead & Co., 1974), 173 - 179쪽.

104) John Eastburn Boswell, "Exposition and oblation: the abandonment of children and the ancient
and medieval family", *American Historical Review* 89-1(1984): 〔0-33쪽〕.

105) William L. Langer, "Infanticide: a historical survey", *History of Childhood Quarterly*. 1-3(1974):
《353 - 366쪽》.

106) Richard Trexler, "Infanticide in Florence: new sources and first result", *History of Childhood Quarterly*
1-1 (1973), 99쪽.

107) C. W. Westrup, *Introduction to Roman Law*(London: Oxford University Press, 1944), 249쪽.

을 교회나 수도원의 대문 앞에다 버렸다. 이 때문에 교회와 수도원은 고아원 기능을 하지 않을 수 없었다. 주로 여아들이 버려졌다.108)

빅토리아 영국에서 유아살해는 범죄라는 대중적 의미와 관료행정적 의미를 얻었다. 그러나 19세기 중반에도 산모에 의한 영아살해는 '미친 짓'으로 여겨져 면죄되거나 극형에서 면해졌다. 1834년의 신新구빈법은 미혼모에 대한 교구의 구제를 종식시키고 사생아의 생부에게 "자녀 부양"을 위한 부양비용을 지급하는 것을 피하는 것을 허용했다.109) 이때부터 미혼모들은 지원이 끊겼고 빈민들은 노역소·매음·유아살해·낙태의 선택에 던져졌다. 19세기 중반 유아의 유기와 살해는 사생아라는 이유 등 사회적 이유에서 흔한 일이 되었다. 게다가 영아생명보험이 도입되고부터 보험금을 노리고 여성들이 자기 자식이나 자기가 거둬들인 영아들을 죽이는 범죄가 추가로 부추겨졌다. 1870년에는 한 여성이 세 명의 남자로부터 15명을 낳아 살해했고, 1899년에는 400명의 아기를 살해한 여성도 있었다. 당시 신문보도에 따르면 런던에서만 1861년에 467명의 신생아가 살해되었다.110) 그리고 사산死産된 것으로 기록된 영아들도 대부분 살해된 것이었다.111) 영국 정부는 1897년 영아생명보호법에 의해서야 지방관청에 7세 이하의 아이들의 보호관리나 사망을 48시간 내에 통지하도록 요청했고, 1908년의 아동법에 의해서야 어떤 영아도 부적절하거나 너무 북적되는 숙소에 두는 것을 금지하고 방치와 학대로 영아의 보살핌과 부양을 위협하는 부적합한 보모가 아이를 데리고 있는 것을 금지했다.

18세기 영국에서 자기 자식을 기를 능력이 없는 여성들에게는 지원이 있기도

108) Josiah Cox Russell, *Late Ancient and Medieval Population*(The American Philosophical Society: Philadelphia, 1958), 13 – 17쪽.

109) Dorothy L. Haller, "Bastardy and Baby Farming in Victorian England"(1989). This paper selected by the Department of History as the Outstanding Paper for the 1989–1990 academic year at the Loyola University New Orleans.

110) *The Times*, 29 April 1862, 8쪽, "Infanticide in London". *The Times Digital Archive*(검색: 20121. 12. 18).

111) *Leicester Daily Post*, 1 February 1895, 6쪽, "Trafficking in Babies. An Interview with Coroner Braxton Hicks". *British Newspaper Archive*(검색: 2021. 12. 18).

했다. 1756년 설립된 육영원(The Foundling Hospital)은 일부 사생아들을 수용할 수 있었다. 하지만 육영원 내부의 시설조건이 너무 열악했다. 의회와 도지사들은 이 육영원에 재정지원을 중단하고 자립하도록 방치했다. 이로 인해 입소정책이 엄격해졌다. 이 육영원은 한 살 이상의 아기를 수용하지도 않고 집안하인의 아기도, 생부에게 부양이 강요될 수 있는 아기도 수용하지 않았고, 한번 자식을 육영원에 맡긴 생모가 아기를 다시 보는 것도 허용치 않았다.

아기의 생모는 그들의 교구로부터 적절한 지원을 받지 못했다. 그러나 노역소 입소는 극구 회피했다. 노역소 육아방의 조건은 참담했고, 젊은 산모들과 아기들이 우글댔기[112] 때문이다. 그리고 영아살해로 피소된 자들은 아주 많은 수가 하녀들이었다.[113] 하녀 처지의 불리함은 주인의 요구에 따르든지 해고되든지 해야 하는 것이었다. 18-19세기 영국에서 기본적 사회복지가 결여된 관계로 여성범죄자는 대부분 자기 아기를 살해한 하녀들이었다.[114]

계몽주의 사상운동이 절정에 달한 18세기는 중국의 유학적 복지철학과 공공 복지체제의 사상적·제도적 영향이 유럽의 기독교인들과 위정자들의 자존심을 건들고 종교적 '양심의 가책'을 자극하는 시대였다. 1782년 길버트법과 1795년 제거법은 부분적으로 이 계몽주의 정신에서 제정된 법들이다. 이 길버트법과 제거법 이전에 모든 빈민법과 노역소 관련 법률들은 빈민을 연민의 대상으로 대하는 구빈법이 아니라, 빈민을 '죄인'과 '게으름뱅이'로 보는 기독교의 원죄적 관념과 기독교적 자선·구빈의 허울이 뒤섞인 관점에서 부랑농민을 영주의 토지로 되돌려 재구속하고 도시 안에서 떠도는 걸인과 부랑자들을 시야에서 제거하고 부랑자들을 붙잡아 노예로 사역시켜 그들의 노동을 착취할 목적의 악법들이었다. 이 악법의 전형은 '1662년 구빈법'으로 알려진 '1662년 정주법'과 '1723년의 노역소심사율'이었다. 어느 정도의 인도주의에

112) Lionel Rose, *Massacre of the Innocents: Infanticide in Great Britain 1800 - 1939*(London, UK: Routledge and Kegan, 1986), 31-33쪽.

113) Frank McLynn, *Crime and Punishment in 18th Century England*(London: Routledge, 1989), 111쪽.

114) 참고: Tim Hitchcock & Robert Shoemaker, *The Proceedings of the Old Bailey*(University of Sheffield and University of Hertfordshire, 2006).

기초한 것으로 보이는 길버트법과 제거법조차도 국가가 주도해 국가시설로 구빈원과 탁아소·고아원을 설치하는 법들이 아니었고, 한낱 교구의 교회에 위임·위탁하는 법들이었다. 노역소 관련 법 외에도 부랑자들을 아무나 붙잡아 몸에 'S'자의 낙인을 찍어 채찍질로 노예로 부려먹는 것을 허용하는 각종 "그로테스크하고 테러리스트적인" 부랑자단속법들이 존재했다.[115] 한 마디로, 길버트법과 제거법이 제정되는 18세기 말까지 영국은 국가의 양민·복지제도가 전무했다고 결론지을 수 있다. 국가시설에서 빈민·병자·장애인들을 거두고 실업자와 노령자의 생계를 보장하는 제도는 전무했다.

프랑스에서도 빈자를 죄인 취급했고, 파리에는 '거지왕국'이 들어섰다. 빈자를 처음에 '죄인'으로 다루다가 그 다음에 '게으름뱅이'로 취급하고 이들을 단속·교도하려는 17-18세기의 기독교적 관념은 중세와 근세 프랑스에서도 영국과 동일했다.[116] 구빈에서 '죄인'에서 '게으름뱅이'로 보는 관념의 변화는 법률과 이데올로기에 잘 나타나 있다. 17세기에 빈자는 도덕적 개조가 필요한 존재로 이해되었다. 그들은 죄악의 삶을 영위하고, 이런 삶이 빈곤을 초래했다는 것이다. 이런 고정관념은 불가피하게 그들의 도덕을 영성靈性으로 개조하는 동안 내내 자선을 베풀 것을 요청했다. 빈자들은 죄악으로부터 청소되면 서로 도울 수 있었다. 중국의 영향 아래 일어난 18세기 계몽주의는 이 믿음을 변화시켰다. 빈자는 이제 종교적 '죄인'이 아니라 '게으름'의 도덕적 악인으로 관념되었다. 그리하여 훈련과 부양이 빈자들을 게으름으로부터 탈피시켜 자활하게 만들어줄 것이라고 믿어졌다. 그들은 자기 노동으로 스스로를 부양할 수 없다면 게으른 것이다. 따라서 그들을 감금하고 노동을 강제했다. 자선은 노동할 수 없는 사람들을 위해 유보되었다. 빈자 관념과 구빈기능의 극적 변동은 17세기와 18세기 동안 일어났다.[117]

115) Marx, *Das Kapital I*, 765쪽.

116) Teresa Cribelar, "From Sin to Laziness: Early Modern Views of the Poor and Poor Relief", 1쪽. This paper written for Dr. David Smith's graduate seminar in fall of 2001 at Eastern Illinois University.

117) Cribelar, "From Sin to Laziness: Early Modern Views of the Poor and Poor Relief", 1쪽.

프랑스의 구빈 역사는 종종 1614년 앙시엥레짐 치세에서 개시된 일반구휼원 (hopitaux generaux)으로 시작한다. 비밀결사체들은 이 구휼원을 무질서하고 어쩌면 위험한 것으로 여겨지는 걸인과 빈자들을 가두기 위해 설치했다. 중국의 국가제도를 동경한 루이 14세는 이 구휼원에 열띤 관심을 갖고 여러 구호적 칙령을 발령했다. 그러나 루이 14세가 죽자 이 모든 칙령은 '빈자'를 죄인으로 보고 감금·착취하는 법령으로 모조리 변질되었다. 1724년 국가는 모든 걸인들을 감금할 것을 명하는 칙령을 발령하기 시작했다. 걸인들은 구휼원에 던져 넣어지기 전에 2주 동안 일자리를 찾아야 했다. 국가의 입법조치와 더불어 구휼원의 수는 증가했고, 정부는 구휼원의 유지를 위해 재정을 지원했다. '게으름뱅이'로 인식되는 사람들을 위해 재정을 지원하는 이 대목에서 중국식 복지의도가 조금 엿보였지만, 1733년을 기점으로 루이 14세의 칙령은 흔적 없이 사라졌다.[118]

부랑자들은 17세기 중반부터 거듭 누적되었다. 그리하여 18세기에 들어서자 파리에는 소위 "거지왕국(royaume des truands)"이 수립될 정도가 되었다. 이 때문에 걸인·부랑자 탄압은 18세기 중반부터 이미 시작되었었다. 마침내 루이 16세는 1777년 7월 13일 살벌한 칙령을 발령했다. 이 칙령은 16세에서 60세까지의 모든 건강하고 건장한 사람은 생계수단이나 직업이 없다면 노예노동의 갤리선으로 보내도록 명령했다.[119] 유사한 법령들은 이전에 네덜란드에서도 발령되었다. 1537년의 칼 5세의 장정章程, 1614년 홀란드의 주와 도시들의 첫 법령, 1649년 네덜란드통합주의 방榜 등이 그것들이었다.[120]

농민계급의 프롤레타리아화와 농촌의 궁핍화 및 이농에 따른 유산농민들의 유리걸식과 전국적 유랑, 그리고 부랑자들과 걸인들의 도시 유입과 도시내 걸식행각은 정부와 귀족들에게 심각한 치안문제로 인식되었다. 프랑스정부는 1764년과 1767년

---

118) 참조: Dirk Van Damme, "The Confinement of Beggars in Eighteenth-Century France: The Population of Some 'Hopitaux Generaux' and 'Depots De Mendicite'", *Paedagogica Historica* 26(1990), 102-103쪽.
119) Marx, *Das Kapital I*, 765쪽.
120) Marx, *Das Kapital I*, 765쪽.

법률을 제정해 영국의 '노역소'와 본질적으로 유사한 '걸인수용소(depots de mendicite)'에 걸인들을 국가경찰의 투입에 의해 공세적으로 감금하기 시작했다. '걸인수용소'는 여러 가지 점에서 '구휼원'과 달랐다. 걸인수용소는 걸인을 가둬두고 강제로 노동을 시키기 위한 억압적 수감·기율·사역 장치였다. 국가는 걸인수용소에 재정을 구휼원보다 훨씬 더 많이 지원했다. 걸인수용소는 아주 불결했고, 불결한 걸인들조차도 이를 불평했다.121)

그로노블 시의 걸인수용소를 보면, 근대화와 함께 사회적 관계가 변하는 만큼, 빈자의 취급은 인격적·가부장적 관계에서 사무적 구빈으로 변하는 과정을 반영했다.122) 1720년대에 프랑스정부는 지방적 시행이 효과가 없다는 것을 깨닫고 더 많은 법률을 제정해 국가재원을 빈민탄압에 썼다. 1724년 9월의 윤음은 걸인들을 구휼원 안에서나 공공사업장에서 또는 임금노동자로 일하도록 강요함으로써 노동력 착취를 지원하는 것을 겨냥했다. 걸인들과 극빈자들을 지방 구휼원 안에 수감했다. 이에 따라 구휼원이 걸인수용소로 둔갑해서 양자가 구분될 필요가 없어졌고, 구휼원 탄압이 강화되었다. 그러자 '구휼원'이 수가 너무 늘어서 잘 작동하지 않았다. 몇몇 선택받은 '구휼원들'만이 국가의 재정지원을 받아 잘 돌아갔다. '구휼원'의 인구학적 분포는 노동능력이 없는 병약자·고령자·아동으로부터 일할 능력이 있는 건강한 남녀로 이루어졌다.123) 푸코가 "대大감금 시대"라 부른 1724-1733년 이래 걸인들은 전대미문의 엄청난 수가 경찰들에 의해 체포되어 구휼원에 수감되었다. 대체로 약간의 구호가 걸인의 구걸행각으로 궁경에 처한 도시들에 대해 제공되었다. 정부는 시민들을 더 강력하게 통제하기 시작했다. 통제는 국가재정을 써서 빈자들을 규제하고 단속하는 형태로 이루어졌다.

나중에 1760년대에는 더 많은 사람들이 부랑자의 범주 아래 포착되고 체포령의

---

121) Cribelar, "From Sin to Laziness: Early Modern Views of the Poor and Poor Relief", 1쪽.

122) Kathryn Norberg, *Rich and Poor in Grenoble 1600-1814*(Berkeley: University of California Press, 1985), 20-104쪽.

123) Robert M. Schwartz, *Policing the Poor in Eighteenth-Century France*(Chapel Hill: The University of North Carolina Press, 1988), 34-47쪽.

집행이 더 광범해졌다. 도시화가 궁핍화와 더불어 진행되는 만큼, 부랑자와 걸인을 통제할 필요성은 더 커졌다. 이에 따라 1769년 모든 부랑자와 걸인들은 다 체포되었다. 정부는 지방에서 재산과 사람들에 대한 걸인과 부랑자들의 공격에 놀라서 정부가 온갖 형태의 탄압을 자행하는 걸인수용소를 설치한 것이다.[124] 정부는 공안강화의 필요를 느낀 만큼 기존의 제도를 사용하기보다 더 많은 체포와 공적 재정지원 제도의 활용을 통해 수용소를 제공했다. 프랑스혁명 직전까지 프랑스정부의 정책방향은 대부분 모든 걸인과 부랑자를 체계적 형태로 가두는 새로운 포괄적 사회정책의 구성과 집행에 초점을 맞췄다.[125]

1764년 감독관들은 걸인과 부랑자들에 대한 관할권을 얻어 지방당국의 책무를 넘겨받았다. 영국의 '노역소'를 닮은 걸인수용소를 세워 구휼원을 대체하고 온갖 형태의 구걸행각을 탄압하려는 의도에서 체포된 걸인들을 여러 등급으로 분류했다. 조직된 떼거리 걸인은 1등급이었던 반면, 배고프고 가난한 제대로 된 걸인의 체포는 마지막 등급이었다. 시간이 흐르면서 병약자와 전과자들이 결코 이 제도 안에서 제자리를 찾지 못함에 따라 이 등급화에 대한 논쟁이 일어났다. 그리하여 곧 모든 걸인들을 가리지 않고 체포하게 되었다.[126]

훈련과 기율이 수용소 일과의 핵심이었다. 1770년대에 사람들은 방랑생활을 선택한 사람과 뜻밖에 또는 불가피하게 방랑생활에 들어간 사람 간에 차이가 있다는 것을 깨닫기 시작했으나 개선은 어려웠다. 수용소들은 점차 부패해 갔고, 사람들로 들끓었고, 형편없어졌다.[127] 그리고 지방도시들을 걸인과 부랑자들로부터 해방시키려는 열정적 사회정책으로 시작된 일은 불행한 빈자들에 대한 공적 동정이 일어남에 따라 더 악화된 거대한 부담이 되고 말았다. 빈민의 인적 구성은 18세기 내내 줄곧

---

124) Schwartz, *Policing the Poor in Eighteenth-Century France*, 249쪽.
125) Thomas McStay Adams, *Bureaucrats and Beggars: French Social Policy in the Age of Enlightenment* (Oxford: Oxford University Press, 1990), 26-68쪽.
126) Adams, *Bureaucrats and Beggars*, 75-79쪽.
127) Adams, *Bureaucrats and Beggars*, 118-122쪽.

변했다. 신체 건강한 빈자들은 개조되어 다시 거리로 나가 일해야 했다. 구휼원은 병자·아동·노인·여성들을 위한 장소가 되었다. 여성들은 문맹으로 곤경에 처해 있었다. 남자들은 임신한 여자들을 버려두고 달아났다. 따라서 프랑스 여성들은 영국 여성들만큼 유아들을 많이 유기했다. 기아들은 싸늘한 야밤에 길거리와 들녘에서 죽어갔다. 고아들도 막다른 골목에 직면했고, 일할 능력이 없는 가난한 고령자들도 갈 곳이 없었고, 병이 들면 거리에서 죽었다.128) 구호받는 극빈자들은 전체적으로 더 고령화되고 더 병약해지고 여성의 수가 더 우세해졌다. 극빈자들이 사는 적빈지역은 도시 안에서 하나의 구역으로 분리되었다. 큰 가족이 딸린 남자들은 보조를 받았지만, 다른 남자들은 겨우 풀칠을 했다. 그러나 극빈자 처우에도 변화가 있었다. 보조를 필요로 하는 사람들은 그것을 제대로 된 사람들에게서 요구해야 한다. 그러나 자선적 기부는 행정적 자선제도가 나타나자 사라졌다. 극빈자들은 보조를 결정하는 행정당국에 청원을 넣었다. 보시는 일할 능력이 없는 사람들에게만 주어졌고, 일할 능력이 있는 사람들은 강제노동에 시달려야 했다. 여기에 변화가 찾아들었다. 임금노동이 증가함에 따라 사람들 간에 개인적·인격적 유대는 감소했다. 고용주는 고용인을 그저 임금을 받는 일꾼으로 대했다.129)

이 대목에서 1770년대 중반 빈민처우를 개혁하려는 튀르고의 중국식 노력이 돋보인다. 중국의 국가제도와 시장경제를 동경하던 튀르고와 그의 정부는 조사·발견한 사실들과 해법들을 보고했다. 튀르고 정부는 체포된 많은 사람들이 불운에 의해 빈곤으로 영락한 상황의 희생자들이고, 그러므로 '죄인'으로 취급해서는 아니 된다고 생각했다. 튀르고가 추구한 해법의 열쇠는 탄압보다는 예방이었다. 체포는 중지되고 걸인들은 석방되어야 한다는 것이다.130) 그들은 진정한 의미의 '구빈'이 사회정책의 초점이 되어야 한다고 생각해 걸인수용소를 여러 개 폐쇄했다.131) 그러나 튀르고는

---

128) 참조: Noberg, *Rich and Poor in Gronoble 1600–1814*, 177–181쪽.

129) Cribelar, "From Sin to Laziness: Early Modern Views of the Poor and Poor Relief", 3쪽.

130) Adams, *Bureaucrats and Beggars*, 135–158쪽.

131) Schwartz, *Policing the Poor in Eighteenth-Century France*, 249–250쪽.

그의 개혁이 제도화되기 전에 1776년 권력을 잃고 말았다. 그러자 새 정부는 신속히 구걸을 처리하는 옛날 방식으로 돌아갔다.

그러나 튀르고의 개혁 작업은 전부 헛된 것은 아니었다. 계몽사상이 확산되어가면서 수용소들이 약간 깨끗해졌다. 1785년 제정된 규정은 더욱 나은 유지와 더욱 나은 의료수준과 생활조건을 명령했다.[132] 걸인들은 더 종종 재활과정을 시작했고, 더 일반적으로 노동훈련을 수료했다.[133] 하지만 혁명 즈음에 '걸인수용소'는 전제왕정의 또 다른 압제를 나타내는 표시로 보였다. 18세기 말쯤 중국산 계몽사상이 구빈과 감금 정책에 스며들어 왔으나, 프랑스의 점증하는 경찰 감독은 국가 탄압을 확대했다. 대중의 가속화되는 궁핍화로 말미암아 빈민, 특히 약간 위협적인 빈자들에 대한 압제적 취급은 더욱 강경해졌다. 경찰 감독의 증가로 농촌에서 관리들의 수가 늘었고, 따라서 농민들은 왕의 관리들을 적대했다. 그러나 이 관리들은 빈자의 보호를 위해 중요해졌고, 구휼에 대한 적극적 태도를 보였다. 국가는 점차 빈민을 도왔고, 빈민은 국가관리들과 함께 일하는 것을 배웠다.[134]

1770년대 중반 관리들은 그토록 많은 걸인과 부랑자들을 통제하기가 어려워짐에 따라 이들의 체포에 더욱 신중하게 되었다. 튀르고의 계몽철학적 감성은 중앙정부와 행정의 원칙 속으로도 침투하기 시작했다. 체포·구속된 부랑자들의 수는 줄어들었고, 구속은 종종 공갈협박·좀도둑·강도 등과 연관된 상당히 심각한 범죄로 한정되어 갔다. 각종 수용소와 구휼원들은 탄압이 적어지고 구휼목적에 더 가까이 접근해 갔다.[135]

공맹과 중국의 영향으로 빈곤관도 변화했다. 18세기 프랑스에서 빈민에 대한 태도는 상이한 의미를 띠었다. 영향력으로서 계몽주의는 긍정적이었다. 중국산 계몽주의의 영향이 삼투하기 전에 17세기 프랑스는 빈민을 인간적 애정으로 대하지

---

132) Adams, *Bureaucrats and Beggars*, 168-175쪽.

133) Adams, *Bureaucrats and Beggars*, 240-245쪽.

134) 참조: Schwartz, *Policing the Poor in Eighteenth-Century France*, 250-251쪽.

135) Schwartz, *Policing the Poor in Eighteenth-Century France*, 250쪽.

않았다. 대개 빈민을 사회에 대한 '위협적 죄인'이나 '기생충'으로 간주하고, 보살핌이나 도움이 아니라 개조와 기율이 필요한 존재들로 낙인찍었다. 17세기 개조목표는 도덕적·영적 개선이었던 반면, 18세기 개조목표는 강제노동으로 빈자들을 훈련시키는 것이었다.136)

종합하면, 프랑스와 영국에서의 구빈은 17세기와 18세기에 상호 유사한 노선을 따라 전개되었다. 그것은 복지정책이 아니라 방어·감금·탄압의 사회정책이었다. '죄악'의 관념에서 '게으름'의 관념으로의 변화된 빈민관은 17세기에서 18세기로의 변화를 반영했다. 방어·감금·탄압의 사회정책에서 인간적 면모가 조금이라도 있다면 그것은 계몽주의를 타고 스며든 중국적 영향이었다. 17세기에 자선은 빈자들의 도덕적·영적 상태를 개조하는 동안 모든 빈자들에게 고취되었다. 당시 기독교인들은 빈민의 죄과가 줄어든다면 빈자들은 스스로 빈곤으로부터 빠져나올 것이라고 가정했다. 이 기독교적 관념은 18세기에 입법조치로 능력 있는 건강한 빈자들을 노동하도록 강제함에 따라 변화되었다. 빈자들은 단순히 게으른 자들이었고 이제 반드시 죄가 있는 존재가 아니었다. 이 게으름을 교정하는 것이 걸인수용소의 목표가 되고, 자선은 진정 자기의 노동으로 자신을 부양할 수 없는 사람들에게만 주어졌다. 빈민관의 이런 변화는 영성靈性의 반영이 아니라 (중국적) 계몽주의의 영향이었다.137) 그러나 빈자를 도덕적 문제아 '게으름뱅이'로 보는 것은 아직 충분히 '중국화'되지 못한, 또는 같은 말이지만 '근대화'되지 못한 결정적 측면이었다. 이런 까닭에 17세기와 18세기 영국과 프랑스에서 빈자와 구빈에 관한 태도와 사상이 얼마간 변한 것은 사실이지만, 두 나라의 복지제도는 아직 근대적 복지개념에 도달하지 못한 전근대적 낙후 상태에 처해 있었다. 따라서 18세기 말과 19세기에도 중국의 복지제도는 여전히 서양제국이 흉내낼 수 없는 높은 경지에 있었다. 반면, 영국과 프랑스를 비롯한 유럽제국은 진정 전근대적 '복지 황무지'였다.

19세기 이전 유럽에서 기독교 이데올로기는 사랑과 자선으로 복지제도를 발전시킨

---

136) Cribelar, "From Sin to Laziness: Early Modern Views of the Poor and Poor Relief", 4쪽.
137) Cribelar, "From Sin to Laziness: Early Modern Views of the Poor and Poor Relief", 8쪽.

것이 아니라, 거꾸로 복지제도의 출현을 가로막고 빈곤을 원죄적 죄악과 도덕적 게으름의 결과로 단죄함으로써 국가의 모든 빈민정책을 추방·제거·감금·혹사정책으로 주조해 냈다. 따라서 비스마르크가 19세기 말 유럽에서 최초로 일련의 사회보장제도를 입법화하기 전 유럽에는 국가의 공공 복지정책이라는 것이 전무했다. 17-18세기 유럽에도 자활능력이 없는 빈자들에 대한 자선적 구호가 전무하지 않았고 튀르고의 중국적 복지 시도가 없지 않았지만, 이런 자선은 미미했을 뿐만 아니라, 인격모독적이었고, 튀르고의 단기적 시도는 실패했다. 따라서 유럽제국은 기독교 이데올로기에 갇혀 19세기 말까지 끝내 이 '복지 황무지' 상태를 극복하지 못했다고 결론지을 수 있다. 유럽의 이 '복지 황무지'에서 중국의 국가제도를 동경하고 찬미하며 유럽의 '복지 황무지'를 비판하고 원망했던 라이프니츠·볼프·트렝커드·허치슨·유스티 등 유럽의 대표적 계몽철학자들은 중국의 공공 복지제도에 근거해서 양민·복지를 근대 국가의 고차적 정책과업으로 논했다. 이것은 19세기 말 독일과 북구 복지국가의 탄생에 밑거름이 된다.

유럽에서도 극동에서만큼 자연재해와 곡가등귀·공황·전쟁 등으로 기근이 빈발했고, 특히 소빙기에 더욱 심했다. 흉작이 닥치고 곡가가 급등해 기근상황이 벌어졌을 때 중국과 한국은 정부가 예비된 여러 곡물창고를 열어 황정荒政을 펴서 전국적으로 이 재해의 확산과 장기화를 제한했으나, '복지황무지'인 유럽제국의 정부들은 황정 사상도 없었고 이런 황정을 위한 곡물창고의 대비도 없어서 재해가 닥칠 때마다 반복적으로 천문학적 규모의 인구가 집단아사를 당했다. 그래서 유럽 인구는 19세기까지, 20세기 초까지도 줄곧 감소하거나 정체되어 있었다. 유럽을 기근으로부터 구해준 것은 국가의 황정이 아니라 신대륙으로의 이주기회였다.

그러나 릴리언 리(Lillian M. Lee)와 제니퍼 다운스(Jennifer E. Downs)는 당시 유럽에 흉황凶荒과 기근에 대처하는 복지제도와 황정법제가 존재했던 것인 양 그때 유럽상황을 안이하게 기술하고 또 기근과 집단아사도 조기에 종식된 것으로 묘사했다. 그리고 그들은 이것을 '감히' 명·청대 중국과 비교했다.

먼저 1982년 릴리언 리는 유럽의 상황을 이렇게 요약한다. 중국과 대조적으로 유럽역사에서 중국과 비교될 만한 "대량사망 위기(large-scale mortality crises)"는 "14세기 흑사병 이후 발견되지 않았고, 1740년대의 생계위기 이후 더 이상 "주요 집단사망의 절정(major mortality peaks)"에 있지 않았다는 것이다. 라는 존 포스트(John D. Post)의 그럴싸한 연구에[138] 근거해 1816-1817년의 생계위기는 유럽 전역에 충격을 가한 "최후의 전前산업적 위기"였다고 결론짓고, 유럽에서 기근이 소멸한 주요인을 "보다 온화한 기후, 농업생산성 증대, 수로운송과 나중에는 철도에 의해 용이해진, 보다 통합된 국내·유럽국제 곡물시장의 발달"로 보는 찰스 틸리(Charles Tilly)의 주장을[139] 수용한다. 이 시장들이 증가일로의 도시와 농촌 소비자들을 먹여 살릴 수 있을 만큼 발달했다는 것이다. 1500-1800년 유럽국가의 형성과정 동안 유럽제국은 특히 군대와 행정관료와 같은 특권집단들과 공중에 대해 생계를 보장하기 위해 이전보다 더 직접적으로 식량분배에 개입했다는 것이다.[140]

다운스는 영국을 명대 중국처럼 공식적으로 기근상황에서 국가책임을 인정하고 세부정책들을 발전시킨 근세초 국가로 제시한다. 초기근대 영국정부는 백성에 대한 가부장적 관심과, 공적 개입정책이 식량부족과 기근을 방지하거나 교정할 수 있을 것이라는 믿음을 명국과 공유했다는 것이다. 영국정부는 평민들에게 공정가격의 식량을 보장하기 위해 상인·시장·곡물유통을 통제하려고 시도했다. 튜더시절 곡물교역 관리정책은 1587년 최초로 발령되고 1594년에 다시 발령된 것이 《칙령집(The Book of Orders)》에 확고하게 자리 잡았다. 유사한 법규들은 더 일찍이 시행되었었다. 그는 이 《칙령집》의 법규들이 곡물교역이 지방 안에 머물고 지방 백성들이 곡물을 투기꾼·상인·양조업자와의 경쟁 없이 자유롭게 구입할 수 있도록 보장하려고 애를 썼다고 주장하며 농민과 소비자의 직거래를 규정하는 조항을 증거로 든다. 농민들은 지방시장에서 내다팔아야 하고 밭떼기로 팔거나 가격등귀를 기다리며 농산물을 저장

138) John D. Post, The Last Great Subsistence Crisis in the Western World(Baltimore: Johns Hopkins University Press, 1977).

139) Charles Tilly, "Food Supply and Public Order in Modern Europe", 380-455쪽. Charles Tilly (ed.), The Formation of National States in Western Europe(Princeton, N.J.: Princeton University Press, 1975).

140) Lee, "Introduction: Food, famine, and the chinese State", 702쪽.

해 두는 것을 금지했다. 또 시장은 통제되었다. 판매는 특별한 시간에 시작했다. 평민들이 곡물·밀가루·식사를 구입한 뒤에만 대상인들의 곡물구입이 허용되었다. 추가법규들이 방앗간과 빵집에 허용되는 이윤을 제한했다. 《칙령집》의 정착 전후에 는 식량부족 시에 국왕이 곡물교역을 규제하고 부자들에게 자선을 권고하는 수많은 훈령을 내려보냈다. 기근 동안에는 각 카운티의 판사들이 카운티 경계 밖으로 식량을 반출하는 것을 금지할 권한을 가졌다. 중앙정부 차원에서는 식자재의 해외수출을 금지하고 수입을 장려했다. 1597년의 기근 때에는 추밀원이 도버와 플러싱의 해군제 독들에게 해협을 통과하는 모든 곡물선박을 정선시켜 잉글랜드로 데려오도록 명령했 다. 또 기근 시에는 관행적으로 부자들에게 식사를 줄이고 빈민에 대한 자선을 늘리라 고 권장했다. 부유한 시민들은 곡물을 대량 구입했다가 공급을 늘려 가격을 안정시키 기 위해 시장에 천천히 방매함으로써 구제에 이바지했다. 1597년의 기근 동안에는 모든 "튼튼한 남자들"에게 매일 식사 한 끼를 빈자에게 주라고 요청했다. 그러나 영국정부는 왕에게 납부되어야 할 돈을 면제하는 데 관대하지 않았다. 세금이 아니라 지대는 영국 신민의 주요 책무였다. 가령 1594–1597년의 연속적 흉년 뒤에 웨스트 마치의 총독 스크로우프(Scrope) 경은 컴벌랜드의 바로니 오부 버러에 소재한 여왕의 소작인들로부터 지대를 걷는 것이 어렵다고 보고했다. 많은 소작인들이 지대를 낼 형편이 못 되었다. 어떤 사람들은 몰수할 재산이라도 있었지만, 다른 사람들은 몰수할 만한 가치가 있는 것이 아무것도 없을 정도로 가난했다. 스크로우프는 이 빈농들을 지대를 낼 때까지 감옥에 처넣거나 소작권을 박탈했다. 1629–31년 에섹스 기근 동안 취해진 조치들은 영국정부가 취한 곡물이송과 통제조치들의 범위를 보여 준다. 1630년 6월 추밀원은 판사들에게 곡자穀子업자를 규제하고 맥주집을 억압하라고 명령했다. 기근 기간에 영국에서는 보리수요를 줄이기 위해 곡자업·양조업·선술집의 활동을 규제했다. 이 제조·판매업의 영업을 금지하든가 맥주의 알코올 도수를 낮췄다. 에섹스의 판사들도 곡물의 대외반출도 금지하고 매점매석을 통제하고 비상상황을 방지하기 위해 필요한 모든 수단을 다 사용해야 했다. 그리고 구제용 곡물을 노포크와 켄트로부터 반입했다. 판사들은 곡물의 저가판매를 감독했다. 빵을 굽지 못하는 굶주린 사람들에게 현금을 나눠 주기도 했다. 꼭 중국에서처럼 특정 목적의 식자재들을 기근구제용으로 전용하기도 했다. 가령 1650년 1월에는 남부 랭커셔의 기근 때문에 에이레의 군량을 랭커셔에서 인하된 가격에 판매했다.[141]

리의 기술은 집단아사의 종식을 너무 일찍 잡은 것이고, 다운스의 인식은 영국의 소소한 지방적 기근사태와 사소한 정책들에 국한되고 곡물창고와 같은 본격적 구민救民복지제도의 존부를 말하지 않고 있고, 또 시기적으로 17세기 중반에 멈춰 있다. 따라서 전 유럽을 강타한 수많은 대규모 기근사태가 빠져 있고, 이럴 때마다 구민복지 제도의 부재에 따른 천문학적 규모의 집단아사 사건들, 그리고 19-20세기 초에 반복된 대공황과 전국적 집단 기아사태 및 '기아행진(Hunger Marches)' 등을 모조리 놓치고 있다. 이 때문에 리와 다운스의 기술은 서구중심주의에 사로잡힌 '서구예찬'이나 '영국예찬'처럼 읽힌다. 그러나 유럽 전역에서 집단아사가 줄을 잇고 기민구제를 반대하는 이론과 이념이 판을 친 유럽의 실상은 리와 다운스의 기술과 완전히 딴판이었다. 유럽에는 상평창과 같은 가격안정화 곡물창고제도를 운영한 적도 없었고, 진황용 곡식창고를 수립한 적도 없었다. 리와 다운스도 인정하듯이 다만 악덕상인들의 매점매석자에 대한 영국정부의 강제개입과 자선기부의 강제가 있었을 뿐이다.[142]

실은 대기근은 11세기부터 19세기까지 간단없이 유럽 전역을 유린했다. 일단 11세기부터 19세기 말까지 계속 빈발한 서양의 대기근들로부터 살펴보자. 중국의 송대 초기에 속한 1016년 유럽 전역은 대기근을 겪었고[143] 수백만 명의 인명을 잃었다. 1069-1070년에는 10만 명의 인명손실을 야기한 영국의 해링 오브 노쓰 (Harrying of the North) 지방의 대기근이 닥쳤고, 1097년 프랑스에서도 전역에 걸쳐 기근과 역병이 덮쳐 10만 명의 인명을 앗아갔다.[144] 그리고 1124-1126년, 1143-

---

141) Downs, *Famine Policy and Discourses on famine in Ming China*, 1368-1644, 102-105쪽.

142) Randall Nielsen, "Storage and English Government Intervention in Early Modern Grain Markets", *The Journal of Economic History*, Vol. 57, No. 1(Mar., 1997).

143) Hugh Chisholm, "Famine", *Encyclopædia Britannica*, 10, 11th ed.(Cambridge: Cambridge University Press, 1911), 167쪽.

144) Eduardo Ferreyra, "Fearfull Famines of the Past", *Ecology: Myths & Frauds*(July 09, 2019).

1147년, 1150-1151년, 1196-1197년, 1224-1226년 등 5회에 걸쳐 대기근이 유럽 전역을 강타했다. 희생자 수는 추산이 불가능할 정도였다. 그리고 1235년 영국 전역을 휩쓴 대기근으로 런던에서만 2만 명이 대량 아사했다. 그리고 1256-1258년 에는 대기근이 영국·이탈리아·스페인·포르투갈을 덮쳤다. 또한 1275-1303년 사이 에는 3회의 대기근이 이탈리아 전역을 강타하고, 1302-1303년 대기근은 스페인도 덮쳤다.[145] 그리고 1304-1310년에는 세 번의 대기근이 프랑스를 휩쓸었다. 1315년 부터 1317년까지 3년에 걸쳐 유럽 전역을 덮친 대기근은 75만 명의 인명을 앗아갔 다.[146] 1321년에는 대기근이 영국을 덮치고, 1328-1330년에는 이탈리아·스페인· 에이레를 덮쳤다.[147] 그리고 바로 이어서 1330년부터 1333년까지 4년 동안 또 다른 대기근이 프랑스를 강타했다. 1339-1391년까지 60여 년 동안 대기근이 프랑스 ·영국·이탈리아·스페인·에이레를 10회 이상 번갈아 강타했다.[148] 대기근은 이후 30여 년 동안 뜸하다가 15세기로 세기가 전환되면서 1432년부터 1434년까지 3년 동안 체코지방에 대기근이 들더니 1437년부터 1438년까지 2년 동안 프랑스·독일· 영국을 강타했다. 그리고는 1472-1518년 사이에 이탈리아(마지막은 베니스)에 여섯 번의 대기근이 닥쳤고,[149] 1504년에는 스페인도 덮쳤다.[150] 1521년부터 1523년까 지는 3년 장기 대기근이 네덜란드·에이레·북구제국을 번갈아 휩쓸었고,[151] 1527-1530년의 장기 대기근은 프랑스를 강타했다.[152] 그리고 1533년부터는 대기

145) Guido Alfani, Luca Mocarelli, and Donatella Strangio, "Italian Famines: An overview(ca. 1250-1810)", *Dondena Centre*(Bocconi University, January 2016).

146) *Lectures in Medieval History*, "The Great Famine(1315-1317) and the Black Death(1346-1351)". Vlib.us(검색: 2021-12-19.)

147) Alfani, Mocarelli, and Strangio, "Italian Famines: An overview(ca. 1250-1810)."

148) Alfani, Mocarelli, and Strangio, "Italian Famines: An overview(ca. 1250-1810)."

149) Alfani, Mocarelli, and Strangio, "Italian Famines: An overview(ca. 1250-1810)."

150) David Vassberg, "Land and Society in Golden Age Castile". Libro.uca.edu.(검색: 2021-12-19).

151) Alfani, Mocarelli, and Strangio, "Italian Famines: An overview(ca. 1250-1810)."

152) Alan Macfarlane, "The Dimension of Famine", http://www.alanmacfarlane.com/savage/A-FAM.PDF, (검색: 2021-12-19).

근이 이탈리아를 5회에 걸쳐 덮쳤고 이것은 1560년까지 지속되었다.[153] 그리고 1569-1574년, 1585-1587년, 1590-1598년 세 번에 걸쳐 한번에 3-8년 동안 대기근이 러시아를 포함한 유럽 전역을 강타했다. 1569년부터 1598년까지 30여 년 가운데 17년 동안 유럽은 기근상황에 처해 있었던 것이다. 집단아사자의 규모는 헤아릴 수도 없다. 그러나 이탈리아에는 2년 뒤 1600-1601년에 또 대기근이 닥쳤다.[154] 그리고 1601-1603년 동안 러시아에는 역사상 최악의 대기근이 닥쳤다.[155] 모스크바 시내에서만 10만 명이 집단 아사했고, 국민 중 최대 3분의 1(200만 명)이 굶어 죽었다. 그리고 에스토니아 인구는 절반이 사라졌다.

그리고 17세기에도 기근이 유럽을 짓밟았다. 1607-1649년 동안 한번에 3-5년 동안 지속되는 기근이 이탈리아 전역을 다시 강타했다.[156] 그리고 1618년부터 1648년까지 30여 년 동안은 30년종교전쟁으로 유럽전역이 대기근에 빠져 있었다. 1648-1660년 동안 폴란드는 전쟁에 따른 기근과 역병으로 인구의 3분의 1을 잃었다. 1649년에는 대기근이 영국의 잉글랜드 북부지역을 강타했고,[157] 1650-1652년 동안은 프랑스 동부지역을 강타했다.[158] 1651-1653년 동안 에이레는 크롬웰이 정복한 기간에 대부분의 지역에서 기근을 겪었다.[159] 스페인은 1670년대와 1680년대 내내 흑사병과 기근을 겪었다. 1672-1680년에 이탈리아도 대기근을 겪었고, 인구 20-30만의 작은 왕국 사르디니아 왕국에서만 무참하게 무려 8만 명의 인명을 잃었다.

영국 명예혁명 직후 시대인 1690년대에는 7년 대기근이 스코틀랜드를 강타해 스코틀랜드는 인구의 5-15%에 해당하는 6만-18만 명의 인명손실을 입었다.[160]

153) Alfani, Mocarelli, and Strangio, "Italian Famines: An overview(ca. 1250-1810)."

154) Alfani, Mocarelli, and Strangio, "Italian Famines: An overview(ca. 1250-1810)".

155) "Boris Feodorovich Godunov". Answers.com. 검색일: 2021-12-19; "Russia before Peter the Great". Fsmitha.com.(검색: 2021-12-19).

156) Alfani, Mocarelli, and Strangio, "Italian Famines: An overview(ca. 1250-1810)".

157) Robert I. Rotberg & Theodore K. Rabb, *Climate and History: Studies in Interdisciplinary History* (Princeton: Princeton University Press, 2014).

158) Armando Ang, *Overpopulated Philippines*(Armando Ang, 2014).

159) BBC, "Northern Ireland - A Short History". bbc.co.uk(검색: 2021-12-30).

프랑스도 2년 동안 이른바 "1693-1694년의 라 그랑 패민(La Grande Famine de 1693-1694)"에 강타당해 참담하게도 무려 130-150만 명의 인명손실을 입었다.[161] 또 6-7년 뒤인 1710년에도 대기근이 프랑스를 덮쳤다. 이 두 기근은 200만 명 이상을 죽였다. 두 경우가 다 천재에 전쟁이라는 인재가 중첩되어 인명피해가 커졌다. 흉작의 충격이 전시 군량수요에 의해 악화되었기 때문이다.[162] 프랑스는 1680년에서 1719년까지 40년 동안 프랑스에서 1693-1694년, 1709-1710, 1719년 등 5개년은 매년 아사자가 총사망자의 10%를 넘은 해들이었다. 이 10%를 상회하는 해들의 아사 사망률만을 산입算入해도 1680-1719년 동안 아사자는 프랑스 총사망자의 6.4%를 차지했다. 그리고 영국은 같은 방식으로 계산할 때 1675-1725년 약 50년 동안 2.9%였다.[163]

"1709년의 라 그랑 패민"이라 불리는 대기근은 1709년에서 1710년까지 2년 동안 프랑스를 유린해서 60만 명의 인명손실을 냈다.[164] 이 1709-1710년의 기근은 심각한 경제위기와 계속되는 전화戰禍에 처해 있던 프랑스를 강타했다. 아사자와 병사자는 1709년 여름부터 증가해 역병이 겹친 1710년 첫 몇 개월 동안 계속 나왔다. 이 때문에 혼인과 신생아의 수도 격감했다.[165]

가장 빈번하게 천재와 기근에 시달려온 이탈리아는 1693-1695년 동안에도 대기근을 또 겪었다.[166] 1695-1697년 동안에는 에스토니아와 스웨덴을 덮친 대기근이

160) Richard J. Sima, "How the Cold Climate Shaped Scotland's Political Climate", *Eos*(4 February 2020); Rosanne D'Arrigo, Patrick Klinger, Timothy Newfield, Miloš Rydvald and Rob Wilson, "Complexity in crisis: The volcanic cold pulse of the 1690s and the consequences of Scotland's failure to cope", *Journal of Volcanology and Geothermal Research*, Volume 389(1 January 2020).

161) Andrew B. Appleby, "Epidemics and Famine in the Little Ice Age", *Journal of Interdisciplinary History*, 10-4(1980), 643-663쪽; Cormac Ó Gráda and Jean-Michel Chevet, "Famine And Market in Ancient Régime France", *The Journal of Economic History*, 62-3(2002): (706-733쪽).

162) Gráda and Chevet, "Famine And Market in Ancient Régime France", 706쪽.

163) Gráda and Chevet, "Famine And Market in Ancient Régime France", 710-711쪽.

164) "The Little Ice Age in Europe". sunysuffolk.edu. Archived from the original on 2008-08-22. 검색일: 2021-12-19.

165) Gráda and Chevet, "Famine And Market in Ancient Régime France", 710쪽 도표.

에스토니아의 인구 5분의 1(7만-7.5만 명)을 굶겨 죽이고, 스웨덴의 총 인구 15-17만 5000명에서 8-10만 명을 굶겨 죽였다. 2년 뒤인 1696-1697년 핀란드와 스웨덴을 강타한 대기근은 인구의 5/1(약 15만 명)의 인명을 앗아갔다.[167] 1701-1711년 동프로이센을 덮친 대기근은 인구의 41%(25만 명)를 굶겨 죽였다.[168] 그리고 이탈리아는 1709년부터 1767년까지 다섯 번의 대기근을 당했다.[169] 영국은 1727-1728년 중부 지방에서 대기근을 당했고,[170] 에이레는 1740-1741년 대기근으로 30-38만 명의 인명을 잃었다. 1770-1772년에 대기근은 체코를 덮쳐 10만여 명을 앗아갔다. 그리고 대기근은 같은 기간 독일의 작센과 남부독일도 강타했고, 1773년에는 스웨덴도 강타했다.

프랑스대혁명(1789) 직전 2년 동안은 엘니뇨 사이클과 아이슬란드의 화산폭발 (1783)로 말미암아 연속 흉년과 혹한이 이어졌다.[171] 1801년 이탈리아는 다시 대기근을 겪었고,[172] 1804년부터 1872년까지 69년 동안, 그리고 1913년 한 해를 합해 오스트리아 갈리시아(지금은 폴란드와 우크라이나에 분할된 땅)는 여러 차례의 기근을 겪고 도합 40-55만 명의 인명을 잃었다. 1811-1812년 스페인은 대기근에 강타당해 마드리드에서만 2만 명의 인명손실을 당했다.[173] 1816-1817년 이태 동안 유럽 전역은 여름이 없는 세월을 보내면서 냉해에 따른 흉작을 당해 유럽 산업제국의 한복판에서 6만 5000명이 아사했다. 1845-1857년 스코틀랜드는 하일랜드 감자 기근으로 수많은 인명을 잃었다. 에이레는 1845-1849년 대기근으로 100만 명 이상의 인명손실을 당했고, 150-200만 명이 해외로 이민을 떠났다.[174] 이 에이레 기근과 연계되어

---

166) Alfani, Mocarelli, and Strangio, "Italian Famines: An overview(ca. 1250-1810)", 4쪽.

167) "Finland timeline". Worldatlas.com.(검색: 2021-12-19).

168) Macfarlane, "The Dimension of Famine."

169) Alfani, Mocarelli, and Strangio, "Italian Famines: An overview(ca. 1250-1810)", 4쪽.

170) Appleby, "Epidemics and Famine in the Little Ice Age", 643 - 663쪽.

171) Richard H. Grove, "Global Impact of the 1789 - 93 El Niño", *Nature*, 393(6683)(1998): [318-319쪽].

172) Alfani, Mocarelli, and Strangio, "Italian Famines: An overview(ca. 1250-1810)", 4쪽.

173) Raymond Carr, *Spain: A History*(Oxford: Oxford University Press, 2001), 203쪽; John Reader, *Cities*(Atlantic Monthly Press, 2005), 243쪽.

캐나다의 뉴펀들랜드에서는 감자 기근(1846-1848)이 발생했다. 1846년에는 포르투갈 북부를 휩쓴 대기근으로 농민폭동이 일어났다. 핀란드는 1866년부터 1868년까지 3년 동안의 대기근을 겪으면서 인구의 15%(15만 명)를 잃었다. 1867-1869년에는 이 기근이 스웨덴에 파급되었다. 1878-1880년에는 막 세계 최강국으로 올라서던 미국의 알라스카주 세인트 로렌스 아일랜드에 기근이 닥쳐 무려 1000명이 굶어 죽었다. 1879년에는 기근이 또 에이레에 닥쳤고 이민 물결이 다시 일었다. 1891-1892년에는 대기근이 러시아를 강타했다. 볼가강을 따라 시작해 우랄과 흑해에까지 확산된 이 대기근은 약 40-50만 명의 인명을 앗아갔다.[175]

이후 20세기에 들어서는 산업공황으로 산업지대에서 기근이 발생하고 도시 한복판에서 아사자가 나왔다. 그리고 이 '산업기근'은 주기적으로 발생하고, 마찬가지로 유럽의 각 도시에서 '기아행진'도 주기적으로 일어난다. 이에 대해서는 뒤에서 다루고 위에서 목록식으로 보여 준 대기근들 가운데 대표적 기근을 그 참담한 여파와 함께 좀 더 구체적으로 살펴보자.

러시아까지 포함한 전 유럽을 강타한 1315-1317년 동안의 대기근은 그 여파가 1322년까지 미쳐 사실상 8년 동안 지속되었다. 이 대기근은 14세기 초에 유럽을 휩쓴 일련의 대규모 위기 가운데 첫 신호탄이었다.[176] 이 대기근은 여러 해에 걸쳐 많은 인명을 앗아갔고, 13-14세기에 일어난 성장과 번영의 시기, 11세기 중반부터 시작된 전대미문의 인구증가의 시기에 확실한 종말을 고하게 했다. 이 대기근은 1315년 봄 악천후로 시작되었다. 흉작은 1317년 여름 추수기까지 지속되었고, 유럽은 1322년에 가서야 겨우 회복되었다. 흉작이 유일한 문제가 아니었다. 가축병이 돌아 양과 우마의 수가 80% 선까지 감소되었다. 이 대기근 시기에는 대량아사·질병·범죄·식인·영아살해 등이 극단적 수준으로 만연했다. 이 대기근은 14세기의 대재앙인

---

174) "The Great Famine in Ireland, 1845 - 1849". Ego4u.com.(검색: 2021-12-19).

175) "The History of International Humanitarian Assistance". Iupui.edu.(검색: 2021-12-19).

176) Henry S. Lucas, "The great European Famine of 1315, 1316, 1317", *Speculum*, 5-4(October 1930): [343-377쪽].

흑사병의 창궐을 불러왔다.[177)

1690년대 스코틀랜드의 전국적 기근인 "7년 흉년(seven ill years)"과 동시에 벌어진 1695-1697년 북구의 대기근은 스웨덴·노르웨이·핀란드·에스토니아·라트비아를 덮쳤다. 스웨덴은 1688년부터 줄곧 이른 서리와 흉작을 겪었는데, 이것은 1695년의 겨울에 정점에 도달했다. 이에 따라 밀이 7월 전에 패지 못했다. 이 때문에 1695년의 대기근은 "대흑년大黑年(The Great Black Year)"이라고도 불린다. 1696년의 수확은 농장이 한 덩어리 호밀 빵을 산출할 정도로 심각한 흉작이었다. 당시 스웨덴의 지배를 받던 핀란드에서는 이 기근이 단 2년 만에 인구의 3/1(15만 명)을 아사시켰다.[178) 핀란드 바깥의 북쪽 지방이 가장 혹독한 기근을 겪었다. 농촌에서 유리된 유랑민들이 대도시로 먹을 것을 찾아 몰려들었고, 스톡홀름 길거리는 1697년 봄 죽은 시체가 즐비하고, 아사하는 사람들로 그득했다. 이 대기근의 원인은 1690년대에 최저점에 도달한 소빙기였다.[179) 이 소빙기는 농작가능한 고도高度를 끌어내리고 성장가능한 계절을 최대 2개월까지 단축시켰다.[180) 아이슬란드의 헤클라 화산대(1693), 인도네시아의 세루아(1693)와 아보이아 화산(1694)의 대규모 폭발도 대기를 혼탁케 해 햇빛의 투과를 가로막아 아시아 전역에 냉해 흉작을 야기했다.[181)

19세기도 유럽에서 기근은 수그러들지 않았고, '복지 황무지' 유럽에서 천문학적 규모로 인명을 앗아갔다. 1840년대의 '아일랜드 대기근', 또는 '유럽감자흉작'은 북구와 서구를 강타한 감자 줄기마름병에 의해 야기된 식량위기다. 이 시기는 보통 '굶주린

177) Teofilo F. Ruiz, *Medieval Europe: Crisis and Renewal*(Chantilly, Virginia: The Teaching Company, 1997), "An Age of Crisis: Hunger".

178) J. Neumann & S. Lindgrén, "Great Historical Events That Were Significantly Affected by the Weather: 4, The Great Famines in Finland and Estonia, 1695–97", *Bulletin of the American Meteorological Society*, 60–7(1979): (775-787쪽).

179) I. D. White, "Rural Settlement 1500 – 1770", 542 - 543쪽. M. Lynch (ed.), *Oxford Companion to Scottish History*(Oxford: Oxford University Press, 2011).

180) T. C. Smout, "Land and sea: the environment", 22-23쪽. T. M. Devine and J. Wormald(eds), *The Oxford Handbook of Modern Scottish History*(Oxford: Oxford University Press, 2012).

181) I. Morrison, "Climate", 99-101쪽. M. Lynch (ed.), *Oxford Companion to Scottish History*(Oxford: Oxford University Press, 2011).

40년대(The Hungry Forties)'라고도 알려졌다. 이 식량위기는 특히 스코틀랜드의 하일 랜드와 에이레를 혹독하게 덮쳤고 여기서 극단 아사자들 낳았다. 특히 에이레가 가장 극심했다. 에이레에서 대기근이 1845년부터 1852년까지 8년 동안 지속되었 다.[182] 영국의 지식인들과 성직자들은 자유주의적·기독교적 '반反복지 이데올로기' 에 사로잡혀 에이레 기민飢民들에 대한 진휼을 거부했다. 이 때문에 수많은 사람들이 번창하기 시작한 산업사회의 한복판에서 식자재에 접근할 수 없어 굶어 죽었다. 아일랜드에서는 100만 명이 아사했고,[183] 200-210만 명이 신대륙으로 탈주했다. 1841년과 1851년 사이에 에이레 인구는 20-25%가 줄고, 도시에서는 무려 67%가 줄었다.[184] 따라서 이 에이레 대기근은 종종 "기억의 지점(lieu de mémoire)"이라 불린다.[185] 에이레 지역을 뺀 기타 유럽제국에서 아사자는 10만 명 정도에 불과했다. 이 10만 명은 대부분 벨기에(4-5만 명)와 프로이센 독일인(4만 2000명)이었고, 나머 지는 프랑스인(1만)이었다.[186] 그리고 이 식량위기의 결과 출산율이 급락했다. 에이 레는 출산율이 약33%(50만 명)이 줄었고, 플랜더스는 20-30%, 네덜란드는 10-20%, 프로이센은 12%가 줄었다.[187] 대기근을 피해 탈주한 해외이민은 주로 에이레와 스코틀랜드에 집중되었다. 스코틀랜드는 기근을 겪던 20만 명 가운데 1만 6500명이 주로 북미와 호주로 이주해서 두 번째 "하일랜드 청야淸野(The Highland Clearances)"를 야기했다.[188] 에이레와 스코틀랜드의 대재앙은 복지제도 없는 '복지황무지' 대영제

182) Christine Kinealy, *This Great Calamity*(Dublin: Gill & Macmillan, 1994), xv쪽.

183) "Irish potato famine pathogen identified"(Helen Briggs). *BBC News*, 21 May 2013(검색: 2021-12-20).

184) Kinealy, *This Great Calamity*, 357쪽; James S. Donnelly Jr., *The Great Irish Potato Famine*(Thrupp, Stroud: Sutton Publishing, 2001), 181쪽.

185) Grace Neville, "Remembering and Forgetting the Great Famine in France and Ireland", *New Hibernia Review*, Vol.16-4(2012), 80쪽.

186) Cormac Ó Gráda, Eric Vanhaute, Richard Paping, "The European subsistence crisis of 1845-1850: a comparative perspective". XIV International Economic History Congress of the International Economic History Association, Session 123. August 2006, Helsinki(검색: 2021-12-19).

187) Gráda, Vanhaute, Paping, "The European subsistence crisis of 1845-1850: a comparative perspective".

188) T. M. Devine, *The Scottish Nation: a Modern History*(London: Penguin Books Ltd., 1999·2006);

국의 참극이었다.

아일랜드 대기근에 이어진 '1867-1869년 스웨덴 대기근'도 또 하나의 생지옥이었다. 이 스웨덴 대기근은 1866-1868년 핀란드 대기근과 연계되어 벌어졌다. 이 대기근으로 스웨덴사람들이 미국으로 대거 이주했다.[189] 1860년대 내내 스웨덴은 여러 가지 이유로 흉작이 계속되었다. 1867년 봄과 여름은 극단적 혹한이 스웨덴 전역을 뒤덮어서, 중하中夏 전에는 파종이 불가능했다. 눈이 6월까지 남아 있었다. 늦은 봄을 이어 아주 짧은 여름과 이른 가을이 뒤따라왔다. 이로 말미암아 흉작이 닥치고 목축이 어려워졌다. 식품가격은 치솟았다. 결국 기근사태가 전국을 덮쳤다. 정부가 이에 대응조치를 취했으나 소용없었다. 이른 빙하와 폭설은 수송과 비상식량의 배급을 어렵게 했다. 1868년은 전년보다 춥지 않았으나 가뭄이 전국을 강타했다. 그해에도 많은 사람과 가축들이 굶어 죽었다. 1867년 여름 스웨덴 정부는 부랴부랴 기근이 가장 심한 북부지역 주민들에게 비상대여를 허용했고, 카운티 지사들에게는 자원자와 박애자들로부터 구호기금을 모금하기 위한 비상위원회를 설치할 권한을 부여하고 모금을 장려했다.[190] 스톡홀름과 고텐부르크에도 중앙의 비상위원회가 설치되었다. 언론은 구호기금 모금, 자선콘서트, 자선연극 등을 광고했다. 구호기금은 외국에서도 왔다. 국내외 모금액이 비슷했다. 1847년에 제정된 빈민보호장전(The Poor Care Regulation of 1847)은 구호시혜의 조건이 너무 엄격해서 무용지물이었다. 게다가 비상원조는 이 장전에 반대하는 관청과 권력엘리트들이 부과한 규제 때문에 심각하게 제한당했다. 1871년 이 장전은 이에 불만을 품은 자들에 의해 더 엄격하게 개정되었다. 게다가 이끼를 섞은 밀가루로 구운 배급 빵은 가슴 통증과 구토를 초래했다. 급조된 배급시스템도 엉망진창이었다.[191] 스웨덴 국민은 정부의 구호행정에 대한 불신과

T. M. Devine, *The Scottish Clearances: A History of the Dispossessed, 1600-1900*(London: Allen Lane, 2018).

189) Olle Häger, Carl Torell & Hans Villius, *Ett satans år: Norrland 1867*(Stockholm: Sveriges Radio, 1978). "Swedish famine of 1867-1869", https://en.wikipedia.org/wiki/Swedish_famine_of_1867-1869. 〔검색: 2021-12-18)에서 재인용.

190) Häger, Torell & Villius, *Ett satans år: Norrland 1867.*

불만 때문에도 더 많이 미국으로 이민을 떠나는 길을 택했다. 신대륙 이민은 굶주리는 복지황무지에서 탈출하는 유일한 출구였던 것이다. 이것을 유럽 차원으로 일반화한다면, 신대륙이 없었더라면 '복지 황무지' 유럽에서는 19세기 대기근 시기에 필경 마르크스가 예견한 '사회주의 세계혁명'이 터졌을 것이다.

20세기 초에도 집단아사와 대거이민이 끊이지 않았는데 이번에는 산업공황이 야기하는 산업사회 기근사태였다. 이제 19세기와 20세기 초 영국의 기아사태를 통해 '복지 황무지' 유럽의 산업사회 한복판에서 벌어진 자본주의적 기아사태와 기근구호 반대론을 살펴보자. 영국에는 식량이 상대적으로 풍부하다는 전통적 견해는 사실적 근거가 없었고, 19세기에도 근거 없는 빈말이었다. 굶주림이 인구성장을 저지하는 효과는 영국이나 유럽 대륙이나 대략 유사했다.[192] 유일하게 18세기 후반에만 세계 최초의 산업국가로서 영국이 기근위험을 극복할 뚜렷한 능력을 갖췄을 뿐이다. 그러나 이 능력은 영국 본토에 한정된 것이고, 때때로 본토에서도 이 능력은 발휘되지 못했다. 20세기 초반까지도 줄곧 굶주림은 하층 인구집단을 괴롭혔다.[193] 유럽 전역을 강타한 "굶주린 1840년대" 앞에서는 영국도 예외가 아니었다. 빈민을 돕는 것이 불법화된 이때 영국의 잉글랜드·스코틀랜드·웨일즈에서 수천 명의 노동자들이 아사했다.[194] 계몽주의가 쇠미해지고 (자유시장을 신봉하는) 자유주의가 휩쓸던 당시 영국은 이들을 도울 제도도, 이들을 도울 사상도 없었고, 이들을 돕는 것을 반대하고 금지하는 자유시장의 자율규제기제에 대한 믿음만 활개쳤다. 따라서 이들을 아사시켜야 이들이 정신을 차려 고분고분 노동할 것이라는 기독교적·자유주의적 '악마의 이론들'만이 횡행했다.

---

191) Häger, Torell & Villius, *Ett satans år: Norrland 1867.*

192) Charles Creighton, *History of Epidemics in Britain* 〔891〕(Cambridge: Cambridge University Press, 2010 republished), "Chapter 1".

193) James Vernon, *Hunger: A Modern History*(Cambridge, MA: Harvard University Press, 2007), "Chapters 1~3".

194) Vernon, *Hunger: A Modern History*, "Chapters. 1~3"; Karl Polanyi, *The Great Transformation*(Beacon Press, 2002), "Chapters 1-12", 특히 "chapters 8".

1820년대와 1830년대는 다시 궁핍상황이 닥쳤다. 이번에는 재해의 기근이 아니라, 영국의 여러 지역의 대량실업이 아사의 원인이 되었다. 마르크스는 이 아사를 산업혁명적 아사로 정식화했다. "지난 기십 년 동안 런던 한복판에서 벌어진 소름끼치는 아사의 증가는 기계재봉의 확장과 나란히 진행되었다."[195] 가령 1864년 2월 26일 *The Register General*은 주간週間 사망률을 5명 아사로 보고했고, 같은 날 *The Times*는 아사자 1건을 보도했다. 1주일에 런던에서 6명이 사망한 것이다.[196] 이 아사 빈도는 전국의 산업도시들을 망라해 추산한다면 연간 5만 명 이상 아사자가 나왔다는 것을 뜻한다. *Standard*지는 1867일 4월 5일자에서 풍요가 가득한 여러 메트로폴리탄의 한복판에서 4만 명이 아사로 사라져 가는 중이라고 보도했다.[197] 그리고 영국인들은 1769년과 1770년 사이에 인도에서 모든 쌀의 매점매석으로 기아상태를 유발했는데, 이런 매점매석의 반복으로 1866년에는 인도의 오릿사(Orissa)라는 한 지방에서만 100만 명 이상의 인구가 아사했다. 그럼에도 인도의 국영신용금고는 아사하는 사람들에게 생필품을 높은 가격에 팔아[198] 대대적으로 치부했다.

20세기 초에도 영국 노동계급의 하층은 여전히 먹고 살기가 힘들었다. 1920년대와 1930년대 영국에서 굶주린 노동자들의 수많은 '기아행진'이 벌어졌다. 가장 큰 행진은 1932년의 '전국 기아행진'이었고, 가장 유명한 것은 '재로우 십자군(Jarrow crusade)'이었다.[199]

■ 기독교신학적·자유주의적 구빈·복지 반대론

예수는 "너희 소유를 팔아 보시(alms)를 베풀고 낡아지지 않는 돈 가방을 마련하라, 이 가방은 곧 도둑도 손댈 수 없고 좀도 먹지 않는 하늘에서의 바닥나지 않을 보물이

---

195) Marx, *Das Kapital I*, 496쪽.

196) Marx, *Das Kapital I*, 496쪽 각주 267.

197) Marx, *Das Kapital I*, 699쪽 인용문.

198) Marx, *Das Kapital I*, 781쪽 및 각주 243

199) Vernon, *Hunger: A Modern History*, "Chapters. 1-3".

라"고 가르쳤다(누가 12:33). 솔로몬은 예수와 같은 취지에서 구빈救貧을 가르친다. "빈곤한 자를 불쌍히 여기는 자는 복이 있는 자니라(he who has mercy on the poor, happy is he)"라고 가르쳤다(잠언 14:21). 또 솔로몬은 "가난한 자를 구제하는 자는 궁핍하지 아니하려니와 못 본 체하는 자에게는 저주가 크리라(He who gives to th poor will not lack, but he who hides his eyes will have many curses)(잠언 28:27)." 또 그는 거듭 말했다. "가난한 자를 불쌍히 여기는 것은 여호와께 꾸어 드리는 것이니 그의 선행을 그에게 갚아 주시리라(잠언 19:17)."

그러나 15-16세기 이래 유럽에서는 기민과 빈민에 대한 구빈·복지를 반대하는 사탄 같은 신학자들과 철학자들이 창궐했다. 가톨릭신학자든 개신교신학자든 유리걸 식하는 부랑자들을 종교적으로 부도덕한 '죄인(sinner, 성령이 없는 자)'이나 범죄적 '게으름뱅이'로 규정했다. 이런 까닭에 국가와 교회는 그들을 체포해 '노역소'에 감금 하고 최장시간의 중노동으로 혹사시켰던 것이다.

18-19세기에도 기아구조와 복지정책을 반대하는 사상과 이론은 기승을 부렸다. 18-19세기 반反복지사상·이론은 여러 갈래였다. 먼저 칼뱅주의 개신교신학자들의 반대가 극심했다. 칼뱅은 구걸을 성령이 부족한 자들의 게으름에서 나오는 것으로 단정해서 구걸을 금지했고, 걸인·빈민·기민飢民들에게 보시하는 것도 금지했다. 노동 능력이 있는 자가 구걸하는 것은 칼뱅이 보기에 나태한 것이므로 죄악이 될 뿐만 아니라, 사도의 말씀에서 볼 때 이웃사랑의 원칙에 위배되는 일이었다. 이런 까닭에 칼뱅은 구걸을 엄격히 금했고, 네덜란드의 종교회의에서는 탁발허가증과 탁발을 목적으로 하는 증명서에 격렬히 반대하는 입장을 표명했다. 청교도들은 칼뱅의 구걸 금지를 확대해서 "보시는 자애가 아니다"는 슬로건을 내걸었다. 칼뱅파 신학은 교묘 한 논리로 예수와 솔로몬의 구빈 가르침을 정면으로 파기한 것이다.

막스 베버가 프로테스탄트 자본주의정신 테제의 이론적 롤모델로 삼은, 3류 작가 (《로빈슨 크루소의 모험》의 저자)이자 노예상인·악덕자본가 다니엘 디포(Daniel Defoe, 1659-1731)는 칼뱅신학을 맹신했고, 이런 이유에서 영국의 중국식 구빈정책에 신들린 자처럼 격렬하게 반대했다. 디포는 1704년에 출판한 《자선행위는 박애가 아니고,

빈자 고용은 국가의 고충거리(*Giving alms no charity, and employing the poor a grievance to the nation*)》라는 에세이에서 빈자 고용을 위한 기존의 노역소·자치조합·교화소 및 교구기금설치안이 국가에 해롭고 영국의 상업을 파괴하고 빈자의 머릿수와 불행을 증가시키는 경향이 있다고 주장한다.200) 실로 중국정부의 유교적 양민養民정책과 정반대되는 주장이다. 막스 베버는 노예상인 디포의 이 칼뱅신학적·악덕자본가적 에세이를 개신교의 빈민 관련 교리의 증거로 인용한다. "이미 칼뱅은 구걸을 엄격히 금했고, 네덜란드의 장로교 종교회의들은 구걸허가증과 구걸 목적에 대한 증명서 발급에 격렬히 반대하고 있다. 스튜어트왕조의 시대, 특히 찰스 1세 치하의 로드 (William Laud) 체제가 국가적 빈민부양과 실업자에 대한 일자리 배정의 원칙을 체계적으로 구축했었던 반면, 청교도들의 투쟁구호는 '자선행위는 자애가 아니다'였고(이 구호는 디포의 나중의 유명한 에세이의 제목이 된다), 17세기 말 즈음에는 '노역소'의 공포체제가 시작되었다."201)

빈민구제를 위한 국가의 복지정책은 근대국가의 10대 요소에 속하는 것이다. 따라서 구빈·복지정책에 반대하는 것은 그 자체로서 '반反근대'다. 빈민구제는 현금 지불로 이루어지는 경우에 내수시장의 위축을 막거나 이미 위축된 내수시장을 되살려 준다. 따라서 자본주의 시장경제의 순항을 위해 빈민복지 정책은 꼭 필요한 것이다. 그러므로 이에 반대하는 것은 자본주의의 순항을 저해하는 어리석은 반反자본주의 논리다.

영국의 칼뱅파(청교도) 신학자들은 19세기에도 여전히 "굶주림은 죄악에 대한 처벌의 증거이고 굶주림은 자기 자신의 고된 노동을 통해 스스로 면죄받도록 남겨진 최선의 방법"이라고 주장했다.202) 이로써 칼뱅파 개신교는 케네·스미스 등의 자유시장론자들과 암묵적으로 반反복지동맹을 맺었다. 칼뱅주의 개신교도들은 끝내 모든

---

200) Daniel Defoe, *Giving alms no charity, and employing the poor a grievance to the nation*(London: Printed and Sold by the Booksellers of London and Westminster, 1704).

201) Max Weber, *Die protestantische Ethik und der Geist des Kapitalismus*, 177쪽 각주3. Weber, *Gesammelte Aufsätze zur Religionssolziologie I*(Tübingen: J.C.B.Mohr, 1986).

202) Polanyi, *The Great Transformation*, "Chapters 1–12".

복지입법에 대한 최후의 극렬한 반대자로 남았다.

프랑수와 케네는 1767년《중국의 계몽전제정》에서 자유시장을 신봉하며 복지시혜에 반대한 최초의 '자유주의적 반反복지론자'였다. 케네는 중국의 자유시장에 매혹되어 중국 복지제도를 무시했다. 그는 국가의 복지도 자선의 일종으로, 그리고 이 자선을 '경제질서로부터 이탈하는 것'으로 이해했다.

> 우리는 자선이 정부에 의해 충분히 고취되지 않는다고 생각할 수 있다. 그러나 자선은 이것(과잉인구에 따른 빈민의 출현)을 적절하게 막을 수 없다. 왜냐하면 생필품의 분배체계 안에서 노동을 대가로 사람들에게 지불되는 임금이 그들을 살게 할 수 있기 때문이다. 자선으로 분배되는 것은 사람들이 재산 없이 사는 것을 가능케 하는 임금으로서, 지출 금액으로부터 빼낸 것이다. 소득을 가진 사람들은 아무런 소득이 없는 사람들의 노동과 서비스의 도움으로만 그 소득을 소비할 수 있다. 이 사람(소득을 가진 사람)의 지출은 (노동과 서비스를 제공하는) 저 사람의 소득이다. 고가의 생산물들의 소비로부터 나오는 매상수입은 그것을 산출한 사람들에게 주어져, 지출을 그것을 재생산하는 데 필요하게 만들 수 있도록 그것들을 변제한다. 지출이 부를 배가하고 영구화하는 것은 이와 같은 것이다. 자선은 자기를 부양할 수 없는 빈자들의 긴급한 필요에 대비하기 위해 필수적이다. 하지만 자선은 인간들의 생계에 필요한 부를 재생산하게 하는 노동의 질서와 부의 분배로부터 아무튼 벗어나는 셈이다. 그리하여 인구가 부를 초과할 때 자선은 인구 과잉으로 말미암은 불가피한 빈곤에 대비할 수 없다.[203]

이와 같이 케네는 "자선" 또는 복지시혜를 '경제적 일탈'로 본 까닭에 중국의 복지제도를 경시하고 중국의 자유시장만을 예찬하는 외곬으로 빠져 버렸던 것이다. 케네는 정부의 복지시혜가 유효수요와 내수시장을 늘려 생산과 성장을 촉진하는 한 요소일 수 있다는 경제이론까지 아직 모른 소박한 시장예찬론자였다. 케네의

---

203) Quesnay, *Despotism in China*, 168-169쪽.

이 노선은 라이프니츠와 볼프를 계승해 중국의 복지제도를 적극 수용하여 양호국가론을 전개한 동시대인 요한 유스티의 길과 완전히 상반되는 노선이었다.

아담 스미스와 스미스를 따르는 자유경제론자들도 케네처럼 구빈복지에 반대했다. 스미스로부터 유래하는 영국의 반反복지론은 당시 전全세계로 퍼져서 위력을 떨쳤다. 스미스를 따르는 자유주의 경제학자들은 정부의 복지정책적 개입이 반反시장적·반생산적이라는 견해를 대변했다. 장기적으로 오직 자유시장만이 만인에게 지속가능한 풍요를 가져다 줄 수 있다는 것이었다.204) 아닌 게 아니라 아담 스미스가 기근은 요호부민과 곡물상들의 매점매석에 의해서가 아니라 천재지변에 의해 야기된 재앙이고 곡물상과 곡물의 자유교역은 이 기근을 해소시켜 주는 "가장 좋은 처방약"이라고 주장했기 때문이다. 그는 논변한다.

누가 현재의 시기나 지난 2세기 동안의 유럽의 어떤 지역을 타격한 결핍과 기근의 역사를 주의 깊게 조사해보든 그는 기근이 결코 내국 곡물상들 간의 어떤 공모로 발생하지 않고 다만 아마 때때로, 그리고 특별한 장소에서 물 부족에 의해, 하지만 훨씬 수많은 경우에 계절 탓으로 야기된 실재적 부족현상이라고 나는 믿는다. 그리고 기근이 결코 결핍의 불상사를 부적절한 방법으로 해결하려는 정부의 폭력으로부터 발생하는 것 외의 다른 이유에서 결코 발생하지 않는다고 나는 생각한다. 상이한 지역들 사이에 자유상업과 자유수송이 존재하는 광대한 곡창 지대에서는 가장 불순한 계절에 의해 야기되는 궁핍사태가 결코 기근을 야기할 정도로 대단할 수 없다. 가장 부족한 곡물수확도 검약으로 관리된다면 1년 내내 중간 정보의 풍작에 더욱 풍요로운 방식으로 통상적으로 먹여지는 것과 같은 수의 백성들을 부양할 것이다.205)

아담 스미스는 자연재해의 원인을 단순히 한발("물 부족"), 불순한 계절, 산불,

---

204) Vernon, *Hunger: A Modern History*, "Chapters. 1-3".
205) Adam Smith, *An Inquiry into the Nature and Causes of the Wealth of Nations* 〔1776〕, vol.I, textually edited by W. B. Todd(Glasgow·New York: Oxford University Press, 1976), IV. v. b. 5(526쪽).

지진 등으로 말미암은 천재天災로만 간주할 뿐이고, 사회간접시설(치수시설·도로·운하 등)의 미비, 곡물비축의 부재, 재해대책의 결여 등 정부태만으로 말미암은 인재 人災로는 간주하지 않는다. 그러나 중국과 조선의 백성은 자연재해도 이런 정부태만의 '인재'로 간주했고, 따라서 자연재해에 대해서도 정부의 책임을 물었던 것이다. 그리고 스미스의 사고 속에는 지난 2세기 동안 전 세계를 유린했던 '소빙기'가 들어 있지 않다. 따라서 그는 안이하게도 천재지변天災地變 현상을 "물 부족"이나 수해,206) "불순한 계절" 등으로만 축소·이해한 채, 메뚜기 떼 피해나 역병·대형화재(산불·도농전소)·냉해·우박·지진 등의 천재지변과 인재는 완전히 몰각하고 있다. 기근에 대한 그의 대책은 더욱 안이하고 더욱 가관이다. 그는 비축곡물식량 배급·시죽施粥·기아보육 및 전염병자 요양치료, 그리고 비축곡물의 수매·방매를 통해 곡가평준화를 가속화시키는 물가안정정책 등 각종 진황정책을 배제하고, 한낱 '자유상업'만을 되뇐다.

> 그러므로 에드워드 6세의 법규는 곡물재배자와 소비자 사이에 끼어드는 중간인들을 가급적 많이 금지함으로써 교역을 철폐하려고 노력했다. 그런데 교역의 자유로운 행사는 기근의 불상사에 대한 가장 좋은 치료제일 뿐만 아니라 재앙의 가장 좋은 예방제다. 농부의 교역 다음으로 곡물상인의 교역만큼 많이 곡물재배에 기여하는 교역은 없다.207)

스미스는 중국과 조선의 유력한 진황책을 모두 몰각하고 온갖 기근에 대한 "가장 좋은 치료제"이자 "가장 좋은 예방제"로 교역의 자유를 내세우고 있다. 그러나 자유교역이 생산지로부터 소비자에게로 곡물을 이동시키는 데 장기적으로 유효한 기제임이 틀림없지만 풍·흉작기와 춘궁·추수기에 단기적·중기적으로 급·등락을 반복하는 곡

---

206) 스미스는 다음 구절에서 "too wet", "rain which is hurtful" 등을 언급하고 있다. Smith, *Wealth of Nations*, Vol. I, IV. v. b. 6(526~527쪽).

207) Smith, *Wealth of Nations*, Vol. I, IV. v. b. 21(532쪽).

가는 상인들의 자유교역만으로 쉽사리 평준화시킬 수 없다. 기아 대중을 구제하기 위해 초超고가나 초저가의 변덕스런 곡물가격을 평준화(안정화)하는 황정정책에서 가장 중요한 것은 평준화의 '속도'다. 곡가안정의 속도가 빠를수록 그만큼 많은 수의 기민飢民을 구할 수 있다. 기민 구조의 효과를 낼 수 있는 곡가평준화는 오로지 곡물을 미리 비축해 두었다가 이 저곡貯穀을 적시적소에 신속하게 수매·방매하는 식의 강력한 시장개입으로써만 가능하다. 극단적 곡가등락의 '신속한' 평준화와 안정화를 위한 국가의 이런 시장개입은 필수적인 것이다. 상론했듯이 유스티를 통해 물가안정화정책을 잘 알고 있던 헤겔도 이런 유형의 시장개입의 필요성을 적극 인정했다.[208] 이런 까닭에 비상대책으로 보든, 일반적 시장조절책으로 보든 곡물상의 자유교역을 기근사태에 대한 "가장 좋은" 치료책·예방책으로 언급하는 것은 지나친 안이함을 넘어 국가의 범죄적 직무유기를 야기하는 스미스의 이론적 태만 또는 오류라고 할 수 있다. 나아가 스미스의 이 안이한 자유교역론에 따라 기근 시의 복지시혜 조치를 '해로운 것'으로 몰아 금지하기까지 하는 것은 '대죄大罪 중의 대죄'일 것이다. 모든 사실을 다 고려할 때, 케네와 아담 스미스는 자유시장 노선에서 '공자의 계승자'이면서도 복지 노선에서는 '공자의 적'이었다.

스미스나 스미스식 자유교역론자들과 다르지만 그래도 이들과 동맹하는 다른 18세기 반反복지 이론으로는 암암리에 아사가 기하급수적 인구성장을 저지하는 가장 신뢰할 만한 방법이라고 논변하는 성공회 신부 맬더스(Thomas R. Malthus, 1766–1834)의 인구론이 대표적이다.[209] 《도덕의 일반이론》에서 다루었듯이 스펜서도 인간의 동정심의 진화 수준이 적자생존적 이기심의 강도强度를 넘지 않았다는 진화론적 이유에서 모든 복지입법을 격렬하게 비판함으로써 맬더스를 측면 지원했다.

그리하여 1843년 영국정부는 지식인계급으로부터 거의 만장일치의 지지를 받아 대부분의 빈민구호법을 폐지했다. 이로써 측은지심이 있는 귀족이나 성직자들이

---

208) Georg W. F. Hegel, *Grundlinien der Philosophie des Rechts*, §236. *Hegel Werke* Bd. 7,(Frankfurt am MaSuhrkamp, 1986).

209) Vernon, *Hunger: A Modern History*, "Chapters. 1–3".

베푸는 수프 시죽소施粥所와 식량배급까지 포함한 모든 빈민구호형태들이 "불법화"되었다. 아! 이 얼마나 무지몽매하고 흉악한 짓인가!

이제 합법적으로 구호할 수 있는 장소는 노역소밖에 없었다. 그리하여 노역소는 전국적으로 더 늘었다. 하지만 조건이 더욱 가혹해져 노역소는 '빈민아사감옥'으로 전락했다. 영국정부가 이른바 "열등처우 원칙"을[210] 도입한 것이다. 이에 따라 노역소는 입소자들에게 바깥에서 버는 가장 낮은 노동임금보다 더 싼 음식을 배식했다. 이것은 사실상의 '아사' 수준이었다.[211] 이 때문에 *The Times*는 신新빈민법을 "아사법 (starvation law)"으로 풍자하면서 이 법 때문에 선량한 빈민들이 노역소 안팎에서 아사하는 생생한 장면을 보여 주는 기사를 계속 내보냈다. 기민飢民들조차 노역소에 입소하느니 차라리 길거리에서 굶어 죽는 것을 택하기도 했다. 마르크스는《자본론》을 집필하며 런던에 살았던 동시대인으로서 이렇게 증언한다. "그러나 지난 수십 년 동안 런던에서 아사자의 가공스런 급증은 노역소, 곧 이 '빈곤의 형무소'의 노예상태에 대한 노동자들의 비등하는 혐오감을 무조건적·절대적으로 입증해 준다."[212]

대중신문들은 "굶주림은 도덕적 결함의 증좌(*hunger is a sign of moral failing*)"라는 기독교 신학을 추방하고, "도덕적으로 결백한 사람들이 개인으로서 제어할 수 없는 힘들에 희생되고 있다"는 관념을 주입하기 시작했다.[213] 신문들은 공자철학과 극동의 유교제국儒敎諸國에 열광하던 17세기 중반~18세기 중반까지의 계몽주의 절정기에 소개된 국민복지 사상을 소생시키려고 노력했다. 그러나 이 유교적 복지관은 19세기 말 또는 20세기 초에야 겨우 영국 엘리트들에게 받아들여졌다. 20세기 초 영국에서 굶주림은 추방된 듯 보였고, 대중은 구빈활동에 더 동조적이 되었다. 1905년 처음으로 영국에서 기아행진이 일어났을 때 영국사회는 일반적으로 동조 반응을 보였다.

---

210) "열등처우 원칙(The principle of less eligibility)"은 복지서비스 수혜자의 의존심을 없애기 위해 엄격한 제한 아래 처우하는 원칙을 말한다.

211) Polanyi, *The Great Transformation*, "Chapters 1-12".

212) Marx, *Das Kapital I*, 683쪽.

213) Vernon, *Hunger: A Modern History*, "Chapters. 1-3".

한마디로, 유럽제국은 19세기와 20세기 초까지도 빈민과 병자를 구제할 '제도'도 없었고, 이 사회적 약자들을 지원할 '사상'도 없는 '복지황무지'였다. 되레 구민救民과 양민의 복지정책을 반대하고 가로막는 자유주의적 반反복지론만이 무성했다. 기독교 는 복지에 도움이 되기는커녕 대중의 상식적 복지관념도 파괴하는 '사탄' 노릇을 했다. 오직 극동으로부터 전해진 구민·양민·안민 복지제도와 복지철학만이 언론인과 노동운동가들이 이 기독교적·자유주의적 반복지론을 분쇄하는 데 버팀목이 되어 주었을 뿐이다. 중국의 유교적 양민·교민·민복民福사상과 중국 복지제도를 받아들이 는 관심과 의지 면에서 영국과 프랑스보다 앞섰던 독일과 스칸디나비아제국은 19세기 말과 20세기 초에 마침내 중국 복지제도를 버팀목으로 삼아 일련의 근대적 사회복지 제도를 도입함으로써 근대 복지국가의 신호탄을 쏘아 올렸다.

19세기 말과 20세기 초 유럽에서 '복지 황무지'를 갈아엎고 종식·청산하는 이 근대 복지국가의 구축에는 그 이전에 17세기 말부터 계속된 중국식 복지제도에 대한 유럽 철학자들과 독일 관방학자들의 정책논의가 밑거름이 되었다. 일단 이 논의를 조감해 보자.

1.3. 서양에서 유교적 복지국가론의 등장

윌리엄 템플은 복지정책에 대해 논한 바가 없지만, 상론한 바와 같이 왕정복고 (1660) 후 이미 영국 국가이념을 슬그머니 '인정仁政국가'로 바꿈으로써 홉스의 전쟁상태론적·야경국가적 정의국가론을 걷어내고 차세대가 복지·인정국가 논의를 할 수 있는 길을 열어 놓는다. 이 책의 서두에서 한번 논한 바와 같이 템플은 국가존립의 기반에 관한 논의에서 당대까지 지배적이던 성서적 왕권신수설王權神授 說과 밀턴·홉스 등의 사회계약론, 그리고 이 양론 사이의 논쟁을 멀찌감치 제쳐두고 '모든 통치권력은 백성이 준다'는 유교적 '왕권민수론王權民授論'을 천명한다. 템플의 이 왕권민수론은 서구에 최초로 등장한 민본주의적 통치이론이다. 그는 1672년 무렵에 쓴 〈정부의 기원과 본성에 관한 에세이(Essay on the Original and Nature of Government)〉에서 모든 국가의 존립기반을 최대다수의 민심 또는 여론이라고 갈파한다. 그리고 이 최대다수의 동의와 지지는 백성에 대한 "애정(affection)"과 "민익民益에 따른 다스림"으로부터 나오고, 또 이런 정부가 가장 굳건한 정부라고 갈파하면서 군주의 필수적 "애정" 정치를 말했다.214) 또 템플은 군주가 민심을 얻는 근거로 민심에 따르고 백성의 이익을 증대시키기 위해 백성을 애정으로 다스리는 '애민정치'에 대해서도 입론했다.215) 템플이 여기서 모든 정부의 존립기반으로 말하는 "백성의 동의"는 공자의 "민신民信" 또는 공맹의 '민심'을 말하는 것이다.216)

동일한 관점에서 템플은 애민의지를 잃은 정부가 강력한 군대를 가졌음에도 어떻게 힘없이 무너지는지를 왕정복고 논의를 통해 보여 준다. "전자(영국)의 경우에, 어떤 뿌리를 설계하지도 않았고 정부참여자들의 애정과 이익 외에 그 어떤 것으로부터도 전혀 도출되지 않은 찬탈권력은 6만여 명의 불패 군대의 무력을 믿고, 자칭 의회에 의한 합법적 세출이라는 모의 형태를 갖췄을지라도 군대의 무력에 대한 두려움에 의해 거둬지는 비례적 세수를 믿고 스스로 안전하다고 생각했다. 하지만 우리는 그들이 유구한 합법적 정부를 원하는 백성의 성향과 경향적 정서에 굴복하는 것을 보았다. 그리고 이 강력한 군대도 갑자기 백성의 마음과 힘(their heart and their strength)을 잃고 그들이 그렇게 오랫동안 백성의 주의주장과 이익이라 불렀었던 것을 포기하고 다시 인민대중 속으로 융해되어 들어가는 것에 만족하는 것을 보았다."217)

템플은 여기서 백성에 대한 애정과 백성의 이익에 근거한 인정仁政정부가 아니라, "정부참여자들의 애정과 이익"에만 근거한 후기 크롬웰공화정의 "찬탈권력"의 자연

---

214) William Temple, "Essay on the Original and Nature of Government", 23쪽. *The Works of Sir William Temple*, Vol. I(London: Printed for Rivington et al. and by S. Hamilton, 1814).

215) Temple, "Essay on the Original and Nature of Government", 23~24쪽.

216) 참조: Fan, "The Beginnings of the Influence of Chinese Culture in England", 77~79쪽.

217) Temple, "Essay on the Original and Nature of Government", 28쪽.

붕괴를 묘사하고 있다. 이로써 그는 "정부의 기원과 본성"을 민심과 애민으로 규정하고, 홉스를 거부하고 컴벌랜드를 이어서 슬그머니 애민에 기초한 민익·민복의 인정국가를 이상국가로 동경하며 기안하고 있다. 국가론에서 군주의 애정·애민론이 등장한 것은 템플의 이 국가논의가 유럽 최초의 것이다. 템플의 이 같은 논의는 라이프니츠, 볼프, 트렝커드·고든 등의 복지론을 수월하게 만들어 주었다.

■라이프니츠의 안보·정의국가 비판과 복지국가론

중국의 영향을 받은 서양 철학자들은 일찍이 기독교신학적·자유주의적 구빈·복지 반대론과 정반대되는 논리를 개발해 두고 있었다. 최초의 철학자는 중국에 박식했던 고트프리트 라이프니츠(Gottfried W. Leibniz, 1646-1716)였다. 그는 중국식 복지국가론을 유럽제국에 적용하는 철학논리를 모색했다. 알려지다시피 그는 중국 열광자였고, 강희제 흠모자였다. 그는 홉스의 안보·야경국가론에 대한 비판과 연계해서, 또는 이와 별개로 중국식 복지·행복국가를 구상한다. 앞서 밝혔듯이 17-18세기에는 '복지'라는 말과 '행복'이라는 말(weal, welfare, wellbeing, happiness, Glückseligkeit)을 구별 없이 뒤섞어 썼다.

라이프니츠는 백성의 복지를 고려치 않는 홉스의 협의적狹義的 정의국가 개념, 또는 안보만 챙기는 절대주의적 최소국가(야경국가) 개념을 비판하고, 공맹처럼 민생복지를 국가의 본질적 과업으로 강조했다. 홉스에서 밀턴을 거쳐 로크로, 흄과 아담 스미스로 이어지는 영국의 계몽주의가 국가를 생명과 재산을 보호하는 안보권력체로 한정해 이해한 반면, 라이프니츠는 사회적 복지와 행복에 관심을 가졌다.

라이프니츠는 수많은 군주들에게 촉구한 수십 개의 프로젝트 가운데 제조업과 농업뿐만 아니라 공중보건과 교육을 감독할 경제위원회의 설치를 권장했고, '범죄의 온상'인 가난과 불행을 예방하는 것이 이 가난과 불행이 발생한 뒤에 이를 구제하는 것보다 더 좋다는 주장을 반복했다.218) 라이프니츠는 국가의 주요책무를 신민의

---

218) 참조: Patrick Riley, "Introduction", 26쪽. Gottfried W. Leibniz, *Political Writings*(Cambridge:

행복 보장으로 보는 점에서 국가의 책무를 '안보'로만 생각한 홉스를 넘어섰다. 1705년의 한 편지에서 라이프니츠는 말한다.

국가에 대한 나의 정의定義, 또는 라틴 사람들이 *republica*라 부르는 것에 대한 나의 정의는 그것이 공동안전을 목적으로 삼는 큰 사회라는 것이다. 따라서 안전은 적어도 본질적이고, 이것이 없다면 모든 복지(*well-being*)는 끝난다. 하지만 나는 우리가 안전 이상의 것, 곧 행복(*happiness*)을 인간들에게 달성해 줄 수 있고 이 목적에 전념할 것을 희망한다.[219]

홉스가 국가의 '안전'을 보장하는 플라톤적 야경국가에 만족한 반면, 라이프니츠는 공자처럼 '안전이라는 국가의 초급목적 이상의 것', 곧 박애적 민생복지의 보장에 관심을 집중하였다. 이런 의미에서 라이프니츠의 국가관은 크리스티안 볼프와 요한 유스티에 앞서 이미 공맹적·중국적 국가관을 대변하기 시작한 것이다.

군주가 "인애·박애(*charity*)" 정치의 일환으로 경제·산업정책을 통해 민생경제를 일으키고, 복지정책으로 빈민과 장애인을 구휼하고, 백성의 질병을 다스리는 중국제국은 라이프니츠에게 철두철미 "비非홉스적인(*un-Hobbesian*) 국가"였고, 실로 '반反홉스적 국가'였던 것이다. 따라서 라이프니츠는 유럽과 아시아에서의 절대권력의 생존가능성을 주장한 피에르 벨과 달리 중국 군주를 절대군주정의 법칙을 부정하는 예외적 군주로 간주했다.[220]

중국제국의 정치제도와 정치문화는 1690년대까지 쏟아져 나온 퍼채스·마테오리치·세메도·마르티니·니우호프·나바레테·마젤란·르콩트·쿠플레 등의 공자·중국 관련 서적들을 통해 이미 충분히 알려진 상태였다. 라이프니츠는 1690년대부터 이미 일반복리를 위한 '구체적' 조치와 개혁방침들을 언급하기 시작한다. 그는 1690

Cambridge University Press, 1972·2006).

219) Leibniz, "Letter to Falaideau"(705), Onno Klopp, *Die Werke von Leibniz*, Vol. IX(Hanover: 1864-1884), 143쪽. Riley, "Introduction", 29쪽에서 재인용.

220) Simon Kow, *China in Early Enlightenment Political Thought*(Oxford(Oxon): Routledge, 2017), 120쪽.

년대 중반에 작성한《선의의 계몽된 인물들을 위한 메모(*Memoir for Enlightened Persons of Good Intention*)》에서 이렇게 주장한다.

나는 인간들이 기꺼이 행복을 그들이 해야 하는 것으로 공략한다면 인간들이 현재보다 비할 데 없이 더 행복할 수 있고, 또 짧은 시간 안에 인간들의 행복을 증가시키는 데서 커다란 진보를 이룩할 수 있을 것이라고 주장한다.[221]

그리고 라이프니츠는 개인의 영원한 행복과 일반복리의 증진 사이의 연결관계를 강조하면서 교육복지·건강증진 정책을 제안한다.

(...) 모든 계몽된 인사들은 자신의 개인적 행복을 영원히 보장하는 참된 수단이 일반복리를 지향하는 직업에서 그의 만족을 추구하는 것이라고 판단해야 한다. 왜냐하면 무엇보다도 신의 사랑과 필수적 계몽은 신이 결코 선한 마음으로 은총을 구하는 사람들에게 은총을 거부하지 않기에 이런 식으로 활성화된 마음에 대해 거부되지 않기 때문이다. 이제 이 일반복리는, 우리가 그것에 기여할 수 있는 한, 주권적 실체의 기적을 알 수 있을 정도로 인간들을 계몽시킴으로써만 아니라 그들을 도와 우리의 계몽의 진보를 중단시키는 장애물들을 제거함으로써 인간들의 향상과 완벽화다. 진정으로 인간들의 행복에 기여하기 위해서 우리는 인간들의 지성을 계몽해야 한다. 우리는 덕행에서, 곧 이성에 입각해 행동하는 습관에서 인간의 의지를 강화해야 한다. 그리고 최종적으로, 우리는 인간들이 진리를 발견하고 참된 선을 따르는 것을 가로막는 장애물들을 제거하려고 노력해야 한다. (...) 인간들의 의지를 향상시키기 위해 우리는 좋은 준칙들을 제시할 수 있다. 그러나 공적 권위의 후원 아래서만 우리는 이 준칙을 실행할 수 있다. 큰 항목은 교육개혁이고, 이 개혁은 덕성을 기분 좋게 만들고 제2의 본성으로 만드는

---

221) Gottfried W. Leibniz, *Memoir for Enlightened Persons of Good Intention* 〔690년대 중반〕, 104쪽(§5). Gottfried W. Leibniz, *Political Writings*, translated and edited with an Introduction and Notes by Patrick Riley(Cambridge: Cambridge University Press, 1972, reprint 2006).

데 있다. 그러나 누군가 이것을 그의 청년기에 결여했다면, 그는 좋은 동반자와 본보기에 의뢰하고, 이 사람을 사랑하고 저 사람을 미워하기 위해 선악의 생생한 표현에 의뢰하고, 종종 자기 자신에게 말하는 자기의 양심의 시험과 빈번한 성찰에 의뢰해야 한다. (...) 마음으로부터만 생겨나는 우리의 행복(이성과 덕성)에 대한 장애물들은 이미 언급한 처방의 사용에 의해 종식된다. 그러나 우리 마음 바깥에 있는 방해물들은 우리의 육체나 운명으로부터 생긴다. 인간들을 가급적 행복하게 만들기 위해 그들의 건강을 보존하고 인간들에게 삶의 편의를 주는 수단을 찾아 줘야 한다.222)

라이프니츠는 개인의 영원한 행복과 일반복리의 증진을 연결하는 고리로서 국민교육·보건·생활편의를 개선하는 국가복지정책을 강조하고 있다.

그리하여 라이프니츠는 '국가안보'를 넘어가는 백성의 일반복리와 행복을 강조하는 논리의 연장선상에서 백성의 복리를 '유럽 치자의 의무'로 규정한다.

교사, 사회단체 지도자, 일정한 치자들과 같이 타인의 행동거지를 책임진 사람들은 단지 해악(evil)을 방지할 의무만이 아니라 복리를 증진시킬 의무도 있다는 데 사람들이 동의할 것이라고 나는 믿는다.223)

여기서 라이프니츠는 각급의 국가지도자들에게 "해악(evil)을 방지할" 사법적·안보론적 "의무"만이 아니라 "복리를 증진시킬 의무"도 주입시키고 있다.

그리하여 라이프니츠는 사람들을 더욱 나은 상태에 있게 만드는 '덕성'과 '풍요'를 국가목적으로 꼽는다.

---

222) Gottfried W. Leibniz, *Memoir for Enlightened Persons of Good Intention*, 105-106쪽(§11, 12, 14, 15). Gottfried Wilhelm Leibniz, *Political Writings*. Translated and edited with an Introduction and Notes by Patrick Riley(Cambridge: Cambridge University Press, 1972, reprint 2006).

223) Gottfried W. Leibniz, *Meditation on the Common Concept of Justice* (702-1703), 54쪽. Gottfried Wilhelm Leibniz, *Political Writings*. Translated and edited with an Introduction and Notes by Patrick Riley(Cambridge: Cambridge University Press, 1972, reprint 2006).

정치의 목적은 덕성 다음에 풍요의 유지다. 그러면 인간들은 주권적 조물주가 찬미되고 사랑받도록 만드는 지식의 저 확고한 [대상]들을 위해 공동의 협주 속에서 일하는 더 나은 처지에 있게 될 것이다.[224]

라이프니츠는 부민富民(의식주의 풍요) 다음에 덕성을 가르치는 '교민'이라고 생각한 공맹과 반대로 "덕성 다음에 풍요의 유지"라고 말하고 있다.

아무튼 이런 전제에서 라이프니츠는 백성의 일반복리와 행복을 외면하는 '무적의 리바이어던'을 염두에 둔 홉스라면 이것을 부정할 것이라고 비판하면서 무적의 막강한 존재자도 '자기완벽화의 기쁨'을 위해 안보 이상의 다른 것들, 곧 백성의 복리와 행복을 확보하기 노력해야 할 것이라고 말한다.

사물의 본성 속으로 더 잘 파고들기 위해서는 가공의 이야기를 사용하는 것이 가하다. 있을 법한 타인들로부터 두려워해야 할 것이 없는 어떤 사람, 인간들과의 관계에서 우월적 권력, 모종의 더 높은 권력, 이교도들이 '신'이라 불렀을 모종의 실체를 가진 사람, 모종의 범접할 수 없는 불멸적 '무적의 인간', 요는 우리들로부터 아무것도 바라거나 두려워하지 않는 사람을 상상해 보자. 이 사람이 그럼에도 불구하고 우리에게 해악을 끼쳐서는 아니 되고 우리에게 심지어 선행과 복리까지도 주어야 할 의무가 있다고 우리는 말해야 하나? 홉스 씨는 아니라고 말할 것이다. 홉스는 이 사람이 우리를 정복한 뒤에 우리에 대해 절대적 권리를 가질 것이라고 덧붙이기까지 할 것이다. 왜냐하면 우리가 방금 적시한 이유에서 아무도 이 정복자에 대해 불평하지 못할 것이기 때문이다. 그리고 우리에 대한 모든 고려를 그로부터 면해 주는 또 다른 조건이 존재하기 때문이다."[225]

224) Gottfried W. Leibniz, "Excerpt from Three Letters to Thomas Burnett", §1, 191쪽. Leibniz, *Political Writings*(Cambridge: Cambridge University Press, 1st ed. 1972, 2th ed. 1988, reprint 2006).

225) Leibniz, *Meditation on the Common Concept of Justice*(702-1703), 57쪽.

라이프니츠는 홉스라면 리바이어던이 "우리를 정복한 뒤에 우리에 대해 절대적 권리를 가질 것이라고 덧붙이기까지 할 것"이라고 홉스를 비꼰 뒤에 "모종의 범접할 수 없는 불멸적 '무적의 인간'"을 이보다 더 강하고 더 현실적인 '무적의 존재자'인 하느님으로 대체하고 이 하느님도 자기의 기쁨을 위해 인간들의 행복을 보장하려고 애쓸 것이라고 논증한다. 그는 리바이어던과 같은 가장 막강한 치자도 자기의 완벽화와 이에 따른 기쁨을 위해서 백성들의 생명과 재산의 '안전'을 뛰어넘는 백성의 '복리와 행복'을 국사國事로 챙기고 추구할 수밖에 없다고 주장한다.

> 우리는 하느님에게서 완벽화의 동기 외에, 곧 당신이 원한다면, '하느님의 기쁨' 외의 어떤 다른 동기도 직시할 수 없다. (정의에 따라) 기쁨이 완벽의 느낌(feeling of perfection) 외에 다른 것이 아니라고 상정하면, 하느님은 그 자신의 바깥에 고려할 아무 것도 없다. 반대로, 만물만사는 하느님에 의지해 있다. 그러나 하느님이 가급적 선과 완벽을 목표로 하지 않는다면 하느님의 선善은 최고가 아닐 것이다. 그러나 인간본성이 신성神性을 모방할 수 있는 한에서 신성을 모방하는 것을 자신의 최고단계로 삼는, 참으로 덕스럽고 관대한 인간들에게서 이 동일한 동기가 자리 잡고 있다는 것을 내가 입증한다면 무슨 말을 할 것인가?"[226]

라이프니츠가 전개한 주장의 요지는 하느님도 자기완벽화를 위해 "우리에게 해악을 끼쳐서는 아니 되고 우리에게 심지어 선행과 복리까지도 주어야 할 의무가 있기" 때문에 "신성을 모방하는 것을 자신의 최고단계로 삼는" 치자로서의 덕자德者는 비록 자신이 "모종의 범접할 수 없는 불멸적 무적의 인간"이더라도 인간들에게 선덕과 복지를 보장해 주는 것을 자기의 의무로 인정하게 된다는 것이다.

라이프니츠는 그리하여 홉스의 안보국가를 넘어 공맹이 국가의 '존재이유'로 강조한 양민과 교민의 인정仁政을 고차적 국가목적으로 규정했다. 이런 관점에서

---

226) Leibniz, *Meditation on the Common Concept of Justice*(702–1703), 57–58쪽.

그는 유럽의 역대 군주들을 버리고 강희제에 주목하였다. 1697년 이미 그는 강희제를 "백성의 행복"을 바라는 "덕성과 지혜의 군주"로 찬양했었다.[227] 그의 눈에 강희제는 세계에서 가장 문명화된 나라들 가운데 하나를 주재하면서 덕성과 지혜를 혼합하는 점에서 '지혜로운 인애(caritas sapientis)'를 실증한 '영웅군주'였다. 그는 강희제의 과학지식과 인애를 그가 계시종교를 결했음에도 불구하고 루이 14세보다 더 훌륭한 기독교인임을 입증해 주는 것으로 보았다.[228]

나아가 고차적 국가목적의 견지에서 라이프니츠는 (40년 가까이 그가 필자임이 알려지지 않았던) 1700년의 한 익명 서평에서 강희제의 중국제국을 떠올리며 지나치듯 '백성의 행복'과 관련된 다른 공식을 제시한다. "최고의 이성에 합치되게 행동하는 것은 가용한 최대의 복리가 가능한 최대 다수에게 획득되고 사물의 이치가 낳을 수 있는 만큼 많은 행복(felicity)이 널리 확산되는 방식으로 행동하는 것이다."[229] 라이프니츠의 이 서평은 광범하게 읽히고 재인쇄되고, 또 수많은 책과 논문에서 인용되었고, 따라서 이 공식은 아주 유명해졌다.[230] 라이프니츠의 이 공식이 영국에서도 잘 알려진 가운데 영국의 프란시스 허치슨은 1726년 이 공식의 저자가 누구인

---

227) Gottfried W. Leibniz, *Novissima Sinica – Das Neueste von China*(697), übersetzt und erläutert von Heinz–Günther Neseelrath u. Hermann Reinbothe(Köln: Deutsche China–Gesellschaft e. V., 1979), "Preface", §§8–9.

228) Patrick Riley, "Leibniz's Political and Moral Philosophy in the *Novissima Sinica*, 1699–1999", *Journal of the History of Ideas*, Vol.60, No.2(April, 1999), 219, 227쪽.

229) Gottfried W. Leibniz, "Observationes de Principio Juris"(익명의 서평), *Monathlicher Auszug; Ausallerhand neu–herausgegebenen/nültzlichen und artigen Büchern*(Hannover: 1700)(371쪽 이하), 378쪽. Joachim Hruschka, "The Greatest Happiness Principle and Other Early German Anticipations of Utilitarian Theory", *Utilitas* 3(1991), 1669쪽에서 재인용. 인용문의 라틴어 원문: "Supremae autem rationes est id agere, ut boni quamtum plurimum potest, & in quam plurimus obintineatu, & tantum diffundatur felicitas, quantum ration rerum ferre potest." 필자의 국역문은 요하힘 흐루슈카(Joachim Hruschka)가 영역한 것을 중역重譯한 것이다. 라이프니츠의 익명 서평 "Observationes de Principio Juris"는 Heinrich Cocceji와 Samuel Coccejui 부자父子가 공동논문 *De Principio Juris Naturalis Unico, Vero, et Adaequato*(1699)에서 천명한 "신의 의지가 자연법의 첫 번째 원리다"는 테제를 비판하는 논고다. 위 라틴어 원문은 요한 그로닝(Johann Gröning)이라는 독일 학자가 라이프니츠의 이 익명 서평에서 인용한 것이다. 참조: Hruschka, "The Greatest Happiness Principle and (…)", 166–168쪽.

230) Hruschka, "The Greatest Happiness Principle (…), 168쪽.

지 모른 상태에서 이 공식을 활용했다.[231] 그리고 라이프니츠는 비슷한 시기에 쓴 또 다른 소小논고에서 이렇게 갈파했다.

인간행복은 가능한 한 광범하게 확산되어야 한다.(id agitur, quantum potest, ut felicitas quam latissime diffundatur) 가능한 한 많은 백성이 행복하고 만족스럽게 만들어져야 한다(ut quam plurimi sint laeti). 백성의 행복은 가능한 한 오래 지속되어야 하고, 백성들의 평화를 어지럽히는 모든 것들은 배제되어야 한다. 이런 이유에서 행복하게 만들어질 다중의 수는 그들이 서로에 대해 어떤 진정한 방해도 야기하지 않을 정도까지 증대되어야 한다(multitudo eorum, qui felices reddi possunt, augeatur). 그 귀결로서 인류를 유지할 뿐만 아니라 증식하는 것이 필연적이다. [232]

"백성의 행복과 만족"을 목표로 삼으면서 "평화를 어지럽히는 모든 것들"을 "배제"하는 이 사고노선은 바로 공맹의 인정·반전反戰평화사상이다.

37년 뒤 요한 하이네치우스(Johann Gottlieb Heineccius)라는 독일학자는 《자연법과 만민법의 기초(Elementa Iuris Naturae et Gentium)》(1737)라는 책에서 라이프니츠의 이 '최대다수의 최대행복' 공식을 이렇게 공리주의적으로 변질시켜 활용했다. "인류의 공리功利(utilitas humani generis)는 유명한 라이프니츠에 의해, 그리고 토마시우스와 발맞춰 다음 명제를 근본적인 것으로 칭송하는 사람들에 의해 자연법의 제1원리로 천명되었다. '인간의 삶을 더 행복하게 그리고 더 지속되게 만드는 경향이 있는 모든 것들이 행해져야 하고, 인간의 삶을 불행하게 만들거나 죽음을 가속화시키는 경향이 있는 모든 것이 회피되어야 한다."[233] 많은 사람들은 이렇듯 '행복'을

231) Hruschka, "The Greatest Happiness Principle(...), 169쪽. Francis Hutcheson, *An Inquiry into the Original of Our Ideas of Beauty and Virtue; In Two Treatises*(London: Printed for J. and J. Knapton et al., 1726·1729), 125쪽.

232) Georg Mollat, *Rechtsphilosophisches aus Leibnizens ungedruckten Schriften*(Leibzig: 1885), 4쪽. Hruschka, "The Greatest Happiness Principle(...), 169쪽에서 재인용.

233) Johann Gottlieb Heineccius, *Elementa Iuris Naturae et Gentium*(1737), Lib.I, §LXXVI Scholium(58

정신적·문화적 행복을 배제한 '물질적 쾌락'(공리)으로만 단순화해 이해함으로써 라이프니츠의 '최대다수의 최대행복' 공식을 공리주의적으로 오해하고 천박화한다. 주지하다시피 이런 공리주의적 오해와 천박화는 라이프니츠의 이 공식을 허치슨에 게서 취한 제레미 벤담에 이르면 정점에 달한다. 그러나 라이프니츠의 '최대다수의 최대행복' 공식을 각색해 사용한 허치슨도 "최대행복"을 물질적 쾌락으로 제시한 것이 아니라 "인애(benevolence)"로 제시했었다.234) 이쯤이면 벤담의 '도덕철학적 천박성' 수준을 알만 할 것이다.

아무튼 라이프니츠는 양민과 교민의 민복民福을 궁극의 국가목적으로 제시함으로 써 안보·정의국가를 넘어서 '인정국가'에 도달했다. 따라서 라이프니츠는《통상적 정의개념에 대한 명상》(1702-1703)에서 홉스와 로버트 필머의 '협의적狹義的 정의' 개념과 협의적 정의국가론을 비판할 수밖에 없었다. 그는 갈파한다.

홉스와 필머는 *ius strictum*(협의적 정의)만을 고려하는 것으로 보인다. 그런데 로마법학 자들도 때로 이 등급의 권리만을 고수했다.235)

라이프니츠는 이쯤에서 '협의적 정의'만 아니라 정의 개념을 확장해서 백성의 복리와 행복까지도 보장하는 '광의의 인애적 정의'를 도출하려고 하고 있다. 그는 같은 책의 인용문에서 "인간본성이 신성神性을 모방할 수 있는 한에서 신성을 모방하 는 것을 자신의 최고단계로 삼는, 참으로 덕스럽고 관대한 인간들에게서 이 동일한 동기가 자리 잡고 있다"고 주장했다. 이에 따르면 인간의 정의는 하느님의 넓은 정의개념을 모방해야 한다는 말이다. 라이프니츠에게 '신적 정의'와 '인간적 정의'의 차이는 종류에서가 아니라 정도의 차이다. 신의 정의는 인간의 정의보다 단지 무한히

쪽). Hruschka, "The Greatest Happiness Principle(...), 173-174쪽에서 재인용.

234) 허치슨은 "인애가 우리의 최대 행복이다"라고 천명한다. Hutcheson, *An Inquiry into the Original of Our Ideas of Beauty and Virtue*, 82, 134쪽.

235) Leibniz, *Meditation on the Common Concept of Justice*(702-1703), 60쪽.

더 많은 것일 뿐이었다.236) 라이프니츠는 "신의 정의가 인간의 정의와 다르다고 말하는 것은 인간들의 산술이나 기하학이 하늘에서 거짓이라고 말하는 것과 같다"고 주장한다.237)

그리하여 라이프니츠는 천명한다. "법의 과학에서 (...) 인간적 정의를 완전하게 만들기 위해 인간적 정의를 샘으로부터 도출하듯이 신적 정의로부터 도출하는 것이 최선이다. 확실히 정의의 이념은 진리와 선의 이념에 못지않게 신과 관련되어 있다. (...) 그리고 신적 정의와 인간적 정의에 공통된 준칙들은 확실히 자연법의 과학 속으로 들어가고, 보편법체계 안에서 고찰되어야 한다."238) 늦어도 1660년대 중반 부터 중국과 공자를 공부하기 시작한 라이프니츠는 이미 유학적 인의仁義철학의 영향 아래서 1670년대의 정의론 논의로부터 정의개념을 "박애"로까지 확장해 공맹 의 인의仁義개념과 유사하게 만들려고 했었다. 그가 정의를 단순히 플라톤적 관계, 곧 고정된 조화로 환원하지 않은 것은 정확히 라이프니츠가 자발적·합리적 행동의 관점에서 언제나 신과 인간, 이 양자에 적용되는 도덕적 활동을 생각했기 때문이 다.239) 그리고 이것은 라이프니츠가 늘 정의를 "지자의 박애"로 정의한 이유다. 그는 그의 초기논의에서 "정확한 정의 논의와 정확한 박애 논의는 분리될 수 없다"고 강조했다. "모세도, 그리스도도, 사도들도, 초기 기독교인들도 박애에 따르는 것 이외의 방식으로 정의를 규제하지 않았다 (...) 그리고 나도 셀 수 없는 정의의 정의定義를 시도한 뒤에 최종적으로 이 정의에 의해서만 만족을 느꼈다. 이 정의만을 나는 보편적이고 상호적으로 여긴다."240) 그리고 라이프니츠는 한 편에서 박애를

---

236) Riley, "Introduction", 3쪽.

237) Gottfried W. Leibniz, "Letter [1683-1712] to Landgraf Ernst von Hesse-Rheinfels, C. von Rommel, Leibniz und Landgraf Enrst von Hessen-Rheinfels"(Frankfuur an Main: 1847), 232쪽. Riley, "Introduction", 3쪽에서 재인용.

238) Gottfried W. Leibniz, Selections from Paris Notes, 246쪽. Lorey Loemker, Leibniz: Philosopihical Papers and Letters, Chicago: Chicago University Press, 1956). Riley, "Introduction", 3쪽에서 재인용.

239) Riley, "Introduction", 3쪽.

240) Gottfried W. Leibniz, Elementa Iuris Naturalis(1670-1671), 481쪽. G. W. Leibniz, Sämtliche Schriften und Briefe, herausgegen von Akademie der Wisssenschaften (Darmstadt und Leipzig, 1923-, VI, 1,

"지혜로운 사람이 이성의 절차와 합치되게 최대의 선을 획득할 목적으로 집행하는 보편적 인애(universal benevolence)"로 정의한다.[241] 박애, 곧 (사랑과 더불어 남에게서 "완벽성을 느끼는 것"으로 정의되는) "사랑하는 습관(a habit of loving)"은 자발적 행동을 필연적이게 만들어 준다는 것이다. 박애는 인간들이 자신들의 '완벽성(perfection)'을 통해 당연히 무엇을 받을 만한 것인지에 대한 지식을 제공해 줄 지혜에 의해 규제되어야 한다. 라이프니츠의 철학 안에서 완벽성은 사랑의 원인이자 이 사랑을 규제하는 이성이다. 무엇이 당연히 받을 만한 것인지에 대한 지식에 의해 조절되는 이 "박애"로서의 정의관은 확실히 많은 철학자들이 수용한 정의 개념들보다 더 관대하고 인애적인 정의 관념이다.[242] 즉 공맹의 인의仁義통합적 도덕 개념과 가장 가까이 접근한 개념이다.

그리하여 라이프니츠 전문가 패트릭 릴레이(Patrick Riley)는 라이프니츠의 정의관을 세 가지 장점이 있는 것으로 정리한다. 첫째, '보편법체계'에서 동일한 준칙이 신과 인간에게 적용된다. 그러나 정의의 전통적 정의는 어떤 것이 '의무 지워진' 또는 '당연한' 것이라는 관념에 근거해 있어서 어떤 의무도 짊어질 수 없는 신에게는 적용될 수 없었다. 하지만 신은 사랑할 수 있고, 지혜는 각 합리적 존재자들이 얼마나 많이 사랑받을 만한지를 보여 줄 것이다. 이 관념은 신과 마찬가지로 인간에게도 적용되기 때문에 보편법체계의 완벽한 기초다. 둘째, 박애가 정의의 본질이라면, 단순한 권력 또는 단순한 명령은 있을 수 없다. 따라서 이와 같은 보편적 해결책을 채택하는 것은 홉스의 법관념과 같은 법실증주의적 관점에 대한 가장 좋은 해독제라는 것이다. 그리고 마지막으로, 자선은 타인에 대한 폭력을 삼가는 정도의 협의적 정의인 ius strictum만이 아니라, 그리고 의무적으로 당연한 것을 하는 것만이 아니라, 능동적인 인애를 전제한다는 것이다. 그리고 라이프니츠는 우리가 타인들의

No.12). Riley, "Introduction", 3~4쪽에서 재인용.

241) Leibniz, "Letter to Arnauld", 600쪽. Lorey Loemker, *Leibniz: Philosopihical Papers and Letters*(Chicago: Chicago University Press, 1956). Riley, "Introduction", 4쪽에서 재인용.

242) Riley, "Introduction", 4쪽.

행복을 자기 자신의 행복으로 삼으려고 애쓴다면 통상적 삶이 더 행복해질 뿐만 아니라, 종교개혁 이후의 기독교의 해체와 같은 재앙이 치유될 수 있을 것이라고 믿었다. 참된 박애는 교리적 차이들을 극복한다고 생각한 것이다.[243] "박애는 세계 안에 있는 다른 모든 가치들을 석권해야 한다."[244] 이 지점에까지 이르면 정의 개념의 단순한 확장 노력은 정의에 대한 박애의 선차성으로 전환되어 공맹의 인의 개념과 정말 유사해진다.

플라톤과 홉스의 분업적·트라시마코스적 정의국가를 배격하고 박애선차성 테제의 개신改新된 도덕철학에 입각해 인의국가를 지향하는 라이프니츠의 정치이론은 '아주 유학적인' 정치철학이다. 라이프니츠는 중국 공부를 통해 사전에 학습된 이 유학적 정치철학으로 플라톤과 홉스의 '안보·야경국가적 정의국가'를 비판적으로 뛰어넘은 것이다.

■크리스티안 볼프의 중국식 민복국가론

라이프니츠를 사숙私淑한 크리스티안 볼프(Christian Wolff von Freiherr, 1679-1754)는 1721년 프로이센 할레대학에서 가진《중국인의 실천철학에 관한 연설》로 1723년 프로이센 고국으로부터 추방당했었다. 그러나 그는 1740년 할레대학으로 복귀하기 전에 이미 그간 위축되었던 중국열광과 공자숭배의 열정을 되살려 중국연구를 더 심화시켰다. 그리고 새로 터 잡은 헤센-카셀백작국의 마르부르크대학에서 1730년 가을 학기에 "철인-왕과 왕-철인에 관하여(De rege phosophante et philosopho regnante)"라는 제목으로 긴 강좌를 개설했다.[245] 이 강좌에서 그는 요순과 우임금을 철인치자로 간주하고 이들의 양민정책에 따라 '민복국가론'을 전개한다. 나이가 들수록 볼프는

---

243) Riley, "Introduction", 4쪽.

244) Leibniz, "Letter to Mm de Brinon". Riley, "Introduction", 4쪽에서 재인용.

245) 이것이 독일에서는 1932년에야 *Horae subsecivae Marburgeneses, quibus philosophia ad publicam privatamque utilitatem aptatur*(Farnkfurt und Leipzig, 1932)에 실려 출판되었다. 그러나 영국에서는 이미 1750년에 영역되어 런던에서 공간되었었다.

공자철학에 대한 의존도 또는 사상적 전향의 정도가 더욱 심화되었다. 1910년대 구스타브 폰 슈몰러(Gustav von Schmoller)는 근대경제학에 대한 볼프의 중요성을 강조하면서 이렇게 말한다. "크리스티안 볼프는 1786년까지 (철학계를) 지배한 세대의 스승이 되었다. 그는 위용 있는 정부와 만다린을 가진 중국을 본보기 국가로 유보 없이 찬양한다. 그는 정부에 일반적 행복을 보살필 의무를 배당한다. 정부는 모든 백성의 적절한 임금과 고용, 그리고 중간적 가격, 일반과 각 직업부문에서의 인간들의 적절한 수, 자녀·주부·시민·관리의 덕성과 훌륭한 도덕을 보장해야 한다." 슈몰러는 볼프가 그의 민복국가론을 중국을 본보기 국가로 삼아 수립했다고 논변하고 있다.

지천명의 나이(1730)에 볼프는 중국에 대한 우호적 태도의 강도를 높여 중국정치를 더욱 열렬히 찬양한다. 이 강도 높은 중국찬양의 연장선상에서 그는 공자의 군자치국론 또는 덕치론을 플라톤식의 철인치자론으로 오해하면서 1730년 강의 "철인-왕과 왕-철인에 관하여"에서 중국의 신사정치를 '철인정치'로 한껏 치켜세운 것이다.246)

이 강의원고는 사보이의 전 장관 데샹(des Champs)이 1740년 불역해서 프리드리히 2세에게 헌정하기도 했다. 데샹은 프리드리히 2세의 황태자 시절에 가정교사로서 프리드리히를 가르쳤던 왕사였다.247) 강의영역본은 1750년 《철인왕 아래서의 진짜 민복(The Real Happiness of a People under a Philosophical King)》이라는 제목으로 런던에서 출판되었다. 이 영역본은 의미심장하게도 "사물의 본성으로부터만이 아니라 최초의 중국건국자 복희와 그의 저명한 계승자 황제黃帝와 신농 치하의 중국인들의 의심할 여지 없는 경험으로부터 증명된(Not only from the nature of Things, but from the undoubted Experience of the Chinese under their first Founder Fohi and his Illustrious Successors, Hoam Ti, and Xin Num)"이라는 긴 부제를 달고 있다.248) 이 부제에서

---

246) Gustav von Schmoller, *Grundriß der allgemeinen Volkswirtschaftslehre I*(München: Dunker & Humblot, 1919·1923), 88쪽. Jürgen G. Backhaus, "Christian Wolff on Subsidiarity, the Division of Labor, and Social Welfare", *European Journal of Law and Economics*, 4(1997), 131-132쪽에서 재인용.

247) Anonym, "To the Reader", vi쪽. Christian Wolff, *The Real Happiness of a People under a Philosophical King*(London: Printed for M. Cooper, 1750).

알 수 있듯이 볼프는 중국철학을 소개하다가 한 차례 철퇴를 맞았음에도 중국테마를 견지하고 그것도 국가목적으로서의 "진짜 민복"을 중국의 신화시대 황제들의 역할 과 가르침으로부터 도출하며 논증한다.

《철인왕 아래서의 진짜 민복》에서 볼프는 대체로 《대학》이 설파하는 정치철학의 범위 안에서 논의를 전개하고 있다. 그는 그의 수강생들에게 치자가 철학자가 되어야 한다는 것이 보편적 진리라는 것을 확신시키기 위해 중국의 철학적 기초가 어떻게 발전되었고 수천 년 동안 어떻게 순기능적으로 유지되었는지를 보여 준다. 그리고 볼프의 나이 50세(1730)에 집필되고 60-70대(1740-1750)에 국제적으로 알려진 《철인왕 아래서의 진짜 민복》은 볼프의 나이 40대에 쓰인 《중국인의 실천철학에 대한 연설》(1721)에 붙인 위축된 타협적 주해들(1726)을 무력화시키는 논지 면에서 나 분량 면에서 이 《연설》과 맞먹는 또 하나의 중국철학 저술이다.

볼프는 《철인왕 아래서의 진짜 민복》에서 민복을 전혀 모르는 야경국가론자 플라톤과 연결시켜 서두를 연다. "철학자들이 다스리거나 다스리는 자들이 철학자일 때 공동체는 행복할 것이라는 플라톤의 격언은 잘 알려져 있다."[249] 볼프는 "행복"이 라는 술어를 끼어 넣어 플라톤의 말을 변조하고 있다. 플라톤은 철인치자가 다스리면 "공동체가 행복할 것"이라고 말한 것이 아니다. 그는 기껏해야 철인이 다스리지 않으면 "나라에도 (...) 인류에게도 악惡의 종식은 없을 것이다",[250] 또는 "폴리스도, 헌정체제도, 개인도 결코 완전해지지 못한다"고만[251] 말했을 뿐이고, '민복' 또는 "공동체의 행복"에 대해서는 일언반구도 없다. 볼프는 여기서 공자철학에서 '나랏일' 로서 거론되는 '행복' 이념을 플라톤의 말로 변조하고 있다. 아리스토텔레스는 플라

---

248) Christian Wolff, *The Real Happiness of a People under a Philosophical King. Demonstrated: Not only from the nature of Things, but from the undoubted Experience of the Chinese under their first Founder Fohi and his Illustrious Successors, Hoam Ti, and Xin Num*(London: Printed for M. Cooper, 1750). 여기서는 영역본을 인용한다.

249) Wolff, *The Real Happiness of a People under a Philosophical King*, 1쪽.

250) Platon, *Politeia*, 473c-d.

251) Platon, *Politeia*, 499b-d.

톤과 달리 '행복'을 논하지만 그것은 '개인사'로 논할 뿐이고 '나랏일'로 논하는 것이 아니다. '백성의 행복' 문제를 논하는 국가철학은 복지국가론을 동반하지 않을 수 없지만, 플라톤·아리스토텔레스의 정치철학은 그렇지 않기 때문에 백성의 행복을 '나랏일'로 보지 않는다. 이 때문에 그들의 국가론은 백성의 복지를 외면한 야경국가론으로 그치고 말았던 것이다.

그러나 공맹의 경전과 유자들의 책은 국민의 '화복禍福', '오복五福', '지복祉福', '다복', '백복百福', '개복介福', '만복萬福', '경복慶福', '복록', '구복求福', '국리민복' 등을 '나랏일'로 무수히 논한다. 볼프는 자기 논의에 대한 독자들의 거부감을 줄이고 수용성을 높이기 위해 라이프니츠처럼 공맹의 국민행복 이념을 슬쩍 서양철학의 본류이념으로 둔갑시켜 이 본류 속으로 '밀반입'하고 싶었던 것으로 보인다. 볼프는 이 공자철학적 민복 이념을 바탕으로 관방학(Kameralismus)에 기반을 둔 국가복지론의 맹아를 싹틔워 유스티에게 전수하게 된다.

아무튼 볼프는 "철학자들이 다스리거나 다스리는 자들이 철학자일 때 공동체는 행복할 것"이라는 것은 "사변 속에서만이 아니라 사실과 경험 속에서 분명히 나타난다"고 말한다. 그가 열거하는 중국의 신화시대 황제들의 업적은 '사실과 경험'이다.

> 나는 다른 곳(《중국인의 실천철학에 관한 연설》)에서 중국의 고대 황제들과 왕들이 철학능력을 지닌 사람들이었다는 점을 암시했다. 그들 가운데 나는 중국인들 사이의 과학과 제국의 창건자 복희와 그의 직접적 계승자들을 언급했다.252)

이어서 볼프는 중국의 정부형태와 국민이 최선·최고인 것을 신화적 황제들의 덕택으로 돌린다.

> 중국인들의 통치형태가 다른 모든 정부형태들 사이에서 최선의 것이라는 것, 그리고

---

252) Wolff, *The Real Happiness of a People under a Philosophical King*, 1쪽.

이 국민이 유구성 측면에서만큼 통치술에서도 언제나 다른 모든 국민을 예외 없이 능가해 온 것은 그들의 보살핌 덕택이다.[253]

볼프는 고대 황제의 보살핌 덕택에 발전된 중국의 통치형태와 통치술을 세계 최고·최선의 것으로 인정하고 있다.

그리고 볼프는 "백성은 언제 행복하다고 말할 수 있는가?"라고 자문하고 '민복'과 '철인치자'의 상관관계에 대해 더 상론한다.

그렇다면 우리가 철학의 원칙들로부터 선험적으로 도출해야 하는 것은 철학자가 다스리거나 치자가 철학자일 때 공동체가 행복할 것이라는 것이다. 그러므로 우리는 우리가 우리 독자들에게 유토피언적 또는 상상적 행복상태를 말하는 것으로 보이지 않도록 백성이 언제 행복하다고 말해도 되는지를 설명하는 것을 우리의 목적에 낯선 것이라고 생각지 않는다. 사람들이 공동의 힘으로 공동선을 증진하고 적의 침공에 대항해 자신들을 수호할 상황에 있기 위한 것 외에 어떤 다른 목적에서 모여 사회를 형성하지 않았다는 것은 쉽사리 인정되지 않을 수 없다. 이것으로부터 인간행복이 더 큰 수준의 완벽화를 향한 부단한 진보에 있다는 것을 알면서 통합된 힘으로 공동선을 증진하는 일정수의 사람들인 사회의 행복은 사람들이 자신을 꼴 지어 사회를 형성하는 목적을 획득하는 중에 방해받지 않는 데에 있다. 그러므로 공동의 힘으로 공동선을 증진하고 경우에 따라 공동의 적을 몰아낼 수 있는 그런 백성은 행복하다고 생각된다.[254]

국가의 목적은 "백성이 행복한 것"이다. 볼프는 서양철학자답게 공맹의 민복 개념을 즉각 목적론적 개념으로 변질시키고 있다. 국가는 국민에게 직접 행복을 만들어 줄 수 없다. 국가는 다만 국민 개개인이 행복을 추구할 수 있도록 물질적·사회적·정치적·사법적 여건을 조성해 주고 백성의 괴로움과 불행을 야기하는 사회적

253) Wolff, *The Real Happiness of a People under a Philosophical King*, 1쪽.
254) Wolff, *The Real Happiness of a People under a Philosophical King*, 2–3쪽.

고충·병폐·위해를 제거하는 정책을 시행할 수 있을 뿐이다. 라이프니츠가 단언했듯이, "마음으로부터만 생겨나는 우리의 행복(이성과 덕성)에 대한 장애물들"을 교육에 의해 종식시키고, "우리 마음 바깥에 있는 방해물들"은 "우리의 육체나 운運으로부터 생겨나는 것"이므로 "인간들을 가급적 행복하게 만들기 위해 그들의 건강을 보존하고 인간들에게 삶의 편의를 주는 수단을 찾아 줘야 하는 것"이다.

볼프는 공맹의 자기목적적 행복 또는 민복 개념을 (목적론적으로 뒤틀어) 도입하고 있다.

공동선에 필수적인 것이 무엇인지는 우리가 우리의 정치철학에서 가르쳐 왔다. 여기서는 간략히 암시하는 것으로 족하다. 공동선은 각 개인이 그가 처한 상이한 상태에 맞게 이 세상에서 획득할 수 있는 최고선을 포괄한다. 그러나 큰 고백을 하자면 민복(civil Happiness)의 본성에 관한 모든 논란을 일축하자, 그리고 간단히 인간들이 연합하게 된 목적이 달성되었다면 그것이 달성되었다고 가정하자. 왜냐하면 이것에, 곧 사회 자체가 염두에 둔 어떤 목적이 존재한다는 것, 그리고 사회와 관계된 모든 것이 이 목적에 집중되어야 한다는 것, 그리고 사회는 그것과 관련된 모든 것이 이 목적을 향하는 경향을 가지고 있는 것 이상으로 행복하지 않다는 것에 우리 모두는 동의해야 하기 때문이다. 너무 일반적인 것으로 보일지라도 우리의 현재의 목적을 위해 이 원칙은 거기로부터 민복과 철학자의 통치의 연결을 도출하기에 충분하다.255)

여기서 볼프는 "사회와 관계된 모든 것"을 민복에 "집중해야 한다"고 말하고 있다. 이어서 볼프는 "통치에 필요한 정신의 자질(endowment)"을 "일정한 지적 자질과 도덕적 자질"로 규정하고, 이 자질의 수준을 다시 "세속적(vulgar)" 자질과 "고귀한(royal)" 자질로 차별하고 이 '고귀한 자질'을 '통치에 필요한 자질'로 규정한다. 그리고 "지혜(wisdom)"를 "지적 자질들(intellectual virtues)" 가운데 하나로 설명한

---

255) Wolff, *The Real Happiness of a People under a Philosophical King*, 3-4쪽.

다.256) 여기서 '세속적 자질'은 공자의 '소덕小德'을, '고귀한 자질'은 '대덕大德'을 말하는 것으로 보인다. 공자의 경우에 '소덕'은 직접 자기에게만 좋고 우리와는 별 상관없는 근면·인내심·검소·절약·자기청결 등을 가리키는 반면, '대덕'은 때로 자기에게는 희생을 요구하기도 하지만 우리는 확실히 기분좋게 만들어주는 인·의·예·지를 가리킨다. 볼프는 지적 자질을 도덕 자질에 앞세우고 있는데, 이것은 공자의 대덕(인·의·예·지)의 열거순서와 상반된 것으로서 플라톤의 4덕(cardinal virtues)의 열거순서(지혜·용기·절심·정의)를 따른 것이다.

중국의 고대 황제들은 볼프에게 철인치자의 본보기들이다. 그는 이 고대황제들을 이런 자질들을 갖춘 철인치자로 소개한다.

(...) 당신은 철인이기도 했던 고대중국 황제들이 훌륭한 통치에 관해 추론할 뿐만 아니라, 다른 신민들로 하여금 유력한 간파력도 쉽게 피해갈 훌륭한 통치의 난해한 부분들에 대한 통찰을 얻을 수 있게 하기 위해 신민들에 대해 그들의 재능을 발휘한 것을 관찰할 것이다. 이와 같이 중국국가의 건국자 복희는 하늘과 지상의 사물들에 대한 정관靜觀으로부터, 오늘날 그것을 이해하기 위해 중국적 지혜를 크게 발동시키는, 보통 역경 또는 '변화의 서書'라로 불리는 64괘의 표를 만들었다. 그러나 그 지혜를 여는 열쇠는 지금 잃어버렸다. 이것을 설명하는 데 많은 노력을 기울이고 그것에서 가장 많이 성공한 것으로 생각되는 공자는 사물들의 자연적 형상, 사물들의 질서, 변동, 그리고 사물들의 작용력으로부터 개인생활과 가정생활, 그리고 주로 도읍·지방·전全제국의 공적 통치를 규제하는 가장 탁월한 가르침이 도출될 수 있다고 주장한다.257)

중국에서 보통 복희가 8괘를 만들었고 문왕이 64괘를 만들었다고 얘기하는데 볼프는 여기서 복희가 "64괘의 표"를 다 "만든 것"으로 잘못 말하고 있다. 그래도 이 글은 볼프가 《역경》을 긍정적으로 언급하는 점에서 《역경》을 적대한 갈리아니·링

256) Wolff, *The Real Happiness of a People under a Philosophical King*, 5-6쪽.
257) Wolff, *The Real Happiness of a People under a Philosophical King*, 12-13쪽.

게·볼링브루크 등 다른 계몽철학자들과 다르다.

볼프는 이어서 복희伏羲와 신농神農을 고대의 뛰어난 음악·농업 발명가로 소개한다.

복희는 악기를 발명했고, 발명사업에 많이 노력을 쏟고 자연의 정관에 전력투구해 국가를 조직하고 형성할 능력을 갖추기 위해 더 큰 수준의 통찰력을 얻었다. 제국을 계승한 그의 계승자 신농은 농업에 필요한 도구들의 발명에 못지않게 유용하게 전념했고, 식물들의 약효를 탐구했다. 그는 이미 형성된 국가를 완벽화하는 데 기여할 수 있는 사물들에 대한 더 큰 통찰력을 얻기 위해서 더 나은 전망을 갖고 전임자의 발걸음을 따라 걸었다.258)

그리고 볼프는 오제五帝(황제헌원·전욱고양·제곡고신·당요방훈·우순중화)의 첫 번째 제왕인 '황제黃帝'의 업적에 대해서도 논한다.

다시 그의 계승자 황제의 치하에서 중국제국의 영광이 흥기했는데, 황제는 오늘날 중국인들의 아직도 그들의 연도를 계산하는 데 쓰고 있는 60갑자를 완성했다. 그는 천문학을 과학으로 형성하는 데 착수했다. 그는 일종의 산술 테이블, 또는 주판을 만들었다. 그는 악기·무기·그물·마차·전차·대장간·도자기·도량형의 발명가였다. 그리고 여러 논문으로 그는 오늘날도 중국인들 사이에 쓰이는 맥박의 신체적 원리를 설명했다. 그러므로 황제는 발명사업에 종사하고, 중국 통치형태를 완성할 능력을 갖추기 위해 기술과 본성의 연구에 전념했다. 그리고 어떤 이도 마치 중국황제들의 정부형태가 세계의 다른 왕들과 군주들의 정부와 비교하면 패할 것처럼 주제넘게 중국황제들을 경시해 판단하면 아니 된다. 중국 제국이 아주 큰 15개의 성으로 분할된 방대한 영역이라는 것은 잘 알려진 사실이다. 각 성은 지방이라기보다 큰 왕국의 이름을 받아야 마땅하다는 데 중국 안쪽으로 들어가 여행한 모든 여행자들이 만장일치로 동의한다.259)

---

258) Wolff, *The Real Happiness of a People under a Philosophical King*, 13쪽.

볼프는 쿠플레 등의 《중국철학자 공자》에 붙인 쿠플레의 〈예비논의〉와 〈중국연대기〉를 인용하고 있다.

그리고 볼프는 당시까지 계승되어 온 복희·신농·황제의 통치모델을 극찬하며 그들이 나라를 다스렸던 기원전 연대를 타산해 보여 준다.

3명의 첫 황제들인 복희, 신농, 그리고 황제는 지금 세상의 다른 모든 모델을 능가하는, 그리고 다른 군주국들과 왕국들이 종말을 고하든가 해체된 반면, 그토록 많은 천년 동안 번영했고 오늘날도 여전히 계속 번영하고 있는 그 통치모델을 확립했다. 그들의 마지막 건국자 황제는 기원전 2697년에 다스리기 시작했다. 누군가 치자가 방대한 제국의 정사를 소홀히 하지 않으면서 발명사업에 필요한 시간과 기회의 달인이라고 도저히 생각할 수 없다고 반론을 제기한다면, 치자의 사업과 거의 관련이 없는 어떤 일에서도 실패해서 고생한 적이 없는 이 위인들의 사례는 충분할 반박이다. 그들이 그들 자신의 경험으로부터 짜낸 것이 아닌 다른 방식으로는 지금까지 등장한 다른 모든 모델을 능가하는 통치모델을 짜는 것도 가능하지 않았다.260)

이어서 볼프는 복희·신농·황제를 명확하게 철인치자의 전형으로 규정한다.

치자들이 통치형태를 구성하거나 이미 구성된 것을 완벽화한다면, 치자들은 특히 복제할 다른 통치모델도 없는 곳에서라면 철학적 능력을 갖춘 사람일 필요가 있다. 이것은 위에서 암시했듯이 군왕이 철인이고 철인이 군왕인 중국인들의 경우다. 왜냐하면 복희가 그렇게 방대한 제국을 명령하기에 이르렀을 때 제국의 형태는 구성된 대로 남아 있었고, 더구나 중국인들이 다른 국민들과 교류를 가지지 않아서 세계의 나머지가 그들에게 이방인들인 것처럼 그들 자신의 제국의 경계 밖에서 통하는 것에 대해 완전한 이방인들인 만큼 복희는 복제할 어떤 다른 통치형태도 알지 못했다. 그러나 신농과

259) Wolff, *The Real Happiness of a People under a Philosophical King*, 14–15쪽.
260) Wolff, *The Real Happiness of a People under a Philosophical King*, 15–16쪽.

황제가 그 존엄의 지위에 등극했을 때 복희가 확립한 통치형태는 보다 더 높은 완벽화 수준에서 운영되어야 했다. 그러므로 그들은 자신들에게 제시한 목적으로부터 이 목적을 달성하는 데 적절한 수단을 반드시 강구했다.261)

인덕仁德을 최고로 치고 지혜를 인·의·예·지의 말석에 두는 공자의 군자는 덕성주의적 철인이다. '군자'는 지혜(소피아)를 제일로 치고 지혜·용기·정심·정의를 4덕으로 추구하는 소크라테스·플라톤의 지성주의적 철인과 본질적으로 다른 철인이다. 그럼에도 불구하고 볼프는 공맹의 '군자치자'를 플라톤 식의 '철인치자'로 계속 변조하고 있다. 그러나 나중에 볼프도 훗날 플라톤식의 '지성주의적 철인' 개념을 버리고 '덕성주의적 군자' 쪽으로 방향을 선회한다.

볼프에 따르면, 군주는 방대한 국가의 통치를 위해 판명하고 정밀하게 설명하고 사고해야 하고 이 때문에 철학자이어야 한다. 이에 잇대서 그는 수신·제가·치국·평천하의 '환원 원리'를 상론한다.

이제, 판명한 추론의 목적에 유용한 명제들에 응답하는 확정적이고 보편적인 개념들은 정확하게 철학적이다. 그러므로 중국제국의 창건자들인 중국황제들은 일정량의 철학을 갖췄고 철학으로써 그들의 통치를 모델링했다. 그들은 복제할 어떤 통치모델도, 적용할 어떤 공공철학 또는 정치철학도 없이 천재적 재능에 의해 모든 발명가들에게 가리지 않고 친숙한 환원의 원리(*principle of reduction*)로 이끌었다. 왜냐하면 그들은 일정한 비유에 의해 자기관리(*self-direction*; 修身 – 인용자)로부터 가족의 경영(齊家)으로 나아가는 식으로 논변해서 졸렬하지 않게 한 가족 또는 한 가정의 관리나 행동을 자기관리(修身)로 환원하듯이, 마침내 국가의 개념을 가정 또는 가족의 개념으로 환원하고 가장家長의 인물 아래 그들 스스로에게 치자 또는 통치자를 표현했고, 이로써 일정한 비유에 의해 가족으로부터 시민사회로 나아가는 식으로 논변했기 때문이다. 더구나 중국제국이 어떤 시기상조의 조치나 조급히 구는 경솔한 조치에 의해 그 형식이 구성되고 완성

261) Wolff, *The Real Happiness of a People under a Philosophical King*, 16–17쪽.

되었다고 우리는 상상할 수 없다. 그들은 그렇게 힘든 일을 생각하기 전에 먼저 그들 자신의 품행과 행동을 형성하고 어떻게 그 자신을, 특히 그 자신의 몸을 질서 잡고 조절해야 하는지를 보여 주기 위해 어지간히 전념했다. 그 다음 그들은 몸의 형상 아래 가족의 상像을 자신에게 떠올리고 영혼의 형상 아래 가장家長을 떠올리고 이 비유에 의해 가정을 다스리고 경영하는 데 필요한 빛은 어떤 빛이든 모았다. 여기로부터 느긋한 발걸음으로 그들은 더 나아갔다. 그러나 그들은 이해한 것에 철저히 익숙해지고 그 진리성을 완전히 확신하고 더 개량하고 그것에 대한 새로운 접근법을 만들기 위해 더 어려운 성질의 다른 일을 시도하기 전에 이해한 것을 유의해서 시행했다. 그들은 제가에서 자기들이 취한 조치의 다행스런 성공을 경험했을 때 마침내 가족의 개념 아래 한 성邑 또는 한 왕국의 형상을 떠올리고, 군왕을 가족의 장으로서 떠올렸다. 아니. 마침내 그들은 동일한 형상 아래 여러 왕국들로 구성된 전 제국의 상을 떠올리고 이 비유에 의해 훌륭한 통치의 개념들을 자신들에게 형성했다.[262]

볼프는 수신·제가·치국·평천하라는 환원논법의 비유적 합리성과 여기에 내포된 '시행'의 실험정신만을 강조하는 것이 아니라 이 환원논법을 뒷받침하는 '경험'의 중요성도 강조한다.

그들은 이 사실들을 그들 자신의 경험에 의해 확인하고 확정하기 전에 이 사실들을 모든 예외 저편에 있는 것으로 인정하지 않았다. 복희는 자신의 정신을 많은 사람들의 통찰력에 의해 발견되고 세상의 오랜 사용과 실행에 의해 확인된 이 진짜 장엄하고 존엄한 개념들로 채우고, 그토록 광범한 제국의 지속적 형태를 결정하고 확립하는 만큼 어려운 과업을 헛된 노력 없이 떠맡았다. 하지만 그 자신은 그가 수많은 경험에 의해 그의 일상적 통치과정에서 확인한 것 외의 어떤 것도 절대적으로 결정하지 않은 만큼 일을 완전히 완결하지 못했다.[263]

---

262) Wolff, *The Real Happiness of a People under a Philosophical King*, 21–24쪽.
263) Wolff, *The Real Happiness of a People under a Philosophical King*, 24쪽.

오랜 경험을 통한 계속적 확인의 필요성 때문에 이 일은 후계자들에게 넘겨질 수밖에 없었다.

그리하여 복희는 그의 후계자를 지명했고 그 자신이 아주 행복하게 개시한 것을 완성할 임무에 대한 그의 능력을 확신할 정도로 그를 제국의 동반자로 여겼다. 그러므로 복희의 계승자들은 그가 아직 감히 구성하고 확정짓지 못했던 모든 것을 더하고, 어떤 것도 경솔하게 확정되지 않도록 그들 이전에 복희가 그토록 행복하게 밟았던 동일한 길로 나아갔다. 그리하여 오직 몇 시대가 흐른 뒤에야 복희 자신이 완전히 끝마치고 완성하지 못한 것이 성취되었다. 그리하여 의심할 바 없이 국가의 형태를 결정하는 데서 철학적으로 추리하는 사람들과, 다른 장소에서 관찰한 것을 충직하게 모방하며 업무에서 경험적인 사람들 간에 커다란 차이가 아주 많이 나타날 것이다. 그리고 나는 건국자가 철학자이거나 철학자가 건국자라면 그것이 국가를 잘 구성하는 데 아주 많이 이바지할 것이라는 것을 문제 삼을 사람은 없을 것이라고 생각한다. 그토록 중요한 일에서 적절하게 그리고 철학적으로 추리하는 사람들이 누구인지는 중국인들의 사례가 풍부하게 증명하고 있다.[264]

이것을 보면, 볼프는 공자철학을 접한 이래 단순한 합리론을 버리고 경험론을 중시하는 방향으로 많이 바뀌었음을 알 수 있다. 따라서 훗날 칸트가 볼프를 라이프니츠와 묶어 '교조적 합리론자'로 본 것은 실로 허무맹랑한 것이다.

볼프는 논리적 원리와 합치되고 민복을 극대화하는 국가모델을 수립하려고 노력했다. 그는 중국통치체제에 관한 예수회 신부들의 보고들과 경전번역에 기초해 요령껏 중국 군주정의 보편적 정당성을 옹호하고 그 장점들에 관한 이론을 전개하고 궁극적으로 이 정부를 유럽제국을 위한 모델로서 바랄 만한 것으로 만들었다. 볼프는 도덕과 통치에 관한 중국인들의 여러 가르침 안에서 그가 이전에 철학적으로 도출했

---

264) Wolff, *The Real Happiness of a People under a Philosophical King*, 25–26쪽.

던 '아주 합리적인 원리들'을 발견했다고 믿었다.[265] 그리하여 오늘날 볼프철학의 기본요소와 기본개념들이 공맹철학과 중국통치술로부터 도출되었다는 사실에 거의 주목하지 않는 위르겐 바크하우스(Jürgen G. Backhaus)와 같은 학자조차도 볼프가 중국제국의 통치를 심오하고 유구한 철학적 전통과 연결시킴으로써 국가이성의 합리주의적·인도주의적 버전을 "자연법과 합치되는 과학"으로 정식화하는 데 성공했다고 평가한다.[266]

따라서 우리는 공자철학과 중국정치이론이 볼프철학과 볼프에 빚진 유럽의 모든 현대 정치철학과 사회과학의 '본질구성적' 요소가 되었다고 말할 수 있을 것이다. 중국의 정치철학에 대한 자신의 뜨거운 찬양에도 불구하고 볼프는 '계몽된 합리적 통치체제에 의한 민복의 증진'에 대한 자신의 믿음이 중국에서도 완전히 실현되지 않았다고 생각했지만, 동시에 '철학에 의한 통치'를 실증하는 빛나는 사례들이 오직 중국에서만 발견된다는 사실을 솔직히 인정했기 때문이다.

또한 볼프는 노경에 서양의 지성주의(intellectualism)를 비판하고 공자의 덕성주의(virtue-ism)를 선택했다. 지천명의 나이 때만 해도 '진리사랑'〔愛智〕만을 철학의 사명으로 보고 감정에 대한 진리의 우위를 주장하는 고대그리스의 '지성주의' 유산에 전적으로 사로잡혀 있어서 '덕성사랑', 곧 '덕성주의'와 감정(특히 도덕감정)의 원칙적 중요성은 전적으로 몰각했었다. 그러나 노경에 볼프는 공자를 유보 없이 수용함으로써 지성주의(진리사랑)에서 덕성주의(덕성사랑)로 완전히 선회해서 '덕성을 위한 감정'의 중요성을 전면적으로 인정한다. 볼프는 1750년과 1753년 사이에 집필한 《도덕철학 또는 윤리학》에서 중국에서 '덕성에 대한 사랑(Liebe zur Tugend)'을 더 크게 치는 반면, 서구에서는 '지식에 대한 사랑(Liebe zur Wissenschaft)'을 더 크게 친다고 밝히면서 서구의 사상과 문화를 비판한다.[267] 노경의 볼프는 이렇게 서구 지성주의

265) Stefan G. Jacobsen, "Limits to Despotism: Idealizations of Chinese Governance and Legitimations of Absolutist Europe", *Journal of Early Modern History*, 17(2013), 363쪽.

266) Backhaus, "Christian Wolff on Subsidiarity, the Division of Labor, and Social Welfare", 129쪽; Peter Senn, "What is the Place of Christian Wolff in the History of the Social Sciences?", *European Journal of Law and Economics*, 4(1997), 147쪽.

의 문제점을 중국의 덕성주의와의 대비 속에서 일반화해 기독교적 유럽에 대한 오만한 자부심을 접고 유럽을 문명비판적 맥락에서 바라봤던 것이다.268) 그는 세상을 떠나기(1754) 직전의 나이에야 유럽에 대한 문명비판의 경지에 도달함으로써 마침내 계몽주의의 대문을 활짝 열어젖혔다.

■ 트렝커드와 고든의 중국복지제도 예찬

주지하다시피 공자는 환·과·고·독·폐질자 등 자활능력이 없는 사람들에게는 국가가 생계를 보장하는 전통적 민생복지를 서술했다. 그리고 완전고용을 실현하고 각종 장애인들에게 제각기 알맞은 일감을 주어 자활을 돕는 복지제도를 기획했다. 그리하여 공자는 나라 안에서 한 사람도 버림받는 일이 없는 완벽한 복지국가를 '대동사회'로 그렸다. 유자들의 이런 꿈은 명·청대에 완전하지 않을지라도 근사치적으로 실현되었다. 공화주의 이데올로그이자 휘그당 지도자 존 트렝커드(John Trenchard, 1662-1723)와 토마스 고든(Thomas Gordon, 1691-1750)은 1721년 어떤

---

267) 참조: Wolff, *Philosophia moralis sive Ethica*(1750–53), §54(75쪽 이하). Wolff, *Gesammelte Werke*, II.Abt., Bd.12.1. Albrecht, "Einleitung", LXXXI에서 재인용.

268) 볼프는 이미 1726년의 주석에서 서구 '지성주의'의 문제점을 연장자와 오래된 것에 대한 '예의'라는 복고적 관점에서 지적한 적이 있었다. "고령은 중국인들에게 큰 가치를 가진다. 제국의 창설자와 입법자들은 중국인들 안에서 큰 존경을 받고 있다. 중국인들은 새로운 것을 옛것과 일치되는 한에서만 허용한다. (…) 나는 우리나라에서 '철학할 자유'라는 핑계 아래 중국인들의 지각 방식과 완전히 상반되는 도덕이 도입되어 새것이 아니라는 단순한 이유에서 옛것이 경멸되고 있는 상황을 우려한다. 또한 옛것이 검토와 심사를 받기도 전에 신참자들의 웃음거리가 되고 그리하여 신출내기 젊은이가 당장 새로운 철학을 제조하고 가능한 한 빨리 아무 때나 스승의 대오 속으로 밀고 들어가는 것을 우려한다. 아무튼 나는 옛것의 타당성을 결정하기 전에 그것을 정밀하게 헤아려 보고, 올바른 것으로 확인된 것을 고수하며 예리하게 만들고, 옛 선조들의 진리와 일치되는 것으로 확인하는 한에서만 새것을 받아들이는 공자의 원칙이 마음에 든다. 그리고 철학은, 방법을 고찰하든 사실을 고찰하든, 항상적으로 갱신되는 것이 아니라 개량되며 더 완벽하게 다듬어져야 한다. 이 원칙은 수학자들을 유리하게 만들어 준다. 이것은 수학 과목들이 항상적 증대를 달성하는 이유이기도 하다." Christian Wolff, *Rede über die praktische Philosophie der Chinesen*(Hamburg: Felix Meiner Verlag, 1985), Anmerkung §22. 볼프의 이 지적과 해석은 부분적으로 옳은 내용도 포함하고 있지만 복고주의적 해석으로 잘못 흐르고 있다. '온고지신'이라는 공자의 경험론적 방법을 복고적인 것으로 오해하면서 자신의 이 복고주의적 버전을 긍정적으로 평가하고 있다. 아무튼 볼프는 '종심'의 나이에 유럽문명에 대한 자기비판의 경지에 도달함으로써 마침내 계몽주의의 대문을 활짝 열어젖혔다.

사람도 버리지 않는 청대 중국제국의 복지국가를 접한 뒤 탄복한다.

트렝커드와 고든은 중국제국의 풍요와 장애인복지제도를 보며 중국을 단연 가장 위력적인 국가, 가장 위대하고 가장 부유하고 가장 인정어린 국가로 칭송한다.

> 중국왕국, 중국제국은 영국보다 열배 크지만, 그 광대한 나라에서도 버려진 땅은 하나도 없다. (일반적으로 얘기되듯이) 중국인들은 세계에서 가장 부유한 백성이다. 그들이 우리보다 20배 더 많은 주민을 가지고 있을지라도 가난한 사람도 거기에서는 잘살며 버젓한 복장을 갖추고 있고, 모두 다 고용되어 있다. 중국인들은 절름발이, 장님, 귀머거리에게도 적절한 일을 제공하기 때문이다.[269]

트렝커드와 고든은 중국이 당대 가장 부유한 나라일 뿐만 아니라 장애인의 고용을 포함한 완전고용을 추구한다고 말하고 있다.

휘그당 정치지도자 트렝커드와 고든의 에세이는 당시 공전의 히트를 치고 있었다. 따라서 그들의 이 중국 복지국가 찬양은 그들의 지도급 위상 때문에 자본주의적 계급갈등이 막 시작된 당시에 휘그들 사이에 널리 퍼져 훗날 영국의 복지제도 수립에 음양으로 크게 기여했을 것이다.

■허치슨의 "최대 행복" 원칙과 행복론적 헌정론

섀프츠베리의 유학적 도덕감각·도덕감정론을 계승한 프란시스 허치슨(Francis Hutcheson, 1694-1746)은 1726년 라이프니츠로부터 "최대 다수의 최대 행복" 원리를 받아들여 행복론적 헌정개념으로 설정했다. 그는 《미와 덕성의 관념의 기원에 대한 탐구》에서 "우리의 최대행복의 기초"를 "덕성, 즉 행위의 아름다움"으로 규정하

---

269) John Trenchard and Thomas Gordon, "The Sense of the People concerning the present State of Affairs, with Remarks upon some Passages of our own and the Roman History. In a Letter to a Member of Parliament"(721), 88쪽. John Trenchard, Esq; and Thomas Gordon, *A Collection of Tracts*, Vol. II(London: Printed for F. Cogan and T. Harris, 1751).

고, "인애가 우리의 최대 행복"이라고 천명한다.[270] 그리고 허치슨은 이 최대행복 명제를 이렇게 부연한다.

행동으로부터 생겨날 것으로 기대되는 동일한 정도의 행복에서 덕성은 행복이 확대되어야 하는 사람들의 수에 비례하고, (여기서 사람들의 지위나 도덕적 중요성은 수를 상쇄할 수 있다) 동수인 경우에 덕성은 행복의 양, 또는 비도덕적 복리의 양과 같다. 또는 덕성은 복리의 양 또는 향유자의 수에 복비례한다. 같은 방식으로 도덕적 악 또는 악덕은 불행의 정도와 고통받는 자들의 수와 같다. 그리하여 최대다수를 위해 최대 행복을 마련하는 행동이 최선이고, 유사한 방식으로 불행을 야기하는 행동이 최악이다.[271]

여기서 "최대다수를 위해 최대 행복을 마련하는 행동"이 "최선"의 행동이라는 허치슨의 이 정식은 궁극적으로 라이프니츠로 소급하고,[272] 그리고 라이프니츠의 복지국가는 궁극적으로 유학적 민복국가 또는 복지국가 정식으로 소급하는 것으로 확인된다.

라이프니츠의 이 유교적 복지국가론의 핵심논지가 바로 상술한 "최대 다수를 위해 최대 행복을 마련하는" 행복국가 정책의 추구였다. 라이프니츠의 '최대다수의 최대 행복' 테제는 훗날 허치슨을 애독하고 "최대다수를 위해 최대 행복을 마련하는 행동"이 "최선"의 행동이라는 허치슨의 정신을 신봉한 토마스 제퍼슨을 통해 미국의 행복론적 헌법과 제퍼슨의 취임연설 속으로 유입한다.

■ 유스티의 유교적 양호국가론

요한 유스티(Johann H. G. Justi, 1717-1771)는 케네와 반대로 중국의 복지제도를

---

270) Hutcheson, *An Inquiry into the Original of Our Ideas of Beauty and Virtue*, 82, 134쪽.

271) Hutcheson, *An Inquiry into the Original of Our Ideas of Beauty and Virtue*, 125쪽.

272) Hruschka, "The Greatest Happiness Principle and Other Early German Anticipations of Utilitarian Theory", 165-177쪽.

높이 평가하고, 라이프니츠와 볼프의 유학적 복지·민복국가론을 계승해 오늘날 '복지국가'로 불리는 '양호국가론(Polizeistaatslehre)'을 발전시켰다. 1909년 앨비언 스몰(Albion Small)은 1656년《독일군주국(*Teutscher Fürsten Stat*)》에서 독일 관방학을 개창한 제켄도르프(Veit Ludwig von Seckendorff, 1626-1692)를 "관방학의 기반"이라 칭하는 한편, 유스티를 "관방학의 종석宗石"이라 칭했다. 그리고 그는 제켄도르프를 "관방학의 아담 스미스"로 추켜세우고, 유스티를 '관방기술'을 '관방학이론'으로 발전시킨 "움직이는 존 스튜어트 밀"로 찬양했다. 그는 유스티를 "정수精髓 관방학자", "관방학 일반의 전형"으로 평가했다.[273) 스몰의 이 사상사적 유스티 평가는 오늘날도 여전히 타당하다. 유스티는 거의 도처에서 "독일 관방학의 본질적·전형적 대표자"로 대접받고 있다.[274)

유스티의 양호국가(복지국가)는 유교적 양민·교민국가의 독일판이었다. 그는 1756년《양호학의 원리(*Grundsätze der Policeywissenscht*)》에서 공맹과 역대 중국정부의 양민·교민정책과 전통적 구빈·장애인복지 제도에 따라 근대적 복지국가론을 양호국가론으로 처음 수립하고 그 서술체계에서 공자의 부민과 교민, 또는 맹자 인정론의 양민·교민·사법정의·반전反戰 사상과 순서를 거의 그대로 따르고 있다. 유스티의 '양호국가론', 또는 "양호학養護學(Polizei-Wissenschaft)"은 학문적으로 라이프니츠와 볼프의 유학적 복지·민복국가론을 계승한 것이다. 하지만 그의 양호학은 계몽군주 프리드리히 2세의 민복民福국가론을 계승하는 것이기도 했다. 알려져 있다시피 프리드리히는 1740년《반反마키아벨리론(*Anti-Machiavel*)》에서 군왕의 진정한 이익을 백성의 행복으로 주장함으로써 마키아벨리의 음모적·비도덕적 권력 국가론을 배격했다. "마키아벨리가 말하듯이 군주가 *di ordinaria industra*(상당히 근면한 것)로는 충분치 않다. 군주는 자기 백성을 행복하게 만들기 위해 모든 노력을

273) Albion Small, *The Cameralists: The Pioneers of German Social Polit*(Chicago: University of Chicago Press, 1909), 60-69쪽과 285쪽. Alfred Wakefield, *The Disordered Police State. German Cameralism as Science and Practice*(Chicago·London: The University of Chicago Press, 2009), 20쪽에서 재인용.
274) 참조: Alfred Wakefield, *The Disordered Police State. German Cameralism as Science and Practice*(Chicago·London: The University of Chicago Press, 2009), 20쪽.

다해야 한다. 진정, 백성들은 불만족하지 않다면, 결코 반란을 일으킬 생각을 하지 않을 것이다. 그러나 군주가 자기의 백성들을 행복하게 만들 때, 군주가 일부 권력을 잃는 것을 두려워하는 것보다 백성들은 언제나 자기의 군주를 잃는 것을 더 두려워할 것이다."[275] 프리드리히가 이렇게 추리하는 근본적 이유는 "인간의 첫 번째 관심이 자기의 보존이고 다음 관심이 자기의 행복이다"라고 생각하기[276] 때문이다. 따라서 군주의 주요관심이 '민복民福'이라는 것을 믿지 않는 자들은 냉소적 멍텅구리들뿐이라는 것이다.[277]

하지만 이미 유학적 상식과 중국지식이 만연된 당시의 서구 궁정 세계에서 볼테르를 통해 중국으로부터 양민국가를 배운 프리드리히의 이런 민복국가론은 그만의 독특한 국가관도 아니고, 서구 최초의 국가관도 아니었다. 1717년 4월 7일 작센-고타 공국의 프리드리히 2세에게 보낸 한 재무관리의 서신은 이렇게 시작하고 있다. "평온하신 공작님, 은혜롭게 군림하는 군주이자 주군님, 자기의 모든 신민들을 자기의 자식처럼 사랑하고 신민들의 항구적 복지와 복지 증진을 위해 기쁘게 일하는, 신을 경외하고 정직하고 완벽한 군주를 보기를 원한다면, 분명 평온한 전하이십니다."[278] 이것은 비록 군주에 대한 격식을 차린 아부적 인사말일지라도 백성을 "자기의 자식"처럼 사랑하고 백성의 "항구적 복지"의 증진을 군주의 임무로 지적하고 있는 것은 그대로 유학적 양민국가론이다. 전반적으로 유학적 세례를 받은 이런 18세기 분위기 속에서 유스티는 관방학자가 백성을 행복하게 만드는 이론을 가르치면, 군주는 이것을 실천한다고 단단히 확신할 수 있었다.[279] 따라서 유스티의 "양호학"은 프리드리히의 저 계몽주의 국가관과도 맞닿아 있는 것이다.

유스티는 1760년 마침내 그가 꿈에 그리던 프리드리히 2세의 프로이센 정부에서

---

275) King of Prussia Frederick II, *Anti-Machiavel* (1740), published by Mr. de Voltaire(London: printed for T. Woodward, 1741), 7쪽.

276) Frederick II, *Anti-Machiavel*, 141-142쪽.

277) 참조: Wakefield, *The Disordered Police State*, 11쪽.

278) 참조: Wakefield, *The Disordered Police State*, 13쪽.

279) 참조: Wakefield, *The Disordered Police State*, 10쪽.

일할 수 있게 되었다. 이때 그는 프리드리히 국왕을 알현하고 국왕의 신임을 얻었다.[280] 그는 프리드리히의 명에 따라 작센 선제후 프리드리히 아우구스트 1세(강건왕)의 재상 하인리히 폰 브륄(Heinrich von Brühl) 백작을 맹박하는 비판서 《브륄(Brühl)》을 썼다.[281] 독일에서 가장 풍요로운 나라 작센을 파산시킨 브륄 재상을 백성의 "흡혈귀"와 "공금횡령자"로 탄핵하는 이 책은 아주 성공적이었다. 이 책은 그의 생존 시에 영역되어 런던에서 출판되기도 했다.[282] 1755년에 쓴 소책자 《국가경제(Staatswirtschaft)》의 서문에서 관리의 정직성을 강조하고 부정직한 관리들의 위험성을 경계했었는데, 이 《브륄》은 사실상 1755년의 이 《국가경제》와 자매편으로 나온 책자나 다름없었다.[283]

서양에서 그리스어 '폴리스(πόλις)'에서 유래한 '폴리차이(Policey; Polizei)'라는 말은 아주 오래되었으나, 유스티는 그 내용을 공맹의 양민론으로 치환해 계몽주의의 최대 성과 가운데 하나인 '양호국가론'을 창조한다. 유스티는 단순히 도시 치안유지를 의미하는 어원적 '폴리차이(Policey)'와 자신의 '양호' 의미의 '폴리차이' 개념 간의 차이를 이렇게 밝힌다.

'폴리차이(Polcey)'라는 명칭은 그리스어 Πολις(폴리스), 즉 도시국가에서 유래하고, 의심할 바 없이 도시와 그 시민 체제의 훌륭한 제도를 시사해 준다. 그리스인들과 로마인들은 이 단어를 다름 아닌 도시의 훌륭한 질서·안녕·단장丹粧으로 정의했다.[284]

---

280) Erik S. Reinert, "Johann Heinrich Gottlob von Justi (1717-1771) - The Life and Times of an Economist Adventurer", 5-12쪽. Jürgen G. Backhaus(ed.), The Beginnings of Political Economy: Johann Heinrich Gottlob von Justi(New York: Springer Science+Business Media, 2009).

281) 참조: Ferdinand Frensdorff, "Über das Leben und die Schriften des Nationalökonomen J. H. G. von Justi", Nachrichten der Königlichen Gesellschaft der Wissenschaften zu Göttingen, Phil.-Hist. Klasse 4(1903), 81쪽. Wakefield, The Disordered Police State, 12쪽 각주 39에서 재인용.

282) 참조: Wakefield, The Disordered Police State, 12쪽.

283) 참조: Wakefield, The Disordered Police State, 12쪽.

284) Johann H. G. von Justi, Grundsätze der Policeywissenscht in einem vernünftigen, auf den Endzweck der Policey gegründeten, Zusammenhange(Göttingen: Verlag der Wittwe Vandenhoek, 1756·1759·1782), 'Einleitung', §1.

그런데 근세 초 유럽인들은 이 말을 다시 끄집어내어 광의로 쓰기 시작했는데, 이때 "광의의 폴리차이(Policey)"는 "전반적 국가능력을 영속적으로 정초하고 증대시키고 국력을 더 잘 사용하고 무릇 공동체의 행복을 증진할 수 있는, 대내적 국사國事에서의 모든 조치들"로 정의되었다.[285] 그러나 유스티는 "협의의 폴리차이"를 "시민적 생활의 훌륭한 체제를 위해 요구되는 모든 것"으로, 따라서 "신민들 사이의 훌륭한 기강과 질서의 유지, 생활의 편의와 영양상태의 향상을 진흥하는 조치들"로 정의하고", 대상지역을 농촌과 도시를 망라한 전 영역으로 확대해 자기의 양호학을 이 협의로 규정했다.[286]

그리하여 유스티에 따르면, 일단 "모든 나라의 궁극목적과 본질"을 "공동체적 행복의 증진"으로 갈파하고, 국가는 "전全 국력"을 이 행복의 증진에 투입해야 한다고 주장한다. 이 "전 국력" 개념을 바탕으로 그는 양호학을 정치학·관방학·재정학과 구별한다. 정치학(정치술)은 "다른 자유국가들과의 관계 속에서 전반적 국가능력을 유지하고 증대하는 것"이고, 양호학은 "내부체제와 관련해 국가의 바로 이 전반적 국가능력의 유지와 증대를 대상으로 삼는다". 이와 달리, "관방학과 재정학"은 "전 국력으로부터 이 능력의 슬기로운 사용을 통해 특별한 또는 가장 잘 마련된 능력을 끌어내" 쓰는 것을 다룬다.[287] 한마디로 관방학이 국력의 슬기로운 '지출'을 탐구하는 학인 반면, 양호학은 이 국력의 슬기로운 국내적 '산출'을 탐구하는 학이다. 따라서 "양호의 궁극목적은 훌륭한 내부체제(innerliche Verfassung)를 통해 전반적 국력의 유지와 증대를 구현하는 것이다. 전 국력이 나라 전체와 나라의 모든 구성원들에게 할당된 모든 재화만이 아니라 나라에 속한 모든 사람들의 숙련과 능력도 포괄하는 것과 꼭 마찬가지로, 양호는 이 모든 다양한 재화의 전반적 연관을 염두에

---

285) Justi, *Grundsätze der Policeywissenscht*, 'Einleitung', §2.

286) Justi, *Grundsätze der Policeywissenscht*, 'Einleitung', §3.

287) Justi, *Grundsätze der Policeywissenscht*, 'Einleitung', §4. 정치술과 관련해 유스티는 다른 곳에서 "정치술은 다름 아닌 대내외적 국가안보를 궁극목적으로 갖는다"고 하여 대외안보만이 아니라 대내안보도 정치학의 사안으로 보고 있다. Justi, *Grundsätze der Policeywissenscht*, 'Vorrede zu der ersten Ausgabe 1756'. 3쪽.

두고 이 재화의 각 종류를 공동체적 행복의 증진을 위해 점점 더 도움이 되고 더 쓸모 있게 만들려고 끊임없이 노력해야 한다."288)

이 목적을 위해 양호론은 "국토를 개발하고(*cultivieren*), 영양상태를 향상시키고, 공동체 안에서 훌륭한 기강과 질서를 유지하려고 한다."289) 여기서 백성의 "영양 (*Nahrung*)"이라는 표현은 의미론적으로 공맹의 '양민養民' 개념과 그대로 부합한다.

유스티의 이 양호국가론은 볼프의 철학에 근거했다. 그는 국가목적으로서의 '행복' 개념도, 그 '함의'도, '이론 틀'도 다 넘겨받았다. 그러나 이것은 유스티의 저작들을 봐서는 잘 드러나지 않는다. 그는 그의 저서에서 볼프의 이름이 나올 때마다 '자기 의견은 볼프와 다르다'고 말하기 때문이다.290) 그는 《양호학의 원리》에서도 볼프에 대해 가령 이렇게 양호학(복지학)의 발전을 위해 비판적으로 평가한다.

사람들이 서거한 볼프 총장에게 기대한 것은 그가 양호론을 망각하지 않는 것이었을 것이다. 그러나 그는 과학의 본질 및 정의로운 경계와도 일치하지 않은 그의 특별한 이념에 따라 인간들의 사회생활을 주요대상으로 선택하는 것을 좋아했다. 그는 이런 책들에서 많은 유익하고 올바른 양호론의 이론들을 같이 개진했을지라도 이 이론들을 그의 특별한 궁극목적에 따라 도덕론, 자연법, 생활지혜의 수많은 원칙들과 뒤섞은 통에, 이런 책들은 양호론의 학설체계로도 간주될 수 없다.291)

이런 까닭에 《양호학의 원리》로써 유스티는 볼프의 관방학을 발전적으로 극복한다. 이 책에서 유스티는 자신이 처음 '양호학'을 창시했다고 천명한다.

---

288) Justi, *Grundsätze der Policeywissenscht*, 'Einleitung', §5.

289) Justi, *Grundsätze der Policeywissenscht*, 'Vorrede zu der ersten Ausgabe 1756', 4쪽.

290) 참조: Jürgen G. Backhaus, "From Wolff to Justi", 8, 12쪽. Jürgen G. Backhaus(ed.), *The Beginnings of Political Economy: Johann Heinrich Gottlob von Justi*(New York: Springer Science+Business Media, 2009).

291) Justi, *Grundsätze der Policeywissenscht*, 'Vorrede zu der ersten Ausgabe 1756'. 4-5쪽.

나는 지금, 다른 학문들과 분리되어 완벽하게 현상하는 양호론, 사물의 본성에 근거한 연관 속에서 현상하는 양호론의 최초의 이론체계를 제공하는 것이라고 근거 있게 주장할 수 있다.292)

그러나 유스티의 양호론은 결코 '최초의 이론'이 아니라 공맹의 양민·교민론의 재탕이었다.

유스티는 《양호학의 원리》에서 일단 양호학을 세 책으로 구분하고 의식주를 물과 불처럼 풍성하게 하려는 공맹의 양민·부민정신에 충실하게 제1책은 주민의 주거와 식량을 위해 농촌과 도시를 개발해 외국인을 견인하고 내국인의 출산을 장려해 인구를 늘리고 의료복지로 인구를 병마로부터 지키는 '국토의 개발', 제2책은 "풍족한 영양상태를 진흥하는 조치들"을 다루고, 제3책에서는 "신민들의 도덕적 상태와 훌륭한 기강과 질서의 유지"를 겨냥한 '교민敎民정책'과 '사법정의'를 다룬다. 이것은 공자가 '족병足兵'(강병)보다 '족식足食'(풍족한 의식주)을 앞세워 인구를 많게 하고 "문덕"을 닦아 "먼데 사는 사람들을 오도록 하고, 오면 편안하게 해주고" 이렇게 해서 늘어나는 인구를 부자로 만들고, 부유한 국민을 교화한다고 말한 것이나, 맹자가 인정론의 4대 요소를 양민·교민·사법정의·반전평화로 본 것과 그 내용만이 아니라 순서까지 대동소이하다. 이것은 양호국가론의 종결작 《국가의 권력과 행복의 기초(Die Grundfeste zu der Macht und Glückseligkeit der Staaten)》에서293) 유스티가 '불필요한 전쟁'까지 반대함으로써 더욱 공맹과 유사해진다. 양호학의 일반원리는 "공동체의 내부체제를 전반적 국가능력이 유지되고 증대되고 공동체적 행복이 점점 더 많이 증진되는 형태로 조정하는"것이다.294)

---

292) Justi, Grundsätze der Policeywissenscht, 'Vorrede zu der ersten Ausgabe 1756'. 3쪽.

293) Justi, Grundsätze der Policeywissenscht; Justi, Die Grundfeste zu der Macht und Glückseligkeit der Staaten, oder ausführliche Vorstellung der gesamten Policey-Wissenscht, erster Band(Königsberg und Leipzig: Johann Heinrich Hartungs Erben, 1760), zweiter Band(Königsberg und Leipzig: Verlag seel. Gebhard Ludewig Woltersdorfs Witwe, 1761).

294) Justi, Grundsätze der Policeywissenscht, 'Einleitung', §8.

유스티는 양호학에 중국의 농본주의를 수용해 농업을 중시하는 가운데, 중국의 상평창 또는 사창社倉을 모델로 구휼용 국가곡식창고 설치를 제창하고 중국의 자유 농민을 본보기로 봉건적 부역의 폐지를 주창한다.

농업은 아주 많은 원자재와 국내생산물이 농업을 통해 산출되기 때문에만이 아니라 국민들의 생계에 없어서는 아니 되는 곡식을 제공해야 하기 때문에도 국토 양호養護의 큰 관심을 받을 만하다. 왜냐하면 곡식이 상업으로 얻어질 수 있을지라도, 외부의 유입이 끊어지는 수백 가지 사정이 발생하기 때문이다. 자기의 주민들이 먹을 것도 불충분한 곡식을 생산하는 나라는 항상 얼마간 이웃나라에 종속적이다. 따라서 정부에 본래 알려져 있을 수밖에 없는, 나라 안에 사는 수의 백성을 위해서 충분한 곡식이 재배되어야 할 뿐만 아니라, 잉여곡식을 창고에 보관함으로써 흉년에 국가를 망치는 가격 등귀와 기근을 타개하거나 유리한 대외무역을 할 수 있기 위해 매년 잉여곡식이 생길 정도로 농업을 번창하게 만들려고 노력해야 한다.295)

마지막에 언급하는 중국식 사창과 상평창은 그가 중국 출처 제시 없이 이미 《국가경제(Staatswirtschaft)》(1755)에서 주장한 것이다. 유스티는 중국제국에 대한 풍부한 지식정보를 가지고 여기저기서 활용하고 있지만 이런저런 아이디어를 중국으로부터 가져왔다는 것을 밝히지 않는다.296) 그러나 그렇지 않아도 중국을 좋아한 프로이센 국왕 프리드리히 빌헬름 1세(재위 1713-1740)는 이 중국 사창제도를 1730년대에 이미 프로이센에 도입한 상태였다. "빌헬름 1세의 잉여곡식 관청은 흉년에 도시 중하층계급에 혜택을 주는 시세 이하의 가격으로 처리하기 위해 풍년에 농민들이 팔 수 없는 모든 농산물을 다 일정한 고정 가격에 사들였다"고 한다.297) 이 사실을

---

295) Justi, *Grundsätze der Policeywissenscht*, §123.

296) Johanna M. Menzel, "The Sinophilism of J. H. G. Justi", *Journal of the History of Ideas*, Vol. 17, No. 3(June 1956), 310쪽.

297) Leonard D. White, Charles H. Bland, Walter R. Sharp and Fritz Morstein Marx, *Civil service abroad, Great Britain, Canada, France, Germany*(New York & London: McGraw-Hill, 1935), 172쪽.

1946년에야 뒤늦게 알게 된 더크 보드(Derk Bodde)는 라이프니츠(1646-1716)·
크리스티안 볼프(1679-1754)와 같은 독일 사상가들이 공유한 중국 열광이 잘 알려
진 것을 근거로 프로이센의 이 곡식창고제도를 '중국산'으로 추정했다.298)

한편, 전체적으로 볼 때 유스티는 프랑스 중농주의자들보다 중국의 농업관련
입법과 관행에 관심이 덜했다. 이것은 의심할 바 없이 부의 원천에 대한 그의 상이한
생각을 반영한 것이다. 그는 농업보다 상공업을 더 큰 국부의 원천으로 간주했다.
따라서 그의 중국애호는 케네와 강세가 달랐던 것이다.299) 또한 유스티는 중국의
농·상 양본주의에서 '상본주의商本主義'를 수용함으로써 아담 스미스도 넘어 섰다.
유스티는 농업정책에서 농본주의에 집착하기보다 세금과 봉건적 부역의 경감을
강조한다.300)

이어 유스티는 맹자를 따라 농민에 대한 기술·직업교육·장려책도 언급한다. "농
부들에게 탁월한 재능을 가르쳐야 한다"는 것이다.301) 이것은 중국정부의 수천
년 전통을 그대로 옮겨 놓은 것이다. 그는 《유럽정부와 아시아정부의 비교》에서
열심히 일한 농부를 여러 가지로 포상하는 중국정부의 관행을 자세히 다루고 이를
찬양하고 있기302) 때문이다. 그러나 동시에 유스티는 상업의 중요성을 농업 못지않
게 강조한다. 상업은 '양민정책의 핵심' 또는 양민의 '가장 중요한' 기반이다.303)
그는 "상업과 영리활동은 모든 영양상태의 가장 주된 버팀목이고, 따라서 국가양호
의 완전히 특별한 주도면밀성을 요구한다는 것을 쉽게 알게 된다"고 주장한다.
"풍족한 영양상태는 바로 나라 안에서 생산되고 가공되고 비축 속에 들어 있고
다시 판매되는 재화의 양에 있기 때문"이라는 것이다.304)

---

298) Bodde, "Henry A. Wallace and the Ever-Normal Granary", 426쪽.

299) Menzel, "The Sinophilism of J. H. G. Justi", 310쪽.

300) Justi, *Grundsätze der Policeywissenscht*, §126.

301) 참조: Justi, *Grundsätze der Policeywissenscht*, §129.

302) Johann H. G. Justi, *Vergleichungen der Europäischen mit den Asiatischen und anderen, vermeintlichen Barbarischen Regierungen*(Berlin/Stetten/Leipzig: Johann Heunrich Rüdiger Verlag, 1762), 304-306쪽.

303) Justi, *Grundsätze der Policeywissenscht*, §191.

유스티가 양호를 "국가권력과 행복의 기초"와 동의同義로 정의한305) 《국가의 권력과 행복의 기초》(1760·1761)에 이르면, 중국적 내용이 새로 더해지면서 유스티의 양호국가론은 더욱 공맹의 인정국가론과 겹치게 된다. 일단 《국가의 권력과 행복의 기초》에서 돋보이는 것은 용어의 갱신이다. 1756년의 《양호학의 원리》에서 쓰던 '주민'이라는 범주는 '안구(Bevölkerung)로 바뀌고, "복지(Wohl, Wohlstand, Wohlfahrt)"라는 단어들이 도처에서 자주 출몰한다. 또한 "제가齊家(häuserliche Regierung)", "개별 가족의 복지", "구빈" 문제 등이 새로 도입되고, 인구조사·치수·개간·땔감 문제, 우편·도로 설치, 박람회와 상설시장 설치 등이 추가되고, 상업과 상품유통 관련 내용이 대폭 확대된다.

《국가의 권력과 행복의 기초》에서는 《양호학의 원리》에서보다 더 분명하게 정부의 양민책임과 그 범위를 확장적으로 규정한다. "정부는 첫째, 만인이 자기 생계를 버는 기회를 얻도록 식량과 영리활동이 나라 안에서 풍성하도록 배려하고, 둘째, 생필품이 나라 안에 언제나 충분하게 현존하고, 적정가격에 거래되고, 어떤 가격등귀도 일어나지 않도록 주의를 기울여야 한다"는 것이다.306) 이것과 추가된 구빈론으로서 유스티는 그의 국가론 체계의 중심을 플라톤적 철인치자의 고답적 야경국가론을 떠나 공맹의 은혜로운 인정仁政국가론으로 확실히 이동시킨 것이다.

《국가의 권력과 행복의 기초》에서 양호학에 추가된 내용 가운데 하나는 복지의 본래적 핵심인 '구빈'정책이다. 걸인을 단속대상으로만 논하던 1756년의 《양호학의 원리》와 달리, 《국가의 권력과 행복의 기초》에서는 "구걸을 막고 빈민을 구휼하는 시설은 우리가 이 저작에서 특별한 주목과 상세한 논의를 바쳐야 할 정도로 아주 중요하고 아주 간절한 양호대상, 심지어 가장 좁은 의미에서의 양호의 대상이다"라고 천명한다. 왜냐하면 "개별 가족들의 복지는 공동체적 최선과 아주 긴밀히, 국가의

---

304) Justi, *Grundsätze der Policeywissenscht*, §193.

305) Justi, *Die Grundfeste zu der Macht und Glückseligkeit der Staaten, oder ausführliche Vorstellung der gesamten Policey-Wissenscht*, erster Band, 'Vorrede'.

306) Justi, *Die Grundfeste zu der Macht und Glückseeligkeit der Staaten*, erster Band, §314.

복지가 빈민을 거의 자기 안에 갖지 않는 것에 아주 많이 근거할 정도로 아주 긴밀히 연결되어 있기" 때문이다. "특히 빈민이 공동체의 무용한 구성원일 뿐만 아니라 과중한 구성원이기에 많은 주민들의 빈곤은 도덕적 상태에 대해서도 악영향을 미친다".[307] 이것은 공맹의 사상과 전적으로 부합한다.

유스티는 빈민 누적의 원인으로 빈번한 '사고'보다 '나태'와 '빈둥거림', 그리고 중과세 등 정부의 '부정'과 '억압'을 든다.[308] 그는 "농부와 천민은 가난해야 하고 그럴수록 그만큼 더 근면할 것이라고 한다"고 주장하는 정치학자들에 대해 중농주의자 미라보를 인용하며 "그들은 그들의 원칙에 따라 억압을 통해 가난하게 유지되어야 하는 이 천민 사이에서 존재하기를 바라는가?"라고 일침을 놓는다.[309] 그런데 중과세로 국민을 궁핍화시켜도 근로의지를 꺾어 나태를 부추길 수 있지만, 세금을 거의 없애도 혁신적 근면 없이 인습 속에서 초라하게 먹고사는 나태를 부추길 수 있다. 따라서 "모종의 상황에서는 너무 적은 세금도 백성의 가난의 공동작용적 원인일 수 있다". 따라서 요는 적정수준의 과세가 필수적이라는 것이다. 그러나 이 원칙은 "두 가지" 조건을 전제한다. 첫째, "정부가 거둔 세금을 실제로 국가의 이익을 위해, 특히 영양수준의 향상을 위해 써야지, 사치나 낭비, 총신들의 치부, 불필요한 전쟁, 기타 무익한 지출에 쓰지 않는 것이다". 유스티는 당시 독일 군주들이 일삼던 '불필요한 전쟁'도 비판하고 있는데, 이 '불필요한 전쟁'은 침략전쟁이다.[310] 둘째, "세금 때문에 아무도 가난해지지 않을" 정도로 "세금은 언제든 적정해야 한다"는 것이다. "가혹한 세금으로 근면한 신민들을 가난하게 만드는 것은 언제나 여전히 혐오할 만한 원칙이다". 세금의 "적정성"과 "정의로운 세율"은 "소득의 극소

---

307) Justi, *Die Grundfeste zu der Macht und Glückseeligkeit der Staaten*, zweiter Band, §306.

308) Justi, *Die Grundfeste zu der Macht und Glückseeligkeit der Staaten*, zweiter Band, §307-310.

309) Justi, *Die Grundfeste zu der Macht und Glückseeligkeit der Staaten*, zweiter Band, §310.

310) 이런 평화지향성 때문에 훗날 나치스와 파시스트들은 양호학을 좋아하지 않았다. 참조: Helge Peukert, "Justi's Concept of Moral Economics and the Good Society", 117쪽. Jürgen G. Backhaus(ed.), *The Beginnings of Political Economy: Johann Heinrich Gottlob von Justi*(New York: Springer Science+Business Media, 2009).

량만을 거두는" 가벼운 세금에 본질을 둔다.[311] 가벼운 세금은 공맹이 강조해 마지 않던 것이다.

빈민을 시설에 수용하느냐, 가정에서 돌보도록 지원하느냐 하는 구휼방법을 둘러 싼 논란은 있지만,[312] 유스티는 "국가가 연로年老·질병·허약 때문에 일할 수 없는 가난하고 불행한 사람들을 구휼하는 만큼 필수적이고 정당한 것은 없을 것이다"라고 천명하고 "보편적 인간애는 우리가 시민사회 안에서 살지 않더라도 이 의무를 우리 에게 부과할 것이다"라고 갈파한다. 그런데 "같은 시민사회 속에 서로 더불어 살고 있는 이들"은 "빈곤하고 허약한 구성원들을 구휼해야 할 훨씬 더 강한 의무를 지닌 다". 시민들이 시민사회로 "결합해 있는" 것은 "공동체적 행복의 궁극목적을 위한" 것이기 때문이다. 따라서 정부가 짊어져야 할 의무는 시민사회보다 "더 크다." 왜냐 하면 "시민사회의 각 구성원의 복지를 돌보는 것"은 국가가 궁극목적으로 추구하는 "공동체적 최선과 화해롭기 때문"이다.[313]《국가의 권력과 행복의 기초》에서 "늙고 병들고 허약한" 빈민에 대한 복지정책을 이렇게 대폭 보강함으로써 최초로 공맹의 양민철학 쪽으로 진일보한 선명한 복지국가론이 수립된 것이다. 공맹이 요순의 대동이념을 이어 역설하고 모든 동아시아국가들이 2000년 동안 실제로 공맹의 '인仁 정신'에 따라 시행한 환·과·고·독과 폐질환자 및 기타 노인과 빈민·재해민에 대한 국가구휼 정책이 유스티에게서 이처럼 그대로 복원되고 있다. 이후 독일학계에 서 사회적 약자의 국가구휼은 학문적 상식이 되었고, 이를 통해 노동계급 중심 복지국가론도 그 근간이 만들어진다.

유스티의 사상과 이론체계를 전체적으로 평가하자면, 그는 유럽 정치철학의 전통 과 당대의 사조를 자기 사상의 바탕으로 삼고 결코 버리지 않았지만, 양호국가론의 체계화와 확장 등에서 전적으로 중국에 의존했다. 이런 까닭에 요하나 멘쩰(Johanna M. Menzel)은 1950년대에 〈유스티의 친중국주의(The Sinophilism of J. H. G. Justi)〉에

---

311) Justi, *Die Grundfeste zu der Macht und Glückseeligkeit der Staaten*, zweiter Band, §311.

312) Justi, *Die Grundfeste zu der Macht und Glückseeligkeit der Staaten*, zweiter Band, §317.

313) Justi, *Die Grundfeste zu der Macht und Glückseeligkeit der Staaten*, zweiter Band, §315.

서 "그는 중국의 정치철학과 제도 속에서 (...) 시간에 바래지 않을 정치적 지혜의 원리들에 대한 확증을 발견했다고 확신했다"고 총평한다.[314]

유스티의 '양호국가론'의 핵심요지는 일반 백성들의 먹고사는 문제를 - 플라톤과 아담 스미스의 국가론에서처럼 - 개개인의 운명에 내던져 두는 것이 아니라, 정부가 능동적으로 나서서 산업육성·경제진흥·국민교육을 전반적으로 적극 실시하고 그럼에도 곤경에 빠진 백성에 대해서는 직접적 구휼과 민생복지의 시혜에 힘써야 하며 이를 위한 국가기능과 행정관청을 창설하고 일상적 행정서비스를 제공해야 한다는 것이다. 이로써 유스티는 유럽 최초로 복지국가론을 완성했다. 유스티의 이 양호국가론은 헤겔을 거쳐 비스마르크로 이어져 현대 복지국가로 실현된다. 다만 결정적으로 아쉬운 것은 유스티의 초계급적 양호국가론이 계급투쟁 방식으로 계급적 복지·정의 국가로 구현된 점이다.

■ 루소의 양민복지론

장-자크 루소(Jean-Jacques Rousseau, 1712-1778)는 달랑베르·디드로 등이 편집한 《백과전서(L'Encyclopédie)》(1751)에 대한 기고문인 〈경제론(Economie ou Oeconomie)〉에서 당시 《백과전서》의 공동 집필자들보다 훨씬 더 급진적으로 플라톤의 '야경국가' 원리도 뛰어넘고 케네 중심의 반反복지 중농주의도 뛰어넘어 유스티와 공동보조로 양민養民을 '제3의 주요 국가과업'으로 주장했다. 그는 누진세제에 따라 부자들이 생계소비 수준 이상의 것에 더 높은 세금을 내고 공직과 그 녹봉만으로 '안빈낙도' 해야 한다는 매우 '공자적인' 중농주의 논변을 전개한다. 루소는 세무행정에서 다음 세 가지를 고려해야 한다고 주장한다.

첫째, 동일한 조건에서 다른 사람보다 10배 많이 가진 자가 다른 사람보다 10배 많이 내야 하는 수량관계를 고려해야 한다. 둘째, 소비가치관계도 고려해야 한다. 즉 필요량

314) Menzel, "The Sinophilism of J. H. G. Justi", 310쪽.

과 잉여량을 구분해야 한다. 절대필요량만 가지고 있는 사람은 전혀 세금을 납부할 필요가 없고, 잉여 속에 사는 사람은 필요한 경우에 생계필요를 넘어가는 모든 것까지도 납부할 부담을 질 수 있다. 잉여 속에 사는 사람은 더 낮은 신분의 인간들에게 불필요한 것이 그의 높은 신분서열의 관점에서 그에게 필수적이라고 응수할 것이다. 그러나 이것은 거짓말이다. 왜냐하면 대인도 소몰이꾼과 마찬가지로 두 개의 다리와 한 개의 배를 가졌을 뿐이기 때문이다. 게다가 그들의 높은 서열에 필수적이라는 저것은 그 애지중지하는 목적(공직 - 인용자)을 위해 그것을 포기하는 경우에만 더욱 더 존경받을 정도로 거의 불필요한 것이다. 인민은 국가가 커다란 긴급상황에 처했을 때 자신의 호화마차를 팔아 버리고 각의閣議에 걸어서 참석하는 장관에게 깊이 머리 숙일 것이다. 간단히 말해서, 법률은 아무에게도 사치를 보장하지 않고, 서열의 차이는 결코 세금에 대항하는 논변이 아니라는 것이다. 세 번째 관계는 (...) 사회적 결사로부터 각자가 뽑아 내는 이익의 관계다. 이 결사는 부자들의 헤아릴 수 없는 재산에 대한 강력한 보호자이지만, 빈자에게는 그가 제 손으로 만든 오두막도 거의 보살펴 주지 않는다. (...) 또 빈자의 손실은 부자들의 손실보다 훨씬 더 어렵게 보상된다. 획득의 어려움은 궁핍할수록 증가한다. 무無로부터는 무만 나온다. (...) 돈은 돈을 낳는다. 종종 첫 번째 권총은 그 이후 100만 개의 권총보다 얻기가 더 어렵다. 게다가 빈자가 내는 모든 것은 영원히 그에게서 상실되어 부자의 손 안에 남아 있거나 이리로 되돌아온다. 세금에서 나온 소득이 오로지 정부에 참여하거나 이와 가까이 있는 사람들의 손만을 통과하기 때문에, 이들은 자기들이 자기 몫을 내더라도 세금을 인상하는 데 특별한 관심을 가진다. 두 신분 간의 사회계약을 두 마디로 요약해 보자. '나는 부유하고 너희들은 가난하기 때문에 너희들은 내 것을 필요로 한다. 그러므로 협정을 맺자. 나는 너희들을 지휘하는 나의 수고에 대해 너희들이 너희들에게 남아 있는 약간의 것을 나에게 준다는 조건 아래 나에게 복종하는 영예를 너희들이 얻는 것을 허가한다.'[315]

315) Jean-Jacques Rousseau, "Economie ou Oeconomie - Ökonomie", 126–127쪽. Jean Le Rond d'Alembert, Denis Diderot u.a., *Enzyklopädie*(Frankfurt am Main: Fischer Verlag, 1989).

여기의 핵심 논변은 누진세제도로 걷어 들인 세금으로 빈자의 생계를 지원하는 것이다. 이것은 절대필요량 이하를 가진 사람들을 면세하는 반면, 과잉으로 가진 사람으로부터는 절대필요 외에 가진 것의 "수량관계"에 비례해서 세금을 걷고, 이렇게 걷어들인 누진세수로 절대필요량 미만을 가진 빈자들을 돕는다는 복지구상이다.

여기서 첫 번째·세 번째 논변은 루소의 독창적 생각으로 보인다. 하지만 그의 두 번째 논변은 중국을 빌려 봉건제의 구곽舊廓에 갇힌 서양 농업자본주의의 해방적 발전을 옹호한 케네·튀르고·미라보·리비에르·보도 등 중농주의자들의 중국적 조세정책과 지주地主에 대한 공직 보장 논변에 의해 영향받은 낌새가 보인다. 위 인용문에서 그는, 스스로 부유할지라도 과욕寡欲과 검약 속에 살면서 자신의 부를 사람들과 나누고 또 비록 가난할지라도 '안빈낙도'하고 출사하면 적은 녹봉을 받고도 '박시제중'의 치국활동에 전념하는 중국 선비들의 전통적 '군자' 모델을 눈 가린 채 '표절'하고 있기 때문이다.

그렇다! 이 '표절'을 통해 루소도 인정하고 있듯이, 루소가 이처럼 혁명적으로 이루려고 하는 모든 것들은 중국·한국 등 동아시아 국가들에서 이미 다 실현되어 있는 상태였다. 가령 중국과 한국은 오래전부터 공자철학에 따라 '가정=국가' 유추와 '군사부일체'의 원칙에 입각해 치국을 맡은 군자들이 '천하' 또는 '국가'를 자기의 '가정'으로 보고 당시 유럽의 어떤 나라보다 인명과 자연을 소중히 여기며 세계의 어떤 나라보다 많은 양심·사상·학문의 자유, 종교의 자유, 상업의 자유를 보장하고 '양민'과 '교민'을 국가의 본질적 과업으로 수행하며 솔선수범의 덕치를 최대화하고 '정형政刑'을 최소화하며 형벌을 관대히 하고, 치자도 법을 준수하는 법치를 구현해 왔다. 중국은 진정 루소가 말하는 '법률로 공동의 자유를 보장하는 아버지나라'인 것이다.

보기에 따라 루소의 '자연' 개념은 공자가 말하는 '제가'의 자연적 질서 또는 '무위이치無爲而治' 사상과 친화성이 큰 것이다. 나아가 그의 '자연' 개념은 중국철학의 이런 사상과 결합될 때야 기실 그 모호성과 오해를 벗어나 빛을 발할 수 있는 것이었다. 그러나 루소는 볼테르와 중농주의자들의 중국예찬론에 막연히 편승해 있었을 뿐이라서 이 점을 간과하는 실책을 범한 것이다. 이런 까닭에 중국철학이 다시 대유행을 하던 1920년대 유럽의 젊은이들은 루소의 이러한 실책에도 불구하고 그의 '자연으로 돌아가라'는 외침을 예외 없이 중국의 '무위' 개념과 결부시켜 이해했던 것이다.316)

루소는 몽테스키외처럼 중국을 그 자신의 도그마에 뜯어 맞추려고 애쓴 면이 없지 않다. 그래서 아돌프 라이히바인(Adolf Reichwein, 1898-1944)은 이와 같은 바탕에서 출발했기 때문에 그도 역시 '동방의 참된 정신' 속으로 전혀 삼투해 들어갈 수 없었다고 비판했다.317)

■헤겔의 양호국가론: 유스티 이론의 계승

유스티의 양호국가론은 헤겔(Georg W. F. Hegel, 1770-1831)의《법철학》(1821)의 국가론에 지대한 영향을 미쳤다. 헤겔은 유스티의 양호학에 따라 아담 스미스의 야경국가적 국가과업들을 뛰어넘어 구빈·교육복지 등의 과업들을 근대국가의 책무로 논한다. 헤겔은 유스티 양호국가론을 그대로 계승했다. 그는 개인을 "시민사회의 자식"으로 규정하고 복지를 이 자식의 "권리"로 간주한다. 그는《법철학》에서 "양호와 동직조합(Polizei und Korporation)" 절을 두고 "양호"라는 단락에서 일단 유스티가 공자철학과 중국문명으로부터 수용한 '국가=가정 유추론'을 받아들여 '개인(das Individuum)'에게 "시민사회의 자식(Sohn der bürgerlichen Gesellschaft)"의 지위를 부여하고, "이 자식은 시민사회에 요구권을 가졌다'고 천명한다.318) 헤겔은 최초로 복지를 시민의 '권리'로서 주장할 법적 근거를 비로소 거론하는 점에서 유스티를 뛰어넘

---

316) 참조: Adolf Reichwein, *China and Europe - Intellectual and Artistic Contacts in the Eighteenth Century*(London·New York: Kegan Paul, Trench, Turner & Co., LTD and Alfred A. Knopf, 1925), 6쪽 이하.

317) 참조: Reichwein, *China and Europe*, 94쪽.

318) Hegel, *Grundlinien der Philosophie des Rechts*(1821), §238.

어 정부의 양민의무에 조응해 양민 인정仁政을 요구할 중국백성의 정치적 권리론 수준에 도달했다.

나아가 헤겔은 "시민사회"를 "보편 가족(*die allgemeine Familie*)"이라 부르면서 "시민사회는 교육이 사회의 구성원이 되는 능력과 관계되는 한에서, 특히 부모 자신에 의해서가 아니라 타인들에 의해 완성되어야 하는 경우에, 교육을 감독하고 개입할 의무와 권리를 부모의 자의와 우연에 반해 보유한다"고 말함으로써,319) 의무교육을 규정하고 있다. 따라서 시민사회는 "부모를 강제해 자녀들을 학교로 보내고 그들에게 천연두 예방접종 등을 맞히게 할 권리"를 행사함으로써320) 시민들의 보건·교육복지도 책임지고 보장해야 한다. "특수성 속에서 현실적이 되는 권리 속에는 (...) 개인들의 생계와 복지의 보장, 곧 특수한 복지가 '권리'로서 다루어지고 실현될 것이 포함되어 있기"321) 때문이다. 헤겔은 일단 국가의 보건·교육복지 책무를 이렇게 추상적으로 정의한 다음, 다시 교육복지 기능을 확실하게 '의무와 권리'로 못박고 있다. "보편적 가정의 이런 성격 속에서 시민사회는 교육이 이 사회의 구성원이 될 능력과 관계되는 한에서, 특히 교육이 부모 자신에 의해서가 아니라 타인들에 의해 수행되어야 하는 경우에 부모의 자의와 우연에 맞서 교육에 대해 감독하고 영향을 미칠 의무와 권리를 가진다."322)

헤겔은 유스티의 양호국가론을 계승함으로써 부지불식간에 유교철학에 뿌리박은 양민국가론을 수용한 것이다. 그런데 유교와 유교국가 중국은 그가 칸트만큼 무시하던 나라가 아니었던가! 헤겔은 유스티의 양호국가론이 중국산임을 몰랐나? 알 수 없는 일이다. 이 경우 헤겔의 무지는 베버의 무지에 육박한다. 베버는 공자의 "정자정야政者正也"를 영역한 반反청교도적 무신론자 벤저민 프랭클린의 금언 "Honest is the best policy"를 개신교 윤리로 오인해 이것을 자본주의정신의 원천으

---

319) Hegel, *Grundlinien der Philosophie des Rechts*, §239.

320) Hegel, *Grundlinien der Philosophie des Rechts*, §239, Zusatz.

321) Hegel, *Grundlinien der Philosophie des Rechts*, §230.

322) Hegel, *Grundlinien der Philosophie des Rechts*, §239.

로 선언했기 때문이다. 베버는 부지불식간에 아주 올바로 공자의 유교윤리를 심히 멍청하게도(!) 자본주의정신의 원천으로 선언한 셈이다.

헤겔은 간단히 말하자면 근대국가를 '양호권력'으로 이해했다. 구체적 개인들의 특수한 복지가 '권리'로서 구현되기 위해서는 국가의 '양호(*Polizei*)' 권력으로서의 "일반자의 보장권력"이 "일반업무와 공익시설"에 대한 "감독과 관리"를 수행해야 하고,323) 아담 스미스의 자유방임시장처럼 시장을 완전히 방치하지 않고 필수적 '시장조절' 기능도 수행해야 한다.324) 그러나 헤겔의 양호국가는 물론 이러한 시장 조절 기능을 넘어 민생복지 및 교육복지 기능도 담당한다. 헤겔의 국가는 유스티 식의 양호국가인 한에서 플라톤주의적 야경국가와 달리 공맹과 라이프니츠·볼프· 유스티의 국가처럼 구빈복지정책도 담당한다.

일반권력은 빈민의 직접적 궁핍과 노동기피 정서, 악의, 이러한 처지와 불법행위에서 생겨나는 기타 악덕에 대한 고려에서 빈민들에게 가족의 지위도 떠맡는다.325)

또한 "각 개인이 자신의 자연환경에서 처하는 빈곤과 온갖 종류의 궁핍의 주관성 은 정서와 사랑으로서의 특수한 사정을 고려해 주관적 도움도 요구한다. 여기가 온갖 일반적 시설에도 불구하고 도덕이 해야 할 일이 충분히 있는 장소다. 그러나 이 도움이 그 자체로서 그리고 그 작용에서 우연에 달려 있기 때문에 사회의 노력은 궁핍과 그 방지에서 일반적인 것을 발견해 내고 설치해 저 도움이 없어도 되는 것으로 만드는 데까지 나아간다."326) 말하자면, "자선, 시설, 성인상聖人像 옆에서의 남폿불 밝힘 등의 우연은 공공 빈민구휼시설, 공공병원, 가로조명 등에 의해 보완되 어야 한다"는 것이다. 따라서 "자선활동은 해야 할 일이 충분히 남아 있지만, 그것이

---

323) Hegel, *Grundlinien der Philosophie des Rechts*, §231, §235.

324) Hegel, *Grundlinien der Philosophie des Rechts*, §236.

325) Hegel, *Grundlinien der Philosophie des Rechts*, §241.

326) Hegel, *Grundlinien der Philosophie des Rechts*, §242.

정서의 특수성과 그것의 심정과 정보지식의 우연성에만 이 궁핍 방지를 유보해 두고자 한다면 이것은 그릇된 견해"라는 말이다.327)

따라서 헤겔의 국가는 비할 데 없이 권위주의적이고 관료주의적일망정 적어도 플라톤과 아담 스미스의 '야경국가(Nachtwächterstaat)'는 아닌 것이다. 요약하면, 공자의 '양민' 이념을 수용한 볼프와 유스티의 양호국가적 전통에 서 있는 헤겔의 국가는 애당초 시장과 사회에서 활약하는 개인들의 얽히고설킨 이기적 영리추구로 구현되는 공동선의 형성 메커니즘을 "대중의 보호와 안전을 위한 외적 질서와 공익설비"로서 "구현하고 유지하고" 촉진하기 위해 "양호적 배려(polizeiliche Vorsorge)"를 필수적으로 요구한다는 것이다.328)

유스티의 중국식 양호국가론이 1750년대에서 1780년대까지 풍미했다면, 헤겔의 유스티식 양호국가론은 1821년 이래 비스마르크시대를 거쳐 1940년대까지 독일학계를 석권했다. 1883-1889년 비스마르크는 헤겔이 논한 국가의 양호권력으로서의 "일반자의 보장권력"을 발동해 "국가사회주의"를 기치로 유스티와 헤겔의 이 양호국가론을 노동자계급의 혁명적 체제도전을 저지하는 계급투쟁에 활용한다. 비스마르크는 일련의 사회보장제도를 양호제도로 도입한다. 이로써 유럽에서 최초로 사회보장국가가 제도적으로 구현되었다. 다른 한편, 유스티가 무대에서 사라지고 헤겔이 아직 무대에 오르기 전에 18세기 말 신생국가 미국은 라이프니치의 중국식 '최대다수의 최대 행복' 명제를 발전시킨 허치슨의 최대다수·최대행복론을 수용해 사상초유로 '행복론적 헌법'을 제정했다.

---

327) Hegel, *Grundlinien der Philosophie des Rechts*, §242, Zusatz.

328) Hegel, *Grundlinien der Philosophie des Rechts*, §249.

제2절 서구의 유교적 교육복지론과 3단계 학교제도

2.1. 중국 학교제도의 서천

■유교적 교민제도와 3단계 학교제도의 서천

중국의 역대제국들은 경제의 시장화와 토지의 상품화의 역사적 물결 속에서 돌이킬 수 없는 토지·자본의 양극화로 말미암아 정전제를 포기하고 결국 거시균제의 의정義政을 포기했지만, 공맹의 저 모성애적 인정仁政제도만은 끈질기게 붙들고 완성한 인정국가들이었다. 인정정책은 각종 양민복지제도와 교민제도로 구현되었고, 특히 송대 이래 명·청대에 고도로 발달했다.

원대 중국을 본 마르코 폴로의 보고 이래 명·청대 양민·교민 복지제도를 처음으로 직접 관찰한 서양인들은 충격 속에서 이에 대해 서양으로 보고하기 시작했다. 서양인들에게 먼저 충격으로 다가와 논의의 대상이 된 것은 중국의 교육제도였다. 따라서 중국의 양민복지제도보다 먼저 중국의 유교적 교육복지제도는 서양에 수용되어 도입된다.

■명대 학교에 대한 멘도자·발리냐노·산데의 보고

후앙 멘도자(Juan Gonzalez de Mendoza)는 1585년《중국제국의 역사》에서 "당신은 이 제국에서 읽고 쓸 줄 모르는 사람들이 아주 극소수라는 것을 발견할 것"이라고 말한다.[329] 그리고 그것은 중국 황제가 학교를 전국적으로 마을마다 보급하고 이에 대한 감독을 제일 중시하기 때문이라고 밝힌다.

---

329) Mendoza, *The History of the Great and Mighty Kingdom of China*, (1585), 120-121쪽.

황제는 모든 도시에 자비自費(국비)로 학숙學塾이나 학교(colleges or schooles)를 두고 있다. 그곳에서 학생들은 읽고 쓰는 것을 배우고 나아가 자연철학이나 도덕철학, 천문학, 국법, 기타 진기한 과학을 공부한다. 이 학교에서 가르치는 사람들은 더 나은 사람을 찾을 수 없을 정도로 모든 부문에서 탁월하지만 특히 읽기와 쓰기에 탁월한 사람들이다. 왜냐하면 아주 가난하지 않으면 읽고 쓰는 것을 배우지 않는 사람은 아무도 없기 때문이다. 그 이유는 중국인들 사이에서 읽기와 쓰기를 둘 다 할 수 없는 사람은 형편없는 사람으로 평가받는 데 있다. 대단한 수의 학생들이 더 높은 학습단계로 진학해서 그들이 뭔가 얻을 수 있다면 할 수 있는 갖은 노력을 다한다. 그것이 '노야老爺', 곧 '신사'의 칭호나 다른 학위를 받는 가장 확실한 최선의 길인 것이다. (...) 중국황제는 크고 작은 학숙들로 매년 감독관을 파견해 학생들이 어떤 혜택을 얻고 있는지, 선생들이 어떤지를 훌륭한 통치에 관한 다른 사항들과 함께 파악한다.[330]

그리고 멘도자는 "이 감독관들이 황제가 모든 성省에 자비로 세운 (...) 학숙과 학교를 여러 번 방문해 학생들을 시험하고 그 학습에서 덕을 쌓은 모든 학생들을 진학하도록 고취하고, 반대되는 학생들은 매로 치고 감옥에 가두거나 퇴학시킨다"고 보고한다. 반면, "충분하다고 여겨지는 학생들"에게는 "학위수여와 포상"을 한다고 덧붙인다.[331]

멘도자는 지방파견 감독관의 업무들 가운데 가장 중요한 업무가 학교감독이라고 기술한다.

황제와 내각은 우리가 말한 이 감독관들을 파견해 각 성을 감독한다. 그들에게 맡겨진 일 가운데 가장 큰 일은 상술했듯이 황제가 모든 주요 도시에 설치한 학숙과 학교의 감독이다. 이 감독관들은 과정을 끝마치고 동일한 과정을 공연할 능력과 충분한 자격을 갖춘 학생들에게 학위를 수여하거나 이들을 졸업시킬 특별권한을 가졌다. 그들은 어떤

---

330) Mendoza, *The History of the Great and Mighty Kingdom of China*, 122-123쪽.
331) Mendoza, *The History of the Great and Mighty Kingdom of China*, 116쪽.

사법이나 통치 업무를 맡을 능력이 있다면 이 학생들을 '신사'로 승급시킨다.[332]

그 밖에 멘도자는 감독관이 부府·주州·현縣에서 실시하는 향시鄕試와 시험결과에 따라 학위를 수여하는 과정을 상세히 설명하고 '노야' 학위를 얻은 자에게는 '신사'의 지위가 부여된다고 부연하면서 '노야'는 유럽의 '박사'에 해당하는 것이라고 해설한다.[333] 조선말로 '나리'에 해당하는 '노야'는 '진사' 학위의 광동 방언이다. 이와 같이 멘도자는 퍼채스나 마테오 리치보다 30여 년 전 이미 명대중국 학교에 대해 짧지만 그릇되지 않은 보고를 했었다.

그리고 1590년 최초로 공자의 이름과 철학 논지를 유럽에 소개한 알레싼드로 발리냐노와 두아르테 데 산데(Alessandro Valignano & Duarte de Sande)는《로마교황청 방문 일본 사절단(De Missione Legatorum Iaponesium ad Romanum Curiam)》(1590)에서 중국의 학교를 비교적 정확하게 보고함으로써 멘도자의 보고를 보완하고 있다.

모든 도시와 읍면에, 그리고 심지어 작은 마을에도 어린이들에게 글자를 가르치는 봉급받는 교사들이 존재한다. 우리의 보다 통상적인 필체에서, 우리의 경우에도 정말로 그렇듯이, 한자의 수가 무한대이기 때문에 유아기와 어린 나이부터 어린이들은 책을 손에 쥔다. 하지만 이 임무에 재능이 거의 없는 것으로 판명되는 어린이들은 다시 책을 빼앗고 상업이나 수공기예에 전념하도록 하지만, 기타 어린이들은 학문에 아주 진지하게 헌신해서 주요 책들에 놀랍도록 달통하고 얼마나 많은 한자들이 어떤 지면에서든지 존재하고, 이 글자, 저 글자가 그 지면에서 어디에 놓여야 하는지를 당신에게 쉽사리 말해 줄 정도다. (...) 지금 각 도시나 성벽이 둘러쳐진 읍면에서는 학교라 불리는 공공 건물이 있고, 제1등급의 학위를 얻기를 바라는 모든 사숙(private college) 출신이나 학교 출신들이 거기에 다 모인다."[334]

---

332) Mendoza, *The History of the Great and Mighty Kingdom of China*, 124쪽.
333) Mendoza, *The History of the Great and Mighty Kingdom of China*, 125쪽.
334) Alessandro Valignano and Duarte de Sande, *De Missione Legatorum Iaponesium ad Romanum Curia*

산데는 광동 근처에서 마테오 리치와 함께 주재하다가 돌아와 이 책을 썼다. 그럼에도 그는 이처럼 정확한 보고를 하고 있다. 그러나 이후에 마테오 리치·퍼채스 등은 오보를 한다.

■퍼채스·마테오 리치·세메도·니우호프의 오보

중국에서 학교는 과거제와 결합되어 있었기 때문에 여러 선교사들이 중국에서 과거제만 보고 학교의 존재를 모르는 경우가 있었다. 이에 이들은 '중국에는 (국·공립) 학교가 없다'는 헛소문을 내게 된다.

17세기 벽두에 헛소문을 처음으로 내기 시작한 신부는 새뮤얼 퍼채스(Samuel Purchass)였다. 그는 1613년에 낸《퍼채스, 그의 순례여행(Purchas, his Pilgrimage)》에서 "중국인들은 공립학교가 없지만, 도시들에는 공적 시험이나 학위수여식이 3년마다 있다"고335) 오보誤報하고 있다. 이 오보는 이름을 확인할 수 없는 어떤 선교사의 책에 말미암은 것이다.

이 헛소문의 확산에 기여한 것은 특히 마테오 리치였다. 마테오 리치는 1615년에 출판되어 유럽에서《중국인들 사이에서의 기독교 포교(De Propagatione Christiana apud Sinas)》에서 중국에 학교가 없다고 오보한다.

우리 서방의 몇몇 필자들이 기술한 것과 달리, 교사들이 이런 책들을 가르치고 설명해 주는 학교나 공공 학술기관은 없다. 각 학생이 그 자신의 선생을 선택해서 이 선생에 의해 그의 집에서 자비自費로 가르침을 받는다. 이런 개인 교사들은 그 수가 아주 많다.336)

---

〔590〕. 영역본: *Japanese Travellers in Sixteenth-Century Europe: A Dialogue Concerning the Mission of the Japanese Ambassador to the Roman Curia*(590), edited and annotated with introduction by Derek Massarella, translated by J. F. Moran(London: Ashgate Publishing Ltd. for The Hakluyt Society, 2012), 425쪽.

335) Purchas, *Purchas, his Pilgrimage*, 438쪽.

336) Mateo Ricci (Nicolas Trigault, ed.), *De Propagatione Christiana apud Sinas*(615). 영역본: Luis J. Gallagher, *China in the Sixteenth Century: The Journals of Matthew Ricci* (New York: Random

마테오 리치는 중국에 국·공립학교가 있다고 보고한 "우리 서방의 몇몇 필자들"의 보고를 그릇된 것으로 부정하면서까지 '중국에 학교가 없다'고 강변하고 있다. 마테오 리치의 그릇된 서술을 보면, 그가 부잣집에서 고용하는 이른바 '독선생'만 알았지, 촌사에서 세운 공립초급학교 사학社學과 사립초급학교 '사숙'의 존재도 몰랐고, 중국의 공립 중급학교 부학·주학·현학도 알지 못했고, '대학교'로서의 중국의 남·북경 국자감도 알지 못했던 것이 틀림없다.

마테오 리치의 예수회 선교단에 속했던 알바레즈 세메도(Alvarez《Alvaro》 Semedo)는 1641년에 낸 자신의 책《중국제국기(*Imperio de la China y Cultura Evangelica en el por les Religios de la Compania de Jesus*)》에서 마테오 리치의 이런 그릇된 단정에 짓눌려 중국에 대학교(University)가 없다고 잘못 보고한다. "그들은 그들이 함께 공부하는 대학교가 없다. 하지만 능력 있는 모든 사람들은 자기들의 자식을 위해 한 명의 선생을, 그리고 자식들의 나이 차이가 크다면 때로 두 명을 자기 집으로 모셔 온다."337) 그런데 그는 여기다가 이와 모순된 이런 보고를 덧붙이고 있다.

그럼에도 더욱 평민적인 신분의 자식들을 위한 학교들이 많이 있다. 이 학교들에서 선생들은 이런 훌륭한 자질이 있다. 그들은 그들이 아주 잘 가르칠 수 있는 것 이상으로 대가를 받지 않는다. 그들 선생들은 마치 학교로 온 적이 없는 양 학교로부터 나가지 않을 것이다. 이것은 각 선생이 학생들의 진보를 위해서라기보다 그의 자신의 돈벌이를 위해 많은 학생들을 가지려고 애를 쓴 유럽에서 너무 자주 드러나는 것과 같지 않다. 한 인간은 결코 유능하지 않은 것으로 치면 진정 여전히 한 인간에 불과하다. 그러므로 (유럽에서는) 그들의 학생들의 몇몇이 학교를 알지만 그들에게 알려지지 않는 일이 발생하는 것이다. 이 폐단이 중국에서는 회피된다. 각자는 아주 잘 설명할 수 있는 것보

House, 1942·1953), 33쪽.

337) Alvarez Semedo(Alvaro Semedo), *Imperio de la China y Cultura Evangelica en el por les Religios de la Compania de Jesus*(Madrid: 1641). English edition: *The History of the Great and Renowned Monarchy of China*(London: Printed by E. Taylor for John Crook, 1655), 36쪽.

다 더 큰 어떤 비용부담도 짊어지지 않는다. 각 선생은 그가 잘 가르칠 수 있는 것보다 많은 학생을 받지 않는다. 그는 하루 종일 학생들과 같이 있고, 아주 장중하게 처신하고 밥 먹을 때가 아니라면 학교로부터 나가지 않는다. 그들 가운데 누군가 멀리 떨어져 산다면 식사를 학교로 가지고 온다. 그들의 노는 날과 방학시간은 새해의 시작 즈음의 단 15일과 1월과 7월의 며칠뿐이다.338)

세메도는 앞서 마테오 리치가 말한 '독선생'만 언급했다가 여기서는 모종의 학교를 말하고 있다. 그리고 그는 심지어 마을과 가문의 '의숙義塾'과 비슷한 것도 언급한다.

그들이 장성해서 이 기초과정을 통과했을 때, 그리고 그들의 부모들이 각 학생들에게 별도로 선생을 제공할 능력이 없을 때, 몇몇 친척과 이웃들은 힘을 합쳐 공부과정 중에 그들과 매일매일 밥을 함께 먹고 그들 모두로부터 많지는 않지만 지방의 관습에 따라 다소 차이가 나는, 매년 40-50크라운에 달하는 봉급을 받는 선생을 공동으로 모셔 온다. 보통 봉급은 그들이 그에게 어떤 축제날에 마련해 주는, 스타킹·신발 및 이와 같은 물건 등으로 된 선물 외에 10크라운에서 20크라운이다. 선생들은 (최고로 고귀한 신분의 사람의 집일지라도) 식사 때는 학생의 아버지와 겸상을 하거나, 적어도 학생 자신과 겸상을 한다. 여러 번 그들은 도시 밖이나 안에 있는, 그러나 멀리 떨어져 있지 않은, 그 경우에 더 알맞은 다른 집들이 있으면 그들의 아버지 집에서 공부하지 않는다. 그들은 가급적 많이 사람들의 많은 수와 집에서 그들의 신분에 바쳐지는 존경이 공부에 대한 주적이기 때문에 자기들의 집을 피한다. 그리하여 다른 왕국들(유럽 왕국들)에서 공公들과 대귀족들의 아들들이 마치 가장 큰 고귀성이 가장 큰 지식에 있지 않는 양 대부분 큰 무식자로 입증되는 일이 발생하는 것이다. 보통 선생들은 수도 없이 존재한다. 왜냐하면 선비 학위의 획득에 대해 권리를 주장하는 사람들이 아주 많고 그것에 도달한 사람들은 아주 적어서, 사람들은 대부분 학교선생의 고용을 받아들이도록 강요된다. 그리하여 그들은 다음 해에 학교를 세우기 위해 연초부터 그때를 위해 학생들을

338) Semedo, *The History of the Great and Renowned Monarchy of China*, 37쪽.

얻으려고 애쓰지만, 대갓집에서는 다른 학위를 딸 계획을 갖고 학습을 계속하는 학사학위자가 아니면 아무도 선생으로 모시지 않는다. 그들은 학사학위라도 어떤 학위든 획득했을 때 더 이상 선생 밑에 있지 않고 말하자면 그들 사이에 일종의 서원(Academie)을 형성하고, 매달 일정한 때에 거기서 만나 그들 가운데 하나가 책을 펴고 문제나 주제를 주고, 그러면 그들 모두는 그것에 대해 논술을 작성하고, 나중에 그들끼리 그 논술들을 비교한다.[339]

세메도는 이렇게 자세히 의숙과 서원에 대해 설명하면서도 대학교가 없다는 견해를 고수한다. 그리고 과거시험이 치러지는 과장으로 쓰이는 학교에 대해서 상세히 보고한다.

중국인들이 대학교나 특별한 학교가 없을지라도 아주 널찍하고 웅장하고 지극히 화려하게 장식된 고시관考試官과 수험생들을 위한 일반학교가 있다. 이 일반학교들은 그 수가 경이로울 정도로 많다. 이 학교들은 도시와 읍면 안에 있지만, 가장 장중한 학교는 향시가 치러지는 행성의 성도省都 안에 있다. 이 구조물은 그곳으로 몰려드는 사람들의 수에 비례한 크기를 가지고 있다. 형태는 모두가 거의 동일하다. 광동의 학교들은 더 크지 않다. 이 학교들은 학위를 받을 사람들이 80명 이상이 아니기 때문이다. 반면, 다른 학교들에서는 100에서 115명이 허용되어, 이 수는 큰 차이가 있다.[340]

결론적으로, 세메도는 북경과 남경의 국자감을 알았지만 앞서 살펴보았듯이 전국의 학위자 관리관청으로 오인했을 뿐이고, 국자감이 교수들이 배치된 '대학교'라는 사실을 끝내 간파하지 못했다. 그러나 그를 통해 명대 중국의 초급·중급 학교의 일면목은 유럽에 정확하게 소개되었다.

중국을 주마간산走馬看山하듯 보고 돌아온 니우호프의 1669년 보고는 50여 년

---

339) Semedo, *The History of the Great and Renowned Monarchy of China*, 37-38쪽.
340) Semedo, *The History of the Great and Renowned Monarchy of China*, 38쪽.

전 마테오 리치의 그릇된 보고를 반복한다. "전 중국에는 (몇몇 필자들이 그릇되게 반대의 사실을 보고했을지라도) 공립학교가 없다. 하지만 모든 사람은 제각기 자택에서 자비로 배울 자기의 선생을 선택한다."341) 마테오 리치의 사회적·종교적 비중 때문에 그의 오보의 후유증은 이렇게 크고 길었던 것이다.

퍼채스와 마테오 리치가 낸, '중국에 국공립학교가 없다'는 헛소문은 실로 치명적인 오보에 속한다. 그러나 존 밀턴 같은 예리한 철학자들은 이들의 오보에 속아 넘어가지 않고, 고도로 발달된 중국 학교제도에 관한 다른 다양한 보고들을 읽고 근대적 대중교육론을 전개할 수 있었다.

명대 중국의 학교제도는 16세기 말과 17세기 중반까지 이미 이런저런 경로로 유럽에 정확하게, 그리고 널리 알려져 있었다. 그래서 중국에서는 "황제가 모든 주요 도시에 학숙과 학교를 설치했다"는 멘도자의 보고(1585)나 "모든 도시와 읍면에, 그리고 심지어 작은 마을에도 어린이들에게 글자를 가르치는 봉급 받는 교사들이 존재한다"는 발리냐노·산데의 보고(1590), 또는 중국에는 "더욱 평민적인 신분의 자식들을 위한 학교들이 많이 있다"는 세메도의 보고(1641)를 읽거나 여러 선교사들의 서신들을 회람하고 이 보고들을 확인한 존 밀턴이 1644년 대중교육의 필요성을 주창한 선각자로서 〈교육론(Of Education)〉 논고를342) 발표해 "마을마다 학교를 세워" 교양과 책임감을 가진 계몽된 시민과 지도자를 양성하자는 대중교육론을 설파할 수 있었던 것이다.

■ 청대 학교에 대한 마르티니·르콩트·뒤알드의 보고

1659년 마르티니(Martinus Martinius, Martino Martini)는 밀턴의 책이 출판되기 전에

---

341) John Nieuhoff, *An Embassy from the East-Indian Company of the United Provinces to the Grand Tatar Cham, Emperour of China*(Hague: 1669; 영역 - London: Printed by John Mocock, for the Author, 1669), 163쪽.

342) John Milton, "Of Education"(1644). John Milton, *The Prose Works of John Milton*, vol.1 in 2 vols., edited by Rufus W. Griswold(Philadelphia: John W. Moore, 1847).

이미 전해 들어 알고 있었던 《중국기(*Sinicae Historiae*)》에서 청국 황제가 세운 "공립학교와 학숙(*Public Schools and Academies*)", 곧 국·공립학교("사학社學")와 사숙·의숙들을 자세하게 기술하고 있다. 중국 백성들은 전국의 이런 학교들에서 인문·도덕교육을 받는다. 그리하여 어린 시절부터 "지극히 훌륭한 능력의 우아함"에 이르기까지 성장한다는 것이다.343) 나중에 존 웹은 마르티니의 이 구절들을 인용하고 있다.344)

가브리엘 마젤란은 1688년 《신중국기》에서 이렇게 말한다. "왕국이 내포하는 대학교의 수가 얼마든, 중국에서처럼 만 명 이상의 석사들이 존재하고 3년마다 이 가운데 6000-7000명이 북경에 모여 그곳에서 여러 시험을 치른 뒤 365명이 박사학위를 받는 왕국이 어디 있는가? 나는 10-20만 명에 달하는 것으로 얘기되는 중국의 인문학사만큼 많은 학생들이 존재하는 그 어떤 왕국이 세상에 존재한다고 생각할 수도 없고, 문자지식이 그만큼 보편적이고 흔한 그 어떤 다른 나라가 존재한다고 생각할 수 없다."345) 중국은 학생들의 나라인 것이다.

가브리엘 마젤란(Gabriel Magaillans)은 1688년의 《신新중국기(*A New History of China*)》에서 청대 '국자감'을 대학교로 소개하고 국자감 감생들의 부류를 여덟 가지로 설명한다.

국자감(Gue Thu Kien)이라 부르는 기관은 말하자면 왕립학교, 또는 전 제국의 대학교다. 그것은 두 종류의 업무가 있다. 첫째는 황제가 하늘과 땅과 해와 달에 제사지낼 때, 또는 죽은 그의 신민들 가운데 어떤 사람에게 그의 위대한 봉사에 보상하기 위해 제사지낼 때 이 기관의 만다린들은 술을 바치는데, 이것은 굉장한 제례로 행해진다. 다음의 업무는 제국의 모든 석사들과 학부생들, 그리고 황제가 어떤 특별한 이유에서 얼마간

---

343) Martinus Martinius (Martino Martini), *Sinicae Historiae*, Decas Prima (Amstelaedami: Apud Joannem Blaev, MDCLIX[659]), lib.4, 148쪽.

344) John Webb, *The Antiquity of China, or An(sic!) Historical Essay, Endeavoring a Probability that the Language of the Empire of China is the Primitive Language*(London: Printed for Obadiah Blagrave, 1678), 102쪽.

345) Magaillans, *A New History of China*(1688), 89쪽.

석사졸업생과 대등한 칭호와 지위를 기꺼이 수여하고자 하는 모든 학생들을 보살피는 것이다. 이 학생들은 여덟 갈래가 있다. 첫 번째는 학사들이고 유식한 자로서 시험을 치르지 못할 나이이거나, 시험을 치렀더라도 박수갈채로 끝마칠 행운을 얻지 못한 '공생貢生(Cum Sem)'이라 불리는데, 황제는 그들을 벌충해 주기 위해 그들에게 종신토록 식름食廩을 준다. 음생廕生(Quen Sem? Yuen Sem일 것임 – 인용자)이라 불리는 두 번째는 그들의 부모의 탁월한 봉직의 이유에서 황제가 시험의 엄격함을 겪는 것을 허용하지 않고 벼슬자리를 주는 대신들의 아들들이다. '은감(Ngen Sem)'이라 부르는 세 번째 부류는 황제가 즉위 시나 원자元子의 탄생이나 혼인 시에 만다린으로 임용하는 일정한 학생들이다. '우생優生(Cum Sem? U Sem일 것임)'이라 불리는 네 번째 부류는 황제가 그들의 굉장한 개인적 공적이나 그들의 선조의 위대한 봉사의 이유로 은총을 하사해 그들에게 지위를 주는 학생들이다. '늠생廩生(Kien Sem? – Rien Sem일 것)'이라 불리는 다섯 번째 부류는 얼마 동안 학사였거나 향시 뒤에 석사학위를 할 만한 능력이 없거나 아니면 학사학위를 잃을 것이 두려운 모든 자들을 포괄한다. 이들에게 황제는 일정 액수의 돈을 준다. 황제는 이를 위해 '늠생'이라는 칭호를 하사하는데, 이 칭호는 그들을 영원히 학사학위자로 확인해 주고 만다린으로 선발될 수 있는 자격을 주는 것이다. 여섯 번째 부류는 외국어를 배우는 학생들로 구성된다. 그들은 이방인들이 조정에 올 때 통역을 할 수 있다. 황제는 이들을 북돋우기 위해 이들에게 비례하는 수입과 함께 이 칭호를 주고, 상당한 연수 동안 봉직한 뒤에 시험 없이 이들을 만다린으로 임용한다. 일곱 번째 부류는 고관대작들의 자제들로 구성되는데, 이들은 이 기관에서 덕성, 예의범절, 그리고 인문과학을 배우고, 만다린이 될 나이가 될 때 황제는 이들을 이런저런 자리로 승진시킨다. 여덟 번째 부류는 우연적이고 특별한 부류다. 왜냐하면 황제가 황국의 숙녀 또는 '공주(Cum Chu)'라 불리는 어떤 딸들이 있어 이 딸들을 결혼시킬 의사를 품을 때 북경에서 재능의 전망이 밝고 잘생긴 14-17세 사이의 여러 청년들을 만다린의 자제든 상인이나 빈민의 자제든 가리지 않고 선발하기 때문이다. 예부는 이들로부터 미모와 현명에서 가장 빼어난 청년들을 선발해서 이들을 황제에게 제시한다. 그러면 황제는 그의 마음에 가장 많이 드는 한 청년을 고르고, 나머지 모든 청년들에게 일정액의 돈과 한 필의 비단을 준 뒤 그들을 그들의 부모에게 돌려보낸다. 그러나 이렇게 하여 그의 사윗감으로 선택된 청년들에 관한 한, 그는 그들을 관리하는 예부의 만다린 한 명을 배치하고 그를 이 대학교에 보직하여 훈령을 받도록 한다. 이 대학교의 수장 (국자감 좨주)은 4품관이고, 대학의 학생감들인 보좌관들은 5품관이다.[346]

마젤란은 학위자 관리기능에만 초점을 맞춰 8부류의 감생을 자세히 설명하고 있다. 하지만 국자감의 교육기능에 대해서 설명하지 않고 있다. 그러나 마젤란의 이 설명은 이때까지 청대 국자감을 가장 자세하게 설명한 보고였다.

이후 르콩트와 뒤알드의 중국기中國記는 중국에는 학교가 없는 마을이 없고 교육이 3단계로 조직되어 있다는 정확한 보고를 내놓았다.[347] 특히 토마스 제퍼슨이 소장하고 애독했던[348] 르콩트의《중국의 현재상태에 대한 신新비망록(Nouveaux mémoires sur l'état present de la Chine)》(1696)은 중국에 학교가 '마을 마다 가득하다'고 보고한다.

그들은 어린이를 별도로 학습을 시키려고 마음먹으면 이 어린이를 선생에게 데리고 간다. 중국의 군현에는 읽기와 쓰기를 가르치는 학교들이 가득하기 때문이다.[349]

르콩트는 중국의 수많은 대형 도서관들에 대해서도 보고한다. 북경에만 "엄선된 좋은 책들로 채워진 여러 도서관"이 있고,[350] 중국인들은 뛰어난 인쇄술을 이용해 "고대 원본 서적의 공인된 복사본들을 소장하고 있기 때문에 그 자체가 고대적인

---

346) Magaillans, *A New History of China*, 219-221쪽.

347) Magaillans, *A New History of China*, 88-89쪽; Le Compte, *Memoirs and Observations made in a Late Journey through the Empire of China*, 280쪽; Du Halde, *The General History of China*, Vol. 3, 1-148쪽.

348) David Weir, *American Orient: Imaging the East from the Colonial Era through the Twentieth Century*(Amherst and Boston: University of Massachusetts Press, 2011), 24쪽.

349) Le Compte (sic!), *Memoirs and Observations made in a Late Journey through the Empire of China*, 280쪽.

350) Le Compte, *Memoirs and Observations*, 78쪽

도서관들을 지속적으로 갱신한다."351) "이 모든 책들을 그들은 도서관들에 수집·소장해 두고 있고, 이 가운데 상당수 도서관들은 4만 권 이상의 도서를 소장하고 있다."352) 따라서 "도서관, 박사의 엄청난 수, 관상대, 그리고 그들이 관찰에서 엄정하기 위해 발휘하는 주도면밀성을 볼 것 같으면, 우리는 쉽사리 이 국민이 독창적일 뿐만 아니라 온갖 과학을 완벽하게 소유하고 있다고, 즉 그들이 만물만사를 위한 방대한 이해력, 발명능력, 천재적 재능을 가지고 있다고 결론지을 것이다."353) 밀턴은 사후에 나온 르콩트의 1696년 책의 이 기술들을 물론 읽지 못했을 것이지만, 제퍼슨은 자신이 소장하고 애독했던《중국의 현재상태에 대한 신비망록》의 이 구절을 틀림없이 읽었을 것이다. 제퍼슨이 미국독립 이래 평생 창설하려고 노력한 공립학교와 공공 도서관의 모델은 청대 중국의 초·중급학교와 대학교, 그리고 방대한 장서를 가진 저 엄청난 도서관들이었다.

장-밥티스트 뒤알드(Jean-Baptiste Du Halde)도 1735년 《중국통사(*Description géographique, historique, chronologique, politique, et physique de l'empire de la Chine et de la Tartarie chinoise, enrichie des cartes generales et particulieres de ces pays, de la carte generale et des cartes particulieres du Thibet, & de la Corée*)》에서 중국의 만민평등교육제도와 과거시험·학위제도를 상세히 설명하면서 중국의 교육제도를 이렇게 소개한다.

중국의 선비관리들이 그토록 수많은 시대에 걸쳐 학문을 직업으로 삼아 왔고 학문이 다른 모든 편익보다 선호되는 나라에서 그들이 그토록 수고롭게 청소년들을 교육시키는 것은 놀랄 일이 아니다. 중국에는 청소년들에게 과학을 가르치는 학교 교사들(schoolmasters)이 없는 도시도, 읍면도, 거의 어떤 작은 마을도 없다.354)

---

351) Le Compte, *Memoirs and Observations*, 191-192쪽

352) Le Compte, *Memoirs and Observations*, 197쪽

353) Le Compte, *Memoirs and Observations*, 220-221쪽

354) Du Halde, *The General History of China*, Vol.III, 5쪽.

그리고 뒤알드는 선교사들의 보고에 의거해 가정교사와 사숙에 대해 설명한다.

지체 높은 인물의 집에서 가정교사들은 일반적으로 박사이거나, 적어도 석사들이다. 보다 낮은 지위의 가정에서는 가정교사들이 학사인데, 이들은 자기들의 공부과정을 계속해서 박사학위를 획득하기 위해 시험을 치르러 간다. 학교교사의 고용은 영예롭게 여겨지고, 자식들의 부모들은 교사를 부양하고, 선물을 주고, 굉장한 존경으로 대하고, 도처에서 그들에게 상석을 내준다. "선생(Sien seng), 우리의 선생, 우리의 박사"는 그들이 교사들에게 주는 명칭이고, 그들의 학생들은 평생 그들에게 최고의 존경을 바친다.355)

뒤알드는 '학교'가 아니라 거의 '독선생'이나 사설 '사숙'만을 설명하는 듯하다. 이것은 얼마간 그릇된 설명이다. 그는 국자감과 국공립학교를 전혀 몰랐던 것으로 보인다.

이런 연장선상에서 뒤알드는 세메도와 동일한 실언을 한다. "중국에 유럽에서와 같은 대학교가 전혀 없을지라도 대학졸업생(Graduates)의 시험을 위해 배정된 큰 궁택이 없는 1등급 도시도 없고, 수도에서 그것은 훨씬 더 크다. 이것은 한 선교사가 그가 살았던 도시에 있는 건물에 대한 기술이고, 궁택이 허용하는 한에서 그들은 모두 같은 방식으로 지어져 있다."356) 이 "한 선교사"는 세메도로 보인다. 그러나 뒤알드는 세메도와 달리 초·중급 학교와 국자감이 평소에는 '학교'로 쓰이고 3년마다 개최되는 과거시험 때에만 '과장科場'으로 쓰이는 것을 몰랐던 것으로 보인다. 그러나 세메도는 과장을 '학교'로 기술했고, 마젤란은 국자감을 '대학교'로 소개했었다. 뒤알드는 청대 학교제도와 관련하여 여러 보고서적들을 두루 살펴보지 않은 것으로 보인다.

그러나 이런 크고 작은 부분적 오류는 훗날 웹·템플·케네·유스티 등에 의해 소리 없이 바로잡힌다. 이들은 선교사들의 보고들을 두루 비교하고 정밀하게 읽고

---

355) Du Halde, *The General History of China*, Vol.III, 5쪽.
356) Du Halde, *The General History of China*, Vol.III, 5-6쪽.

중국 학교제도를 높이 평가하고 그것을 유럽제국에 도입할 것을 바랐기 때문이다.

2.2. 중국학교제도에 대한 계몽철학자들의 찬양과 논의

중국의 학교·교육제도에 대해서는 수많은 계몽철학자들이 찬양하며 도입을 주장했다. 그들은 웹·템플·케네·유스티·헤겔·에머슨·소로 등의 수많은 철학자들의 대오에 섰다. 그들은 하나 같이 유럽제국의 교육실태를 중국과 비교하며 비판했다. 당시 유럽의 교육실태는 어떠했나?

■16-17세기 서구의 교육실태

18세기 이전 서구의 교육상황은 열악하기 짝이 없었다. 만인평등교육도 알려진 바 없었고, 의무교육관념도 없었다. 아동들은 방치되고 귀족과 대상인들의 자제들만 교육을 받았다. 교육내용도 종교교육과 라틴어교육이 고작이었다.

- 18세기 이전 유럽의 열악한 교육실태

중세 초 학교의 전반적 운영은 성직자들의 손아귀에 들어 있었다. 교사는 목사와 수도승이었고, 존재하던 소수의 학교들은 모조리 수도원 및 주교관구에 속했다. 교육은 라틴어로 진행되었다. 학생들은 수사 옷을 입고 수도원 담장 안에서 살며 엄한 수도원 기율의 규제를 받았다. 교육의 목적 또는 목표는 목사와 수도승, 그리고 교회 복무자들을 훈련시키는 것이었다. 하지만 나중에 귀족자제들을 위한 '외부학교(schola exterior)'라는 것이 더해졌다. 이 외부학교에서는 귀족 자제들이 수도원 담장 바깥에 살면서 수도승의 손에서 일정정도의 교육을 받았다. 그 대가로 귀족 학부형들은 수도원에 풍부하고 값비싼 선물을 주었다.357)

---

357) Georg Fiedler, "Luther's Views and Influence on Schools and Education", *The Modern Quarterly*

이 교육기관들은 전성기에 나름대로 학문과 교육의 대의에 이바지했다. 독일 헤센 주의 풀다(Fulda), 프랑스 서부의 투르스(Tours), 스위스 북동부의 세인트 갈(St. Gall)과 같은 수도원들은 배움과 학문의 희미한 램프를 중세의 암흑을 관통해서 꺼지지 않게 유지했다. 그러나 이 수도원 학교에 의해 제공된 교육은 목사를 지망하는 사람과 귀족들의 자제로 이루어진 극소수의 사람들만 향유했을 뿐이고, 백성 대중은 교육에서 전적으로 배제되었다.

16세기 초에 이 수도원 학교마저도 수도원체제와 더불어 퇴락하고 무너져 내리기 시작했다. 타락한 성직자들은 젊은이들을 가르칠 능력도, 의지도 없었다. 수도원 학교는 지성이나 마음에 대한 호소 없이 독실함의 형태로 이루지는 단순한 구두교육이고 기념이 될 만한 시구절의 대부분 기계적 반복이었다. '외부학교'는 점차 수도원과 모든 연관을 끊고 '문법학교'라는 독립학교로 변했다. 이 문법학교를 모방하여 작은 학교들이 수도원이나 주교가 없는 타운에도 설립되었다.358)

학습시간에 사용되는 언어는 여전히 라틴어였다. 독립학교에서도 교육의 목적은 목사와 교회복무자의 훈련이었다. 교장은 불변적으로 성직자였지만, 보조교사들은 '바칸테스(Vagantes; Bacchantes)'라 불리는 '떠돌이 학자들'로부터 선발되었다. 이들은 빵을 구하거나 때로 빵을 훔치기 위해 도처에서 우글댔다. 수도원 학교의 강철 기율 아래서 신음하던 목사 지망의 젊은 사람들은 학교를 나와 이제 고삐 풀린 방종생활을 하며 난봉을 피우는 짧은 기간의 자유를 최대한 활용하는 중이었다. 이들은 나라의 진정한 골칫거리였다. 교사를 구하는 타운에 도착하면 그들은 교사활동으로 여비를 벌기 위해 단기간 거기에 정주했지만, 교습방법을 알지도 못했고, 교습을 좋아하지도 않았다. 그들은 학생들의 성품이나 성향을 연구하는 '체'하지도 않았다. 그들은 자기들이 배운 대로 기계적으로 가르쳤고, 그들이 지배당한 것보다 더 악독하게 폭력으로 학생들을 지배했다. 이것은 빈민아동들이 사나운 선생들의 손에서 겪는 학대와도 비교할 수 없었다.359)

of Language and Literature (Nov. 1898, Vol. 1, No.3), 211쪽.
358) Fiedler, "Luther's Views and Influence on Schools and Education", 211-212쪽.

유럽의 교육의 역사는 세 시기로 나뉜다. 제1시기는 수도원과 주교관구에 소속된 극소수 학교가 있던 단계이다. 이 시기에서 교회복무자들의 훈련이 모든 교육의 제일목적이자 목표였다. 제2시기는 몇몇 세속적 상업학교가 설립되던 단계다. 제3시기는 대중적 의무교육단계다.[360]

제1시기는 의무·대중교육 관념도, 초급·중급·대학교육 분리(3단계 학제) 관념도, 세속적 교육관념도 없는 종교적 목적의 학교교육의 시기다. 이 시기는 초기 중세에서 르네상스까지의 시기다. 이때는 종교적 목적의 초급학교와 중급학교가 구분 없이 뒤섞여 생겨났다. 중세 초에 대성당 학교들이 성가대원과 성직자들의 자원을 공급하기 위해 세워졌다. 최초의 학교는 597년에 오거스틴 오브 캔터베리가 개교한 캔터베리 킹스스쿨(Kings School, Canterbury)이다. 이후 어둠이 계속되다가 853년 로마공회의가 각 교구는 기초교육을 제공해야 한다고 결정했다. 교육과목은 종교적 의례와 라틴어의 읽기쓰기였다. 교육목적은 '사회변동'의 설명이 아니라 '구원'의 설명이었다. 교회는 교육에 대한 독점권을 행사했다. 봉건영주들은 자기 자식들을 소수의 교회학교에 보내는 것을 허용했다. 당시 유럽은 봉건적 농업사회였는데도 농노가 백성의 대부분을 차지했다. 농노의 아들들은 철이 들자마자 교육에서 배제되어 노동을 시작해야 했다. 인간은 하느님에 의해 아담의 형상으로 창조되어 원죄를 공유하고 어린이는 죄를 안고 태어났다는 것이 기독교인들에 의해 진리로 받아들여졌다. 그러므로 교회의 가르침과 성례식聖禮式, 그리고 노동만이 어린이들의 원죄를 사해 줄 수 있었다. 교구는 기초교육을 제공했으나, 모든 어린이에게 교육을 제공할 필수요건이나 의무관념이 없었다. 학교의 필요성은 성직자를 생산하고, 샤를마뉴와 같은 안정된 왕국에서는 세금을 걷고 관리하기 위해 기초적 라틴어 쓰기 기능과 산술능력을 갖춘 행정관리를 산출하는 것이었다. 이런 기능들은 큰 사원에서도 필요했다. 그러나 곧 타운의 교육수요와 수도원의 수요가 갈라지기 시작했다.

교구학교, 부속예배당학교, 수도원학교, 대성당학교는 인쇄술과 제지술의 미달발

---

359) Fiedler, "Luther's Views and Influence on Schools and Education", 212쪽.
360) Fiedler, "Luther's Views and Influence on Schools and Education", 211쪽.

로 수업을 책도 노트도 없이 구두로만 진행했고, 따라서 필기시험도 불가능했다. 이 상태는 16세부터 17세기까지 계속되었고, 학교에서 필기시험은 18세기 말엽까지도 알려지지 않았다.

여자들을 위해서는 소녀들이 교회생활에 들어옴과 동시에 수녀원에 소속되었고, 수녀원학교도 등장했다. 소녀들은 여덟 살에 입학해서 라틴어문법, 종교적 독트린, 음악, 방적·방직기술, 태피스트리, 그림과 수놓기를 배웠다. 부속예배당 학교는 자선적 기부로 세워졌고, 초급·중급교육의 구별 없이 빈민아동을 가르쳤다.

1179년 라테란 공회의는 대성당이 학교를 설치해야 한다는 결정을 발령했다. 기초교육은 삼학三學(문법·논리·수사학)과 사학四學(산수·기하학·천문학·음악)을 가르쳤다. 그런데 이 '사학'은 훗날의 기준으로 치면 중급학교(중고등학교)의 기초과목이었다. 이 소수의 대성당 학교의 혜택은 귀족자제와 대상인 자제 가운데 일부에 한정되었다. 그리고 학교교육은 부모의 의무가 아니었다.

르네상스시기에 초급교과목은 불변이었으나, 휴머니즘의 영향으로 중급 교과목에 큰 변화가 있었다. 그러나 제국을 지배했었던 위인들의 저작들을 학습하면 어떤 영역에서든 성공할 수 있다고 믿어졌다. 르네상스 소년들은 5세부터 로마 어린이가 사용하던 교과서와 동일한 교과서를 이용해 라틴어 문법을 배웠다.

대부분의 귀족자제들과 부자자제들은 학교에 가지 않고 가정교사로부터 배웠다. 소수의 일부 소년들은 관구교회, 대성당 또는 사원에 부속된 학교에서 배웠다. 13세기부터 부유한 상인들은 성직자들이 문법을 가르치는 학교를 수립하라고 교회에 돈을 기부하기 시작했다. 이 초기 그래머스쿨(문법학교)들은 소년들에게 기초문법을 가르치게 되어 있었다. 연령 제한은 없었다. 따라서 그래머스쿨도 초급학교와 중급학교를 구별하는 관념 없이 5세부터 18·19세까지 아이들을 뒤섞어 가르쳤다. 이런 초기 그래머스쿨의 사례는 랭커스터 로열 그래머스쿨(Lancaster Royal Grammar School), 버킹검 로열 라틴스쿨(Royal Latin School, Buckingham), 스톡포트 그래머스쿨(Stockport Grammar School) 등이다.

그래머스쿨은 기초교육을 제공하기 위해 설치되었지만 입학을 위해 일정한 기능을 요구했다. 특히 자국어로 읽고 쓰는 것은 입학 전에 가정교육으로 갖춰야 했다. 이에 따라 가정교육이 불가능한 빈민의 자식과 농민자식들은 학교교육에서 자동적으로 배제되었다. 이들의 일부만을 어쩌다 교회가 기부금으로 세운, 종종 '블루코트스쿨'이라 불린 자선학교와 (마을 아줌마들이 가르치는) 담스쿨(Dame schools) 또는 비공식 마을학교들이 맡아 가르쳤다. 자선학교는 종교적 신앙에 무차별적으로 개방된 학교였기에 '공공학교(public school)'라고도 불렸다. (7세에서 11세 사이의 가난한 어린이들을 위한 자선학교는 18세기에 많이 세워졌는데, 이것은 '기독교지식장려협회'의 정열적 캠페인 덕택이었다.) 이 자선학교들은 초·중등 학교교육의 근대적 개념의 기반이 되었다.

'담스쿨'은 중국의 사숙, 또는 조선의 서당과 유사한 학교였으나 다만 교사가 남자가 아니라 '스쿨담(school dame)'이라 불리는 아줌마 선생이 가르치던 학교다. 담스쿨은 어린이들을 위한 작은 사설학교였다. '스쿨담'은 아주 적은 수업료를 받고 어린이를 가르치는 지역 아줌마들이었다. 담스쿨은 전적으로 타운이나 교구 수준의 소小지방에 국한된 학교였다. 담스쿨에서 어린이들은 읽기와 산술을 배웠고 때로는 쓰기도 배웠다. 여자 어린이들은 종종 뜨개질·바느질과 같은 기술도 배웠다. 담스쿨은 영국에서 15-16세기에 생겨났으나, 의무교육법이 시행되기 시작한 19세기 후반까지도 존속했다.

제2시기는 거의 모든 나라에서 15세기 중반 또는 말엽에 시작된 것으로 보인다. 그 발단은 잉글랜드에서 극소수 학생들을 받아들인 중급과정의 작은 '그래머스쿨(Grammer School)', 곧 '문법학교'의 설립에 의해 시작되었다.

극소수 귀족과 부유층의 자제들이 다니는 이 소형 문법학교들은 영국 전역에 걸쳐, 그러나 드문드문 엉성하게, 그것도 오랜 세월에 걸쳐 들어섰다. 이 변화는 다 요크-튜더왕조 시기(1477-1603)의 일이었다. 또 튜더왕조의 에드워드 6세는 그래머스쿨을 재조직하여 "자유그래머스쿨"이라는 전국체계를 수립했다. 이론상 이 그래머스쿨은 수업료를 낼 수 없는 학생들에게 무상교육을 제공한 점에서 만인에게 개방되었으나, 실제로는 그렇게 운영될 수 없었다. 방대한 수의 빈민 어린이들이 집안에서 노동을 해야 했기 때문에 학교에 다닐 수 없었다. 그래머스쿨은 종교개혁에 의해 많이 창설되고 증가된 세속적 교육에 대한 수요를 충족시키기 위해 설립되었다. 잉글랜드의 교육역사에서 제2시기 학교제도의 새 시대를 연 것은 바로 종교개혁이었다.[361] 종교개혁은 영어로 '성서'를 읽는 것을 촉진했다.

독일에서 마르틴 루터가 1517년 95개조의 논제를 발표한 뒤 우여곡절 끝에 독일 안팎에서 막강한 영향력을 떨치게 된 1530년대에 영국의 헨리 8세는 1534년 수장령을 발표해 영국교회를 로마교황청과 단절시키고 종교개혁을 시작했다. 헨리 8세는 1536년과 1541년 사이에 일련의 행정 조치와 법적 조치를 통해 잉글랜드·웨일즈·아일랜드의 수도원, 소小수도원(priory), 수녀원, 수사단을 해체하고, 그들의 소득을 수탈하고, 그들의 자산을 처분하고, 이전의 직원들과 기능인들을 부양했다. 이것은 '수도원 해체(dissolution of the monasteries)' 또는 '수도원 억압'이라 불린다. 수도원자산의 매각대금은 1540년대 원정의 군자금으로 투입되었다. 그는 1534년 의회에서 통과된 수장령으로 의회로부터 이런 권한을 부여받았다. 1530년대 후반의 수도원 철폐는 "영국 역사에서 가장 혁명적인 사건"이었다. 영국에는 약 900개소의 종교시설이 있었다. 그 가운데 약 360개소는 수도승을 위한 것이고, 300개소는 대성당 참사회 의원을 위한 것이고, 142개소는 수녀용이고, 183개소는 탁발승용이었다. 총인원은 약 1만 2000명이었는데, 이들은 4000명의 수도승, 3000명의 성당참사회 의원, 3000명의 탁발승, 2000명의 수녀로 구성되었다. 당시 영국의 성인남성은 총 50만 명에 불과했는데, 그중 무려 2.4%가 교단에 들어 있었던 셈이다.[362]

이런 종교개혁과 수도원 철폐로 말미암아 수도원에 소속되었던 많은 학교에 재정난이 닥쳤다. 각종 학교는 에드워드 6세에게 재정기부를 청원했다. 이때 재정기부를 받은 학교들은 라우스(Louth) 킹에드워드 식스 그래머스쿨(King Edward VI Grammar School), 노위치(Norwich) 킹 에드워드 식스 그래머스쿨, 셰익스피어가 7세에서 14세까지 다닌 스트렛퍼드-어폰-에어번(Stratford-upon-Avon) 킹 에드워드 식스 그래머스쿨 등이다.

---

361) Fiedler, "Luther's Views and Influence on Schools and Education", 211쪽.
362) George W. Bernard, "The Dissolution of the Monasteries", *History* 96#324(2011), 390쪽.

전근대 프랑스의 학교제도를 보자. 중세 프랑스에서 샤를마뉴는 수도원 학교와 스크립토리아(서책필사센터)를 늘렸다. 그는 789년 각 주교 교구는 성직을 지망하지 않는 학생들을 위한 학교를 조직할 것을 명한 윤음(Admonitio generalis)을 공표했다. 이로써 샤를마뉴는 프랑스에서 '교육의 아버지'로 간주된다. 교회학교들은 8세기부터 줄곧 사원과 대성당에 부설되었고, 가톨릭교회에 의해 통제되었다. 종종 대성당 경내에 소재한 그래머스쿨은 라틴어와 법률을 가르쳤다. 법률을 가르친 것이 다른 나라의 그래머스쿨과 달랐다.

1150년 무렵에 창설된 '파리대학교'는 유럽 최초의 대학교 가운데 하나다(파리대학 창설은 당요唐堯 시대의 중국 국립대학교 '성균成均'의 설립에 견주면 까마득히 뒤에 일어난 일이었다). 파리대학교 외에도 12세기부터 줄지어 툴루스대학교·도를레앙대학교·몽펠리에대학교·다비뇽대학교·카오르대학교·그레노블대학교 등을 비롯한 많은 대학교들이 창설되었다. 서구의 이런 대학교들은 말이 '대학교'이지 중국의 부학·주학·현학의 상급반 코스에 불과했다. 17세기에는 다양한 가톨릭 교령에 의해 칼리지들이 설립되었다. 이와 나란히 대학교 설립도 더 촉진되었다.

한편, 종교개혁의 산실인 독일에서는 프로테스탄트 학교교육 개혁운동이 스코틀랜드에서보다 더 강력한 영향을 끼쳤다. 마르틴 루터가 존 녹스보다 더 많은 시간과 더 많은 사상을 이 주제에 바쳤기 때문이다. 종교개혁 직후의 시기에 독일 교육시스템은 다른 모든 국가를 능가했던 것이 사실이다. 이것은 전적으로 루터와 그의 추종자 멜란히톤(Philip Melanchton, 1497-1560), 그리고 그들의 계승자들 덕택이었다. 루터의 교회개혁의 '축복'이 독일에 한정되지도 교회에 갇히지도 않았듯이 루터의 교육개혁의 영향도 독일 국경을 넘어 멀리 확산되었다.363)

1560년 종교개혁 이전과 이후의 교육을 비교하는 논고를 쓴 니콜라스 헤르만(Nicolas Hermann)이라는 옛 독일의 학교교사는 이 논고에서 이전의 전근대적 교육을 이렇게 회상했다.

---

363) Fiedler, "Luther's Views and Influence on Schools and Education", 211쪽.

내가 내 마음을 과거로 돌려 50년 전 나의 젊은 시절의 학교상태와 그때 유행하던 교육체계를 생각할 때, 내 머리카락이 쭈뼛 선다. 가련한 꼬마들은 얼마나 많은 괴로움과 추위, 굶주림과 학대를 겪었고, 그 대가로 얼마나 적은 교육을 받았던가! 많은 꼬마들은 적은 라틴어를 이해하고 말할 수 있기 전에 스무 살이 되었다. (…) 그리고 가련한 어린 이들은 학교에서 충분히 비참하게 만들어진 뒤 동냥질을 하라고 밖으로 내보내졌고, 바람과 비와 눈 속에서 노래를 불러 이마의 땀을 흘리며 적은 생필품을 모았을 때 집안에 편히 앉아 있는 바칸테스들을 달래기 위해 그것을 몽땅 포기해야 했고, 그러면 아무것도 가난한 소년들에게 남아 있지 않아서 입술을 핥으며 굶주렸다.[364]

1500년생 독일 유명한 우화작가 에라스무스 알베루스(Erasmus Alberus)도 이렇게 회상한다.

학창시절에 나는 종종 빈민 어린이들이 경악할 정도로 학대받는 것을 보았다. 그들은 어린이들의 머리를 벽에 부딪쳤고, 나도 동일한 학대로부터 도망칠 수 없었다. 나는 14살 때 단 한 단어도 격변화시킬 줄 모르고 단 한 문장도 문법적으로 설명할 줄 모르는 방식으로 교육받았다.[365]

훨씬 더 끔찍한 학창시절의 또 다른 보고는 토마스 플라터(Thomas Platter)라는 사람의 자서전에 실려 있다. 그는 1582년 바젤의 어느 큰 학교의 교장으로 가르치다 세상을 떠났다.[366]

마르틴 루터(Martin Luther, 1483-1546)도 맨스필드에서 학교를 다녔는데, 교사들의 폭행과 무식을 개인적으로 체험했다. 종종 그는 그의 어린 시절에 학교가 단순한

---

364) Fiedler, "Luther's Views and Influence on Schools and Education", 212쪽.
365) Fiedler, "Luther's Views and Influence on Schools and Education", 212쪽.
366) 플라터의 보고는 참조: Guatav Preytags, *Pictures of German Life*(London: Chapman, 1862). Fiedler, "Luther's Views and Influence on Schools and Education", 212쪽에서 재인용.

감옥이나 정화소였고, 학교선생들은 간수가 죄수들을 두들겨 패듯이 어린이들을 때리고 학대하는 폭군과 공사감독이었다고 불평했다. 그는 "교사들은 교장에게 화풀이를 할 수 없을 때 가난한 소년들에게 그것을 퍼부었다"고 말하고, 학교에서 오전에만 15번을 매질 당했다고 회상한다. 그리고 교사들의 역량과 관련하여 그는 간명하게 이렇게 힘주어 말한다. "그들은 아무것도, 절대 아무것도 몰랐다. 그들은 돈을 충분히 먹어 치우지만 그들 자신처럼 당나귀가 되게 하는 것을 빼고 학생들에게 아무것도 가르치지 않는 멍청한 당나귀들이었다. 그들에게 배운 사람은 그들이 유소년들에게 보인 수치스런 본보기는 말할 것도 없고 10여 년 배워도 종국에 라틴어도, 독일어도 알지 못할 것이다."367) 타운(읍면)들의 중요성이 더해 가면서 철저한 실용적 교육에 대한 요구가 매일 압박해 왔고 이 요구를 충족시키기 위해 '타운스쿨'이 14-15세기에 북독일의 한자(Hansa)도시들에서 창설되기 시작했었다. 이 학교들에서 부유한 상인들의 자제들이 읽기, 쓰기, 산술을 배웠다. 간단히, 상인경력에 필수적으로 여겨진 모든 것을 배웠다. 이 학교들은 다 상업학교였고, '하나의' 계급, 곧 상인계급에게만 혜택을 베풀었다.368)

- 루터의 종교교육론: 만민교육·의무교육의 결여

14-15세기는 유럽의 거의 모든 지역에서 대학교도 흥기했으나, 이 모든 상급교육 기관들은 소수의 귀족·부유층 자제만을 위한 학교들이었고, 아무도 3단계 학제의 대중·의무·무상교육은 생각하지 않았다. 학교교사를 오두막 학교로 데려와 가장 미천한 농부의 아이도 나라가 제공하는 교육을 받게 만든 학교체계의 기초를 놓는 일은 평민백성 가운데서 나온 가난한 광부의 아들 마르틴 루터였다. 서구에서 루터가 '도시위정자'의 '의무교육(compulsory education)'과, 폭력과 학대로부터 해방된 '자유교육(free education)'의 사상을 전개한 최초의 인물이었다는 것은 그의 저작들로부터 입증될 수 있다.369)

---

367) Fiedler, "Luther's Views and Influence on Schools and Education", 212쪽.
368) Fiedler, "Luther's Views and Influence on Schools and Education", 212-213쪽.

그러나 루터의 이 '교육의무'는 송·명·청대 중국이나 근대서구의 교육의무와 같은 의무, 즉 공적 학교교육을 자녀에게 보장해야 할 '모든' 학부모의 의무가 아니었다(뒤에 살펴보겠지만 루터는 학교교육론에서 농촌지역의 부모와 자식들을 배제하고, '도시'의 학부모와 자녀들만을 대상으로 삼았다). 중국과 근대의 교육의무는 모든 학부모가 완전한 무상교육과 결합된 명확한 3단계 학제 및 (각급 행정단위와 부합되는) '학군學群'제도에 기초한 국·공립학교에 자기의 자녀를 보내야 할 법적 의무였다. 그러나 루터가 말하는 위정자의 이 교육의무도 법적 의무가 아니라, (서구사회에서 기독교 신앙이 묽어질수록 약화될) 기독교도덕적 의무에 불과했다.[370] 그리고 루터에게는 무상숙식 관념은커녕 무상교육 개념도, 3단계 학제와 학군개념도 흐리멍덩했다. 그리고 루터는 교육의 목적을 성직자 양성에서 성서 읽을 줄 아는 기독교신도의 육성으로 바꾸었을 뿐이고, 그가 기획한 학교와 교육은 정치철학·정책학·법률·정치경제와 같은 탈종교적·세속적 내용의 교육을 인정치 않는 "기독교학교(chrisrtliche Schule)", '종교교육'이었다. 이것도 중국의 세속적·근대적 교육관과 정면으로 배치되는 측면이었다.

루터에게서 교육의무를 짊어지는 당사자는 학부모가 아니라 거의 전적으로 도시 위정자들이었다. 말하자면, 루터가 말한 의무교육은 부모에게 부과되는 교육의무의 근대적 형태라기보다 위정자에게만, 그것도 도시 위정자에게만 호소하는 교육의무이고, '국가위정자'의 교육의무라기보다 '도시위정자'의 교육의무였다.[371] (뒤에 살펴볼 것인바, 중국의 학교제도와 대비되는 루터의 특별한 선진성이 있다면 그것은 남자 아이들과 교육내용과 목적이 달랐어도 여자 아이들에게 교육을 배려한 점이었다.) 그러나 대부분의 서구학자들은 근대적 의무교육개념을 루터의 교육론에 이입시켜 해석하고 루터의 의무교육을 오늘날의 의무교육 개념과 동일시하며 루터를 마냥 찬양하는 오류를 반복한다.[372]

---

369) Fiedler, "Luther's Views and Influence on Schools and Education", 213쪽.

370) Riemer Faber, "Martin Luther on Reformed Education", *Clarion* Vol. 47, No. 16(1998), 'Establishing and Maintaining Schools'.

371) "He advocated compulsory education on the part of the State(그는 국가 쪽에서의 의무교육을 옹호했다)". "Schooling for Life – Martin Luter Educator"

루터는 기독교를 타락시킨 모든 병폐가 어린이들의 방치에서 왔고, 그의 종교개혁의 대업이 영구적 성과를 올리는 길이 어린이들로부터 시작하는 것이라는 생각을 뇌리에 깊이 새기고 있었다. 교회는 학교 없이 존재할 수 없었다. 루터는 거듭거듭 부모에게 관심을 돌리고 자녀들을 잘 양육하라고 진지하게 훈계했다. 그는 어린이들을 "하느님의 가장 훌륭한 선물"로 여겼다. 따라서 어린이 교육에 대한 배려를 가장 수락할 만한 봉사로 간주했다. "어린이를 가르치는 것은 하느님을 제대로 잘 모시는 것이다."[373] 그러나 루터는 곧 학교 상황의 개선이 부모로부터만 올 수 없다는 것을 깨달았다.

그리하여 루터는 1524년 그 유명한 공개서한 형식의 팸플릿《기독교 학교를 세우고 유지해야 한다는, 독일 땅의 모든 도시의 시의회 의원들에 대한 호소(An die Radsherren aller Städte deutschen Landes, daß sie christliche Schulen aufrichten und halten sollen)》을 집필했다.[374] 이 팸플릿은 독일에서 근대적 의무교육제도의 기원으로 볼 수는 없지만 만민교육 제도(system of popular eduction)의 기원으로 간주할 수 있다. 이 글에서 그는 먼저 기존 학교들의 통탄할 실태를 지적하며 기독교에 대한 정신적 교육의 중요성을 역설한다. "첫째 우리는 지금 독일 땅에서 사람들이 어떻게 도처에서 학교들을 망가뜨리고 있고, 상급학교(die hohen Schule; 오늘날의 전문대(Hochschule)에 상당)는 약해지고 수도원은 줄어들고, 이사야가 말하듯이 이러한 풀이 마를 것이고 꽃이 시들고

372) 참조: Fiedler, "Luther's Views and Influence on Schools and Education", 213쪽; Susanne Heine, "Martin Luther(1483−1546): An die Radherrn aller Stedte deutsches lands: das sie Christliche schulen auffrichten und hallten sollen(Wittenberg 1524)", 272쪽, Winfried Böhm, Brigitta Fuchs, Sabine Seichter, Hauptwerke der Pädagogik(Brill: Ferdinand Schöningh, 2019); Martin Luther College, "Schooling for Life − Martin Luther Educator", Kenneth A, Cherney, Jr.(ed.), Heritage and Hope: Essays in Honor of the 150th Anniversary of Wisconsin Lutheran Seminary(Mequon: Wisconsin: Wisconsin Lutheran Seminary Press, 2013). 이것도 참조: Lori Harwood, "Martin Luther was an Advocate for Education Reform"(April 4, 2017, Talk); Susan Karant−Nunn and Ute Lotz−Heumann, "Pamphlets and Propaganda: The Lutheran Reformation in Print"(April 11, 2017, Talk).

373) Fiedler, "Luther's Views and Influence on Schools and Education", 213쪽.

374) Martin Luther, An die Ratsherren aller Städte deutschen Landes, daß sie christliche Schulen aufrichten und halten sollen. https://www.checkluther.com 〉 uploads 〉 1524−A s/1524(구글검색: 2021. 12. 30).

있다는 것을 철두철미 경험하고 있다. 하느님의 정신이 그분의 말씀을 통해 그 안으로 짜 넣고 거기다가 복음을 통해 아주 뜨겁게 재단하고 있기 때문이다. 이제 하느님의 말씀을 통해 이런 존재가 어떻게 비기독교적이고 배(腹)만을 지향해 있는지가 알려질 것이다. 그렇다, 육체적 떼거리는 아무도 더 이상 자녀들을 배우게 하지도, 공부시키지도 않는다면 아들딸과 친구들을 더 이상 수도원과 양육원 안으로 몰아넣어서 집과 농장에서 쫓아내 낯선 농장에서 눌러앉게 해서는 아니 된다고 생각하기 때문이다. 그들은 '그렇다, 목사나 승려나 수녀가 되지 않을 바에 왜 배우게 해야 하는가?'라고 말한다. 자식들을 먹고 살게 하려면 그것보다 훨씬 더 많은 것을 배우게 만들어야 한다는 것이다."375) 이에 맞서 루터는 주장한다. "우리는 우리의 사랑스런 자녀들의 배만 채우는 것이 아니라 영혼도 채우고 싶다". 이것은 "물론 제대로 된 충실한 기독교적 부모들이 이러한 일에 관해 말하는" 입장이다.376)

따라서 루터는 "많은 것이 기독교인들과 온 세상의 책임이기 때문에 우리가 어린 백성을 돕고 조언하는 것은 진지하고 위대한 일이다"고 천명한다. "그러면 이 일로 우리 모두가 도움과 조언을 받는다. 그리고 악마의 이러한 조용하고 음험하고 음흉한 싸움이 위대한 기독교적 진지성으로 방어될 것이라는 것을 생각하라. 친애하는 위정자 여러분, 도시가 일시적 평화와 편안을 유지하기 위해 사람들은 소총·길·나무다리·성벽과 기타 셀 수 없는 것들에다 매년 많은 비용을 쓴다. 그런데 왜 궁핍하고 가난한 소년들에게는 훨씬 더 많은 비용을, 하여간 적어도 한두 명의 유능한 사람을 학교선생으로 모셔올 만큼의 비용을 쓰지 말아야 하는가?"377)

그리고 루터는 일반 시민에게로 방향을 돌려 종교와 관련된 쓸데없는 일에 돈을 낭비하지 말고 아동교육에 돈을 쓰라고 말한다. "모든 시민이 지금까지 아주 많은 돈과 재물을 금식·미사·철야기도·양육원·신약식·명절·동냥승·신도회·순례, 그리고 더욱이 광신에다 버리지 않을 수 없었다면, 그리고 금후 신의 은총으로 이러한

---

375) Luther, *An die Ratsherren aller Städte deutschen Landes*, 1쪽.
376) Luther, *An die Ratsherren aller Städte deutschen Landes*, 2쪽.
377) Luther, *An die Ratsherren aller Städte deutschen Landes*, 2쪽.

전리품들과 기부들에서 면해져 금후에 가난한 어린이들을 양육하기 위해 그것의 일부를 학교에 기부하고자 한다면, 지금까지 모든 시민들 자신도 제각기 그렇게 움직이도록 만들어야 한다." 루터는 모든 가톨릭적 행사를 질타하며 학교에 돈을 쓰라고 말하고 있다.378)

둘째, 루터는 독일의 문화적 낙후성을 부끄러워하며 독일에 찾아든 이 종교개혁의 하느님 은총을 놓치지 말고 활용해서 민족주의적 애족심에서 독일인들에게 수도원 학교와 기존 상급학교를 폐지하고 새로운 학교의 창설을 촉구한다.

다른 한편, 성 바울이 고린도 후서 6장에서 말했듯이 우리는 하느님의 은총을 헛되이 맞아들이지 않고 복된 시대를 놓치지 않아야 한다. 왜냐하면 전능한 하느님이 확실히 우리 독일인들의 고국을 지금 은혜롭게도 찾아왔고 제대로 된 황금기를 여셨기 때문이다. 지금 우리는 그들을 어린 백성의 교육에 사용하고자 한다면 이로움을 가져다 줄 수 있는, 언어와 온갖 기술을 갖춘 가장 훌륭하고 가장 박식한 젊은 장인과 사람들을 가지고 있다. 지금 한 소년을 3년 동안 훈육하면 이 소년이 15-18세에 지금까지의 모든 상급학교와 수도원이 할 수 있었던 것보다 더 많이 할 수 있는 것이 눈앞에 떠오르지 않은가? 그렇다. 당나귀, 멍텅구리, 통나무가 되는 것 외에 상급학교와 수도원에서 무엇을 배웠던가? 20년, 40년 동안 그들은 그곳에서 배웠어도 라틴어도, 독일어도 알지 못했다. 고귀한 청소년들이 비참하게 타락한 치욕스럽고 악덕스런 생활은 말하지 않겠다. 그래서 내가 상급학교와 수도원들이 종래처럼 그대로 남아 있고 가르치고 사는 어떤 다른 방식이 청소년들에게 사용되지 않을 것을 내가 바라기보다 차라리 청소년이 아무것도 배우지 않고 벙어리가 될 것을 바란다는 것이라는 것이 사실이다. 당나귀 외양간과 악마학교들이 심연 속으로 꺼져 버리든가 기독교학교로 바뀌는 것이 나의 진지한 의견, 부탁, 바람이다. 그러나 하느님이 우리에게 풍부한 은총을 베푸시어 어린 백성들을 훌륭하게 가르치고 기를 수 있는 그런 사람들을 많이 주셨다. 그래서 진정으로, 우리는 하느님의 은총을 유념하여 하느님이 우리의 문을 두드리는 것이 헛되지

---

378) Luther, *An die Ratsherren aller Städte deutschen Landes*, 2-3쪽.

않게 해야 한다. 하느님은 문을 열어드린다면 문 앞에, 물론 우리 문 앞에 서 계신다. 그분은 우리에게 인사를 하신다. 우리는 답례를 해야 한다. 우리가 그분이 지나가는 것을 못 본다면 누가 그분을 다시 모시고 올 것인가?[379]

루터는 독일의 도시위정자들에게 종교개혁으로 열린 이 기회를 놓치지 말자고 신신당부하고 있다.

루터는 독일의 역사를 다시 돌아본다. "우리가 처했던 우리의 옛 비참과 어둠을 들여다보자. 나는 독일 땅이 지금만큼 많은 하느님 말씀을 들은 적이 없다는 것에 주목한다. 사람들은 역사에서 그것에 대해 낌새를 챈 적이 없고, 우리가 감사와 영예 표명 없이 그것을 사라지게 만든다면 훨씬 더 소름끼치는 어둠과 역병을 겪게 될까 우려한다. 친애하는 독일인들이여, 시장이 문 앞에 있으니 사라, 해는 빛나고 날씨는 좋으니 모아라. 하느님의 은총과 말씀이 눈앞에 있으니 그것을 써라. 그대들은 하느님의 말씀과 은총이 한번 왔으면 다시 오지 않는 지나가는 소나기라는 것을 알아야 한다. 이 소나기는 유대인들에게 내렸으나 이제 지나갔고 그들은 이제 아무것도 없다. 바울이 이 소나기를 그리스로 가져왔고 또 지나갔다. 지금 그리스는 터키인들이 살고 있다 로마와 라틴 땅도 소나기를 맞았으나 지나갔고 그들은 이제 교황을 가졌다. 그리고 그대 독일인들은 그대들이 이 소나기를 영원히 맞을 것이라고 생각해서는 아니 된다. 배은망덕과 경시가 소나기를 머물게 하지 않을 것이기 때문이다. 이런 까닭에 쥐고 붙잡을 수 있는 자는 움켜쥐고 붙잡고 있어라. 게으른 손은 안 좋은 세월을 맞을 것이다."[380] 루터는 독일의 역사를 다시 돌아보고 이 종교개혁의 기회를 꼭 붙들고 학교를 개혁하기를 바란다.

셋째, 루터는 자녀교육이 부모의 신적 의무이고 나라의 의무이기도 하다는 것을 논변한다. "세 번째 것은 부모가 자식을 가르치라고, 모세를 통해 그토록 자주 내몰고 요구하는 최고의 계명, 곧 하느님의 계명이다. 시편 78장도 그것을 말한다. 하느님은

---

379) Luther, *An die Ratsherren aller Städte deutschen Landes*, 3쪽.
380) Luther, *An die Ratsherren aller Städte deutschen Landes*, 3쪽.

자식들을 알게 하고 자식의 자식을 가르치라고 우리 아버지들에게 어떻게 그리 선명하게 명했던가. 그리고 불복종하는 자식들을 재판을 통해 죽이라고 할 정도로 하느님이 부모에 대한 복종을 자식들에게 그리 선명하게 명하는 하느님의 네 번째 계명도 그것을 입증한다. 우리 늙은이들이 왜 달리 살며 젊은 백성을 보살피고 가르치고 육성하는가? 자유분방한 백성들은 스스로를 가르치고 자제해야 하는 것이 불가능하기 때문이다. 이런 까닭에 하느님은 그들을 나이 들고 경험 많은 우리게 맡겼다. 이것은 그들에게 좋은 것이다. 하느님은 우리에게 그들에 대한 아주 어려운 사후책임을 요구할 것이다. 이런 까닭에 모세도 (모세 제5경 32장에서) 명령한다. 네 아버지에게 물어라, 그러면 그가 네게 말해 줄 것이다. 노인들이 네게 그것을 보여 줄 것이다."381) 그러나 이것은 부모의 교육의무이지만, 아직 자식을 학교에 보내 교육시키는 '학교교육의무'가 아니다.

루터는 이교도들과 동물들을 예로 동원하면서 자식교육이 하느님의 계명일 뿐만 아니라, 인간의 "본성"이라고까지 말한다.

비록 우리 자식들과 어린 백성을 기르고 그들의 최선을 생각하도록 맨 먼저 자극하고 우리 자신을 자극하게 하는 데까지 이르렀다는 것은 죄악이고 치욕이더라도, 본성(die Natur) 자체도 동일한 것을 우리에게 몰아붙이고 이교도들에게서도 본보기를 우리에게 다양하게 보여 준다. 어떤 비이성적 동물도 자기 새끼를 돌보지 않고 가르치지 않는 것이 아니다. 자기 새끼를 돌보고 가르치는 것은 타조가 아니라면 동물의 책임이기 때문이다. 욥기 39장에서 하느님은 타조가 자기 새끼가 마치 자기 것이 아닌 것처럼 새끼에게 냉정하다고 말하기 때문이다. 타조는 자기 알을 땅 위에 그냥 놓아둔다. 그렇지 않고 우리가 대부분 삶의 목적으로 삼고 있는 것, 곧 어린 백성을 돌보는 것을 그만둔다면, 우리가 모든 것을 다 가졌고 모든 것을 다 하고 마치 순전히 성인聖人이라고 하더라도 이것은 무슨 득得이 되겠는가? 나는 외적 죄악들 가운데 어떤 죄악도 자식들

---

381) Luther, *An die Ratsherren aller Städte deutschen Landes*, 3–4쪽.

을 기르지 않는 짓을 범하는 죄악만큼 크게 하느님 앞에 세상을 고발하고 그렇게 가혹한 처벌을 받을 만하지 않다는 사실에 주목한다.382)

루터는 자식을 가르치지 않는 죄를 하느님에 대한 가장 큰 죄로 규정하고 있다. 그러나 '본성'을 거론하면서 자식을 양육하고 가르치는 동물적 '본성'을 어기는 것을 '하느님에 대한 죄'로 돌리는 것은 자못 배리적背理的이다. 자기 새끼를 가르치지 않는 것이 '하느님에 대한 죄'라면 그것은 '기독교도덕적' 죄악일 뿐이고, 한낱 이런 '종교적' 죄악에 대한 느낌은 기독교신앙이 사회 전반에 걸쳐 묽어지거나 미적지근해지면 사라져 버릴 것이다.

그래도 루터는 다시 한번 어린이와 청소년을 가르치지 않고 방치하는 부모의 죄를 극화시켜 표현한다. "내가 어렸을 때 사람들은 학교에서 이런 속담을 내걸었다. '학생을 소홀히 방치하는 것은 처녀를 더럽히는 것 못지않은 것이다(*Non minus est negligere scholarem, quam corrumpere virginem*).' 사람들은 학교교사를 놀래기 위해 이 속담을 말한다. 당시에는 처녀를 더럽히는 것보다 더 무거운 죄악을 모르기 때문이다. 그러나 친애하는 주 하느님, 고귀한 영혼을 방치하고 더럽히기 때문에, 또 이러한 죄악은 주목받지도 않고 인식되지도 않고 또 결코 속죄받을 수도 없이 죄악에 비해 처녀나 부녀를 더럽히는 것은 (이 죄악은 인식된 육체적 죄악으로서 그래도 속죄를 받을 수 있다) 얼마나 적은 죄악입니까? 오, 세상에 화 있을 진저! 언제나 그리고 영원히. 어린이들은 매일 태어나고 우리들 품에서 자랄 것이다. 그런데 안타깝게도 가난한 어린 백성을 보살피고 다스리는 사람이 아무도 없으므로, 될 대로 되라는 식으로 방치되고 있다. 수도원과 교회 양육원이 그것을 해야 했다. 그런데 이것들은 그리스도가 이렇게 말하는 바로 그것들이다. '분노 때문에 세상에 화 있을진저! 나를 믿는 이 어린 백성들 가운데 하나를 분노하게 하는 자는 맷돌을 목에 달고 가장 깊은 바다 속으로 가라앉는 것이 나을 것이다.' 그런 자는 어린이들을 잡아먹고 타락시키는

382) Luther, *An die Ratsherren aller Städte deutschen Landes*, 4쪽.

자다."383) 루터는 여기까지 성서에 의거한 부모의 기독교도덕적 교육의무를 논했다. 따라서 이 부모의 교육의무는 아직 근대적 교육의무가 아니다. 왜냐하면 첫째, 이 의무는 부모가 자식을 가르칠 의무이지, 학교에 보낼 의무가 아니기 때문이다. 둘째, 이 의무는 한낱 이것을 위반할 때 법적으로 처벌하는 법규를 언급하지 않는 '도덕적' 의무에 불과하기 때문이다.

루터는 부모의 성서도덕적 교육의무로부터 방향을 돌려 위정자들의 교육의무에 대해 논한다.

당신은 그렇소, 이 모든 것은 부모에게 말한 것이다. 이것이 시市위원들 및 관청과 무슨 관계가 있단 말인가? 부모들이 그런 것을 하지 않는다면 이것이 참 어떻게 제대로 한 말이겠는가. 그러면 누가 해야 하는가? 위정자들이 뒤로 나자빠지면 어린이들은 소홀히 방치될 것이다. 관청과 시의회는 그러한 것이 그들의 책무가 아니라고 어떻게 변명할 것인가? 그 교육이 부모들에 의해 일어나지 않는 것은 여러 원인이 있다.384)

루터는 부모가 여러 가지 이유로 자식을 가르치지 못할 경우에 관청이 이 어린이 교육을 맡아야 한다는 논리를 도출하고 있다. 이 논변에 따르면 부모가 자기 자식을 가르칠 조건이 된다면, 곧 부모 자신이 자기 자식을 가르칠 실력과 시간이 있거나 가정교사를 둘 형편이 된다면 자기 자식을 학교에 보내지 않아도 된다는 것을 함의한다. 이런 의미에서도 루터의 교육론은 '모든' 부모가 자기 자식들을 의무교육 과정의 '학교'에 보내야 할 법적 의무를 짊어지는 근대적 의무교육론과 무관한 것이다.

반면, 케네의 논의를 상기하자면 중국의 교육의무는 법적 학교교육 의무였다. 케네는 중국정부의 "첫 번째 정치적 제도"를 "이 (자연법)학문을 가르치는 학교의 설치"라고 언명하고,385) 중국에서 "백성의 교육"을 "관리의 주요기능들 가운데 하나"

383) Luther, *An die Ratsherren aller Städte deutschen Landes*, 4쪽.
384) Luther, *An die Ratsherren aller Städte deutschen Landes*, 4쪽.
385) Quesnay, *Despotism in China* (767), 271쪽.

로 확인하고, 한 달에 두 번 관리들이 백성에게 가르침을 주어야 하는 것이 "법으로 정해져 있다"고 하면서 법으로 정해진 "16개항의 성칙聖勅"을 열거하는데,[386] 이 가운데 여섯 번째 성칙을 "그들은 갖은 방법으로 공립학교들을 고취해 유소년들이 거기에서 훌륭한 도덕의 가르침을 받도록 한다"는 조항으로 제시하고 있다.[387] 따라서 중국에서 무상교육·무상숙식에 기초한 정부의 이 공립 학교교육 방침에 불응하는 학부모와 자식은 둘 다 법적 처벌(벌금이나 회초리)을 감수해야 했다. 저 3단계의 근대적 만민의무교육 수준에 이른 중국의 의무적 학교교육제도에 견주면 루터의 교육론은 아직 '전근대적' 종교교육에 지나지 않았다.

그래도 루터는 학부모가 자식을 직접 가르치지 못하는 세 가지 이유를 들어 공적 학교교육의 필요성을 논변한다. "첫째, 일부 사람들은 아주 경건하거나 진실하지 않아서 그것(자식교육)을 할 수 있더라도 하지 않는데, 이것은 타조가 냉혹하게 굴고 자기의 새끼들에 대해서도 냉혹하게 굴어 알을 자기로부터 떼어 던지고 자식들을 낳은 것으로 그치고 더 이상 추가로 하는 일이 없는 것과 유사하다. 이제 이 자식들은 그래도 우리들 사이에서 그리고 우리들과 같이 공동의 도시에서 살아야 한다. 이제 이성은, 그리고 특히 기독교적 사랑은 그들이 버르장머리 없이 성장하고 다른 어린이들에게 독과 파리똥이 되어 마침내 소돔과 고모라, 그리고 가바(Gaba)와 기타 더 많은 도시에서 발생한 것처럼 전 도시를 타락시키는 것을 도대체 어떻게 겪을 것인가?"[388] 루터는 못 배운 어린이들에 의한 도시의 황폐화에 대한 공리주의적 우려를 불러일으키며 아동교육에 대한 위정자의 개입을 유도하려고 하고 있다.

루터는 학교교육의 두 번째 필요성을 자기의 자식을 가르칠 수 없는 학부모들의 무지와 교육능력 결여를 든다. "다른 한편, 부모들의 최대다수는 안타깝게도 그것(자식교육)에 능하지 못하고, 어린이들을 어떻게 기르고 가르칠지를 모른다. 왜냐하면 그들은 배를 채우는 것이 아니면 스스로 배운 것이 없고, 따라서 특별한 사람들이

---

386) Quesnay, *Despotism in China* (767), 196-198쪽.
387) Quesnay, *Despotism in China* (767), 197쪽.
388) Luther, *An die Ratsherren aller Städten deutschen Landes*, 4쪽.

제2절 서구의 유교적 교육복지론과 3단계 학교제도   739

어린이들을 잘, 그리고 제대로 가르치고 기르는 데 필요하기 때문이다."[389] 스스로가 배우지 못한 부모는 무식해서 자기 자식을 가르칠 수 없고, 자기 자식을 가르치려면 교사가 필요하다는 말이다. 이 필요는 가정교사도 충족시킬 수 있으므로 아직 학교의 필요성을 논증한 것으로 볼 수 없다.

한 걸음 더 나아가 루터는 백보 양보하여 부모들이 지식능력을 아이의 교육에 충분할 만큼 가졌더라도 가르칠 시간과 공간이 없다는 사실을 든다. "셋째, 부모들이 능하고 기꺼이 그것을 하고 싶더라도 다른 업무와 가정관리 때문에 그것을 할 시간도, 공간도 없고, 따라서 필요가 어린이들을 위한 공동의 훈육교사를 가지도록 강제한다. 각자가 자기 자신을 위해 자기의 훈육교사를 갖고 싶겠지만 이것은 공동의 교사를 너무 어렵게 하고, 다시 많은 아동들이 가난 때문에 소홀히 방치할 것이다. 게다가 많은 부모들이 죽고 고아들을 뒤에 남기면 이 고아들이 후견인들에 의해 어떻게 구휼되는 것처럼, 우리에게 경험이 너무 적더라도, 그것은 하느님 자신이 스스로를 이 모든 사람에 의해 버림받은 자들인 고아들의 아버지로 임명한다는 것을 우리에게 보여 줄 것이다. 아무 대가 없이 그들을 돌보는, 자식들이 없는 약간의 사람들도 있다."[390]

루터는 이 세 가지 이유만을 열거한다. 그는 중국과 한국에서 사람들이 학교교육을 받아야 할 이유들 가운데 가장 크게 생각하는 이유, 곧 사람들이 큰 지식과 덕성을 겸비한 탁월한 사부師父의 높은 가르침을 받고 싶어 하지만 석·박사의 학위를 가진 훌륭한 사부들이 희귀해서 여럿이 한 공간에 모여 한 사부로부터 공동으로 배울 수밖에 없는 불가피성을 빼먹고 있다.

그래도 루터는 저 세 가지를 이유를 들어 일단 도시정부의 교육책임을 도출한다.

이런 까닭에 여기에서 어린 백성들에게 가장 큰 돌봄과 가장 큰 배려를 가지는 것은 시의회와 관청의 책무일 것이다. 전 도시의 재산, 영예, 육체와 생명이 시청의 성실한

---

389) Luther, *An die Ratsherren aller Städte deutschen Landes*, 4쪽.
390) Luther, *An die Ratsherren aller Städte deutschen Landes*, 4~5쪽.

손에 맡겨져 있기 때문에, 그들은 밤낮으로 모든 능력을 다해 도시의 번영과 발전을 추구하지 않는다면 하느님과 세상 앞에서 독실하게 행동하지 않는 것이 된다. 이제 도시의 번영은 큰 재물을 모으고 공고한 성벽, 아름다운 주택, 많은 소총과 갑옷을 생산하는 것에만 있지 않다. 그렇다, 그런 것들이 많고 고삐 풀린 바보들이 그 위에서 설친다면, 그럴수록 그 도시에 더 나쁘고 그럴수록 더 큰 손해를 입힐 것이다. 반면, 도시가 훨씬 더 훌륭하고 훨씬 더 유식하고 훨씬 더 이성적이고 명예롭고 더 잘 길러진 시민을 가졌다는 것은 도시의 가장 좋고 가장 풍요로운 번영, 복, 힘이 된다. 그런 다음에 그들은 재물과 모든 재산을 잘 모으고 유지하고 제대로 쓸 줄 알 것이다.391)

이와 같이 루터는 "훨씬 더 훌륭하고 훨씬 더 유식하고 훨씬 더 이성적이고 명예롭고 더 잘 길러진 시민"이 "도시의 가장 좋고 가장 풍요로운 번영, 복, 힘"이 된다는 공리적公利的(실리적) 이유에서 도시와 도시위정자들에게 청소년교육을 떠맡을 것을 권고하고 있다. '실리', 곧 공리적 이익을 넘어가는 공교육의 '진정한' 필요성(백성의 문화적·도덕적 수신의 교화(敎民))은 루터의 안중에 없다. 이익을 초월하는 공교육의 '진정한' 필요성이란 인간의 타고난 자연적 본성을 따르는 '도道', 곧 '인도人道'를 갈고닦는 교육(率性之謂道 修道之謂敎)의 인도적 필연성과, 백성들에게 지성적·도덕적 문화를 습득習得케 하여 '백성을 새롭게 할(作新民)' 국가공동체적 필연성(大學之道在親民)을 말하고, 따라서 '교민'은 공자에게 '양민養民' 다음에 오는 국가의 가장 큰 '존재이유(raison d'être)'였다.

그러나 루터는 교민을 단순히 도시국가의 여러 '공리적' 업무 가운데 '하나'로 끼워 넣어보려고 애쓴다. "15세, 18세, 20세 이전에 라틴어와 희랍어, 그리고 (사람들이 말하는) 온갖 자유로운 기예를 지극히 뛰어나게 알도록 자기 자식들을 기르게 하고 그런 다음에 전쟁과 군대에 (그곳에는 슬기롭고 이성적이고 우수한 사람들이 없을 것이다) 온갖 기예와 경험을 갖춰 날 듯이 보낸 도시 로마는 어떻게 했던가! 지금

391) Luther, *An die Ratsherren aller Städte deutschen Landes*, 5쪽.

독일 땅에서 모든 주교, 모든 목사와 수도승을 하나의 무리로 융합한다면, 로마의 전쟁 노예 안에서 충분히 찾았던 것만큼 많은 것을 발견하지 못할 것이다. 그런 까닭에 로마인들의 일은 잘되어 갔고, 그곳에서 온갖 것에 유능하고 능란한 사람들이 있었던 것이다. 그러므로 이런 필요에 떠밀려 줄곧 온 세상에서, 심지어 그 이교도들도 훈육교사와 학교교사(Zuchtmeister und Schulmeister)를 두어 한 백성을 성실한 어떤 다른 존재로 만들려고 한 것이다. 따라서 훈육교사라는 말도 인간적 삶의 공통적 사용으로부터 가져온 말로서 성 바울(갈라디아서 3장) 안에 있는 것이다. 그때 바울은 '율법이 우리의 훈육교사였다'고 말한다."[392] 루터는 교사의 필요성을 성서에서 구하다가 갑자기 방향을 바꿔 로마 같은 이교도들의 나라와 온 세계 및 유대인들의 "율법"과도 공통된 "인간적 삶의 공통적 사용"에서 구하고 있다.

그러나 루터는 곧장 '학교교육'의 필요성으로 나아가지 않고 백보 후퇴해서 다시 도시사람들의 교육 필요성을 논한다.

도대체 하나의 도시란 사람들이 있을 수밖에 없어도 도처에서 사람들을 치료해야 할 정도로 극도의 궁핍, 결핍, 비탄 속에 들어 있으므로 그들이 스스로 성장하도록 기다려서는 아니 되기 때문에 (사람들은 돌로 깎아 만든 것도 아니고 나무로 조각해 만든 것도 아니다) 하느님은 다른 것에 바쳐진 재화들을 써서 일을 성공시킬 수 있지 않는 한 기적을 일으키지 않을 것이다. 이런 까닭에 우리는 수고와 비용을 바치고 사용해서 사람들을 교육하고 만들어야 한다. 숲에서 나무가 자라듯이 어린 백성을 자라게 만드는 국가 외에 지금 모든 도시에서 유능한 사람들이 그렇게 희소해 보이고 그들을 어떻게 가르치고 기르는지가 목도되지 않는 것은 누구의 책임인가? 이런 까닭에 어린 백성들은 아무렇게나 자라서 어떤 건축에도 쓸모가 없는 무용지물 떼거리가 되어 한낱 땔나무 감으로만 쓰이는 것이다.[393]

---

392) Luther, *An die Ratsherren aller Städte deutschen Landes*, 5쪽.
393) Luther, *An die Ratsherren aller Städte deutschen Landes*, 5쪽.

루터는 "수고와 비용을 바치고 사용해서 사람들을 교육하고 만들어야 할" 도시정부의 책임을 반복하고 있다.

하지만 우리가 다스림을 개선할 수 있더라도 천박한 망나니와 통나무 같은 자들을 다스리는 것이 여전히 하나의 부질없는 비이성적 기도라는 사실을 허용해야 한다면, 통치는 세속적으로 남아 있을 수밖에 없다! 그리하여 그만큼 많은 돼지와 늑대들을 주인으로 만들어 그들이 어떻게 다스려지는지를 생각해 보지 않으려는 사람들 위에 올려놓게 되는 것이다. 그리하여 더 멀리 생각하지 않는다면 그것은 비인간적 사악성이기도 하다. 따라서 우리는 지금 다스리려고 하고, 이것은 장차 우리들에게 올 사람들에게 그렇듯이 우리들과 유관한 것이다. 통치에서 자기들의 유용성이나 영예를 더 이상 구하지 않는 사람들은 인간들이 아니라 돼지와 개를 다스려야 한다. 최고의 배려를 투입하여 순전한 훌륭하고 유식하고 능란한 사람들을 기르더라도, 다스리는 것은 일이 잘되려면 충분히 수고와 근심걱정을 가지게 될 것이다. 그런데도 전혀 아무것도 더하지 않는다면 일이 어찌 되어갈 것인가?394)

루터는 "천박한 망나니와 통나무 같은 자들", "돼지와 늑대들", 그리고 "개들"을 다스리는 "수고와 근심걱정"은 "훌륭하고 유식하고 능란한 사람들"을 다스리는 "수고와 근심걱정"보다 더 크기 때문에 다스림의 용이성을 위해 도시정부가 나서서 백성을 교육해야 한다고 주장하고 있다. 이것은 "군자는 도를 배우면 사람을 사랑하고 소인은 도를 배우면 부리기 쉬어진다(君子學道則愛人 小人學道則易使也)"는 공자의 말과395) 유사하다.
　　루터는 여기서 관심을 돌려 고대어 학습의 필요성과 성서이해의 교육목표를 독일인들의 특별한 '짐승 같은' 미개성 극복이라는 민족주의적 과제와 연결시킨다.

당신은 다시 말한다. 그렇다고 하자. 학교를 설치해야 할지라도 라틴·희랍·히브리 언

---

394) Luther, *An die Ratsherren aller Städte deutschen Landes*, 5-6쪽.
395) 《論語》〈陽貨〉(17-3).

어나 기타 예술을 가르치는 것이 우리에게 무슨 이로움이 있느냐? 우리는 성서와 하느님의 말씀을 독일어로 잘 가르칠 수 있고 이것으로 우리의 행복에 충분하다고 한다. 대답: 그렇다. 그런데 안타깝게도 나는 주변국가들이 우리를 그렇게 부르고 우리도 그런 말을 들어야 싸듯이 우리 독일인들이 언제나 짐승과 천방지축의 동물이고 또 그런 상태로 남아 있을 수밖에 없다는 것을 잘 알고 있다. 그러나 우리가 왜 한 번도 이렇게 말하지 않는지 궁금하다. 우리 자신이 와인, 곡류, 양털, 아마, 목재와 돌을 독일 땅 안에 양육을 위해 충분히 가지고 있을 뿐만 아니라, 고르고 고른 영예·장식품도 가지고 있다면 왜 비단, 와인, 양념과 외국 상품을 가져야 하는가? 우리에게 손해가 아니라 큰 장식품, 유용품, 영예로운 것, 이익인 기술과 언어는 두 가지에 쓰이는 것, 곧 성서를 이해하고 세속적 통치를 운용하는 것이다. 우리가 필요하지도 이롭지도 않은, 우리의 살갗을 척추까지 벗기는 외국상품을 경멸한다면, 그리고 거기에 연루되지 않는다면, 독일 바보들과 짐승들은 이것을 합당하다고 일컫지 않을까?[396]

루터는 성서의 독해를 위한 라틴어·희랍어·히브리어의 고대고전어 학습과 예술(기술) 학습의 목적을 "세속적 통치 운용" 목적과 엮어 정당화하고 있다. 루터가 말하는 학교교육의 일차적 커리큘럼은 중국의 정치철학·책론策論(정책학)·법률과 논술, 그리고 주변국의 외국어(몽고어·조선어·일본어·유구어 등) 학습 등과 같은 실용적 커리큘럼과 달리 아주 전근대적이다.

루터는 종교개혁으로 독일에 찾아든 하느님을 놓치지 않고 맞아들이고 "악마의 술책"을 막기 위해 필요하다는 말로 이 전근대적 고전어학습을 정당화한다.[397] 루터는 사도들도 신약을 희랍어로 파악하고 잡아 묶는 것을 필요한 것으로 간주했다고 주장한다. "이런 까닭에 사도들도 의심할 바 없이 거룩한 사업에서처럼 그것을 확실하게 확증하기 위해 신약을 희랍어로 이해하고 잡아 묶는 것을 필요한 것으로 여겼다. 왜냐하면 (...) 그것이 머릿속으로만 파악되었다면, 사도들은 미래적이고 그리하여

---

396) Luther, *An die Ratsherren aller Städte deutschen Landes*, 6쪽.
397) Luther, *An die Ratsherren aller Städte deutschen Landes*, 6-7쪽.

이제 일어나는 모든 일을 보았기 때문이다. 이런 까닭에 언어들이 남아 있지 않는 곳에서 마침내 복음이 쇠락하지 않을 수 없다는 것은 확실한 것이다."398) 복음을 생생하게 유지하기 위해서는 이 복음을 표현한 히브리어·희랍어·라틴어 등의 고전어를 학습해야 한다는 말이다. 루터는 뒤에 수학·역사·음악공부도 말하지만399) 일단 여기에서는 모든 학교공부를 성서독해를 위한 고전어공부라는 전근대적 목적 속에 함몰시켜 버리고 있다. 심지어 루터는 이 고전어 공부를 통해 청소년들이 고전어를 몰랐던 교부들의 오류들을 고칠 것까지도 요구한다.400) 루터는 중급학교 학생들에게 상급학교학생을 뛰어넘어 대학원생, 아니 박사들에게나 맞을 요구를 하고 있다. 이 지나친 요구는 실로 '개발에 말편자 격'이다.

나아가 루터는 복음이 쓰인 언어들인 고전어를 모르는 것 자체를 죄악으로 본다.

성서를 기독교인들 자신의 책으로 익히는 것이 기독교인들의 책무이고 또 우리가 우리 자신의 책을 알지도 못하고 우리 하느님의 언어와 말을 알지도 못하는 것이 죄악이고 치욕이기 때문에, 특히 지금 하느님이 우리에게 사람들과 책을, 그리고 이것에 이바지 하고 우리를 자극하여 기꺼이 책을 펴보게 하는 갖가지 것들을 제공하고 수여하고 계 신다면 우리가 언어를 배우지 않는 것은 훨씬 더 큰 죄악이고 치욕이다.401)

이런 관점에서 언어를 경멸하고 영감만을 중시하는 발덴파(Waldenser)를 비판한다. "하느님의 일에 관해 하느님 자신이 쓰는 말과 달리 말하거나 다른 말로 말하는 것은 아주 위험하기 때문이다."402)

루터 교육론의 특별한 점은 육체교육도 강조하고 자유로운 교육, 여성교육도 중시

---

398) Luther, *An die Ratsherren aller Städte deutschen Landes*, 7쪽.

399) Luther, *An die Ratsherren aller Städte deutschen Landes*, 11쪽.

400) Luther, *An die Ratsherren aller Städte deutschen Landes*, 7쪽.

401) Luther, *An die Ratsherren aller Städte deutschen Landes*, 9쪽.

402) Luther, *An die Ratsherren aller Städte deutschen Landes*, 9쪽.

한 것이다. "자, 그것은 정신적 본질과 영혼치유를 위한 언어와 기독교학교의 쓸모와 필요에 관해 말했다. 이제 영혼이 아직 천당이거나 지옥이 아닐지라도 이제 육체도 앞에 놓고 정립하자. 그리고 세속적 통치만은 이 통치가 정신적 통치보다 훨씬 더 많은 좋은 학교와 배운 사람들을 필요로 하지 않는지, 세상을 주시해야 한다. 왜냐하면 소피스트들은 세속적 통치를 전혀 돌보지 않았기 때문이고, 학교는 전적으로 성직신분을 향해 있어서 어떤 학자가 정직하다면 그것은 즉시 치욕이었고 이런 말을 들어야 했기 때문이다. 보라, 그 학자는 세속적이 되고 있고, 정신적이 되고자 하지 않을 것이다."[403]

그리고 루터는 어린이들의 흥미를 끌 수 있는 자유로운, 엄격하지 않고 재미있는 교육을 말한다. "어린 사람들은 발로 차고 뛰어오르거나, 이와 유관한 것이란 재미를 안에 가지고 있고 그 점에서 그들을 막을 수 없기 때문에 모든 것을 막는 것은 좋지 않을 텐데, 도대체 왜 그들을 위해 그러한 학교를 세우고 그러한 기능을 제시하지 않아야 하는가? 그런 까닭에 어린이들이 언어든 예술이든 역사든 재미와 놀이로 가르칠 수 있도록 하느님의 은총에 의해 지금 모든 것이 마련되어 있다. 그리고 지금 우리 학교는 더 이상 지옥이거나 연옥이 아니다. 왜냐하면 우리는 우연과 세속사를 넘어 그 안에서 괴로워했고, 채찍, 전율, 공포와 비탄을 통해 아무것도, 아니 순순히 아무것도 배우지 않았기 때문이다. 어린이들에게 카드놀이를 하고 노래하고 춤추는 것을 가르칠 만큼 많은 시간을 쓰고 수고를 한다면, 그들이 어리고 한가하고 능란하고 그것에 흥미를 느끼는데도, 왜 그들에게 읽기와 다른 기술들을 가르치는 데 그렇게 많은 시간을 쓰지 않는가? 나는 자녀들이 있고 그것을 할 수 있다면 그들은 반드시 내게서 언어와 역사만을 듣는 것이 아니라 노래도 하고 산술과 더불어 음악을 배우는 소리를 들을 것이다. 이 모든 것은 순전히 어린이 놀이이기 때문에, 예전에 그리스인들은 놀이 안에서 길렀고 그것을 통해 나중에 온갖 것에 유능한, 경이롭게 능란한 사람들이 생겨났다. 지금 내 상태는 얼마나 안타까운가. 나는 시인들

---

403) Luther, *An die Ratsherren aller Städte deutschen Landes*, 10쪽.

과 역사를 더 많이 배우지 못했고, 아무도 내게 그런 것들을 가르쳐 주지도 않았다. 그 대신에 나는 악마의 오물인 철학자와 소피스트들을 큰 비용과 노동, 손실을 안고 읽어야 했다. 그리하여 나는 쓸어내 버려야 할 그것들을 충분히 가지고 있다."[404]

그리고 루터는 여성교육에 대해서도 분명하게 말한다. 그러나 교육내용과 교육목적은 성차별적이었다.

"(내가 말한 것처럼) 어떤 영혼도 없고 성서와 신을 위해 학교와 언어를 필요치 않을지라도 이것만으로도, 양성兩性을 소년·소녀들을 위해 모든 곳에 가장 좋은 학교를 세울 이유가 충분하다. 세계를, 세계의 세속적 제도를 외적으로 유지하기 위해 그래도 훌륭한 능숙한 남녀들이 필요하다. 이 남자들은 나라와 사람을 잘 다스릴 수 있고, 이 여자들은 집, 자녀, 하인들을 잘 기르고 유지할 수 있다. 이제 이런 남자들이 소년으로부터 나와야 하고, 이러한 여자들이 소녀들로부터 나와야 한다. 소년과 소녀들을 위해 제대로 가르치고 양육하는 것이 중요하다. 나는 위에서 평민 남자는 아무것도 추가로 하지 못하고, 또 아무것도 할 수 없고, 또 하려고 하지도 않고, 알지도 못한다고 말했다. 군주와 영주들(Fürsten und Herrn)이 그것을 해야 하지만, 그들은 스키를 타야 하고, 술을 마셔야 하고, 가장무도회에서 달려야 하고, 포도주저장고·부엌·창고의 높고 현저한 업무들을 짊어지고 있다. 그리고 몇몇 군주들이 그것을 좋아서 하더라도, 그들은 바보나 이단자로 간주될까봐 다른 사람들을 꺼리지 않을 수 없다. 그래서 그것은 오로지 당신들, 친애하는 시의원들의 손 안에만 들어 있다. 그대들은 군주와 영주들보다 더 훌륭하게 그것을 위한 공간과 기회도 가지고 있다.[405]

루터는 《독일 땅의 모든 도시의 시의회 의원들에 대한 호소》(1524)의 집필 전에 이미 여성교육론을 주장했었다. 그는 〈기독교 제도의 개혁에 관해 기독교 귀족들에 대한 성명(To the Christian Nobility (... Concerning the Reform of the Christian Estate)〉

---

404) Luther, *An die Ratsherren aller Städte deutschen Landes*, 11쪽.
405) Luther, *An die Ratsherren aller Städte deutschen Landes*, 10쪽.

(1520)에서 "모든 도시에 소녀들에게 복음을 가르칠 여학교를 마찬가지로 세우기를 하느님께 기원한다"는 소망을 표현했었다.406) 그리고 루터는 1527년 비텐베르크 (Wittenberg)에서 여학교를 개교했다.

학교교육의 내용과 목적은 비록 기독교적 종교교육이 주를 이루고 남녀차별적이더라도 소녀들을 위한 학교교육을 계획하고 또 실행하는 것은 중국보다 앞선 측면이라고 인정해야 할 것이다. 중국에서도 여성교육이 있었지만 '여성의 학교교육'은 없었기 때문이다. 상론했듯이 공자는 여성에 대해 "여자교사(姆)가 온순하고 정숙함과 청종 聽從을 가르치고 길쌈을 가르치고 누에고치에서 실 뽑는 것, 명주를 짜는 것을 가르친다. 여자 일을 배워 의복을 공급한다"고만 언급하고 있다.407) 말하자면 공자는 소녀들에게 청소년들의 교육과 같은 종류의 '학교교육'이 아니라 "여자교사(姆)"를 제공한 것이다.

그리고 루터의 위 글에서 분명하게 드러나는 또 하나의 사실은 그가 학교설립과 학교교육의 책임을 부과한 당사자가 도시와 농촌을 둘 다 지배하는 "군주와 영주들"이 아니라, 도시의 "시의원들"뿐이라는 점이다. 따라서 1524년의 《독일 땅의 모든 도시의 시의회 의원들에 대한 호소》라는 팜플릿 제목에서 분명히 했듯이 루터의 교육론은 '국가'의 의무교육론이 아니라 독일 도시정부들의 의무교육론인 것이다. 따라서 몇몇 군주와 군소 영주들이 장악한 방대한 농촌지역의 청소년들의 학교교육은 루터에 의해서도 배제된 것이다.

교육목적을 여전히 기독교적 종교학습으로 한정하고 있으면서도 의무교육 요구를 진일보시킨 6년 뒤의 공개설교문 〈자녀들을 학교에 보내야 한다는 설교(Ein Sermon oder eine Predigt, dass man Kinder zur Schule halten solle)〉(1530)도 군주들과 영주들의

---

406) Martin Luther, "To the Christian Nobility (...) Concerning the Reform of the Christian Estate" 〔1520〕, 206쪽. *Luther's Works* 44, edited by Theodore G. Tappert et. al.(Saint Louis: Concordia Publishing House & Fortress Press, 1900-1986). Martin Luther College, "Schooling for Life - Martin Luther Educator" 17쪽에서 재인용.

407) 《禮記》〈內則〉(12-54): "女子十年不出. 姆教婉娩聽從 執麻枲 治絲繭 織紝組紃. 學女事 以共衣服. 觀於祭祀 納酒漿籩豆菹醢 禮相助奠. 十有五年而笄, 二十而嫁. 有故二十三年而嫁."

교육책임을 말하지 않고 있다. 여기서 그는 이렇게 논변한다. "관청은 전쟁을 수행해야 한다면 그것에 쓸모 있는 피치자들을 창과 소총을 들고 성벽 위를 뛰어다니고 또 다른 것들을 하도록 강제할 수 있다면, 여기서 자기의 자녀들을 학교에 보내도록 피치자들을 얼마나 훨씬 더 많이 강제할 수 있고 또 그래야 하겠는가."408) 여기서 "관청(Obrigkeit)"도 군주와 영주의 관청이 아니라 도시정부의 관청으로 볼 수밖에 없다. '군주와 영주'에 대한 언급이 없기 때문이다. 그런데 이 논변에서 자녀들을 학교로 보내도록 학부모 피치자들을 "강제해야 한다"는 구절은 관청의 도덕적 교육책임과 학부모의 '법적' 교육의무를 동시에 말하고 있다. "강제해야 한다"의 "~해야 한다"는 관청의 도덕적 교육의무를 표현하는 것이고, "강제해야 한다"의 "강제"는 학부모에게 자식들을 학교로 보낼 법적 의무를 부과하는 것을 뜻한다. 학부모에 대한 통치자의 강제는 법령으로 나타날 것이고, 이 법령적 '강제'는 자녀들을 학교에 보내는 학교교육을 학부모의 교육의무로 만드는 것을 함의하기 때문이다. 학부모의 법적 교육의무를 말하는 점에서 〈자녀들을 학교에 보내야 한다는 설교〉가 《독일 땅의 모든 도시의 시의회 의원들에 대한 호소》에 견주어 진일보한 측면이 있다. 〈자녀들을 학교에 보내야 한다는 설교〉의 구절들은 서양에서 최초로 선보인 '의무교육의 관념'이라고 할 수 있다.409)

그러나 이것도 양민과 교민을 국가의 존재이유로 삼은 중국의 교민헌법적敎民憲法的 교육제도나 근대적 교육권리·의무 규정에 견주면 부실하다. 루터가 도시관청의 도덕적 교육책임만을 말할 뿐이고, 모든 관청에 교육책임을 법령으로 강제하는 것에 대해서는 일언반구도 말하고 있지 않기 때문이다. 따라서 군주와 영주들의 관할 아래 있는 방대한 농촌지역의 청소년들과, 시의원들이 청소년교육을 도덕적 책임으로 받아들이지 않는 수많은 도시의 청소년들은 학교교육을 받을 수 없었다. 따라서

---

408) Martin Luther, "Ein Sermon oder eine Predigt, dass man Kinder zur Schule halten solle"(1530), 138쪽. Winfried Böhm, Brigitta Fuchs, Sabine Seichter, *Hauptwerke der Pädagogik*(Brill: Ferdinand Schöningh, 2019). Heine, "Martin Luther(1483~1546): An die Radherrn aller Stedte deutsches lands: das sie Christliche schulen auffrichten und hallten sollen(Wittenberg 1524)", 273쪽에서 재인용.

409) Fiedler, "Luther's Views and Influence on Schools and Education", 214쪽.

1524년의 《독일 땅의 모든 도시의 시의회 의원들에 대한 호소》에 따라 1524년과 1526년 사이에 마그데부르크·아이스레벤·뉴른베르크 등 몇몇 도시에서 교육개혁이 일어났으나,[410] 이 개혁운동은 더 이상 확산되지 않았다. 도시 통치자들에 대한 루터의 《독일 땅의 모든 도시의 시의회 의원들에 대한 호소》의 영향은 혼잡했다. 몇몇 학교는 이 팸플릿의 결과로 창설되었어도 전체적으로 볼 때 광범한 학교교육 과업의 실현은 난공불락이었다. 가난한 농부들은 자녀들의 노동을 필요로 했고, 학교를 보내는 경우에도 엄동설한에만 보낼 수 있었다. 독일에서도 만민교육 또는 보통교육은 18세기 말과 19세기에야 이루어졌다. 따라서 만민평등교육에 대한 루터의 충격을 과장하는 것은 금물일 것이다.[411] 그럼에도 일각에서는 이렇게 과장한다. "공동체로 조직된 학교에 대한 루터의 옹호는 새로운 것이었다. 루터는 국가가 기독교적 치자들에 의해 다스려진다고 가정하고 개혁된 교육에 대한 감독임무를 정부에 부과했다."[412] 이런 평가가 전형적인 과장이거나 부정확한 이해인 것이다.

루터가 〈자녀들을 학교에 보내야 한다는 설교〉를 쓴 1530년의 명대 중국은 무상교육을 관청의 의무이자 백성의 의무와 권리로 규정하고 있었다. 현재 우리나라 헌법 제31조의 교육조항은 이 권리와 의무, 무상교육 등의 취지를 그대로 담고 있다. 한국헌법 제31조는 이렇게 규정하고 있다. ① 모든 국민은 능력에 따라 균등하게 교육을 받을 권리를 가진다. ② 모든 국민은 그 보호하는 자녀에게 적어도 초등교육과 법률이 정하는 교육을 받게 할 의무를 진다. ③ 의무교육은 무상으로 한다. ④ 교육의 자주성·전문성·정치적 중립성 및 대학의 자율성은 법률이 정하는 바에 의하여 보장된다. ⑤ 국가는 평생교육을 진흥하여야 한다. 이것이 바로 근대적 교육제도이고, 이것의 골자는 바로 명·청대 교육제도다.

다시 원래 논의로 돌아가면, 루터는 합당한 논변으로 가정교육에 대한 학교교육의

---

410) Martin Luther College, "Schooling for Life – Martin Luther Educator", 17쪽 각주 83.
411) 참조: Susan Karant-Nunn and Ute Lotz-Heumann, "Pamphlets and Propaganda: The Lutheran Reformation in Print"(April 11, 2017, Talk).
412) Faber, "Martin Luther on Reformed Education", 'Establishing and Maintaining Schools'.

우월성을 재론한다.

물론, 그대는 각자가 자기의 아들과 딸들을 스스로 가르치거나 규율로 기른다고 말할
수 있다. 답: 그렇다. 우리들은 가르침과 기율잡기가 어떻게 이루어지는지를 잘 보고
있다. 기율이 극도로 추구되어 잘되더라도 그것은 강제로 주입된 단정한 태도가 얼마간
갖춰지는 것 이상으로 나아가지 못한다. 그렇지 않으면 그들은 이것에 대해서도 저것에
대해서도 말할 줄 모르는, 아무도 조언해 주거나 도울 수 없는 순전히 나무토막 같은
놈들(Holzböcke)로 남을 것이다. 그러나 학교나 그 밖의 장소에서 그들을 가르치고 기
르는 곳에서 학식 있고 기율 바른 남녀교사들이 있어 언어와 다른 기술들, 그리고 역사
를 가르치고, 그래서 그들은 이 도시, 이 나라, 이 군주, 이 남자, 그의 아내에게 돌아가
는 온 세상의 이야기와 소문들을 듣고, 그리하여 태초의 전 세계와 같이 단시간에 법석,
생활, 조언과 게시, 성패를 자신을 위해 거울 속에서처럼 파악할 수 있고, 그들은 이것
으로부터 그들의 의미를 찾고 세상의 돌아가는 형편을 신에 대한 경외감 속에서 알
수 있고, 이에 더해 동일한 역사로부터 똑똑해지고 영리해져 이 외부생활에서 무엇을
찾고 피할 것인지를 알고, 나중에 다른 사람들에게 조언하고 다스릴 수 있다. 그러나
이러한 학교가 아니라 집에서 시도하는 훈육은 자기의 경험을 통해 우리들을 지혜롭게
만들 것이다. 하지만 이런 성과가 나기 전에 우리는 골백번 죽고 평생 동안 모든 것을
분별 없이 행하게 된다. 왜냐하면 자기의 경험은 많은 시간을 요하기 때문이다.[413]

"학식 있고 기율 바른 남녀교사들이 있어 언어와 다른 기술들, 그리고 역사를
가르치고, 그래서 아들딸들이 이 도시, 이 나라, 이 군주, 이 남자, 그의 아내에게
돌아가는 온 세상의 이야기와 소문들을 들을 수 있는" 학교교육은 가정교육보다
몇 곱절 효과적이고 폭넓다.
또 루터는 아들딸들이 집을 비우고 학교에서 지낸다면 이들은 다 귀족이 되어

---

413) Luther, *An die Ratsherren aller Städte deutschen Landes*, 10–11쪽.

버릴 것이라는 우려에 대해 학교교육이 하루 1-2시간만 진행될 것이라는 말로써 학부모들을 달랜다.

그대는 누가 그렇게 자기 자식들 없이 지내면서 모든 아이들을 귀공자로 키울 수 있느냐? 그들은 노역장에서 기다려야 한다고 말한다. 대답: 내 견해도 청소년이 20-30년 동안 도나투스와 알렉산더에 관해 배웠으나 아무것도 배우지 못한, 종래 그랬던 바의 그런 학교를 세우는 것이 아니다. 지금은 다른 세상이고 달리 돌아가고 있다. 내 의견은 소년들이 하루 한두 시간 이러한 학교에 가고 그럼에도 다른 시간을 집에서 행동하며 수공노동을 배우고 이 시간을 양자가 서로 양립하는 시간을 갖게 하고자 하는 것이다. 이들이 어리고 돌봄을 받을 수 있기 때문이다. 하지만 그들은 10배 많은 시간을 활 쏘고 공놀이 하고 뜀박질하고 툭탁거리며 싸우며 보낸다. 이렇게 소녀는 하루 한 시간을 학교에서 보내고 그럼에도 집에서 자기 일을 돌보고 잠자고 춤추고 더 많은 시간을 놀며 보낼 정도로 시간이 아주 많다. 다만 어린 아이들을 기르는 데서 재미를 느끼고 진지성을 가지는 것, 그리고 세상을 돕고 훌륭한 사람들과 상의하는 것이 결여되었을 뿐이다.[414]

루터는 자녀를 집에서 부리려는 학부모들에게 학교와 집안일이 양립가능하다고 설명해 줌으로써 하루 1-2시간의 학교교육 시간을 확보하려고 애쓰고 있다. 그런데 학교가 하루 4-5시간도 아니고 하루 1-2시간 학교교육을 베푼다면 이 학교교육은 중국의 기준으로 보면 학교교육이 아니라 과외수업 또는 보습교육에 불과한 것이다.

루터는 다시 성서 마태복음(18장)을 인용하고 잠언을 청소년을 위한 책으로 해석하며 교육의 당위성을 강조한다.[415] 그리고 독일적 짐승상태를 탈피하기 위해 시의원들에게 다시 청소년교육을 당부한다.

---

414) Luther, *An die Ratsherren aller Städte deutschen Landes*, 12쪽.
415) Luther, *An die Ratsherren aller Städte deutschen Landes*, 12쪽.

친애하는 통치자들이여, 이런 까닭에 하느님이 그대들에게 그렇게 요란하게 요구하는, 그대들의 관직상의 직무이고, 청소년에게 아주 필요하고 세상에도 정신에도 필수불가결한 일이 그대들의 책임인 것이다. 안타깝게도 우리는 오랫동안 충분히 어둠속에서 게으름을 피웠고 타락했다. 우리는 너무 오랫동안 충분히 독일짐승들(deutsche Bestien) 이었다. 한번 이성도 사용하자. 하느님은 자기의 친절에 대해 감사하는 마음을 지각하고, 다른 나라들은 우리를 통해서도 세상이 향상되도록 우리가 유용한 것을 하느님으로부터 배우거나 인간들을 가르칠 수 있는 인간들이고 사람들이라는 것을 본다. 나는 내 몫을 했다. 나는 몇몇 사람들이 나를 경멸하고 이러한 충실한 조언을 바람에 날려버리고 더 나은 것을 알려고 할지라도 독일(deutsches Land)을 돕고 조언하려고 한다. 나는 이것을 해야 한다.[416]

루터는 자신의 이 당부와 결심을 공개 천명하고, 이어서 마지막으로 "대도시들"에 "훌륭한 도서관"이 필요하다는 논변을 끝으로[417] 팸플릿을 마친다.

앞서 잠시 시사했듯이 루터는 학교교육과 도서관의 필요성을 논하는 이론가로 그친 것이 아니라, 1533년 공립학교 역사상 최초의 여선생을 초빙하여 '비텐베르그 여학교'와 '비텐베르크 라틴학교'를 세우기도 했다. 1533-1536년부터 비텐베르크의 상급학교는 루터의 노선에 따라 교과과정 개혁을 수행하여 일련의 새 규정들을 제정하고 '최초의 대학교'로 발전해 나갔다.[418] 루터의 이념에 입각한 대중학교들이 꽤 많은 도시들에 설립되었고, 많은 시장들이 교사의 임명과 일반적 운영절차와 관련하여 그에게 조언을 구하러 찾아왔다. 그는 작센의 작은 도시 라이스니히(Leisnig)를 위해 기안한 학교 규칙에서 치자들에게 남자 교사들만이 아니라, 여자 교사들도 임명하라고 권했다. 이 여자 교사들은 소녀들에게 읽기, 쓰기, 독일어의 이해를 가르치고 소녀들을 덕성·명예심·신적 기율 속에서 기르는 임무를 맡는다. 따라서 루터의

---

416) Luther, *An die Ratsherren aller Städte deutschen Landes*, 12쪽.

417) Luther, *An die Ratsherren aller Städte deutschen Landes*, 12-13쪽.

418) 참조: Martin Luther College, "Schooling for Life – Martin Luther Educator", 17쪽 각주 83.

1524년 팸플릿 《독일 땅의 모든 도시의 시의회 의원들에 대한 호소》는 상당한 결실을 맺은 셈이다.419)

그런데 루터는 1530년의 설교문 〈자녀들을 학교에 보내야 한다는 설교〉에서 학교에 보내야 할 도시거주 부모의 교육의무만이 아니라, 부분적 무상교육도 언급한다. "아버지가 가난하면, 국가가 그를 도와야 한다." 그리고 "부자들은 이 목적을 위해 유산을 남겨야 한다. 이 유산은 실은 교회로 들어가고 있다. 왜냐하면 그대들은 진정으로 이럼으로써 사자死者의 영혼을 연옥으로부터 풀어 주지 못할지라도 살아 있는 세대와 미래 세대를 연옥에 떨어지지 않게 하고 이승에서 평화와 기쁨을 얻도록 도울 것이다."420) 그러나 수도원의 재부와 유산을 교육목적에 사용하라는 루터의 이 조언은 오직 그가 살고 일했던 작센 지방에서만 이행되었다. 작센에서 포르타·마이센·그림마의 수도원들은 1543년과 1550년에 무상 공립학교로 전환되었다. 이 세 공립학교만이 학생들이 무상교육, 무상숙식을 하는 영국의 대형 공립학교들과 비견될 수 있을 뿐이다.421) 그러나 이것은 부분적 의무교육 개념에 조응하는 무상교육의 맹아라고 할 수 있을 것이다.

이제 루터의 교육론을 총괄해 보자. 루터의 이론은 부분적으로 근대성의 맹아를 담고 있고, 이런 점은 당대 중국의 교육제도에 견주면 보잘 것 없는 것일지라도 서구의 역사에서는 획기적인 것이었다. 그러나 그의 이론은 근대성의 '맹아'일 뿐이고, 다른 면에서는 반편적半偏的이거나 본질적으로 부실했다. 첫째, 루터는 학교에 보낼 부모의 교육의무를 주장했지만, 이 주장을 도시에 한정하고 군주와 영주의 관할 아래 있는 방대한 농촌의 소년소녀들을 배제했다. 이 점에서 그의 의무교육론은 반편적이다. 둘째, 그는 이 의무교육에 조응해서 무상교육을 주장했지만, 이 무상교육을 빈민자제에게만 한정하고 부자 자제들에게는 수업료를 받았다. 따라서 중국적

---

419) Fiedler, "Luther's Views and Influence on Schools and Education", 214쪽.

420) Luther, "Ein Sermon oder eine Predigt, dass man Kinder zur Schule halten solle", Fiedler, "Luther's Views and Influence on Schools and Education", 214쪽에서 재인용.

421) Fiedler, "Luther's Views and Influence on Schools and Education", 214쪽.

기준이나 근대적 기준에서 볼 때 그의 무상교육 개념은 맹아적인 것에 불과했다. 셋째, 루터는 라틴학교와 상급학교를 구분했으나 초급학교의 관념이 없어서 초급·중급·상급학교(초등·중고등학교·대학교)의 위계로 짜인 중국적·근대적 3단계 학제의 개념에 도달하지 못했다. 넷째, 루터의 교육론에는 공립 초급학교가 설치되는 (기초행정단위에 조응하는) '마을' 차원의 기초 학군, 중급학교들이 설치된 군·구·시·대도시(부·주·현)의 중간학군, 대학교가 설치된 수도 차원의 상급학군으로 구별되는 학군 개념이 부재했다. 이런 네 가지 이유에서 루터의 학교교육론은 흔히 오늘날의 학교제도의 요소들을 그의 이론에 이입시켜 과장하는 것과 달리 근대적 학교제도에 턱없이 못 미치는 이론이다.

루터의 학교론이 이렇게 맹아적이고 부실할 수밖에 없었던 것은 시대적 환경에 기인한 것으로 보인다. 1530년대 독일은 구텐베르크의 금속활자가 나와 있었지만 널리 확산되지 않아서 1900년 전후까지 조선의 인쇄술을 능가하지 못하고 있었다. 따라서 유럽의 책은 19세기 말까지 조선보다 몇 배 비쌌다.[422] 그리하여 교사가 책 한 권을 가지고 있고, 각 시市가 성서 한 권을 가지고 있을 정도로 책의 보급상태는 실로 열악했다. 학교수업은 거의 항상 책과 노트 없이 진행되었다. 학생들은 석판에 글을 썼고, 기도문은 몽땅 암기했다. 이런 상태에서 루터의 학교교육론이 완전한 근대적 형태로 성숙하는 것은 애당초 불가능한 일이었다. 또한 루터 자신이 종교에 사로잡혀 있었다. 따라서 그는 부모와 치자의 교육의무를 '종교적' 의무로 규정했을 뿐이고 학습과 교육을 규제하는 법률들의 필요성을 말하지 않았다. 또한 모든 배움의 핵심도 "그리스도를 알고, 또 그를 잘 아는 것"이었다. 이런 까닭에 그의 기독교학교·

---

422) 구텐베르크식 활판인쇄소는 1890년대에 '지형·연판 시스템'이 발명되어 완벽해질 때까지 유럽의 필사본 생산업자와 목판본 인쇄소를 제압하지 못했다. 이로 말미암아 19세기 프랑스 파리에서 30쪽밖에 안 되는 싸구려 소설책의 책값도 농업노동자 월급의 3분의 1을 상회했던 것이다. 이와 달리, 19세기 조선의 철학책 《대학》은 농업노동자 월수입의 22분의 1에 불과했고, 또 다른 철학책 《중용》은 15분의 1에 불과했다. 19세기 프랑스의 30쪽짜리 싸구려 소설책과 비슷한 조선과 대한제국의 싸구려 소설 '딱지본' 또는 '육전소설'은 1890년쯤 농업노동자 월수입의 75분의 1도 안 되었다. 이것은 '다책종 대량생산'을 가능케 한 조선 금속활자 활판술의 확인·번각 시스템과, 이것으로 일으킨 '출판혁명' 덕택이었다. 참조: 황태연, 《책의 나라 조선의 출판혁명(상·하)》(서울: 한국문화사, 2023).

종교교육론은 바로 이어지는 17세기에 세속적 공립학교들에 의해 추월당하고 만다.

따라서 18세기 프로이센은 그간 독일의 학교교육에 적지 않은 영향을 미친 루터의 종교교육론을 외면하고 중국을 바라보며 교육개혁을 단행했다. 프로이센은 명확한 중국식 3단계 학제를 채택해 8년 기본교육 과정의 학교(인민학교, Volksschule)들로 구성된 무상·보통의 초급 의무교육을 세계 최초로 도입했다. 이 8년제 인민학교는 기독교를 가르친 것이 아니라 초기 산업화에 필요한 기능들(읽기·쓰기·산술)과 윤리·의무·기율·복종을 가르쳤다.

■ 존 웹과 윌리엄 템플의 중국학제 찬양

유럽적 교육실태가 이러했기 때문에 존 웹(John Webb)과 윌리엄 템플(Sir William Temple)은 이것과 대비되는 중국의 교육제도를 더욱 크게 찬양할 수밖에 없었다.

존 웹은 1669년《중국의 유구성》에서 중국의 교육제도를 높이 평가했다. "배움의 더 나은 확산을 위해 그들의 황제들은 공립학교와 유학儒學(Academies; 부학+주학+현학)을 세웠다. 그리하여 신민들은 여기서 모든 학술과 도덕적 덕목들을 배울 수 있었다. 이것에 의해 그들은 어린 시절부터 극히 탁월한 능력의 우아미優雅美에까지 성장한다."[423]

윌리엄 템플도 1687년 무렵에 쓴 〈영웅적 덕성에 관하여〉에서 중국의 학교제도를 호평했다. "제2의 학위는 더 많은 관례적 형식으로 수여되고, (이를 위한 시험과 수여는) 각 행성의 성도에 이 목적으로 지어진 큰 부학府學(college)에서 3년에 한 번 거행된다."[424] 그리고 그는 예조가 학사學事를 담당하는데 "배움을 위해 설치된 학교나 유학을 관리한다"고 소개한다.[425]

423) Webb, *Antiquity of China*, 102쪽.
424) Sir William Temple, "Of Heroic Virtue", 336쪽. *The Works of William Temple*, Vol. III(London: Printed by S. Hamilton, Weybridge, 1814).
425) Temple, "Of Heroic Virtue", 338쪽.

■ 케네의 찬양과 교육개혁론

프랑수와 케네(François Quesnay, 1694-1774)는 《자연법론(Du Droit Naturel)》(1765)에서 "모든 다른 법이 따라야 하는 첫 번째 실정법은 자연적 질서의 법률들의 공교육과 가정교육을 확립하는 것이다"라고 강조하고, 그의 유서에서 "중국을 제외한 모든 왕국들은 정부의 기초인 이 교육제도의 필요성을 무시해 왔다"고 고통스럽게 고백한다.[426] 그리고 1767년 《중국의 계몽전제정(Le Despotisme de la Chine)》에서는 뒤알드의 오류를 바로잡으며 중국의 만민평등·의무교육제도를 상세히 소개한다.

유소년들에게 읽기와 쓰기를 가르치기 위해 유소년들을 훈육하는 교사들이 없는 어떤 도시도, 어떤 읍면도 없다. 모든 대도시는 유럽에서처럼 학사·석사 학위를 주는 부학府學들(colleges)이 있다. 박사학위는 북경에서만 받을 수 있다. 더 높은 두 학위의 보유자들이 행정체계와 모든 문민관직을 다 채우고 있다. 중국 어린이들은 대여섯 살에 학교에 들어간다.[427]

그리고 케네는 "그들의 알파벳은 해·달·사람 등과 같은 아주 흔한 대상들을 대상 자체의 그림들로 표현하는 약 100개의 한자로 이루어져 있다. 이런 종류의 타이포그래피 시스템은 경이롭게도 관심을 일깨우고 기억 속에 사물들을 고정시키는 데 이바지한다"고 설명한다.[428] 그리고 유소년에게 삼자경三字經·사서四書 등을 교과서로 가르치고 "중국인들 사이에서 높이 존중되는" 붓글씨를 가르친다고 설명한다.[429] 이어서 케네는 중국에서 교사에 대한 극진한 대우를 자세하게 소개한다.[430]

그리고 케네는 중국에서 "백성의 교육이 관리의 주요기능들 가운데 하나"라고

---

426) Reichwein, *China and Europe*, 107-108쪽에서 재인용.

427) Quesnay, *Despotism in China*, 193쪽.

428) Quesnay, *Despotism in China*, 194쪽.

429) Quesnay, *Despotism in China*, 195쪽.

430) Quesnay, *Despotism in China*), 195-196쪽.

말한다.431) 지방관들은 한 달에 두 번 백성에게 가르침을 주어야 하는바, 법으로 정해진 이 가르침의 항목은 "16개항의 준칙"으로 짜여 있었다. 케네는 이 16개항을 일일이 열거한다.432) 케네는 이 가운데 여섯 번째 준칙이 "그들은 유소년들이 학교에서 훌륭한 도덕의 가르침을 받도록 온갖 방법으로 공립학교들을 고취하는 것"이라고 말한다.433) 그리고 그는 "어린이들이 초급학업을 마치면 더 높은 교육을 받도록 정해진 어린이들은 존경받는 학자부류로 들어갈 수 있도록 학술적 학위로 통하는 과정을 시작한다"고 설명한다.434)

최종적으로, 케네는 자연적 질서와 자연법을 백성에게 가르치는 교육과 학교의 정치적·철학적 중요성을 고찰한다.

군주의 내각과 법을 집행하는 사법부는 반드시 국민의 부의 연간 재생산에 대한 실정법의 효과에 관해 충분히 알고 자연의 이러한 작용에 대한 효과의 관점에서 새 법을 평가해야 한다. 이 효과가 국민의 윤리적 몸체, 말하자면 백성의 사고하는 부분 사이에 일반적으로 알려지는 것도 필수적이다. 그렇다면 정부의 첫 번째 정치적 제도는 이 학문을 가르치는 학교의 설치일 것이다. 그런데 중국을 제외한 모든 왕국은 정부의 토대인 이 채비의 필수성에 대해 무식하다.435)

케네는 "정부의 첫 번째 정치적 제도"를 "학문을 가르치는 학교의 설치"로 규정하고, "중국을 제외한 모든 왕국은 정부의 토대인 이 채비의 필수성에 대해 무식해서" 세계에서 유일하게 중국만이 교육·학교제도를 일반화했다고 논하고 있다.

그리고 케네는 중국 교육제도를 모델로 사고한 끝에 지식의 국민적 확산을 폭정에

---

431) Quesnay, *Despotism in China*, 196쪽.
432) Quesnay, *Despotism in China*, 196-198쪽.
433) Quesnay, *Despotism in China*, 197쪽.
434) Quesnay, *Despotism in China*, 200쪽.
435) Quesnay, *Despotism in China*, 271쪽.

대한 유일한 방비책으로 제시한다.

자연법에 대한 명백하고 광범한 지식은 이 신적 법률들의 권위를 국민의 수장首長의 확정된 권위의 토대로 취함으로써 국가의 헌법을 불변적으로 확립할 수 있는, 의지들의 이런 일치를 위한 본질적 조건이다. 왜냐하면 각 파트너가 그의 책임을 아는 것은 본질적으로 중요하기 때문이다. 모든 계급의 시민들이 치자와 국민에게 가장 이로운 법의 질서를 명백하게 알고 확실하게 지적해 내기에 충분한 계몽이 갖춰진 국가에서, 국가의 군사력 지원으로 노골적으로 악을 위해 악을 행하고 국민에 의해 만장일치로 인정되고 존중되는 사회의 자연적 헌법을 전복하는 것을 감행하고, 어떤 그럴듯한 이유도 없이 공포와 혐오만을 일으키고 불가항력적이고 위험한 일반적 저항을 초래할 수 있는 폭군적 행동에 몸 바칠 전제군주가 있겠는가?436)

중국식 학교제도를 통한 "자연법에 대한 명백하고 광범한 지식"의 범국민적 확산을 폭정에 대한 유일하고 가장 강력한 방비책으로 제시한 케네의 이 논지는 제퍼슨이 국민의 일반적 지식을 폭정에 대해 미국 민주공화국을 지키는 최후의 보루로 본 것과 그대로 일치한다.

■ 유스티와 헤겔의 중국식 근대교육론

1721년 크리스천 볼프(Christian Wolff)는 《중국인들의 실천철학에 관한 연설》에서 중국의 교육제도를 이상화했다.437) 요한 유스티(Johann H. G. Justi)도 1755년 공맹의 양민론을 관방학적 관점에서 해석한 《경제·관방학(Oeconimische und Cameral-Wissenschten)》이라는 소책자에서부터 중국의 만민평등교육에 경탄하며 독일과 유럽의 열악한 청소년교육을 개탄하고, 특히 천민·평민·귀족을 가리지 않는 만민평등교

---

436) Quesnay, *Despotism in China*, 271–272쪽.
437) Wolff, *Rede über die praktische Philosophie der Chinesen*, 37–43쪽.

육을 주장했다.[438] 이 책에서 유스티는 중국처럼 백성들에게 기술과 도덕을 가르치는 '교민'을 강조하고, 이를 위해 중국의 '제독학정提督學政'과 같은 '경제감독관직'을 창설할 것을 제안한다. 농업·산업지도를 위해 구역 단위로 '경제감독관'을 배치하는 것이다. 감독관의 경제지식·농업지식·지역속성·토질지식 등이 식량사업과 농업개선에 도움이 된다고 주장한다.[439] 이어서 유스티는 볼프처럼 중국의 만민평등교육을 찬미하며 독일과 유럽의 열악한 청소년교육을 개탄하고, 특히 천민·빈민·귀족을 가리지 않는 만민평등교육을 강조했다.[440] 유스티는 국민교육을 강조하는 케네의 《중국의 계몽전제정》(1767)이 나오기 12년 전에 이미 중국으로부터 만민평등교육을 배워 이 교육제도의 도입을 주장하고 있다.

그리고 유스티는 1756년의 《양호학의 원리(Grundsätze der Policeywissenscht)》에서 맹자의 기술교육론에 따라 농민에 대한 기술·직업교육·장려책도 언급한다. "농부들에게 탁월한 재능을 가르쳐야 한다"는 것이다. 그 방법은 "정부가 이 분야에서 특별한 근면을 보여 주고 온갖 유익한 시험과 발명을 하고 그들의 경험을 공개적으로 전하거나 타인들에게 모범이 되는 고귀한 농부나 기타 명망 있는 농부들에 대해 가치평가를 인식하게 해주고 온갖 칭호와 특권을 부여하는" 것이다.[441]

유스티는 1762년의 포괄적 중국연구서인 《유럽정부와 아시아정부의 비교(Vergleichungen der europäischen mit den asiatischen (... Regierungen))》에서 왕자의 교육과 백성교육제도를 극찬한다. 그는 이 중국제도들에 대한 논의를 바탕으로 보통교육제도, 덕성교육, 공무원고시·관료제도 등을 독일과 유럽에 도입할 것을 주장했다.[442]

---

438) Johann H. G. Justi, *Abhandlung von den Mittel, die Erkenntnis in den Oeconimischen und Cameral-Wissenschten dem gemweinen Wesen recht nützlich zu machen*(이하: *Oeconimische und Cameral-Wissenschten*)(Göttungen: Verlag nicht angezeigt, 1755), 16쪽.

439) Justi, *Oeconimische und Cameral-Wissenschten*, 14쪽.

440) Justi, *Oeconimische und Cameral-Wissenschten*, 16쪽.

441) 참조: Justi, *Grundsätze der Policeywissenscht*, §129.

442) Justi, *Vergleichungen der Europäischen mit den Asiatischen (...) Regierungen*, 49-50, 59-60, 445-448, 463-492쪽.

1790년대 젊은 시절 유스티의 교육론을 읽은 헤겔(Georg W. F. Hegel, 1770-1831)은 1821년 노년에 유스티의 중국식 교육론을 이어 국가가 교육복지 기능도 담당해야 한다고 주장한다. "보편적 가정의 이런 성격 속에서 시민사회는 교육이 이 사회의 구성원이 될 능력과 관계되는 한에서, 특히 교육이 부모 자신에 의해서가 아니라 타인들에 의해 수행되어야 하는 경우에 부모의 자의와 우연에 맞서 교육에 대해 감독하고 영향을 미칠 의무와 권리를 가진다."[443] 헤겔의 국가는 이미 유스티 식의 양호국가인 한에서 플라톤주의적 야경국가를 넘어선 교민국가의 모습을 보여 준다.

■ 밀턴·루소·제퍼슨의 중국식 학교론

상론했듯이 16-18세기 유럽인들은 동아시아 나라들의 신분차별 없는 만민평등교육, 3단계학제와 학군에 기초한 학교제도와 법적 의무의 학교교육제도에 경탄했다. 크리스티안 볼프는 중국의 교육제도를 이상화했다.[444] 상론했듯이 뒤알드는 《중국통사》(1735)에서 "중국에서 귀족은 세습적이지 않다"고 갈파하고 중국의 만민평등교육제도와 과거시험·학위제도를 상세히 설명하면서 중국의 교육제도를 이렇게 소개한다. "중국의 선비관리들이 그토록 수많은 시대에 걸쳐 학문을 직업으로 삼아왔고 학문이 다른 모든 편익보다 선호되는 나라에서 그들이 그토록 수고롭게 청소년들을 교육시키는 것은 놀랄 일이 아니다. 중국에는 청소년들에게 과학을 가르치는 학교교사들이 없는 도시도, 읍면도, 거의 어떤 작은 마을도 없다"고 말하고 있다.[445] 케네도 "중국에는 세습귀족이 없다"고 확인하고 중국의 의무적 만민평등교육과 과거제도를 상세히 소개한다.[446] 유스티도 중국헌정체제는 "세습귀족을 알지 못한다"고 평하고, 볼프나 케네처럼 중국의 만민평등교육에 놀라 독일과 유럽의 열악한 청소년교육을 개탄하면서, 특히 천민·빈민·귀족을 가리지 않는 만민평등교육을

---

443) Hegel, *Grundlinien der Philosophie des Rechts*(1821), §238.

444) 참조: Wolff, *Rede über die praktische Philosophie der Chinesen*, 37-43쪽.

445) Du Halde, *The General History of China*(Paris: 1735), Volume II, 99쪽; Volume III, 5쪽.

446) 참조: Quesnay, *Despotism in China* (767), 172쪽, 193-203쪽.

주장했다.447)

전후 20세기에 루이스 매버릭(Lewis A. Maverick), 미하엘 알브레히트(Michael Albrecht), 그리고 존 클라크(John J. Clarke)는 이구동성으로 18세기 이래 유럽 여러 나라가 중국의 학교교육제도를 앞다투어 받아들여 18세기 말 또는 19세기에는 교육혁명을 관철시켰다고 확인한다.448) 알브레히트는 중국의 신분차별 없는 평등교육 제도와 탈脫신분제적 능력주의가 유럽의 교육혁명에 기여하고, 그 여파 속에서 유럽 귀족제도가 폐지되기에 이르렀다고 평가한다. "1789년 혁명의 프랑스에서 '교육학적 세기'는 귀족의 칭호와 특권을 폐지했다. 18세기가 중국을 주목하지 않은 경우에도 이것이 일어났을지 모른다. 하지만 중국의 영향을 잊는다면, 17·18세기의 유럽 정신사는 충분히 기술되지 못할 것이다."449)

오늘날의 학군學群에 따른 초등학교-중·고등학교-대학교의 3-4단계 학제의 학교 교육제도는 고대중국의 학군 학교제도에서 확립된 '숙·상(서)·학'의 학제로 거슬러 올라가는 3단계 학제의 학교교육제도에서 유래한 것이다. 중요한 것은 오늘날 세계 적으로 구현된 만민평등의무교육과 3-4단계 학제의 학군학교제도가 극동 유교국가의 오랜 전통과 공자철학의 산물이라는 점이다.

교육의 역사적 관점에서 보면, 공자와 유교국가의 충격은 오랜 세월 서방세계에서 만민평등교육의 걸림돌로 작용해 온 엘리트 천재교육과 유한계급의 여가철학을 주창한 소크라테스, 플라톤, 아리스토텔레스의 교육이념을 분쇄해 버린 것이다. 중국 학교제도의 영향에 따른 서구 학교제도의 획기적 변화를 정확하게 알기 위해서는 종교개혁 이전 중세 유럽의 학교실태를 먼저 파악하는 것이 중요하다.

---

447) Justi, *Vergleichungen der Europäischen mit den Asiatischen (...) Regierungen*(1762), 466쪽; Justi, *Oeconimischen und Cameral-Wissenschten*, 16쪽.

448) Lewis A. Maverick, *China – A Model for Europe*, Vol. II(San Antonio in Texas: Paul Anderson Company, 1946), 24쪽; Michael Albrecht, "Einleitung", LXXXVIII-LXXXXIX쪽. Christian Wolff, *Oratio de Sinarum philosophia practica*(721·1726) – *Rede über die praktische Philosophie der Chinesen* (Hamburg: Felix Meiner Verlag, 1985); John James, Clarke, *Oriental Enlightenment. The Encounter between Asian and Western Thought*(London·New York: Routledge, 1997), 49쪽.

449) Albrecht, "Einleitung", LXXXVIII-LXXXXIX쪽.

- 존 밀턴의 공교육론과 학교론

존 밀턴(John Milton, 1608-1674)은 중국의 학교제도를 기본으로 루터의 학교교육론을 섞어 서구 최초로 근대적 교육론을 창안했다. 그는 선교사들의 각종 중국기中國記와 초기 계몽주의자들의 유교적 학교론에서 영향을 받아 두 번에 걸쳐 의무적 대중교육의 필요성을 주창했다. 그는 1644년 〈교육론(Of Education)〉 논고를 발표해 무분별한 학습과 엄한 체벌 등 당시의 교육 관습을 비판하고, 마을마다 학교를 세워 교양과 책임감을 가진 계몽된 시민과 지도자를 양성하자는 대중교육론을 설파했다. 이때 그가 제시한 교육의 기본은 아직 성서와 기독교의 가르침을 적절히 따르면서 고전학습과 과학기술 학습을 병행할 것을 주장하는 수준이었다. 교육 목적은 덕성·자유 등 인간의 보편적 진리를 보급하고, "신앙에 대한 하늘의 은총과 통합되어 최고의 완벽화를 이루는 참된 덕성의 우리 영혼을 보유함으로써 신을 올바로 알고 신을 모방하고 신과 가급적 비슷해지는 것을 회복함"으로써 "첫 부모", 곧 아담과 이브의 원죄로 타락한 인간성을 복구하는 것이다.[450]

이를 달성하기 위해 밀턴은 명대 중국처럼 공립 초등학교 사학社學이나 공립 중등학교 부학·주학·현학과 같은 '학당(academy)'을 마을마다 세울 것을 주장했다. 학당의 크기는 150명을 수용할 정도이어야 하고, 이 가운데 20여 명은 교사 등 학교운영자다. 이들은 충분히 공덕이 높고 모든 일을 행할 능력이 있는 1인이 관리한다. 그리고 이 학당은 학교이면서 동시에 대학으로 기능해서, 법학·의학 등 전문지식 공부가 아니라면 학생들이 다른 상급학교로 이동할 필요가 없도록 한다. 초급라틴어 공부에서 석사학위 획득까지 일반교육은 의무적이다. 많은 건물들이 이 유형에 따라 교육용도로 전환되어 감에 따라 "이 나라 전역에 걸쳐 모든 도시마다 도처에서 학문과 시민성의 향상에 많이 이바지할 건물들이 필수적일 것이다. 이 수는 보병중대나, 교호적으로 두 부대의 기병대에 적합한 수로 많건 적건 이와 같이 모이면 일과를 질서바르게 세 부분으로, 곧 학습·체육·회합으로 분할한다."[451]

---

450) Milton, "Of Education", 159쪽.
451) Milton, "Of Education", 160-161쪽.

유럽 교육사에서 전례가 없는 '만민평등교육'의 도입을 뜬금없이 주장하는 밀턴의 이 주장은 "천자에서 서인에 이르기까지 하나로 수신을 본으로 삼는다(自天子以至於 庶人 壹是皆以修身爲本)"는 《대학》의 만민교육과 "교육에서는 유별이 없다(有敎無類)" 고 가르치는 《논어》의 평등교육을 구현한 중국의 교육제도를 그대로 닮았다. 밀턴이 중국문화의 서천西遷이 한창이던 때 유럽대륙을 여행하며 장기 체류했다는 사실을 감안하면, 그의 이 초기 대중교육론은 극동의 유교적 교육제도를 모방했음이 틀림없 다. 그리고 고전학습과 과학기술 학습을 교육내용으로 강조하는 것이나 전국적으로 마을마다 학교를 설치해야 한다는 그의 주장들은 명대 중국의 학교제도에 대한 멘도자(1585), 발리냐노·산데(1590), 세메도(1641) 등의 보고를 참조한 것이라는 추정을 더욱 강화시킨다. 명대 중국의 학교제도는 이때에도 유럽에 이미 널리 알려져 있었기 때문이다.

밀턴은 중국의 수많은 국공립학교에 대해 상세히 보고한 마르티니의 《중국기中國 記》(1659) 등 중국보고서들이 추가로 많이 출간된 시점인 1660년에 공간한 정치팸플 릿 《자유공화국을 확립하는 준비된 손쉬운 길》에서 다시 한번 대중교육과 학교에 대해 주장한다. 밀턴은 덕성과 능력에 따른 "모든 마땅한 자유와 비례적 평등(all due liberty and proportioned equality)"이 모두에게 보장되어야 한다고 주장한다.452) 그리고 그는 이를 보장하기 위해 중국식 만민평등교육제도, 곧 보통교육제도를 생각한다. 읍마다 주민들은 "어린이들이 그들의 시야 안에서 모든 학문과 고상한 교육으로 양육될 수 있는 그들 자신이 선택하는 학교와 학당"이 있어야 한다. 여기서는 문법만 이 아니라 인문학과 체육도 배운다.453)

452) John Milton, *The Ready and Easy Way to Establishing a Free Commonwealth, and the Excellence thereof, compared with the Inconveniencies and Dangers of Readmitting Kingship in this Nation*(660), 178쪽. John Milton, *The Prose Works of John Milton*, vol.2 in Two Volumes(Philadelphia: John W. Moore, 1847).

453) Milton, *The Ready and Easy Way to Establishing a Free Commonwealth*, 189쪽.

- 장-자크 루소의 공교육론과 학교론

장-자크 루소(Jean-Jacques Rousseau, 1712-1778)는《백과전서》의 동일한 항목에서 국가를 '아버지나라(조국)' 또는 '어머니'에 비유하고 시민들을 국가의 '자식'에 비유함으로써 다시 공자처럼 '가정=국가 유추' 명제를 활용하면서 국가 교육의무의 신설 등을 주장한다. 다음은 이 유추가 쓰인 여러 문장들 가운데 두 전형적 구절이다.

인민들이 덕스럽기를 바란다면, '아버지나라(조국)'를 사랑하도록 인민들을 가르치는 것부터 시작하라. 그러나 '아버지나라'가 인민들에게 남 이상의 것이 아니라면, 그리고 아무에게도 거부하지 않을 것만을 보장한다면, 어떻게 그들이 '아버지나라'를 사랑하겠는가? (…) 그러므로 '아버지나라'가 모든 시민의 공통된 '어머니'로 입증될 수 있게 하라. 시민들이 '아버지나라'의 경계 안에서 향유하는 장점들이 그들의 고국을 그들에게 귀중한 존재로 만들어야 한다. 정부는 공공행정의 아주 많은 부분을 넘겨주어, 시민들이 '가정'에 있는 것으로 느끼고 법률이 그들의 눈에 자유의 공동보장자 외에 다른 어떤 것도 아니도록 하라.454)

이어서 루소는 정부가 주관하는 공교육을 인민정부의 근본원리에 속하는 것으로 천명한다.

주권자가 배치한 관리들에 의한, 그리고 정부가 규정한 기준에 입각한 공교육은 인민정부 또는 법치정부의 근본원리 가운데 하나다. '자식들'이 평등의 품 안에서 공동으로 교육된다면 (…) 이 자식들의 주위에 그들을 기르는 부드러운 '어머니'에 대해, 그들에 대한 '어머니'의 사상에 대해, '어머니'가 그들에게 보여 주는 헤아릴 수 없는 자선행위에 대해, 그리고 그들이 '어머니'에게 빚진 되갚을 사랑에 대해 그들에게 말해 주는 모범들과 대상들이 있다면, 우리는 그 자식들이 서로를 '형제자매'처럼 사랑하고 (…) 그들을 오랫동안 '자식들'로 기른 '아버지나라'의 '아버지들'이 되는 것을 배운다는 것

---

454) Rousseau, "Economie ou Oeconomie", 116-117쪽.

을 의심할 필요가 없다.[455]

루소의 이 공교육 주장은 중국식의 보편적 공교육을 주장한 케네를 비롯한 중농주
의자들을 모방한 것이다. 결국 루소는 《대학》의 "천자에서 서인에 이르기까지 하나
같이 모두 수신을 근본으로 삼는다"와[456] 《논어》의 "교육에는 차별이 없다"는[457]
공자의 보편적 평등교육 가르침에 기초한 중국의 교육제도와 교육철학을 따르고
있다. 상술했듯이 케네가 《자연법론(Du Droit Naturel)》(1765)에서 "모든 다른 법이
따라야 하는 첫 번째 실정법은 자연적 질서의 법률들의 공교육과 가정교육을 확립하
는 것이다"라고 강조하고, 그의 유서에서 "중국을 제외한 모든 왕국들은 정부의
기초인 이 교육제도의 필요성을 무시해 왔다"고 고통스럽게 고백하듯이[458] 중국과
동아시아 제국 외에 당시 지구상 어디에도 만민평등의 공교육이 존재하지 않았기
때문이다.

■ 토마스 제퍼슨의 공교육론과 3단계 학제론

토마스 제퍼슨(Thomas Jefferson, 1743-1826)은 미국이라는 새 나라를 건설하기
위해 르콩트·뒤알드 등의 수많은 중국보고서들과 더불어 밀턴·루소 등의 공화주의
저서들과 케네를 비롯한 중농주의자들의 저작을 탐독함으로써 밀턴의 교육·학교론
을 더욱 발전시켜 좀 더 적극적인 학교개혁안을 준비한다. 중국의 선진적 교육제도에
대해 알고 있는 것과, 실제로 중국의 교육제도를 받아들여 근대적 교육체계를 창설하
는 것은 별개의 문제다. 서구인들이 중국의 교육제도를 잘 알고 있었고 밀턴처럼
그런 계획을 수립한 경우도 있었지만, 실제로 중국의 만민평등교육제도를 받아들여

---

455) Rousseau, "Economie ou Oeconomie", 119-120쪽.

456) 《禮記》〈大學〉首章: "自天子以至於庶人 壹是皆以修身爲本."

457) 《論語》〈衛靈公〉(15-39): "子曰 有敎無類" "가르침이 있을 뿐, 유별이 없다"고 옮기기도 한다. 류종목,
《논어의 문법적 이해》, 522쪽.

458) Reichwein, *China and Europe*, 107-108쪽에서 재인용.

근대적 교육제도를 최초로 만든 나라는 프랑스가 아니라 미국의 버지니아 주였고, 이 교육혁신을 주도하고 근대적 교육체계 수립에 평생 노력한 인물은 토마스 제퍼슨 이었다. 버지니아 주에서 발전된 근대적 만민평등교육제도는 미국의 다른 주에 확산되었고, 중국의 교육제도를 선진적으로 더 많이 받아들여 발전시킨 독일과의 상호작용 속에서 발전한다. 유럽의 근대적 교육개혁은 미국의 신식 교육제도가 프랑스에 전해지고 프랑스로부터 다시 전 유럽으로 퍼져나가면서 이룩되었을 것으로 추정된다.

- 17-18세기 미국의 교육 및 학교 실태

제퍼슨이 교육개혁과 국공립학교 창설을 시작할 당시 미국의 교육실정을 알기 위해서는 독립 전 13개주에 대한 약간의 역사적 고찰이 필요하다. 원래 미국 땅이 마르코 폴로의《동방견문록》을 읽고 중국제국을 동경하여 중국을 찾아 떠난 콜럼버스에 의해 발견되었듯이, 북미주에서 식민이 시작된 뉴잉글랜드의 청교도들은 영국의 청교도들만큼 중국에 대해 잘 알고 중국에 대한 동경심을 가진 사람들이었다. 북미 13개주 식민지에 처음 학교가 나타난 것은 17세기였다. 1635년에 창설된 '보스턴라틴학교'는 미국 최초의 공립학교이자 가장 오래된 학교다. 북미의 최초의 자유 국비공립학교 '마더 학교(Mather School)'는 1639년 매사추세츠 도르체스터에 개교했다. 뉴잉글랜드의 문맹률은 남부보다 훨씬 낮았다. 많은 인구가 개신교에 깊이 연루되어 있어서 성서를 읽기 위해 읽기를 배웠기 때문이다. 자식들은 대부분 글자를 가정에서 배웠다. 반면, 남부의 문맹률은 성공회가 국교였기 때문에 훨씬 높았다.

머슴(indentured servants)으로 고용된 젊은 독신 노동자들이 식민지 인구의 대부분을 점했고, 농장주들은 공공교육을 지원하는 것이 아니라 자기들의 자녀를 위해 사설 가정교사를 고용하거나 그 이상의 교육을 위해서는 적절한 나이에 영국으로 유학을 떠나 보냈다. 이런 추세는 계속 이어져서 19세기 중반까지도 뉴잉글랜드에서 학교의 역할은 부모의 가정교육을 불필요하게 만들 정도로 확장되지 않았다.

모든 뉴잉글랜드 식민지들은 학교를 세우기 위해 타운을 필요로 했고, 많은 식민지들이 학교를 세웠다. 1642년 매사추세츠 베이 식민지는 밀턴의 중국식 〈교육론〉(1641)에 입각해 북미식민지에서 최초로 "적절한" 교육을 의무적으로 만들었다. 다른 뉴잉글랜드 식민지들도 앞서거니 뒤서거니 이 선례를 따랐다. 유사한 법규가 다른 뉴잉글랜드 식민지에서 1640년대와 1650년 사이에 채택되었다.

그러나 의무교육은 주와 타운의 재정부족과 학부모들의 빈곤으로 흐지부지되었다. 이에 따라 미국에서 의무교육의 "보통학교(common schools)"는 토마스 제퍼슨과 그의 추종자들의 노력을 통해 100년 뒤인 18세기 중반에야 나타나게 된다. 교육조건은 18세기에도 17세기처럼 열악하기 짝이 없었다. 한 명의 교사가 한 교실에 모든 연령대의 학생을 집어넣고 가르쳤다. 타운의 학교는 중국처럼 공립이었지만 중국과 달리 무상교육이 아니었다. 학부모들은 학비를 전액 부담했다.

뉴잉글랜드의 큰 타운들은 근대 고등학교의 전신인 문법학교를 개교했다. 가장 유명한 것은 보스턴라틴학교와 코네티컷 뉴헤이븐의 홉킨스학교였다. 그런데 문법학교들은 1780년대에 대체로 사립 아카데미(학당)로 채워지고 만다. 독립 직후 뉴잉글랜드는 필립 앤도버 아카데미(1778), 필립 엑스터 아카데미(1781), 디어필드 아카데미(1791)를 비롯한 사립 고등학교 네트워크를 전개했다. 이 아카데미들은 19세기 중반에 등장하는 아이비리그 칼리지들에 대한 인재 공급처가 되었다.

체사피크 베이를 중심으로 사는 남부의 거주자들은 식민시대 초에 몇 개의 초급학교를 창설했다. 17세기 말엽 메릴랜드에서 중국에 대해 정통했던 가톨릭 예수회 신부들이 가톨릭 학생들을 위해 몇몇 학교를 운영한 것이다. 일반적으로 농장주 계급은 자식교육을 위해 가정교사를 고용하거나, 자식들을 사립학교에 보냈다. 식민지 시대 내내 일부 농장주들은 잉글랜드와 스코틀랜드로 자식을 유학보냈다. 영국 브리스톨에서 버지니아로 이민 온 조지 쓰로우프라는 사람은 대학이 인디언 학교를 위해 따로 떼어 놓은 1만 에이커의 땅을 관리하는 대리인이 되었다. 그러나 아메리카 도착민을 위한 이 학교설립계획은 쓰로우프가 1622년 인디언 대학살 때 같이 살해되면서 종말을 고했다. 버지니아에서 빈민을 위한 초급학교는 지역교구에서 준비되었다. 엘리트 부모들은 대부분 집에서 떠돌아다니는 가정교사를 써서 아이들을 가르치거나 아이들을 지역의 작은 사립학교로 보냈다.

조지아와 사우스캐롤라이나는 개인교사나 뒤범벅 공립학교 프로젝트를 통해 가르쳤다. 1770년 조지아에서 적어도 10곳의 문법학교가 운영되었는데, 그 가운데 많은 학교를 목사들이 경영했다. 베쎄다 고아원(Bethesda Orphan House)도 아이들을 가르쳤다. 수십 명의 개인 가정교사와 교수들이 신문에 일자리를 구하는 광고를 냈다. 1732년 사우스캐롤라이나에서는 20여 개의 학교프로젝트가 신문에 광고되었다. 성공 여부와 무관하게 이런 광고는 여러 해에 걸쳐 되풀이해서 실렸다. 독립혁명 후 조지아와 사우스캐롤라이나는 작은 주립 대학교를 시도했다. 부자들은 이아이들을 북부의 의숙義塾(college)으로 보냈다. 조지아 에는 백인학생들을 위한 주립아카데미들은 더 흔해지고 1811년 이후에는 사우스캐롤라이나가 읽기·쓰기와 산술을 가르치기 위해 2-3개소의 무상 보통학교를 개교했다.

공화국 정부들은 국가개조 시대 동안 일반적 조세로 뒷받침되는 최초의 공립학교제도를 확립했다. 백인과 흑인이 모두 입학이 허가되었지만 입법자들은 근본적으로 분리된 학교에 합의했다. 뉴오를레앙에만 2-3개소 흑백혼합 학교가 들어섰을 뿐이다.

북미 식민지에서 고등교육은 목사를 기르기 위해 실시되었다. 의사와 법조인은 지방 도제제도로 훈련되었다. 초기의 의숙들은 거의 다 교단들이 목사를 훈련시키기 위해 세운 것이다. 뉴잉글랜드는 오래전부터 개인들이 성서를 읽을 수 있도록 문해력 文解力을 중시했다. 하버드의숙은 1636년 식민지 입법부에 의해 창립되어 초기의 기부자의 성명을 따서 이름지어졌다. 이 하버드의숙도 처음에는 목사를 기르는 데 교육의 초점을 맞췄다. 그러나 많은 졸업생들이 법, 의료, 정부, 사업으로 진출했다. 나중에 하버드의숙은 뉴턴과학을 식민지에 확산시키는 중심지가 되었다.

윌리엄 앤드 메리 칼리지(College of William & Mary)는 1693년 버지니아 식민지정부에 의해 2만 에이커의 기부토지에 설립되었고, 주州의 교육예산에 담배세를 더해 운영되었다. 이 의숙은 영국국교 성공회와 긴밀히 연계되었다. 제임스 블레어라는 국교회 목사가 50년 동안 교장을 지냈고, 버지니아 농장주계급의 광범한 후원을 얻었다. 이 의숙은 최초로 법학교수를 초빙했고, 많은 법조인, 정치가, 농장주를 배출했다. 목사를 지망하는 학생들만 무상교육을 받았다.

예일의숙은 1701년 청교도들에 의해 설립되었다가 1716년 뉴헤이븐으로 이전했다. 코네티컷의 보수적 청교도 목사들은 하버드의 자유신학에 불만을 품고 정통적 목사들을 훈련시킬 학교를 원했다. 그러나 예일의숙은 1740-50년대에 친親중국파 신학자 조나던 에드워즈(Jonathan Edwards)가 주도한 'New Light 신학'의 아성이 되고 말았다. 1747년 New Side 장로회는 1747년 프린스턴의 한 타운에 뉴저지의숙을 세웠다. 이 의숙은 한참 뒤 프린스턴대학교로 개명했다. 그리고 침례교단이 1764년 로드아일랜드의숙을 수립했고, 1804년 기부자를 기리기 위해 브라운대학교로 개명했다. 뉴욕시티에서는 국교회교단이 1746년 새뮤얼 존슨을 유일한 교사로 고용한 킹스칼리지를 세웠다. 이 의숙은 미국혁명전쟁 동안 문을 닫았다가 1784년 현재의 컬럼비아대학교의 전신인 '컬럼비아의숙'이라는 교명 아래 독립기관으로 다시 개교했다.

1749년 벤저민 프랭클린과 동조자들은 필라델피아에서 필라델피아아카데미(Academy of Philadelphia)를 창설했다. 다른 도시들의 의숙들과 달리 이 아카데미는 목사훈련을 지향하지 않았다. 이 아카데미는 1765년 미국에서 최초로 의과학교를 설립했고, 이로써 미국 최초의 대학교가 되었다. 펜실베이니아 주州의회는 새로운 법인 헌장을 필라델피아의숙(College of Philadelphia)에 수여하고, 1791년 이 의숙을 펜실베이니아대학교로 개명했다.

화란개혁교회(Dutch Reformed Church)는 1766년 뉴저지에 퀸스칼리지를 세웠는데, 이 칼리지는 럿거스대학교로 알려지고 주정부의 후원을 받았다. 다트머쓰칼리지는 1769년 아메리카토착민을 위한 학교로 허가되었는데, 1770년 뉴햄프셔의 하노버로 이전했다.

이 학교들은 모두 작았고 고전인문학 위주의 제한된 학부커리큘럼을 가르쳤다. 학생들은 그리스·라틴어, 기하학, 고대사, 논리학, 윤리학, 수사학을 토론도, 숙제도,

실험도 없이 배웠다. 칼리지 교장은 엄격한 기율을 주입했고, 상급생은 신입생을 괴롭혔다. 많은 학생이 17세 이하였고, 대부분의 의숙은 입학예비학교도 운영했다. 수업료는 아주 낮았으나, 장학금은 거의 없었다.

식민지는 법률학교가 없었다. 미국학생들은 런던의 법학학회로 가서 공부했다. 법조인지망자들은 대부분은 개업한 미국 법조인들의 도제로 복무하거나, 변호사시험을 보기 위해 "법률을 읽었다". 그리고 18세기에 117명의 미국인들이 에든버러에서 의학을 공부했으나, 대부분의 의사들은 식민지 여기저기서 도제로서 의술을 배웠다. 상술했듯이 1765년 북미식민지에서 최초로 의과학교를 세운 것은 펜실베이니아대학교의 전신인 필라델피아아카데미였다. 이어서 뉴욕의 킹스칼리지가 1767년 의학부를 세우고 1770년 미국 최초의 의학박사 학위를 수여했다.

도시마다 학교와 아카데미가 즐비했던 중국을 나름대로 잘 알았고 제퍼슨과 종신토록 사상적 교류를 했던 제2대 대통령 존 아담스는 독립 후인 1785년 이렇게 말했다. "전 인민은 전 인민의 교육을 자신이 몸소 받아야 하고, 기꺼이 그 비용을 부담해야 한다. 박애적 개인에 의해 설립되는 것이 아니라 인민 자신의 공공비용으로 유지되는 학교가 없는 1평방마일의 구역도 없어야 한다." 혁명 후 특히 교육을 강조하고 신속하게 주립·공립학교를 세우려는 노력이 여기저기서 나타났다. 그러나 학교수립은 예산부족과 담당자들의 열의부족으로 여의치 않았다.

- 제퍼슨의 중국적 교육론의 형성

이런 상황에서 토마스 제퍼슨은 미국의 독립과 동시에 과감하게 교육혁명을 위해 고투한다. 그는 중국을 모방해 근대적 교육제도를 창설하기 위해 평생 노력했다. 그러나 공립학교 창립과정은 실로 험난했다. 제퍼슨은 밀턴·르콩트·뒤알드·볼테르·케네의 책들을 읽었다. 따라서 그는 이들의 현장보고와 전문적 논의들을 통해 중국의 교육제도를 잘 알고 있었다.[459] 제퍼슨은 중농주의적 자유시장론에 아주

---

459) Weir, *American Orient*, 24쪽.

관심이 많았고 또 이들에 의해 상당한 영향을 받았다. 제퍼슨의 한 편지는 그가 중농주의와 중국의 연관을 알고 있었음을 보여준다.[460] 마키 미라보·튀르고 등의 중농주의 이론에 아주 큰 관심을 가졌던 제퍼슨은 중농주의의 창시자 케네에 대해서도 잘 알고 있었다.

그런데 제퍼슨은 르콩트·뒤알드·볼테르·케네 등의 여러 저서로부터 중국의 교육·학교제도에 대한 보고서와 논의들과 밀턴의 교육론과 같은 두 갈래의 논의를 종합해 중국 학교제도를 리메이크했다. '미국 유생' 벤저민 프랭클린조차도 한 청소년교육 팸플릿 《청소년의 교육에 관한 제언(Proposals Relating to the Education of Youth)》(1749)에서 밀턴의 《교육론》을 근거로 제시하면서도 로크의 교육론 논고를 언급했다.[461] 그러나 제퍼슨은 만민평등의 보통교육이 아니라 귀족과 빈민의 불평등한 차별교육을 제창한 로크의 교육론을[462] 전혀 거론치 않았다.

어느 모로 보나 분명한 것은 각종 중국 관련 서적과 밀턴의 저작에 나름대로 정통한 제퍼슨에 의해 기안된 1779년의 〈지식의 더 일반적인 확산을 위한 법안(A Bill for the More General Diffusion of Knowledge)〉의 3단계 학교제도와 탈脫종교적·세속적 교육 구상이 궁극적으로 학숙과 유학(부·주·현학)과 대학교의 3단계 학교제도에 기초한 중국의 세속적 국·공립교육제도의 리메이크라는 사실이다. 그러나 중국 학교제도의 영향을 고려치 않는 논자들은 제퍼슨의 교육·학교론의 출처를 뉴잉글랜드의 신학교로 말했다가 칼뱅주의자 존 녹스(John Knox, 1513-1572)라고 말하기도 하는 등 오락가락한다. 가령 메릴 피터슨(Merril D. Petreson)은 제퍼슨의 교육·학교

---

460) Adrienne Koch, *The Philosophy of Thomas Jefferson*(New York: 1943), 172쪽. Herrlee G. Creel, *Confucius - The Man and the Myth*(New York: The John Day Company, 1949), 297쪽에서 재인용.

461) 참조: Edward J. Power, *Educational Philosophy – A History from the Ancient World to Modern America*(New York & London: Garland Publishing, 1996), 107쪽.

462) 존 로크는 젠트리의 자식들에게 고도의 인문·교양교육을 실시하고, 별도로 빈민의 자식들에게는 노무학교에서 직업교육을 실시할 것을 주장했다. 참조: Locke, *Some Thoughts Concerning Education*; Locke, "An Essay on the Poor Law". 이에 대한 필자의 상론은 참조: 황태연, 《공자철학과 서구 계몽주의의 기원(하)》(파주: 청계, 2019), 1408-1412쪽; 황태연, 《근대 영국의 공자숭배와 모럴리스트들(상·하)》(서울: 한국문화사, 2023), 909-922쪽..

론의 선례를 뉴잉글랜드의 신학교에서 구했다가 곧 바로 이것을 내버리고 녹스의 《훈육의 책》을 끌어댔다가 결국 제퍼슨의 "독립적 생산물"로 결론짓고 있다.[463] 중국과 공자철학의 영향을 고려치 않는 다른 여러 제퍼슨 논의와 제퍼슨 전기들도 거의 다 이 모양이다.

그러나 헤를리 크릴(Herrlee G. Creel)은 "제퍼슨의 계획이 중국 과거제도와 세 가지 원칙을 공유했다"고 지적하면서 제퍼슨의 교육·학교설립계획이 '분명히' 중국 산이라고 단정한다. 공유되는 세 가지 원칙은 "⑴ 교육은 국가의 원칙적 관심사로 생각되어야 한다"는 것, "⑵ 뛰어난 능력의 학생들이 경쟁시험에 의해 3단계로 선발되어야 한다"는 것이다. "가장 낮은 단계의 학생들은 작은 구역으로부터 선발되고, 가장 높은 단계의 학생들은 전국에서 선발되어야 한다(이것은 중국의 군현시험, 성省 시험, 국가시험에 상응한다)." 그리고 "⑶ 주요목적은 부유하든 가난하든 관계없이, 또 혈통과 무관하게 그 시민들 가운데 가장 재능 있는 사람들의 관리官吏 복무를 '국가에 제공하는 것'이다." 그리고 "이 계획은 만인에게 무상교육을 제공하고, 완전한 국비로 영재들의 교육을 요구한 점, 그리고 제퍼슨이 '자연적 귀족들'이 시험을 통과해야 할 뿐 아니라, 중국에서처럼 임명되는 것이 아니라 관직에 선출되기도 해야 한다고 요구한 점에서 중국체제와 달랐다."[464] 여기서 크릴이 다른 점들로 지적한 것은 그의 정보부족에서 나온 일종의 오류다. 왜냐하면 중국의 초급교육은

---

463) "패배와 무관하게 제퍼슨의 '지식의 더 일반적인 확산을 위한 법안'은 미국 교육사에서 하나의 랜드마크였다. 공교육 원칙은 새로운 것이 아니었다. 보통학교는 뉴잉글랜드에서 여러 세대 동안 존재했다. 사실, 제퍼슨 계획의 원칙적 어려움은 뉴잉글랜드의 촘촘한 도시환경에서 빌려온 체계를 버지니아의 퍼진 농촌 환경으로 도입하려는 시도였다. 그러나 그 계획은 뉴잉글랜드의 본질적으로 종교적인 이상과 예리하게 단절되고 이 이상을 새로운 국민의 시민공화주의로 대체했다. 백성의 계몽에 대한 공공의 책임은 모든 인간이 자유와 자치에서 느낀 관심에 기초했다. 밑바닥의 보통학교로부터 정상의 대학에 이르는 완전하고 통합된 교육체계의 개념화도 의미심장했다. 이것에는 모델이 없었고, 존 녹스의 16세기 스코틀랜드 장로파적 《훈육의 책(Book of Discipline)》이 시사한 이 이념의 가능한 문헌적 원천이 무엇이든 제퍼슨의 독립적 생산물이었던 것으로 보인다." Merril D. Peterson, *Thomas Jefferson and the New Nation*(New York: Oxford University Press, 1970), 151쪽. 여기서 "밑바닥의 보통학교로부터 정상의 대학에 이르는 완전하고 통합된 교육체계"는 3단계 학교제도를 말한다.

464) Creel, *Confucius - The Man and the Myth*, 299–300쪽.

사숙도 숙사塾師에게 '속수의 예'만 하면 되었고 빈민의 자제를 교육시키기 위한 공익목적의 의숙과 공립 사학社學은 무상이었기 때문에 초급학교 단계인 '학숙'(사학 +의숙·사숙)은 전체적으로 사실상 무상이었고, 향교·대학의 고등교육과정으로서의 향교(부학·주학·현학)와 대학교(국자감)에 재학 중인 유생들은 무상교육을 받고 이에 더해 국비로 무상숙식을 제공받았고 학비와 여비도 경작지나 현금으로 지급받았기 때문이다. 또 중국에서도 모든 관리가 임명되기만 한 것이 아니라 권점圈點이나 조정의 회추會推 또는 정추廷推에 의해 선출되기도 했고, 반대로 제퍼슨의 학교졸업생들도 관직에 선출되기만 한 것이 아니라 의회에 의해 임명되는 것으로도 기획되었기 때문이다.

이런 점들을 종합하면, 제퍼슨의 교육플랜은 사실상 중국의 교육·학교·관리선발 제도와 '거의 모든' 원칙을 공유했다고 결론지어야 할 것이다. 이런 까닭에 크릴은 바로 분명한 유사성과 중국의 영향을 지적한다.

이 유사성들은 물론 제퍼슨의 아이디어들이 중국 과거제도에 의해 영향받았다는 것을 증명하는 증거는 아니지만, 이러한 영향의 분명한 가능성이 존재한다. 제퍼슨이 1779년의 법안을 도입하기 이전에 중국제도의 존재를 알고 있었다는 것은 확실해 보인다. 1776년보다 늦지 않게 그는 볼테르가 사실상 모든 권력이 "오직 여러 혹독한 시험을 치른 뒤에만 구성원으로 입사入仕할 수 있는" 관료체제의 손에 들어 있는 17세기 초 중국의 통치보다 "인간의 정신이 더 훌륭한 통치를 상상할 수 없다"고 선언한 책(《제국민의 도덕과 정신에 관한 평론(Essai sur les moeurs et l'esprit des nations)》 - 인용자)을 읽었고 이 책에 관해 방대한 노트를 작성했는데, 이것이 증명되었다. 중국 과거시험제도는 일찍이 나온 수많은 유럽서적 안에서 상세하게 기술되었고, 이 서적들 가운데 적어도 한 서적은 제퍼슨의 장서에 들어 있었던 것으로 알려져 있다.[465]

---

465) Creel, *Confucius - The Man and the Myth*, 300쪽.

"제퍼슨의 장서"에 들어 있던 "한 서적"이란 르콩트의 《중국의 현재상태에 대한 신비망록》을 말한다. 크릴은 제퍼슨이 뒤알드의 《중국통사》의 제1권만이 미국 의회에 그의 장서를 매각할 때 작성된 카탈로그에 들어 있었기 때문에 청대 중국제국의 학교와 과거제도가 설명되는 이 책의 제3권을 읽었는지 불확실하지만, 이 책 3권도 읽었을 개연성을 배제하지 않는다.466) 이런 근거에서 일찍이 크릴은 제퍼슨의 교육과 3단계학교 법안에 중국제국의 교육·학교·임용시험 제도가 영향을 주었을 "분명한 가능성"을 주장한 것이다.

그러나 크릴의 이 추정은 '지나치게' 조심스럽거나 '불필요할 정도로' 많은 둔사遁辭를 달고 있다. 필자는 제퍼슨이 《중국통사》 제1권과 제3권만이 아니라 전4권을 다 소장하고 통독했음이 거의 틀림없다고 단정한다. 한낱 중국에서 태국으로 가는 행로와 중국지리만을 설명하는 제1권만 소장하고 읽는 것은 거의 의미 없기 때문이고, 또 애서가이자 애장가인 제퍼슨이 4부작 전집 가운데 제1권만을 소장하고 있었다는 것은 상상할 수 없는 일이기 때문이다. 매각된 도서의 의회 카탈로그에서 제2-4권이 빠진 것은 여러 가지 이유가 있을 수 있다. 제2-4권 서적 대여 후 미회수, 분실, 도난 등으로 말미암아 이 제2-4권을 뺀 카탈로그의 재작성, 카탈로그를 작성한 도서관원의 오기誤記 등이 그것이다.

- 교육입국과 3단계 학제를 위한 그의 분투

제퍼슨은 훗날 자연적 귀족에 관한 애덤스와의 서간논쟁에서도 다시 드러나듯이, 버지니아에서 먼저 근대적 교육제도를 창설하기 위해 분투한다. 제퍼슨은 공화국의 골조를 공공교육제도로 간주했다. 그는 1816년의 한 편지에서 이렇게 말한다.

나는 도로·운하·학교의 개량의 대단한 벗이다. 그러나 나는 후자의 준비만큼 전자의 견실한 그 어떤 준비를, 곧 안개보다 더 좋은 어떤 것을 보기를 바란다. 학문 기금은 임박

---

466) Creel, *Confucius - The Man and the Myth*, 300쪽 각주4.

한 파산에서 없어지지 않으려면 견실한 준비다. 입법부가 이것에 국가인구에 대해 두당 1센트의 영구적 세금을 보탠다면, 이것은 우리 시대와 나라의 모든 분과 학문이 최고등급으로 가르쳐질 초급학교나 학군 학교(*ward schools*)와 대학교를 일으키고 영원히 유지할 것이다. 그것은 우리를 토리즘과 광신狂信에 바친 세금, 그리고 조국에 대한 무관심에 바친 세금으로부터 구제해 줄 것이다. 우리는 지금 (버지니아에 학교가 없는 까닭에 - 인용자) 우리의 젊은이들을 보내 뉴잉글랜드로부터 토리즘, 광신과 조국무관심을 가져오고 있다. 어떤 국민이 무지하면서 자유롭고 문명상태에 있기를 기대한다면, 그것은 결코 그런 적이 없었고 결코 그러지 않을 것을 기대하는 것이다. 모든 정부의 기관원들은 그들의 지역구민들의 자유와 재산을 멋대로 명령하는 경향이 있다. 인민들 자신과 더불어 하는 것 외에 자유와 재산의 안전한 보장책은 없다. 더욱이 자유와 재산은 정보 없이 안정할 수 없다. 언론이 자유로운 곳에서, 그리고 모든 인간이 글 읽는 능력이 있는 곳에서는 모든 것이 안전하다.467)

"문명상태"는 조직·권력·진보·향상의 상태이기에 교육제도·정보전달기제·우편·통신서비스·선전·홍보기구 등 최상의 계몽 수단들을 필요로 한다. 사회의 전全 계층을 관통하는 '지식의 확산'이 없어 지금까지 개인들은 자신의 행복을 돌보지도 못했고, 시민으로서 국가의 자유와 복지를 확보하지도 못했다. 하지만 언제나 인민에게 적절하게 정보지식이 보급되고 배움이 주어지는 조건이 전제된다면, 인민 자체가 그들의 권리와 자유의 유일하게 안전한 저장고라는 것은 제퍼슨에게 공리였다. 교육은 너무 중요한 사안이라서 우연에 맡겨둘 수 없었다. 그는 교육을 공화국 정부의 지상책임으로 계획되고 실행되어야 할 과업으로 간주했다.468)

언제나 모든 인민에게 적절하게 정보지식을 보급해야 한다는 제퍼슨의 이런

---

467) Thomas Jefferson, "To Colonel Charles Yancey"(January 6, 1816), 496–497쪽. *The Works of Thomas Jefferson*, vol. 12(Correspondence and Papers 1816–1826), collected and edited by Paul Leicester Ford(New York and London: The Knickerbocker Press, 1904. 2019 Liberty Fund).

468) Peterson, *Thomas Jefferson and the New Nation*, 145쪽.

과감한 구상은 이것을 수천 년 동안 실행해 오고 있는 중국을 알지 못했다면 결코 생각나지 않았을 것이다. 그리고 "지역구민들의 자유와 재산을 멋대로 명령하는 경향이 있는" 모든 정부의 기관원들에 대해 자유와 재산을 지키는 안전한 보장책을 교육과 지식으로 본 것은 중국교육제도에 대한 설명에서 나오는 케네의 말과 그 취지가 동일하다. 전술했듯이 케네는 중국에서의 지식의 국민적 확산을 폭정에 대한 유일한 방비책으로 제시했었다.[469]

버지니아의회 의원 에드먼드 펜들턴(Edmund Pendleton)은 1779년 5월 제퍼슨에게 보낸 한 편지에서 제퍼슨 자신이 "지식의 확산에 대한 광적 열망"을 가졌다고 언명했는데,[470] 제퍼슨의 이런 "광적 열망"은 백성들이 자신들의 자유와 재산을 스스로 지킬 수 있어야 한다는 '공화국의 원칙'으로부터 나온 것이다. 당시를 되돌아 보면, 부와 가문의 혜택을 받고 사립학교에서 교육받은 제퍼슨과 같은 계급의 사람들은 거대한 무지의 한복판에서 국가를 자유와 자치로 이끌었다. 그런데 평민백성의 자녀를 위한 학교는 전혀 존재하지 않았다. 너무 많은 사람들은 그들이 태어난 무지 속에서 길러졌다. 버지니아의 많은 지역들은 난폭하고 소란스런 국경으로부터 겨우 한 두 족장 떨어져 있는 황야인 반면, 동부지역은 사회적 책무보다 자신의 권리를 훨씬 더 의식하는 오만한 농장주 귀족계급에 의해 지배되었다. 그 자체로서의 특유한 위험을 야기한 노예제 외에 백성의 무지몽매는 '민주공화국 실험'의 성공에 대한 치명적 방해물이었다.[471]

버지니아 제헌의회의 법규개정위원회는 제퍼슨에게 이 문제를 해결할 기회를 주었다. 윌리엄 앤드 메리 칼리지와 관련된 구舊의회의 여러 법령은 에드먼드 펜들턴 의원의 몫이었지만, 개정위원들은 "보통교육의 체계적 계획"이 제기되면서 전체 주제를 제퍼슨에게 맡기기로 합의했다. 이에 따라 1779년 주지사에 취임한 직후

---

469) Quesnay, *Despotism in China*, 271-272쪽.
470) Edmund Pendleton, "To Thomas Jefferson"(11 May 1779). Founders Online *Thomas Jefferson Papers*. National Archives University of Virginia Press. Archives.gov Home.
471) 참조: Peterson, *Thomas Jefferson and the New Nation*, 155-156쪽.

제퍼슨은 〈지식의 더 일반적인 확산을 위한 법안〉을 의회에 제출했다. 앞서 분석했듯이, 이 법안은 만민평등 교육체계의 청사진을 제공하면서 전문前文에서 "최선의 정부형태"(민주공화국)에서도 "권력을 위탁받은 사람들"이 "더딘 작용에 의해 도착시키는" 정부형태로서의 "폭정"을 "방지하고" 개인들의 자연적 권리들의 자유로운 행사를 보호하는 "가장 효과적인 수단"을 "백성 전체의 정신을 가급적 개명시키고 특히 백성에게 역사가 밝혀 주는 저 사실들의 지식을 제공하는 것"으로 천명한다. 이런 전제 아래 그는 다음과 같이 밝힌다. "이런 역사지식의 제공으로써 백성들이 다른 시대와 나라들의 경험을 소유하고 온갖 형태의 야욕을 알 수 있고 야욕의 의도를 패퇴시킬 자기들의 자연적 권력을 재빨리 행사할 수 있을 것"이라 부연한다. 그리고 그는 만민평등·무상교육을 통해 재능과 덕성을 타고난 사람들을 공화국의 지도자로 육성하는 것을 제언한다."

그리하여 자연이 재능과 덕성을 품부한 저 사람들이 받을 만한 무상교육에 의해 정제精製되고 그들의 동료시민들의 권리와 자유의 신성한 저장고를 지킬 수 있는 것, 그리고 그들이 부, 출생, 기타 우연적 조건이나 사정에 대한 고려 없이 그런 임무를 맡도록 초빙받는 것은 공공의 행복을 촉진하기에 마땅하다. 그러나 자연이 알맞게 만들어 공공의 유용한 도구가 되도록 배치한 자식들의 재능과 덕성을 그렇게 교육하는 것이 그들 대다수의 빈곤으로 말미암아 불가능하기에, 이런 자식들을 찾아 만인의 공동비용으로 교육시키는 것이 만인의 행복을 박약한 자나 사악한 자들에게 가둬 두는 것보다 더 좋다.472)

제퍼슨은 공교육제도 도입의 목적을 첫째, 폭정을 "가장 효과적으로 방지하는" 수단으로서 "백성 전체의 정신들의 개명"으로 제시하고 있다. 그가 국민의 일반적 지식을 폭정에 대해 미국 민주공화국을 지키는 최후의 보루로 본 것은 "모든 계급의

---

472) Thomas Jefferson, "A Bill for the More General Diffusion of Knowledge"(1779), 414-415쪽. *The Works of Thomas Jefferson*, vol. 2(Correspondence 1771-1779, Summary View, Declaration of Independence).

시민들이 치자와 국민에게 가장 이로운 법의 질서를 명백하게 알고 확실하게 지적해 내기에 충분한 계몽이 갖춰진" 국가상태를 "국가의 군사력 지원으로 노골적으로 악을 위해 악을 행하고 국민에 의해 만장일치로 인정되고 존중되는 사회의 자연적 헌법을 전복하는 것을 감행하고, 어떤 그럴듯한 이유도 없이 공포와 혐오만을 일으키고 불가항 력적이고 위험한 일반적 저항을 초래할 수 있는 폭군적 행동에 몸 바칠 전제군주"를 완전히 저지할 방책으로 주장한 케네의 논지와[473] 그대로 일치한다.

제퍼슨이 제시하는 공교육제도 도입의 두 번째 목적은 "부, 출생, 기타 우연적 조건이나 사정에 대한 고려 없이" 공적 임무를 맡도록 초빙해 "동료시민들의 권리와 자유의 신성한 저장고를 지킬" 수 있도록 "자연이 재능과 덕성을 품부한 저 사람들" 을 무상교육에 의해 "정제해" "박약하고 사악한" 인위적 귀족을 대체할 '자연적 귀족들'을 배출하는 것이다. 첫째는 초등수준의 대중교육이고, 둘째는 고등수준의 엘리트교육이다.

시민과 지도자를 위한 대중교육과 엘리트교육은 재정적으로 실행할 수 있는 한에서 국비로 이루어져야 한다. 그러나 이 두 목적 가운데 전자가 더 중요할 것이다. 법안의 명칭 자체가 '지식의 더 일반적인 확산을 위한 법안'이기 때문이다. 제퍼슨은 공화국의 시민자유를 지키는 가장 강력한 보루로서 대중적 시민교육이 엘리트교육 보다 더 중요하다고 언명한다. 제퍼슨은 〈버지니아 노트(Notes on Virginia)〉에서 이렇게 말한다.

이 법률의 온갖 취지 가운데 어느 취지도 백성을 자기들의 자유의 궁극적으로 안전한 수호자들로 만드는 것보다 더 중요하지 않고, 어느 취지도 이보다 더 정당하지 않다. 이 목적을 위해 백성이 그들의 전 교육을 받을 첫 단계에서의 글 읽기는 (...) 주로 역사적인 것으로 제안된다. 역사는 그들에게 과거를 알려 줌으로써 그들로 하여금 미래 를 판단하도록 할 수 있다. 역사는 다른 시대와 다른 국민의 경험을 알려 주는 점에서

473) Quesnay, *Despotism in China*, 271–272쪽.

그들에게 쓸모가 있다. 역사는 그들에게 인간의 행동과 의도의 재판관으로서의 자격을 갖춰 줄 것이다. 역사는 야욕이 쓰는 온갖 가면 아래서도 야욕을 알아보고 이 야욕을 알면 이 야욕의 취지를 물리칠 수 있는 능력을 줄 것이다.[474]

제퍼슨은 중국 유자들이 자기들과 당대의 정치를 비춰보는 '거울(鑑)'로 강조한 만큼 대중적 역사공부의 중요성을 강조하고 있다.

그러나 제퍼슨은 〈버지니아 노트〉에서 국가지도자, 교사, 의사, 법조인을 육성하는 엘리트 무상교육도 중시한다.

젊은이들은 충분한 나이가 되자마자 고등학교의 전신인 '문법학교(*grammar schools*)'에서 제3단계이자 마지막 단계인 대학으로 올려 보내 이곳에서 그들의 견해에 알맞은 저 과학들을 학습하도록 할 것이다. 빈민계급들 사이로부터 영재 청년들(*the youths of genius*)을 선발하도록 규정하는 우리 계획의 해당 부분에 의해 우리는 자연이 글자 그대로 빈민들 사이에서도 부자와 마찬가지로 입증했지만 발굴해서 도약시키지 않으면 쓸모없이 사라질 저 재능들의 신분(*state*)을 활용하기를 바란다.[475]

대중교육 못지않게 엘리트교육도 중요한 것이다. 제퍼슨은 빈민들 안에서 생겨나는 영재들의 대학교육도 확실히 챙기고 있다.

제퍼슨 자신의 반복된 설명에도 불구하고 메릴 피터슨은 제퍼슨의 교육론을 궁극적으로 "엘리트주의" 교육론이라고 평가한다.[476] 그러나 법안의 명칭이 '지식의 더 일반적인 확산을 위한 법안'이고, 제퍼슨 자신이 법안의 가장 중요한 취지가

---

474) Thomas Jefferson, *Notes on Virginia*(Continued, II), 272−273쪽. *The Works of Thomas Jefferson*, vol. 4(Notes on Virginia II, Correspondence 1782−1786).

475) Jefferson, *Notes on Virginia*(Continued II), 272쪽.

476) 피터슨은 "자연적 엘리트를 확고히 자리 잡게 하는 것이 제퍼슨의 목적이 아닐지라도" 제퍼슨의 교육론이 "엘리트주의적 논조를 띠었다"고 지적한다. Peterson, *Thomas Jefferson and the New Nation*, 152쪽.

백성을 최후의 안전한 자유 수호자들로 만드는 대중교육이라고 확언하는 한에서 그런 해석은 결단코 무리일 것이다. 물론 대중교육 다음으로는 '자연적 귀족의 육성'을 위한 수월성秀越性교육 또는 엘리트교육이 중요하다.

제퍼슨은 대중교육과 엘리트교육을 피라미드식 제도로 결합한다. 그는 이 피라미드식 교육과정을 뚜렷이 구분되는 3단계로 나눠 설계했다. 지방자치단체로부터 피라미드식으로 올라오는 초급·중급학교·최고학부의 3단계다. 버지니아에는 고등학교(전문학교)와 대학교는커녕 초등학교도 없었다. 제퍼슨은 이 학교들의 창설계획을 제시했다.

윌리엄 앤드 메리 칼리지에 관한 의회의 법령들은 아마 우리 가운데 펜들턴 씨의 소관이었을 것이다. 그러나 이 몫은 주로 이 일의 재정과 관련된 것과 달리, 그것의 구성, 조직, 과학의 범위는 이 일의 헌장으로부터 도출되었다. 우리는 이 주제에 관해 일반적 교육의 체계적 계획이 제안되어야 한다고 생각했고, 나는 이것을 맡도록 요청되었다. 이에 따라 나는 세 건의 개정법원을 준비해서, 판명하게 구별되는 3단계 교육을 제안했다. 1. 빈부를 가리지 않는 모든 자녀들 일반을 위한 초급학교(*Elementary schools*), 2. 삶의 통상적 목적에서, 그리고 괜찮은 환경에서 사는 모든 사람들을 위해 바람직스런 목적에서 의도된 중급교육(*middle degree of instruction*)을 위한 전문학교(*Colleges*), 그리고 3. 과학을 일반으로, 그리고 이 과학의 최고 등급에서 가르치기 위한 궁극단계다.[477]

이 계획은 그의 머릿속에 중국식 3단계 학제가 얼마나 뚜렷하게 밝혀 있는지를 보여 준다. 또한 그는 촌락 수준의 학숙(사학社學+의숙), 카운티 수준의 유학(부학·주학·현학), 중앙의 대학교로 연결되는 중국의 3단계 학제처럼 학교단위와 등급을 각급행정단위에 맞춰 학군 설치를 제언한다. 제퍼슨은 〈자서전〉에서 이렇게 자술한다.

---

477) Thomas Jefferson, *Autobiography*(1743-1790), 75쪽. *The Works of Thomas Jefferson*, vol. 1(Autobiography, Anas, 1760-1770).

첫 번째 법안은 각 카운티를, 학교를 위해 적절한 규모와 인구의 백가百家촌락 또는 학군(Hundreds or Wards)으로 구획할 것을 제한했다. 이 학군에서 읽기·쓰기·공통산술을 가르쳐야 한다. 주州 전역은 24개 구획으로 분할하고, 각 구획에는 고전학습, 문법, 지리, 산술의 고등단계를 위한 학교를 둔다. 두 번째 법안은 윌리엄 앤드 메리 칼리지의 구조를 고치고 이 학교의 학문 범위를 확대해 이 학교를 사실상 대학교로 만들 것을 제안했다. 세 번째 법안은 도서관 설치 법안이었다.478)

피라미드식의 각 행정단위를 '학군'으로 삼고 그 중급 단계에 고등전문학교를 설치하고 중앙에 대학교를 두는 이 3단계 학제는 중국의 학제를 그대로 복사한 것이다.

구체적으로 분석해 보면, 제퍼슨의 '초급학교'에서 가르치고 배우는 것, 수업료 없는 무상교육 등도 중국의 사학과 유사하다. 그는 〈지식의 더 일반적인 확산을 위한 법안〉에서 좀 더 분명하게 이렇게 말했었다.

이 모든 초급학교에서는 읽기·쓰기·공통산술을 가르치고, 그 안에서 어린이들에게 읽기를 가르치기 위해 사용하는 책들은 그들을 동시에 그리스·로마·영국·미국의 역사를 숙지하게 만들 책들이어야 한다. 이 학교에서는 각 백가촌락 안에 거주하는 모든 자유로운 남녀 어린이들이 3년 동안 무상교육(tuition gratis)을 받을 권리를 부여받고, 사비를 내면 그들의 부모·보호자·친구들이 적절하다고 생각할 만큼 오랫동안 교육받게 한다.479)

어린이들의 판단력보다 더 성숙한 판단력이 요구되는 성경 교육은 국가 차원의 세속적 공교육에서 어떤 경우든 배제되고, 그리스·로마·영국·미국의 역사의 숙지가 종교적 도덕교육을 대신한다. '역사'는 그들에게 과거를 알려줌으로써 그들로 하여

478) Jefferson, *Autobiography*, 75쪽.
479) Jefferson, "A Bill for the More General Diffusion of Knowledge"(1779), 418쪽.

금 미래를 판단하도록 할 수 있게 하고, 그들에게 인간의 행동과 의도에 대한 판관으로서의 자격을 갖춰 줄 것이기 때문이다.

제퍼슨의 계획에 따르면, 모든 어린이를 자유롭게 교육하는 100개소의 초등학교 위에 20개소의 문법학교(*grammar schools*)가 여러 카운티를 포괄하는 행정구역(*districts*)에 설치된다. 이 문법학교도 공립학교이지만, 수업료와 숙식비를 학생들이 자비로 부담해야 한다. 장학생으로 선발된 60-70명의 학생은 예외다. 이들에게는 국가장학금이 지급된다(이 점에서 제퍼슨의 계획은 아직 학생 전원을 무상으로 가르치고 전원에게 무상숙식을 제공하고 학비를 대주던 중국의 부학·주학·현학의 교민복지 수준에 도달하지 못했다). 이들을 선발하고 낙제자를 탈락시키기 위한 순시巡視임검이 중국의 교육제도에서처럼 실시된다.

언급된 중등학교에서 학력검증을 위한 순시임검은 맑으면 9월의 마지막 월요일에, 맑지 않으면 일요일을 제외한 다음 맑은 날에 매년 실시되어야 한다. 이 학교에서 언급된 감독관들의 지명에 의해 여기로 보내진 소년들의 3분의 1은 1년만 그곳에서 배우는데, 가장 공들인 시험과 정밀검사에 의해 가장 전망이 없는 재능과 성향을 가진 것으로 생각되는 소년들이면 공적 장학생(*public foundationers*)의 지위가 끝나고, 2년 동안 그곳에서 배웠어야 할 소년들 가운데 모든 소년들은 재능과 성향에서 가장 훌륭한 소년들의 경우를 제외하고 종료된다. 이 최선의 소년들은 공공기금을 바탕으로 자유로이 4년을 더 학업을 지속하고, 그때부터 줄곧 최상급생(*a senior*)으로 간주된다.[480]

말하자면, 중급학생들 가운데 3분의 1은 첫 1년 교육 후 배제되고, 나머지는 2년 뒤에 배제되고, 각 학교의 가장 훌륭한 학생들은 남아 4년을 더 배운다. 따라서 최선의 학생들은 도합 6년을 수학하는 셈이다. 이것은 중국의 유학 수학기간(3년)에 견주어 두 배이지만, 오늘날 중·고등학교 수학기간과 동일하다. "전체 가운데 가장

---

480) Jefferson, "A Bill for the More General Diffusion of Knowledge"(1779), 425-426쪽.

훌륭한 영재가 선발되고 6년 동안 학습을 계속하고, 나머지는 퇴교된다. 이 방법에 의해 20명의 가장 훌륭한 영재들이 쓰레기로부터 매년 긁어 모아져 공공비용으로 중등학교 기간 동안 교육된다."481) 연간 20명은 3년이면 60명밖에 되지 않아서 교육연한은 중국 유학(부학·주학·현학)의 두 배이지만 무상교육을 받는 학생 수는 중국의 학교 학생 수에 견주면 보잘것없다고 평해야 할 것이다.

중등학교 교육과목은 고전어·영문법·지리·고등수학 등이다. 이 교육체계 피라미드의 정상에는 윌리엄 앤드 메리 칼리지가 서 있었다. 〈버지니아 노트〉는 말한다. "지구地區의 감찰관들은 (...) 언급된 최상급자들, 가장 잘 배우고 가장 전망이 있는 재능과 품성을 지닌 소년을 1명 선발하면, 이 소년은 감찰관들에 의해 윌리엄 앤 메리 칼리지로 진학하도록 공인된다. 그는 그곳에서 3년 동안 교육받고 숙식을 제공받고 의복을 지급받는다. 이 비용은 매년 회계감사관들로부터의 보증에 근거해서 출납국장이 지불한다."482) 윌리엄 앤드 메리 칼리지는 대학교뿐만 아니라 전체 교육시스템의 감독수뇌부 기능도 맡아야 했다. 이 칼리지는 가령 낮은 단계 학교들의 교육과정을 결정한다. 제퍼슨은 교육을 종교적 지도감독으로부터 분리시키려는 목적에서 이 칼리지의 대학교 승격 플랜을 세속화시켰다.

당시 버지니아의 교사들은 대부분 국교회 성직자들이었다. 그리고 윌리엄 앤드 메리 칼리지는 국교회의 기구였다. 이 칼리지는 그 창립으로부터 공적 지원을 받았기 때문에 이제 나라의 아주 큰 관심거리가 되었다. 왜냐하면 칼리지는 〈버지니아 노트〉에 따르면 "나라의 권리와 자유의 미래 수호자가 되어야 할 사람들이 신성한 저장고를 감시하고 지켜야 할 과학과 덕성을 품부받을 수 있는" 유일한 양성소이기483) 때문이다. 제퍼슨은 이 칼리지의 헌장을 세 가지 주요 관점에서 수정할 것을 제안했다. 첫째, 국교회성직자들의 영구적 자율관리체제는 상하양원 합동의회로부터 매년 임명을 받은 세속적 위원회에 의해 대체된다. 둘째, 교수진은 주요

481) Jefferson, *Notes on Virginia*(Continued II), 269쪽.
482) Jefferson, *Notes on Virginia*(Continued II), 426쪽.
483) Jefferson, *Notes on Virginia*(Continued II), 432쪽.

지식영역들을 커버하는 6명에서 8명으로 늘린다. 셋째, 칼리지의 공공재정은 증액하고 안전한 기반 위에 놓는다.

그러나 제퍼슨의 법안은 종교갈등을 우려하고 재정지원을 꺼리는 의회의 반대로 아무것도 이루지 못했다. 하지만 제퍼슨은 그가 주지사가 되었던 1779년 이 칼리지의 감독관으로 피선되어, 이 권한으로 그의 목표를 향해 모종의 제한된 진보를 이룩하려고 시도했다. 그는 헌장에 따라 제한된 6명의 교수진에서 3명(신학, 동방언어, 그리스·라틴어 교수)을 법학과 통치, 해부학과 의학, 현대어 교수로 대체하는 데 성공했다. 제퍼슨은 고대어를 좋아했으나 고대어는 중급학교 과목이라고 생각했다. 그리고 제퍼슨은 교수진 가운데 인디언을 기독교도로 개종시키는 '신앙개종 담당 교수'를 미국 인디언들의 연구를 위한 '인류학 교수'로 교체했다. 이 변화들은 칼리지라기보다 대학교의 이념과 관련된 세속적·공리주의적 인상을 주었다.

하지만 실제적 효과는 적었고, 의회는 결코 짬을 내서 헌장을 개정하거나 제퍼슨의 다른 부분을 법제화하지 않았다. 어떤 것도 국교회 기구로 알려진 이 칼리지의 명성을 지우지 못했다. 훗날 제퍼슨은 이 실패를 이렇게 회상한다.

이 법안들(1778)은 1796년까지도 통과되지 않았고, 그 다음은 초등학교를 위해 준비된 만큼의 첫 번째 법안만이 법제화되었다. 윌리엄 앤드 메리 칼리지는 순전히 영국국교회의 시설이었다. 따라서 칼리지 감찰관들(*visitors*)은 이 국교회의 모든 것을 따르도록 요구되었고, 교수들은 39개항 신앙조목에 서명하고, 학생들은 교리문답을 배우도록 요구되었고, 대학의 기본목적은 국교회를 위한 목사를 기르는 것으로 선언되어 있었다. 그러므로 모든 이단자들(*dissenters*)에 대한 종교적 경계심으로 말미암아 이 대학법안이 국교회 종파를 제압할까봐 경보가 울렸고, 그리하여 이 법안을 법제화하는 것은 거부되었다. 국교회의 지역적으로 국한된 편협성과 불순한 가을 기후도 이 입법으로 가는 일반적 경향을 저상시켰다.[484]

---

484) Jefferson, *Autobiography*(1743-1790), 75-76쪽.

의회는 제퍼슨의 초등학교 법안에 대해서도 사실상 실현되지 못하도록 제동을 걸었다.

그리고 초등학교 법안에 그들은 이 법안을 완전히 좌초시키는 규정을 삽입했다. 그들은 각 군현 안에서 언제 이 법령을 집행할 것인지를 결정하는 것을 각 카운티의 입법부에 맡겼기 때문이다. 법안의 한 규정은 이 학교의 비용이 각인이 내는 일반세율에 비례해서 카운티 주민들이 감당하는 것이었다. 이것은 부자들에게 빈민교육의 짐을 전가할 것이다. 그리고 법관들은 일반적으로 더욱 부유한 계급에 속하기에 이 짐을 짊어지고 싶지 않았다. 그리고 나는 단 한 개 카운티에서도 이것을 시작하는 것을 감당할 수 없었다고 생각한다.[485]

최종적으로 제퍼슨이 할 수 있었던 것은 윌리엄 앤드 메리 칼리지가 소재한 윌리엄스버그에서 리치먼드로 천도遷都를 관철함으로써 정부소재지와 이 칼리지의 연관을 끊고 칼리지의 지위를 결정적으로 약화시키는 것뿐이었다.

제퍼슨이 1779년 제출한 세 번째 법안은 〈공공도서관 설립 법안(A Bill for Establishing a Public Library)〉이다.[486] 이 법안은 제퍼슨의 지식확산 계획을 완성하는 화룡점정畵龍點睛이었다. 그가 공공도서관 설립과 관련해 염두에 둔 기능은 공무원과 학생·학자들의 필요를 충족시키는 것으로 추정된다. 그는 모든 분야에서 학문적 탐구를 촉진하기 위해 역사적 기록과 인공물들의 수집에 열성이었다. 그는 도서관 없는 교육은 상상할 수 없다고 생각했기 때문이다. 이것은 다 그가 중국 도서관을 모델로 생각한 것이다. 전술했듯이 제퍼슨이 소장하고 탐독한 르콩트의 책《중국의 현상태에 관한 신비망록》은 일찍이 중국의 수많은 대형 도서관들에 대해 보고했었다. 북경에만 "엄선된 좋은 책들로 채워진 여러 도서관"이 있고,[487] 중국인들은

---

485) Jefferson, *Autobiography*(1743-1790), 76쪽.
486) Thomas Jefferson, "A Bill for Establishing a Public Library"(1779), 436-438쪽. *The Works of Thomas Jefferson*, vol. 2(Correspondence 1771-1779, Summary View, Declaration of Independence).

"고대 원본 서적의 공인된 복사본들을 소장하고 있기 때문에 그 자체가 고대적인 도서관들을 지속적으로 갱신한다."[488] "이 모든 책들을 그들은 도서관들에 수집·소장해 두고 있고, 이 가운데 상당수 도서관들은 4만 권 이상의 도서를 소장하고 있다."[489] 그리고 상술했듯이 북경에만이 아니라 국자감에도 대형 대학도서관이 있었다. 제퍼슨은 도시와 대학에 설치된 이 중국 도서관을 부러워하며 도서관설치 계획을 수립했다. 수년 뒤 제퍼슨은 성인시민의 평생교육을 성찰하면서 모든 카운티에 작은 순회도서관을 설치하는 것보다 작은 비용에 더 광범한 이익을 주는 것은 없을 것이라고 생각했다.[490] 그러나 이 계획은 전혀 시행되지 못했다.

보통교육체계는 제퍼슨이 세운 전체 계획의 10분의 9였다. 나머지는 그것으로부터 생겨났고, 그것 없이는 거의 생겨날 수 없는 것이었다. 〈지식의 더 일반적인 확산을 위한 법안〉 등은 1778년 12월 하원에 상정되었고, 1년 반 뒤에 다시 상정되었고, 1785년 세 번째 상정되어 통과되었으나 상원에서 부결되고 말았다. 다음 해에 재고되었으나 최종적으로 배격되었다. 이에 제임스 매디슨은 당시 파리에 있던 제퍼슨에게 이렇게 보고한다.

이 주제에 관한 체계적 법규의 필요성은 이구동성으로 인정했습니다. 이 특별한 법규에 대한 반대는 1. 인민의 감당능력을 초과하는 것으로 얘기되는 비용, 2. 나라의 현재 긴축상황에 그것을 집행하는 것의 어려움, 3. 서부 구성원들에 의해 주장되는 지구地區들의 불평등이었습니다. 마지막의 반대는 거의 중요치 않고, 토론의 초기 단계에서 밀어붙이면 쉽사리 제거될 수 있습니다. 법안은 이제 법개정 위원회에서 통과되지 못한 다른 법안들과 동일한 기반에 달려 있습니다.[491]

---

487) Le Compte, *Memoirs and Observations*, 78쪽.

488) Le Compte, *Memoirs and Observations*, 191-192쪽.

489) Le Compte, *Memoirs and Observations*, 197쪽.

490) Peterson, *Thomas Jefferson and the New Nation*, 150쪽.

491) James Madison, "To Thomas Jefferson"(Feb. 15th, 1787), 308쪽. National Archives | (.gov). Founders Online.

반대의견들은 당장의 비상상황 때문에 버지니아의 미래 비전을 포기한 것이다. 버지니아는 가난했다. 그러나 버지니아는 인민의 교육이 없다면 더 가난해질 판이었다. 하지만 제퍼슨의 교육계획은 버지니아 주의 대부분의 지역에서 실행불가능했다. 각 백가촌락은 기껏해야 5-6 평방마일의 면적을 차지하는 것으로 상정되었지만, 많은 지역은 주민이 아주 희소했다.

하지만 법안은 이 문제를 고려하여 수정되었을 수 있다. 하지만 교육계획은 사회의 깊숙한 곳에까지 영향을 미치고 수많은 민감한 문제들을 터치했기 때문에 다른 반대들도 제기되었다. 성직자들은 일반적으로 이 계획의 세속주의를 불신한 반면, 특히 장로교단은 초·중급학교에 대한 관리권을 윌리엄 앤드 메리 칼리지에 주는 것에 반대했다. 그리고 법안은 잠재적으로 새로운 지역행정 관리들(학교 관리 외에도 빈민구휼·납세행정 등 다른 의무들을 수행하는 교육감독관, 교장 등)을 창출함으로써 카운티 의회의 지위와 기능을 위협하는 것으로 간주되었다. 학교의 재정을 마련하기 위한 과세는 유산계급에게 가장 무거운 부담을 주고, 순수한 이기적 관점에서 부자들은 빈민교육에 돈을 내는 데 아무런 관심이 없었다.[492] 이유야 어떻든 제퍼슨은 파리에서 이 소식을 듣고 '전율'할 정도로 실망을 느꼈다.

제퍼슨은 법안의 좌초가 거의 분명해진 1786년 8월 시점에 '미국법학의 아버지'라 불리는 독립선언문 서명자 조지 위스(George Wythe)에게 1786년 8월에 보낸 한 서한에서 교육법안의 민주공화국적 중요성을 강조하는 호소의 말을 써 보낸다.

나는 우리의 전 법전에서 단연 가장 중요한 법안이 인민들 사이에 지식을 확산시키는 법안이라고 생각한다. 자유와 행복의 보존을 위해서 다른 어떤 확실한 기초도 강구될 수 없다. 누군가 왕, 귀족, 성직자들이 공공행복의 훌륭한 보존자라고 생각한다면, 이렇게 생각하는 자들을 여기(파리)로 보내라. 이것이 그들을 그 어리석음으로부터 치유해주는, 우주 안에서 가장 좋은 학교다. 그렇게 생각하는 자들은 여기서 그들 자신의 눈으

---

492) Peterson, *Thomas Jefferson and the New Nation*, 150쪽.

로 이 부류의 인간들이 인민대중의 행복을 가로막는 파렴치한 동맹이라는 것을 보게
될 것이다.[493]

그런 다음, 토마스 제퍼슨은 조지 위스에게 아래와 같은 절절한 탄원과 촉구의
말을 쏟아놓는다.

선생, 무지에 대해 십자군전쟁을 벌이라고 설교하시오. 평민백성을 교육시키는 법률을
제정하고 개선하십시오. 우리나라 사람들로 하여금 백성만이 우리를 이 악덕에 대해 보
호해 줄 수 있고 이 목적으로 지출되는 세금은 우리가 백성을 무지 속에 방치하면 우리
들 사이에서 일어날 왕, 성직자, 귀족에게 지불될 것의 1000분의 1에 불과하다는 것을
알리십시오. 영국 백성들은 여기보다 덜 억압받는 것으로 나는 알고 있습니다. 그러나
그들 사이에서 전제정의 확립을 위한 기초가 그들의 성향 속에 가로놓여 있다는 것은
눈을 반쪽만 떠도 압니다. 귀족성, 부, 화려한 사치는 영국 백성들의 숭배대상입니다.
영국 백성들은 우리가 미국에서 그들에 대해 생각하는 자유정신의 백성이 아닙니다.[494]

여기서 제퍼슨은 미국 백성과 영국 백성의 성향을 구분하며 미국 백성을 교육시켜
영국 백성과 단절적으로 다른 신대륙의 '신민新民'을 만들어야 한다고 역설하고
있다. "십자군전쟁(crusade)"이라는 말까지 입에 담은 것을 보면 이 백성교육 문제에서
그의 강한 심지를 알 수 있다.

결론적으로, 초중등학교설립 법안, 대학개조 법안, 도서관 법안 등 제퍼슨의 3대
지식확산 법안은 모두 다 좌초되고 말았다. 그러나 제퍼슨은 이 교육·학교 법안이
민주공화국의 기둥이라고 생각했기 때문에 이 법안을 잊지 않고 그 실현을 위해
평생 노력한다. 27년 뒤, 이 법안의 법제화가 최종적으로 좌초한 시점(1787)으로부

---

493) Thomas Jefferson, "To George Wythe"(Aug. 13, 1786), 153쪽. The Works of Thomas Jefferson, vol.
5(Correspondence 1786-1789).
494) Jefferson, "To George Wythe"(Aug. 13, 1786), 154쪽.

터 치면 17년 뒤 제퍼슨은 제2기 대통령 재직 시절에 1806년 제6차 연두교서에서 "국가교육기관(*a national establishment for education*)"을 설치하기 위한 연방헌법의 개정을 촉구한다.

  부자들의 애국심은 공교육, 도로, 강, 운하의 커다란 목적들보다, 그리고 연방권력의 제도적 세목열거에 뭔가를 보태기에 적합하다고 생각될 수 있는 다른 공적 개량사업들의 커다란 목적들보다 외제사치품의 계속적 사용과 탐닉을 확실히 더 좋아할 것입니다. 이러한 작업들에 의해 새로운 소통·교통채널이 국가들 사이에 열릴 것입니다. 분리선은 사라지고, 이 분리선의 이해관계는 그 정체가 확인될 것이고, 분리선들의 통합은 새롭고 해체될 수 없는 연결고리에 의해 접합될 것입니다. 여기서 교육은 통상적 교육분야들을 사기업의 손아귀에서 **빼앗아** 올 것을 제안하기 위해서가 아니라 공공기구만이 비록 희소하게 요구되더라도 원환을 완결하는 데 필요한 저 과학들을 공급할 수 있기 때문에 공적 배려의 항목들의 한복판에 놓여 있습니다. 과학적 원환의 모든 부분은 나라의 향상에 기여하고, 그 가운데 어떤 부분들은 나라의 보존에 기여합니다. 이 주제는 지금 하원의 숙려대상으로 제안되어 있습니다. 왜냐하면 그때까지 승인된다면 양원 입법부는 연방책임의 이러한 확대에 관해 심의할 것이고, 법률이 통과되고, 다른 절차들이 이 법률의 집행을 위해 만들어지고, 필요한 기금은 구할 수 있고 다른 데 쓰이지 않을 것이기 때문입니다. 나는 주들의 동의에 의한 헌법의 개정이 필수적이라고 생각합니다. 왜냐하면 지금 권고되는 항목들은 헌법 안에서 열거된 것들, 그리고 헌법이 공적 자금을 투입하도록 허용한 것들에 들어 있지 않기 때문입니다. 국가교육기관을 당장 숙고하는 것은 특히 이런 상황에 의해 적절하게 되었습니다. 지금 상황은 하원이 이 제안을 승인해서 이 교육제도를 토지의 기부에 근거해 창립하는 것을 더 이행가능한 것으로 생각한다면 필요소득을 산출하기 위해 가장 **빠른** 것들에 속하는 것들을 이 제도설립에 부여하는 것이 이제 하원의 권한 안에 들어 있는 상황입니다.[495]

---

495) Thomas Jefferson, "Sixth Annual Message"(December 2, 1806), 317–318쪽. *The Works of Thomas Jefferson*, vol. 10(Correspondence and Papers 1803–1807).

물론 공교육제도의 확립을 위한 제퍼슨의 이 1806년 헌법개정 제안은 다시 실패한다. 그럼에도 불구하고 제퍼슨의 공교육 법제화의 열망은 식지 않는다. 이것은 애덤스 전 대통령과의 3개월 편지논쟁(1813년 8-10월)에서 제퍼슨이 권력과 금력의 혈통귀족과 대척되는 이른바 지식과 덕성의 "자연적 귀족"의 육성 주장에 곁들여 공교육을 여전히 강력하게 주장하는 것에서 입증된다.

토마스 제퍼슨은 두 번(1801-1809) 대통령을 지내고 66세에 귀향해 버지니아 몬티첼로로 은퇴했다. 은퇴자 제퍼슨은 그가 이루지 못한 과업의 어젠다에서 공교육제도를 1순위로 꼽았다. 그러나 그는 대통령 퇴임 1년 뒤인 1810년 5월 존 타일러 판사에게 보낸 편지에서 공교육제도 도입의 필요성을 다시 개진한다.

나는 정말 공화국이 제 힘으로 유지되는 데 필수적인 두 개의 커다란 법안을 마음에 품고 있다. 1. 무엇이 그의 자유를 확고히 주는지, 또는 위태롭게 하는지를 만인이 자력으로 판단할 수 있게 해줄 보통교육 법안. 2. 모든 카운티를 각개인의 모든 자식들이 그 안의 중앙학교에 다닐 규모의 백가촌락으로 나누는 법안. 그러나 이 구획은 많은 다른 기본규정들을 예고한다. 백가촌락마다 학교 외에 치안판사 1인, 경찰 1인, 민병대 대장 1인이 있어야 한다. 이 관리들, 또는 백가촌락 안에서 약간의 다른 관리들은 (동부 타운들의 엄선된 사람들로서) 촌락의 모든 관심사를 관리하고 도로, 빈민, 치안을 순찰에 의해 보살펴야 한다. 백가촌락마다 필요한 곳에 근무하고 한두 명의 배심원을 선발해야 하고, 모든 다른 선거는 백가촌락들에서 각기 이루어지고 모든 백가촌락의 투표용지들은 각 촌락에서 모아져야 한다.496)

1814년 1월 버지니아 상원의원 조지프 카벨에게 보낸 편지에서도 제퍼슨은 동일한 계획을 자기가 숨 쉬는 동안 어떻게든 추진해야 할 사안으로 반복해 천명한다. "내가 숨을 쉬는 동안 추진할 권리를 주장해야 하는 두 개의 주제, 공교육과 카운티를

---

496) Thomas Jefferson, "To Judge John Tyler"(May 26, 1810). *The Works of Thomas Jefferson*, vol. 11(Correspondence and Papers 1808-1816).

학군(백가촌락)으로 분할하는 것이 있다. 나는 공화제적 통치의 지속을 절대적으로 이 두 걸쇠에 달려 있는 것으로 간주한다."497) 자기의 고향 주 버지니아에서 카운티를 학군으로 나누고 이 학군에 설치된 학교 중심의 '작은 공화국들'을 수립하는 공교육제도의 확립은 이렇게 제퍼슨의 평생소원이 되어 있었던 것이다.

학교 중심으로 조직된 학군의 '작은 공화국'의 이념은 극동의 유교제국에서 지방의 향촌 자치단체들(군주정의 외피를 쓴 작은 공화국들)이 공자·맹자를 비롯한 여러 성현들을 배향한 유학(부학·주학·현학)을 중심으로 조직되어 있었던 것을 그대로 빼다 박았다. 1816년 9월의 한 편지에서 제퍼슨은 이렇게 말한다. "이 학군들은 순수한 기초 공화국들(*pure and elementary republics*)이고, 이 학군들의 총화는 주州를 구성하고, 가장 가까운 일상적 관심 업무인 학군 업무에 관한 한, 전체를 참된 민주주의로 만들 것이다."498) 이 학군 공화국 설치와 보통학교 교육은 37년 전 1779년의 저 〈지식의 더욱 일반적 확산을 위한 법안〉으로 거슬러 올라가는 것이다. 제퍼슨은 그의 젊은 시절의 쓰라린 입법실패에도 불구하고 70대에도 이 보통교육 법안에서 승리를 쟁취하려는 노익장의 포부를 보이고 있다.

앞서 살펴보았듯이 1770년대 버지니아는 제퍼슨의 개혁에 지극히 비우호적이었고, 1810년대에는 혁명 물결이 절정에 달했던 1770년대보다 훨씬 더 비우호적이었다. 더구나 제퍼슨은 자신의 고국 버지니아 주에서 전직 대통령으로서 존경을 받았지만 아무런 권력이 없는 '비무장' 상태였다. 그런데 새로운 개혁운동이 블루리지 산맥의 서부지역에서 일어났다. 제퍼슨은 이 개혁운동에 그의 민주주의 사상의 가장 원대한 진보를 특징짓는 이데올로기와 강령을 제공했지만, 이제 이 투쟁대의 검투사 노릇을 하는 것으로부터는 거리를 취하고 멀리 물러나 있었다. 포괄적 개혁은 그의 영향에 대한 보수주의자들의 두려움 때문에 더 이상 이룰 수 없었다. 교육개혁

---

497) Thomas Jefferson, "To Joseph C. Cabell"(January 31, 1814), 382쪽. *The Works of Thomas Jefferson*, vol. 11(Correspondence and Papers 1808–1816).

498) Thomas Jefferson, "To Kercheval"(September 5, 1816). *The Works of Thomas Jefferson*, vol. 11(Correspondence and Papers 1808–1816).

은 그가 죽은 뒤에야 그의 교육이념을 이어받은 후세대에 의해서만 이루어질 수 있는 형편이었다.

점진적 노예해방 계획도 혁명 기간에 공표되었었고 〈버지니아 노트〉 속의 헌정개혁처럼 어젠다의 중요한 항목이었었다. 그러나 제퍼슨은 노예해방 계획이 성공하기를 바라는 희망을 버렸다. 그는 영원히 그로부터 확실히 모든 힘을 빼앗아갈 대의에 그의 남은 마지막 수년의 고갈되어 가는 에너지를 소비하고 싶지 않았다. 그리하여 그는 노예제 폐지보다 더 수월한 '교육' 과업을 "성스런 대의"로 삼았다. 1817년 그는 이렇게 쓰고 있다.

나는 세상에서 오직 단 하나의 걱정을 가졌다. 그것(공립학교제도)은 40년 동안 탄생과 보살핌의 꼬마인데, 나는 그것이 제 발로 서는 것을 한 번 본다면 진실로, 그리고 즐겁게 고별의 노래를 부를 것이다.[499]

이 말을 들어보면 제퍼슨의 교육개혁의 꿈이 얼마나 진실하고 절실한지를 알 수 있다.

제퍼슨은 보통교육계획 때문이 아닐지라도 진정으로 노래를 부를 수 있었다. 그는 비록 그것을 이루는 데 다시 실패했지만 그 실패과정에서 종교로부터 해방된 세속적 대학교 설립의 꿈은 건져내 마침내 실현했기 때문이다. 알다시피 대학교는 피라미드처럼 초등학교로부터 시작되는 포괄적 공교육 체계의 꼭대기로서 원래 계획의 일부였다. 초·중급학교의 기반 없이 꼭대기의 대학교만 세우는 것은 분명 우행愚行이지만, 이것은 버지니아 사람들이 기도한 우행이었고, 제퍼슨은 그것이 우행인 줄 알면서도 기쁘게 받아들였다.[500]

1819년에 인가된 버지니아대학교는 〈독립선언문〉만큼이나 그의 개인적 창조물이었다. 그는 '위대한 대학교의 비전'에다 그의 삶과 정신, 민주주의, 계몽과 국민의

499) Peterson, *Thomas Jefferson and the New Nation*, 962쪽에서 재인용.
500) Peterson, *Thomas Jefferson and the New Nation*, 962-963쪽.

식의 지배적 힘들을 가장 온전하게 쏟아 부었다. 이 비전은 실현되기 전에 여러 단계를 거쳤다. 되돌아보면, 제퍼슨은 1779년 최초로 윌리엄 앤드 메리 칼리지를 세속적 대학교로 바꾸려고 했다가 실패하고 점차 모든 희망을 상실했다. 1794년 그는 제네바 칼리지를 미국으로 이전시키는 스위스 망명객의 제안에도 깊은 관심을 가졌었다. 버지니아 주의회가 기회를 놓치자, 그는 워싱턴 대통령에게 이것을 권고했다. 그러나 워싱턴은 외국칼리지의 이식과 외국어 사용 교수진의 위험이 너무 크다고 판단하고 이 권고를 묵살했다. 1800년 제퍼슨은 대통령이 된 뒤에 생각의 방향을 버지니아 주에 완전히 새로운 교육기관을 창립하는 것으로 돌렸다.

제퍼슨은 그의 친구 프리스틀리와 뒤퐁에게 "공적 지원으로 후원할 가치가 있고 다른 주들의 젊은이들을 끌어들여 그곳에 와서 지식의 컵을 마시고 우리와 동포가 되도록 할 매력 덩어리가 될 만할 정도로 아주 폭넓고 현대적인" 대학교설립 계획을 요청했다. 프리스틀리와 뒤퐁은 각각 정교한 계획을 제공했으나 제퍼슨의 마음에 들지 않았다. 이 단계에서 그는 수수하게 시작하되 구상은 크고 정신·서비스·개략에서 국민적인 주립대학교를 계획했다. 제퍼슨은 연방대통령 재임 중이던 1805년 1월 당시의 버지니아 주지사 리틀턴 테이즈웰(Littleton W. Tazewell)의 요청으로 4쪽의 대학교 프로스펙트를 작성했었다. 조지아, 노스캐롤라이나, 사우스캐롤라이나, 테네시 주에서는 주립대학교가 비록 종이 위에 존재할지라도 이미 설립되어 있었다. 버지니아는 이 움직임에 무심할 수 없었다. 이에 테이즈웰은 버지니아 상하원 의회가 행동할 시점에 가까이 왔다고 믿은 것 같았다.

테이즈웰에게 보낸 제퍼슨의 편지는 버지니아 주립대학교를 위한 그의 계획의 탄생기록이었다. 그는 자신의 구상의 현대성을 강조하면서 신학교육에 치우친 옥스퍼드·케임브리지·소르본 등의 구시대 대학을 물리치고 고등교육을 재再정의하면서 항구적으로 진보하는 시대의 지식에 기어를 걸 근대적 대학교를 요청했다.

과학은 진보적이다. 2세기 전에 유용했던 것이 지금은 무용지물이 되었다. 가령 윌리엄 앤드 메리 칼리지의 교수진의 절반이 그렇다. 지금 유용한 것으로 여겨지는 것은 다른 세기에 그 상당한 부분에서 쓸모없어질 것이다. (...) 만인은 옥스퍼드, 케임브리지, 소르본 등이 시대의 과학에 한두 세기 뒤져 있다는 것을 안다.[501]

제퍼슨의 목표는 "시대의 과학에 한두 세기 뒤져 있는" 윌리엄 앤드 메리 칼리지와 옥스퍼드·케임브리지·소르본대학 등 봉건적 대학교, 곧 귀족주의적 신학대학교를 타파하고 중국의 유학 또는 국자감과 같은 완전한 세속적·과학적 대학교의 창설이었다. 제퍼슨은 입법부에 대한 유인책으로 그의 개인장서를 미래의 이 대학교에 기증했다. 버지니아 당국이 2년이 흐르도록 말이 없자 제퍼슨은 이 방향의 희망을 치우고 1806년 12월 연방하원에 중국의 국자감 같은 '국립대학교(a national university)' 설립을 권고했다. 그의 절친한 벗이었던 공자찬양자 조엘 발로우(Joel Barlow, 1754-1812) 등과[502] 협주된 이 프로젝트는 40년 대학교 설립투쟁에 대한 그의 또 다른 앙가주망이었다. 이 프로젝트는 앞서 잠시 시사했듯이 '소귀에 경 읽기'로 끝났다. 극동의 유교제국에서 1000여 년 전부터 설립·운영되어 온 무상교육·무상숙식의 세속적 국립대학교를 세우는 것이 아직 문화적·사회적·종교적·정치적 한계와 재정결핍에 처한 미국으로서는 이렇게 역부족이었던 것이다.

제퍼슨이 버지니아 대학교의 창설로 귀착된 기획에 관여하게 된 것은 은퇴 후 5년이 지난 시점이었다. 주립대학교설립위원장 피터 카(Peter Carr)를 비롯한 그의 여러 이웃들은 1814년 샬로츠빌에 사립 이차二次학교 '알버말 아카데미(Albemarle Academy)'를 세우려고 노력하고 있었다. 제퍼슨은 1814년 7월 애덤스에게 버지니아 사람들의 이 학교설립 움직임에 대해 알린다.[503] 제퍼슨은 아직 등록도 하지 않은

---

501) Peterson, *Thomas Jefferson and the New Nation*, 964쪽에서 재인용.

502) 법조인·외교관·시인으로 유명했던 발로우는 공자가 신의 본성과 속성에 관한 "정확한 관념"을 구성하고 신성(神性)을 "순수·정의·인애의 신"으로서 묘사한 사실을 들어 공자를 극구 찬양했다. 참조: Alfred O. Aldridge, *The Dragon and the Eagle: The Presence of China in the American Enlightenment*(Detroit: Wayne State University Press, 1993), 24쪽.

503) Thomas Jefferson, "To John Adams"(July 5, 1814), 397-398쪽: *The Works of Thomas Jefferson*, vol. 12(Correspondence and Papers 1816-1826), ed. by P. L. Ford(1905). "나는 우리의 계승자들이 경험에 의해 깨우침을 얻어 그들의 관심을 교육의 이점으로 돌리기를 바랍니다. 나는 스스로 부르듯이

알버말 아카데미의 위원회에 속하자마자 이것을 칼리지로, 다음은 대학교로 격상시키려고 시도했다. 1814년 9월 그는 페이퍼칼리지 '알버말 아카데미'를 '중앙 칼리지(Central College)'로 전환시키는 첫 단계를 시행할 법안을 기안했다. 법안은 입법부의 연이은 회기에서 실패했지만, 1816년 2월 마침내 통과되었다. '중앙 칼리지'는 알버말에 있는 성공회 교회부속지 두 곳의 매각, 자발적 기부, 복권사업 등으로부터 나오는 재원으로 설립되는 비非종파적 사립 세미나였다. 하지만 칼리지 헌장은 주립 대학교로 발전할 때까지 교육 플랜의 자유로운 확대를 규정하고, 감독위원회의 지명권을 주지사에게 주고 주지사를 당연직 위원으로 삼음으로써 칼리지로부터 지방적 성격을 탈각시켰다. 주지사 월슨 니콜라스는 매디슨과 몬로를 포함한 제퍼슨의 친구들을 감독위원으로 임명했다. 페이퍼 아카데미가 2년 만에 미래의 주립대학교 설계로 전환된 것이다.504)

그러나 제퍼슨은 대학교 이상의 것을 목표로 했다. 대학교는 1779년의 피라미드식 3단계 학교설립 법안에서처럼 어디까지 일반적 공교육계획의 정점이었다. 칼리지 법안을 전하는 한 서신을 보면 그가 이 1779년의 원래 법안을 되살리려고 했다는 것을 알 수 있다. 새 법안에 제시된 '초급학교(primary)', '일반학교(general)', '전공학교(professional)'로 이루진 3단계 학제의 학교설립 방안에서 두 번째 일반학교는 중급학교와 칼리지의 기능을 결합한다. 이 새 법안에서 새로운 점은 야간 공립 기술학교 설립계획이다. 그러나 그는 이것이 버지니아에서 실현가능성이 없다는 것을 깨닫고 나중의 계획에서는 포기했다.505) 1815년 제퍼슨은 또 하나의 계획을

작은 아카데미가 아니라 광범한 규모의 교육을 의미합니다. 이 작은 아카데미들은 모든 이웃에서 출범하고 있고, 그곳에서는 한두 사람이 라틴어 지식, 때로 희랍어 지식, 지구의 지식, 유클리드 첫 여섯 권을 보유하고 이것을 지식의 총량으로 상상하고 이것을 전달합니다. 이 작은 아카데미들은 부지런한 추구와 멀어지기에 충분한, 그리고 과학의 대오에서 복무하기에는 충분치 않은 정확한 학습취향을 갖춘 학생들을 세상의 극장으로 내보냅니다. 정말이지, 우리는 몇몇 예외들을 가지고 있습니다. 하나는 내가 당신께 최근에 소개했습니다. 그리고 우리는 몇몇 다른 예외들도 가지고 있습니다. 내가 사용하는 어휘들은 일반적 진리들입니다. 나는 유럽에서처럼 오늘날 유용한 모든 과학 분야들을 최고 등급에서 가르치는 교육기관을 설립할 필요성이 마침내 알려지기를 바랍니다. 당신은 당신의 생각을 이러한 교육기관 계획으로 돌린 적이 있습니까?"

504) Peterson, *Thomas Jefferson and the New Nation*, 964~965쪽.

수립해서 출판했고. 버지니아 의회 의원 찰스 머서(Charles F. Mercer)는 이 계획에 기초해서 보통교육 법안을 기안했다. 이 법안은 버지니아 하원을 통과했으나, 상원에서 부결되었다.506)

그러나 1816년 2월 양원은 학업기금 관리자들에게 초등학교로부터 대학교를 관통하는 포괄적 교육계획을 보고할 것을 요청하는 데 의견의 일치를 보았다. 이 기금은 1810년 잡다한 원천들로부터 얻은 공적 소득들을 원칙적으로 빈자들의 교육에 지원하기 위해 설립되었었다. 제퍼슨은 2월 결의에 의해 요청되는 주립대학교의 창설을 위해 이 재원을 주시했다. 학업기금이 초등학교 지원으로 들어간다면 대학교나 지구 칼리지를 위해서는 아무것도 남지 않을 것이다. 학업기금의 운명에 관한 입법부의 결정은 버지니아에서의 공교육의 미래를 규정할 판이었다. 제퍼슨은 '중앙 칼리지'를 주립대학교의 뼈대로서 설립하는 바탕 위에서 전체 교육체제를 기획했다. 니콜라스 주지사는 이에 동조했고, 특히 조지프 카벨은 그의 기획을 받아 대학설립에 앞장섰다. 카벨은 이른바 제퍼슨 주변의 '몬티첼로 맨'의 수장이었다. 1817년 여름 그는 제퍼슨과 상세하게 상의했다. 제퍼슨은 그의 요구에 따라 3단계 학제 학교제도를 위한 법안을 기안했다. 초등학교설립 법안은 1779년 이래의 통상적 계획에 입각해 있었다. 제퍼슨의 체계는 각 학군 거주자들에 대한 누진세 부과를 통해 이 초등학교를 지원할 것을 요청하면서 학업기금은 칼리지와 대학교에 배정했다. 이 버지니아 주립대학교 창립 및 일반적 학교체계 설립과 관련된 이 계획은 1778년에 수립한 법안보다 진일보하고 약간 변경된 내용을 담고 있다.507)

---

505) Peterson, *Thomas Jefferson and the New Nation*, 965–966쪽.

506) A. J. Morrison, *The Beginnings of Public Education in Virginia, 1776–1860 – Study of Secondary Schools in Relation to the State Literary Fund*(Richmond: Davis Bottom, Superintendent of Public Printing, 1917), 10쪽.

507) Thomas Jefferson, "To George Ticknor(November 25, 1817)", 77–78쪽. *The Works of Thomas Jefferson*, vol. 12(Correspondence and Papers 1816–1826): "나는 지금 나의 고향 주에서 세 측면의 토대 위에서 전반적 교육시스템을 설립하려는 노력에 전적으로 몰입하고 있다. 세 토대는 1. 읽기, 쓰기, 공통산술과 일반 지리에서 완전한 무상의 충분한 교육을 모든 시민의 자식들에게 제공하는 초등학교이고, 2. 고대와 현대의 언어를 위한, 산술·지리·역사의 고등교육을 위한 칼리지 기관(*Collegiate*

카벨은 제퍼슨의 법안을 행정구역 칼리지와 대학교 설립을 위한 법안과 함께 의회의 학교·칼리지위원회에 제출했다. 제퍼슨은 초등학교 감찰관에서 성직자들을 배제하고 어떤 종파나 부류의 교리와도 불합치하는 종교적 가르침을 가르치는 것을 금하고, 스페인의 예에 따라 차세대에 문맹文盲테스트를 부과해 이것을 시민권 부여 조건으로 삼기를 바랐다. 그러나 카벨은 정치적 논란에 말려들 것을 우려해 이것들을 빼고 법안을 기안했다. 제퍼슨은 부자들이 누진세를 기피할 것이라는 이유에서 제기된 반대에 대해 세액이 3-4센트로 아주 가벼운 데다 빈민대중으로부터 정직하고 유용한 시민을 길러내는 것은 부자의 중요한 이익이라고 답변했다. 그러나 법안은 다시 의회를 통과하지 못했다. 제퍼슨은 다시 깊은 좌절감을 느꼈다. 이런 좌절감 때문에 그는 대학교설립에 희망을 걸었다.

우여곡절 끝에 최종결과는 1818년 초등학교 체계와 대학교를 설치하는 법안의 의회통과였다. 이 법안에 따르면 타운의 관청은 학교위원들을 임명한다. 그리고 이 학교위원들은 얼마나 많은 빈민아동들이 학술기금(1만 5000달러)으로부터 지원받아야 하는지를 결정한다. 그러나 법안은 빈민교육에 돈을 내고 싶지 않는 부자들의 조세저항에 굴복해 초등교육을 학업기금과 연동시킨 발상 때문에 초등교육이 빈민아동 외에 일반아동의 유상교육 법안으로 왜소화되고 말았다. 또한 학군 설치가 타운의 의무조항이 아니었기 때문에 군현 차원에 위치한 이 초등학교는 하한선의 수적 필요조건이 없었다. 또한 중고등학교는 아예 빠져 있었다. 따라서 이 법안의 학교는 제퍼슨의 초등·중고등학교와 거리가 멀었다. 대학교는 그런대로 추진될 수 있었다.[508]

---

institutions)이다. 이 목적을 위해 버지니아 주의 모든 주민들의 하루 말 달리기 거리 안에서 1개 칼리지를 두고 초등학교에서 판단의 적성과 바른 품성의 가장 출중한 지표를 보여 준 빈민의 지식들 가운데서 엄선된 학생들을 공공비용으로 완전히 교육하는 규정을 추가한다. 3. 오늘날 유용한 보이는 모든 과학 과목을 최고 단계에서 가르치는 대학교다. 이것은 아마 10명 또는 12명의 교수진을 요할 것이다. 이 교수들의 대부분은 우리가 어쩔 수 없이 유럽에 의뢰해야 하되, 학생들이 모국어로 이루어지는 의사소통으로부터 얻는 더 커다란 이점 때문에 특히 가능성 있는바 에든버러에 의뢰해야 할 것이다. 이 마지막 시설은 이 교육체계가 지금부터 1주일 이내에 소집될 우리의 입법부에 의해 어쨌든 채택된다면 아마 샬로츠빌로부터 1마일 안에, 그리고 몬티첼로로부터 4마일 안에 있을 것이다. 하지만 나의 희망은 우리의 국가 입법부들의 일상적 성격에 의해 견제받을 것이다. 이 입법부들의 의원들은 지식이 힘이고 지식이 안전이고 지식이 행복이라는 중요한 진리를 지각하기에 충분한 정보를 일반적으로 보유하고 있지 않다."

제퍼슨은 이 절반의 승리에 만족할 수밖에 없었다. 그는 의회의 주립대학교설립위원회가 '중앙 칼리지' 부지를 대학교부지로 선택할 것이라고 확신했다.[509] 1817년 10월 6일 제퍼슨은 매디슨, 몬로 등이 참석한 가운데 마침내 첫 대학건물의 주춧돌을 놓았다. 1818년 봄 제퍼슨은 부지선정과 주립대학교 설계 위원으로 임명되었다.[510] 1819년 1월 버지니아 대학교의 소재지는 제퍼슨의 확신대로 양원합동 회의에서 샬로츠빌로 최종 의결되었다.[511] 자금난에 시달리면서도 우여곡절 끝에 버지니아 주는 1819년 1월 25일 버지니아 주립대학교를 인가했다. 그러나 재원조달, 교사·강당·도서관·기숙사 건설과 교과목 선정과 교수진 초빙 등으로 시간이 4년이 소모되어, 감찰위원회는 1824년 5월에야 대학교를 다음 해 9개월 동안 열 것을 공표할 수 있었다.[512] 교수진이 도착하고, 도서관이 채워지고, 학생들이 조금씩 들어왔다. 버지니아 주립대학교는 1825년 3월 7일 비로소 첫 학기를 열었다. 첫 학기에는 겨우 50여 명의 학생이 들어왔지만, 1년 뒤에는 두 배 늘어 100명이 들어왔다.[513]

제퍼슨은 대학교를 운영하다가 우연인지 필연인지 1826년 7월 4일 독립기념일에 이 세상을 하직했다. 그가 서거한 뒤 세워진 묘지비석에 새겨진 묘지명은 "독립선언문과 종교자유를 위한 버지니아 법령의 저자, 버지니아 대학교의 아버지"였다. 이 묘지명은 그의 유언에 따른 것이다. 이 묘지명에서 그가 버지니아 대학교에 죽을 때까지 쏟아 부은 혼신의 정성과 사랑이 느껴진다. 버지니아 주립대학교는 오늘날 방대한 대학교로 발전했다. 버지니아대학교는 유네스코유산으로 지정된 세계 유일의 대학교다.

508) Morrison, *The Beginnings of Public Education in Virginia, 1776-1860*, 10쪽.

509) Peterson, *Thomas Jefferson and the New Nation*, 966-967쪽.

510) Peterson, *Thomas Jefferson and the New Nation*, 970쪽.

511) Peterson, *Thomas Jefferson and the New Nation*, 975쪽.

512) Peterson, *Thomas Jefferson and the New Nation*, 984쪽.

513) Peterson, *Thomas Jefferson and the New Nation*, 984쪽.

2.3. 독일·미국·프랑스·영국의 근대적 학교제도 도입

프랑스·독일·미국·영국에서 3단계 교육체계와 공교육제도의 도입은 국제적 상호 영향 속에서 기획되고 발전했다. 유럽에서 가장 앞선 나라는 프랑스와 프로이센 독일이었다.

■ 프랑스의 교육개혁과 3단계 학교제도(1802)

프랑스에서 중국의 학교제도를 모방하려는 시도는 일찍이 17세기 말에 등장한다. 중국애호자 루이 14세는 중국의 만민평등교육 원칙의 의무적 학교교육제도를 모방해 1691년 강희제의 '16개항 성칙聖勅'에 자극받아 1698년 12월 13일 '교구학교 칙령 (Ordonnance royale sur les écoles paroissiales)'을 발령했다. 그는 이를 통해 부모들에게 14세까지 자식들을 마을학교로 보낼 것을 의무화하고 모든 마을에 이 마을학교를 조직하고 교사를 위한 급여를 정할 것을 명했다. 이 의무교육 칙령은 영국의 1870년 기초교육법이나 프로이센의 무상·의무교육법보다 100년 이상 빨랐으나, 무상교육법령이 아니었다. 이 점에서 루이 14세의 1698년 학교교육 칙령은 아직 근대성을 결했다. 따라서 가난한 부모들에게 외면당했다. 그리고 영주들은 영주재판권(부세권, 서무행정권, 재판권 등)을 삭감당하지 않기 위해 저항했고, 교구성직자들은 이 교육칙령을 권한침해로 받아들였다. 이로 말미암아 루이 14세의 교육칙령의 시행은 지지부진하고 유명무실했다.

프랑스에서 3단계 학제의 발전은 초등학교로부터 단계적으로 중고등학교, 대학교로 상승하며 이루어지지 않고, 나중에 중고교와 대학으로 분화되는 전문학교부터 개시되었다. 많은 공업전문학교와 정치행정학교들이 먼저 생겨나 자본주의적 산업화의 요구를 충족시켰다. 대학교의 학부는 법학부·의학부·과학부·인문학부로 구성되고 정부의 엄격한 감독을 받았다. 그리고 이것과 나란히 '그랑제콜(grandes écoles; 전문대학원)'이 과학과 엔지니링(공학)에 초점을 맞춘 전문화된 고등교육기관으로 창설되었다. 이 '그랑제콜'이라는 술어는 프랑스혁명 후 국민공회에 의한 에콜 노르말 슈페리외르(École Normale Supérieure)와 에콜 폴리테크니크(École Polytechnique)의 창설과 더불어 생겨났다. 그랑제콜의 선구적 형태는 혁명 전 루이 시대 1697년에 창설된 '에콜 드 라르틸레리 드 두에(école de l'artillerie de Douai)'와 1748년에 창립된 '에콜 뒤 제니 드 메지에르(école du génie de Mézière)'를 비롯한 5개의 군사엔지니어링과 포병대학, 조선엔지니어 육성을 위해 1741년에 창설된 '에콜 데 인제니외르-콘스트룩퇴르 데 배쏘 루와(École des ingénieurs-constructeurs des vaisseaux royaux)', 교량·도로 엔지니어 육성을 위해 1747년에 설립된 '에콜 루얄 데 퐁트 에 소쎄(École royale des ponts et chaussées)', 1783년 창설된 광산감독관 배출을 위한 국립 문관학교 '에콜 데 나시오날 수페리외르 데 민네 드 파리(École nationale supérieure des mines de Paris)' 등이었다. 이처럼 프랑스의 학교교육 개혁은 정실주의 관료제의 근대화에 앞서 이루어졌다.

프랑스에서 교육개혁에 대한 관심이 고조된 것은 케네의 영향이었다. 케네가 강조하고 루소가 지지한 중국 국민평등교육을 본뜬 프랑스의 공교육을 위한 개혁 주장은 튀르고에게로 전해져 도입이 시도되고, 이것이 콩도르세에게 전수되어 프랑스혁명정부의 혁명법령으로 구현된다. 그리하여 1800년대에 프랑스는 6년제의 칼리지(중고교)와 8년제 칼리지(중고교 + 대학 교양과정)가 도합 약 3540개소 정도 생겨났다. 10세에서 20세에 이르는 이 칼리지의 학생들의 머릿수는 도합 약 5만 명에 달했다. 어떤 칼리지들은 연혁이 200-300년이 되었고, 대부분 학위를 주었다. 이 칼리지들은 일차적으로 현금기부와 농지로 재정지원을 받았다. 그러나 1789년 프랑스혁명 동안 정부가 이 현금기부와 재산을 장악하고, 성직자들과 교회통제를 받는 교사들을 해고해버렸다. 계획은 지방정부가 학교교육의 책임을 떠맡는 한편, 중앙정부는 새로운 고등교육 학교체계를 수립하는 것이었다. 그러나 새로운 기금조달 계획은 수년 동안 여의치 않았다. 이에 따라 많은 학교가 문을 닫거나, 재정을 90% 삭감하려고 힘썼다. 1793년 국민정부는 전비戰費를 마련하기 위해 학교재산을 매각했다. 자선학교에 대해서도 유사조치가 취해졌다. 1792년 콩도르세는 보통학교

교육을 위한 계획을 세우면서 이 계획에 역사적 유산이 가용하다고 상정했다. 하지만 유산들이 1793년에 군비로 돌려져 버린 것이다. 이로 말미암아 그의 계획은 무산되었다.

1795년 새로운 중급학교(중고교)가 대도시에 창설되어 재능 있는 모든 소년들에게 개방되었다. 특히 근대 과학교육을 포함한 자유교육이 실시되고 확산되었다. 이 중급교육은 새로운 정치체제의 관료들을 배출하기 위한 학교였다. 그러나 이 새 중급학교들은 교육의무가 없었다. 이와 별도로 혁명정부는 수업료를 받는 기초 학교교육을 조직했다.

칼리지가 문을 닫은 지 10여 년 뒤 1802년 나폴레옹은 졸업을 위해 바칼로리 시험(baccalauréat examinations)을 의무로 하는 주요 중급교육제도로 4년제 고교 '리세(lycée)'를 창설했다. '리세'에서는 불어, 라틴어, 고대희랍어와 과학을 가르쳤다. 6년 뒤 1808년의 법률은 실라부스를 고대언어·역사·수사학·논리학·음악·기초수학과 기초 자연과학으로 고정시켰다. 이 '리세'는 보통 군대식 기율로 운영되는 기숙학교였다. 1795년(기초 학교교육 조직)과 1802년(리세 창설) 사이에 마침내 프랑스에서 유럽 최초로 중국식 3단계 학제가 완성된 것이다.

■독일의 교육개혁과 근대적 학제의 도입(1808-1814)

프로이센 독일은 프리드리히 2세의 국가개혁 노력의 여파가 아직 잔존하던 1788년 중국의 수재(생원)자격증에 해당하는 중고교 졸업 최종시험 합격증인 '아비투어(Abitur)'를 도입했다. 이후 이 아비투어제도는 1812년까지 전 프로이센의 모든 중급학교(중고교)에 실시되고, 독일제국이 창설된 1871년에는 전 독일의 중급학교로 확대·실시되었다.

미국 학교제도의 확립에도 때로 영향을 미친 독일의 근대적 교육·학교제도는 프로이센이 나폴레옹에게 예나에서 패전한 뒤에 국가를 다시 세울 목적에서 국가의 전면적 개혁을 추진하던 이른바 슈타인-하르덴베르크 개혁 시기(1807-1815)에 도입된다. 프로이센의 교육개혁은 개혁가들의 구상 속에서 열쇠의 위치를 점했다. 모든 개혁은 새로운 자기책임으로 행동할 수 있는 시민 유형을 전제했다. 개혁가들은 국민이 새로운 사회가 일반적으로 기능할 수 있도록 형성되고 교육되어야 한다고 확신했다. 아직도 신분제적 요소들을 다 떨어내지 못한 국가개혁과 반대로 교육개혁은 애당초 '신분교육(Standeserziehung)'의 모든 형식을 부정하는 방향을 취했다. 교육개혁은 1808년 문교·수업국(Abteilung Kultus und Unterricht)의 국장에 임명된 빌헬름 폰 훔볼트(Wilhelm von Humboldt, 1767-1835)에 의해 주로 입안되었다. 그는 이 직책에 약 1년 동안 근무했지만, 개혁의 기본방향을 설정하는 데 성공했다. 이 시기에 프로이센은 국가 교사자격증제도를 도입했다.

훔볼트는 애당초 중국 지향의 독서와 교육을 받은 중국애호 지식인이었다. 이런 사상적 경향으로 말미암아 그는 1822년부터 유럽 최초의 중국학(Sinology) 교수인 장-피에르 아벨-레무사(Jean-Pierre Abel-Rémusat, 1788-1832)와 그의 작고 시점까지 서신교환을 했다. 훔볼트는 아벨-레뮈사가 쓴 중국어 문법을 학습했고, 그가 편집한 불역판 《중용》을 공부했다. 그리고 중국문화를 향한 훔볼트의 열광은 아벨-레뮈사에게 50쪽에 달하는 장문의 중국어적 언어학 편지 〈문법형식 일반의 본성과 특히 중국어의 천재성에 관하여(Sur la nature des formes grammaticales en général et sur le génie de la langue chinoise en particulier)〉를514) 써서 1827년 출판할 정도였다.515)

훔볼트는 공맹과 중국의 유학적 교육이념을 신新인문주의적 교육이념으로 내세웠다. 실제적 생활목적에 쓸 만한 지식을 전달하고자 한 칸트의 엄숙한 공리주의적 교육학과 달리 훔볼트는 "사람을 단순히 수단으로서만 아니라 목적으로 대하라"는 칸트의 공리적 목적-수단 관계 도덕률을 배격하고 목적으로부터도 자유로운 일반적

---

514) Wilhelm von Humboldt, *Sur la nature des formes grammaticales en général et sur le génie de la langue chinoise en particulier*. 독역본: *Brief an M. Abel-Rémusat: Über die Natur grammatischer Formen im allgemeinen und über den Geist der chinesischen Sprache im besonderen*(Stuttgart-Bad Cannstadt: Frommann-Herzog, 1979).

515) 참조: Christian Helmut Wenzel, "Isolation and Involvement: Wilhelm von Humboldt, François Jullien, and More", *Philosophy East and West*(October 2010), 458쪽.

인간형성(allgemeine und zweckfreie Menschenbildung), 곧 아주 유학적인 교양교육을 목표로 내걸었다. 그는 이 점에서 고대의 고전과 옛 언어들에 대한 학습을 인간의 정신적·도덕적·지성적·미학적 개발을 촉진하는 것으로 간주했다. 그는 이런 인문적 인간개발을 한 다음에야 비로소 다양한 직업에 필요한 전문지식을 하는 것으로 교육과정을 기획했다.

일반적 인간형성의 관점에서 국익과 국가시민들의 활용가치는 당연히 이차적인 것이었지만, 훔볼트는 결코 이를 무시하지 않았다.

각 개인은 명백히 그의 특별한 직업에 대한 고려 없이 그 자신으로서 선량하고 건실하고 자기의 처지에 따라 계몽된 인간과 시민일 경우에만 훌륭한 수공업자, 상인, 군인, 사업가다. 학교 수업이 이에 필요한 것을 각인에게 준다면 각인은 뒤에 아주 쉽사리 그의 직업에 따른 특별 능력을 획득하고, 인생에 아주 자주 일어나듯이 이 직업에서 저 직업으로 이동할 자유를 언제나 보유한다.[516]

계몽주의적 열정에 따라 공공복리를 지향하는 온갖 정치·교육·문화·과학 활동의 한복판에서 자기의 개성과 인격의 형성을 강조하는 훔볼트는 당대의 나폴레옹 지배체제에 직면해 민족교육, 곧 민족자주 목적의 전 민족의 교육을 제일로 삼았던 피히테의 칸트 추종 노선을[517] 거부하고 위와 같이 각각의 개인을 교육과정의 중심에 두는 교육목적을 천명했던 것이다. 그는 옛적의 교회·가정·도시·동업단체의 학습시설을 제쳐 두고 이제 국민학교(Volksschule)·김나지움(중고등학교)·대학교의 중국식 3단계 학제로 짜인 국공립학교를 설치하는 계획을 기안했다. 유스티가 말한 대로 국가는 중국제국식으로 모든 학교를 감독하고, "보통학교의무(allgemeine Schulpflicht)"와 통일

---

516) Wilhelm von Humboldt, *Bericht der Sektion des Kultus und Unterrichts an den König*,(Dezember 1809). Wilhelm von Humboldt, *Schriften zur Politik und zum Bildungswesen*(Darmstadt: Wissenschaftliche Büchergesellschaft, 1964), 210−239쪽.
517) 참조: Thomas Nipperdey, *Deutsche Geschichte 1800 − 1866; Bürgerwelt und starker Staat*(München: C.H.Beck, 1983), 57쪽.

적 교과과정을 엄격하게 관철시키고 시험제도를 감독한다. 또 중국처럼 국가가 인정하는 성적기준을 공무담임의 전제로 수립한다. 이제 중요한 것은 "출신과 신분"이 아니라, 중국식으로 "교양과 능력(Bildung und Leistung)"이다.

'국민학교'의 교육능력은 교사들의 봉급 개선과 사범학교의 교사 육성에 의해 개선되었다. 새로 입안된 인문주의 김나지움은 중고등학교 교육을 맡았다. 성공적으로 김나지움을 졸업한 학생은 대학교 진학 자격을 얻었다. 이와 나란히 실업학교(Realschule)를 설치하고, 프리드리히 2세가 세운 몇 개의 사관학교를 존속시켰다. 그런데 국가의 교육권한이 이렇게 강화되었음에도 학교감독권은 성직자들에게 그대로 남아 있었다. 중국 교육제도에 견주어 전근대적인 이 성직자 개입 요소는 세속적 인문교육 목표와 충돌하면서 두고두고 문제를 일으킨다.

훔볼트가 입안한 교육과정의 최고정점은 개혁된 대학교였다. 여기서 연구·학습의 자유의 이상과 연구에 대한 우선적 지위 보장은 중요했다. 대학생들은 연구 참여를 통해 자립적 사고와 과학적 공부를 배워야 한다. 베를린대학교의 창설과 완성은 기존의 신학대학들에 대해 모델로 기능해야 한다. 대학교에 대해 확고한 자리를 보장하기 위해 국가는 모든 대학운영비 및 이와 결부된 책임을 떠안았고, 따라서 항상적 영향력도 획득해야 했다.

그러나 실제에서 시민적 해방과 기회균등을 겨냥하는 교육개혁은 훔볼트가 문화·학습국장직을 물러난 뒤 그가 원하는 성과를 올리지 못했다. 인문·도덕주의 교육이상의 전면적 시행과 공식화는 1815년 비인회의 이후 복고반동 추세의 대두와 연결되어 결과적으로 하층계급에게 불리하게 작용했다. 3단계 학제의 신新인문주의 교육과정이 요구하는 긴 학업기간도 생계를 위해 당장 직업이 필요한 노동자와 농민들에게 손해를 끼쳤다. 물론 교육을 통한 사회적 상승의 효과는 제한된 범위에서 줄곧 발생했다.518)

슈타인–하르덴베르크의 교육개혁으로 창설된 3단계 학제의 학교와 인문주의 교육

---

518) 참고: Elisabeth Fahrenbach, *Vom Ancien Régime zum Wiener Kongress*(München: Oldenbourg Verlag, 2001), 120–122쪽.

은 바로 전 독일의 크고 작은 제후국과 오스트리아에서 모델로 쓰였다. 그리고 이 프로이센 모델은 국제적으로 영국·네덜란드·덴마크·벨기에·스웨덴 등 이웃국가로 시차를 두고 전파되면서 국제적으로 확산되었다. 독일에서 가장 먼저 도입된 이 중국식 학교제도는 특히 19세기 초반 미국 학교제도의 발전에도 기여했다. 다시 독일과 미국의 근대적 학교제도는 결국 서구 전역의 모델이 되어 서구 교육제도를 근대화하기에 이른다.

프로이센은 1872년 초등학교 교사를 육성하기 위한 사범학교를 창설하고, 세계 최초로 여자중급학교를 세웠다. 독일제국은 김나지움을 라틴·희랍·히브리어 및 현대어를 가르치는 9년제의 고전적 김나지움, 라틴어와 여러 현대어, 그리고 과학과 수학을 가르치는 9년제 레알김나지움, 근대 공업적·상업사무실적·기술적 직업훈련을 선택하는 6년제 실업학교(Realschule), 현대외국어·과학·수학교육에 초점을 맞춘 9년제 상급실업학교(Oberrealschule)로 체계화했다.

■미국 버지니아의 3단계 학제 도입(1846)

미국 버지니아 부자들과 성직자들은 거의 다 버지니아에서 사립아카데미들의 체계를 유지하고 촉진해야 한다는 의견이 많다고 생각해서 교육에 대한 주 정부의 일반적 재정지원에 반대했다. 1818년의 법규는 이 표적을 정확히 맞춘 것이다.[519] 그러나 제퍼슨이 기안한 1779년과 1817년의 보통교육법안에 담긴 중국식 3단계 국·공립학교 방안은 당시 버지니아 입법부에 의해 무시당했을지라도 실로 '예언적'이었다.[520]

제퍼슨은 이 때문에 민주적 교육을 하나의 사회적 공약으로 추구했던 19세기 교육개혁가들에게 '전위前衛' 투사였다.[521] 누구나 제퍼슨에게서 민주공화국의 기

---

519) Morrison, *The Beginnings of Public Education in Virginia, 1776–1860*, 12쪽.

520) 참조: Power, *Educational Philosophy*, 109쪽.

521) 참조: Power, *Educational Philosophy*, 109쪽.

반으로서의 보통교육의 의미와 중요성을 간취했을 뿐만 아니라, 19세기와 20세기 초의 더욱 우호적인 토양에서라면 얼마든지 싹터 올라 곧 거목으로 자랄 수 있는 근대적 교육철학의 씨앗들이 그의 교육이론에 담겼다는 것도 알 수 있었기[522] 때문이다. 가령 윌리엄 앤 메리 칼리지 학장 존 스미스(John A. Smith)는 1816년 이렇게 당시 상황과 요구를 논평했다.

> 내가 권고해야 하는 첫 번째 것은 나중에 교사로 활약할 잘 훈육된 사람들을 적절한 수로 확보할 즉각적 조치일 것이다. 이들이 첫 단계로 이 특별한 목적을 위해 교육되어야 한다는 것은 내게 명백하다. 왜냐하면 나는 제공될 수 있는 보수를 받고 싶을 적절한 요원들이 여기에서나 다른 곳에서나 마련될 수 없다고 확신하기 때문이다.[523]

이것은 지구地區 차원의 중고등학교 창립에 대한 권고였다. 1829년 버지니아 입법부는 학교위원들에게 지구地區 무상학교를 설립할 권한을 부여하고 주민들에게 학교시설 운영비용의 5분의 3, 학교관계자 봉급의 2분의 1 이상을 떠맡도록 하고 학술기금을 균형 있게 부과할 수 있는 법령을 제정했다. 이것은 제퍼슨 이래 오랫동안 주장되어 온 낯익은 법적 기반이다. 그러나 1830년의 학교위원들의 주도적 주장은 카운티의 1796년 주장보다 확실하지 않았다. 그러는 사이에 1830년에 지구地區학교법이 통과되었다. 가령 버지니아 주의 워싱턴 카운티(Washington county)의 학교위원회는 이 법을 논평하면서 다음 연도를 위한 보고에서 이렇게 제의했다.

> 본 위원회는 백성들에게 또는 학교위원들에게 알려진 도덕적 습관을 가진 유有자격 교사들을 카운티에 공급하기 위한 어떤 방식을 양원兩院 회의가 채택하는 것이 일반 교육 체계의 성공에 지극히 중요하다고 생각한다. 이 중대한 목적을 시행하기 위해 본 위원회는 교사 양성의 공표된 목적을 위한 학교를 페스탈로치의 계획에 따라 각 카운티에 설치

---

522) 참조: Power, *Educational Philosophy*, 112쪽.
523) Morrison, *The Beginnings of Public Education in Virginia, 1776-1860*, 12쪽.

할 것을 공인하는 것이 양원회의 안에서 양책良策이 아닐지 공손히 제안한다.524)

토마스 제퍼슨이 홀로 3단계 공립학교 설립과 공교육을 주장하던 때와 달리 이제 공립학교 법제화 요구는 여러 곳에서 튀어나왔다. 가령 다른 관점에서 제퍼슨처럼 교육개혁을 추진해온 장로교 목사 겸 교육자 존 홀트 라이스(John Holt Rice, 1777–1831)도525) 1831년 국가가 철저한 전면적 공교육체제 계획을 법제화해야 한다는 자신의 신념을 천명했다.526)

1832년 워싱턴 카운티는 1829년의 법령에 따라 설립된 지구地區 무상학교를 보고했다. 이 보고에 따르면 워싱턴 주에서는 1,067명의 학생들이 지구 무상학교에 재학 중이었다. 교사의 봉급액(4081달러) 가운데 3167달러는 주민들이 지불했다.527) 1843년에는 버지니아 군사학교의 모든 국가 사관생도들(40명 정원)이 2년 이상의 국비교육에 대한 보상으로 버지니아의 어떤 학교에서 2년 동안 가르치도록 하는 법령이 제정되었다.528) 그리고 1850년 에모리 앤 헨리 칼리지(Emory and Henry College)는 연간 16명의 가난한 재능학생을 주州 장학생으로 칼리지에 받아들임으로써 융자금의 이자를 학술기금으로부터 내는 것을 허가받았다. 이 주 장학생들로부터는 칼리지 코스를 마치면 적어도 2년 동안 버지니아 주 안의 초등학교나 칼리지에서 학생들을 가르친다는 약속을 받았다. 1856년 버지니아대학교는 유사한 조건으로 매년 50명의 주 장학생을 받아들이도록 공인되었다. 이런 것들이 '정상교육'을 위한 구舊질서 아래의 움직임이었다. 이런저런 법규 덕택에 교사는 충분히 공급되었다. 이러한 설비와 장치들은 교육을 입법부에 알맞은 주제들의 범위 안으로 더 많이 끌어들이는 효과를 올렸다. 그러나 젊은 여성들은 안중에 없었다. 종종

---

524) Morrison, *The Beginnings of Public Education in Virginia, 1776–1860*, 12쪽.

525) David E. Swift, "Thomas Jefferson, John Holt Rice and Education in Virginia, 1815–25", *Journal of Presbyterian History*, 49: 1(Spring, 1971), 33쪽.

526) Morrison, *The Beginnings of Public Education in Virginia, 1776–1860*, 11쪽.

527) Morrison, *The Beginnings of Public Education in Virginia, 1776–1860*, 12쪽 각주(*).

528) Morrison, *The Beginnings of Public Education in Virginia, 1776–1860*, 12쪽.

젊은 남자가 가르칠 학교를 발견했다.[529]

제퍼슨의 꿈이 일사분란하게 실현된 것은 아니지만 이렇게 한 조각 한 조각 실현되어 가던 중, 버지니아 의회는 학술기금 대표와 감독관들에게 "이 나라의 백성에게 교육혜택을 확보하기 위해" 그들의 의견에 가장 적합한 체계를 보고하라고 명했다. 이 결의에 따라 수년 동안 열띤 활동이 벌어졌고, 의회는 1841-42년 동안 80쪽에 달하는 항의와 제언들을 받았다.[530]

양원 의회가 1846년 새로운 교육계획을 법제화했을 때 부지불식간에 커다란 진보가 이룩되었다. 빈민아동 장학생들을 위한 학교들은 부대附帶기구와 함께 보존되었다. 어떤 군현이나 단체든 무상학교를 세우려고 하면 그럴 권한을 부여받고, 그렇게 한 뒤에도 무상학교를 포기하고 빈민학교로 돌아갈 수 있었다. 이 무상학교를 재정적으로 지원하기 위한 교육 관련 세금이 부과되고 어떤 카운티나 단체든 세금을 좋아하지 않으면 이전처럼 학술기금으로부터 그 몫을 인출해서 그것이 허용하는 만큼만 가르칠 수 있었다. 학술기금의 1859-1860년 보고에 따르면, 9개 카운티와 세 개의 법인단체가 기금으로부터 지구 학교들을 위한 지원을 받는 것으로 나타난다. 카운티는 1846년 법령에 따라 지구학교들을 설치했다가 나중에 포기했다. 이 법령 자체는 곧 한 군현 안에 몇몇 지구 또는 한 지구가 1829년 법령에서처럼 무상학교를 세울 수 있도록 개정되었다. 30개의 카운티가 1860년 이전에 지구 무상학교 체계를 시도했다. 12개 미만의 카운티는 1839년 법령에서 허용된 체제를 채택했다.[531]

1846년부터 1860년까지 버지니아에서 교육은 훌륭하게 진보했다. 버지니아 대학교, 군사학교, 칼리지들은 여러 가지 방식으로 그 수가 늘고 강화되었다. 여학교도 잘 자리를 잡았다. 훌륭한 아카데미들이 도처에 설립되어 있었다. 진정으로, 주정부는 버지니아 주립대학교가 예하 학교들에 대해 주는 자극 덕택에 효율적 교육체계를 전개할 수 있었다. 귀찮은 공적 후원기구 없이 버지니아대학교는 각종 칼리지,

---

529) Morrison, *The Beginnings of Public Education in Virginia, 1776-1860*, 13쪽.

530) Morrison, *The Beginnings of Public Education in Virginia, 1776-1860*, 13쪽.

531) Morrison, *The Beginnings of Public Education in Virginia, 1776-1860*, 14-15쪽.

제2절 서구의 유교적 교육복지론과 3단계 학교제도　809

아카데미, 지구 중고등학교 학생들에게, 심지어 초등학교 학생들에게까지도 향학열을 불어넣어 학습을 자극했다. 대학교는 대학교의 학자들을 훈련시켰고, 이들 가운데 많은 이들은 칼리지의 타인들을 가르치고 싶어 했다.532) 이런 사실들은 제퍼슨이 〈지식의 더욱 일반적인 확산을 위한 법안〉을 기획하던 1779년부터 이미 애당초 예상되던 것들이다. 국가는 훌륭한 교사의 확실한 공급과 더불어 현명한 감독 아래 모든 등급을 관통하는 공교육체계가 필요했다.533) 마침내 버지니아 주는 80년도 더 된 제퍼슨의 꿈을 국가의 요구로 체화體化함으로 교육문화에서 근대화된 것이다. 결국 19세기 중반 버지니아는 구미세계에서 가장 먼저 중국 수준의 3단계 학교체계를 갖추었다.

버지니아 주에서 1846년 처음으로 법제화되어 실현된 3단계 학교체계와 공교육 모델은 버지니아와 거의 동시에 미국의 다른 주들에 신속히 확산되었다. 1870년 영국이 '교육법'의 제정을 통해 3단계 학제와 학군체계를 가진 근대적 학교제도를 확립하자, 같은 해 미국의 꾸물거리던 나머지 모든 주들도 버지니아 선례를 따라 공립 초급학교를 세웠다. 그리하여 미국 국민의 문해율文解率은 고도로 높아졌다. 그럼에도 1880년대 이전까지 미국에서 가장 많은 인구가 사는 농촌지역들은 학교가 거의 없었다. 버지니아 주의 3단계 교육체계와 공교육은 19세기 초반 유럽제국으로도 전파되었고, 19세기 후반에는 미국 전역에 일반화되었다. 이로써 중국식 3단계 학교·공교육 제도는 전 세계의 교육제도로 확립되게 된 것이다.

■영국의 뒤늦은 학교제도 개혁(1870)

영국은 19세기 말엽까지 3단계 학제의 학교체제와 의무교육제도가 없었다. 학군에 따른 초등학교도 없었다. 대학교도 엉망이었다. 여전히 공직과 정치적 관직의 뭉텅이는 공식적 자격 보유자들이 아니라, 국교신앙의 귀족계급 출신들로 채웠다. 영국에서

---

532) 참조: Morrison, *The Beginnings of Public Education in Virginia, 1776-1860*, 15쪽.
533) Morrison, *The Beginnings of Public Education in Virginia, 1776-1860*, 16쪽.

영국국교회·옥스브리지·로열칼리지·기타 전문엘리트기구 등 고등교육을 지배한 기관들은 실력이 아니라 순번제(cooptation)에 따라 성적증명서를 부여했고, 아직 정치적 집행부나 입법부에 대한 아무런 유의미한 보고 의무가 없었다. 이런 상황이라서 고등교육 기회는 선거권의 확장에도 불구하고 심지어 20세기 중반까지 계속 아주 불확실한 상태에 처해 있었다.534) 또 1870년 이전 영국에는 능력주의적(성적주의적) 공무원 임용제도도 없었고, 독일 유형의 국가고시제도도 없었다.535)

잉글랜드와 웨일즈 전역에서 부모가 자녀를 학교에 보내야 하는 의무교육의 법적 관념은 위정자에게도, 학부모에게도 없었다. 명·청대 중국에서 오랫동안 시행되어 온 의무교육과 그 관념은 1870년까지 영국에서 결여되었다. 만민·평등교육 이념에 입각한 법적 의무교육제도는 프랑스와 독일이 이 제도를 시행한 지 오랜 세월이 지난 뒤인 1870년 2월 17일 '기초교육법(Elementary Education Act; Forster' Education Act)'의 제정으로 시작되었다. 기초교육법도 정부가 자발적으로 입법한 것이 아니라, 1867년 선거법개정으로 선거권을 얻은 일반시민의 교육 필요성에 호응해 윌리엄 포스터, '국민교육연맹', 조지프 챔벌레인 등이 캠페인을 벌인 끝에 쟁취된 것이었다. 기초교육법은 1893년까지 20여 년 동안 여러 차례 확대·개정되었다.536)

이 기초교육법은 중국 학교제도의 학군 개념과 의무교육 원칙을 도입했다. 이 기초교육법에 따라 잉글랜드와 웨일즈에서는 학군단위마다 5세에서 12세 사이의 '모든' 어린이를 의무적으로 가르치는 공립 초급학교가 설립되었고, 이와 동시에 지방교육청이 처음으로 창설되었다. 1880년대에 유소년의 의무·무상교육은 5세에서 10세에까지만 적용되었다(참고로, 21세기 초 현재 영국의 의무교육은 2015년 조치로 18세까지로 확장되었다).

---

534) 참조: Arnold J. Heidenheimer, "Education and Social Security Entitlements in Europe and America", 272쪽. Peter Flora and Arnold J. Heidenheimer(eds.), *The Development of Welfare States in Europe and America*(London and New York: Transaction Publishers, 1981; Routledge, 2017).

535) Fritz Ringer, *Education and Society in Modern Europe*(Bloomington: Indiana University Press, 1978), 240쪽; Heidenheimer, "Education and Social Security Entitlements in Europe and America", 275쪽.

536) Fiedler, "Luther's Views and Influence on Schools and Education", 211쪽.

1879년 옥스퍼드대학교의 부설로 창설된 영국 최초의 여자대학교는 서머빌칼리지(Somerville College)였다. 모든 종파신도들에게 개방된 영국 최초의 세속적 대학은 University College London이고, 뒤이어 바로 King's College London이 창설되었는데, 이 두 대학은 곧 University of London으로 통합되었다. 19세기 이전 잉글랜드에서는 그래머스쿨(문법학교)이 타국보다 빨리 시작되었지만, 학교 수數도 아주 적었고 교육내용도 아주 부실했다. 이런 까닭에 의무·무상교육을 실시하는 근대적 학교제도의 출발도 아주 늦었던 것이다.

마지막으로 서양 각국의 학교제도 발달을 비교하는 차원에서 분명히 알아야 하는 세 가지 일반적 사실 가운데 첫 번째 사실은 공교육에서 초등학교 이후 중고등학교와 대학교 교육과정의 학교제도 설립을 위한 노력에 관한 한, 미국의 학교제도 발전이 유럽보다 한 세대 앞질러 이룩되었다는 것이다. 유럽은 겨우 1860-70년대에야 중고등학교와 대학교 교육을 확대해 도약단계에 들어갔을 뿐이다.[537] 그러나 미국에서 초등교육의 공교육화 계획은 유럽보다 일렀어도 그 실천은 유럽보다 늦고 덜 광범했다. 이것은 미국에서 관료제의 늑장 도입과 극심한 종파갈등 때문이었을 것이다. 미국 중앙정부는 영국 중앙정부보다 두 세대 늦게 교육문제를 손대기 시작했다. 미국 정치문화가 덜 중앙집권적이었기 때문에 많은 초급교육의 도입노력이 지방분권적으로 이루어졌던 것이다. 18세기 미국의 종파적 복잡성으로 말미암아 소수집단들의 공동이익은 국가를 중립화시키고 특수이익 집단을 제압할 국가의 권리를 부정했고, 국가의 혜택을 특권이 아니라 권리로 만들어 주었다. 미국에서 경쟁하는 종파들은 더 자유롭게 다양한 지역과 주州에서 가정·교회·지방정부·중앙정부의 기능분담 방법에 대한 임시 해법들을 안출했다. 반면, 영국정부는 중앙의 교육시스템을 지방에 적용하고 싶어 했을지라도 19세기 초에 그렇게 할 관료제적 능력이 없었다.[538]

그리고 분명히 알아야 하는 두 번째 일반적 사실은 교회로부터 국가로의 교육기능의 이전, 곧 중국과 같은 세속적 성격의 학교교육의 확립 속도는 각국의 '헌법적'

---

537) 참조: Heidenheimer, "Education and Social Security Entitlements in Europe and America", 269쪽.
538) 참조: Heidenheimer, "Education and Social Security Entitlements in Europe and America", 271쪽.

성격과 기독교의 '종파적' 성격 및 종파갈등의 강도에 따라 좌우되었다는 것이다. 종교로부터 교육의 독립은 교육개혁이 더욱 강하게 중국을 지향했던 프러시아 독일에서 비교적 빨랐다.[539]

마지막으로, 분명히 알아야 하는 세 번째 일반적 사실은 학교교육의 확립은 중국 학교제도에 대한 지식과 논의가 일찍부터 번성했던 나라들의 순서대로 근대적 학교제도의 도입과 확산이 이루어졌다는 것이다. 따라서 유학에 덜 열광했던 국가들보다 중국에 더 열광했던 국가들이 이 학교제도 도입에서 더 신속했다. 프로이센은 17-18세기에 이미 공교육 문제에 손을 댔었다. 프로이센에서는 프리드리히 2세가 18세기 후반에 벌써 중고등교육과 대학교육을 국가교육부처의 통제 아래 두고 대학교 입학과 프로이센 관료행정체제의 관직임용의 조건이 되는 중고등학교 졸업시험을 주관하는 데 성공했다. 17세기 스웨덴에서는 부모들이 자식들에게 마을 주최의 '성서읽기시험'에 통과할 만큼 잘 읽는 것을 가르쳐야 했었다. 중국제품과 유교적 정치문화의 수입에 나름대로 열성이었던[540] 스웨덴에서 읽기 능력을 일반화하려고 기도한 법령은 프로이센에서처럼 같은 시기에 교육비를 부모와 지자체에 떠넘기려는 "교육기부제도"의 형식으로 채택되었다. 왜냐하면 1686년의 한 법령이 시험에 낙방한 자들은 교회공동체와 혼인으로부터 배제한다고 규정했기 때문이다. 그러나 이것은 개혁의 '시작'에 불과했다.

영국에서 학교교육(schooling)에 대한 국가의 본격적 관심은 엘리자베스 시대로부터 빅토리아시대에 걸쳐 나타났다. 그러나 영국에서 국공립 초등교육제도의 확립은 국교회와 청교도 사이의 격한 갈등으로 지연되었다. 1902년 이후에야 비로소 중고등교육 학교제도는 온전하게 확립되었다.[541] 이와 대비되게도 상술했듯이 프로이센에

---

539) 그러나 스톤은 "서양에서 이전에 본 적이 없는 대중교육을 향한 최초의 거대한 개혁적 용틀임"을 고취한 루터주의 개신교국가에서 특히 빨랐다"고 말한다. 참조: Lawrence Stone(ed.), *Schooling and Society*(Baltimore: Johns Hopkins University Press, 1976), xii쪽. Heidenheimer, "Education and Social Security Entitlements in Europe and America", 270쪽에서 재인용. 그러나 스톤은 교육개혁에 앞장선 프러시아가 루터주의 개신교국가라는 우연한 사실의 겉만 보고 있다.

540) 참조: 황태연, 《유교적 근대의 일반이론(2)》(서울: 넥센 미디어, 2021), 1204-1214쪽.

서는 영국보다 100년 전인 19세기 초에 아비투어와 국가고시와 같은 자격을 획득한 사람들을 공직에 임용하기 시작했다.

그러나 양민(민생)복지제도의 도입은 기독교신학자들과 자유주의자들의 완강한 반대에 부딪혀 한 치도 진전이 없었다. 가늘게 명맥만 이어져올 뿐인 유교적 민생복지론은 실천을 향한 어떤 단서도 만들 수 없었다. 플라톤 이래 사랑 없는 전통적 정의국가론이 부동의 국가관으로 버티고 있었고, 기독교신학자들과 자유주의자들은 이 국가관을 신학적·자유주의적으로 각색해 더욱 확고하게 고수하고 있었기 때문이다.

541) 참조: Heidenheimer, "Education and Social Security Entitlements in Europe and America", 270-271쪽.

제3장
사랑 없는 서구 정의국가

제1절 고전적 정의국가론

서양 철학자들은 도덕론과 국가론에서 사랑 또는 동정심을 배제하고 국가를 정의제일주의적·정의지상주의적 정의국가를 추구했고, 왕과 입법자들도 또한 정의국가만을 알았고 국정으로부터 사랑을 철저히 추방했다. 따라서 그들이 말하는 법은 곧 정의만을 의미했고, 또 정의를 법이나 권리라 불렀다. 따라서 국가의 이 정의는 개인의 권리 침해를 막거나 개인의 침해된 권리를 회복시키는 경찰작용과 사법작용으로 제한된 '미시적·소극적 정의'였다. 따라서 누진세나 주기적 채무탕감을 통해 경제주체들 사이의 균형과 조화를 회복시킴으로써 경제를 민주화해서 백성의 빈부격차를 완화하거나 만민평등교육을 통해 교육문화를 민주화하는 거시적 균제에 의해 국민화합을 이룩하는 '적극적·거시적 정의'는 몰랐다. 그리고 양민과 교민의 인정仁政은 완전히 방기되었다. 그리하여 플라톤 이래 서양에서는 2000여 년 동안 국민경제의 양극화와 문교의 양극화는 그대로 방치되었고, 혈통가문적 신분제가 공고히 자리잡았다.

이런 국가를 '야경국가'로 맹공하고 '거시적 정의'를 계급투쟁적으로 회복하려는 20세기 복지국가도 정의국가의 틀을 답습했다. 그리하여 이 계급투쟁적 정의·복지국가는 서민들의 복지조차도 유교국가에서처럼 사랑(측은직심, 인간애와 동포애)에 기초한 인정仁政으로 확보하는 것이 아니라, 노동자계급의 '정의의 주먹'으로 쟁취했다. 그리하여 19세기 말 유혈낭자한 계급투쟁을 통해 탄생한 20세기 정의·복지국가는 계급투쟁적 공방과 보복, 그리고 정치적 보혁대결로 점철되어 주기적으로 동요했고, 주기적으로 공황·불황기에는 다시 유혈낭자했다. 그리하여 21세기 선진국 한복판에서도 도시재개발을 위한 건물철거작업을 하다가 백주대낮에 농성자와 경찰이 무려 28명을 서로 살상하는 불상사(5명 사망: 농성자 4, 경찰 1, 23명 부상: 농성자

7, 경찰 16)가 발생한다. 이것은 2008년 미국발 국제금융위기와 글로벌 경기침체 여파로 발생한 계급투쟁 참사였고, 매번 그렇듯이 정치권에서는 보혁대결의 연장전 으로 이어졌다. "welfare state"는 그야말로 "warfare state"였다.

고전적 정의국가와 계급투쟁적 복지·정의국가, 이 두 형태의 서구 정의국가는 사랑을 배제한 국가라서 사회적 약자에 대한 동정심도 없고 구제조치도 없었다. 이것을 개선하려던 정의·복지국가도 계급투쟁적 '정의의 틀'을 벗어나지 못해 연대 를 자기 계급에만 한정한 소인小仁에만 집착하며 국민적 사랑과 연대를 '노사한몸식 착취·억압구호'나 '용공구호'로 배제했고, 또 노동하지 않는 자, 노동하지 못하는 자(장애인, 노인, 어린이들)를 '일하지 않는 자 먹지도 말라'는 구호로 공산당과 기독교 양측에서 적대했다. 노동계급의 생계·복지에 초점을 맞춘 마르크스의 사회주의 국가론은 '일한 만큼 분배받는' 노동가치론적 '정의국가론'이다. 마르크스는 박애정 신에서 개인의 '필요'에 따라 '분배하는' 원칙을 구현하는 국가는 먼 미래의 '높은 단계의 공산주의'로 미루었다. 레닌은 《국가와 혁명》의 제5장 3절에서 마르크스의 "노동에 따른 분배"를 "일하지 않는 자는 먹지도 말라"는 노동정의론으로 해설하고 "사회주의 원칙"이라 불렀다.[1] 이에 따라 1936년 소련헌법은 이렇게 규정하고 있다.

> "일하지 않는 자여, 먹지도 말라"라는 원칙에 입각해 소련에서 노동은 튼튼한 신체를 가진(able-bodied) 모든 시민의 의무이자 명예다. 소련에서 이 원칙은 "능력에 따른 생산, 노동에 따른 분배"라는 공산주의 원칙을 말한다.[2]

소련헌법이 여기서 "튼튼한 신체를 가진 사람"의 노동을 말하나, 모든 공산국가의

---

1) Vladimir Illyich Lenin, *The State and Revolution*(1917), Online Version: Lenin Internet Archive (marxists.org)(1993·1999), Chapter V: The Economic Basis of the Withering Away of the State, The 3. Part "The First Phase of Communist Society": "The socialist principle, 'He who does not work shall not eat', is already realize."

2) 소련헌법(1936) 제12조.

실제에서는 '일하지 않는 자는 먹지도 말라'는 레닌의 원칙을 장애인·실업자·노인 등 일하지 '못하는' 사람들에게도 적용하고, 전시에는 심지어 아동에게도 적용해서 이들의 생계보장을 소홀히 했다. 북한은 '실업자'를 기생충 같은 죄인으로, 장애인을 '혐오인간'으로 분류하는 한편, 장애인은 평양에서 추방해 근교마을에 가둬두고 있다. 고전적 정의국가와 계급투쟁적 복지·정의국가는 둘 다 사랑 면에서 이렇게 우열을 다툴 수 없을 정도로 무자비한 국가유형들인 셈이다.

1.1. 고대의 정의제일주의와 정의국가론

동정심과 사랑을 배제하거나 매도한 '동정심의 적들'의 반反동정심 논변들은 각종 정의국가론에 영향을 미친다. '동정심의 적들'이 직접 국가론을 전개한 경우는 그들의 국가론이 예외 없이 사랑 없는 정의국가였고, 그들의 정의국가론으로부터 영향을 받은 후세의 다수 철학자들도 자기 자신이 도덕철학에서 동정심과 사랑을 중시했을지라도 국가론에서는 내외의 난적亂賊을 막고 벌하는 안보와 사법의 소극적 정의만을 전부로 여기고 사랑(동정심·측은지심·연민)도, 민복民福도 없는 야경국가적 정의국가론을 전개했다. 전자는 대표적으로 플라톤과 홉스이고, 후자는 아담 스미스, 마르크스, 스펜서, 롤스 등이다.

사랑의 종류는 아주 다양하다. 심지어 본능과 법률에 의해 정해진 시급한 의무적 사랑, 법으로 강제되는 몫의 '강인强仁'도 있다. 따라서 모든 사랑이 '초의무적 사랑'이나 '적극적 공덕'인 것도 아니다. 왜냐하면 '의무적 사랑', '해로운 사랑', '금지된 사랑(금지된 배려)' 등도 있기 때문이다.

인仁은 의義에 선행하는 덕목이다. 하지만 사랑을 베푸는 데에는 반드시 정의가 요구된다. 애당초 "정의는 사랑의 절도節度인 (…). 반면, 사랑은 정의의 근본이고, 순응의 본체이다(義者 (…) 仁之節也 (…), 仁者 義之本也 順之體也 (…))."[3] 사랑과 정의의 관계는 근본과 절도의 관계로서 불가분적으로 선후로 결합되어 있다. 사랑 없는 정의는 정의의 인간적 목적(배제와 위화감의 방지와 친화의 증진)을 부정하는 방식으로 불의를 없애는 새로운 불의의 원인이고, 정의 없는 사랑은 불화와 증오의 요인이다.

아니, 정의 자체가 불화의 원인이다. 정의는 다양한 이해관계자의 다양한 관점에 따라 다양하기 때문이다. '정의' 개념은 트라시마코스가 말한 '강자의 이익'으로서의 정의(홉스의 리바이어던의 정의), 마르크스의 지배계급적(강자계급적) 정의(자본가계급의 정의냐, 노동계급의 정의냐), 니체의 지배인종적(강자인종적) 정의, 인도힌두이즘과 플라톤의 카스트분업적 정의(분업적 역할과 위치의 고정성), 아리스토텔레스의 비례적 평등(능력·덕성에 비례한 분배의 정의)과 양적 평등(개인적 필요에 따른 분배의 정의), 미시적·사법적 정의, 거시적 정의(상·중·하층 간 재산·소득분배의 적정성), 기회균등, 주고받는 교환의 상호성, (독점에 반대되는) 공개적 시장경쟁, 선착순, 순번제, 추첨의 행운 등 다양하다. 이익과 가치의 상이성, 그리고 관점과 기준의 다양성 때문에 정의 개념은 이렇게 천차만별로 분화된다. 따라서 이 정의의 기준과 개념을 정하는 것부터가 불화와 투쟁이고, 개념과 기준이 정해지더라도 정해진 정의기준을 관철시키는 것도 투쟁이다. 정의 개념을 둘러싼 유명한 불화와 투쟁은 플라톤이 《국가론》에서 소크라테스의 일방적 승리로 전하는 소크라테스와 트라시마코스의 논쟁이다. 그리고 18세기 후반 마르크스는 이 정의 개념의 다양성·모순성·갈등양상을 이렇게 표현한다. "'정의로운 분배'는 무엇인가? 부르주아들은 오늘날의 분배가 '정의롭다'고 주장하지 않는가? 그리고 이것이 사실 오늘날의 생산양식의 토대 위에서 유일하게 '정의로운 분배'가 아닌가? 경제관계가 법 개념에 의해 규제되는가, 아니면 거꾸로 법적 관계가 경제관계로부터 생겨나지 않는가? 사회주의 당파들도 '정의로운' 분배에 관해 극히 상이한 관념들을 가지고 있지 않던가?"[4] 자본주의적 분배가 "사실 오늘날의 생산양식의 토대 위에서 유일하게 '정의로운 분배'다"는 마르크스의 인정은 사실 트라시마코스의 정의론에 대한 수긍이다.

---

3) 《禮記》〈禮運 第九〉(9-35).

4) Karl Marx, "Die Kritik des Gothaer Programms", 18쪽. *Marx Engels Werke*(*MEW*)(Berlin: Dietz Verlag, 1982).

아무튼 플라톤처럼 정의를 '공고한 카스트 분업'으로 변질시키거나, 홉스처럼 정의를 트라시마코스적 정의('강자의 이익')로 변질시킴으로써 사랑을 배제하고 정의 만을 중시하는 정의제일주의 관점을 채택하는 국가는 무자비하고 유혈낭자한 야경 국가적 '정의국가'다. 이 경우에 국가의 정의는 '카스트 분업', '강자의 이익' 등으로 왜곡되고, 국가의 '정의다운 정의'의 실현은 외적방어와 사법이라는 소극적 정의로 최소화·왜소화된다.

사랑과 연대(동정심과 연민)를 적대하지 않고 중시하는 스미스, 쇼펜하우어, 마르 크스, 스펜서 등도 롤스처럼 국가론에서 사랑을 다른 영역(사회운동, 종교 등)이나 미래국가로 떠넘기거나 이론적 자가당착에 빠졌다. 스미스와 쇼펜하우어는 국가의 사랑 과업(인정仁政과업)을 사회와 종교로 떠넘겼고, 마르크스는 "필요에 따라 분배 하는" 사랑의 과업을 '공산주의의 높은 단계'로 내쳐 버렸고, 스펜서는 인애의 의무를 아직 유전자로 착근되지 않은 것으로 보고 복지입법을 반대해 '역사적 시간대'에서 추방해 버리는 오류를 범했다. 롤스는 국가론에서 인애를 "초超의무적 덕목 (supererogation)"으로 간주해 국가영역으로부터 사회영역으로 추방했다. 스미스는 자신의 정의절대주의(정의우선주의) 주장과 반대로 결국 부모와 자식을 부양하지 않는 부모와 자식의 '인혜의무' 불이행에 대한 처벌, 본능적 인혜의무의 법제화 등의 불가피성을 고백하는 자가당착에 빠져들었다.

■ 플라톤의 카스트적 정의국가론

플라톤은 사덕론에서 사랑을 배제했다. 또 그는 지혜·용기·절제(정심)·정의의 사덕론에서 사실상 정의를 중심 개념으로 만든 데 이어 '카스트 분업'을 정의라고 주장했다. "정의는 강자의 이익"이라는 트라시마코스의 정의 개념은 《국가론》의 초장에 논파·배격했다. 플라톤이 사람의 생명과 재산의 침해를 막고 회복시키는 '사법적 정의'도 언급하지 않는 것은 아니지만 이것은 그에게 부차적이다. 따라서 플라톤의 국가는 사랑 없는 카스트분업적 정의국가다.

- 트라시마코스의 강자정의론에 대한 플라톤의 비판

플라톤은 《국가론》, 정확하게는 《국가, 또는 국가적 정의에 대하여(Πολιτεία, ἢ περὶ Δικαίου Πολιτικός)》 제4권에서 카스트신분제로 굳어지는 '분업적 정의'의 이론을 설파하기 위해 제1권에서 미리 트라시마코스의 강자정의론을 소개하고 분쇄한다.

트라시마코스는 "나로서는 정의(토 디카온)라는 것은 더 강한 자(호 크레이톤)의 이익(토 심페론) 외에 다른 것이 아니다"라고 주장한다.[5] "나라들 가운데서도 어떤 나라는 참주정으로 다스려지는 반면, 어떤 나라는 민주정으로, 또는 귀족정으로 다스려지고 있다는 것도 모르는가? (…) 그러니 나라마다 권력을 행사하는 것은 지배자 쪽이지? (…) 한데 적어도 법률을 제정함에 각 정권은 자기의 이익을 목적으로 삼는다. 민주정은 민주적 법률을, 참주정은 참주정의 법률을 제정하고, 그 밖의 다른 정체도 다 이런 식으로 법률을 제정한다. 일단 법 제정을 마친 다음에는 자기들에게 이익이 되는 것을 피치자들에게 공표하고서는 이를 위반하는 자를 범법자로, 불의를 저지른 자로 처벌한다. (…) 모든 나라에서는 동일한 것, 곧 수립된 정권의 이익이 정의다. 확실히 이 정권이 권력을 행사하면 바른 추론자의 견지에서는 어디에서나 정의는 동일한 것으로, 곧 더 강한 자의 이익으로 귀결된다."[6]

이 주장을 소크라테스는 '선장의 예'를 들어 분쇄한다. 그는 먼저 정의가 이익이라는 것에 동의하면서[7] 그것이 누구의 이익인지, 강자의 이익이라는 것이 맞는지를 문제 삼는다.[8] 그리고는 선장과 선원들의 관계를 예로 들어 그 이익이 선장(통치자)의 이익이 아니라, '선원들의 이익'이라는 데 트라시마코스로 하여금 동의하게 만든다. "엄밀한 의미에서 선장은 선원이 아니라 선원들의 통치자라는 데도 동의하지 않았는가? (…) 그러면 아무튼 그 선장 통치자는 선장에게 이익이 되는 것을 미리

<hr />

5) Platon, *Politeia*, 338c.
6) Platon, *Politeia*, 338d-339a.
7) Platon, *Politeia*, 339b.
8) Platon, *Politeia*, 341b-c.

생각하고 지시하는 것이 아니라 선원 피통치자에게 이익이 되는 것을 생각하고 통치할 것이다." 이에 트라시마코스도 어쩔 수 없이 동의한다. 그리하여 "논의를 여기까지 했을 때 정의의 이야기가 정반대로 뒤바뀌어 버렸다는 것이 모두에게 명백해졌다".9) 말하자면 정의는 나라를 통치하는 '강자의 이익'이 아니라 '백성의 이익'이라는 결론으로 낙착된 것이다.

그러나 소크라테스와 플라톤이 참주정(군주정)·귀족정·민주정이 모두 다 '최강자의 이익'이 아니라 '백성의 이익'을 위한다는 논변으로 "정의는 강자의 이익이다"는 트라시마코스의 정의 개념을 논파한 것은 전혀 바른 논변이 아니다. 이 논변에서 그들은 참주정·귀족적·민주정이 권력이익에서 본질적으로 다르다는 사실을 무차별적으로 깔아뭉개고 있다. 그러나 이 정체政體들 중에는 민주정만이 '백성의 이익'에 부합하는 것이라는 점은 삼척동자도 아는 사실이다. 권력을 쥔 강자들은 늘 자기의 이익을 '백성의 이익'이라는 유명무실한 명분으로 포장하지만 명분과 무관하게 참주정의 정의는 본질적으로 참주의 이익이고, 귀족정의 정의는 귀족들의 집단이익인 것이다. 그렇게 때문에 모든 정체는 역사적 경과 속에서 민주정으로 귀착되어 온 것이다. 민주정에 이르러서야 백성이 강자로 올라서게 되므로 '강자의 이익'이 '백성의 이익'이 되는 것이다. 따라서 소크라테스와 플라톤의 트라시마코스적 강자정의론 비판은 일종의 궤변에 불과하다.

아래에서 논증하듯이 소크라테스와 플라톤이 강자정의론을 분쇄하고 그 대신에 제시한 이상국가의 카스트분업적 정의도 그들이 '백성의 이익과 행복'을 명분으로 정당화하는 일종의 강자정의론에 불과하다. 이 때문에 그들의 논변은 전체적으로도 궤변이다. 그들의 이상국가는 체능과 지혜의 '최우수자들'에게 카스트적 직업위계에서 최고의 지위를 부여하고 이 새로운 최우수한 강자들을 군인과 철인치자로 특대하고 일반백성을 아무런 양민·교민의 배려 없이(야경국가적으로) 방치하고 불구자와 허약자를 무자비하게 제거하는 국가다. 결국 카스트분업적 정의는 새로운 강자

---

9) Platon, *Politeia*, 342e-343a.

'최우수자'의 이익이고, 이 정의의 정체는 바로 트라시마코스적 정의인 것이다.

- 분업적 정의와 카스트적 정의국가

플라톤은 《국가론》 제4권에서 강자의 이익으로서의 정의 대신 만인에게 이익이 된다는 분업적 정의를 내세웠다. 상론했듯이 그는 4개의 대덕을 먼저 개인 차원에서 제시한 것이 아니라, 국가 차원에서 먼저 제시해 개인에게 적용한다. 나아가 그는 "부정의는 서로 간에 대립과 증오, 그리고 다툼을 초래하지만, 정의는 합심과 우애를 가져다주기 때문"에[10] 사랑(우애와 합심)을 정의의 부산물로 격하시켜 사덕四德에서 사랑을 제거했다.

플라톤은 나라가 이상국가로서의 '행복한 나라'가 되려면, '완벽하게 덕스런(훌륭한) 나라'가 되어야 하고, 이런 완벽하게 덕스런 나라는 지혜·용기·절제·정의 등의 대덕(cardinal virtues)을 갖추어야 한다고 주장한다. 소크라테스-플라톤은 지혜·용기·정심·정의를 이 순서로 열거한다.[11] 이 사덕론에서 정의는 말석에 놓였지만 실은 국가의 중심덕목으로 논의된다. 여기에 이미 정의제일주의 경향이 보인다.

플라톤의 국가정의는 국가 안에서 정해진 사회적 분업에 따라 각 개인이 제 위치에서 제 역할을 제대로 하는 것이다. "자기 나라와 관련된 일들 가운데 자기의 천성에 가장 적합한 한 가지 일에 종사하는 것"이 절대 필수적이므로 나라와 관련해 '(남의 일에) 참견하지 않으면서 제 일을 하는 것이 올바른 것'이라는 세간의 여론을 수용하면서 "제 일을 하는 것(토 타 아위투 프라테인, τό τά αύτού πράτειν)"을 실현하는 것이 바로 국가 차원의 "정의"라고 주장한다. 국가의 '정의'는 국가의 절제·용기·지혜를 생겨나게 하고 성장시키고 유지시키는 힘이다. 따라서 국덕國德과 관련된 정의는 치자와 피치자 간의 합의(나라의 절제), 두려운 것들과 관련해 법령에 따르는 군인들의 준법적 소신의 고수(나라의 용기), 치자들의 슬기와 정치학(나라의 지혜) 등 모든 덕성에 필적하는 덕성이다. 따라서 정의는 순서에서 가장 뒤에 위치해 있지만 실질적

---

10) Platon, *Politeia*, 351c-d.

11) Platon, *Politeia*, 427e.

으로 4덕의 제일덕목이다. 국가정의는 "저마다 한 사람으로서 제 일을 하고 참견하지 않는 것, 이것이 노예와 자유민, 장인, 치자와 피치자에게서 실현되는 것"에 더해 법정에서 판결할 때 염두에 두는 원칙("각자가 남의 것을 빼앗지 않도록 하고 또한 제 것을 빼앗기지도 않게 하는 것")을 합친 것, 간단히 "제 것의 소유와 제 일을 하는 것"인 바, 이것은 '덕국'을 만드는 데 결정적으로 이바지하는 중요한 덕목인 것이다.12) 그런데 "목수가 제화공의 일을, 또는 제화공이 목수의 일을 하려 들거나 이들이 서로 도구와 직분을 바꾸거나, 아니면 심지어 동일인이 이 양쪽을 다 하려고 들거나 또는 그 밖의 모든 것들이 뒤바뀌어 버린다면 이것은 국가에 크게 해로운 것이다". 그러므로 "제 천성에 맞게 장인 등 돈벌이 집단이 나중에 부富나 사람의 수나 힘 또는 기타 이런 유의 것으로 우쭐해져서 전사戰士집단으로 옮기려 하거나 전사들 가운데 어떤 자가 자격도 없으면서 의정議政하는 최고 수호자집단(치자)으로 이동하려고 든다면, 그리고 이들이 서로 도구와 직분을 맞바꾸게 된다면, 또는 동일인이 이 모든 일을 동시에 행하려" 든다면, "이 맞바꿈이나 참견은 이 나라에 파멸을 가져다 줄 것"이다. 따라서 상공집단(돈벌이집단)·전사집단(보조수호자집단)·치자집단(완벽한 수호자집단) 사이의 "상호참견이나 상호교환은 나라에 최대의 해악"이고, "그 어떤 것보다도 더한 악덕의 자행"이다. 이것이 바로 "불의(아디키아ἀδικί α)"인 것이다. 그러므로 플라톤은 반대로 "돈벌이집단, 보조자집단, 수호자집단이 각각 나라에서 저마다 제 일을 할 경우의 '제 자신에게 맞는 제 일을 함'이 정의"이고 "이것이 나라를 정의롭게 한다'고 주장한다.13) 그렇지 않으면 치자가 농민·장인 등 피치자에 의해 또는 보조자집단에 의해 살해, 타도되고 피치자가 치자행세를 하게 되어 난세가 도래한다.14) 나라는 난장판이 되고 만다. 소크라테스·플라톤의 이 '정의' 개념은 겉보기에 "임금은 임금답고 신하는 신하답고 아비는 아비답고

---

12) Platon, *Politeia*, 433a–e.

13) Platon, *Politeia*, 434a–d.

14) 이런 관점에서 코스먼은 정의를 "적절한 유별(有別; appropriate difference)"로 해석한다. Aryeh Kosman, "Justice and Virtue. The Republic's Inquiry into Proper Difference", 117 ff. G. R. Ferrari(ed.), *The Cambridge Companion to Plato's Republic*.

자식은 자식다워야 한다"는 공자의 의리 개념과 유사한 것 같지만, 실은 플라톤의 국가적 정의가 '직능'과 관련된 점에서 본질적으로 다르다.

소크라테스와 플라톤의 이 정의국가는 직능을 배정하는 공고한 신분제적 '사회분업' 국가에서 도출된 것이다. 이들에 따르면, 인간은 "각자가 서로 그다지 닮지 않았고 각기 천성 면에서 다르게 태어나서 저마다 다른 일을 하는 데 적합한" 존재다. 그래서 사람은 한 사람이 여러 가지 일에 종사하는 경우가 아니라 한 사람이 한 가지 일에 종사할 경우에 일을 더 잘하게 된다. 또 일에는 다 '때'가 있는데 한 사람이 한 가지 일을 하면 이 '때'를 맞추기에도 더 좋다. 따라서 "각각의 일이 더 많이, 더 훌륭하게, 더 쉽게 이루어지는 것은 한 사람이 한 가지 일을 천성에 따라 적시에 하고 다른 일들로부터는 한가로워지는 경우다".15) 그러므로 나라가 부강해지려면 가령 제화공이 농부가 되거나 직조공 또는 건축가가 되는 것을 금하고 각 장인들이 제 일에 평생 종사하도록 해야 한다. 따라서 각 개인에게 알맞고 천성에 적합한 한 가지 직업만 할당하고 평생 종사하게 하고 다른 일들로부터는 한가로워짐으로써 일을 잘할 적시를 놓치지 않게 해야 한다는 것이다.16) 이것이 바로 만인에게 도 이롭고 국가도 부강하게 만드는 국가정의라는 것이다. 그리하여 이 국가정의는 트라시마코스의 강자정의를 대체하고 국가를 정의롭게 만드는 '정의국가'의 주춧돌 덕목이 된다.

소크라테스와 플라톤의 국가정의론은 "각자가 남의 것을 빼앗지 않도록 하고 또한 제 것을 빼앗기지도 않게 하는" 사법적 정의도 일부 포함하지만, 기본적으로 공고한 사회분업을 말하는 분업적 정의론이다. 칼 마르크스는 플라톤의《국가론》이 "국가적 정의에 대하여(περὶ Δικαίου Πολίτικός)"를 부제로 달고 있으면서 "분업을 국가의 구성원리로 간주하고" 있는 "한낱 이집트 카스트제도의 고대아테네적 이상화일 뿐"이라고 보았다.17) 카스트제도를 인도로부터 차용해 확립한 고대이집트는

---

15) Platon, *Politeia*, 370a–c.

16) Platon, *Politeia*, 374b–c.

17) Karl Marx, *Das Kapital I*, 388쪽. *MEW* Bd. 23.

플라톤의 다른 동시대인들에게도, 로마시대의 희랍인들에게도 "산업적 모델국가"였기[18] 때문에 고대그리스를 이집트 카스트식 '정의국가'로 전환시키고자 한 것이다. 소크라테스와 플라톤의 정의국가는 그 결정적 부분에서 카스트적 분업국가에 불과하다는 말이다. 플라톤이 말하는 분업이 카스트분업인 근거가 그것이 종신적이고 법률로 고정되기 때문이다.

그리하여 《국가론》에서 이 사회분업적 국가정의는 나머지 덕목들인 용기·절제·지혜를 다 삼켜 버린다. 왜냐하면 용기는 이를 대표하는 수호자계급의 (법률적 배치를 견지한) 군인카스트 덕목이고, 절제는 치자·피치자의 이 직능적 질서를 참는 '돈벌이 카스트'의 덕목이고, 소피아(지혜)는 이를 대변하는 '철인치자카스트'의 직능적 덕목이기 때문이다. 이 세 카스트 덕목은 이 세 카스트를 산출하는 '분업적 정의'에 모조리 포섭된다. 이런 한에서 소크라테스플라톤의 국가론은 공고한 종신적 사회분업을 정의로 관찰시킨 카스트적 '정의국가'다. 가령 소수의 수호자집단을 '고귀한' 치자로 따로 분리해 내는 이 카스트 분업은 이 소수를 "이 나라 안에서 행복한 사람이 되게 하는 것이 아니라 온 나라를 행복하게 한다"는 말로써, 즉 "우리의 한 집단(에트노스)이 특히 행복하도록 하는 게 아니라 시민 전체가 최대한으로 행복해지도록 한다"는 논변으로[19] 정당화한다.

《법률》에서 용기보다 정의를 더 중시함으로써 국가를 더욱 더 '정의국가'로 만드는 플라톤의 이 분업적 정의국가는 국가를 부강하게 만들기 위한, 또는 "온 나라를 행복하게 만들기" 위한 부국강병의 군사안보국가이고 노예를 획득하기 위해 주변국가들에 대한 무단 침략을 일삼는 노예제적 정복국가다. 따라서 군사력을 좀먹는(!) 약자와 불구자를 수호자집단 안에서 무자비하게 적대적으로 없애 버리는 군국주의적·우생학적 허약자·불구자 제거 정책을 쓴다. 이것은 플라톤의 도덕철학이 사랑(동정심)을 사덕에서 배제한 것을 넘어 암암리에 사랑(연민과 동정심)을 경시·경멸하는 철학이라는 것을 알 수 있다. 이런 측면은 이후 스토아학파와 홉스를 거쳐 칸트와

---

18) Marx, *Das Kapital I*, 388쪽.
19) Platon, *Politeia*, 420b.

니체에게로, 결국 히틀러에게 전해진다.

- 야경국가적 군사·안보국가와 허약자·장애인의 제거

플라톤은 자신의 카스트분업적 정의국가를 국방과 경찰·사법 작용으로 법과 질서를 수호하는 야경국가적 군사국가로 기획한다. 그러기 위해 "혈통 좋은 강아지" 또는 "개" 같은 가축을 골라 기르듯이 "수호자들"(필라케스, φύλακες,), 곧 젊은 보조자 또는 협력자와 연장자로서의 완전한 수호자 또는 철인치자(호 아르콘)를20) 선택·양육·교육시키기 위해 우생학적 모델을 도입한다.21) 그리고 수호자집단 안에 사유재산과 가족을 부정하고 군대식 공동식사(시씨티아)·공동거주·공동생활을 하는 재산·처자공유제 공산주의들 도입한다.22) 그리고 우생학에 따라 "최선의 남자들은 (추첨과 포상을 통해) 최선의 여자들과 가급적 자주 성관계를 가져야 하고, 제일 변변찮은 남자들은 제일 변변찮은 여자들과 그 반대로 (드물게 – 인용자) 성관계를 가져야 한다. 전자의 자식들은 길러야 하고, 후자의 자식들은 그럴 필요가 없다. (...) 이 모든 일은 치자들을 제외하고는 아무도 모르게 행해져야 한다."23) 플라톤은 살벌하게, 그리고 사악하게도 "제일 변변찮은 남자들"이 제일 변변찮은 여자들과 가급적 드물게 성관계를 갖게 하고 거기서 생겨난 자식들마저도 기르지 않고 유기하거나 살해한다는 말이다.

소크라테스는 영아유기·살해를 좀 더 명확히 한다. 담당 관리들은 수호자들의 자식들을 맡아 기르되, 품종 좋은 가축을 골라 기르듯이 "빼어난 자들의 자식들을 받아서 이 나라의 특정지역에 떨어져 거주하는 양육자들 곁으로, 보호구역 안으로 데리고 가는 것을 생각한다. 반면, 열등한 부모의 자식들과, 다른 부류의 사람들의 자식으로서 불구상태로 태어난 아기들의 경우에는 그렇게 하는 것이 적절하듯이

---

20) Platon, *Politeia*, 412b-c, 414b.

21) Platon, *Politeia*, 375a-b, 375e, 376a-b, 416a.

22) Platon, *Politeia*, 416d-417b+458c-d(재산공유제), 450b-c+457c-d(처자공유제 공산주의).

23) Platon, *Politeia*, 459d-e, 460a-b(추첨과 포상).

밝힐 수 없는 은밀한 곳에 은닉해 둔다." 그리고 "어떤 산모도 제 자식을 알아보지 못하도록 모든 방책을 강구한다".24) 불구자 자식을 낳은 "다른 부류의 사람들"은 어떤 사람을 말하는지 불분명하나 "빼어난 자들"도 불구자 자식을 낳을 수 있기 때문에 이들을 가리키기도 하고 또 시야를 넓히면 불구자를 낳은 일반백성을 가리킬 수도 있다. 그리고 품종이 나쁘거나 불구로 태어난 가축은 도태시키듯이 "열등한 부모의 자식들"과, "불구상태"의 아동들을 "은밀한 곳에 은닉해 둔다"는 말은 '유기遺棄'한다는 말이다. 말하자면 플라톤의 이상국가에서 모든 열등하고 허약한 유아와 불구아동은 유기살해로 도태시킨다.

플라톤의 이 경악스런 독재적·우생학적 공산주의는 그야말로 엽기적인 국가체제다. 모든 열등하고 허약한 유아와 불구아동을 영아유기와 아동살해로 도태시키는 무자비한 정책은 카스트분업적 정의의 필연적 귀결이다. 이 허약자와 장애자는 수호자나 철인치자 카스트의 역할을 할 수 없기 때문이다. "최선의 남자들"에게 (추첨과 포상을 통해) 최선의 여자들과 "가급적 자주" 성관계를 할 기회를 주고, "제일 변변찮은 남자들"에게 "제일 변변찮은 여자들"과 "그 반대로(가급적 드물게)" 성관계를 할 기회를 주는 정책도 카스트분업적 정의에서 도출된 것이다. 한마디로 불구자·허약자의 제거도, 우열에 따른 성교기회의 우생학적 차등분배도 둘 다 카스트분업적 정의에 속한다. 이 우생학적 국가유형은 니체에 의해 전적으로 수용되어 나치스들에 의해 독일에서 집행되었고, 소·동구 공산당국가에서도 부분적으로 집행된바 있다.

그러나 이 독재적·우생학적 공산주의는 군사적 수호자계급에게만 적용되고, 수호자들은 생계와 교육을 보장받는다. 반면, 이 공산주의 국가에서는 국민의 거의 전부에 해당하는 이른바 영양계급(상공신분)과 노예계급의 생계와 교육은 논의 없이 방기된다. 그리하여 소크라테스와 플라톤이 트라시마코스의 강자정의론을 분쇄하고 그 대신에 설파한 카스트분업적 정의는 최우수자라는 새로운 강자를 위한 정의로

---

24) Platon, *Politeia*, 460c–d.

귀착되었다. 플라톤의 카스트분업적 이상국가에서 정의는 결국 최우수 강자의 이익인 것이다. 양민과 교민의 인정仁政을 배제한 플라톤의 이 독재적·우생학적 카스트국가는 군인(수호자)계급과 소수의 철인치자를 최고로 우대하고 외적과 강절도를 막는 것 외에 일반백성(상공신분과 노예계급)을 전혀 배려하지 않고 허약자·불구자들을 가차 없이 제거하는 카스트적 정의국가로서의 야경국가적 안보·군사국가다. 카스트분업적 정의국가로서의 플라톤적 이상국가의 정체正體는 바로 최우수 강자의 이익을 정의로 추구하는 무자비한 우생학적·야경국가적 안보·군사독재국가이다.

■성서 속의 왕권신수설적 정의국가론

신을 대리한다는 왕권신수설적 정의국가에 관한 기독교 이론은 플라톤의 정의국가 개념과 쌍벽을 이루며 서구제국의 국가원리에서 사랑을 배제하고 군사력을 '정의의 검'으로서 앞세우게 만든 사상적 원천이었다. 그러나 기독교의 국가관은 구약과 신약이 판연히 다르다. 그렇지만 구약의 국가 개념과 신약의 국가 개념은 모순되지 않고 연속적인 것으로 이해될 수 있다. 그러나 성서는, 특히 사랑을 "율법의 완성"으로 되뇌는 신약은 국가원리로부터 사랑을 배제하고 사랑을 하느님의 일로, 종교(기독교)의 일로 만들어 놓았다. 이에 따라 도덕론에서 사랑이나 인애를 인간의 제1덕목으로 논하면서도 국가원리에서 배제한 아담 스미스와 쇼펜하우어의 정의국가론도 아마 암암리에 기독교적 국가관의 영향을 받았을 것으로 짐작된다.

- 사랑이 배제된 구약의 군사국가·조세국가·노예제국가

구약성서에서 신은 이스라엘 장로들의 군왕 설립 요구를 "나를 버리고 자기들의 왕 노릇을 못하게 하는 것"으로 이해했다(사무엘상 8:4-7). 그래서 하느님은 장로들의 요구를 만류하다가 군주국의 창설을 마지못해 승낙한다. 그러나 하느님은 왕국창설을 승낙하기 전에 먼저 군왕제도가 백성들에게 매우 부담스러운 것이라는 것을 알려 준다(사무엘상 8:9). 하느님이 이해한 군왕국가는 군사국가·조세국가·노예제국가다.

첫째, "너희들 위에 군림할 군왕이 행하게 되는 것"은 "너희들의 아들들을 취해 전차와 말을 가지고 복무하게 만들 것이고, 그들은 군왕의 전차 앞에서 내달릴 것이다." 둘째, "군왕이 너희의 아들들을 천부장, 오십부장으로 삼아 자기 밭을 갈게 하고 자기 추수를 하게 하고, 자기의 무기와 전차의 제구諸具를 만들게 할 것"이다. 셋째는 "군왕은 너희의 딸들을 취해 향료제조자, 요리사, 빵 굽는 자로 삼을 것이다." 말하자면, 백성은 병역과 신역을 짊어진 군왕의 노예 신세로 전락한다. 넷째, "군왕은 또 너희의 들녘과 포도원과 올리브 과수원에서 제일 좋은 것을 취해 자기의 종자從子들에게 줄 것"이다. 다섯째, "군왕은 너희들의 곡식과 포도주에서 10분의 1세를 거둬 자기의 관리와 종자들에게 줄 것"이다. 여섯째, "군왕은 너희의 하인들과 하녀들, 그리고 가축과 당나귀 가운데 가장 좋은 것을 자기 자신의 용도로 거둘 것"이다. 일곱째, "군왕은 너희의 양떼에서 10분의 1을 거둘 것이고, 너희들은 그의 노예가 될 것"이다(사무엘상 8:11-17).

그리고 하느님은 사무엘을 통해 백성들에게 경고한다. "그날이 올 때 너희들은 울부짖으며 너희가 선택한 군왕으로부터의 구조를 요청할 것이고, 주님은 그날 그것에 응답하지 않을 것이다(사무엘상 8:18)." 그러나 백성들이 사무엘의 말을 듣지 않고 "아니오, 우리는 우리 위에 왕을 가질 것이오"라고 말하고, "우리도 다른 모든 국민들과 같이 되어서 우리를 이끌고 우리 앞에서 나아가 우리의 전투에서 싸워줄 군왕을 가질 것이다"라고 했다(사무엘상 8:19-20). "주님"이 백성들의 이 요구에 대한 사무엘의 보고를 듣고 마지못해 사무엘에게 "백성들이 하는 말을 경청해서 그들에게 왕을 주라고 승낙했다(The Lord answered, 'Listen to them and give them a king')"(사무엘상 8:22).

하느님이 일단 말하는 군왕국가는 남자 백성들이 전차와 말을 가지고 복무하며 군왕의 전차 앞에서 내달릴 군사국가다. 동시에 남녀가 다 왕을 위해 일하는 부역국가다. 또한 오곡백과와 가축들에 대해 10분의 1세를 받는 조세국가다. 나아가 백성이 다 군왕의 노예인 노예제국가다. 국가의 과업에 사랑 또는 인혜의 시혜는 말끔히 배제되어 존재하지 않는다.

신약성서의 〈로마서〉에서 바울은 하느님이 원치 않던 이러 군사·조세·노예제국가를 '하느님의 제도'라 부르며 정당화한다. 이로써 그는 어떤 독재적 형태의 국가라도, 심지어 '네로의 국가'라도 정의국가이므로 국가에 복종하라고 명한다.

- 사랑과 무관한 신약의 왕권신수설적 정의국가론

바울은 로마서, 곧 로마로 보내는 서한을 고대그리스의 항구도시이자 아가야 폴리스의 수도 고린도(아테네에서 64km 떨어진 도시)에서 기원후 57년 말부터 58년 초 사이에 로마의 기독교도들에게 썼다. 이 시기는 네로황제(재위 기원후 54-68년)가 로마를 통치하던 때다. 4세기에서 17세기까지 기독교신학자들은 이 로마서를 근거로 기독교세계의 모든 군주제와 모든 지배체제의 정통성을 신의 의지로부터 또는 신의 직접적 임명으로부터 도출했다.[25] 바울이 너무나도 분명하게 왕권신수설 또는 제諸권세신수설을 일반화해 놓았기 때문이다.

모든 사람으로 하여금 통치하는 권세(the governing authorities)에 제각기 복종하게 하라. 신으로부터 오지 않는 권세는 없고, 존재하는 권세는 신에 의해 임명되기 때문이다(로마서 13:2).

"신으로부터 오지 않는 권세는 없고, 존재하는 권세는 신에 의해 임명된다"는 왕권신수론은 언뜻 보기에 구약·사무엘(상)에서 백성들의 요구로 군왕이 세워졌다는 구절과 모순되는 것으로 읽힌다. 그러나 "주님이 백성들이 하는 말을 경청해서 그들에게 왕을 주라고 승낙했다"는 구약의 구절(사무엘상 8:-22)을 중시하면 궁극적으로 볼 때 이스라엘의 왕은 하느님에 의해 설립되었다고 이해할 수도 있을 것이다.

---

25) 참조: Nikos Psarros, "The Political Philosophy of St. Thomas Aquinas in comparison to the political Ideas of St. Augustine and al-Farbi: Three Rationalist Conceptions", *Conference Paper*(June 2018), 1쪽.

그러나 사무엘(상)에서 "우리도 다른 모든 국민들과 같이 되어서 우리를 이끌고 우리 앞에서 나아가 우리의 전투를 싸워줄 군왕을 가질 것이다"라는 백성들의 말(사무엘상 8:20)을 뜯어보면, 이스라엘 국민 외의 다른 국민들은 다들 그 당시에 이미 군왕을 가졌다는 것을 알 수 있다. 다른 국민들의 이 군왕들은 하느님이 임명하지 않은 군왕들이다. 따라서 "존재하는 권세", 곧 지상의 '모든' 권세는 "신에 의해 임명된다"는 바울의 주장은 구약의 이 내용과 상충된다.

한편, "그들(백성들)에게 왕을 주라"는 구약의 하느님 말씀은 군왕신수론君王神授論이고, "존재하는 권세는 신에 의해 임명된다"는 바울의 말은 왕권신수론(통치권신수론)이다. 군왕신수론이나 왕권신수론은 동의同義다. 따라서 구약이든 신약이든 둘 다 왕권신수설을 말하고 있다.

이 왕권신수설의 견지에서 바울은 바로 하느님이 임명한 이 통치자에 저항하는 자를 신의 명령에 저항하는 자로 간주해 심판을 내릴 것이라고 위협함으로써 기독교도들을 현세의 모든 통치자들에게 무조건 복종하게 만든다.

그러므로 권세에 저항하는 자는 누구든 신의 법명(ordinance)에 저항하는 것이고, 권세에 저항하는 자들은 심판(judgement)을 자취自取하리라(로마서 13:2).

그리고 바울은 통치자들을 (그들 자신이 선인들인지 모르겠으나) '신의 대리인'으로서 권선징악을 집행하는 응보자, 또는 복수자로 추켜세운다.

치자들은 선행에 대해서가 아니라 악에 대해서 공포다. 네가 권세를 두려워하지 아니하려느냐? 선한 일을 행하라, 그러면 그에게서 칭찬을 받으리라. 그는 선을 위해서 네게 신의 대리인(God's minister)이니라. 그러나 네가 악을 행하거든 두려워하라. 왜냐하면 그가 공연히 검을 차고 있는 것이 아니기 때문이다. 그는 신의 대리인, 악을 행하는 자에게 진노를 집행하는 보복자(avenger)이니까(로마서 13:3–4).

바울은 군왕 또는 국가통치자를 일반사람의 선악을 판단·심판하고 악행에 대해 보복하는 '정의의 검'으로 권선징악 취지의 상벌을 집행하는 '정의의 보복자'로 설정함으로써 국가를 무엇보다도 먼저 '정의국가'로 이해한다. 보복심 또는 복수심은 정의 도덕의 핵심적 근본감정이기 때문에 위 성서구절에서 '악'은 불의이고 '선'은 정의일 뿐이다.

　　따라서 국가와 관련해서는 백성에 대한 군왕이나 국가의 사랑이나 인애, 은혜를 베푸는 애민정신 같은 것을 일절 언급하지 않고 통치자에 대한 양심적 복종까지 강요한다.

> 그러므로 너희는 복종해야 한다. 진노 때문만이 아니라 양심(conscience) 때문에도 복종해야 한다. 너희가 세금을 바치는 것도 이런 까닭이다. 왜냐하면 통치자들은 바로 이 일을 지속적으로 보살피는 신의 대리인들이기 때문이다(로마서 13:5-6).

　　"바로 이 일"이란 권선징악의 응보적 복수자로서 심판하고 심판을 집행하는 일을 가리킨다. 태초에 원죄를 저지르고 처벌받은 이래 원죄적 성악자性惡者들인 백성들을 두고 "양심"을 거론하는 것은 성서 안에 흔해빠진 자가당착에 속한다. 성악한 인간(사이코패스)은 양심이 없기 때문이다.

　　그런데 바울이 은연히 뜻하는 '선행善行'이란 군왕에 대한 세금과 관세의 납세, 군왕에 대한 두려움, 부모에 대한 공경, 간음·살인·도둑질·거짓증언·탐욕의 금제, 서로 사랑하는 것(이웃사랑)이다. 그러나 군왕 또는 국가의 백성사랑으로서의 애민愛民은 언급치 않는다.

> 그러므로 모든 분에게 그분들의 마땅한 몫을 바쳐라. 마땅히 세금을 받아야 할 분(통치자)에게 세금을 바치고, 마땅히 관세를 받아야 할 분(통치자)에게 관세를 바치고, 마땅히 외경을 느껴야 할 분(통치자와 하느님)에게 외경을 바치고, 공경(영광)을 받아야 할 분(통치자와 부모)에게 공경(영광)을 바쳐라. 누구에게든 서로 사랑하는 것 외에

어떤 것도 빚지지 말라. 왜냐하면 다른 사람을 사랑하는 사람은 계율을 완수했기 때문이다. 계명에 관한 한, "간음하지 말라", "살인하지 말라", "도둑질하지 말라", "거짓증언하지 말라", "(네 이웃의 아내나 재물을) 탐하지 말라", 그리고 어떤 다른 계명이 있더라도 모든 계명은 이 말 안에, 즉 "네 이웃을 너 자신처럼 사랑하라"는 말 안에 다 종합된다. 사랑은 이웃에게 해악을 끼치지 않는다. 그러므로 사랑은 계율의 완성이니라(로마서 13:7-10; 괄호 속 삽입 글은 인용자).

이것은 바울이 백성들에게 말하는 교설이다. 따라서 이웃사랑이 반복적으로 언급되는 이 교설도 군주의 애민을 누락하고 있다.

통치자에 대한 복종을 강조하는 이 교설에서 바울은 폭군 네로황제를 염두에 두고 있다. 이 편지는 네로황제 밑에서 수난을 당하고 있는 로마 기독교도들에게 보내진 것이기 때문이다. 그는 폭군 네로도 "마땅히 세금을 받아야 할 분", "마땅히 관세를 받아야 할 분", 백성들이 "마땅히 외경을 느껴야 할 분"으로 대우하고, 그에게 세금과 관세를 바치고 외경을 바치라고 명하고 있다. 통치자가 받아야 할 세금·관세·외경·영광 등의 "마땅한 몫(due)"을 바치는 것은 모두 정의에 해당한다. '정의'는 일차적으로 각 사람이 그에게 고유한 '정당한 몫'을 가지는 것을 뜻하기 때문이다. 그리고 세금·관세·외경·영광 등을 통치자에게 바치는 대가로 통치자가 백성에게 해주는 것도 각 사람에게 고유한 '정당한 몫'을 챙겨 주는 권선징악 목적의 사법적 정의(상벌)다. 이것은 하느님이 임명한 통치자가 다스리고 하느님의 뜻으로 수립된 통치제도로서의 국가란 백성이 세금·부역·외경·영광 등의 "마땅한 몫"을 바치고 통치자가 '정의의 검'으로 정의를 집행하는 '정의국가'라는 것을 말해 주고 있다. 이 국가는 구약성서의 국가 개념과 통합하면 군사·조세·노예제도에 기초한 정의국가가 된다.

이 기독교의 왕권신수설적·노예제적 정의국가론은 기독교세계에서 백성의 자유와 평등을 지향하는 모든 혁명이론을 불가능하게 만들고 모든 혁명 이론적 싹을 뭉개 버렸고, 로마시대의 노예제적 정의국가를 관통해서 중세 암흑시대의 봉건적(농노제적·예농제적) 정의국가를 계속 정당화하고 이론적으로 뒷받침해 주었다. 애민 또는 인민仁民(백성사랑)을 배제한 이 원형 야경국가적·기독교적 정의국가가 로마의 네로 황제 이래 17-18세기까지 1600-1700년 동안 저지른 죄악에 대해서는 여기서 더 왈가왈부할 것이 없을 것이다.

1.2. 근대 정의국가론

근대적 정의국가론은 토마스 홉스와 아담 스미스가 대표한다. 이 두 근대적 정의국가론에는 암암리에 플라톤·트라시마코스·성서의 야경국가적 정의국가론이 배어 있다.

■홉스의 절대주의적 군사안보·정의국가론

토마스 홉스는 플라톤의 카스트분업적 정의국가를 트라시마코스적 정의국가론으로 전화시키고 이것을 보댕의 야경국가적 절대군주국·절대주권론의 틀로 다시 주조鑄造하고 계약론적으로 번안해서 중세와 근대를 잇는 근세적 '신新봉건기획'의 절대주의적 안보·정의국가론을 완성했다. 동시에 홉스는 백성의 자연적 자유·평등 개념을 전쟁의 근본요인으로 기각하고 영국과 유럽에서 전래되어 온 '귀족주의적 자유·평등사상'의 전통을 새로운 스타일로 복원·신장新裝하려고 시도했다. 망명 중인 1647-1648년 파리에서 찰스 황태자(훗날 찰스 2세)의 왕사를 지냈던 홉스는 영국에서 내전이 한창이던 1647년과 1650년 사이에 영어로《리바이어던》을 집필했고, 1651년에 출판했다. 이 책은 왕정복고 정부와 성공회 교단의 배척을 받았다. 그러나 정치적 변덕과 그것이 난무하는 곡절 끝에 옥스퍼드대학은 1683년《리바이어던》을 교과서로 지정했다. 상당히 세속화되고 물질지향적으로 변해 가던 17세기 말 영국사회에서 기독교적 신앙심이 크게 약화된 청년층을 향해 자연적(본성적)·민본주의적 자유·평등론과 폭군방벌론을 분쇄하고 절대군주정을 세속적 욕구지향성의 논리로 일관되게 변호하는 데는 《리바이어던》을 따를 만한 책이 없었기 때문이다.

1651년의 《리바이어던》에는 인간의 본성적(자연적) 자유·평등 개념을 파괴하려는 온갖 기만적·자가당착적 궤변과, 영국과 유럽의 귀족주의적 자유·평등 개념을 복고하려는 온갖 교언巧言들이 집약되어 있다. 그리고 홉스 자신이 여기저기서 분명히 밝히고 있듯이 《리바이어던》은 왕당파 편에 서서 청교도세력과 존 밀턴의 자연적 자유·평등론과 폭군방벌론을 분쇄하고 왕정을 복고할 목적에서 쓰인 책이다.

부캐넌·벨라르민·수아레즈·밀턴은 원시적 자연상태 관념과 함께 "무위이치無爲而治·유이불여有而不與"와 "성상근性相近·무생이귀자無生而貴者"로 짜인 공맹의 본성적 자유·평등사상이 스며든 '자연적 자유'와 '자연적 평등'을 논했다. 그리고 리처드 후커는 16세기 말 이들의 '자연적 자유·평등' 개념을 암암리에 수용해 확산시켰다. 나아가 홉스 자신도 중국제국의 자유와 평등의 현실을 잘 알 수밖에 없는 17세기 한복판에 살고 있었다. 이런 여러 가지 이유 때문에 홉스는 이런 시대에 정치철학적 사색을 하면서 이 자연적 자유와 평등의 두 개념을 간단히 우회할 수 없었다. 당시 홉스는 중국·일본 등 극동제국에서 가톨릭 선교사들이 벌이는 선교활동도 불타는 종파적 적개심에서 주시하고 있었다. 《리바이어던》에서 홉스는 교황청의 동방선교에 대해 "밖으로 나가서 돌아오지 못할 로마의 망령"으로, 이 선교단에 묻어 들어올 수 있을 유교적 자유·평등이념과 혁명사상을 "더 나쁜 망령들"로 비난하고 저주한다.

이것에는, 그리고 교황정치와 요정들의 왕국 사이의 유사성과 같은 것에는 이것이 더해져야 한다. 요정들이 늙은 부녀들이나 늙은 시인들의 구전에서 유래해서 무식한 사람들의 상상 속에서만 존재하는 만큼, 그 자신의 국가영역 바깥에서 교황의 망령적 권력은 거짓 기적, 거짓 전설, 거짓 성서해석을 듣자마자 사람들을 빠지도록 유혹한 파문破門의 공포 속에서만 존재한다는 것이다. 그러므로 헨리 8세가 악령 쫓는 푸닥거리로, 그리고 엘리자베스 여왕이 유사한 푸닥거리로 거짓된 저것들을 내쫓는 것은 아주 어려운 일이 아니었다. 그러나 이 로마의 망령이 이제는 밖으로 나가 선교단을 써서 거의 결실을 주지 않는 중국·일본·인도의 마른 땅을 답파해서 돌아오지 못할 것을, 아니 더 정확히 말하면 로마의 망령보다 더 나쁜 망령들의 집단이 이 깨끗이 청소된 집에 들어가 살며 이 집의 목적을 처음보다 더 나쁘게 만들 것을 누가 알겠는가?[26]

홉스는 여느 영국인들처럼 가톨릭 선교사들이 동방선교를 통해 힘을 불려 유럽으로 되돌아와 개신교국가들을 더 압박하지 않을까 염려하고 있다. 여기서 선교단에 묻어 들어오는 유교적 자유·평등이념과 혁명사상을 "로마의 망령"보다 "더 나쁜 망령들"로 일컬으며 저주하고 있다.

홉스는 중국을 비롯한 극동문화의 쇄도와 세찬 대중적 확산을 막을 수 없다는 것을 잘 아는 만큼 일단 자연적 자유·평등개념을 받아들인 다음, 이 개념들을 불신과 전쟁의 근본요인으로 몰아 자연상태를 전쟁상태로 규정하고 자연적 자유·평등사상을 영국 같은 고도의 사회상태마저도 전쟁으로 몰아넣는 주인主因으로 단죄해 이 자연적 자유·평등 이념으로부터 일체의 정치적·도덕적 의미와 가치를 박탈하는 논변술을 구사한다. 그는 이 '자연적 자유'와 '자연적 평등'을 '전쟁적 자연상태'에서 '평화적 사회상태'로 이행해야 할 안보 필연성과, 주권자의 '설치'를 위한 계약의 필수성을 도출하는 부정적 단서로 사용하고 내동댕이쳐 버린다.

토마스 홉스는 자유(*liberty*)를 "자연권(*right of nature*)"으로 규정한다. 이것은 '자연적(본성적) 자유'를 말하는 것이다. "필객들이 흔히 *jus naturale*라 부르는 자연권은 각 사람이 자기의 본성을 보존할, 말하자면 자기의 삶을 보존할 목적으로 자신이 의지하는 대로 자신의 권력을 사용하기 위해 개인이 가진 자유, 그러므로 개인이 자기의 판단과 이성에서 그 목적에 가장 적합한 수단이라고 생각하는 어떤 짓이든 (*any thing*) 할 자유다."[27] 홉스가 이해하는 이 자연적 자유는 바로 '방종'이다. 개인이 '자연적 자유'를 "자기의 삶을 보존할 목적"에서 "어떤 짓이든" 할 수 있는

26) Hobbes, *Leviathan*, 699-700쪽.
27) Hobbes, *Leviathan*, 116쪽.

자유로 간주하는 이 명제는 방종의 명제이기 때문이다. 바로 이 '자유=방종' 명제 속에 이미 '자연적 자유'를 '방종'으로 격하시켜 폐기하려는 불순한 의도가 숨어 있다.

- '자연적 자유'의 폐기와 '귀족적 자유'의 재확립

홉스는 "자유"를 간단히 "외적 방해의 부재(*the absence of external impediments*)"로 정의하고, 이 외적 방해는 "가끔 하고 싶은 것을 할 수 있는 사람의 힘의 일부를 앗아갈 수 있지만, 사람의 판단과 이성이 그에게 따르도록 지시함에 따라 그에게 잔존하는 힘을 쓰는 것을 가로막지 못한다"고 말한다.28) 그리고 그는 "만인이 평등하게 자연본성에 의해 자유롭다(*all men equally are by nature free*)"고 선언하기도 한다.29) 또한 인간은 자연본성상 심신 능력에서 평등하고, 혹시 평등하지 않더라도 아무도 자신의 열등성과 타인의 우등성을 인정치 않으려고 하기 때문에 만인의 평등을 인정하지 않을 수 없다는 것이다.30) 홉스는 인간들의 (도덕적) '평등'을 '심신능력의 동일성' 또는 '지능적 동일성'으로 오해하고 있다. 그러나 상론했듯이 인간들 사이의 본성적 '동일성'이나 '능력의 동일성' 자체는 아직 인간들 사이의 정치적·사회적 '평등'을 뜻하지 않는다. 그러나 홉스는 데카르트처럼 인간의 이성능력의 동일성 또는 심신능력의 동일성에서 인간의 평등을 바로 도출하고 있다. 그러나 이 논변은 일단 인간의 지능(이성능력)이 천재와 백치의 차이처럼 천양지차를 보인다는 것, 신체능력도 타고난 천하장사와 약골·불구자 간에 엄청난 차이가 날 정도로 상이하다는 사실, 아니, 홉스의 요구대로 각개인의 모든 심신능력들을 다 합산하더라도 개인들 간에, 가령 강건한 체력의 천재와 약골백치 간에 심신능력의 차이가 천양지차라는 사실을 호도하고 있다.

하지만 홉스의 더 큰 오류, 아니 그의 평등 개념의 가장 본질적인 오류는 그가

---

28) Hobbes, *Leviathan*, 116쪽.
29) Hobbes, *Leviathan*, 203쪽.
30) Hobbes, *Leviathan*, 110-111쪽.

'동일성'을 - '정의'라는 도덕적 가치를 함의한 - '평등'으로 착각하는 것이다. 이 착각 때문에 홉스는 인간평등을 주장하기 위해 어떻게든 인간들 사이의 엄청난 능력차이를 호도해 그 동일성을 입증하려고 무리한 논변을 펴고 있다. 하지만 공자철학의 평등 논의에서 입증했듯이 인간들은 심신능력에서 차이가 아주 크더라도 인간들의 도덕성은 본성적 도덕감각과 도덕감정 측면에서 거의 평준화되어 있고, 인간들은 이 유사한 본성적 도덕성과 도덕적 존엄성 측면에서 모두 평등한 것이다. 인간의 이 유사한 본질적 존엄성은 곧 도덕적 존엄성이고, 이 도덕적 존엄성의 상호적 유사성 때문에 인간들은 평등한 것이다. 능력의 '동일성'을 '평등'으로 착각하는 홉스의 저 능력주의적 평등론에 따르면, 이해당사자들이 인간들 사이의 '엄청난' IQ 차이를 '작은' 차이로 과소평가하든 말든 이 이성적 지능 차이로부터 즉각 신분적·민족적·인종적 인간불평등을 도출하고, 노예제·지배민족·인종주의를 정당화할 수 있을 것이다. 아리스토텔레스, 그리고 19-20세기 게르만종족주의자·인종주의자들인 칸트·헤겔·니체·히틀러·나치스 등이 바로 그랬다.

인간들 간의 이런 그릇된 지적 평등의 관점에서 홉스는 아리스토텔레스의 지성주의적 불평등론과 권력론을 비판하면서 인간의 '자연적 평등'을 '만인이 타인을 자기의 자연적 동등자로 승인하는' 반反오만의 '제9자연법'으로 천명한다.

누가 더 선한 사람인지 하는 물음은 (...) 만인이 평등한 단순한 자연상태에서 들어설 자리가 없다. 지금 존재하는 불평등은 국법(시민법)에 의해 도입된 것이다. 나는, 아리스토텔레스가 자신의 교리를 창설하기 위해 그의 《정치학》 제1권에서 주인과 노예가 인간들의 동의에 의해 도입된 것이 아니라 지력의 차이에 의해 도입된 것처럼 어떤 인간들을, 그가 그의 철학 때문에 스스로를 그런 품종으로 치는바, 그 더 지혜로운 품종을 뜻하는, 본성상 명령할 더 많은 자격이 있는 이들로 만들고, 강한 육체를 가졌지만 그처럼 철학자가 아닌 사람들을 뜻하는 다른 인간들을 복종하기에 적합한 자들로 만들고 있는 것을 안다. 그런데 이것은 이성에 반할 뿐 아니라 경험에도 반하는 것이다. 오히려 스스로를 지배하지 않고 다른 사람들에 의해 지배될 정도로 그렇게 어리석은 사람은 극소수이기 때문이다. 또한 제 딴에 지혜롭다는 자들은 자신의 지혜를 불신하는 자들과 힘으로 싸울 때 늘 또는 종종 또는 거의 어느 때든 승리를 얻지 못한다. 그러므로 자연이 인간들을 평등하게 만들었다면, 이 평등은 인정되어야 한다. 그게 아니고 자연이 인간을 불평등하게 만들었더라도, 스스로를 평등하다고 생각하는 인간들이 평등의 조건이 아니면 평화상태로 들어가려고 하지 않기 때문에 그러한 평등은 인정되지 않을 수 없다. 그러므로 나는 이것을, 만인이 타인을 자기의 자연적 동등자로 승인하는 것을 제9자연법으로 설정한다. 이 지침의 침파는 오만이다.[31]

"누가 더 선한 사람인지 하는 물음"은 "만인이 평등한 단순한 자연상태에서 들어설 자리가 없다"는 홉스의 위 명제는 법을 만들 법인격체가 계약적 합의에 의해 세워지기 전의 상태, 곧 자연상태는 '선악의 피안' 명제다. 이 '선악의 피안'으로서의 자연상태론은 선악의 구분도 정의와 불의의 구분도 리바이어던의 법률에 의해 비로소 만들어진다는 그의 다른 주장과[32] 표리관계를 이루고 있다.

그러나 공맹에 따르면, 또는 섀프츠베리·라이프니츠·흄·스미스 등에 따르면, 또 현대 사회심리·사화동물과학에 따르면, 신이 율법을 만들고 인간이 법률을 만들기 전에 인간의 본성적 영혼 속에는 선악의 관념이 도덕감정과 도덕감각으로 본유本有한다. 그러나 홉스는 여기서 분명히 선과 악을 리바이어던 같은 최강자가 법으로 제정할 수 있는 것으로 착각하고 있다. 법인격이 계약의 합의로 수립되어 선악을 가르는 법률이 제정되기 전의 자연상태에서는 이브와 아담이 선악과를 따먹기 전의 에덴동산에서처럼 아직 선과 악의 구분이 없다는 말이다.

그러나 홉스의 이 자연상태적 '선악의 피안' 명제는 그의 다른 주장과 배치된다. 뒤에 다룰 것이지만 홉스는 "다중의 인간들을 보존할 수단을 위해 평화를 명하는"[33]

---

31) Hobbes, *Leviathan*, 140–141쪽.
32) Hobbes, *Leviathan*, 114쪽. "인간의 욕망과 기타 감정들은 그것 자체로서 보면 악(*sin*)이 아니다. 이러한 감정들로부터 생기는 행위들도 인간들이 그 행위들을 금하는 법률을 알 때까지 악이 아니다. 또 인간들은 이 법률이 만들어질 때까지 그 법률을 알지 못한다. 또한 그들이 그 법률을 만들 법인격에 대해 합의할 때까지 어떤 법률도 만들어질 수 없다."

19개 자연법 가운데 9개를 정의正義(성립된 계약의 준수)와 공정(형평성), 사은謝恩, 사랑(친절과 용서, 증오와 경멸의 극복), 타인의 대등성과 평등에 대한 승인(반反오만), 공손과 반反교만, 건방짐의 극복 등에 관한 '도덕적' 자연법으로 열거하고 있다. 따라서 자연상태에서도 선악의 구분이 있고, 자연법도 법이기 때문에 이 자연법의 위반은 '악惡' 또는 '죄악'인 것이다.

여기까지 홉스의 논변들을 모아 보면, 그가 엄청난 평등주의 전사처럼 나타난다. 그러나 "지금 존재하는 불평등은 국법(시민법)에 의해 도입된 것"이고 "주인과 노예가 인간들의 동의에 의해 도입된 것"이라는 주장에서 보듯이 그는 평등주의 논리를 나중에 사회계약에 의해 정반대로 뒤집으려고 한다는 것을 눈치챌 수 있다.

더욱 가관인 것은 '말 뒤집기'인데, 홉스가 방금 "스스로를 평등하다고 생각하는 인간들이 평등의 조건이 아니면 평화상태로 들어가려고 하지 않기 때문에 그러한 평등은 인정되지 않을 수 없다"는, 곧 만인의 평등 또는 평등의 자부심을 '자연법'으로 인정하면 '평화상태'로 들어갈 수 있다고 말해 놓고 나서 바로 만인의 '자연적 평등'을 '전쟁상태의 원인'으로 지목하는 대목이다. 자연적 평등이 조건의 변화에 따라 경쟁과 불신의 원인이 될 수 있기 때문이라는 것이다. 홉스가 앞에서 평화상태의 전제조건이라고 말한 '자연적 평등'이 여기서 슬그머니 "두 사람이 둘 다 향유할 수 없는" 재화의 희소성과 결합되면서 상호폭력과 약탈전쟁의 원인으로 뒤집히고 있다.[34] 대등한 자들 사이의 불가피한 경쟁심과 "서로에 대한 불신"은 "자신을 타인들의 신체·아내·자식·가축에 대한 지배자로 만들기 위해, 그리고 그들을 방어하기 위해 (...) 폭력을 사용하게" 만드는 전쟁의 첫째·둘째 원인들이다.[35] "자연은 이처럼 사람들을 분열시키고 쉽사리 서로를 침략하고 파괴하도록 만든다".[36] 희소한 자원을 두고 다투게 만드는 동일한 욕망, 동일한 희망의 원천인 '자연적 평등'에

---

33) Hobbes, *Leviathan*, 144쪽.

34) Hobbes, *Leviathan*, 111쪽.

35) Hobbes, *Leviathan*, 112쪽.

36) Hobbes, *Leviathan*, 113-114쪽.

무슨 짓이든 할 수 있는 '자연적 자유'가 보태지면 자연상태는 "만인의 만인에 대한 전쟁상태(*a condition of war of every man against every man*)"가 된다.[37] 그리고 "만인의 만인에 대한 전쟁" 상태인 자연상태에서 "만인은 만인에게 적이다(*every man is enemy to every man*)."[38]

따라서 '자연적 평등'이 신분적 불평등에 의해 대체·폐기되지 않으면 국내외적으로 평화는 보장될 수 없다. 홉스는 자연적 평등을 서로 인정하면 평화상태로 들어갈 수 있다고 말해 놓고, 이제 국내외적 평화의 보장은 자연적 평등의 폐기와 신분적 불평등의 수립에 의해서만 가능하다는 자가당착적 궤변을 구사하고 있는 것이다.

국내평화를 이루려면 자연적 인간들끼리의 이 자연적 평등과 자연적 자유를 폐기하고 사회계약을 통해 주권적 군주와 신민 사이에 '절대적 불평등'을 수립하고 귀족정의 경우에는 귀족집단(소수 인간들의 주권적 회중)과 인민 사이에 '절대적 불평등'을 수립해야 한다. 사회계약을 통한 이 정치사회적 불평등의 창설에 근거한 국내적 평화상태가 확립되고, 이 계약적 사회상태가 절대군주정이라면 이 절대군주정의 시민국가에서는 대내적으로 절대주권자와 시민 간에 자연적 평등이 완전히 제거되고, 계약으로 노예화된 시민들 간의 평등만 남는다. 그리고 귀족제 국가에서는 주권적 "인간회의체에 들어갈 권리"를 가진 사람들, 곧 "나머지와 구별되는 일정한 사람들"인 '귀족들' 간의 평등, 곧 '귀족적 평등'만 남고, 신민들 간의 - 잔존할 법한 - 자연적 평등도 군주·귀족권력의 개입에 의해 불구화되고 파괴된다(민주국가에서만 치자·피치자 동일성 원리에 따라 평등과 불평등, 지배와 피지배가 한 시민들에게서 통일될 수 있을 것이지만, 홉스는 민주정을 격하·배격한다). 군주국과 귀족국가에서는 군주와 평민, 귀족과 평민의 신분적 불평등이 생겨날 뿐만 아니라, 평민이 왕족에 종속되느냐, 귀족에 종속되느냐에 따라 평민들끼리도 불평등해진다. 어느 쪽에도 종속되지 못한 채 주변화되어 배제된 평민은 '유민流民'으로 전락한다. 그리하여 국민이 집단별로 위계적으로 서열화되어 신분적 불평등이 보편화된다.

---

37) Hobbes, *Leviathan*, 113, 114, 115쪽.

38) Hobbes, *Leviathan*, 113쪽:

한편, 국내사회가 사회적 계약에 의해 '자연상태'에서 '사회상태'로 넘어가더라도 국제사회는 여전히 '자연상태'로 남아 있다. 그러므로 대내적으로 자연적 평등을 완전히 청산한 절대군주에게도 대외적으로는 '자연적 평등'이 남아 있다. 그런데 군주의 이 자연적 평등은 '군주들 간의 평등', 곧 군주들 간의 '국제적' 평등으로서의 주권평등이다. '자연적 평등'이 추구되는 자연상태는 국경 바깥으로 이전되어 국제적 상태로 변환되고 역사적으로 전쟁적 자연상태가 반복된다. 그러나 홉스는 자연상태의 존부를 두고 자가당착적으로 오락가락하고 있다. 그는 한편으로 "이러한 때가 없었고 또한 이와 같은 전쟁상태도 없다고 생각될지 모르겠다"고 해놓고는, 정부가 전혀 없어 "오늘날도 동물적 방식으로 살고 있는" 미국의 많은 곳의 "야만적 인민들"처럼 "지금도 인간들이 그렇게 살고 있는 많은 장소가 있다"고 함으로써 전쟁상태로서의 적대적 자연상태의 가설을 고수한다. 그러나 다른 한편으로, 그는 이와 동시에 "개별적 인간들이 결코 서로서로에 대해 전쟁상태에 처해 있었던 어떤 시대도 존재한 적이 없었다"고 실토함으로써 자신의 적대적 자연상태론을 부정하고 있다. 이것은 자가당착적 자폭논리다. 그런 뒤에 본래적 자연상태 관념을 제쳐두고, 문명적 사회상태에 도달한 주권국가들 간의 국제관계만을 야만적 전쟁상태로서 자연상태의 모델로 제시하고 있다.[39] 그러면서 홉스는 "전쟁태세"를 "그 신민들의 근면을 유지시키는" 요소로 봄으로써 유럽 전통의 히브리즘·헬레니즘적 호전주의 또는 투쟁일원론(*Kampfsingularismus*)을 노정하고 슬그머니 찬양하고 있다(이 투쟁일원론은 칸트·헤겔·마르크스·니체 등에게서 반복된다). 전쟁과 전쟁태세가 국민의 정신적 건강과 근면을 지키는 요소라면, 홉스의 기본 논지는 부지불식간에 다시 자가당착으로 말미암아 파괴되고 만다. 전쟁상태가 국민의 정신적 건강에 이토록 좋은 것이라면 전쟁상태로서의 자연상태를 지양하고 사회상태로 넘어가야 한다는 홉스 자신의 주장은 어리석은 주장이 되고 말기 때문이다.

나아가 홉스는 동시에 평소의 빈틈없는 "전쟁태세"를 국민의 정신건강과 근면을

---

39) Hobbes, *Leviathan*, 114–115쪽; Hobbes, *Leviathan*, 154쪽.

유지시키는 긍정적 요소로 규정하는 반면, 이와 모순되게 이 전쟁태세를 요청하고 이 전쟁태세로 야기되는 전쟁위험과 전쟁을 "개별적 인간들의 자유"에 말미암는 "참화"로 규정하는 좌충우돌을 범하고 있다. 이것은 국제적 자연상태의 원인을 주권자들 사이의 국제적 평등과 독립성으로 지목하고, '자연적 자유'도 '자연적 평등'과 마찬가지로 국제적 갈등과 전쟁참화의 원인으로 규정하는 말이다.

이렇게 하여 홉스의 이론체계에서 만인의 자연적 자유와 평등은 전쟁과 불신의 요인으로 격하되고 치자와 피치자 간의 절대적 불평등과 피치자 일반의 절대적 부자유로 치환되고, 인간들의 자연적 자유와 평등은 이런 정치적 경로를 통해 군주와 귀족의 귀족주의적 자유와 평등으로 둔갑한다. 따라서 홉스의 체계는 언뜻 보아도 크롬웰에 의해 군주도 처형되고 귀족원도 해체된 새로운 정치적·역사적 조건에서 사회계약을 통해 영국 전통의 '귀족적 자유와 평등'을 '리세팅(resetting)'하려는 이론체계로 보인다. 말하자면, 홉스의 이론체계는 전체적으로 중국에서 건너온 만인과 인민의 자연적 자유·평등 관념을 '전쟁요인'으로 몰아 폐기하고 안전한 평화체제 확립을 구실로 '귀족주의적 자유와 평등'을 신선한 '계약' 프레임으로 '신장개업'하는 체계다.

그리고 홉스는 《시민에 관하여(De Cive)》(1641)에서 "인민(people)"을 "군중(multitude)"과 구분하면서 "인민"을 "단일한 의지를 가진 단일한 실체"로 정의하고, "군주국가에서도 인민은 권력을 행사하기 때문"에 "모든 국가에서 인민은 군림한다". 그리하여 그는 민주국가에서, 그리고 귀족국가에서는 "의회 또는 위원회(curia)가 인민이고", 군주정에서는 "왕이 인민이다"는 역설을 농한다.[40] 따라서 '인민의 자유와 평등'은 순식간에 귀족정에서 '귀족의 자유와 평등'으로 둔갑하고, 또 군주정에서는 '군주의 자유와 평등'으로 '순간이동'을 하는 것이다. 따라서 홉스의 정치철학에서 '인민'은 순식간에 '귀족'과 '군주'로 둔갑하고, 민주정을 논하는 경우에도 '인간'은 슬그머니

---

40) Thomas Hobbes, *De Cive*(641), XII, §8. 영역본(1651): Thomas Hobbes, *Philosophical Rudiments Concerning Government and Society*(*De Cive*) (651), Ch. XII, §8. *The Collected Works of Thomas Hobbes*, collected and edited by Sir William Molesworth, Vol II(London: Routledge/Thoemnes Press, 1992).

'자유인'(자유민)으로 둔갑해 있기 때문에 부자유인들(임금노동자·하인·노예·예농)을 포함한 신분적·경제적 최하층민까지 포괄하는 '인민', 곧 공자의 '백성'이나 '민초' 같은 '인민'은 존재하지 않는다. 따라서 그의 정치철학에서 자유는 언제나 "자유인·귀족·군주의 자유"로만 존재하고, "백성의 민본주의적 자유"란 그의 사전에 전무하다. 그래서 푸펜도르프가 "인민이라는 단어의 모호한 양의적 의미를 이용해 지적知的으로 모자라는 독자들을 기만한다"고 그를 비판했던 것이다.[41]

홉스의 사회계약론은 자연상태로부터 사회상태로 접근하기 때문에 엄격하고 근원적이어서 아무런 전제나 편견이 없는 것 같아 보이지만, 실은 인간에 대한 엄청난 편견과 그릇된 인간관을 전제하고 있다. 홉스의 인식론은 데카르트의 본유관념에 대항해 전全관념외래설을 주창하는[42] 에피쿠리언적·반反베이컨적 소박경험론이다. 하지만 그가 선사시대든 역사시대든 인간들이 경험한 적이 없을지라도 전쟁적 자연상태를 경험적 전제로 설정하는 '사회계약론'은 자신의 전全관념외래설적 소박경험론과 가장 극렬하게 배치된다. 나아가 그가 '자연상태의 인간'으로 상상하는 인간도 자기의 소박경험론과 가장 극렬하게 배치된다. 그의 이론체계가 시종일관 상정하는 것은 '서로어울림(company)' 속에서 "반대로 굉장한 비애를 느껴" 만나면 싸우는 투쟁적 동물이라는 투쟁일원론적 인간관·사회관이다. 그러나 오늘날의 인간과학과 고고·인류학이 과학적으로 거듭 확인하는 경험적 사실은 인간들이 만나면 서로를 좋아하고 사랑하며 서로 사귀어 우정을 맺고 동맹하며 '서로어울림 속에서 즐거움을 느끼는' 사회적 동물이라는 것이다. 그러나 홉스는 이를 정면으로 부정하고 있다. 그렇기 때문에만 그는 그가 절대시하는 '안보'를 구실로 당당하게 인간들의 자연적 자유·평등을 제거하고 귀족주의적·전통적 자유와 평등을 계약론에 의해 '리세팅'하고 새롭게 분식粉飾하는 일에 매진한 것이다.

홉스는 앞서 보았듯이 자연권을 '자연적 자유'와 동일시하고 다시 이 자연적

---

41) Samuel von Pufendorf, *Of the Law of Nature and Nations* 《*De jure naturae et gentium*, 1672》(London: Printed for J. Walthoe et al., The Fourth Edition 1729), 644쪽(Book VII, Chap.II, XII).
42) Hobbes, *Leviathan*, 1쪽.

자유를 "어떤 짓이든" 할 수 있는 '방종(license)'과 동일시한다. 이런 까닭에 그는 '방종'이나 다름없는 이 '자연적 자유'를 '타인으로부터 혜택을 박탈하는 자유'로 간주한다. "어떤 것에 대한 한 인간의 권리를 내려놓는 것은 동일한 것에 대한 그 자신의 권리의 혜택을 보지 못하도록 타인을 저지할 자유를 박탈당하는 것이다."43) 한 마디로, 인간의 자유는 타인의 자유가 시작되는 지점, 타인의 자유를 방해할 염려가 있는 지점에서 끝나는 것이 아니라, 이 지점을 넘어서 마음대로 타인을 저지하려는 심보의 방종이다. 위에서 다루었듯이, 홉스에게 자유는 "외적 방해의 부재"를 뜻한다. 이러한 방해는 "한 인간이 원하는 것을 행할 인간의 권력의 일부를 앗아갈 수 있지만, 그에게 잔존하는 권력을 그의 판단과 이성이 그에게 지시함에 따라 사용하는 것을 가로막을 수는 없다."44) 이와 같이 자연적 자유는 외적 방해물이 없는 상태이고 방해물이 생긴다면 이것을 자기의 "잔존 권력"으로 제거할 능력이다. 이 '외적 방해물'이 '타인'과 '타인의 자유'라면, 개인들의 자연적 자유는 '타인의 자유에 대한 훼방과 침범', 그리고 '타인과의 투쟁과 전쟁'을 내포한다. 그리하여 홉스는 "개별적 인간들의 자유"에 이런 전쟁의 "참화가 따라 다닌다"고 말하는 것이다.45) 결국 '자연적 자유'와 '자연적 평등'은 둘 다 전쟁유발 요인이다.

　그러나 토마스 홉스는 여기서 중대한 논리적 오류를 범하고 있다. 그에 따르면, 전쟁상태로서의 자연상태에서도 자연권의 행사는 '자연법'을 준수해야 한다. 그런데 그가 말하는 이 자연법은 뒤에 보듯이 17개의 도덕률이다. 마찬가지로 전쟁상태에서 적대행위를 할 경우에도 지켜야할 상호주의의 전쟁법이 있고 자연법도 있다. 그러나 위에서 그는 '자연권'을 자연적 전쟁상태에서 "어떤 짓이든" 저지를 "자유"의 권리로 잘못 정의하고 있다. 천만에! 자연상태에서도 자연법을 따르지 않을 수 없기 때문에 인간에게는 '아무 짓'이나 해도 되는 방종 성격의 자유는 없다. 자연법을 따르지 않아도 되는 법이라면 그것은 '법'이라 불러서는 아니 될 것이다. 자연적 전쟁상태에

---

43) Hobbes, *Leviathan*, 118쪽.
44) Hobbes, *Leviathan*, 116쪽.
45) Hobbes, *Leviathan*, 115쪽.

서도 인간들은 아무나 죽이는 것이 아니다. 인간은 그 상태에서도 자기의 가족·친족·애인·친구·동포·동맹자까지 죽이는 것이 아니라, 반대로 이들을 보호하는 사랑·동정심·서로믿음·신뢰(신의)의 자연법을 말없이 준수하는 것이다.

홉스는 "자연법"을 일단 "한 인간이 그의 삶에 파괴적인 짓을 하는 것, 또는 동일한 것을 보존하는 수단을 빼앗는 것, 그가 이 수단이 가장 잘 보존될 수 있다고 생각하는 것을 빠뜨리는 것을 금하는, 이성에 의해 찾아 내어진 지침 또는 일반준칙"으로 정의한다. 그리고 그는 "모든 인간은 평화를 얻을 희망이 있는 한에서 평화를 추구해야 한다는 것"과 "평화를 얻을 수 없을 때, 그는 전쟁의 모든 지원支援수단과 이점을 찾고 사용해도 된다"는 것("자연권의 총화總和는 우리가 할 수 있는 모든 수단으로 우리 자신을 방어하는 것")을 "기본적 자연법"으로 제시하고, 앞부분(평화추구 노력)을 '첫째의 기본적 자연법'이라 부르고, 뒷부분(자위를 위해 온갖 수단을 사용한 전쟁수행의 필연성)을 '둘째의 기본적 자연법'이라 부른다.46) 그리고 그는 이 두 '기본적 자연법'으로부터 상호주의의 '제2의 자연법'을 도출한다.47)

그리고 홉스는 이것이 "너는 남들이 네게 해주기를 요구하는 것을 남들에게 해줘라"는 성경의 복음이라고 덧붙인다.48) 이 상호주의, 곧 '계명된 이기주의'의 '제2의 자연법' 단계에 이르기만 해도 방종이나 다름없는, "어떤 짓이든" 저지를 "자유"로서의 '자연권'이라는 것은 자연상태에서도 논리적으로 유지될 수 없고, 상호주의에 의해 제약·구속되고 만다. 그러나 여기서 홉스는 "만인이 제각기 그가 좋아하는 어떤 짓이든 할 권리", 곧 '자연적 자유'를 다시 "만인이 전쟁상태에 처해 있는" 원인으로 간주하고 있다.

그리고 홉스는 "성립된 계약을 지킨다"는 제3자연법(신의의 법), 사은(베풂에 대한 감사)의 제4자연법, 친절과 공손의 제5자연법, 용서의 제6자연법, 복수로부터 증오와 경멸을 배제하고 미래의 이익만을 고려해야 한다는 제7자연법, 만인이 타인을

---

46) Hobbes, *Leviathan*, 117쪽.
47) Hobbes, *Leviathan*, 118쪽.
48) Hobbes, *Leviathan*, 118쪽.

자기의 자연적 대등자로 승인하는 것(반反오만)에 관한 제9자연법, 그리고 제19자연법(한두 명의 증인에게 신뢰를 주지 말고 제3증인, 제4증인, 그리고 그 이상의 증인에 대한 신뢰 부여)까지 이르는 자연법 리스트를 열거하고 있다.[49] 그리고 이렇게 결론짓는다. "자연법들은 불변적이고 영원하다. 왜냐하면 사람들의 불의, 배은, 오만과 교만, 불공평, 편들기 또는 역성들기(acceptance), 그리고 기타 것들은 결코 합법적일 수 없기 때문이다. 전쟁이 생명을 보존하고 평화가 생명을 파괴하는 경우는 결코 있을 수 없다."[50] 여기서 "합법적"이라는 표현은 '자연법에 합치된다'는 뜻일 것이다. 이런 말버릇 때문에 홉스는 도덕과 법, 자연법과 실정법을 혼동하기에 이른다. 그리하여 이 개념혼동 속에서 홉스는 계약을 보장하는 최강자의 법과 '정의의 검劍'으로 자연법을 폐기할 수 있고, 최강자의 검과 제정법이 존재하고서부터 선악의 도덕이 생겨난다고 망상한다.

홉스에 따르면, 19개 자연법 가운데 9개의 도덕적 자연법은 자연상태에서 자위를 위한 전쟁수행 중에도 준수되어야 한다. 게다가 홉스도 이 도덕적 자연법들을 "불변적이고 영원한" 것으로 규정하고 있다. 따라서 홉스가 외적 방해를 받지 않고 '어떤 짓'이든 할 수 있는 '방종'으로 격하·변질시킨 '자연적 자유'는 실은 그의 논변에 따르더라도 이미 자연상태에서도 존재할 수 없다. 따라서 일종의 '방종'으로서의 '자연적 자유'는 자연상태에서든, 사회상태에서든 그릇된 개념이다.

그리고 "전쟁이 생명을 보존하고 평화가 생명을 파괴하는 경우는 결코 있을 수 없다"는 홉스의 말도 그릇된 궤변이다. 왜냐하면 방어전쟁이라면 전쟁도 생명을 보존하고, '불의의 평화'(압박과 탄압에 의한 노예적·억압적 평화, 강자에 의한 약자의 유린을 통한 침묵의 평화, 악당들의 살인과 압제를 통한 불의의 평화 등)라면 평화도 생명을 파괴하기 때문이다. 위에서 그도 '자위를 위한 전쟁'을 '기본적 자연법'의 둘째 항목으로 언급했다. 따라서 "전쟁이 생명을 보존하는 경우는 결코 있을 수 없다"는 홉스의 저 명제는 궤변일 뿐만 아니라, 그가 말한 '기본적 자연법'의 제2항에

49) Hobbes, *Leviathan*, 130-144쪽.
50) Hobbes, *Leviathan*, 130-144쪽.

도 배치되는 자가당착적 명제다.

홉스의 전체 논지를 고려한다면, 인간들의 '자연권' 또는 '자연적 자유'는 인간이 비록 자연상태에 처해 있더라도 결코 "어떤 짓"이든 저지를 방종적 "자유"가 아니라, "불변적이고 영원한" 도덕적 자연법들에 부합하는 자유라는 의미에서의 '자연적 자유'로 재再정의되어야 한다. 그러면 자연상태도 결코 만인이 만인에 대한 전쟁을 벌이는 상태일 수 없을 것이다. 그러나 홉스는 자연적 자유를 미리 전쟁의 참상을 야기하는 야생적 '방종'으로 정의한 다음, 자연적 인간들에게 "나 자신을 다스리는 나의 권리를 이 인간에게, 또는 이 인간집단에게 양도하는" 계약에 의해 폐기하고 평화와 안전을 보장하는 대가로 영원히 취소할 수 없는 이 불가역적 계약에51) 의해 산출되는 "필멸적 신(*the mortal god*)", 또는 "주권자"로서의 "거대한 리바이어던"(巨獸)에 대한 자발적 굴종, 곧 "어떤 인간(*some man*)이나 인간들의 회중會衆(*assembly of men*)에 대한 자발적 굴복"을52) 요구한다. 그러나 홉스의 이 기도는 그의 방종이나 다름없는 '자연적 자유'도 준수해야 하는 "불변적이고 영원한" 도덕적 자연법들 때문에 논리적 진퇴양란에 빠진다. 전쟁을 유발하는 방종적 자유가 아니라 "불변적이고 영원한" 도덕적 자연법을 준수하는 진정한 '자연적 자유'는 저런 괴기스런 불가역적 굴복계약을 통해 폐기할 것이 아니라 사수해야 할 자유이기 때문이다.

그러나 홉스는 스스로 빠져 있는 논리적 자가당착을 의식치 못하고 전쟁 참화를 야기하는 '자연권'으로서의 '자연적 자유'를 "평화와 공동방어"를 위한 "서로 간의 상호계약" 또는 "만인의 만인과의 계약(*covenants of every one with every one*)"에53) 의해 "한 사람(*one Man*)" 또는 "인간들의 한 회중(*one Assembly of men*)"의54) '절대적 자유'로, 곧 '절대권력'으로 둔갑시켰다. 여기서 "한 사람"은 절대군주이고, "하나의

---

51) Hobbes, *Leviathan*, 158쪽.
52) 홉스는 한번 맺은 계약을 바꿀 수 없고 따라서 정부형태를 변경할 수 없는 것으로 규정한다. Hobbes, *Leviathan*, 160쪽.
53) Hobbes, *Leviathan*, 158, 159쪽.
54) Hobbes, *Leviathan*, 157쪽.

인간집회"는 - 홉스가 민주주의를 싫어하므로 '민회'를 빼면 - 주권적 귀족회의다. 따라서 누구나 누릴 수 있었던 '자연적 자유'가 전쟁유발적 '방종'으로 변질되고 '자연적 평등'이 전쟁유발 요인으로 폄하되어 양도·폐기되고 어느새 "평화와 안전"을 위해서라면 평민들에게 자의적으로 절대적 복종을 요구할 수 있는 '군주적·귀족적 자유'로, 군주적·귀족적 절대권력으로 탈바꿈되었다.

홉스는 《리바이어던》의 "신민들의 자유"의 절(196–197쪽)에서 "신민들의 자유"를 '노예의 자유'로, 신민들의 '무조건적 복종'으로 둔갑시키는 궤변과 교언巧言을 더욱 밀어붙인다. 그는 앞서 추상적으로 정의된 '외적' 자유의 개념을 좀 더 정교화·근대화한다. 홉스의 정치이론은 훗날 데카르트와 칸트가 계승한, 외적 방해물을 고려치 않는 아우구스티누스의 주관주의적 '자유의지'로서의 자유를 배격하고 "외적 방해물"로부터의 자유라는 의미에서의 '객관적·외적 자유'를 강조하는 점에서 '근대적' 면모를 띠고 있다.55) 따라서 홉스는 데카르트에 대항해 '자유의지'를 '무의미하고 부조리한' 난센스로 몰아 부정하고, 심지어 데카르트의 교부철학적 '자유의지'라는 단어부터 분쇄했다. 외적 방해물에 짓눌려 꼼짝달싹 못하는 상황에서도 마음속으로만 주관주의적으로 자유롭다고 확신하는 '자유의지'는 자기기만적 난센스이기 때문이다.56) '진정한' 자유의지는 "대립물에 의해 방해받는 것으로부터 자유로운 의지"일 따름이다.57) '자유의지'라는 단어가 난센스가 아니려면 그것은 인간이 의지를 실현하는 것에서("하고 싶은 짓을 하는 것에서") 외적 방해로부터 자유로운 것을 뜻하는 것이지, "의지·욕망·성향"이 자유로운 것을 뜻하는 것이 아니라는 말이다. 훗날의 칸트와 칸트주의자들을 선취적으로 분쇄하는 듯한 홉스의 이 논변은 실로 탁절하고 유일하게 근대적이다. 칸트는 개인적 의지 '바깥에' 엄존하는 프러시아 군국주의 관헌官憲국가에 짓눌린 상태에서도 인간들이 '자유의지'를 가졌으므로 이 외적 억압상태에 초연하게 마음속에서 '나는 자유롭다'고 자기기만적 흰소리를

---

55) Hobbes, *Leviathan*, 196–197쪽.
56) Hobbes, *Leviathan*, 32–33쪽.
57) Hobbes, *Leviathan*, 33쪽.

늘어놓는 것을 '자유'라고 주장했기 때문이다.

그런데 홉스는 자유의지론의 비판으로 그치지는 않는다. 그는 정신적·육체적 질병으로 움직이지 못하고 누워 있는 사람은 '자유'가 없는 것이 아니라 '힘'이 없는 것, 곧 '무력한 것이다'고 말함으로써, 절대권력 아래서 육체적 손상, 감금(자유형), 목숨을 빼앗는 극형 등에 대한 '두려움'에 무력하게 복종하는 '정치적·정신적으로 병든' 노예와 신민도 '권력은 없지만 자유는 있다'는 궤변을 말하기 위해 복선을 깔고 있다. 그는 '자유민'의 정의에서 "체력과 지력"을 전제한다. 이 '체력과 지력'은 그의 포괄적 권력 개념에 따르면 곧 '정치권력'일 수 있다. 홉스가 애당초 '권력'을 온갖 수단과 능력까지로 그러모아 그야말로 포괄적으로 정의하기[58] 때문이다. 나아가 "평화나 전쟁의 행위에서 현명하다는 평판은 권력이다. 다른 사람들에게보다 더 기꺼이 현명한 사람들에게 우리는 우리 자신의 통치를 위탁하기 때문이다. 고귀성은 모든 곳에서가 아니라 특권제도를 가진 국가 안에서만 권력이다. 귀족층의 권력은 이러한 특권에 있기 때문이다."[59] "평화나 전쟁의 행위에서 현명하다는 평판"은 '정치적 현명의 평판'을 말하는데, 이 정치적 현명의 평판은 정치적 '고귀성'의 원천이다. 따라서 권력으로서의 '현명의 평판'과 '고귀성'은 동의어다. 영국은 특권 신분제 국가다. 그러므로 영국에서 '현명의 평판'과 '고귀성'을 향유하는 귀족집단은 많은 사람들이 애호하거나 두려워하는 절대적 권력집단이다. 이 애호와 두려움은 다시 권력을 배가시키는 요소다. 왜냐하면 "많은 사람으로 하여금 애호하거나 두려워하게 만드는 어떤 사람의 자질은 그 무엇이든 그것은 권력이고, 이 자질의 평판도 권력이기" 때문이다. 타인들을 애호하게 하고 두려워하게 만드는 이 자질과 평판은 "많은 사람의 지원과 봉사를 받을 수단이다".[60] 그러므로 만인의 만인과의 계약에 의해 '설립'된 영국의 'Commonwealth'는 교묘한 논리에 의해 필연적으로 영국 대귀족들의 손아귀에 들어 있게 된다.

---

58) Hobbes, *Leviathan*, 74쪽.
59) Hobbes, *Leviathan*, 75쪽.
60) Hobbes, *Leviathan*, 75쪽.

이 지점에서부터 홉스는 '종복 또는 신민(subjects)의 자유'로 관심의 방향을 돌려 자유를 '두려움'과 타협시키고, 자유를 '필연'과 합치시킴으로써 '종복의 자유', '신민의 자유'를 조작해낸다. 즉 그는 '자유로운 종복'의 존재를 말하는 것이다. 그러나 그는 "'자유로운 종복(a free subject)', 또는 '자유의지'를 내게 말한다면", 나는 "그 사람의 말이 무의미하다고, 곧 부조리하다고 말할 것이다"라고 쏘아붙였었다.61) 아무튼 그는 일단 '자유가 공포와 양립한다', "두려움과 자유는 조화롭다"고 말한다.62) 그러나 배가 침몰할 위험 때문에 두려움에 빠진 사람은 어쩔 수 없이 화물들을 바다에 내던지는 것 외에 다른 수가 없다. 채무변제를 하지 않으면 구류당할 위험을 알고 두려워하는 사람은 어쩔 수 없이 구류당하든, 아니면 구류를 피하기 위해 어쩔 수 없이 돌려막기 식으로 채무를 변제하든, 양자택일에 내몰린다. 이런 행위는 자연적 필연의 행위, 곧 자연적·물리적 원인이 있는 행위가 아니지만, 물리적 위험(천재지변에 따른 선박의 침몰 위험)과 사회적·인위적 위험(인간이 만든 사법체계에 따른 재산몰수나 투옥의 위험)에 대한 공포로 말미암아 '어쩔 수 없다'는 뜻에서 '필연적' 행위, 곧 '필연적 원인'(전자) 또는 '필연적 이유'(후자)가 있는 행위다. 따라서 이 행위는 어떤 의미에서도 결코 '자유의 행동'이 아니다. 홉스는 그럼에도 불구하고 저런 궤변으로 '자유와 두려움'을 조화시키고 있다. 하지만 자유는 두려움으로부터도 해방되어야만 진정한 자유인 것이다.

저런 논변의 연장선상에서 홉스는 '원인(cause)'과 '이유(reason)'를 무차별적으로 동일시함으로써 자연적 '자유'와 자연적 '필연'의 합치를 날조하고, '자연적 자유'를 '자연적 필연'으로 변조한다.63) 홉스는 마치 말브랑슈의 기회원인론 같은 논법으로 자연필연성과 인간적 자유를 동일시한다. 인간이 자유선택에 의해 수행하는 행위는 물리적 '원인(cause)'에 의해 필연적으로 일어나는 '작용'이 아니라, 인간이 그렇게 행동하기로 선택할 공리적·유희적·미학적·도덕적 동기, 곧 '이유(reason)' 있는 자유

---

61) Hobbes, *Leviathan*, 32쪽.
62) Hobbes, *Leviathan*, 197쪽.
63) Hobbes, *Leviathan*, 197–198쪽.

행동이다. 홉스는 '원인'과 '이유'를 구별하지 못하고 마구 무차별적으로 혼용하고 있다. '이유'를 '원인'으로 둔갑시켜 '원인'과 동일시하는 사고 속에서나, 또는 원인으로만 일어나는 사건인 경우에나 자유와 필연은 합치된다. 낙하운동의 '자유'와 가속도적 중력작용의 인과적 '필연성'이 결합된 돌멩이의 자유낙하운동의 경우가 그런 경우다. 그러나 인간의 경우에 이유와 원인의 차이는 자명하기 때문에 자유와 필연은 부합되는 것이 아니라, 선명하게 모순되는 것이다. 인위적 필연이든, 물리적 필연이든 모름지기 '필연'이란 모든 자유를 삭감하거나 박탈하기 때문이다.

그러나 가령 법에 기인한 모든 법률행위의 필연성이 '인위적 필연'이지만, 모든 법률행위가 '인위적 필연'을 수반하는 것은 아니다. 가령 '할 수 있다', '해도 된다'는 식의 법률규정은 인위적 필연으로 인간행동을 구속하는 규정이 아니라, 반대로 인간에게 행동의 자유와 권리를 보장하는 규정이다. 그러나 의무와 형벌에 대한 법적 당위규정의 경우에 이 규정의 강제집행은 '인위적 필연'이다. 그리하여 의무불이행에 따른 형벌의 경우에 범법에 대한 귀책사유 때문에 범법자의 자유를 일시적으로 또는 영원히 박탈하거나 그의 재산(결국, 자유)을 삭감한다. 그러나 법에 입각한 허가·자유부여·포상의 경우에는 시민권이 허가와 자유부여의 이유가 되고 덕행이 포상의 이유가 되지만, 반드시 시민이 허가를 신청하거나 자유를 이용해야 할 '인위적 필연성'이나, 수상대상자가 상을 수상해야 할 '인위적 필연성'은 없다. 가령 포상의 경우에 자기 판단에 따라 상을 양보하거나 포기할 수도 있고, 수상 직후에 상금을 몽땅 타인에게 줄 수도 있기 때문이다. 수상대상자의 이 모든 행동은 다 '이유' 있는 자유행동의 유형들이다.

- 불가역적 계약과 '참주'로서의 리바이어던

'리바이어던'을 낳는 홉스의 사회계약론은 실은 계약에 의한 폭군 산출의 이론이다. "자유로운 종복"이라는 말이나 다름없는 "종복(신민)의 자유"라는 표현의 부조리성은 신민의 잔여 자연권도 지워 버릴 듯한 "필멸적 신"인 주권자 '리바이어던'의 무제한적 권력 앞에서 극화되고, '신민의 자유'는 거의 영화零化되고 신민은 '종복'으로 전락한다. 홉스는 만인의 만인과의 계약으로 한번 '설립'된 주권자의 지위를 계약의 취소에 의해 영원히 무효화될 수 없는 것, 세습적인 것으로 만들어 '절대화'한다. 홉스는 이에 대해 특별히 길게 논변한다.[64]

홉스는 앞서 불가양의 잔여 자연권의 엉뚱한 유형들을 열거했으면서도 계약을 맺은 당사자들이 기존의 계약을 취소하고 다른 계약을 맺을 잔여 권리를 부인하고 있다. 나아가 홉스는 계약에 의해 한번 설치된 '국가'를 해소할 수 없고 한번 부여된 주권적 권력은 박탈할 수 없다고 논변한다.[65]

주권자의 "어떤 행동이든 그들의 특별한 개개인 모두의 인격과 권리로 행해진 까닭에 그 주권자 자신의 행위이기도 하고 나머지 모든 사람들의 행위이기도 하다"는 구절은 만인("나머지 모든 사람들")과 일개 주권자를 등치시키는 논변이다. 이것은 사회계약이 체결된 뒤 군주와 인민을 등치시키는 홉스의 사전논의를 되돌아봐야만 완전히 이해될 수 있다. 상론했듯이 그는 《시민에 관하여》(1641)에서 이렇게 '군주'를 '인민'과 등치시켰었다.[66] 민주정에서 '민회'가 '인민'이라면 이것으로부터 군주정에서 '군주'가 '인민'이라는 식이다. 이 주장의 비상한 성격은 민주적 주권자와 군주정적 주권자 사이에 아무런 형식적 구별도 있을 수 없다는 확신과 더불어 그 자체가 그의 이론이 민주주의에 대한 고찰로부터 생겨났다는 사실에 대한 증거라는 데 있다.[67] 그러나 문제는 이에 잇대서 홉스가 군주국에서 군주가 곧 인민이기 때문에 인민은 군주에 맞서거나 저항할 수 없다고 주장하는 것이다. 왜냐하면 군주와

---

64) Hobbes, *Leviathan*, 160쪽.

65) Hobbes, *Leviathan*, 161쪽:

66) Hobbes, *Philosophical Rudiments Concerning Government and Society* (*De Cive*) [651], Ch. XII, §8: "사람들은 인민(*people*)과 군중(*multitude*) 간에 충분히 명백한 구분을 하지 않는다. 인민은 단일한 의지를 가진 단일한 실체다. 당신은 인민에게 하나의 행동을 귀속시킬 수 있다. 이것은 군중에 적용될 수 없는 말이다. 모든 국가에서 인민은 군림한다. 왜냐하면 군주국가에서도 인민은 권력을 행사하기 때문이다. 인민은 한 인간의 의지를 통해 의지한다. 그러나 시민들, 곧 신민들(피치자들)은 군중이다. 민주국가에서, 그리고 귀족국가에서 시민들은 군중이지만, 의회 또는 위원회(*curia*)는 인민이다. 군주정에서 신민들은 군중이고, (역설적으로) 왕은 인민이다."

67) Tuck, "Grotius, Hobbes and Pufendorf", 27쪽.

인민의 동일성 원리에 따라 군주에 대한 인민의 저항은 곧 자기에 대한 저항이기 때문이라는 것이다.

그러나 공자철학을 배운 뒤 홉스비판자로 돌아선 사무엘 푸펜도르프는 앞서 시사했듯이 "홉스 씨"는 민주주권의 직관적 개념에 호소한 다음 동일한 관념을 군주국에 확장함으로써 "인민이라는 단어의 모호한 양의적 의미를 이용해 지적知的으로 모자라는 독자들을 기만하고 있다"고 비판한 바 있다.68) 홉스 자신은 《시민에 관하여》에서 이미 "사람들이 나라를 세우기 위해 만났을 때 그들은 거의 그들이 만났다는 바로 그 사실에 의해 일종의 민주국가(a Democracy)"라고 말하고, 또 "그들이 자발적으로 모였다는 사실로부터 그들은 다수의 합의에 의해 만들어진 결정에 의해 결속되어 있는 것으로 이해된다"고 말함으로써69) '군중'이 국가설립을 위해 모여 '인민'이 된 것을 간접적으로 시인하고 있다. 따라서 군주끼리의 만남과 상호계약을 통해 형성된 이 '인민'만이 단일한 법인격으로 민회나 민회 대표자들의 집회에 주권을 부여하든 귀족들의 원로원이나 왕에게 주권을 여탈與奪할 수 있는 것이다.

그러므로 푸펜도르프는 온 국민이 참석하는 민회나 민선된 인민대표자들의 집회가 주권을 부여받은 직간접적 민주국가(직접민주정과 대의민주정)에서라면 치자와 피치자가 동일하므로 치지와 피치자 사이의 제2차 통치계약이 불필요하지만, 치자와 피치자가 동일하지 않은 귀족정과 군주정에서는 치자와 피치자 사이에 제2차 통치계약이 필요하다고 말하고 있는 것이다. 그리고 이 제2차 통치계약은 당연히 취소가능하고 주권은 기존의 주권자에서 다른 주권자에게 이양될 수 있다. 푸펜도르프는 아주 예리한 논변으로 홉스의 핵심 논지를 무력화시키고 있다.

로크는 푸펜도르프의 이 논변을 계승해 폭군에 대한 혁명권을 설파했다. 그러나 인민은 폭군의 존재를 전제할 때 폭군의 탄압으로 말미암아 한자리에 모이거나 전체가 다 정치적 연대를 꾸리기 어렵다. 따라서 혁명은 한두 개인이나 한두 소집단으로 비밀리에 발기될 수밖에 없고, 그렇다면 개인도 그 통치계약을 수정하거나

---

68) Pufendorf, *Of the Law of Nature and Nations* 〔672〕, 644쪽(Book Ⅶ, Chap.Ⅱ, Ⅻ).
69) Hobbes, *Philosophical Rudiments Concerning Government and Society*(*De Cive*) 〔651〕, Ch.Ⅶ, §5.

변경하려고 일어날 권리가 있어야 한다. 따라서 필자는 한 걸음 더 나아가 집단으로서의 '인민'만이 그런 제2차 통치계약을 맺고 바꿀 권리가 있는 것이 아니라, 홉스의 '자연적 자유' 개념에 따르면, 개인도 계약을 취소할 권리가 있다고 생각한다.

홉스는 앞서 "자연권은 각인이 자기의 본성을 보존할, 말하자면 자기의 삶을 보존할 목적으로 자신이 의지하는 대로 자신의 권력을 사용하기 위해 각 사람이 가진 자유, 그러므로 각 사람이 자기의 판단과 이성에서 그 목적에 가장 적합한 수단이라고 생각하는 어떤 짓이든 할 자유다"라고 말하면서,[70] 그리고 그는 "만인이 평등하게 자연본성에 의해 자유롭다(*all men equally are by nature free*)"고 선언한다.[71] 또한 "자유"를 간단히 "외적 방해의 부재"로 정의하고, 이 외적 방해는 "가끔 하고 싶은 것을 할 수 있는 사람의 힘의 일부를 앗아갈 수 있지만, 사람의 판단과 이성이 그에게 따르도록 지시함에 따라 그에게 잔존하는 힘을 쓰는 것을 가로막지 못한다"고 밝힌다.[72] 홉스 자신의 이런 자연적 자유의 정의에 따라 개인은 자기에게 잔존하는 힘을 판단과 이성에 따라 사용해 계약을 변경할 자유가 있는 것이다. 여의치 않으면 홉스의 논리에 따라 개인들에게는 늘 어떤 외적 방해물이든 생긴다면 당연히 이것을 자기의 "잔존 권력"으로 제거할 자유가 있고, 따라서 '혁명투쟁과 혁명전쟁'을 벌일 자유가 잔존하는 것이다. 그래서 홉스 자신이 자연적 자유와 관련해 바로 "전쟁"을 운위했었다.[73] 그러므로 그의 취소불가의 사회계약론은 그의 잔존하는 자연적 자유 개념과 충돌한다.

한편, 홉스는 주권자의 '설립(*institution*)'이 "주권자가 그들의 어느 누구와 맺은 계약에 의해서가 아니라 이 사람이 저 사람과 서로 맺은 계약에 의해" 이루어졌기 때문에 주권자와 신민들의 관계가 쌍무적 계약관계가 아니라서 "주권자 측에서는 어떤 계약위반도 일어날 수 없고, 그러므로 그의 신민들 가운데 아무도 박탈을

---

70) Hobbes, *Leviathan*, 116쪽.
71) Hobbes, *Leviathan*, 203쪽.
72) Hobbes, *Leviathan*, 116쪽.
73) Hobbes, *Leviathan*, 115쪽.

빙자해 복종으로부터 자유로워질 수 없다"고 주장한다. 그러므로 주권자와 신민 간에 계약이 부재하므로 군주의 권력지위는 계약의 의무조건들을 조건으로 수여받은 '조건부적' 지위가 아니라 '절대적' 지위라는 것이다.

> 어떤 군주가 그의 권력을 계약에 의해, 말하자면, 조건부로 받는다는 의견은, 말과 호흡에 불과한 계약이 공적 검으로부터 얻는 힘 외에 아무런 힘이 없다는 쉬운 진리에 대한 이해 부족, 곧 그들 모두에 의해 승인되고 그들 모두의 힘에 의해 수행되어 주권자 안에 통합되는 행동들의 원작자인 그 주권적 인간과 인간들의 주권적 회의체의 결합된 손으로부터 얻는 것 외에 누군가에게 의무를 지우고 누군가를 봉쇄하고 제어하고 보호할 아무런 힘이 없다는 쉬운 진리에 대한 이해 부족에서 생긴다. 그러나 또 인간들의 회의체가 주권자로 만들어질 때는 어떤 사람도 이러한 계약(안)이 국가설립 과정에서 (회의를) 통과했다고 상상하지 않을 것이다.[74]

한번 설립된 군주와 집회의 주권적 지위는 계약 조건에 묶인 '조건부적 지위'가 아니다. 그 지위는 주권자와 맺은 계약이 아니라 시민들끼리 맺은 계약에 의해 설치된 무조건적 지위다. 그러나 사인私人들이 저들끼리 맺은 '사적' 계약으로 '공적' 주권자를 설립할 수 있는 것도 불가능하지만, 사인들이 모여 이 주권자를 교체하는 다른 '사적' 계약을 저들끼리 맺는 '사적' 행동들을 '공적' 주권자가 저지하기 위해 사적 자유계약이 인정되는 시민사회에 간섭하는 것도 불가능할 것이다. 따라서 사적 다중 또는 군중이 공적 주권자를 산출할 수 있기 위해서는 저들끼리의 사적 계약을 통해 자신들을 상호 단합시켜 하나의 단일한 인격체 또는 '법인'으로서의 '인민'으로 전환·격상시킨 다음, 이 '인민'의 집회(민회) 또는 민선된 인민대표자들의 집회(의회)를 주권자로 봉대하든지, 한 인간을 선택해 군주로 봉대해야 할 것이다. 이 후자의 경우에는 불가피하게 인민과 비非민선 군주 간에 또 다시 통치계약이

---

74) Hobbes, *Leviathan*, 161쪽:

맺어져야 할 것이다. 귀족정의 경우에는 인민과 비非민선 귀족집회 간에 유사한 통치계약이 맺어져야 할 것이다. 따라서 단일한 법인격으로서의 '인민'은 더 이상 사적 '군중'이 아니라 - 홉스 자신의 말대로 - 기본적으로 "하나의 민주국가(*a democracy*)"이기 때문에 이 통치계약을 언제든 해지할 수 있어야 할 것이다. 그럼에도 불구하고 홉스는 '취소할 수 없는 불가역적 계약'과, '군주와 신민 간 계약관계의 부재'라는 논변으로 참주방벌론의 제기가능성을 원천봉쇄하려고 하고 있다.

홉스는 '참주정(*tyranny*)'이라는 단어를 '주권'과 등치시킨다. 여기서 '리바이어던'의 정체가 '참주(폭군)'라는 사실이 노골화된다. "*tyranny*라는 단어를 사용하는 사람들이 자기들에 의해 그렇게 불리는 사람에 대해 화를 내는 것으로 이해되는 것을 제외하면, *tyranny*라는 명칭이 한 사람에게 있는 주권이든, 많은 사람에게 있는 주권이든 '주권'이라는 명칭 이상도, 이하도 뜻하지 않기 때문에, 나는 참주정(폭정)에 대한 공언된 증오의 용인이 국가 일반에 대한 증오의 용인이고, 전자와 많이 다르지 않은 또 다른 악의 씨앗이라고 생각한다. 왜냐하면 정복자의 주의주장을 정당화하는 데는 대개 피정복민의 주의주장에 대한 비난이 필요하지만, 피정복민에게 책무를 지우기 위해서는 이 주의주장들 가운데 어느 것도 필요하지 않기 때문이다."[75] 홉스는 주권자를 세운 '신민'을 '피정복민'과 동일시하고 '주권'을 '폭정'과 등치시킴으로써 폭군에 대한 방벌을 주권자에 대한 방벌로 몰아 폭군방벌론을 아예 원천적으로 몰아내 버리고 있다.

그러나 "*tyranny*"의 어원은 '주권'이 아니라, 인민동의 없이 권력을 움켜쥐고 인민 위로 올라선 반反인민적·반反민본주의적 정치권력이다. "*tyranny*"는 "그리스어로 원래 명예로운 술어였을"지라도[76] 훗날 인민동의 없이 권력을 움켜쥐고 인민 위로 올라선 정치권력을 가리키는 용어로 쓰였다. 이 때문에 "*tyranny*라는 명칭이

---

75) Hobbes, *Leviathan*, 706-707쪽.

76) Jean Bodin, *The Six Books of the Commonwealth* (Oxford: Basil Blackwel, 1955), "Book II, Chapters IV and V, Concerning Tyrannical Monarchy". 보댕은 말한다. "그리스어로 원래 명예로운 술어였던 *tyrant*라는 단어는 단지 신민들의 동의 없이 권력을 장악해 자신을 동등한 자로부터 시민들의 주인으로 높인 군주를 뜻했다. 이러한 사람은 비록 지혜롭고 정의로운 군주라도 '참주'로 불렸다."

한 사람에게 있는 주권이든, 많은 사람에게 있는 주권이든 '주권'이라는 명칭 이상도, 이하도 뜻하지 않는다"는 홉스의 주장은 망발이고, "*tyranny*라는 명칭이 주권을 뜻한다"는 홉스의 논변은 용납불가의 궤변이다. 따라서 폭군방벌론의 제기가능성을 원천봉쇄하려는 그의 기도는 그야말로 '헛발질'이다.

하지만 홉스에 따르면, 주권군주는 심지어 신법神法을 어기더라도 탄핵당하지 않는다. 이 점에서 홉스의 주권군주는 신법을 어길 경우 타국의 군주들의 무력소추를 피할 수 없는 보댕의 주권군주보다 더 막강한 절대적 존재다. 홉스는 이 논리를 강화하기 위해 신민들이 신과 직접 교섭하거나 계약을 맺을 수 있는 모든 소통회로를 차단해 버린다. 홉스는 지상에서 신의 정통적 대리인은 오로지 최고권력을 가진 자, 곧 주권자일 따름이기 때문에 신민이 오직 주권자를 통해서만 신과 교류할 수 있다고 주장한다.[77] 이 주장은 교황의 교권을 박탈하고 세속적 주권자에게 교권을 부여하는 것이다. 그리하여 절대군주는 속권과 교권을 겸비한다. 홉스는 이 논변을 《리바이어던》의 3부 '기독교국가론'과 '어둠의 나라'에서 완결한다.[78]

한편, 주권자의 지위는 영구적·절대적 지위라는 홉스의 논지는 설립된 주권자가 "불멸적 신"이 아니라 "필멸적 신"이므로 주권자의 신분이 첫 주권자가 숙명적으로 사망한 뒤에도 대를 이어 전해지는 '세습'이라는 교묘한 의미를 함의하고 있다. 그리하여 그는 뒤에 '설립된 군주'의 '세습' 또는 '승계'를 분명히 언급한다.[79] 그렇다면 따라서 주권적 인간회의체(귀족정)의 구성원들도 그 주권적 지위를 제각기 자식들에게 물려주는 세습귀족들이 된다. 따라서 주권자 군주도 이런 교묘한 논리적 트릭 속에서 암암리에 세습군주가 되고, 주권적 "여러 인간들의 집회"는 세습귀족이 된다.

하지만 이에 관한 홉스의 장황한 논변은 실로 매우 부실하다. 계약을 맺은 당사자

---

77) 참조: Iring Fetscher, "Einleitung", xxx. Thomas Hobbes, *Leviathan*(1651), hg. v. I. Fetscher (Frankfurt am Main, 1984).

78) Hobbes, *Leviathan*, 359-700쪽, 특히 546-547쪽.

79) Hobbes, *Leviathan*, 176쪽:

들이 그들끼리 맺은 기존의 계약을 취소하고 다른 계약을 맺을 잔여 권리를 부인하는 홉스의 논변은 "주권자의 허가 없이 그들끼리 어떤 다른 사람에게 복종할 새로운 계약을 합법적으로 맺을 수 없다"는 그의 단정에 기초해 있다. 그러나 '군중'이 한 자리에 모여 '인민'으로 격상된 시원적 모임의 "민주국가"의 자연적 계약당사자들이 기존의 주권설치 계약을 맺은 '자주적' 정신을 생각한다면 이 계약을 집단적으로 취소하고 새로운 주권설치 계약을 맺을 수 있다. 여기에서 "주권자의 허가"는 불필요하다. 왜냐하면 홉스의 주장대로 기존의 주권자와 인민 사이에 계약이 존재하지 않는다면 이 때문에 이 주권자는 계약취소와 새 계약 체결을 허가하거나 불허할 권리가 없기 때문이다. 인민의 복종의무는 애당초 주권자의 보호의무와 쌍무적인 것이 아니라 자발적인 것이라서 주권자가 인민의 생명과 재산, 그리고 평화를 지키지 못하면 인민은 언제든 이 자발적 복종을 거두고 자기들끼리 다른 계약을 결의할 수 있기 때문이다(이 대목에서 홉스는 논리적으로 완전히 오판했다). 새 계약은 기존의 주권자를 다른 인물로 갈아치우는 계약일 수도 있고, 정체政體 자체를 군주정에서 귀족정으로, 또는 민주정으로, 그리고 반대로 바꾸는 계약일 수도 있다.

일단 맺은 주권설립 계약은 되돌릴 수 없다는 홉스의 논리는 프란시스코 수아레즈(Francisco Suárez, 1548-1617)의 논변을 표절해서 더 사악하게 변형시킨 것이다. 수아레즈는 주권적 권력이 왕에게 이양되었다는 것을 가정하면 왕이 이제 신의 대리인이고 자연법은 그가 복종받는다는 것을 의무적인 것으로 만든다고 주장하고, 이 경우를 판매에 의해 자기 자신을 넘겨줘 타인의 노예가 되는 사적 개인의 경우에 빗댄다. 그리하여 지배권력은 절대적 의미에서 인간적 유래를 가진 것이지만, 노예는 신법과 자연법에 의해서도 그의 주인에게 복종해야 한다고 보고 일단 권력이 왕에게 이양되었다면 왕은 이 권력을 통해 이 권력을 부여한 왕국보다도 더 우위에 있게 만들어진다고 주장한다. 왜냐하면 이 권력 부여에 의해 왕국은 굴복했고 이전의 자유를 박탈당했기 때문이라는 것이다. 그러나 이 주장은 앞서 지적했듯이 "권력이 특정한 개인에게 이양된 뒤에, 그리고 다양한 계승과 선출의 결과로 수많은 개인들의 소유로 넘어갈지라도, 공동체는 언제나 그것의 직접적 소유자로 간주된다", 그리고 "왕국은 왕에게 권력을 주었으므로 왕보다 더 우월하다"는 수아레즈 자신의 선행명제들과 정면충돌하는 주장이다. 그리고 노예를 이용한 예증은 첫째, 노예도 중국에서처럼 자신을 되살 수 있는 한시적 '유사노비'도 있고, 둘째, 백성은 군주의 노예가 아닌 만큼 그릇된 것이다. 백성이 군주의 노예라면, 아리스토텔레스의 참주정 정의에 따라 이 군주는 '왕(king)'이 아니라 '참주(tyrant)'일 것이다. 그러나 수아레즈는 홉스와 반대로 이 참주를 타도할 공동체의 혁명권을 인정했다. 그는 "어쩌다가 왕이 참주정에 빠져들고 이런 이유에서 왕국이 그에게 정의의 전쟁을 수행하는" 경우에 왕권이 박탈될 수도 있다고 논변했던 것이다.

홉스는 "왕은 이 권력을 통해 이 권력을 부여한 왕국보다도 더 우위에 있게" 만들어 지므로 "왕은 이 권력을 박탈당할 수 없다"는 수아레즈의 이 명제만을 훔쳐다가 이 명제를 악용해 백성에게 남아 있는 일체의 잔여주권을 인정치 않고 백성의 정체교 체·군주방벌·저항권을 원천적으로 제거하는 '일회적·불가역적 계약론'을 편 것이다. 따라서 홉스의 계약적 절대군주론은 참주화된 군주를 방벌할 수 있는 백성의 잔여 권리를 인정한 수아레즈의 절대군주론에 비하면 사악한 괴설인 셈이다. 백성을 이런 잔여권리도 없는 노예로 취급하는 홉스의 '리바이어던'은 '왕'이 아니라 '참주'다. 따라서 홉스는 수아레즈보다 40년 뒤에 태어났지만, 참주적 절대군주를 옹위하는 그의 《리바이어던》(1651)은 수아레즈의 《법률과 입법자 신에 관한 논고》(1612)에 대항하는 사악한 반동적 저작이다. 따라서 홉스의 '리바이어던'은 공맹의 폭군방벌론 을 동원할 것도 없이 수아레즈의 폭군파문론에 의하더라도 '탄생과 동시에 사망할 괴물'이었다.

한편, "말과 호흡에 불과한 계약이 공적 검劍으로부터 얻는 것 외에 아무런 힘이 없다"는 홉스의 주장은 다른 맥락에서도 확언으로 반복된다. "계약은 검이 없다면 말에 불과하고 인간을 안전하게 지킬 힘이 전혀 없다"는 것이다.[80] 그러나 이 확언은 계약과 계약체결을 무의미하게 만드는 괴설이고 바로 영원한 자연법과 충돌

---

80) Hobbes, *Leviathan*, 153-154쪽.

한다. 홉스는 다른 곳에서 '우정'과 '고귀성'까지도 권력으로 보더니, 여기서는 힘이라면 '검의 힘', 곧 '하드파워'밖에 없는 것으로 착각하고 있다. 정치에서 '검의 힘', 공자의 '정형政刑', 하드파워 등으로 표현되는 '강권(Gewalt)'은 예외적으로 필요할지라도 능사가 아니고, 나라를 다스리는 덕자들이 덕치와 예치, 그리고 고귀한 솔선수범으로 일으키는 인민적 동의와 지지, 도덕적 규범력, 그리고 문화적 동질감과 결속력, 정직과 신의 등으로 이루어지는 '권력(Macht)'이 정치적 공권력의 주요 부분이다. '강권'과 '권력'을 분간하지 못하는 홉스는 '강권'(검의 힘)만 알고 인간의 본성에 내장된 양심, 곧 도덕감정들의 '권력'(규범의 힘)을 무시하고 있다.

"계약은 검이 없다면 말에 불과하고 인간을 안전하게 지킬 힘이 전혀 없다"는 홉스의 망발은 만인이 개개인의 약속에 대한 신임 속에서 지킬 것으로 믿고 만인과 체결한 사회계약 일반의 의미를, 따라서 그의 계약론을 단번에 분쇄해 버리는 말이다. 여기서 만인의 만인에 대한 신임 속에서 만인끼리 검 없이 지키는 이 계약을 리바이어던의 '검'으로 지키게 한다는 그의 말부터가 어불성설이다. 그 자신의 말에 따르면, 리바이어던은 계약당사자가 아니다. 따라서 리바이어던은 신의의 도덕감정과 여론의 압박 속에서 그렇지 않아도 지켜질 백성들끼리의 계약을 지키게 하기 위해 검을 빼 들 자격도, 이유도 없다. 그럼에도 불구하고 홉스가 계약준수에 리바이어던의 검을 들이대는 것은, 모든 계약당사자들이 계약으로 권리와 의무를 주고받고 존중·준수해야 하는 정의를 이 계약에 의해 주권자의 지위로 올라선 리바이어던 강자의 정치적 이익으로 간주하고 있음을 전제하는 것이다. 따라서 홉스는 계약적 정의조차도 강자의 이익에 좌우되는 것으로 보는 트라시마코스적 정의관을 이미 여기서부터 대변하고 있다. 그렇다면 리바이어던의 검으로써만 유지되는 계약에 의해 수립된 국가는 '트라시마코스적 정의국가'일 것이다. 이 점은 뒤에서 더 선명하게 나타난다.

그러나 실은 계약은 검을 대체하기 위해 필요하고 검에 의한 무력분쟁을 종결하기 위해 채결되는 것이다. 그리고 자연법은 검 없이 사리에 따라서 필연적으로 집행되는 것이다. '계약을 준수할 신의'의 규범은 그가 말하는 제2자연법의 제2항이다.[81]

이 제2자연법에 따라 "권리를 상호 양도하는 것", 곧 "계약"이 성립한다.[82] 이 계약에서 "다가올 시간 안에 이행해야 하는 당사자는 신뢰받기 때문에 그의 계약이행은 '약속준수' 또는 '신의준수'(*Keeping of Promise, or Faith*)라 불리고, 불이행은 (이것이 자기의지라면) '신의 위반(*Violation of Faith*)'이라 불린다"는 것이다.[83] 홉스 자신의 이 제2자연법 논리에 따르더라도, 계약을 유효하게 만드는 것은 '검'이 아니라, "약속된 것은 지켜야 한다(*pacta sunt servanda*)"는, 법률과 입법자로서의 주권국가 이전의 제2자연법이라는 '본성적(자연적) 도덕감정(신의)'의 규범성, 곧 신의의 규범적 구속력이다. 따라서 "말과 호흡에 불과한 계약은 공적 검으로부터 얻는 것 외에 아무런 힘이 없다"는 트라시마코스적 주장은 자신의 자연법적 신의론과 정면으로 충돌하는 궤변이고 그의 사회계약론의 자기파괴다.

- 트라시마코스적 정의국가

　법률과 입법자로서의 주권국가의 성립 이전에 인간본성으로 존재하는 약속준수(신의)의 도덕감정적 의무감을 뜻하는 '제2자연법'을 홉스 자신이 입론하고 있는 한에서 홉스의 자연상태는 선악이 없는 '도덕의 피안'이 아니다. 따라서 리바이어던의 검에 의한 계약과 계약적 '도덕제정'에 관한 홉스의 이론은 이 '제2자연법'과 정면으로 충돌하는 이론적 자기파괴를 초래한다. 이와 동시에 그의 이론은 용납할 수 없는 도덕철학적 궤변을 내포하고 있다. 홉스주의적 도덕철학의 근본적 궤변성은 그것이 '정의는 강자의 이익'이라는 고대의 소피스트 도덕철학, 곧 '정의의 도덕은 강자의 힘으로 강자의 이익에 따라 제정되는 것'이라는 트라시마코스 정의론을 부지불식간에 반복하고 있다는 데 있다.

　토마스 홉스는 자연상태와 관련해 자신이 개진하는 19가지의 "불변적이고 영원한" 자연법을 깜박 잊고 이렇게 부조리한 말을 하고 있다.

---

81) Hobbes, *Leviathan*, 118쪽.
82) Hobbes, *Leviathan*, 120쪽.
83) Hobbes, *Leviathan*, 121쪽.

우리 가운데 누구도 인간의 본성을 비난할 수 없다. 인간의 욕망과 기타 감정은 그것 자체로서라면 악이 아니다(*no sin*). 이러한 감정들로부터 생기는 행위들은 그 인간들이 그 행위들을 금하는 법을 알 때까지 악이 아니다. 또 인간들은 이 법이 만들어질 때까지 그 법을 알지 못한다. 또한 인간들이 그 법을 만들 법인격에 대해 합의할 때까지 어떤 법도 만들어질 수 없다.[84]

이 인용문은 앞서 지적했듯이 홉스가 도덕과 법률을 혼동한다는 사실을 전제로 읽어야 할 것이다. 따라서 홉스에게 가령 '정의'는 도덕이기도 하고 법이기도 하다. 토마스 홉스 자신의 말에 따르면 "법을 만들 법인격"(국가; 리바이어던)에 대한 "동의" 또는 이 동의를 문서화한 계약도 "말과 호흡에 불과하여" 기실 "아무런 힘이 없다". 비로소 이 동의계약을 준수할 의무감을 주입하는 것은 "공적 검"이다.[85] 또 홉스는 "계약은 검이 없다면 말에 불과하고 인간을 안전하게 지킬 힘이 전혀 없다"고[86] 반복한다.

합의적 계약으로 설정된 "법을 만들 법인격"(리바이어던 국가)이 만든 법에 의해 비로소 도덕적 선악구분의 도덕이 제정되고 리바이어던의 설립에 대한 동의계약을 준수할 의무가 리바이어던의 검에 의해 보증된다는 홉스의 논변은 '정의는 강자의 이익이다'는 트라시마코스 정의론, 또는 강자의 지배권력으로 제정된 법(정의)으로 도덕적 선악을 창설하는 트라시마코스 정의국가론이다.

알려져 있다시피 이것은 홉스 자신이 개진한 자연법론과 배치된다. 왜냐하면 그 자신의 말대로 법을 제정할 리바이어던의 설립 이전에 사랑·정의감·공경심·도덕감각·신의 등 본성적 도덕감정의 형태로 존재하는 자연법이 이미 자연상태에서 인간들에게 본유하기 때문이다. 그렇다면 인간들이 동의하는 법인격으로서의 리바이어던 주권자 또는 리바이어던 국가가 설립되어 법률을 제정하기 전의 자연상태에

---

84) Hobbes, *Leviathan*, 114쪽.
85) Hobbes, *Leviathan*, 161쪽:
86) Hobbes, *Leviathan*, 153–154쪽.

서도 이미 인간행동의 선악을 판단하는 시비감각과 이에 따른 선악감정(책망과 견책의 심리, 죄송함(죄스러움), 미안함, 부끄러움, 죄책감, 자책감(죄의식) 등) 및 이에 대한 도덕지식이 존재했을 것이기 때문이다. 즉, 홉스 자신의 말에 따르더라도 자연상태도 결코 니체가 예찬한 '선악의 피안'이 아닌 것이다.

그러나 홉스는 이런 자연법적 논변과 동시에 다른 한편으로 자연상태를 만인이 만인과 전쟁하는 '선악(도덕적 시비)의 피안'으로 규정함으로써 위 인용문과 본질적으로 상통하는 "트라시마코스적 정의론을 반복함으로써 자연법적 논변과 신의 등의 도덕감정과 시비감각을 부정한다."[87]

이것은 홉스 자신이 "불변적이고 영원하다"고 규정한 "자연법"을[88] 정면 부정하는 논변이다. 그는 같은 책의 여러 곳에서 인애(*benevolence*)·선의(*good will*)·박애(*charity*)·선성(*good nature*)·대범함(*magnitude*)·친절(*kindness*)·동정심(*compassion*)·동류의식(*fellow feeling*)·양심(*conscience*)·믿음(*belief*)·신의(*trust*), 곧 약속준수(*keeping of promise*)의 의무감 등 여러 자연적 도덕감정들과[89] 이에 기초한 19가지 자연법에 관한 이론을[90] 비록 많이 그릇될지라도 정성스럽게, 그리고 치밀하게 전개하고 있다. 따라서 이 "불변적이고 영원한 자연법"을 부정하는 것은 완전한 자가당착이다. 그러나 홉스는 이 자가당착을 전혀 느끼지 못하는 눈치다. 왜냐하면 그는 이 자가당착적 정면부정을 바탕으로 "인간본성" 속에서 "경쟁·불신·영예욕(*competition, diffidence, glory*)"을 "다툼의 세 가지 주요원인"으로 발견하고, 자연상태를 "만인의 만인에 대한 전쟁(*such a war as is of every man, against every man*)" 상태로 규정하기[91] 때문이다.

이어서 홉스는 "만인 대 만인의 전쟁의 귀결은 바로 어떤 짓을 해도 불의일 수 없다는 것"이므로 "정의와 불의의 관념은 여기에 들어설 자리가 없고", 나아가

---

87) Hobbes, *Leviathan*, 115쪽.

88) Hobbes, *Leviathan*, 130-144쪽.

89) Hobbes, *Leviathan*, 43, 44, 47, 53, 54, 121쪽 및

90) Hobbes, *Leviathan*, 116-120, 130-147쪽.

91) Hobbes, *Leviathan*, 112, 113쪽.

"어떤 공동권력도 없는 곳에서는 법도 없고, 법이 없는 곳에서는 불의도 없다"고 일사천리로 쏟아놓음으로써, 리바이어던의 권력적 입법작용에 의해 정의와 불의를 구별해 창설하는 트라시마코스적 정의국가의 "공동권력"이 필요함을 말하고 있다. 홉스의 국가는 사랑도, 인정仁政도 모르고 정의를 참주적 주권자의 이익으로, 아예 정의를 참주의 권력으로 간주하는 트라시마코스 정의국가인 것이다. 따라서 홉스의 이 트라시마코스적 정의는 "권력의지가 선이다", 곧 '권력이 정의다'는 니체의 정의로 쉬이 뒤집힐 수 있다.

《도덕의 일반이론》에서 상론했듯이 리처드 컴벌랜드는 20년 뒤《자연법의 철학적 탐구》(1672)에서 홉스계약론의 논리적 자가당착을 철저하게 비판했다. 그는 공자의 친애와 인애 개념을 인용해서 자연상태를 "만인의 만인에 대한 인애" 상태로 논증한다. 자연법을 어기는 것도 불법이요 불의다. 따라서 컴벌랜드는 자연상태에서의 자연법을 상론하고 나서 자연상태를 전쟁상태로 날조해 이 자연상태에서 정의와 불의, 선악이 없으므로 "어떤 짓을 해도 불의일 수 없다"는 홉스의 말을 그릇된 '괴변怪辯'으로 맹박했다.

홉스는 자신이 '선악의 피안'으로서의 전쟁상태로 날조한 자연상태로부터 리바이어던(절대주권자, '필멸적 신')과 공적 국가의 계약적 수립을 통해 사회상태로 이동하고 이 리바이어던이 제정하는 법에 의해 비로소 도덕적 '선악구분'이 생겨난다고 주장한다. 주지하다시피 그의 이 주장이 함의하는 도덕론과 국가론은 '정의는 강자의 이익'이라고 주장한 소피스트 트라시마코스 논변의 반복이다. 정의를 제일덕목 또는 중심덕목으로 여기던 고대그리스 시대에[92] 유행하던 트라시마코스의 이 궤변은 '도덕적 정의란 권력의 소산'이라는 강권적·정치적·입법적 '도덕제정론', 또는 인민의 생명과 재산의 안전보장을 대가로 인민의 자연권을 양도받은 도덕초월적 안보·정의국가론이나 다름없는 것이다. 인간의 본성적 도덕성 또는 생득적 도덕감

---

92) 플라톤의 《국가론》의 부제는 주지하다시피 "국가적 정의에 대하여"다. 그리고 아리스토텔레스는 "정의 안에는 모든 덕목이 종합되어 있다"는 격언을 소개하면서 정의를 "덕목들 가운데 가장 완벽한 덕목" 또는 "전체적 덕목"으로 규정한다. Aristoteles, *Die Nikomachische Ethik*, 1129b28-30, 1130a9-10.

정과 도덕감각을 깡그리 부정하는 이 도덕제정론, 또는 인정(仁政) 없는 트라시마코스적 안보·정의국가론에서 본질적으로 중요한 제정권력은 리바이어던의 공포스런 비이성적 참주적 폭력과 창검으로 현상할 수 있고, 엄격한 도덕법칙을 세우는 무자비한 이성적 냉혈한의 정교한 입법권력으로 현상할 수도 있다. '공포'의 감정적 동기에 의해 발동되고 '이성'의 타산에 의해 체결되는 합리적 계약에 의해 설립되는 리바이어던, 곧 전제적 공포국가가 전제하는 도덕제정론은 '선악의 피안'에서 자연상태의 폭력을 주권적 폭력으로 지양止揚하는 선악善惡제정론이다.

홉스의 이 트라시마코스적 도덕제정론은 훗날 칸트·마르크스·니체·공산주의자·나치스 등이 줄지어 모방하고 대변한 도덕제정론의 근대적 비조인 셈이다. 칸트는 이성적 도덕법칙 입법, 사후 상벌과 천당·지옥의 기독교이데올로기적 협박에 대한 이성의 요청으로 도덕을 제정했고, 마르크스와·공산주의자는 계급독재국가의 '계급무력'으로 사회주의 도덕을 제정했고, 니체와 히틀러는 인종독재국가의 테러로 아리안우월주의도덕을 제정했었다. 그러나 노파심에서 하는 말 같지만, 본성적 도덕감정과 도덕감각에 기초한 도덕은 제정할 수 있는 것이 아니고, 타고나는 것이다. '제정된 도덕'은 반드시 인권의 폭력적 침해로 귀착된다.

고트프리트 라이프니츠는 1702년 또는 1703년《정의의 공통개념에 관한 성찰》에서 주권국가가 나중에 성립해 '선악의 피안'으로서의 자연상태를 사회상태로 전환해 선악구분을 만든다는 홉스의 주장을 트라시마코스의 주장과 본질적으로 동일한 '참주의 논변'으로 폭로하며 그것을 그 근본으로부터 비판했다. 라이프니츠는 심지어 신도 도덕적 도식을 자기의 의지나 권능으로 제정하는 '참주'가 아니라 선악의 도덕도식에 자신을 적응시키는 '왕다운 왕'임을 논증한다.[93] 간단히, 라이프니츠는 선악을 자기 의지대로 제정할 수 있는 신은 악마나 다름없고, 또 그럴 수 있는 강자는 참주라고 말하고 있다. 또 라이프니츠는 트라시마코스 논의를 끌어들이면서 홉스를 현대판 트라시마코스로 폭로하며 맹박했다.[94]

---

93) Leibniz, *Meditation on the Common Concept of Justice*(702-1703), 45-46쪽.
94) Leibniz, *Meditation on the Common Concept of Justice*(702-1703), 46-47쪽.

홉스는 "신은 전능하기 때문에 만물만사를 행할 권리를 가지기를 바라고 있다", 또는 타자들에 대한 모든 권리는 자연으로부터 오거나 계약으로부터 오기 때문에 자연적 왕국에 계신 신은 저항불가의 유일권력에 근거해 지배하고 그의 법을 위배하는 자들을 처벌할 권리를 가졌다"고 말한다.[95] 라이프니츠는 홉스의 이 말부터 문제 삼았다. 여기서 홉스는 신의 지배권을 도덕적 '선'에 근거시킨 것이 아니라, 선악을 제정할, 환언하면 자의적으로 악을 선으로, 선을 악으로 뒤바꿀 수 있는 신의 '힘'("저항불가의 유일권력")에 근거시킴으로써 여호와를 '참주적 신', 곧 악신(악마)으로 만들어 놓고 있기 때문이다. 그래서 라이프니츠는 이것을 '정의는 강자의 이익이다'고 주장한 트라시마코스의 논변과 본질적으로 동일한 것으로 맹박했다.

그리하여 라이프니츠는 홉스의 참주정적 리바이어던 국가론에 대항해 확언한다. "경험"에 따르면, 강자의 행동을 정의롭게 정당화해 주는 것은 "권력"이 아니라 "도덕"이라는 것이다. 강자는 자신의 권력에 비례해서 정의로운 것이 아니라, 강자의 권력이 거꾸로 정의에 비례해서 도덕적으로 정당화되는 것이다. 그 반대는 참주의 논변이고, 홉스의 '리바이어던'은 도덕적 관점에서 골백번도 더 타도되어야 할 '참주'다.[96] 이것이 라이프니츠의 홉스 비판에 담긴 핵심논지다. 그러나 라이프니츠는 이 비판으로부터 더 나아가 소극적 정의 개념과 소극적 정의국가를 비판적으로 넘어가는 인애를 포함한 적극적 정의 개념과 적극적 정의국가를 기획한다. 이에 대해서는 후술한다.

부캐넌·벨라르민·수아레즈보다 40-80년 뒤에 태어난 토마스 홉스는 이들보다 중국제국의 정치문화로부터 더 많은 영향을 받을 수밖에 없는 상황에 처해 있었다. 상론했듯이 이베리아 중국학을 통해 알려진 중국정보는 17세기 초에 영역본들이 나오면서 영국에서도 넘쳐나고 있었다. 홉스의 탄생 전후에 중국이 세습귀족도 세습노예도 없고 일체의 종교적 박해도 없는 '자유·평등사회'이고, 중국의 역사가 백성 주도의 혁명과 폭군방벌이 수시로 일어나는 혁명사라는 사실이 잘 알려져

---

95) Hobbes, *Philosophical Rudiments Concerning Government and Society*, Ch. XV, §5, 206쪽.

96) Leibniz, *Meditation on the Common Concept of Justice*(702-1703), 48쪽.

있었다. 또 홉스가 활동하던 1610-50년대에도 중국의 자유·평등한 정치문화를 전하는 곤잘레스 멘도자(1585, 영역본: 1588), 새뮤얼 퍼채스(1613), 마테오 리치와 트리고(1615), 로버트 버튼(1621), 알바로 데 세메도(1643) 등의 유명한 저서들이 쏟아져 나와 있었다. 이 서적들을 통해 영국 청교도 의회파와 수평파 장병들 사이에 서도 중국의 자유·평등주의 정치문화는 잘 알려져 있었다.

따라서 홉스의 적수들인 청교도 의회파와 수평파들은 이런 다양한 중국관련 서적들과 중국연구서들을 통해 '중국은 세습귀족이 없는 자유·평등사회'라는 사실을 잘 알고 있었다. 그리하여 이런 정보·지식을 배경으로 수평파 장병들이 제기한 〈참으로 개진된 군軍의 주장〉(1647)은 당시 영국인들로서 상상할 수 없는 급진적 자유·평등 요구들을 담고 있었다. 보통선거권, 2년주기 의회, 선거구, 의회주권, 양심의 자유(종교의 자유), 강제입대로부터의 자유, 법 앞의 평등 등 〈군의 주장〉의 요지는 《인민협정》(1647-1649)에 반영되었다.

그러므로 영국의 지식인들과 일반국민들은 백성의 자유·평등권과 종교적 관용이 인정되어도 '무정부' 상태가 초래되기는커녕 오히려 더욱 더 번영하고 있는 자유·평 등사회 중국제국의 존재를 수많은 중국 관련 서적들을 통해 16세기 말 이래 이미 확실하게 알고 있는 상태였다. 따라서 홉스는 40-80년 전에 이미 중국의 자유·평등 주의 정치문화를 암암리에 수용한 부캐넌·벨라르민·수아레즈 등의 정치사상에서 다양한 형태로 출몰하는 '자연적 자유'와 '자연적 평등'의 이념을 우회할 수 없어 불가피하게 수용했던 것이다. 그러나 홉스는 '자연적 자유'와 '자연적 평등' 개념을 자신의 전쟁상태적 자연상태 개념에[97) 끼워 넣어 자연상태에서의 '자연적 자유'와 '자연적 평등'을 오히려 이 자유와 평등을 파괴하는 전쟁의 유발요인으로 격하·말살 함으로써 군주방벌론과 저항권이론의 뿌리를 근절코자 기도했다.

홉스는 전쟁상태로 날조된 자연상태의 안보불안을 해소한다는 구실 아래 생명과 재산의 '안전'을 위해 그가 전쟁의 유발요인으로 몬 '자연적 자유·평등'을 몽땅

---

97) Hobbes, *Leviathan*, 113쪽:

대가로 지불하고 자연상태를 불가역적·불변적 계약에 의해 설립되는 절대군주정의 '사회상태'로 전환시키는 논리를 전개했다. 그리고 이것에 잇대서 그는 부캐넌·벨라르민·수아레즈·밀턴의 자유·평등사상과 부캐넌·수아레즈·밀턴의 종교적·종파적 폭군방벌론에 대항하고 청교도의 찰스 1세에 대한 저항봉기(1640)와 군주처형(1649)을 탄핵하기 위해 취소할 수 없는 불가역적 계약에 의해 '설립'되는 국가의 '바꿀 수도, 박탈할 수도 없는' 절대군권, 곧 '방벌도, 저항도, 간쟁도 불가능한' 절대왕권, 간단히, "필멸적 신"으로 신격화된 절대군주의 절대주권을 이론화했다. 이 절대주권 국가는 트라시마코스적 '정의의 칼'은 알지만 사랑도, 인정도 모르는 무자비한 안보·정의국가였다.

그리하여 홉스의 '설립에 의한 국가'의 절대군주론은 모든 자연적 자유·평등권을 안보와 맞바꾼 신민을 일체의 잔여 자연권도 없는 '종복'으로 전락시키고 절대군권에 대한 이 종복들의 정치적 저항권을 일절 없앰으로써 자연적 자유와 평등을 깨끗하게 말살해 버렸다. 모든 도덕을 트라시마코스적 정의로 대체하는 이 자연적 자유·평등권 말살 프로젝트는 "주권의 권리들에 관한 한, 큰 가정은 그 자체로서 작은 군주국이다"고 천명하고 가부장권을 절대군주정과 동일시함으로써 사적 차원에까지 침투해서 아들과 딸들의 사적 자유와 평등까지도 말살해 버렸다. 하층신분과 하층계급의 가난한 가장은 가부장권이 없으므로 여기서 '작은 군주'와 동일시된 가부장은 절대군주에 '빌붙은' 대귀족을 말한다.

따라서 홉스의 절대군주론에서는 백성에게 일체의 참정과 자치, 종교·사상·출판의 자유, 폭군방벌권과 저항권이 불허되고, 신격화된 군주 및 그 귀족적 조언자들과 일반백성 사이에 정치사회적 격차가 천양지차를 이루므로 공적 차원에서 백성의 자연적 자유와 평등은 말살되고, 군주의 절대권력과 동일시된, 따라서 방벌도, 간쟁도 불가능한 가부장권 아래에 있는 사적 가정 차원에서도 사적 자유와 평등이 완전히 말살된다. 그리하여 공사公私영역을 가리지 않고 자연적(태생적·본성적) 자유와 평등은 상공업·생계경제 차원을 제외한 정치·종교·문화·예술·언론·출판·사회 차원에서 깨끗이 청소된다. 결국, 홉스의 트라시마코스적 절대군주론에서 자유와 평등은 군주와 대귀족의 특권으로서의 '귀족적 자유'와 '군주적·귀족적 평등'(군주끼리의 대외적 평등과 귀족끼리의 평등), 그리고 트라시마코스 정의만 남는다. 반면, 공맹과 중국제국이 추구하고 구현한 '백성의 자유와 평등'과 같은 민본주의적 자유·평등, 그리고 '인정仁政'과 거시균제의 '의정義政'은 홉스의 정치철학에서 전혀 찾아볼 수 없다. 그의 국가는 단순히 트라시마코스적 정의국가요, 군사안보 위주의 야경국가인 것이다.

■ 아담 스미스의 야경국가적 정의국가와 자가당착

상론했듯이 플라톤은 카스트분업적 정의국가를 추구했고, 홉스는 트라시마코스적 정의국가를 추구했다. 존 로크는 시민정치론에서 플라톤과 홉스의 국가론 전통에 따라 경제사회적 자유와 평등, 또는 양민·교민의 인정仁政과 거시균제의 의정義政을 도외시하고 정치적 자유와 평등만을 '정의'로 인지하고 국방과 사법만을 국무로 간주하는 시민정부론, 곧 최초의 자유주의적 정의국가론을 설계했다. 로크는《도덕의 일반이론》에서 상론했듯이 쾌통快痛 이외의 여러 인간감정들을 논한 바 없고, 따라서 본유적 도덕감정과 도덕감각의 존재를 알지 못해서 어리석게도 황당무계한 도덕적 '성백론'을 전개했다. 로크의 시민정치론 또는 자유주의 정의국가론에 대한 비판적 분석은 다른 곳에서[98] 충분히 이루어졌으므로 여기서는 반복하지 않는다. 로크의 자유주의적·야경국가적 정의국가론은 아담 스미스(Adam Smith, 1723-1790)에게서 뚜렷한 형태로 가시화된다.

- 정의제일주의와 사랑 없는 정의국가(패도국가)

아담 스미스는 동정심과 사랑을 도덕론적으로 부정하거나 경멸한 적이 없으나, 플라톤·홉스·로크 등 고대·근세 정치철학자들의 영향으로 국가론에서는 사랑 없는,

---

98) 로크의 시민정치론에 대한 비판적 분석과 상론은 참조: 황태연,《공자의 충격과 서구 자유·평등사회의 탄생(중)》, 1265-1501쪽.

곧 인정仁政 없는 '자유주의적 정의국가'를 대변했다. '자유주의적 정의국가'는 경쟁·가격메커니즘을 통한 자유시장의 자율조절 기능을 신봉하고 시장에 대한 정부의 간섭과 개입을 기피하고 시장의 자율적 물자공급·분배기제에 영향을 미칠 수 있다는 이유에서 국가의 사회복지(양민)·교육복지(교민) 정책을 반대하거나 최소화하고 국무國務를 국방안보·경찰사법·사회간접자본(SOC; social overhead capital) 투자 등 세 가지에만 한정하는99) 최소국가로서의 '야경국가'다.

스미스는 플라톤과 홉스의 무자비한, 인정仁政 없는 정의국가론과 로크의 야경국가적·자유주의적 정의국가론을 계승해 '사랑 없이' 살 수 있으나, '정의 없는' 사회에서는 살 수 없다고 강변한다. 스미스의 이 강변은 자유주의적 야경·정의국가에 대한 가장 선명한 근대적 디자인이므로 원문 그대로 길게 인용해 보자.

필요한 부조扶助가 이러한 후하고 사심 없는 동기들로부터 제공되지 않더라도, 사회의 서로 다른 구성원들 사이에 상호적 사랑과 애정이 전혀 존재하지 않더라도, 덜 행복하고 덜 기분 좋더라도, 사회는 반드시 와해되는 것은 아니다. 사회는 상이한 상인들 사이에서처럼, 상호적 사랑이나 애착 없이 유용성 감각에서 상이한 사람들 사이에 존속할 수 있다. 사회 안에 사는 어떤 사람도 어떤 의무도 짊어지지 않고 남에 대한 감사에도 묶여 있지 않더라도, 사회는 합의된 가치평가에 따른 호의행위의 금전지불적 교환에 의해 여전히 지탱될 수 있다. 그러나 사회는 항상 서로를 해치고 침해하려고만 하는 사람들 사이에서 존속할 수 없다. 침해가 시작되는 순간, 상호적 분개와 적개심이 발생하는 순간, 사회의 모든 유대는 산산조각이 나고, 사회를 구성하는 다른 구성원들은 말하자면 자기들 간의 어긋난 감정들의 침범과 대립에 의해 멀리 이산되고 흩어지게 된다. 강도들과 살인자들의 사회가 있다면, 오래된 관찰에 따르면, 적어도 자기들끼리는 서로 강탈하고 살해하는 것을 삼가야 한다. 그러므로 인혜(beneficence)는 정의보다 사회의 존속에 덜 본질적인 것이다. 사회는 가장 편한 국가 안에 있지 않을지라도 인혜

---

99) 스미스의 이 사회간접투자에는 주요부분이 아닐지라도 최소한의 초급 국민교육을 포함한다.

없이 존속할 수 있다. 그러나 불의의 만연은 사회를 철저히 파괴하지 않을 수 없다.[100]

 "사회는 합의된 가치평가에 따른 호의행위의 금전지불적 교환에 의해 여전히 지탱될 수 있다"는 스미스의 명제는 그가 국가와 정치적 관계 및 사회적·문화적·종교적 시민사회관계를 몽땅 시장관계로 축소·환원한 '시장사회(market society)'를 생각하고 있다는 것, 또는 국가와 사회 전체를 시장으로 관념하고 있다는 것을 알 수 있게 해준다. 그런데 여기서 "침해가 시작되는 순간, 상호적 분개와 적개심이 발생하는 순간, 사회의 모든 유대는 산산조각이 난다"는 말은 스미스의 기본논지와 모순되는 구절이다. '정의'가 사라질 때 사회의 모든 '유대'가 산산조각 나려면 산산조각 나는 이 '유대'가 '정의'에 앞서 이미 존재해야 하기 때문이다. 결국 공맹이 말하듯이 사랑과 유대, 곧 인애는 정의보다 선차적인 것이다. 공자의 식으로가 아니라 뒤르켕 식으로 말하더라도, '연대'가 모든 도덕의 근본이다.[101]

 한편, "강도들과 살인자들의 사회"와 관련된 "진부한 관찰"은 소크라테스와 플라톤의 주장을 염두에 둔 것이다. 《국가론》에서 소크라테스는 "트라시마코스 선생은 나라나 군대, 강도단이나 도둑의 무리, 또는 다른 어떤 집단이 올바르지 못하게 뭔가를 공동으로 도모할 경우에, 만약에 그들이 자기네들끼리 서로에 대해 불의를 저지른다면, 그 일을 그들이 조금인들 수행해 낼 수 있을 것으로 생각하오?"라고

---

100) Adam Smith, *The Theory of Moral Sentiments, or An Essay toward an Analysis of the Principles by which Men naturally judge concerning the Conduct and Character, first of their Neighbours, and afterwards of themselves*(1759, Revision: 1761, Major Revision: 1790), edited by Knud Haakonssen(Cambridge·New York: Cambridge University Press, 2002·2009(5. printing)). II. ii. iii. §§1-3.

101) 뒤르켕은 사회적 연대를, 유사성에 기인하는 '기계적 연대'와 분업에 기인하는 '유기적 연대'로 나누었다. 분업의 '기능'에 의해 산출된 집단들은 분업이 없으면 존재할 수 없다. 여기로부터 뒤르켕은 분업이 더욱 고차적인 사회에서도 이와 동일한 역할을 한다는 가정, 분업이 이 사회의 결속의 주요원천이라는 가정을 도출한다. 이 결속은 바로 사회적 연대를 필요로 한다. 이것이 '유기적 연대'다. 그는 이것을 '기계적 연대'와 비교함으로써 저 가설을 입증한다. 연대는 도덕작법적 규칙들의 체계로 표현된다. 기계적 연대는 억압적 도덕률(법률)을 낳는 반면, 유기적 연대는 분업적 업적에 따른 몫의 분배, 곧 배상승인에 관한 도덕률을 낳는다. Emil Durkheim, *De la division du travail social*(Paris: Presses Universitaires de France, 1930). Emil Durkheim, *Über soziale Arbeitsteilung*(Frankfurt am Main: Suhrkamp, 1977·1988), 96-199쪽.

묻는다. 이에 트라시마코스가 "물론 해낼 수 없습니다"라고 답하자, 그는 "하지만 만약 자기네들끼리 불의를 저지르지 않는다면 어떻겠소? 한결 나아지지 않겠소?"라고 되묻는다. 그리고 그가 동조하자 소크라테스는 "트라시마코스 선생, 어쩌면 그건 불의가 서로 간에 대립과 증오, 그리고 다툼을 초래하지만, 정의는 합심과 우애를 가져다주기 때문일 것이오"라고 결론짓는다.[102] 소크라테스의 이 논변은 스미스의 저 논변이 '유대'를 부당전제하듯이 국가·군대·강도단·도둑떼의 단체적 '유대·연대'를 이미 부당전제하고 있다. 불의가 대립·증오·다툼을 가져다준다고 하더라도 이러려면 기존 '단체'를 '단체'로 존립시킨 '합심과 우애'가 불의에 앞서 이미 조금이라도 존재했어야 하기 때문이다. 그리고 "강도들과 살인자들의 사회"에서도 "자기들끼리는 서로 강탈하고 살해하지 않는 것"은 정의 때문이 아니라 먼저 자기들끼리의 "합심과 우애" 때문이다. 한편, "정의는 합심과 우애를 가져다준다"는 소크라테스와 플라톤의 명제도 문제다. 상론했듯이 정의 자체가 이미 "서로 간에 대립과 증오, 그리고 다툼을 초래하기" 때문이다. 그리고 강탈과 살해는 '불의不義'이기도 하지만 무엇보다도 먼저 잔학무도한 '불인不仁'인 것이다.

스미스는 이어서 정의의 역할을 국가의 '기둥'으로, 인애(benevolence) 또는 인혜仁惠(beneficience)의 역할을 사회의 '장식품'으로 규정하고, 인혜는 국가가 결코 법적 강제로 강요되어서는 아니 될 것이라고 강도 높게 주장한다.

그러므로 자연이 마땅한 포상에 대한 유쾌한 의식에 의해 인류에게 인혜의 행동을 권고할지라도, 자연은 이것을 소홀히 할 경우에 상응한 처벌의 공포에 의해 인혜의 실천을 지키고 강제하는 것이 필요하다고 생각하지 않았다. 인혜는 건물을 지탱해 주는 기초가 아니라 건물을 아름답게 하는 장식품이다. 그러므로 장식품은 권고하는 것으로 충분한 것이지만, 결코 강제할 필요는 없다. 반대로 정의는 전체 구조물을 받쳐주는 주된 기둥이다. 정의가 제거된다면, 인간사회의 커다란, 엄청난 조직은 (...) 일순간 원

---

102) Platon, *Der Staat*, 351c–d.

자들로 부스러지고 말 것이다. 그러므로 정의의 준수를 강제하기 위해 자연은 악에 대한 보복의 의식, 곧 정의의 침범에 따르는 마땅한 처벌의 공포를, 약자를 보호하고 위반자들을 족쇄물리고 죄 있는 자들을 벌주기 위한 인류 연합의 위대한 파수꾼으로 인간의 가슴속에 심어놓았다.[103]

유사한 주장은 《도덕감정론》의 다른 곳에서도 반복된다.[104] 여기서 스미스는 '정의'를 "악에 대한 응보의 의식", 또는 "정의의 침범에 따르는 마땅한 처벌의 공포"를 주는 사법작용으로 축소하고 있다. 따라서 홉스의 트라시마코스적 정의국가와 본질적으로 다른 스미스의 정의국가는 플라톤적 정의국가를 분업적 정의 부분 없이 사법적 정의 부분으로 축소한 자유주의 버전으로서 '소극적' 정의국가, 곧 '사법국가'다. 이 '사법司法'은 플라톤과 홉스가 각기 나라를 부강하게 만드는 사회분업의 이익과 나라를 안전하게 만드는 리바이어던(강자)의 권력이익에 사로잡혀 소홀히 했던 정의 부분이다.

전체적으로, 아담 스미스는 그가 몰래 탐독한 공자나 실루에트(Etienne de Silhouette, 1707-1767)와 반대로 '인仁'보다 '의義'를, '인혜'보다 사법적 '정의'를 우선시해 국가의 임무를 국방·사회간접자본 투자와 함께 개인들의 권리침해를 예방하고 보상하는 '소극적 정의'의 보장을 위한 사법작용으로 한정하고 있다. 이로써 스미스는 최초로 자유시장만을 국가와 사회의 근본원리로 삼고 양민·교민의 인정仁政도, 거시균제의 의정義政도 없는 자유주의적 근대 야경국가론을 수립했다.

정의를 국가의 '기둥'으로 치고 인혜를 '장식품' 또는 '사치품'으로 무시·경시해서 국가 밖으로 추방한 스미스의 이 정의국가는 플라톤적 정의국가의 - '분업적 정의' 부분 없는 - 시장자유주의 버전이다. 스미스의 이 '축소된' 플라톤적 정의국가가 근대적 야경국가의 효시라면, 그가 시장의 '보이지 않는 손(invisible hand)'을 보호하기 위해 설치된 사법·사회간접자본·국방 등의 작은 '보이는 손(visible hand)'은 시장

---

103) Smith, *The Theory of Moral Sentiments*, II. ii. §4.
104) Smith, *The Theory of Moral Sentiments*, II. ii. i. §§1-9.

기제의 '보이지 않는 손'에 의해 양민養民과 부민富民의 길을 파괴하는 '시장실패'나, 시장기제가 '보이지 않게' 저지르고 악화시키는 각종 경제적 병폐(독과점, 빈부양극화, 경제적 착취와 억압, 살인경쟁 등)를 막거나 완화시키기에 턱 없이 무력한 것이다. '보이지 않는 손'은 결코 완전한 것이 아니라, 때로는 필요한 것보다 속도가 느리고, 경우에 따라 그 능력에 한계가 있고, 최악의 상황에서는 독과점에 의해 망가져 버린다. 따라서 '보이지 않는 손'은 '간접적 뒷받침'(사법과 SOC)만을 필요로 하는 것이 아니라, 국가와 사회의 도덕적·사회적·문교적·정치적 요청에 의한 '직접적 가속·보강·수정·수선'(경제의 불균형과 소득분배의 불균등을 시정하기 위한 국가의 시장 개입, 시장조절, 복지정책)을 필요로 하는 것이다.

스미스의 자유주의 정의국가론은 그도 몰래 읽고 익히 알고 있던 공맹의 국가관과 도덕관을 플라톤적 관점에서 축소·전도시킨 것이다. 왜냐하면 공맹의 국가론과 도덕론은 '인의仁義'라는 명제로써 '인仁'을 '의義'에 앞세우기 때문이다. 그리고 또한 그가 읽은 에티엔느 실루에트의 공자주의적 테제와 배치되는 것이다. 실루에트는 《중국인들의 통치와 도덕의 일반이념 - 특히 공자의 경전들에서 끌어온 이념(Idée genénérale du goubernement et de la morale des Chinois – tirée particulièrement des ouvrages de Confucius)》(1729·1731)에서 공자의 도덕철학을 이렇게 요약한다.

> 현자는 모든 도덕의 기반으로 인간애가 있다. 모든 사람들에 대해 느껴야 하는 사랑은 그에게 낯선 것이 아니다. 인간애는 인간 자체다(c'est l'homme lui-même). 인간의 본성이 모든 사람을 사랑하도록 인간을 야기한다. 이 감정은 자기애만큼 그에게 본성적인 것이다. 인간을 다른 모든 피조물들과 구별해 주는 것은 이 자질이다. 이것이 인간의 모든 법의 지지대(analise)다. 사람들이 자기 아버지와 어머니에게 반드시 바쳐야 하는 사랑은 온 인류를 대상으로 삼는 그 사람보다 더 우선적인 힘이 있다. 사랑은 인류에게 등급에 따라 차등적으로 베풀어지고, 우리들은 부지불식간 사랑에 지배된다. 각자에게 속한 것을 각자에게 주는 일을 하는 그 정의가 나오는 출처는 이 보편적 사랑이다.[105]

"정의가 나오는 출처는 보편적 사랑이다". 실루에트의 이 명제는 "의는 인의 절도이고, 인은 의의 근본이다(義者 [...] 仁之節也 [...], 仁者 義之本也)"는 공자의 테제를[106] 잘 표현한 것이다. 따라서 '아름답고 행복한 사회'를 수립하고 유지하는 것까지 거론할 것 없이 최소한 '자연적(본성적) 자유와 정의의 체계'를 수립하고 유지하기 위해서 국가는 야경국가의 저 소극적 임무들의 수행을 넘어 하층계급의 궁핍화를 막는 양민·교민 제도를 수립하고 자살과 자살방조를 막는 타인구조 의무, 동포애적 자기희생의 국방 의무와 희생자의 추념과 그 유족들에 대한 물질적·정신적 지원 등을 설정하기 위해 최소한의 '인혜'를 법적 의무로 강제해야 한다. 가령 서민대중의 궁핍화로 이들의 구매력이 축소되면, 서민대중은 소비경제에 덜 참여하게 되어 내수시장이 위축되고 국민경제의 재생산 순환이 난조에 빠져 결국 '자연적 자유의 체계'마저 무너지기 때문이다. 이미 그 시대에 케네는 하층계급의 생계가 빈약해지면 "하층민들이 국내에서만 소비될 수 있는 생산물의 소비에 충분히 기여할 수 없을 것"이고 "국민의 재생산과 수입은 줄어들 것이다"라고 말했다.[107] 아담 스미스는 케네의 이 경고를 등한히 함으로써 국가를 케네의 중농주의이론보다 '더 확실한' 자유방임주의적 야경국가로 만든 셈이다.

그러나 스미스의 이 정의제일주의적 야경국가론은 앞서 지적했듯이 애당초 경제적 관점에서도 근시안적인 것이고, 도덕론적으로도 자가당착적인 것이다. 정의는 '기초', '기둥'이고 인혜는 '장식'이므로 인혜는 '권고'하는 것으로 충분한 반면, 정의는 '강제'로라도 집행해야 한다는 논변을 정당화하기 위해, 스미스는 "침해가 시작되는 순간, 상호적 분개와 적개심이 발생하는 순간, 사회의 모든 유대는 산산조각이 난다"고 말하고 있다. 그러나 앞서 지적했듯이 '사회의 모든 유대'가 불의의 침해로

---

105) Etienne de Silhouette, *Idée genénérale du goubernement et de la morale des Chinois – tirée particulièrement des ouvrages de Confucius*(Paris: Chez Quillau, 1729·1731), 62–63쪽:

106)《禮記》〈禮運 第九〉(9–35).

107) François Quesnay, "Extract from the Royal Economic Maxims of M. de Sully"(Third Edition), 격률 14. François Quesnay, *Tableau économique*, edited and introduced by Marguerite Kuczynski and Ronald L. Meek (London: MacMillan, New York: Augustus M. Kelley Publishers, 1972).

산산조각이 난다는 판단은 이 사회적 '유대', 곧 사랑(인애)이, 따라서 '인혜'도, 산산조각 나기에 앞서 이미 존재한다는 것을 전제한다. 이 논변은 따라서 자가당착이자 부당전제의 오류다. 스미스의 이 자가당착적 표현만 뜯어보아도 국가의 '기둥'은 정의가 아니라 인혜라는 것을 알 수 있다. 올바로 말하자면, 인애는 국가의 제1기둥이고, 정의는 제2기둥인 것이다.

사회적 유대의 기저에 놓인 실질적 인간애, 또는 물적 인애로서의 '인혜'(양민·교민)가 없다면, 곧 기본적 인간애와 믿음을 바탕으로 계속 존속하고 곤경에 빠진 서로를 물질적으로 구제하고 상부상조하는 연대적 인간사회가 없다면, 바꿔 말하면, 미래를 기약할 수 없이 적의·불신·의심에 가득 찬 인간들이 한번 모였다가 금방 흩어진다면, 인간들은 앞으로도, 또는 앞으로는 서로 바르게 행동할 것이라는 미래적 기대 속에서 정의를 준수하고 불의를 처벌할 필요도, 의의도 없는 것이다.

"각자에게 속한 것을 각자에게 주는 일을 하는 정의"를 보장하고 이 정의가 침해되었을 때 이타적 정의감에서 이 침해를 세밀하게 따져 구제하거나 회복시키는 사법작용은 인간애와 상호신뢰에 의해서만 창설되는 사회의 지속적 존립에 대한 상호적 기대와 전망이 있을 때만 가능한 것이다. 정의는 인간으로서 가진 최소한의 기본적 동질감·연대감·인애의 바탕 위에서만 유의미하기 때문이다. 그러므로 '인仁'이 '의義'보다 더 본질적인 '인간사회의 기초'인 것이다. '인정어린' 인간들의 선先실존은 '정의'가 비로소 요구되고 논의될 진정한 '기초'요, '전제'인 것이다. 정의를 추구하는 방식도 인간애에 근거한 평등과 공평이어야 하고, 정의의 내용, 곧 정의롭게 분배하거나 나눠가져야 할 내용도 인간적 사랑과 인간적 이익이어야 한다. 따라서 "각자에게 속한 것을 각자에게 주는 일을 하는 정의가 나오는 출처는 보편적 사랑이다"라는 실루에트의 공자주의적 테제가 강조하듯이 '인'은 '의'의 '기초'이고 '근본'일 뿐만 아니라, 정의의 내용이기도 한 것이다. 그리고 '인정 있는 인간'의 실존상태는 다름 아닌 바로 상호적 '인'의 상태다. 이런 의미에서 공자도 "인이란 사람이다(仁者人也)"라고[108] 천명했다. 그리고 맹자도 "인은 사람이니 잃을 수 없는 것이다(仁人也 不可失也)"라고[109] 천명했고, 또 "인이라는 것은 사람이고, 인과 사람을 합쳐

말하면 도道다(孟子曰 仁也者 人也, 合而言之 道也)"라고 설파했던 것이다.110)

그리고 공자철학의 영향을 암암리에 적극 수용해서 자기의 정의의 철학에 반영했던 고트프리트 라이프니츠도 국가와 관련해서 소극적·협의적 정의로 부족하고 백성의 복리福利도 챙겨야 할 의무를 말했던 것이다.111) 따라서 스미스는 플라톤주의적 국가관의 틀에 갇혀 공자철학을 무시하고 있을 뿐만 아니라 실루에트·라이프니츠 등 동시대인들의 이러한 정치·도덕철학도 무시했다.

나아가 스미스는 플라톤과 로크의 야경국가적 정의국가론에 너무 홀린 나머지 아리스토텔레스의 윤리학도 철저히 우회했다. 알려지다시피 플라톤은 국가의 4덕을 지혜·용기·정심·정의(《국가론》) 또는 지혜·절제·정의·용기(《법률》)로 규정하고 '사랑'을 배제했다. 그러나 아리스토텔레스는 이런 플라톤의 '제자'임에도 《니코마코스윤리학》의 제8·9책에서 "필리아(φιλία)", 즉 "사랑"을 "덕성"으로, 또는 "덕성을 포함하는 것"으로112) 자세히 논한다. 우선 그는 국가도 사랑에 기초한 것으로 보고, 정의의 최고형태도 이런 사랑하는 사람들 사이에서만 존재한다고 말한다.113) 아리

---

108) 참조: 《中庸》(제20장): "仁者人也 (…) 義者宜也."

109) 《孟子》〈梁惠王下〉(2-5).

110) 《孟子》〈盡心下〉(14-16).

111) Leibniz, *Meditation on the Common Concept of Justice* 〔1702-1703〕, 54쪽: "나는 사람들이 교사, 사회단체들의 지도자, 일정한 치자들과 같이 타인의 행동거지를 책임진 사람들은 단지 해악(*evil*)을 방지할 의무만이 아니라, 복리(*the good*)를 증진시킬 의무도 있다는 데 동의할 것이라고 믿는다."

112) Aristoteles, *Die Nilomachische Ethik*, 1155a4-5.

113) Aristoteles, *Die Nilomachische Ethik*, 1155a23-28: "새끼에 대한 부모의 애정과 부모에 대한 새끼의 애정은 인간에게서만이 아니라 새와 대부분의 동물들에게서 자연적 본능인 것으로 보인다. 이것은 또한 동종의 개체들 간의 사랑과 유사하다. 그리고 이것은 특히 인류에게서 강하다. 이런 이유에서 우리는 동류인간들을 사랑하는 사람들을 칭찬한다. (…) 더구나 사랑은 국가의 결속력(*bond*)인 것으로 보이기도 하다. 그리고 입법자들은 정의보다 사랑을 위해 더 노력하는 것으로 보인다. 왜냐하면 사랑과 친한 것으로 보이는 화합을 증진하는 것은 입법자들의 주요목표인 한편, 적의敵意인 당파심은 그들이 가장 추방하려고 안달하는 것이다. 그리고 인간들이 친구들이라면 인간들 간에는 정의도 필요 없지만, 단순한 정의는 충분치 않고 사랑을 필요로 한다. 그리고 정의로운 것에서 가장 정의로운 것은 친구들 간에 정의로운 것이다(또는: 그리고 정의로운 것은 그 최고 단계에서 사랑을 보유하는 것으로 생각된다)." 괄호의 대안적 번역문은 H. Rackham의 영역본을 따른 것이다. Aristotle, *Nicomachean Ehthics*, 452쪽 각주b.

스토텔레스는 서로 우애하는 친구들 사이에는 정의도 필요 없다고 하면서 "국가의 결속력"을 "사랑"으로 갈파하고, 정의보다 사랑을 위한 더 큰 노력, 그리고 인간들 사이의 사랑과 근사한 "화합"의 증진과 당파심의 추방을 입법자의 "주요목표"로 설정하고 있다. 그리고 '최고의 정의'도 오로지 서로 사랑하는 인간들 사이에서만 존재한다고 덧붙인다.

여기서 사랑하는 사람들 사이에서 도달하는 정의가 '최고의 정의'라고 말하는 이유는 '비례적 평등'보다 '양적 평등'을 중시하기 때문이다.114) 따라서 동포애적 연대의식이 강한 국가는 공적功績(능력·공로·성적·업적·장점·덕성)에 따라 재화·영예·권력을 분배하는 '비례적 평등(분배적 평등)'을 경시하지 않으면서도 모든 필요한 사람들에게 필요의 양에 따라 양적으로 균등하게 분배하는 '양적 평등'을 '비례적 평등'보다 더 중시한다. 이 '양적 평등'은 오늘날 동포애·인간애에 기초한 국가공동체 안에서 재정이 허용하는 정도에 비례해서 기본소득을 보장해야 한다는 요구와 직접 관련되어 있다. 서로 사랑한다면 '양적 평등'을 더 중시해야 한다는 점은 사랑하는 사람들 간에 덕성·재산·영예·권력의 격차가 지나칠 때 사랑이 약화·소멸하는 점에서 부정적으로도 드러난다.115) 따라서 사랑의 관계에서 사랑과 화합을 유지하기 위해 사랑하는 사람들 간의 능력·재산·권력격차를 줄이는 양적 평등의 추구가 비례적 평등보다 더 중요하다. 경제적 양극화를 완화하는 것이 아니라 오히려 심화시

---

114) Aristoteles, *Die Nilomachische Ethik*, 1155a29-33: "하지만 사랑에서의 평등은 정의의 경우에서의 평등과 같은 것으로 보이지 않는다. 정의의 영역에서는 '평등함'(공정함)이 일차적으로 공적功績에 비례적임을 의미하고, "양적 평등"은 단지 이차적 의미에 불과하다. 반면, 사랑에서는 "양적으로 평등함"이 일차적 의미이고 "공적에 비례함"은 단지 이차적 의미에 불과하다."

115) Aristoteles, *Die Nilomachische Ethik*, 1158a33-1159a5. 아리스토텔레스는 말한다. "이것은 두 친구들 간에 덕성이나 악덕의 관점에서 또는 부나 그 밖의 다른 속성의 관점에서 광폭의 격차가 발생할 때 명백하게 드러난다. 이 경우에 친구들은 친구로 남지도 못하고, 친구로 남기를 기대하지도 못하기 때문이다. (...) 그것은 군주들의 경우에도 드러난다. 군주들의 경우에 신분상 그들보다 아주 아래에 있는 사람들도 군주의 친구이기를 기대하지 않고, 특별한 값어치가 없는 사람들도 특출나게 훌륭한 사람이나 특출난 지자들의 친구이기를 기대하지 않는다. 우리가 이런 경우에 두 사람이 여전히 친구일 수 있는 정확한 한계를 못 박을 수 없다는 것은 사실이다. 격차가 계속 벌어져도 우정이 남아 있기 때문이다. 그러나 신이 인간으로부터 먼 만큼이나 이 사람이 저 사람으로부터 아주 멀어질 때 우정은 더 이상 가능하지 않다."

켜 불화와 다툼을 일으키는 '비례적 평등'으로서의 정의가 아니라 사랑과 화합의 유지에 이바지하는 '양적 평등'으로서의 정의가 '최고의 정의'이기 때문이다. 따라서 '최고의 정의'는 사랑 속에서만, 또는 강한 동포애와 국민화합 속에서(만) 이룩될 수 있는 것이다.

공맹의 유명한 '인의仁義'라는 표현은 인애(사랑)와 정의를 결합해 말하되 정의에 대한 인애의 선차성을 나타내는 복합개념이다. 이런 까닭에 맹자는 '인의'를 '도덕'과 동의어로 썼다.116) 공자처럼 아리스토텔레스도 인애와 정의의 선후관계를 논하는 논변만을 보면 결론적으로 인애를 정의에 앞세우는 '인의의 윤리학'을 피력한 것이다. 말하자면, 그는 '군사적 정의국가'를 '이상국가'로 기획한 플라톤의 정의지상주의 또는 정의제일주의를 배격하고, 사랑과 정의를 동시에 추구하되 사랑을 정의보다 중시하는 '인의仁義국가'를 말하고 있다. 그는 국가의 존립이 사랑에 기초한다는 테제를 거듭 확인한다.117) 그리고 국가의 세 가지 형태인 왕정·귀족정·민주정을 각각 차례대로 가족적 친애의 세 가지 유형, 곧 부자간의 '부성애', 부부간의 '부부애', 형제간의 '형제애'에 대응하는 것으로 설명한다.118) 아리스토텔레스에게서도 '사랑'은 국가형태를 결정지을 정도로 '정의'를 압도하는 덕목인 것이다.119) 이 점에서 그의 황당무계한 '신적' 덕성론(비윤리적·초인간적 지덕론)을 뺀 그의 '인간적' 윤리학은120) 공맹의 인의윤리학과 거의 상통한다고 말해도 틀린 말이 아니다.

인仁, 또는 사랑도 물론 그 적절한 안배를 위해 정의를 필요로 한다. 정의는 인을 사람과 상황(친소·선후·시의·필요 등)에 따라 적절하게 베푸는 등급적 절도節度다. 그러므로 인仁과 의義는 내용과 형식, 안팎의 관계로서 불가분적 상호결합 관계를 맺고 있다. 이런 까닭에 앞서 인용했듯이 공자는 인에 의를 결합시키는 '지도至道'의

---

116) 《孟子》〈梁惠王上〉(1-1); 〈公孫丑下〉(4-2); 〈滕文公下〉(6-4); 〈離婁下〉(8-19); 〈告子上〉 등.

117) Aristoteles, *Die Nilomachische Ethik*, 1160a28-30, 1161a10-11.

118) Aristoteles, *Die Nilomachische Ethik*, 1160a31-1162a33.

119) 아리스토텔레스는 《니코마코스윤리학》 제5책에서 정의를 취급하고 사랑은 제8책에서 다룬다.

120) 아리스토텔레스는 덕성을 '윤리적 덕성'과 '비윤리적 지덕'으로 나눴다. Aristoteles, *Die Nikomachische Ethik*, 1177b19-37, 1178a5-23,

관점에서 "의는 인의 절도이고(義者 仁之節也)", "인은 의의 근본이다(仁者 義之本也)"라고 갈파했던 것이다. 따라서 "인혜는 정의보다 사회의 존속에 덜 본질적인 것이다"라는 스미스의 위 명제는 '인仁과 의義' 사이의 본말·시종·선후·내외 관계가 뒤집혀 있기 때문에 철두철미 그릇된 것이다.

사랑이 정의의 근본인 까닭에 공자는 《예기》에서 인과 의를 결합해 지극함에 이른 도를 '지도至道'라 부르고 "지도로는 왕도王道를 행할 수 있다(至道以王)"고 논파했던 것이다. 그리고 이어서 공자는 왕도를 행할 수 있는 이 '지도'와 대비시키는 차원에서 '인'을 소홀히 하고 '의'만을 추구하는 도를 '의도義道'라 부르고 "의도로는 패도覇道를 행할 수 있다(義道以覇)"고 갈파했다.[121] '의도'로는 결코 왕도를 행할 수 없고 기껏해야 패도를 행할 수 있다는 말이다. 의도로는 결코 '왕도국가'를 세울 수 없고, 잘해야 유혈이 낭자한 플라톤적·법치적 '군사국가' 또는 전국시대의 예법적 '패권국가'로서의 '정의국가'를 세울 수 있는 것이다. 플라톤적·홉스적·로크적·스미스적 정의국가는 모두 바로 이 '패도국가'에 지나지 않는다.

그리고 "사회는 인혜 없이 존속할 수 있다"는 스미스의 다른 명제는 '사회는 사람 없이 존속할 수 있다'는 말이나 다름없는 비문非文이다. 왜냐하면 공맹의 말대로 "인은 사람 자체이기" 때문이고, 아리스토텔레스의 말대로 "사랑은 삶에서 가장 필수불가결한 것에 속하는" 데다, "아무도 다른 모든 좋은 것들을 소유하더라도 사랑 없이 살고 싶어 하지 않을 것이고", 또 필리아는 국가의 기초이기[122] 때문이다. 사람들 사이에 믿고 사랑하고 돕고 베푸는 최소한의 인정人情으로서의 '인혜'는 풍족한 의식주나 이것에 대한 위해危害를 막거나 자기와 타인의 정당한 몫에 대한 침해(손실)를 구제하고 회복시켜 주는 '정의'보다 더 근본적인 것이다.

그렇다고 스미스의 말을 거꾸로 뒤집어서, 인애는 법으로 강제되어야 하는 '기초'이고, 정의는 법으로 강제될 필요가 없는 '장식'이라고 말하려는 것이 아니다. 국가의

---

121) 《禮記(下)》〈表記〉, 86쪽.
122) Aristoteles, *Die Nilomachische Ethik*, übersetzt v. Olof Gigon (München: Deutscher Taschenbuch Verlag, 1951·1986), 1155a5-7.

제1·2기둥으로서 '인'과 '의'는 둘 다 그 '기본적 최소한'에서 반드시 강행법규(*ius cogens*)로 '강제'되어야 한다. 그렇지 않은 국가는 존립할 수 없다. 다만 둘 가운데 '먼저', 그리고 '더 강하게' 강제되어야 하는 것은 정의가 아니라 인애라는 말이다.

스미스의 도덕론은 공맹의 도덕론과 이를 반영한 흄의 도덕론을 모방했지만 불완전하게 모방했기 때문에 매우 미흡하고 전도되고, 또 자가당착에 빠져 있다. '정의'를 집행하는 사법을 '인혜'보다 앞세우던 그의 논변은 "인간은 사회를 향한 본성적 사랑을 가졌고, 인류의 결합이 그 자체를 위해 보존되기를 바란다"고 말하기도 하고, "어떤 이유에서든 인간은 사회를 파괴할 경향을 가질 수 있는 모든 것에 혐오감을 가진다"고 말하는가 하면,[123] "인류에 대해 느끼는 더 확장된 연민"에 관해 언급하기도 한다.[124] 이것이 바로 자가당착이 아니고 뭐란 말인가?

스미스 국가도덕론의 이러한 문제점은 인혜를 도덕적 의무로 규정하는 것이 아니라 개인들의 '자의自意'로 방치하고 정의만을 의무로 보아 강제해야 할 덕목으로 여기는 근본적 관점에 말미암는다. 그는 말한다.

적절한 동기들로부터 생기는 인혜로운 성향의 행위들은 그 자체로서 보상을 요구하는 것으로 보인다. 이러한 행위들만이 가可하다고 느껴지는 감사 대상이거나, 관찰자의 공감적 감사함을 야기하기 때문이다. 부적절한 동기에서 생겨나는 해치는 성향의 행동들은 그 자체로서 마땅히 처벌을 받아야 하는 것으로 보인다. 이것만이 가하다고 느껴지는 분개 대상이거나 관찰자의 공감적 분개를 야기하기 때문이다. 인혜는 언제나 자유롭고, 강제력에 의해 강요될 수 없고, 인혜의 단순한 결여가 인간을 형벌에 처하지 않는다. 왜냐하면 인혜의 단순한 결여는 어떤 실재적인 적극적 악도 저지르지 않는 성향을 보이기 때문이다. 그것은 순리적으로 기대될 수 있는 선을 좌절시킬 수 있다. 이런 이유에서 그것은 정당하게 혐오와 불가不可감정을 야기할 수 있다. 하지만 그것이 인류가 공유하는 분개를 야기할 수는 없다. (...) 그러므로 보은의 결여는 처벌될 수 없다. (...)

---

123) Smith, *The Theory of Moral Sentiments*, II. ii. iii. 6, 103쪽.
124) Smith, *The Theory of Moral Sentiments*, II. ii. iii. 7, 104쪽.

그러나 인혜의 의무들 가운데 보은이 우리들에게 권고하는 의무들이 우리가 완전한 책무라 부르는 것에 가장 가까이 접근한다. 우정·후함·자선이 보편적으로 가하다고 느껴지는 감정을 갖고 행하도록 우리를 촉구하는 것은 훨씬 더 자유롭고, 보은의 의무보다 강제력에 의해 훨씬 덜 강요될 수 있다.125)

아담 스미스는 최소한의 근본적 인애와 최대한의 인애를 구분하지 않음으로써 중대한 오류에 빠져들고 있다. 그의 이 도덕적 관점에 따르면, 사회의 존립과 존립 목적의 구현을 위해 필수적인 자살방조죄 처벌, 가족적 부양의무의 불이행에 대한 법적 처벌, 사회부조의무 위반에 대한 처벌, 국가방위를 위한 애국적 헌신 및 애국적 희생자에 대한 보은과 추념, 그 유족에 대한 지원 등은 있을 수 없다. 그러나 그도 이런 주장과 완전히 모순되게 "보은의 의무"를 입에 담고, 빈부격차를 고려한 누진세 제조차도 인정하고 있다.126)

아담 스미스에 따르면, 정의는 인혜와 달리 "그 준수가 우리 자신의 의지의 자유에 방치되지 않고 강제력에 의해 강요되고, 위반은 분노에, 따라서 처벌에 처해지는 덕목"이다. "정의의 침범은 가해행위다. 그것은 본성적으로 반감反感을 받는 동기로부터 어떤 특정인들에게 실재의 적극적 피해를 가한다. 따라서 그것은 정확한 분노 대상과, 분노의 자연적 귀결인 처벌의 정확한 대상이다."127) 따라서 "늘 우리는 단지 비난받아야 할 것 또는 불가不可감정의 적절한 대상을, 처벌하거나 방지하기 위해 강제력이 투입되어야 하는 것과 주의 깊게 구별해야 한다."128) 따라서 "의심할 바 없이 정의의 실천에는 바름이 있고, 그것은 이런 까닭에 바름에 기인한 온갖 가함의 느낌을 받을 만하다. 그러나 정의가 전혀 적극적 선을 행하지 않는 만큼, 그것은 보은을 받을 권리가 거의 없다. 대부분의 경우에 단순한 정의는 소극적 덕목

---

125) Smith, *The Theory of Moral Sentiments*, II. ii. i. 1–3, 91–2쪽.
126) Smith, *The Theory of Moral Sentiments*, V. ii. e, 842쪽; V. ii. k, 871–872쪽.
127) Smith, *The Theory of Moral Sentiments*, II. ii. i. 5, 93쪽.
128) Smith, *The Theory of Moral Sentiments*, II. ii. i. 6, 93–4쪽.

884   제3장 사랑 없는 서구 정의국가

(*negative virtue*)에 불과하고, 다만 이웃을 해치는 것으로부터 우리를 막아 줄 뿐이다. 이웃들의 인신이나 재산 또는 명예를 훼손하는 것을 단지 삼가는 사람은 분명 거의 적극적으로 잘한 것이 없다."[129] 이 정의와 관련된 스미스의 '자백적·자책적' 논변(?)은 그 타당성을 인정할 만하다.

그러나 공자의 '인' 또는 컴벌랜드와 흄의 '인애'와 상통하는 '인혜'와[130] '인간애 (*humanity*)'에 대한 스미스의 논변은 심각한 일탈을 뜻하는 것이다. 스미스는 중국제국의 대지진을 예로 들어 다음과 같이 논한다.

중국이라는 대제국이 그 무수한 주민들과 함께 갑자기 지진에 의해 함몰되어 버렸다고 가정해 보자. 그리고 세계의 저 부분과 아무런 관련도 없는 유럽의 어느 인간애 있는 사람이 이 끔찍한 재앙의 소식을 들었을 때 어떻게 영향을 받을지를 고찰해 보자. 나는 그가 무엇보다도 그 불행한 국민의 불운에 대해 슬픔을 강하게 표할 것이라고 상상한다. 그리고 인간적 삶의 위태로움과 일순간에 섬멸될 수 있는 사람의 모든 노고의 허망함에 대한 우울한 성찰을 많이 할 것이다. (...) 그러나 이 모든 훌륭한 철학이 끝났을때, 이 모든 인간적 감정들이 다 충분히 표명되었을 때, 그는 어떤 사고도 일어나지 않은 것처럼 안이하고 평온한 심정으로 그의 일이나 유흥을 추구하고 휴식이나 기분전환을 취할 것이다. 그 자신을 덮칠 수 있는 매우 사소한 재앙이 더 실질적인 혼란을 야기할 것이다. 만약 그가 내일 자기 새끼손가락을 잘라내야 한다면 그는 오늘밤 잠을 이루지 못할 것이다. 그러나 일억의 동포들을 결코 보지 못했다면, 이 형제들의 파멸에도 가장 깊은 안심 속에서 코를 골 것이다. 그에게 이 거대한 대중의 불행은 분명 그 자신의 하찮은 불운보다 덜 관심을 끄는 대상으로 보인다. 그렇다고 그 자신에게 닥친 이 하찮은 비운을 방지하기 위해 인간애를 가진 사람이 1억의 형제들의 생명을 - 그들을 한 번도 본 적이 없다고 가정한다면 - 희생시킬 용의가 있는가? 인간 본성은 이 생각에 전율해 소스라치게 놀랄 것이다. 그리고 아무리 타락하고 부패한 세상도 이런 생각을

---

129) Smith, *The Theory of Moral Sentiments*, II. ii. i. 9, 95쪽.
130) '인혜(beneficience)'는 '인애(benevolence)'의 물질적 표현 형태다.

즐길 수 있는 악한을 산출하지 않았다. 그러나 이 차이가 왜 생겨나는가? 우리의 피동적 감정들이 거의 항상 그렇게 인색하고 그렇게 이기적일 때, 우리의 능동적인 원리는 어떻게 종종 그토록 후하고 그토록 고귀한가?[131]

여기까지 스미스는 논변을 제대로 전개하고 질문도 정확하게 제기하고 있다. 그러나 "우리의 능동적인 원리는 어떻게 종종 그토록 후하고 그토록 고귀한가?"라는 자문自問에 대해 참으로 엉뚱한 답변, 그것은 '영예욕'("자신의 성품의 위대함, 존엄성, 우월성에 대한 사랑")이라는 이상한 답변을 내놓고 있다.

> 우리가 늘 남과 관계된 일에 의해서보다 우리 자신과 관계된 일에 의해서 훨씬 더 깊이 영향을 받으면서도, 자기 이익을 더 큰 타인의 이익에 희생시키도록 - 후한 사람들을 모든 경우에, 평범한 사람들을 많은 경우에 - 촉구하는 것은 무엇인가? 자기애(*self-love*)의 가장 강한 충동에 대항할 수 있는 것은 인간애의 부드러운 힘도 아니고, 자연이 인간의 가슴에 밝혀 놓은 인애의 연약한 섬광도 아니다. 이러한 경우에 발휘되는 것은 더 강한 힘, 더 강렬한 동기다. 그것은 이성, 원리, 양심, 가슴의 거주자, 내부의 인간, 우리의 행위의 위대한 판관이자 중재자다. (…) 많은 경우 저 신적 덕목(*divine virtues*)의 실천을 우리에게 촉구하는 것은 우리의 이웃에 대한 사랑도 아니고, 인류의 사랑도 아니다. 이런 경우에 발생하는 것은 더 강한 사랑, 더 강력한 애착이다. 그것은 영예롭고 고귀한 것, 우리 자신의 성품의 위대함, 존엄성, 우월성에 대한 사랑이다.[132]

아담 스미스는 강한 자기애에 맞서는 '신적 덕목'의 강력한 실천적 대항 동력을 "이성, 원리, 양심, 가슴의 거주자, 내부의 인간, 우리의 행위의 위대한 판관이자 중재자", 또는 "영예롭고 고귀한 것"에 대한 "사랑", 한마디로 영예심으로 제시하고 있다. 이것들이 '인애'보다 "더 강한 힘"이라는 것이다. 자기 말에 "전율해 소스라치

---

131) Smith, *The Theory of Moral Sentiments*, III. iii. §9, 157–158쪽.
132) Smith, *The Theory of Moral Sentiments*, III. iii. §9, 158쪽.

게 놀랐는지" 몰라도 스미스는 실로 할 말을 잃고 어쩔 줄 몰라 하는, 지극히 오락가락하는 황당한 답변을 내놓고 있다.

대항 동력이 '이성'이라면, 이것은 그의 감정도덕론의 기초인 감정과 공감으로부터 이탈해 합리주의적 도덕론으로 퇴락하는 것을 뜻한다. '영예욕'이라면, 이것은 감정의 범위로 돌아오는 것이지만, 이것은 사랑이 아니라 이기심에 불과한 것이다.

흄은 한 인간의 이타적 인간애의 총화는 그의 이기적 자기애보다 더 크고, 가족·친족·친구를 거쳐 낯선 인간들에게까지 이르는 각종 타인들에 대한 배려의 총화는 자기에 대한 배려의 총화보다 더 크다고 말했다. 따라서 이타적 인간애의 총화는 이기적 자기애의 총화보다 훨씬 많다. 또한 흄은 인간의 더 강한 이기심 또는 다른 종류의 이기심은 어떤 특정한 종류의 이기심을 이기거나 이것의 방향을 바꿀 수 있다고 말했다. 따라서 물질적 이기심(물욕)은 정신적 명예욕을 이기고, 미래의 더 큰 이익에 대한 이기적 기대욕구는 현재의 더 적은 이익에 대한 이기적 욕구를 이긴다. 그러나 스미스는 명예욕이 물욕과 권력욕보다 더 강하고, 또 이 명예욕이 육적·심적 사랑, 각종 우정, 집단적 동질감과 연대감, 애국심, 인류애 등 '인간애'의 총화보다 더 강하다고 반대로 말하고 있는 셈이다. 한 개인에게 '이타적 인간애의 총화는 이기적 자기애의 총화보다 훨씬 많다'는 흄의 테제에 반하는 스미스의 논변은 이쯤에서 모든 설득력을 다 잃어 버리고 있다.

논변의 출발이 근본적으로 잘못되었기 때문에 이런 일이 발생했다. 스미스 자신의 말대로 자기의 작은 이익을 위해 1억의 생명을 희생시킬 용의가 있다는 생각에 "전율해 소스라치게 놀라는 것"은 '이성'이 아니라 측은지심(동정심)의 공감적 성정性情이다. '전율'과 '놀람'은 어디까지나 인간의 감정이지 이성일 수 없고, 남의 불행을 일순一瞬이나 도외시하는 생각에 "소스라치게 놀라는 것"은 공감감정으로서의 동정심의 발동이기 때문이다. 이 동정적 성정이 스미스가 연약한 것으로, 덜 중요한 것으로 취급하는 바로 이타적 인간애인 것이다.

- 인정仁政의 필요성에 대한 스미스의 자가당착적 인정

아담 스미스는 자기가 강변하는 정의국가에 "전율해 소스라치게 놀랐는지" 몰라도 마침내 야경국가의 정의 덕목만으로는 가정과 국가의 존립이 어렵다는 것을 나름대로 감지하고 자가당착적으로 적절한 수준에서 '인혜'를 강제할 필요성을 슬그머니 언급한다.

> 주상主上은 진정으로 종종 보편적으로 가하다는 느낌을 받으며 자기 관할의 사람들에게 이 점(더 많은 친절)에서 일정한 정도로 서로에 대해 바르게 행동할 책무를 지울 수 있다. 모든 문명국가의 법률들은 부모에게 자녀를, 자녀에게 부모를 부양할 책무를 지우고, 인혜의 다른 많은 의무들을 사람들에게 부과하고 있다. 공적 치자는 불의를 억제함으로써 공공평화를 보존할 뿐만 아니라 기율을 확립하고 모든 종류의 악덕과 바르지 않은 행동을 진압함으로써 나라의 번영을 촉진시킬 권한을 위임받았다. 그러므로 치자는 동료시민들 간의 상호적 침해를 금지할 뿐만 아니라 일정한 정도까지 상호적 선행을 명하는 법률을 제정할 수 있다. (…) 하지만 입법자의 모든 의무들 가운데 이 의무는 아마 바름과 판단력을 갖고 집행할 최대의 치밀함과 신중을 요구하는 의무일 것이다. 이 의무를 완전히 방기하면 나라는 극심한 무질서와 경악스런 범죄에 처하게 되고, 반대로 이것을 너무 멀리 밀어붙이면 모든 자유·안전·정의가 파괴될 것이다.[133]

스미스는 여기서 이 "인혜의 강제"를 "너무 멀리 밀어붙이는" 지나친 인정仁政을 꺼려하고 있을지라도 이 강제를 완전히 방기한 불인不仁한 나라는 "극심한 무질서와 경악스런 범죄에 처하게 될 것"이라고 경고하고 있다. 인혜를 조금도 강제적으로 집행하지 않고 "동료시민들 간의 상호적 침해를 금지할" 뿐인 정의의 사법만으로는 "극심한 무질서와 경악스런 범죄"를 막을 수 없다는 것이다. 그도 결국 최소한의

---

133) Smith, *The Theory of Moral Sentiments*, II. ii. i. 8, 95쪽.

인정仁政을 인정한 것이다. 그러나 《도덕감정론》을 읽지 않고 《국부론》만 읽은 수준에서 무식하게 스미스를 추종해 온 19-20세기 자유주의자들은 스미스의 이 자가당착적 인정론仁政論을 알지 못한 채 반동적 기독교인들과 함께 근대적 복지입법을 앞장서 반대했고, 극우세력은 신자유주의 기치 아래 지금도 그러고 있다.

그런데 아담 스미스는 국가 차원의 정의우선론과 모순되게 인애를 덕성의 근거로 거론하고 공맹과 실루에트처럼 인애감정의 가치론적 선차성先次性을 주장하는 더 큰 도덕론적 자가당착을 범한다.

덕성이 인애에 근거한다는 것은 인간본성 속의 많은 현상들에 의해 뒷받침되는 개념이다. 적절한 인애는 모든 감정들 가운데 가장 우애적이고 가장 기분 좋은 감정이라는 것, 이 인애는 이중적 공감(a double sympathy)에 의해 우리의 사랑을 산다는 것, 인애의 기여경향이 반드시 인혜적인 만큼 인애는 감사와 포상의 적절한 대상이라는 것, 마지막으로 이 모든 경우에 인애는 우리의 본성적 감정들에 대해 어떤 다른 감정들보다 우월한 가치를 가진 것으로 보인다는 것은 이미 말했다. 또한 모든 다른 감정의 약점이 언제나 극단적으로 역겨운 것인 반면, 인애는 그 약점조차도 우리에게 아주 기분 나쁜 것이 아니라는 것도 이미 말했다. 누가 지나친 악의, 지나친 이기심, 지나친 분개를 혐오하지 않는단 말인가? 그러나 심지어 편애적 우정의 가장 지나친 관대함도 그토록 불쾌하지 않다. 인애 감정만이 적절성에 대한 고려나 유의 없이 발휘되지만 매력적인 어떤 것을 자기 주위에 보유할 수 있다. 호의적 행위를, 이 행위에 의해 그것이 가부可否 감정의 적절한 대상이 될지 말지를 한 번도 생각하지 않고 수행하는 것으로 계속 나아가는 본능적 선의善意 속에도 사람을 기쁘게 하는 어떤 것이 들어 있다.[134]

여기서 스미스는 "인애"를 "우리의 본성적 감정들에 대해 어떤 다른 감정들보다 (따라서 개인적·사회적 복수심 등의 정의 감정보다도) 우월한 가치를 가진" 감정이라고

---

134) Smith, *The Theory of Moral Sentiments*, VII. ii. iii. §4, 355-356쪽.

제대로 말하고 있다. 이처럼 중국에 가서 스미스는 자기의 정의지상주의 국가론을 스스로 파괴하며 이론적으로 '자멸'하고 있다.

따라서 스미스의 자유주의적 정의국가론은 면밀히 따져보면 더 파고들 것이 없는 자가당착의 이론이다. 그러므로 우리의 논의도 여기서 그치지 않을 수 없다.

■ 쇼펜하우어의 '인간애 없는 사법적 정의국가론'

유교보다 불교를 좋아한 아르투르 쇼펜하우어(Arthur Schopenhauer, 1788-1860) 도135) 스미스만큼 사랑(자비·인간애·동정심)을 중시하고 자기 도덕철학의 중심개념으로 삼을지라도 국가론에서는 사랑을 국가의 의무에서 배제하는 플라톤·홉스·로크·스미스의 정의국가 전통을 고수한다. 그는 도덕과 구분지어 국가의 과업을 협소하게 한정하기 때문이다.

- 사랑 없는 순수한 형사법적 정의국가

쇼펜하우어는 《의지와 표상으로서의 세계》에서 국가업무를 이렇게 좁게 형사법적 정의로 한정시킨다.

도덕이 배타적으로 정당행위나 부당행위(Recht- und Unrecht-Tun)만을 겨냥하고, 가령 부당행위를 안 하려고 결심한 자에게 그의 행동의 경계를 표시해 줄 수 있는 반면, 국가론(Staatslehre), 곧 '입법의 학'은 전적으로 부당행위를 당하는 것만을 겨냥하고, 부당행위가 이것의 늘 필연적인 상관자 때문에, 곧 법학이 대결하는, '부당행위를 당하는 것' 때문에 법학의 표적이 되지 않는다면, 부당한 짓을 저지르는 행위에 결코 신경 쓰지 않는다. 물론 다른 측에서 '부당한 짓을 당하는 것'과 연결되어 있지 않은 부당한 짓을 저지르는 행위가 생각될 수 있어도, 국가는 일관되게 이것을 결코 금지하지 않을 것이

---

135) 쇼펜하우어는 유교에 대해 이렇게 과소평가한 반면, 불교에 대해서는 호평한다. Arthur Schopenhauer, *Über den Willen in der Natur* (1836·1854), 460–463쪽('Sinologie'). Arthur Schopenhauer, *Kleine Schriften. Sämtliche Werke*, Band III (Frankfurt am Main: Suhrkamp, 1986).

다. 나아가 도덕 안에서는 의지, 곧 심정(Gesinnung)이 고찰대상이고 유일하게 실재적인 것이다. 이 때문에 도덕은 외적 권력만이 물리치고 무효로 만드는, 저질러질 수 있는 부당행위를 향한 확고한 의지를 현실적으로 저질러진 부당행위와 완전히 같은 것으로 여기고, 이러한 의욕자를 '도덕의 법정'에서 부정不正한 것(ungerecht)으로 단죄한다. 반면, 국가는 단순한 의지와 심정 그 자체에 대해 전혀 신경 쓰지 않고, 오히려 행위에만 (이것이 단순히 미수未遂든, 기수든) 그 상관자, 곧 다른 쪽에서 당하는 것 때문에 신경 쓴다. 그러므로 국가는 '행위', 곧 '사건'을 유일하게 실재하는 것으로 여긴다. 심지心志나 의도는 단지 이로부터 행위의 의미가 인지되는 한에서만 조사된다. 그러므로 국가가 칼과 환형轘刑바퀴에 대한 공포가 저 의욕의 작용결과들을 끊임없이 저지할 것임을 확실히 알고 있기만 하면, 국가는 타인에 대한 살인과 독약을 생각 속에 끊임없이 담고 있는 것을 누구에게도 금하지 않는다. 국가는 또한 결코 부당행위를 저지를 성향, 곧 악의적 심정을 멸하려는 어리석은 계획이 없다. 국가는 오히려 단지 부당행위를 저지르려는 어떤 가능한 동기에 대해서든 언제나 피할 수 없는 형벌로 이 부당행위를 중단하려는 압도적 동기를 대비시키려는 계획이 있을 따름이다.136)

이 논변은 옳은 것 같이 들리지만 실은 그리 옳지 않다. 대역죄의 경우에는 국가가 미수범도 처벌하고 계획만 하고 실행하지 않은, 또는 실행하지 못한 단순기획자도 처벌하기 때문이다. 쇼펜하우어는 당대의 자유주의적 야경국가론에 사로잡혀 법이 '도덕의 최소한'이기도 하지만 동시에 어느 경우에는 '도덕의 최대한'이기도 하다는 사실을 몰각하고 있다.

나아가 쇼펜하우어에 따르면 국가는 국민들의 "집단적 이기심에 복무하기 위해" 이 이기심을 저해하는 개인적 행동들을 처벌하는 일을 하는 '최소한의 정의'의 시설이다.137)

---

136) Arthur Schopenhauer, *Die Welt als Wille und Vorstellung I*, §62(471–470쪽). Arthur Schopenhauer, *Die Welt als Wille und Vorstellung I·II. Sämtliche Werke*, Band I·II(Frankfurt am MaSuhrkamp, 1986).
137) Schopenhauer, *Die Welt als Wille und Vorstellung I*, §62(472–473쪽).

쇼펜하우어는 여기서 아리스토텔레스·홉스·키케로를 동일선상에 놓고 있는데, 이것은 독자의 눈을 흐리게 하는 눈속임이다. 주지하다시피 아리스토텔레스는 공자처럼 "제가齊家 속에서 처음으로 우리는 우애와 정치조직과 정의의 기원과 출처를 얻는다"고 갈파함으로써138) 모든 국가를 필리아(사랑)에 기초한 조직시설로 파악했다. 그리고 군주정은 부자관계에, 귀족정은 부부관계에, 민주정은 형제관계에 그 기원을 둔다고 말함으로써139) 국가형태들까지도 가족적 필리아(친애) 관계의 형태에 따라 분류했다. 군주가 백성의 이익을 위해 다스리는 군주정은 부자관계에 빗댄 반면, 군주가 자기의 이익을 위해 다스리는 정체는 '참주정'으로 격하시켰다. 그리고 귀족들이 군주와 더불어 통치권을 행사하되 군주를 다만 '동등한 자들 가운데 제1인자(primus inter pares)'로 대우할 뿐인 귀족정은 부부관계에 빗대고, 만인이 동등하게 다스리는 민주정은 평등한 형제관계에 빗댔던 것이다. 따라서 아리스토텔레스의 이 국가론은 실은 쇼펜하우어의 정의국가론을 부정하는 이론이다. 또한 "가령 "일반복리가 제1의 법률이어야 한다", 또는 "민복은 최고법이어야 한다"고 천명한 키케로의 국가관도 글자 그대로라면 인정仁政 없는 단순한 사법적 정의국가를 부정하는 이론이다. 아리스토텔레스와 키케로는 이들이 인정仁政국가론을 전개한 적이 없을지라도 그들은 단순한 정의국가론을 내세운 적도 없다. 그럴지라도 그들의 국가적 필리아와 민복 논변을 엄격히 현실에 적용할 때 적어도 인민의 평균적 복지수준으로부터 추락한 적빈자들에 대한 자선적 구제와 난민들을 위한 구조 정책을 실시해야 할 것이고, 이 정책의 시행만으로도 이 국가는 쇼펜하우어가 국가의 고유업무로 범주화한 그 협소한 소극적 정의의 사법을 현격히 초월한다.

쇼펜하우어는 아리스토텔레스와 키케로의 오용에 이어 "홉스도 국가의 이 기원과 목적을 완전히 올바로 그리고 탁월하게 분석했다"고 말함으로써 홉스를 극찬하고 있는데, 이것은 그가 플라톤만이 아니라 홉스로부터도 (악)영향을 받았음을 알려주

---

138) Aristotle, *The Eudemian Ethics*, 1242b1. *Aristotle*, vol. 20(Cambridge, MA: Harvard University Press, 1935·1981).

139) Aristoteles, *Die Nikomachische Ethik*, 1160b20–1261a5. Aristoteles, *Politik*, 1259b10–16.

고 있다. 그러나 홉스는 인민들이 자기들의 생명과 재산의 안전을 위해 국가를 설립했지만 설립된 뒤 리바이어던이 자기의 권력이익을 '정의'로 규정하고 인민의 복리와 안전보장을 등지는 '참주'라고 밝힘으로써 국가에서 인민의 복리를 사라지게 만든 트라시마코스적 정의국가를 기획했다. 그러나 쇼펜하우어의 정의국가론의 '정의'는 적어도 트라시마코스적 정의와 본질적으로 다른 한에서 그의 '홉스 극찬'은 정말 일종의 '망언'이다.

- 인정仁政을 사회단체로 방기하다

국가 일반을 만인의 집단적 이기심을 위한 정의국가로 규정한 쇼펜하우어는 국가가 인애심, 인간애의 사업, 시혜와 자선사업, 사랑의 의무 등 인정仁政을 강제할 수 없다고 천명한다.[140]

쇼펜하우어의 사랑 없는 단순한 사법적 정의국가는 시혜와 자선사업의 시행을 삼가고 다만 "누구나 온갖 인간애 사업과 인애심을 경험하는 것을 아주 기꺼이 배려하는 것"까지만 국무로 여긴다는 것이다. 국가는 빈민·병자·이재민을 구제하고 고아·노약자·장애인을 지원하는 자선사업 시민운동의 편의를 봐주는 선을 넘어서 정부로 하여금 이 사업을 직접 시행하게 해서는 아니 된다는 말이다.

> 그러나 이 시혜와 자선사업에서 국가의 시민들은 누구나 수동적 역할을 떠맡으려고 할 것이고, 한 사람도 능동적 역할을 떠맡으려고 하지 않을 것이다. 그리고 능동적 역할 은 어떤 이유에서든 다른 사람도 아니고 하필 어떤 사람에게 요구할 수도 없을 것이다. 따라서 소극적인 것만이 강제될 수 있는데, 이 소극적인 것이 바로 권리이다. 사랑의 의무나 불완전한 의무의 명칭 아래 이해하는 적극적인 것은 강제될 수 없다.[141]

독일은 일본과 유사하게 인구비례로 수전노와 구두쇠가 많은, 따라서 시민운동이

---

140) Schopenhauer, *Die Welt als Wille und Vorstellung I*, §62 (473쪽).
141) Schopenhauer, *Die Welt als Wille und Vorstellung I*, §62 (473쪽).

아주 취약한 대표적 국가다.[142] 그럼에도 쇼펜하우어는 이 독일 풍토를 일반화해서 모든 나라의 성향으로 규정하고서 "이 시혜와 자선사업에서 국가의 시민들은 누구나 수동적 역할을 떠맡으려고 할 것이다"고 단정하고 있다. 그리고 여기로부터 논리적으로 위태롭게도 국가는 오직 "소극적인 것만이 강제될 수 있고 (...) 사랑의 의무나 불완전한 의무의 명칭 아래 이해하는 적극적인 것은 강제될 수 없다"는 결론을 도출하고 있다. 그러나 이 국가론은 그간 복지국가가 된 독일에서도 타당하지 않을 소리다. 미국·프랑스·영국·독일은 18세기말-19세기 초 근대국가로 재탄생하면서 '수전노'를 '공화국의 적'으로 규정하고, 19세기 말과 20세기 초부터 국법으로 복지제도를 도입하기 시작했다. 따라서 쇼펜하우어의 정의국가론은 홉스와 스미스의 정의국가처럼 곧 역사의 수레바퀴에 의해 유린당할 이론이었다.

- 복수 없는 예방적 형벌로서의 정의

간단히 말하면, 쇼펜하우어에게 국가란 사랑과 연대의 공동체가 아니라 정의(정당성)를 보장하는 실정법을 입법·집행하기 위한 "수단"에 불과하다. 쇼펜하우어는 '본성적 정의감'으로서의 '정의의 자연법'을 "순수법학"이라 부른다.[143]

본성적 정의도덕은 개인적 정당성과 부당성만을 따지고 바로잡는 실정입법과 실정사법보다 훨씬 더 폭넓다. 본성적 정의도덕으로서의 자연법적 정의는 자기의 몫의 침해를 원상회복하려는 '이기적 복수심'만이 아니라, '이타적 복수심(공분, 의분)', 그리고 거시적 공평의식과 거시적 평등주의, 곧 구성원들 사이의 인간애·동포애를 저해하고 위화감과 불화를 야기하는 경제·사회·정치·문화적 양극화 기제를 완화·해소하고 싶은 거시적 '양적 평등주의'도 포함하기 때문이다. 따라서 "도덕으로부터 순수법학(정당성과 부당성의 본질과 경계의 학설)"에 입각한 실정법 제정과 사법을 위한 시설로서의 국가는 최소한의 정의에만 자기 업무를 한정시킨 소극적

---

142) 참조: 황태연, 《사상체질 - 사람과 세계가 보인다》(서울: 생각굽기, 2023), 563-625쪽(소음인의 나라 일본과 독일의 국민성과 민족문화).

143) Schopenhauer, *Die Welt als Wille und Vorstellung* I, §62 (473-474쪽).

정의국가일 뿐이다.

이후 이어지는 쇼펜하우어의 정의국가 논의는 그릇되거나 보잘것없다. 가령 죄형법정주의가 자연법에도 필요한 양 논하면서 자연상태에서는 형법이 없다고 강변한다.[144]

"자연상태에서도 완벽한 자연적·도덕적 권리를 가진 소유가 존재하고", 이 소유는 국가 이전의 자연적 공동체들(원시집단·종족·부족) 안에서 존중되고 안전하게 보호되기 때문에 "국가 바깥에서는 어떤 완전한 소유권도 없다"는 칸트의 주장은 "근본적으로 그릇된" 것이라는 쇼펜하우어의 비판은 옳다. 그러나 "형벌을 가할 일체의 법은 범행 전에 이 범행에 대해 형벌을 정한 실정법에 의해서만 근거지어지기" 때문에, 곧 죄형법정주의적 실정법만이 형법이기 때문에 "국가 바깥에는 어떤 형법도 없다는 것은 확실하다"는 말은 완전히 그릇된 말이다. 왜냐하면 자연법은 누구나 도덕감정과 도덕감각으로 지각하는, 곧 본성에 의해 누구에게나 알려진 도덕법이라서 죄형법정주의가 필요 없기 때문이고, 또 아직 국가단계에까지 발전하지 못한 어떤 원시공동체든 강절도·(성)폭력·사기·위약·위증·배신·반역 등을 처벌하는 유구한 형법과 원시적 사법절차를 가지고 있기 때문이다.

그리고 쇼펜하우어는 복수가 마냥 과거만을 지향하고 반대로 형벌은 미래만을 겨냥한다고 단정함으로써 정의 개념의 핵심에 해당하는 '복수'를 - 이기적 복수든 사회적 정의감의 이타적 복수든 가리지 않고 - 격하한다.[145] 쇼펜하우어는 복수를 "악", "잔인성", "윤리적으로 정당화될 수 없는 것"으로 규정하고 있다. 왜냐하면 "누군가 우리에게 가하는 부당행위는 결코 그에게 부당행위를 가할 권한을 내게 주지 않는다"는 것이다. 우리는 정당방위의 경우라면 다른 방법이 없을 때 위법한 방법을 써서 방어적 응징을 하더라도 위법성이 조각阻却된다는 이론을 알고 있다. 국가의 형벌도 정당방위 차원의 보복적 응징(처벌)인 것이고, 국가의 도움을 받을 시간적 여유나 다른 방도가 없을 때 개인이 가하는 보복적 반격도 그런 종류의

---

144) Schopenhauer, *Die Welt als Wille und Vorstellung* I, §62(474–475쪽).
145) Schopenhauer, *Die Welt als Wille und Vorstellung* I, §62 (475쪽).

것이다. 공자도 "원수怨讐를 덕으로 되갚으면 어떠하냐(以德報怨 何如)"는 혹자의 질문에 "그러면 덕은 무엇으로 되갚을 것인가? 원수는 정도正道로 되갚고, 덕은 덕으로 되갚는 것이다"고 답변한다(子曰 何以報德? 以直報怨 以德報德).146) 정의는 원수에게 되갚아주지 않는 것, 곧 보복하지 않는 것이 아니라, 반드시 보복해야 하고, 다만 흥분을 동반할 수밖에 없는 앙심이 아니라 정도正道로, 곧 정해진 바른 법도대로 보복해야 한다는 것이다. 왜냐하면 정도대로 보복한다면 "원수를 원수로 보복하는 것은 백성들이라면 징벌하는 도리가 있기(以怨報怨 則民有所懲)" 때문이다. 따라서 공자도 '원수에 대한 보복'인 '복수'를 정의의 본질로 본 것이다.

쇼펜하우어는 굳이 형벌만이 예방효과가 있고, 예방효과만을 위해 형벌을 가하는 것인 양 주장하면서 복수도 형벌처럼 당사자의 피해에 대한 당사자나 제3자의 보복적 응징과 유사한 피해의 재발에 대한 예방이라는 사실을 부정하고 있다.147) 쇼펜하우어는 형벌만이 예방효과가 있고 복수는 그런 효과가 없다고 주장하지만, 복수도 그런 예방효과가 있다. 복수를 당해본 가해자는 복수가 두려워 불법적 가해행위를 저지르지 못할 것이기 때문이다. 눈에는 눈, 이에는 이의 동해同害보복법인 '탈리오의 법(ius talionis)'도 마찬가지로 예방효과가 있다. 무엇보다도 쇼펜하우어는 정의가 본질적으로 응징효과와 예방효과를 가진 '복수'라는 사실을, 따라서 문명국가의 사법작용도 그 본질이 이런 효과를 가진 복수라는 사실을 모르고 있다. '탈리오의 법'이 물러간 것은 예방효과가 없어서가 아니라 "오는 몽둥이에 가는 홍두깨" 식 복수 행동의 부정적 연쇄작용과 응징의 잔학화 위험 때문이었다. 따라서 응징의 방식이 '눈에는 눈'에서 벌금형, 자유형, 충심의 사과행위 등으로 변화·인간화되었을 뿐이고, 형법에 입각한 사법작용도 복수로서의 그 본질은 불변이다.

저런 오해와 몰지각 속에서 쇼펜하우어는 "복수는 나의 것"이라고 외치는 하느님의 공언公言을 피할 수 없어 당황하며 논변을 작화하고, 마치 하느님이 복수를 말한 것이 아닌 양 반대로 뒤집어 오독한다.

---

146) 《論語》〈憲問〉(14-34).

147) Schopenhauer, *Die Welt als Wille und Vorstellung* I, §62 (475-476쪽).

따라서 바로 성경에는 "복수는 나의 것이라고 주께서 말씀하셨고, 나는 되갚아 주려고 한다고 말했다"(로마서 12, 19)고 쓰여 있는 것이다. 그러나 물론 인간은 사회의 안전을 보살필 권리가 있다. 그러나 이것은 위협적 형벌인 대항동기를 통해 범죄행위를 예방하기 위해 '범죄적'이라는 단어가 가리키는 모든 행위들의 엄금을 통해서만 벌어질 수 있다. 이런 위협은 그럼에도 발생하는 경우에 집행을 통해 유효할 수 있다. 148)

"복수는 나의 것이다"는 하느님의 말씀과 "나는 되갚아 주려고 한다"는 말씀은 분명 "복수"와 보복("되갚아 주는 것")을 말하고 있다. 복수가 "무의미"하고, 심지어 "악", "잔인성", "윤리적으로 정당화될 수 없는 것"이라면 하느님은 이런 '악하고 잔인한 비윤리적 행위'를 해도 되는가? 전지전능하니까? 이렇게 되면 다시 트라시마코스 궤변으로 추락하고 만다. "복수는 나의 것이다"는 하느님의 말은 하느님도 인간처럼 복수를 통해 '정의'를 회복한다는 것을 함의한다. 즉 정당한 몫이 침해되었을 때 이 침해를 회복하는 하느님의 정의도 인간의 정의와 마찬가지로 '복수'인 것이다. 또 쇼펜하우어는 "어떤 인간도 감히 (...) 타인에게 가하는 고통을 통해 타인의 악행을 공격하고, 그에게 속죄를 부과할 자격이 없"는데도 인간들의 조직인 국가는 감히 어떤 범죄행위든 "엄금"할 자격이 있다고 말하고 있다. 국가는 형벌로 개인들의 복수를 대행하는 것이다. 그는 형벌의 본질이 복수라는 사실을 모르고 있다.

결론적으로, 부당한 행위를 바로잡는 하느님의 정의도 복수이고, 국가의 정의도 복수이고, 개인적 인간의 정의도 복수다. 그리고 복수의 응징과 예방효과는 동전의 양면이고 응징 측면과 예방 측면은 분리시킬 수 없다. 그러나 쇼펜하우어는 마치 예방 측면을 응징 측면으로부터 떼어낼 수 있는 양 논변한다.149) 그러나 개인의 복수에서든, 국가의 형벌에서든 복수의 응징효과와 예방효과는 동전의 양면으로서 분리시킬 수 없는 것이다. 그러므로 "미래를 위한 목적"은 결코 "형벌을 복수와

---

148) Schopenhauer, *Die Welt als Wille und Vorstellung* I, §62(476쪽).

149) Schopenhauer, *Die Welt als Wille und Vorstellung* I, §62 (476-477쪽).

구별해 주지" 못한다. 형벌과 복수는 본질적으로 다른 것이 아니라 동일한 것이고 굳이 "구별"이 있다면 행위주체로서의 국가와 개인의 "구별"이 있을 뿐이다.

그런데 형벌에서 복수의 응징효과로부터 예방효과를 분리시켜 내는 경우에 응징의 의미는 사라지고, 처벌받는 범죄자는 한낱 예방효과를 올리는 '수단'으로만 쓰이게 된다. 이것은 칸트의 제2도덕법칙에 반하므로 칸트주의자들의 반론이 예상된다. 이런 예상되는 반론에 대해 칸트의 이 도덕법칙 자체를 공격하는 것으로 가름한다.150) 쇼펜하우어는 살인자가 공포를 통해 유사범죄를 예방하기 위한 수단이냐, 목적이냐 문제에 초점을 맞춤으로써 칸트와 같은 수준에서 논변하고 있다. 진정으로 중요한 문제는 살인자에 대한 응징이다. 그리고 정확하게 말하면 살인자가 아니라 살인자에 대한 응징을 예방수단으로 쓰는 것이다. 게다가 이 예방수단으로 쓰는 것은 정확한 응징에 따른 부수적 측면일 뿐이다.

그럼에도 쇼펜하우어는 홉스, 푸펜도르프, 포이에르바하, 플라톤, 세네카 등이 자기가 주장하는 예방효과로서의 형벌의 정의 측면을 옹호한다고 이들을 다 끌어 댄다.151) 국가 형벌의 예방 측면만 유일시하고 응징 측면을 무시하는 것은 형벌을 도덕·법학교육으로 변질시켜 버릴 것이다. 형벌이 교육과 다른 점은 형벌이 응징에 본질을 두는 반면, 교육은 응징을 포함하지 않는다는 데 있다.

국가가 연대적 공동체 노릇을 전혀 하지 않고 만인의 개인적·집단적 이익(이기심)에 대한 침해를 예방하고 침해된 이익을 회복시키기 위해 형벌을 내리는 '사랑 없는 소극적 정의의 사법작용 수단'으로 축소된다면, 사랑(연대) 없는 이런 수단적 정의국가는 내부의 강도·조직폭력·반란과 외적의 침략을 막을 수 없어 사라져 버릴 것이다. 내부의 강도·조직폭력·반란과 외침을 막으려면 이 국가에 속한 개인들이 내우內憂분자들이나 외적과 싸우는 데 목숨을 바쳐야 할 것인데 싸우는 개인이 전사한다면 자기를 위해 어떤 이익도 얻을 수 없고 어떤 개인적 이기심도 충족시킬 수 없을 것이다. 따라서 공동체를 사랑하지 않는 이기적 개인들은 아무도 자기에게

---

150) Schopenhauer, *Die Welt als Wille und Vorstellung* I, §62(477쪽).
151) Schopenhauer, *Die Welt als Wille und Vorstellung* I, §62(477-478쪽).

'무익하기' 짝이 없는 이런 범죄와의 투쟁과 외적과의 전쟁에 떨쳐 나서지 않을 것이다. 이런 까닭에 쇼펜하우어의 사랑(동포애와 애국심) 없는 이 순수한 이기적 정의국가는 조직된 강도·조직폭력·반란·외침에 직면하면 그 존속을 이어갈 수 없을 것이다. 이 비판 앞에서는 "우리가 이성을 갖춘 이기심이 자기에 반하는 자기의 나쁜 결과들을 회피하는 것을 추구하게 하고 누구나 자기의 복리가 만인의 복리 안에 포함되어 있는 것을 보기 때문에 국가를 이 만인의 복리를 촉진하게 하는 수단으로 인식하게 된다"는 쇼펜하우어의 논변도152) 무력화된다. 왜냐하면 강력범 죄와의 투쟁과 전쟁에 참여한 개인들이 나라와 타인을 위해 자기 생명을 내놓을 각오, 아니 자기의 복리를 다 포기할 각오를 해야만 하는 '조폭·강도·반란·외침' 상황에서는 "자기의 복리"가 결코 "만인의 복리 안에 포함되어 있지" 않기 때문이다. 동포애도 없고 '이기심을 증진시키는 수단'에 불과한 국가에 대한 애국심도 없는 개인들의 이기심과 만인의 집단적 이기심은 타인을 위한 자기희생 정신과 상극이다. 오직 동포애를 가진 개인들만이 자기가 사랑하는 동포적 타인들을 위해 목숨을 바칠 각오를 할 따름이다.

- 소극적 동정심으로서 정의 개념?

쇼펜하우어는 정의국가에 대한 비판을 의식해서인지 몰라도 나중에 정의를 동정심의 소극적 형태로 규정한다. 이렇게 보면 그의 정의국가는 '수동적 인정(仁政)국가' 또는 '최소주의 인정국가'로 이해될 수 있다. 이것은 희한한 사고방식이 아닌가? 정의는 인애의 등급을 나누는 '인애의 절도'이지, 인애의 본질이 아니기 때문이다.

쇼펜하우어는 자기의 고뇌나 다름없는 타인의 고뇌에 대한 감정적 인지 속에서 타인에게 고통을 가하는 것을 그치게 하는 것을 자기애의 유무에 따라 두 등급으로 나눈다. 그는 자기애를 견지한 상태에서 동정심으로 타인의 고통을 감지해 타인에게 고통을 주는 것을 그치게 하는 '수동적 동정심'을 '정의'로 규정한다. 그리고 자기애

---

152) Schopenhauer, *Die Welt als Wille und Vorstellung* I, §62(478쪽).

조차 버리고 희생적으로 타인을 고통으로부터 구제하려는 '적극적 동정심'을 '순수한 사랑', 곧 '아가페'로 규정한다.

쇼펜하우어는 윤리적 행위에서 이성의 '추상적 인식'에 대해 동정적 도덕감정의 '직관적 인식'의 근본적 선차성을 거듭 강조한다. "심정의 진실한 선량성, 곧 비이기적 덕성과 순수한 고결심은 추상적 인식으로부터 출발하지는 않지만, 아무튼 인식으로부터, 말하자면 이성적 논증으로 제거되거나 도외시될 수 없는 직접적·직관적 인식으로부터, 곧 추상적이지 않기 때문에 전달될 수 있는 것이 아니라, 각자 자신에게 떠올라야 하는 인식으로부터 출발한다. 따라서 본래적인 적절한 표현을 말 속에서가 아니라 전적으로 오로지 인간의 행위·행동·인생이력 속에서만 얻는 인식으로부터 출발한다. 덕성에 관해 이론을 구하고 따라서 덕성의 기저에 놓인 인식의 본질을 추상적으로 표현해야 하는 우리는 그래도 이 표현 속에서 저 인식 자체를 제공할 수 있는 것이 아니라, 이 인식의 개념만을 제공할 뿐이다. 우리는 이 개념의 경우에 언제나 저 인식이 유독 가시화되는 행동으로부터 출발하고, 저 인식의 유독 적절한 표현으로서 이 행동을 참조하도록 지시하고, 이 표현을 다만 해석하고 설명할 뿐이다. 즉, 추상적으로 언명할 뿐이다. 이것이 본래 '개념'에서 벌어지는 일이다."153)

쇼펜하우어는 이런 직관적 인식으로서의 수동적 동정심의 전제 위에서 적극적 동정심의 순수한 사랑(아가페)으로 가는 중간단계로 '정의'를 논한다. "정의"는 자신처럼 고통스런 타인의 고통을 같이 느껴 타인에게 고통을 가하는 "악"에 대한 "단순 부정"이다. "부당성과 정당성 간의 저 단적인 도덕적 경계를 자발적으로 승인하고 국가나 그 밖의 권력이 이 경계를 보장하지 않는 곳에서도 이 경계를 타당하게 만드는 사람, 따라서 우리의 설명에 따라 자기 자신의 의지의 긍정에서 결코 다른 개인 안에서 펼쳐지는 의지의 부정으로까지 가지 않는 사람은 정의롭다"라고 "말할 수 있다". 따라서 이런 사람은 그 자신의 안녕을 증가시키기 위해 다른 사람에게 고통을 가하지 않는다. 즉, 그는 어떤 범죄도 저지르지 않고, 모든 이들의 권리와

---

153) Schopenhauer, *Die Welt als Wille und Vorstellung* I, §66 (503-504쪽).

재산을 존중할 것이다. 이러한 의인義人은 "이미 악인과 달리 개체화 원리를 더 이상 절대적 분리벽으로 여기지 않는다". 의인은 "저 악인과 달리 그 자신의 의지현 상만을 긍정하지 않고 다른 모든 사람들을 부정하지 않는다". 그리고 그는 "타인들을 그의 본질과 완전히 다른 본질을 가진 단순한 가면들로 여기지 않는다". 오히려 "그 자신의 행동방식"은 그 자신의 본질, 곧 "물자체로서의 생의지"를 "그에게 단순히 표상으로 주어진 타인 현상 속에서도 그가 재인식하고, 따라서 자기 자신을 이 타인 형식 안에서 일정한 정도까지, 곧 비非부당행위, 불가침의 정도까지 재발견한다는 것을 공시한다". 그는 바로 이럴 정도로까지 "개체화 원리", 곧 "마야의 베일"을 꿰뚫어 들여다본다. 즉 '투시'한다. 이런 정도로 "그는 자기 밖의 본질을 자기의 본질과 동일시하고", 따라서 "이 본질을 해치지 않는다".154)

아가페(적극적 동정심)로 가는 '수동적 동정심'을 정의로 재규정하면, 쇼펜하우어의 정의국가는 '수동적 인정국가'로 이해될 수 있다. 그러나 국가가 아무리 수동적 인정국가라도 국가라면 응당 외침의 불의不義를 물리치는 '국방업무'를 포함한다. 국방을 맡은 군인들과 이 의무를 짊어진 국민들은 그 자신의 안녕을 증가시키기 위해 다른 사람에게 고통을 가하지 않는, 어떤 범죄도 저지르지 않고, 모든 이들의 권리와 재산을 존중하는 것으로 그칠 수 없다. 군인으로 참전한 이등병도 '살신성인' 해야 한다. 쇼펜하우어는 정의국가 차원에서도 불가피한 자위적 전쟁을 망각했다. 자위전쟁을 고려한다면, 국가를 유지하기 위해서는 자기 목숨까지 버리도록 만드는 적극적 동정심으로서의 아가페적 사랑이 불가피하다는 것을 인정하지 않을 수 없을 것이다. 외침의 위험 앞에서는 누구나 목숨을 내놓아야 하기("見危授命") 때문이다. 따라서 수동적 동정심으로서의 정의와 적극적 동정심(아가페)의 국가와 초국가 단계로 나뉘는 것이 아니라, 국가단계에서 적극적 동정심, 곧 순수한 사랑을 국민의 의무로 부과해야 하는 것이다. 이렇게 보면 쇼펜하우어의 '사랑 없는' 정의국가론은 수동적 동정심으로 정의를 재再정의함으로써도 그 문제를 피해갈 수 없고, 적극적

---

154) Schopenhauer, *Die Welt als Wille und Vorstellung* I, §66(504쪽).

동정심으로서의 순수한 사랑을 도입해야만 국가로서 유지될 수 있을 것이다. 그리고 전쟁만이 아니라 천재지변과 각종 재난 때 발생하는 기민飢民, 이재민, 그리고 죽음의 위험에 처한 난민難民들을 구하는 구황救荒 문제까지 생각하면 국가란 '수동적 동정심'만으로 수립·수호·유지할 수 없다. 국가의 수립과 수호·유지에는 자기의 재물도 내놓고 때로는 목숨도 내놓는 '적극적 동정심'이 필수적이다. 결국 그의 정의국가는 적어도 인정국가로 탈바꿈되어야만 하는 것이다.